Schriftenreihe der
Neuen Juristischen Wochenschrift

im Einvernehmen mit den Herausgebern der NJW
herausgegeben von
Rechtsanwalt Prof. Dr. Konrad Redeker
Rechtsanwalt Felix Busse

Heft 1

Vereinbarungen anläßlich der Ehescheidung

Die vertragliche Regelung der zivil-, steuer- und sozialrechtlichen Folgen

von

Prof. Dr. Horst Göppinger

Richter am OLG a. D.

unter Mitwirkung von

Eberhard Wenz und Dr. Rudi W. Märkle

6., neubearbeitete und erweiterte Auflage

C. H. BECK'SCHE VERLAGSBUCHHANDLUNG

MÜNCHEN 1988

Zitierweise: Göppinger, NJW-Schriften 1, 6. A.
bzw. Göppinger/Wenz, NJW-Schriften 1, 6. A.
oder Göppinger/Märkle, NJW-Schriften 1, 6. A.

Bearbeiterverzeichnis

R. Märkle: Rz. 67–71, 226, 318–350, 439–442, 457–464, 503–504, 507–508, 515–516, 526–531, 536–538 a, 586–594, 599.

E. Wenz: Rz. 203–225, 227–317, 351–438, 554–585.

Alle übrigen Teile einschließlich der Register wurden von H. Göppinger bearbeitet.

Bearbeitet haben:

Rz.	1– 66	Göppinger
	67– 71	Märkle
	72–202	Göppinger
	203–225	Wenz
	226	Märkle
	227–317	Wenz
	318–350	Märkle
	351–438	Wenz
	439–442	Märkle
	443–456	Göppinger
	457–464	Märkle
	465–502 c	Göppinger
	503–504	Märkle
	505–506	Göppinger
Rz.	507–508	Märkle
	509–514	Göppinger
	515–516	Märkle
	517–525	Göppinger
	526–531	Märkle
	532–535	Göppinger
	536–538 a	Märkle
	539–553 d	Göppinger
	554–585	Wenz
	586–594	Märkle
	595–598	Göppinger
	599	Märkle
	600–672	Göppinger

CIP-Kurztitelaufnahme der Deutschen Bibliothek

Göppinger, Horst:
Vereinbarungen anläßlich der Ehescheidung : d. vertragl. Regelung d. zivil-, steuer- u. sozialrechtl. Folgen / von Horst Göppinger. Unter Mitw. von Eberhard Wenz u. Rudi W. Märkle. – 6., neubearb. u. erw. Aufl. – München : Beck, 1988.
(Schriftenreihe der Neuen Juristischen Wochenschrift; H. 1)
ISBN 3 406 32785 0
NE: Neue Juristische Wochenschrift / Schriftenreihe

ISBN 3 406 32785 0

Druck der C. H. Beck'schen Buchdruckerei, Nördlingen

Vorwort

Die Rechtsentwicklung in den seit dem Erscheinen der letzten Auflage vergangenen etwa 2½ Jahren, zahlreiche Gesetzesänderungen und mehrere Entscheidungen des Bundesverfassungsgerichts, die umfangreiche Rechtsprechung, insbesondere des Bundesgerichtshofs, und die Berücksichtigung der einschlägigen Literatur, erforderten eine sehr erhebliche Überarbeitung des Buches, die wiederum eine Erweiterung des Umfangs zur Folge hatte. Zu berücksichtigen waren das Unterhaltsänderungsgesetz (mit Änderungen des materiellen und des Verfahrensrechts), die Neuregelung des Internationalen Privatrechts (IPR) mit dem Haager Unterhaltspflichtübereinkommen (1973, in Kraft seit 1. 4. 1987), das Gesetz über weitere Maßnahmen auf dem Gebiet des Versorgungsausgleichs v. 8. 12. 1986, das Kostenänderungsgesetz v. 9. 12. 1986, insbesondere betr. die Prozeßkostenhilfe, das Bilanzrichtliniengesetz v. 19. 12. 1985, die hier in Betracht kommenden Änderungen des Steuerrechts, das Steuer-Senkungsgesetz 1986/1988, das Steuer-Bereinigungsgesetz 1986, das Wohneigentumsförderungsgesetz v. 15. 5. 1986, das Steuer-Senkungs-Erweiterungs-Gesetz v. 14. 7. 1987, sowie Neuregelungen im Bereiche des Sozialrechts (insbesondere das Hinterbliebenenrenten- und Erziehungszeitengesetz, HEZG) mit Änderungen der RVO und des AVG.

Die Neuregelung des IPR machte eine völlige Neufassung der diesbezüglichen Ausführungen notwendig.

Die Änderungen des VAHRG durch das VAMaßnG erforderten u. a. die fast völlige Neubearbeitung der Ausführungen über den Vollzug des Ausgleichs und die Ausgleichsformen (zB erweiterter Wertausgleich, verlängerter schuldrechtlicher Ausgleich, Bagatellklausel); neu einbezogen sind die nunmehr vorgesehenen Möglichkeiten der Abänderung des Versorgungsausgleichs und die Übergangsregelung (Möglichkeit der Abänderung alter Entscheidungen über Anwartschaftsbegründung durch Beitragszahlung, aus denen wegen der Verfassungswidrigkeit des § 1587b Abs. 3 Satz 1 HS 1 BGB nicht mehr vollstreckt werden kann, mit Frist zur Antragstellung bis 31. 12. 1988).

Behandelt ist nunmehr auch die Beratungshilfe zur Scheidung und zu Scheidungsfolgesachen.

Der Altersvorsorgeunterhalt ist näher erörtert mit der Darlegung der Möglichkeiten seiner Verwendung (Einzahlung in die gesetzliche Rentenversicherung oder in eine Lebensversicherung).

Da der BGH den Ausschluß des Versorgungsausgleichs durch Ehevertrag gemäß § 1408 Abs. 2 BGB auch im Vorfeld der Scheidung zugelassen hat, wurden die Ausführungen hierzu und zu den damit verbundenen Gefahren umgestaltet und erweitert.

Die Darlegungen zur Vermögensauseinandersetzung, deren Probleme in jüngerer Zeit zunehmend größere Bedeutung erlangten, wurden anhand weiterer aus der Rechtsprechung und auch anderweitig bekannt gewordener Fälle überarbeitet und ergänzt.

Zu den steuerrechtlichen Fragen sind zahlreiche neue Entscheidungen insbesondere des Bundesfinanzhofs und neue bundeseinheitliche Verwaltungsregelungen des Bundesministeriums der Finanzen und der Länder berücksichtigt.

Seit der 4. Auflage hat Eberhard Wenz (Mitglied eines Familiensenats des OLG Stuttgart) die Darstellung des Unterhaltsrechts geschiedener (und getrenntlebender) Ehegatten und der Kinder sowie des Versorgungsausgleichs, Rudi W. Märkle (Leitender Regierungsdirektor bei der Oberfinanzdirektion Stuttgart) die Behandlung der steuerrechtlichen Fragen übernommen.

Das Manuskript wurde im Juni/Juli 1987 abgeschlossen, doch konnten weitere während der Drucklegung zT bis Anfang Oktober 1987 erschienene Veröffentlichungen noch berücksichtigt werden.

Möge auch diese Auflage für die Praxis beim Abschluß von Vereinbarungen über die Scheidungsfolgen, bei der Beratung der Ehegatten in einer schwierigen und schwerwiegenden Lebenssituation, zur Klärung auftretender Probleme ein nützlicher Helfer sein!

Die Verfasser bedanken sich hiermit für Anregungen von Rezensenten der vorangegangenen Auflage und sind für weitere Anregungen und Hinweise dankbar.

Beuren bei Nürtingen/Stuttgart im Oktober 1987

Die Verfasser

Inhaltsübersicht

Inhaltsverzeichnis

Abkürzungsverzeichnis

aA . . . . anderer Ansicht
aaO . . . . am angeführten Orte
Abs. . . . . Absatz
AcP . . . . Archiv für die civilistische Praxis
AdoptG . . . . Adoptionsgesetz v. 2. 7. 1976, BGBl I 1749
aE. . . . . am Ende
aF. . . . . alte(r) Fassung
AfA . . . . Absetzung für Abnutzung
AFG . . . . Arbeitsförderungsgesetz v. 25. 6. 1969, BGBl I 582, zuletzt geänd. durch Gesetz v. 27. 6. 1987, BGBl I 1542 (DBR VD 21)
AG . . . . Aktiengesellschaft
AIG . . . . Auslandsinvestitionsgesetz: Gesetz über steuerliche Maßnahmen bei Auslandsinvestitionen der deutschen Wirtschaft v. 18. 8. 1969, BGBl I 1211, geänd. durch 2. HStruktG (DBR VII B 37)
AktG . . . . Aktien-Gesetz (mit Paragraphen-Angaben)
AktG . . . . Aktien-Gesellschaft (Zeitschrift mit Angabe der Jahreszahl und Seite)
ALB . . . . Allgemeine Versicherungsbedingungen der Kapitalversicherung auf den Todesfall
aM . . . . anderer Meinung
AmtsG . . . . Amtsgericht
ÄndG . . . . Änderungsgesetz
Anh. . . . . Anhang
Anm. . . . . Anmerkung
AnpV 1984 . . . . VO über die Anpassung und Erhöhung der Unterhaltsrenten für Minderjährige (Anpassungs-VO 1984) v. 26. 7. 1984, BGBl I 1035
AnVNG . . . . Angestellten-Versicherungs-Neuregelungsgesetz v. 23. 2. 1957, BGBl I 88, geänd. durch 7. RV-ÄndG v. 19. 12. 1986, BGBl I 2586 (DBR VE 24)
AnwBl. . . . . Anwaltsblatt
AO . . . . Abgabenordnung
AP . . . . Arbeitsrechtliche Praxis, Nachschlagewerk des BAG
ArbG . . . . Arbeitsgericht
Art. . . . . Artikel
ArVNG . . . . Arbeiter-Versicherungs-Neuregelungsgesetz v. 23. 2. 1957, BGBl I 45, geänd. durch 7. RV-ÄndG v. 19. 12. 1986, BGBl I 2586 (DBR VE 23)
Aufl. . . . . Auflage
AVG . . . . Angestellten-Versicherungs-Gesetz, zuletzt geänd. durch 7. RV-ÄndG v. 19. 12. 1986, BGBl I 2586 (DBR VE 9)
AVK . . . . Allgemeine Versicherungs-Bedingungen der privaten Krankenversicherung

BAföG . . . . Bundesausbildungsförderungsgesetz idF v. 6. 6. 1983,

BGBl I 645, 1680, geänd. durch 10. ÄndG v. 16. 6. 1986, BGBl I 897 (DBR VIII A 70)

BAG . . . . Bundesarbeitsgericht
BAGE . . . . Entscheidungen des BAG (amtliche Sammlung)
BAnz. . . . . Bundesanzeiger
BauGB . . . . Baugesetzbuch v. 8. 12. 1986, BGBl I 2253 (DBR VH 40)
BauNVO . . . . Baunutzungs-VO idF v. 15. 9. 1977, BGBl I 1763 (DBR VH 40b)
BayObLG . . . . Bayerisches Oberstes Landesgericht
BayObLGZ . . . . Entscheidungen des BayObLG in Zivilsachen (amtl. Sammlung)
BB . . . . Betriebs-Berater (Zeitschrift)
BBauG . . . . Bundesbaugesetz idF v. 18. 8. 1976, BGBl I 2256, 3617, zuletzt geänd. durch Ges. v. 6. 7. 1979, BGBl I 949, s. jetzt BauGB
BBG . . . . Bundesbeamtengesetz idF v. 27. 2. 1985, BGBl I 479 (DBR I H 10)
BeamtVG . . . . Beamtenversorgungsgesetz idF v. 12. 2. 1987, BGBl I 570 m. Berichtigung v. 5. 5. 1987, BGBl I 1339
BEG . . . . Bundesentschädigungsgesetz
BerHG . . . . Beratungshilfegesetz v. 18. 6. 1980, BGBl I 689 (DBR II B 16b)
BerlinFG . . . . Berlin-Förderungsgesetz 1987 v. 10. 12. 1986, BGBl I 2415 (DBR VII B 39)
BetrAVG . . . . Gesetz zur Verbesserung der betrieblichen Altersversorgung v. 19. 12. 1974, BGBl I 3610
BeurkG . . . . Beurkundungsgesetz v. 28. 8. 1969, BGBl I 1513
BewG . . . . Bewertungsgesetz idF v. 30. 5. 1985, BGBl I 845, geänd. durch BauGB und Ges. v. 16. 12. 1986, BGBl I 2478 (DBR VII B 12)
BFH . . . . Bundesfinanzhof
BFHE . . . . Entscheidungen des BFH (amtliche Sammlung)
BFHN . . . . Nachschlagewerk des BFH
BFH/NV . . . . Sammlung amtlich nicht veröffentlichter Entscheidungen des Bundesfinanzhofs
BGB . . . . Bürgerliches Gesetzbuch
BGBl . . . . Bundesgesetzblatt (I =Teil I, II =Teil II)
BGH . . . . Bundesgerichtshof
BGHSt. . . . . Entscheidungen des BGH in Strafsachen (amtliche Sammlung)
BGH-Warn. . . . . Warneyer, Rechtsprechung des BGH in Zivilsachen
BGHZ . . . . Entscheidungen des BGH in Zivilsachen (amtliche Sammlung)
BiRiLiG . . . . Bilanz-Richtlinien-Gesetz v. 19. 12. 1985, BGBl I 2355, BStBl 1986 I 94
BJM-Brosch . . . . Das Erste Gesetz zur Reform des Ehe- und Familienrechts, Gesetzestext, Auszug aus den Materialien und ergänzende Erläuterungen, hrsg. vom Bundesjustizministerium
BKGG . . . . Bundeskindergeldgesetz idF v. 21. 1. 1986, BGBl I 222 (DBR VE 64)
BMF . . . . Bundesministerium der Finanzen
BNotO . . . . Bundesnotarordnung v. 24. 2. 1961, BGBl I 98, m. spät. Änderungen vor allem durch das BeurkG (DBR II B 18)

BRAGO	Bundesrechtsanwaltsgebührenordnung idF v. 26. 7. 1957, BGBl I 907, m. zahlreichen spät. Änderungen, zuletzt durch das Kostenänderungsgesetz v. 9. 12. 1986, BGBl I 2326 (DBR II B 93)
BRAO	Bundesrechtsanwaltsordnung, zuletzt geänd. durch das Kostenänderungsgesetz v. 9. 12. 1986 (DBR II B 19)
BSG	Bundessozialgericht
BSGE	Entscheidungen des BSG (amtliche Sammlung)
BSHG	Bundessozialhilfegesetz idF v. 20. 1. 1987, BGBl I 401, 494 (DBR V F 90)
BSpKG	Bausparkassengesetz v. 16. 11. 1972, BGBl I 2097, zuletzt geänd. durch Ges. v. 29. 3. 1983, BGBl I 377 (DBR III H 16)
BStBl.	Bundessteuerblatt
BT-Drucks.	Bundestags-Drucksache
BVerfG	Bundesverfassungsgericht
BVerfGE	Entscheidungen des BVerfG (amtliche Sammlung)
BVerwG	Bundesverwaltungsgericht
BVerwGE	Entscheidungen des BVerwG (amtliche Sammlung)
BVG	Bundesversorgungsgesetz idF v. 22. 1. 1982, BGBl I 21, geänd. durch 2. Rechtsbereinigungsgesetz v. 16. 12. 1986, BGBl I 2441 (DBR VF 30)
BWNotZ	Zeitschrift für das Notariat in Baden-Württemberg
das.	daselbst
DAVorm	Der Amtsvormund (Zeitschrift)
DB	Der Betrieb (Zeitschrift)
DBA	Doppelbesteuerungsabkommen
DBR	Das Deutsche Bundesrecht
DFGT	Deutscher Familiengerichtstag
Die Justiz	Amtsblatt des Justizministeriums Baden-Württemberg
DNotZ.	Deutsche Notar-Zeitschrift
DR	Deutsches Recht (Zeitschrift, 1939–1945)
DRiZ	Deutsche Richterzeitung
DStR	Deutsches Steuerrecht (Zeitschrift)
DStZ	Deutsche Steuerzeitung
DVKostG	Durchführungsvorschriften zu den Kostengesetzen
EBE	Eildienst: Bundesgerichtliche Entscheidungen
EFG	Entscheidungen der Finanzgerichte
EGBGB	Einführungsgesetz zum Bürgerlichen Gesetzbuch, geänd. durch Gesetz zur Neuregelung des Internationalen Privatrechts v. 25. 7. 1986, BGBl I 1142
EGHGB	Einführungsgesetz zum Handelsgesetzbuch
EheG	Ehegesetz
1. EheRG	Erstes Gesetz zur Reform des Ehe- und Familienrechts v. 14. 6. 1976, BGBl I 1421
Einl.	Einleitung
ErbStG	Erbschaftssteuer- und Schenkungssteuergesetz v. 17. 4. 1974, BGBl I 933, geänd. durch StBereinG 1986 (DBR VII B 18)
EStDV	Einkommensteuer-Durchführungs-Verordnung
EStG	Einkommensteuergesetz idF v. 27. 2. 1987, BGBl I 657 (DBR VII B 10)
EStR	Einkommensteuer-Richtlinien

f.	folgende (Einzahl)
FamRÄndG	Familienrechtsänderungsgesetz v. 11. 8. 1961, BGBl I 1221
FamRZ	Zeitschrift für das gesamte Familienrecht
ff.	folgende (Mehrzahl)
FG	Finanzgericht
FGG	Gesetz über die Angelegenheiten der Freiwilligen Gerichtsbarkeit
FinMin	Finanzministerium
FlurBG	Flurbereinigungsgesetz idF v. 16. 3. 1976, BGBl I 546, zuletzt geänd. durch BauGB (DBR IV B 10)
Fn.	Fußnote
FR	Finanzrundschau (Zeitschrift)
Fschr.	Festschrift
GAL	Gesetz über eine Altershilfe für Landwirte idF v. 14. 9. 1965, BGBl I 1448, zuletzt geänd. durch Rentenanpassungs-Ges. 1987 (DBR VE 57)
Ges.	Gesetz
GG	Grundgesetz
GKG	Gerichtskostengesetz idF v. 15. 12. 1975, BGBl I 3047, m. zahlreichen spät. Änderungen, zuletzt durch das Kostenänderungsgesetz v. 9. 12. 1986, BGBl I 2326 (DBR II B 90)
GleichbG	Gesetz über die Gleichberechtigung von Mann und Frau auf dem Gebiet des bürgerlichen Rechts v. 18. 7. 1957
GmbH	Gesellschaft mit beschränkter Haftung
GmbHG	Gesetz betr. die Gesellschaften mit beschränkter Haftung
GmbH-Rdsch.	GmbH-Rundschau (Zeitschrift)
GrErwStG	Grunderwerbsteuergesetz 1983 v. 17. 12. 1982, BGBl I 1777 (DBR VII B 47)
GS	Großer Senat
GVG	Gerichtsverfassungsgesetz
Haager MJSchÜb	Haager Minderjährigenschutzübereinkommen
HEZG	Hinterbliebenenrenten- und Erziehungszeitengesetz v. 11. 7. 1985, BGBl I 1450
HGB	Handelsgesetzbuch, geändert durch BiRiLiG
hM	herrschende Meinung
HStruktG	Haushaltsstrukturgesetz v. 18. 12. 1975, BGBl I 3091
2. HStruktG	2. Haushaltsstrukturgesetz v. 22. 12. 1981, BGBl I 1523 = BStBl 1982 I 235
HÜ	Haager Übereinkommen (betr. Unterhalt, 1956, 1973)
idF	in der Fassung
InF	Die Information über Steuer und Wirtschaft (Zeitschrift)
Interlok. Priv.R	Interlokales Privatrecht
Internat. Priv.R	Internationales Privatrecht
IPG	Gutachten zum ausländischen und internationalen Privatrecht
IPR	Internationales Privatrecht
IPRax	Praxis des Internationalen Privat- und Verfahrensrechts (Zeitschrift)
i. w.	im wesentlichen

JMBlNRW . . . . Justizministerialblatt Nordrhein-Westfalen
JR . . . . Juristische Rundschau (Zeitschrift)
JurBüro . . . . Das juristische Büro (Zeitschrift)
JuS . . . . Juristische Schulung (Zeitschrift)
JVBl. . . . . Justizverwaltungsblatt
JWG . . . . Jugendwohlfahrtsgesetz idF v. 25. 4. 1977, BGBl I 633, 795, zuletzt geänd. durch HBeglG 1984 (DBR VG 10)
JZ . . . . Juristenzeitung
JZ-GD . . . . Juristenzeitung-Gesetzgebungsdienst

KG . . . . Kammergericht (mit Fundstelle)
KG . . . . Kommanditgesellschaft
KLG . . . . Kindererziehungsleistungsgesetz v. 12. 7. 1987, BGBl I 1585
Komm. . . . . Kommentar
KonkO . . . . Konkursordnung
KostO . . . . Kostenordnung, geändert durch Kostenänderungsgesetz v. 9. 12. 1986, BGBl I 2326 (DBR II B 91)
KV . . . . Kostenverzeichnis (Anlage zu § 11 Abs. 1 GKG)
KVKG . . . . Krankenversicherungs-Kostendämpfungsgesetz v. 27. 6. 1977, BGBl I 1069, geänd. durch Haushalts-Begleitgesetz 1984 v. 22. 12. 1983, BGBl I 1532 (DBR VE 14)

LAG . . . . Landesarbeitsgericht
Leits. . . . . Leitsatz
LG . . . . Landgericht
Lit. . . . . Literatur
LM . . . . Lindenmaier-Möhring, Nachschlagewerk des BGH
LS . . . . Leitsatz
LStDV . . . . Lohnsteuer-Durchführungs-Verordnung
LStR . . . . Lohnsteuer-Richtlinien
LVA . . . . Landesversicherungsanstalt

MBKK . . . . Musterbedingungen des Verbandes der privaten Krankenversicherung
MDR . . . . Monatsschrift für Deutsches Recht
MittBayNot . . . . Mitteilungen des Bayerischen Notarvereins, der Notarkasse und der Landesnotarkammer Bayern
MünchKomm. . . . . . . Münchener Kommentar z. BGB (Beck-Verlag), s. Lit.-Verz.
m. weit. Hinw. . . . . . . mit weiteren Hinweisen
m. weit. Nachw. . . . . . mit weiteren Nachweisen

NÄG . . . . Namensänderungsgesetz v. 5. 1. 1938, BGBl III 4 Nr. 401-1
NdsRPfl. . . . . Niedersächsische Rechtspflege, hrsg. v. Niedersächsischen Ministerium der Justiz
NDV . . . . Nachrichtendienst des Deutschen Vereins für öffentliche und private Fürsorge
NEhelG . . . . Gesetz über die rechtliche Stellung der nichtehelichen Kinder v. 19. 8. 1969
NJW . . . . Neue Juristische Wochenschrift
NJW-RR . . . . NJW-Rechtsprechungs-Report
NWB . . . . Neue Wirtschaftsbriefe

OLG . . . . Oberlandesgericht
OLGZ . . . . Entscheidungen der Oberlandesgerichte in Zivilsachen

PStG . . . . Personenstandsgesetz

RabelsZ . . . . Zeitschrift für ausländisches und internationales Privatrecht, begründelt von Rabel
RAG . . . . Rentenanpassungsgesetz
RAG 1983 . . . . Rentenanpassungsgesetz v. 20. 12. 1982, BGBl I 1888
RAG 1984 . . . . Rentenanpassungsgesetz v. 27. 6. 1984, BGBl I 793
RAG 1985 . . . . Rentenanpassungsgesetz v. 5. 6. 1985, BGBl I 913 (DBR VE 18)
RAG 1986 . . . . Rentenanpassungsgesetz v. 13. 5. 1986, BGBl I 697 (DBR VE 18 a)
RAG 1987 . . . . Rentenanpassungsgesetz v. 19. 12. 1986, BGBl I 2591 (DBR VE 18 b)
RdA . . . . Recht der Arbeit (Zeitschrift)
RdL . . . . Recht der Landwirtschaft (Zeitschrift)
RG . . . . Reichsgericht
RGRK . . . . BGB, Komm., hrsg. v. Mitgliedern des Bundesgerichtshofs
RGZ . . . . Entscheidungen des RG in Zivilsachen (amtliche Sammlung)
RiA . . . . Recht im Amt (Zeitschrift)
RKnG . . . . Reichsknappschafts-Gesetz, geänd. durch 7. RV-ÄndG v. 19. 12. 1986, BGBl I 481 (DBR VE 2)
Rpfleger . . . . Der Deutsche Rechtspfleger (Zeitschrift)
RPflG . . . . Rechtspfleger-Gesetz
RVO . . . . Reichsversicherungsordnung, zuletzt geänd. durch Ges. v. 27. 1. 1987, BGBl I 481 (DBR VE 1)
Rz. . . . . Randziffer

SAE . . . . Sammlung arbeitsrechtlicher Entscheidungen
SchlHA . . . . Schleswig-Holsteinische Anzeigen (Justizministerialblatt für Schleswig-Holstein)
SchlHOLG . . . . Schleswig-Holsteinisches Oberlandesgericht
Schriftl. . . . . Schriftleitung
SGB . . . . Sozialgesetzbuch, I. Buch, Allgemeiner Teil; IV. Buch, Sozialversicherung, Gemeinsame Vorschriften
SGb . . . . Sozialgerichtsbarkeit (Zeitschrift)
SozR . . . . Sozialrecht, bearb. von den Richtern des BSG (neue Folge, 1974 ff.)
SparPG . . . . Spar-Prämiengesetz idF v. 10. 2. 1982, BGBl I 125, geändert durch StSenkG 1986/1988 (DBR VII B 11)
StAZ . . . . Das Standesamt (Zeitschrift)
StBereinG . . . . Steuerbereinigungsgesetz 1986 v. 19. 12. 1985, BGBl I 2434, BStBl 1985 I 705
StGB . . . . Strafgesetzbuch idF v. 10. 3. 1987, BGBl I 945 (m. Berichtigung, 1160)
str. . . . . streitig
StSenkErwG . . . . Steuersenkungserweiterungsgesetz v. 14. 7. 1987, BGBl I 1629
StSenkG 1986/1988 . . . Steuersenkungsgesetz 1986/1988 v. 26. 6. 1985, BGBl I 1153, BStBl I 391
StuW . . . . Steuer und Wirtschaft (Zeitschrift)

StW . . . . Steuerwarte (Zeitschrift)
SubvAbG . . . . Subventions-Abbaugesetz v. 26. 6. 1981, BGBl I 537 (DBR VII F 30)
SVG . . . . Soldatenversorgungsgesetz idF v. 5. 3. 1987, BGBl I 842 (DBR I P 29)

UÄndG . . . . Gesetz zur Änderung unterhaltsrechtlicher, verfahrensrechtlicher und anderer Vorschriften (UÄndG) v. 20. 2. 1986, BGBl I 301
USG . . . . Unterhaltssicherungsgesetz idF v. 9. 9. 1980, BGBl I 1685, zuletzt geänd. durch Ges. v. 18. 2. 1986, BGBl I 265 (DBR I P 30)

VAHRG. . . . . Gesetz zur Regelung von Härten im Versorgungsausgleich v. 21. 2. 1983, BGBl 1983 I 105
VAWMG . . . . Gesetz über weitere Maßnahmen auf dem Gebiet des Versorgungsausgleichs v. 18. 12. 1986, BGBl I 2317
VermBG. . . . . Vermögensbildungsgesetz idF v. 19. 2. 1987, BGBl I 630 (DBR VB 70)
VermStG . . . . Vermögensteuergesetz idF v. 14. 3. 1985, BGBl I 558 (DBR VII B 17)
VersR . . . . Versicherungsrecht (Zeitschrift)
VO . . . . Verordnung
Vorbem. . . . . Vorbemerkung
VVG . . . . Versicherungsvertragsgesetz

WährG. . . . . Währungsgesetz
WertV . . . . Wertermittlungs-VO v. 15. 8. 1972, BGBl I 1417 (DBR VH 40 a)
WEG. . . . . Wohnungseigentumsgesetz
2. WoBauG . . . . Wohnungsbaugesetz idF v. 30. 7. 1980, BGBl I 1085, zuletzt geänd. durch Ges. v. 21. 7. 1982, BGBl I 969 (DBR VH 11)
WohneigFG . . . . Wohneigentumsförderungsgesetz v. 15. 5. 1986, BGBl I 730, BStBl I 278
WoPG . . . . Wohnungsbau-Prämiengesetz idF v. 10. 2. 1982, BGBl I 131, geändert durch Gesetz v. 28. 11. 1983, BGBl I 1377
WPflG . . . . Wehrpflichtgesetz idF v. 13. 6. 1986, BGBl I 879 (DBR IP 25)
WPM. . . . . Wertpapiermitteilungen (Zeitschrift)

ZblJugR . . . . Zentralblatt für Jugendrecht (bis 1983)
ZBR . . . . Zeitschrift für Beamtenrecht
ZDG . . . . Gesetz über den Zivildienst
ZfJ . . . . Zeitschrift für Jugendrecht (seit 1984)
ZGR . . . . Zeitschrift für Unternehmens- und Gesellschaftsrecht
ZIP . . . . Zeitschrift für Wirtschaftsrecht und Insolvenzpraxis
ZMR . . . . Zeitschrift für Miet- und Raumrecht
ZPO . . . . Zivilprozeßordnung
ZVersWiss . . . . Zeitschrift für Versicherungswissenschaft
ZVG . . . . Zwangsversteigerungsgesetz
ZZP. . . . . Zeitschrift für Zivilprozeß

Literaturverzeichnis

Altersversorgung (mit Beamtenrecht und Beamtenversorgung)

Ahrend/Förster, Gesetz zur Verbesserung der betrieblichen Altersversorgung, 2. Aufl. 1979

Battis, Bundesbeamtengesetz, 1980

Berger/Kiefer, Das Versorgungsrecht für die Arbeitnehmer im öffentlichen Dienst, 2 Bde., 1976

Blomeyer/Otto, Gesetz zur Verbesserung der betrieblichen Altersversorgung, 1984

Handbuch der betrieblichen Altersversorgung, 6. Aufl., 12. Nachtragslieferung, 1981

Heubeck/Höhne/Paulsdorff/Weinert, Gesetz zur Verbesserung der betrieblichen Altersversorgung, Bd. 1, 2. Aufl. 1982

Heubeck/Höhne/Rau/Weinert, Gesetz zur Verbesserung der betrieblichen Altersversorgung, Gesetzestext m. Einführung, 2. Aufl. 1975

Höfer/Abt, Gesetz zur Verbesserung der betrieblichen Altersversorgung, Bd. I, 2. Aufl. 1982

Kiefer/Giloy, Die Verbesserung der betrieblichen Altersversorgung, 1975

Schaub, Arbeitsrechtshandbuch, 5. Aufl. 1983 (jetzt 6. Aufl. 1987), zit. nach 5. Aufl.

Schaub/Schusinski/Ströer, Altersvorsorge, 1976

Stegmüller/Schmalhofer/Bauer, Beamtenversorgungsgesetz (Kommentar, Loseblattausgabe, 2 Bde.), Stand 1987

Bürgerliches Recht mit Nebengebieten
(einschließl. EGBGB, EheG, HausrVO, WEG)

v. Bar, Internationales Privatrecht, 1. Bd., Allgemeine Lehren, 1987

Bärmann/Merle/Pick, WEG 6. Aufl. 1987

Bärmann/Pick, WEG m. Erläuterungen, 11. Aufl. 1985

Battes in Fschr. f. Heinz Hübner, 1984: Auseinandersetzung, Rückabwicklung, Entgelt, Leistungen an den Partner während der Ehe ... und ihre Auswirkungen im Fall der Scheidung ...

Becker, Versorgungsausgleichsverträge, 1983

Beck'sches Formularbuch zum Bürgerlichen, Handels- und Wirtschaftsrecht, 3. Aufl. 1984

Bergerfurth, Der Ehescheidungsprozeß und die anderen Verfahren, 6. Aufl. 1986

–, Das Eherecht, 8. Aufl. 1987

Böhmer/Siehr, Das gesamte Familienrecht, Bd. 2, Das internationale Recht (3. Aufl., Loseblattausgabe), 1979ff.

Borth, Versorgungsausgleich in anwaltschaftlicher und familiengerichtlicher Praxis, 1983

Bosch in Fschr. f. Beitzke, 1979, S. 121: Widerruf von Schenkungen unter (geschiedenen) Ehegatten

Brühler Schriften zum Familienrecht, Bd. 1: Dritter Deutscher Familiengerichtstag 1980, 1981; Bd. 2: Vierter Deutscher Familiengerichtstag 1981, 1982; Bd. 3: Fünfter Deutscher Familiengerichtstag 1983, 1984; Bd. 4: Sechster Deutscher Familiengerichtstag 1985, 1986

Coester, Das Kindeswohl als Rechtsbegriff, 1983

Diederichsen, Die Ehedauer als Begrenzungskriterium für den nachehelichen Unterhalt in Fschr. f. Müller-Freienfels, 1986

Dölle, Familienrecht 2 Bde., 1964, 1965

Dürr, Verkehrsregelungen gemäß § 1634 BGB, 2. Aufl. 1978
Erman, BGB, 2 Bde., 7. Aufl. 1981
Fenn, Die Mitarbeit in den Diensten Familienangehöriger, 1970
Firsching, Einführung in das Internationale Privatrecht, 3. Aufl. 1987
Gernhuber, Familienrecht, 3. Aufl. 1980
Göppinger u. a., Unterhaltsrecht, 5. Aufl. 1987 (begründet von Brühl)
Heiß u. a., Unterhaltsrecht (Loseblattausgabe), 1985 ff.
Henrich in Fschr. f. F. W. Bosch, 1976, S. 411: Auswirkungen des Ehereformgesetzes auf das internationale Familienrecht
Hoffmann/Stephan, EheG, 2. Aufl. 1968
Holzhauer, Familien- und Erbrecht, Freiwillige Gerichtsbarkeit, 1984
Hoppenz, Familiensachen, Kommentar anhand der Rechtsprechung des BGH, 2. Aufl. 1987
Jauernig, BGB, 4. Aufl. 1987
Kalthoener/Büttner, Die Rechtsprechung zur Höhe des Unterhalts, 3. Aufl. 1985
Kanzleiter, Vereinbarungen unter Ehegatten (RWS-Skript 14), 3. Aufl. 1984
Köhler, Handbuch des Unterhaltsrechts, 7. Aufl. 1987
Kropholler, Gleichberechtigung durch Richterrecht, 1975
–, Das Haager Abkommen über den Schutz Minderjähriger, 2. Aufl. 1977
Kühne in Fschr. f. Beitzke, 1979, S. 249: Wechselbeziehungen zwischen ehelichem Güterrecht und Zuwendungsgeschäften unter Ehegatten
Lange/Kuchinke, Lehrbuch des Erbrechts, 2. Aufl. 1978
Langenfeld, Der Ehevertrag, 3. Aufl. 1985 (dtv)
–, Handbuch der Eheverträge und Scheidungsvereinbarungen, 1984
Lempp, Die Ehescheidung und das Kind, 1976
Lieb, Die Ehegattenmitarbeit im Spannungsfeld zwischen Rechtsgeschäft, Bereicherungsausgleich und gesetzlichem Güterstand, 1970
Lohmann, Neue Rechtsprechung des BGH zum Familienrecht, 5. Aufl. 1986
v. Lübtow, Erbrecht, 2 Bde., 1971
Mikat in Fschr. f. Beitzke, 1979, S. 293: Verfassungsrechtliche Aspekte der Neuordnung der „Schlüsselgewalt" in § 1357 BGB
Müller-Alten, Ehescheidung und Scheidungsverträge, 1984
Müller-Freienfels, in Fschr. f. Beitzke, 1979, S. 311: Zur Unterschätzung der Überschätzungen unterhaltsrechtlicher Steigerungsmöglichkeiten
Münchener Kommentar z. BGB, Bd. 2, Schuldrecht, Allg. Teil, 2. Aufl. 1985; Bd. 3, 2. Halbband, Schuldrecht, Besonderer Teil, §§ 652–853, 2. Aufl. 1986; Bd. 5, Familienrecht, 1978; Bd. 6, Erbrecht, 1982; Ergänzungs-Bd. (Loseblatt), Stand 1984, Bd. 5, 2. Halbband (§§ 1589–1921), 2. Aufl. 1987
Münchener Vertragshandbuch, Bd. 4, 2. Halbband, 2. Aufl. 1986
Nagel, Familiengesellschaft und elterliche Gewalt, 1968
Palandt, BGB, 46. Aufl. 1987
Praxis des neuen Familienrechts, Referate und Berichte . . ., 1978
Reinhardt, Die Zulässigkeit des Verzichts auf den nach Scheidung der Ehe gegebenen Unterhaltsanspruch, 1965
RGRK, BGB, 10./11. Aufl., Bd. 4/3, 1968, EheG; 12. Aufl. §§ 812 ff., 1974; §§ 1353–1360 b, 1981; §§ 1361–1362, 1984; §§ 1363–1390, 1975; §§ 1408–1563, 1978; §§ 1564–1567, 1983; §§ 1588–1600 o, 1981; §§ 1601–1615 o, 1984; §§ 1616–1625, 1986; §§ 1638–1704, 1986; EheG §§ 58–73, 1986; HausrVO, 1986
Ruland/Tiemann, Der Versorgungsausgleich und steuerliche Folgen der Ehescheidung, 1977 (NJW-Schriften, Heft 28), Beiheft 1982
Ruland, Probleme des Versorgungsausgleichs in der betriebl. Altersversorgung und privaten Rentenversicherung, 1982 (NJW-Schriften, Heft 28 a)
Saage/Göppinger, Freiheitsentziehung und Unterbringung, 2. Aufl. 1975

Schwab, D., Tendenzen im Recht des Geschiedenenunterhalts, 1983
–, Handbuch des Scheidungsrechts, 1977
–, Familienrecht (Grundriß), 4. Aufl. 1986
Seutemann, Der Widerruf von Schenkungen unter Ehegatten, 1984
Soergel, BGB, 10. Aufl., Bd. 3, §§ 705 ff., 1969; 11. Aufl., Bd. 5, Familienrecht, 1981 m. Nachtr. (Loseblatt), 1983
Sonnenberger in Fschr. f. Beitzke, 1979, S. 739: Der Versorgungsausgleich im Internationalen Privatrecht
Staudinger's Kommentar z. BGB, 10./11. Aufl., § 634, 1964; § 1671, 1966; §§ 1408 ff., 1970; 12. Aufl., §§ 255–327, 1979; §§ 433–580 a, 1978; §§ 657–740, 1980; §§ 741–778, 1982; §§ 812–822, 1979; §§ 1363–1390, 1979; §§ 1589–1600 o, 1983; 1705–1740 g, 1984; §§ 1924–1966, 1979; §§ 2058–2086, 1987; EGBGB, 10./11. Aufl., Art. 13–17, 1973; 12. Aufl., Art. 13–17, 1983; Art. 18 m. Haager Übereinkommen, 1979
Treitz, Die Verteilung der elterlichen Gewalt bei Auflösung der Elternehe . . ., 1974
Tzschaschel, Eheverträge, 1983
Voskuhl/Pappai/Niemeyer, Der Versorgungsausgleich in der Praxis, 1976
Walter, Eigentumserwerb in der Ehe, 1981
Wendl/Staudigl, Das Unterhaltsrecht in der familiengerichtlichen Praxis, 1986
de Witt/Huffmann, Nichteheliche Lebensgemeinschaft, 2. Aufl., 1986
Zur Sache 2/76, Thema parlamentarischer Beratung, Reform des Ehe- und Familienrechts, Versorgungsausgleich, 1976

1. EheRG

Ambrock, Ehe und Ehescheidung (Kommentar), 1977
Bastian/Roth-Stielow/Schmeiduch, 1. EheRG, 1977
Kissel, Ehe und Ehescheidung, 2 Bde., 1977
Rolland, Das neue Ehe- und Familienrecht, 1. EheRG, 2. Aufl., 1982
–, Gesetz zur Regelung von Härten im Versorgungsausgleich, 1983
Schwab, Dieter, Handbuch des Scheidungsrechts, 1977

Gesellschaftsrecht

AktG, Großkomm., begründet v. *Gadow* u. a., fortgeführt von *Barz*, *Meyer-Landrut* u. a., 3. Aufl., 1970 ff.
Baumbach/Duden/Hopt, HGB, 27. Aufl. 1987
Baumbach/Hueck, AktG, 13. Aufl. 1968
Baumbach/Hueck, GmbHG, 14. Aufl. 1985
Bökelmann, Dieter, Nutzungen und Gewinn bei Unternehmensnießbrauch, 1971
Brox in Fschr. f. F. W. Bosch, 1976, S. 75: Die unentgeltliche Aufnahme von Kindern in eine Familien-Personengesellschaft
Flume in Fschr. f. Larenz, 1973, S. 769: Die Rechtsnachfolge in die Mitgliedschaft in einer Personengesellschaft . . .
Gessler/Hefermehl/Eckhardt/Kropff, AktG, 1973 ff.
GmbHG, Großkomm. begründet v. *Hachenburg*, fortgeführt v. *Barz* u. a., 7. Aufl. 1975 ff.
Godin/Wilhelmi, AktG, 4. Aufl. 1971
Haegele/Litfin, jetzt bearb. von *Langenfeld*, *Gail*, Handbuch des Familienunternehmens, 6. Aufl. 1986
Heckelmann, Abfindungsklauseln in Gesellschaftsverträgen, 1973
Hesselmann, Handbuch der GmbH und Co., 16. Aufl. 1980
HGB, Großkomm., 3. Aufl., Bd. II/1, §§ 105 ff., 1967 ff.
Hueck, Das Recht der Offenen Handelsgesellschaft, 4. Aufl. 1971

Klauss/Mittelbach, Kommanditgesellschaft, 3. Aufl. 1976
Kölner Komm. zum AktG, hrsg. v. *Zöllner,* 1970ff.
Möhring/Schwartz/Rowedder/Haberlandt, Die Aktiengesellschaft und ihre Satzung, 2. Aufl. 1966
Paulick, Handbuch der Stillen Gesellschaft, 3. Aufl. 1981
Schlegelberger/Gessler/Hefermehl/Hildebrandt/Schröder, HGB, 5. Aufl., 1973ff.
Sudhoff, Das Familienunternehmen, die Verträge der Einzelunternehmen ... 1980
–, Der Gesellschaftsvertrag der GmbH, 7. Aufl. 1987
–, Der Gesellschaftsvertrag der GmbH und Co., 4. Aufl. 1979
–, Der Gesellschaftsvertrag der Personengesellschaften, 6. Aufl. 1985
Westermann/Scherpf/Paulick/Bulla/Hackbeil, Handbuch der Personengesellschaften, 3. Aufl. 1979ff. (Loseblattausgabe)

Sozialrecht

Bley/Gitter/Göbelsmann/Gurgel/Heinze/Müller/Schroeter, Sozialgesetzbuch, Sozialversicherung, Gesamtkommentar, 3. Aufl., 1976ff., 7 Bde., Loseblattausgabe, Stand 1987
Bley, Sozialrecht, 5. Aufl. 1986
Brackmann, Handbuch der Sozialversicherung, 10. Aufl. 1985 (Loseblattausgabe)
Burdenski/v. Maydell/Schellhorn, Gemeinschaftskomm. z. SGB I, 2. Aufl. 1981
Erlenkämper, Sozialrecht, 1984
Gitter, Sozialrecht, 2. Aufl. 1986
Gottschick/Giese, BSHG, 9. Aufl. 1985
Hauck/Haines, SGB IV (Loseblattausgabe) 1977ff.
Knopp/Fichtner, BSHG, 5. Aufl. 1983
Krauskopf/Schroeder-Printzen, Soziale Krankenversicherung, 2. Aufl. 1987 (Loseblattausgabe)
Peters, Sozialgesetzbuch, Allg. Teil, 1976ff. (Loseblattausgabe)
–, Sozialgesetzbuch, Gemeinsame Vorschriften für die Sozialversicherung, 1980 (Loseblattausgabe)
RVO, Gesamtkommentar, s. *Bley/Gitter* u. a.
Schellhorn, BSHG, 12. Aufl. 1985
Wannagat, Lehrbuch des Sozialversicherungsrechts, 1. Bd. 1985

Standesrecht mit Strafrecht

Borgmann/Haug, Anwaltshaftung, 2. Aufl. 1986
Dreher/Tröndle, StGB, 43. Aufl. 1986
Geppert, Der strafrechtliche Parteiverrat, 1961
Isele, Bundesrechtsanwaltsordnung, 1976
Kalsbach, Standesrecht des Rechtsanwalts, 1956
Lingenberg/Hummel, Komm. zu den Grundsätzen des anwaltlichen Standesrechts, 1981
Rinsche, Die Haftung des Anwalts und Notars, 2. Aufl. 1986
Schönke/Schröder, StGB, 22. Aufl. 1985
Seybold/Hornig, Bundesnotarordnung, 5. Aufl. 1976

Steuerrecht

Doehlert, Steuerfolgen bei Auflösung der Güter- und Zugewinngemeinschaft, 1973
Fritzsche/Nägele, Steuerabzug durch den Arbeitgeber, 4. Aufl. 1986
Göppinger/Märkle, Unterhaltsrecht, 5. Aufl. 1987 (Rz. 2000–2133, S. 937–1047)

Herrmann/Heuer, EStG, 14 Bde. (Loseblattausgabe), 19. Aufl. 1982ff., Stand 1987
Lademann/Söffing/Brockhoff, Komm. z. EStG, 5 Bde., 3. Aufl. 1980ff. (Loseblattausgabe)
Littmann, Das Einkommensteuerrecht, 2 Bde., 14. Aufl. 1985
Märkle, Die Einkommensteuer-Erklärung, 4. Aufl. 1985
Märkle, Die Steuern des Haus- und Wohnungseigentums, 3. Aufl. 1987
Märkle/Hiller, Die Einkommensteuer bei Land- und Forstwirten, 3. Aufl. 1984
Meincke/Michel, Erbschaftsteuer- und Schenkungsteuergesetz, 7. Aufl. 1981
Schmidt, Einkommensteuergesetz, 5. Aufl. 1986
Schulze zur Wiesche, Die Besteuerung der Familie nach dem Einkommensteuerreformgesetz, steuerliche Folgen im Zusammenhang mit der Ehescheidung, 1976
–, Vereinbarungen unter Familienangehörigen und ihre steuerlichen Folgen, 4. Aufl. 1984
Stäuber/Walter, Kommentar zum Wohnungsbau-Prämiengesetz und zur steuerlichen Bausparförderung, 9. Aufl. 1982
Troll, Erbschaftsteuer- und Schenkungsteuergesetz, 3. Aufl., Loseblatt-Komm., Stand 1986

Verfahrensrecht mit Nebengebieten
(einschl. Gerichtskosten und Anwaltsgebühren)

Bassenge/Herbst, FGG und RPflG, 4. Aufl. 1986
Baumbach/Lauterbach/Albers/Hartmann, ZPO, 5. Aufl. 1987
Bender/Belz/Wax, Das Verfahren nach der Vereinfachungsnovelle und vor dem Familiengericht, 1977
Bergerfurth, Der Anwaltszwang und seine Ausnahmen, 1981
–, Der Ehescheidungsprozeß, 6. Aufl. 1986
Bumiller/Winkler, FGG, 3. Aufl. 1980
Gerhardt in Fschr. f. Beitzke, 1979, S. 191: Zur formellen Rechtskraft von Scheidungsurteilen
Gerold/Schmidt, BRAGO, 8. Aufl. 1984
Gießler, Vorläufiger Rechtsschutz in Ehe-, Familien- und Kindschaftssachen, 1987 (NJW-Schriftenreihe, Heft 46)
Göppinger in Juristen-Jahrbuch 9 (1968), S. 86: Das Ermessen des Richters
Göppinger/Mutschler, Unterhaltsrecht, 2. Bd. Verfahrensrecht, 3. Aufl. 1976 (begründet von Brühl)
Göppinger/Wax, Unterhaltsrecht, 5. Aufl. 1987 (Rz. 3001–3457, S. 1048–1265)
Göttlich/Mümmler, BRAGO, 16. Aufl. 1987
Göttlich/Mümmler, KostO, 9. Aufl. 1987
Haberzettl, Streitwert und Kosten in Ehe- und Familiensachen, 2. Aufl. 1985
Haegele/Schöner/Stöber, Grundbuchrecht, 8. Aufl. 1986
Hartmann, Kostengesetze, 22. Aufl. 1987
Hillach/Rohs, Handbuch des Streitwerts in bürgerlichen Rechtsstreitigkeiten, 5. Aufl. 1984
Jaeger, Konkursordnung, 8. Aufl., Bd. 1, §§ 1–70, bearb. *v. Lent,* 1958, 9. Aufl., Lief. 1, §§ 1–9, bearb. *v. Henckel,* 1977
Jansen, FGG, 2. Aufl., Bd. I 1969, Bd. II 1970, Bd. III (BeurkG) 1971
Jauernig, Zivilprozeßrecht, 21. Aufl. 1985
Keidel/Kuntze/Winkler u. a., Freiwillige Gerichtsbarkeit, 2 Bde., 12. Aufl. 1987, 1986
Kersten, Praxis der Familiengerichtsbarkeit, 1983
Kersten/Bühling/Appell/Kanzleiter, Formularbuch und Praxis der freiwilligen Gerichtsbarkeit, 17. Aufl. 1980
Korintenberg/Lappe/Bengel/Reimann, Kostenordnung, 10. Aufl. 1984
Kuhn/Uhlenbruck, KonkO, 10. Aufl. 1986

Lappe, Kosten in Familiensachen, 4. Aufl. 1983
Linke in Fschr. f. Beitzke, 1979, S. 269: Parteifreiheit und Richterinitiative im Scheidungsverfahren
Nagel, Internationales Zivilprozeßrecht, 2. Aufl. 1984
Rahm/Künkel (Hrsg.), Handbuch des Familiengerichtsverfahrens, Loseblattausg., 2. Aufl. 1985ff. (Stand 1987)
Riedel/Fraunholz/Keller/Sussbauer, BRAGO, 5. Aufl. 1985
Rohs/Wedewer, Kostenordnung, 2. Aufl. 1981 (Loseblattausgabe)
Rosenberg/Schwab, Zivilprozeßordnung, 14. Aufl. 1986
Schmidt/Schmidt, Der Gegenstandswert in bürgerlichen Rechtsangelegenheiten, 2. Aufl. 1978
Schneider, Streitwert-Komm. für den Zivilprozeß, 7. Aufl. 1986
Schumann/Geißinger, BRAGO, 2. Aufl., 2 Bde., 1974, 1979
Schwab in Fschr. f. Schnorr v. Carolsfeld, 1973, S. 445: Das Verfahren zwischen den Instanzen
Stein/Jonas, Komm. zur ZPO, 19. Aufl. 1964ff., bearb. v. *Pohle, Grunsky, Leipold, Münzberg, Schlosser, Schumann;* 20. Aufl., §§ 606ff., bearb. v. *Schlosser*, 1977
Storz, Praxis des Zwangsversteigerungsverfahrens, 4. Aufl. 1986
Thomas/Putzo, ZPO, 14. Aufl. 1986
Walter, Der Prozeß in Familiensachen, 1985
Wolfsteiner, Die vollstreckbare Urkunde, 1978
Zeller/Stöber, Zwangsversteigerungsgesetz, 12. Aufl. 1987
Zöller, ZPO, 15. Aufl. 1987, bearb. v. *Geimer, Gummer, Mühlbauer, Philippi, Schneider, Stephan, Stöber, Vollkommer*

Versicherungsvertragsrecht

Bach/Moser, Private Krankenversicherung, 1984
Eichler, Versicherungsrecht, 2. Aufl. 1975
Prölss/Martin, Versicherungsvertragsgesetz, 23. Aufl. 1984

Währungsrecht

Dürkes, Wertsicherungsklauseln, 9. Aufl. 1982
Mittelbach, Wertsicherungsklauseln in Zivil- und Steuerrecht, 4. Aufl. 1980

Einleitung

1 Nach früherem Recht, also bis Juni 1977, kam ein sehr großer und immer größer werdender Prozentsatz der Ehescheidungen dadurch zustande, daß die Parteien Vereinbarungen schlossen über Regelungen, die hinsichtlich bestimmter Gegenstände nach der Scheidung gelten sollten, z. B. und vor allem über die Unterhaltspflicht gegenüber einem Ehegatten oder auch einen beiderseitigen Unterhaltsverzicht, über die elterliche Gewalt über die aus der Ehe hervorgegangenen Kinder (s. § 1671 Abs. 2 BGB a. F.) und die Ausübung des Verkehrsrechts des nichtsorgeberechtigten Elternteils (§ 1634 BGB a. F.) sowie über den Unterhalt der Kinder.

Wie zu erwarten war, hat sich nach Inkrafttreten des neuen Ehescheidungsrechts gezeigt, daß Vereinbarungen über die Scheidungsfolgen eine außerordentlich große praktische Bedeutung haben, eher noch größere Bedeutung als zuvor, da der Gesetzgeber mehrere Vorschriften geschaffen hat, die solche Vereinbarungen betreffen.[1] Besonderes Gewicht kommt hierbei den Vorschriften der §§ 1565 Abs. 1, 1566 Abs. 1 BGB, 630 ZPO zu und damit den hiernach nötigen Vereinbarungen. Freilich müssen dabei auch die Auswirkungen, z. B. und vor allem in steuerrechtlicher Hinsicht, beachtet werden. Viele Fragen, die sich nach früherem Recht auf die Führung des Rechtsstreits, auch zur Stellung von Anträgen zum Schuldausspruch, bezogen, sind zwar entfallen; dafür sind aber neue Probleme aufgetreten, die sowohl das materielle Recht der Scheidung der Ehe und der Scheidungsfolgen wie auch das Verfahrensrecht betreffen.[2]

Wünschenswert wird regelmäßig eine möglichst umfassende Regelung der Scheidungsfolgen sein. Nicht selten sind hierbei freilich schwierige Probleme zu lösen, da stets die Auswirkungen, z. B. in steuerrechtlicher Hinsicht und bezüglich einer Altersversorgung des einen geschiedenen Ehegatten – letzteres, wenn die Ehe nicht lediglich kurze Zeit bestanden hat –, geprüft und bedacht werden müssen. Nicht selten wird vor Stellung des Scheidungsantrags eine Gesamtvereinbarung geschlossen, d. h. die Scheidung soll nach dem Willen der Ehegatten von dem Zustandekommen der Vereinbarung abhängen.

---

[1] In der Begründung des RegE ist zu § 1585 c BGB gesagt (BT-Drucks. 7/650, S. 149, BJM-Brosch. S. 211): „Zur Vermeidung unnötigen Streits im Scheidungsverfahren und im Interesse des Ausschlusses späterer Unterhaltsstreitigkeiten erscheint eine möglichst frühzeitige und vertragliche Lösung der unterhaltsrechltichen Beziehungen der Ehegatten für die Zeit nach der Scheidung sogar erwünscht."

[2] Zur Vorbereitung und Einleitung des Scheidungsverfahrens gibt *Friederici*[8], AnwBl 1981, 376, wichtige Hinweise und Anregungen aus der Praxis, sowie zur Antragsschrift *Har. Vogel,* AnwBl 1982, 457; zahlreiche Muster und Vorschläge enthält die Schrift von *Kersten,* Praxis der Familiengerichtsbarkeit (hierzu *Bergerfurth,* FamRZ 1984, 245).

Sehr häufig werden, wie es auch zweckmäßig und empfehlenswert ist, die Vereinbarungen von Anwälten ausgehandelt und dann auch zu gerichtlichem Protokoll als Vergleich erklärt; im Falle einverständlicher Scheidung (§§ 1565, 1566 BGB) soll sogar über bestimmte Gegenstände ein vollstreckbarer Schuldtitel geschaffen werden (§ 630 Abs. 3 ZPO). Daher sind auch die hiermit zusammenhängenden Probleme einschließlich der Kosten behandelt.

Zuweilen wird es, gerade in umfangreicheren und schwierigen Fällen, wenn der Anwalt nicht zugleich Steuerberater ist, zweckmäßig sein, wegen der steuerlichen Auswirkungen, d.h. um die in steuerlicher Hinsicht günstigste Lösung und Regelung zu finden (s. auch Rdn. 52a), einen Steuerberater zuzuziehen, sowie gegebenenfalls zu Vereinbarungen über den Versorgungsausgleich einen Rentenberater.[3]

Manchmal wird von den Parteien ein Notar beauftragt, eine Vereinbarung über die Scheidungsfolgen zu beurkunden,[4] z.B. zufolge der Regelung des § 630 ZPO,[5] über Unterhaltsansprüche, Abfindungen, Beiträge für eine Kranken- und Lebensversicherung,[6] über Einzelheiten der Regelung des Zugewinnausgleichs[7] oder des Versorgungsausgleichs[8] oder über vermögensrechtliche Auseinandersetzungen,[9] etwa auch bezüglich eines Grundstücks,[10]

---

[3] Hierzu *Borgmann,* AnwBl 1982, 18, 19.

[4] Hierbei soll der Notar gemäß § 17 Abs. 1 BeurkG die Beteiligten über die rechtliche Tragweite des Geschäfts belehren und ihre Erklärungen klar und unzweideutig in der Niederschrift wiedergeben und auch darauf achten, daß ungewandte und unerfahrene Beteiligte nicht benachteiligt werden.

Darauf, daß die Vertragsfreiheit auf dem Gebiet des Eherechts für Beteiligte und Notar risikoreicher und schwieriger geworden ist, weist *Langenfeld,* BWNotZ 1979, 21, hin. Zu Möglichkeiten und Grenzen notarieller Vertragsgestaltungen bei Eheverträgen und Scheidungsvereinbarungen *Langenfeld,* 22. Dtsch. Notartag 1985, DNotZ 1985, 167*–182*; zur Ehevertragsgestaltung nach Ehetypen *Langenfeld,* FamRZ 1987, 9. Zu Scheidungsvereinbarungen s. noch *Langenfeld* im Münchener Vertragshandbuch, 4. Bd., S. 1138ff., sowie S. 1071ff. Zum Geschäftswert der Scheidungsfolgenvereinbarung *Mümmler,* JurBüro 1980, 1629, sowie Rz. 202.

[5] Dazu s. z.B. *Beck'sches Formularbuch* zum Bürgerlichen ... Recht, 3. Aufl. 1984, S. 589ff., V. 33; *Richter,* MittBayNot 1983, 95; *Jost,* NJW 1980, 327; zur Ehewohnung s. aber unten Rz. 642.

[6] Hierzu *Beck'sches Formularbuch,* S. 579ff., V.27, 38, 30, 31; *Kersten/Bühling/Appell/Kanzleiter,* S. 849ff.; zu Vereinbarungen über den nachehelichen Unterhalt in der Praxis *Langenfeld,* NJW 1981, 2377; *Giesing,* NJW 1982, 271; zur notariellen vollstreckbaren Urkunde (§ 794 Abs. 1 Nr. 5 ZPO) *Lynker,* JurBüro 1981, 183; *Weimar,* MDR 1981, 635.

[7] Siehe dazu *Kersten/Bühling/Appell/Kanzleiter,* S. 816f., *Langenfeld,* BWNotZ 1979, 21; *Beck'sches Formularbuch,* S. 562, V. 16.

[8] Hierzu *Beck'sches Formularbuch,* S. 571ff., 598ff., V.22, 37, 38, 39 (umfassende Vereinbarung), sowie *Paulick* in Fschr. f. Bosch, S. 763, 768ff., *Langenfeld,* aaO, S. 23f.

[9] Zur Tätigkeit des Anwalts bei außergerichtlicher Auseinandersetzung des Vermögens *Mümmler,* JurBüro 1986, 189.

[10] Dazu *Beck'sches Formularbuch,* S. 601ff., V.39.

oder irgendeine Teilregelung dieser Auseinandersetzung, z. B. eine Schenkung.[11] Die notarielle Beurkundung solcher Vereinbarungen hat in den letzten Jahren zunehmende Bedeutung gewonnen, wobei auch die Tatsache eine Rolle spielt, daß eine notarielle Urkunde regelmäßig geringere Kosten verursacht als ein gerichtlicher Vergleich mit Zuziehung von Anwälten auf beiden Seiten.[12]

Teilweise wird schon bei der Eheschließung mit einem güterrechtlichen Vertrag (§ 1408 Abs. 1 BGB) eine (mögliche) Scheidungsfolge geregelt, z. B. wenn ein Ehegatte großes Vermögen besitzt oder Inhaber eines Unternehmens ist, mit der Gütertrennung (§ 1414 Satz 1 BGB),[13] womit die Vorschriften der §§ 1372ff. BGB ausgeschlossen sind (noch nicht aber automatisch

---

[11] In einem solchen Falle ist der Notar verpflichtet, die Beteiligten über die güterrechtliche Auseinandersetzung und die diesbezüglichen Zusammenhänge und Auswirkungen, vor allem mit der Frage der Anrechnung auf den Zugewinnausgleich zu belehren, insbesondere wenn ein Beteiligter ungewandt ist (s. auch oben Fußn. 4).

[12] Dazu s. *Jost,* aaO, S. 331 m. Fn. 71ff.; *Richter,* aaO.

Ist zunächst ein Anwalt beauftragt, so ist dieser evtl. verpflichtet, auf die erwähnten Kostenfolgen aufmerksam zu machen, insbesondere bei einer beabsichtigten außergerichtlichen Vereinbarung über die Scheidungsfolgen, wenn diese Regelungen enthalten soll, die formbedürftig sind (s. z. B. §§ 313, 873, 1408 – dazu s. auch Rz. 490 m. Fn. 2, 4 –, 1414 BGB). Eine solche Belehrungspflicht ist zu bejahen, wenn die Partei den Anwalt über die entstehenden Kosten befragt (s. *BGH,* NJW 1980, 2128 = AnwBl 1980, 500; *Gerold/Schmidt,* Rz. 9, *Riedel/Sussbauer,* Rz. 4, *Schumann/Geißinger,* Rz. 24 je zu § 1 BRAGO), sowie ohne Befragung in besonderen Ausnahmefällen (s. *RGZ* 118, 365 = Auswahlsammlung Gruppe 2, Verfahrensrecht, Nebengesetze, S. 338; *BGH,* NJW 1969, 932 = WPM 1969, 846; *Borgmann/Haug,* Anwaltshaftung, S. 109ff. auch zu der dem Anwalt bekannten schlechten wirtschaftlichen Lage und zur Frage der Nachforschungspflicht, *OLG Köln,* NJW 1986, 725; *Lingenberg/Hummel,* § 58 Rz. 4, S. 401), z. B., wenn infolge eines hohen Streitwerts hohe Kosten entstehen, die Partei minderbemittelt und in Rechtsangelegenheiten, insbesondere gerichtlichen Verfahren und im Verkehr mit Anwälten, unerfahren ist und sich keine Vorstellung über die möglichen Kosten machen kann. Der Anwalt ist auch verpflichtet, unnötige Kosten zu vermeiden und die Partei ggf. auf Befragen über den kostengünstigsten Weg zur Regelung der Scheidungsfolgen zu belehren (s. zB *OLG Koblenz,* JurBüro 1986, 1661; *OLG Düsseldorf,* AnwBl 1987, 197); regelmäßig ist es nicht sinnvoll und notwendig, daß ein Anwalt oder die Anwälte beider Parteien einen Vertragsentwurf für den Notar vorbereiten (hierzu *LG Flensburg,* AnwBl 1987, 193).

Bei Verletzung der erwähnten Belehrungspflichten kann sich der Anwalt schadensersatzpflichtig machen, so daß die Partei mit einer Schadensersatzforderung gegen den Gebührenanspruch die Aufrechnung erklären kann (§§ 387ff. BGB), vgl. dazu *BGH,* NJW 1980, 2128. Zur Pflicht umfassender Beratung und Belehrung s. noch *BGH,* NJW 1987, 1322, auch *LG Flensburg,* aaO; *OLG Düsseldorf,* AnwBl 1984, 444 = MDR 1984, 937; AnwBl 1987, 147 (Pflicht zur Belehrung über Möglichkeit, Prozeßkostenhilfe in Anspruch zu nehmen). – Zum sekundären Schadenersatzanspruch gegen den Anwalt *Rinsche,* VersR 1987, 239. Zu den Anwaltsgebühren betr. Vorbereitung einer Scheidungsvereinbarung *Mümmler,* JurBüro 1986, 19.

[13] Hierzu *Beck'sches Formularbuch,* S. 562f., V.16; *Kersten/Bühling/Appell/Kanzleiter,* S. 820ff.; *Langenfeld,* aaO, S. 22. Zu den evtl. auftretenden Schwierigkeiten bei Scheidung der Ehe hinsichtlich etwaiger Zuwendungen zwischen den Ehegatten s. Rz. 517ff.

auch der Versorgungsausgleich) oder mit dem Ausschluß des Zugewinnausgleichs oder des Versorgungsausgleichs (§ 1414 Satz 2 BGB)[14] – womit Gütertrennung eintritt – oder mit Modifikationen des Zugewinnausgleichs.[15] Diese Eheverträge können übrigens schon Verlobte abschließen, sie werden dann mit der Eheschließung wirksam.

Zuweilen wird schon anläßlich der Eheschließung eine Regelung für den Fall des Scheiterns und der Scheidung der Ehe getroffen, insbesondere über die Frage der Unterhaltspflicht und des Unterhaltsverzichts; solche Vereinbarungen sind grundsätzlich als zulässig anzusehen, d. h. nicht (ohne weiteres) als sittenwidrig zu beurteilen, es sei denn, es lägen besondere Umstände vor.[16] Letzteres kann in Betracht kommen, wenn einem Unterhaltsverzicht überwiegende Belange eines Kindes entgegenstehen (s. dazu Rz. 317).

Für zulässig dürfte eine Vereinbarung zu halten sein, ein Unterhaltsanspruch nach der Scheidung der Ehe sei für den Ehegatten ausgeschlossen, der an der Auflösung der Ehe das überwiegende Verschulden trage.[17]

---

[14] *Beck'sches Formularbuch,* S. 564 ff., V. 18; *Kersten/Bühling/Appell/Kanzleiter,* S. 810 ff., 826 ff. Zur Frage der Belehrung der Vertragspartner durch den Notar s. *Winkler* (*Keidel/Kuntze/Winkler,* FG), BeurkG § 17 Rz. 17; zu § 17 Abs. 2 BeurkG *OLG Frankfurt,* NJW 1985, 1229 (Unterlassung eines Vermerks über die Belehrung). Zu einem Fall unrichtiger Belehrung durch den Notar *OLG Frankfurt,* FamRZ 1983, 176. Zur Aufklärung des Tatsachenkerns *BGH,* NJW 1987, 1266.

[15] Beispiele in *Beck'sches Formularbuch,* S. 562, V. 16. Zu einem einseitigen unentgeltlichen Verzicht *OLG Stuttgart,* FamRZ 1983, 498.

[16] Dazu s. *BGH,* FamRZ 1985, 788 = NJW 1985, 1833 = MDR 1985, 828 = JR 1986, 19; FamRZ 1987, 46 = JR 1987, 112 m. Anm. *Göppinger; OLG Hamm,* FamRZ 1982, 1215 m. Anm. *Bosch; Rolland,* Rz. 5 a, *Jauernig/Schlechtriem,* §§ 1585–1585 c Anm. 6; *MünchKomm./Richter,* Rz. 14, *Soergel/Häberle,* Rz. 6 zu § 1585 c BGB; *Langenfeld,* Ehevertrag, S. 132 ff., Handbuch, S. 210 ff., Rz. 581 ff. und NJW 1981, 2377; *Walter,* NJW 1981, 1409; *Diederichsen,* NJW 1977, 217, 223 re. Sp.; *D. Schwab,* Handbuch, Rz. 417; *Gernhuber,* § 26 I 1, S. 277 f. (der darauf hinweist, eine Vereinbarung zu dem Zweck, eine gefahrlose Probeehe zu ermöglichen, sein nicht zulässig, unter Hinweis auf § 134 BGB (?); kritisch dazu *Walter,* aaO 1410 f.). Zu einer Legitimationsehe s. *LG Itzehoe,* FamRZ 1969, 490. Nähere Einzelheiten legt *Langenfeld,* aaO, dar, u. a. zum Unterhaltsverzicht, zum Unterhalt in einer Notlage, zur Bemessung des Unterhalts.

Die erwähnte Frage hat in jüngerer Zeit eine gewisse Bedeutung erlangt; dazu hat wohl ein Wertewandel, ein Wandel des Eheverständnisses beigetragen (s. dazu *Wingen,* ZfJ 1985, 1; auch *de Witt, Huffmann,* Nichteheliche Lebensgemeinschaft, 2. Aufl., S. 2 ff., 4 f.; *Richter,* ZfJ 1985, 272; *Friauf,* NJW 1986, 2595; *Würtenberger,* NJW 1986, 2281, 2283 f.; zum Problem „gute Sitten als Maßstab des Rechts" (allgemein) *Mayer-Maly,* JuS 1986, 596).

Dazu darf nicht übersehen werden, daß diese im Grunde beklagenswerte Entwicklung auf einem bedenklichen Eheverständnis beruht, das mit § 1353 Abs. 1 BGB kaum vereinbar ist und in die Richtung der Zulassung einer „Probeehe" geht, sowie letzten Endes auf einem falsch verstandenen Begriff der freien Entfaltung der Persönlichkeit.

[17] *Walter* (aaO); *Kanzleiter,* Vereinbarungen, S. 87; *Palandt/Diederichsen,* § 1569 Anm. 1; *Ludwig,* DNotZ 1982, 651; kritisch aber *Richter* (MünchKomm., Erg. 1982,

Dagegen ist eine Vereinbarung unwirksam, die den Ausschluß einer Scheidung beinhaltet.[18] Zulässig ist andererseits der Verzicht auf eine Scheidung in einer konkreten Sachlage, die an sich eine Scheidung rechtfertigen würde.[19]

Für unwirksam ist weiterhin eine Vereinbarung zu halten, ein Scheidungsantrag dürfe erst eingereicht werden, wenn der nacheheliche Unterhalt des bedürftigen Ehegatten (weil er nicht (mehr) erwerbstätig oder nicht (mehr) erwerbs- oder berufsfähig ist) und seine Altersvorsorge oder der Versorgungsausgleich geregelt und gesichert seien; eine solche Vereinbarung ginge über die Erfordernisse des § 630 ZPO hinaus und würde eine unzumutbare Erschwerung der Scheidung in einer Weise zur Folge haben, daß der andere Ehegatte (nahezu) rechtlos gemacht würde.

Ferner werden zuweilen mit Vereinbarungen über die Rechtsverhältnisse der Ehegatten während ihres Getrenntlebens[20] Regelungen getroffen, die Bedeutung und Auswirkungen für eine spätere Scheidung der Ehe haben.

Insgesamt ist darauf hinzuweisen, daß Vereinbarungen vor allem über den nachehelichen Unterhalt in nicht seltenen Fällen umso wichtiger sind, da das 1. EheRG z. T. unklare, komplizierte und schwierige und auch unbefriedigende Regelungen enthält.[21]

Darauf hinzuweisen ist schließlich, daß der beurkundende Notar nicht grundsätzlich als verpflichtet anzusehen ist, die Ehegatten über die steuerlichen Folgen einer Vereinbarung zu belehren (vgl. auch § 17 BeurkG), es sei denn, er wäre mit der Beratung hierüber besonders beauftragt oder die Betei-

---

§ 1585c Rz. 30), mit der Begründung, hier müßte das Gericht entgegen einer Grundentscheidung des Gesetzgebers doch wieder in eine Vollprüfung von Verursachung und Zurechnung ehelichen Fehlverhaltens eintreten, noch dazu in einem von der Parteimaxime beherrschten Verfahren; im übrigen bestehe dafür kein echtes Bedürfnis, da in Ausnahmefällen ein entsprechendes Verhalten gemäß § 1579 Abs. 1 Nr. 4 (jetzt: § 1579 Nr. 7) BGB zum Verlust des Unterhaltsanspruchs führen könne. Doch können diese Bedenken nicht als durchschlagend beurteilt werden. Vgl. auch den Fall *BGH*, FamRZ 1982, 571, und zur Feststellung des Verschuldens im Unterhaltsprozeß den Fall *BGHZ* 85, 16.

Im Streitfalle dürfte aber entgegen der Auffassung von Walter (S. 1414) die Zuständigkeit des FamG begründet sein; dies dürfte gelten sowohl für die Feststellungsklage des einen geschiedenen Ehegatten mit dem Antrag, dem anderen Teile stehe kein Unterhaltsanspruch zu, wie für die Unterhaltsklage des anderen Teils. *Walter* (FamRZ 1982, 7) hat die Darlegungen mit einer Darstellung eines Falles nach früherem Recht und mit Erörterung zu § 1361 BGB ergänzt.

[18] *BGHZ* 97, 304 = FamRZ 1986, 655 = NJW 1986, 2046 = JR 1987, 15 m. Anm. *Richter;* hierzu *Hattenhauer,* ZRP 1985, 200; 201; *Knütel,* FamRZ 1985, 1089; *Hohloch,* JuS 1986, 911; *Schweitzer,* JA 1986, 553.

[19] *BGH,* aaO; *Richter,* aaO.

[20] *Beck'sches Formularbuch,* S. 548ff., V.6; *Langenfeld* im Mänchener Vertragshandbuch, Bd. 4, 2. Halbbd. S. 1134ff.

[21] Vgl. *Diederichsen,* Fschr. f. Larenz, S. 127, 143ff.; auch *Willutzki,* 5. DFGT 1983, S. 15ff., ZblJugR 1984, 1; *Giesen,* FamRZ 1984, 1188, 1196f.

ligten hätten erkennbar besonderes Gewicht auf die Klärung der steuerlichen Folgen gelegt.[22]

---

[22] Hierzu s. *Jansen,* Rz. 10, *Keidel/Kuntze/Winkler,* Rz. 21, *Palandt/Heinrichs,* Anm. 4d je zu § 17 BeurkG; *Meincke,* JuS 1976, 693, 698 m. Fußn. 64; ein eingehender Bericht über Belehrung und Beratung in Steuerfragen ist in DNotZ 1978, 584ff. enthalten. Aus der Rechtsprechung s. *BGH,* NJW 1985, 1225 = JR 1985, 374 m. Anm. *Winkler; OLG Braunschweig,* DNotZ 1977, 491; zur Grunderwerbsteuer s. *BGH,* MDR 1979, 301 = JR 1979, 205 = DNotZ 1979, 228 = JurBüro 1979, 677; ferner *Mümmler,* JurBüro 1980, 1154.

A. Der Abschluß der Vereinbarung im allgemeinen mit prozessualen, anwaltlichen und kostenrechtlichen Fragen

I. Grundsätzliches zur Vereinbarung und zum Eheprozeß, zur Bedeutung des § 630 ZPO

1. Überblick über mögliche Regelungen und die gesetzlichen Vorschriften

a) hinsichtlich der Scheidungsfolgen

2 Wie nach früherem Recht (s. § 72 Satz 1 EheG) können die Ehegatten für die Zeit nach der Scheidung ihrer Ehe Vereinbarungen über die Unterhaltspflicht des einen Ehegatten gegenüber dem anderen treffen (§ 1585c BGB). Weitere Vorschriften lassen zusätzliche Vereinbarungen zu anderen Gegenständen zu (s. § 1587o BGB; hierzu § 621a Abs. 1 i. V. mit § 621 Abs. 1 Nr. 6 ZPO, §§ 53b Abs. 4, 53d Satz 1, 53e Abs. 2, 53g Abs. 3 FGG –, § 1671 Abs. 3 BGB, § 93a Abs. 1 Satz 3 ZPO) oder gehen von der Zulässigkeit von Vereinbarungen über bestimmte Gegenstände aus (s. § 1 Abs. 1 HausrVO, § 1378 Abs. 3 Satz 2, § 1629 Abs. 3 Satz 2 BGB, § 630 ZPO).

Zu den durch das 1. EheRG geschaffenen neuen Vorschriften über die Scheidungsfolgen, insbesondere bezüglich des Unterhaltsrechts und des Versorgungsausgleichs, ist zur Klarstellung vorauszuschicken, daß diese gemäß Art. 12 Ziff. 3 Abs. 1 – wie die neuen Vorschriften über die Ehescheidung – auch dann gelten, wenn die Ehe vor dem Inkrafttreten des Gesetze, also vor dem 1. 7. 1977, geschlossen worden ist; diese Regelung widerspricht nicht dem Grundgesetz.[1]

---

[1] Zum Scheidungsrecht (Übergang vom Verschuldensprinzip zum Zerrüttungsprinzip) s. *BVerfGE* 53, 224 = NJW 1980, 698 = FamRZ 1980, 319 = JR 1980, 233 m. Anm. *Berkemann.* Mit dem neuen Recht hatte sich das *BVerfG* in zahlreichen weiteren Entscheidungen zu befassen: s. zum Versorgungsausgleich (§ 1587b Abs. 1, 2 iVm § 1587a Abs. 2 Nrn. 1, 2 BGB) *E 53, 257* = NJW 1980, 692 = FamRZ 1980, 326 = JR 1980, 235 m. Anm. *Berkemann;* zu § 1568 Abs. 2 BGB *E 55, 135* = NJW 1981, 108 = FamRZ 1981, 15, hierzu *Bosch,* FamRZ 1982, 862, 863f.; zum Unterhaltsrecht, auch getrennt lebender Ehegatten, dazu, daß Unterhaltsansprüche getrennt lebender und geschiedener Ehegatten grundsätzlich unabhängig von einem Trennungs- und Zerrüttungsverschulden gestaltet sind, sowie zu §§ 1573 Abs. 2, 1579 Abs. 2 BGB s. *E 57, 361* = NJW 1981, 1771 = FamRZ 1981, 745 = JR 1981, 411 m. Anm. *Berkemann,* hierzu *Bosch* aaO, S. 864; zu § 1587b Abs. 3 BGB s. *E 63, 88* = NJW 1983, 1417 = FamRZ 1983, 342, 566 m. Anm. *Ruland;* zu § 1671 Abs. 4 S. 1 BGB s. Rz. 618, zu § 1634 s. Rz. 626, zum VAHRG s. *BVerfGE* 71, 364 = FamRZ 1986, 543 = NJW 1986, 1321.

3 Vereinbarungen können nunmehr getroffen werden über

den Unterhalt eines geschiedenen Ehegatten (§ 1585c BGB).

die Regelung der elterlichen Sorge über gemeinschaftliche Kinder – hier hat die Vereinbarung die Bedeutung eines gemeinsamen Vorschlags der Eltern an das FamG (§ 1671 Abs. 3 BGB) –,

die Regelung des Umgangs (Kontaktes) des nichtsorgeberechtigten Elternteils mit den gemeinschatlichen Kindern (§ 1634 Abs. 1 BGB) – hier ist eine solche Vereinbarung als Anregung und Vorschlag zu einer entsprechenden Regelung des FamG (vgl. § 623 Abs. 3 Satz 2 ZPO) anzusehen –,

den Unterhalt der gemeinschaftlichen Kinder (vgl. dazu § 1629 Abs. 3 Satz 2 BGB),

die weitere Benützung der ehelichen Wohnung (s. § 1 Abs. 1 HausrVO),

die Verteilung des Hausrats (s. § 1 Abs. 1 HausrVO),

die güterrechtliche Auseinandersetzung, z. B. den Zugewinnausgleich (s. § 1378 Abs. 3 Satz 2 BGB, hierzu noch § 127a BGB), die Auseinandersetzung bei Gütergemeinschaft (§ 1478 Abs. 1 BGB) und bei Gütertrennung bezüglich gemeinschaftlichen Vermögens,

sonstige vermögensrechtliche Auseinandersetzungen, hierbei gegebenenfalls Erklärungen, die zu Eintragungen im Grundbuch erforderlich sind (s. §§ 313, 873 BGB, 29 GBO),

erbvertragliche Regelungen, z. B. zugunsten der Kinder (s. §§ 2276, 127a BGB),

den Versorgungsausgleich (§ 1587o BGB), soweit dieser nicht gemäß § 1408 Abs. 2 BGB ausgeschlossen ist,

die Rückgabe von Geschenken,

die Kosten des Rechtsstreits (§ 93a Abs. 1 Satz 3 ZPO),

evtl. eine Erklärung über den Familiennamen nach der Scheidung (s. § 1355 Abs. 4 BGB).

Zu erwähnen ist noch, daß mit der Rechtskraft des Scheidungsurteils das **gesetzliche Erbrecht** der Ehegatten (§ 1931 BGB) mit dem Pflichtteilsrecht (§ 2303 BGB) und dem Anspruch auf den „Voraus" (§ 1932 BGB) wegfallen. Ob eine letztwillige Verfügung unwirksam geworden ist, bestimmt sich nach § 2077 Abs. 1, 3 BGB[2] (s. auch § 2078 Abs. 2); zum gemeinschaftlichen Testament sei auf die Vorschriften des § 2268 BGB, zum Erbvertrag auf §§ 2278 ff. BGB hingewiesen. Möglich ist es indessen, daß die Ehegatten in der anläßlich der Ehescheidung zu treffenden Vereinbarung zugleich einen Erbvertrag schließen (s. Rz. 543 ff.).

3 a Das gesetzliche Erbrecht des Ehegatten, einschließlich des Pflichtteilsrechts,[3] und auch das Recht auf den „Voraus" entfällt gemäß **§ 1933 Satz 1 BGB,** wenn ein Ehegatte

---

[2] Hierzu *Battes,* JZ 1978, 733; *OLG Bremen,* FamRZ 1986, 833.

[3] *BGHZ* 46, 343, 350 = FamRZ 1966, 560 = NJW 1966, 2109; *Staudinger/Werner,* Rz. 13, *MünchKomm./Leipold,* Rz. 20, *Palandt/Edenhofer,* Anm. 4, *Erman/Schlüter,* Rz. 5 je zu § 1933.

während des (rechtshängigen)[4] Scheidungsverfahrens stirbt – womit dieses in der Hauptsache erledigt ist (§ 619 ZPO) –, das Scheidungsbegehren begründet gewesen wäre *und* wenn der Antragsteller Erblasser ist oder wenn der überlebende Ehegatte die Scheidung beantragt und der Erblasser der Scheidung zugestimmt hatte (s. dazu Rz. 37a). Liegen die Voraussetzungen des § 1933 Satz 1 vor, so erhält der überlebende Ehegatte, wenn die Eheleute im gesetzlichen Güterstand gelebt hatten, lediglich den kleinen Pflichtteil iS des § 1371 Abs. 2 BGB – als Zugewinnausgleich –, dh die Hälfte des erbrechtlichen Anspruchs gemäß § 1931 BGB, also nicht den „großen Pflichtteil" (Hälfte des erbrechtlichen Anspruchs nach § 1371 Abs. 1 BGB, da die Ansprüche nach § 1371 Abs. 1 und Abs. 2 sich gegenseitig ausschließen.[5]

Die Erben haben dann die Möglichkeit, gemäß § 1371 Abs. 2 iV mit § 1381 BGB die Auszahlung des Pflichtteils zu verweigern, wenn die Voraussetzungen des § 1381 (s. dazu auch Rz. 496) vorliegen, oder (auch) zu verlangen, daß eine frühere Zuwendung des Erblassers an den überlebenden Ehegatten gemäß § 1380 BGB auf den kleinen Pflichtteil angerechnet wird.

Hat der überlebende Ehegatte gemäß § 1933 Satz 1 BGB keinen erbrechtlichen Anspruch, so steht ihm nach Maßgabe der §§ 1569–1586b gegen die Erben ein Unterhaltsanspruch zu, es sei denn, daß er auf das Erbrecht und Pflichtteilsrecht verzichtet hatte.[6]

Hatte der Erblasser zB seine Kinder zu Erben eingesetzt (§ 1937 BGB), so ist der Ehegatte pflichtteilsberechtigt (§ 2303 Abs. 2 BGB).

[4] So ausdrücklich *OLG Stuttgart*, Beschl. v. 7. 9. 1981, 8 W 217/81 (nicht veröff.).

[5] Hierzu *BGHZ* 42, 182 = FamRZ 1964, 624 = NJW 1964, 2404.

Zu § 1371 Abs. 2 m. analoger Anwendung des § 1384 BGB s. *BGH*, FamRZ 1987, 353 = NJW 1987, 1764 = JR 1987, 327 m. Anm. *Gernhuber*.

Zur Kritik an der (mißglückten) Regelung des § 1933 s. *Battes*, FamRZ 1977, 437; *Dieckmann*, FamRZ 1979, 389, 396; *MünchKomm./Leipold*, § 1933 Rz. 2ff.; s. auch *Soergel/Stein*, § 1933 Rz. 3.

Fehlt die Zustimmung oder ist sie unwirksam, weil nicht formgerecht, oder erweist sich der Scheidungsantrag als nicht begründet (was zB im Erbscheinsverfahren ggf zu prüfen ist – s. *BayObLG*, FamRZ 1983, 96; *OLG Zweibrücken*, OLGZ 1983, 160; s. auch Rz. 35, 37a –), so ist § 1933 nicht anzuwenden. Ist der überlebende Ehegatte pflichtteilsberechtigt (s. Fn. 3, 2. Abs.), so entfällt der Pflichtteilsanspruch (lediglich – soweit auf ihn nicht verzichtet wird –) gemäß § 2335 BGB. Ist § 1933 nicht anzuwenden, so steht dem überlebenden Ehegatten, wenn er nicht erbberechtigt ist (§§ 1931, 1371 Abs. 1 BGB), neben dem Pflichtteil (§ 2303 Abs. 2 BGB) der güterrechtliche Anspruch gemäß § 1371 Abs. 2 BGB zu, wenn der Erblasser den größeren Zugewinn erzielt hat (s. *BGHZ* 42, 182, 184; *Staudinger/Thiele*, Rz. 80f., *MünchKomm./Gernhuber*, Rz. 32, *Soergel/Lange*, Rz. 27f. je zu § 1371), wobei dann auch §§ 1380, 1381 BGB entsprechend anzuwenden sind.

Im übrigen ist es wenig verständlich, warum der überlebende Ehegatte, der einen begründeten Scheidungsantrag gestellt hatte (§§ 1565ff. BGB), sich nicht so behandeln lassen muß, wie wenn die Ehe geschieden wäre, wobei es auf eine Zustimmung des anderen Ehegatten nicht ankommen kann. Hatte der überlebende Ehegatte zB die Trennung herbeigeführt, um die Beziehung mit einem Partner des anderen Geschlechts fortzusetzen und mit diesem zusammenzubleiben, und dann die Trennung aufrechterhalten, sodaß die Voraussetzungen der Scheidung erfüllt wurden, und hat er sodann die Scheidung beantragt, zu welcher der andere Ehegatte die Zustimmung (§ 1566 Abs. 1 BGB) nicht mehr erteilen konnte, weil er vor Einreichung des Schriftsatzes seines Anwalts oder vor der mündlichen Verhandlung verstarb, so muß die Geltendmachung erbrechtlicher Ansprüche, auch des Pflichtteils (s. Fn. 3, 2. Abs.), wohl als rechtsmißbräuchlich beurteilt werden.

[6] Hierzu *Dieckmann*, NJW 1980, 2777.

4 Vereinbarungen des erwähnten Inhalts (Rz. 3) können auch im Verfahren betr. **Aufhebung der Ehe** (§§ 30ff. EheG) geschlossen werden, gemäß § 37 Abs. 1 bestimmen sich die Folgen der Aufhebung einer Ehe nach den Vorschriften über die Folgen der Scheidung. In der Praxis wird übrigens zuweilen auf das Aufhebungsverfahren ausgewichen, da es hier nicht auf das Scheitern der Ehe ankommt, Trennungsfristen (s. §§ 1565 Abs. 2, 1566 BGB für die Ehescheidung), eine Härteklausel (vgl. § 1568 BGB) und der Verfahrensverbund (§§ 623ff. ZPO) nicht in Betracht kommen und auch vermögensrechtliche Folgen ausgeschlossen werden können (§ 37 Abs. 2 EheG).[7]

b) Bei Rechtshängigkeit des Scheidungsantrags anhängige Familiensachen und Vereinbarungen hierüber

5 Im Zusammenhang mit dem Abschluß einer Vereinbarung über die Scheidungsfolgen ist noch von Bedeutung, welche Familiensache (§ 621 Abs. 1 ZPO) bei Zustellung des Scheidungsantrags (§§ 622 Abs. 1, Abs. 2 Satz 2, 253 Abs. 1, 261 Abs. 1 ZPO)[1] anhängig ist und an das FamG zu verweisen oder abzugeben ist, das für die Ehesache zuständig ist (§ 621 Abs. 3 ZPO). Gemäß § 622 Abs. 2 Nr. 3 ZPO hat der die Scheidung beantragende Ehegatte in der Antragsschrift mitzuteilen, ob Familiensachen der in § 621 Abs. 1 ZPO bezeichneten Art anderweitig anhängig sind, d.h. gegebenenfalls die betreffende Familiensache und das betreffende FamG (mit Akt.-Zeichen) anzugeben (zur Abgabe von Verfahren der freiwilligen Gerichtsbarkeit s. auch § 64k Abs. 2 FGG).[2]

In Betracht kommen: eine Unterhaltsklage des getrennt lebenden Ehegatten, z.B. der Frau, gegen den anderen Ehegatten (s. § 1361 BGB),[3] eine Unterhaltsklage eines getrennt lebenden Ehegatten als Prozeßstandschafter des Kindes (s. § 1629 Abs. 3 BGB[4]) gegen den anderen Ehegatten (§§ 1601, 1606 Abs. 2, 3, 1612 Abs. 1 BGB), ein Verfahren auf Regelung der elterlichen Sorge (§ 1672 BGB), ein Verfahren auf Regelung des Umgangs des nicht Sorgeberechtigten oder die Personensorge nicht ausübenden Ehegatten mit

---

[7] Zur Eheaufhebung s. *D. Schwab* in Fschr. f. *Beitzke,* S. 357ff.; *Finger,* JR 1981, 397, 403; NJW 1981, 1534; *Beitzke,* FamRZ 1981, 1122; *OLG Zweibrücken, FamRZ 1982, 373; OLG Hamm,* FamRZ 1984, 1015; dazu Rev.-Urt. *BGH,* FamRZ 1986, 553 = NJW 1986, 1689; *OLG Karlsruhe,* IPRax 1985, 36 (Ehescheidungsklage im Ausland, Aufhebungsklage im Inland); *OLG Frankfurt,* FamRZ 1987, 155. Zum Versorgungsausgleich *OLG Hamm,* FamRZ 1981, 61; de lege ferenda *Bosch,* FamRZ 1982, 862, 875. Zur analogen Anwendung des § 629b ZPO, wenn der Aufhebungsantrag abgewiesen ist und hilfsweise in 2. Instanz Antrag auf Scheidung gestellt wird und auch über eine Folgesache zu entscheiden ist, *OLG Hamburg,* FamRZ 1982, 1211.

[1] Zur Antragsschrift s. *Bergerfurth,* Ehescheidungsprozeß, Rz. 77ff.

[2] Näheres hierzu bei *Bassenge,* Anm. II, *Keidel/Kuntze,* Rz. 17 je zu § 64 k FGG.

[3] Zur Verfassungsmäßigkeit dieser Regelung s. Rz. 2 Fußn. 1; Näheres zu Unterhaltsansprüchen getrennt lebender Ehegatten Rz. 205ff.

[4] IdF des UÄndG, s. dazu Rz. 8.

einem gemeinschaftlichen Kinde (§ 1634 BGB), ein Verfahren, das die Herausgabe des Kindes an den anderen Elternteil betrifft (§ 1632 BGB), z.B. wenn ein Verfahren gemäß § 1672 BGB vorausgegangen war, ein Verfahren betr. die Überlassung von Hausratsgegenständen (§ 1361a BGB) und die Benützung der Ehewohnung (§ 1361b BGB[5]), eine Klage auf vorzeitigen Ausgleich des Zugewinns, wenn die Ehegatten seit mindestens drei Jahren getrennt leben (§ 1385 BGB) oder wenn die Klage auf § 1386 BGB gestützt wird, eine Klage auf Aufhebung der Gütergemeinschaft (§§ 1447, 1448, 1469 BGB).

Alle diese Verfahren können nicht in den Verfahrensverbund der Scheidungssache (§ 623 Abs. 1 ZPO) einbezogen werden.

Macht ein getrennt lebender **Ehegatte** gegen den anderen **Unterhalt** geltend, 6
so kann mit der Ehesache zusammen nur über den Unterhalt für die Zeit nach der Scheidung verhandelt und entscheiden werden[6] (vgl. § 623 Abs. 1 i.V. mit § 621 Abs. 1 Nr. 5 ZPO). Für die Zeit bis zur Rechtskraft des Scheidungsurteils kann der Unterhaltsanspruch in einem selbständigen Rechtsstreit weiterverfolgt werden; zu beachten ist freilich, daß der Unterhaltsanspruch für die Zeit von der Anhängigkeit der Scheidungssache an auch im Wege der einstweiligen Anordnung (§ 620 Satz 1 Nr. 6 ZPO) geregelt werden kann;[7] dies gilt also nur für die Unterhaltsbeträge, die vom Zeitpunkt der Anhängigkeit der Scheidungssache fällig werden, und auch nur vom Zeitpunkt der Antragstellung an, also nicht für Rückstände, die zuvor fällig geworden waren.[8] Die Möglichkeit, eine einstweilige Anordnung zu beantragen, nimmt der Unterhaltsklage nicht ohne weiteres das Rechtsschutzinteresse.[9] Zu beachten ist auch, daß vom Zeitpunkt der Rechtshängigkeit der Scheidungssache an die Kosten einer angemessenen Versicherung für den Fall des Alters sowie der Berufs- oder Erwerbsunfähigkeit[10] ebenfalls zum Unterhalt gehören (§ 1361

---

[5] Mit dieser auf dem UÄndG beruhenden Regelung hat der Gesetzgeber eine Gesetzeslücke geschlossen und die seither bestehende Rechtsunsicherheit beseitigt (s. zuletzt *Kalthoener,* FamRZ 1984, 436; *Brudermüller,* NJW 1984, 2560; zum neuen Recht s. *Brudermüller,* FamRZ 1987, 109; *Finger,* NJW 1987, 1001; *RGRK/Kalthoener,* HausrVO § 18a Rz. 4, 20ff.).

[6] Siehe z.B. (zum Unterhaltsprozeß) *OLGe Frankfurt,* FamRZ 1978, 44, *Suttgart,* Die Justiz 1979, 209, und *Nürnberg,* JurBüro 1979, 1871; zu dem Falle, daß der Unterhaltsprozeß (§ 1361 BGB) bei Rechtshängigkeit der Scheidungssache schon in der Berufungsinstanz schwebt, *OLG Stuttgart,* FamRZ 1979, 704; zum Falle der gleichzeitigen Einreichung der Unterhaltsklage und des Scheidungsantrags *BGH,* FamRZ 1985, 578.

[7] Näheres hierzu bei *Göppinger/Wax,* Rz. 3207, 3221ff.

[8] *Göppinger/Wax,* Rz. 3223; *Baumbach/Lauterbach/Albers,* § 620, Anm. 8 B.

[9] *Göppinger/Wax,* Rz. 3053, 3221; *Walter,* S. 167; zu dem Fall, daß das Verfahren wegen einstweiliger Anordnung erfolglos geblieben war, *KG,* FamRZ 1978, 685.

[10] Dazu vgl. §§ 1246, 1247 RVO, 23 Abs. 1 Nr. 1 Buchst. b. SGB I (s. Rz. 483 Fußn. 6); zu einem praktischen Fall s. *OLG Karlsruhe,* FamRZ 1978, 501 m. Anm. *Morawietz,* FamRZ 1979, 120 m. Anm. *Eisele;* dagegen lehnte *OLG Saarbrücken,* FamRZ 1978, 501, die Geltendmachung von Versicherungsbeiträgen an die LVA im Verfahren wegen einstweiliger Anordnung ab.

Abs. 1 Satz 2 BGB). Zur Möglichkeit einer Abänderung der einstweiligen Anordnung s. § 620b ZPO[11] (Rz. 23b).

7 Über die Regelung der Unterhaltspflicht kann im Zusammenhang mit der Ehescheidungssache eine Vereinbarung getroffen werden;[12] auch kann die Bezahlung von Beiträgen für eine Altersversorgung des Ehegatten in die Vereinbarung über den Versorgungsausgleich einbezogen werden, z. B. im Wege der Leistung von Beiträgen für eine gesetzliche Rentenversicherung (vgl. § 3b Abs. 1 Nr. 2 VAHRG idF des VAMaßnG analog, s. dazu Rz. 370b, 437) oder durch die Zahlung eines Abfindungsbetrags, gegebenenfalls in Raten. Eine solche Vereinbarung unterliegt nicht der Genehmigung des FamG, da auf sie § 1587o BGB nicht anzuwenden ist.

8 Hinsichtlich des **Unterhaltsanspruchs des Kindes** gegen einen Elternteil ist zu beachten, daß der (volljährige geschäftsfähige) Elternteil, in dessen Obhut sich das Kind befindet,[13] gemäß **§ 1629 Abs. 2 Satz 2 BGB** das Kind bei der Geltendmachung der diesem gegen den anderen Elternteil zustehenden Unterhaltsansprüche gesetzlich vertreten kann, wenn er nicht schon auf Grund einer Regelung gemäß § 1672 BGB oder § 620 Satz 1 Nr. 1 ZPO gesetzlicher Vertreter des Kindes ist. Gemäß **§ 1629 Abs. 3 Satz 1 BGB** kann der Elternteil in diesen Fällen, d. h. auch wenn eine Entscheidung gemäß § 1672 BGB oder § 620 Satz 1 Nr. 1 ZPO ergangen war, Unterhaltsansprüche eines (minderjährigen) Kindes **gerichtlich** nur im eigenen Namen, als gesetzlicher Prozeßstandschafter, geltend machen.[14] Zweck der Regelung des § 1629 Abs. 3 BGB ist zu verhindern, daß das Kind förmlich als Partei im Scheidungsverfahren (Verbundverfahren) beteiligt und überhaupt in den Streit der Eltern hineingezogen wird.[15]

§ 1629 Abs. 3 ist (idF der Neuregelung durch das UÄndG) also stets anzuwenden, wenn die Eltern getrennt leben, so zB auch, wenn ein Scheidungsantrag abgewiesen oder zurückgenommen worden ist und die Eheleute weiterhin getrennt leben, ggf. dann bis zur Volljährigkeit des Kindes!

Wird ein Kind während des Scheidungsverfahrens oder des Unterhaltsprozesses volljährig, so endet die Prozeßstandschaft;[16] eine gewillkürte Pro-

---

[11] Hierzu *Hassold,* FamRZ 1981, 1036; *OLG Hamm,* FamRZ 1982, 409.

[12] Zur Vereinbarung einer Sachleistung, Überlassung eines Personenkraftwagens, *BGH,* FamRZ 1965, 215.

[13] Dazu *OLG Bamberg,* FamRZ 1985, 632 = NJW-RR 1986, 299.

[14] Hierzu *Göppinger,* Unterhaltsrecht, Rz. 1635f.; *Göppinger/Wax,* Rz. 3014ff., 3146; *MünchKomm./Hinz,* § 1629 Rz. 37: auch außergerichtlich (?).

Die seitherige Streitfrage über die Anwendung des § 1629 Abs. 3 während des Scheidungsverfahrens bezüglich der Stellung des Elternteils (s. dazu 5. Aufl., Rz. 8) ist durch die Neuregelung des UÄndG hinfällig geworden. Zu § 620 Satz 1 Nr. 4 ZPO s. Rz. 23, sowie *Göppinger/Wax,* Rz. 3242.

[15] Amtl. Begründung BT-Drucks. 7/650 S. 176, BJM-Brosch. S. 274; BT-Drucks. 10/4514 S. 23; *Sedemund-Treiber,* FamRZ 1986, 209, 213.

[16] *BGH,* NJW 1983, 2084; FamRZ 1985, 471 = MDR 1985, 562; *OLG München,* FamRZ 1983, 925; *Göppinger/Wax,* Rz. 3164, 3019.

zeßstandschaft für die Zeit danach kommt nicht in Betracht.[17] Daher ist der Unterhaltsrechtsstreit insoweit für erledigt zu erklären; das Kind kann dann selbst in den Prozeß als Partei eintreten,[18] wobei das Verfahren, wenn es Teil des Verbundverfahrens (§ 623 Abs. 1 ZPO) ist, abzutrennen ist (§ 623 Abs. 1 Satz 2 ZPO).[19]

Solange die Eltern getrennt leben, ist § 1629 Abs. 3 Satz 1 auch in Abänderungsverfahren (§ 323 ZPO)[20] oder auf Vollstreckungsabwehrklage (§ 767 ZPO) oder negative Feststellungsklage oder -widerklage (§ 256 ZPO)[21] anzuwenden.

Nach Rechtskraft des Scheidungsurteils wird das minderjährige Kind von dem sorgeberechtigten Elternteil vertreten (§ 1629 Abs. 1 Satz 1 BGB).[22] Doch bleibt die Prozeßstandschaft dann bestehen, wenn die Folgesache Unterhalt des Kindes abgetrennt worden war[23] oder nach Rechtskraft des Scheidungsurteils als Folgesache in der Rechtsmittelinstanz anhängig ist.[24]

Wird der Unterhalt des Kindes während des Getrenntlebens der Eltern eingeklagt und wird danach der Scheidungsprozeß rechtshängig,[25] so sind nur die Ansprüche des Kindes für die Zeit nach der Scheidung Folgesache; bezüglich dieser Ansprüche ist der Unterhaltsprozeß insoweit abzutrennen.[26] Zu beachten ist dabei, daß die Entscheidung über den Unterhalt des Kindes mit der Regelung des Sorgerechts (§ 1671 BGB) zusammenhängt.

Somit muß die Familiensache, die den Unterhalt des Kindes bis zur Rechts- 9
kraft des Scheidungsurteils betrifft, gegebenenfalls auch nur bis zu einer Regelung der Personensorge, wenn das Kind während des Eheprozesses in den Haushalt des anderen Ehegatten kommt, ein von der Ehesache getrenntes Verfahren bleiben (§ 621 Abs. 1 Nr. 4 ZPO). Für die Zeit von der Anhängig-

---

17 *Bergerfurth,* FamRZ 1982, 563, 564; *Gernhuber,* FamR § 50 IV 1; *OLG Frankfurt,* FamRZ 1979, 175.

18 *Bergerfurth,* aaO, *Palandt/Diederichsen,* § 1629 Anm. 7; *MünchKomm./Hinz,* § 1629 Rz. 37; *BGH,* FamRZ 1985, 471.

19 *Bergerfurth,* aaO; *Thomas/Putzo,* ZPO § 623 Anm. 2d.

20 *Göppinger/Wax,* Rz. 3280, *MünchKomm./Hinz,* § 1629 Rz. 37; also auch, wenn die Abänderung zuungunsten des Kindes erhoben wird.

21 *Palandt/Diederichsen,* § 1629 Anm. 7.

22 *OLG Frankfurt,* FamRZ 1983, 1268; *OLG Karlsruhe,* FamRZ 1980, 1149 (zum Abänderungsverfahren; keine gewillkürte Prozeßstandschaft); *OLG Düsseldorf,* FamRZ 1981, 697.

Zur Vollstreckung s. noch *KG,* FamRZ 1984, 505; *OLG Hamburg,* FamRZ 1984, 927; *OLG Köln,* FamRZ 1985, 626; *Gießler,* Rz. 561.

Zu dem Fall, daß den Eltern nach der Scheidung das Sorgerecht gemeinsam zustand und Streit über den Unterhalt des Kindes entstand, *OLG Stuttgart,* FamRZ 1986, 595 (entsprechende Anwendung des § 1629 Abs. 2 Satz 2 BGB).

23 *OLG Hamburg,* FamRZ 1984, 706; anders *Gießler,* Rz. 511.

24 *Bergerfurth,* FamRZ 1982, 563, 564; Ehescheidungsprozeß, Rz. 123; *OLGe Celle,* FamRZ 1979, 629, *Bamberg,* FamRZ 1979, 448; *Hamburg,* aaO.

25 Dazu *OLG Zweibrücken,* FamRZ 1986, 289.

26 *Göppinger/Wax,* Rz. 3164.

keit der Scheidungssache kommt auch ein Verfahren gemäß § 620 Satz 1 Nr. 4 ZPO in Betracht (s. Rz. 23 a); Unterhalt kann hier nur von der Antragstellung an geltend gemacht werden, nicht bezüglich der zuvor aufgelaufenen Rückstände (vgl. § 1613 Abs. 1 BGB). Ein Rechtsschutzinteresse an der Weiterführung des Unerhaltsrechtsstreits für die Zeit bis zur Rechtskraft des Scheidungsurteils kann hier nicht ohne weiteres verneint werden, da ein Beschluß im Verfahren wegen einstweiliger Anordnung (§ 620 ZPO) keine rechtskraftfähige Entscheidung darstellt (arg. § 620b Abs. 1 Satz 1 ZPO). Sind auch Unterhaltsrückstände aus der Zeit vor der Anhängigkeit der Scheidungssache eingeklagt, so könnten diese, wie erwähnt, ohnedies nicht im Verfahren des § 620 Satz 1 Nr. 4 ZPO geltend gemacht werden.

10 Über den Unterhalt des Kindes bis zur Rechtskraft des Scheidungsurteils kann ebenso, wie für die Zeit danach (arg. § 630 Abs. 1, 3 ZPO), eine Vereinbarung geschlossen werden. Bei der Bemessung der Höhe des Unterhalts des Kindes ist § 1610 Abs. 3 Satz 2 BGB zu beachten; hiernach gilt als Bedarf des Kindes bis zur Vollendung des 18. Lebensjahres mindestens der für ein nichteheliches Kind der entsprechenden Altersstufe festgesetzte Regelbedarf.[27] Der Elternteil darf nicht auf Unterhalt verzichten, den das Kind in der Zukunft zu beanspruchen hat, auch nicht teilweise (§ 1614 Abs. 1 BGB);[28] dies gilt freilich nicht für einen das gesetzliche Maß überschreitenden Unterhalt.[29] Auf rückständige Unterhaltsbeiträge, die vor Abschluß des Vergleichs fällig geworden sind, kann verzichtet werden, gegebenenfalls teilweise. Schließt ein Elternteil namens des Kindes (§§ 1629 Abs. 2 Satz 2, 1672 BGB) einen Vergleich, so wirkt dieser regelmäßig, wenn der Unterhaltsanspruch nicht zeitlich begrenzt ist, über die Scheidung der Ehe der Eltern hinaus.

Wird der Unterhalt des Kindes während des Getrenntlebens der Eltern oder während des Scheidungsprozesses **außergerichtlich geregelt,** z. B. und vor allem in einer notariellen Urkunde (§ 794 Abs. 1 Nr. 5 ZPO), so gilt hier § 1629 Abs. 3 BGB nicht; vielmehr wird das minderjährige Kind von dem sorgeberechtigten Elternteil (§§ 1672 BGB, 620 Satz 1 Nr. 1 ZPO) bzw. von

---

[27] Dazu VO v. 26. 7. 1984, BGBl I 1035, zu § 1610 Abs. 3 BGB s. *Göppinger,* Unterhaltsrecht, Rz. 622; zu späteren Änderungen § 1612a BGB, dazu *Göppinger,* aaO, Rz. 688ff., sowie die letzte AnpV v. 26. 7. 1984, BGBl I 1035.

[28] *Göppinger,* aaO, Rz. 1324; *Palandt/Diederichsen,* § 1614 Anm. 2; *LG Kiel,* DAVorm 1976, 93.

Der gesetzliche Unterhalt geht zwar theoretisch auf einen bestimmten Betrag, auf den angemessenen Unterhalt (§ 1610 Abs. 1 BGB); jedoch läßt § 1614 Abs. 1 hinsichtlich der Bemessung des Unterhalts einen gewissen Spielraum für interessengemäße und situationskonforme Regelungen (s. auch unten Rz. 579, sowie *OLG Hamm,* FamRZ 1981, 869, *Otto,* das., *OLG Köln,* FamRZ 1983, 750, 752; *Göppinger,* Unterhaltsrecht, Rz. 1324, 1615). Der gesetzliche Unterhaltsanspruch ergibt sich aus der Bedürftigkeit des Kindes (§ 1602 Abs. 1, dazu *Göppinger,* aaO, Rz. 1001ff. – wobei die abgeleitete Lebensstellung des Kindes von Bedeutung ist, s. *Göppinger,* aaO, Rz. 666f. –) und der Leistungsfähigkeit des unterhaltspflichtigen Elternteils (§ 1603, dazu *Göppinger,* aaO, Rz. 1001ff., 1152ff.).

[29] *Göppinger,* aaO, Rz. 689; *Palandt/Diederichsen,* aaO aE.

dem Elternteil vertreten, in dessen Obhut sich das Kind befindet (§ 1629 Abs. 2 Satz 2 BGB). Die notarielle Urkunde ist auch nicht einem Prozeßvergleich i. S. des § 1629 Abs. 3 Satz 2 BGB gleichzuachten.

11 Das Verfahren gemäß **§ 1672 BGB** betrifft nur die Zeit bis zur Rechtskraft des Scheidungsurteils; für die Zeit danach hat das FamG von Amts wegen über die Regelung der elterlichen Sorge zu entscheiden (§ 623 Abs. 1, 3 Satz 1 i. V. mit §§ 621 Abs. 1 Nr. 1 ZPO, 1671 Abs. 1 BGB). Über die Regelung der elterlichen Sorge bis zur Rechtkskraft des Scheidungsurteils gemäß § 1672 kann das FamG daher nicht zusammen mit der Ehesache verhandeln und entscheiden (vgl. § 623 Abs. 1 ZPO), da diese Regelung keine Folgesache betrifft.[30] Das FamG kann jedoch im Wege der einstweiligen Anordnung gemäß § 620 Satz 1 Nr. 1 ZPO von Amts wegen eine vorläufige Anordnung über die Ausübung der elterlichen Sorge treffen (§ 620 Satz 2 ZPO), nach Einholung einer Stellungnahme des Jugendamtes (vgl. § 620a Abs. 3 ZPO). Nimmt der Elternteil, der den Antrag auf Regelung der elterlichen Sorge gestellt hatte (§ 1672 Satz 2 Halbs. 1 BGB), diesen nicht zurück, so wird dieser Antrag nicht deshalb unzulässig, weil nunmehr die Möglichkeit einer einstweiligen Anordnung gemäß § 620 Satz 1 Nr. 1 ZPO besteht.[31] Das isolierte Verfahren des § 1672 BGB kann nicht in ein Verfahren der einstweiligen Anordnung i. S. des § 620 Satz 1 Nr. 1 ZPO „übergeleitet" werden.[32]

In den Verfahren des § 1672 BGB und des § 620 Satz 1 Nr. 1 ZPO können die Ehegatten einen gemeinsamen Vorschlag machen (s. § 1672 Satz 3 i. V. mit § 1671 Abs. 3), z. B. im Zusammenhang mit einer die Scheidungsfolgen betreffenden Vereinbarung (§ 1671 Abs. 3 BGB, s. auch § 630 Abs. 1 Nr. 2, sowie Nr. 3 und Abs. 3 ZPO).

12 Das Verfahren des **§ 1634 Abs. 4 BGB,** das bei Rechtshängigkeit des Scheidungsantrags anhängig ist, betrifft ebenfalls nur den Zeitraum bis zur Rechtskraft des Scheidungsurteils; zusammen mit dem Scheidungsurteil kann nicht über eine Umgangsregelung entschieden werden, die bis zur Rechtskraft des Scheidungsurteils gelten soll. Für die Zeit danach ist die Umgangsregelung abhängig von der Regelung der elterlichen Sorge (§ 1671 BGB); gegebenenfalls muß eine Umgangsregelung für die Zeit nach Rechtskraft des Schei-

---

[30] *OLG Celle,* FamRZ 1978, 622.

Im Verfahren der § 1672 BGB kann das FamG nicht durch Einzelanordnungen einem Elternteil eine bestimmte Verhaltensweise vorschreiben oder verbieten (*KG,* FamRZ 1984, 1143).

[31] *BGH,* FamRZ 1982, 788; *OLG Stuttgart,* FamRZ 1980, 400; *OLG Karlsruhe,* FamRZ 1980, 1154 je m. weit. Hinw.; *KG,* FamRZ 1981, 83; *Soergel/Lange,* § 1672 Rz. 10; s. noch zum Falle des „Ruhens" des Verfahrens des § 1672 *OLG Köln,* FamRZ 1983, 517; anders *MünchKomm./Hinz* (Nachtrag 1981), § 1672 Rz. 12f.

[32] So aber *OLG Düsseldorf,* FamRZ 1978, 806; *Hinz,* aaO, Rz. 12, wohl auch *Walter,* S. 166, und schon FamRZ 1979, 677. Ist zunächst im isolierten Verfahren eine Sorgerechtsregelung getroffen worden (§ 1672 BGB), so kann diese nach anhängig gewordenem Ehescheidungsverfahren nicht durch einstweilige Anordnung gemäß § 620 Satz 1 Nr. 1 ZPO geändert werden (*KG,* FamRZ 1985, 722).

dungsurteils getroffen werden (vgl. §§ 623 Abs. 3 Satz 2, 630 Abs. 1 Nr. 3 ZPO), evtl. muß die frühere Regelung geändert werden (§ 1696 BGB). Allerdings kann eine vor dem Scheidungsurteil ergangene Regelung für die Zeit danach aufrechterhalten werden, vor allem, wenn die Sorgerechtsregelung nicht geändert wird. Das FamG kann im Rahmen des Scheidungsprozesses eine die Umgangsregelung betreffende einstweilige Anordnung (§ 620 Satz 1 Nr. 2 ZPO) nur auf Antrag erlassen, nicht von Amts wegen, während eine in einem selbständigen Verfahren zu treffende Regelung (§ 1634 BGB) von Amts wegen, auf Anregung eines Elternteils oder des Jugendamtes (vgl. § 48 Satz 2 JWG), erfolgen kann. Über die Umgangsregelung während des Scheidungsprozesses können die Ehegatten eine Vereinbarung treffen, z. B. auch im Zusammenhang mit der Vereinbarung über die Scheidungsfolgen (vgl. noch § 630 Abs. 1 Nr. 2 ZPO).

13 Ist im Zeitpunkt des Eintritts der Rechtshängigkeit des Scheidungsantrags ein **Verfahren auf Herausgabe eines Kindes** (§ 1632 BGB) anhängig, so kann das FamG diese Rechtssache nicht zusammen mit der Scheidungssache verhandeln und entscheiden, da es sich um keine Folgesache (§ 623 ZPO) handelt. Eine einstweilige Anordnung kann das FamG hier nur auf Antrag erlassen (§ 620 Satz 1 Nr. 3 ZPO); das Verfahren des § 1632 Abs. 2 BGB kann nicht als Verfahren wegen einstweiliger Anordnung i. S. des § 620 ZPO behandelt werden. In dem Verfahren des § 1632 Abs. 2 BGB können die Ehegatten eine Vereinbarung schließen, z. B. im Zusammenhang mit der Vereinbarung über die Scheidungsfolgen, insbesondere die elterliche Sorge (§ 1671 Abs. 3 BGB) und die Umgangsregelung (vgl. auch § 630 Abs. 1 Nr. 2 ZPO). Zu beachten ist indes, daß eine Vereinbarung über die Herausgabe eines Kindes nicht gemäß § 33 FGG (der nach § 621 a Abs. 1 ZPO anzuwenden ist) vollzogen werden kann; vielmehr setzt § 33 FGG eine gerichtliche Anordnung voraus (s. auch Rz. 625).

14 In dem **Verfahren des § 1361 a BGB** betr. Überlassung von Hausratsgegenständen kann nur eine vorläufige Entscheidung begehrt werden (vgl. § 1361 a Abs. 3 i. V. mit § 18 a HausratsVO);[33] dieses Verfahren läuft getrennt von dem Eheprozeß, da es keine Folgesache betrifft (§ 623 ZPO). Es ist auch nicht identisch mit einem Verfahren wegen einstweiliger Anordnung gemäß § 620 Satz 1 Nr. 7 ZPO und kann nicht in dieses „übergeführt" oder als Verfahren wegen einstweiliger Anordnung i. S. des § 620 ZPO behandelt werden. Die Ehegatten können über die Benutzung von Hausratsgegenständen eine Vereinbarung schließen (arg. § 1361 a Abs. 3 BGB), evtl. im Zusammenhang mit einer Vereinbarung über Scheidungsfolgen, insbesondere über die Verteilung des Hausrats (vgl. § 1 Abs. 1 HausratsVO, sowie § 630 Abs. 1 Nr. 3, Abs. 3 ZPO). Das gleiche gilt im Falle der vorläufigen Entscheidung

---

[33] Zur Streitigkeit über die Rückschaffung eigenmächtig aus der Ehewohnung entfernter Hausratsgegenstände s. *BGH*, FamRZ 1982, 1200 = JZ 1983, 73 (Hausratssache), hierzu *Walter*, JZ 1983, 54.

über die Benutzung der Ehewohnung gemäß § 1361b BGB i. V. mit § 18a HausrVO.[34]

Nach Rechtshängigkeit der Scheidungssache ist das Verfahren gegebenenfalls an das FamG abzugeben, bei dem die Scheidungssache schwebt (§ 11 Abs. 3 Satz 1 HausrVO). Mit der Verkündung oder Bekanntgabe dieses Abgabe-Beschlusses gilt das Verfahren als bei dem Scheidungsgericht anhängig (§ 11 Abs. 3 Satz 2 HausrVO i. V. mit § 281 Abs. 2 ZPO).

15 Die erwähnten **güterrechtlichen Klagen** (§§ 1385, 1386; 1447, 1448, 1469 BGB)[35] betreffen keine Scheidungsfolgen i. S. des § 623 ZPO; daher kann das FamG über sie nicht zusammen mit der Ehesache verhandeln und entscheiden. Vielmehr erstrebt der klagende Ehegatte hier die Beendigung des bisherigen Güterstandes; insoweit stellen die Klagen Gestaltungsklagen dar. Würde der Klage stattgegeben, so tritt mit der Rechtskraft des Urteils Gütertrennung ein (s. § 1388 sowie §§ 1449 Abs. 1, 1470 Abs. 1 BGB); dieses Urteil ist daher ein Gestaltungsurteil. Andererseits: würde dem Ehescheidungsantrag vor der Entscheidung über die erwähnten güterrechtlichen Klagen stattgegeben, so ist insoweit der Rechtsstreit in der Hauptsache erledigt,[36] denn mit der Rechtskraft des Scheidungsurteils ist die Zugewinngemeinschaft (s. § 1372 BGB) bzw. die Gütergemeinschaft (vgl. § 1478 BGB) beendet.[37] Geltendgemacht werden kann dann nur noch, wenn der gesetzliche Güterstand der Zugewinngemeinschaft (§ 1363 Abs. 1 BGB) bestanden hatte, der Zugewinnausgleich (§§ 1372ff. BGB) sowie wenn Gütergemeinschaft bestanden hatte, die „Auseinandersetzungsforderung" (s. §§ 1476ff. BGB).

16 Hatte der Kläger vorzeitigen Zugewinnausgleich gefordert und wäre die Klage – wenn die Ehe nicht geschieden worden wäre – begründet gewesen, so kann er verlangen, bei der Auseinandersetzung so gestellt zu werden, daß in entsprechender Anwendung des § 1387 BGB als Zeitpunkt der Beendigung der Zugewinngemeinschaft der Zeitpunkt der Erhebung der auf §§ 1385 oder 1386 gestützten Klage zugrundegelegt wird,[38] nicht der (spätere) Zeitpunkt

---

[34] Siehe auch Rz. 5 m. Fn. 5.

Eine Vereinbarung der Ehegatten über Ehewohnung und Hausrat hat das *OLG Düsseldorf* (FamRZ 1981, 545) in dem Falle für nichtig gehalten (§§ 134, 138 Abs. 1 BGB), daß der Vertrag einem Ehegatten, der kein Recht zum Getrenntleben gemäß § 1353 Abs. 2 BGB hatte, das Getrenntleben ermöglichte oder erleichterte (hierzu kritisch *Knütel*, FamRZ 1981, 547).

[35] Einstweilige Verfügungen wären hierzu unzulässig.

[36] *Staudinger/Thiele*, § 1385 Rz. 22, § 1387 Rz. 4; *Staudinger/Felgentraeger*, § 1447 Rz. 38; *Soergel/Lange*, § 1385 Rz. 8; *Soergel/Gaul*, § 1447 Rz. 16.

Dies bedeutet, daß der Kläger den Rechtsstreit (insoweit) in der Hauptsache für erledigt erklären muß; andernfalls müßte die Klage als unzulässig abgewiesen werden.

[37] Zur Beendigung der Gütergemeinschaft s. *Staudinger/Felgentraeger*, Vorbem. 2 vor § 1469. Das Getrenntleben beendet die Gütergemeinschaft nicht (s. *Staudinger/Felgentraeger*, aaO, Vorbem. 7).

[38] *Staudinger/Thiele*, § 1384 Rz. 8; *Soergel/Lange*, § 1384 Rz. 7. Zum Verhältnis der Voraussetzungen des vorzeitigen Zugewinnausgleichs und der Sicherheitsleistung (§ 1389 BGB) s. *OLG Frankfurt*, FamRZ 1984, 895.

der Zustellung des Scheidungsantrags (§ 1384 BGB). Dies kann bei der Berechnung des Zugewinnausgleichs von Bedeutung sein, wenn der andere Ehegatte nach der Zustellung der güterrechtlichen Klage und vor Zustellung des Scheidungsantrags Handlungen vorgenommen hatte, die sich bei der Auseinandersetzung zum Nachteil des klagenden Ehegatten auswirken können.

17 Ebenso kann der Kläger, der die Aufhebung der Gütergemeinschaft begehrt hatte, verlangen, daß – wenn diese Klage begründet gewesen wäre und sich nicht durch die Ehescheidung erledigt hätte – für die Auseinandersetzung (§§ 1471 ff. BGB) der Zeitpunkt der Erhebung dieser Klage zugrundegelegt wird,[39] analog § 1479 BGB, statt dem Zeitpunkt der Beendigung des Güterstandes, d.h. dem Zeitpunkt der Rechtskraft des Scheidungsurteils. § 1478 BGB ist in diesem Falle ebenso für anwendbar zu halten, wonach ein geschiedener Ehegatte die Auseinandersetzung nach Bereicherungsgrundsätzen statt nach Liquidationsgrundsätzen (§§ 1475 ff. BGB) wählen kann.[40]

18 Die dargelegten Fragen können für eine Vereinbarung im Falle der Beendigung der Zugewinngemeinschaft bei der Berechnung der Höhe des Zugewinnausgleichs und im Falle der Beendigung der Gütergemeinschaft bei der Auseinandersetzung Bedeutung erlangen. Selbstverständlich kann die Beendigung des gesetzlichen Güterstandes oder der Gütergemeinschaft auch durch einen Ehevertrag herbeigeführt werden (§§ 1408, 1414 BGB), der notariell beurkundet werden muß (§ 1410 BGB); jedoch kann gemäß § 127a BGB die notarielle Beurkundung bei einem gerichtlichen Vergleich durch die Aufnahme der Erklärungen in ein nach den Vorschriften der ZPO (§§ 160, 160a, 162, 163) errichtetes Protokoll ersetzt werden (s. auch Rz. 123). Im Falle der Beendigung der Gütergemeinschaft bleibt § 1478 BGB auch bei späterer Scheidung der Ehe anwendbar.[41]

19 Dagegen handelt es sich um **keine Familiensache** und kann daher § 621 Abs. 3 ZPO nicht angewendet werden, wenn ein Ehegatte vom anderen im Wege der Klage die Rückgabe von Geschenken wegen groben Undanks (§ 530 BGB)[42] oder die Herausgabe von Gegenständen fordert, die zum persönlichen Gebrauch des Ehegatten oder eines Kindes bestimmt sind und die nicht zum Hausrat gehören, z.B. Kleider, Anzüge, Wäsche, Schmuck, wenn er zur Bekleidung gehört,[43] eine Armbanduhr, ein Rasierapparat usw. oder ein Personenkraftwagen, falls er nicht zum Hausrat zu rechnen ist (s. Rz. 663) oder wenn ein Rechtsstreit sonstige vermögensrechtliche Streitigkeiten der Ehegatten betrifft, z.B. im Zusammenhang mit einer gesellschaftsrechtlichen Auseinandersetzung, oder das Verbot, bestimmte Gegenstände zu veräußern

---

[39] *Staudinger/Felgentraeger*, Rz. 4; *Soergel/Gaul*, Rz. 5 je zu § 1479.
[40] Näheres zur Auseinandersetzung s. bei *Soergel/Gaul*, Rz. 5ff., *Palandt/Diederichsen*, Anm. 1–3, *RGRK/Finke*, Rz. 2ff. je zu § 1478.
[41] BT-Drucks. 7/650, S. 103 lk. Sp.; *Palandt/Diederichsen*, § 1478 Anm. 1.
[42] Hierzu *LG Bonn*, FamRZ 1980, 359.
[43] Vgl. hierzu *OLG Düsseldorf*, NJW 1967, 453; *Soergel/Häberle*, Rz. 9; *RGRK/Kalthoener*, Rz. 22 je zu § 1 HausrVO.

oder über den Zugewinn zu verfügen,[44] oder wenn ein Verfahren gemäß § 1365 Abs. 2 BGB anhängig ist (s. Rz. 497). Keine Familiensache ist ferner das Verfahren, in dem ein getrennt lebender Ehegatte erreichen will, daß dem anderen Ehegatten verboten wird, dem neuen Lebensgefährten das Betreten der früheren Ehewohnung zu gestatten.[45]

20 Im Verfahren wegen einstweiliger Anordnung kann nach Anhängigkeit der Ehesache gemäß § 620 Satz 1 Nr. 8 ZPO nur entschieden werden über die Herausgabe oder Benutzung der zum persönlichen Gebrauch eines Ehegatten oder eines Kindes bestimmten Sachen. Ist die Ehesache anhängig geworden, so ist damit indessen das Rechtsschutzinteresse an einer Klage bezüglich der Ansprüche, die im Wege der einstweiligen Anordnung nach § 620 Satz 1 Nr. 8 ZPO geltend gemacht werden könnten, nicht ohne weiteres entfallen.

Im Zusammenhang mit einer die Scheidungsfolgen regelnden Vereinbarung können die erwähnten Streitigkeiten mitverglichen werden.

21 Ein vormundschaftsgerichtliches Verfahren gemäß § 1357 Abs. 2 Satz 1 BGB ist mit der Trennung der Ehegatten als in der Hauptsache erledigt zu beurteilen (arg. § 1357 Abs. 3 BGB).

c) Verfahren außerhalb des rechtshängigen Eheprozesses

22 Selbständige Verfahren, die während des Eheprozesses anhängig werden, dürften zufolge der Regelungen des § 620 ZPO kaum praktische Bedeutung erlangen, nämlich Unterhaltsklagen, Verfahren gemäß §§ 1672, 1634, 1632, 1361 a BGB. Klagen gemäß §§ 1447, 1448, 1469 BGB sind ohnedies selten. Wird während eines laufenden Scheidungsverfahrens von einem Ehegatten Klage auf vorzeitigen Ausgleich des Zugewinns (z. B. nach § 1385 BGB) erhoben, so tritt an die Stelle des Berechnungszeitpunktes nach § 1387 der nach § 1384 BGB.[1]

Streiten die Parteien während des Getrenntlebens darüber, ob dem einen Ehegatten, der Alleineigentümer eines Einfamilienhauses oder einer Eigentumswohnung ist, gegenüber dem anderen Ehegatten, der diese Ehewohnung benutzt, eine Nutzungsentschädigung zusteht, so ist das FamG für die Entscheidung dieses Streits zuständig (§§ 621 Abs. 1 Nr. 7 ZPO, 18 a HausrVO, 1361 b Abs. 2 BGB);[2] hier ist eine Regelung der Rechtsverhältnisse an der

---

[44] Vgl. dazu *OLG Nürnberg,* MDR 1966, 760.

[45] *OLG Karlsruhe,* FamRZ 1980, 139; *OLG Hamm,* NJW 1981, 1793; s. ferner *OLG Stuttgart,* FamRZ 1980, 49.

[1] *OLG Hamm,* FamRZ 1982, 609.

[2] § 1361 b ist durch das UÄndG geschaffen, § 18 a HausrVO durch dieses Gesetz geändert worden, womit eine Gesetzeslücke geschlossen wurde, s. auch Rz. 5 m. Fn. 5, 14 m. Fn. 34; zum bisherigen Recht s. *Graba,* FamRZ 1985, 657, 660 f.; *BGH,* FamRZ 1986, 434 = NJW 1986, 1340; FamRZ 1986, 436 = NJW 1986, 1339.

Ehewohnung i. S. des § 621 Abs. 1 Nr. 7 zu treffen, es liegt also eine Familiensache vor.[3]

Gemäß § 1361 b Abs. 2 BGB kann ein Ehegatte, wenn er verpflichtet ist, dem anderen Ehegatten die Ehewohnung oder einen Teil der Wohnung zur alleinigen Benutzung zu überlassen, von diesem eine Vergütung für die Benutzung zu verlangen, soweit dies der Billigkeit entspricht; hierbei kommt es auf eine Abwägung der Interessen und der wirtschaftlichen Verhältnisse der Ehegatten an.[4] Unter die Regelung des § 1361 b fallen indes nicht Ausgleichsansprüche aus § 426 BGB.[5]

d) Einstweilige Anordnungen

23 Während des Eheprozesses, d. h. schon nach Einreichung der Antragsschrift (§ 622 ZPO) oder eines Gesuchs um Prozeßkostenhilfe zum Scheidungsantrag (§ 114 ZPO) können **vorläufige Regelungen**[1] beantragt werden (§ 620 a Abs. 2 ZPO), die sich beziehen auf die elterliche Sorge über ein gemeinschaftliches Kind (§ 620 Satz 1 Nr. 1 ZPO), den persönlichen Umgang des nicht sorgeberechtigten Elternteils mit dem Kinde (aaO Nr. 2), die Herausgabe des Kindes an den anderen Elternteil (aaO Nr. 3), die Unterhaltspflicht gegenüber einem minderjährigen Kinde (aaO Nr. 4 i. V. m. § 1629 Abs. 3 BGB),[2] den Unterhalt des Ehegatten (aaO Nr. 6),[2] die Benutzung der Ehewohnung[3] und des Hausrats (aaO Nr. 7), die Herausgabe oder Benutzung der zum persönlichen Gebrauch eines Ehegatten oder eines Kindes bestimmten Sachen (aaO Nr. 8), z. B. Kleider und Wäsche sowie des zur Bekleidung gehörenden Schmuckes,[4] ferner die Verpflichtung zur Leistung eines Kostenvorschusses für die Ehesache und Folgesachen (aaO Nr. 9, s. auch § 1361 Abs. 4 Satz 4 i. V. mit § 1360 a Abs. 4 BGB). Zur Zuständigkeit s. § 620 a Abs. 4 ZPO.

---

[3] *OLG Köln*, FamRZ 1987, 77 (auch zum Begriff der schweren Härte).

[4] Hierzu *Kalthoener* in RGRK, HausrVO § 18 a Rz. 35; *Diederichsen*, NJW 1986, 1283, 1284; *Brudermüller*, FamRZ 1987, 109. Wichtig ist hierbei auch der Nutzungswert der Wohnung; ggf. ist dieser als Unterhaltsleistung zu berücksichtigen. Bei Miteigentum ist eine Nutzungsvereinbarung ggf. gemäß § 745 Abs. 2 BGB zu ändern (*BGHZ* 87, 265 = FamRZ 1983, 795 = NJW 1983, 1845 = JZ 1983, 852 m. Anm. *Frank*, s. auch Rz. 513 a).

[5] Vgl. dazu *BayObLGZ* 1985, 219 = FamRZ 1985, 1057; sowie auch *BGH*, aaO.

[1] Hierzu auch *Mümmler*, JurBüro 1982, 487 (insbesondere Kostenfragen), zur Fälligkeit der Anwaltsgebühren *KG*, AnwBl 1984, 625; zur Unterhaltsanordnung *Luthin*, FamRZ 1986, 1059, *Göppinger/Wax*, Rz. 3221 ff.; *Gießler*, Vorläufiger Rechtsschutz in Ehe-, Familien- und Kindschaftssachen, Rz. 94 ff., und FamRZ 1987, 887.

[2] Jedoch keine Entscheidung über eine Verpflichtung zur Auskunft (§ 1605), s. *OLG Düsseldorf*, FamRZ 1983, 514 = JurBüro 1983, 619; *Rosenberg/Schwab*, § 169 I 6; *Gießler*, Rz. 582.

[3] Hierzu *OLG Stuttgart*, Die Justiz 1982, 23.

[4] Siehe Rz. 19 Fn. 43.

In diesen Verfahren können Vereinbarungen über den jeweiligen Verfahrensgegenstand geschlossen werden, im Verfahren betr. Regelung der elterlichen Sorge, da dieses auch von Amts wegen (z. B. auf eine Anregung des Jugendamtes gemäß § 48 Satz 2 JWG) eingeleitet werden kann, d. h. das FamG die einstweilige Anordnung gemäß § 620 Satz 2 von Amts wegen ohne Antrag eines Ehegatten erlassen kann, lediglich in der Form eines gemeinsamen Vorschlags (arg. § 1672 Satz 3 i. V. mit § 1671 Abs. 3 BGB) – im Unterschied zum früheren Recht kann das Gericht nicht nur eine Regelung der (tatsächlichen) Personensorge (ohne die gesetzliche Vertretung) treffen –.

Die einstweilige Anordnung (§ 620 ZPO) – oder eine geänderte Anordnung (§ 620b ZPO) – tritt gemäß § 620f Satz 1 ZPO u. a. (und vor allem) beim Wirksamwerden einer anderweitigen Regelung außer Kraft (hierzu Rz. 23 a).[5]

Im Verfahren des **§ 620 Satz 1 Nr. 4** geht es um die Regelung der Barunter- 23 a
haltspflicht des Elternteils, der das Kind nicht betreut (§§ 1601, 1606 Abs. 3 Satz 1, 1612 Abs. 1 Satz 1 BGB). Hervorzuheben ist, daß nunmehr (seit Inkrafttreten des UÄndG am 1. 4. 1986) der Elternteil den Anspruch des Kindes gerichtlich im eigenen Namen als Prozeßstandschafter geltend macht (§ 1629 Abs. 3 Satz 1 BGB) und nur so geltend machen darf,[6] sowie daß die Entscheidung, ebenso ein gerichtlicher Vergleich, für und gegen das Kind wirkt (§ 1629 Abs. 3 Satz 2 BGB).[7] Der Unterhalt eines volljährigen Kindes kann nun nicht mehr Gegenstand des Verfahrens des § 620 Satz 1 Nr. 4 ZPO sein.[8]

Die einstweilige Anordnung, welche den Unterhalt des Kindes regelt, gilt nicht lediglich – wie nach früherem Recht (§ 627 Abs. 1 aF ZPO) – für die Zeit bis zur Rechtskraft des Scheidungsurteils, sondern ggf. darüber hinaus, bis zu einer neuen Regelung (§ 620f ZPO),[9] häufig freilich bis zum Wirksam-

---

[5] § 620f Satz 1, 2. Satzteil ZPO ist in dem Fall entsprechend anzuwenden, daß nach dem Antrag auf Bewilligung der Prozeßkostenhife für die Ehescheidung (ohne Einreichung des Scheidungsantrags) eine einstweilige Anordnung gemäß § 620 Satz 1 Nr. 1 ZPO ergangen war (vgl. § 620a Abs. 2 Satz 1, 2. Satzteil ZPO) und dann die Prozeßkostenhilfe für das Scheidungsverfahren versagt wurde (*OLG Stuttgart,* FamRZ 1984, 720; *Thomas/Putzo,* ZPO, § 620f, Anm. 2d; anders *OLG Düsseldorf,* FamRZ 1985, 1271).

[6] Hierzu *Göppinger/Wax,* Unterhaltsrecht, Rz. 3242; *Sedemund-Treiber,* FamRZ 1986, 209, 213.

[7] Also nicht eine notarielle Urkunde (s. Rz. 10 aE).

[8] Anders als nach früherem Recht (s. 5. Aufl., Rz. 23a m. Fn. 11).

[9] Vgl. hierzu *OLG Karlsruhe,* FamRZ 1982, 1221 (es differenziert zutreffend in folgender Weise: Die einstweilige Anordnung tritt außer Kraft, soweit ein später ergehendes Urteil weniger oder keinen Unterhalt zuspricht; sie tritt dagegen (noch) nicht außer Kraft, soweit das Urteil einen gleich hohen oder höheren Unterhaltsbetrag zuerkennt, sondern erst mit der Rechtskraft des Urteils; s. aber auch *OLGe Hamm,* FamRZ 1984, 718, *Hamburg,* FamRZ 1984, 719; *Gießler,* FamRZ 1987, 887). – Die einstweilige Anordnung kann indes „auf die Dauer des Rechtsstreits" beschränkt werden (s. *OLG Bamberg,* FamRZ 1982, 86).

werden einer entsprechenden Vereinbarung der Ehegatten, also mit der Rechtskraft des Scheidungsurteils (s. Rz. 52, 76f.).

Hatten die Ehegatten keine Vereinbarung über den Unterhalt des Kindes geschlossen (zB bei „verdeckter Konventionalscheidung" – s. Rz. 38a –) und war auch kein Unterhaltstitel für das Kind gemäß § 1629 Abs. 3 Satz 2 erwirkt und keine notarielle Urkunde verrichtet worden, so gilt die durch die einstweilige Anordnung (§ 620 Satz 1 Nr. 4 ZPO) getroffene Regelung weiter (§ 620f ZPO, s. auch Rz. 23 aE). Damit stellt sich das Problem der späteren Abänderung. Soll sich der Unterhalt erhöhen, so kann das Kind eine entsprechende Leistungsklage erheben, die sich (auch) auf den gesamten Unterhaltsbetrag beziehen kann und zweckmäßigerweise beziehen sollte (womit eine neue Regelung i. S. des § 620f ZPO herbeigeführt wäre). Problematisch ist jedoch die Herabsetzung oder die Aufhebung der in der einstweiligen Anordnung enthaltenen Regelung, da nach der Rechtskraft des Scheidungsurteils § 620b ZPO nicht mehr angewendet werden kann.[10] Das gleiche Problem stellt sich bezüglich des Unterhaltsanspruchs des Ehegatten nach der Scheidung (s. Rz. 23b). Diese Probleme und Schwierigkeiten werden indes vermieden, wenn (z. B. in dem Verfahren wegen einstweiliger Anordnung) eine Unterhaltsregelung zustandekommt, in welcher der Elternteil, in dessen Obhut sich das Kind befindet (s. § 1629 Abs. 2 Satz 2 BGB), als dessen Prozeßstandschafter (§ 1629 Abs. 3 BGB, s. Rz. 8ff.) tätig wird und welche unbefristet gilt.

23b Besondere Probleme entstehen, wenn der Unterhaltsanspruch eines Ehegatten gemäß **§ 620 Satz 1 Nr. 6 ZPO** einstweilen geregelt worden war und kein Vergleich (s. auch § 630 Abs. 1 Nr. 3, Abs. 3 ZPO) geschlossen und auch keine Entscheidung gemäß §§ 621 Abs. 1 Nr. 5, 623 ZPO erwirkt wurde. § 620b ZPO ist, wie erwähnt (Rz. 23a m. Fn. 10), nach der Rechtskraft des Scheidungsurteils nicht mehr anzuwenden. Während das frühere Recht (§ 627b aF ZPO) hier eine klare Regelung getroffen hatte, besteht nun eine Gesetzeslücke. Der Gesetzgeber ist offensichtlich davon ausgegangen, über den Unterhalt werde regelmäßig als Folgesache mitentschieden; doch ist dies in der Praxis nicht der Fall.[11] So fragt es sich, auf welche Weise das Fehlen, die Minderung oder der Wegfall der Unterhaltspflicht geltend gemacht werden kann. Eine Abänderungsklage gegen die vorläufige Regelung scheidet aus.[12]

---

[10] *BGH;* NJW 1983, 1330 = FamRZ 1983, 355; *Göppinger/Wax,* Rz. 3228, 3233, 3235 (mit dem wichtigen Hinweis, der Streit, ob und in welchem Umfang die Unterhaltspflicht noch bestehe, könne nicht ad infinitum in einem summarischen Verfahren ausgetragen werden); *Klauser,* MDR 1981, 711, 717; *Griesche,* FamRZ 1981, 1025, 1035; *Braeuer,* FamRZ 1984, 10, 11 je m. weit. Hinw.; *Zöller/Philippi* § 620b Rz. 6; s. auch *OLG Hamm,* FamRZ 1984, 297 m. Anm. *Braeuer* (298); anders *van Els,* ZfJ 1984, 261.

[11] *Braeuer,* FamRZ 1984, 10.

[12] Wohl allgem. Meinung, s. zB *Göppinger/Wax,* Rz. 3234, 3287; *Zöller/Philippi,* § 620b Rz. 17, § 620f Rz. 14 aE; *BGH,* FamRZ 1983, 355, 356 = NJW 1983, 1330, 1331 = MDR 1983, 653; FamRZ 1983, 892, 893 = NJW 1983, 2200.

Die Vollstreckungsabwehrklage kann nicht auf eine Änderung oder eine unrichtige Beurteilung der maßgebenden Verhältnisse, der Leistungsfähigkeit des Verpflichteten oder der Bedürftigkeit des Unterhalt Begehrenden, gestützt werden,[13] auch nicht auf die Rechtskraft des Scheidungsurteils, da ja die einstweilige Anordnung über diesen Zeitpunkt hinaus wirkt (§ 620f ZPO).[14] Daher hat die Rechtsprechung die negative Feststellungsklage zugelassen, soweit titulierter Unterhalt noch nicht gezahlt ist,[15] mit der zugleich die Einstellung der Vollstreckung insoweit beantragt werden kann.[16] Soweit Unterhalt geleistet wurde, ist die Leistungsklage auf Rückzahlung der betreffenden Beträge zulässig.[17] Ferner könnte auch § 926 ZPO analog angewendet werden.[18] Der bedürftige geschiedene Ehegatte kann mit der Leistungsklage, auch rückwirkend (soweit die Voraussetzungen des § 1585b Abs. 2 BGB vorliegen), höheren Unterhalt verlangen.[19]

---

[13] Ebenso wohl einhell. Meinung, s. zB *Göppinger/Wax,* Rz. 3236; *BGH,* FamRZ 1983, 355, 356.

[14] *BGH,* aaO; *Zöller/Philippi,* § 620f Rz. 1; *Zöller/Schneider,* § 767 Rz. 6; *Göppinger/Wax,* aaO; anders *OLG München,* FamRZ 1981, 912; *OLG Köln,* FamRZ 1983, 940 Leits.

[15] *BGH,* FamRZ 1983, 355 (s. Fn. 121); *KG,* FamRZ 1985, 951; *OLG Koblenz,* FamRZ 1986, 999; *Zöller/Philippi,* § 620 Rz. 13, 620f Rz. 14; *Göppinger/Wax,* Rz. 3237; krit. *Braeuer,* FamRZ 1984, 10, 298; *Luthin,* FamRZ 1986, 1059, 1060.

Zur negativen Feststellungsklage während des anhängigen Scheidungsverfahrens s. *OLGe Frankfurt* und *Köln,* FamRZ 1984, 717; *OLG Koblenz,* FamRZ 1985, 1272; *OLG Schleswig,* FamRZ 1986, 184; sowie Rz. 218a.

[16] BGH, FamRZ 1983, 355, 357 (s. Fn. 12); *OLG Koblenz,* FamRZ 1985, 1272; *OLG Frankfurt,* FamRZ 1984, 717; *Luthin,* aaO; *Zöller/Philippi,* § 620f Rz. 15.

[17] *OLG Hamburg,* FamRZ 1985, 951; hierzu *Luthin,* aaO. Die analoge Anwendung des § 945 ZPO bejaht *Olzen,* FamRZ 1986, 1169.

[18] So *Braeuer,* FamRZ 1984, 10, 298; zustimmend *Luthin,* FamRZ 1986, 1059, 1060, der mit Recht bedauert, daß die Rechtsprechung diesen so bedeutsamen Vorschlag bisher ignoriert hat (de lege ferenda zu dem Vorschlag *Rosenberg/Schwab,* § 16g II 14 aE). So wurde es bisher versäumt, hier eine die Rechtsentwicklung fördernde praktikable Lösung zu suchen und zu finden, so daß zahlreiche nicht befriedigend lösbare Schwierigkeiten und die Rechtssicherheit gefährdende Streitfragen und Unklarheiten entstanden sind (s. zB *Sedemund-Treiber,* FamRZ 1986, 209, 218 aE; *Luthin,* FamRZ 1986, 1059, 1060f.), zB zur Anwendung des § 818 Abs. 3 (*BGH,* FamRZ 1984, 767), zu § 818 Abs. 4 BGB (*BGH,* FamRZ 1985, 368 = NJW 1985, 1074), zur Einstellung der Vollstreckung, wenn eine negative Feststellungsklage mit der Leistungsklage zusammentrifft (s. dazu *Luthin,* aaO, 1060f., sowie Fn. 19).

Dem Unterhaltspflichtigen, der Einwände gegen die Unterhaltsregelung des § 620 ZPO hat, kann nur dringend empfohlen werden, alsbald den Antrag analog § 926 ZPO zu stellen; gegen eine analoge Anwendung des § 926 ZPO aber *Gießler,* Rz. 207 (wegen fehlender gesetzl. Regelung!).

[19] *OLG Hamburg,* FamRZ 1985, 1273; *OLG Koblenz,* FamRZ 1986, 999, *KG,* FamRZ 1985, 951, jeweils auch zum Zusammentreffen mit der negativen Feststellungsklage, dazu auch *Luthin,* aaO.

2. Zur Zulässigkeit von Vereinbarungen über die Scheidungsfolgen

24 Aus den in Rz. 2 erwähnten Vorschriften, die eine Vereinbarung über Scheidungsfolgen vor Rechtskraft des Scheidungsurteils ausdrücklich zulassen oder die von der Zulässigkeit solcher Vereinbarungen ausgehen, folgt, daß eine Vereinbarung, insbesondere auch über den Unterhalt des einen Ehegatten nach der Scheidung, nicht deshalb als nichtig angesehen werden darf, weil sie die **Scheidung erleichtert oder ermöglicht** hat.[1] Diese Auffassung bestätigt auch § 1566 Abs. 1 BGB, wonach ein Ehegatte dem Scheidungsbegehren des anderen Ehegatten, wenn die Eheleute mindestens ein Jahr lang getrennt leben, zustimmen kann; hieraus ergeben sich dann bestimmte Rechtsfolgen (s. Rz. 33).

Im Hinblick auf diese Rechtslage bedurfte es keiner ausdrücklichen Vorschrift mehr des Inhalts (wie früher in § 72 Satz 2 EheG), daß eine Vereinbarung (über die Unterhaltspflicht für die Zeit nach der Scheidung) nicht aus dem erwähnten Grunde nichtig ist.[2]

25 Eine Vereinbarung über die Scheidungsfolgen ist nach allgemeinen Vorschriften unwirksam (nichtig), wenn sie ein gesetzliches Verbot verletzt (§ 134 BGB) oder wenn sie gegen die guten Sitten verstößt (§ 138 Abs. 1 BGB).[3] Ergreift diese Nichtigkeit nur einen Teil der Vereinbarung, so stellt sich die Frage, ob damit die gesamte Vereinbarung nichtig ist, nämlich wenn anzunehmen ist, daß die Vereinbarung ohne den nichtigen Teil nicht vorgenommen sein würde (§ 139 BGB – s. dazu Rz. 89 –). Von einer ausdrücklichen Regelung der Unwirksamkeit eines Vergleichs im Falle des Verstoßes gegen die guten Sitten – wie im früheren Recht (§ 72 Satz 3 EheG) – hat der Gesetzgeber jetzt abgesehen und absehen können. Hierzu ist zu beachten, daß im früheren Recht auch und vor allem die Fälle getroffen werden sollten, in denen ein Scheidungsgrund, insbesondere der auf schwere Eheverfehlungen gestützte Grund, nicht oder nicht mehr bestand, d. h. von den Ehegatten, um eine Scheidung erreichen zu können, vorgetäuscht wurde.

26 Im neuen Recht dürfte ein solcher Fall, daß die Voraussetzungen für eine Scheidung nicht vorliegen, d. h. von den Ehegatten vorgetäuscht werden, nur in Betracht kommen, wenn diese übereinstimmend **unwahre Angaben** darüber machen, daß eine Lebensgemeinschaft zwischen ihnen nicht mehr besteht und daß sie aus bestimmten Gründen nicht die Absicht haben, die Lebensgemeinschaft wieder aufzunehmen (vgl. § 1565 Abs. 1 Satz 2 BGB), ferner daß sie schon ein Jahr getrennt leben, d. h. daß keine häusliche Gemeinschaft mehr zwischen ihnen besteht (vgl. § 1566 Abs. 1 Satz 1 BGB) oder daß und in welcher Weise sie innerhalb der ehelichen Wohnung getrennt leben (§ 1567

---

[1] BT-Drucks. 7/650, S. 149 (Begründung des Reg.-Entw.), wiedergegeben in BJM-Brosch. S. 211 (s. Rz. 1 Fußn. 1).

[2] Begründung aaO, s. ferner *Rolland*, § 1585c Rz. 1, 4.

[3] Näheres hierzu s. Rz. 81ff.

Abs. 1 Satz 2 BGB, s. Rz. 33 Fn. 3) oder daß sie zwischenzeitlich nicht lediglich kürzere Zeit zusammengelebt haben (§ 1567 Abs. 2 BGB) oder schließlich darüber, daß, wenn die Eheleute noch kein Jahr getrennt leben, Gründe vorliegen, die eine unzumutbare Härte für den Antragsteller darstellen (§ 1565 Abs. 2 BGB).[4] Indessen dürfte in solchen Fällen nicht generell anzunehmen sein, daß unwahre Angaben des erwähnten Inhalts, die im Zusammenhang mit dem Abschluß der Vereinbarung über die Scheidungsfolgen gemacht werden, stets die Folge haben, daß die Vereinbarung nichtig ist; anders ausgedrückt, ist eine Ehe gescheitert, so können unwahre Angaben der Ehegatten, welche die Scheidung ermöglichen, nicht die Folge haben, daß eine im Zusammenhang mit dem Scheidungsbegehren geschlossene Vereinbarung über die Scheidungsfolgen ohne weiteres als sittenwidrig (§ 138 BGB) beurteilt werden müßte.[5] Vielmehr wird dies nur in besonderen gravierenden Fällen in Betracht kommen, wenn die Ehegatten mit dem erwähnten Verhalten weitere Zwecke verfolgen und dann eine Gesamtbeurteilung die Sittenwidrigkeit der Vereinbarung ergibt.

Wie erwähnt (Rz. 2) geht die Zulässigkeit einer Vereinbarung über die 27
Scheidungsfolgen auch aus der Vorschrift des § 630 ZPO hervor, die einen bestimmten und praktisch besonders wichtigen Fall regelt, nämlich, daß die Ehegatten mindestens ein Jahr lang getrennt leben, die Ehe gescheitert ist und beide Ehegatten die Scheidung begehren oder einer sie begehrt und der andere zustimmt (s. §§ 1565 Abs. 1, 1566 Abs. 1 BGB). § 630 verlangt für eine Scheidung der Ehe in diesen Fällen eine Einigung der Ehegatten über bestimmte Scheidungsfolgen.

Bevor auf diese Vorschrift des § 630 ZPO näher eingegangen werden kann, bedarf es zum besseren Verständnis dieser Regelung und ihrer Bedeutung einiger Bemerkungen zum Eheprozeß und einer näheren Darlegung der Probleme der Zustimmung zum Scheidungsbegehren (§ 1566 Abs. 1 BGB).

---

[4] Hierzu s. auch *Göppinger,* Unterhaltsrecht, Rz. 1650; *Soergel/Häberle,* § 1585c Rz. 17; ferner *Finger,* JR 1981, 397, 400; *Giesen,* FamRZ 1984, 1188, 1192f. Zur Wahrheitspflicht der Parteien im Zivilprozeß (allgemein) *Olzen,* ZZP 98 (1985), 403.

[5] Der abweichenden Auffassung des *BGH* (Z 41, 166 = LM EheG § 72 Nr. 7 Leits. m. Anm. *Johannsen* = FamRZ 1964, 245 = NJW 1964, 1073 = MDR 1964, 489) zum früheren Recht kann nach der neuen Rechtslage nicht mehr zugestimmt werden; vielmehr sollte man zu der Auffassung des *RG* (Z 159, 157 = Auswahl Gruppe I FamR, Teil 1, S. 266; Z 168, 269 = Auswahl aaO, S. 295) zurückkehren, das darauf abgestellt hatte, ob die Ehe scheidungsreif gewesen wäre, ohne Rücksicht auf die unwahren Angaben der Ehegatten. Die sich aus der Auffassung des BGH ergebende Konsequenz der Nichtigkeit der gesamten Vereinbarung über die Scheidungsfolgen wäre unerträglich (ebenso *Richter,* MünchKomm. § 1585c, Rz. 52) und mit den Intentionen des Gesetzgebers (s. Rz. 24 Fußn. 1 m. Rz. 1 Fußn. 1) nicht vereinbar; s. auch Rz. 99. Gegen den BGH *Henssler,* Die Justiz 1977, 71, 72; *Rolland,* § 1585c Rz. 30; *Soergel/Häberle,* § 1585c Rz. 17; wie hier ferner *Langenfeld,* Handbuch Rz. 19.

3. Der Verbund von Scheidungssachen und Folgesachen* und abgetrennte Verfahren

28 Als Ausnahme von der Regelung des § 610 Abs. 2 Satz 1 ZPO, wonach die Verbindung eines anderen Verfahrens mit einer Scheidungssache, auch im Wege einer Widerklage anderer Art als der einer Ehesache (zB einer Klage auf Herstellung der ehelichen Gemeinschaft, § 606 Abs. 1 ZPO), unstatthaft ist, schreibt § 623 Abs. 1 Satz 1 ZPO folgendes vor: Soweit in Familiensachen des § 621 Abs. 1 eine Entscheidung für den Fall der Scheidung der Ehe zu treffen ist und von einem Ehegatten rechtzeitig (s. Abs. 2, hierzu Rz. 29) begehrt wird, ist hierüber gleichzeitig und zusammen mit der Scheidungssache zu verhandeln und, sofern dem Scheidungsantrag stattgegeben wird, zu entscheiden. Diese Familiensachen nennt der Gesetzgeber Folgesachen. Ist dem Scheidungsantrag stattzugeben und gleichzeitig über Folgesachen zu entscheiden, so ergeht die Entscheidung gemäß § 629 Abs. 1 ZPO einheitlich durch Urteil. Diese Folgesachen sind gemäß § 621 Abs. 1: die Regelung der elterlichen Sorge über ein gemeinschaftliches eheliches Kind (§ 1671 BGB) – Nr. 1 –, die Regelung des persönlichen Umgangs des nichtsorgeberechtigten Elternteils mit dem Kinde (§ 1634 BGB) – Nr. 2 –, die Herausgabe des Kindes an den anderen Elternteil (§ 1632 BGB) – Nr. 3 –, die gesetzliche Unterhaltspflicht gegenüber einem (minderjährigen) ehelichen Kinde (§§ 1601 ff., 1606 Abs. 3, 1612 Abs. 1 Satz 1, 1629 Abs. 3 BGB) – Nr. 4 –, die durch die Ehe begründete gesetzliche Unterhaltspflicht gegenüber einem geschiedenen Ehegatten (§§ 1569ff. BGB) – Nr. 5 –, der Versorgungsausgleich (§§ 1587ff. BGB) – Nr. 6 –, die Regelung der Rechtsverhältnisse an der Ehewohnung und dem Hausrat (§§ 1 ff. HausrVO) – Nr. 7 –, Ansprüche aus dem ehelichen Güterrecht (insbesondere der Zugewinnausgleich, §§ 1372ff., 1378 Abs. 3, 1384 BGB, ferner bei Gütergemeinschaft Ansprüche anläßlich der Auseinandersetzung, insbesondere § 1478 Abs. 1 BGB; s. Rz. 17 aE) – Nr. 8 –, Verfahren nach den §§ 1382, 1383 BGB (Stundung der Forderung auf den Zugewinnausgleich, Übertragung von Vermögensgegenständen unter Anrechnung auf diese Ausgleichsforderung[1], s. Rz. 502c) – Nr. 9 –.

29 Das eine Folgesache betreffende Verfahren muß bis zum Schluß der mündlichen Verhandlung erster Instanz in der Scheidungssache anhängig gemacht sein (§ 623 Abs. 2 Satz 1 ZPO).

Wichtig ist indes, daß es für die Regelung der elterlichen Sorge und für die Durchführung des Versorgungsausgleichs in den Fällen des § 1587b BGB

---

* Lit. *K. H. Schwab,* FamRZ 1976, 658; *Sedemund-Treiber,* DRiZ 1976, 331; *Diederichsen,* NJW 1977, 649; *Konzen,* JR 1978, 362, 403; *Walter,* Der Prozeß in Familiensachen, S. 161 ff.; *ders.,* Die neuere Rechtsprechung zum „Verfahren in Familiensachen", JZ 1983, 476; *Rosenberg/Schwab,* § 168; *Kersten,* Praxis der Familiengerichtsbarkeit (1983); zur Antragsschrift s. noch *Har. Vogel,* AnwBl. 1982, 457.

[1] Dazu *OLG Hamm,* FamRZ 1978, 687 = Rpfleger 1978, 373 = OLGZ 1978, 399.

keines Antrags bedarf (§ 623 Abs. 3 Satz 1) und eine Regelung des persönlichen Umgangs im allgemeinen nur ergehen soll, wenn ein Ehegatte dies anregt (§ 623 Abs. 3 Satz 2). Im letzteren Falle handelt es sich ebenfalls um ein Amtsverfahren, das nicht von einem Verfahrensantrag eines Beteiligten abhängig ist. In allen anderen Fällen, also bezüglich der Folgesachen i. S. der §§ 623 Abs. 1 Nr. 3, 4, 5, 7–9, ist ein Antrag eines Ehegatten erforderlich (im Falle der Nrn. 4, 5, 8 in der Form einer Klageschrift, hierzu s. § 253 Abs. 2 ZPO).

Es empfiehlt sich, für jeden Gegenstand jeweils einen getrennten Schriftsatz einzureichen.[2]

Steht einem Ehegatten ein **Unterhaltsanspruch** nach der Scheidung zu, so ist zu beachten, daß zufolge der Rechtsprechung des BGH[3] ein vorher gemäß § 1361 BGB erwirkter Titel nicht weiterwirkt, der Unterhaltsanspruch also erneut geltend gemacht werden muß.

Zur güterrechtlichen Auseinandersetzung ist darauf hinzuweisen, daß es sich als unzweckmäßig erwiesen hat, den **Zugewinnausgleich** im Verbundverfahren geltend zu machen, da dieser regelmäßig einen unverhältnismäßig hohen Zeitaufwand erfordert, wodurch die übrigen Entscheidungen im Rahmen des Verbundes zusätzlich verzögert werden.[4] Andererseits ist zur Klarstellung hervorzuheben, daß, wenn der Zugewinnausgleich bis zum Schluß der mündlichen Verhandlung erster Instanz geltend gemacht wird (vgl. § 623 Abs. 2 ZPO), der Verfahrensverbund (§ 623 Abs. 1) zwingend ist – dies gilt auch für andere von einem Antrag abhängige Folgesachen –, die Geltendmachung außerhalb des Verbundes in diesem Verfahrensstadium also nicht möglich ist.[5] Dies ergibt sich daraus, daß die Entscheidung über Folgesachen von dem *Scheidungsausspruch* abhängig ist (§ 629 Abs. 3 Satz 1 ZPO). Der die Folgesache betreffende Antrag ist also insofern *bedingt;* eine bedingte Klage außerhalb des Verbundes wäre unzulässig.[6]

Der Zeitpunkt der Einreichung des Scheidungsantrags kann von Bedeutung sein für die Frage, ob der ehevertragliche *Ausschluß des Versorgungsausgleichs* (§ 1408 Abs. 2 BGB) zu Fall gebracht werden soll (s. Rz. 356, 360), oder evtl. für die Frage, ob gekürzte Anwartschaften wieder aufgefüllt oder Anwartschaften durch Beitragszahlung begründet werden sollen (s. dazu Rz. 367b, 436).[7]

---

[2] Worauf *Friederici,* AnwBl. 1981, 376, 379 hinweist; Näheres s. bei *Kersten,* Praxis der Familiengerichtsbarkeit, S. 23ff.

[3] NJW 1981, 978 = FamRZ 1981, 242 m. Anm. *Mutschler;* hierzu Rz. 218a und *Göppinger/Kindermann,* Unterhaltsrecht, Rz. 292; *Göppinger/Wax,* das., Rz. 3156, 3299f.

[4] *Friederici,* aaO, 380; vgl. auch *OLG Düsseldorf,* FamRZ 1980, 146. Zur Abtrennung auf Antrag beider Parteien s. *OLG Hamm,* FamRZ 1986, 823 (s. Fn. 19); anders *Rosenberg/Schwab,* § 168 I b bei Fn. 11; *Zöller/Philippi,* § 628 Rn. 9.

[5] Unrichtig *Kersten,* FamRZ 1986, 754.

[6] Dies übersieht *Kersten,* aaO.

[7] Zu der hier wichtigen Bereiterklärung s. Rz. 371a, 372a.

Schließlich ist noch darauf hinzuweisen, daß die Verbundvorschriften der §§ 623 ff. ZPO nicht im **Eheaufhebungsverfahren**[8] und Ehenichtigkeitsverfahren[9] gelten.

30 Der Zweck der erwähnten Regelungen ist zu erreichen, daß mit der Scheidung einer Ehe zugleich die Scheidungsfolgen einer möglichst umfassenden und sachgerechten Regelung zugeführt werden; hiermit soll für eine ordnungsgemäße Abwicklung der bisherigen ehelichen Gemeinschaft Sorge getragen werden.[10] Durch die gleichzeitige Verhandlung aller mit der Scheidung zusammenhängenden Fragen und die Entscheidungskonzentration soll erreicht werden, daß sich die Ehegatten bereits im Scheidungsverfahren darüber klar werden, welche Folgen – insbesondere wirtschaftlicher Art und hinsichtlich der Kinder – eine Scheidung mit sich bringt. Die Ehegatten sollen sich der Bedeutung und der Konsequenzen einer Scheidung voll bewußt werden[11] (s. auch Rz 600).

31 Wird mit dem Scheidungsurteil zugleich über Folgesachen entschieden (§§ 623 Abs. 1 Satz 1, 629 Abs. 1 ZPO),[12] so werden die Entscheidungen bezüglich der Folgesachen erst mit der Rechtskraft des Scheidungsurteils wirksam (§ 629 d). Umgekehrt wird aber auch das Scheidungsurteil erst rechtskräftig, wenn die Entscheidung über alle damit verbundenen Folgesachen rechtskräftig ist, zB gegen die Entscheidung bezüglich der Regelung der elterlichen Sorge Beschwerde (§ 621 e Abs. 1, 3 ZPO) oder gegen eine Entscheidung über die Unterhaltspflicht Berufung eingelegt worden war,[13] oder wenn zB nur gegen den einen Unterhaltsanspruch betreffenden Teil des Urteils Berufung eingelegt worden ist und im Berufungsverfahren ein Vergleich zustandekommt.

Die Rechtskraft des Scheidungsverbundurteils tritt erst ein, wenn keine Folgesache mehr angegriffen werden kann.[14] Ist ein Verbundurteil nur wegen einer Folgesache, zB des Versorgungsausgleichs, angefochten worden und haben die Parteien hinsichtlich des Scheidungsausspruchs auf Rechtsmittel und Anschlußrechtsmittel verzichtet, wobei der Verzicht auf Anschluß-

---

[8] *Soergel/Häberle,* EheG § 37 Rz. 7; *OLG Stuttgart,* FamRZ 1981, 579.

[9] *BGH,* FamRZ 1982, 586.

[10] *Vogel,* FamRZ 1976, 481, 487; *Göppinger/Wax,* Rz. 3153.

[11] BT-Drucks. 7/4361, S. 24 (Ausschuß-Bericht).

[12] Treffen im Verbund für dieselbe Tatsache der Verhandlungsgrundsatz (der sich aus § 282 ZPO ergibt und für das Unterhaltsansprüche und den Zugewinnausgleich betreffende Verfahren (§ 621 Abs. 1 Nr. 4, 5, 8 ZPO) gilt), der eingeschränkte Untersuchungsgrundsatz in der Ehesache (§§ 616, 617 ZPO) und der Ermittlungsgrundsatz (§ 12 FGG) betr. die elterliche Sorge, das Umgangsrecht und den Versorgungsausgleich zusammen, so sind die gemäß §§ 12 FGG, 616 ZPO gewonnenen Erkenntnisse auch für das Verfahren gemäß § 621 Abs. 1 Nr. 4, 5, 8 ZPO verwertbar (s. *Thomas/Putzo,* § 623 Anm. 5).

[13] Zu dem Fall, daß eine einstweilige Anordnung ergangen war, s. Rz. 23 aE, 23 a, 23 b.

[14] Hierzu *BGH,* NJW 1980, 702 = FamRZ 1980, 233; *OLG Schleswig,* FamRZ 1981, 380 Leits.; *Heintzmann,* FamRZ 1980, 112; 1981, 329; *Rüffer,* FamRZ 1979, 505.

rechtsmittel auch schon *vor* Einlegung des Rechtsmittels in einer Folgesache erklärt werden kann (§ 629a Abs. 4 ZPO),[15] so ist der Scheidungsausspruch rechtskräftig. Rechtsmittelentscheidungen des OLG in Familiensachen (Verbundverfahren), gegen die Revision oder weitere Beschwerde nicht zugelassen sind oder nach §§ 621d Abs. 2, 621e Abs. 2 Satz 2 nur im Falle der Verwerfung des Rechtsmittels zulässig sind, werden erst mit Ablauf der Rechtsmittelfrist (§ 552 ZPO betr. die Revision, §§ 621e Abs. 3 Satz 2, 552 ZPO betr. die weitere Beschwerde) formell rechtskräftig,[16] dies gilt für die Ehesache, für Unterhaltssachen (§ 621 Abs. 1 Nr. 4, 5 ZPO), den Versorgungsausgleich (§ 621 Abs. 1 Nr. 6 ZPO), das Güterrecht (§ 621 Abs. 1 Nr. 8), die elterliche Sorge, das Umgangsrecht und die Herausgabe eines Kindes (§ 621 Abs. 1 Nr. 1–3), da hier weitere Rechtsmittel (Revision in den Fällen § 621 Abs. 1 Nr. 4, 5, 8, weitere Beschwerde in den Fällen § 621 Abs. 1 Nr. 1–3, 6) an sich statthaft sind (arg. §§ 621d Abs. 1, 621e Abs. 2 Satz 1 ZPO), das Rechtsmittel freilich nur auf Zulassung durch das OLG zulässig ist (§§ 621d Abs. 1, 621e Abs. 2). Wird das Rechtsmittel fristgerecht (ohne Zulassung) eingelegt, so wird die Entscheidung des OLG erst mit der Verwerfung des Rechtsmittels formell rechtskräftig.[17]

Wird gegen ein Verbundurteil wegen des Versorgungsausgleichs ein Rechtsmittel eingelegt, so ist damit nicht die Möglichkeit eröffnet, über den in erster Instanz antragsgemäß zuerkannten Unterhalt hinaus höheren Unterhalt zu verlangen, da es insoweit an der erforderlichen Beschwer fehlt.[18]

Gemäß § 628 Abs. 1 Satz 1 ZPO kann das Gericht dem Scheidungsantrag 32
vor der Entscheidung über eine Folgesache unter bestimmten Voraussetzun-

---

[15] Mit dieser Regelung wurde eine seitherige Streitfrage geklärt (s. dazu 5. Aufl. Rz. 31 m. Fn. 12 und *BGH,* FamRZ 1984, 467).

Zur Auslegung und Tragweite eines Rechtsmittelverzichts s. noch *BGH,* NJW 1981, 2816 = FamRZ 1981, 947 = JR 1981, 510; FamRZ 1986, 1089 (betr. Scheidung und Scheidungsfolgen).

Zur Wirksamkeit eines in der mündlichen Verhandlung erklärten Rechtsmittelverzichts (s. § 160 Abs. 3 Nr. 9 ZPO), wenn das Protokoll oder die vorläufige Protokollaufzeichnung (§ 160a ZPO) unter Verstoß gegen § 162 Abs. 1 ZPO den Beteiligten nicht vorgelesen und von diesen nicht genehmigt wurde, s. *BGH,* FamRZ 1984, 372 = NJW 1984, 1465; zur Protokollierung s. *OLG Hamm,* Rpfleger 1982, 111.

Zur Unwiderruflichkeit des Rechtsmittelverzichts *BGH,* NJW 1985, 2334 = FamRZ 1985, 801; FamRZ 1986, 1089 = NJW-PR 1986, 1327; *Zöller/Philippi,* § 629a Rz. 25; *Rosenberg/Schwab,* § 137 I 5a (S. 867).

[16] Gemeinsamer Senat der obersten Gerichtshöfe des Bundes (*GemS–OGB*), BGHZ 88, 353 = FamRZ 1984, 655, 975 = NJW 1984, 1027 = MDR 1984, 373; *Zöller/Stöber,* § 705 Rz. 7, *Zöller/Philippi,* § 629d Rz. 4; *Borgmann,* FamRZ 1985, 321, 336; *Rosenberg/Schwab,* § 151 II 1; auch *OLG Stuttgart,* FamRZ 1986, 1125, 1126; sowie *BSG,* FamRZ 1985, 595; anders *OLG Düsseldorf,* FamRZ 1985, 620 m. krit. Anm. der Red.

[17] *GemS-OGB, Rosenberg/Schwab, Zöller/Stöber, Zöller/Philippi,* je aaO; *Thomas/Putzo,* § 705 Anm. 3d. Damit ergibt sich hier eine klare, einfache Lösung (s. auch § 706 ZPO).

[18] *OLG Celle,* FamRZ 1981, 379.

gen stattgeben,[19] hinsichtlich der übrigen Folgesachen bleibt gemäß § 628 Abs. 1 Satz 2 die Vorschrift des § 623 anzuwenden. D. h. die übrigen Folgesachen bleiben mit der Scheidungssache verbunden. Werden mehrere **Folgesachen abgetrennt,** so bleiben sie miteinander verbunden, dh sie werden gemeinsam verhandelt und entschieden,[20] wobei es auf die Verfahrensart nicht ankommt.

Wird ausnahmsweise das die Regelung der elterlichen Sorge betreffende Verfahren gemäß § 628 Abs. 1 Satz 1 Nr. 3 abgetrennt[21] und hängt damit, wie stets, die Entscheidung über die Unterhaltspflicht gegenüber dem Kinde zusammen, sowie über die Umgangsregelung, evtl. auch über die Ehewohnung und den Hausrat und noch über den Unterhaltsanspruch eines Ehegatten (s. § 1570 BGB), so können diese Folgesachen en bloc abgetrennt werden und kann über diese einheitlich durch Urteil entschieden werden.

Werden etwa die den Zugewinnausgleich[22] und den Versorgungsausgleich betreffenden Verfahren gemäß § 628 Abs. 1 Satz 1 Nr. 1, 3 ZPO abgetrennt[23] – eine Abtrennung des sich auf den Versorgungsausgleich beziehenden Verfahrens wird, wenn kein Ver-

---

[19] Zu den Voraussetzungen der Abtrennung (insbesondere gemäß der praktisch wichtigsten Regelung des Abs. 1 Nr. 3) – wobei es sich um keine Ermessensentscheidung handelt – s. *BGH,* FamRZ 1986, 898 (betr. Zugewinnausgleichsanspruch); *Walter,* JZ 1983, 476, 479; *Baumbach/Lauterbach/Albers,* Anm. 2 (c), *Zöller/Philippi,* Rz. 5ff., zur Gewährung des rechtlichen Gehörs vor der Abtrennung *OLG Köln,* FamRZ 1983, 289; *BGH,* aaO 899f. zur Unzulässigkeit der Beschwerde gegen einen die Abtrennung anordnenden oder ablehnenden Beschluß s. *OLG Zweibrücken,* FamRZ 1986, 823; *Baumbach/Lauterbach/Albers,* Anm. 2 B, *Zöller/Philippi,* Rz. 12, *Thomas/Putzo,* Anm. 1c; *Rosenberg/Schwab,* § 168 I 4b, je m. Nachw. (h. M.), zur Nachprüfung der Abtrennung in höherer Instanz und zur Zurückverweisung, wenn die Abtrennung zu Unrecht angeordnet wurde, *BGH,* NJW 1979, 1603 = FamRZ 1979, 690; *OLGe Hamm,* FamRZ 1979, 166, *Düsseldorf,* FamRZ 1980, 1050; zum Versorgungsausgleichsverfahren Rz. 405, *v. Maydell,* FamRZ 1981, 623, 628f.; zur Abtrennung der Folgesache „Unterhalt" s. *Walter,* JZ 1982, 835; zur Berücksichtigung des Wohls des Kindes s. *van Els,* FamRZ 1983, 438.

Auf Antrag beider Parteien ist eine Abtrennung von Folgesachen, in denen die Dispositionsmaxime gilt, zuzulassen, auch wenn die Voraussetzungen des § 628 Abs. 1 Nr. 3 nicht vorliegen (*OLG Hamm,* FamRZ 1986, 823, zu einer Unterhaltssache, s. auch Fn. 4).

Zur Abtrennung des Verfahrens, das den Unterhalt des volljährig gewordenen Kindes betrifft, s. Rz. 8 m. Fn. 19.

[20] Vgl. *Bergerfurth,* Fn. 14 zu Rz. 13; anders *Zöller/Philippi,* § 628 Rz. 18; zum seitherigen Recht *BGH,* FamRZ 1980, 773; 1982, 358. Der Zweck des Verbundes ist auch, aufeinander abgestimmte Regelungen in den einzelnen Scheidungsfolgen zu ermöglichen (so *Sedemund-Treiber,* FamRZ 1986, 209, 210). Dies ist in der Rechtsmittelinstanz durch die Neuregelung des § 629a Abs. 2 Satz 3 gewährleistet, ist aber erst recht in 1. Instanz geboten, ebenso jetzt *Philippi,* FamRZ 1987, 607f.

[21] ZB infolge der Notwendigkeit, Sachverständigengutachten einzuholen.

[22] Beispiele: *OLG Köln,* FamRZ 1980, 388; *BGH,* FamRZ 1986, 898; vgl. auch *OLG Düsseldorf,* FamRZ 1980, 146; zu den Konsequenzen der Abtrennung des den Zugewinnausgleich betreffenden Verfahrens s. *OLG Hamm,* FamRZ 1984, 53 = Rpfleger 1984, 15.

[23] Zur engen Auslegung des § 628 Abs. 1 Satz 1 Nr. 3 zB *OLG Düsseldorf,* FamRZ 1980, 1050 m. weit. Hinw.; *Rolland,* Rz. 5, *Baumbach/Lauterbach/Albers,* Anm. 2 Ad.

gleich (§ 1587o BGB) zustandekommt, nur in Ausnahmefällen in Betracht kommen[24] (s. auch Rz. 405) –, so können diese beiden Folgesachen gemeinsam verhandelt und entschieden werden.

Werden mehrere Folgesachen, über die im Scheidungsurteil mitentschieden worden war, angefochten, so setzt sich in der Rechtsmittelinstanz der Verbund fort (§§ 629a Abs. 2 Satz 3, 623, 629 ZPO); über sie ist einheitlich zu verhandeln und zu entscheiden, vorausgesetzt die Entscheidung erster Instanz ist, wenn es sich um Anschlußrechtsmittel handelt, innerhalb der Fristen des § 629a Abs. 3 ZPO angefochten worden.[25] Doch kann das OLG den Verbund lösen und über eine Folgesache vorweg entscheiden (§ 629a Abs. 2 Satz 3 iVm § 628 ZPO).

Werden Folgesachen verspätet, d. h. nach Schluß der mündlichen Verhandlung (s. § 623 Abs. 2 Satz 1 ZPO), anhängig gemacht,[26] so können sie, wenn über sie in verschiedenen Verfahrensarten zu entscheiden ist, nicht miteinander verbunden werden (§ 147 ZPO), also z. B. eine Umgangsregelungssache nicht zusammen mit einer Unterhaltsklage oder einer Klage auf Leistung des Zugewinnausgleichs, das Verfahren nach der HausrVO nicht zusammen mit einer Unterhaltsklage oder einer güterrechtlichen Klage, wohl aber eine Unterhaltsklage zusammen mit der güterrechtlichen Klage.

Eine abgetrennte Folgesache bleibt Folgesache mit den sich daraus ergebenden Konsequenzen zB vor allem hinsichtlich des Anwaltszwangs.[27]

4. Bedeutung der Zustimmung zur Scheidung

Zwar kann ein Ehescheidungsprozeß nicht durch Prozeßvergleich beendet werden, da der Prozeßgegenstand, die Beendigung der Ehe, nicht der vertrag- 33

---

[24] Beispiele: *OLG Hamm*, FamRZ 1980, 373 (besonders schwierige Ermittlungen bezüglich der Zeit vor 1945 und ab 1945/46, Aufenthalt in der DDR) und FamRZ 1980, 1049 (Verweigerung der nötigen Auskünfte durch den Antragsgegner); zu Konsequenzen einer Abtrennung s. noch *BGH*, FamRZ 1983, 461.

[25] Hierzu *Sedemund-Treiber*, FamRZ 1986, 209, 210ff.; *Diederichsen*, NJW 1986, 1462, 1467; *Bergerfurth*, FamRZ 1986, 940; FamRZ 1987, 177; *Zöller/Philippi*, § 629a Rz. 14ff.

[26] Zur örtlichen Zuständigkeit s. *BGH*, FamRZ 1982, 43 = Rpfleger 1982, 30: Die Zuständigkeit des Gerichts der Ehesache (§§ 621 Abs. 2 Satz 1, 606 ZPO) erlischt mit dem rechtskräftigen Abschluß der Ehesache, auch wenn das Verfahren einer Folgesache, zB des Versorgungsausgleichs, anhängig geblieben ist, wenn nun also zB eine Unterhaltssache anhängig gemacht wird.

[27] Hierzu *Bergerfurth*, Anwaltszwang, Rz. 350; *Walter*, S. 147f.; *OLGe Hamm*, FamRZ 1979, 61, 725 = NJW 1979, 769; *Frankfurt*, FamRZ 1979, 1049; *Koblenz*, FamRZ 1980, 280; *Düsseldorf*, FamRZ 1980, 388; *BGH*, FamRZ 1981, 24; s. auch Rz. 130. Dagegen entfällt der Anwaltszwang, wenn die abgetrennte Folgesache nach Rücknahme oder Abweisung des Scheidungsantrags als selbständige Familiensache (zB betr. elterliche Sorge nun gemäß § 1672 BGB, Umgangsregelung gemäß § 1634 BGB) fortgeführt wird (s. dazu *Bergerfurth*, aaO, Rz. 352).

lichen Disposition durch die Ehegatten unterliegt. Vielmehr kann die Ehe nur durch gerichtliches Urteil geschieden werden (§ 1564 BGB), und nur bei Vorliegen bestimmter, gesetzlich vorgeschriebener Voraussetzungen (§ 1565ff. BGB). Indes hat das Einverständnis des Antragsgegners mit der Scheidung[1] oder das beiderseitige Begehren der Ehegatten auf Scheidung der Ehe (**§ 1566 Abs. 1 BGB**)[2] zur Folge, daß unwiderlegbar vermutet wird, daß die Ehe gescheitert ist, vorausgesetzt, daß die Eheleute mindestens ein Jahr getrennt leben. Hier hat und braucht das Gericht nur noch zu prüfen und festzustellen, ob die Ehegatten mindestens ein Jahr getrennt leben. Der Begriff und die Voraussetzungen des Getrenntlebens sind in § 1567 BGB näher geregelt.[3] Dagegen bedarf es keiner weiteren Prüfung und Feststellung, ob nicht erwartet werden kann, daß die Ehegatten die eheliche Lebensgemeinschaft wiederherstellen (vgl. § 1565 Abs. 1 Satz 2 BGB). In den Fällen des Einverständnisses der Ehegatten mit der Scheidung ist also die gerichtliche Entscheidung erheblich erleichtert. Dieses Einverständnis, diese Einigung der Ehegatten wird regelmäßig verbunden sein mit Regelungen der Scheidungsfolgen.

34 Wird der Scheidungsantrag dagegen auf **§ 1565 Abs. 1 und 2 BGB** gestützt, leben die Ehegatten also noch kein Jahr getrennt,[4] so können sie zwar vereinbaren, daß der Antragsgegner dem Antrag nicht entgegentritt. Ein solches Einverständnis der Ehegatten mit der Scheidung ändert jedoch nichts daran, daß das Gericht prüfen und feststellen muß, ob die Ehe gescheitert ist (§ 1565 Abs. 1 Satz 1 BGB), d.h. ob die Lebensgemeinschaft der Ehegatten nicht mehr besteht und nicht erwartet werden kann, daß die Ehegatten diese Gemeinschaft wiederherstellen (§ 1565 Abs. 1 Satz 2 BGB), wozu das Gericht die Parteien wird vernehmen müssen (vgl. §§ 613, 616 ZPO), insbesondere über ihr gegenseitiges Verhalten und ihre Einstellung und ihre Gefühle zueinander;[5] auch ist zu klären und festzustellen, ob die häusliche Gemeinschaft

---

[1] D.h. die ausdrückliche eindeutige Zustimmung; schlüssiges Handeln, die Erklärung, dem Antrag nicht entgegenzutreten oder keinen Gegenantrag zu stellen, reicht nicht aus (so mit Recht *OLG Stuttgart,* NJW 1979, 662; *Soergel/Roth-Stielow,* Rz. 4; *Palandt/Diederichsen,* Anm. 2c, *RGRK/Graßhof,* Rz. 21 je zu § 1566; s. ferner Rz. 38a).

[2] Zur „Widerklage" s. *Bergerfurth,* FamRZ 1982, 563, 564; zu einem in der mündlichen Verhandlung gestellten Gegenantrag des Antragsgegners s. *OLG Frankfurt,* FamRZ 1982, 809.

[3] Hierzu *BGH,* LM BGB § 1565 Nr. 1 = NJW 1978, 1810 = FamRZ 1978, 671 (kein gemeinsamer Haushalt); LM § 1567 Nr. 3 = NJW 1979, 1360 = FamRZ 1979, 469; *OLGe Köln, Düsseldorf,* FamRZ 1982, 807, 1014, *Köln,* NJW 1987, 1561 (Getrenntleben innerhalb der ehelichen Wohnung); *OLG Karlsruhe,* FamRZ 1980, 52; *OLG Bamberg,* FamRZ 1981, 52 (Strafhaft); *Rolland,* Rz. 2c, d, *RGRK/Graßhof,* Rz. 11ff.

[4] Aus der Lit. zu § 1565 s. *Giesen* und *Gick,* JR 1979, 1; *Giesen* JR 1980, 177; *Finger,* JR 1981, 397.

[5] Dazu *Soergel/Roth-Stielow,* § 1565 Rz. 5f., 8ff., 14ff., 20ff.

Zu den Voraussetzungen des § 1565 Abs. 1, insbesondere des Satzes 2, s. *BGH,* LM

der Ehegatten aufgehoben ist (s. § 1567 BGB). Ferner hat das Gericht zu prüfen und festzustellen, ob die Fortsetzung der Ehe für den Antragsteller aus Gründen, die in der Person des anderen Ehegatten liegen, eine unzumutbare Härte darstellen würde (§ 1565 Abs. 2 BGB), d. h. ob (tatsächliche) Verhaltensweisen des Antragsgegners, die der Antragsteller vorbringt, nach entsprechender Beweisaufnahme die erwähnten Voraussetzungen rechtfertigen.[6,7]

Wird die Scheidung von beiden Parteien mit Antrag und Gegenantrag begehrt, so ist jeder auf § 1565 Abs. 1 und 2 BGB gestützte Antrag gesondert zu prüfen; erweist sich ein Antrag nach dem Ergebnis der Ermittlungen (§§ 613, 616 ZPO) als begründet, so ist die Ehe zu scheiden; d. h. also die Voraussetzungen des Scheiterns der Ehe allein, ohne die Voraussetzungen des § 1565 Abs. 2, wenn die Parteien noch kein Jahr getrennt leben, reichen nicht aus.[8]

Zu **§ 1565 Abs. 2** hat der **BGH** in einer grundlegenden Entscheidung[9] ausgesprochen: die Vorschrift enthalte keinen selbständigen Scheidungstatbestand, sondern setze voraus, daß § 1565 Abs. 1 erfüllt sei, also die Lebensge-

---

BGB § 1565 Nr. 1 = NJW 1978, 1810 = FamRZ 1978, 671; NJW 1979, 1042 = FamRZ 1979, 422; FamRZ 1979, 1003; *OLGe Karlsruhe*, FamRZ 1979, 919; *Frankfurt*, FamRZ 1979, 1013; *Koblenz*, FamRZ 1980, 253; *Bamberg*, FamRZ 1980, 577; *Karlsruhe*, FamRZ 1986, 680 (Eheschließung zu sachfremden Zwecken, keine häusliche Gemeinschaft).

[6] Lit. hierzu: *Görgens*, FamRZ 1978, 647; *Schwab*, FamRZ 1979, 14, 17ff.; *Holzhauer*, JZ 1979, 113; *Giesen* und *Gick*, aaO, 4; *Giesen*, JR 1980, 177, 181; *Finger*, JR 1981, 397, 399ff.; zu einer Umfrage über die Praxis in Hessen s. *Finger*, DRiZ 1980, 329.

[7] Ist der Scheidungsantrag hiernach als unschlüssig zu beurteilen – zuweilen werden diese Anträge verfrüht gestellt, um beim Zugewinnausgleich und Versorgungsausgleich Vorteile zu erlangen (s. *OLG Düsseldorf*, FamRZ 1983, 628, 629) – oder erweist sich der Antrag als unbegründet und ist das Trennungsjahr noch nicht abgelaufen, so ist der Antrag abzuweisen (s. dazu die Fälle *OLG Düsseldorf*, FamRZ 1982, 1014 und aaO; *OLG Zweibrücken*, FamRZ 1982, 293; 1983, 627; *OLG Bamberg*, FamRZ 1984, 897 (Aussetzung?); aber auch *KG*, FamRZ 1983, 821 m. zutreffender krit. Anm. *Braeuer; hierzu Bergerfurth*, FamRZ 1985, 680; *KG*, FamRZ 1985, 1066). Wird dann Berufung eingelegt und läuft nun die Jahresfrist ab, so ist das Urteil des FamG aufzuheben und ist die Sache an das FamG zurückzuverweisen, wenn über Folgesachen zu entscheiden ist (§ 629b Abs. 1 ZPO). Zu den diesbezüglichen Kostenproblemen, insbesondere der analogen Anwendung des § 97 Abs. 2 ZPO, s. *OLG Zweibrücken*, FamRZ 1982, 293; *OLG Düsseldorf*, FamRZ 1983, 628; *OLG Hamburg*, FamRZ 1985, 711 m. Anm. *Philippi; KG*, FamRZ 1987, 723 m. Anm. *Meltendorf; Zöller/Schneider*, § 97 Rz. 17; *Tietze*, FamRZ 1983, 291.

[8] *Soergel/Roth-Stielow*, Rz. 51, *Palandt/Diederichsen*, Anm. 3d, *RGRK/Graßhof*, Rz. 75 je zu § 1565; *Parche*, NJW 1979, 139, 140; *OLG Stuttgart*, FamRZ 1977, 646 = NJW 1977, 1542; NJW 1978, 52, 430 m. Anm. *Heinz* und *Stillner;* NJW 1978, 546; NJW 1979, 167; *OLG Köln*, NJW 1978, 645 (in weiteren Einzelheiten teilweise abweichend); anders *OLGe Koblenz, Karlsruhe*, FamRZ 1978, 31, 590 (Voraussetzungen des § 1565 Abs. 2 nicht erforderlich).

[9] LM BGB § 1565 Nr. 4 = FamRZ 1981, 127 = NJW 1981, 449.

meinschaft der Ehegatten aufgehoben und ihre Wiederherstellung aussichtslos sei; die in § 1565 Abs. 2 erwähnte „unzumutbare Härte" beziehe sich nicht auf das weitere eheliche Zusammenleben, sondern auf das Eheband. § 1565 Abs. 2 solle dem Rechtsmißbrauch entgegenwirken, vor allem dem sofortigen Scheidungsbegehren dessen, der die Ehe einseitig zerstört habe und aus seiner Rechtsverletzung für ihn günstige Rechtsfolgen ableiten möchte, und solle ferner leichtfertigen und voreiligen Scheidungen entgegenwirken. Die für den Regelfall vorgesehene Jahresfrist solle die nach § 1565 Abs. 2 anzustellende Prognose erleichtern. Auch in Fällen, in denen die Ehe bereits mit Sicherheit gescheitert ist, die Partner aber noch in häuslicher Gemeinschaft oder noch kein Jahr getrennt leben, mute das Gesetz den Ehegatten grundsätzlich zu, die Jahresfrist abzuwarten, anders in der Regel nur, wenn sich in der Person des Antragsgegners liegende Gründe ergeben, die so schwer wiegen, daß dem Antragsteller bei objektiver Beurteilung nicht angesonnen werden könne, an den anderen Ehegatten weiterhin gebunden zu sein.

§ 1565 Abs. 2 erfordert nicht, daß die Ehegatten iS des § 1567 getrennt leben.[10] Begehren beide Ehegatten die Ehescheidung oder tritt der Antragsgegner dem Scheidungsbegehren des Antragstellers nicht entgegen, so ist in der Regel anzunehmen, daß eine Wiederherstellung der ehelichen Lebensgemeinschaft nicht mehr in Betracht kommt.[11]

Ehebrecherische Beziehungen über eine nicht nur kurze Zeit,[12] wiederholte schwere Mißhandlungen,[13] Alkoholexzesse mit Mißhandlungen und Beschimpfungen[14] können die Voraussetzungen des § 1565 Abs. 2 erfüllen.[15]

35 Die Zustimmung zur Scheidung (§ 1566 Abs. 1 BGB) ist eine materiellrechtliche Erkärung (Willenserklärung, materiellrechtliches Gestaltungsrecht) – da sie Voraussetzung der Begründetheit des auf § 1566 Abs. 1 BGB gestützten Scheidungsbegehrens ist (s. Rz. 33) – *und* zugleich Prozeßhand-

---

[10] Vgl. *OLG Stuttgart* NJW 1978, 52; *KG*, FamRZ 1978, 594; *OLG Karlsruhe*, FamRZ 1978, 592; *Palandt/Diederichsen*, § 1565 Anm. 3b. Dazu ist zu beachten, daß die Begriffe „eheliche Lebensgemeinschaft" und „häusliche Gemeinschaft" nicht identisch sind (s. dazu *BGH*, LM BGB § 1565 Nr. 1, § 1567 Nr. 3, s. Fußn. 3; FamRZ 1981, 127, 128, II, 1, s. Fußn. 9).

Zu Fällen, in denen von vornherein keine häusliche Gemeinschaft bestanden hatte, s. *OLG Hamm*, FamRZ 1980, 145, *KG*, NJW 1980, 1053, und *OLG Düsseldorf*, FamRZ 1981, 677 (Verschaffung einer Aufenthaltsgenehmigung für Ausländer als Zweck der Eheschließung); *OLG Karlsruhe*, FamRZ 1986, 680; sowie *KG*, FamRZ 1980, 356 (Altersunterschied von 30 Jahren bei Eheschließung).

[11] *OLG Stuttgart*, FamRZ 1977, 646 = NJW 1977, 1524; *Damrau*, NJW 1977, 1620, 1622.

[12] *Soergel/Roth-Stielow*, § 1565 Rz. 42 m. weit. Hinw.; s. auch *OLG Düsseldorf*, FamRZ 1986, 998.

[13] *OLG Bremen*, FamRZ 1977, 807.

[14] *OLG München*, NJW 1978, 49; *OLG Schleswig*, NJW 1978, 51; *BGH*, FamRZ 1981, 127.

[15] Weitere Einzelheiten bei *Palandt/Diederichsen*, Anm. 3c.

lung (arg. § 630 Abs. 2 Satz 2 ZPO)[16] – da die Zustimmung nur Wirkungen erzeugt, wenn sie dem Gericht gegenüber erklärt ist –. § 630 Abs. 2 Satz 2 nimmt die Zustimmungserklärung vom Anwaltszwang (§ 78 Abs. 1 Satz 2 ZPO, s. Rz. 130) aus, dem sie andernfalls unterläge; in diesem Sinne ist § 630 Abs. 2 Satz 2 ZPO zu verstehen.[17] Die Zustimmung kann zur Niederschrift der Geschäftsstelle des zuständigen FamG oder jedes AmtsG (§ 129a ZPO) oder zu Protokoll des Gerichts in der mündlichen Verhandlung erklärt werden (s. zur Protokollierung § 160 Abs. 3 Nr. 3, Abs. 4 ZPO), ebenso kann sie in einem Anwaltsschriftsatz enthalten sein; auch genügt eine notarielle Urkunde, die neben der Regelung von Scheidungsfolgen die Zustimmungserklärung enthält, wenn sie dem Gericht vorgelegt wird.[18] Andererseits reicht eine Vereinbarung über die Regelung von Scheidungsfolgen noch nicht aus.[19]

Der Widerruf der Zustimmung kann in der gleichen Weise wie die Zustimmung erklärt werden (§ 630 Abs. 2 Satz 2 ZPO), auch noch in der Berufungsinstanz[20] oder mit der Berufung gegen das Ehescheidungsurteil, da diese hier keiner formellen Beschwer bedarf.[20] Er hat die gleiche Rechtsnatur wie die Zustimmung.

Die Zustimmung und den Widerruf der Zustimmung kann auch der minderjährige Ehegatte erklären, wie aus § 607 ZPO zu schließen ist, da er selbständig den Scheidungsantrag stellen kann.[21] Davon zu unterscheiden ist die Frage, inwieweit er Vergleiche schließen kann (s. Rz. 79).

Die Parteien können nicht vereinbaren, die Zustimmung solle unwiderruflich sein, ebenso auch nicht, wenn der Antragsgegner selbst auch einen Antrag auf Scheidung stellt, dieser Antrag dürfe nicht zurückgenommen werden. Eine solche Verpflichtung wäre eine unangemessene Beschränkung des Persönlichkeitsrechts (vgl. Art. 2 Abs. 1, sowie auch Art. 1 Abs. 1 GG) und wäre mit den guten Sitten nicht vereinbar (§ 138 BGB).[22] Weiterhin ist auch aus § 630 Abs. 2 Satz 1 ZPO zu schließen, daß der Gesetzgeber davon ausgegangen ist, die Zustimmung zur Scheidung sei widerruflich. Ein Ehegatte 36

---

[16] *Rolland,* § 1566 Rz. 5a, ZPO § 630 Rz. 4; *Zöller/Philippi,* ZPO § 630 Rz. 8; *Thomas/Putzo,* ZPO § 630 Anm. 3a; *LG Düsseldorf,* Rpfleger 1980, 187; abweichend (Prozeßhandlung:) *Lüke* in Fschr. f. Bosch, S. 627, 641; *Baumbach/Lauterbach/Albers,* § 630 Anm. 3; *MünchKomm./Wolf,* § 1566, Rz. 23, *OLG Zweibrücken,* OLGZ 1983, 160, 161 (offengelassen, ob Mischcharakter); wohl auch *BayObLG,* FamRZ 1983, 96; (materiellrechtliches Rechtsgeschäft:) 4. Aufl. Rz. 35; *Rosenberg/Schwab,* § 168 II 1 m. Fn. 36 (S. 1100); *Gernhuber,* § 27 III 6; *Stein/Jonas/Schlosser,* ZPO § 630 Rz. 2; *Damrau,* NJW 1977, 1169; *D. Schwab,* FamRZ 1976, 491, 503; *Beitzke,* § 19 I 2a.

[17] Vgl. dazu *LG Düsseldorf,* aaO.

[18] Ebenso *Rolland,* § 1566 Rz. 5a; *MünchKomm./Wolf,* Nachtrag § 1566 Rz. 26; *Baumbach/Lauterbach/Albers,* aaO.

[19] *OLG Zweibrücken,* aaO.

[20] *BGHZ* 89, 325 = FamRZ 1984, 350 = NJW 1984, 1302 = MDR 1984, 385; Revisionsurteil zu *OLG Celle,* FamRZ 1982, 813.

[21] *Stein/Jonas/Schlosser,* Rz. 2, *Baumbach/Lauterbach/Albers,* Anm. 3 aE je zu § 630 ZPO.

[22] *Gernhuber,* § 27 III 5, S. 305; *Beck'sches Formularbuch,* S. 592, Anm. 3 (zu V. 33).

kann sich auch nicht rechtsverbindlich verpflichten, der Scheidung zuzustimmen.[23] Jedoch können die Parteien vereinbaren, wenn der Antragsgegner zustimme, sollen bestimmte Regelungen der Scheidungsfolgen gelten oder die Vereinbarung solle nur im Falle der Scheidung gemäß §§ 1565 Abs. 1, 1566 Abs. 1 BGB gelten; letzteres bedeutet dann, daß die Vereinbarung ihre Wirksamkeit verlöre, wenn der Antragsgegner seine Zustimmung zur Scheidung widerrufe (s. auch Rz. 49, 52).

37 Die Zustimmung muß am Schlusse der mündlichen Verhandlung, auf die das Scheidungsurteil ergeht, vorliegen und hat dann bestimmte Rechtsfolgen (s. Rz. 4, 33).

37a Die Zustimmung zur Scheidung hat auch Auswirkungen, wenn der Antragsgegner während des Scheidungsverfahrens stirbt (§§ 1933 Satz 1, 2077 BGB, s. dazu auch Rz. 3, 3a). Voraussetzung für die Anwendung dieser Vorschriften, den Wegfall erbrechtlicher Ansprüche, ist, daß eine formgerechte Zustimmung erklärt war (s. Rz. 35).[24] Eine privatschriftliche Erklärung des Antragsgegners an das FamG reicht nicht aus.[25] Andererseits dürfte eine Absprache gemäß § 630 Abs. 1 ZPO über Scheidungsfolgen hier nicht als erforderlich beurteilt werden[26] (s. dazu auch Rz. 38 aE), ebenso nicht die Vorlage oder Schaffung vollstreckbarer Urkunden gemäß § 630 Abs. 3 ZPO. Ferner ist Voraussetzung, daß der Antragsgegner die Zustimmung nicht mehr (in wirksamer Weise – s. dazu Rz. 35 –) widerrufen hatte.

5. § 630 ZPO

a) Grundsätzliches zur Bedeutung der Vorschrift

38 § 630 Abs. 1 ZPO schreibt im einzelnen vor, daß im Falle des Begehrens einer einverständlichen Scheidung der Ehe gemäß §§ 1565 Abs. 1, 1566 Abs. 1 BGB die Antragsschrift des Ehegatten (vgl. auch § 622 ZPO) enthalten muß[1] (1.) die Mitteilung, der andere Ehegatte werde der Scheidung zustim-

---

[23] So auch *Beck'sches Formularbuch,* aaO.

[24] Hierzu s. *LG Düsseldorf, BayObLG* und *OLG Zweibrücken,* aaO (s. Fn. 16). Zu § 1933 BGB s. *MünchKomm./Leipold,* Rz. 7, *Soergel/Stein,* Rz. 6, *Erman/Schlüter,* Rz. 4, *Palandt/Edenhofer,* Anm. 2b, *Jauernig/Stürner,* Anm. 1a je zu § 1933.

[25] *OLG Zweibrücken,* OLGZ 1983, 160 (Leits. 1 ist freilich schief formuliert).

[26] Ebenso wohl *BayObLG,* FamRZ 1983, 96 (das nur auf die Begründetheit des Scheidungsantrags nach dem allgemeinen Scheidungstatbestand des § 1565 BGB abstellte), anders *Erman/Schlüter,* aaO; *OLG Bremen,* FamRZ 1986, 833, 834f. (zu § 2077 BGB).

[1] Hierzu *Beck'sches Formularbuch,* S. 589ff.; die Praxis zu diesen Regelungen hat sich inzwischen offensichtlich eingespielt, Schwierigkeiten sind nicht mehr bekannt geworden (s. *Bosch,* FamRZ 1980, 1, 7 li. Sp., *OLG Zweibrücken,* FamRZ 1983, 1132).

men oder sie in gleicher Weise beantragen, (2.) den übereinstimmenden Vorschlag der Ehegatten zur Regelung der elterlichen Sorge über ein gemeinschaftliches Kind und des persönlichen Umgangs des nichtsorgeberechtigten Elternteils mit dem Kind, (3.) die Einigung der Ehegatten über die Regelung der Unterhaltspflicht gegenüber einem Kinde, die durch die Ehe begründete Unterhaltspflicht gegenüber dem Ehegatten nach der Scheidung sowie die Rechtsverhältnisse an der Ehewohnung und dem Hausrat. (Nicht erforderlich ist also eine den Zugewinnausgleich betreffende Einigung oder überhaupt die Einleitung eines diesbezüglichen Verfahrens – s. auch Rz. 29 –.) Abs. 1 Nr. 1 erfordert zwar nur eine Mitteilung des erwähnten Inhalts, d. h. eine entsprechende Ankündigung, jedoch nicht die Vorlage einer diesbezüglichen Erklärung des anderen Ehegatten.[2] Andererseits wird es zweckmäßig sein, eine solche Erklärung vorzulegen,[3] die ja zusammen mit den Erklärungen zu Nr. 2 und 3 abgegeben werden kann. Zu diesen Punkten verlangt das Gesetz die Vorlage der Einigung der Ehegatten, d. h. entweder einer gemeinsamen Erklärung oder einer Erklärung des anderen Ehegatten mit der Erklärung des antragstellenden Ehegatten, er habe hierzu seine Zustimmung erteilt, also den anderen Ehegatten auch davon informiert.[4] Als ausreichend muß es auch angesehen werden, wenn der Antragsteller in der Antragsschrift (§ 622 ZPO) ankündigt, in der mündlichen Verhandlung werde der Antragsgegner die Zustimmung zur Scheidung und werden beide Ehegatten die Einigung gemäß § 630 Abs. 1 Nr. 2 und 3 ZPO zu Protokoll geben oder zu den letzteren Punkten einen Teilvergleich schließen.

Erforderlich ist also die Vorlage der Einigung oder gegebenenfalls die Erklärung der Einigung zu Protokoll des FamG, die bloße Behauptung der Einigung genügt nicht.[5] Doch kann aber auch die Vorlage einer schon früher, zB vor der Eheschließung, geschlossenen Vereinbarung (s. Rz. 1 bei Fußn. 13ff.) ausreichen.

Das Vorhandensein der Einigung über die elterliche Sorge, das Umgangsrecht, Hausrat und Ehewohnung und Unterhaltspflicht gegenüber einem Kinde ist als Sachurteilsvoraussetzung besonderer Art anzusehen, nicht als materiellrechtliche Voraussetzung für die Scheidung der Ehe.[6] Kommt eine

---

[2] Ebenso *D. Schwab,* FamRZ 1976, 491, 503; *Sedemund-Treiber,* DRiZ 1976, 331, 337; *Diederichsen,* NJW 1977, 649, 654; *Baumbach/Lauterbach/Albers,* Anm. 2 Aa, *Zöller/Philippi,* Rz. 4f. je zu § 630 ZPO.

[3] So auch *D. Schwab, Baumbach/Lauterbach/Albers, Diederichsen,* je aaO.

[4] Vorschläge zur Formulierung der Anträge usw. finden sich bei *Ambrock,* S. 642ff., *Stollenwerk,* S. 13ff., *Lynker,* S. 3ff., *Kissel,* Bd. II, S. 319ff.; *Kersten,* S. 12f., 23ff.

Zur richterlichen Aufklärungspflicht (§ 139 ZPO) zum Anhängigmachen von Folgesachen im Verbund *OLG Frankfurt,* FamRZ 1985, 823.

[5] *Damrau,* NJW 1977, 1169, 1171f.; s.ferner *OLG Zweibrücken* aaO (Fn. 1), insbesondere zum Gesuch um Bewilligung der Prozeßkostenhilfe (s. Rz. 142 m. Fn. 3).

[6] Die vor allem in den Jahren 1976–1978 viel diskutierte und auch heute noch umstrittene Frage, ob der Scheidungsantrag als unzulässig oder als unbegründet abzuweisen sei, wenn keine Einigung über die gemäß § 630 ZPO nötigen Punkte zustande-

Einigung über die gemäß § 630 Abs. 1 Nr. 2, 3 ZPO notwendigen Punkte nicht zustande, wird aber der Scheidungsantrag gleichwohl auf §§ 1565 Abs. 1, 1566 Abs. 1 BGB gestützt, so hat das Gericht auf den Mangel und die Konsequenzen hinzuweisen (§ 139 ZPO) und, wenn der Mangel nicht behoben werden kann, anzuregen, den Scheidungsantrag mit ergänzendem Vorbringen auf § 1565 Abs. 1 BGB zu stützen, d. h. Näheres zu den Voraussetzungen des § 1565 Abs. 1 Satz 2 darzulegen. Reicht sodann das Vorbringen des Antragstellers aus, so kann das FamG den Antrag gegebenenfalls auch auf ein lediglich auf § 1565 Abs. 1 gestütztes Scheidungsbegehren ,,umdeuten"[7] (vgl. auch Rz. 39).

38a §§ 1565 Abs. 1, 1566 Abs. 1 BGB, 630 ZPO sind nicht anzuwenden, wenn der Antragsgegner auf das Scheidungsbegehren des Antragstellers keinen Antrag stellt oder dem Scheidungsantrag nicht entgegentritt (s. auch Rz. 33 m. Fn. 1), selbst dann, wenn für den Fall der Scheidung noch eine Vereinbarung getroffen wird, und wenn das Vorbringen des Antragstellers über das Scheitern der Ehe und die mindestens einjährige Trennung nicht bestritten wird. Hier liegt eine ,,verdeckte Konventionalscheidung" vor.[8] Diese Möglichkeit wird in der Praxis offenbar nicht selten ausgenützt, um den Erfordernissen des § 630 ZPO, die ja auch mit Kostenfolgen verknüpft sind (s. Rz. 193), zu entgehen, was freilich schon vor Inkrafttreten des 1. EheRG zu befürchten gewesen war.[9]

Wird das Vorbringen des Antragstellers nicht bestritten, so hat das Gericht gleichwohl dieses nachzuprüfen (§§ 616, 617 ZPO) und darüber Beweis zu erheben, insbesondere durch (eingehende) Parteivernehmungen (§ 613 Abs. 1 ZPO).

39 § 630 ZPO ist also nur anzuwenden, wenn sich die Parteien auf § 1566 Abs. 1 BGB berufen und auf diese Weise eine einverständliche Scheidung erwirken wollen. Die Vorschriften der §§ 1566 Abs. 1 BGB, 630 ZPO stehen einer Scheidung nicht entgegen, wenn das Begehren nur auf § 1565 Abs. 1 BGB gestützt wird; die Parteien sind also nicht gezwungen, nach einjähriger Trennung das Scheidungsbegehren auf § 1566 Abs. 1 BGB zu stützen, es

---

kommt oder eine solche Einigung nicht vorgelegt wird, der Scheidungsantrag aber gleichwohl (auch) auf § 1566 Abs. 1 BGB gestützt wird, hat kaum praktische Bedeutung erlangt. Für Unzulässigkeit des Antrags zuletzt *Rosenberg/Schwab,* § 168 II 1, S. 1100, *Baumbach/Lauterbach/Albers,* § 630 Anm. 3, für Unbegründetheit *Schlosser,* FamRZ 1978, 319, *Zöller/Philippi,* § 630 Rz. 3, *Rolland,* § 630 Rz. 2a, jeweils mit zahlr. Hinw.; offengelassen von *OLG Frankfurt,* FamRZ 1982, 809, 811 (jedenfalls aber keine besondere Voraussetzung für die ordnungsmäßige Antragsstellung, deren Fehlen bereits den Eintritt der Rechtshängigkeit verhindere).

[7] Worauf das Gericht aber hinweisen sollte (§ 139 ZPO); zu den Voraussetzungen des § 1565 Abs. 1 Satz 2 s. Rz. 34 m. Fußn. 5.

[8] *Kersten,* S. 11; s. auch *Rolland,* § 630 Rz. 1 aE; *Schwab,* Rz. 139; *Lynker,* JurBüro 1978, 305; *Müller-Alten,* Eheschließung und Scheidungsverträge, 1984 (bespr. v. *Langenfeld,* NJW 1985, 187; *Göppinger,* FamRZ 1985, 1115).

[9] *Hagena,* FamRZ 1975, 379, 391, 392f.

steht ihnen frei, die Scheidung lediglich auf den Grundtatbestand des § 1565 Abs. 1 BGB zu stützen,[10] vor allem dann, wenn sie sich nicht über eine oder mehrere Scheidungsfolgen, die § 630 Abs. 1 Nr. 2 und 3 ZPO erwähnt, einigen können, zB auch, wenn ein widerruflich geschlossener Vergleich (s. Rz. 42) widerrufen wird. Ein Scheidungsverfahren kann also gegebenenfalls als einverständliches beginnen und als „streitiges" enden (ohne daß Verfahrensgegenstand und Verfahrensregeln sich ändern).[11]

Stellt der **Antragsgegner** (§ 622 Abs. 3 ZPO) ebenfalls den **Antrag auf Scheidung** der Ehe, so ist dieser Antrag prozessual selbständig. Er muß auch die Voraussetzungen einer Antragsschrift erfüllen (§§ 622 Abs. 2, 253 Abs. 2 ZPO). Doch dürfte bezüglich der Angaben im einzelnen eine Bezugnahme auf die Antragsschrift des Antragstellers zulässig sein. Erfüllt die Antragsschrift des Antragsgegners nicht die formalen Voraussetzungen des § 622 Abs. 2 ZPO, so ist sie als Zustimmung zur Scheidung iS des § 630 Abs. 1 Nr. 1 aufzufassen und zu behandeln, worauf das Gericht aber hinweisen sollte. 40

Beantragen beide Ehegatten die Scheidung, ohne daß eine Einigung gemäß § 630 Abs. 1 Nr. 2, 3 zustandekam, so hat das Gericht nach entsprechendem Hinweis und nach ergänzendem Vorbringen (s. Rz. 38) die Voraussetzung des § 1565 Abs. 1 zu prüfen, wenn die Parteien mindestens ein Jahr getrennt leben.

Wird der gemeinsame Vorschlag gemäß § 630 Abs. 1 Nr. 2 mit der Antragsschrift vorgelegt, so hat dies den Vorteil, daß das FamG – was sich dringend empfiehlt – sogleich das zuständige Jugendamt einschalten (vgl. § 52a i.V. mit § 48a Abs. 1 Nr. 6 JWG), d.h. um einen Bericht über die Verhältnisse der Eltern, die bisherige Betreuung der Kinder und um eine Stellungnahme zu dem gemeinsamen Vorschlag der Ehegatten ersuchen kann.[12] 41

Die Anwälte können aber auch schon vor Einreichung der Antragsschrift, wenn der gemeinsame Vorschlag feststeht, das Jugendamt informieren, um damit das Verfahren zu beschleunigen.

Es empfiehlt sich im übrigen, in der Antragsschrift auf besonderen Blättern die Verhältnisse der Eltern mit der Mitteilung des gemeinsamen Vorschlags, d.h. überhaupt das Vorbringen zu dem die Regelung der elterlichen Sorge betreffenden Komplex, darzulegen (s. auch schon Rz. 29 bei Fußn. 2), damit dieses dem Jugendamt – ohne das Vorbringen zum Scheidungsantrag – zur Unterrichtung übermittelt werden kann (vgl. auch § 624 Abs. 4 ZPO).

Zu den vorprozessualen Verhandlungen der Ehegatten, d.h. einer diesbezüglichen Korrespondenz und gegebenenfalls Besprechung, ist stets die Zu-

---

[10] *OLG Köln*, FamRZ 1978, 25; 1979, 236; *OLG Hamburg*, FamRZ 1979, 702.

[11] *OLG Hamburg*, aaO; s. auch Rz. 43 (zum umgekehrten Falle); ferner s. *Zöller/Philippi*, § 630 Rz. 3.

[12] Zur Anhörung des Jugendamts s. *Göppinger*, JurBüro 1976, 1429, 1431.

ziehung eines Rechtsanwalts durch jeden Ehegatten empfehlenswert,[13] es sei denn, die anläßlich der Ehescheidung zu treffende Vereinbarung würde durch einen Notar beurkundet (s. auch Rz. 1 m. Fußn. 4–11).

42 Gemäß § 630 Abs. 3 ZPO soll das Gericht dem Scheidungsantrag erst stattgeben, wenn die Ehegatten über die in Abs. 1 Nr. 3 bezeichneten Gegenstände (nur über diese) einen vollstreckbaren Schuldtitel herbeigeführt haben.[14] Das Wort ,,soll" begründet hier eine Amtspflicht des Gerichts, von der es nur unter bestimmten Voraussetzungen abweichen kann.[15] Ein Verstoß gegen die Vorschrift hat nicht die Folge, daß die Entscheidung unwirksam wäre.

Selbstverständlich kommt ein Vollstreckungstitel bezüglich des Hausrats und der Ehewohnung nicht in Betracht, wenn während des Getrenntlebens eine völlige Auseinandersetzung hierüber stattgefunden hat (s. Rz. 1, 643), sowie hinsichtlich eines Unterhaltsanspruchs eines Ehegatten, wenn ein beiderseitiger Unterhaltsverzicht (s. Rz. 304) vorliegt oder wenn festgestellt wird, daß ein Unterhaltsanspruch (mangels Bedürftigkeit) nicht besteht.[16] Andererseits genügt ein auf § 1361 BGB beruhender Titel zugunsten eines Ehegatten nicht, da er nicht den nachehelichen Unterhaltsanspruch mitumfaßt (s. Rz. 29 m. Fußn. 3).

Ist in dem Vergleich die Möglichkeit des Widerrufs vorgesehen,[17] so darf das dem Scheidungsverfahren stattgebende Urteil erst ergehen, wenn die vereinbarte Widerrufsfrist ohne Ausübung des Widerrufsrechts abgelaufen ist.

43 Aus § 630 Abs. 2 Satz 1 (s. Rz. 36, 37) und Satz 2 (s. Rz. 35 Abs. 1) ergibt sich, daß die Zustimmung zur Scheidung am Schlusse der mündlichen Verhandlung vorliegen muß, ebenso wie zu diesem Zeitpunkt der in Abs. 3 genannte Vollstreckungstitel vorhanden sein muß.

Hieraus folgt, daß § 630 ZPO auch in dem Falle anzuwenden ist, in dem der Antragsgegner zunächst dem Scheidungsbegehren widersprochen hat und im Laufe des Rechtsstreits der Scheidung zustimmt, vorausgesetzt, daß die Ehegatten mindestens ein Jahr getrennt leben. In diesem Falle müssen der übereinstimmende Vorschlag iS des § 630 Abs. 1 Nr. 2 und die Einigung über die in § 630 Abs. 1 Nr. 3 genannten Punkte nunmehr vorgelegt werden, wenn

---

[13] Zur Vollmacht des Anwalts s. Rz. 133 ff., zu anwaltlichen Standesfragen bezüglich der Vertretung s. Rz. 137 ff., zu Gebührenfragen, insbesondere § 118 Abs. 2 BRAGO, s. Rz. 184 ff.

[14] Zum Anwaltszwang bei Vergleichsabschluß Rz. 80, 130.

[15] Vgl. hierzu Rz. 554, 616, 628, 643, 646.

[16] Dazu s. Arbeitskreis 3 des DFGT (1978), FamRZ 1978, 845, 846. – Hier genügen entsprechende Erklärungen der Parteien gegenüber dem Gericht.

[17] Zum Vorbehalt des Widerrufs s. *Göppinger/Mutschler* (3. Aufl.), Rz. 1476 m. weit. Hinw.; *Bökelmann,* in Fschr. f. Friedr. Weber, 1975, S. 101 ff.; *Michel,* JuS 1986, 41, 45; *Schnorrenberg,* AnwBl. 1982, 404; *BGHZ* 88, 364; zur Form des Widerrufs s. *BGH,* NJW 1980, 1752; *Schnorrenberg,* aaO, 408 f.

die Scheidung gemäß §§ 1565 Abs. 1, 1566 Abs. 1 BGB begehrt wird,[18] also nicht lediglich gemäß § 1565 Abs. 1 BGB (s. Rz. 39).

Hat das FamG den gemeinsamen Vorschlag der Eltern (§ 1671 Abs. 3 BGB) nicht gebilligt (§ 627 ZPO – s. Rz. 602 –),[19] so muß eine neue Vereinbarung gemäß § 630 Abs. 1 Nr. 3 ZPO über den Unterhalt des Kindes getroffen werden (s. auch Rz. 623). 44

b) bei Anwendung ausländischen Scheidungsrechts?

§ 630 ZPO ist grundsätzlich nicht anzuwenden, wenn die Ehegatten eine ausländische Staatsangehörigkeit besitzen und ausländisches Recht Scheidungsstatut ist (s. Rz. 108f.).[20] Denn § 630 setzt, wie sich aus dem ersten Satzteil ergibt, ein auf §§ 1565 Abs. 1, 1566 Abs. 1 BGB gestütztes Scheidungsbegehren voraus.[21] Indes dürfte § 630 dann analog angewendet werden können und müssen, wenn und soweit die ausländische Rechtsordnung vergleichbare oder ähnliche Vorschriften darüber enthält, daß die Ehegatten einverständlich die Scheidung begehren können und sich über bestimmte, auch in § 630 Abs. 1 Nr. 2 und 3 vorgesehene Scheidungsfolgen einigen müssen.[22] Insoweit wäre es nicht gerechtfertigt, Ausländer, deren Scheidungsbegehren nach ausländischem Recht zu beurteilen ist, günstiger zu stellen als deutsche Staatsangehörige oder solche Ausländer, deren Scheidungsbegehren nach deutschem Recht zu behandeln ist. 45

c) Bei Scheidung gemäß §§ 1565 Abs. 2, 1566 Abs. 2 BGB?

Wird die Scheidung gemäß **§ 1565 Abs. 1 und 2 BGB** begehrt,[1] so können die Ehegatten übereinkommen, daß der Antragsgegner dem Scheidungsantrag nicht entgegentritt, und können sie Vereinbarungen treffen über die elterliche Sorge über die gemeinschaftlichen Kinder, eine Umgangsregelung, ferner Regelungen über die Unterhaltspflicht gegenüber den Kindern und dem einen Ehegatten nach der Scheidung, über die Ehewohnung und den Hausrat usw. In diesem Falle ist § 630 nicht anwendbar,[2] da diese Vorschrift 46

---

[18] Ebenso *Rolland,* § 630 Rz. 3; *Kissel/Kleinschmidt,* S. 96f.; *Wax (Bender/Belz/Wax),* Rz. 375, S. 187; zur Berufungsinstanz s. *OLG Frankfurt,* FamRZ 1980, 710.

[19] Die Vorschrift hat freilich nur geringe praktische Bedeutung (s. *van Els,* FamRZ 1983, 438, 439).

[20] Vgl. *Stein/Jonas/Schlosser,* § 630 Rz. 1 (freilich von einem anderen Ausgangspunkt aus); ferner *Jayme,* NJW 1977, 1378, 1381f.

[21] Dies beachtet *Jayme,* aaO, wohl nicht genügend, ebenso *Thomas/Putzo,* § 630 Anm. 1g.

[22] Dazu *Jayme,* aaO, mit Beispielen aus ausländischen Rechten.

[1] Zu § 1565 Abs. 2 s. auch Rz. 34 m. Fußn. 9–15.

[2] *Rolland,* Rz. 1, *Thomas/Putzo,* Anm. 1b, *Baumbach/Lauterbach/Albers,* Anm. 1 je zu § 630; *Scheld,* JR 1978, 49 (jetzt wohl allg. Meinung, s. auch oben Rz. 38, 39).

nur den Fall der Zustimmung des Antragsgegners zur Scheidung oder des Scheidungsbegehrens beider Ehegatten betrifft und eine mindestens einjährige Trennung voraussetzt.

Auf jeden Fall dürfte es sich empfehlen, daß die Ehegatten, wenn die Scheidung gemäß § 1565 Abs. 1 und 2 BGB begehrt wird und der Antragsgegner diesem Begehren nicht entgegentritt, einen Vergleich über die Regelung der Scheidungsfolgen zustandebringen. Kann das Verfahren nicht innerhalb eines Jahres seit der Trennung abgeschlossen werden und wird danach das Scheidungsbegehren auf §§ 1565 Abs. 1, 1566 Abs. 1 BGB gestützt, so ist ohnedies § 630 insbesondere Abs. 1 Nr. 2, 3 und Abs. 3 ZPO anzuwenden (s. dazu Rz. 38, 39, zur „verdeckten Konventionalscheidung" Rz. 38a).

47 Leben die Ehegatten (am Schluß der mündlichen Verhandlung) bereits **drei Jahre getrennt,** so wird damit unwiderlegbar vermutet, daß die Ehe gescheitert ist (§ 1566 Abs. 2 i. V. mit § 1565 Abs. 1 Satz 2 BGB).[3] Hier braucht das Gericht nur zu prüfen und festzustellen, daß die Ehegatten drei Jahre getrennt leben und daß sie in diesem Zeitraum allenfalls nur kürzere Zeit zum Zwecke des Versuchs einer Aussöhnung zusammengelebt haben (vgl. § 1567 Abs. 2 BGB). Hierzu sind die Ehegatten regelmäßig zu vernehmen (vgl. §§ 613, 616 Abs. 1 ZPO).

48 Im Falle einer Scheidung gemäß §§ 1565 Abs. 1, 1566 Abs. 2 BGB bedarf es keiner Zustimmung des Antragsgegners; tritt dieser dem Scheidungsantrag nicht entgegen, so hat das nur die Bedeutung, daß er einräumt, keinen Grund zur Ablehnung der Scheidung wegen außergewöhnlicher Umstände zu haben (§ 1568 zweite Alternative ZPO),[4] oder daß er auf die Geltendmachung solcher Umstände verzichtet (vgl. auch § 616 Abs. 3 ZPO). Steht die mindestens dreijährige Trennung fest und kommen die erwähnten außergewöhnlichen Umstände nicht in Betracht, so könnte der Antragsgegner allenfalls beantragen, das Verfahren auszusetzen (§ 614 Abs. 2 Satz 1, Abs. 4 Satz 2 ZPO), wenn er dartun kann, es bestehe noch eine Aussicht auf Fortsetzung der Ehe, etwa im Interesse der Kinder (vgl. auch § 1568 erste Alternative BGB).[5] Daher können die Ehegatten evtl. über diesen Punkt sich einigen. § 630 ZPO ist hier nicht anzuwenden.

---

[3] Diese Regelung verstößt nicht gegen das GG (*BVerfGE 53*, 244, s. Rz. 2 Fußn. 1); ferner s. *BGH*, LM BGB § 1566 Nr. 1 = NJW 1979, 978 = FamRZ 1979, 285.

[4] Zu dieser Vorschrift s. *BGH*, LM § 1568 Nr. 1 = NJW 1979, 1042 = FamRZ 1979, 422; FamRZ 1979, 469; FamRZ 1981, 649, 1161 = NJW 1981, 2808; *OLG Köln*, FamRZ 1981, 959.

[5] Der frühere Abs. 2 wurde nach der Entscheidung des *BVerfG* v. 21. 10. 1980 (BVerfGE 55, 135, s. Rz. 2 Fn. 1) durch das UÄndG aufgehoben; zur Anwendung des § 1568 s. *BGH*, FamRZ 1985, 905 = NJW 1985, 2531 (multiple Sklerose); *OLG Hamburg*, FamRZ 1986, 469 (Gefahr der Selbsttötung eines minderjährigen Kindes, dazu *Lempp*, FamRZ 1986, 1061, 1063 re. Sp.).

6. Abreden zur Führung des Rechtsstreits

Im Zusammenhang mit der Regelung der Scheidungsfolgen können die 49
Parteien auch eine Vereinbarung über ihr Verhalten im Verfahren in bestimmten Hinsichten treffen oder es kann umgekehrt das Verhalten im Prozeß von der Regelung von Scheidungsfolgen in bestimmten Punkten oder mit einem bestimmten Inhalt abhängig gemacht werden, insbesondere z. B. die Zustimmung des Antragsgegners zur Scheidung (vgl. § 1566 Abs. 1 BGB), wenn er zunächst der Scheidung widersprochen hatte (s. auch Rz. 36, 52).

Die Parteien können hierzu vereinbaren, daß sie bestimmte Tatsachen, Vorgänge oder Verhaltensweisen vortragen, aus denen der Schluß gezogen werden kann, daß die Ehe gescheitert ist.[1]

Die Parteien können auch vereinbaren, daß ihre Ehe nach einjähriger Trennung gemäß § 1565 Abs. 1 BGB geschieden werden soll, wenn sie sich nicht über alle in § 630 Abs. 1 ZPO erwähnten Scheidungsfolgen einigen können (s. Rz. 38 aE, 39, sowie zur „verdeckten Konventionalscheidung" Rz. 38a).

Die Ehegatten können ferner vereinbaren, daß der Antragsgegner einer 50
Scheidung gemäß § 1565 Abs. 2 BGB (hierzu Rz. 34) nicht entgegentritt, daß der Antragsteller dieses Begehren auf bestimmte Vorgänge stützt – die selbstverständlich nicht erfunden oder wahrheitswidrig übertrieben werden dürfen (s. Rz. 26) – oder daß er es auf bestimmte Punkte beschränkt, wobei freilich darauf geachtet werden muß, daß das Vorbringen die gesetzlichen Voraussetzungen des § 1565 Abs. 2 BGB erfüllt, also schlüssig ist. Weiterhin kann sich eine Vereinbarung darauf beziehen, daß der Ehegatte seinen ablehnenden Standpunkt (vgl. § 1568 zweite Alternative BGB) aufgibt und sein diesbezügliches Vorbringen fallen läßt (vgl. dazu § 616 Abs. 3 ZPO).

Die Parteien können auch vereinbaren, daß sie einer Aussetzung des Verfahrens (§ 614 Abs. 2, insbesondere Satz 2 ZPO) widersprechen würden. Weiterhin können sie die Verpflichtung eingehen, gegen ein demnächst ergehendes Urteil auf Rechtsmittel zu verzichten.[2]

Freilich dürften alle erwähnten Abreden nicht erzwingbar sein; bei etwaiger Verletzung einer Abrede hat das Gericht das Verhalten der Parteien zu würdigen, soweit dies für eine Entscheidung erforderlich ist.

7. Die Vereinbarung und das Verfahren über Folgesachen

Die anläßlich der Ehescheidung geschlossene Vereinbarung kann zwar mit 51
Abreden über das Vorliegen einer Voraussetzung der Scheidung (s. § 1566

---

[1] Ebenso *Richter* in MünchKomm., § 1585c Rz. 35.

[2] Vgl. *BGHZ* 2, 112, 114; Z 28, 45, 50 = FamRZ 1958, 368 = NJW 1958, 1397 = MDR 1958, 754; *Richter*, aaO sowie *Habscheid*, NJW 1965, 2369; *Zeiss*, NJW 1969, 166.

Zur Erklärung des Rechtsmittelverzichts, zu deren Tragweite und Auslegung und zur Protokollierung eines Rechtsmittelverzichts s. Rz. 31 Fn. 15.

Abs. 1 BGB, hierzu Rz. 33, 35ff.) oder auch über die Führung des Rechtsstreits (s. Rz. 49f.) zusammenhängen. Das Schwergewicht und der eigentliche Zweck der Vereinbarung ist aber die Regelung von Scheidungsfolgen, insbesondere in der Form des Prozeßvergleichs und zur Herbeiführung eines Vollstreckungstitels, soweit es sich um vollstreckbare Ansprüche handelt (s. § 794 Abs. 1 Nr. 1 ZPO). Dies ist gerade wichtig in den Fällen der einverständlichen Scheidung gemäß §§ 1565 Abs. 1, 1566 Abs. 1 BGB (s. zu § 630 Abs. 3 Rz. 42), wie aber auch in sonstigen Fällen von Vereinbarungen über Scheidungsfolgen, insbesondere über Unterhaltsansprüche eines geschiedenen Ehegatten und der aus der Ehe hervorgegangenen Kinder.

Zum Abschluß eines Prozeßvergleichs ist noch darauf hinzuweisen, daß der Vergleich, der auch ein materiellrechtlicher Vertrag ist (s. Rz. 75), nicht auf die Weise geschlossen werden kann, daß – wenn etwa der Antragsgegner nicht anwaltlich vertreten ist – das Vertragsangebot vom Gericht protokolliert und die Annahme notariell beurkundet wird oder umgekehrt. Das Gericht ist nur befugt, die zum Abschluß des Prozeßvergleichs erforderlichen Erklärungen beider Parteien vor Gericht zu protokollieren (vgl. §§ 794 Abs. 1 Nr. 1, 160 Abs. 3 Nr. 1 ZPO; s. dazu Rz. 122ff.); auf die erwähnte Weise kann also vor allem kein Vollstreckungstitel, z. B. insbesondere bezüglich eines Unterhaltsanspruchs, geschaffen und keine Vereinbarung über den Versorgungsausgleich (s. dazu § 1587o Abs. 2 Satz 1, 2 i. V. mit § 127a BGB) getroffen werden.

52 Bei Abschluß des Vergleichs kann und wird wohl stets gesagt werden: Der Vergleich werde **für den Fall der Scheidung** geschlossen, es kann gegebenenfalls auch formuliert werden: ... für den Fall der Scheidung gemäß §§ 1565 Abs. 1, 1566 Abs. 1 BGB. Damit ist zum Ausdruck gebracht, der Vergleich gelte nicht, wenn der Antragsgegner der Scheidung widerspreche, d. h. seine Zustimmung widerrufe und das Gericht dann eine streitige Scheidung gemäß § 1565 Abs. 1 BGB – nach mindestens einjähriger Trennung der Parteien – ausspreche. Gegen die erwähnte Formulierung sind keine Bedenken zu erheben (s. auch Rz. 36). Doch sollte das Gericht im Falle des Widerrufs der Zustimmung durch den Antragsgegner auf die erwähnten Konsequenzen hinweisen und klarstellen, daß zu den Folgesachen, deren Entscheidung von einem Antrag abhängig ist (s. Rz. 28), entsprechende Anträge gestellt werden müssen.

52a Wird eine Gesamtvereinbarung geschlossen, mit der gerade auch die ganze vermögensrechtliche Auseinandersetzung durchgeführt werden soll, so muß bedacht werden, ob aus der Zeit der Zusammenveranlagung (s. Rz. 498a) noch ein Steuerbescheid zu erwarten ist, der insbesondere eine **Steuerschuld** zur Folge hat. Dies ist vor allem wichtig, wenn die Vereinbarung die Klausel enthält, mit dieser Regelung und ihrer Durchführung sollen alle gegenseitigen vermögensrechtlichen Ansprüche bzw. alle Ansprüche aus einem Zugewinnausgleich ausgeglichen oder geregelt sein. Gerade die letztere Klausel erfordert eine sorgfältige Prüfung ihrer Bedeutung und Tragweite (s. auch Rz. 493 zu einer Gesamtvereinbarung).

Der Vergleich bezweckt, den Rechtsstreit bezüglich der Scheidungsfolgen 53
zu beenden oder die Entscheidung zu erleichtern (hinsichtlich der Regelung der elterlichen Sorge gemäß § 1671 Abs. 3 BGB sowie des Umgangsrechts gemäß § 1634 BGB) – falls diese Gegenstände im Vergleich enthalten sind – oder überhaupt ein Verfahren, das einen entsprechenden Antrag voraussetzt (§ 623 Abs. 1, 2 ZPO), entbehrlich zu machen, z. B. auch bezüglich solcher Gegenstände, die über die gemäß § 630 Abs. 1, 3 ZPO regelungsbedürftigen Punkte hinausgehen (s. Rz. 57), für die aber das FamG zuständig wäre (§ 621 Abs. 1 ZPO). Der Vergleich kann also geschlossen werden, ohne daß die im Vergleich zu regelnden Folgesachen (§§ 623, 621 Abs. 1 ZPO) anhängig wären. Auch steht nichts im Wege, weitere Gegenstände mit zu regeln, die keine Folgesachen i. S. des Gesetzes sind und über die das FamG nicht entscheiden dürfte, z. B. sonstige vermögensrechtliche Auseinandersetzungen, die über die Regelung der güterrechtlichen Auseinandersetzung und die Verteilung des Hausrats hinausgehen, wie etwa gesellschaftsrechtliche Auseinandersetzungen.

Voraussetzung für den Abschluß eines Vergleichs ist, daß wenigstens ein Punkt der Vereinbarung eine Familiensache i. S. des § 621 Abs. 1 ZPO betrifft, die Folgesache sein könnte (§ 623 Abs. 1 ZPO). Ist z. B. eine Ehe kinderlos und haben die Ehegatten den Versorgungsausgleich gemäß § 1408 Abs. 2 BGB oder Art. 12 Ziff. 3 Abs. 3 Satz 2 des 1. EheRG ausgeschlossen und wird dies in der Antragsschrift (§ 622 ZPO) mitgeteilt, so kommen die amtswegigen Verfahren betr. Folgesachen (§ 623 Abs. 3 Satz 1 ZPO) nicht in Betracht. Wird ein Vergleich über eine vermögensrechtliche, z. B. eine gesellschaftsrechtliche, Auseinandersetzung geschlossen, so muß es genügen, wenn der Vergleich eine Regelung über den Unterhalt – und sei es auch über einen Unterhaltsverzicht für die Zeit nach der Scheidung – oder über die Ehewohnung oder den Hausrat enthält.[1]

Nach dem neuen Rechtszustand ist somit der Abschluß eines Vergleichs 54
über Scheidungsfolgen im Scheidungsprozeß zufolge der Vorschriften des § 623 i. V. mit § 621 Abs. 1 ZPO zulässig, der Vergleich tritt an die Stelle einer insbesondere auf Antrag zu erlassenden gerichtlichen Entscheidung.

Voraussetzung für die Wirksamkeit des Vergleichs ist dann in formeller 55
Hinsicht noch, daß er ordnungsgemäß protokolliert ist und daß danach ein Scheidungsurteil ergeht und dieses rechtskräftig wird (abgesehen von den Fällen, in denen erst nach Rechtskraft ein Vergleich über weitere Scheidungsfolgen geschlossen wird, s. Rz. 59).

---

[1] Anders *Stein/Jonas/Schlosser*, § 617 ZPO, Rz. 9, in der offenbar verlangt wird, es müsse mindestens eine Folgesache anhängig sein.

8. Mehrere Vergleiche

56 Der Vergleich zur umfassenden Regelung aller mit der Ehescheidung zusammenhängenden Gegenstände kann auch in ,,Etappen" herbeigeführt werden. Die Regelung des § 630 Abs. 1 und 3 ZPO geht gerade in dem praktisch wichtigen Fall der einverständlichen Scheidung nach einjähriger Trennung (§§ 1565 Abs. 1, 1566 Abs. 1 BGB) davon aus, daß zunächst, insbesondere schon vor Prozeßbeginn, die Zustimmung des anderen Ehegatten zur Scheidung der Ehe und im Zusammenhang damit eine Einigung über die in § 630 Abs. 1 Nr. 2 und 3 genannten Punkte herbeigeführt wird – zu Nr. 2 braucht an sich kein Vergleich geschlossen zu werden (s. auch Rz. 38, 605) – und später ein Vergleich gemäß § 630 Abs. 3 ZPO vereinbart wird, damit durch diese Errichtung eines Vollstreckungstitels die weitere Voraussetzung zur Scheidung der Ehe erfüllt wird.

Mit der vor oder bei Beginn des Scheidungsprozesses geschlossenen Vereinbarung kann auch eine Abmachung über den Unterhalt gemäß § 1361 BGB, zB über Zahlungen für die Versorgung im Alter oder bei Berufs- oder Erwerbsunfähigkeit (s. § 1361 Abs. 1 Satz 2), getroffen werden.

57 Zu beachten ist, daß die Scheidung gemäß §§ 1565 Abs. 1, 1566 Abs. 1 BGB, 630 ZPO, wie auch in sonstigen Fällen nicht abhängig ist von einer Regelung im Wege eines Vergleichs über den Zugewinn- und Versorgungsausgleich. Ist weder einer vergleichsweise Regelung des Versorgungsausgleichs und der güterrechtlichen Auseinandersetzung, insbesondere des Zugewinnausgleichs, noch eine Entscheidung hierüber im Zeitpunkt der Erlassung des Scheidungsurteils möglich oder würde die gleichzeitige Entscheidung über diese Folgesachen den Scheidungsausspruch so außergewöhnlich verzögern, daß der Aufschub auch unter Berücksichtigung der Bedeutung der Folgesache eine unzumutbare Härte darstellen würde – was freilich hinsichtlich des Versorgungsausgleichs nur ausnahmsweise in Betracht kommt (s. Rz. 32) –, so kann das Verfahren bezüglich dieser Punkte (§ 623 Abs. 1 i. V. mit § 621 Abs. 1 Nr. 6, 8 ZPO) gemäß § 628 Abs. 1 Satz 1 Nr. 1, 3 ZPO abgetrennt werden (s. auch Rz. 405, 491). Hierzu ist darauf hinzuweisen, daß die beiden Verfahren gemeinsam weitergeführt werden können (s. Rz. 32).

58 In dem gemäß § 628 Abs. 1 Nr. 1, 3 ZPO **abgetrennten Verfahren** über die Durchführung des Versorgungsausgleichs oder in einem späteren Antragsverfahren über den schuldrechtlichen Versorgungsausgleich (s. Rz. 407) kann dann eine weitere Vereinbarung geschlossen werden. Eine Vereinbarung kann aber auch im Rahmen eines ,,Zwischenverfahrens" über die Erteilung der Auskunft gemäß § 1587e i. V. mit §§ 1580, 1605 BGB[1] oder auch gemäß 1379 BGB[2] zustandekommen.

---

[1] Zu diesem Zwischenverfahren, das ein Antragsverfahren im Rahmen eines Amtsverfahrens ist, s. Rz. 402. Zur Auskunftspflicht des Unterhaltspflichtigen und zum

59 Wird **nach Rechtskraft des Scheidungsurteils** ein Verfahren betr. eine Folgesache oder mehrere Folgesachen (s. Rz. 32) fortgeführt,[3] so kann danach ein **weiterer Vergleich** geschlossen werden, in den zB auch Auflassungserklärungen (§ 925 Abs. 1 BGB) – die bedingungsfeindlich sind (§ 925 Abs. 2, s. noch Rz. 509) – oder Erklärungen aufgenommen werden können, die gegenüber dem Standesbeamten über eine Namensänderung (§ 1355 Abs. 4 BGB, s. Rz. 672) abzugeben sind. Die Form des Prozeßvergleichs ersetzt die erforderliche Beglaubigung (vgl. auch § 15c Abs. 1 aE PStG sowie zur Beglaubigung einer Unterschrift durch den Notar § 40 Abs. 1–3 BeurkG).

Zu beachten ist aber, daß in einem abgetrennten Verfahren betr. die Regelung der elterlichen Sorge, des Umgangsrechts oder der Herausgabe eines Kindes wegen der Besonderheit dieser Verfahren kein Vergleich über vermögensrechtliche Fragen (Unterhaltsansprüche, güterrechtliche Ansprüche, Regelung der Rechtsverhältnisse an der Ehewohnung oder dem Hausrat) geschlossen werden kann (s. auch Rz. 61).

Verzug *OLG Frankfurt,* FamRZ 1987, 85; zur Erledigung des Auskunftsbegehrens *OLG Frankfurt,* FamRZ 1987, 292; *OLG Karlsruhe,* FamRZ 1987, 297 (zur zeitlichen Erweiterung des Auskunftsbegehrens).

[2] Zur Auskunftspflicht bezügl. des Endvermögens s. *Schwab,* FamRZ 1984, 525, 531f.; *BGH,* FamRZ 1982, 27 = JZ 1982, 26 = NJW 1982, 176 (zugleich zur Anwendung des § 242 BGB); *OLG München,* FamRZ 1982, 805; zur Stufenklage im Verbund s. *Walter,* S. 182; *BGH,* NJW 1979, 1603 = FamRZ 1979, 690 = JZ 1979, 572; ferner s. *OLGe Nürnberg, Karlsruhe,* FamRZ 1986, 272, 1105 (Auskunft nicht über Anfangsvermögen); *OLG Frankfurt,* FamRZ 1987, 299 (Verbundverfahren); *OLG München,* FamRZ 1983, 629 (Auskunftsanspruch ohne selbständige Bedeutung, Kostenentscheidung?); *OLG Stuttgart,* FamRZ 1984, 273, *OLG Frankfurt,* FamRZ 1985, 483, *OLG Köln,* FamRZ 1987, 714 (beiderseitige Auskunftspflicht, Zurückbehaltungsrecht?); *OLG Hamburg,* FamRZ 1984, 892 (Anerkenntnis der Auskunftspflicht, Bedeutung); *OLG Koblenz,* FamRZ 1985, 286 (Keine Auskunftspflicht, wenn ersichtlich kein Zugewinn); *OLG Hamm,* FamRZ 1987, 701 (Stichtag § 1384 BGB, auch bei vorherigem langem Getrenntleben und bei Teilausschluß gemäß § 1381 BGB); *OLG Düsseldorf,* FamRZ 1986, 168 (zu den Anforderungen an ein ordnungsgemäßes Bestandsverzeichnis); zu Steuerunterlagen s. *Arens, Spieker,* FamRZ 1985, 121; ablehnend zur Vorlage von Belegen zu Kontrollzwecken *OLG Karlsruhe,* FamRZ 1986, 1105; zum Streitwert s. *OLG Bamberg,* JurBüro 1982, 595; *OLG Hamm,* JurBüro 1982, 1376.

Zur Frage der Tragung der Kosten, die entstehen, wenn die erforderlichen Angaben über den Wert der Vermögensgegenstände gemacht werden, s. *BGHZ* 64, 63 = LM BGB § 1379 Nr. 4 Leits. m. Anm. *Johannsen* = NJW 1975, 1021 = MDR 1975, 561 = BB 1975, 852 = DB 1975, 832 = FamRZ 1975, 405 Leits. = DNotZ 1976, 172; *BGHZ* 84, 31 = NJW 1982, 1643 = FamRZ 1982, 682; *OLG Karlsruhe,* FamRZ 1981, 458 m. weit. Hinw.; *OLG München,* FamRZ 1982, 279; *Müller,* FamRZ 1981, 837; zur Einholung eines Privatgutachtens und zu dessen Kosten, um Auskunfts- oider Stufenklage zu vermeiden, *OLG München,* MDR 1986, 324 (erstattungsfähig).

[3] Zum Verfahren betr. den Zugewinnausgleich s. Rz. 57, 491, betr. den Versorgungsausgleich s. Rz. 57, 395, 405; ferner s. Rz. 604 zu dem Fall, daß wegen des Zusammenhangs der Regelung der Unterhaltsansprüche und der Rechtsverhältnisse an Ehewohnung und Hausrat mit dem abgetrennten Verfahren über die Regelung der elterlichen Sorge auch die erst genannten Verfahren abgetrennt werden müssen.

9. Vereinbarung über die Kosten des Rechtsstreits

a) § 93a ZPO

60 aa) In dem anläßlich der Ehescheidung geschlossenen Vergleich über die Scheidungsfolgen kann auch eine Regelung über die Tragung oder Verteilung der Kosten des Rechtsstreits, d.h. der Scheidungssache (einschließlich der Kosten der Verfahren wegen einstweiliger Anordnung, §§ 620, 620g ZPO) und der anhängigen Folgesachen, getroffen werden.[1] Hiervon geht jetzt das Gesetz in § 93a Abs. 1 Satz 3 selbst aus. An die Vereinbarung über die Kostenregelung ist das Gericht nicht gebunden (§ 308 Abs. 2 ZPO); jedoch kann es die Vereinbarung ganz oder teilweise der gerichtlichen Kostenentscheidung zugrundelegen (§ 93a Abs. 1 Satz 3 ZPO), d.h. damit gegebenenfalls von den Regeln des § 93a Abs. 1 Satz 1 und 2 abweichen.

Gemäß § 93a Abs. 1 Halbs. 1 ZPO sind, wenn auf Scheidung der Ehe erkannt wird, die Kosten der Scheidungssache und der Folgesachen, über die gleichzeitig entschieden wird oder über die nach § 627 Abs. 1 ZPO vorweg entschieden worden ist, gegeneinander aufzuheben; d.h. jede Partei hat ihre eigenen Kosten und die Hälfte der Gerichtskosten zu tragen (vgl. § 92 Abs. 1 Satz 2 ZPO). Das Gericht kann gemäß § 93a Abs. 1 Satz 2 die Kosten anderweitig verteilen (s. Rz. 62).

Kosten iS des § 93a Abs. 1 sind die Gerichtsgebühren nebst Auslagen und die Anwaltsgebühren nebst Auslagen (§§ 25ff. BRAGO), jedoch wohl nicht die Kosten des am Verfahren beteiligten (§ 53b Abs. 2 Satz 1 FGG) Versicherungs- bzw. Versorgungsträgers; hier dürfte § 13a FGG anzuwenden sein.

61 bb) Wird das eine Folgesache betreffende Verfahren gemäß § 628 Abs. 1 Satz 1 ZPO **abgetrennt** (s. Rz. 32) so sind gemäß § 93a Abs. 1 Satz 1 Halbs. 2 ZPO die Kosten ebenfalls gegeneinander aufzuheben. Gegebenenfalls können die Kosten gemäß § 93a Abs. 1 Satz 2 anderweitig verteilt werden. Hier sind also in den Zivilprozessen gemäß § 621 Abs. 1 Nr. 4, 5, 8 ZPO (betr. Unterhaltsansprüche des Kindes oder des geschiedenen Ehegatten oder güterrechtliche Ansprüche) nicht die Vorschriften der §§ 91–93 ZPO anzuwenden, in den Verfahren der freiwilligen Gerichtsbarkeit gemäß § 621 Abs. 1 Nr. 1–3, 6, 9 ZPO (betr. Regelung der elterlichen Sorge, des Umgangsrechts, der Herausgabe eines Kindes, Durchführung des Versorgungsausgleichs, Stundung der Ausgleichsforderung gemäß § 1382 BGB oder Übertragung von Vermögensgegenständen gemäß § 1383 BGB) nicht § 13a FGG, in dem die Ehewohnung oder den Hausrat betreffenden Verfahren (§§ 621 Abs. 1 Nr. 7 ZPO, 13 HausrVO) nicht § 20 HausrVO. § 93a Abs. 1 Satz 3 ZPO hat hier nur Bedeutung für die Amtsverfahren des § 621 Abs. 1 Nr. 1, 2 und für

[1] Zu dem Fall, daß ein Ehegatte minderjährig ist, s. Rz. 79.

das Verfahren gemäß § 621 Abs. 1 Nr. 3 ZPO (s. zu diesem auch Rz. 624), da in diesen Verfahren trotz einer Vereinbarung eine Entscheidung ergehen muß, d. h. kein Vergleich über den Verfahrensgegenstand mit verfahrensbeendender Wirkung geschlossen werden kann (s. auch Rz. 59 Abs. 2); daher kann hier auch kein Vergleich über die Kosten mit der Wirkung geschlossen werden, daß dieser Vergleich ein Vollstreckungstitel sein könnte (mit alleiniger Ausnahme des Falles, daß das Verfahren sich in der Hauptsache, zB durch Tod oder Eintritt der Volljährigkeit des Kindes, erledigt). Kommt in den anderen Verfahren eine Vereinbarung zustande, so können die Ehegatten in dieser eine Kostenregelung treffen – Vergleiche können auch in den Verfahren der freiwilligen Gerichtsbarkeit des § 621 Abs. 1 Nr. 6, 7, 9 ZPO geschlossen werden.[2] Enthält der Vergleich keine Kostenregelung, so gilt in den Zivilprozessen (§ 621 Abs. 1 Nr. 4, 5, 8 ZPO – betr. Unterhaltsansprüche und güterrechtliche Ansprüche –) § 98 ZPO und besteht in den weiteren Verfahren der freiwilligen Gerichtsbarkeit (§ 621 Abs. 1 Nr. 6, 7, 9 ZPO – betr. Versorgungsausgleich, Hausrat und Ehewohnung, sowie Verfahren gemäß §§ 1382, 1383 BGB –) kein Kostenerstattungsanspruch, so daß das Ergebnis das gleiche ist wie im Zivilprozeß (s. auch Rz. 60).

Werden Verfahren des § 621 Abs. 1 ZPO erst nach Schluß der mündlichen Verhandlung der Scheidungssache (§ 623 Abs. 2 ZPO) anhängig, zB das Verfahren betr. die Regelung der elterlichen Sorge, weil das Kind erst nach Schluß der mündlichen Verhandlung geboren ist, oder das den schuldrechtlichen Versorgungsausgleich (§ 1587f BGB) betreffende Verfahren, so ist zu differenzieren: In den Verfahren der freiwilligen Gerichtsbarkeit nach § 621 Abs. 1 Nr. 1–3, 6, 9 ZPO ergeht die Kostenentscheidung gemäß § 13a FGG, in den Zivilprozessen des § 621 Abs. 1 Nr. 4, 5, 8 ZPO gemäß §§ 91–93 ZPO, im Hausratsverfahren gemäß § 20 HausrVO.

Kommt eine Vereinbarung zustande,[2] so muß in den Verfahren des § 621 Abs. 1 Nr. 1–3 ZPO trotzdem eine Entscheidung (in Beschlußform) ergehen (zur Kostenentscheidung s. § 13a Abs. 1 Satz 1 FGG). In den übrigen Verfahren der freiwilligen Gerichtsbarkeit (§ 621 Abs. 1 Nr. 6, 7, 9 ZPO) kann eine Vereinbarung mit einer Kostenregelung getroffen werden; enthält die Vereinbarung keine Kostenregelung, so findet eine Kostenerstattung (vgl. § 13a Abs. 2 FGG) nicht statt. Kommt in den Zivilprozessen (§ 621 Abs. 1 Nr. 4, 5, 8 ZPO) ein Vergleich zustande, so können die Parteien hierzu eine Regelung der Kostentragung treffen; enthält der Vergleich keine solche Regelung, so gilt § 98 ZPO.[3]

cc) Die Voraussetzungen des **§ 93a Abs. 1 Satz 2 ZPO** idF des KostÄndG v. 62
9. 12. 1986 für eine Abweichung von der Regel des Abs. 1 Satz 1 Halbs. 1 sind

---

[2] Zum Vergleich im Verfahren der freiwilligen Gerichtsbarkeit s. *Bassenge,* Rpfleger 1972, 237, und FGG Einleitung VI 5; *Bumiller/Winkler,* FGG, § 12 Anm. 3a; *Keidel/Reichert,* FGG, Vorbem. 22ff. vor § 8.

[3] Hierzu s. auch *Göppinger,* AnwBl. 1977, 436, 437.

relativ streng. Nr. 1 erfordert, daß eine Kostenverteilung nach Satz 1 einen der Ehegatten in seiner Lebensführung unverhältnismäßig beeinträchtigen würde, wobei die Bewilligung der Prozeßkostenhilfe nicht zu berücksichtigen ist. Darauf, ob die Einkommens- und Vermögensverhältnisse eines Ehegatten wesentlich günstiger sind als die des anderen Ehegatten, kommt es nicht an. Eine Beeinträchtigung der Lebensführung kann aber ausscheiden, wenn der betreffende Ehegatte einen mit der Rechtskraft des Scheidungsurteils fälligen, erfüllbaren Anspruch auf Zugewinnausgleich in ausreichender Höhe hat. Nr. 2 erfordert, daß eine Kostenverteilung nach Satz 1 im Hinblick darauf, daß ein Ehegatte in Folgesachen (§ 621 Abs. 1 Nr. 4, 5, 8 ZPO – betr. Unterhalt und Zugewinnausgleichsansprüche –) ganz oder teilweise unterlegen ist, als unbillig erscheint. In Fällen, in denen ein Ehegatte die Kosten leichter aufzubringen vermag, kann das Gericht im Rahmen der Vergleichsverhandlungen die Frage aufwerfen, ob dieser Ehegatte nicht vergleichsweise bereit ist, Kosten des anderen Ehegatten, evtl. teilweise, zu übernehmen. Diese Regelung kann das Gericht sodann gemäß § 93a Abs. 1 Satz 3 ZPO in die Kostenentscheidung aufnehmen, ohne daß die Voraussetzungen des § 93a Abs. 1 Satz 2 vorzuliegen brauchen.

63 dd) Folgt das Gericht der **Kostenvereinbarung** der Ehegatten, so hat diese keine weitere Bedeutung mehr; auch kommt ihr kein Streitwert zu.

Übernimmt das Gericht die Vereinbarung der Ehegatten über die Kosten nicht oder nur teilweise, so stellt die Vereinbarung, soweit sie von der Kostenentscheidung des Gerichts abweicht, keinen Vollstreckungstitel, d.h. keinen zur Kostenfestsetzung (§ 103 ZPO) geeigneten Titel, dar.[4] Die Vereinbarung hat nur materiellrechtliche Bedeutung; durch die Vereinbarung wird der die Ehescheidung und Scheidungsfolgen betreffende Rechtsstreit auch nicht bezüglich eines Teils des Streitgegenstandes beigelegt (vgl. die Formulierung in § 794 Abs. 1 Nr. 1 ZPO). Die aus der Vereinbarung sich ergebenden Kostenerstattungsansprüche können gegebenenfalls nur im Klagewege geltend gemacht werden. Wird jedoch aus der gerichtlichen Kostenentscheidung das Kostenfestsetzungsverfahren wegen solcher Kosten betrieben, auf die ein Ehegatte nach dem Vergleich keinen Anspruch hat, so kann der andere Ehegatte sich mit der Vollstreckungsabwehrklage zur Wehr setzen (§ 767 ZPO); für diese ist das AmtsG zuständig, vor dem die Ehesache geschwebt hatte.

64 In einer Vereinbarung dürfte es im übrigen zweckmäßig sein, die Kostenregelung betr. den Rechtsstreit und die Vereinbarung selbst (s. Rz. 145ff.) in einem besonderen Satz oder einer besonderen Ziffer aufzuführen, um Unklarheiten bezüglich der Erteilung der Vollstreckungsklausel zu dem Ver-

---

[4] *KG,* Rpfleger 1966, 268; *OLG Hamm,* JVBl. 1967, 212; *OLG Frankfurt,* Rpfleger 1968, 327; *OLG Stuttgart,* Die Justiz 1972, 281; JurBüro 1976, 670; *OLG München,* NJW 1973, 2303; *OLG Frankfurt,* Rpfleger 1984, 159; anders *OLG Hamm,* Rpfleger 1982, 481. Zur Kostenregelung im Vergleich s. Rz. 145f.

gleich zu vermeiden. Denn zu der die Scheidungssache und Folgesachen betreffenden Vereinbarung über Kosten darf in keinem Fall eine Vollstreckungsklausel erteilt werden.

In der Vereinbarung können und sollten gegebenenfalls Prozeßkostenvor- 65
schüsse (§§ 1361 Abs. 4 Satz 4 BGB, 620 Satz 1 Nr. 9 ZPO) mitberücksichtigt werden,[5] dies erleichtert die spätere Abrechnung der Kosten. Soweit ausnahmsweise Detektivkosten entstanden sind, zB zu Fragen, welche die Voraussetzungen der § 1565 Abs. 2, 1568 BGB betreffen, erscheint es ebenfalls zweckmäßig, in dem Vergleich zu regeln, ob diese von dem Ehegatten gegebenenfalls teilweise getragen bzw. übernommen werden sollen, der in günstigeren wirtschaftlichen Verhältnissen lebt.

Zu beachten ist noch, daß die Ehegatten nach Verkündung des Scheidungs- 66
urteils vor dessen Rechtskraft, zB im Zusammenhang mit den Erklärungen auf Rechtsmittelverzicht, aber vor diesen Erklärungen, einen Vergleich über die Kosten des Rechtsstreits schließen können, der von der Kostenentscheidung des Urteils abweicht.[6] Dieser Vergleich ist dann ein Vollstreckungstitel und ersetzt die Kostenentscheidung, ist also zur Kostenfestsetzung geeignet.

b) Steuerliche Auswirkungen

Kosten der privaten Lebensführung, die dem Steuerpflichtigen zwangsläu- 67
fig entstehen und die außerdem außergewöhnlich sind, können auf seinen Antrag zu einer Ermäßigung seiner Einkommensteuer führen (§ 33 **Abs. 1 EStG**). Diese außergewöhnlichen Belastungen können zwar in keinem Fall bei der Ermittlung der Einkünfte abgezogen werden (§ 12 Nr. 1 EStG); die Steuerermäßigung entsteht vielmehr dadurch, daß der Teil der tatsächlichen Aufwendungen, der die zumutbare Belastung (§ 33 Abs. 3 EStG) übersteigt, vom Gesamtbetrag der Einkünfte abgezogen wird. Die zumutbare Belastung beträgt je nach dem Familienstand des Steuerpflichtigen und der Zahl der Kinder[1] 1% bis 7% des Gesamtbetrags der Einkünfte.[2]

---

[5] Vgl. zur Frage der Rückzahlung oder Anrechnung in sonstigen Fällen *Göppinger,* Rz. 565ff. mit weit. Hinw.; s. auch *OLG Celle,* FamRZ 1985, 731.

[6] Siehe im allgemeinen zum Abschluß eines Vergleichs nach Schluß der mündlichen Verhandlung vor Rechtskraft des Urteils *Rosenberg/Schwab,* § 132 I 3 aE, sowie *Schwab* in Festschr. f. Schnorr v. Carolsfeld, 1973, S. 445, 452.

Zu einem solchen Vergleich über die Kosten des Rechtsstreits s. *KG,* JurBüro 1973, 876 = AnwBl 1973, 401 = RPfleger 1973, 320; *OLG München,* Rpfleger 1976, 106 = AnwBl 1976, 90 = JurBüro 1976, 376.

[1] Als Kinder des Steuerpflichtigen zählen die, für die er einen Kinderfreibetrag erhält (§ 33 Abs. 3 letzter Satz EStG 1986). Vgl. Rz. 586ff.

[2] Bis einschließlich 1979 bildete der um die Sonderausgaben, die nicht Vorsorgeaufwendungen sind, gekürzte Gesamtbetrag der Einkünfte die Bemessungsgrundlage für die zumutbare Belastung. Ab 1980 ist aus Vereinfachungsgründen der ungekürzte Gesamtbetrag der Einkünfte maßgebend (§ 33 Abs. 3 EStG).

68 Zu diesen außergewöhnlichen Belastungen gehören auch **Ehescheidungskosten.** Bei Ehescheidungen nach früherem Scheidungsrecht wurde die Zwangsläufigkeit – ohne Rücksicht auf das Verschulden – hinsichtlich der Kosten des eigentlichen Scheidungsverfahrens[3] und des Sorgerechtsverfahrens[4] bejaht; die Kosten der Vermögensauseinandersetzung waren deshalb keine außergewöhnlichen Belastungen.[5]

69 Bei Scheidungen nach dem 1. EheRG stellen dagegen nach bundeseinheitlicher Auffassung der Finanzverwaltung[6] sowohl die Kosten der Scheidungssache selbst wie auch aller Folgesachen außergewöhnliche Belastungen dar, auch wenn die zum fakultativen Entscheidungsverbund gehörenden Folgesachen nicht vom FamG verhandelt, sondern außergerichtlich erledigt wurden. Die Finanzverwaltung berücksichtigt auch jene Kosten als außergewöhnliche Belastungen, die durch die Beiziehung eines Gutachters etwa für die Vermögensbewertung entstehen, selbst wenn diese Kosten nicht zu denen des Rechtsstreites gehören und nicht vom FamG festgesetzt sind.[6] Die Kosten sind in gleicher Weise auch im Falle der einverständlichen Scheidung nach § 630 ZPO außergewöhnliche Belastungen, und zwar gleichgültig, ob die vom FamG festgesetzten Kosten gegeneinander aufgehoben wurden, ob das FamG die Kosten andersweitig verteilt oder eine von den Ehegatten vereinbarte anderweitige Verteilung übernommen hat. Dasselbe gilt, wenn das Verfahren nicht durch Scheidung beendet wird.[7]

70 **Prozeßkostenvorschüsse** werden – im Gegensatz zu der Ermittlung der Einkünfte und Sonderausgaben (§ 11 Abs. 2 EStG) – als außergewöhnliche Belastung erst dann berücksichtigt, wenn der Steuerpflichtige endgültig belastet ist.[8] Dies kann zum Zeitpunkt ihrer Bezahlung oft noch nicht abschließend beurteilt werden. Solange ungewiß ist, ob der Vorschuß zu einer endgültigen Vermögensminderung des zahlenden Ehegatten führt, ist er deshalb bei den außergewöhnlichen Belastungen außer Betracht zu lassen.[9] Deshalb können Prozeßkostenvorschüsse erst in dem Kalenderjahr als außergewöhnliche Belastungen berücksichtigt werden, in dem erstmals feststeht, daß der Steuerpflichtige die Kosten letztlich insoweit zu tragen hat. Nur in diesem Kalenderjahr können dann auch die in den Vorjahren gezahlten Vorschüsse angesetzt werden.

---

[3] Abschn. 186 Abs. 1 Nr. 3 EStR; *BFH*, BStBl 1968 II 407 = BFHE 91, 534 = BB 1968, 655 = DB 1968, 1008 = DStR 1968, 386.

[4] *BFH*, BStBl 1982 II 116 = BFHE 134, 286 = BB 1982, 349 = DB 1982, 361 = DStR 1982, 51 = FR 1982, 71 = NWB F 1, 345.

[5] *BFH*, BStBl 1977 II 462 = BFHE 121, 440 = BB 1977, 681 = DB 1977, 1229 = NJW 1977, 1551.

[6] Abschn. 186 Abs. 1 Nr. 3 Satz 7ff. EStR 1984 = Abschn. 66 Abs. 1 Sätze 9 bis 12 LStR 1987.

[7] *FG Hamburg*, EFG 1982, 246.

[8] *BFH*, BStBl 1982 II 744 = BFHE 136, 396 = BB 1982, 2028 = DB 1982, 2603 = DStR 1982, 693 = FR 1982, 574 = JZ 1982, 378 = JurBüro 1982, 1001.

[9] A. A. *Hessisches FG*, DStZ Eildienst 1964, 408.

71 Die Kosten sind dagegen nicht berücksichtigungsfähig, soweit sie der Steuerpflichtige abweichend von der gerichtlichen Entscheidung übernimmt.[10] Nicht zu den außergewöhnlichen Belastungen gehören auch Umzugskosten,[11] ebenso wie beim bisherigen Recht die Aufwendungen für einen Detektiv,[12] wenn dieser etwa zur Klärung bestimmter Voraussetzungen der §§ 1565 Abs. 2, 1568 BGB eingeschaltet wird, die Kosten der Einrichtung des Haushalts der geschiedenen Ehefrau,[13] Abfindungen im Rahmen der güterrechtlichen Auseinandersetzung und Zivilprozeßkosten, die bei der weiteren Verfolgung von Ansprüchen aus der Vereinbarung über die güterrechtliche Auseinandersetzung entstehen,[14] sowie Beiträge zur Begründung von Versorgungsanwartschaften im Rahmen des Versorgungsausgleichs (Rz. 370a, 439).[15] Die Kosten eines Folgeprozesses (zB Honorarprozeß) teilen das steuerliche Schicksal der Hauptprozeßkosten.[16]

10. Rechtsnatur des Vergleichs, doppelfunktioneller Vertrag

72 Nach früherem Recht wurde der Vergleich, der Scheidungsfolgen regeln sollte, (im Hinblick auf die Vorschrift des § 615 Abs. 1 aF ZPO – vgl. jetzt § 610 Abs. 2 Satz 1 ZPO –) zumeist als im Verfahren des § 627b ZPO geschlossen angesehen, wozu erforderlich war, daß der Vergleich eine Bestimmung über den Unterhaltsanspruch eines Ehegatten nach der Scheidung enthielt. Der Vergleich beendete dann dieses Nebenverfahren.[1] Evtl. konnte auch in Betracht kommen, in einem Verfahren wegen einstweiliger Anordnung gemäß § 627 Abs. 1 ZPO zugleich Regelungen über die Zeit nach der Rechtskraft des Scheidungsurteils hinaus zu vereinbaren.

Im neuen Recht besteht ein wesentlich anderer Rechtszustand: Ein dem früheren § 627b ZPO entsprechendes Verfahren gibt es nicht mehr.[2] Der Vergleich zur Regelung der Scheidungsfolgen kann nun, da mit der Scheidungssache Folgesachen verbunden werden können (§ 623 Abs. 1 i.V. mit

---

[10] Abschn. 186 Abs. 1 Nr. 3 Satz 7ff. EStR 1981 = Abschn. 66 Abs. 1 Nr. 3 Sätze 7 bis 9 LStR 1984.

[11] *Nds. FG,* EFG 1980, 602.

[12] *BFH,* BStBl 1975 II 111 = BFHE 114, 90 = BB 1975, 124 = DB 1975, 383 = DStR 1975, 262.

[13] *BFH,* BStBl 1975 II 538 = BFHE 116, 24 = BB 1975, 1001 = DB 1975, 1922 = DStR 1975, 641 = NJW 1975, 2120.

[14] *BFH,* BStBl 1986 II 745 = BFHE 147, 171 = BB 1986, 1904 = DB 1986, 2261 = DStR 1986, 692.

[15] *BFH,* BStBl 1984 II 106 = BFHE 139, 524 = BB 1984, 323 = DB 1984, 435 = DStR 1984, 181 = FamRZ 1984, 387 LS.

[16] *BFH,* BStBl 1984 II 314 = BFHE 140, 219 = BB 1984, 765 = DB 1984, 909 = DStR 1984, 534 = FR 1984, 207.

[1] Hierzu *Göppinger/Mutschler,* Rz. 1594ff. m. weit. Hinw.

[2] Zur neuen Regelung des § 620f ZPO und zu den durch diese Vorschrift entstandenen Problemen s. Rz. 23 aE, 23a, 23b.

§ 621 Abs. 1 ZPO), zT sogar ohne weiteres verbunden sind (s. § 623 Abs. 3 ZPO) und da nach den Intentionen des Gesetzgebers, nach dem Sinn und Zweck der Vorschriften der §§ 622ff. ZPO möglichst weitgehend Folgesachen mit der Scheidungssache verbunden werden sollen, im Scheidungsrechtsstreit geschlossen werden, wie sich aus §§ 610 Abs. 2 Satz 2, 623 ZPO i. V. mit weiteren Vorschriften ergibt, welche die Zulässigkeit von Vereinbarungen regeln. Hierbei können sogar weitere Vereinbarungen über Gegenstände einbezogen werden, die keine Folgesachen sein können.

73 Der Vergleich hängt insofern mit der Entscheidung der Scheidungssache zusammen, als er mit der formellen Rechtskraft des Scheidungsurteils wirksam wird, wenn nicht ausnahmsweise Teilvereinbarungen in einem abgetrennten Verfahren (§ 628 ZPO) geschlossen werden.

74 Der Vergleich ist nach neuem Recht immer nur **Teilvergleich,** da er sich lediglich auf die **Scheidungsfolgen** beziehen kann, nicht auf die Scheidungssache selbst, die ja nicht durch Vergleich beigelegt werden kann (s. Rz. 33). Eine den Scheidungsprozeß betreffende Vereinbarung kann nur die Scheidung ermöglichen oder erleichtern und damit auch die gerichtliche Entscheidung vereinfachen (s. Rz. 33ff.).

75 Die Regelung der Scheidungsfolgen im Vergleich stellt einen materiellrechtlichen Vertrag und zugleich einen Prozeßvertrag dar, er hat also eine Doppelnatur, sodaß man von einem doppelfunktionellen Vertrag sprechen kann, wie ja jeder Prozeßvergleich eine solche Doppelnatur hat.[3] Hinsichtlich des Abschlusses des Vergleichs sind regelmäßig die Voraussetzungen des § 779 BGB zu bejahen, da er auf einem gegenseitigen Nachgeben beruht. Eine Schenkung oder ein Schenkungsversprechen ist nur ausnahmsweise anzunehmen.[4] Das gegenseitige Nachgeben liegt in der Eigenart der gesamten Regelung. Das Nachgeben eines Ehegatten kann schon in der Zustimmung zur Scheidung der Ehe zu erblicken sein (s. § 1566 Abs. 1 BGB); häufig werden Vereinbarungen über die Scheidungsfolgen gerade mit der Zustimmung zur Scheidung zusammenhängen. Zur Erfüllung der Voraussetzungen des § 779 BGB genügt ein Nachgeben in irgendeinem Punkt der Gesamtregelung,[5] sei es zB auch nur hinsichtlich einer Kostenregelung.

---

[3] *Rosenberg/Schwab*, § 132 III 1c, 2; *Jauernig*, § 48 I; *Thomas/Putzo*, Anm. II 1a, *Zöller/Stöber*, Rz. 3, *Stein/Jonas/Münzberg*, Anm. II je zu § 794 ZPO, je m. weit. Nachw.; *BGHZ* 41, 310, 311 m. Nachw.; Z 46, 277, 278; Z 79, 71 = NJW 1981, 823; FamRZ 1985, 166 = MDR 1985, 392 = JR 1985, 290 = NJW 1985, 1962; *BAGE* 4, 84. Hinweise zum Abschluß eines Vergleichs geben *Hölzer*, JurBüro 1982, 495, und *Michel*, JuS 1986, 41; zu Möglickeiten und Grenzen der Streitbeilegung durch Vergleich s. *Strecker*, DRiZ 1983, 97; zur Legitimität des gerichtlichen Vergleichs und seines Verfahrens s. *Freund*, DRiZ 1983, 136; zur Verhandlungsführung des Familienrichters bei „existenzgefährdenden" Familiensachen (insbesondere Scheidungssachen) s. *Thalmann*, FamRZ 1984, 634.

[4] Vgl. *RGRK*, EheG § 72 Rz. 12, 100; *Soergel/Häberle*, § 1585c Rz. 10.

[5] *Rosenberg/Schwab*, § 132 I 6; *Zöller/Stöber* und *Jauernig*, aaO, *anders* aber *Kessler*, DRiZ 1978, 79.

Da die Regelung der Scheidungsfolgen regelmäßig beide Parteien verpflichtet, stellt der Vergleich dementsprechend einen gegenseitigen Vertrag (§§ 320ff. BGB) dar.

Dem Vergleichsabschluß liegen **Prozeßhandlungen** der Parteien zugrunde, 76
nämlich Erklärungen zu Protokoll des Gerichts gerade zum Zweck des Abschlusses des Vergleichs und der „Beilegung" oder „Beseitigung des Rechtsstreits" (vgl. die Formulierungen der §§ 794 Abs. 1 Nr. 1, 81, 83, Abs. 1 ZPO) und zwar bezüglich des die Scheidungsfolgen betreffenden Verfahrens oder auch zu dem Zwecke, Verfahren über die Folgesachen, die von der Stellung eines Antrags abhängig sind (§ 623 Abs. 1, 2 i. V. mit § 621 Abs. 1 Nr. 3–5, 7–9 ZPO, vgl. dazu § 623 Abs. 3 ZPO), entbehrlich zu machen, sowie wegen des regelmäßig bestehenden Zusammenhangs mit der Scheidungssache selbst die Entscheidung über diese zu erleichtern oder zu vereinfachen. Der Zusammenhang mit der Scheidungssache wird auch dadurch deutlich, daß der Vergleich stets für den Fall der Scheidung geschlossen wird (s. Rz. 52, 77).

Der Vergleich über die Scheidungsfolgen hat indes die Besonderheit, daß er 77
nicht automatisch mit dem Abschluß, d. h. der Protokollierung, wirksam wird, sondern erst mit der formellen Rechtskraft der Entscheidung über einen anderen Streitgegenstand, nämlich das Scheidungsbegehren, ebenso wie eine Entscheidung über Folgesachen zugleich mit dem Scheidungsurteil (§§ 629 Abs. 1, 629d ZPO). Erst mit der Rechtskraft des Scheidungsurteils wird also ein Verfahren über die im Vergleich geregelten Scheidungsfolgen beendet bzw. gegebenenfalls, wenn kein Verfahrensantrag gestellt, bzw. keine Klage in den Fällen des § 623 Abs. 1 i. V. mit § 621 Abs. 1 Nr. 4, 5, 8 ZPO erhoben war, entbehrlich.

In der Schwebezeit zwischen dem Abschluß des Vergleichs und der 78
Rechtskraft des Scheidungsurteils kann der Vergleich – wenn eine Widerrufsfrist nicht vereinbart oder wenn diese Frist ohne Widerruf abgelaufen ist – nicht (mehr) widerrufen werden. Der Eintritt der Wirksamkeit und damit der Vollstreckbarkeit, soweit in dem Vergleich vollstreckungsfähige Ansprüche geregelt sind, ist also nur von dem Eintritt der formellen Rechtskraft des Scheidungsurteils abhängig (das ein Gestaltungsurteil ist).

Da der Vergleich materiellrechtliches Rechtsgeschäft und Prozeßvertrag 79
ist, müssen zur formellen Wirksamkeit **Voraussetzungen des materiellen Rechts und des Prozeßrechts** gegeben sein.[6] Die beteiligten Ehegatten müssen voll geschäftsfähig und prozeßfähig sein (§§ 2 BGB, 51 Abs. 1, 52 ZPO). Ein minderjähriger oder gemäß § 114 BGB beschränkt geschäftsfähiger Ehegatte ist zwar für den Scheidungsrechtsstreit prozeßfähig (§ 607 Abs. 1 ZPO) und kann daher hierfür einen Anwalt selbst bevollmächtigen (s. Rz. 135), sowie auch eine einstweilige Anordnung zur Regelung der Personensorge für das

---

[6] Ebenso *Rosenberg/Schwab*, § 132 III 2 m. weit. Einzelheiten; *Zöller/Stöber*, § 794 Rz. 3ff.

gemeinschaftliche Kind, des persönlichen Umgangs mit dem Kinde, der Herausgabe des Kindes, des Getrenntlebens, des eigenen Unterhalts beantragen (§ 620 Satz 1 Nr. 1–3, 5, 6 ZPO);[7] er kann jedoch keinen Vergleich bezüglich vermögensrechtlicher Gegenstände ohne Mitwirkung des gesetzlichen Vertreters (§ 108 BGB), d.h. ohne dessen Genehmigung, schließen; in bestimmten Fällen ist auch vormundschaftsgerichtliche Genehmigung erforderlich (§ 1643 Abs. 1 i.V. mit §§ 1821 Abs. 1 Nr. 1–4, 1822 Nr. 1, 3, 5, 10 BGB).[8] Dagegen ist zu Erklärungen gemäß §§ 1671 Abs. 3, 1355 Abs. 4 BGB die Mitwirkung des gesetzlichen Vertreters nicht erforderlich. Steht ein Ehegatte unter Pflegeschaft oder Vormundschaft (vgl. § 607 Abs. 2 ZPO), so ist zum Abschluß eines Vergleichs über alle vermögensrechtlichen Angelegenheiten vormundschaftsgerichtliche Genehmigung erforderlich (§ 1822 Nr. 12 BGB).

80 Der Vergleich unterliegt zur Wirksamkeit sonstigen Vorschriften des bürgerlichen Rechts, insbesondere den §§ 134, 138, 139, 779 BGB. Für die Auslegung des Vergleichs sind die §§ 133, 157, 242 BGB heranzuziehen.

Da der Vergleich Prozeßvertrag ist, ist erforderlich, daß er nach Prozeßrecht ordnungsgemäß zustandegekommen ist (s. zur Protokollierung Rz. 122ff., zum Anwaltszwang Rz. 130ff.). Wenn erforderlich, hat der Richter bei der Formulierung, sowie auch bei der Erarbeitung des Vergleichsinhalts mitzuwirken; er hat die Parteierklärungen auch dahin zu überprüfen, ob sie rechtswirksam sind,[9] insbesondere innerhalb der Rechtsmacht des Erklärenden liegen, und ggf. auf zweifelhafte Punkte oder auf Lücken hinzuweisen.[10]

Ist ein Prozeßvergleich wegen Formmangels unwirksam, so kann er jedoch, wenn dies dem mutmaßlichen Parteiwillen entspricht, als außergerichtlicher materiellrechtlicher Vergleich Bestand haben.[11]

11. Fragen der Unwirksamkeit eines Vergleichs

a) Im Stadium vor Schluß der mündlichen Verhandlung

81 Erkennt der Richter nach der Protokollierung bei Überprüfung des Vergleichs, daß gegen eine in ihm enthaltene Regelung schwerwiegende Beden-

---

[7] Hierzu *Göppinger/Mutschler*, Rz. 1555 m. weit. Hinw. zum früheren Recht; der minderjährige Ehegatte ist auch als berechtigt anzusehen, die Zahlung des Unterhalts an ihn selbst zu verlangen. Ob er selbst den Anspruch auf Prozeßkostenvorschuß geltend machen kann, dürfte nicht unzweifelhaft sein; ebenso kann fraglich sein, ob er eine vorläufige Regelung der Rechtsverhältnisse an der Ehewohnung und dem Hausrat selbst ohne Zuziehung des gesetzlichen Vertreters beantragen kann.

[8] Die Fälle der Nrn. 8, 9, 11 des § 1822 BGB haben hier keine Bedeutung.

[9] Z.B. darf der Richter eine Vereinbarung zur gemeinsamen steuerlichen Veranlagung für einen Zeitraum, in dem die Parteien schon getrennt gelebt haben, nicht protokollieren (*Freund*, DRiZ 1983, 136, 137 Fn. 10).

[10] *Kessler*, aaO, S. 80.

[11] *BGH*, FamRZ 1985, 166 (s. Fn. 3 zu Rz. 75); *Zöller/Stöber*, ZPO, § 794 Rz. 15.

ken bestehen, oder hegt nach Richterwechsel der nun mit der Scheidungssache befaßte Richter solche Bedenken, so sollte er hierauf in der Schlußverhandlung vor Erlassung des Urteils, gegebenenfalls nach Wiedereröffnung der mündlichen Verhandlung (§ 156 ZPO), hinweisen. Hält er den Vergleich für unwirksam, so darf er kein Scheidungsurteil, insbesondere gemäß § 1565 Abs. 1, 1566 Abs. 1 BGB, erlassen.[1] Ist eine Einigung gemäß § 630 Abs. 1 Nr. 3, Abs. 3 ZPO erforderlich und ist der von den Ehegatten geschlossene Vergleich nichtig, so fehlt eine für ein Ehescheidungsurteil notwendige Sachurteilsvoraussetzungen (s. Rz. 38).

82 Waren übereinstimmende Vorschläge der Eltern zur Regelung der elterlichen Sorge (§ 1671 Abs. 3 Satz 1 BGB) Teil einer Vereinbarung und widerruft ein Elternteil seinen Vorschlag (s. Rz. 606), so wird dies regelmäßig zur Folge haben, daß die vorgesehene Unterhaltsregelung für das Kind und möglicherweise auch für einen Elternteil davon berührt wird; damit kann evtl. eine Gesamtvereinbarung entfallen (analog § 139 BGB).

Ist der Richter der Auffassung, die Nichtigkeit eines Teils der Vereinbarung erstrecke sich auf den gemeinsamen Vorschlag der Ehegatten hinsichtlich der Ausübung der elterlichen Sorge nach der Scheidung (s. § 1671 Abs. 3 BGB), so muß er hierauf hinweisen. Würde der Richter von dem gemeinsamen Vorschlag sodann abweichen, so muß er die Entscheidung hierüber vorweg treffen (§ 627 Abs. 1 ZPO). Erst nach Rechtskraft dieses Beschlusses (s. §§ 621 e Abs. 1, 3, 627 Abs. 2 ZPO) darf über die Scheidungssache und über andere Folgesachen entschieden werden (§ 627 Abs. 2 ZPO).

83 Macht ein Ehegatte nach Abschluß des Vergleichs vor Erlassung des Scheidungsurteils geltend, ein Punkt der im Vergleich geregelten Scheidungsfolgen sei nichtig, so hat das FamG diese Frage zu prüfen, wenn es sich um eine Scheidungsfolge handelt, über die das FamG entscheiden kann (§ 623 Abs. 1 i. V. mit § 621 Abs. 1 ZPO). Gegebenenfalls ist die mündliche Verhandlung wieder zu eröffnen (§ 156 ZPO). Sollte eine Klärung dieser Angelegenheit nicht möglich sein, so ist es Sache des betreffenden Ehegatten, im Wege eines Feststellungsantrags eine gerichtliche Entscheidung zu erwirken.[2] Gegebenenfalls ist das diesbezügliche Verfahren gemäß § 628 Abs. 1 Satz 1 Nr. 3 ZPO abzutrennen.

Ist das FamG nicht zuständig, so obliegt es dem betreffenden Ehegatten,

---

[1] Wurde jedoch die Unwirksamkeit des Vergleichs (zufolge fehlender Mitwirkung eines Anwalts) übersehen und ein Scheidungsurteil erlassen, so bedeutet dies die (stillschweigende) Abtrennung des betr. Verfahrensgegenstandes (*OLG Zweibrücken*, FamRZ 1987, 84, bezügl. des Versorgungsausgleichs).

[2] Vgl. dazu den Fall *OLG Frankfurt*, FamRZ 1984, 407 (Vergleich über nicht rechtshängige Unterhalts- und Zugewinnausgleichsansprüche, Anfechtung der den Zugewinnausgleich betreffenden Regelungen wegen Irrtums).

Zur prozeßerledigenden Wirkung eines Prozeßvergleichs durch rechtskräftiges Urteil (Feststellung der Wirksamkeit des Vergleichs) s. *BGHZ* 79, 71 = NJW 1981, 823 = JZ 1981, 199; hierzu *Pecher, ZZP 97 (1984), 139; Zöller/Stöber*, ZPO § 794 Rz. 15; *Rosenberg/Schwab*, § 132 IV 1 b.

Feststellungsklage beim zuständigen AmtsG oder LG (§§ 23 Nr. 1, 71 Abs. 1 GVG) zu erheben.

84 Die Nichtigkeit eines Vergleichs kann evtl. in extremen Fällen des **Unterhaltsverzichts** eines Ehegatten in Betracht kommen (s. Rz. 315ff.), ferner in Fällen eines teilweisen Verzichts auf den Unterhalt eines Kindes (§ 1614 Abs. 1 BGB, s. Rz. 10 m. Fn. 28) oder in dem Falle, daß ein Ehegatte seine Bereitschaft oder Einwilligung zur Scheidung von **unangemessen hohen vermögensrechtlichen Leistungen** des anderen Ehegatten abhängig gemacht, also Vermögensvorteile erreicht hat, die erheblich aus dem Rahmen einer durch die Verhältnisse gerechtfertigten wirtschaftlichen Sicherung für die Zukunft herausfallen, oder aus sonstigen besonders unlauteren Beweggründen gehandelt hat oder mit unlauteren, gegen die guten Sitten verstoßenden Methoden vorgegangen ist (**§ 138 BGB**),[3] oder wenn bei den Vertragsverhandlungen ein so starker Druck ausgeübt worden ist, daß nicht nur Anfechtbarkeit wegen Drohung (§ 123 BGB), sondern ein Verstoß gegen die guten Sitten anzunehmen ist (§ 138 BGB), oder wenn ein Ehegatte die schwächere Position des anderen bewußt ausnützt, z.B. den anderen, da er das Scheitern der Ehe verschuldet hat, unter Druck setzt, und ihm dadurch übermäßige Zugeständnisse erpreßt.[4]

In extremen Fällen kann eine Vereinbarung gemäß § 138 BGB nichtig sein, wenn sie darauf beruht, daß ein Kind anläßlich des gemeinsamen Vorschlags (§ 1671 Abs. 3 BGB) zum „Gegenstand des Handels" gemacht wird, z.B. wenn ein Ehegatte auf Unterhalt verzichtet gegen die Zusage des anderen Ehegatten auf Überlassung des Kindes (s. Rz. 317) oder wenn einem Ehegatten Unterhalt zugesagt wird gegen Überlassung des Kindes an den anderen Ehegatten und das Kind hierdurch gefährdet wäre, eine solche Vereinbarung auf Grund der besonderen Umstände des Falles also anstößig erscheint (s. Rz. 225)[5] oder wenn ein Ehegatte gegen Überlassung des Kindes den anderen von der Unterhaltspflicht gegenüber dem Kinde freistellt und das Kind durch diese Regelung gefährdet wird (s.Rz. 580)[6] oder wenn ein Ehegatte auf die Ausübung des Umgangsrechts (§ 1634 Abs. 1 BGB) verzichtet und der andere als Gegenleistung den ersteren von der Unterhaltspflicht gegenüber dem Kinde freistellt (s. Rz. 632 m. Fn. 15) oder wenn gegen Überlassung der

---

[3] *Rolland*, Rz. 31, *Ambrock*, Anm. V 2c, *Soergel/Häberle*, Rz. 13f. je zu § 1585c BGB; *Göppinger*, Unterhaltsrecht, Rz. 1649; s. auch *BGH*, FamRZ 1973, 182, 184.

In dem Fall, daß ein Ehegatte sich verpflichtet hatte, alsbald Scheidungsklage nach früherem Recht zu erheben, hatte das *OLG Hamburg*, MDR 1972, 53, angenommen, eine solche bei der Trennung der Ehegatten zugleich mit einer Vereinbarung über Unterhaltsleistungen eingegangene Verpflichtung sei sittenwidrig und daher nichtig.

Zu unwahren Angaben im Scheidungsprozeß s. Rz. 26.

[4] *Langenfeld*, Handbuch, Rz. 19.

[5] Vgl. auch *RG* Warn. 1915 Nr. 102 S. 146.

[6] *Göppinger*, aaO,Rz. 1651; *Soergel/Lange*, § 1671 Rz. 18; *OLG Hamburg*, FamRZ 1984, 1223; *KG*, FamRZ 1985, 1073; vgl. aber auch den Fall *OLG Hamm*, FamRZ 1980, 724.

Kinder auf den Versorgungsausgleich verzichtet wird (s. Rz. 432); zu weiteren Konsequenzen s. Rz. 606 aE.

85 Verpflichtet sich ein Ehegatte in einem Vergleich, nach der Scheidung seinen Wohnsitz an einen anderen Ort zu verlegen[7] oder umgekehrt den Wohnsitz nicht zu verlegen, zB damit der nicht sorgeberechtigte Ehegatte mit den aus der Ehe hervorgegangenen Kindern (zu bestimmten Zeitpunkten oder in bestimmten Zeitabständen) in Kontakt bleiben kann, insbesondere den Wohnsitz nicht in das Ausland zu verlegen, zB wenn der Ehegatte sich mit einem Ausländer wieder zu verheiraten beabsichtigt, so verstößt eine solche Vereinbarung – wohl vom letzeren Fall abgesehen, nämlich wegen der Auswirkungen auf den neuen Ehegatten – nicht ohne weiteres gegen die guten Sitten. Vielmehr kommt es auf die Umstände des Einzelfalles an, insbesondere darauf, ob eine Knebelung durch den zeitlichen oder örtlichen Umfang des Wohnsitzverbots oder Art und Ausmaß der Gegenleistung anzunehmen ist.[8]

86 Eine Klausel, die einen Ehegatten zur Wiederverheiratung innerhalb eines bestimmten Zeitraumes verpflichtet oder umgekehrt eine Wiederverheiratung verbietet, verstößt aber stets gegen die guten Sitten.[9]

87 Nichtig sein kann ein zu einer Unterhaltsregelung vereinbarter, eine **Währungsklausel** (§ 3 WährG) enthaltender Zusatz (s. Rz. 289ff.), wenn diese nicht von der zuständigen Landeszentralbank genehmigt wird. Hier dürfte aber wohl regelmäßig anzunehmen sein, daß die übrigen Punkte der Vereinbarung von der Nichtigkeit nicht betroffen sind (vgl. § 139 BGB).

Haben die Ehegatten eine Vereinbarung über den Versorgungsausgleich (§ 1587o BGB) getroffen und in Verbindung damit zugleich über weitere vermögensrechtliche Regelungen (zB bezüglich eines Grundstücks) und hat dann das FamG die Genehmigung verweigert (§ 1587o Abs. 2 Satz 3), so ist § 139 BGB anzuwenden; zur Beurteilung der Frage, ob die Teilnichtigkeit der Vereinbarung die Nichtigkeit insgesamt zur Folge hat, ist zu berücksichtigen, ob den Beteiligten von vornherein die sich aus § 1587o Abs. 2 Satz 4 etwa ergebenden Bedenken gegen die Vereinbarung über den Versorgungsausgleich bewußt waren, weiterhin die Interessenlage der Beteiligten.[10]

b) Nach Rechtskraft des Scheidungsurteils

aa) Allgemeines

88 Die Nichtigkeit des Vergleichs in einem Punkt kann evtl. in extremen Fällen des **Unterhaltsverzichts** eines Ehegatten in Betracht kommen (s. Rz. 315ff.)

---

[7] Vgl. hierzu den vom *BGH* (LM BGB § 138 A a Nr. 20 = FamRZ 1972, 448 = NJW 1972, 1414, 1799 m. Anm. *Merten* = JR 1972, 419 = MDR 1972, 850 = JZ 1972, 559 = DB 1972, 1480) entschiedenen Fall.

[8] So *Merten*, aaO; zu weitgehend aber *BGH*, aaO. Im Hinblick auf diese Entscheidung ist freilich hinsichtlich solcher Klauseln Zurückhaltung und Vorsicht geboten.

[9] Zu Klauseln über die Folgen einer Wiederverheiratung bezüglich der Regelung der elterlichen Sorge s. Rz. 611.

[10] Siehe den vom *BayObLG*, Rpfleger 1980, 277 entschiedenen Fall.

ferner in den in Rz. 84 genannten Fällen. Als zweifelhaft sind die Fälle zu beurteilen, in denen eine Unterhaltsvereinbarung des Inhalts geschlossen wurde, daß der Frau und den ehelichen Kindern unter Verbürgung einer anderen Frau Unterhaltsrenten versprochen wurden, die von Anfang an die Leistungsfähigkeit des Mannes übersteigen und von vornherein nur unter ständiger Inanspruchnahme der von der Bürgin zur Verfügung gestellten Mittel gezahlt werden können (s. auch Rz. 282, 283ff.).

89 Zuweilen kommt es vor, daß nach Abschluß der Vereinbarung sich herausstellt, daß eine einzelne Regelung hinfällig geworden oder unwirksam oder undurchführbar ist, daß ein nach dem Inhalt der Vereinbarung als feststehend zugrundegelegter Sachverhalt der Wirklichkeit nicht entsprach (vgl. § 779 BGB), oder daß ein Teil der Vereinbarung unter einer aufschiebenden Bedingung abgeschlossen worden war und die Bedingung nicht eingetreten ist (§ 158 Abs. 1 BGB) oder daß eine Partei eine von ihr eingegangene Verpflichtung nicht erfüllt mit der Begründung, ein Teil der Vereinbarung verstoße gegen die guten Sitten, daher sei die ganze Vereinbarung unwirksam. Eine Bestätigung des nichtigen Vertrags(teils) (s. § 141 BGB) wird selten in Betracht kommen. Ergibt sich, daß ein Teil der Vereinbarung unwirksam ist, so erhebt sich die Frage, ob damit die gesamte Vereinbarung unwirksam (nichtig) ist (**§ 139 BGB**).[1] Hierbei kommt es darauf an, ob und inwieweit ein enger Zusammenhang zwischen den einzelnen Teilen der Vereinbarung besteht[2] und nach dem mutmaßlichen Parteiwillen bestehen sollte. Dabei ist, soweit nichts Gegenteiliges konkret ersichtlich ist, das objektiv Vernünftige anzunehmen.[3]

90 Zu umfangreichen Vereinbarungen, wenn in diesen schwierige und in rechtlicher Hinsicht umstrittene Fragen geregelt werden, kann die Klausel hinzugefügt werden, sollte ein einzelner Punkt der Vereinbarung unwirksam sein, so solle hiervon die Vereinbarung im übrigen unberührt bleiben oder dgl. (salvatorische Klausel).[4] Dies kann sich je nach Lage des Falles empfehlen. Doch sollte dann sorgfältig geprüft werden, welche Teile der Vereinbarung in Betracht kommen können und welche Bedeutung jede Partei einem solchen Teil beimißt, welches Risiko sie mit einer solchen Klausel eingeht

---

[1] Nach früherem Recht hatte der *BGH* (Z 41, 166, 170 – s. Rz. 26 Fußn. 5 –) angenommen, die Teilnichtigkeit führe regelmäßig zur Nichtigkeit der gesamten Vereinbarung; s. ferner *BayObLG*, Rpfleger 1980, 277; *OLG Frankfurt*, FamRZ 1983, 176; *OLG Stuttgart*, FamRZ 1984, 806, und unten Rz. 99.

[2] Vgl. *OLG Bamberg*, FamRZ 1984, 483; *OLG Hamburg*, FamRZ 1985, 290 (Unterhaltsverzicht, Ratenzahlungen gemäß unwirksamer Vereinbarung über Zugewinnausgleich); *AmtsG Euskirchen*, FamRZ 1986, 1092 (Vergleich beruhte auf einem Steuerbescheid, der später nach Betriebsprüfung aufgehoben wurde, Anordnung einer Nachzahlung); *LG Hanau*, AnwBl 1987, 243, 244.

[3] *OLG Frankfurt*, FamRZ 1983, 176, 177; *OLG Hamburg*, aaO.

[4] Hierzu s. *Tzschaschel*, Eheverträge, S. 16, 29, 32, 34, 38, Empfehlung einer Arbeitsgruppe des 5. DFGT, Brühler Schriften, Bd. 3, S. 144 = FamRZ 1983, 1199, 1202, sowie unten Rz. 222 Fn. 9.

oder ob ihr andere unbedenkliche Bestimmungen der Vereinbarung so wichtig erscheinen, daß sie eine eventuelle Unwirksamkeit eines Teils *der* Vereinbarung hinzunehmen geneigt ist. Die salvatorische Klausel kann aber unwirksam sein, wenn *der* Teil der Vereinbarung, dem grundlegende Bedeutung zukommt, nichtig ist (zB gemäß § 138 BGB oder § 134 BGB).[5]

Beweislast, Verfahrensfragen

Die Beweislast für die Nichtigkeit einer Vereinbarung trifft die Partei, die sich auf die Nichtigkeit beruft und daraus Rechte herleitet.[6] 91

Die Wirksamkeit einer Vereinbarung kann nach Abschluß des Scheidungsrechtsstreits nicht mehr in einem an die Ehesache „angehängten" Verfahren nachgeprüft werden. In Betracht kann nur die Erhebung einer Feststellungsklage (§ 256 Abs. 1 ZPO) kommen, d. h. eine Klage, mit dem Antrag festzustellen, die Vereinbarung sei unwirksam.[7] Für diese Klage dürfte, wenn die Vereinbarung Scheidungsfolgen i. S. der §§ 623 Abs. 1, 621 Abs. 1 ZPO betraf, das FamG zuständig sein. Dagegen kann dessen Zuständigkeit nicht bejaht werden, wenn etwa die Nichtigkeit sonstiger vermögensrechtlicher Vereinbarungen geltend gemacht wird, die sich nicht auf den Hausrat, die Ehewohnung und güterrechtliche Ansprüche bezieht, sondern zB Regelungen einer gesellschaftlichen Auseinandersetzung betrifft. Mit einer Vollstreckungsabwehrklage (§ 767 ZPO) gegen den einen Vollstreckungstitel darstellenden Vergleich kann dessen Nichtigkeit nicht geltend gemacht werden,[8] da mit dieser Klage nur tatsächliche Umstände vorgebracht werden können, die den Wegfall (gegebenenfalls den teilweisen Wegfall) des in dem Vergleich festgelegten Anspruchs bewirken. Die Vollstreckungsabwehrklage richtet sich nicht gegen die Wirksamkeit des Vergleichs, sondern nur gegen dessen (weitere) Vollstreckbarkeit.[9] 92

Folgen der Nichtigkeit der Vereinbarung

Enthält eine nichtige Vereinbarung Bestimmungen über eine Unterhaltsverpflichtung des einen geschiedenen Ehegatten gegenüber dem anderen, so entfällt diese und kommen nur die gesetzlichen Vorschriften der §§ 1569ff. BGB in Betracht. 93

Haben die Ehegatten einen die Sittenwidrigkeit begründenden übermäßig hohen Unterhalt vereinbart (s. Rz. 84), so ist regelmäßig Teilnichtigkeit des Vergleichs anzunehmen mit der Folge, daß der angemessene Unterhalt als

---

[5] Vgl. *BGH*, DB 1976, 2107; auch *OLG Hamm*, GRUR 1980, 185.

[6] Ebenso *Soergel/Häberle*, Rz. 26, *Erman/Ronke*, Rz. 26 je zu § 1585c.

[7] So auch *OLG Frankfurt*, FamRZ 1984, 407, 408; vgl. noch Rz. 83 Fn. 2.

[8] *Göppinger/Wax*, Rz. 3336; s. auch *BGH*, NJW 1971, 467.
Zur Geltendmachung von vor Vergleichsabschluß entstandenen Gründen s. *BGH*, LM ZPO § 767 Nr. 4 = NJW 1953, 345; FamRZ 1987, 804 = JZ 1987, 888.

[9] Vgl. *Göppinger/Wax*, Rz. 3333, 3336.

geschuldet gilt; der begünstigte Ehegatte muß es sich gefallen lassen, so behandelt zu werden, wie wenn er den angemessenen Unterhalt gefordert hätte.[10]

94 Ein sittenwidriges Handeln einer Partei gegenüber der anderen bei Abschluß der Vereinbarung kann einen Schadensersatzanspruch aus § 826 BGB begründen.[11]

95 Beruht die Zustimmung des Antragsgegners zur Scheidung oder dessen Scheidungsbegehren (§ 1566 Abs. 1 BGB) auf der nichtigen Vereinbarung, so kann der Eheprozeß nicht wiederaufgenommen werden. Die Wiederaufnahme eines Rechtsstreits ist an eng begrenzte Voraussetzungen geknüpft (§ 580 ZPO), von denen nur in den seltensten Fällen die Voraussetzungen der §§ 580 Nr. 1, 4, 581, 582 ZPO vorliegen werden.

96 Erstreckt sich die Nichtigkeit eines Teils der Vereinbarung auch auf den gemeinsamen Vorschlag über die Regelung der elterlichen Sorge (§ 1671 Abs. 3 BGB), so bleibt die gerichtliche Entscheidung (§ 1671 Abs. 1 BGB) gleichwohl bestehen. Ob sie in einem Wiederaufnahmeverfahren analog § 580 Nr. 6 ZPO aufgehoben werden könnte, ist zweifelhaft.[12]

97 Erfaßt die Nichtigkeit eines Teils der Vereinbarung die von den Ehegatten vereinbarte Regelung des Versorgungsausgleichs (§ 1587o BGB) oder ist gerade dieser Teil der Vereinbarung etwa gemäß § 138 BGB nichtig oder gemäß § 779 BGB unwirksam, so wird ein solcher Mangel nicht durch die gerichtliche Genehmigung (§ 1587o abs. 2 Satz 3, 4 BGB) geheilt. Hatte aber das FamG auf Grund der Vereinbarung eine Regelung getroffen (s. Rz. 435), so wird deren Wirksamkeit durch die Nichtigkeit der Vereinbarung nicht berührt. Ob die gerichtliche Entscheidung hier analog § 580 Nr. 6 ZPO in einem Wiederaufnahmeverfahren aufgehoben werden könnte, ist zweifelhaft. Hat der Rechtspfleger des FamG in einem Beschluß gemäß § 53e Abs. 2 FGG (s. § 14 Nr. 2a Buchst. a RPflG – hierzu Rz. 436 –) den Betrag festgesetzt, der zur Begründung von Rentenanwartschaften erforderlich ist, so dürfte die Nichtigkeit der Vereinbarung in diesem Falle die Unwirksamkeit des Beschlusses zur Folge haben;[13] die Unzulässigkeit der Vollstreckung aus diesem Beschluß (i. V. mit dem Vergleich) dürfte gemäß § 766 ZPO geltend gemacht werden können. Ist die Vereinbarung über den Versorgungsaus-

---

[10] Hierzu s. *Rolland,* § 1585c Rz. 36.

[11] *Soergel/Häberle,* § 1585c Rz. 18; sowie zum früheren Recht *RGRK,* Rz. 94, *Hoffmann/Stephan,* Rz. 78 je zu § 72 EheG.

[12] Vgl. zur Frage der analogen Anwendung der Vorschriften der ZPO über die Wiederaufnahme des Verfahrens in der freiwilligen Gerichtsbarkeit *Jansen,* Rz. 40ff., 46, *Keidel/Reichert,* Rz. 63ff., *Bumiller/Winkler,* Anm. 9, *Bassenge,* Anm. II, 5 je zu § 18 FGG; *Dorndorf,* Rechtsbeständigkeit von Entscheidungen und Wiederaufnahme des Verfahrens in der freiwilligen Gerichtsbarkeit (1969), S. 162ff., hierzu *Göppinger,* FamRZ 1970, 266, *Keidel,* Rpfleger 1970, 185.

[13] Vgl. den Fall, daß auf Grund der Kostenregelung eines (nichtigen) Prozeßvergleichs Kosten festgesetzt werden (§§ 103, 104 ZPO) und dann die Vollstreckung betrieben wird.

gleich nichtig bzw. unwirksam, so ist der Versorgungsausgleich nach §§ 1587ff. BGB durchzuführen.

Hat ein geschiedener Ehegatte auf Grund einer nichtigen Vereinbarung an den anderen Teil Unterhaltszahlungen geleistet, so wird einem Anspruch auf Rückzahlung nicht selten entgegengehalten werden können, der Empfänger habe einen gesetzlichen Unterhaltsanspruch gemäß §§ 1569ff. BGB, die Leistungen seien hierauf anzurechnen.[14] Der Rückforderung sonstiger Leistungen (§ 812 Abs. 1 Satz 1 BGB) werden in der Regel die Vorschriften der §§ 814, 817 Satz 2, 818 Abs. 3 BGB entgegenstehen.[15] 98

Alle diese Überlegungen zeigen, daß durch die Unwirksamkeit einer Vereinbarung oder eines Teils der Gesamtvereinbarung beträchtliche Schwierigkeiten und Komplikationen entstehen können. Ist ein Teil der Gesamtvereinbarung unwirksam, so wird es sich stets empfehlen, besonders sorgfältig zu prüfen, ob und welche Teile der Vereinbarung als gültig aufrechterhalten werden können, sowie welche Auswirkungen für ein Kind entstehen.[16] Daher sollte man nunmehr von der Auffassung abrücken, die Nichtigkeit eines Teils der Gesamtvereinbarung führe regelmäßig[17] zur Nichtigkeit der Gesamtvereinbarung. Durch eine Nichtigkeit der gesamten Vereinbarung könnten sich für einen geschiedenen Ehegatten schwerwiegende und unzumutbare Nachteile ergeben, die nicht mehr korrigiert werden können. 99

bb) Vertragsverletzungen, Rücktrittsrecht?

Ob eine Verletzung von Vertragspflichten durch den einen geschiedenen Ehegatten dem anderen das Recht gibt, sich von dem ganzen Vertrag zu lösen, hängt von dem Inhalt der Vereinbarung und von ihrer Auslegung ab,[18] 100

---

[14] Vgl. zum früheren Recht *RGRK* 10./11. Aufl. Rz. 96 zu § 72 EheG.

[15] *Soergel/Häberle,* § 1585c Rz. 18, sowie zum früheren Recht s. *RGRK,* Rz. 96, *Hoffmann/Stephan,* Rz. 76 je zu § 72 EheG.

[16] *MünchKomm./Richter,* Erg. 1982, § 1585c Rz. 32, b.

[17] So *BGH* (s.Fußn. 1); zur Nichtigkeit einer Gesamtvereinbarung mit Verzicht auf Unterhalt, Zugewinnausgleich und Versorgungsausgleich s. auch *OLG Köln,* DNotZ 1981, 444 m. ablehn. Anm. *v. Hornhardt* = FamRZ 1981, 1087 m. Anm. der Schriftl.; hierzu *Richter* aaO; s. ferner *Rolland,* § 1585c Rz. 30. *Richter* wies zutreffend darauf hin, es komme darauf an, ob das Gesamtgepräge des Rechtsgeschäfts (auch im Hinblick auf die mittelbar betroffenen Kinder) das Urteil der Sittenwidrigkeit rechtfertige, unter Klärung der Absichten und Motive der Partei; es könne auch nicht allein darauf abgestellt werden, daß die Ehegatten von dem Notar über Bedeutung und Tragweite des Verzichts belehrt worden seien (zu der erwähnten Entscheidung s. noch *Soergel/Gaul,* § 1408 Rz. 39 a. E., und *Langenfeld,* Handbuch, Rz. 449 – jeweils ablehnend –); ferner s. *OLG Bamberg,* FamRZ 1984, 483 (Ehevertrag, Verzicht auf Unterhalt, Ausschluß des Zugewinnausgleichs und des Versorgungsausgleichs); *OLG Stuttgart,* FamRZ 1984, 806 (s. Fn. 1); sowie Rz. 316 m. Fn. 18, Rz. 494 Fn. 14. Zu einem einseitigen unentgeltlichen Verzicht auf Zugewinnausgleich (in Ehevertrag) *OLG Stuttgart,* FamRZ 1983, 498; zu einem Auseinandersetzungsvertrag *LG Hanau,* AnwBl 1987, 243.

[18] *BGH,* LM BGB § 328 Nr. 32 = Warn. 1966, 451 Nr. 210 = FamRZ 1967, 35 = NJW 1967, 152 = JR 1967, 301 = MDR 1967, 33.

die zugunsten der Kinder zum Zwecke der Erfüllung der Unterhaltspflicht zu erbringenden Leistungen können davon wohl nicht berührt werden, es sei denn, die Leistungsfähigkeit des unterhaltspflichtigen Elternteils, etwa hinsichtlich relativ hoher Unterhaltsbeiträge, würde durch die Vertragsverletzung berührt und beeinträchtigt. Dagegen können evtl. sonstige vermögensrechtliche Vorteile, die den Kindern eingeräumt wurden, betroffen sein und kann evtl. der betreffende Elternteil berechtigt sein, die zugesagten Leistungen zu verweigern. Da die anläßlich der Ehescheidung geschlossene Vereinbarung regelmäßig einen gegenseitigen Vertrag (s. §§ 320ff. BGB) darstellt (s. Rz. 75), sind die bei Vertragsverletzungen geltenden allgemeinen Vorschriften des Schuldrechts anwendbar. Evtl. kann ein Rücktritt vom Vertrag in Betracht kommen, soweit er noch möglich ist.[19] An die Voraussetzungen eines Rücktritts sind freilich regelmäßig strenge Anforderungen zu stellen.[20] Ferner kann später evtl. die Geschäftsgrundlage des Vergleichs als weggefallen beurteilt werden (vgl. auch Rz. 606).[21]

12. Verjährung von in der Vereinbarung (dem Prozeßvergleich) geregelten Ansprüchen

101 Gemäß § 194 Abs. 1 BGB unterliegt das Recht, von einem anderen ein Tun oder Unterlassen zu verlangen, d. h. ein Anspruch, der Verjährung. Hierunter fallen insbesondere Zahlungen.

102 Verpflichtet sich ein Ehegatte, nach der Scheidung Zahlungen zu leisten zum Zwecke der Tilgung der Forderung des anderen Ehegatten auf den Zugewinnausgleich oder zum Zwecke der Auseinandersetzung des Gesamtgutes im Falle der Gütergemeinschaft (s. § 1478 BGB) oder sonstige Zahlungen zB zum Zwecke der Abfindung, so verjährt dieser Anspruch in 30 Jahren (§ 218 Abs. 1 Satz 2 BGB). Die Verjährung beginnt mit der Entstehung des Anspruchs (§ 198 Satz 1 BGB), d. h. frühestens mit der Rechtskraft des Scheidungsurteils, da mit diesem der Vergleich wirksam wird (s. Rz. 77), gegebenenfalls mit der späteren Fälligkeit, zB bei Ratenzahlungen.

103 Hat sich ein Ehegatte zu wiederkehrenden Leistungen (Unterhaltszahlungen) an den anderen Ehegatten für die Zeit nach der Scheidung verpflichtet,

---

[19] *RGRK* 10./11. Aufl., Rz. 45 zu § 72 EheG; zur Frage der Anwendung des § 139 BGB in solchen Fällen s. *BGH*, aaO.

[20] Zu dem Fall, daß ein übereinstimmender Vorschlag (§ 1671 Abs. 3 BGB) vom FamG nicht gebilligt wird, s. Rz. 623, sowie zur Umgangsregelung Rz. 637; zur Namensänderung Rz. 671 Fußn. 14; vgl. auch den Fall *BGH*, FamRZ 1982, 571.

[21] Zu dem Fall, daß mit der Scheidungsfolgenvereinbarung eine schnelle Durchführung des Scheidungsverfahrens beabsichtigt war, eine Partei aber dann dieses Verfahren bewußt verzögerte, s. *OLG Hamm*, FamRZ 1984, 913. Zu einem Fall des Scheiterns einer in dem Vergleich vorgesehenen Regelung (Übertragung des Grundstücks auf die Kinder) s. Rz. 595 Fn. 6 Abs. 2.

so verjährt dieser Anspruch in vier Jahren (§ 218 Abs. 1 i. V. mit § 197 BGB).[1] Die Verjährung beginnt mit dem Schluß des Kalenderjahres, in dem der Anspruch fällig wird. Z. B. verjähren alle im Jahre 1987 (jeweils am Monatsersten) fällig gewordenen Unterhaltsraten mit Ablauf des 31. Dez. 1991 (§ 201 BGB).

Betrifft der Vergleich auch rückständige Unterhaltsraten, so verjähren diese erst nach 30 Jahren (§ 218 Abs. 1 Satz 2 BGB).

Unterhaltsansprüche eines ehelichen Kindes gegen einen Elternteil verjäh- **104**
ren nicht, solange das Kind minderjährig ist (§ 204 BGB). Ist der Unterhaltsanspruch des Kindes jedoch gemäß § 1607 Abs. 2 Satz 2 BGB auf einen anderen Verwandten, der den Unterhalt gewährt hat, übergegangen, so ist die kurze vierjährige Verjährung anzunehmen.[2]

Die in dem Prozeßvergleich enthaltene Regelung über die Kosten des Ver- **105**
gleichs selbst (s. Rz. 145), d. h. ein hierauf beruhender Kostenerstattungsanspruch unterliegt der 30-jährigen Verjährung (§ 218 Abs. 1 Satz 2 BGB), ebenso gemäß § 195 BGB eine im Innenverhältnis der Parteien vereinbarte Kostentragung (s. Rz. 60, 63 zweiter Abs.).

II. Internationales und interlokales Privatrecht

1. Internationales Privatrecht*

a) Getrenntleben der Ehegatten

Besitzt einer der getrennt lebenden Ehegatten oder besitzen beide eine **106**
ausländische Staatsangehörigkeit und fordert der eine vom anderen Unterhalt, so ist für die vom 1. 9. 1986 an (dem Tage des Inkrafttretens des Gesetzes zur Neuregelung des Internationalen Privatrechts) fällig gewordenen Unter-

---

[1] Hierzu *Göppinger/Stöckle*, Rz. 1350ff.

[2] *Göppinger/Stöckle*, Rz. 1354.

* **Lit.:** *Palandt/Heldrich*, BGB, EGBGB, 46. Aufl. 1987; *Ferid/Böhmer*, Internationales Privatrecht, 3. Aufl. 1986; *v. Bar*, Internationales Privatrecht, 1. Bd., Allgemeine Lehren, 1987; *Kegel*, Internationales Privatrecht, 6. Aufl. 1987; *Firsching*, Einführung in das internationale Privatrecht, 3. Aufl. 1987.

Aufsätze: Henrich, Das internationale Eherecht nach der Reform, FamRZ 1986, 841; *Jayme*, Das neue IPR-Gesetz – Brennpunkte der Reform, IPRax 1986, 265; *Kühne*, Die außerschuldrechtliche Parteiautonomie im neuen Internationalen Privatrecht, IPRax 1987, 69; *Lüderitz*, Die Ehescheidung nach dem Gesetz zur Neuregelung des Internationalen Privatrechts, IPRax 1987, 74; *Mansel*, Zu Auslegungsproblemen des IPR-Reformgesetzes, StAZ 1986, 315; ferner s. *Basedow*, Die Neuregelung des Internationalen Privat- und Prozeßrechts, NJW 1986, 2971, 3190; *Kegel*, Internationales Privatrecht, Rpfleger 1987, 1; *Rauscher*, Neues internationales Kindschaftsrecht, StAZ 1987, 121; *Wegmann*, Rechtswahlmöglichkeiten im internationalen Familienrecht, NJW 1987, 1740; *Hepting*, Zu Art. 220 EGBGB, „abgeschlossene Vorgänge", StAZ 1987, 188; *Kaum*, IPRax 1987, 280 (zu Art. 220 I EGBGB).

haltsansprüche Art. 18 Abs. 1 Satz 1 EGBGB nF[1] und für die vom 1. 4. 1987 an[2] fälligen Ansprüche das Haager Übereinkommen (HÜ) v. 2. 10. 1973[3] (Art. 1, 4) anzuwenden, da letzteres Vorrang vor dem interstaatlichen Recht hat (Art. 3 Abs. 2 EGBGB nF).[4] Hiernach ist das am jeweiligen gewöhnlichen Aufenthaltsort[5] des Berechtigten geltende Recht maßgebend. Auf die Staatsangehörigkeit des Berechtigten und des Verpflichteten kommt es nicht an (abgesehen von dem Falle der deutschen Staatsangehörigkeit beider Beteiligter, s. bei Fn. 7).

Hat der Berechtigte seinen gewöhnlichen Aufenthalt im Gebiet der Bundesrepublik (einschließl. West-Berlin), so ist deutsches Recht anzuwenden, also § 1361 BGB.

Hat der Berechtigte seinen gewöhnlichen Aufenthalt in einem ausländischen Staat, so ist das Recht dieses Staates anzuwenden, wobei es bezüglich der Anwendung des HÜ gemäß Art. 3 nicht darauf ankommt, ob der betreffende Staat Vertragsstaat ist, dh dem erwähnten HÜ beigetreten ist.[6] Jedoch ist in dem Falle deutsches Recht anzuwenden, daß beide Ehegatten deutsche Staatsangehörige[7] sind, der Berechtigte im Ausland und der Verpflichtete im Inland den gewöhnlichen Aufenthalt haben (Art. 15, 24 des HÜ, Art. 18 Abs. 5 EGBGB). Hat ein Ehegatte neben der ausländischen Staatsangehörigkeit auch die deutsche und wird er als Verpflichteter bei einem deutschen Gericht verklagt, so ist seine deutsche Staatsangehörigkeit maßgebend, dh vorrangig (Art. 5 Abs. 1 Satz 2 EGBGB).

Unter die Unterhaltspflicht fällt auch die Prozeßkostenvorschußpflicht (§ 1361 Abs. 4 Satz 4 BGB).[8]

---

[1] Nach neuem Recht besteht hier ein eigenes Statut; so ist hier nicht mehr das Ehewirkungsstatut, wie nach früherem Recht, maßgebend.

[2] BGBl 1987 II 225 (Bekanntmachung v. 26. 3. 1987); dazu IPRax 1987, 267 li. Sp.

[3] BGBl 1986 II 837; deutsches Zustimmungsgesetz v. 25. 7. 1986 BGBl II 826. Das Übereinkommen ist auszugsweise wiedergegeben von *Palandt/Heldrich,* Anh. 2 zu Art. 18 EGBGB; zu dem Übk. s. Denkschrift, BT-Drucks. 10/258, sowie *Göppinger/Roth-Stielow,* Unterhaltsrecht, Rz. 1808ff., 1838ff.; die Vertragsstaaten sind in IPRax 1987, 66 zusammengestellt.

[4] Hierzu *Jayme,* IPRax 1986, 265; *Basedow,* NJW 1986, 2971, 2977; *Mansel,* StAZ 1986, 315, 316; *Ferid/Böhmer,* 8–385, 9; s. aber auch *Palandt/Heldrich,* Art. 18 Anm. 1.

Zu einem besonderen Fall des Vorrangs eines Staatsvertrags (Deutschland/Iran) s. *BGH,* IPRax 1986, 382, dazu *Böhmer,* das. 362 (Kindesunterhalt).

[5] Zum Begriff „gewöhnlicher Aufenthalt" s. *Staudinger/Kropholler,* Vorbem. 31ff. vor Art. 18 EGBGB (aF), *Staudinger/Gamillscheg,* Vorbem. 105ff. vor Art. 13 EGBGB (aF); *Raape/Sturm,* S. 118ff.; *Göppinger/Roth-Stielow,* Rz. 1828; üblicherweise wird angenommen: der tatsächliche, längere Zeit währende Aufenthalt (vgl. auch zum Sozialrecht § 30 Abs. 3 Satz 2 SGB I, dazu *GK-v. Maydell,* § 30 Rz. 35ff.).

[6] *Palandt/Heldrich,* Art. 18 EGBGB Anm. 1; *Göppinger/Roth-Stielow,* Rz. 1838, 1840.

[7] Im Sinne des Art. 116 GG.

[8] *Henrich,* FamRZ 1986, 841, 843; *Palandt/Heldrich,* Art. 18 EGBGB Anm. 4b; *Ferid/Böhmer,* 8–835, 13.

Das Unterhaltsstatut ist wandelbar, ändert sich also bei einem Wechsel des Aufenthalts von einem Staat in einen anderen Staat.

Bei der Regelung des elterlichen Sorgerechts und des Umgangsrechts ist das Haager Minderjährigen-Schutz-Übereinkommen anzuwenden,[9] wie nach der Scheidung der Ehe (s. Rz. 117).

Regelungen, die den Hausrat und die Ehewohnung während des Getrenntlebens der Ehegatten beteffen, dürften dem Unterhaltsstatut unterliegen.[10]

Zum Unterhaltsrecht des Kindes (HÜ 1956, Art. 18 EGBGB, HÜ 1973) s. unten Rz. 119.

*b) Das Scheidungsstatut**

Gemäß **Art. 17 Abs. 1 Satz 1 EGBGB nF** unterliegt die Scheidung dem Ehe- 107
wirkungsstatut, dh dem Recht, das für die allgemeinen Wirkungen der Ehe maßgebend ist (**Art. 14 EGBGB nF**). Die allgemeinen Wirkungen der Ehe[1] unterliegen gemäß Art. 14 Abs. 1 Nr. 1 dem Recht des Staates, dem beide Ehegatten angehören oder während der Ehe zuletzt angehört haben, wenn einer von ihnen noch diese Staatsangehörigkeit besitzt. Ist ein Ehegatte Mehrstaater, so ist die Staatsangehörigkeit maßgebend, mit der er am engsten verbunden ist (Art. 5 Abs. 1 Satz 1 EGBGB), insbesondere durch ihren gewöhnlichen Aufenthalt oder durch den Verlauf ihres Lebens.[2] Besitzt ein Ehegatte neben einer ausländischen Staatsangehörigkeit auch die deutsche, so ist gemäß Art. 5 Abs. 1 Satz 2 EGBGB nur diese maßgebend, wobei es nicht darauf ankommt, ob sie die effektive ist.[3]

Liegen die Voraussetzungen des Art. 14 Abs. 1 Nr. 1 nicht vor, haben die Ehegatten also keine gemeinsame Staatsangehörigkeit (gehabt), so ist gemäß Art. 14 Abs. 1 Nr. 2 das Recht des Staates maßgebend, in dem beide Ehegat-

---

[9] Zur Herausgabe eines Kindes s. *OLG Düsseldorf,* FamRZ 1980, 728; *OLG Stuttgart,* NJW 1985, 566.

[10] *Ferid/Böhmer,* 8–93; anders *Palandt/Heldrich,* Art. 14 Anm. 4b (Ehewirkungsstatut).

* **Lit.:** *Henrich,* Das internationale Eherecht nach der Reform, FamRZ 1986, 841; *Kühne,* Die außerschuldrechtliche Parteiautonomie im neuen Internationalen Privatrecht, IPRax 1987, 69; *Lüderitz,* Die Ehescheidung nach dem Gesetz zur Neuregelung des Internationalen Privatrechts, IPRax 1987, 74; *Rauscher,* Neues Scheidungsstatut in schwebenden Scheidungsverfahren, IPRax 1987, 137; *v. Bar,* JZ 1987, 755, 814.

[1] Dazu gehören ua und vor allem die Pflicht zur ehelichen Lebensgemeinschaft und die „Schlüsselgewalt" (s. *Palandt/Heldrich,* Art. 14 Anm. 4b; *Ferid/Böhmer,* 8–90ff.).

[2] Hierzu *Basedow,* NJW 1986, 2971, 2975; *Palandt/Heldrich,* Art. 5 Anm. 2a; *Göppinger/Roth-Stielow,* Rz. 1817. Zum bisherigen Recht s. *BGHZ* 75, 32 = FamRZ 1979, 696, 1006 Anm. *Heldrich; Mansel,* IPRax 1985, 209, 210ff.; *Bleckmann,* JZ 1985, 573 (zu *Mikat,* Zur Diskussion um die Lehre vom Vorrang der effektiven Staatsangehörigkeit, 1983).

[3] *Palandt/Heldrich,* Art. 5 Anm. 2b; anders die Rechtsprechung zum bisherigen Recht, s. *BGH,* aaO; FamRZ 1981, 135 = NJW 1981, 520.

ten ihren gewöhnlichen Aufenthalt (nicht notwendig am gleichen Ort)[4] haben oder zuletzt gehabt haben, wenn einer von ihnen dort noch seinen gewöhnlichen Aufenthalt hat. Diese Regelung betrifft also gemischt-nationale Ehen, ohne Sonderregelung für deutsche Staatsangehörige.

Hilfsweise unterliegen die allgemeinen Ehewirkungen gemäß Art. 14 Abs. 1 Nr. 3 dem Recht des Staates, mit dem die Ehegatten am engsten verbunden sind (s. dazu Art. 5 Abs. 1 EGBGB).

108 Unter bestimmten Voraussetzungen können die Ehegatten vor Rechtshängigkeit des Scheidungsantrags (arg. Art. 17 Abs. 1 Satz 1 EGBGB) das Ehewirkungsstatut wählen: Wenn einer der Ehegatten mehreren Staaten angehört, können sie das Recht eines dieser Staaten wählen, falls der andere Ehegatte diesem Staat auch angehört (**Art. 14 Abs. 2 EGBGB**).[5] Unerheblich ist hier, ob der Mehrstaater-Ehegatte mit dem Recht eines der Staaten am engsten verbunden ist. Hier ist also ein gemeinsames Heimatrecht zur Wahl gestellt, das nicht bereits nach Abs. 1 Satz 1 gesetzliches Ehewirkungsstatut ist.[6]

Liegen die Voraussetzungen des Art. 14 Abs. 1 Satz 1 nicht vor, richten sich also die Ehewirkungen nicht kraft Gesetzes nach dem gemeinsamen oder letzten gemeinsamen Heimatrecht, so können die Ehegatten das Heimatrecht eines Ehegatten wählen (**Art. 14 Abs.** 3), wenn kein Ehegatte dem Staat angehört, in dem beide Ehegatten ihren gewöhnlichen Aufenthalt haben (Nr. 1) *oder* die Ehegatten ihren gewöhnlichen Aufenthalt nicht in demselben Staat haben (Nr. 2).[7] Zweck dieser Rechtswahl ist es, unangemessene Ergebnisse zu vermeiden, wenn der gemeinsame oder letzte gemeinsame gewöhnliche Aufenthalt (Abs. 1 Nr. 2) maßgebend wäre. Zur Wahl gestellt ist also nur das Heimatrecht eines Ehegatten, wobei es aber nicht darauf ankommt, ob er mit diesem noch eng verbunden ist.[8]

Die Hauptbedeutung der Rechtswahl liegt dann in der sich daraus ergebenden Festlegung des Scheidungs- und des Scheidungsfolgenstatuts.[9]

109 Kann die Ehe in Anwendung des gemäß Art. 17 Abs. 1 Satz 1 EGBGB zugrundegelegten Statuts (s. Rz. 107) nicht geschieden werden, so unterliegt die Scheidung dem deutschen Recht, wenn der die Scheidung begehrende Ehegatte in diesem Zeitpunkt Deutscher ist oder bei der Eheschließung Deutscher war (Art. 17 Abs. 1 Satz 2). Hierbei kommt es darauf an, ob nach den

---

[4] *Ferid/Böhmer*, 8–86.

[5] Ist zB ein deutscher Ehegatte mit zusätzlicher ausländischer Staatsangehörigkeit mit einem Partner verheiratet, der die gleiche ausländische Staatsangehörigkeit besitzt, so kann er das deutsche Recht „abwählen" (s. *Ferid/Böhmer*, 8–85). Zur Rechtswahl Art. 4, dazu näher *Kühne*, IPRax 1987, 69ff.; *Henrich*, FamRZ 1986, 841, 846f.; *Wegmann*, NJW 1987, 1740.

[6] *Palandt/Heldrich*, Art. 14 Anm. 3a, anders *Kühne*, aaO, 70.

[7] Dazu *Kühne*, aaO.

[8] *Heldrich*, aaO, Anm. 3b; anders *Kühne*, aaO, 70f.

[9] *Henrich*, FamRZ 1986, 841, 846 re. Sp. unten.

im Einzelfall gegebenen Verhältnissen die Ehe nicht geschieden werden kann, also zB Trennungsvorschriften des ausländischen Rechts, die schärfer sind, als die des deutschen Rechts (§§ 1565, 1566 BGB),[10] vorliegen.[11] Es ist also nicht erforderlich, daß das ausländische Recht, das nach Abs. 1 Satz 1 anzuwenden wäre, eine Scheidung überhaupt nicht zuläßt. Zweck der Vorschrift des Abs. 1 Satz 2 ist es, den deutschen Ehegatten zu schützen, dh ihm die Möglichkeit, die Scheidung der Ehe nach deutschem Recht zu erwirken, auch dann zu schaffen oder zu belassen, wenn ausländisches Recht die Scheidung nur unter erschwerteren Voraussetzungen zuließe.[12] Diese Regelung, die das scheidungsfreundlichere Recht bevorzugt, kann geradezu zu Manipulationen herausfordern.[13]

c) *Scheidungsfolgen**

Die Frage, ob die Ehe nach ausländischem oder nach deutschem Recht geschieden worden ist, hat die wichtigste Auswirkung in der Scheidungsfolge der etwaigen **Unterhaltspflicht** eines Ehegatten gegenüber dem anderen, sowie bezüglich des Versorgungsausgleichs. **110**

Während in der Zeit des Getrenntlebens der Unterhaltsanspruch sich nach dem wandelbaren Statut des Art. 18 Abs. 1 EGBGB und Art. 1, 4 des HÜ 1973 (s. Rz. 106) richtet, grundsätzlich nach dem Recht des gewöhnlichen Aufenthalts, bestimmt sich der Unterhaltsanspruch nach der Scheidung der Ehe nach dem unwandelbaren Scheidungsstatut (Art. 18 Abs. 4, 17 EGBGB, Art. 8 Abs. 1 HÜ 1973), wenn ein Gericht der Bundesrepublik die Scheidung ausgesprochen hat oder wenn ein ausländisches Gericht die Ehe geschieden hat und das Urteil in der BRep. anerkannt wird oder gemäß Art. 7 § 1 FamRÄndG anerkannt worden ist, wenn mindestens ein Ehegatte deutscher Staatsangehöriger ist oder neben einer ausländischen Staatsangehörigkeit auch die deutsche Staatsangehörigkeit besitzt.[1] Wird die Ehe nach ausländi-

---

[10] Beispiel: *OLG Celle*, FamRZ 1987, 159 = IPRax 1987, 185, dazu *Jayme*, das. 167(ital. Recht).

[11] *Henrich*, aaO, 850f.; *Jayme*, IPRax 1986, 265, 267; *Lüderitz*, IPRax 1987, 74, 75; *Palandt/Heldrich*, Art. 17 Anm. 3a; *Ferid/Böhmer*, 8–149, 2.

[12] *Henrich* und *Lüderitz*, aaO.

[13] *Henrich*, aaO, 851.

* **Lit.:** *Adam*, Internationaler Versorgungsausgleich, 1985; *Nolte-Schwarting*, Der Versorgungausgleich in Fällen mit Auslandsberührung, 1984; *Zacher* (Hrsg.), Der Versorgungsausgleich im internationalen Vergleich und in der zwischenstaatlichen Praxis, Colloquium des Max-Planck-Instituts ... 1984, 1985 (besprochen v. *Kemnade*, FamRZ 1986, 1189); über diese Tagung berichteten *Eichenhofer*, FamRZ 1984, 1067, und *Beitzke*, IPRax 1984, 295.

Aufsätze: Henrich, Das internationale Eherecht nach der Reform, FamRZ 1986, 841; *Lüderitz*, Die Ehescheidung nach dem Gesetz zur Neuregelung des Internationalen Privatrechts, IPRax 1987, 74.

[1] Dazu *Jayme*, IPRax 1986, 265, 267; *Palandt/Heldrich*, Art. 17 Anm. 7b, bb; *OLG Düsseldorf*, FamRZ 1980, 698 (betr. Versorgungsausgleich). Zur Anerkennung s. § 328

schem Recht geschieden, so kommt es nach dem Wortlaut des Art. 18 Abs. 4 EGBGB und des Art. 8 Abs. 1 HÜ 1973 auf das „auf die Ehescheidung angewandte Recht" an, dh das Recht, das tatsächlich angewandt worden ist, nicht auf das Recht, das aus deutscher Sicht hätte angewandt werden müssen.[2] Die Neuregelung hat zur Folge, daß der deutsche Ehegatte nicht mehr wie nach bisherigem Recht[3] Unterhalt nach deutschem Recht verlangen kann, kann also zu einer Schlechterstellung für den deutschen Ehepartner führen.[4]

Das Scheidungsstatut ist auch bei späteren Änderungen des Unterhaltsanspruchs anzuwenden, mit Ausnahme des Falles, daß beide geschiedene Ehegatten deutsche Staatsangehörige sind und der vor einem deutschen Gericht verklagte Verpflichtete seinen gewöhnlichen Aufenthalt im Gebiet der Bundesrepublik hat (Art. 15, 24 HÜ 1973, Art. 18 Abs. 5 EGBGB).[5]

111 Bezüglich des **Versorgungsausgleichs (VA)** hat der Gesetzgeber nun eine Regelung geschaffen (Art. 17 Abs. 3 EGBGB), die freilich recht kompliziert ist und mancherlei Probleme aufwirft.[6] Grundsätzlich unterliegt der VA dem als Scheidungsstatut (Abs. 1 Satz 1) berufenen Ehewirkungsstatut (Abs. 3 Satz 1 HS 1, Art. 14 EGBGB). Er ist aber nur durchzuführen, wenn ihn das Recht eines der Staaten kennt, denen die Ehegatten angehören (Art. 17 Abs. 3 Satz 1 HS 2), also zB und vor allem, wenn ein Ehegatte die deutsche Staatsangehörigkeit besitzt (vgl. auch Art. 5 Abs. 1 EGBGB). Im letzteren Falle ist der VA von Amts wegen stets durchzuführen (wenn er nicht durch eine Vereinbarung gemäß § 1408 Abs. 2 BGB ausgeschlossen ist). Maßgebend ist der Zeitpunkt der Rechtshängigkeit des Scheidungsantrags (Art. 17 Abs. 3 Satz 1 HS 2). Das ausländische Recht „kennt" einen VA, wenn das betreffende Recht im Falle der Scheidung der Ehe eine Altersversorgung des einen Ehegatten in der Weise regelt, daß der andere Ehegatte daran teilnimmt, ohne daß es auf die Bedürftigkeit und Leistungsfähigkeit ankommt, also eine eigene Altersversorgung erwirbt und zwar durch Übertragung von Anwartschaf-

---

ZPO und dazu die umfassenden Erläuterungen von *Zöller/Geimer* (1987), insbes. Rz. 96ff.; eine Übersicht zum Internationalen Zivilprozeßrecht, vor allem zur Zuständigkeit des deutschen Gerichts (s. § 606a ZPO) gibt *Bergerfurth* (1986), S. 187ff. (jedoch noch ohne Berücksichtigung des neuen IPR). Zur Anerkennung ausländischer Entscheidungen in Ehesachen s. *Richter,* JR 1987, 98.

Die Rechtsprechung des *BGH,* die Scheidungsfolgen seien in einer gemischt-nationalen Ehe stets nach deutschem Recht zu beurteilen, wenn ein Ehegatte die deutsche Staatsangehörigkeit besitze, auch wenn Scheidungsstatut ausländisches Recht sei (s. *BGHZ* 87, 359 = FamRZ 1983, 876 = NJW 1983, 1970 = IPRax 1983, 239, sowie betr. Flüchtlinge nach dem AHK-Ges. Nr. 23 FamRZ 1985, 280 = MDR 1985, 829), ist nun als überholt anzusehen.

[2] *Henrich,* FamRZ 1986, 841, 851; *Palandt/Heldrich,* Art. 18 Anm. 3b; anders *Ferid/Böhmer,* 8–385.20.

[3] *BGH,* FamRZ 1983, 876 = IPRax 1983, 239; FamRZ 1984, 256.

[4] *Henrich,* aaO, 851.

[5] *Göppinger/Roth-Stielow,* Unterhaltsrecht, Rz. 1846.

[6] Hierzu *Henrich,* aaO, 851f.; *Basedow,* NJW 1986, 2971, 2976f.; *Lüderitz,* IPRax 1987, 74, 78ff.

ten und durch die Verpflichtung zur Übertragung von Anwartschaften.[7] Daher genügt es nicht, wenn einer unterhaltsberechtigten geschiedenen Ehefrau eine Witwenpension gewährt wird.[8]

Gemäß Art. 17 Abs. 3 Satz 2 ist der VA auf Antrag nach deutschem Recht durchzuführen, wenn und soweit nach Abs. 3 Satz 1 ein VA nicht stattfindet und der andere Ehegatte eine inländische Versorgungsanwartschaft erworben hat (Nr. 1); dasselbe gilt, wenn wenigstens während eines Teils der Ehezeit (vgl. § 1587 Abs. 2 BGB) die allgemeinen Wirkungen der Ehe (Art. 14 EGBGB) einem Recht unterlagen, das den VA kennt (Art. 17 Abs. 3 Satz 2 Nr. 2 EGBGB), zB wenn die Ehegatten zeitweise in der BRep. gelebt haben und damit das (wandelbare) Ehewirkungsstatut deutsches Recht war. 112

Zu diesen Fällen ist zu beachten, daß die Durchführung des VA nach dem letzten Satzteil des Satzes 2 davon abhängig ist, daß sie im Hinblick auf die beiderseitigen wirtschaftlichen Verhältnisse auch während der nicht im Inland verbrachten Zeit der Billigkeit nicht widerspricht.[9]

Für die Regelung des Satzes 2 sind folgende Erwägungen von Bedeutung: Hat ein Ausländer durch seine Tätigkeit in der BRep. auf Grund der Pflichtversicherung Versorgungsanwartschaften erworben, so dürfen diese, wenn er wieder in sein Heimatland zurückkehrt, nicht ignoriert werden.[10] Ein VA ist durchzuführen, wenn ein Ehegatte die deutsche Staatsangehörigkeit besitzt (s. oben), wobei es nicht darauf ankommt, ob er ausgleichsberechtigt oder ausgleichspflichtig ist (Art. 17 Abs. 3 Satz 1 HS 2) sowie wenn die Voraussetzungen des Art. 17 Abs. 1 Satz 1 iVm. Art. 14 Abs. 1 Nr. 2, 3 vorliegen. So folgt die Neuregelung des Art. 17 Abs. 3 Satz 2 aus dem Gebot der Gleichbehandlung (Art. 3 Abs. 1 GG).[11] Mit diesem Gleichheitssatz wäre es unverein-

---

[7] *Lüderitz,* aaO, 79 m. weit. Einzelheiten und Nachw., auch *Henrich,* aaO, 851.

Die Feststellung, ob eine bestimmte fremde Rechtsordnung den VA kennt, wird freilich die Praxis vor große Probleme stellen (so auch *Basedow,* NJW 1986, 2971, 2976f.; *Adam,* IPRax 1987, 98, 102).

[8] *Henrich,* aaO, 851.

[9] Bemerkenswert ist, daß hier nur von „Billigkeit" die Rede ist, während § 1587c Nr. 1 BGB für den Ausschluß „grobe Unbilligkeit" verlangt (s. dazu *Lüderitz,* aaO, 80). § 1587c BGB ist anzuwenden, ohne daß es auf die Staatsangehörigkeit ankäme.

[10] Dazu s. *BVerfGE* 51, 1 = NJW 1979, 2295 = JZ 1979, 524. Nach dieser Entscheidung wurden die §§ 1315–1323 RVO, 94–102 AVG und 105–108e RKnG neu gefaßt (s. hierzu JZ-GD 1982, 10; 4. Aufl. 1982, Rz. 112 m. Fn. 35). Der VA ist nun Ausgleich für den Wegfall der auch einem Ausländer zustehenden Geschiedenenwitwenrente (§§ 1265 RVO, 42 AVG, 65 RKnG; zu diesem Wegfall s. noch *BVerfG,* FamRZ 1986, 875 = NJW 1986, 2697).

[11] *Henrich,* FamRZ 1986, 841, 852; *Lüderitz,* aaO 79. Zum seitherigen Recht s. noch *Göppinger,* FamRZ 1983, 777, 820; *Hennemann,* AnwBl 1984, 124; *Lüderitz,* JZ 1984, 142; unrichtig *BGHZ* 86, 57 = FamRZ 1983, 255 und *BVerfG,* FamRZ 1983, 1211 = IPRax 1984, 207.

Art. 17 Abs. 3 Satz 2 kann jedoch nicht angewendet werden, wenn die Ehe (von Ausländern) durch das deutsche Gericht vor dem 1. 9. 1987 rechtskräftig geschieden worden ist (*AmtsG Heidelberg,* IPRax 1987, 251 m. Anm. *Jayme*).

bar, wenn der eine Ehegatte an den im Inland erworbenen Anwartschaften des anderen Ehegatten ausnahmslos ausgeschlossen wäre.

Wurde die Ehe von einem ausländischen Gericht nach ausländischem Recht geschieden, besitzt ein Ehegatte oder besitzen beide Ehegatten die deutsche Staatsangehörigkeit und wurde die Scheidung gemäß Art. 7 § 1 FamRÄndG von der zuständigen Landesjustizverwaltung anerkannt, so findet in einem vor einem deutschen Gericht (§ 45 FGG) durchgeführten Verfahren deutsches Recht Anwendung (entsprechend Art. 17 Abs. 3 Satz 1 EGBGB).[12]

113 Findet der Versorgungsausgleich statt und sind (auch) Anwartschaften nach ausländischem Recht vorhanden, so stellt sich die Frage, ob und inwieweit diese berücksichtigt werden können.[13]

Sicher sind insoweit Splitting (§ 1587b Abs. 1 BGB) und Quasisplitting (§ 1587b Abs. 2 BGB) – s. zu diesen Rz. 371 – nicht möglich.[14] Ist beim Ausgleichsberechtigten der Versicherungsfall bereits eingetreten, so kommt insoweit nur noch der schuldrechtliche Versorgungsausgleich in Betracht (§ 2 VAHRG).[15] In vielen Fällen können freilich bei der Durchführung des Versorgungsausgleichs Schwierigkeiten entstehen.[16] Aber auch bei **Vereinbarungen** sind nicht geringe Schwierigkeiten vorhanden, die ebenfalls vor allem die

---

[12] Art. 17 Abs. 3 Satz 1 paßt nach seinem Wortlaut auf den vorliegenden Fall nicht; hier muß das Scheidungsstatut zugrundegelegt werden, das aus deutscher Sicht anzunehmen wäre, s. zum bisherigen Recht *BGH*, FamRZ 1983, 366, 368 = NJW 1983, 1270; *OLG Düsseldorf*, FamRZ 1980, 698; FamRZ 1984, 714; IPRax 1986, 29,30; *OLG Karlsruhe*, IPRax 1985, 36, 37. Zu diesem „Nachtragsverfahren" s. vor allem *Bürgle* bei Zacher, S. 391 ff.

[13] Hierzu *von Maydell*, FamRZ 1981, 509, 512 m. weit. Hinw.; *MünchKomm./Lorenz*, Rz. 363 ff., *Staudinger/von Bar*, Rz. 165 ff. je m. näheren Einzelheiten; *Bergner*, IPRax 1982, 231; *Nolte-Schwarting*, S. 185 ff.; *Beitzke*, IPRax 1984, 295.

[14] Ebenso *v. Maydell*, aaO; *von Bar*, aaO, *Palandt/Heldrich*, Art. 17 Anm. 6d; *OLG Bamberg*, FamRZ 1986, 691.

[15] Vgl. dazu *AmtsG München*, FamRZ 1979, 605; *v. Maydell*, aaO; *Beitzke*, IPRax 1984, 295, 298 re. Sp. unten (zum bisherigen Recht).

[16] Vgl. aus der Rechtspr. *AmtsG Hamburg*, FamRZ 1981, 292 (Rumänien); *OLG Koblenz*, FamRZ 1981, 293 (Australien) – in diesen Fällen war eine Berücksichtigung als unmöglich angesehen worden –; *OLG Bamberg*, FamRZ 1980, 62 (schwedische Volksrente und Zusatzrente); *OLG Karlsruhe*, IPRax 1982, 245 (Schweiz); *BGH*, NJW 1982, 1939 = FAmRZ 1982, 473 = IPRax 1982, 244 (CSSR); *BGH*, FamRZ 1983, 263 = NJW 1983, 512 = IPRax 1984, 212 (Polen), dazu *Bergner*, das. 189; *BGH*, FamRZ 1985, 280, 282 = IPRax 1985, 292, 294 (Jugoslawien); *OLG Oldenburg*, FamRZ 1984, 715, und *OLG Stuttgart*, FamRZ 1986, 687 = IPRax 1987, 121, dazu *Adam*, das. 98 (Briten); *OLG Bamberg*, FamRZ 1979, 930, und *AmtsG Landstuhl*, IPRax 1985, 231 (USA); *AmtsG Kelheim*, IPRax 1985, 109 (französ. Berufssoldat). Aus der **Lit.** s. *Adam*, Internationaler Versorgungsausgleich; *Zacher* (Hrsg.) – Kanada (*Hernig*, S. 519 ff., *Steinmeyer*, S. 557 ff.), Belgien, Niederlande (*Pintens*, S. 587 ff.) –; *Jayme*, IPRax 1985, 372 (zum deutsch-italienischen Rechtsverkehr); *ders.* IPRax 1986, 265, 268 (zum französ. Recht); *Steinmeyer*, FamRZ 1982, 335 (Kanada), betr. DDR s. Rz. 121.

Zur Ermittlung ausländischer Anwartschaften s. noch *Jayme*, FamRZ 1979, 605.

Bewertung und Berechnung und die Frage, wer diese vornehmen soll, betreffen.[17]

Sind die Ehegatten deutsche Staatsangehörige und wird die Ehe im Ausland geschieden, so erhebt sich die Frage, ob, wenn das Urteil gem. Art. 7 § 1 FamRÄndG von der zuständigen Landesjustizverwaltung anerkannt worden ist, eine vor einem ausländischen Gericht getroffene oder eine von einem ausländischen Notar beurkundete Vereinbarung über den Versorgungsausgleich die in § 1587 o Abs. 2 BGB geforderte Form erfüllt; diese Frage ist bezüglich der Beurkundung grundsätzlich zu bejahen, wenn der ausländische Notar eine dem deutschen Notar vergleichbare Stellung einnimmt und seine Funktion bei der Beurkundung der eines deutschen Notars entspricht, so daß im Hinblick auf den Zweck der jeweiligen deutschen Formvorschrift von einer Äquivalenz der Beurkundung gesprochen werden kann.[18] Zur Beurkundung der Vereinbarung durch einen deutschen Berufskonsul s. § 10 Konsulargesetz (v. 9. 11. 1974, BGBl. I 2317).

Schwierigkeiten bereitet die Einbeziehung ausländischer Versorgungsansprüche; bei der Ermittlung des Wertunterschieds i. S. des § 1587 a BGB können ausländische Anwartschaften einbezogen werden.[19] Bestehen daneben auch inländische Renten, so können diese zugunsten des ausgleichsberechtigten Ehegatten gegebenenfalls herangezogen werden (Näheres s. Rz. 368). Im übrigen kann zB die Entrichtung von Beiträgen gemäß § 3 b Abs. 1 Nr. 2 VAHRG (idF des VAMaßnG)[20] (vgl. Rz. 372, 436)[21] oder eine Abfindung

---

[17] Siehe zB zum österreichischen Recht *AmtsG Coburg,* IPRax 1981, 61, hierzu *Sonnenberger, Bürgle, Bergner, Sonnenberger,* IPRax 1981, 50, 126, 128, 207; ferner allgemein *Schwimann,* FamRZ 1982, 14, 18; *Jayme,* IPRax 1982, 80; *AmtsG Kaufbeuren,* FamRZ 1982, 76 = IPRax 1982, 248; *BGH,* FamRZ 1982, 585; *OLGe Düsseldorf,* FamRZ 1984, 714, *Bamberg,* FamRZ 1986, 691; *AmtsG Hamburg,* IPRax 1984, 103; *Marhold,* IPRax 1985, 58 und bei Zacher, S. 459 ff.; *Beitzke,* IPRax 1984, 295, 299.

[18] Siehe dazu im allgemeinen *Staudinger/Firsching,* EGBGB, Art. 11, Rz. 25 ff., 34; *Keidel/Kuntze/Winkler,* BeurkG, Einl. 46 ff.; *Erman/Hense,* BeurkG, § 2 Rz. 3; sowie IPG 1965/1966 Nr. 68 S. 797 ff (Münchner Institut); Nr. 73, S. 785 ff. (Hamburger Institut); 1972 Nr. 40 S. 405 ff. (Hamburger Institut). Dies gilt zB für Notare in der Schweiz, den romanischen Ländern (auch Argentinien, s. IPG 1972 Nr. 40) und in England, dagegen nicht für einen Notary Public in den USA. Der Umstand, daß ausländischen Notaren eine Belehrung über den Versorgungsausgleich sehr schwer fallen dürfte, darf aber nicht dazu führen, die Urkunde nicht anzuerkennen (vgl. auch allgemein *Stephan,* NJW 1974, 1596 – dazu *Kuntze,* NJW 1974, 2167 –; *Brambring,* NJW 1975, 1255; *BayObLGZ* 1977, 242 = NJW 1978, 500 = DNotZ 1978, 170 = Rpfleger 1978, 58 = DB 1977, 2320; hierzu *Wolfsteiner,* DNotZ 1978, 532). Zur Beurkundung einer Auflassung (§ 925 BGB) s. *KG,* NJW–RR 1986, 1462.

[19] Ebenso *Jayme,* NJW 1977, 1378, 1383 unter b), *J.* und *H. Plagemann,* NJW 1977, 1989; *Staudinger/von Bar,* Art. 17 Rz. 165.

[20] Diese Vorschrift ersetzt die vom *BVerfG* (E 63, 88 = FamRZ 1983, 342, 566 Anm. *Ruland* = NJW 1983, 1417) für nichtig erklärte Vorschrift des § 1587 b Abs. 3 Satz 1 HS 1 BGB; dazu Bericht des Rechtsausschusses des BT (Drucks. 10/6369) S. 1, 19 f.; *Wagenitz,* FamRZ 1987, 1, 4; *Ruland,* NJW 1987, 345, 348 f.; *Göppinger,* Unterhaltsrecht, Rz. 186.

[21] Dazu BT-Drucks. 10/6369 S. 18 f.; *Wagenitz,* aaO, 5; *Ruland,* aaO, 351.

nach § 1587 l Abs. 1 BGB nF[21] (s. Rz. 437ff.) vereinbart werden. Ferner kommt die Vereinbarung eines schuldrechtlichen Versorgungsausgleichs (§ 1587f Nr. 5 BGB) in Betracht (vgl. auch Rz. 437); freilich ist später die Durchsetzbarkeit eines solchen Anspruchs nicht selten gefährdet (vgl. zu § 1587g BGB Rz. 382, 388).

Diese Ausführungen gelten auch in allen sonstigen Fällen, in denen ein Ehegatte deutscher Staatsangehörigkeit längere Zeit im Ausland gearbeitet und dort Rentenanwartschaften nach ausländischem Recht erworben hat.

Hat ein Ehegatte eine ausländische Staatsangehörigkeit inne und hat er im Inland die Anwartschaft auf eine Versorgung erworben, so sind die Vorschriften der §§ 1587ff. BGB unmittelbar anzuwenden. Hier dürften wohl in der Regel keine weiteren Schwierigkeiten entstehen, jedenfalls nicht, solange dieser Ehegatte nach der Scheidung seinen Aufenthalt im Inland hat oder beibehält.

Ist zB die deutsche Ehefrau des ausländischen Mannes ausgleichsberechtigt und ist damit zu rechnen, daß der Ausländer in absehbarer Zeit das Gebiet der Bundesrepublik wieder verläßt, so wird die Frau sorgfältig prüfen müssen, ob hier eine Vereinbarung sinnvoll ist und ihren Interessen, je nach der Dauer der Ehe, gerecht werden kann. Der Mann kann zB die Verpflichtung übernehmen, eine Abfindung zu leisten, damit die Frau den Betrag für ihre Altersversorgung verwenden kann, oder Beiträge zur Begründung von Anwartschaften nach § 3b Abs. 1 Nr. 2 VAHRG[22] zu entrichten.[23] Auch kann vereinbart werden, das FamG solle die dem einen Ehegatten während der Ehezeit (s. § 1587 Abs. 2 BGB) zustehenden Anwartschaften auf den anderen Ehegatten übertragen, d.h. die Hälfte der Wertdifferenz oder auch weniger (vgl. §§ 1587 o Abs. 1 Satz 1, 1587b Abs. 1 BGB, sowie Rz. 435), wenn die sonstigen Genehmigungsvoraussetzungen vorliegen.

114 Für das **Namensrecht** gilt Art. 10 EGBGB nF; maßgebend ist damit das Heimatrecht jedes geschiedenen Ehegatten.[24]

115 Die Regelung der Rechtsverhältnisse an der **Ehewohnung** und dem **Hausrat,** richtet sich nach deutschem Recht, wenn die Ehegatten oder auch nur ein Ehegatte im Gebiet der BRep. seinen Wohnsitz oder seinen gewöhnlichen Aufenthalt hat und die Ehewohnung sich dort befindet.[25]

---

[22] Siehe Fn. 20.

[23] Vgl. schon *Jayme,* NJW 1977, 1378, 1383 unter c, zum damaligen Rechtszustand.

[24] Hierzu *Henrich,* FamRZ 1986, 841, 843f.; *Lüderitz,* IPRax 1987, 74, 77.

[25] Hierzu *BayObLGZ* 1953, 102; *OLG Hamm,* FamRZ 1974, 25; Näheres s. *Staudinger/Gamillscheg,* Rz. 611f., *Soergel/Kegel,* Rz. 127 je zu Art. 17 (bestr., s. *Staudinger/von Bar,* Art. 14 Rz. 130, Art. 17 Rz. 194; *MünchKomm./Lorenz,* aaO, Rz. 309); anders *Lüderitz,* aaO *Palandt/Heldrich,* Art. 14 Anm. 4b, Art. 17 Anm. 5a (Scheidungsstatut). Für das Verfahren ist aber auf jeden Fall die HausrVO maßgebend (*von Bar,* aaO, Art. 17 Rz. 195 m. weit. Hinw.).

116 Die **güterrechtliche Auseinandersetzung**[26] beurteilt sich nach dem Güterrechtsstatut (Art. 15 EGBGB nF). Maßgebend ist das Ehewirkungsstatut (Abs. 1 iVm. Art. 14); die güterrechtlichen Wirkungen der Ehe wurden damit im Interesse einer einheitlichen Anknüpfung aller Rechtsbeziehungen zwischen den Ehegatten und im Verhältnis zu ihren Kindern dem von der Grundsatzkollisionsnorm des Art. 14 berufenen Recht unterstellt (Gleichlauf).[27]

Das Güterrechtsstatut ist unwandelbar, jedoch gestattet Art. 15 Abs. 2 unter bestimmten näheren Voraussetzungen eine abweichende Rechtswahl, um das Güterrechtsstatut zB veränderten Lebens- und Vermögensverhältnissen anzupassen. Gewählt werden kann nur das Recht des Staates, dem einer von ihnen angehört (wenn also die Ehegatten verschiedenen Staaten angehören oder ein Ehegatte Mehrstaater ist) – Nr. 1 – oder das Recht des Staates, in dem einer von ihnen seinen gewöhnlichen Aufenthalt hat (wenn die Eheleute getrennt leben, zB einer im Inland, einer im Ausland). – Nr. 2 – oder für unbewegliches Vermögen des Recht des Lageorts (zB wenn ein Ausländer im Inland während der Ehe ein Grundstück erworben hat) – Nr. 3 –. Die Rechtswahl gemäß Nr. 3 führt damit regelmäßig zu einer Spaltung des Güterrechtsstatuts.[28] Die Rechtswahl ist auch, mit Wirkung ex nunc, während des Ehescheidungsverfahrens möglich und bedarf (stets) der notariellen Beurkundung (Art. 15 Abs. 3 iVm Art. 14 Abs. 4 EGBGB), die freilich – wie im Falle des § 1378 Abs. 3 Satz 2 BGB – durch das gerichtliche Protokoll ersetzt werden kann.

Sonstige Vermögensauseinandersetzungen unterliegen dem Ehewirkungsstatut,[29] Rückgewähr und Widerruf von Schenkungen, wenn sie ihren Grund in der Scheidung haben, dem Scheidungsstatut,[30] damit also ebenso dem Ehewirkungsstatut (Art. 14 EGBGB), im übrigen (zB der Widerruf wegen groben Undanks, § 530 BGB) dem Schenkungsstatut.[31]

117 Ist aus der Ehe ein **Kind** hervorgegangen und hat dieses seinen gewöhnlichen Aufenthalt im Gebiet der Bundesrepublik, so ist gemäß Art. 2 i. V. mit

---

[26] Zum Auskunftsanspruch bei ausländischem Güterrechtsstatut s. *Jayme,* IPRax 1982, 11. Zum Übergangsrecht s. Art. 220 Abs. 3 EGBGB, zur Frage der Verfassungsmäßigkeit des Art. 220 Abs. 3 Satz 1 Nr. 3 s. *BGH,* FamRZ 1986, 1200 = IPRax 1987, 114, dazu *Henrich,* das. 93; *Rauscher,* NJW 1987, 531.

[27] Dazu *Palandt/Heldrich,* Art. 15 Anm. 1a; *Henrich,* FamRZ 1986, 841, 845; *Basedow,* NJW 1986, 2971, 2976; *Lichtenberger,* DNotZ 1986, 644.

[28] *Palandt/Heldrich,* Art. 15 Anm. 1c, 3b.

[29] *Staudinger/Gamillscheg,* Rz. 279, 282, *Soergel/Kegel,* Rz. 10, *Palandt/Heldrich,* Anm. 3 je zu Art. 14; *Sonnenberger* in Fschr. f. Beitzke, S. 739, 747; s. aber auch *Erman/Marquordt,* Art. 17 Rz. 26, Art. 15 Rz. 11 (Güterrechtsstatut).

[30] *Staudinger/von Bar,* Rz. 198, *MünchKomm./Lorenz,* Rz. 307 je zu Art. 17; *Kühne,* FamRZ 1969, 371, 378.

[31] *Staudinger/von Bar,* aaO; *Gamillscheg,* FamRZ 1969, 79, 80; *Kühne,* aaO, S. 377f., 380.

Art. 1 des Haager Minderjährigenschutz-Übereinkommens[32] für die **Regelung der elterlichen Sorge** bzw. gegebenenfalls lediglich der Personensorge (vgl. Art. 3)[33] deutsches Recht anzuwenden.

118 Das gleiche gilt für die Regelung des **Umgangsrechts,**[34] sowie gegebenenfalls der Herausgabe eines Kindes durch einen Elternteil an den anderen.[35]

119 Bezüglich des **Unterhaltsanspruchs des Kindes** ist zu unterscheiden: Bis zum Inkraftreten des Haager Übereinkommens (HÜ) 1973 (s. Rz. 106) ist, wenn das Kind das 21. Lebensjahr noch nicht vollendet hatte, das HÜ 1956[36] anzuwenden; im übrigen findet seit 1. 9. 1986 Art. 18 EGBGB Anwendung. Seit dem Inkraftreten des HÜ 1973 hat Art. 18 Abs. 1, 6 EGBGB keine praktische Bedeutung mehr (s. Rz. 106), da das HÜ 1973 keine Altersgrenze vorschreibt.

Hat das Kind seinen **gewöhnlichen Aufenthalt**[37] im Gebiet der BRep. (mit West-Berlin), so ist deutsches Recht anzuwenden, also die §§ 1601 ff. BGB (Art. 1 HÜ 1956, Art. 18 EGBGB, Art. 1, 4 Abs. 1, Art. 10 HÜ 1973). Dieses Recht bestimmt auch, ob, von wem und in welchem Ausmaß Unterhalt verlangt werden kann, sowie wer zur Einleitung des Verfahrens berechtigt ist (Art. 1 HÜ 1956, Art. 18 Abs. 6 EGBGB, Art. 10 HÜ 1973). Damit finden §§ 1629 Abs. 2, 3 BGB zur gesetzlichen Vertretung und zur Prozeßstandschaft Anwendung, also zur Sachlegitimation (s. Rz. 8)[38], sowie § 1610 Abs. 3 BGB zum Regelbedarf; diese Vorschriften setzen freilich die Minderjährig-

---

[32] v. 5. 10. 1961, BGBl. 1971 II 217 (Zustimmungsgesetz v. 30. 4. 1971, Text S. 219 ff.); abgedruckt in FamRZ 1972, 57, bei *Palandt/Heldrich,* Anh. nach Art. 24 EGBGB, *Kropholler,* S. 125 ff. (mit französischem Originaltext) und *Böhmer/Siehr,* Das gesamte Familienrecht, Bd. 2, Nr. 7.5, *Staudinger/Kropholler,* EGBGB, Haager Kindschaftsrecht, Rz. 252 ff. (Vorbem. vor Art. 18); *Siehr,* IPRax 1982, 85; *Oberloskamp,* ZfJ 1986, 184, 250.

Hinzuweisen ist noch auf die Problematik des Art. 15 dieses Übereinkommens (hierzu *Staudinger/Kropholler,* aaO, Vorbem. 732 ff.). Zum Begriff des gewöhnlichen Aufenthalts s. Rz. 106 Fn. 5.

[33] Zu der Problematik des sog. Gewaltverhältnisses s. *Sturm,* NJW 1975, 2121; *Schurig,* FamRZ 1975, 459; *Ahrens,* FamRZ 1976, 305 je m. weit. Nachw.; *Kropholler,* S. 38 ff.; *Staudinger/Kropholler,* Vorbem. 489 ff. vor Art. 18 EGBGB; *OLG Stuttgart,* DAVorm 1986, 556 = FamRZ 1986, 1039 Leits.

Zur internationalen Zuständigkeit s. *BGH,* FamRZ 1984, 350 = NJW 1984, 1302 = IPRax 1984, 208; zu einem Falle der doppelten Staatsangehörigkeit eines Kindes *Beitzke,* IPRax 1984, 313.

[34] *Palandt/Heldrich,* Anh. nach Art. 24 EGBGB Art. 1 Anm. 3; *Luther,* FamRZ 1973, 406, 407.

[35] *Palandt/Heldrich,* aaO; *Jayme,* JR 1973, 177, 182 f.

[36] v. 24. 10. 1956, BGBl. 1961 II 1013, wiedergegeben in DAVorm. XXXIV, 228, bei *Palandt/Heldrich,* Anh. 1 zu Art. 18 EGBGB, *Böhmer/Siehr,* aaO, Nr. 7.4, *Staudinger/Kropholler,* Rz. 16 ff., je mit Erläuterungen, s. auch *Göppinger/Roth-Stielow,* Rz. 1825 ff.; zu den Vertragsstaaten s. die Zusammenstellung in IPRax 1987, 65.

[37] Zum Begriff des gewöhnlichen Aufenthalts s. Rz. 106 Fn. 6.

[38] Allgemein zur Sachlegitimation *v. Schack,* ZblJugR 1966, 245; *Staudinger/Kropholler,* Rz. 107 ff., *Böhmer/Siehr,* Art. 1 Rz. 117 ff., sowie *Göppinger/Roth-Stielow,* Rz. 1834.

keit des Kindes voraus (§ 1610 Abs. 3 spricht hier davon, daß das Kind das 18. Lebensjahr noch nicht vollendet haben darf, s. dazu auch Rz. 583 aE).

Hat das Kind seinen gewöhnlichen Aufenthalt im Ausland, so ist das betreffende ausländische Recht anzuwenden, nach dem HÜ 1973 (Art. 3) auch dann, wenn dieser Staat nicht Vertragsstaat ist (anders als nach dem HÜ 1956 Art. 6). Indes besteht hiervon folgende Ausnahme: Deutsches Recht ist auch anzuwenden, wenn das Kind und der unterhaltspflichtige Elternteil die deutsche Staatsangehörigkeit besitzen[39] und dieser seinen gewöhnlichen Aufenthalt im Inland hat, also das deutsche FamG zuständig ist (§ 621 Abs. 1 und 2 ZPO, s. dazu Art. 2 HÜ 1956 i. V. m. Art. 1 a des deutschen Zustimmungsgesetzes v. 2. 6. 1972, BGBl II 589, Art. 18 Abs. 5 EGBGB, Art. 15, 24 HÜ 1973 – der hier genannte Vorbehalt ist in Art. 18 Abs. 5 EGBGB enthalten –).

Das Unterhaltsstatut ist wandelbar; Art. 18 Abs. 1 Satz 1 EGBGB stellt auf den jeweiligen gewöhnlichen Aufenthalt ab; in Art. 1 Abs. 2 HÜ 1956, 4 Abs. 2 HÜ 1973 ist ausdrücklich gesagt, wechsele der Unterhaltsberechtigte seinen gewöhnlichen Aufenthalt, so sei vom Zeitpunkt des Aufenthaltswechsels an das innerstaatliche Recht des neuen gewöhnlichen Aufenthalts anzuwenden.

2. Interlokales Privatrecht

Probleme des interlokalen Privatrechts können in der Praxis auftreten, 120
wenn ein Ehegatte seinen Wohnsitz oder gewöhnlichen Aufenthalt im Gebiet der Bundesrepublik, der andere in der DDR hat.

Für die vom 1. 9. 1986 an entstehenden bzw. fällig werdenden Unterhaltsansprüche des bedürftigen getrennt lebenden Ehegatten ist (zumindest in entsprechender Anwendung) Art. 18 Abs. 1 Satz 1 EGBGB anzuwenden, nach dem Inkraftreten des Haager Übereinkommens (HÜ) 1973 (s. Rz. 106) dieses (Art. 1, 4, 10).

Für die Regelung des Sorgerechts und des Umgangsrechts findet das Haager Minderjährigenschutz-Übereinkommen Anwendung (s. Rz. 106).

Wird die **Ehe** durch ein Gericht der DDR **geschieden,** so ist das Urteil 121
grundsätzlich anzuerkennen, es sei denn, es lägen im Einzelfall die Voraussetzungen des § 328 Abs. 1 Nr. 1–4 ZPO vor, die hier entsprechend anzuwenden sind.[1]

Beantragt der in der BRep. ansässige Ehegatte gegen den in der DDR ansässigen Ehegatten bei einem FamG der BRep. die Scheidung (s. § 606 Abs. 2 Satz 2 ZPO),[2] so ist das Recht der BRep. (§§ 1564ff. BGB) anzuwen-

---

[39] Hierbei bleibt eine weitere Staatsangehörigkeit außer Betracht (Art. 5 Abs. 1 Satz 2 EGBGB), auch wenn diese die effektive ist.

[1] Hierzu *Zöller/Geimer,* Rz. 286f.

[2] Dazu *Zöller/Philippi,* § 606 Rz. 16; *Rosenberg/Schwab,* § 166 III 2.

den,[3] und zwar nun wohl in analoger Heranziehung des Rechtsgedankens des Art. 17 Abs. 1 Satz 2 EGBGB, da es nicht anhängig wäre, daß das FamG der BRep. das politische Scheidungsrecht anwenden müßte:[4] § 24 FGB, wonach es darauf ankäme, ob die Ehe ihren Sinn für die Ehegatten, die Kinder und damit auch(!) für die Gesellschaft (d. h. die kommunistische Gesellschaft!) verloren habe. Die Anwendung dieser letzteren Voraussetzung wäre wohl mit Art. 2 Abs. 1, 3 Abs. 1, 6 Abs. 1 GG unvereinbar (Schutz des Persönlichkeitsrechts –, andererseits Unterwerfung der Ehegatten unter die Staatsraison –, Willkürverbot – andererseits Anwendung sachfremder Gesichtspunkte –, Schutz von Ehe und Familie – andererseits Berücksichtigung der kommunistischen Staatsidee –). Daher kann hier nicht auf die Anwendung des Rechts des letzten gemeinsamen gewöhnlichen Aufenthalts (Art. 17 Abs. 1 Satz 1 i. V. m. Art. 14 Abs. 1 Nr. 2 EGBGB) abgestellt werden.[5]

Wurde die *Ehe durch ein Gericht der DDR geschieden* und hat der bedürftige Ehegatte seinen gewöhnlichen Aufenthalt in der DDR beibehalten, so ist für den **Unterhaltsanspruch** dieses Ehegatten das Recht der DDR (§§ 29f. FGB) anzuwenden (in zumindest entsprechender Anwendung des Art. 18 Abs. 4 EGBGB, Art. 8 Abs. 1 HÜ 1973).[6] Dasselbe dürfte aber auch gelten, wenn der bedürftige Ehegatte im Gebiet der BRep. seinen gewöhnlichen Aufenthalt hat und der Verpflichtete in der DDR verblieben ist.[7]

Indes ist anzunehmen, daß, wenn der Ehegatte, der zunächst in der DDR verblieben war, ebenfalls in die BRep. übergesiedelt ist, von diesem Zeitpunkt an das Recht der BRep. maßgebend ist (entsprechend Art. 18 Abs. 5 EGBGB),[8] da nunmehr beide Ehegatten in den Schutzbereich der staatlichen Ordnung der BRep. gelangt sind und daher dieses Recht Anwendung finden muß.[9] In diesen Fällen ist also das Scheidungsfolgenstatut (Unterhaltsstatut) als wandelbar zu beurteilen. Lebt der Bedürftige in der BRep., der Verpflich-

---

[3] Zum bisherigen Recht ebenso *Staudinger/von Bar,* Art. 17 aF Rz. 210ff.; *Bergerfurth,* Ehescheidungsprozeß, 6. Aufl., Rz. 177, aber mit dem Zusatz, eine Überprüfung der bisherigen Rechtsprechung werde im Hinblick auf den Abschluß des Grundlagenvertrags mit der DDR unumgänglich sein, aus der Praxis s. noch den Fall *BGHZ* 91, 186 = FamRZ 1984, 674 = NJW 1984, 2361 = MDR 1984, 743 = IPRax 1985, 37 (dazu *von Bar,* das. 18), neuerdings *von Bar,* IPR Rz. 293f.; JZ 1987, 755, 756.

[4] Hierzu *von Bar,* IPRax 1985, 18, 21; *von Bar,* IPR, Rz. 294 m. Fn. 387.

[5] Anders *BGHZ* 91, 186 (betr. Versorgungsausgleich) zum bisherigen Recht. Art. 14 Abs. 1 Nr. 1 EGBGB nF ist hier nicht anzuwenden, da die Staatsangehörigkeit im interlokalen Privatrecht nicht maßgebend ist (zum letzteren ebenso *von Bar,* IPRax 1985, 18, 20; IPR, Rz. 283ff.; *BGHZ* 91, 186, 196; anders *Palandt/Heldrich,* Anh. zu Art. 3 nF, Anm. 2; Art. 17 Anm. 8 m. weit. Hinw.).

[6] Im Ergebnis ebenso für das bisherige Recht *BGHZ* 91, 186.

[7] Anders für das bisherige Recht *Staudinger/von Bar,* Art. 17 Rz. 220.

[8] Im Ergebnis ebenso für das bisherige Recht *BGHZ* 85, 16 = FamRZ 1982, 1189 = JZ 1983, 210 m. Anm. *Beitzke* = IPRax 1983, 184 (dazu *von Bar,* IPRax 1983, 163) = ROW 1983, 81 m. Anm. *Drobnig* (Revisionsurteil zu *OLG Düsseldorf,* FamRZ 1981, 270); sowie zum Versorgungsausgleich *BGHZ* 91, 186 (s. Fn. 3).

[9] Vgl. *BVerfGE* 36, 1, 30 = NJW 1973, 1539, 1544 li. Sp. = JZ 1973, 588, 593 li. Sp. = MDR 1973, 826 (Leits. 9); *von Bar,* IPRax 1985, 20; *Staudinger/von Bar,* Art. 17 Rz. 219.

tete in einem dritten Staat, so gilt wohl die allgemeine Regel des Art. 18 Abs. 1 Satz 1 EGBGB, Art. 1, 4 HÜ 1973, wenn der Verpflichtete die DDR-Staatsbürgerschaft verloren hat und die Staatsangehörigkeit der BRep. besitzt.

Wurde die Ehe durch ein Gericht der BRep. geschieden, so ist das deutsche Recht für den Unterhaltsanspruch des geschiedenen bedürftigen Ehegatten maßgebend (Art. 18 Abs. 4 EGBGB, Art. 8 Abs. 1 HÜ 1973). Hier bestehen keine weiteren Probleme.

Für den **Versorgungsausgleich** (VA)[10] gilt folgendes: Wurde die Ehe durch ein Gericht der BRep. geschieden, so gilt Art. 17 Abs. 3 Satz 1 EGBGB analog. Jedoch ist der VA nicht durchführbar, wenn der Verpflichtete in der DDR seinen gewöhnlichen Aufenthalt hat.[11] Er ist aber dann durchführbar, wenn der Verpflichtete ebenfalls seinen gewöhnlichen Aufenthalt in die BRep. verlegt hat.[12]

Wurde die Ehe durch ein Gericht der DDR geschieden, so findet der VA unter den Voraussetzungen des Art. 17 Abs. 3 Satz 2 EGBGB analog statt, wenn ein Ehegatte inländische Rentenanwartschaften erworben hat. Das Recht der DDR kennt kein dem VA vergleichbares Rechtsinstitut. Indes muß angenommen werden, daß der VA doch stattfinden kann, wenn beide geschiedene Ehegatten in die BRep. übergesiedelt sind.[13] In diesem Falle ist das Statut, wie im Falle des Unterhaltsanspruchs, als wandelbar zu beurteilen.[14]

Hat das **Kind** seinen gewöhnlichen Aufenthalt in der BRep., so ist zur Regelung der elterlichen Sorge und des Umgangsrechts das Haager Minderjährigenschutzübereinkommen (Rz. 117f.) anzuwenden.

Hat das Kind seinen gewöhnlichen Aufenthalt in der BRep., so sind für seinen Unterhaltsanspruch das HÜ 1956, Art. 18 Abs. 1 EGBGB und das HÜ 1973 (s. Rz. 119) maßgebend.[15] Hat das Kind jedoch seinen gewöhnlichen Aufenthalt in der DDR, so ist das Recht der DDR anzuwenden, wobei aber die Frage der Leistungsfähigkeit des in der Bundesrepublik ansässigen Unterhaltspflichtigen nach hiesigem Recht zu beurteilen ist.[16]

---

[10] Hierzu *Staudinger/von Bar*, Art. 17 Rz. 221ff.; *Soergel/von Hornhardt*, Vorbem. 19ff. vor § 1587 BGB; *Nolte-Schwarting*, S. 212ff.; *von Maydell*, FamRZ 1981, 509, 512.

[11] Dazu s. *OLG München*, FamRZ 1980, 374, 375f.; *OLG Hamburg*, FamRZ 1983, 512 m. Anm. *Oellrich; Beitzke*, IPRax 1984, 295, 298; aber auch *von Bar*, IPRax 1983, 163, 166.

[12] *BGHZ* 91, 186 (s. Fn. 3); vgl. auch *BGHZ* 85, 16 (Fn. 8) zum Unterhalt.

[13] *BGHZ* 91, 186 (s. Fn. 3).

[14] Siehe oben nach Fn. 9.

[15] *Göppinger*, aaO, Rz. 1859.

[16] Hierzu s. *Göppinger*, aaO; *OLG Frankfurt*, FamRZ 1978, 934, *OLG Celle*, FamRZ 1981, 200; *Hirschberg*, ROW 1982, 23 (zur Bemessung der Höhe der innerdeutschen Unterhaltszahlungen); *Palandt/Heldrich*, Art. 18 EGBGB Anm. 6c. Zur Bemessung des Unterhalts s. Richtlinie des OG DDR v. 16. 1. 1986, NJW 1987, 1536 = DAVorm 1986, 335; hierzu *Kittke, Arends*, NJW 1987, 1529.

Zum Transfer von Unterhaltszahlungen in die DDR s. Vereinbarung v. 25. 4. 1974, BGBl II 621 (hierzu *Göppinger*, aaO, Rz. 371; *Hirschberg*, IPRax 1984, 188; *OLG Schleswig*, IPRax 1984, 210; *KG*, IPRax 1986, 306).

III. Protokollierung des Vergleichs, Anwaltszwang, Vollmacht

1. Die Protokollierung

122 Die mündlichen Erklärungen der Parteien über den Inhalt einer von ihnen abgeschlossenen Vereinbarung stellen noch keinen Prozeßvergleich dar; vielmehr müssen diese Erklärungen beurkundet, d. h. in einem gerichtlichen Protokoll aufgenommen werden (vgl. §§ 160 Abs. 3 Nr. 1, 794 Abs. 1 Nr. 1 ZPO).[1]

Haben beide Ehegatten die Schiedung ihrer Ehe beantragt oder hat einer sie mit Zustimmung des anderen Ehegatten beantragt (§§ 1565 Abs. 1, 1566 Abs. 1 BGB), so ist zur Erlassung eines Scheidungsurteils grundsätzlich die Errichtung eines vollstreckbaren Titels, d. h. in erster Linie der Abschluß eines Prozeßvergleichs (§ 794 Abs. 1 Nr. 1 ZPO), erforderlich (§ 630 Abs. 3 ZPO). Hierzu ist notwendig, daß die Erklärungen der Ehegatten durch ihre Prozeßbevollmächtigten abgegeben werden (s. zum Anwaltszwang Rz. 130ff.); andernfalls darf das Gericht den Vergleich nicht protokollieren.[2]

123 Bei der Protokollierung sind die Vorschriften der **§§ 160–163 ZPO** zu beachten.[3] Wollen die Parteien eine umfangreiche Vereinbarung zu Protokoll geben, so kann diese als Anlage dem Protokoll beigefügt werden (s. § 160 Abs. 5 ZPO). In das Protokoll ist dann folgendes aufzunehmen: ,,Die Parteien schließen den aus der Anlage des Protokolls ersichtlichen Vergleich, der aus der Anlage vorgelesen und von ihnen genehmigt wurde ..."[4]

Das Protokoll (gegebenenfalls mit der Anlage) muß stets vorgelesen oder zur Durchsicht vorgelegt werden (§ 162 Abs. 1 Satz 1 ZPO); die Verlesung muß den Parteien genehmigt werden, dies alles muß im Protokoll vermerkt werden (§ 162 Abs. 1 Satz 3 ZPO). Das Protokoll ist schließlich von dem Vorsitzenden und dem Urkundsbeamten der Geschäftsstelle zu unterschreiben (§ 163 Abs. 1 Satz 1 ZPO; zu Fällen der Verhinderung s. § 163 Abs. 2 ZPO).

124 Zulässig ist es auch, daß der Inhalt des Protokolls nur vorläufig in einer gebräuchlichen Kurzschrift oder mit einem Tonaufnahmegerät oder durch verständliche Abkürzungen aufgezeichnet wird (§ 160a Abs. 1 ZPO). In der Sitzung sind die vorläufigen Aufzeichnungen vorzulesen und abzuspielen (§ 162 Abs. 1 Satz 2, 3 ZPO). Nach der Sitzung ist unverzüglich das Proto-

---

[1] Hierzu s. *Rosenberg/Schwab,* § 132 I 3, sowie Rz. 51 aE.

[2] Vgl. *OLG Celle,* OLGZ 1975, 353.

[3] Zum Widerrufsvorbehalt s. Rz. 42, zu der Klausel ,,für den Fall der Scheidung ..." s. Rz. 52, 76.

[4] Dazu s. *Arndt,* DRiZ 1966, 188; *Bergerfurth,* DRiZ 1962, 380, *ders.,* Der Ehescheidungsprozeß, Rz. 292f.

koll herzustellen (Näheres hierzu s. in § 160a Abs. 2 und 3 ZPO). Diese Methode ist hinsichtlich der Protokollierung eines Vergleichs nicht ohne Risiko (zum Falle einer Berichtigung des Protokolls s. § 164 ZPO).

125 Ist der Vergleich ordnungsmäßig beurkundet worden, so ersetzt er wirksam jede für das Rechtsgeschäft sonst vorgeschriebene Beurkundungsform (s. dazu § 127a BGB). Dies kommt zB in Betracht, wenn Erklärungen beurkundet werden, auf die eine Eintragung im Grundbuch vorgenommen werden soll (vgl. dazu §§ 313, 873, 925 BGB,[5] 29 GBO), oder wenn erbvertragliche Regelungen beurkundet werden sollen (vgl. § 2276 BGB).

126 Wichtig ist noch, daß darauf geachtet wird, daß das Protokoll das vollständige Rubrum und die nicht abgekürzten Parteibezeichnungen enthält, sowie wenn für die gemeinschaftlichen Kinder der Ehegatten ein vollstreckbarer Titel geschaffen werden soll (s. §§ 1629 Abs. 3 BGB, 630 Abs. 3 i. V. mit Abs. 1 Nr. 3 ZPO), die genaue Namensangabe der Kinder, zweckmäßigerweise mit Angabe der Geburtsdaten.

127 Der Richter, der die Vereinbarung zu Protokoll nimmt, sollte gegebenenfalls dafür sorgen, daß diese möglichst klar und eindeutig formuliert wird,[6] um später Zweifelsfragen bezüglich der Auslegung zu vermeiden, und sollte auch auf Bedenken aufmerksam machen, die etwa gegen die Wirksamkeit dieser oder jener einzelnen Regelung bestehen könnten, gegebenenfalls auf die möglichen Auswirkungen hinweisen.[7] Zu betonen ist aber, daß die Formulierung und die Gestaltung des Inhalts des Vergleichs Sache der Parteien ist; der Richter darf ihnen Formulierungshilfe geben, er darf aber nicht etwa, wenn er gegen den Inhalt des Vergleichs Bedenken hat, die Protokollierung ablehnen.[8] Je nach Lage des Falles kann es sich empfehlen, die Frage der steuerrechtlichen Auswirkungen aufzuwerfen. Werden Grundstücksgeschäfte einbezogen, so sollte Klarheit darüber geschaffen werden, ob die Anwälte Kenntnis des Grundbuchinhalts haben (s. auch Rz. 514).

128 Haben die Ehegatten die Protokollierung der Vereinbarung vorgesehen, insbesondere zB im Hinblick auf die Vorschrift des § 630 Abs. 3 ZPO, oder auch, weil ein Ehegatte auf die Erlangung eines Vollstreckungstitels Wert legt, und ist die Vereinbarung deshalb formbedürftig, so ist sie erst mit der gerichtlichen Protokollierung zustandegekommen.

129 Wurde der Inhalt des Vergleichs vor der Protokollierung von den Parteien erörtert, so empfiehlt es sich, dies im Protokoll zu vermerken, gegebenenfalls unter genauer Angabe, welche Punkte erörtert werden. Solche Angaben er-

---

[5] Zu Ergänzungen oder zum Abschluß einer diesbezüglichen Vereinbarung nach Rechtskraft des Scheidungsurteils s. Rz. 59.

[6] Hierzu *E. Schneider*, JuS 1976, 145.

[7] Zu Belehrungen anläßlich des Abschlusses einer Vereinbarung über den Versorgungsausgleich im Hinblick auf die Vorschriften des § 1587 o Abs. 2 Satz 3, 4 BGB s. Rz. 423.

[8] *Schneider*, aaO, 146. Zur Pflicht des Gerichts zu einer gütlichen Beilegung des Rechtsstreits allgemein (s. 279 Abs. 1 ZPO) *E. Schneider*, JurBüro 1977, 145.

leichtern die spätere Kostenabrechnung bezüglich der Erörterungsgebühr (§ 31 Abs. 1 Nr. 4 BRAGO). Unterläßt das Gericht es, einen derartigen Vermerk zu protokollieren, so können die Beteiligten, d. h. jede Partei bzw. ihr Bevollmächtigter, beantragen, einen entsprechenden Hinweis in dem Protokoll aufzunehmen (§ 160 Abs. 4 Satz 1 ZPO); das Gericht darf dann von der Aufnahme des Vermerks nicht absehen (§ 160 Abs. 4 Satz 2).

2. Anwaltszwang

130 In dem den Scheidungsantrag und die Scheidungsfolgen (§§ 623, 621 Abs. 1 Nr. 1–9 ZPO) betreffenden Verfahren besteht Anwaltszwang (§ 78 Abs. 2 ZPO). Daher unterliegt auch der Abschluß eines Vergleichs, der das Verfahren bezüglich der Scheidungsfolgen beenden oder entbehrlich machen soll, dem Anwaltszwang.[1] Der Vergleich soll ,,der Beilegung des Rechtsstreits in betreff eines Teils des Streitgegenstandes" dienen (vgl. die Formulierung des § 794 Abs. 1 Nr. 1 ZPO); deshalb erfordert der Abschluß des Vergleichs Prozeßhandlungen der Parteien durch ihre Bevollmächtigten, diese Handlungen (Erklärungen) unterliegen dem Anwaltszwang. Eine Verweisung des Verfahrens zum Abschluß eines solchen Vergleichs an einen beauftragten oder ersuchten Richter (vgl. § 279 Abs. 1 Satz 2 ZPO) kommt hier nicht in Betracht.[2]

Wird eine **Folgesache** gemäß § 628 Abs. 1 Satz 1 ZPO **abgetrennt,** so bleibt sie Folgesache auch iS des § 78 Abs. 2 Nr. 1 ZPO, unterliegt also weiterhin dem Anwaltszwang; dies gilt auch für Verfahren der freiwilligen Gerichtsbarkeit.[3]

131 Ist noch kein Scheidungsantrag gestellt, leben die Eheleute getrennt und klagt ein Ehegatte für sich (§ 1361 BGB) und namens der Kinder (s. § 1629 Abs. 2 BGB) Unterhalt ein (s. § 621 Abs. 1 Nr. 4, 5 ZPO, § 23b Abs. 1 Nr. 5, 6 GVG) oder begehrt ein Ehegatte eine Regelung der elterlichen Sorge gemäß § 1672 BGB (s. dazu § 621 Abs. 1 Nr. 1, Abs. 2 Satz 2 ZPO), so unterliegen diese Verfahren nicht dem Anwaltszwang. Nach der Rechtshängigkeit des Scheidungsantrags (§§ 622 Abs. 1, 2 Satz 2, 253 Abs. 1, 261 Abs. 1 ZPO)

---

[1] Vgl. hierzu *Thomas/Putzo,* § 794 ZPO, Anm. II, 3d aa, und allgemein *Rosenberg/Schwab,* § 132 II 2g; zum FamG-Verfahren *Zöller/Stöber,* § 794 Rz. 7; *Zöller/Philippi,* § 630 Rz. 15; *Bergerfurth,* Anwaltszwang, Rz. 353f., *ders.,* Ehescheidungsprozeß, Rz. 46; *Soergel/Häberle,* BGB § 1585c Rz. 25; *OLG Zweibrücken,* JurBüro 1983, 1866; FamRZ 1987, 84 (betr. Vereinbarung über Versorgungsausgleich); anders *OLG München,* Rpfleger 1986, 408. Zu einem Fall rechtsmißbräuchlicher Berufung auf einen solchen Vertretungsmangel s. *OLG Hamm,* FamRZ 1979, 848.

[2] Ebenso *BGH,* FamRZ 1986, 458; *Jost,* NJW 1980, 327, 329 li. Sp.; anders *Philippi,* FamRZ 1982, 1082; s. aber nun *Zöller/Philippi,* § 630 Rz. 45.

[3] Siehe dazu Rz. 32 Fußn. 27, sowie zB zum Versorgungsausgleichsverfahren *BGH,* FamRZ 1981, 24; *OLGe Koblenz, Düsseldorf,* FamRZ 1980, 280, 388.

werden diese Familiensachen an das Familiengericht abgegeben bzw. verwiesen, das mit der Scheidungssache befaßt ist (§ 621 Abs. 3, s. auch § 281 Abs. 2, 3 Satz 1 ZPO). Soweit Unterhalt für die Zeit nach der Scheidung begehrt wird, ist das diesbezügliche Verfahren mit der Ehesache zu verhandeln und zu entscheiden (§ 623 Abs. 4 i. V. mit Abs. 1 ZPO). Damit unterliegt es dem Anwaltszwang (§ 78 Abs. 2 Nr. 1 ZPO). Das Verfahren gemäß § 1672 BGB kann dagegen keine Folgesache betreffen.

Wird eine Klage über güterrechtliche Anprüche (§ 621 Abs. 1 Nr. 8 ZPO) 132
insbesondere auf Zahlung des Zugewinnausgleichs (§§ 1372ff. BGB), erst nach Schluß der mündlichen Verhandlung der Scheidungssache erster Instanz (s. § 623 Abs. 2 ZPO) anhängig gemacht, so besteht ebenfalls Anwaltszwang (§ 78 Abs. 2 Nr. 2 ZPO). Dagegen besteht in einer *selbständigen,* die *Unterhaltspflicht* betreffenden Familiensache (§ 621 Abs. 1 Nr. 4, 5 ZPO) Anwaltszwang nur im Verfahren vor dem OLG und dem BGH. Jugendämter und Träger der gesetzlichen Rentenversicherung brauchen sich in den das Sorgerecht bzw. den Versorgungsausgleich betreffenden Verfahren nicht durch einen Anwalt vertreten zu lassen (§ 78 Abs. 2 Satz 3 ZPO, s. Rz. 395 Fn. 2).

3. Prozeßvollmacht

Gemäß § 624 Abs. 1 ZPO erstreckt sich die Vollmacht des Rechtsanwalts 133
für die Scheidungssache ohne weiteres auf die Folgesachen; diese Regelung ergibt sich konsequenterweise aus den Vorschriften des § 623 ZPO über den Verbund der Scheidungssache mit den Folgesachen. § 624 Abs. 1 ZPO ist eine ergänzende Vorschrift zu den allgemeinen Bestimmungen der §§ 81, 83–89 ZPO. Die Vollmacht ist daher (mit Wirkung gegen die andere Partei und das Gericht) grundsätzlich nicht beschränkbar,[1] eine Beschränkung ist daher unwirksam; lediglich der Abschluß eines Vergleichs (über die Scheidungsfolgen), ein Anerkenntnis oder eine Verzichtserklärung – soweit diese zulässig sind – könnte von der Vollmacht ausgenommen werden (§ 83 Abs. 1 ZPO). Eine solche Beschränkung müßte in der Vollmachtsurkunde enthalten sein; sie wäre jedoch nicht zweckmäßig, da hiermit ohne weitere Vollmachtserteilung kein Vergleich bei einverständlichen Scheidungen (s. § 630 Abs. 3 ZPO) geschlossen werden könnte.

Die Vollmacht erstreckt sich somit ohne weiteres auf die amtswegigen Folgesachen (§ 623 Abs. 3 ZPO) und, wenn ein Antrag zur Geltendmachung einer weiteren Folgesache gestellt wird (s. Rz. 29), auf diese, sowie gegebenenfalls auf die gemäß § 630 Abs. 3 ZPO notwendigen Regelungen.

Andererseits steht § 624 Abs. 1 ZPO der Beauftragung eines zweiten Anwalts für die bestimmte Folgesache – also neben dem Anwalt, der die Vollmacht für die Scheidungssache besitzt (§ 624 Abs. 1, s. auch § 84 ZPO, hierzu

[1] Vgl. *Rolland,* § 624 Rz. 2, 2a; *Zöller/Phillippi,* § 624 Rz. 4 (nur analog § 83 ZPO).

Rz. 134) – nicht im Wege.[2] Diese Vollmacht an den zweiten Anwalt erstreckt sich nicht umgekehrt auf die Scheidungssache, da § 624 Abs. 1 ZPO diesen Fall nicht erfaßt. Ebenso ist es möglich, daß die beklagte Partei einen Anwalt nur für eine bestimmte Folgesache (oder für mehrere Folgesachen), also nicht für die Scheidungssache bestellt, etwa um in der Folgesache eine Versäumnisentscheidung auszuschließen.[3]

134 In der Ehesache bedarf der Anwalt jeder Partei einer besonderen auf dieses Verfahren bezogenen Vollmacht (§ 609 ZPO); diese ist dem Gericht vorzulegen.

Sollte ein Ehegatte mehreren Anwälten Vollmacht erteilen, so sind diese gemäß § 84 ZPO berechtigt, ihn gemeinschaftlich wie auch einzeln zu vertreten; eine abweichende Bestimmung der Vollmacht hat dem anderen Ehegatten gegenüber keine rechtliche Wirkung.

Wird in einer Scheidungssache ein Anwalt beauftragt, so dürfte es sich empfehlen, auf die Vorschrift des § 624 Abs. 1 ZPO hinzuweisen, und ist es erforderlich zu besprechen, welche Folgesachen in Betracht kommen. Hierzu sind die Vorschriften des §§ 622 Abs. 2, 623, 630 ZPO zu beachten.[4]

§ 624 Abs. 1 ZPO hat auch die Bedeutung, daß das Gericht bei der Verhandlung der Scheidungssache,[5] wenn keine Anträge gemäß § 623 Abs. 2 ZPO gestellt werden, die Frage der Regelung der weiteren Folgesachen (vgl. auch § 623 Abs. 3) aufwerfen kann, etwa ob ein Vergleich vorgesehen ist, und dazu die Anwälte ohne weiteres als bevollmächtigt ansehen darf. Hierzu ist noch darauf hinzuweisen, daß die Prozeßgebühr der Anwälte gemäß § 37 Nr. 2 BRAGO außergerichtliche Vergleichsverhandlungen über den Streitgegenstand mitumfaßt (s. dazu Rz. 184ff.).

135 Ist ein Ehegatte **minderjährig** oder gemäß § 114 BGB beschränkt geschäftsfähig, so kann er zwar für den Scheidungsrechtsstreit dem Anwalt Vollmacht erteilen (§ 607 Abs. 1 ZPO deckt dieses Recht – s. auch Rz. 79 –), ebenso wohl für Folgesachen, welche die Personensorge und die Umgangsregelung betreffen (§ 621 Abs. 1 Nr. 1, 2 ZPO), dagegen nicht für solche Folgesachen, welche vermögensrechtliche Ansprüche betreffen (vgl. § 1633 BGB): den Unterhaltsanspruch, den Versorgungsausgleich, die Regelung der Rechtsverhältnisse an Ehewohnung und Hausrat, Ansprüche aus dem Güterrecht (§ 621 Abs. 1 Nr. 5–9 ZPO), sowie für die Folgesache, die eine gesetzliche

---

[2] Vgl. aber auch *Rolland*, Rz. 3 (Beauftragung eines speziellen Anwalts nur für eine bestimmte Folgesache).

[3] *Zöller/Philippi*, § 624 Rz. 3.

[4] Zu § 622 Abs. 2 s. Rz. 600, zum Verbund der Scheidungssache und der Folgesachen s. Rz. 28ff., zu § 630 s. Rz. 38ff.

[5] Hierzu s. §§ 272 Abs. 1, 2, 273 Abs. 1, 2 Nr. 1, 2, Abs. 4 Satz 1, 275 Abs. 1 Satz 2, Abs. 2, 277, 278, 279 Abs. 1 Satz 1, 611, 612 Abs. 1, 622 Abs. 2, 3 ZPO; zur Anhörung der Parteien s. § 613 ZPO, dazu *Göppinger*, JurBüro 1976, 1429.

Zur Pflicht des Gerichts zur gütlichen Beilegung des Rechtsstreits oder einzelner Streitpunkte (§ 279 Abs. 1 ZPO) s. allgemein *E. Schneider*, JurBüro 1977, 145.

Vertretung des Kindes voraussetzt: Unterhalt des Kindes (§ 621 Abs. 1 Nr. 4 ZPO). Die Herausgabe eines Kindes (s. §§ 621 Abs. 1 Nr. 3 ZPO, 1632 BGB) dürfte der nicht voll geschäftsfähige, also vor allem der minderjährige Ehegatte geltend machen können, da hier nicht die gesetzliche Vertretung des Kindes maßgebend ist, sondern das Recht zur tatsächlichen Personensorge, zur Betreuung und Erziehung des Kindes (vgl. auch § 1673 Abs. 2 Satz 2 BGB).

Hieraus ist zu schließen, daß sich § 624 Abs. 1 ZPO nicht auf die Folgesachen beziehen kann, zu denen der nicht voll geschäftsfähige Ehegatte keine wirksame Prozeßvollmacht erteilen könnte.[6] Vielmehr ist in diesen Fällen die Erteilung der Vollmacht durch den gesetzlichen Vertreter erforderlich, der dann als solcher auch am Abschluß eines Vergleichs über die erwähnten vermögensrechtlichen Angelegenheiten mitwirken muß; einen Vorschlag zur Regelung der elterlichen Sorge und des Umgangsrechts kann auch der nicht voll geschäftsfähige Ehegatte machen oder über diese eine Vereinbarung schließen (s. Rz. 622, 633). Zur vergleichsweisen Regelung des Unterhalts des Kindes der Ehegatten ist die Bestellung eines Pflegers erforderlich (§ 1909 BGB), der das Kind gegebenenfalls auch im Unterhaltsstreit gegen seinen Elternteil vertreten müßte.

136 Werden Folgesachen gemäß § 628 Abs. 1 Satz 1 ZPO abgetrennt (s. Rz. 32), so erstreckt sich die für den Scheidungsprozeß erteilte Vollmacht (§ 609 ZPO), welche die Folgesachen mitumfaßt (§ 624 Abs. 1 ZPO), auch auf das weitere Verfahren (zum Anwaltszwang s. Rz. 130 aE).[7]

Dagegen umfaßt die für die Scheidungssache erteilte Vollmacht nicht die Familiensachen, die nach Schluß der mündlichen Verhandlung der Scheidungssache (§ 623 Abs. 2 ZPO) anhängig bzw. rechtshängig werden; denn diese sind keine Folgesachen (§ 623 Abs. 1 ZPO), auf sie erstreckt sich auch der Anwaltszwang (§ 78 Abs. 2 Satz 1 Nr. 2 letzter Satzteil, Nr. 3 ZPO) nicht.[8] Für eine solche Familiensache wäre dann eine besondere Vollmacht erforderlich. Allerdings könnte das Gericht gegebenenfalls die mündliche Verhandlung wieder eröffnen (§ 156 ZPO) und dann die Familiensache zur Folgesache machen (§ 623 Abs. 1 ZPO).

---

[6] *Göppinger/Wax*, Rz. 3167; *Zöller/Philippi*, § 607 Rz. 2; *Baumbach/Lauterbach/Albers*, § 607 Anm. 1 C.

[7] Unklar *Brüggemann*, FamRZ 1977, 1, 22 re. Sp. unten.

[8] *Bergerfurth*, Anwaltszwang, Rz. 358ff.; unrichtig *Stein/Jonas/Schlosser*, § 624, Rz. 34, wo die letzteren Zusammenhänge nicht beachtet sind (hierzu auch *Rolland*, § 624, Rz. 5). Zu güterrechtlichen Ansprüchen s. Rz. 132.

IV. Probleme des Standesrechts des Anwalts und Anwaltsnotars

137 Gewisse Schwierigkeiten bereiten dem Rechtsanwalt zuweilen standesrechtliche Fragen im Zusammenhang mit der Problematik des § 356 StGB.[1] Gemäß § 45 Nr. 2 BRAO darf der Anwalt nicht tätig werden, wenn er eine andere Partei in derselben Rechtssache bereits in entgegengesetztem Sinne beraten oder vertreten hat.[2] Der Rechtsanwalt hat gemäß § 46 Abs. 3 der Richtlinien für die Ausübung des Rechtsanwaltsberufs auch den Anschein der Vertretung widerstreitender Interessen zu vermeiden.[3]

138 Zuweilen kommt es vor, daß Eheleute einen Anwalt aufsuchen und erklären, sie seien sich darin einig, daß ihre Ehe geschieden werden solle. Der Anwalt darf hier nicht beide Eheleute beraten und sich nach näherer Diskussion über die in Betracht kommenden Scheidungsgründe (§§ 1565ff. BGB) entscheiden, ob er den Mann gegen die Frau oder die Frau gegen den Mann vertreten will. Vielmehr muß er sogleich für eine Klarstellung sorgen, von welchem Ehegatten er das Mandat übernehmen will.[4] Hier ist also Vorsicht und Zurückhaltung geboten. Doch dürften dagegen keine Bedenken bestehen, daß er zuerst ohne Erörterung des konkreten Sachverhalts, ohne Befragung der Eheleute über ihre Vorstellungen bezüglich des einzuleitenden Rechtsstreits die Ehegatten abstrakt – unter Hinweis auf die erwähnten Standespflichten – darüber belehrt, welche Scheidungsgründe das Gesetz vorsieht, daß beim Amtsgericht im Scheidungsprozeß und in den damit verbundenen Folgesachen Anwaltszwang besteht, daß eine einverständliche Scheidung nach einjähriger Trennung (§§ 1565, 1566 Abs. 1 BGB) einen Vergleich über bestimmte Folgesachen voraussetzt (§ 630 ZPO), der nur zustandekommen kann, wenn jede Partei durch einen Anwalt vertreten ist (es sei denn, ein Notar hätte die Vereinbarung beurkundet, s. Rz. 1, 41; im übrigen s. zum

---

[1] Vgl. dazu *Kalsbach*, Standesrecht des Rechtsanwalts, 1956, S. 403; *Nolte*, AnwBl 1973, 121: Konventionalscheidung und Interessenkollision; *Borgmann*, AnwBl 1981, 187; *Lingenberg/Hummel*, § 46 Anm. 2a; *Isele*, BRAO, 1976, S. 563ff. zu entgegengesetzten Interessen; *Schönke/Schröder/Cramer*, StGB, 22. Aufl. 1985, § 356 Rz. 12 zur Frage des gleichen materiellen Rechtsverhältnisses, Rz. 17f. zum Interessengegensatz.

[2] Hierzu *OLG Celle*, FamRZ 1983, 1045 (Aufhebung der Beiordnung des Anwalts nach Gewährung der Prozeßkostenhilfe); vgl. dagegen *OLG Stuttgart*, JR 1986, 348 (Tätigkeit eines Anwalts für eine Partei, nachdem ein mit ihm in einer Sozietät verbundener Anwalt von der anderen Partei beauftragt und für diese allein tätig gewesen war; hierzu Anm. *Dahs*).

[3] Abgedruckt bei *Isele*, aaO, S. 1760ff. (früher § 34 Abs. 2); dazu den Komm. von *Lingenberg/Hummel*. Zum Schuldbeitritt des anderen Ehegatten bezüglich der Honorarforderung des Anwalts *OLG Düsseldorf*, AnwBl 1986, 302.

[4] Hierzu s. *Geppert*, Parteiverrat, S. 96f.; *Dahs* in der Einführung dazu, S. 15; *Lingenberg/Hummel*, aaO, m. näheren Einzelheiten.

Anwaltszwang Rz. 80, 130). Gerade der letztere Punkt ist von besonderer Wichtigkeit.

139 Der Rechtsanwalt macht sich des **Parteiverrats** (§ 356 StGB) schuldig, wenn er beide Parteien berät und dann schließlich eine Einigung herbeiführt, dahingehend, welchen Ehegatten er vertreten soll, wie der Scheidungsantrag begründet werden soll und welche Haltung die beklagte Partei im Prozeß einnehmen soll,[5] ebenso wenn er etwa zwischen den Eheleuten einen Vergleich über die Scheidungsfolgen vermittelt.[6]

140 Ebenso begeht der Rechtsanwalt Parteiverrat, wenn er etwa zunächst den Mann nach Erörterung der Sachlage über die Möglichkeit und Aussicht eines Scheidungsantrags berät und danach, da er zB einen Antrag gemäß § 1565 Abs. 2 BGB für aussichtslos hält, von der Frau das Mandat übernimmt,[7] oder wenn er in zwei aufeinander folgenden Scheidungsprozessen zwischen denselben Eheleuten im ersten Prozeß den einen und im zweiten Prozeß den anderen Ehegatten vertritt, auch wenn beide Ehegatten mit dem Anwaltswechsel und ebenfalls mit der Scheidung gemäß §§ 1565, 1566 Abs. 1 BGB einverstanden sind.[8]

Der Rechtsanwalt darf also, wenn er beide Parteien beraten hat, in dieser Sache keine Partei mehr vertreten.

141 Ist der **Anwalt,** der im Scheidungsverfahren einen Ehegatten vertritt, **zugleich Notar,** so darf er eine Vereinbarung der Ehegatten über Scheidungsfolgen nicht beurkunden (§ 3 Abs. 1 Nr. 5 BeurkG).[9] Die Zustimmung der Beteiligten beseitigt dieses Mitwirkungsverbot nicht.[10] Der Anwaltsnotar darf auch dann die Vereinbarung nicht beurkunden, wenn er in einer Anwaltssozietät verbunden ist und damit allen diesen Anwälten gemeinsam der Vertretungsauftrag erteilt ist.[11] Hier ist es gleichgültig, ob der Anwaltsnotar den Mandanten kennengelernt und mit ihm Gespräche geführt hat, der das Mandat erteilt hat, oder einer der anderen Sozii. Denn ein Notar ist nicht Vertre-

---

[5] *Geppert,* aaO; *LG Hamburg,* AnwBl 1980, 120; *BayObLG,* NJW 1981, 832 = JZ 1981, 318; hierzu *Molketin,* AnwBl 1982, 12. Zu einem Falle, in dem der Anwalt dem anderen Ehegatten behilflich war, *BGH,* FamRZ 1985, 593.

[6] Dagegen kann ein *Notar* einen Vergleich vermitteln (vgl. §§ 14 Abs. 1 Satz 2, 24 Abs. 1 Satz 1 BNotO); s. auch unten Rz. 141.

[7] Vgl. *BGHSt* 4, 80 = NJW 1953, 428; *Geppert,* aaO, S. 60 und 95f.; s. auch *BGHSt* 18, 192 = NJW 1963, 668; *OLG Düsseldorf,* NJW 1959, 1050; *Nolte,* aaO, 122.

[8] Vgl. *BGHSt* 17, 305 = NJW 1962, 1831; hierzu *Gutmann,* AnwBl 1963, 90; *Nolte,* aaO. Zu einem Fall des Parteiverrats bei Verteidigung des Ehemannes im Strafverfahren und nachfolgender Vertretung der Ehefrau im Ehescheidungsprozeß s. *Ehrengericht Frankfurt,* AnwBl 1969, 68.

[9] Die Worte „soll nicht" im Gesetz bedeuten eine Amtspflicht des Notars; eine trotzdem vorgenommene Beurkundung ist wirksam (s. dazu zB *Jansen,* § 3 Rz. 2; *Palandt/Heinrichs,* § 3 Anm. 1). Zur Beurkundung von Unterhaltsansprüchen s. *Göppinger/Wax,* Rz. 3366f.).

[10] *Keidel/Winkler,* § 3 Rz. 50, *Jansen,* § 3 Rz. 42.

[11] *Keidel/Winkler,* aaO, *Jansen,* Rz. 38; zur Auftragserteilung s. *Kl. Müller,* NJW 1969, 1416.

ter einer Partei, sondern unparteiischer Betreuer der an der Beurkundung Beteiligten (§ 14 Abs. 1 Satz 2 BNotO), dazu gehört die Beratung dieser Beteiligten (§ 24 Abs. 1 Satz 1 BNotO).[12]

Hat ein Anwaltsnotar die Vereinbarung der Ehegatten beurkundet, so darf er danach nicht als Rechtsanwalt einen Ehegatten gegen den anderen vertreten, auch schon nicht in der Weise, daß er den Auftrag eines Ehegatten übernimmt, die Vollstreckung aus der von ihm errichteten Urkunde zu betreiben.[13] Wurde ihm ein solcher Auftrag gegeben, bevor die Vollstreckungsklausel erteilt war (§§ 794, 795, 724 Abs. 1, 725 ZPO), so darf er den Auftrag nicht annehmen; vielmehr muß er das Mandat ablehnen oder das irrig erteilte Mandat niederlegen. Dann – erst dann – darf er die Vollstreckungsklausel erteilen.[14]

Entstehen über die Auslegung einer von einem Anwaltsnotar beurkundeten Vereinbarung der Ehegatten Zweifel und Unklarheiten, so darf er nicht einen Teil gegen den anderen Teil vertreten (§ 45 Nr. 4 BRAO).[15] Ebenso ist hierzu auch ein mit dem Anwaltsnotar zu gemeinsamer Berufsausübung verbundener Rechtsanwalt ausgeschlossen (§ 45 Nr. 4 BRAO).

141a In besonderen Fällen ist ein Anwalt verpflichtet, die Partei über die entstehenden *Kosten* zu *belehren* (s. Rz. 1 Fn. 12), über die Möglichkeit, ggf. Prozeßkostenhilfe zu beantragen.[16]

V. Prozeßkostenhilfe und Beratungshilfe

1. Prozeßkostenhilfe*

142 Die Bewilligung der Prozeßkostenhilfe, die im Scheidungsverfahren von großer praktischer Bedeutung ist,[1] setzt voraus, daß die beabsichtigte Rechtsverfolgung oder Rechtsverteidigung hinreichende Aussicht auf Erfolg bietet und nicht mutwillig erscheint und die antragstellende Partei nach ihren per-

---

[12] Zur Abgrenzung von Notar- und Anwaltstätigkeit des Anwaltsnotars s. *Mümmler,* JurBüro 1976, 425.

[13] *Seybold/Hornig,* BNotO, § 16 Rz. 51; vgl. auch *KG,* DNotZ 1987, 32 (Mahnung und Fristsetzung nach Beurkundung eines Kaufvertrags).

[14] *Jansen,* § 3 Rz. 43.

[15] Hierzu *Isele,* Anm. VI B und Anh. zu § 43, S. 522, Stichwort „Anwaltsnotar" (I); *Borgmann/Haug,* S. 25ff., § 6, 3; *Jessnitzer,* BRAO, Kommentar, 3. Aufl. 1987; *BGHSt* 22, 157 = MDR 1968, 862.

[16] Dazu s. auch „Verhaltensregeln" der Vereinigung der im Familienrecht tätigen Anwälte, AnwBl 1987, 134; zu § 19 Abs. 4 BRAGO *OLG Bamberg,* JurBüro 1987, 386.

* **Lit.:** *Behn,* Verletzung des rechtlichen Gehörs im Hauptsacheverfahren durch Art und Weise der Behandlung des Prozeßkostenhilfeantrags, JurBüro 1983, 1129; *Bischof,* Praxisprobleme des Prozeßkostenhilferechts, AnwBl 1981, 369; *Blümler,* Rückwirken-

sönlichen und wirtschaftlichen Verhältnissen die Kosten der Prozeßführung nicht oder nur zum Teil oder nur in Raten aufbringen kann (§ 114 Satz 1 ZPO).

Das **Scheidungsbegehren,** ggf. ein sonstiges mit der Scheidung zusammenhängendes Begehren,[2] wenn dieses außerhalb des Verbundes (§ 623 ZPO) geltend gemacht wird, muß schlüssig begründet sein mit Angabe der Beweismittel (vgl. § 117 Abs. 1 Satz 2 ZPO), im Falle des Scheidungsbegehrens zum Scheitern der Ehe, zum mindestens einjährigen Getrenntleben (§ 1565), ggf. wenn die Ehegatten noch nicht ein Jahr getrennt leben, zu den tatsächlichen Umständen oder Vorgängen, die eine Scheidung gemäß § 1565 Abs. 2 BGB zu begründen vermögen. Soll eine einverständliche Scheidung (§§ 1565 Abs. 1, 1566 Abs. 1 BGB, 630 ZPO) begehrt werden, so muß das Gesuch um Gewährung der Prozeßkostenhilfe den wesentlichen Voraussetzungen des § 630 ZPO Rechnung tragen; d. h. das Gesuch muß grundsätzlich die Mitteilung enthalten, der andere Ehegatte stimme der Scheidung zu, über einen übereinstimmenden Vorschlag zur Regelung der elterlichen Sorge, den Unterhalt, den Hausrat und die Ehewohnung liege eine Einigung der Parteien vor.[3] Doch genügt es auch, wenn eine solche Einigung anläßlich der Stellungnahme des Antragsgegners (§ 118 Abs. 1 ZPO) zustandekommt; ein voll-

---

de Bewilligung von Prozeßkostenhilfe insbesondere nach rechtskräftiger Entscheidung zur Hauptsache, MDR 1983, 96; *Bratfisch,* Prozeßkostenhilfe bei Veränderung der Verhältnisse, Rpfleger 1987, 100; *Christl,* Einkommen und Vermögen in der Prozeßkostenhilfe, NJW 1981, 785; *ders.,* Nochmals: Rückwirkende Bewilligung von Prozeßkostenhilfe, MDR 1983, 537, 624; *Göppinger/Wax,* Unterhaltsrecht, Rz. 3401 ff.; *Herpers,* Über die Erstreckung der für die Scheidungssache bewilligten Prozeßkostenhilfe auf die Folgesachen (§ 624 II ZPO), FamRZ 1981, 734; *Holch,* Prozeßkostenhilfe auf Kosten des Persönlichkeitsschutzes?, NJW 1981, 151; *Lappe,* Kostenerstattung bei Prozeßkostenhilfe, Rpfleger 1984, 129; *Mümmler,* Ein Jahr Prozeßkostenhilfe, JurBüro 1982, 321; *ders.,* Rechtsbeziehungen des beigeordneten Rechtsanwalts zur eigenen Partei, zum erstattungspflichtigen Prozeßgegner und zur Staatskasse, JurBüro 1984, 641; *ders.,* Scheidungsvereinbarung und Prozeßkostenhilfe, JurBüro 1986, 15; *ders.,* Das Gesetz zur Änderung von Kostengesetzen, JurBüro 1987, 1; *Pentz,* Kein Akteneinsichtsrecht in Prozeßkostenhilfeverfahren, NJW 1983, 1037; *Putzier, Derleder,* Die Inadäquanz des Prozeßkostenhilferechts für das Scheidungskostenrecht, ZRP 1982, 9; *Schmid,* Die Wahrung der Intimsphäre bei der Bewilligung der Prozeßkostenhilfe, JR 1983, 353; *Schneider,* Die prozessuale Bedeutung von Verstößen gegen den Zwang zur Benutzung des PKH-Vordrucks (§ 117 Abs. 4 ZPO), MDR 1982, 89; *ders.,* Im Dschungel der Prozeßkostenhilfe, MDR 1984, 813; *ders.,* Die Änderungen des Prozeßkostenhilferechts, MDR 1987, 89; *Wax,* Prozeßkostenhilfe im Unterhaltsprozeß, FamRZ 1980, 975; *ders.,* Die Rechtsprechung zur Prozeßkostenhilfe im Bereich des Familienrechts, FamRZ 1985, 10; *Pohlmeyer,* AnwBl 1987, 420 (zur Kostennovelle). Zur Problematik des Prozeßkostenrisikos s. noch *Kl. Müller,* JR 1987, 1.

[1] *Finger,* AcP 183, 1983, 314, 320; Pressemitteilung des nds. JustMin., FamRZ 1984, 552. Dazu, daß das Gesetz „verunglückt" ist, s. zB Arbeitskreis des DFGT, Brühler Schriften, Bd. 3, S. 129; *Schneider,* MDR 1987, 89.

[2] Zu einer Stufenklage (betr. Auskunft) s. *OLGe Düsseldorf* und *Karlsruhe,* FamRZ 1984, 501; *Göppinger/Wax,* Rz. 3425.

[3] *OLGe Zweibrücken,* FamRZ 1983, 1132, *Karlsruhe,* FamRZ 1984, 1232.

streckbarer Schuldtitel (§ 630 Abs. 2 ZPO) braucht in diesem Verfahrensstadium noch nicht vorzuliegen.[4] Wird der Scheidungsantrag oder eine Klage bezüglich einer Folgesache zugleich mit dem Prozeßkostenhilfegesuch eingereicht, so wird es regelmäßig der Interessenlage entsprechen, daß das die Hauptsache betreffende Verfahren erst nach Bewilligung der Prozeßkostenhilfe rechtshängig werden soll.[5]

Begehrt der *Antragsgegner* des Scheidungsverfahrens Prozeßkostenhilfe, so darf die Bewilligung nicht davon abhängig gemacht werden, daß dieser einen Sachantrag stellt oder der Scheidung zustimmt; vielmehr hat seine Rechtsverfolgung auch dann Aussicht auf Erfolg, wenn er mit der Zustimmung zur Scheidung zuwarten will, bis eine Einigung über die Scheidungsfolgen – mit Hilfe des beizuordnenden Anwalts – erreicht ist, und sich vorbehält, andernfalls zu beantragen, den Scheidungsantrag abzuweisen.[6] Die Prozeßkostenhilfe darf auch nicht mit der Begründung versagt werden, die beabsichtigte Rechtsverteidigung biete keine hinreichende Aussicht auf Erfolg; vielmehr muß es genügen, daß ein durch anwaltliche Tätigkeit verfolgbares Verfahrensziel erkennbar ist.[7] Jedoch kann ein eigener auf § 1565 Abs. 2 gestützter Scheidungsantrag des Antragsgegners von der Bewilligung der Prozeßkostenhilfe ausgenommen werden, wenn die diesbezüglichen Voraussetzungen in der Person des Antragsgegners nicht erfüllt sind.[8]

Die Rechtsverfolgung kann noch nicht ohne weiteres als **mutwillig** beurteilt werden, wenn frühere Scheidungsanträge zurückgenommen worden waren; bestehen an der Ernsthaftigkeit des beabsichtigten Scheidungsantrags keine begründeten Zweifel, so kann die Prozeßkostenhilfe nicht deshalb verweigert werden, weil möglicherweise ein früherer Antrag der Partei mutwillig gestellt war.[9] Auch wenn die Eheschließung (mit einem Ausländer) nur zum Schein erfolgte,[10] ist das Begehren auf Scheidung der Ehe nicht mutwillig.[11]

Hatte eine Partei im Scheidungsverfahren eine *einstweilige Anordnung* auf Unterhalt erwirkt, so ist die Rechtsverfolgung mit einer anschließenden Un-

---

[4] *KG,* FamRZ 1980, 580 = MDR 1980, 675; *Zöller/Schneider,* § 114 Rz. 43.

[5] *OLG Bamberg,* JurBüro 1983, 1659; *OLG Köln,* FamRZ 1984, 916. Freilich empfiehlt sich von vornherein eine entsprechende Klarstellung in dem Gesuch; s. noch den Fall *OLG Bamberg,* FamRZ 1984, 483 (zu § 1408 Abs. 2 Satz 2 BGB).

[6] *OLG Düsseldorf,* FamRZ 1981, 265.

[7] *Herpers,* FamRZ 1981, 734, 736; *OLG Köln,* FamRZ 1982, 1224; *OLG Bamberg,* JurBüro 1983, 1108; *OLG Hamburg,* FamRZ 1983, 1133; *Zöller/Schneider,* § 114 Rz. 43.

[8] *OLG Hamburg,* aaO.

[9] *OLG Frankfurt,* FamRZ 1982, 1224.

[10] Hierzu *Finger,* StAZ 1984, 89; *Schneider,* MDR 1984, 636.

[11] *OLG Hamburg,* FamRZ 1983, 1230 m. Anm. d. *Schriftl.* und weit. Hinw.; *OLG Karlsruhe,* FamRZ 1986, 680; *Wax,* FamRZ 1985, 10, 11; *Zöller/Philippi,* § 624 Rz. 5; aber auch *OLGe Köln* und *Celle,* FamRZ 1984, 278, 279; *Zöller/Schneider,* § 114 Rz. 54 (eingehend m. weit. Hinw.).

terhaltsklage jedoch dann als mutwillig anzusehen, wenn kein besonderer Anlaß für die Klageerhebung besteht.[12]

Die Prozeßkostenhilfe für eine *Unterhaltsklage* gegen den Beklagten, der Arbeitslosengeld bezieht, darf nicht mit dem Hinweis auf die Möglichkeit verweigert werden, über eine Abzweigung nach § 48 SGB[13] einfacher und kostengünstiger zum Unterhalt zu kommen.[14]

Wird isoliert Klage auf *Auskunftserteilung* zur Vorbereitung eines etwaigen Verfahrens bezüglich des Zugewinnausgleichs (§ 1379 BGB) erhoben, so kann Prozeßkostenhilfe nicht mit der Begründung versagt werden, die klagende Partei könne diesen Anspruch billiger im Verbund mit dem Scheidungsverfahren geltend machen.[15]

Die Bewilligung setzt ferner voraus, daß die Partei nach ihren **persönlichen und wirtschaftlichen Verhältnissen** die Kosten der Prozeßführung nicht oder nur zum Teil oder nur in Raten aufbringen kann (§ 114 Satz 1 ZPO); Näheres hierzu s. § 114 S. 2 mit Anlage, sowie § 115 ZPO;[16] gemäß § 117 Abs. 2 ZPO sind dem Antrag eine Erklärung der Partei über ihre persönlichen und wirtschaftlichen Verhältnisse (Familienverhältnisse, Beruf, Vermögen, Einkommen und Lasten) sowie entsprechende Belege beizufügen.[17] Als Einkommen zu berücksichtigen sind zB der Wert der Betreuungsleistungen für einen

---

[12] *OLG Hamm,* FamRZ 1980, 709; *OLG Frankfurt,* FamRZ 1982, 1223; s. auch *OLG Hamm,* FamRZ 1983, 1150 (erfolgloser Antrag auf Erlassung einer einstweiligen Anordnung).

[13] Dazu *Göppinger,* Unterhaltsrecht, Rz. 1467.

[14] *OLG Oldenburg,* FamRZ 1982, 418.

[15] *OLG Saarbrücken,* FamRZ 1982, 948; mit Recht anders betr. Unterhaltsanspruch *OLG Düsseldorf,* AnwBl 1987, 197.

[16] Hierzu s. die Kommentare zu §§ 114, 115 ZPO, ebenso zu Ratenzahlungen zu § 120 ZPO, ferner *Christl,* NJW 1981, 785; *Mümmler,* JurBüro 1982, 321; zu § 115 idF des KostÄndG v. 9. 12. 1986, BGBl I 2326, s. *Göppinger/Wax,* Rz. 3435 ff., *Zöller/Schneider,* § 115 Rz. 1 ff., 25 ff. zu Abs. 3, 4; *Pohlmeyer,* AnwBl 1987, 420.

Kindesunterhalt ist als Einkommen des Antragstellers zu bewerten, wenn er das Kind betreut (dazu *Göppinger/Wax,* Rz. 3409, anders *OLG Hamm,* FamRZ 1987, 80; zu dieser Problematik s. auch *Göppinger/Wax,* Rz. 3436 f., *Zöller/Schneider,* § 115 Rz. 25 ff.), ebenso *Wohngeld (Göppinger/Wax,* Rz. 3409), Kindergeld (*Göppinger/Wax,* Rz. 3409 zur Hälfte; umstr. s. *Zöller/Schneider,* § 115 Rz. 16; anders *LAG Bremen,* Rpfleger 1986, 319 = FamRZ 1987, 81 LS m. Anm.). Zum Einsatz des Vermögens (Sparguthaben) durch leistungsschwache Partei *OLG Düsseldorf,* FamRZ 1986, 1123 = OLGZ 1987, 123 = NJW-RR 1987, 759.

Zum Verhältnis Prozeßkostenvorschuß/Prozeßkostenhilfe s. *OLGe Karlsruhe, Bremen,* FamRZ 1984, 919; *Göppinger,* Unterhaltsrecht, Rz. 520, 558, 1149, 3412.

[17] Diese Belege sind mit dem Antrag gemäß den Durchführungsbestimmungen der Länder v. Dez. 1980 (s. NJW 1981, 804 = Die Justiz 1981, 65 = JMBlNRW 1981, 14) mit einer Änderung und Ergänzung v. Febr. 1982 (s. Die Justiz 1982, 113) in einem Beiheft der Akten zu sammeln. Zu den Vordrucken *Schneider,* MDR 1982, 89, *Zöller/Schneider,* § 117 Rz. 17 ff.; *OLG Nürnberg,* FamRZ 1985, 824; zur Ausschöpfung von Kreditmöglichkeiten *Zöller/Schneider,* § 115 Rz. 42 ff.

Zu Bezugnahme auf einen früheren Prozeßkostenhilfeantrag in der Rechtsmittelinstanz s. *BGH,* NJW 1983, 2145.

,,Lebensgefährten“ der Partei[18] oder Geldbeträge, die ihr von diesem zufließen.[19]

142a Vor der Bewilligung der Prozeßkostenhilfe ist gemäß § 118 Abs. 1 Satz 1 ZPO dem Gegner Gelegenheit zur Stellungnahme zu geben, d. h. **rechtliches Gehör** (vgl. Art. 103 Abs. 1 GG). Dieses Recht auf rechtliches Gehör bezieht sich indes nur auf die Frage, ob die (beabsichtigte) Rechtsverfolgung (oder Rechtsverteidigung) hinreichende Aussicht auf Erfolg hat, d. h. auf das Vorbringen des Gesuchstellers zur Sache, auf den in Betracht kommenden Prozeßstoff,[20] dagegen nicht auf die Angaben des Gesuchstellers über seine persönlichen und wirtschaftlichen Verhältnisse und auf die Einsicht in die hierzu vorgelegten Unterlagen.[21] Daher besteht auch kein Zwiespalt zwischen diesem durch das Persönlichkeitsrecht des Antragstellers (Art. 1, 2 Abs. 1 GG) geschützten Bereich der Intimsphäre und dem Anspruch des Gegners auf rechtliches Gehör.[22] So ist es auch nicht angängig, den Antragsteller vor die Wahl zu stellen, entweder dem Gegner die Einsichtnahme in die Angaben über die persönlichen und wirtschaftlichen Verhältnisse zu gestatten oder auf die Prozeßkostenhilfe zu verzichten.[23] Bezüglich dieser subjektiven Voraussetzungen der Prozeßkostenhilfe ist die Staatskasse gewissermaßen ,,Gegner“ des Antragstellers.

Dasselbe gilt auch in Scheidungs- und Scheidungsfolgesachen sowie sonstigen Familiensachen, insbesondere isolierten Folgesachen, zB Unterhaltssachen.[24] Hier besteht nur insofern ein Unterschied, als zum Sachvortrag, zur Begründung des Scheidungsantrags oder der betreffenden Klage oder auf seiten des Gegners der betreffenden Gegenanträge usw. bestimmte Angaben über die persönlichen und wirtschaftlichen Verhältnisse gehören, häufig aber

---

[18] *OLG Hamm,* FamRZ 1984, 409.

[19] *OLG Köln,* FamRZ 1984, 304; hierzu *Zöller/Schneider,* § 115 Rz. 14.

[20] *BGHZ* 89, 65 = NJW 1984, 740 = FamRZ 1984, 373 = MDR 1984, 307 m. ablehn. Anm. *Schneider* = JR 1984, 202 m. Anm. *Waldner* = Rpfleger 1984, 113 = VersR 1984, 143; *OLG Düsseldorf,* FamRZ 1984, 388 = Rpfleger 1984, 200; sowie *Holch,* NJW 1981, 151; *Pentz,* NJW 1983, 1037; *Schmid,* JR 1983, 353; *Baumbach/Lauterbach/Hartmann,* ZPO § 117 Anm. 4.

[21] *BGH, OLG Düsseldorf, Holch, Waldner, Schmid* und *Pentz,* je aaO, ferner s. die AV des Justizministeriums Baden-Württ. v. 6. 11. 1980, Die Justiz 1980, 463 (die ,,zum Schutze der Privatsphäre des Antragstellers“ angeordnet hat, diese Belege seien mit allen weiteren Vorgängen, welche die persönlichen und wirtschaftlichen Verhältnisse des Antragstellers betreffen, in einer gesonderten Beilagemappe zu führen); *anders Schneider,* MDR 1981, 793, 795; *Zöller/Schneider,* § 118 Rz. 2ff.; *Bischof,* AnwBl 1981, 369, 374f.; *Mümmler,* JurBüro 1982, 321, 335.

[22] So aber *Schneider,* aaO, *Mümmler,* je aaO; zum *Datenschutz Göppinger/Wax,* Rz. 3403.

[23] So aber *Schneider, Bischof* und *Mümmler,* je aaO. Heftige Kritik an der hier vertretenen Auffassung übt *Schneider* in *Zöller,* § 118 Rz. 2ff.

[24] Anders *OLG Karlsruhe,* NJW 1982, 2507 = OLGZ 1982, 469 = (gekürzt) MDR 1982, 1025; *OLG Hamm,* FamRZ 1984, 306 (ohne nähere Begründung); vgl. auch *Schmid,* JR 1983, 353, 354 und *Göppinger/Wax,* Rz. 3434 (wenn die Angaben zum Sachvortrag gehören).

nur ein Teil der Angaben, die für die Bewilligung der Prozeßkostenhilfe erforderlich sind. Hier empfiehlt es sich für den Antragsteller nicht, in dem Entwurf des Scheidungsantrags oder einer sonstigen Klage usw. auf die Angaben zum Gesuch auf Bewilligung der Prozeßkostenhilfe zu verweisen, da ja das Gericht in einem solchen Falle die diesbezüglichen Angaben dem Gegner zugänglich machen muß.

Falls in dem Gesuch auf Bewilligung der Prozeßkostenhilfe Lücken oder Unklarheiten vorhanden sind oder Angaben in diesem und im Sachvortrag zu der beabsichtigten Klage usw. einander widersprechen, hat das Gericht darauf in geeigneter Weise hinzuweisen, zB wenn im Sachvortrag Angaben über weitere Einkünfte oder hierüber und zugleich über die Verpflichtung zu laufenden Zins- und Tilgungsleistungen fehlen.

Aus der dargelegten Handhabung werden sich in der Praxis kaum Schwierigkeiten ergeben,[25] häufig wird ja in Familiensachen der Gegner über die persönlichen und wirtschaftlichen Verhältnisse des Antragstellers zumindest zum großen Teil informiert sein oder selbst zu entsprechenden Fragen Veranlassung haben. Zu beachten ist im übrigen, daß der Antragsteller ggf. ohnedies auch gemäß §§ 1580, 1605 BGB (in Unterhaltssachen) oder gemäß § 1379 BGB (in der Zugewinnausgleichssache) auskunftspflichtig wäre und deshalb zweckmäßigerweise in dem betreffenden Sachvortrag alle (rechtserheblichen) Umstände vorbringt.

Die Prozeßkostenhilfe kann rückwirkend auf den Zeitpunkt des Eingangs 143
des Antrags bei Gericht **bewilligt** werden, wenn die Partei die Verzögerung nicht verursacht hat – zB wenn sie Auflagen und Hinweise des Gerichts in angemessener Zeit beantwortet hat – und wenn die Voraussetzungen für die Bewilligung noch oder weiterhin vorliegen,[26] also nicht, wenn sich die wirtschaftlichen Verhältnisse der Partei so gebessert haben, daß sie in der Lage ist, die Prozeßkosten aufzubringen,[27] oder wenn die beabsichtigte Rechtsverfolgung keine hinreichende Aussicht auf Erfolg mehr hat – zB auch, wenn eine zunächst zweifelhafte Rechtslage durch eine inzwischen ergangene höchstrichterliche Entscheidung in einem für den Antragsteller ungünstigen Sinne hinreichend geklärt ist –.[28]

---

[25] Anders *Schneider, Bischof* und *Mümmler,* je aaO.

[26] Hierzu s. *Blümler,* MDR 1983, 96; *Christl,* MDR 1983, 537, 624; *BGH,* FamRZ 1982, 58; *BayObLG,* FamRZ 1984, 73; *OLGe Zweibrücken* JurBüro 1982, 1259 (m. zustimm. Anm. *Mümmler*); JurBüro 1983, 454; *Frankfurt,* JurBüro 1982, 1260; *Hamburg,* FamRZ 1983, 1230; *Nürnberg,* JurBüro 1984, 773; *Düsseldorf,* FamRZ 1984, 305; *Göppinger/Wax,* Rz. 3427f.; *Zöller/Schneider,* § 119 Rz. 17ff.; *OVG Hamburg,* FamRZ 1987, 178 (zum Fall der verzögerten Entscheidung ohne sachliche Gründe); s. aber auch *OLG Karlsruhe,* JurBüro 1983, 452 m. krit. Anm. *Mümmler.*

Zu dem Fall, daß sich das beabsichtigte Klagebegehren erledigt, z.B. durch Versöhnung der Ehegatten, s. *OLG Köln,* FamRZ 1984, 916; andererseits *OLG Frankfurt,* FamRZ 1984, 305.

[27] *OLG Frankfurt,* JurBüro 1982, 1260; *OLG Hamm,* OLGZ 1984, 192; *Göppinger/Wax,* Rz. 3427f.; *Zöller/Schneider,* § 119 Rz. 19f.

[28] *BGH,* FamRZ 1982, 367 (Versorgungsausgleich).

143a Mit der Bewilligung der Prozeßkostenhilfe (§ 122 ZPO)[29] ist der betreffenden Partei ein **Anwalt beizuordnen** (§ 121 ZPO, s. dort nähere Einzelheiten),[30] da in Scheidungssachen und den Folgesachen Anwaltszwang besteht (s. dazu Rz. 130ff.). Die Prozeßkostenhilfe erstreckt sich hierbei auch auf die **Folgesachen** des § 621 Abs. 1 Nr. 1, wenn aus der Ehe ein noch minderjähriges Kind hervorgegangen ist, und Nr. 6 ZPO, den Versorgungsausgleich (wenn dieser nicht gemäß § 1408 Abs. 2 BGB rechtswirksam ausgeschlossen wurde), soweit diese nicht ausdrücklich ausgenommen werden (§ 624 Abs. 2 ZPO); dies gilt auch im Falle einer Abtrennung (§ 628 Abs. 1 ZPO). Die Bewilligung der Prozeßkostenhilfe für die übrigen Folgesachen (§ 621 Abs. 1 Nr. 2, 4, 5, 7, 8 ZPO) erfordert einen ausdrücklichen diesbezüglichen Antrag. Das Gericht hat hinsichtlich der auf Antrag einzuleitenden Verfahren (zB betreffend Unterhalts- oder Zugewinnausgleichsansprüche) zu prüfen, ob die betreffenden Anträge auch in der geltend gemachten Höhe ausreichende Aussicht auf Erfolg haben.[31]

Die Prozeßkostenhilfe erstreckt sich auch nicht auf Verfahren wegen **einstweiliger Anordnung** (§ 620 ZPO); vielmehr ist hierzu ein besonderer Antrag erforderlich, da diese Verfahren gebührenrechtlich (s. Kostenverzeichnis Nr. 1160, Anlage zu § 11 GKG sowie § 41 Abs. 1 lit. b BRAGO) selbständige Verfahren sind.[32] Andererseits umfaßt die Bewilligung der Prozeßkostenhilfe für einstweilige Anordnungsverfahren auch spätere (während des Scheidungsrechtsstreits) anhängig werdende Änderungsverfahren iS des § 620b ZPO.[33]

Kommt in der Scheidungssache ein **Vergleich** (d. h. eine Vereinbarung vor allem über die Scheidungsfolgen) zustande, so erstreckt sich die Beiordnung des Anwalts, d. h. die Bewilligung der Prozeßkostenhilfe für die Scheidungssache, auch auf die Regelung des Unterhalts der Ehegatten, die Unterhaltspflicht gegenüber den Kindern, die Sorge für die Person der Kinder, die Rechtsverhältnisse an der Ehewohnung und dem Hausrat sowie Ansprüche aus dem ehelichen Güterrecht (§ 122 Abs. 3 BRAGO); nicht erwähnt ist hier der Versorgungsausgleich. Für ihn gilt § 624 Abs. 2 ZPO. Die Beiordnung erstreckt sich auf die erwähnten Angelegenheiten, auch wenn sie nicht Ge-

---

[29] Zur Auswirkung betr. die entstandenen und entstehenden Gerichtskosten s. § 122 Abs. 1 Nr. 1a ZPO, dazu *OLG Frankfurt,* JurBüro 1983, 1227; *OLG Stuttgart,* JurBüro 1984, 294.

[30] Der beigeordnete Anwalt kann dann nicht Ansprüche auf Vergütung gegen die Partei geltend machen (§ 122 Abs. 1 Nr. 3 ZPO), hierzu s. *OLG Nürnberg,* AnwBl 1983, 570 = JurBüro 1984, 293 m. Anm. *Mümmler, OLG Bamberg,* JurBüro 1984, 292; zur Verjährung der Ansprüche des Anwalts *OLG München,* JurBüro 1984, 1830; s. auch Rz. 199. Zu **Reisekosten,** wenn das FamG innerhalb des LG-Bezirks liegt, in dem der Anwalt zugelassen ist, s. Rz. 199 m. Fn. 43.

[31] *Baumbach/Lauterbach/Hartmann,* ZPO § 114 Anm. 2 B a.

[32] *Mümmler,* JurBüro 1982, 321, 337; *OLG Düsseldorf,* FamRZ 1982, 1096; zum Streitwert s. *Mümmler,* JurBüro 1982, 1281, 1290f.

[33] *OLG Hamm,* JurBüro 1983, 1722 = Rpfleger 1984, 34.

genstand des Verfahrens waren.[34] Im Zweifel empfiehlt es sich aber, vor dem Abschluß des Vergleichs die Erstreckung der Beiordnung auf alle im Vergleich geregelten Gegenstände zu beantragen und anzuordnen.[35] Zu beachten ist, daß sich die Beiordnung nur auf gerichtliche Vergleiche erstreckt.[36] Zu Regelungen des *ehelichen Güterrechts* gehören übrigens nicht eine Vereinbarung über die Tragung vorhandener Verbindlichkeiten,[37] der Streit über Grundstücksbelastungen,[38] die Auseinandersetzung eines Erbbaurechts[39] oder der Streit über ein gemeinsames Sparkonto[40] und dgl.

Die Beiordnung eines **Verkehrsanwalts** in der Scheidungssache kommt nur in Betracht, wenn besondere Umstände dies erfordern (§ 121 Abs. 3 ZPO),[41] wobei auch zu berücksichtigen ist, welche Kosten für Informationsreisen der Partei zu ihrem Prozeßanwalt entständen.[42] In einfach gelagerten Fällen scheidet die Beiordnung eines Verkehrsanwalts jedoch aus.[43]

Ist ein Verkehrsanwalt beigeordnet und kommt ein Vergleich zustande, so ist § 122 Abs. 3 Satz 1 BRAGO hier ebenfalls anzuwenden.[44]

Eine Bewilligung der Prozeßkostenhilfe scheidet für das diesbezügliche Verfahren aus,[45] abgesehen von dem Falle, daß ein Vergleich zu gerichtlichem Protokoll (§ 118 Abs. 1 Satz 3 ZPO) zustandekommt oder, wenn ein entsprechender Antrag rechtzeitig gestellt worden ist, zustandegekommen ist.[46] Die Bewilligung der Prozeßkostenhilfe kommt auch dann nicht in Betracht, wenn das Prozeßkostenhilfeverfahren dazu führte, daß der Gegner einen Anspruch des Antragstellers erfüllte.[47]

Gemäß **§ 120 Abs. 4 Satz 1 ZPO** i. d. F. des KostÄndG kann das Gericht die Entscheidung über die zu leistenden Zahlungen (Abs. 1 Satz 1) **ändern,** wenn **144**

---

[34] Hierzu *Göppinger/Wax,* Rz. 3432. Voraussetzung der Vergleichsgebühr ist aber, daß ein wirksamer Prozeßvergleich zustandegekommen ist; dies ist nicht der Fall, wenn nur eine Partei von einem Anwalt vertreten ist (anders *OLG München,* Rpfleger 1986, 408).

[35] *Wax,* aaO; *Zöller/Philippi,* § 624 Rz. 11.

[36] *Wax, aaO, OLG Düsseldorf,* AnwBl 1983, 320 = JurBüro 1983, 701; *OLG Celle,* JurBüro 1984, 125 m. zustimm. Anm. *Mümmler.*

[37] *KG,* JurBüro 1980, 400; *OLG Düsseldorf,* JurBüro 1981, 70.

[38] *OLG Stuttgart,* FamRZ 1980, 384.

[39] *BGH,* NJW 1980, 1282 = FamRZ 1980, 557.

[40] *OLG Düsseldorf,* FamRZ 1980, 1036.

[41] Dazu *Zöller/Schneider,* § 121 Rz. 18ff.

[42] *OLG Köln,* FamRZ 1982, 1226; *OLG München,* JurBüro 1983, 1722; MDR 1983, 675; *Zöller/Schneider,* Rz. 19.

[43] *OLG Zweibrücken,* JurBüro 1984, 133.

[44] *OLG Stuttgart,* JurBüro 1979, 865.

[45] *BGH,* NJW 1984, 2106 = JurBüro 1984, 1349 = JR 1984, 506 m. Anm. *Kuntze* = FamRZ 1985, 690; *Göppinger/Wax,* Rz. 3448, s. aber auch *Waldner,* JurBüro 1982, 801 (differenzierend).

[46] *Waldner,* aaO, 806f.; *Zöller/Schneider,* § 118 Rz. 11; *OLGe Frankfurt* FamRZ 1982, 1225; *Köln,* MDR 1983, 323, *Bamberg,* FamRZ 1984, 918, *Stuttgart,* Die Justiz 1986, 456; AnwBl 1986, 414.

[47] *OLG Frankfurt,* aaO.

sich die für die Gewährung der Prozeßkostenhilfe maßgebenden persönlichen oder wirtschaftlichen Verhältnisse wesentlich geändert haben.[48] Diese Änderung kann zugunsten wie zu ungunsten der Partei erfolgen, und zwar auch und gerade nach dem Ende des Rechtsstreits (vgl. § 120 Abs. 4 Satz 3).

Eine wesentliche Verbesserung der wirtschaftlichen Verhältnisse ist dann anzunehmen, wenn sie den Lebensstandard verändert hat.[49] Es reicht nicht aus, daß nur das Einkommen sich etwas gebessert hat.[50] Die Voraussetzung der wesentlichen Änderung ist indes gegeben, zB wenn ein Arbeitsloser wieder in seinem Beruf tätig geworden ist oder wenn die Partei erhebliche Beträge zB aus einem Grundstücksverkauf,[51] etwa anläßlich der Vermögensauseinandersetzung nach der Scheidung der Ehe oder als Zugewinnausgleich erhalten hat.[52] Eine erst im Rechtsstreit durchzusetzende Geldforderung kommt dagegen als Vermögenswert iS des § 115 ZPO nicht in Betracht.[53] Aufheben kann das Gericht die Prozeßkostenhilfe hier nicht.[54]

Zugunsten der Partei kann die frühere Entscheidung geändert werden, wenn sich ihre wirtschaftliche Situation verschlechtert hat; hier ist es als ausreichend zu beurteilen, daß sie zu einer der Partei günstigeren Anwendung der Tabelle (Anhang 1 zu § 114) führt.[55]

Auf Verlangen des Gerichts hat sich die Partei darüber zu erklären, ob eine Änderung der Verhältnisse eingetreten ist (§ 120 Abs. 4 Satz 2; zu dem Fall, daß die Partei diese Angaben verweigert, s. unten zu § 124 Nr. 2.

Zum Nachteil der Partei ist die Änderung der Entscheidung über die Prozeßkostenhilfe nur innerhalb von 4 Jahren seit dem rechtskräftigen Abschluß oder der sonstigen Beendigung des Rechtsstreits zulässig (§ 120 Abs. 4 Satz 3).

Aufheben kann das Gericht die Gewährung der Prozeßkostenhilfe nur unter den Voraussetzungen des **§ 124,** wenn die Partei durch unrichtige Darstellung des Streitverhältnisses die für die Bewilligung maßgebenden Voraussetzungen vorgetäuscht hat (Nr. 1) oder die Partei absichtlich oder aus grober Nachlässigkeit unrichtige Angaben über die persönlichen oder wirtschaftlichen Verhältnisse gemacht oder eine Erklärung nach § 120 Abs. 4 Satz 2 nicht

---

[48] Damit hat der Gesetzgeber die Streitfragen gelöst, die auf die seitherige und gänzlich verfehlte Regelung (s. dazu *Schneider,* MDR 1987, 89, 90; *Zöller/Schneider,* § 120 Rz. 14 und zB *OLGe Koblenz,* Rpfleger 1984, 159, 160f., *Köln,* FamRZ 1986, 1124) zurückgingen, s. 5. Aufl. Rz. 144 m. Fn. 49–51, *Pohlmeyer,* AnwBl 1987, 420.

[49] *Zöller/Schneider,* § 120 Rz. 14 m. § 124 Rz. 17.

[50] *Zöller/Schneider,* § 124 Rz. 17.

[51] *Zöller/Schneider,* aaO; dazu *OLGe Saarbrücken,* NJW 1983, 1068, *Koblenz,* Rpfleger 1984, 159, 330; FamRZ 1985, 727; *Stuttgart,* FamRZ 1986, 1124.

[52] Beispiele: *OLGe* Koblenz, FamRZ 1985, 725, *Hamm,* Rpfleger 1986, 238.

[53] *Zöller/Schneider,* § 120 Rz. 14; anders *OLG Frankfurt,* FamRZ 1984, 809.

[54] Dazu *Göppinger/Wax,* Rz. 3441: in Betracht komme nur die Auferlegung ggf. von höheren Monatsraten oder die Zahlung von bestimmten Beträgen aus dem Vermögen (s. § 120 Abs. 1).

[55] *Zöller/Schneider,* § 120 Rz. 16.

abgegeben hat (Nr. 2)[56] oder die persönlichen oder wirtschaftlichen Voraussetzungen für die Prozeßkostenhilfe nicht vorgelegen haben und wenn seit der rechtskräftigen Entscheidung oder sonstigen Beendigung des Rechtsstreits noch nicht 4 Jahre vergangen sind (Nr. 3) oder die Partei länger als 3 Monate mit der Zahlung der Monatsrate oder mit der Zahlung eines sonstigen Betrages im Rückstand ist (Nr. 4).

Die Voraussetzungen der Nr. 3 sind auch als gegeben zu beurteilen, wenn sich nachträglich herausstellt, daß das Gericht von unzutreffenden tatsächlichen Voraussetzungen ausgegangen ist und diese Voraussetzungen für die Bewilligung tatsächlich nicht vorgelegen haben.[57] Nr. 4 erfordert keinen Verzug, dh kein Verschulden.[58]

Das Gericht hat bei der Entscheidung über die Entziehung der Prozeßkostenhilfe (pflichtgemäßes, dh gebundenes) Ermessen auszuüben.[59] Es kann die Aufhebung auch rückwirkend anordnen.[60] Sie bewirkt, daß die Vergünstigungen des § 122 entfallen.[61] Doch verliert der beigeordnete Anwalt nicht die bereits verdienten Gebühren, dh den diesbezüglichen Anspruch gegen die Staatskasse.[62]

Wird die Bewilligung der Prozeßkostenhilfe für eine *Scheidungssache* aufgehoben, so erstreckt sich diese Entscheidung auch auf die Folgesachen[63] (s. zur Beiordnung § 121 i. V. m. § 624 Abs. 2 ZPO und dazu oben Rz. 143a).

Der Beschluß, mit dem die Prozeßkostenhilfe gewährt wird und Ratenzahlungen oder Zahlungen aus dem Vermögen angeordnet werden (§ 120 Abs. 1 ZPO) oder die Hilfe abgelehnt wird oder geändert wird (§ 120 Abs. 4 ZPO) oder aufgehoben wird (§ 124 ZPO), bedarf der Begründung.[64]

Gegen den die Hilfe ablehnenden oder dem Antrag nur teilweise stattgebenden Beschluß findet die Beschwerde statt (§ 127 Abs. 2 ZPO).[65] Wird die

---

[56] Dazu *OLG Hamm,* Rpfleger 1986, 238; *Zöller/Schneider,* § 124 Rz. 10.

[57] Die Aufhebung ist aber ausgeschlossen, wenn das Gericht bei erneuter Prüfung die Erfolgsaussicht anders beurteilt oder die Hilfebedürftigkeit (s. *OLGe Stuttgart,* FamRZ 1984, 722, *Hamm,* NJW 1984, 2837) oder bei Rechtsirrtum (s. *OLG Hamm,* FamRZ 1986, 583), bei versehentlich unterlassener Anordnung einer Ratenzahlung (*Göppinger/Wax,* Rz. 3442, anders *OLG Bremen,* FamRZ 1985, 728) u. dgl. (s. dazu *Zöller/Schneider,* § 124 Rz. 2, 13).

[58] *Zöller/Schneider,* § 124 Rz. 12.

[59] *OLG Stuttgart,* Die Justiz 1986, 14, *Zöller/Schneider,* § 124 Rz. 12, 20; *Göppinger/Wax,* Rz. 3444.

[60] *Göppinger/Wax,* Rz. 3442.

[61] *Zöller/Schneider,* § 124 Rz. 25.

[62] *Zöller/Schneider,* § 124 Rz. 25, § 120 Rz. 17; *OLGe Düsseldorf,* Rpfleger 1982, 396, *Zweibrücken,* Rpfleger 1984, 115.

[63] *Zöller/Schneider,* § 124 Rz. 25.

[64] Hierzu *Zöller/Schneider,* § 127 Rz. 4; § 124 Rz. 12.

[65] Jedoch nicht, wenn in der Hauptsache kein Rechtsmittel gegeben ist, zB bezüglich einer einstweiligen Anordnung gemäß §§ 620c Satz 2, 127a Abs. 2 Satz 1 ZPO, s. *Göppinger/Wax,* Rz. 3445; *Zöller/Schneider,* § 127 Rz. 21.

Hilfe gewährt, so steht der Staatskasse[66] die Beschwerde innerhalb von drei Monaten (§ 127 Abs. 3 Satz 3 ZPO) zu, jedoch nur, wenn weder Monatsraten noch Zahlungen aus dem Vermögen angeordnet wurden, und nur mit der Begründung, die Partei habe nach ihren persönlichen und wirtschaftlichen Verhältnissen Zahlungen zu leisten (§ 127 Abs. 3 Satz 1 und 2 ZPO), also nicht gegen die Höhe der zu leistenden Zahlungen und nicht gegen die Beiordnung eines Anwalts,[67] wohl auch nicht mit der Behauptung, der Beschluß sei „greifbar gesetzwidrig".[68]

2. Beratungshilfe*

144a Gemäß § 1 des Beratungshilfegesetzes v. 18. 6. 1980, BGBl I 689, kann Hilfe für die Wahrnehmung von Rechten außerhalb eines gerichtlichen Verfahrens (Beratungshilfe) in Anspruch genommen werden, wenn der Hilfesuchende die dazu erforderlichen Mittel nicht aufzubringen vermag, andere Möglichkeiten für eine Hilfe nicht zur Verfügung stehen und die Wahrnehmung der Rechte nicht mutwillig ist. Die Beratungshilfe besteht in Beratung und Vertretung (§ 2 Abs. 1 des Ges.), sie wird gewährt ua in Angelegenheiten des Zivilrechts (§ 2 Abs. 1 Nr. 1).[1]

Der Anwalt erhält Gebühren aus der Landeskasse (§ 131 BRAGO),[2] die in § 132 BRAGO näher geregelt sind. Er erhält für einen mündlichen oder schriftlichen Rat oder für eine Auskunft (vgl. auch § 20 BRAGO) nach § 132

---

[66] Der aber der Beschluß nicht von Amts wegen mitgeteilt wird (§ 127 Abs. 3 Satz 5 ZPO); krit. gegen die Neuregelung des § 127 Abs. 3 *Zöller/Schneider,* § 127 Rz. 32, *Schneider,* MDR 1987, 89, 91f.

[67] *Göppinger/Wax,* Rz. 3446; *Mümmler,* JurBüro 1987, 481, 485f.

[68] Ebenso *Göppinger/Wax,* Rz. 3446, anders *Zöller/Schneider,* § 127 Rz. 32.

* **Lit.:** Kommentare: *Schoreit/Behn,* 2. Aufl. 1986; *Lindemann/Trenk-Hinterberger,* 1987.

Aufsätze: *Greissinger,* Beratungshilfe – eine Zwischenbilanz, NJW 1985, 1671; *ders.;* Rechtsprechung in Beratungshilfesachen, AnwBl 1986, 417; *Hansens,* Die Vergütung des Rechtsanwalts für die Beratungshilfe aus der Sicht der Praxis, JurBüro 1986, 1, 169, 330; *ders.,* Beratungshilfe und Prozeßkostenhilfe-Prüfungsverfahren, JurBüro 1986, 1609; *ders.,* Die Vergütung des Rechtsanwalts für Beratungshilfe in Ehesachen, JurBüro 1987, 23; *Kreppel,* Nachträglicher Antrag auf Beratungshilfe, Rpfleger 1986, 86; *Lindemann,* Der Begriff der gleichen „Angelegenheit" in der Beratungshilfe, NJW 1986, 2299; *Mümmler,* Anm. zu LG Stuttgart, JurBüro 1986, 1522; *Reuter,* Beratungshilfe nur „außerhalb eines gerichtlichen Verfahrens", NJW 1985, 2011; zur Entwicklung der Anwaltsvergütung 1986 *Hansens,* JurBüro 1987, 329.

[1] Das AmtsG stellt dem Hiflesuchenden gemäß § 6 Abs. 1 einen Berechtigungsschein aus für die Beratung durch einen Rechtsanwalt seiner Wahl. Doch kann der Hilfesuchende sich auch unmittelbar an einen Anwalt wenden (s. § 7, dazu *Kreppel,* Rpfleger 1986, 86) und hat seine persönlichen und wirtschaftlichen Verhältnisse (s. § 1) glaubhaft zu machen.

[2] Zur Schutzgebühr an den Anwalt s. § 8 des Ges.

Abs. 1, für die in § 118 BRAGO geregelten Tätigkeiten nach § 132 Abs. 2, sowie für die Tätigkeit, die zu einem Vergleich führt, nach § 132 Abs. 3 jeweils *feste Gebühren.*[3]

Die Beratungshilfe hat auch Bedeutung in *Scheidungssachen.* Hier ist freilich streitig, wie sich die Vorschrift des § 13 Abs. 2 Satz 1 BRAGO auswirkt – wonach ein Anwalt *in derselben Angelegenheit* Gebühren nur einmal erhält[4] –, dh wie dieser Begriff hier auszulegen ist. Dieselbe Angelegenheit liegt vor, wenn ein einheitlicher, dh auch gleichzeitiger Auftrag erteilt, ein innerer Zusammenhang zwischen den einzelnen Gegenständen gegeben und das außergerichtliche Verfahren bezüglich der anwaltlichen Tätigkeit gleichartig ist.[5]

Im vorliegenden Zusammenhang kommt der Fall in Betracht, daß die arme Partei sich vor der Beantragung der Prozeßkostenhilfe für das Scheidungsverfahren beraten läßt über die Scheidung und die Scheidungsfolgen,[6] sowie über die Fragen, die mit der Trennung der Eheleute zusammenhängen, dabei jeweils auch über die Frage der gerichtlichen Zuständigkeit.

Die Tätigkeit des Anwalts, welche die mit der Trennung der Eheleute zusammenhängenden Fragen betrifft, wird man als *eine* Angelegenheit beurteilen können (nämlich Unterhalt des Ehegatten und der Kinder),[7] sowie die Tätigkeit, die sich auf die Scheidung bezieht, als eine weitere Angelegenheit, die Tätigkeit bezüglich einzelner Gegenstände (Scheidung und Scheidungsfolgen, Unterhalt, Sorgerecht, Umgangsrecht, Versorgungsausgleich, Zugewinnausgleich, Wohnung, Hausrat) also auch nur als eine Angelegenheit, und nicht die Scheidung und die Scheidungsfolgen als zwei Angelegenheiten.[8]

Führt die Tätigkeit des Anwalts zu einer außergerichtlichen Vereinbarung mit der Gegenseite, so steht dem Anwalt neben der Gebühr des § 132 Abs. 2 auch die Gebühr des § 132 Abs. 3 zu.[9]

---

[3] Also keine Rahmengebühr wie gemäß §§ 20, 118 BRAGO. Die Gebühren betragen seit 1. 1. 1987 DM 35 (Abs. 1), DM 90 (Abs. 2), DM 110 (Abs. 3).

[4] Hierzu *Lindemann,* NJW 1986, 2299; *Hansens,* JurBüro 1986, 169, 171. Die Vorschrift ist, wie allgemein anerkannt, hier zumindest analog anzuwenden.

[5] *Mümmler,* JurBüro 1984, 185f., 1136; *Lindemann,* aaO.

[6] Dazu *Hansens,* JurBüro 1986, 1609; *Reuter,* NJW 1985, 2011.

[7] Vgl. *OLG Braunschweig,* AnwBl 1984, 514, 515; *LG Dortmund,* Rpfleger 1985, 378 = AnwBl 1985, 334 m. abl. Anm. *Schmidt; LG Stade,* Rpfleger 1986, 495 (nach der Scheidung, aber Erhöhung gem. § 6 BRAGO); *Hansens,* JurBüro 1987, 27f.; s. auch *Lindemann,* aaO 2300; *AmtsG Köln,* AnwBl 1986, 414; *LG Kleve,* JurBüro 1987, 64; anders *Klinge,* AnwBl 1987, 25.

[8] *Hansens,* JurBüro 1986, 1, 7f.; 1987, 23, 25f.; *Mümmler,* JurBüro 1986, 1523 m. zahlr. Nachw.; s. auch *Greissinger,* NJW 1985, 1671, 1676; AnwBl 1986, 417, 422f.; anders *OLG Braunschweig,* AnwBl 1984, 514; LG Tübingen, Rpfleger 1986, 239; *OLG Düsseldorf,* Rpfleger 1986, 109 = AnwBl 1986, 162 (Scheidungs- und Scheidungsfolgesachen jeweils selbständige Angelegenheiten).

[9] *LG Hildesheim,* NJW 1986, 2324; *LG Aurich,* JurBüro 1986, 243; *LG Berlin,* MDR 1983, 765; *Riedel/Sussbauer/Chemnitz,* Rz. 25, *Gerold/Schmidt,* Rz. 4 je zu § 132; *Hansens,* JurBüro 1986, 169, 181f.; *Schaich,* AnwBl 1987, 90.

Die Gebühr des § 132 Abs. 2 Satz 1 ist auf die Gebühr für ein anschließendes gerichtliches Verfahren (Prozeßgebühr gemäß Gewährung der Prozeßkostenhilfe) zur Hälfte anzurechnen (§ 132 Abs. 2 Satz 2 BRAGO; vgl. auch zur Ratsgebühr § 132 Abs. 1 S. 2 i. V. m. § 20 Abs. 1 Satz 3 BRAGO).

Ob dieselbe Angelegenheit vorliegt, ob eine oder mehrere Angelegenheiten anzunehmen sind, ist im Festsetzungsverfahren zu prüfen, auch wenn mehrere Berechtigungsscheine (§ 6 BerHG) ausgestellt worden waren.[10]

Umstritten ist bezüglich des Festsetzungsverfahrens, wenn der Anwalt eine Vergleichsgebühr geltend macht, ob er verpflichtet werden kann, zur Prüfung und Glaubhaftmachung seine Handakten vorzulegen.[11]

Für die Festsetzung der Gebühren ist das AmtsG zuständig,[12] im Beschwerdeverfahren des LG, auch wenn die Tätigkeit des Anwalts Familiensachen bzw. Ehesachen betraf.[13]

VI. Kostenregelung im Vergleich, Streitwert und Gebühren

1. Kostenregelung im Vergleich

a) Grundsätzliches

145 Bei Abschluß der Vereinbarung über die Scheidungsfolgen empfiehlt es sich, Klarheit darüber zu gewinnen, welche Kosten durch einen Vergleich etwa entstehen und wie diese aufgebracht werden sollen, evtl. auch, ob hierfür Prozeßkostenhilfe beansprucht werden soll (s. auch Rz. 1 Fn. 12 aE).

Der Vergleich ist nunmehr nach neuem Recht, da hiernach über die Scheidungssache und die Folgesachen einheitlich entschieden werden kann (§§ 623 Abs. 1, 629 Abs. 1 ZPO, hierzu Rz. 28ff.), stets Teilvergleich (s. Rz. 74), wenn er im Rahmen des Scheidungsprozesses zustandegekommen ist (s. auch Rz. 51ff.).

Die Ehegatten sind befugt, in dem Vergleich festzulegen, welcher Teil die Kosten des Vergleichs tragen soll, oder die Kostentragung quotenmäßig usw. zu regeln (zu den Anwaltsgebühren, insbesondere der Vergleichsgebühr s.

---

[10] *LGe Dortmund,* Rpfleger 1985, 78 = AnwBl 1985, 334; *Stuttgart,* JurBüro 1986, 1519; *Tübingen,* Rpfleger 1986, 239; *Greissinger,* AnwBl 1986, 417, 422; *Mümmler,* JurBüro 1986, 1522; *Hansens,* JurBüro 1987, 23.

[11] Bejahend *LG Göttingen,* JurBüro 1986, 242; anders *LG Hannover,* Rpfleger 1986, 72 = JurBüro 1986, 241; Glaubhaftmachung verlangen *LG Berlin,* MDR 1983, 765; *LG Aurich,* JurBüro 1986, 246.

[12] Zur örtlichen Zuständigkeit *OLG Karlsruhe,* AnwBl 1984, 514; *KG,* AnwBl 1985, 332, zum Falle der nachträglichen Gewährung der Beratungshilfe (§ 7).

[13] *LG Kleve,* JurBüro 1986, 1384; *BGH,* FamRZ 1984, 774; *LG Köln,* AnwBl 1986, 255; *Hansens,* JurBüro 1987, 23, 26; anders *OLG Braunschweig,* AnwBl 1984, 514.

Rz. 181ff., zu den Gerichtsgebühren s. Rz. 178ff.). Werden im Eheprozeß mehrere Vergleiche geschlossen, die streitwertmäßig als ein Vergleich zu beurteilen sind (s. Rz. 157), so muß dem bei der Kostenregelung Rechnung getragen werden.

Wird der Vergleich vor Erlassung des Scheidungsurteils geschlossen und enthält er keine Regelung der Kosten des Vergleichs selbst, so ist zu unterscheiden, ob er anhängige oder (auch) nicht anhängige Scheidungsfolgesachen betrifft: Umfaßt er nur rechtshängige oder anhängige Folgesachen, so ist anzunehmen, daß die Kostenentscheidung des Scheidungsurteils (s. hierzu Rz. 60, 62) die Kosten des Vergleichs mitumfaßt. Enthält der Vergleich dagegen Gegenstände, die nicht rechtshängig oder anhängig waren, so ist § 98 ZPO anzuwenden.[1]

Das gleiche gilt, wenn mehrere Vergleiche (s. Rz. 56) in demselben Verfahren vor Erlassung des Urteils geschlossen worden sind; diese sind dann als Einheit zu beurteilen.

146 Wird dagegen in einem **abgetrennten Verfahren** (§ 628 ZPO, s. dazu auch Rz. 32) oder in einem nach Schluß der mündlichen Verhandlung der Scheidungssache (s. § 623 Abs. 2 ZPO) anhängig gewordenen Verfahren (s. Rz. 32, 57–59) ein (weiterer) Vergleich geschlossen, so kann diese Kosten des Vergleichs die Kostenentscheidung des Scheidungsurteils nicht mitumfassen. Betrifft der Vergleich nur das anhängige Verfahren oder geht er darüber hinaus und enthält er keine Kostenregelung, so kommt es darauf an, ob der Vergleich in einem Zivilprozeß oder einem Verfahren der freiwilligen Gerichtsbarkeit geschlossen wird.[2] Im ersteren Falle ist § 98 ZPO anzuwenden, im letzteren Falle findet keine Kostenerstattung statt (s. Rz. 61). ZB kann im Verfahren der freiwilligen Gerichtsbarkeit betr. die Durchführung des Versorgungsausgleichs oder die Regelung der Rechtsverhältnisse an der Ehewohnung und dem Hausrat ein Vergleich geschlossen werden, der zugleich güterrechtliche Ansprüche oder Unterhaltsansprüche (zB Sonderbedarf gemäß § 1613 Abs. 2 BGB) regelt oder es kann im Zivilprozeß, der zB den Zugewinnausgleich oder Unterhaltsansprüche (etwa einen früher nicht vorhergesehenen Mehrbedarf) betrifft, ein Vergleich geschlossen werden, der den Versorgungsausgleich regelt. Zu einer Vereinbarung über den Versorgungsausgleich ist freilich zu beachten, daß hierzu die Genehmigung des FamG erforderlich ist (§ 1587 o Abs. 2 Satz 3, 4 BGB).

b) Einzelfragen

147 Gelten die Kosten als gegeneinander aufgehoben (**§ 98 ZPO**) oder besteht kein Kostenerstattungsanspruch (s. oben zu Verfahren der freiwilligen Ge-

---

[1] Ebenso *Stein/Jonas/Schlosser*, ZPO, § 617 Rz. 16; s. ferner *OLG München*, MDR 1977, 848 (m. zahlr. Nachw.).

[2] Zum Vergleich in der freiwilligen Gerichtsbarkeit s. Rz. 61 Fußn. 2; zur Anwendung des § 98 ZPO s. noch *Göppinger*, AnwBl 1977, 436, 437.

richtsbarkeit), so bedeutet dies, daß jeder Ehegatte seine eigenen Kosten trägt, also u. a. evtl. die Kosten seines Korrespondenzanwalts (§ 52 BRAGO), der etwa am Zustandekommen des Vergleichs mitgewirkt hat (s. § 23 Abs. 1 Satz 2, Abs. 2 BRAGO). Vereinbaren die Ehegatten aber zB, jeder Ehegatte trage die Hälfte der Kosten des Vergleichs, so hat der Teil, der höhere Kosten aufwenden mußte, zB durch die Zuziehung eines Korrespondenzanwalts oder durch höhere Reisekosten anläßlich des Abschlusses des Vergleichs bezüglich der Hälfte dieser Kosten, soweit sie notwendig waren (§ 91 Abs. 1 ZPO), einen Erstattungsanspruch.[3]

148 Beim Abschluß der Vereinbarung wird ein von einem Ehegatten dem anderen geleisteter Prozeßkostenvorschuß zu berücksichtigen sein.[4]

149 War dem Vergleich ein volljähriges Kind wegen seines Unterhaltsanspruchs beigetreten (s. Rz. 582), so empfiehlt sich regelmäßig eine Regelung der hierdurch entstandenen Kosten.

150 Ist ein Ehegatte beim Abschluß des Vergleichs noch minderjährig, so kann er nicht ohne Zustimmung seines gesetzlichen Vertreters Kosten übernehmen; steht er unter Pflegschaft oder Vormundschaft, so bedarf der Pfleger oder Vormund gemäß § 1822 Nr. 12 BGB regelmäßig der vormundschaftsgerichtlichen Genehmigung (s. auch Rz. 79).

151 Die Vereinbarung ist hinsichtlich der durch diese selbst entstandenen Kosten nur dann ein Vollstreckungstitel, wenn sie die Bestimmung enthält, welche Partei die Kosten trägt, gegebenenfalls eine höhere Quote (vgl. § 106 ZPO). Nur dann ist ein Kostenfestsetzungsverfahren (§§ 103, 104 ZPO, 21 RPflG) bezüglich der durch die Vereinbarung entstandenen Kosten möglich.[5]

152 Zu der Frage, ob Kosten des Vergleichs, die im Hinblick auf die Vorschrift des § 630 ZPO aufgewendet worden sind, als außergewöhnliche Belastung iS des § 33 EStG geltend gemacht werden können, s. Rz. 69.

2. Streitwert

a) Grundsätzliches

153 Im Zusammenhang mit der Protokollierung des Vergleichs sollte das Gericht zweckmäßigerweise mit den Parteien den Streitwert erörtern; hierdurch können manche Rückfragen und Schwierigkeiten und dann nicht wenige Streitwertbeschwerden (§§ 25 Abs. 2 GKG, 9 Abs. 2 Satz 2 BRAGO) vermieden werden.

---

[3] Zu Erstattungsfähigkeit der Kosten des Korrespondenzanwalts, wenn er in Vorgesprächen mit der Gegenseite die gesetzlichen Voraussetzungen der einverständlichen Scheidung erarbeitet hat, *KG*, FamRZ 1982, 1227 = MDR 1983, 136.

[4] Vgl. im allgemeinen zur Anrechnung *Mümmler*, JurBüro 1977, 1169, 1173; *Göppinger, Unterhaltsrecht*, Rz. 571, *OLG Karlsruhe*, Rpfleger 1981, 408; *OLG Stuttgart*, Die Justiz 1987, 351 = FamRZ 1987, 968 m. Anm. der Red.

[5] *OLG Stuttgart*, Die Justiz 1965, 114 = AnwBl 1965, 149; *OLG München*, MDR 1968, 59; *OLG Köln*, AnwBl 1968, 91; *Mümmler*, JurBüro 1982, 641. Zur Vereinbarung über die *Kosten des Rechtsstreits* s. Rz. 60ff.

Hervorzuheben ist, daß die Streitwertberechnung für alle mit der Scheidungssache verbundenen Scheidungsfolgesachen (s. § 1 Abs. 2 GKG, §§ 621, 623 ZPO) nur nach den Vorschriften des GKG und der ZPO (§§ 3–9) vorzunehmen ist (§ 12 Abs. 1 GKG); Vorschriften der KostO sind also auch dann nicht anzuwenden, wenn es sich um Verfahren der frewilligen Gerichtsbarkeit handelt (s. § 621a ZPO).[1] Die Scheidungssache[2] und die Folgesachen gelten gemäß § 19a Satz 1 GKG als ein Verfahren, dessen Gebühren nach dem zusammengerechneten Wert der Gegenstände zu berechnen sind.[3]

Wird der für die Gerichtsgebühren (§ 11 Abs. 1 GKG i. V. mit KV 1170) 154 maßgebende Wert gerichtlich festgesetzt (§ 25 GKG), so ist die Festsetzung auch für die Gebühren des Rechtsanwalts maßgebend (§ 9 Abs. 1 BRAGO). Der Rechtsanwalt kann die Festsetzung des Werts auch aus eigenem Recht beantragen (§ 9 Abs. 2 Satz 1 BRAGO).

Die Festsetzung des Streitwerts des Vergleichs ist vor allem dann von 155 Bedeutung, wenn der Wert des Vergleichsgegenstandes den Wert des Streitgegenstandes, dh der mit dem Scheidungsantrag verbundenen weiteren Anträge betr. Folgesachen (§§ 621, 623 ZPO) übersteigt (s. zur Gerichtsgebühr KV 1170) oder wenn nach Stellung des Scheidungsantrags gemäß §§ 1565, 1566 Abs. 1 BGB ein Vergleich als Vollstreckungstitel gemäß § 630 Abs. 1 Nr. 3, Abs. 3 ZPO geschlossen wird (§ 794 Abs. 1 Nr. 1 ZPO).

Wird der Wert des Vergleichs festgesetzt (s. zur Anwaltsgebühr Rz. 181), 156 so empfiehlt es sich, den Wert der einzelnen Punkte je gesondert aufzufüh-

---

[1] Werden Folgesachen im Verfahren der freiwilligen Gerichtsbarkeit jedoch nach Schluß der mündlichen Verhandlung der Ehesache (§ 623 Abs. 2 ZPO) anhängig, so ist die KostO anzuwenden.

[2] Der Wert der Scheidungssache ist gemäß § 12 Abs. 2 Satz 1 GKG festzusetzen, wobei für die Einkommensverhältnisse das in drei Monaten erzielte Nettoeinkommen der Eheleute einzusetzen ist (Abs. 2 Satz 2); der Wert darf aber nicht unter 4000 DM angenommen werden und 2 Millionen DM nicht übersteigen (Abs. 2 Satz 4). Näheres hierzu bei *Eg. Schneider,* Streitwert, Stichwort: Ehesachen; *Mümmler,* JurBüro 1981, 1453, 1461ff.; 1982, 1281, 1292ff.; 1984, 321, 328f.; *Hillach/Rohs,* S. 211ff. Der Streitwert richtet sich nach den Einkommens- und Vermögensverhältnissen der Parteien im Zeitpunkt der Antragstellung, wobei aber der Umfang der Scheidungssache erst bei Beendigung der Instanz beurteilt werden kann und eine Verbesserung, nicht eine Verschlechterung der Einkommens- und Vermögensverhältnisse während des Verfahrens zu berücksichtigen ist (s. dazu *Schneider,* aaO, I 12, 32; MDR 1985, 353f.; *Lappe,* NJW 1986, 2550, 2551; *Mümmler,* JurBüro 1982, 1292; *OLG Bamberg,* JurBüro 1981, 1704; *OLG Bremen,* das. 243); zur Berücksichtigung von Verbindlichkeiten s. *OLG Düsseldorf,* JurBüro 1982, 1375; 1983, 1070; *OLG Bamberg,* JurBüro 1983, 1539 (laufende Verbindlichkeiten); *Schneider,* MDR 1985, 354; *Lappe,* NJW 1983, 1466, 1468; *Mümmler,* JurBüro 1984, 329; *Schneider,* aaO, I 35; zu dem Fall, daß Prozeßkostenhilfe bewilligt ist, s. *Schneider,* aaO, I 11, MDR 1983, 274, 278; 1985, 354: Mindeststreitwert; anders *OLG Düsseldorf,* JurBüro 1982, 1700; *Mümmler,* JurBüro 1984, 328; *Schmidt,* AnwBl 1984, 505; zum Problem des durchschnittlichen Umfangs s. *Lappe,* NJW 1984, 1212f.; NJW 1986, 2550, 2551 re. Sp.; zur Berücksichtigung des Vermögens (Netto, Freibeträge) *OLG Nürnberg,* JurBüro 1987, 398 m. Anm. *Mümmler*; zum Streitwert in Ehesachen eingehend *Mümmler,* JurBüro 1987, 1129.

[3] Hierzu *Mümmler,* JurBüro 1981, 1781, 1783.

ren, damit der betreffende einzelne Wert gegebenenfalls nachprüfbar ist (s. zur Beschwerde und Beschwerdeberechtigung zB auch der Staatskasse, vertreten durch den Bezirksrevisor s. §§ 42, 45 DVKostG, § 25 Abs. 2 GKG). Die Streitwerte der einzelnen Punkte sind dann für die Anwaltsgebühren zusammenzurechnen (vgl. auch § 7 Abs. 2 BRAGO), ebenso für die Gerichtsgebühr (KV 1170) die Gegenstände, die den Vergleichsmehrwert ausmachen (§ 19a Satz 1 GKG).

157 Werden mehrere Vergleiche geschlossen, zB über die in § 630 Abs. 1 insbesondere Nr. 2, 3 ZPO genannten Punkte und später über den Zugewinnausgleich und Versorgungsausgleich oder über die vermögensrechtliche Auseinandersetzung, so sind die Werte der Vergleiche zusammenzurechnen (§ 19a Satz 1 GKG). Dies gilt jedoch nur, wenn es sich um Vergleiche in der Scheidungssache handelt, mit der die Folgesachen verbunden sind, also regelmäßig vor Erlassung des Scheidungsurteils, allenfalls noch nach Urteilsverkündung vor dem Rechtsmittelverzicht. Kommt indes in einem selbständig anhängig gewordenen Verfahren (§§ 621 Abs. 1 Nrn. 4–9, 623 Abs. 2 ZPO) ein Vergleich, zB auch über mehrere Gegenstände, zustande, so ist dessen Wert getrennt zu berechnen.

b) Einzelheiten

158 Sind mit der Vereinbarung Bestimmungen über das (weitere) Verfahren in der Hauptsache getroffen, zB über die Zustimmung zur Scheidung (§ 1566 Abs. 1 BGB) oder darüber, daß der Antragsgegner, der die Scheidung zunächst wegen außergewöhnlicher Umstände abgelehnt hat (§ 1568 2. Alt. BGB), seine ablehnende Haltung ändert oder daß der Antragsgegner dem Antrag gemäß § 1565 Abs. 2 BGB nicht entgegentritt, so kommt solchen Abreden kein Streitwert zu; auch entsteht hier keine Anwaltsgebühr (§ 36 Abs. 1 BRAGO). Die diesbezügliche Tätigkeit des Anwalts ist vielmehr mit der Prozeßgebühr (§ 31 Abs. 1 Nr. 1 BRAGO) abgegolten.

159 Der Streitwert des Verfahrens betr. die **Regelung der elterlichen Sorge** nach der Ehescheidung (§ 1671 BGB), des Umgangs des Kindes mit dem nichtsorgeberechtigten Elternteil (§ 1634 BGB) und betr. die Herausgabe eines Kindes (§ 1632 BGB) und damit der Streitwert von Vereinbarungen der Eltern über diese Punkte ist gemäß § 12 Abs. 2 Satz 1 GKG festzusetzen. Hierbei ist von einem Streitwert von 1500 DM auszugehen (§ 12 Abs. 2 Satz 3, zweiter Satzteil GKG),[4] er kann unter Berücksichtigung der Gesichtspunkte des

---

[4] Dieser Regelwert des § 12 Abs. 2 Satz 3 GKG kann nicht durch den höheren Ausgangswert des § 94 Abs. 3 i.V. mit § 30 Abs. 2 KostO (DM 5000) bei isolierten Familiensachen der freiwilligen Gerichtsbarkeit ersetzt werden (so zutreffend *Mümmler,* JurBüro 1981, 1781, 1788); weitere Einzelheiten bei *Mümmler,* aaO. Zu einer *Vereinbarung* über das Umgangsrecht s. *OLG Hamm,* JurBüro 1982, 1377.

§ 12 Abs. 2 Satz 3 GKG gilt aber nicht für ein isoliertes Sorgerechtsverfahren (Abänderung, § 1696 BGB), *OLG Hamm,* AnwBl 1987, 96 Leits.

Abs. 2 Satz 1 höher oder niederer festgesetzt werden, jedoch nicht über 2 Millionen DM und nicht unter 600 DM (Abs. 2 Satz 4). Jede dieser Regelungen hat einen eigenen Streitwert,[5] wie auch dem Wortlaut des § 19a Satz 2 GKG („eine Scheidungsfolgesache" . . . „ein Gegenstand") zu entnehmen ist; denn jede dieser Folgesachen ist in § 621 Abs. 1 in getrennten Nrn. (1, 2, 3) geregelt und kann Gegenstand eines besonderen Verfahrens vor dem FamG sein (vgl. auch § 94 Abs. 1 Nr. 4, 6 KostO). Handelt es sich um mehrere Kinder, so ist die betreffende Scheidungsfolgesache trotzdem nur als ein Gegenstand zu bewerten (§ 19a Satz 2 GKG – vgl. auch für das Verfahren der freiwilligen Gerichtsbarkeit § 94 Abs. 2 Satz 2 KostO –). Der Streitwert ist jedoch wegen des größeren Umfangs der Sache zu erhöhen, indessen nicht entsprechend der Zahl der Kinder zu vervielfachen.[6]

Enthält ein Vergleich einen gemeinsamen Vorschlag über die elterliche 160
Sorge und eine Regelung betr. Unterhaltszahlungen zugunsten des betr. Kindes (vgl. auch § 1629 Abs. 3 Satz 2 BGB), so ist § 12 Abs. 3 nicht anzuwenden; dies ist jetzt durch § 19a Satz 3 GKG klargestellt. Die Vorschrift ist im Hinblick auf die neue Regelung des § 1629 Abs. 3 BGB und darauf sachgerecht, daß es sich um einen Unterhaltsanspruch des Kindes (vgl. §§ 1601, 1606 Abs. 3 BGB) handelt, der unabhängig von der Scheidung der Ehe besteht.

Der Streitwert für die **Unterhaltsregelung** zugunsten der Kinder ist gemäß 161
§ 17 Abs. 1 GKG festzusetzen;[7] sind mehrere Kinder vorhanden, so sind die Werte der einzelnen Ansprüche zusammenzurechnen. Wird für ein Kind bezüglich eines bestimmten Zeitraums oder von einem bestimmten Zeitpunkt an ein höherer Anspruch festgelegt, so ist der höhere Wert maßgebend.

Das gleiche gilt für Regelungen der gesetzlichen Unterhaltspflicht des geschiedenen Ehegatten.[8] Im Falle eines **Unterhaltsverzichts** ist die Ermittlung des Streitwerts auf den Einzelfall abzustellen.[9]

Unterhalt für (geschiedene oder getrennt lebende) Ehegatten und für Kin-

---

[5] Dazu s. *OLG Düsseldorf,* JurBüro 1980, 1543 m. weit. Nachw. und *Anm. Mümmler.*

[6] Hierzu *OLG Frankfurt,* JurBüro 1981, 245 m. Anm. *Mümmler* (zahlr. Nachw.); *Mümmler,* JurBüro 1981, 1781, 1789 m. weit. Nachw.; s. auch *OLG Stuttgart,* AnwBl 1984, 203 (einvernehmliche Regelung für zwei Kinder).

[7] Zu Unterhaltsrückständen ist § 17 Abs. 4 GKG zu beachten; zu dem der Klage vorausgegangenen Verfahren der Prozeßkostenhilfe, den während dieses Verfahrens aufgelaufenen Rückständen s. *Lappe,* NJW 1984, 1212, 1213 (Einreichung des Gesuchs = Einreichung der Klage) und Kosten in Familiensachen (1983) Rz. 202 m. weit. Nachw.

[8] Nähere Einzelheiten bei *Schneider,* Streitwert, Stichwort „Unterhalt"; zu dem Falle der begrenzten Unterhaltspflicht und des Verzichts im übrigen s. *OLG Bamberg,* JurBüro 1980, 1862; zum Verzicht auf Abänderung *Hillach/Rohs,* S. 241 (kein zusätzlicher Streitwert).

[9] *Mümmler,* JurBüro 1979, 1543; JurBüro 1978, 1, 20; *Schneider,* Stichwort „Unterhalt" Nr. 18, S. 659f.; *Hillach/Rohs,* S. 223f.; *OLG Düsseldorf,* JurBüro 1984, 1542.

der betreffen verschiedene Gegenstände, so daß die Streitwerte gemäß § 7 Abs. 2 BRAGO zusammenzurechnen sind.[10]

Finden mehrere Verfahren der unter einem bestimmten Buchstaben des § 41 Abs. 1 BRAGO (betr. einstweilige Anordnungen) zusammengefaßten Arten statt, so bilden sie insgesamt nur eine Angelegenheit iS von § 13 Abs. 2 BRAGO. Unterhaltsfestsetzung, Erhöhung und Herabsetzung für denselben Berechtigten betreffen denselben Gegenstand, maßgebend ist der geltend gemachte Höchstbetrag.[11]

162 Wird die Weiterzahlung der Beiträge für eine **Krankenversicherung** vereinbart (vgl. §§ 1578 Abs. 2, 1610 Abs. 2 BGB – s. Rz. 242, 576ff. –), so ist der Streitwert ebenfalls nach dem Jahresbeitrag zu bemessen (§ 17 Abs. 1 GKG), da diese Verpflichtung als Teil der Unterhaltsverpflichtung zu beurteilen ist.

163 Treffen die Parteien eine Vereinbarung gemäß § 1361 Abs. 1 Satz 2 BGB über die Leistung von Beiträgen für eine Versicherung im Falle des Alters und der Berufs- oder Erwerbsunfähigkeit, so dürfte dieser Anspruch als Teil des Unterhaltsanspruchs ebenfalls gemäß § 17 Abs. 1 GKG mit dem Jahresbetrag zu bemessen sein.[12]

164 Dagegen ist der Streitwert für eine rein **vertragliche Unterhaltsverpflichtung** (s. Rz. 224) nicht gemäß § 17 Abs. 1 GKG zu bemessen, sondern nach § 9 Satz 1, erste Alternative ZPO;[13] das gleiche gilt, wenn die vertraglich begründete Unterhaltsverpflichtung die Grenzen der gesetzlichen Unterhaltspflicht ersichtlich überschreitet,[14] zB da der Ehegatte sich aus seinen Einkünften und seinem Vermögen selbst unterhalten kann (vgl. § 1577 Abs. 1 BGB) oder die Voraussetzungen des § 1579 BGB vorliegen.

165 Der Wert einer **Abfindung** (vgl. auch § 1585 Abs. 2 BGB) richtet sich, wenn es sich um einen gesetzlichen Unterhaltsanspruch (vgl. Rz. 224) handelt, nach dem gemäß § 17 Abs. 1 GKG zu bestimmenden Streitwert, also nicht nach dem Wert des Vergleichs, dh dem Betrag der Abfindung; dies entspricht der ganz hM.[15] So ist auch dann, wenn der Betrag der Abfindung eindeutig den kapitalisierten Wert der Unterhaltsrente übersteigt, also damit eine zusätzliche freiwillige Leistung darstellt, kein höherer Streitwert als der Jahresbetrag

---

[10] *OLG Stuttgart,* Die Justiz 1982, 172 = JurBüro 1982, 1358.

[11] *OLG Stuttgart,* aaO; *OLG Düsseldorf,* JurBüro 1981, 727; *Mümmler,* JurBüro 1981, 552.

[12] § 20 Abs. 2 GKG ist hier also nicht anzuwenden, auch nicht analog.

[13] *Schneider,* aaO, Nr. 11, S. 657, Rente, gesetzliche Unterhaltspflicht, S. 567; *Schmidt/Schmidt,* Rz. 351.

[14] *Schneider,* aaO, Nr. 12, S. 657.

[15] *SchlHOLG,* JurBüro 1980, 411; *OLG Hamburg,* FamRZ 1987, 184; *Mümmler,* JurBüro 1979, 1445, 1449; 1980, 1217 gegen *OLG Frankfurt,* das. 1215 = Rpfleger 1980, 239; *Schneider,* Stichwort „Abfindungsvergleich" Nr. 1, S. 12f.; *Mümmler,* JurBüro 1982, 17, 22; 1281, 1301; *Lappe,* NJW 1982, 1736, 1737; *Hillach/Rohs,* S. 223, 241; sowie *OLG Hamburg,* JurBüro 1987, 401 (zuzügl. Rückstände).

anzunehmen.[16] Handelt es sich um keine gesetzliche Unterhaltspflicht, so ist § 9 ZPO anzuwenden, evtl. § 3 ZPO, wenn die Abfindung geringer ist als der Jahresbetrag; letzteres gilt auch für den gesetzlichen Unterhalt.

Wird in dem Vergleich die Gewährung einer **Leibrente** (§§ 759ff. BGB) 166
vereinbart, so bemißt sich der Streitwert nach § 9 ZPO.[17] Enthält die Vereinbarung jedoch die Klausel, die Leibrente falle mit der Wiederverheiratung des Berechtigten weg, so ist der Wert nach § 3 ZPO festzusetzen, also auch nicht gemäß § 17 Abs. 1 GKG.[18]

Der Streitwert der in dem Vergleich übernommenen Verpflichtung zur 167
Weiterzahlung der betreffenden Beiträge für eine Lebens-, Aussteuer- oder Ausbildungsversicherung (s. Rz. 232, 595) bemißt sich nach dem 12½-fachen Jahresbetrag (§ 9 ZPO),[19] soweit nicht der Gesamtbetrag der zu leistenden Zahlungen geringer ist; im letzteren Falle ist dieser maßgebend (§ 9 Satz 2 ZPO), zB wenn das durch den Versicherungsvertrag begünstigte Kind schon etwa 10 Jahre alt oder älter ist und die Versicherungssumme mit der Vollendung des 20. oder 21. Lebensjahres fällig wird.

Schließen die Ehegatten eine Vereinbarung über den **Ausgleich von Anwart-** 168
schaften oder Anrechten auf eine Versorgung wegen Alters oder Berufs- oder Erwerbsunfähigkeit (§§ 1587, 1587o BGB), so sind zur Berechnung des Streitwerts maßgebend in den Fällen des § 1587b BGB (s. Rz. 371ff.) der Jahresbetrag der Rente, die den zu übertragenden oder zu begründenden Rentenanwartschaften entspricht, mindestens jedoch 1000 DM (§ 17a Nr. 1 GKG),[20] im Falle des § 1587g Abs. 1 BGB (s. Rz. 381) der Jahresbetrag der Geldrente, mindestens jedoch 1000 DM (§ 17a Nr. 2 GKG). Auf die Vereinbarung einer **Abfindung** in Form der Zahlung eines einmaligen Betrages ist regelmäßig § 17a Nr. 1 anzuwenden, wenn es sich um den öffentlich-rechtlichen Versorgungsausgleich handelt.[21] Geht der vereinbarte Betrag jedoch über den mutmaßlichen kapitalisierten Wert des Versorgungsausgleichs hinaus, so stellt der diesbezügliche Betrag eine zusätzliche Leistung dar, die dem Vergleichswert hinzuzurechnen ist.[22] Vereinbaren die Ehegatten eine Abfin-

---

[16] *Schneider,* Rpfleger 1986, 81, 84f.; zu dem Fall, daß für den Fall der Wiederverheiratung der Mann der Frau eine Abfindung verspricht, *Mümmler,* JurBüro 1982, 17, 23 (§ 3 ZPO).

[17] *Schneider,* Stichwort „Leibrente", S. 453; Abfindungsvergleich, aaO; zum Falle hochbetagter Personen s. *Schneider,* MDR 1976, 270.

[18] *OLG Stuttgart,* Beschl. v. 13. 1. 1967, 8 W 6/67.

[19] *OLG Celle,* Rpfleger 1968, 326.

[20] Näheres zum Versorgungsausgleichsverfahren bei *Mümmler,* JurBüro 1981, 1781, 1789, s. auch *OLG Stuttgart,* FamRZ 1980, 467, das darauf hingewiesen hat, daß die Prüfung einer noch verfallbaren und daher schuldrechtlich auszugleichenden betrieblichen Anwartschaft den Streitwert des Verfahrens über den Wertausgleich nicht erhöht. Zu einer Vereinbarung über die Bewertung von Anwartschaften s. *OLG Karlsruhe,* AnwBl 1983, 524.

[21] Vgl. dazu *OLG Celle,* JurBüro 1978, 103 m. Anm. *Mümmler.*

[22] Hierzu *OLG München,* JurBüro 1979, 1543 m. Anm. *Mümmler; Mümmler,* JurBüro 1980, 1706; 1982, 17, 23.

dung in der Form der Zahlung von Beiträgen zu einer gesetzlichen Rentenversicherung oder einer privaten Lebens- oder Rentenversicherung (vgl. § 1587l BGB), so dürfte der Betrag der dadurch begründeten Jahresrente als Streitwert anzunehmen sein, mindestens aber 1000 DM (analog § 17a Nr. 2 GKG).

169 Für **vermögensrechtliche Auseinandersetzungen** ist jeweils der betreffende Wert maßgebend, zB hinsichtlich eines Grundstücks oder Grundstücksanteils oder einer Eigentumswohnung (§ 6 ZPO)[23] oder bezüglich des Zugewinnausgleichs.[24]

170 Für die Bemessung des Werts einer Vereinbarung über die Bestellung eines **Nießbrauchsrechts** ist § 3 ZPO anzuwenden; maßgebend ist die Schätzung des Werts des Reinertrags, wobei die Regel des § 9 ZPO berücksichtigt und der 12½fache Jahresvertrag angenommen werden kann. § 9 ZPO kann aber nicht unmittelbar angewendet werden, da der Nießbrauch keine wiederkehrenden Leistungen betrifft, sondern ein Dauernutzungsrecht darstellt. Auch § 6 ZPO ist nicht anzuwenden, da nicht der Besitz der Sache Gegenstand der Vereinbarung ist, ferner § 7 ZPO nicht, da der Nießbrauch keine Grunddienstbarkeit ist. Weiterhin kommt § 16 Abs. 1 GKG nicht zum Zuge, da der Nießbrauch kein einem Miet- oder Pachtverhältnis ähnliches Nutzungsverhältnis ist.

171 Der Wert einer Vereinbarung über die Bestellung einer **Reallast** ist gemäß § 9 ZPO festzusetzen; maßgebend ist der 12½fache Jahresbetrag. Die Reallast betrifft wiederkehrende Leistungen (s. § 1105 BGB). § 7 ZPO ist dagegen nicht anzuwenden, da die Reallast keine Grunddienstbarkeit ist.

172 Wird ein **dingliches Wohnungsrecht** bestellt, so ist der Wert der diesbezüglichen Vereinbarungen gemäß § 3 ZPO zu schätzen, wobei der Gedanke des § 9 ZPO mitzuberücksichtigen und der 12½fache Jahresbetrag zugrundezulegen ist. Ein einem Miet- oder Pachtverhältnis ähnliches Nutzungsverhältnis (vgl. § 16 Abs. 1 GKG) ist hier regelmäßig nicht anzunehmen. Kommt dies aber bei einer Vereinbarung eines Entgelts ausnahmsweise in Betracht, so ist gemäß § 16 Abs. 2 GKG der Jahresbetrag maßgebend.

173 Für die Bemessung des Werts einer Vereinbarung über die **Ehewohnung** ist § 16 Abs. 1 GKG anzuwenden, also regelmäßig der Jahresbetrag des Mietzinses; § 21 Abs. 2 der HausrVO ist hier nicht anwendbar (diese Vorschrift besagt freilich im Ergebnis dasselbe). § 21 Abs. 2 HausrVO ist nur anzuwenden, wenn das diesbezügliche Verfahren nicht Folgesache einer Scheidungssache ist (§ 1 Abs. 2 GKG) und etwa in einem solchen selbständigen Verfahren (s. § 621 Abs. 1 Nr. 7 ZPO) ein Vergleich zustande kommt.

174 Für Vereinbarungen über den **Hausrat** ist der Wert der betreffenden Ge-

---

[23] *KG,* Rpfleger 1974, 439; *Mümmler,* JurBüro 1984, 663 (Miteigentum); *Schmidt,* AnwBl 1984, 373 gegen *OLG Saarbrücken,* das. S. 372 (Einigung über Überlassung einer Grundstückshälfte).

[24] *Mümmler,* JurBüro 1982, 1374 (Anm. zu *OLG Schleswig,* das.).

genstände maßgebend,[25] dh nicht lediglich die Hälfte des Werts oder des Anteils, den ein Ehegatte an dem Hausrat zu besitzen glaubt.[26] Der Anteil des Antragstellers ist auch dann nicht abzuziehen, wenn über dessen Miteigentumsanteil am Hausrat kein Streit besteht.[27] Ist der Hausrat bereits geteilt, so ist einer Erklärung, bei dieser Teilung solle es verbleiben, ein wirtschaftlicher Wert nicht beizumessen.[28]

Wird eine **erbvertragliche Regelung** vereinbart, so ist deren Wert gemäß § 3 ZPO festzusetzen. 175

Wird eine Regelung darüber getroffen, wer die **Kosten des Rechtsstreits** tragen soll, so errechnet sich der Wert der Vereinbarung, wenn das Gericht von dieser abweicht (§ 93a Abs. 1 Satz 3 ZPO), aus dem Wert des von einer Partei abweichend von der Kostenentscheidung des Urteils übernommenen Kostenanteils, also aus der Differenz dieser Kosten.[29] Deckt sich der Inhalt der Vereinbarung bezüglich der Kostentragung mit der gerichtlichen Kostenentscheidung im Urteil, so kommt der Vereinbarung insoweit kein Streitwert zu (also nur in diesem Falle). Hat die Vereinbarung über die Kosten des Rechtsstreits jedoch einen Streitwert, so ist dieser bei der Berechnung der Vergleichsgebühr des Anwalts mitzuberücksichtigen,[30] ebenso bei der Berechnung der Gerichtsgebühr aus dem Vergleichsmehrwert. 176

Wird, wie häufig und wie es notwendig ist, damit bezüglich der durch den Abschluß des Vergleichs entstandenen Kosten eine Kostenfestsetzung (§ 103 ZPO) durchgeführt werden kann (s. Rz. 151), eine Regelung darüber getroffen, wer die Kosten der Vereinbarung trägt, so kommt diesem Teil der Vereinbarung kein Streitwert zu (wie auch sonst bei Abschluß eines Prozeßvergleichs), was aus § 4 ZPO herzuleiten ist.[31] 177

3. Gebühren*

a) Gerichtsgebühren

Für die gerichtliche **Vergleichsgebühr** ist § 11 Abs. 1 GKG i. V. mit KV 1170 maßgebend; hiernach verfällt für den Wert des Vergleichsgegenstandes in 178

---

[25] *Mümmler,* JurBüro 1981, 1781, 1799; *Schmidt,* AnwBl 1981, 405; AnwBl 1984, 373 (reeller Wert), gegen *OLG Saarbrücken,* das. S. 372 (Verkaufswert) bei Streit über Verteilung; *Hillach/Rohs,* S. 227 (Verkehrswert).

[26] So aber *OLG Frankfurt,* JurBüro 1979, 1700; hiergegen *Mümmler,* JurBüro 1982, 17, 23.

[27] *Mümmler,* JurBüro 1981, 1781, 1790 Fußn. 135.

[28] *OLG Zweibrücken,* Rpfleger 1980, 201; *Mümmler,* JurBüro 1982, 17, 23f.

[29] *OLG Stuttgart,* Die Justiz 1968, 13 = AnwBl 1968, 92; *OLG Karlsruhe,* Rpfleger 1969, 96; *Gerold/Schmidt,* BRAGO, § 36 Rz. 3.

[30] *OLG Stuttgart,* aaO; *Brangsch,* AnwBl 1961, 288.

[31] *OLG Frankfurt,* JurBüro 1969, 168 = Rpfleger 1969, 60.

* Hierzu s. auch *Mümmler,* JurBüro 1981, 1453ff., 1615ff., 1871ff., sowie zum Scheidungsvergleich 1982, 17ff.; 1984, 1629ff.

Angelegenheiten, die nicht als Folgesachen (§§ 621 Abs. 1, 623 ZPO) anhängig bzw. rechtshängig[1] gemacht worden sind, ein Viertel der vollen Gebühr. Diese Vorschrift ist auf alle in dem Vergleich mitgeregelten Scheidungsfolgesachen anzuwenden, da mit der Protokollierung des Vergleichs diese als mit der Scheidungssache verbunden anzusehen sind und daher § 1 Abs. 2 GKG anzuwenden ist.

179 Wurde eine Folgesache oder wurden mehrere Folgesachen abgetrennt (§ 628 Abs. 1 Satz 1 ZPO – s. dazu Rz. 32, sowie auch Rz. 61, 146 –), so verlieren die Folgesachen kostenrechtlich nicht den Charakter als Folgesache.[2] Kommt danach ein Vergleich zustande, dessen Gegenstand den Wert des Streitgegenstandes, dh der anhängigen bzw. rechtshängigen Folgesache, übersteigt, so entsteht aus diesem Mehrwert ein Viertel der vollen Gebühr (KV 1170). ZB in einem den Versorgungsausgleich betreffenden Verfahren wird zugleich ein Vergleich über den Zugewinnausgleich geschlossen; auch in diesem Falle ist § 1 Abs. 2 GKG für anwendbar zu halten; iS dieser Vorschrift bleiben die erwähnten Verfahren Folgesachen.

Ebenso fällt die Gebühr nach KV 1170 an, wenn in einem nach Schluß der mündlchen Verhandlung der Ehesache (s. § 623 Abs. 2 ZPO) rechtshängig gewordenen Zivilprozeß weitere in diesem Verfahren nicht anhängige Gegenstände, zB der Versorgungsausgleich und sonstige vermögensrechtliche Gegenstände, mit verglichen werden.

180 Wird dagegen nach Schluß der mündlichen Verhandlung der Ehesache (s. § 623 Abs. 2 ZPO) ein **Verfahren der freiwilligen Gerichtsbarkeit** anhängig, in dem ein Vergleich geschlossen werden kann, nämlich ein den schuldrechtlichen Versorgungsausgleich (§ 1587f BGB) oder die Ehewohnung oder den Hausrat (§ 1 HausrVO) oder die Stundung der Ausgleichsforderung (§ 1382 BGB) oder die Übertragung von Vermögensgegenständen (§ 1383 BGB) betreffendes Verfahren (s. hierzu §§ 1587o BGB, 1, 16 Abs. 3 HausrVO, 53a Abs. 1, 4 FGG), so können in den Vergleich weitere Streitgegegenstände einbezogen werden. Mangels einer Vorschrift (s. § 1 KostO) entsteht für die Protokollierung des Vergleichs keine Gerichtsgebühr, also auch nicht hinsichtlich der Regelung der nicht anhängigen Gegenstände. Vielmehr entsteht in dem den Versorgungsausgleich (s. § 1587g BGB) und den Hausrat und die Ehewohnung betreffenden Verfahren nur je eine Gerichtsgebühr (s. §§ 99 Abs. 1 KostO, 21 HausrVO); in dem Verfahren gemäß §§ 1382, 1383 BGB erwächst im Falle des Abschlusses eines Vergleichs keine Gebühr.[3]

---

[1] Zur Erläuterung dieser Begriffe: Der Ausdruck „anhängig“ bezieht sich auf die Verfahren der freiwilligen Gerichtsbarkeit, einschließlich der Amtsverfahren, dh der vom Amts wegen eingeleiteten Verfahren (s. § 623 Abs. 3 ZPO); der Begriff „rechtshängig“ dagegen bezieht sich auf den Zivilprozeß (vgl. §§ 253 Abs. 1, 261 Abs. 1 ZPO).

[2] *OLG Bamberg*, JurBüro 1980, 1827, 1864; s. auch Rz. 181f.

[3] Gemäß § 97 Abs. 1 Nr. 1 KosO entsteht eine Gebühr nur für die gerichtliche *Entscheidung*.

b) Anwaltsgebühren

181 aa) Hier ist zunächst darauf hinzuweisen, daß die Scheidungssache und die Folgesachen, also Amtsverfahren und Antragsverfahren (§§ 621 Abs. 1, 623 ZPO) als dieselbe Angelegenheit (dh dasselbe Verfahren) iS der **BRAGO** (s. § 7 **Abs.** 3) gelten, so daß die Werte der mehreren Gegenstände[4] Folgesachen (dh Streitgegenstände, „Ansprüche", die Scheidungssache und jede einzelne der Folgesachen) zusammenzurechnen sind (s. § 7 Abs. 2 BRAGO). Folgesachen verbleibt dieser Charakter auch nach einer Abtrennung gemäß § 628 ZPO.[5] Die volle Prozeßgebühr des Prozeßbevollmächtigten des Antragstellers ist mit Eingang des Antrags bei Gericht aus dem Gesamtstreitwert einschließlich des Versorgungsausgleichsverfahrens, da dieses ein Amtsverfahren ist (s. Rz. 29), entstanden, ohne daß es einer mündlichen Verhandlung darüber bedürfte.[6]

Wichtig ist ferner, daß gemäß **§ 31 Abs.** 3 BRAGO auch für **Folgesachen der freiwilligen Gerichtsbarkeit** (Regelung der elterlichen Sorge, des Umgangrechts, der Herausgabe eines Kindes, des Versorgungsausgleichs, der Rechtsverhältnisse an Ehewohnung und Hausrat[7] und der Angelegenheiten gemäß §§ 1382, 1383 BGB) die Vorschriften des § 31 Abs. 1 und 2 gelten, also nicht die des § 118 BRAGO. Dies gilt auch dann, wenn die Folgesachen gemäß § 628 ZPO abgetrennt werden (vgl. aber auch für selbständige Verfahren Rz. 183 aE).

182 Werden **Folgesachen** gemäß § 628 Abs. 1 Satz 1 ZPO **abgetrennt,** so entsteht für den Anwalt keine neue **Prozeßgebühr;** dies ist die Konsequenz aus der Regelung des § 7 Abs. 2 und 3 BRAGO,[8] § 628 ZPO bewirkt keine gebührenrechtliche Selbständigkeit des nachfolgenden Verfahrens.[9] Das gleiche gilt im Falle einer **Vorwegentscheidung** gemäß § 627 ZPO[10] (zu dieser s. Rz. 602).

183 Ist ein Vergleich zustandegekommen, so steht dem Anwalt eine **Vergleichsgebühr** (§ 23 BRAGO) in Höhe von 10/10 aus dem Wert des Vergleichs, dh der

---

[4] Die Begriffe „Angelegenheit" und „Gegenstand" sind also voneinander zu unterscheiden (s. zB *Göppinger/Mutschler,* Rz. 2016 Fußn. 10).

[5] *OLG Bamberg,* JurBüro 1980, 1827, 1864; 1984, 1514; *OLG Düsseldorf,* JurBüro 1987, 62; s. auch Rz. 182.

[6] *OLG Stuttgart,* Die Justiz 1983, 418.

[7] § 63 Abs. 3 BRAGO gilt also hier nicht (ebenso *OLG Hamm,* JurBüro 1980, 558 = Rpfleger 1980, 77); zu den Gebühren in Angelegenheiten der freiwilligen Gerichtsbarkeit s. *Mümmler,* JurBüro 1983, 961, 962ff.

Im **isolierten Sorgerechtsverfahren,** zB einem späteren Änderungsverfahren (§ 1696 BGB), entsteht regelmäßig eine Geschäftsgebühr (§ 118 Abs. 1 Nr. 1 BRAGO) von (nur) 7,5/10, lediglich in Ausnahmefällen 10/10 (*OLG Frankfurt,* JurBüro 1983, 1051).

[8] Jetzt allg. Meinung, s. zB *OLGe Hamm,* JurBüro 1979, 1648, *Celle,* JurBüro 1979, 1551 = NdsRpfl 1979, 243; *Braunschweig,* JurBüro 1979, 1821, *Stuttgart,* JurBüro 1980, 66 = Die Justiz 1980, 24, *München,* AnwBl 1984, 203; *Mümmler,* JurBüro 1979, 1, 2; JurBüro 1983, 1295, 1298f.

[9] *OLG Braunschweig,* aaO; s. ferner Rz. 179, 181.

[10] *Schmidt,* AnwBl 1983, 552; *OLG Düsseldorf,* das. 556.

Gesamtheit der Folgesachen, zu, die in diesem geregelt werden. Erwähnenswert ist noch, daß eine Sorgerechtseinigung ein die Vergleichsgebühr auslösender Vergleich sein kann, im Hinblick auf das Vorschlagsrecht (§ 1671 Abs. 3 BGB); Voraussetzung ist, daß die Vereinbarung einen vorherigen Streit oder eine vorherige Ungewißheit der Eltern über die Ausübung des Vorschlagsrechts im Wege gegenseitigen Nachgebens beseitigt (vgl. § 779 BGB).[11] Betrifft der Vergleich Gegenstände, die nicht anhängig oder rechtshängig waren (Rz. 178 Fußn. 1), so erwächst daneben aus dem Wert dieser Gegenstände eine $\frac{5}{10}$ Prozeßgebühr (§ 32 Abs. 2 BRAGO).

Werden vor Erlassung des Scheidungsurteils mehrere Vergleiche geschlossen, so gelten diese gebührenrechtlich als ein Vergleich (s. § 7 Abs. 3 BRAGO, sowie Rz. 157), ebenso wenn die Vergleiche (Teilvergleiche) vor und nach Rechtskraft des Scheidungsurteils zustandekommen, der letzte Vergleich in einem abgetrennten Verfahren (§ 628 Abs. 1 Satz 1 ZPO) oder nach Schluß der mündlichen Verhandlung der Scheidungssache (s. § 623 Abs. 2 ZPO).

In einem nach Schluß der mündlichen Verhandlung der Scheidungssache erster Instanz (§ 623 Abs. 2 ZPO) anhängig werdenden Hausratsverfahren ist § 63 Abs. 1 Nr. 1, Abs. 3 BRAGO anzuwenden, in einem den schuldrechtlichen Versorgungsausgleich betreffenden Verfahren (s. Rz. 407) § 118 BRAGO.[12] Kommt hier ein Vergleich zustande, so ist dessen Wert nicht mit dem Wert eines im Verbundverfahren geschlossenen Vergleichs zusammenzurechnen; das gleiche gilt zB, wenn das den Zugewinnausgleich betreffende Verfahren außerhalb des Verbunds, also nach Schluß der mündlichen Verhandlung der Scheidungssache in erster Instanz oder nach Rechtskraft des Scheidungsurteils, anhängig gemacht wurde.

184 Da sich die Vollmacht des Anwalts auf die Folgesachen erstreckt (s. Rz. 133), wird eine **außergerichtliche Tätigkeit** des Anwalts regelmäßig – von dem extremen Ausnahmefall der Beschränkung der Vollmacht (s. Rz. 133) abgesehen – nur in Betracht kommen hinsichtlich der vermögensrechtlichen Auseinandersetzung,[13] die nicht Ansprüche aus dem ehelichen Güterrecht (s. § 621 Abs. 1 Nr. 8 ZPO) betrifft, zB bei gesellschaftsrechtlichen Auseinandersetzungen, Bestellung dinglicher, im Grundbuch einzutragender Rechte, bei Regelungen zugunsten eines Kindes, die über die Regelung der Unter-

---

[11] *OLG Düsseldorf*, JurBüro 1980, 735 m. zustimmender Anm. *Mümmler; OLG Bamberg*, JurBüro 1980, 863; *Mümmler*, JurBüro 1981, 1615, 1617f.

[12] Vgl. dazu *OLG Saarbrücken*, JurBüro 1980, 1686 m. Anm. *Mümmler, BGH*, MDR 1982, 44 (jeweils zum Beschwerdeverfahren).

[13] Zu den Anwaltsgebühren bei außergerichtlichen Vergleichsverfahren zur Vermögensauseinandersetzung unter geschiedenen Ehegatten s. *Mümmler*, JurBüro 1977, 1193 sowie 1978, 336; zur außergerichtlichen Scheidungsvereinbarung *Mümmler*, JurBüro 1982, 833, 1809, zur Vermögensauseinandersetzung *Mümmler*, JurBüro 1984, 663; zur Anwendung der Bewertungsvorschriften s. § 8 Abs. 1 S. 2 BRAGO; zur etwaigen Belehrungspflicht bezügl. der Kosten s. Rz. 1 Fn. 12.

haltspflicht hinausgehen, zB auch eine erbvertragliche Regelung. Für alle diese Verfahren wäre das FamG nicht zuständig, das AmtsG nur, wenn der Wert DM 5000 nicht übersteigt, sonst das LG (§ 71 Abs. 1 i. V. mit § 23 Nr. 1 GVG).

Hat ein Ehegatte bezüglich der erwähnten Gegenstände Auftrag zu außer- 185
gerichtlicher Tätigkeit des Anwalts gegeben, so ist die **Geschäftsgebühr** (§ 118 Abs. 1 Nr. 1 BRAGO) auf die 5/10 Prozeßgebühr (§ 32 BRAGO) anzurechnen (§ 118 Abs. 2 BRAGO). Diese Geschäftsgebühr und diese Prozeßgebühr unter Berücksichtigung der Anrechnung dürfen mit der Prozeßgebühr aus dem Wert der anhängigen bzw. rechtshängigen Folgesachen eine volle (10/10) Gebühr aus dem Wert des im Vergleich geregelten Gesamtkomplexes nicht übersteigen (§ 13 Abs. 3 BRAGO).

Für außergerichtliche Besprechungen (über nicht anhängige oder rechts- 186
hängige Gegenstände) erwächst aus dem Wert der besprochenen Punkte eine **Besprechungsgebühr** (§ 118 Abs. 1 Nr. 2 BRAGO).

Hat der Anwalt zur Regelung der erwähnten vermögensrechtlichen Aus- 187
einandersetzung (s. Rz. 184) auftragsgemäß eine außergerichtliche Tätigkeit ausgeübt, so fallen die hierfür entstandenen Gebühren nicht etwa dadurch weg, daß danach ein Vergleich zustandekommt (zur Anrechnung der Gebühren s. Rz. 185, 191). Auch sind die Vorschriften des § 118 BRAGO nicht deshalb unanwendbar, weil auf den Vergleichsabschluß die Vorschriften des Dritten Abschnittes des Gesetzes, nämlich § 32 BRAGO, anzuwenden sind (vgl. die Formulierung im 1. Abs. des § 118). Stets ist von dem Auftrag der Partei auszugehen. In der Regel ist anzunehmen, daß in solchen Fällen zunächst (nur) ein Auftrag zu außergerichtlichen Verhandlungen über die erwähnten vermögensrechtlichen Gegenstände erteilt ist, die ja nicht Folgesachen iS der §§ 621 Abs. 1, 623 ZPO sind und von deren Regelung die Scheidung der Ehe kaum abhängig gemacht wird. Ob die außergerichtlichen Vergleichsverhandlungen zum Erfolg führen, ist nicht von vornherein sicher. Auch wenn die Partei sehr oft ein Interesse daran haben wird, die Ansprüche in einem gerichtlichen Vergleich festzulegen, also in einem Vollstreckungstitel, so kann daraus nicht der Schluß gezogen werden, der Auftrag sei von vornherein nur darauf gerichtet, einen gerichtlich zu protokollierenden Vergleich herbeizuführen.[14] Vielmehr geht es zunächst darum, daß der Anwalt mit dem Gegner (Gegenanwalt) in Verbindung treten soll, um zu sondieren und die Möglichkeiten einer Vergleichsbasis zu ermitteln. Dies bedeutet, daß zunächst ein unbedingter Auftrag zu außergerichtlicher Tätigkeit anzunehmen ist und ferner gegebenenfalls ein bedingter Auftrag, im Falle einer Einigung die gerichtliche Protokollierung herbeizuführen. Die Frage der Protokollierung kann erst auftreten, wenn die außergerichtliche Einigung zustan-

---

[14] Hierzu *OLG Stuttgart,* Die Justiz 1968, 340 = NJW 1969, 103; *Schmidt,* NJW 1968, 702; *Schumann,* NJW 1968, 1271; s. auch *OLG Düsseldorf,* NJW 1969, 1677, sowie *Mümmler,* JurBüro 1984, 1629; *OLG Koblenz,* VersR 1987, 207.

degekommen ist und feststeht, daß die Protokollierung sich lohnt oder erforderlich ist, um einen Vollstreckungstitel zu schaffen oder etwa, weil einige in der Vereinbarung vorgesehenen Punkte formbedürftig sind (vgl. §§ 313, 873 Abs. 2, 2276 BGB, 29 Abs. 1 GBO, s. auch § 127a BGB). Der Prozeßvergleich kann ja abgeschlossen werden, auch wenn die betreffenden in ihm zu regelnden Gegenstände nicht zuvor rechtshängig gemacht waren und das Gericht, das den Vergleich protokolliert, zu einer Entscheidung gar nicht zuständig wäre.

188 bb) Eine **Erörterungsgebühr** (§ 31 Abs. 1 Nr. 4 BRAGO)[15] entsteht im Scheidungsverbundverfahren nur, wenn die Erörterung in einem Termin zur mündlichen Verhandlung stattfindet,[16] und nur hinsichtlich der rechtshängigen und anhängigen (s. Rz. 178 Fußn. 1) Gegenstände,[17] d.h. sie erwächst nicht, wenn vor einer Scheidungsvereinbarung Gegenstände erörtert werden, die nicht rechtshängig oder anhängig sind, zB der Zugewinnausgleich, oder, wenn keine einverständliche Scheidung (§§ 1565, 1566 Abs. 1 BGB, 630 ZPO) begehrt wird, Unterhaltsansprüche,[18] die Auseinandersetzung bezüglich der Ehewohnung und des Hausrats,[19] oder Gegenstände, die überhaupt nicht in den Verfahrensverbund (§§ 623, 621 ZPO) einbezogen werden können, da sie keine Familiensachen sind, wie sonstige vermögensrechtliche Auseinandersetzungen, etwa gesellschaftsrechtliche Ansprüche.

189 Falls über Folgesachen in dem Scheidungsverfahren mitverhandelt wird, entsteht eine **Verhandlungsgebühr** (§ 31 Abs. 1 Nr. 2 und Abs. 3), die aus dem Wert der Scheidungssache und der anhängigen bzw. rechtshängigen Folgesachen zu berechnen ist (§ 7 Abs. 3 BRAGO). Dies gilt auch, wenn mehrere Verhandlungen über verschiedene Gegenstände stattfinden. Zu beachten ist,

---

[15] Grundsätzliches zu dieser bei *Schneider*, JurBüro 1980, 1ff., 161ff.

[16] *Mümmler*, JurBüro 1981, 1781, 1787; *OLG Düsseldorf* und *SchlHOLG*, JurBüro 1978, 1195, 1196; *OLG Stuttgart*, Die Justiz 1986, 17; sowie *OLG Zweibrücken*, JurBüro 1979, 1518 (nur Anhörung gemäß § 613 ZPO); jetzt wohl allg. Meinung. Es genügt jedes Gespräch über die Sach- und Rechtslage (s. zB *OLGe Frankfurt*, AnwBl 1982, 487; *Koblenz*, JurBüro 1983, 562); auf die Dauer und darauf, ob die Sache einfach oder schwierig ist, kommt es nicht an (*OLG Koblenz*, aaO). Auch ist es unschädlich, wenn die Sitzung unterbrochen wird und die Anwälte die Besprechung ohne das Gericht fortsetzen (*OLG Koblenz*, aaO).

[17] *Mümmler*, aaO, m. zahlr. Hinw.; *Gerold/Schmidt*, § 31 Rz. 142f.; *OLGe Braunschweig*, JurBüro 1980, 713, *Bamberg*, JurBüro 1980, 716, *Oldenburg*, JurBüro 1980, 871, *Düsseldorf*, JurBüro 1981, 70; jetzt fast allg. Meinung.

[18] ZB *OLG Bamberg*, aaO, betr. Zugewinnausgleich und Kindesunterhalt.

[19] Selbstverständlich wird eine Familiensache nicht schon dadurch Folgesache, daß die Parteien sie anläßlich der Verhandlung der Scheidungssache in die Erörterung der Scheidungsfolgen einbeziehen und sie dann einer Regelung zuführen (*OLG Düsseldorf*, JurBüro 1981, 933 = FamRZ 1981, 805, 806, Leits. 4; vgl. auch zum Zugewinnausgleich *OLG Frankfurt*, JurBüro 1979, 1682 betr. Prozeßgebühr). Die Erörterungsgebühr entsteht aber, wenn eine Folgesache in der mündlichen Verhandlung anhängig gemacht und erörtert wird mit dem Ziel, eine streitige Verhandlung entbehrlich zu machen und zu einem Vergleichsabschluß zu kommen (*OLG Celle*, JurBüro 1983, 1827).

daß in Scheidungsfolgesachen, die den Regeln der freiwilligen Gerichtsbarkeit folgen, auch bei einseitiger nichtstreitiger Verhandlung, also über die Regelung der elterlichen Sorge und des Umgangsrechts, ferner der Rechtsverhältnisse an Ehewohnung und Hausrat sowie des Versorgungsausgleichs, gegebenenfalls in Verfahren gemäß §§ 1382, 1383 BGB (s. § 53a FGG), eine volle Verhandlungsgebühr entsteht; § 33 Abs. 1 BRAGO, bzw. im Hausrats-Verfahren § 63 Abs. 3 BRAGO sind hier nicht anzuwenden.[20] In anderen Fällen, nämlich in Unterhaltssachen und im Zugewinnausgleichsverfahren (ZPO-Verfahren) entsteht im Falle einer nichtstreitigen Verhandlung nur eine halbe Verhandlungsgebühr (§ 33 Abs. 1 BRAGO).[21] Doch darf dann der Gesamtbetrag der einzelnen Gebühren eine $^{10}/_{10}$ Gebühr aus dem zusammengerechneten Wert aller Gegenstände der Verhandlung nicht übersteigen (§ 13 Abs. 3 BRAGO).

Entsteht vor der Verhandlung oder danach durch Erörterung einer oder **190**
mehrerer Folgesachen eine Erörterungsgebühr, so ist diese auf die Verhandlungsgebühr anzurechnen (§ 31 Abs. 2 BRAGO), soweit die anwaltliche Tätigkeit dieselben Gegenstände betrifft. Erörterungsgebühr und Verhandlungsgebühr dürfen aber eine $^{10}/_{10}$ Gebühr aus dem Wert des Gesamtkomplexes (Scheidungssache und Folgesachen) nicht übersteigen (§ 13 Abs. 3 BRAGO)[22] – s. auch Rz. 189.

War durch außergerichtliche Besprechungen über nichtanhängige Gegen- **191**
stände eine Besprechungsgebühr entstanden (s. Rz. 186) und war danach durch eine Erörterung der gleichen Gegenstände vor Gericht, bevor es zum Abschluß des Vergleichs kam, eine Erörterungsgebühr erwachsen, so müssen diese Gebühren aufeinander angerechnet werden (analog §§ 31 Abs. 2, 118 Abs. 2 BRAGO). Diese Frage hat der Gesetzgeber bei der Änderung des § 118 Abs. 2 ersichtlich übersehen,[23] die Nichtanrechnung würde zu einem unangemessenen und unerträglichen Ergebnis führen.

Die **Beweisgebühr** entsteht im *Ehescheidungsverfahren* für die Vertretung **192**
einer Partei nicht nur bei der Vernehmung einer oder beider Parteien, sondern auch schon bei Anhörung einer oder beider Parteien (§§ 613 ZPO, 31 Abs. 1 Nr. 3 BRAGO),[24] sonst lediglich bei einer formell durchgeführten

---

[20] *OLG Hamm,* JurBüro 1980, 558 = Rpfleger 1980, 77; *KG,* AnwBl 1984, 506 = JurBüro 1984, 1524.

[21] Vgl. auch zum Versäumnisverfahren *Göppinger/Wax,* Rz. 3170.

[22] Zum Verhältnis der Erörterungsgebühr zur Verhandlungsgebühr s. *Chemnitz,* NJW 1977, 747; *OLG Hamburg,* MDR 1977, 852; *Schneider,* JurBüro 1980, 161, 173ff.

[23] Die Begründung des Rechtsausschusses des BT (BT-Drucks. 7/3243) hierzu ist wiedergegeben in AnwBl 1975, 122. Anders als der Text *Gerold/Schmidt,* § 118 Rz. 21.

[24] Vgl. dazu *Göppinger,* JurBüro 1976, 1429, 1433f., sowie zu sonstigen Fällen *OLG Hamburg,* JurBüro 1980, 709 (Wiedergabe der Angaben der Parteien in den Entscheidungsgründen), *OLG Stuttgart,* JurBüro 1981, 1352 (eingehende Anhörung der Parteien). Voraussetzung ist nicht, daß die Anhörung der Aufklärung streitiger tatsächlicher Umstände dient; vielmehr reicht es aus, daß sie den unbestrittenen schriftlichen Vor-

Beweisaufnahme, der Vernehmung von Parteien (und Zeugen). Die erwähnte nur für das Scheidungsverfahren (§ 613 ZPO) geltende Vorschrift kann nicht auf die Folgesachen ausgedehnt werden, d.h. eine Anhörung der Ehegatten in einer Folgesache, zB im Verfahren der elterlichen Sorge oder des Umgangsrechts, läßt keine Beweisgebühr entstehen,[25] dasselbe gilt für die Anhörung der Eltern gemäß § 50a FGG.[26] Ferner stellt die Anhörung der Kinder gemäß § 50b FGG keine Beweisaufnahme dar, wenn sie nur die Gelegenheit zur Stellungnahme, d.h. die Gewährung des rechtlichen Gehörs bezweckt.[27]

Nach wohl ganz überwiegender Meinung erwächst eine Beweisgebühr im Verfahren der elterlichen Sorge, des Umgangsrechts und des Versorgungsausgleichs nur dann, wenn eine formelle Beweisaufnahme über streitige tatsächliche Umstände stattfindet,[28] also nicht, wenn eine Stellungnahme des Jugendamts (vgl. §§ 48a Abs. 1 Nr. 4, 6, 52a JWG)[29] zur Regelung des Sorgerechts oder des Umgangsrechts oder eine Auskunft der zuständigen Behörden, Rentenversicherungsträger, Arbeitgeber, Versicherern oder sonstigen Stellen über Grund und Höhe der Versorgungsanwartschaften (s. § 53b Abs. 2 Satz 2 FGG) eingeholt wird,[30] d.h. also, wenn das Gericht formlose Ermittlungen anstellt, wenn es sich um die Sammlung des für die Entscheidung erheblichen Tatsachenstoffs handelt, wenn es nicht um die Feststellung der Richtigkeit oder Unrichtigkeit einer bestimmten Tatsache geht, oder wenn das Jugendamt in Sorgerechtssachen Ermittlungen angestellt hat und sodann

---

trag ergänzt (*OLG Stuttgart,* Die Justiz 1982, 273 = JurBüro 1982, 865). Die Anhörung kann auch unmittelbar vor Antragstellung geschehen (*OLG Bamberg,* JurBüro 1983, 559).

[25] *Mümmler,* JurBüro 1981, 1781, 1786; *Gerold/Schmidt,* BRAGO, § 31 Rz. 105 (letzter Satz); *OLG München,* JurBüro 1980, 1190 m. Anm. *Mümmler; SchlHOLG, JurBüro 1980, 1351; OLG Stuttgart,* JurBüro 1986, 1834 (jetzt wohl einhellige Ansicht).

[26] *OLG Düsseldorf,* JurBüro 1981, 712; *OLG Bamberg,* JurBüro 1981, 1686; *OLG Bremen,* AnwBl 1979, 34; *OLG München,* JurBüro 1980, 1840; *OLG Karlsruhe,* Die Justiz 1985, 443 = Rpfleger 1985, 509.

[27] *OLGe Düsseldorf,* aaO, JurBüro 1986, 234, *Bamberg,* aaO; *Mümmler,* JurBüro 1984, 1637.

[28] Hierzu eingehend *Pillhofer,* FamRZ 1982, 765; *OLG Stuttgart,* Die Justiz 1987, 151.

[29] Zur Anhörung des Jugendamts s. auch *Göppinger,* JurBüro 1976, 1429, 1431.

[30] Hierzu *Mümmler,* JurBüro 1981, 1781, 1786f. m. eingehenden Nachw., *OLGe Bamberg,* JurBüro 1980, 382, 1530; 1981, 1686, *Oldenburg,* JurBüro 1980, 399, *Hamburg,* JurBüro 1980, 555, *München,* JurBüro 1980, 1186, AnwBl 1984, 210 m. ablehn. Anm. *Schmidt; SchlHOLG,* JurBüro 1980, 1351; *KG,* JurBüro 1980, 1183 = Rpfleger 1980, 400; *OLG Frankfurt,* JurBüro 1983, 1826; *OLG Zweibrücken,* JurBüro 1984, 876; *OLG Karlsruhe,* Die Justiz 1986, 194; *OLG Koblenz,* Rpfleger 1986, 320; anders in dem Falle, daß das Gericht dem Anwalt Gelegenheit zur Stellungnahme zu dem Bericht des Jugendamtes gegeben hat, *OLG Saarbrücken,* JurBüro 1981, 66, und in dem Falle, daß das Jugendamt Erhebungen angestellt hat, *Gerold/Schmidt,* § 31 Rz. 105a.

hierüber dem Gericht berichtet,[31] wenn es sich im Verfahren des Versorgungsausgleichs nur um die Stellungsnahme des Versicherungs- oder Versorgungsträgers als Verfahrensbeteiligten (§ 53b Abs. 2 Satz 1 FGG) handelt, die Stellungnahme also nur informativen Charakter hat.

193 Erstrebt ein Ehegatte die **Ehescheidung** nach einjähriger Trennung gemäß **§§ 1565, 1566 Abs. 1 BGB,** beauftragt er deshalb einen Anwalt, zugleich auch zur Regelung der Scheidungsfolgen in einem Vergleich, kommt dieser zustande und wird die Ehe geschieden, so kommen folgende gebührenrechtliche Fragen in Betracht.[32] Der Anwalt erreicht vor Klageerhebung eine außergerichtliche Einigung bezüglich der Zustimmung des anderen Ehegatten zur Scheidung, der Regelung der elterlichen Sorge, des Umgangs des nichtsorgeberechtigten Elternteils mit dem Kinde, der Unterhaltspflicht gegenüber dem Kinde und dem Ehegatten, der Rechtsverhältnisse an Ehewohnung und Hausrat, um diese Vereinbarung gemäß § 630 Abs. 1 ZPO vorzulegen. Nach weiteren Erörterungen der Anwälte miteinander und vor Gericht wird ein gerichtlicher Vergleich protokolliert, der die in § 630 Abs. 3 ZPO aufgeführten Gegenstände sowie den Zugewinnausgleich[33] und den Versorgungsausgleich regelt. Der Anwalt erhält eine Prozeßgebühr (§ 31 Abs. 1 Nr. 1 BRAGO) von $^{10}/_{10}$ aus dem Wert der Scheidungssache,[34] der Regelung der elterlichen Sorge und des Umgangsrechts und des Versorgungsausgleichs, eine $^{5}/_{10}$ Prozeßgebühr (§ 32 Abs. 2 BRAGO) aus dem Wert der übrigen Folgesachen,[35] begrenzt durch eine $^{10}/_{10}$ Gebühr aus dem Wert des Gesamtkomplexes. Ferner erhält der Anwalt eine $^{10}/_{10}$ Verhandlungsgebühr aus dem Wert der Scheidungssache und, soweit hierüber verhandelt wird (vgl. § 623 Abs. 1 ZPO),[36] der Regelung der elterlichen Sorge und des Versorgungsausgleichs, sowie – da davon ausgegangen werden soll, daß die anhängigen bzw. rechtshängigen Gegenstände des Vergleichs erörtert wurden – eine Erörterungsge-

---

[31] *OLGe Bamberg,* JurBüro 1980, 382, 1530, *Hamburg,* JurBüro 1980, 555; *SchlHOLG,* JurBüro 1980, 1531, anders *Gerold/Schmidt,* § 31 Rz. 105a m. weit. Hinw.; *OLG Düsseldorf,* JurBüro 1980, 546 (Auskunft des Arbeitgebers).

Grundsätzlich anders *Lappe,* Rpfleger 1980, 240, mit dem Hinweis, die Einholung der Auskunft der Versorgungsträger sei im Regelfalle Beweisaufnahme, da sie auf wahre Tatsachen abziele, deren Entscheidungserheblichkeit von vornherein feststehe.

[32] Vgl. dazu auch den von *Mümmler,* JurBüro 1980, 827, behandelten Fall, sowie JurBüro 1979, 1133 und oben Fn. 13 zu Rz. 184; *Mümmler,* JurBüro 1984, 1629; JurBüro 1986, 1783.

[33] Eine Einigung über den Zugewinnausgleich verlangt § 630 ZPO nicht; gelingt eine solche Einigung während des Scheidungsverfahrens nicht, so kann nach Schluß der mündlichen Verhandlung ein selbständiges Verfahren angestrebt werden (s. auch Rz. 38, sowie 29).

[34] Zum Streitwert der Scheidungssache s. Rz. 153 Fn. 2.

Die volle Prozeßgebühr entsteht übrigens für den Anwalt auch, wenn er nach einseitiger Verhandlung, aber vor Urteilsverkündung auftritt, um (einen Vergleich zu schließen und) den Rechtsmittelverzicht zu erklären (*OLG Schleswig,* JurBüro 1983, 1657).

[35] Vgl. dazu *OLG Düsseldorf,* JurBüro 1981, 70.

[36] *OLG Köln,* JurBüro 1980, 708.

bühr aus dem Wert dieser Gegenstände (s. Rz. 188), Verhandlungsgebühr und Erörterungsgebühr begrenzt durch eine 10/10 Gebühr aus dem Wert des Gesamtkomplexes. Weiterhin ist – wovon ausgegangen sei – auf Grund einer Parteivernehmung (§ 613 Abs. 1 Satz 1 ZPO) über die Voraussetzungen der Scheidung (§§ 1565, 1566 Abs. 1 BGB) eine Beweisgebühr (§ 31 Abs. 1 Nr. 3 BRAGO) aus dem Wert der Scheidungssache entstanden. Schließlich ist eine Vergleichsgebühr (§ 23 BRAGO) in Höhe von 10/10 aus dem zusammengerechneten Wert der gesamten Scheidungsfolgen erwachsen; die Scheidungssache bleibt hier also außer Betracht (§ 36 Abs. 1 BRAGO).

194 Kommt der Vergleich erst in der Berufungsinstanz vor dem OLG zustande, so erwächst eine 13/10 Vergleichsgebühr (§§ 23, 11 Abs. 1 Satz 2 BRAGO); ebenso erhöhen sich die Verhandlungsgebühr und die Erörterungsgebühr (§ 31 Abs. 1 Nr. 2, 4, § 11 Abs. 1 Satz 2 BRAGO).

195 Die Geschäfts- und die Besprechungsgebühr betragen in der Regel je 7,5/10, d. h. die Mittelgebühr zwischen 5/10 und 10/10. Dies gilt auch, wenn die außergerichtliche Tätigkeit des Anwalts ausgeübt wird, während der Rechtsstreit in der Berufungsinstanz schwebt und dort ein Vergleich geschlossen werden soll. Ist die Tätigkeit des Anwalts gering und lebt die Partei in durchschnittlichen Verhältnissen, so wird je eine 5/10 Gebühr in Betracht kommen.

196 Für die **Auslagen,** die dem Anwalt bei der Herbeiführung der gerichtlich protokollierten Vereinbarung entstanden sind, kann er die in § 26 Satz 2 BRAGO geregelte Auslagenpauschale nicht neben der die Scheidungssache betreffenden Pauschale verlangen. Denn die Scheidungsfolgesachen bilden mit der Scheidungssache eine Angelegenheit (§ 7 Abs. 3 BRAGO), über den gesamten Komplex kann in einem Rechtsstreit entschieden werden (vgl. §§ 623, 629 Abs. 1, 621 Abs. 1 ZPO). Eine weitere Pauschale kommt auch dann nicht in Betracht, wenn in dem Vergleich nichtrechtshängige Gegenstände mitgeregelt werden.

197 Hat sich eine Partei zur Tragung der Kosten des Vergleichs oder eine höheren Quote der Kosten als die andere Partei verpflichtet, so können die von der einen an die andere Partei zu erstattenden Kosten auch dann festgesetzt werden (vgl. Rz. 151), wenn in den Kosten Gebühren gemäß § 118 BRAGO, also **Rahmengebühren,** enthalten sind.[37]

198 Sind in der Kostenrechnung eines Anwalts an seine Partei Rahmengebühren iS des § 118 BRAGO enthalten, so stehen diese nach richtiger Ansicht einer Festsetzung gemäß § 19 BRAGO nicht entgegen.[38] § 19 Abs. 7 ist ein-

---

[37] *OLG Stuttgart,* Die Justiz 1968, 340 = NJW 1969, 103 = AnwBl 1969, 20; *OLG Düsseldorf,* NJW 1969, 1677

[38] *OLG Stuttgart,* NJW 1971, 59 = Die Justiz 1971, 26; Beschl. v. 26. 2. 1973, 8 W 351/72; Die Justiz 1984, 22 = JurBüro 1984, 395 m. Anm. *Mümmler* (ständ. Rspr.), anders die ganz hM – Vom Anwalt ausgelegte Gerichtskosten sind übrigens mitfestsetzbar (*OLG Stuttgart,* Die Justiz 1978, 74 = JurBüro 1978, 382; *OLG München,* JurBüro 1987, 386; anders *OLG Hamm,* AnwBl 1987, 196). Der Beschluß ist der Partei selbst, nicht dem neuen Prozeßbevollmächtigten zuzustellen (*OLG Hamm,*

schränkend auszulegen und auf die vorliegenden Fälle nicht anzuwenden. Die für die Festsetzung maßgebenden Gesichtspunkte (s. § 12 Abs. 1 BRAGO) sind hier ohne Schwierigkeiten zu klären, sie ergeben sich aus den Akten und den Angaben der Parteien über ihre wirtschaftlichen Verhältnisse. Die Erwägung des Gesetzgebers, die der Regelung des § 19 Abs. 7 zugrundelagen, treffen hier nicht zu. Nur die dargelegte Auslegung dieser Vorschrift führt zu einem für Anwalt und Partei einfachen Verfahren, das gebührenfrei ist (§ 19 Abs. 2 Satz 5 und 6), und zu einem vernünftigen Ergebnis.

cc) Der **beigeordnete Rechtsanwalt** (§§ 121 ZPO, 122 Abs. 1 BRAGO)[39] 199
erhält aus der Staatskasse (§ 121 BRAGO) die gesetzlichen Gebühren (s. vor allem §§ 31, 33ff., 23 BRAGO) und zwar statt der vollen Gebühr (s. § 11 BRAGO) die Gebühr nach der in § 123 BRAGO enthaltenen Staffelung.

Wird ein Prozeßvergleich geschlossen, so erhält der Anwalt die $^{10}/_{10}$ Vergleichsgebühr (§ 23 BRAGO), eine $^{5}/_{10}$ Prozeßgebühr, soweit einzelne Gegenstände des Vergleichs nicht anhängig bzw. rechtshängig waren (§ 32 BRAGO), ggf. eine Erörterungsgebühr (s. Rz. 188). Selbstverständlich dürfen die im Scheidungsverfahren usw. entstandene Verhandlungsgebühr und die Erörterungsgebühr insgesamt nicht eine $^{10}/_{10}$ Gebühr aus dem Wert des Gesamtkomplexes übersteigen; dasselbe gilt für die $^{10}/_{10}$ und $^{5}/_{10}$ Prozeßgebühr.

War der beigeordnete Anwalt zuvor als Wahlanwalt tätig, so kann er nicht die Differenz zwischen den gesetzlichen Gebühren (§ 123 BRAGO) und den Gebühren des Wahlanwalts (§ 11 BRAGO) fordern.[40] Soweit aber etwa vor der Beiordnung eine Gebühr für einen außergerichtlichen Vergleich erwachsen ist, kann er diese verlangen;[41] ggf. ist aber später die Geschäftsgebühr (§ 118 Abs. 1 Nr. BRAGO) auf die Prozeßgebühr (§ 31 Abs. 1 Nr. 1 BRAGO) anzurechnen.[42]

Der beigeordnete auswärtige Anwalt hat auch Anspruch auf Vergütung von Mehrkosten, insbesondere Reisekosten, wenn er seinen Wohnsitz nicht am Sitz des Prozeßgerichts hat, aber bei dem übergeordneten Landgericht zugelassen ist (§ 78 Abs. 2 Satz 2 ZPO).[43]

dd) Hat das Gericht gemäß **§ 625 Abs. 1 ZPO** dem Antragsgegner, der in 200
der Scheidungssache keinen Prozeßbevollmächtigten bestellt hat, einen Rechtsanwalt zur Wahrnehmung seiner Rechte im ersten Rechtszug hinsicht-

---

MDR 1983, 1033 = JurBüro 1983, 1816; *OLG München*, JurBüro 1984, 394 m. Anm. *Mümmler*).

[39] Zur Prozeßkostenhilfe s. Näheres in Rz .142ff.

[40] *OLG Bamberg*, JurBüro 1984, 292; s. auch *OLG Nürnberg*, JurBüro 1984, 293 m. Anm. *Mümmler*.

[41] Hierzu den von *Mümmler*, JurBüro 1984, 509, behandelten Fall.

[42] *Mümmler*, aaO.

[43] *OLG Schleswig*, JurBüro 1981, 584 m. zustimm. Anm. *Mümmler; OLG Braunschweig*, AnwBl 1983, 570; *anders OLGe Celle*, JurBüro 1983, 1054 je m. weit. Nachw.; *Oldenburg*, JurBüro 1984, 1095.

lich des Scheidungsantrags und der Regelung der elterlichen Sorge über ein gemeinschaftliches Kind beigeordnet,[44] so kann der beigeordnete Anwalt nur dann am Abschluß eines dem Anwaltszwang unterliegenden Vergleichs mitwirken, wenn der Antragsgegner mindestens insoweit Vollmacht erteilt hat. Als Beistand (§ 625 Abs. 2 ZPO) wäre er nicht befugt, einen Vergleich abzuschließen. Ist er zum Vergleichsabschluß Prozeßbevollmächtigter, so stehen ihm die hierbei entstandenen Gebühren zu. Bezüglich dieser Gebühren kann der Anwalt keine Vergütung aus der Landeskasse verlangen (vgl. § 36a Abs. 2 BRAGO).

201 ee) Für die **Honorarklage** des Rechtsanwalts,[45] der eine Partei in einer Scheidungs- oder Folgesache vertreten hatte, ist nicht das FamG, sondern das allgemeine Zivilprozeßgericht zuständig, da diese Klage keine Familiensache ist; § 34 ZPO ist hier nicht anzuwenden.[46] Ebenso ist die gegen einen Anwalt gerichtete Klage auf Rückzahlung beigetriebener Kosten einer Familiensache keine Familiensache.[47]

*c) Notargebühren**

202 Der Notar erhält für die **Beurkundung** einseitiger Erklärungen eine volle Gebühr (§ 36 Abs. 1 KostO – die volle Gebühr bestimmt sich gemäß § 32 KostO nach der dem Gesetz beigefügten Tabelle –), für die Beurkundung eines Vertragsangebots das Eineinhalbfache der vollen Gebühr (§ 37 Abs. 1 KostO), für die Beurkundung der Vertragsannahme zu einem anderweitig beurkundeten Vertragsangebot die Hälfte der vollen Gebühr (§ 38 Abs. 2 Nr. 2 KostO), wobei nicht erforderlich ist, daß derselbe Notar das Angebot und die Annahme beurkundet.[1] Für die Beurkundung von Verträgen (s. auch Rz. 1 m. Fußn. 4ff.), zB Eheverträgen (§ 1408 BGB, s. auch § 1414 BGB), Unterhaltsverträgen, etwa gemäß § 1585c BEB – die freilich nicht dieser Form bedürfen –, Schenkungsverträgen (§ 518 BGB),[2] wird das Doppelte der vollen Gebühr erhoben (§ 36 Abs. 2 KostO).

---

[44] Diese Beiordnung ist von der gemäß § 78b ZPO zu unterscheiden.
Zur Anfechtung der Beiordnung (§ 625 ZPO) s. *OLG Oldenburg,* FamRZ 1980, 179 m. weit. Nachw.; *Rosenberg/Schwab,* § 168 I 7; *OLG Hamm* FamRZ 1982, 86.

[45] Wenn also eine Kostenfestsetzung nach § 19 BRAGO (s. zu dieser auch Rz. 198) ausscheidet (vgl. § 19 Abs. 4). Zum Schuldbeitritt des anderen Ehegatten, der nicht Auftraggeber war und sein konnte, *OLG Düsseldorf,* AnwBl 1986, 203.

[46] *BGHZ* 97, 79 = FamRZ 1986, 347 = NJW 1986, 1178 = JZ 1986, 587 m. abl. Anm. *Walter* = Rpfleger 1986, 180 = ZZP 99 (1986), 471 m. Anm. *Sojka; OLG München,* AnwBl 1984, 370 (m. Nachw.); *OLG Zweibrücken,* FamRZ 1982, 85 = JurBüro 1982, 126 (m. weit. Nachw.); *OLG Koblenz,* FamRZ 1983, 1253 (LS; *OLG Karlsruhe,* FamRZ 1985, 498; *OLG Saarbrücken* FamRZ 1986, 73, anders *KG,* FamRZ 1981, 1089; *OLG Hamburg,* FamRZ 1985, 409.

[47] *OLG Frankfurt,* FamRZ 1981, 978 (betr. Unterhaltsprozeß).

* **Lit.:** *Lappe,* DNotZ 1983, 545; *Mümmler,* JurBüro 1987, 813.

[1] *Korintenberg/Lappe/Bengel,* § 37 Rz. 16.

[2] *Korintenberg/Lappe/Bengel,* § 36 Rz. 13, *Rohs/Wedewer,* Anm. III je zu § 36.

Die Gebühr wird jeweils berechnet nach dem Wert, den der Gegenstand des Geschäfts zur Zeit der Fälligkeit – in der Regel mit der Beendigung des gebührenpflichtigen Geschäfts (§ 7 KostO) – hat (**Geschäftswert,** § 18 Abs. 1 KostO). Gemäß § 39 Abs. 1 Satz 1 KostO bestimmt sich der Geschäftswert nach dem Wert des Rechtsverhältnisses, auf das sich die beurkundete Erklärung bezieht. Der Wert von Rechten und Rechtsverhältnissen, ergibt sich zunächst aus den allgemeinen Vorschriften der §§ 18–29, sofern nicht Sondervorschriften (§§ 39–41) eingreifen; ist hiernach der Geschäftswert nicht zu bestimmen und steht, wie bei Geldverpflichtungen, der Wert nicht ohne weiteres fest, so ist § 30 KostO anzuwenden.[3]

Maßgebend ist der Hauptgegenstand des Geschäfts (§ 18 Abs. 2 Satz 1). Der Wert einer Sache, auf die sich die Beurkundung bezieht, ist der gemeine Wert (§ 19 Abs. 1 Satz 1), der durch den Preis bestimmt wird, der im gewöhnlichen Geschäftsverkehr zu erzielen wäre (§ 19 Abs. 1 Satz 2 mit weiteren Einzelheiten). Auch für Grundstücke gilt der gemeine Wert, der Verkehrswert (vgl. § 19 Abs. 2).[4]

Wird ein eine **Unterhaltsrente** betreffender Vertrag beurkundet (s. auch Rz. 1 m. Fußn. 6), so wird der einjährige Bezugswert (wobei der höchste Betrag maßgebend ist[5]) zugrundegelegt (§ 24 Abs. 1 KostO), und zwar, wenn das Recht, d. h. hier der Unterhaltsanspruch, dem Ehegatten oder geschiedenen Ehegatten oder einem ehelichen Kinde zusteht, das Fünffache des einjährigen Bezugs (§ 24 Abs. 3)[6] für die Berechnung des Geschäftswerts ist der Beginn des Bezugsrechts maßgebend (§ 24 Abs. 6 Satz 1). Rückstände sind besonders zu bewerten.[7] Enthält die Urkunde zugleich die Erklärung der Unterwerfung unter die sofortige Zwangsvollstreckung (§ 794 Abs. 1 Nr. 5 ZPO), so wird diese Erklärung gebührenrechtlich nicht besonders bewertet (§ 44 Abs. 1 KostO),[8] da die mehreren Erklärungen denselben Gegenstand, nämlich den Unterhaltsanspruch betreffen. Dies letztere gilt auch für die Unterhaltsansprüche geschiedener Ehegatten mit Sicherungsgeschäften für den Unterhaltsanspruch.[9] Ein Unterhaltsverzicht ist gem. § 24 Abs. 3, Abs. 6 Satz 3 iVm § 30 Abs. 1 KostO zu bewerten, wenn es sich um den gesetzlichen

---

[3] *Korintenberg/Lappe/Bengel,* § 39 Rz. 2.

[4] *Korintenberg/Lappe/Bengel,* Rz. 9ff., *Rohs/Wedewer,* Anm. B I–IV je zu § 19; s. auch *OLG Karlsruhe,* Rpfleger 1982, 40, sowie zum landwirtschaftlichen Grundbesitz *OLG Stuttgart,* Die Justiz 1987, 153.

[5] *Lappe,* DNotZ 1983, 545, 546f.

[6] Sofern der Unterhalt des Kindes noch mindestens 5 Jahre zu zahlen ist (*Lappe,* aaO S. 546); sonst der in Betracht kommende kürzere Zeitraum.

Stellt ein Elternteil den anderen von dessen Unterhaltsschuld frei, so ist § 24 Abs. 2 KostO anzuwenden (*Lappe,* aaO).

[7] *Korintenberg/Lappe/Reimann,* § 24 Rz. 9.

[8] *Korintenberg/Lappe/Reimann,* § 30 Rz. 48; wird nur diese (einseitige) Erklärung beurkundet, ist § 36 Abs. 1 anzuwenden.

[9] *Korintenberg/Lappe/Reimann,* § 44 Rz. 112; *Kersten/Bühling/Appell/Kanzleiter,* S. 857; zu einer Wertsicherungsklausel *Rohs/Wedewer,* § 24 Anm. II.

Unterhaltsanspruch handelt, andernfalls gemäß § 30 Abs. 1, evtl. 30 Abs. 2 KostO,[10] nach § 30 Abs. 1 auch ein Verzicht auf Rückstände. Die Abfindung des Unterhaltsanspruchs hat auf den Wert keinen Einfluß, es sei denn, sie führt zu einem eigenen Geschäft, zB der Übertragung eines Grundstücks.[11]

Für die Bewertung einer Vereinbarung über den **Versorgungsausgleich** ist § 24 Abs. 6 Satz 3 i. V. mit § 30 Abs. 1 KostO anzuwenden.[12] Für den Ausschluß des Versorgungsausgleichs (§ 1408 Abs. 2 Satz 1 BGB) gilt § 30 Abs. 1, evtl. § 30 Abs. 2 KostO,[13] jedoch wohl i. V. mit § 24 Abs. 3, wenn zugleich vereinbart wird, daß der gesetzliche Güterstand beibehalten wird.[14] Andernfalls ist zu berücksichtigen, daß der Ausschluß des Versorgungsausgleichs zugleich die Folge des Eintritts der Gütertrennung hat (§ 1414 Satz 2 BGB), freilich mit der Einschränkung, daß im Falle der Stellung eines Scheidungsantrags innerhalb eines Jahres nach Vertragsabschluß der Ausschluß des Versorgungsausgleichs und damit zugleich der Eintritt der Gütertrennung unwirksam ist (§ 1408 Abs. 2 Satz 2 BGB).[15] Deshalb kann der Ausschluß des Versorgungsausgleichs mit der Folge des § 1414 Satz 2 BGB nicht ebenso bewertet werden wie der Ausschluß des Versorgungsausgleichs mit der ausdrücklichen Vereinbarung der Gütertrennung (§ 1414 Satz 1).[16] Vielmehr wird auch hier § 30 Abs. 1, jedoch i. V. mit § 39 Abs. 3 KostO und mit einem Abzug angewendet werden müssen.

Wird auf den Versorgungsausgleich gegen die Gewährung von Unterhaltsleistungen oder einer Abfindung verzichtet, so ist, da hier ein Austauschvertrag vorliegt, § 39 Abs. 2 KostO anzuwenden.[17]

Bei **Eheverträgen** bestimmt sich der Geschäftswert gemäß der Sondervorschrift des § 39 Abs. 3 KostO nach dem zusammengerechneten Wert der gegenwärtigen Vermögen beider Ehegatten, oder, wenn der Vertrag nur das

---

[10] Dazu *Mümmler,* JurBüro 1980, 1629; *Korintenberg/Lappe/Bengel,* § 39 Rz. 87; *Lappe,* aaO, 547.

[11] *Lappe,* aaO.

[12] *Korintenberg/Lappe/Bengel,* aaO; s. aber auch *Lappe,* aaO: wiederkehrende Leistung, wie Unterhalt, daher § 24 Abs. 3 KostO anzuwenden. Wird der öffentlich-rechtliche Versorgungsausgleich durch den schuldrechtlichen ersetzt, so ist § 39 Abs. 1 Satz 2 iV mit § 30 anzuwenden (*Korintenberg/Ackermann,* 9. Aufl., § 39 Rz. 79); Beispiel für eine solche Vereinbarung in *Beck'sches Formularbuch,* S. 570f.

[13] Gemeint ist der völlige Ausschluß, s. *Mümmler,* JurBüro 1980, 1149, wobei § 1408 Abs. 2 Satz 2 BGB zu beachten ist (s. bei Fußn. 15).

[14] *Korintenberg/Ackermann,* 9. Aufl., § 39 Rz. 79 iV mit 78, Beispiel bei *Kersten/Bühling/Appell/Kanzleiter,* S. 827f., Nr. 769, s. auch unten Rz. 361.

[15] Zum letzteren und zu der sehr verfehlten Regelung des § 1414 Satz 2, sowie den Schwierigkeiten und Konsequenzen, die sich aus § 1408 Abs. 2 Satz 2 ergeben *Soergel/Gaul,* § 1408 Rz. 54–57, § 1414 Rz. 8, *Erman/Heckelmann,* § 1408 Rz. 8aE, 14, § 1414 Rz. 3; ferner s. *Gernhuber,* § 28 II 9, S. 328f., § 40, 3, S. 595.

[16] Hierzu *Mümmler,* JurBüro 1982, 1813; *Korintenberg/Lappe/Bengel,* § 39 Rz. 79. Beispiele bei *Kersten/Bühling/Appell/Kanzleiter,* S. 826f., Nr. 768, und in *Beck'sches Formularbuch,* S. 568f.

[17] *Korintenberg/Lappe/Bengel,* § 39 Rz. 79.

Vermögen eines Ehegatten betrifft, nach diesem. Bei Gütertrennung wird das Vermögen beider Ehegatten betroffen.[18] § 39 Abs. 3 ist auch anzuwenden, wenn ein Güterstand begründet oder aufgehoben wird, im letzteren Falle ein anderer Güterstand eintritt.[19] Wird vereinbart, beim Zugewinn sollen bestimmte Gegenstände eines Ehegatten ausscheiden, so ist deren Wert maßgebend (§ 39 Abs. 1 Satz 2, Abs. 3 Satz 3 KostO).[20] Wird dagegen vereinbart, der Zugewinnausgleich solle in anderer Form, zB in einer Rente, geleistet werden, oder betrifft die Vereinbarung eine quotale Änderung oder Zahlungsmodalitäten, so ist § 30 Abs. 1 KostO anzuwenden.[21] Vereinbarungen über den Zugewinnausgleich stellen sich regelmäßig als Vergleich dar, so daß sich der Wert nach dem – ernsthaften – Anspruch richtet.[22] Stundung und Übertragung von Vermögensgegenständen (§§ 1382, 1383 BGB) werden mit dem diesbezüglichen Interesse bewertet.[23]

Wird Gütertrennung vereinbart und zugleich der Versorgungsausgleich ausgeschlossen, so handelt es sich um mehrere Erklärungen, die einen verschiedenen Gegenstand betreffen (§ 44 Abs. 2 Buchst. a KostO); daher sind die Werte zusammenzurechnen.[24]

Im Falle eines **Austauschvertrags** ist § 39 Abs. 2 anzuwenden, in Betracht kommen zB Schenkungsverträge gegen Unterhaltsverpflichtungen[25] und der bei Fußn. 17 genannte Fall, sowie vor allem Scheidungsvereinbarungen (s. unten).

Bei gesellschaftsrechtlichen Vereinbarungen gilt folgendes: Im Falle des Ausscheidens eines Gesellschafters bestimmt sich der Geschäftswert nach dem Wert des Anteils des Ausscheidenden, sofern die diesem gewährte Abfindung nicht höher ist.[26] Beim Eintritt eines stillen Gesellschafters in eine Handelsgesellschaft ist der Wert der Vermögenseinlage, mit der er sich beteiligt, Geschäftswert.[27] Bei einer sog. atypischen stillen Gesellschaft, einer Unterbeteiligung und ähnlichen Formen innergesellschaftlicher Beteiligung dürfte kostenrechtlich ein Gesellschaftsverhältnis anzunehmen sein; daher dürfte der Geschäftswert nach dem schuldrechtlichen Auseinandersetzungsanspruch zu berechnen sein.[28]

---

[18] *Korintenberg/Lappe/Bengel,* § 39 Rz. 76.

[19] *Korintenberg/Lappe/Bengel,* aaO.

[20] *Korintenberg/Lappe/Bengel,* § 39 Rz. 78; *Kersten/Bühling/Appell/Kanzleiter,* S. 815.

[21] *Korintenberg/Lappe/Bengel,* § 39 Rz. 84.

[22] *Lappe,* aaO, 547.

[23] *Lappe,* aaO; zur Auseinandersetzung einer Bruchteilsgemeinschaft an einem Grundstück s. *LG Darmstadt,* JurBüro 1984, 743 m. Anm. *Mümmler.*

[24] *Kersten/Bühling/Appell/Kanzleiter,* S. 827.

[25] *Korintenberg/Lappe/Bengel,* § 39 Rz. 6; *Lappe,* aaO, 548; *BayObLG,* JurBüro 1978, 573, 574; s. auch die Ausführungen bei Fußn. 30, 31 und 33.

[26] *Korintenberg/Lappe/Bengel,* Rz. 50, *Rohs/Wedewer,* Anm. III 7 je zu § 39; zu Auseinandersetzungen *Lappe,* aaO, 547: Gesellschaftsvermögen ohne Schuldenabzug (§§ 39 Abs. 1 Satz 1, 18 Abs. 3 KostO).

[27] *Korintenberg/Lappe/Bengel,* Rz. 51, *Rohs/Wedewer,* Anm. III 8 je zu § 39.

[28] *Korintenberg/Lappe/Bengel,* § 39 Rz. 52, *Rohs/Wedewer,* aaO.

Wird eine **Scheidungsvereinbarung** mit mehreren Scheidungsfolgen beurkundet, so ist § 44 anzuwenden; haben die Erklärungen jeweils einen verschiedenen Gegenstand und unterliegen alle Erklärungen dem gleichen Gebührensatz (s. § 36 Abs. 2), so sind die zusammengerechneten Werte maßgebend (§ 44 Abs. 2 Buchst. a), zB Vereinbarungen über den Unterhalt, Versorgungsausgleich, die elterliche Sorge, das Umgangsrecht, Hausrat, Ehewohnung, Zugewinnausgleich, evtl. sonstige vermögensrechtliche Auseinandersetzungen.[29] Zu beachten ist aber, daß, soweit ein Austauschvertrag anzunehmen ist – gegenseitige Verpflichtungen, die im Zusammenhang miteinander stehen und Vermögenswerte betreffen, also Gegenstand eines Güteraustauschvertrags sein können[30] – § 39 Abs. 2 KostO anzuwenden ist, also die jeweiligen Leistungen eines Ehegatten miteinander zu vergleichen sind und dann der höhere Wert einzusetzen ist,[31] ferner daß die Vereinbarung über den Versorgungsausgleich von der Genehmigung des FamG abhängig ist und Vereinbarungen über die elterliche Sorge und das Umgangsrecht nur Vorschläge gegenüber dem Gericht darstellen (s. zum letzteren Rz. 29, 605, 626 m. 628, 643 ff.); daher kann nicht der volle Wert angesetzt werden, vielmehr ist ein Abschlag geboten.[32] Zu erwähnen ist noch, daß auf die Vereinbarung über die elterliche Sorge und das Umgangsrecht § 30 Abs. 3 KostO anzuwenden ist.

Bezüglich des Hausrats ist dessen Wert maßgebend (§ 19 Abs. 1 KostO) gegebenenfalls, wenn für die Überlassung des Hausrats eine Ausgleichszahlung vereinbart wird, der höhere Wert (§ 39 Abs. 2 KostO); hinsichtlich der Überlassung der Ehewohnung ist regelmäßig die Jahresmiete anzunehmen, analog § 21 Abs. 2 HausrVO.[33]

Ist auch das gemeinsame Scheidungsbegehren Teil der Beurkundung oder werden Vereinbarungen über das prozessuale Verhalten im Scheidungsprozeß getroffen, so ist § 30 Abs. 3, 2 KostO anzuwenden und ist regelmäßig ein Bruchteil von DM 5000 anzunehmen.[34]

Soweit der Notar mit dem Vollzug eines Geschäfts (zB anläßlich der Veräußerung eines Grundstücks) beauftragt ist, kommt § 146 KostO zum Zuge.[35] Der Notar hat auch Anspruch auf Ersatz von Schreibauslagen (§§ 141, 136 KostO).[36]

---

[29] Hierzu *Korintenberg/Lappe/Bengel,* § 39 Rz. 87; *Mümmler,* JurBüro 1980, 1629.

[30] *BayObLGZ* 1973, 113, 117 = JurBüro 1973, 974 = DNotZ 1974, 78; JurBüro 1978, 573, 574; *Korintenberg/Lappe/Bengel,* § 39 Rz. 6f.; *Rohs/Wedewer,* § 39 Anm. II 5 betr. Vergleich.

[31] *Mümmler,* aaO, *Korintenberg/Lappe,* 9. Aufl., § 39 Rz. 109; *Kersten/Bühling/Appell/Kanzleiter,* S. 857 zu Nr. 799.

[32] *Korintenberg/Lappe,* aaO, § 39 Rz. 107f.; *Lappe,* aaO, S. 546.

[33] *Kersten/Bühling/Appell/Kanzleiter,* S. 857, anders *Korintenberg/Lappe,* aaO, § 39 Rz. 104, *Lappe,* aaO, S. 547: § 25 Abs. 1 KostO anzuwenden.

[34] *Lappe,* aaO, S. 545.

[35] Hierzu *Lappe,* aaO, S. 548.

[36] Dazu näher *Hansens,* JurBüro 1984, 1441; zur Neufassung des § 146 s. *Madert/Schmidt,* NJW 1987, 290, 292; *Mümmler,* JurBüro 1987, 491; zu § 147 nF *Schmidt,* JurBüro 1987, 641.

B. Regelung einzelner Fragen und gesetzliche Vorschriften hierzu

I. Unterhaltsansprüche nach der Scheidung (§§ 1569ff. BGB) unter Berücksichtigung der Unterhaltsansprüche während des Getrenntlebens (§ 1361 BGB)*

1. Allgemeines

a) Überblick über die gesetzlichen Vorschriften

203 Von großer praktischer Bedeutung ist die Unterhaltsfrage, vor allem für die Frau, wenn diese während der Ehe keine Erwerbstätigkeit ausüben konnte, da sie die Kinder versorgte und erzog, oder wenn sie zwar Einkünfte hatte, diese aber erheblich niedriger waren als das Einkommen des Mannes. Nicht selten wird die Frau bereit sein, der Scheidung der gescheiterten Ehe zuzustimmen (vgl. §§ 1565 Abs. 1, 1566 Abs. 1 BGB, 630 ZPO), oder kann eine schwere Härte (vgl. § 1568 BGB) vermieden werden und tritt die Frau der Scheidung nicht entgegen, wenn der Unterhalt gesichert und auch die Altersversorgung (vgl. §§ 1587ff. BGB) geregelt ist.

Um Klarheit darüber zu gewinnen, welche Bedeutung und welche Auswirkungen die Scheidung für den Unterhalt des geschiedenen Ehegatten hat, welche gesetzlichen Vorschriften Ausgangspunkt für eine Vereinbarung sind, wird zunächst das seit 1. 7. 1977 geltende neue Ehegattenunterhaltsrecht mit den am 1. 4. 1986 in Kraft getretenen Änderungen im Überblick dargestellt.

---

* **Lit.:** Außer den Kommentaren zum BGB und 1. EheRG sowie den Darstellungen bei *Gernhuber,* §§ 21, 26 II, 30; *Göppinger u.a.,* Unterhaltsrecht, 5. Aufl. 1987 (insbes. Rz. 253ff., 272ff., 673ff., 1155ff.); *D. Schwab,* Rz. 232ff., vgl. u.a. *Lohmann,* Neue Rechtsprechung des BGH zum Familienrecht, 5. Aufl., und die Aufsätze von *Derleder/Derleder,* Privater Unterhalt und staatliche Sozialleistungen, DAVorm 1984, 99; *Dieckmann,* Die Unterhaltsansprüche geschiedener und getrenntlebender Ehegatten, FamRZ 1977, 81, 161; *Hahne,* Probleme der Abänderungsklage, FamRZ 1983, 1189; *Hampel,* Zur Bemessung des Ehegattenunterhalts, FamRZ 1984, 621; *Klauser,* Zur Arbeitspflicht ..., MDR 1980, 448; *ders.,* Beweislast und Beweismaß im Unterhaltsprozeß, MDR 1982, 529; *Langenfeld,* Vereinbarungen über den nachehelichen Unterhalt in der Praxis, NJW 1981, 2377; *Walter,* Grundsätze des Unterhaltsrechts in der Ausgestaltung durch die Rspr., NJW 1984, 257.

Ferner zum UÄndG vom 20. 2. 1986: *Diederichsen,* NJW 1986, 1283; *Richter,* JR 1986, 319; *Jaeger,* FamRZ 1986, 737 (Übergangsregelung); insbesondere zu §§ 1573 Abs. 5, 1578 Abs. 1 Satz 2 und 3 BGB nF: *Giesing,* FamRZ 1986, 937; *Hahne,* FamRZ 1985, 113 und 1986, 305; *D. Schwab,* FamRZ 1986, 128 (Glosse); zu §§ 1361 Abs. 3, 1579 BGB nF: *Häberle,* FamRZ 1986, 311; *Henrich,* FamRZ 1986, 401; *Luthin,* FamRZ 1986, 1166; *Ramm,* JZ 1986, 164, 166ff.

204 **Solange die eheliche Lebensgemeinschaft besteht,** sind die Ehegatten einander verpflichtet, durch ihre Arbeit und mit ihrem Vermögen die Familie angemessen zu unterhalten (§ 1360 Satz 1 BGB). Ist einem Ehegatten, zumeist der Frau, die Haushaltsführung (vgl. dazu §§ 1356, 1357 BGB) überlassen, so erfüllt er seine Verpflichtung, durch Arbeit zum Unterhalt der Familie beizutragen, in der Regel durch die Führung des Haushalts (§ 1360 Satz 2 BGB). Der angemessene Unterhalt der Familie umfaßt alles, was nach den Verhältnissen der Ehegatten erforderlich ist, um die Kosten des Haushalts zu bestreiten und die persönlichen Bedürfnisse der Ehegatten und den Lebensbedarf der gemeinsamen unterhaltsberechtigten Kinder zu befriedigen (§ 1360a Abs. 1 BGB). Der Unterhalt ist in der Weise zu leisten, die durch die eheliche Lebensgemeinschaft geboten ist (§ 1360a Abs. 2 Satz 1). Die Ehegatten sind einander verpflichtet, die zum gemeinsamen Unterhalt der Familie erforderlichen Mittel für einen angemessenen Zeitraum im voraus zur Verfügung zu stellen (§ 1360a Abs. 2 Satz 2). Sind beide Ehegatten erwerbstätig, so werden sie regelmäßig zu einem höheren Lebensstandard in der Lage sein, als wenn nur ein Ehegatte erwerbstätig wäre.

205 Besteht die eheliche Lebensgemeinschaft nicht mehr und **leben die Ehegatten getrennt,** so kann ein Ehegatte von dem anderen den nach den Lebensverhältnissen und den Erwerbs- und Vermögensverhältnissen der Ehegatten angemessenen Unterhalt verlangen (§ 1361 Abs. 1 Satz 1 BGB). Allein hiernach richtet sich tatbestandsmäßig der Anspruch auf Trennungsunterhalt; auf die Gründe der Trennung kommt es grundsätzlich nicht an.[1]

Für die **Ermittlung der Höhe des Trennungsunterhalts** sieht das Gesetz im Grundsatz keine getrennte Feststellung des Bedarfs (Rz. 205a, 205b), der Bedürftigkeit des Berechtigten und der Leistungsfähigkeit des Verpflichteten vor; vielmehr sind nach **§ 1361 Abs. 1 Satz 1 BGB** Bedürftigkeit und Leistungsvermögen beider Ehegatten schon bei der einheitlichen Feststellung zu berücksichtigen, wer von den Ehegatten Berechtigter, wer Verpflichteter ist, ob, in welcher Richtung und in welchem Umfang ein Unterhaltsanspruch besteht.[2] Beide Ehegatten nehmen am ehelichen Lebensstandard in gleicher Weise teil und haben auch in einer Doppelverdienerehe mit unterschiedlichem Verdienst keine verschiedene, sondern eine gemeinsame Lebensstellung. Ist der Ehegatte mit dem höheren Einkommen seiner hieraus folgenden Verpflichtung entgegen § 1360 BGB nicht nachgekommen, so kann daraus keine Beschränkung des Bedarfs des geringerverdienenden Ehegatten hergeleitet werden. Vielmehr steht jedem Ehegatten nach dem Grundsatz der gleichmäßigen Teilhabe am ehelichen Lebensstandard regelmäßig die Hälfte des unter Berücksichtigung des Kindesunterhalts (vgl. Rz. 563) anrechnungs-

---

[1] Begründung des Regierungsentwurfs, BJM-Brosch. S. 119; *BGH,* NJW 1979, 1348 = FamRZ 1979, 569; NJW 1986, 1340 = FamRZ 1986, 434.

[2] Vgl. *Hampel,* FamRZ 1984, 621; auch *BGH,* NJW 1980, 2349 = FamRZ 1980, 876; NJW 1983, 2318 = FamRZ 1983, 352.

fähigen, um die berufsbedingten Aufwendungen verminderten Einkommens zu.[3]

Der zur Zeit der Trennung nicht[4] erwerbstätige Ehegatte kann gem. **§ 1361 Abs. 2 BGB** nur dann darauf verwiesen werden, seinen Unterhalt durch eine Erwerbstätigkeit selbst zu verdienen, wenn dies von ihm nach seinen persönlichen Verhältnissen – insbesondere wegen einer früheren Erwerbstätigkeit unter Berücksichtigung der Dauer der Ehe[5] – und nach den wirtschaftlichen Verhältnissen beider Ehegatten erwartet werden kann.[6] Auch die Aufnahme einer Teilzeitbeschäftigung, die je nach den Umständen nicht den Umfang einer Halbtagsbeschäftigung erreichen muß, kann in Betracht kommen.[7]

Grundlage der **Bemessung des Trennungsunterhalts** sind die **jeweiligen Lebensverhältnisse** der Ehegatten. Bei an sich gleicher Sachlage soll der Anspruch auf Trennungsunterhalt ebenso hoch ausfallen wie der für die Zeit nach Scheidung der Ehe,[8] der sich ebenfalls an den ehelichen Lebensverhältnissen ausrichtet (§ 1578 Abs. 1 Satz 1 BGB). Der BGH hat daher weitgehend einheitliche allgemeine Bemessungsgrundsätze für den Unterhalt getrenntlebender sowie geschiedener Ehegatten entwickelt. 205 a

In beiden Fällen ist[9] nicht etwa auf die ehelichen Lebensverhältnisse im Zeitpunkt der Trennung abzustellen; vielmehr nehmen beide Ehegatten grundsätzlich an einer **Weiterentwicklung** der Lebensverhältnisse **nach der Trennung** bis zur Auflösung der Ehe (Rechtskraft des Scheidungsausspruchs, § 1564 BGB) teil.[10] Erst das Maß des nachehelichen Unterhalts ist auf die ehelichen Lebensverhältnisse im Zeitpunkt der Scheidung festgeschrieben (s. Rz. 212).

---

[3] *BGH,* NJW 1979, 1985 = FamRZ 1979, 692; NJW 1980, 2349 = FamRZ 1980, 876; NJW 1981, 753 = FamRZ 1981, 241; NJW 1986, 718 = FamRZ 1986, 244 und wie Fn. 32. Zur Berücksichtigung des Kindesunterhalts vgl. *Göppinger/Wenz,* Unterhaltsrecht, Rz. 1193.

[4] Entsprechend anzuwenden bei Erwerbstätigkeit von geringem Umfang, *OLG Stuttgart,* FamRZ 1978, 681; *OLG Düsseldorf,* FamRZ 1980, 245; vgl. *OLG München,* FamRZ 1982, 270; *Soergel/Lange,* Rz. 10; *RGRK/Cuny,* Rz. 33f., je zu § 1361 BGB; str.

[5] Weiter etwa: Betreuung eigener (auch nichtgemeinschaftlicher) Kinder, Krankheit, Alter, Dauer des Getrenntlebens, uU Berufsausbildung; vgl. *BGH,* NJW 1985, 1695 = FamRZ 1985, 782.

[6] Der *BGH* betont die Beachtung der wirtschaftlichen Verhältnisse (vgl. NJW 1981, 448 = FamRZ 1981, 17 gegenüber NJW 1981, 2805 = FamRZ 1981, 1042 unter III); Zweck der Vorschrift ist jedoch neben dem Schutz vor der zerrüttenden Wirkung weiterer Veränderungen der ehelichen Verhältnisse vor allem auch der Schutz des sozial schwächeren Ehegatten, insbesondere der Hausfrau (vgl. BJM-Broschüre S. 120).

[7] *BGH,* NJW 1981, 448 = FamRZ 1981, 17.

[8] *BGH,* NJW 1983, 933, 934 = FamRZ 1983, 146, 148.

[9] Auch für die Bestimmung des Bedarfs bei zweistufiger Unterhaltsbemessung, vgl. Rz. 205d.

[10] *BGHZ* 89, 108 = NJW 1984, 292 = FamRZ 1984, 149; *BGH,* NJW 1984, 294 = FamRZ 1984, 151 = JZ 1984, 237 m. Anm. *Walter,* NJW 1986, 718 = FamRZ 1986, 244. – *Hampel* (FamRZ 1984, 621, 622ff.) sieht hierin die Ausnahme.

Der Bedarf kann jedoch nur an solchen Lebensverhältnissen während der Ehe ausgerichtet werden, die **dauernden Bestand** gewonnen haben oder wenigstens die Gewähr der Stetigkeit in sich tragen. Die Lebensverhältnisse werden vor allem durch das **Einkommen** der Ehegatten (Erwerbs-, Vermögens- und sonstige Einkünfte einschl. der Nutzung einer in ihrem Eigentum stehenden Wohnung) bestimmt;[11] insoweit kann nur auf nachhaltig erzielte Einkünfte abgestellt werden, die den Lebensstandard beider Ehegatten dauerhaft prägen.[12] Von dem Grundsatz, daß Änderungen während der Trennungszeit zur Erhöhung oder Ermäßigung des Lebensbedarfs der Ehegatten führen, macht die Rechtsprechung des BGH daher mehrere **Ausnahmen:** (1) Änderungen in den Einkommensverhältnissen, die auf einer unerwarteten, vom Normalverlauf erheblich abweichenden Entwicklung seit der Trennung beruhen, bleiben bei der Bedarfsbemessung[13] außer Betracht.[14] (2) Einkünfte eines Ehegatten aus einer zwischen Trennung und Scheidung aufgenomme-

---

[11] Der *Vermögensstamm* bleibt bei der Bedarfsbemessung meist außer Betracht; sein Verbrauch entspricht meist nicht den Lebensverhältnissen bei bestehender Ehe. – Daß *Abschreibungen* nicht einkommensmindernd berücksichtigt werden dürften, ist eine unzulässige Vereinfachung. Jedes Unternehmen, das nicht an Auszehrung zugrundegehen soll, muß die Abschreibungen verdienen und zur Erneuerung der sich abnutzenden Betriebsanlagen verwenden, nicht für Unterhaltszwecke. Auch der *BGH* spricht nur von *möglicherweise* nicht hinzunehmenden Abschreibungen, nämlich soweit ihnen keine tatsächliche Vermögenseinbuße entspricht (NJW 1982, 1642 = FamRZ 1982, 680; NJW 1985, 909 – FamRZ 1985, 357; Beispiel: *BGH,* NJW 1987, 776 = FamRZ 1987, 46); *vgl. Göppinger/Wenz,* Unterhaltsrecht, Rz. 1204 Fn. 31. – Bei Gebäuden mag der Abzug des jeweiligen konkreten Wiederherstellungsaufwandes zutreffender sein.

[12] *BGH,* NJW 1983, 933, 936 = FamRZ 1983, 146, 149f. Es gibt *keine absolute Obergrenze* des Ehegattenunterhalts („Sättigungsgrenze"), *BGH,* NJW 1969, 919 = FamRZ 1969, 205; NJW 1982, 1642 = FamRZ 1982, 680; NJW 1983, 683 = FamRZ 1983, 150 (außer vielleicht in Extremfällen). Doch sind hohe Einkünfte regelm. auch zur *Vermögensbildung* bestimmt, nicht nur für den laufenden Bedarf, *BGH,* NJW 1982, 1645 = FamRZ 1982, 151, und ist Einkommen, das bei vernünftiger Lebensführung nicht mehr zur Deckung des laufenden Aufwandes dient, nicht einzusetzen (*BGH,* NJW 1979, 1985 = FamRZ 1979, 692; NJW 1980, 1686 = FamRZ 1980, 665, 669; DAVorm 1980, 408). Hierbei ist das Konsumverhalten bis zur Trennung in dem Rahmen zu berücksichtigen, der sich ergibt, wenn zu dürftige Lebensführung und übertriebener Aufwand außer Betracht bleiben (*BGH,* NJW 1984, 1237 = FamRZ 1984, 358; FamRZ 1987, 36); u. U. ist die Vermögensbildung zu beenden (Fn. 35). – *Kein „Mindestbedarf"*, *BGH,* NJW 1987, 897 = FamRZ 1987, 266.

[13] Bemessung des vollen Unterhalts (vgl. § 1578 BGB und Rz. 205d; *BGH,* NJW 1984, 1237 und 1537 = FamRZ 1984, 358 und 356) ohne Rücksicht auf Bedürftigkeit und Leistungsfähigkeit, die ohnehin von den veränderlichen jeweiligen Verhältnissen abhängen.

[14] *BGH,* NJW 1982, 1870 und 2063 = FamRZ 1982, 576 und 575; die Beweislast hierfür trägt, wer Rechte daraus herleitet, *BGH,* NJW 1983, 2318 = FamRZ 1983, 352. Doch erhöht sich der Bedarf des getrenntlebenden Ehegatten, dessen Lebensstandard durch dauerhafte Beteiligung an der unerwarteten Einkommensverbesserung (durch Unterhalt oder andere Zuwendung) nachhaltig angehoben wird, *BGH,* NJW 1982, 1870; 1984, 1685 = FamRZ 1984, 561; vgl. NJW 1985, 1026 = FamRZ 1985, 161.

nen oder ausgeweiteten Erwerbstätigkeit wirken sich auf das Maß des Unterhalts (den Bedarf[13]) nur aus, wenn die Aufnahme oder Ausweitung der Tätigkeit vor der Trennung der Ehegatten geplant oder doch vorauszusehen war,[15] also auch ohne die Trennung vorgenommen worden wäre.[16] (3) Einkünfte aus einer während des Getrenntlebens aufgenommenen unzumutbaren Tätigkeit – die jederzeit wieder beendet werden kann – bleiben bei der Bedarfsbemessung außer Betracht, weil sie die Lebensverhältnisse nicht dauerhaft prägen.[17]

Bleibt hiernach im Einzelfalle Einkommen eines Ehegatten bei der Bemes- 205b
sung des Bedarfs außer Betracht, so kommt seiner Erhöhung um etwaigen **trennungsbedingten Mehrbedarf** (die sonst im Ergebnis häufig wegen fehlender Leistungsfähigkeit ohne Einfluß bleibt, während hier noch „unverteilte" Mittel zur Verfügung stehen) besondere Bedeutung zu. Mehrkosten, die einem Ehegatten infolge der Trennung erwachsen (getrennte, oft wesentlich teurere Wohnung und Haushaltsführung) und dazu führen, daß der eheliche Lebensstandard mit den nach Rz. 205a bestimmten Mitteln nicht mehr aufrechterhalten werden kann, sind bei der Bestimmung des vollen Unterhalts (des Bedarfs) zusätzlich einzusetzen.[18] Dieser Trennungsmehrbedarf eines oder beider Ehegatten kann einer Scheidungsvereinbarung pauschaliert zugrundegelegt werden. Der Richter ist hierzu im Streitfall nicht befugt; er hat den Trennungsmehrbedarf tatsächlich zu ermitteln und kann ihn unter Berücksichtigung der Umstände des einzelnen Falles und Heranziehung allgemeiner Erfahrungssätze nach § 287 ZPO schätzen.[19] Dies setzt aber **konkreten** Sach-

---

[15] *BGH,* NJW 1987, 58 = FamRZ 1986, 783.

[16] Danach *bedarfserhöhend:* Ausweitung der Halbtags- zur Vollbeschäftigung bei Heranwachsen der Kinder, die auch ohne die Trennung vorgenommen worden wäre, *BGHZ* 89, 108 = NJW 1984, 292 = FamRZ 1984, 149; Aufnahme oder Ausweitung nach Scheidung jedoch nur in besonderen Ausnahmefällen (Entwicklung bei Scheidung mit hoher Wahrscheinlichkeit zu erwarten, in engem zeitlichem Zusammenhang eingetreten und hat bereits die Ehe geprägt; *Bsp.:* Einkommen aus akadem. Beruf/Handwerk nach in Ehe finanziert. Studium/Meisterprüfung), *BGH,* NJW 1986, 720 = FamRZ 1986, 148 und wie Fn. 15. *Nicht bedarfserhöhend:* Aufnahme der Tätigkeit, weil der andere Ehegatte keinen Unterhalt zahlt, *BGH,* NJW 1984, 294 = FamRZ 1984, 151. (Wohl richtiger sollte die Betreuungszeit der Ehedauer hinzugerechnet werden wie in §§ 1579 Nr. 1, 1582 Abs. 1 Satz 3; vgl. § 1574 Abs. 2 BGB).

[17] *BGH,* NJW 1983, 933, 936 = FamRZ 1983, 146, 149f. Nichtanrechnung solcher Einkünfte auf den Bedarf bei der Bedürftigkeitsprüfung (vgl. § 1577 Abs. 2 BGB, unten Rz. 216) korrigiert *BGH,* NJW 1985, 1028 = FamRZ 1985, 162, wenn die fortgeführte Tätigkeit später zumutbar wird (frgl.; vgl. 5. Aufl. Rz. 205a Fn. 14). – Schon vor der Trennung aufgenommene unzumutbare Dauertätigkeit wirkt wohl auch nach *BGH* bedarfserhöhend (vgl. die Unterausnahme in Fn. 14).

[18] *BGH,* NJW 1982, 1873 = FamRZ 1982, 255; NJW 1987, 58 = FamRZ 1986, 783 und ständig. Ähnlich für den Wegfall von Hausnutzungen *BGH,* NJW 1986, 1342 = FamRZ 1986, 437; wichtig in besonders engen Verhältnissen, *BGH,* NJW 1987, 897 = FamRZ 1987, 266.

[19] *BGH,* NJW 1983, 2321 = FamRZ 1983, 886 und wie Fn. 18. In Mangelfällen muß regelmäßig der Quotenunterhalt zur Deckung auch dieser Mehrkosten ausreichen, *BGH,* NJW 1984, 292, 294 = FamRZ 1984, 149, 151 (in *BGHZ* 89, 108 nicht mit abgedruckt) und ständig.

vortrag des Ehegatten über Art und Umfang seiner **Mehr**aufwendungen voraus.[19]

Der so bemessene Grundbedarf (Elementarbedarf) des Ehegatten erhöht sich um den Aufwand für eine Krankenversicherung nur beim Fehlen anderweitigen Versicherungsschutzes.[20] Während des Getrenntlebens ist dies die Ausnahme (vgl. Rz. 240f.).

Dagegen gehört während der Rechtshängigkeit eines Scheidungsverfahrens zum Unterhalt eines getrenntlebenden Ehegatten auch der **Vorsorgeunterhalt** gem. § 1361 Abs. 1 Satz 2 BGB. Die hier bei der Bedarfsbemessung zusätzlich einzusetzenden Kosten einer angemessenen Versicherung für den Fall des Alters sowie der Berufs- oder Erwerbsunfähigkeit[21] bedürfen im Streitfalle zwar keiner sehr eingehenden Substantiierung, aber jedenfalls der besonderen **Geltendmachung;**[22] dies wird zum Schaden des Unterhaltsberechtigten häufig übersehen.[23]

205 c Ist kein derartiger Zusatzbedarf zu berücksichtigen und liegt auch keiner der Ausnahmefälle nach Rz. 205a gegen Ende vor, so bemißt die Praxis den Trennungsunterhalt überwiegend unmittelbar nach **Quoten** des Einkommens. Nach der **Düsseldorfer Tabelle**[24] erhält der Berechtigte 3/7 des anrechnungsfähigen Nettoeinkommens des Verpflichteten oder, wenn der Berechtigte selber Einkommen hat, 3/7 des Unterschiedsbetrags der anrechnungsfähigen Nettoeinkommen; sog. Differenzmethode.[25] Den berufsbedingten Aufwendungen wird durch einen Vorwegabzug, i. d. R. von 5% des Nettoeinkommens,[26] Rechnung getragen sowie durch die verbleibende Differenzquote von 1/7, in der insbesondere diejenigen berufsbedingten Aufwendungen enthalten sind, die sich nicht nach objektiven Merkmalen eindeutig von den privaten Lebenshaltungskosten abgrenzen lassen.[27] Bei meist ähnlichen Ergebnissen

---

[20] Vgl. *BGH,* NJW 1982, 1983 = FamRZ 1982, 887; NJW 1983, 2937 = FamRZ 1983, 888.

[21] Zur Bemessung s. unten Rz. 212a, zur bestimmungsgemäßen Verwendung Rz. 244a.

[22] *BGH,* NJW 1982, 1986 = FamRZ 1983, 152; die Aufteilung des Gesamtbetrags auf Elementar- und Vorsorgeunterhalt obliegt nach *BGH,* NJW 1985, 2713 = FamRZ 1985, 912 im Prozeß dem Gericht.

[23] Zutr. Hinweis von *Finger,* AcP 1983, 315; grundsätzlich keine Nachholung nach rechtskr. Entscheidung über den vollen Unterhalt, *BGHZ* 94, 145 = NJW 1985, 1701 = FamRZ 1985, 690.

[24] Düsseldorfer Tabelle 1985: NJW 1984, 2330 = FamRZ 1984, 961. Einige OLG bevorzugen noch die 2/5-Quote (die bei sehr hohen Einkünften fallangemessen – vgl. *BGH,* NJW 1982, 100, 102 – ist). Überblick Unterhaltsleitlinien der OLGe: NJW 1984, 278; Hammer Leitlinien (1985) FamRZ 1984, 963 = NJW 1984, 2331.

[25] Hierzu eingehend *BGH,* NJW 1984, 1237 = FamRZ 1984, 358; s. ferner die in Fn. 11, 16 gen. Entscheidungen und *Hampel,* FamRZ 1984, 621, 627ff.

[26] Jedoch mindestens 80 DM, höchstens 240 DM monatl.; mehr auf Nachweis, soweit nach objektiven Merkmalen eindeutig von privater Lebenshaltung abgrenzbar (Düsseldorfer Tabelle 1985, Anm. zu B I–III, A 3).

[27] Düsseldorfer Tabelle 1985 (s. Fn. 24), Anm. zu B I–III. Die unterschiedlichen Quoten sollen die in Wirklichkeit gleichmäßige Aufteilung des Einkommens unter den Ehegatten gewährleisten (vgl. etwa *BGH,* NJW 1983, 2318 = FamRZ 1983, 352).

kommt die einfachere **Halbteilungsmethode** des OLG Stuttgart[28] dem Erfordernis näher, den Betrag des angemessenen Unterhalts stets nach den Umständen des Einzelfalles zu bemessen.[29] Für die berufsbedingten Aufwendungen wird hier ein dem Einzelfall angemessener Pauschalbetrag in der Größenordnung von etwa 10 bis 15%[30] vorweg vom Einkommen jedes Ehegatten abgesetzt; der nach Berücksichtigung etwa sonst beachtlichen Zusatzbedarfs (zB bei Krankheit) sowie des Kindesunterhalts verbleibende Betrag des oder der Einkommen wird unter den Ehegatten gleichmäßig geteilt.[31] Die Halbierung von Renteneinkommen ohne berufsbedingte Aufwendungen ist auch in der Düsseldorfer Tabelle 1985 anerkannt.[32] Einzusetzen ist beim Trennungsunterhalt das **jeweilige** Einkommen beider Ehegatten, soweit es für ihren Unterhalt heranzuziehen ist.[33]

Dagegen wird die für den nachehelichen Unterhalt entwickelte **zweistufige Unterhaltsbemessung**[34] schon beim Trennungsunterhalt erforderlich, sobald der Lebensbedarf der Ehegatten nicht mehr aus ihrem jeweils aktuellen Einkommen abgeleitet, sondern anderweitig festgelegt wird. Dies trifft in den in Rz. 205a genannten Ausnahmefällen zu, ebenso beim Auftreten von Zusatzbedarf gem. Rz. 205b, insbesondere wenn für diesen zusätzliche Mittel zB aus bisheriger Vermögensbildung[35] freigemacht werden können. 205 d

Nach Auffassung des *BGH* enthält § 1361 Abs. 2 (vgl. Rz. 205) nicht eine

---

[28] *OLG Stuttgart,* FamRZ 1978, 681 = NJW 1978, 1332 Leits.; Unterhaltsrechtl. Hinweise, NJW 1985, 310; vgl. *Göppinger,* Unterhaltsrecht, Rz. 620 gegen Ende m. w. N.; zust. auch *RGRK/Cuny,* 12. Aufl., § 1361 BGB Rz. 22; ähnlich *KG (17. ZS.),* FamRZ 1985, 485 und (Bedarfsbemessung) *OLG Düsseldorf (5. FamS.),* FamRZ 1985, 1039; *(9. FamS.),* NJW-RR 1986, 1389; *OLG Frankfurt* im Falle *BGH,* NJW-RR 1987, 194 = FamRZ 1987, 36; *OLG Hamm,* NJW-RR 1987, 130.

[29] *BGH,* NJW 1982, 100, 102; es bleibt der tatrichterl. Entscheidung vorbehalten (und bei der Vereinbarung: den Parteien), ob und gegebenenfalls an welche Richtsätze sie sich im einzelnen Falle anlehnen will. Das Ergebnis ist stets auf seine Angemessenheit zu überprüfen und gegebenenfalls zu modifizieren, *BGH,* NJW 1982, 1873 = FamRZ 1982, 255; NJW 1984, 1537 = FamRZ 1984, 356.

[30] Der Pauschalbetrag, nicht der Prozentsatz muß den Verhältnissen entsprechen. Der Betrag hält sich regelmäßig in dem genannten Rahmen, kann aber (bei sehr niedrigem Einkommen zB, vgl. die Lehrlingspauschale Düsseldorfer Tabelle 1985 Anm. A 8) auch darüber liegen.

[31] Halbteilung der Differenz der anrechenbaren Einkommensbeträge führt zum gleichen Ergebnis; vgl. *Luthin,* FamRZ 1983, 1236.

[32] Die bisherige Quote von 45% widersprach *BGH,* NJW 1982, 2442 = FamRZ 1982, 894. Maßvolle Abweichung vom Halbteilungsgrundsatz bei starker Hilfsbedürftigkeit: *BGH,* FamRZ 1984, 662, 664 = NJW 1984, 2358.

[33] *BGH,* NJW 1983, 2318 = FamRZ 1983, 352; NJW 1986, 718 = FamRZ 1986, 244.

[34] *BGH,* NJW 1979, 1985 = FamRZ 1979, 692; NJW 1983, 1733 = FamRZ 1983, 678; NJW 1984, 1237 = FamRZ 1984, 358; eingehend *Hampel,* FamRZ 1984, 621.

[35] Beendigung der Vermögensbildung zugunsten des laufenden Bedarfs: *BGH,* FamRZ 1982, 1187 (wegen Vorsorgeunterhalts); *BGH,* NJW 1984, 292 = FamRZ 1984, 149 (wegen Trennungsmehraufwandes), vgl. NJW-RR 1987, 194 = FamRZ 1987, 36 (auch: Ausklammerung von Vermögensbildung und Steuerersparnis).

Sondervorschrift für die Bedürftigkeitsprüfung innerhalb der einheitlichen Unterhaltsbemessung nach Abs. 1, sondern eine Regelung, die von dem bisher nicht erwerbstätigen Ehegatten unter den in Abs. 2 bestimmten Voraussetzungen verlangt, „seinen Unterhalt" – worunter der BGH den vorweg nach Abs. 1 bestimmten versteht – ganz oder teilweise selber zu verdienen.[36] Hiernach geht schon das Gesetz auch für den Trennungsunterhalt von der Möglichkeit der Anrechnung von Einkünften auf einen ohne ihre Einbeziehung bemessenen „vollen Unterhalt" oder Lebensbedarf aus; auf die **erste Stufe** mit der Festlegung des Bedarfs[37] als von den jeweiligen Verhältnissen der Ehegatten ganz oder teilweise abstrahiertes Unterhaltsmaß folgt in einer **zweiten Stufe** die Prüfung der Bedürftigkeit – die Anrechnung der jeweiligen anrechenbaren Eigeneinkünfte des Berechtigten[38] auf den Bedarfssatz analog § 1577 Abs. 1 und 2 BGB[39] (daher: Subtraktionsmethode) – sowie der Leistungsfähigkeit des Verpflichteten. Der Einwand der beschränkten Leistungsfähigkeit kann etwa eingreifen, wenn die in Rz. 205a behandelten Ausnahmen eine negative Einkommensentwicklung zur Folge hatten oder wenn – wie häufig – Mehrbedarf gem. Rz. 205b zu berücksichtigen ist. Er führt, wenn er durchgreift, meist zurück zur Heranziehung aller jeweils vorhandenen Mittel (analog § 1581 BGB) und damit zur Bemessung des Unterhalts als Quote der **jeweiligen** Einkommen nach Rz. 205c.[40]

205e In **Härtefällen** ist die Vorschrift des § 1579 Nr. 2 bis 7 BGB über die Herabsetzung des Unterhaltsanspruchs aus Billigkeitsgründen entsprechend anzuwenden (**§ 1361 Abs. 3**; s. unten Rz. 213f.). Nicht entsprechend anwendbar ist § 1579 Nr. 1; die Dauer der Ehe ist nur für die Frage der Erwerbsobliegenheit des zur Zeit der Trennung nichterwerbstätigen Ehegatten von Bedeutung (§ 1361 Abs. 2, s. Rz. 205).[41]

§ 1361 Abs. 4 verweist teils direkt, teils indirekt auf die Vorschriften des Verwandtenunterhaltsrechts über die Auskunftspflicht (§ 1605), die Geltend-

---

[36] *BGHZ* 89, 108, 111 (s.a. Fn. 10); *D. Schwab*, Tendenzen, S. 35f.; hierzu auch *Walter*, NJW 1984, 257, 263f. und JZ 1984, 238f.

[37] Regelmäßig durch Anwendung der Quote (wie in Rz. 205c) nicht auf das jeweilige aktuelle, sondern auf das hier nach Rz. 205a („Ausnahmen") zugrundezulegende Einkommen des (der) Ehegatten, *BGH*, NJW 1982, 1873 = FamRZ 1982, 255; vgl. NJW 1984, 1537 = FamRZ 1984, 356. Der Betrag ist um Mehrbedarf nach Rz. 205b zu erhöhen und auf seine Angemessenheit zu überprüfen (Fn. 29 aE).

[38] Ebenfalls nach Abzug berufsbedingter Aufwendungen, *BGH*, NJW-RR 1986, 68 = FamRZ 1985, 908.

[39] *BGH*, NJW 1983, 933, 934 = FamRZ 1983, 146, 148. Zu § 1577 Abs. 2 BGB vgl. Rz. 215; zur Differenz- und Abzugsmethode *Weychardt*, NJW 1984, 2328.

[40] Dem Verpflichteten bleibt aber zumindest der notwendige Eigenbedarf (gegenüber dem getrennt lebenden oder geschiedenen Berechtigten gem. Düsseldorfer Tabelle 1985: 990 DM, wenn der Verpflichtete erwerbstätig ist – zuzüglich 80 DM für berufsbedingte Aufwendungen –, sonst 910 DM). Anwendung in den OLG-Bezirken jedoch uneinheitlich; Näheres s. *Büttner*, NJW 1987, 1855.

[41] *BGH*, NJW 1979, 1452 = FamRZ 1979, 571; es gibt keine nur formelle Ehe mit verminderten Rechten und Pflichten, *BGH*, NJW 1986, 718 = FamRZ 1986, 244.

machung für die Vergangenheit und Sonderbedarf (§ 1613),[42] über das Verbot des Verzichts für die Zukunft (§ 1614 BGB) u. a. sowie auf die Vorschriften des Familienunterhaltsrechts über Prozeßkostenvorschuß und Zuvielleistung (§§ 1360a Abs. 4, 1360b BGB).

206 Ist **die Ehe geschieden,** so ist der Unterhaltsanspruch ebenfalls grundsätzlich nicht von den Ursachen des Scheiterns der Ehe abhängig, sondern vom Vorliegen eines der Unterhaltstatbestände der §§ 1570 bis 1576 BGB (ohne § 1574) – deren Tatbestandsmerkmale vom Gesetz herausgehobene Bedürftigkeitsmerkmale sind –, von der Höhe des Bedarfs und der Bedürftigkeit des Berechtigten (§§ 1578, 1577) sowie von der Leistungsfähigkeit des Verpflichteten (§ 1581 BGB). Der Grundgedanke des 1. EheRG, daß der nacheheliche Unterhaltsanspruch dem geschiedenen Ehegatten die Aufrechterhaltung des ehelichen Lebensstandards möglichst so lange garantieren soll, wie seine nach diesem Maßstab beurteilte Bedürftigkeit in einem ursächlichen oder auch nur zeitlichen Zusammenhang mit der Ehe steht, ist durch das am 1. 4. 1986 in Kraft getretene UÄndG nicht aufgegeben worden. Er ist aber vor allem für weniger lange kinderlose Ehen deutlich eingeschränkt worden.

207 **Ein geschiedener Ehegatte kann vom anderen Unterhalt verlangen:**

– gem. **§ 1570 BGB,** solange und soweit von ihm wegen der Pflege oder Erziehung eines **gemeinschaftlichen Kindes** eine Erwerbstätigkeit nicht erwartet werden kann (vgl. auch §§ 1577 Abs. 4 Satz 2, 1582, 1586a);[43]

– gem. **§ 1571 BGB,** soweit von ihm wegen seines **Alters** eine Erwerbstätigkeit nicht mehr erwartet werden kann und zwar im Zeitpunkt[44]

1. der Scheidung oder
2. der Beendigung der Pflege oder Erziehung eines gemeinschaftlichen Kindes oder
3. in dem Zeitpunkt, in dem die tatbestandlichen Voraussetzungen eines Unterhaltsanspruchs gemäß § 1572 oder gemäß § 1573 wegfallen;

– gem. **§ 1572 BGB,** solange und soweit von dem geschiedenen Ehegatten wegen **Krankheit** oder anderer Gebrechen oder Schwäche der körperlichen oder geistigen Kräfte eine Erwerbstätigkeit nicht erwartet werden kann, und zwar im Zeitpunkt[44]

---

[42] Zum Sonderbedarf s. *BGH*, FamRZ 1982, 145 = NJW 1982, 328; NJW 1983, 224 = FamRZ 1983, 29.

[43] Bei Betreuung *nur eines* Kindes liegt die Untergrenze zu erwartender Teilzeitarbeit (nicht notwendig sogleich halbtags) regelmäßig frühestens bei Beginn des dritten Schuljahres, die Grenze zu erwartender Vollarbeit bei einem Kindesalter von etwa 15 Jahren (oder höher, § 1574 Abs. 2 BGB, s. Rz. 209); Rspr. hierzu bei *Lohmann*, S. 12ff. Betreuung *mehrerer Kinder* erfordert deutlich großzügigere Maßstäbe, stark beschränkte Leistungsfähigkeit (Rz. 217f.) u. U. strengere.

[44] Der Unterhaltsanspruch nach früherem Recht konnte (zB bei später Erkrankung) noch lange nach Scheidung der Ehe entstehen. Das neue Recht bindet die Entstehung dagegen an vom Gesetz meist genau bestimmte Einsatzzeitpunkte (eingehend: *Göppinger/Kindermann*, Unterhaltsrecht, Rz. 262ff.); Ausnahmen: §§ 1570, 1576 BGB.

1. der Scheidung[45] oder
2. der Beendigung der Pflege oder Erziehung eines gemeinschaftlichen Kindes oder
3. der Beendigung der Ausbildung, Fortbildung oder Umschulung oder
4. in dem Zeitpunkt, in dem die tatbestandlichen Voraussetzungen eines Unterhaltsanspruchs gemäß § 1573 BGB wegfallen.

208 Nach dem **Ergänzungstatbestand** des **§ 1573 Abs. 1** und 3 BGB kann der geschiedene Ehegatte Unterhalt verlangen, soweit er keinen Unterhaltsanspruch nach §§ 1570 bis 1572 hat **und** solange und soweit er

1. nach der Scheidung (Abs. 1)[46] oder
2. im Zeitpunkt des Wegfalls der tatbestandlichen Voraussetzungen eines Unterhaltsanspruchs nach §§ 1570 bis 1572, 1575 BGB (Abs. 3)[47] **keine** angemessene Erwerbstätigkeit[48] **zu finden** vermag (was ernsthafte eigene Bemühungen[49] um einen entsprechenden Arbeitsplatz voraussetzt). Dieser Anspruch endet mit der Aufnahme der ersten angemessenen, zur Deckung des Unterhalts ausreichenden Erwerbstätigkeit nach seiner Entstehung.[50] Nur wenn es dem Ehegatten trotz genügender rechtzeitiger Bemühungen nicht gelingt, eine den Unterhalt **nachhaltig** sichernde Erwerbstätigkeit zu finden, hat er
3. bei Wegfall der Erwerbstätigkeit gem. § 1573 Abs. 4 und Abs. 1 Anspruch auf nachehelichen Unterhalt.[51]

Reichen im Zeitpunkt der Scheidung oder den Einsatzzeitpunkten des § 1573 Abs. 3 BGB (vorstehend zu 2.) Einkünfte des geschiedenen Ehegatten aus einer angemessenen Erwerbstätigkeit – gegebenenfalls zusammen mit einem Teilunterhaltsanspruch nach §§ 1570 bis 1572 – nicht zu seinem vollen Unterhalt (§ 1578, s. Rz. 212) aus, so kann er gem. **§ 1573 Abs. 2** den Unterschiedsbetrag als **Aufstockungsunterhalt**[52] verlangen.

Die Unterhaltsansprüche gem. § 1573 Abs. 1 bis 4 können nach dem zum 1. 4. 1986 durch das UÄndG eingefügten § 1573 Abs. 5 BGB[53] **zeitlich**

---

[45] Zum Fall der Verschlimmerung der Krankheit s. *BGH*, FamRZ 1987, 684; *OLG Stuttgart*, FamRZ 1983, 501.

[46] Dazu *BGH*, FamRZ 1987, 684, 687. Hier ist Erwerbslosigkeit zur Zeit der Scheidung Voraussetzung, *BGH*, NJW 1985, 430 = FamRZ 1985, 53 (anders für § 1573 Abs. 4).

[47] Beispiele: Die Betreuung eines gemeinschaftlichen Kindes oder der Gesundheitszustand des geschiedenen Ehegatten steht der Aufnahme (oder Ausweitung) einer angemessenen Erwerbstätigkeit nicht mehr entgegen.

[48] Vgl. hierzu Rz. 209, 262f.; für den Fall der Ausbildungsbedürftigkeit Rz. 210 aE.

[49] Zu den Anforderungen und zur Beweislast: *BGH*, NJW 1986, 718 = FamRZ 1986, 244; NJW 1986, 3080 = FamRZ 1986, 885; NJW 1987, 898 = FamRZ 1987, 144.

[50] *BGH*, NJW 1985, 1699 = FamRZ 1985, 791.

[51] Vgl. *BGH* wie Fn. 46 und 50 und insb. NJW 1986, 375 = FamRZ 1985, 1234.

[52] Sog. Lebensstandardgarantie; vgl. *BGH*, NJW 1983, 1733 = FamRZ 1983, 678; NJW 1985, 1026 = FamRZ 1985, 161. Verfassungsgemäß, *BVerfGE* 57, 361 = NJW 1981, 1771.

[53] Vgl. einstweilen zu der gleichzeitig eingefügten Vorschrift des § 1578 Abs. 1 Satz 2

begrenzt werden, **soweit** insbesondere unter Berücksichtigung der Ehedauer (einschl. der Zeit nachehelicher Betreuung eines gemeinschaftlichen Kindes), der Gestaltung der Haushaltsführung und der Erwerbstätigkeit ein zeitlich unbegrenzter Anspruch unbillig wäre. Die Begrenzungsmöglichkeit gilt in der Regel nicht, wenn der Berechtigte nicht nur vorübergehend ein gemeinschaftliches Kind allein oder überwiegend betreut hat oder betreut.

209 § 1574 stellt klar, daß der geschiedene Ehegatte **nur eine ihm angemessene Erwerbstätigkeit** auszuüben braucht (Abs. 1), und ist im Zusammenhang mit den vorausgegangenen §§ 1570–1573 zu sehen. Abs. 2 erläutert den Begriff der angemessenen Erwerbstätigkeit dahin, daß sie der Ausbildung, den Fähigkeiten, dem Lebensalter und dem Gesundheitszustand des geschiedenen Ehegatten[54] sowie den ehelichen Lebensverhältnissen entsprechen soll; bei diesen sind die Dauer der Ehe und die Dauer der Erziehung oder Pflege eines gemeinschaftlichen Kindes zu berücksichtigen (s. a. Rz. 262). Gemäß Abs. 3 obliegt es dem geschiedenen Ehegatten, soweit es zur Aufnahme einer angemessenen Erwerbstätigkeit erforderlich ist, sich ausbilden, fortbilden oder umschulen zu lassen, wenn ein erfolgreicher Abschluß zu erwarten ist. Während dieser Ausbildung hat der geschiedene Ehegatte Anspruch auf Unterhalt gem. § 1573 Abs. 1 (s. Rz. 208).[55]

210 Gemäß **§ 1575** kann ein geschiedener Ehegatte, der in Erwartung der Ehe oder während der Ehe eine **Schul- oder Berufsausbildung** nicht aufgenommen oder abgebrochen hat, von dem anderen Ehegatten Unterhalt verlangen, wenn er diese oder eine entsprechende Ausbildung mit dem Ziel einer unterhaltssichernden angemessenen Erwerbstätigkeit so bald wie möglich[56] aufnimmt und der erfolgreiche Abschluß der Ausbildung zu erwarten ist (Abs. 1 Satz 1); zugrundezulegen ist hierbei die Zeit, die im allgemeinen für eine solche Ausbildung erforderlich ist, wobei ehebedingte Verzögerungen der Ausbildung zu berücksichtigen sind (Abs. 1 Satz 2). Die Ausbildung kann über das eheliche Lebensniveau hinausführen; doch besteht bei abgeschlossener Berufsausbildung, die eine einträgliche angemessene Erwerbstätigkeit ermöglicht, kein Anspruch auf Finanzierung einer Zweitausbildung (Studium).[57] Ferner kann der geschiedene Ehegatte Unterhalt verlangen, wenn er sich fortbilden oder umschulen läßt, um Nachteile auszugleichen, die durch die Ehe eingetreten sind (Abs. 2). Ist die Ausbildung usw. jedoch **erforderlich**

BGB nF: *BGH,* NJW 1986, 2832 = FamRZ 1986, 886. Beispiel: *OLG Düsseldorf,* FamRZ 1987, 162. Literaturhinweise bei Rz. 203.

[54] Nach seiner subjektiven Veranlagung und Eignung und seinen besonderen Lebensumständen, *BGH,* NJW 1986, 985 = FamRZ 1986, 553; nicht ohne weiteres eine frühere Tätigkeit, *BGH,* FamRZ 1986, 1085.

[55] *BGH,* FamRZ 1984, 561, 563 m. N.; NJW 1985, 1695; FamRZ 1986, 1085.

[56] Bei konkreter Scheidungsabsicht schon nach endgültiger Trennung, *BGH,* NJW 1985, 1695 = FamRZ 1985, 782.

[57] *BGH,* aaO.

zur Aufnahme einer angemessenen Erwerbstätigkeit (§ 1574 Abs. 3), so besteht Anspruch auf Unterhalt nach § 1573 Abs. 1 BGB.[58]

211 Schließlich kann der geschiedene Ehegatte von dem anderen Unterhalt verlangen, soweit und solange von ihm aus sonstigen schwerwiegenden Gründen eine Erwerbstätigkeit nicht erwartet werden kann und **die Versagung** von Unterhalt unter Berücksichtigung der Belange beider Ehegatten **grob unbillig** wäre (§ 1576 Satz 1 BGB). Daß ein schwerwiegender Grund zum Scheitern der Ehe geführt hat, reicht jedoch keinesfalls aus (Ausschluß der Rückkehr zum Schuldprinzip in Satz 2). Es handelt sich um eine Härteklausel für Ausnahmefälle, die nach Art eines – subsidiären – Auffangtatbestandes Regelungslücken schließen soll, die sich aus der Aufzählung einzelner Unterhaltstatbestände in §§ 1570 bis 1575 ergeben.[59] Hauptanwendungsfall in der Rechtsprechung ist – bei Hinzutreten besonderer Umstände – die Betreuung nichtgemeinschaftlicher Kinder.[60]

212 Das **Maß des Unterhalts** bestimmt sich jedenfalls zunächst nach den ehelichen Lebensverhältnissen (§ 1578 Abs. 1 Satz 1), die hier jedoch – anders als für den Trennungsunterhalt – grundsätzlich auf den Zeitpunkt der Scheidung festgeschrieben werden. Maßgebend sind die **zur Zeit der Scheidung erreichten, auf Dauer angelegten** Lebensverhältnisse der Ehegatten. Wegen der Einzelheiten wird auf die Darstellung zum Trennungsunterhalt (Rz. 205a bis 205d) verwiesen.

Ist die zeitlich unbegrenzte Bemessung des Unterhalts nach den ehelichen Lebensverhältnissen – insbesondere unter Berücksichtigung der Ehedauer (einschl. nachehelicher Kindesbetreuung), der Gestaltung von Haushaltsführung und Erwerbstätigkeit – grob unbillig,[61] so kann sie gem. § 1578 Abs. 1 Satz 2 und 3 BGB i. d. F. des UÄndG **zeitlich begrenzt** werden.[62] Danach wird auf einen „angemessenen Lebensbedarf"[63] abgestellt. Die Begrenzungsmöglichkeit entfällt in der Regel, wenn der Berechtigte nicht nur vorübergehend ein gemeinschaftliches Kind allein oder überwiegend betreut (hat). Je ehebedingter die Bedürftigkeit ist, umso weniger kommt die Begrenzung in Betracht.[64]

Der Unterhalt umfaßt den gesamten **Lebensbedarf** einschließlich der Kosten der Krankenversicherung (§ 1578 Abs. 1 Satz 4, Abs. 2; vgl. Rz. 239ff.). Häufig wird vergessen, diese Kosten geltendzumachen, zu beziffern und zu belegen, die den Bedarf oft deutlich erhöhen. Zum Lebensbedarf rechnen in den

---

[58] S. Fn. 55.

[59] *BGH*, FamRZ 1983, 800; NJW 1984, 1538 = FamRZ 1984, 361.

[60] Vgl. *BGH*, aaO; zB aus früherer Ehe eines Gatten; Pflegekinder.

[61] Unberücksichtigt bleibt hier eheliches Fehlverhalten, *BGH*, NJW 1986, 2832 = FamRZ 1986, 886.

[62] Ohne schematische Anbindung an die Ehedauer, *BGH*, aaO.

[63] Oberhalb des notwendigen, nicht unter dem vorehelichen Lebensstandard; evtl. (fiktive) Lebensstellung ohne die Ehe, Ber. des Rechtsaussch., BT-Dr. 10/4514 S. 22; *BGH*, aaO.

[64] *BGH*, aaO.

Fällen des Ausbildungsunterhalts gemäß §§ 1574 Abs. 3, 1573 Abs. 1 (s. Rz. 209 aE) wie auch gemäß § 1575 neben den allgemeinen Lebenshaltungskosten des Berechtigten auch die Kosten einer Schul- oder Berufsausbildung, Fortbildung oder Umschulung (§ 1578 Abs. 2).

Als **Vorsorgeunterhalt** stehen dem Unterhaltsberechtigten außerdem gem. 212a
§ 1578 Abs. 3 BGB die Kosten einer angemessenen Versicherung für den Fall des Alters, der Berufs- oder Erwerbsunfähigkeit zu. Nur der Unterhalt zum Ausgleich mit der Ehe zusammenhängender Ausbildungsnachteile gem. § 1575 umfaßt diesen Vorsorgebedarf nicht.

Falls die Mittel dazu ausreichen (zB wenn bisher für anderweitige Vermögensbildung verwandte Mittel nunmehr dem Vorsorgeunterhalt zugeführt werden können), wird der Vorsorgeunterhalt zusätzlich gewährt.[65] Zu seiner Berechnung wird der Elementarunterhalt (§ 1578 Abs. 1) einem Nettoeinkommen gleichgesetzt und nach der Bremer Tabelle[66] auf einen Bruttobetrag hochgerechnet; der Vorsorgeunterhalt entspricht dem Beitragssatz zur gesetzlichen Rentenversicherung aus diesem Bruttobetrag (derzeit 18,7%).

Meist kann der Vorsorgeunterhalt aber nur unter **Kürzung des Elementarunterhalts** gewährt werden, da es an zusätzlichen Mitteln fehlt.[67] Hier wird üblicherweise der Unterhalt als Quotenunterhalt (s. Rz. 205c) vorläufig errechnet, daraus nach der Bremer Tabelle[66] der Vorsorgeunterhalt. In einer zweiten Stufe wird der Elementarunterhalt aus den um den Vorsorgeunterhalt gekürzten Mitteln neu bestimmt. Doch bedarf es einer Prüfung, ob dieser gekürzte Elementarunterhalt noch ausreichend ist oder zu Lasten des Vorsorgeunterhalts wieder erhöht werden muß[68] (zur Notwendigkeit der besonderen Geltendmachung s. Rz. 205b).[69]

Die Anwendung der **negativen Härteklausel** setzt auch nach der Neufassung 213
des § 1579 BGB durch das UÄndG[70] zunächst die Erfüllung eines der jetzt sieben Herabsetzungstatbestände voraus sowie zusätzlich[71] die grobe Unbilligkeit der Inanspruchnahme des Verpflichteten (hierzu Rz. 214).

---

[65] *BGH,* NJW 1982, 1873, 1875 = FamRZ 1982, 255; FamRZ 1982, 1187 (in NJW 1983, 1547 nicht mit abgedruckt).

[66] *Gutdeutsch,* NJW 1987, 369 = FamRZ 1987, 242. Genauer ist die Berechnung nach *Gröning* (FamRZ 1983, 331; 1984, 736; *OLG Düsseldorf,* FamRZ 1984, 393).

[67] In Wahrheit also ein Fall der beschränkten Leistungsfähigkeit, der Unterhaltsbemessung nach § 1581 (s. Rz. 217); vgl. *Hampel,* FamRZ 1984, 630ff. mit eingehender Darstellung der Berechnungsmethode.

[68] *BGH,* NJW 1981, 1556 = FamRZ 1981, 442; NJW 1981, 2192 = FamRZ 1981, 864.

[69] Zu Vereinbarungen und zur Verwendung des Altersvorsorgeunterhalts s. Rz. 244, 244a.

[70] Vgl. die bei Rz. 203 angeführte Literatur.

[71] *Göppinger/Kindermann,* Unterhaltsrecht, Rz. 274, 287; *Lohmann,* S. 31; *BGH,* FamRZ 1983, 670, 672; NJW 1986, 722. Oft übersehen, nach dem Gesetz jedoch zweifelsfrei.

§ 1579 nennt folgende **Herabsetzungstatbestände:**

Nr. 1, Ehe von kurzer Dauer: Der BGH rechnet eine Ehedauer – bis zur Rechtshängigkeit des Scheidungsantrags[72] – von zwei Jahren in der Regel als kurz, eine solche von drei Jahren an im Regelfall als nicht mehr kurz.[73]

Nr. 2, Verbrechen oder schweres vorsätzliches Vergehen des Berechtigten gegen den Verpflichteten oder einen nahen Angehörigen des Verpflichteten.[74]

Nr. 3, mutwillige Herbeiführung der Bedürftigkeit: leichtfertiges, aber nicht nur kausales, sondern unterhaltsbezogenes Verhalten (bewußte Fahrlässigkeit) genügt nach der Rechtsprechung des BGH.[75]

Nr. 4, mutwilliges Hinwegsetzen über schwerwiegende Vermögensinteressen des Verpflichteten (UÄndG): gedacht ist etwa an die Gefährdung des Arbeitsplatzes des Verpflichteten durch Anschwärzen bei seinem Arbeitgeber.[76]

Nr. 5, Verletzung der Familienunterhaltspflicht, wenn gröblich, längere Zeit hindurch und **vor** der Trennung der Ehegatten (UÄndG).

Nr. 6, offensichtlich schwerwiegendes, eindeutig beim Berechtigten liegendes Fehlverhalten gegen den Verpflichteten: Die Formulierung des UÄndG soll die Rechtsprechung stabilisieren,[77] die einen Härtetatbestand beim Vorliegen eines klar **einseitigen,** schwerwiegenden ehelichen Fehlverhaltens annimmt.[78] Dieses kann etwa in der Begründung einer eheähnlichen Gemeinschaft[79] oder auch in der Aufnahme eines nachhaltigen, auf längere Dauer angelegten intimen Verhältnisses des Berechtigten mit einem anderen Partner[80] – je: gegen den Willen des Verpflichteten – liegen. Die Einseitigkeit fehlt, wenn der Verpflichtete sich schon vorher von den ehelichen Bindungen losgesagt hatte.[81]

---

[72] Auf den die Ehe geschieden wird; *BGH,* NJW 1981, 754 = FamRZ 1981, 140 m. w. N. Der Ehedauer steht nach der Vorschrift jedoch die der nachehelichen, zum Unterhalt berechtigenden Kinderbetreuung gleich. Zumindest in diesem Falle muß auch die Zwischenzeit vom Scheidungsantrag bis zur Rechtskraft des Scheidungsurteils (§ 1564 Satz 2) berücksichtigt werden.

[73] *BGH,* aaO; NJW 1982, 823 = FamRZ 1982, 254.

[74] Vgl. hierzu *BGH,* NJW 1982, 100; 1984, 296 = FamRZ 1984, 34.

[75] NJW 1981, 2805 = FamRZ 1981, 1042 (Alkoholabhängigkeit); FamRZ 1984, 364 (Vermögensverbrauch); FamRZ 1987, 684 (Verbrauch von Vorsorgeunterhalt); vgl. NJW 1986, 985 = FamRZ 1986, 553; NJW-RR 1986, 746 = FamRZ 1986, 560.

[76] Begr. des RegE., BT-Dr. 10/2888 S. 20.

[77] Begr. des RegE., aaO, S. 19/20.

[78] Kein Wiederaufleben des Schuldprinzips; *BGH,* NJW 1979, 1348 = FamRZ 1979, 569; NJW 1983, 2243 = FamRZ 1983, 996; *Lohmann,* S. 48.

Zu einem Falle der Weigerung zur Begründung eines gemeinsamen Wohnsitzes *BGH,* NJW 1987, 1761 = FamRZ 1987, 572.

[79] *BGH,* NJW 1980, 1686 = FamRZ 1980, 665.

[80] *BGH,* NJW 1981, 1214 = FamRZ 1981, 439; NJW 1986, 722; kritisch etwa *Rolland,* § 1361 BGB Rz. 17f, 17g.

[81] *BGH,* NJW 1981, 1214 = FamRZ 1981, 439. Vgl. weiter *Häberle,* FamRZ 1986, 313f.

Nr. 7, ebenso schwer wie Nr. 1 bis 6 wiegender **anderer** Grund (UÄndG, entspr. der früheren Nr. 4): soll eingreifen, wenn die aus der Unterhaltspflicht erwachsenden Belastungen für den Verpflichteten die Grenze des Zumutbaren übersteigen.[82] Etwa Heranziehung des Splittingvorteils aus der Ehe mit dem gem. § 1582 BGB nachrangigen neuen Ehegatten zum Unterhalt des früheren;[83] Zusammenleben des Berechtigten mit einem neuen Partner in ehegleicher ökonomischer Solidarität;[84] regelmäßig auch: Fortsetzung des eheähnlichen Verhältnisses, das nach Nr. 6 (Abs. 1 Nr. 4 aF) dem Trennungsunterhalt entgegenstand, nach Scheidung.[85]

214 Liegt einer dieser Herabsetzungstatbestände vor, so ist der Unterhaltsanspruch **insoweit** zu versagen, herabzusetzen oder zeitlich zu begrenzen, als die Inanspruchnahme des Verpflichteten deshalb, aber unter Wahrung der Belange eines dem Berechtigten zur Pflege und Erziehung anvertrauten gemeinschaftlichen Kindes **grob unbillig** wäre (§ 1579 nF, 2. Halbsatz). In die Billigkeitsprüfung sind alle Umstände des Falles einzubeziehen.[86] Die Belange des Kindes haben im Rahmen der Verhältnismäßigkeit Vorrang[87] und müssen **gewahrt** (nicht nur berücksichtigt) werden; sie können (wie uU auch andere Gründe:[88] streng ehebedingte Bedürftigkeit; konkrete Verfehlungen des Verpflichteten von einigem Gewicht[89]) zu ungekürztem Unterhalt trotz Vorliegens eines der sieben Tatbestände (Rz. 213) führen. Auch etwa lange Ehedauer,[90] das Großziehen von Kindern in der Ehe oder (gegenüber § 1579 Nr. 2 und vor allem Nr. 6), daß die ehelichen Gefühle des Verpflichteten bei Abkehr des Berechtigten von der Ehe bereits erkaltet waren und er von dem Fehlverhalten nicht mehr wesentlich betroffen wurde, können bei der Billigkeitsprüfung für den Berechtigten sprechen.[91]

Verzeihung eines Fehlverhaltens des Berechtigten wird spätestens hier zu berücksichtigen sein. Die nachträgliche Änderung der Gegebenheiten, die die grobe Unbilligkeit der Inanspruchnahme des Verpflichteten begründen, kann zu einer erneuten Überprüfung der Unterhaltsbeschränkung[92] und damit zu

---

[82] Begr. des RegE., wie Fn. 76; vgl. *BGH,* NJW 1983, 1548 = FamRZ 1983, 569.

[83] *BGH,* NJW 1985, 2268 = FamRZ 1985, 911.

[84] *BGH,* NJW 1983, 2243 = FamRZ 1983, 996; vgl. NJW 1986, 722, 724. Zur Zurückhaltung mahnt *Büttner,* FamRZ 1987, 23.

[85] *BGH,* NJW 1983, 1548 = FamRZ 1983, 569.

[86] *BGH,* FamRZ 1983, 670, 672; NJW 1986, 722, 723.

[87] *BVerfGE* 57, 361, 383 = NJW 1981, 1771; *BGH,* NJW 1984, 2692 = FamRZ 1984, 986; *Lohmann,* S. 33.

[88] *BGH,* NJW 1980, 2247 = FamRZ 1980, 981; NJW 1982, 2064 = FamRZ 1982, 582 mwN; FamRZ 1983, 670, 672.

[89] Soweit nicht schon tatbestandsausschließend, vgl. zu Fn. 78 und 81; *BGH,* NJW 1986, 722.

[90] *BGH,* FamRZ 1983, 670, 672; NJW 1986, 722, 723f.

[91] *BGH,* NJW 1986, 722, 723.

[92] *BGH,* aaO, S. 724 mwN; FamRZ 1987, 689; vgl. *Göppinger/Kindermann,* Unterhaltsrecht, Rz. 274, 275.

einem **Wiederaufleben** des versagten oder gekürzten Unterhaltsanspruchs führen.

214a § 1579 BGB begründet eine rechtsvernichtende Einwendung. Der Verpflichtete hat daher die **Beweislast** nicht nur für das Vorliegen der Tatbestandsmerkmale nach Nr. 1 bis 7, sondern grundsätzlich auch für die grobe Unbilligkeit seiner Inanspruchnahme.[93]

215 Während §§ 1570ff. BGB bestimmte Bedürfnislagen unter dem Gesichtspunkt der Erwerbsobliegenheit des Berechtigten zu Unterhaltstatbeständen erheben, behandelt § 1577 die Frage der **Bedürftigkeit** des Berechtigten als allgemeine wirtschaftliche Voraussetzung des Unterhaltsanspruchs.[94] Hat der geschiedene Ehegatte einen oder mehrere der Unterhaltstatbestände erfüllt, so kann er Unterhalt dennoch nur verlangen, solange und soweit er sich nicht aus eigenen Einkünften oder dem Stamm seines Vermögens selbst unterhalten kann (**§ 1577 Abs. 1:** Grundsatz der Heranziehung zunächst aller Einkünfte[95] sowie des Vermögensstammes des Berechtigten vor der Inanspruchnahme des Verpflichteten).[96] Erhält ein geschiedener Ehegatte infolge des Versorgungsausgleichs (hierzu Rz. 371ff., 381, 389ff., 436) eine Rente oder Abfindung, so mindert sich hierdurch seine Bedürftigkeit (vgl. Rz. 222; § 1587n BGB).

Nur **§ 1577 Abs. 2** enthält Vorschriften darüber, wann – als Ausnahme von Abs. 1 – Einkünfte des Berechtigten nicht anzurechnen sind. Nach der Entstehungsgeschichte der Vorschrift handelt es sich dabei **stets nur** um Einkünfte aus einer unangemessenen Erwerbstätigkeit (§ 1574 Abs. 1, 2) oder aus einer vom Berechtigten wegen des Eingreifens eines der Grundtatbestände der §§ 1570–1572, 1576[97] nicht zu erwartenden Erwerbstätigkeit.[98]

---

[93] *BGH,* NJW 1982, 1461 = FamRZ 1982, 463; *Lohmann,* S. 49; vgl. *BGH,* NJW 1981, 1782 = FamRZ 1981, 752. Hinsichtlich der Billigkeitsmerkmale kann Widerlegung des Vortrags des Berechtigten ausreichen.

[94] Trotz der irreführenden Fassung des Abs. 1 handelt es sich nicht um eine Einwendung; der Berechtigte trägt die Beweislast für seine Bedürftigkeit, *BGH,* NJW 1980, 393 = FamRZ 1980, 126; *Baumgärtel/Laumen,* Beweislast, Bd. 2, § 1577 Rz. 1 m. Fn. 1.

[95] Auch stets aller Einkünfte und Nutzungen des Vermögens, *BGH,* NJW 1985, 909 = FamRZ 1985, 357; FamRZ 1986, 439 und 441.

[96] Der bedürftige (= i. d. R. nichterwerbstätige) Ehegatte, der einem Partner ständig Dienste etwa im Haushalt leistet, die normalerweise vergütet werden, muß sich entspr. § 850h Abs. 2 ZPO grundsätzlich eine angemessene Vergütung als (fiktives) Einkommen anrechnen lassen. Abzustellen ist auf den objektiven Wert der Leistung für den Partner (*BGH,* FamRZ 1984, 662); vorausgesetzt sind jedoch die wirkliche Leistung der Dienste (*BGH,* NJW 1983, 683 = FamRZ 1983, 150) und die Leistungsfähigkeit des Partners (*BGH,* NJW 1983, 933, 934 = FamRZ 1983, 146).

[97] Sowie § 1575, vgl. *Göppinger/Kindermann,* Unterhaltsrecht, Rz. 258.

[98] *BGH,* NJW 1983, 933, 935 = FamRZ 1983, 146 m. N. (ist vom Berechtigten Teilerwerbstätigkeit zu erwarten, so ist Abs. 2 nur auf Einkünfte aus klar darüberhinausgehender Arbeit anwendbar). Für den Umfang der nach § 1577 Abs. 2 Satz 1 anrechnungsfreien Einkünfte ist hiernach maßgebend, inwieweit der ohne Berücksichtigung der unzumutbaren Einkünfte des Berechtigten vom Verpflichteten *geschuldete* Unterhalt hinter dem vollen Unterhalt (hier: Bedarf – § 1578, Rz. 205d – abzüglich

216 Den **Stamm** seines Vermögens braucht der Berechtigte gem. **§ 1577 Abs. 3** – ebenfalls als Ausnahme von Abs. 1 – nicht für seinen Unterhalt zu verwerten, soweit die Verwertung unwirtschaftlich oder unter Berücksichtigung der beiderseitigen wirtschaftlichen Verhältnisse unbillig wäre.[99] Ist es im Einzelfall unwirtschaftlich oder unbillig, vom Berechtigten die Veräußerung einer Eigentumswohnung oder eines Einfamilienhauses zu verlangen, um aus dem (auf die voraussichtliche Lebensdauer umgelegten[100]) Erlös seinen Elementarunterhalt[101] zu bestreiten, so muß der Berechtigte sich doch nach Abs. 1 den Wert der Eigennutzung und den Nettomietertrag aus etwa zuzumutender teilweiser Vermietung auf den Elementarunterhalt anrechnen lassen.[102] Wird der Vermögensstamm nicht für den Elementarunterhalt des Berechtigten herangezogen, kann es geboten sein, den fiktiven Veräußerungserlös des vor der Verwertung verschonten Vermögens des Berechtigten ganz oder teilweise auf den Vorsorgeunterhalt gem. § 1578 Abs. 3 anzurechnen, da das Vermögen eine Alterssicherung bietet.

Nach **§ 1577 Abs. 4** trägt der Berechtigte das Risiko der sicheren Anlage und Verwaltung seines Vermögens allein, falls er nicht bei Wegfall des Vermögens durch Kindesbetreuung von der Erwerbsobliegenheit befreit ist.

217 Solange der Verpflichtete **beschränkt leistungsfähig** ist, braucht er den nach dem Lebensbedarf und der Bedürftigkeit des Berechtigten (s. Rz. 212, 212a, 215) bemessenen Unterhalt gemäß § 1581 nur insoweit zu leisten, als es mit Rücksicht auf die Bedürfnisse und die wirtschaftlichen Verhältnisse der geschiedenen Ehegatten (einschließlich der Verbindlichkeiten des Verpflichteten, insbesondere seiner Unterhaltspflichten gegenüber minderjährigen unverheirateten Kindern und einem neuen – hierzu jedoch Rz. 218 – oder weiteren geschiedenen Ehegatten) **der Billigkeit entspricht.** Dies ist der typische Anwendungsbereich der Unterhaltsformeln (vgl. oben Rz. 205c).[103] Beide Teile müssen sich Einschränkungen oder gar Opfer zumuten lassen;[104] in

---

nach § 1577 Abs. 1 anzurechnender Beträge) des Berechtigten zurückbleibt. Bei beschränkter Leistungsfähigkeit des Verpflichteten ist in diesem Sinne nur der Unterhalt nach § 1581 geschuldet. (Vgl. ferner oben Fn. 17; den vollen Unterhalt übersteigende Einkünfte sollten, da schon bei der Bedarfsbemessung unberücksichtigt, *höchstens* zur Hälfte angerechnet werden.)

[99] Gesichtspunkte u. a.: Not- und Krankheitsrücklage; voraussichtl. Dauer der Bedürftigkeit, dauerhafte Ertragsmöglichkeit; Herkunft des Vermögens etwa aus Zugewinnausgleich oder Verkauf des gemeinschaftl. Hauses, dem Verpflichteten bleibt ähnlicher Wert (*BGH,* FamRZ 1985, 354; NJW 1985, 909 = FamRZ 1985, 357; zum Trennungsunterhalt: FamRZ 1986, 556).

[100] *BGH,* VersR 1966, 283 = FamRZ 1966, 28.

[101] Allgemeiner Lebensbedarf im Gegensatz zum Vorsorgeunterhalt des § 1578 Abs. 3 (*BGH,* NJW 1981, 1556 = FamRZ 1981, 442).

[102] Mindestens jedoch den Wohnbedarfsanteil des vollen Unterhalts (Bedarfs), *BGH,* FamRZ 1986, 439; FamRZ 1986, 560, 562.

[103] *Hampel,* FamRZ 1981, 853; 1984, 626; *BGH,* NJW 1984, 1237 = FamRZ 1984, 358.

[104] *BGH,* NJW 1985, 1695 = FamRZ 1985, 782.

besonders ungünstigen Verhältnissen muß dem Verpflichteten jedoch zumindest der notwendige Eigenbedarf als Selbstbehalt verbleiben.[105]

Mangelnde Leistungsfähigkeit liegt vor, wenn der Verpflichtete nach seinen Erwerbs- und Vermögensverhältnissen unter Berücksichtigung seiner sonstigen Verpflichtungen außerstande ist, ohne Gefährdung des eigenen angemessenen Unterhalts dem Berechtigten Unterhalt zu gewähren; den Stamm seines Vermögens braucht er (als Voraussetzung der beschränkten Leistungsfähigkeit) nicht zu verwerten, soweit die Verwertung unwirtschaftlich oder unter Berücksichtigung der beiderseitigen wirtschaftlichen Verhältnisse grob unbillig wäre.[106]

218 Liegen die Voraussetzungen der beschränkten Leistungsfähigkeit des unterhaltspflichtigen geschiedenen Ehegatten im Falle seiner Wiederverheiratung vor, so genießt der Unterhaltsanspruch des geschiedenen Ehegatten gemäß § 1582 Abs. 1 häufig den **Vorrang** vor dem des neuen, nämlich[107]

(1.) soweit der geschiedene Ehegatte einen Unterhaltsanspruch nach §§ 1570,[108] 1576 hat;

(2.) wenn die geschiedene Ehe von langer Dauer[109] war und schließlich,

(3.) wenn der neue Ehegatte bei entsprechender Anwendung von §§ 1569–1574, 1576, 1577 Abs. 1 (anstelle des in Wahrheit konkurrierenden Unterhaltsanspruchs gem. §§ 1360–1361) **nicht** unterhaltsberechtigt wäre.

Nach § 1582 Abs. 2 bleibt § 1609 im übrigen unberührt, damit aber auch die Erstrangigkeit der Unterhaltsansprüche der minderjährigen unverheirateten Kinder des Verpflichteten.[110]

218a Der Anspruch auf nachehelichen Unterhalt ist nach ständiger Rechtsprechung des Bundesgerichtshofs[111] nicht wesensgleich (nicht identisch) mit dem Anspruch auf Trennungsunterhalt, sondern ein davon **verschiedener Anspruch** und im Prozeß ein anderer Streitgegenstand. Der Unterhaltsanspruch aus § 1361 BGB endet mit der Rechtskraft des Scheidungsausspruchs; die Zwangsvollstreckung aus einem Titel hierüber wird wegen des Unterhalts für

---

[105] Oben Fn. 40; zur Bemessung vgl. *BGH,* NJW 1982, 1050 = FamRZ 1982, 365.

[106] Begriffsbestimmung des Regierungsentwurfs zum 1. EheRG (dort § 1582 Abs. 2 BGB-E), die die Trennung der Voraussetzungen der beschränkten Leistungsfähigkeit von ihren Rechtsfolgen erleichtert. Vgl. *D. Schwab,* Rz. 339, 342; *Göppinger/Wenz,* Unterhaltsrecht, Rz. 1152, 1162f., 1171, 1207.

[107] Andernfalls gilt Gleichrang, *BGH,* NJW 1983, 1733 = FamRZ 1983, 678.

[108] Verfassungsgemäß, selbst wenn der neue Ehegatte ein Kind betreut, *BVerfGE* 66, 84 = NJW 1984, 1523 = FamRZ 1984, 346; vgl. ferner *BGH,* NJW 1985, 1029 = FamRZ 1985, 362 und oben bei Fn. 83.

[109] Bei Einrechnung der Zeit einer nachehelichen Unterhaltsberechtigung aufgrund § 1570 BGB. Lange Ehedauer wird nach Ablauf von etwa 15 Jahren angenommen, *BGH,* NJW 1983, 2321 = FamRZ 1983, 886.

[110] Vgl. *Göppinger/Kindermann,* Unterhaltsrecht, Rz. 1278 m. N.; *SoergelHäberle,* § 1582 Rz. 13 (ferner auch *BGH,* NJW 1986, 2758 = FamRZ 1986, 798); str.

[111] *BGHZ* 78, 130; NJW 1981, 978 = FamRZ 1981, 242; zu den Folgen vgl. *Langenfeld,* Handbuch, Rz. 575f.; *Göppinger/Kindermann,* Rz. 292, *Göppinger/Wax,* Rz. 3156, 3299f.

die Folgezeit unzulässig, er kann nicht in einen Titel über nachehelichen Unterhalt abgeändert werden.[112] Vollstreckt der Berechtigte aus einer nach Scheidung der Ehe (vorläufig) fortgeltenden einstweiligen Anordnung,[113] so kann der Verpflichtete die negative Feststellungsklage erheben, die die einstweilige Einstellung der Zwangsvollstreckung erlaubt,[114] sodaß der Berechtigte Gefahr läuft, ohne vollstreckbaren Titel dazustehen. Durch Scheidungsvereinbarung oder Erhebung der Klage auf den nachehelichen Unterhalt **im Verbund**[115] sollte daher eine schon bei der Auflösung der Ehe wirksame **endgültige Regelung** herbeigeführt werden. Dies entspricht auch der Absicht des Gesetzgebers, die Ehegatten mit dem Scheidungsverbundurteil möglichst endgültig voneinander zu lösen (vgl. §§ 623, 630 ZPO).

b) Vereinbarung über den Unterhalt, Grundsätzliches

219 Gemäß **§ 1585 c BGB** können Vereinbarungen über die Unterhaltspflicht für die Zeit nach der Scheidung getroffen werden.[1] Dies bedeutet, daß sämtliche Vorschriften der §§ 1569–1585 b nachgiebiges Recht darstellen.[2] Soll die Ehe gemäß §§ 1565, 1566 Abs. 1 BGB geschieden werden, so ist eine Vereinbarung der Parteien über die Unterhaltspflicht gemäß § 630 Abs. 1 Nr. 3 ZPO sogar erforderlich – wobei freilich ein Unterhaltsverzicht (vgl. Rz. 303 ff.) genügt –, gemäß § 630 Abs. 3 ZPO soll das Gericht dem Scheidungsbegehren erst stattgeben, wenn über die Unterhaltspflicht ein vollstreckbarer Titel errichtet ist. Selbstverständlich scheidet dies im Falle des Unterhaltsverzichts aus oder wenn bis zu einer erst nach der Scheidung liegenden Änderung der Verhältnisse kein Unterhalt zu leisten ist. Eine einstweilige Anordnung genügt ebensowenig wie ein endgültiger Titel über Trennungsunterhalt (vgl. Rz. 218 a).

220 Bei Abschluß einer Vereinbarung ist eine vorausschauende Betrachtung bezüglich der nach der Scheidung bestehenden Situation unter Berücksichti-

---

[112] *BGH,* aaO (für Urteile); NJW 1982, 2072 = FamRZ 1982, 782 (für Prozeßvergleiche, auch keine Abänderung durch außergerichtliche Vereinbarung). Zulässig ist aber, in einem Vergleich beide Ansprüche gleichzeitig zu regeln, was dann ausdrücklich gesagt werden sollte.

[113] Vgl. Rz. 6, 23 ff.; ebenso grundsätzlich für den im Anordnungsverfahren geschlossenen Vergleich *BGH,* NJW 1983, 2200 = FamRZ 1983, 892.

[114] *BGH,* NJW 1983, 1330 = FamRZ 1983, 355; s. auch Rz. 23 b.

[115] Der Unterhaltsgläubiger kann die Leistungsklage, auch auf den Trennungsunterhalt, jederzeit erheben, mag auch zu seinen Gunsten bereits eine einstweilige Anordnung bestehen, *BGH,* aaO; NJW 1983, 2200 = FamRZ 1983, 892 (zur Herbeiführung einer der materiellen Rechtskraft sowie der Abänderung gem. § 323 ZPO fähigen, bestandskräftigen Entscheidung).

[1] De lege ferenda für teilweise Genehmigungspflicht: *Bartsch,* ZRP 1979, 96; vgl. *Bosch,* FamRZ 1982, 1216 f.; zum sachgerechten Gebrauch der Vertragsfreiheit: *Langenfeld,* FamRZ 1987, 10 f.

[2] Volle Vertragsfreiheit: *BGH,* NJW 1979, 43 = FamRZ 1978, 873.

gung der jetzigen wirtschaftlichen Verhältnisse der Ehegatten (während des Getrenntlebens) und zum Vergleich mit diesen erforderlich. Hierzu sind beide Ehegatten **auskunftspflichtig** (§§ 1361 Abs. 4 Satz 4, 1580 i. V. mit § 1605 BGB).[3] Eine Rechtspflicht zur gegenseitigen Auskunft über die beruflichen und persönlichen Pläne und Aussichten der Ehegatten nach der Scheidung kann sich dagegen nur aus § 242 BGB ergeben. Häufig wird ihr die Unsicherheit der Situation im Scheidungsstadium, die Beteiligung Dritter, die sich nicht bindend festlegen wollen (Kinderversorgung durch Großeltern) oder der höchstpersönliche Charakter der Angelegenheit (Heiratsabsicht) entgegenstehen. Beide Ehegatten müssen sich aber darüber im klaren sein, daß eine auf falschen Voraussetzungen aufbauende Vereinbarung keine Befriedung bringt, und daher freiwillig so viel Aufklärung wie möglich geben.

221 Im Hinblick auf die komplizierte Regelung der §§ 1569ff. BGB ist es nach neuem Recht besonders wichtig, eine Vereinbarung über den nachehelichen Unterhalt zu treffen (vgl. Rz. 229). Im Vergleich kann auf einen Unterhaltsanspruch ganz oder teilweise **verzichtet** werden (auch etwa gegen Abfindung)[4] sowohl von der Rechtskraft des Scheidungsurteils oder einem bestimmten späteren Zeitpunkt an wie bezüglich der Höhe. Der gesetzliche Unterhaltsanspruch kann in einzelnen Punkten geändert, d. h. vermindert oder erhöht werden. Insbesondere kann der gesetzliche Unterhaltsanspruch durch eine nähere Regelung konkretisiert werden, die nicht nur die aktuelle Unterhaltssituation nach der Scheidung klären, sondern auch verläßliche, aber genügend elastische Regeln für den Unterhalt unter künftig veränderten Verhältnissen enthalten soll. Wegen der Ungleichwertigkeit der Unterhaltstatbestände der §§ 1570–1573, 1575, 1576 infolge gewisser Privilegierungen des Unterhalts gem. § 1570, z. T. auch gem. § 1576 BGB[5] und der unterschiedlichen Einsatzzeitpunkte[6] insbesondere für den Anschlußunterhalt nach dem Wegfall der Voraussetzungen eines zunächst gegebenen Tatbestandes ist die richtige **Angabe, auf welchen der Unterhaltstatbestände**[7] sich ein Unterhaltsanspruch stützt, für spätere Abänderungsklagen von wesentlicher Bedeutung.

222 Häufig ist es zweckmäßig, mit dem **Unterhalt** den **Versorgungsausgleich** zu regeln (vgl. Rz. 430), zumindest muß den bestehenden Abhängigkeiten zwi-

---

[3] Leben die Ehegatten nicht getrennt, so gilt § 1580 schon während des Verbundverfahrens, *Soergel/Häberle,* § 1580 Rz. 8; *BGH,* NJW 1982, 1645 = FamRZ 1982, 151. Zum Inhalt der Verpflichtung (Einkommen der letzten drei Kalenderjahre bei Selbständigen; Vorlage von Bilanz mit Gewinn- und Verlustrechnung, Einkommensteuererklärung und -bescheid) vgl. *BGH,* aaO und NJW 1982, 1642 = FamRZ 1982, 680; NJW 1983, 1554 = FamRZ 1983, 680. Auskunft ist nicht zu erteilen, soweit sie den Unterhaltsanspruch unter keinem Gesichtspunkt beeinflussen kann, *BGH,* NJW 1982, 2771 = FamRZ 1982, 996.

[4] Näheres Rz. 303ff.; s. auch Rz. 232, 264 (Beschränkung auf einzelne Bedürfnislagen); zum Trennungsunterhalt s. Rz. 306, 307.

[5] Vgl. neben anderen §§ 1579 2. Halbsatz, 1582 Abs. 1 Satz 2, 1586a BGB.

[6] Vgl. Rz. 207 mit Fn. 44.

[7] Dies gilt auch im Prozeß, *BGH,* NJW 1985, 2713 = FamRZ 1985, 912. Gegebenenfalls bestehen Teilansprüche nach mehreren Tatbeständen zugleich.

schen den Scheidungsfolgen Rechnung getragen werden. Bezieht allein der Versorgungsausgleichspflichtige zur Zeit der Scheidung (oder auch später) Rente aus der gesetzlichen Rentenversicherung, kann seine Unterhaltspflicht die Rentenkürzung wegen Versorgungsausgleichs verhindern (§ 5 VAHRG); ein Unterhaltsverzicht wäre dann oft verfehlt.

Erhält der Ausgleichsberechtigte infolge des Wertausgleichs eine Rente oder bezieht er eine Ausgleichsrente oder Abfindung im schuldrechtlichen Versorgungsausgleich, so mindert sich seine Bedürftigkeit (Rz. 215). Ist er ausnahmsweise der Unterhaltspflichtige, so verbessert sich seine Leistungsfähigkeit (uU greift jedoch § 1587h Nr. 1 ein).

Soweit der Wertausgleich nicht durch Splitting, Quasisplitting oder Realteilung durchgeführt werden kann (s. Rz. 371ff.) und der schuldrechtliche Versorgungsausgleich nach § 2 VAHRG an seine Stelle tritt, kommt die Vereinbarung der durch § 3b Abs. 1 Nr. 2 VAHRG nF nur subsidiär und beschränkt wieder eingeführten Ausgleichsform der Begründung gesetzlicher Rentenanrechte durch Beitragsentrichtung in Betracht (s. Rz. 436). Häufig empfiehlt sich hier jedoch ein Ausweichen auf eine privatversicherungsrechtliche Lösung, die den Umständen des Einzelfalles besser angepaßt werden kann als die gesetzliche, die bei ungenügenden Beitragszahlungen wieder in den schuldrechtlichen Versorgungsausgleich mündet und damit oft zum Wegfall des Ausgleichs führt.

Wird allein der Versorgungsausgleich – nicht aber der Unterhalt – oder umgekehrt allein der Unterhalt geregelt, so sollte zumindest klargestellt werden, daß der Verpflichtete Ruhen, Ratenzahlung oder Abänderung einer versprochenen Unterhalts- oder Ausgleichsrente, von Beitrags- oder sonstigen Leistungen verlangen kann,[8] wenn er auch aus der anderen Rechtsmaterie in Anspruch genommen wird. Werden dagegen Unterhalt und Versorgungsausgleich aufeinander abgestimmt, so darf der Zusammenhang jedenfalls insoweit nicht durch Ausschluß des § 139 BGB beseitigt werden (vgl. Rz. 312). Der 5. Deutsche Familiengerichtstag empfiehlt allgemein die ausdrückliche vertragliche Feststellung,

– ob die Vereinbarung nur für einen bestimmten Fall der Scheidung (§ 1566 Abs. 1 BGB; vgl. Rz. 225) oder allgemein für jeden Fall der Scheidung gelten soll,
– welche Auswirkungen die Rücknahme eines Scheidungsantrags hat,
– ob Teile der Gesamtvereinbarung, zB die güterrechtliche Regelung, grundsätzlich unabhängig von einer Scheidung gelten sollen.[9]

---

[8] Gem. §§ 1587d Abs. 1 oder 2, 1587g Abs. 3 BGB, 323 ZPO, 3 Abs. 1 Nr. 2, 10a VAHRG nF.

[9] Brühler Schriften Bd. 3 S. 144 = FamRZ 1983, 1202. *Langenfeld* empfiehlt in NJW 1981, 2378, bei komplexen Vereinbarungen § 139 BGB auszuschließen. Dem kann nur zugestimmt werden, soweit es sich um bloße Modalitäten oder aber um Grundpfeiler einer Vereinbarung handelt, die von im übrigen notwendigen Anpassungen unberührt bleiben sollen, zB Übernahme von Geschäftsanteilen. Vgl. hierzu Rz. 89f.; auch 87, 312, 623, 637; *D. Schwab*, Handb., Rz. 420.

c) Gesetzlicher und vertraglicher Unterhaltsanspruch

223 Der nacheheliche Unterhalt unterliegt gemäß § 1585c BGB – wie nach früherem Recht gemäß § 72 Satz 1 EheG – der **Vertragsfreiheit** der Eheleute,[10] die es ihnen auch erlaubt, den auf die Deckung des Lebensbedarfs des geschiedenen Ehegatten gerichteten Anspruch von dem gesetzlichen Unterhaltsanspruch völlig zu lösen und ausschließlich auf eine vertragliche Grundlage zu stellen.[11] Eine solche Vereinbarung enthält, wäre ohne sie ein gesetzlicher Unterhaltsanspruch gegeben, eine Schuldumwandlung;[12] ebenso zulässig ist die Begründung einer Leistungspflicht für den Lebensbedarf des anderen Teils, wo im Einzelfalle nach dem Gesetz überhaupt kein Unterhaltsanspruch in Betracht kommt. Der Rechtsstreit über einen solchen **rein vertraglichen Unterhaltsanspruch** ist keine Familiensache,[13] sondern je nach Höhe des Streitwerts (§ 9 ZPO) vor dem Landgericht oder der allgemeinen Zivilprozeßabteilung des Amtsgerichts auszufechten; auch der Gebührenstreitwert bemißt sich nicht nach § 17 GKG (s. Rz. 164). Die Vorschriften über die bedingte Unpfändbarkeit des Unterhaltsanspruchs und über die erweiterte Pfändung wegen gesetzlicher Unterhaltsansprüche (§§ 850b, 850d ZPO) sind auf den vertraglich vereinbarten, vom gesetzlichen Unterhalt völlig gelösten Unterhaltsanspruch ebensowenig anzuwenden[14] wie die der §§ 519, 528, 829, 844 Abs. 2, 1582, 1587d, 1609 BGB (s. a. Rz. 252) und wohl auch des § 5 VAHRG (vgl. Rz. 222).

224 Ein so schwerwiegender Eingriff in die gesetzliche Ordnung ist von den Ehegatten beim Abschluß der Scheidungsvereinbarung regelmäßig nicht gewollt. **Im Zweifel** ist daher anzunehmen, daß eine Scheidungsvereinbarung nicht eine selbständige vertragliche Leistungspflicht begründet, sondern lediglich den **gesetzlichen Unterhaltsanspruch näher ausgestaltet,** der als solcher erhalten bleibt.[15] Während das frühere Recht dem allein oder überwiegend für schuldig erklärten Teil jeden nachehelichen Unterhalt versagte, kann nach neuem Recht wenigstens aufgrund der positiven Billigkeitsklausel des § 1576 BGB fast immer ein der Festlegung durch Vereinbarung fähiger gesetzlicher Unterhaltsanspruch in Betracht kommen, soweit der andere Ehegatte zur Unterhaltsleistung bereit ist.

Ein völlig vom gesetzlichen Unterhalt gelöster Anspruch wird im allgemeinen nur noch in den kaum praktisch werdenden Fällen anzunehmen sein, daß

---

[10] *BGH,* NJW 1985, 1833 = FamRZ 1985, 788.

[11] *BGH,* NJW 1979, 43 = FamRZ 1978, 873 mwN.

[12] Vgl. *Furler,* S. 128, 130; *Göppinger,* Unterhaltsrecht, Rz. 1609; Beispiel (nicht unzweifelhaft): *BGH,* aaO.

[13] *BGH,* aaO. Allgemein zur rechtsgeschäftlichen Unterhaltsregelung: *Göppinger,* Unterhaltsrecht, Rz. 1601 bis 1668.

[14] Vgl. *BGHZ* 31, 210, 218. – Zur Leibrentenvereinbarung s. Rz. 268, 341ff.

[15] *MünchKomm./Richter,* § 1585c Rz. 15, 22; *Göppinger,* Unterhaltsrecht, Rz. 1609; noch weitergehend *D. Schwab,* Rz. 423ff.; zum bisherigen Recht *Furler,* S. 128.

Unterhalt vereinbart wird, wo der gesetzliche Unterhaltsanspruch besonders ausgeschlossen ist (Weiterverpflichtung nach Wiederheirat – vgl. aber § 1586a –, Tod des Berechtigten) sowie wenn der gesetzliche Unterhaltsanspruch ausdrücklich abbedungen und durch eine andere Regelung ersetzt wird,[16] soweit nicht die Auslegung – wie wohl meist – selbst hier ergibt, daß in Wahrheit lediglich ein eingeschränkter Unterhaltsverzicht gewollt ist. Ein Verzicht des Berechtigten auf künftige Abänderung des vereinbarten Unterhalts gem. § 323 ZPO enthält, da bloßer Teilunterhaltsverzicht, keinen Hinweis auf ein grundsätzliches Abgehen vom Gesetz; ein Abänderungsverzicht des Verpflichteten kann im Einzelfalle eine Angemessenheits- oder Billigkeitsregelung[17] zum Inhalt haben und deutet daher nicht notwendig auf die Vereinbarung rein vertraglichen Unterhalts.[18]

Verpflichtet sich ein Ehegatte, dem anderen nach der Scheidung der Ehe 225
Unterhalt zu gewähren, ohne daß ihn hierzu eine gesetzliche Verpflichtung träfe, oder mehr Unterhalt zu zahlen, als er verpflichtet wäre, so liegt darin nicht stets eine Schenkung oder ein Schenkungsversprechen, sondern regelmäßig ein Vergleich und damit ein **gegenseitiger Vertrag**.[19] Auch wenn nur der eine Ehegatte dem anderen insoweit vermögensrechtliche Leistungen verspricht, ist dieser Punkt stets im Zusammenhang der gesamten Vereinbarung zu sehen und zu beurteilen; zB kann die Gegenleistung ggf. schon in der Zustimmung zur Scheidung liegen (vgl. § 1566 Abs. 1 BGB), oder evtl. im Nachgeben in anderen Punkten. Allerdings darf bei der Erörterung eines gemeinsamen Vorschlags über die Ausübung der elterlichen Sorge nach der Scheidung (§ 1671 Abs. 3 BGB) oder bei der Besuchsregelung (§ 1634 BGB) ein Kind nicht ,,zum Gegenstand eines Handels" gemacht werden. Hierin könnte ein Verstoß gegen die guten Sitten liegen (vgl. Rz. 84 aE, 317, 606 aE).

Ist ausnahmsweise die Unterhaltsgewährung als Schenkung zu beurteilen, 226
so sind gegebenenfalls die Vorschriften der §§ 528–530 BGB anzuwenden.

Zuwendungen des einen an den anderen geschiedenen Ehegatten als Unterhaltsleistungen stellen, da grundsätzlich eine gesetzliche Pflicht anzunehmen ist, regelmäßig keine der **Schenkungsteuer** unterliegenden ,,freigebigen Zuwendungen" iS des § 7 Abs. 1 Nr. 1 ErbStG dar; auch wenn der Ehegatte, der Unterhalt erhält, noch arbeitsfähig ist, wird die Zuwendung regelmäßig als ,,zum angemessenen Unterhalt" geleistet zu beurteilen sein (§ 13 Abs. 1 Nr. 12 ErbStG), zB wenn mit der Unterhaltsleistung ein geringeres Einkommen eines Ehegatten ausgeglichen wird, damit dieser den während der Ehe

---

[16] Hierzu s. Fn. 12.

[17] Im Sinne von §§ 1573 Abs. 5; 1574 Abs. 1, 2; 1576; 1577 Abs. 2 Satz 2, Abs. 3; 1578 Abs. 1 Satz 2; 1581 Satz 1, 2; bei niedriger bemessenem Unterhalt auch von § 1579 BGB.

[18] Abw. 3. Aufl. Rz. 224 (wechselseitiger Abänderungsverzicht) im Anschluß an *OLG Karlsruhe*, NJW 1962, 1774 (altes Recht).

[19] Vgl. dazu Rz. 75 sowie *Rolland*, Rz. 6f.; *D. Schwab*, Handbuch, Rz. 418; auch *BGH*, NJW 1986, 374, 375.

bestehenden Lebensstandard aufrechterhalten kann (vgl. § 1573 Abs. 2 BGB, s. Rz. 208, 212 m. Rz. 205a).[20]

227 Damit, daß ein Ehegatte vertraglich die Verpflichtung zur Unterhaltsleistung übernimmt, ohne dazu gesetzlich verpflichtet zu sein, ist kein Leibrentenvertrag zustandegekommen (s. zu letzterem Rz. 268ff.).

228 Der Unterschied zwischen einem gesetzlichen und einem vertraglichen Unterhaltsanspruch hat schließlich noch Bedeutung für die Frage der Anwendbarkeit der §§ 1579 und 1586 Abs. 1 (1. Alternative) BGB.

d) Bemessung des Unterhalts, einzelne Bedürfnisse, Art des Unterhalts

229 Der gesetzliche Unterhaltsanspruch geht zwar theoretisch auf einen bestimmten Betrag, wie er sich aus den Vorschriften der §§ 1569ff. BGB ergibt. Tatsächlich besteht aber für die Bemessung angesichts der verschiedenen dafür maßgebenden Umstände ein mehr oder weniger großer Spielraum, da der Betrag nicht logisch und rechnerisch exakt ohne irgendwelche Schätzungen und Wertungen festgesetzt werden kann.[21] Aus diesen Gründen ist eine gütliche Regelung über die Höhe des Unterhalts mit etwaigen weiteren Bestimmungen für beide Parteien wünschenswert und zweckmäßig; in den Fällen der Scheidung gemäß §§ 1565, 1566 Abs. 1 BGB ist die Vereinbarung sogar notwendig (§ 630 Abs. 1 Nr. 3, Abs. 3 ZPO, s. Rz. 38, 42).

230 Bei der Bemessung der Höhe des Unterhaltsanspruchs, auch wenn dieser nur auf vertraglicher Grundlage beruht, ist regelmäßig von den **Lebensverhältnissen der Ehegatten** auszugehen, die zur Zeit der Scheidung dauerhaften Bestand gewonnen haben (s. Rz. 212, auch 205a). Wird gleichwohl wegen der wirtschaftlichen Schwierigkeiten der Scheidungszeit ein relativ niedriger Unterhalt vereinbart (vgl. Rz. 217), so empfiehlt es sich, den nach den ehelichen Lebensverhältnissen an sich angemessenen Bedarf (§ 1578 BGB) als künftige Bemessungsgrundlage – auch für die Anrechnung eigenen Einkommens des Berechtigten – festzuhalten (oder aber, daß hierüber keine Einigung erzielt werden konnte).

231 In Anlehnung an § 1577 Abs. 2 BGB, aber auch in Abweichung von den gesetzlichen Regeln über die Bedürftigkeit kann vereinbart werden, daß **Einkünfte des unterhaltsberechtigten** Ehegatten bis zu einer bestimmten Höhe nicht oder nur anteilig berücksichtigt, d.h. auf den vereinbarten Unterhalt angerechnet werden sollen. Für den Fall grundsätzlicher Änderungen der Verhältnisse sollte auch hier der volle Bedarf (s. Rz. 230) angegeben werden.

232 Der Unterhaltsanspruch kann darauf beschränkt werden, daß lediglich die Aufwendungen für eine **Berufsausbildung** (Rz. 246), eine berufliche Weiterbildung oder Umschulung getragen werden. Andererseits kann auch festgelegt

---

[20] Zu diesen Fragen s. *Meincke*, DStR 1977, 363, 367f.; *Mößlang*, NWB F. 10 S. 479ff. (1981); *Troll*, ErbStG § 13 Rz. 22; zum Begriff der freigebigen Zuwendung und zum Bereicherungswillen s. auch *Schulze-Osterloh*, StuW 1977, 122.

[21] Vgl. etwa *Göppinger*, Unterhaltsrecht, Rz. 31ff.

werden, der unterhaltspflichtige Ehegatte trage die Kosten der **Beiträge** zu einer Rentenversicherung zum Zwecke der späteren Versorgung im Alter oder bei Erwerbsunfähigkeit (s. Rz. 212a) oder zu einer näher bestimmten Krankenversicherung des Berechtigten (vgl. Rz. 239ff.) oder er trage den Mietzins (evtl. bis zu einer bestimmten Höhe oder von einer bestimmten Höhe an).

233 Ferner können sich Vereinbarungen auf Regelungen des Anspruchs auf **Sonderbedarf** (vgl. §§ 1585b Abs. 1, 1613 Abs. 2 BGB) beziehen, zB dahingehend, daß ein solcher Anspruch ausgeschlossen oder begrenzt oder auf bestimmte Arten (zB Krankenhaus-, Sanatoriums- und Kurkosten) beschränkt wird, soweit die Aufwendungen nicht durch die Krankenkasse oder Beihilfe gedeckt sind.[22]

234 Weiterhin kann einem geschiedenen Ehegatten entgegen der Vorschrift des § 1577 Abs. 4 Satz 1 BGB Unterhalt für den Fall des Vermögensverfalls zugesagt werden.

235 Vereinbart werden können auch Leistungen von **Sachwerten,** zB von Lebensmitteln, oder die Verpflichtung des einen Ehegatten, der Eigentümer eines Hauses oder einer Eigentumswohnung ist, die eheliche Wohnung oder eine Wohnung zu überlassen oder zu belassen (s. auch Rz. 640 aE), etwa unentgeltlich oder gegen einen geringeren Mietzins als üblich. Durch die Übernahme solcher Verpflichtungen kann eine Unterhaltspflicht (mit) erfüllt werden.

236 In der Vereinbarung können Regelungen aufgenommen werden, die **künftige Änderungen** betreffen, zB wenn die geschiedene Ehefrau das aus der Ehe hervorgegangene Kind nicht mehr in einem solchen Umfange zu betreuen und zu erziehen braucht, daß sie nicht erwerbstätig sein kann, überhaupt Regelungen, die eine spätere Änderung (s. Rz. 253ff.) erleichtern oder erschweren.[23]

Ist der Zeitpunkt nicht mehr fern, in dem der unterhaltsbedürftige geschiedene Ehegatte auf Grund des Versorgungsausgleichs eine Rente erhält – auch etwa eine Ausgleichsrente aus dem schuldrechtlichen Versorgungsausgleich –, so kann dieser Umstand bei der Bemessung des Unterhalts berücksichtigt werden (s. auch Rz. 247).

237 Die Vereinbarung, es solle ein bestimmter **fester Betrag** als Unterhaltsleistung gezahlt werden, auf eine Mehrforderung werde für die Zukunft verzichtet, ist nicht mehr zu empfehlen. Sie enthält die weitere Abmachung, daß eine Abänderung bei Veränderungen der Lebenshaltungskosten ebenfalls ausgeschlossen ist, was bei Eintritt größerer Veränderungen zum Streit über einen Wegfall der Geschäftsgrundlage führen kann (vgl. ferner Rz. 259); anders bei vorübergehender Bedürftigkeit.

---

[22] Zum Sonderbedarfsanspruch s. *BGH,* NJW 1982, 328 = FamRZ 1982, 145.

[23] Zu Wertsicherungsklauseln und zur Anpassung an veränderte Preisindices s. Rz. 289ff.

238 Wird zugleich mit der Vereinbarung über den Unterhalt des Ehegatten die Verpflichtung zur Unterhaltsleistung zugunsten eines Kindes oder mehrerer Kinder festgelegt, so empfiehlt es sich dringend, den **Betrag für jede Person getrennt** zu bestimmen,[24] da dies wichtig ist für spätere Änderungen, zB wenn die Kinder nicht mehr unterhaltsbedürftig sind, für eine etwaige Vollstreckung, sowie auch für Sozialrenten.

e) Krankenversicherung

239 Die Vorschrift des **§ 1578 Abs. 2 BGB** bestätigt für das Unterhaltsrecht der geschiedenen Ehegatten die Ansicht, daß zum laufenden Lebensbedarf die Kosten einer angemessenen Krankenversicherung gehören (vgl. auch §§ 1360 a Abs. 1, 1610 Abs. 2 BGB).[25] Bei der Unterhaltsbemessung (s. Rz. 212) wird der Krankenversicherungsaufwand des Berechtigten aber nur dann zusätzlich berücksichtigt, wenn er geltend gemacht wird.[26]

240 Indessen ist hier zu unterscheiden zwischen der **gesetzlichen Krankenversicherung** – die Pflichtversicherung oder freiwillige Versicherung sein kann – einerseits[27] und der privaten Krankenversicherung andererseits. Ist zB der Mann pflichtversichert (§§ 165ff. RVO), so erhalten die unterhaltsberechtigten Angehörigen, die Ehefrau und die Kinder, ebenfalls Krankenhilfe und sonstige Hilfen (§ 205 Abs. 1 RVO, zum Inhalt der Krankenhilfe s. § 182 RVO, vgl. auch § 21 SGB I). Das gleiche gilt im Falle der freiwilligen Versicherung[28] (§ 176, s. ferner § 176a RVO). Mit der Rechtskraft des Scheidungsurteils erlischt die Krankenhilfe für die Frau. Die Familienkrankenhilfe setzt, wie allgemein die gesetzliche Sozialversicherung, eine bestehende Ehe voraus.[29] Die Frau, die während der Ehe mitversichert war, hat nach der Scheidung nur die Möglichkeit, der Krankenversicherung beizutreten (§ 176b Abs. 1 Nr. 1 RVO);[30] Voraussetzung ist, daß der Mann im Zeitpunkt der Scheidung der Krankenversicherung angehörte.[31] Der Beitritt ist **binnen eines**

---

[24] Zur notariellen Beurkundung von Unterhaltsverpflichtungen vgl. *Göppinger/Wax*, Unterhaltsrecht, Rz. 3367f., sowie auch oben Rz. 1 m. Fußn. 6.

[25] Hierzu auch *BGH*, NJW 1983, 2937 = FamRZ 1983, 888; *Göppinger*, Unterhaltsrecht, Rz. 957f.

[26] *BGH*, NJW 1982, 1983 = FamRZ 1982, 887; vgl. ferner NJW 1983, 2937 = FamRZ 1983, 888.

[27] Zur gesetzlichen Krankenversicherung s. auch *Göppinger*, Unterhaltsrecht, Rz. 86ff.; zu ihren Trägern einschl. der Ersatzkassen: *Bley*, Sozialrecht, S. 181f., 190f.; *Gitter*, Sozialrecht, § 9 sowie § 21 Abs. 2 SGB I. Beitragssätze: s. *Benner/Schneider*, BB 1987, Beilage 1 S. 3ff.

[28] Vgl. *BSGE* 19, 282.

[29] *BSGE* 12, 75, 77f.; *Peters*, Anm. 8a; *Dersch/Knoll*, Anm. 3 je zu § 205 RVO; *Brackmann*, II, S. 406e. Zur Pflicht, den Ehegatten rechtzeitig über den Fortfall der gesetzlichen Krankenversicherung zu informieren, s. *OLG Köln*, FamRZ 1985, 926.

[30] Hierzu *Hufer*, NJW 1977, 1272; *Hedrich*, NJW 1984, 1020.

[31] Zur Beitragspflicht s. §§ 380ff. RVO, zur Abführung des Beitrags durch den

Monats nach dem Eintritt der Rechtskraft des Scheidungsurteils oder nach dem Beginn ihrer Unterhaltsberechtigung gegenüber dem Versicherten zu beantragen (§ 176b Abs. 2 Satz 2). Auf die Bedeutung der rechtzeitigen Antragstellung, die immer wieder versäumt wird, sollten beide Ehegatten nachdrücklich hingewiesen werden. Dem Antrag steht es gleich, wenn in diesem Monat der Beitrag bezahlt wird (§ 176b Abs. 2 Satz 3), ein besonderer Antrag erübrigt sich dann. Eine Wartezeit ist nicht erforderlich (§ 176b Abs. 2 Satz 1 i.V. mit § 207 RVO), ebenso nicht eine ärztliche Untersuchung (§ 176b Abs. 2 Satz 1 i.V. mit § 310 Abs. 3). Eine Erkrankung, die im Zeitpunkt des Beitritts besteht, steht dem Beitritt nicht entgegen (§ 176b Abs. 2 Satz 1 i.V. mit § 310 Abs. 2).

War die Frau pflichtversichert und damit der Mann mitversichert (§ 205 Abs. 1 Satz 1 RVO), so gelten die obigen Ausführungen entsprechend.

Zu beachten ist, daß gemäß § 205 Abs. 1 Satz 2 RVO für Kinder dann kein Anspruch auf Leistungen nach Satz 1 besteht, wenn der mit den Kindern verwandte Ehegatte des Versicherten nicht Mitglied bei einem Träger der gesetzlichen Krankenversicherung ist und sein Gesamteinkommen regelmäßig im Monat ein Zwölftel der Jahresarbeitsverdienstgrenze (§ 165 Abs. 1 Nr. 2)[32] übersteigt und regelmäßig höher als das Gesamteinkommen des Versicherten ist (s. auch Rz. 568). Die Kinder können dann freiwillig der Versicherung beitreten (§ 176b Abs. 1 Nr. 2 RVO).

Die Ehegatten können in dem Vergleich über die Scheidungsfolgen Verein- 241
barungen darüber treffen, daß zB der Mann den notwendigen **Beitrag an die Krankenversicherung bezahlt** oder daß ein bestimmter Betrag der an die Frau zu leistenden Unterhaltszahlungen für ihre Krankenkassenbeiträge vorgesehen sein soll,[31] mit der Maßgabe, daß die Frau eine entsprechende Erhöhung verlangen kann, wenn sich der Beitrag erhöht.

Ist der Mann **privatversichert** und ist die Frau mitversichert, in der Weise, 242
daß nur der Mann Versicherungsnehmer ist, so handelt es sich nicht um eine Versicherung für fremde Rechnung; die mitversicherte Frau ist nicht Vertragsgegner des Versicherers. Versichert ist allein das eigene Vermögensinteresse des Versicherungsnehmers, das durch eine Erkrankung der mitversicherten Person betroffen werden kann. Wird die Ehe des Versicherungsnehmers geschieden, so kann er trotzdem die Versicherung in der gleichen Weise für den geschiedenen Ehegatten fortführen, wobei er also Versicherungsnehmer bleibt. Die Ehegatten können in dem Vergleich über die Scheidungsfolgen eine Vereinbarung treffen, daß der Mann weiterhin die Versicherungsbeiträge

---

Arbeitgeber § 393, zur Selbstabführung §§ 165 Abs. 1 Nr. 5, 6; 393d, 475b, 475d RVO; zur Beitragsaufbringung s. die Darstellung von *Bley,* S. 191ff. und allgemein SGB IV §§ 20ff.; hierzu s. *Wochner,* BB 1977, 1205; zum Arbeitgeberbegriff s. *Marburger,* BB 1977, 449. Zu § 33a EStG s. Rz. 335ff.

[32] Hierzu § 1385 Abs. 2 RVO, Sozialvers.-BezugsgrößenVO 1987 § 3: brutto 4275 DM monatlich, d.i. 1/12 von 75% von 68400 DM. – Näheres zum Familienhilfeanspruch bei *Adolph,* DB 1977, 1654.

für die Frau leistet[33] und sich verpflichtet, die Versicherung für die Frau nicht zu kündigen, gegebenenfalls nur mit deren Einverständnis, zB wenn die Frau eine Erwerbstätigkeit aufnimmt und damit der Pflichtversicherung (§ 165 RVO) unterliegt. Wird die Versicherung auf die erwähnte Weise für die Frau fortgeführt, so ist diese, wohl in der Regel, berechtigt, die Erstattungsanträge für Aufwendungen unmittelbar bei dem Versicherer einzureichen. Doch empfiehlt es sich, zuvor eine entsprechende Anfrage an den betreffenden Versicherer zu richten.

243 Die Frau kann aber regelmäßig die Krankenversicherung bei dem betr. Versicherer auch selbst fortführen. Bezüglich der näheren Einzelheiten empfiehlt es sich, mit diesem in Verbindung zu treten. In diesem Falle können die Ehegatten vereinbaren, daß zB der Mann der Frau die betreffenden Beiträge erstattet und die Frau eine Erhöhung verlangen kann, wenn der Versicherer den Beitragssatz erhöht. Zu beachten ist, daß in diesem Falle die Frau Versicherungsnehmerin ist.[34]

Kündigt dagegen der Versicherungsnehmer anläßlich der Ehescheidung die Versicherung bezüglich des mitversicherten Ehegatten, so erlischt damit die Versicherung des Ehegatten. Dieser hat dann keinen Anspruch gegen die Versicherungsgesellschaft auf Fortführung der Versicherung. § 13 MBKK[35] sieht einen solchen Fall nicht vor.

f) Altersvorsorgeunterhalt

244 Umfaßt der Unterhaltsanspruch gem. § 1361 Abs. 1 Satz 2 bzw. § 1578 Abs. 3 BGB den Altersvorsorgeunterhalt (s. oben Rz. 205b, 212a), so muß der Berechtigte diesen seiner **Zweckbestimmung** entsprechend zur Alterssicherung verwenden, weshalb der Betrag gesondert festzulegen ist. Er ist aber grundsätzlich berechtigt, die Art der Vorsorge und den Versicherungsträger selbst zu wählen, und zu Angaben hierüber nicht verpflichtet; der Unterhalt ist an den (geschiedenen) Ehegatten, nicht an den Versicherungsträger zu zahlen.[36] Doch können die Parteien Abweichendes vereinbaren – auch: einem Versicherungsträger Abbuchungsermächtigung zu Lasten des Verpflichteten zu erteilen, um die pünktliche Beitragszahlung zu sichern –.

Da die Bemessung des Altersvorsorgeunterhalts nach der Bremer Tabelle umständlich ist und meist zu einem leicht überhöhten Betrag führt[37] und da

---

[33] Zur Anwendung des § 10 Abs. 1 Nr. 2 Buchst. a EStG s. Rz. 318, 326a. Ein Vertragsmuster findet sich bei *Kersten/Bühling/Appell/Kanzleiter*, Rz. 790.

[34] In diesem Falle kann also nur die Frau gegebenenfalls die Aufwendungen für die Krankenversicherung als Sonderausgaben (§ 10 Abs. 1 Nr. 2 Buchst. a EStG) geltend machen.

[35] Abgedr. bei *Prölss/Martin*, Zusatz nach §§ 159–178 VVG.

[36] *BGH*, NJW 1982, 1986 = FamRZ 1983, 152; NJW 1983, 1542 = FamRZ 1982, 1187; FamRZ 1987, 684 (auch zu möglichen Ausnahmen).

[37] Vgl. *Gröning*, FamRZ 1982, 459; 1983, 331; *Hampel*, FamRZ 1984, 630ff.; *BGH*, NJW 1983, 2937 = FamRZ 1983, 888. Zur Bremer Tabelle s. Rz. 212a.

der Elementarunterhalt, wenn er (auch) durch die Kürzung wegen des Vorsorgeunterhalts für den laufenden Lebensbedarf nicht ausreicht, Vorrang hat,[38] empfiehlt sich die Vereinbarung eines Pauschalansatzes für den Vorsorgeunterhalt, der etwa der Rentendynamik in der gesetzlichen Rentenversicherung folgen oder in ein festes Verhältnis zum jeweiligen Elementar- oder auch Gesamtunterhalt (zB 1 : 5) gebracht werden kann. Soweit es sich um Trennungsunterhalt handelt, wird zu beachten sein, daß auf ihn nicht verzichtet werden kann (s. Rz. 306f.).

Der Berechtigte wird den Vorsorgeunterhalt meist **als freiwillige Beiträge** 244a gem. § 10 Abs. 1 AVG (§ 1233 Abs. 1 RVO) in die gesetzliche Rentenversicherung einzahlen, vor allem wenn er bereits gesetzliche Rentenanwartschaften erworben oder zu erwarten hat, zB aus Pflichtversicherung (auch bei beabsichtigter späterer versicherungspflichtiger Tätigkeit), aus Kindererziehungszeiten oder Versorgungsausgleich (vgl. Rz. 370aff.).[39] Nicht selten ist die freiwillige Versicherung in der gesetzlichen Rentenversicherung jedoch **ausgeschlossen,**[40] führt sie lediglich zum Erwerb nichtdynamischer Anwartschaften in der Höherversicherung (vgl. Rz. 369 zu Nr. 2)[41] oder ist sie aus anderen Gründen unwirtschaftlich oder **unzweckmäßig,** zB wenn der Berechtigte seine Altersversorgung bereits als private Kapital- oder Rentenversicherung begonnen hat[42] und sinnvoll daran festhalten möchte – vgl. weiter auch die im Versorgungsausgleich von § 1587b Abs. 4 BGB erfaßten Fälle, unten Rz. 373a, 426a zu (1) –. Soweit nicht gem. Art. 2 § 27 AnVNG (Art. 2 § 28 ArVNG) die Voraussetzungen für die Nachentrichtung von Beiträgen vorliegen, die der Ehefrau aus der gesetzlichen Rentenversicherung anläßlich der Eheschließung erstattet wurden, werden hier die Mittel des Vorsorgeunterhalts für eine private Lebensversicherung des Berechtigten verwandt werden (zur zweckmäßigen Ausgestaltung vgl. Rz. 437a). Dabei kann sich eine Kapitalabfindung des Anspruchs auf Altersvorsorgeunterhalt als günstig erweisen.

---

[38] *BGH,* NJW 1982, 2438 = FamRZ 1982, 890 (trotz einheitlichen Selbstbehalts für Elementar- und Vorsorgeunterhalt).

[39] Die Anregung zu diesem Abschnitt verdanke ich den Ausführungen von *Jaeger,* FamRZ 1987, 137. Zu den Wartezeiten vgl. Rz. 370c.

[40] Beispiele: Berechtigter ist pflichtversichert (aber Fn. 41), ist versicherungsbefreiter Beamter (Ausnahme: für 60 Kalendermonate sind bereits Beiträge entrichtet), bezieht Altersruhegeld; Mindestbeitrag von 94 DM monatl. (1987) wird nicht erreicht. Während Berufs-/Erwerbsunfähigkeit nur Einzahlung für *späteren* Versicherungsfall: § 10 Abs. 1, 1a, 2, 2a, § 115 Abs. 1 AVG; § 1233 Abs. 1, 1a, 2, 2a, § 1388 Abs. 1 RVO. Höchstbeitrag 1066 DM monatl. (1987).

[41] Beispiele: freiwillige Beiträge für Zeiten der Pflichtversicherung oder wenn nicht wenigstens als Mindestbeiträge (Fn. 40) drei zusammenhängende Kalenderjahre lang je innerhalb des Jahres, für das sie gelten sollen, entrichtet – mit u. a. Pflichtbeiträgen belegte Jahre zählen mit – (§§ 11, 32b, 140 Abs. 1 AVG; 1234, 1255b, 1418 Abs. 1 RVO): vgl. *Benner/Schneider,* BB 1987, Beil. 1 S. 19 mit Beispiel.

[42] *BGH,* NJW 1983, 1547 = FamRZ 1982, 1187; evtl. bei Unerreichbarkeit einer Invalidenrente wegen fehlender Pflichtbeiträge in 36 der letzten 60 Monate, *Struck/Molkentin,* FamRZ 1985, 342.

g) Minderjähriger Ehegatte

245 Der minderjährige Ehegatte kann keine wirksame Vereinbarung über seinen Unterhalt ohne Zustimmung des gesetzlichen Vertreters schließen (§§ 1633, 108 BGB); § 107 BGB kann hier nicht angewendet werden, da der minderjährige Ehegatte durch den Abschluß der Vereinbarung nicht lediglich einen rechtlichen Vorteil erlangt (s. auch Rz. 79). Ebenso können aus § 607 Abs. 1 Halbs. 1 ZPO keine Schlüsse gezogen werden, da die Geltendmachung eines Unterhaltsanspruchs keine Ehesache, sondern eine Folgesache ist (vgl. § 623 i. V. mit § 621 Abs. 1 Nr. 5 ZPO).

Steht der minderjährige Ehegatte unter Vormundschaft, so bedarf der Vergleich auch der vormundschaftsgerichtlichen Genehmigung (§ 1822 Nr. 12, s. ferner §§ 1828, 1829 BGB). Das gleiche gilt auch für Kapitalabfindungen (s. zu diesen Rz. 265ff.).

Die vorliegenden Fragen haben allerdings nur geringe praktische Bedeutung, da die Volljährigkeit mit Vollendung des 18. Lebensjahres eintritt (§ 2 BGB, s. auch § 1 EheG).

2. Einzelfragen

a) Zeitliche Begrenzung

246 Zuweilen wird der Unterhaltsanspruch des einen Ehegatten, vor allem der Frau, zeitlich begrenzt, so daß er für den betreffenden Zeitraum die Bedeutung einer „Überbrückungshilfe" hat (zB wenn die Frau noch verhältnismäßig jung ist oder die Ehe vor der Beendigung der Berufsausbildung geschlossen hat), um der Frau damit die Möglichkeit zu einer Berufsausbildung oder beruflichen Weiterbildung zu geben. Wird zu solchen Zwecken der Unterhalt gewährt, so wird es sich im Hinblick auf die Vorschriften der §§ 1574 Abs. 3, 1573 Abs. 1, 1575 BGB (s. Rz. 208–210) empfehlen, ausdrücklich festzulegen, daß der Unterhalt hierzu dient und ob er für einen fest bestimmten Zeitraum gewährt werden soll oder bis zur Beendigung der Ausbildung – mit oder ohne zeitliche Begrenzung –. Zu bedenken ist auch das Verhältnis zu den Einsatzzeiten der §§ 1571ff. BGB.[1]

Wird der Unterhaltsanspruch zeitlich begrenzt, gleichgültig für welche Zwecke der Unterhalt gedacht ist und aus welchen Gründen die zeitliche Begrenzung festgelegt wird, so ist daraus häufig zu schließen, daß der Ehegatte für die folgende Zeit auf Unterhalt verzichtet mit allen sich daraus ergebenden Konsequenzen (s. dazu Rz. 307ff.). Eine ausdrückliche Klarstellung empfiehlt sich jedoch dringend.

---

[1] Vgl. Rz. 207ff. mit Fn. 44.

Andererseits kann auch in Betracht kommen, daß ein Ehegatte sich verpflichtet, dem anderen von einem **bestimmten späteren Zeitpunkt** oder von der Erreichung eines bestimmten Alters an oder im Falle des Eintritts der Erwerbsunfähigkeit Unterhalt zu leisten, gegebenenfalls zusätzlich zu der Rente, die der unterhaltsberechtigte geschiedene Ehegatte aus selbst oder durch den Versorgungsausgleich erworbenen Anwartschaften erhält (vgl. Rz. 215, 222, 371 ff.). Die Vereinbarung muß klar erkennen lassen, ob es daneben auf die Voraussetzungen der Unterhaltstatbestände der §§ 1570 ff. BGB und die Einsatzzeiten der §§ 1571 ff. (s. Rz. 207 ff.) ankommen soll. 247

Wichtig ist jedoch vor allem die Frage, ob der Unterhaltsanspruch mit dem **Tode** des unterhaltspflichtigen früheren Ehegatten (s. § 1586 b BGB) erlöschen soll oder nicht (s. Rz. 249 ff.). Regelmäßig dürfte es sich empfehlen, in der Unterhaltsvereinbarung hierüber Klarheit zu schaffen, vor allem dann, wenn es sich um keinen gesetzlichen Unterhaltsanspruch handelt (s. Rz. 223 ff.). 248

b) Tod des Unterhaltspflichtigen

Mit dem Tode des unterhaltspflichtigen früheren Ehegatten erlischt die gesetzliche Unterhaltspflicht (§§ 1569 ff. BGB) nicht;[2] dies gilt auch für gesetzliche Unterhaltsansprüche, die durch Vereinbarungen lediglich näher bestimmt worden sind (zu letzteren s. Rz. 224). Zu diesen gehören zB ebenfalls Ansprüche gemäß § 1575 BGB (Tragung der Kosten einer Ausbildung usw.) oder gemäß § 1578 Abs. 2 und 3 BGB (Tragung der Kosten einer angemessenen Krankenversicherung und einer angemessenen Versicherung für den Fall des Alters sowie der Berufs- oder Erwerbsunfähigkeit). Die Unterhaltspflicht geht gemäß **§ 1586 b** Abs. 1 Satz 1 auf den **Erben** über, zB auf die zweite Ehefrau des Mannes und ist Nachlaßverbindlichkeit (s. zu dieser §§ 1967 ff. BGB). 249

Voraussetzung des weiterhin bestehenden Unterhaltsanspruchs ist, daß der unterhaltsberechtigte geschiedene Ehegatte bedürftig ist, d. h. etwaige privatrechtliche oder öffentlichrechtliche Versorgungsansprüche, Vermögenseinkünfte und etwa anrechenbares Kapital (Rz. 216) zum vollen angemessenen Unterhalt nicht ausreichen. Dagegen kommt nunmehr der Frage der Leistungsfähigkeit des Unterhaltspflichtigen keine Bedeutung mehr zu, s. § 1586 b Abs. 1 Satz 2. Jedoch haftet der Erbe gemäß § 1586 b Abs. 1 Satz 3 nicht über einen Betrag hinaus, der dem Pflichtteil entspricht, wenn die Ehe nicht geschieden worden wäre (vgl. §§ 1931, 2303 Abs. 1 Satz 2, Abs. 2 Satz 1 250

---

[2] Der gesetzgeberische Grund der Regelung ist, daß der geschiedene Ehegatte, auch wenn er unterhaltsberechtigt ist, den anderen nicht beerbt und auch kein Pflichtteilsrecht hat. – Vgl. etwa *Göppinger/Wenz,* Unterhaltsrecht, Rz. 1228, 1229 ff.; *Dieckmann,* FamRZ 1977, 168 ff., auch NJW 1980, 2777; zT sehr kritisch *Müller-Freienfels,* Fschr. f. Beitzke, S. 322.

BGB). Für die Berechnung des Pflichtteils bleiben gemäß § 1586b Abs. 2 Besonderheiten auf Grund des Güterstandes außer Betracht, in dem die Ehegatten gelebt hatten. Hatten die Eheleute im Güterstand der Zugewinngemeinschaft gelebt, so erhöht sich hier der fiktive Erbteil (s. § 1371 BGB) nicht; vielmehr verbleibt es bei der Regel, die sich aus § 1931 ergibt. Dies rechtfertigt sich daraus, daß nach der Scheidung der Zugewinn gemäß §§ 1372ff. BGB auszugleichen ist.[3] § 1586b Abs. 1 Satz 2 bezweckt damit eine von vornherein begrenzte Haftung des Erben.

251 Zu beachten ist indessen, daß durch eine **Vereinbarung** die Vorschriften des § 1586b ausgeschlossen werden können oder daß eine andere Regelung vereinbart werden kann, wie auch eine zeitliche Begrenzung der Unterhaltsleistungen (s. Rz. 246ff.) oder überhaupt ein Verzicht auf Unterhalt zulässig ist (s. Rz. 303ff.).

252 Handelt es sich jedoch um einen rein vertraglichen Unterhaltsanspruch (s. Rz. 223), so kommt es für die Beantwortung der Frage, ob der Unterhaltsanspruch des Berechtigten nach dem Tode des Verpflichteten fortdauert, auf die vertraglichen Abmachungen an. Enthält die Vereinbarung hierzu keine Regelung, so ist eine ergänzende Vertragsauslegung (vgl. § 157 BGB) erforderlich; hierbei § 1586b heranzuziehen, erscheint je nach der Person der bei Vertragsabschluß in Betracht zu ziehenden Erben nicht unzweifelhaft.

c) Unterhaltsabänderung (§ 323 ZPO)

253 Haben die Parteien den Unterhalt durch vertragliche Vereinbarung geregelt, so unterliegt der Anspruch einer **Anpassung an veränderte Verhältnisse** nur nach den Grundsätzen der Änderung bzw. des Wegfalls der Geschäftsgrundlage.[4] Auch beim gerichtlichen Vergleich richten sich Voraussetzungen und Umfang einer etwaigen Abänderung allein nach materiellem Recht, nämlich nach den Grundsätzen über den Fortfall der Geschäftsgrundlage, die zu einer differenzierteren Regelung als der in § 323 Abs. 1 ZPO vorgesehenen führen.[5]

Unterhaltsverträge, in denen die Parteien die Leistung einer festen Rente vereinbart haben, unterliegen grundsätzlich der Anpassung unter dem Gesichtspunkt der §§ 157, 242 BGB; die Anpassungsmöglichkeit entfällt im allgemeinen nur dann, wenn sie durch ausdrückliche Erklärung der Parteien

---

[3] BT-Drucks. 7/650, S. 154; s. auch BJM-Brosch. S. 220. Zum Zugewinnausgleich s. Rz. 490ff.

[4] *RGZ* 145, 119; *BGH*, FamRZ 1979, 210 sowie Großer Zivilsenat wie Fn. 5.

[5] Keine entsprechende Anwendung der Einzelregelungen des § 323 Abs. 1, 2 und 3 ZPO auf den gerichtlichen Vergleich. § 323 Abs. 4 stellt nur klar, daß die Eigenschaft als gerichtlicher Vergleich der Abänderbarkeit aus materiellrechtlichen Gründen nicht entgegensteht; *BGHZ* 85, 64, 73ff. = NJW 1983, 228 = FamRZ 1983, 22 (Großer Zivilsenat); *BGH*, NJW 1986, 2054 = FamRZ 1986, 790.

ausgeschlossen ist (vgl. Rz. 257f.),[6] denn regelmäßig werden Unterhaltsverträge unter der **Voraussetzung gleichbleibender Verhältnisse**[7] geschlossen.

Eine **Anpassung** der Unterhaltsvereinbarung, insbesondere der Höhe nach, 254
kann verlangt werden, wenn die der Vereinbarung zugrundeliegende Prognose über die künftige Entwicklung der tatsächlichen[8] Verhältnisse (d.h. meist: die Unterstellung, die Verhältnisse blieben unverändert) sich als unzutreffend erweist, weil die von den Parteien zugrundegelegten künftigen Verhältnisse anders eingetreten sind als angenommen,[9] auch bei verringerter Kaufkraft der Währung.[6]

Soweit die tatsächlichen Grundlagen unverändert geblieben sind, bleibt die **Bindung an den Vergleich** jedoch bestehen. Die erneute Überprüfung der diesbezüglichen Tat- und Rechtsfragen kann nicht verlangt werden; ob beim Ehegattenunterhalt auch eine Bindung an einmal zugrundegelegte Verteilungsquoten besteht, hat der *BGH* neuerdings offengelassen.[10] Schwierigkeiten bei späterer Anpassung des Unterhalts an die veränderten Verhältnisse werden eher vermieden, wenn in der Vereinbarung einerseits der **Lebensbedarf** (den ehelichen Lebensverhältnissen zur Zeit der Scheidung entsprechender Unterhalt, s. Rz. 212, 230f., 205d) sowie andererseits seine – bei beschränkten Mitteln nur teilweise – **Aufbringung,** d.h. die Fragen der Bedürftigkeit und Leistungsfähigkeit (Rz. 215–218) **getrennt** gehalten werden, wie es dem Gesetz entspricht. Dabei kann festgelegt werden, daß die gebotene Fortschreibung des Lebensbedarfs als Bemessungsfaktor des Unterhalts vornehmlich oder ausschließlich der Entwicklung eines bestimmten Preisindex folgen soll.[11] Die erwähnten Unterhaltsquoten sind dann nur für die erstmalige Festsetzung des Lebensbedarfs von Bedeutung sowie, wenn das anrechenbare Einkommen nicht ausreicht, den Lebensbedarf der geschiedenen Ehegatten und der mit ihnen gleichrangig Unterhaltsberechtigten zu decken.

---

[6] *BGH,* FamRZ 1986, 458, 460; zum Preisindex als Anpassungsmaßstab: *OLG Hamburg,* FamRZ 1983, 932; vgl. Fn. 11 sowie Rz. 291.

[7] *RGZ* 106, 233, 235; 145, 149; *MünchKomm./Richter,* § 1585c BGB Rz. 41; *Soergel/Häberle,* § 1585c BGB Rz. 20.

[8] Nach *BGH,* NJW 1983, 1548 = FamRZ 1983, 569 kann jedoch Anpassung für die Zukunft auch bei Änderung eines zugrundegelegten Gesetzes oder einer zugrundegelegten gefestigten höchstrichterlichen Rspr. sowie der Nichtig- oder Unvereinbarerklärung einer zugrundegelegten Norm durch das *BVerfG* verlangt werden, wenn der Vergleich ohne die beiderseitige Fehlvorstellung über die Rechtslage nicht geschlossen worden wäre. Einschränkend Art. 6 Nr. 1 UÄndG.

[9] Vgl. *Göppinger,* Unterhaltsrecht, Rz. 1002; *BGHZ* 80, 389 = NJW 1981, 2193 = FamRZ 1981, 862 (zu § 323 ZPO).

[10] *BGH,* NJW 1984, 1458 = FamRZ 1984, 374; doch können die Parteien einen Verteilungsmaßstab für künftige Anpassungen verbindlich festlegen, *BGH,* NJW 1985, 1026 = FamRZ 1985, 161; zB jeweilige Düsseldorfer Tabelle, *BGH,* NJW 1987, 58 = FamRZ 1986, 783.

[11] Vgl. *OLG Düsseldorf,* FamRZ 1981, 887; *OLG Stuttgart,* Die Justiz 1981, 400; allgemein zur Festlegung der Vergleichsgrundlage *Giesing,* NJW 1982, 271; vgl. Fn. 6. Der Einwand der beschränkten Leistungsfähigkeit sollte vorbehalten werden (s. Rz. 291, auch 268).

Doch können die Ehegatten auch vereinbaren, daß bei einer Veränderung der Verhältnisse eine von der bisherigen Höhe des Unterhalts und den angewandten Bemessungsregeln völlig unabhängige **Neufestsetzung** erfolgen soll. Damit wird die Bindungswirkung des bisherigen Vergleichs hinsichtlich der Höhe des Unterhalts ausgeschaltet. In diesem Falle ist nur die Festlegung der dem Vergleichsschluß zugrundegelegten Eckdaten notwendig, um die spätere Feststellung des Anspruchstatbestandes und der Geschäftsgrundlage zu erleichtern.

255 Die Anpassung des Vergleichs an eine Änderung der Geschäftsgrundlage setzt eine Veränderung der Verhältnisse voraus, die das Festhalten am bisherigen Vertrag als Verstoß gegen Treu und Glauben erscheinen läßt und deshalb der betroffenen Partei nicht zugemutet werden kann. Welches **Ausmaß an Veränderung** zu einer Abänderung des Vergleichs führt, entzieht sich einer schematischen Beurteilung; je nach Lage des einzelnen Falles kann die Opfergrenze, insbesondere in beengten Verhältnissen, schon deutlich unterhalb der bei der Anwendung des § 323 Abs. 1 ZPO verbreiteten 10-%-Schwelle anzusetzen sein.[12] Den Parteien steht es frei, im Vergleich eine bestimmte Grenze zu setzen (im Zusammenhang mit Indexklauseln, s. Rz. 291 ff., werden häufig 5% vereinbart).

256 Die **Abänderung** des Unterhaltsvergleichs kann auch **für die Vergangenheit** verlangt werden; § 323 Abs. 3 ZPO ist nicht entsprechend anzuwenden.[5] Eine Grenze für die rückwirkende Abänderung ergibt sich nur aus *Treu und Glauben (§ 242 BGB),* die die Grundlage der Anpassung wegen Änderung der Geschäftsgrundlage sind.[13] Die Parteien können zwar die Anwendung von § 323 Abs. 3 ZPO vereinbaren (Abänderung nur für die Zeit ab Klagerhebung), hierdurch wird der Abänderungsberechtigte jedoch zur alsbaldigen Klagerhebung gezwungen und es verbleibt nicht genügend Zeit für eine außergerichtliche Einigung. Deshalb empfiehlt sich etwa folgende **Vereinbarung: „Die Abänderung des Unterhalts kann für die Vergangenheit vom Zeitpunkt des Zugangs eines bezifferten Abänderungsverlangens an begehrt werden"**, evtl. mit dem Zusatz, daß die Abänderungsklage innerhalb von (zB) sechs Monaten ab Verlangen oder eines Monats nach dem Scheitern von Verhandlungen über das Abänderungsbegehren erhoben werden muß.

257 Die Parteien können **die Abänderbarkeit** eines gerichtlichen oder außergerichtlichen Vergleichs über nachehelichen Unterhalt durch ausdrückliche Erklärung (Rz. 253 aE) auch von vornherein **ganz oder zum Teil ausschließen.**[5]

---

[12] *BGH,* NJW 1986, 2054 = FamRZ 1986, 790. Vgl. auch zu § 323 Abs. 1 ZPO *Göppinger/Wax,* Unterhaltsrecht, Rz. 3311 m. N.; nach *BGHZ* 34, 110, 118 wird man Veränderungen der wirtschaftlichen Verhältnisse schon dann als wesentlich ansehen können, wenn sie zu einer Änderung der Löhne und Beamtengehälter führen. Eine nachhaltige Unterschreitung des Mindestselbstbehalts (s. Rz. 205d Fn. 40) wird nicht hingenommen werden müssen, vgl. *RGZ* 145, 119, 120; *BGH,* DAVorm 1980, 408.

[13] *BGHZ* 85, 64 (s. Fn. 5); zur materiellrechtlichen Begrenzung *Klauser,* DAVorm 1982, Sp. 134; *OLG Karlsruhe,* FamRZ 1983, 1156; *OLG Düsseldorf,* FamRZ 1985, 1147.

Ist die Unterhaltsrente nur für einen kürzeren Zeitraum oder ist die Zahlung eines Beitrags zur Bestreitung der Kosten für eine (weitere) Berufsausbildung oder Umschulung usw. (vgl. § 1575 BGB) vereinbart, so kann erwogen werden, beiderseits auf jedwede **Abänderung zu verzichten.** Zur Frage der Formbedürftigkeit der Vereinbarung einer unabänderlichen Dauerrente vgl. Rz. 268ff.

Bei einer rein vertraglichen Unterhaltsverpflichtung (s. Rz. 223ff.) ist meist davon auszugehen, daß eine Anpassung der Vereinbarung eine Änderung der Verhältnisse voraussetzt, die geeignet ist, die Geschäftsgrundlage zu erschüttern und den von beiden Parteien beabsichtigten Endzweck der Vereinbarung zu vereiteln,[14] daß also nicht schon jede wesentliche Veränderung der Verhältnisse ausreicht.

Vor allem können bestimmte Umstände als Gründe, die eine Änderung rechtfertigen könnten, ausgeschlossen oder eingeschränkt werden. Von großer praktischer Bedeutung war nach altem Recht eine Regelung des Inhalts, daß eine spätere **Wiederverheiratung** des Verpflichteten (in der Regel: des Mannes) keinen Einfluß auf die Höhe des Unterhalts des Berechtigten (in der Regel: der Frau) haben, also nicht zur Abänderung berechtigen soll. Nach neuem Recht kommt es hierauf nur an, wo der Vorrang des § 1582 BGB (s. Rz. 218) fehlt oder zweifelhaft ist. Die geschiedene Frau kann an einer solchen Klausel, wenn sie etwa wegen ihres Gesundheitszustandes auf einen bestimmten Mindestbetrag der Unterhaltsleistungen angewiesen ist, ein erhebliches Interesse haben. 258

Ferner kann in der Vereinbarung die Abänderung auch für den Fall ausgeschlossen werden, daß der unterhaltspflichtige Ehegatte nach der Wiederverheiratung **Kindern** aus seiner neuen Ehe Unterhalt zu leisten hat. Eine Benachteiligung der Kinder muß jedoch ausgeschlossen werden, der Vergleich darf sich nicht als Vertrag zu Lasten Dritter darstellen (vgl. auch Rz. 315ff.). Auf den öffentlich-rechtlichen Schutz des § 850d ZPO kann nicht verzichtet werden.

Die Verhältnisse der Ehegatten sind heute oft starken, nicht vorherzusehenden Veränderungen unterworfen, die Vereinbarungen der hier beschriebenen konkreten Art lückenhaft machen können. Dies gilt vor allem, wenn sie keine Ausfüllung, sondern ein teilweises Abgehen von der gesetzlichen Regelung enthalten. Der Klarlegung der Vergleichsgrundlagen in der Vereinbarung kommt hier besondere Bedeutung zu (vgl. auch Rz. 254).

Die erwähnten Vereinbarungen unterstehen freilich dem Grundsatz, daß niemand Rechte gegen Treu und Glauben geltend machen darf (§ 242 BGB) und im anderen Fall der **Einwand der unzulässigen Rechtsausübung** entgegengesetzt werden kann. Dies kommt in Betracht, wenn die weitere Erfüllung der Unterhaltspflicht nach der in der Vereinbarung festgelegten Weise die eigene Existenz des Unterhaltsschuldners gefährden würde und dieser nicht 259

---

[14] *MünchKomm./Richter,* aaO Rz. 42; vgl. *RGZ* 145, 120.

in der Lage wäre, auf zumutbare Weise die Gefährdung zu beheben; darüber hinaus ist ihm jedoch die Berufung auf eine Veränderung der Verhältnisse versagt.[15] In solchen Fällen kann der Unterhaltsschuldner ausnahmsweise eine Herabsetzung der vereinbarten Unterhaltsrenten verlangen, zB wenn durch eine Wiederverheiratung und die Geburt mehrerer Kinder in der neuen Ehe hohe Unterhaltsverpflichtungen entstanden sind, und braucht nicht erst im Zwangsvollstreckungsverfahren entsprechenden Schutz (vgl. § 850d ZPO) zu beanspruchen.

In krassen Fällen unterliegt die Unterhaltsvereinbarung, wenn sie durch Anwendung unlauterer Mittel zustandegekommen ist, der Anfechtung gemäß § 123 BGB oder kann sie wegen Sittenwidrigkeit nichtig sein (§ 138 BGB, s. dazu Rz. 84 sowie zum Verzicht Rz. 315ff.).

d) Erwerbstätigkeit des unterhaltsberechtigten Ehegatten, Ausbildung, Fortbildung, Umschulung, Verpflichtungen hierzu?

260 Während **bestehender Ehe** sind gemäß § 1356 Abs. 2 Satz 1 BGB beide Ehegatten berechtigt, erwerbstätig zu sein. Nach § 1360 Satz 1 sind sie einander verpflichtet, durch ihre Arbeit und mit ihrem Vermögen die Familie angemessen zu unterhalten. Ist einem Ehegatten die Haushaltsführung überlassen (s. dazu § 1356 Abs. 1 Satz 2), so erfüllt er seine Verpflichtung, durch Arbeit zum Unterhalt der Familie beizutragen, in der Regel durch die Führung des Haushalts (§ 1360 Satz 2). Gemäß § 1360a Abs. 2 Satz 2 sind die Ehegatten einander verpflichtet, die zum gemeinsamen Unterhalt der Familie erforderlichen Mittel für einen angemessenen Zeitraum im voraus zur Verfügung zu stellen, d. h. insbesondere aus der Erwerbstätigkeit. Ein (klagbarer) Rechtsanspruch auf die Ausübung einer Erwerbstätigkeit ist damit nicht gegeben.

261 Leben die Ehegatten **getrennt**, so kann der nichterwerbstätige Ehegatte gemäß § 1361 Abs. 2 nur unter bestimmten, hier näher geregelten Voraussetzungen darauf verwiesen werden, seinen Unterhalt durch eine Erwerbstätigkeit selbst zu verdienen (s. Rz. 205). Dies bedeutet, daß, wenn diese Voraussetzungen vorliegen und der Ehegatte dennoch keine Erwerbstätigkeit aufnimmt, er sich so behandeln lassen muß, als sei er erwerbstätig, mit der Folge, daß sein Unterhaltsanspruch sich verringert oder ganz entfällt.

262 Für die Zeit **nach der Scheidung** der Ehe sehen die **§§ 1570ff.** vor, unter welchen Voraussetzungen von einem Ehegatten, der Unterhalt begehrt, eine Erwerbstätigkeit nicht oder nicht mehr erwartet werden kann (s. Rz. 207ff.). Doch braucht er gemäß § 1574 Abs. 1 nur eine angemessene Erwerbstätigkeit auszuüben (s. Rz. 209). Ein klagbarer Rechtsanspruch des unterhaltspflichti-

---

[15] *RG* JW 1935, 2619 m. Anm. *Lehmann; RG,* DR 1941, 780 m. Anm. *Herschel* (= *RGZ* 166, 40, wo jedoch anstelle „Existenz“ gesetzt ist „wirtsch. Dasein“); *RGZ* 163, 91, 96 = DR 1940, 860 m. Anm. *Herschel; MünchKomm./Richter,* aaO Rz. 23 aE; *Soergel/Häberle,* aaO Rz. 20. Zum umgekehrten Fall (Verzicht) s. Rz. 317.

gen geschiedenen Ehegatten gegen den anderen auf Ausübung einer Erwerbstätigkeit wird damit nicht begründet. Wird eine Erwerbstätigkeit nicht ausgeübt, obwohl sie zumutbar wäre, so hat dies die gleichen Konsequenzen, wie in dem angeführten Falle, daß die Ehegatten getrennt leben. Dasselbe gilt für den Unterhaltsanspruch gem. § 1573 Abs. 1, wenn der Berechtigte der Obliegenheit nicht nachkommt, sich unter bestimmten Voraussetzungen ausbilden, fortbilden oder umschulen zu lassen (vgl. Rz. 209 aE); er muß sich so behandeln lassen, wie wenn er sich der in Betracht kommenden Ausbildung oder Fortbildung oder Umschulung unterziehen würde oder unterzogen hätte. Erzwingbar ist die Obliegenheit nicht.

263 Aus der dargelegten Rechtslage ist der Schluß zu ziehen, daß in einer Vereinbarung nicht die (schuldrechtliche) Verpflichtung vollstreckbar festgelegt werden kann, der eine Ehegatte nehme nach der Scheidung eine Erwerbstätigkeit auf oder setze sie fort oder er lasse sich ausbilden, fortbilden oder umschulen (vgl. auch § 888 Abs. 2 ZPO).

264 Die Ehegatten – die auf den Unterhalt auch ganz verzichten können – können jedoch in Ausfüllung oder auch in Abweichung von §§ 1570ff. BGB festlegen, daß (besser jedoch: unter welchen Voraussetzungen) einem oder beiden Ehegatten die Aufnahme oder Fortsetzung einer Erwerbstätigkeit oder auch einer vorgängigen Berufsausbildung, Umschulung usw. **obliegt.** Hieraus folgt dann auch die Obliegenheit, sich um eine solche Erwerbstätigkeit oder Ausbildung zu bemühen (vgl. § 1573 Abs. 1 BGB, der die Erfüllung dieser Obliegenheit voraussetzt).

e) Abfindung

265 Der gesetzliche Unterhaltsanspruch kann im Wege der Abfindung abgegolten werden, bei Abschluß eines Vergleichs ohne die Voraussetzungen des § 1585 Abs. 2 BGB;[16] ebenso kann sich ein Ehegatte, der an sich nicht unterhaltspflichtig wäre, verpflichten, dem anderen Ehegatten eine Abfindung zu leisten oder Sachwerte zu übertragen. Da nach neuem Recht grundsätzlich immer auch die Möglichkeit besteht, daß der andere Ehegatte unterhaltsberechtigt wird, ist eine Abfindungsvereinbarung aber nur sinnvoll, wenn auch der Verpflichtete auf Unterhalt verzichtet.

266 Die Vereinbarung einer Abfindung hat wichtige Folgen: Mit der Bezahlung der Abfindungssumme erlischt der (gesetzliche) Unterhaltsanspruch, sofern nicht eine Klausel aufgenommen wird, daß im Falle einer Notlage ein bestimmter Betrag laufend zu leisten sei. Erlischt der Unterhaltsanspruch, so wird der Erbe des unterhaltspflichtig gewesenen geschiedenen Ehegatten von Unterhaltspflichten (s. § 1586 b BGB) frei. Werden jedoch die zur Abfindung zu leistenden Beträge ganz oder teilweise nicht bezahlt, so besteht insoweit

[16] Ebenso *Rolland,* § 1585 c, Rz. 8, 10. Zur Mitwirkung eines minderjährigen oder sonst nicht voll geschäftsfähigen Ehegatten s. Rz. 79, 245.

der Anspruch gegen den Erben fort; hierbei handelt es sich um eine Nachlaßverbindlichkeit (s. §§ 1967ff. BGB).

267 Von besonderer Bedeutung sind im Falle einer Abfindung des Unterhaltsanspruchs die steuer- und versorgungsrechtlichen Folgen (s. dazu Rz. 337, 467, 472; zur Abfindung im schuldrechtlichen Versorgungsausgleich Rz. 389ff.).

f) Leibrente

268 Die Ehegatten können auch vereinbaren, daß der eine Ehegatte dem anderen nach der Scheidung den Unterhalt in der Form der Leibrente (§§ 759–761 BGB) zu leisten habe.[17] Die Leibrente ist ein einheitliches nutzbares Recht, das dem Berechtigten grundsätzlich bis zu seinem Tode eingeräumt ist und dessen Erträge aus regelmäßig wiederkehrenden, gleichmäßigen Leistungen in Geld oder anderen vertretbaren Sachen (zB Lebensmitteln) – s. § 760 Abs. 2 – bestehen, ohne Rücksicht auf die Bedürftigkeit des Berechtigten und eine mögliche Änderung der Verhältnisse.[18] Aus den letztgenannten Gründen hat in der Praxis ein Leibrentenvertrag eher geringe Bedeutung. Eine Leibrente kann zwar vorliegen, wenn Unterhalt ohne Rücksicht auf Bedürftigkeit und Leistungsfähigkeit unter Verzicht auf jede Abänderung zugesagt wird; in der Regel sind Unterhaltsverträge aber unter dem Vorbehalt gleichbleibender Verhältnisse geschlossen (s. Rz. 254), während Änderung oder Wegfall der Geschäftsgrundlage eines Leibrentenvertrages nur ausnahmsweise anzunehmen sind. Doch steht die Vereinbarung, die Leibrente erlösche im Falle der Wiederverheiratung des Berechtigten, der Annahme eines Leibrentenvertrags nicht entgegen.[19]

269 Der zur Leistung der Leibrente Verpflichtete kann die weitere Verpflichtung übernehmen, eine dingliche Sicherheit zu bestellen, etwa eine Reallast (s. Rz. 274). Ferner empfiehlt sich die Klarstellung, ob die Erben zur Weiterleistung der Leibrente aus dem Nachlaß verpflichtet sein sollen.[20]

270 Für den Fall der Wiederverheiratung des Berechtigten kann die Verpflichtung zur Leistung einer Abfindung übernommen werden.

---

[17] Hierzu auch *Göppinger,* Unterhaltsrecht, Rz. 1605ff.; *Rolland,* § 1585c BGB Rz. 12; *Langenfeld,* Handb., Rz. 620.

[18] Vgl. *Göppinger,* aaO Rz. 1605 m. w. N.; *OLG Karlsruhe,* NJW 1962, 1772; s. auch *BGHZ* 24, 269, 278; nach *BFH,* BB 1986, 786 = NJW 1986, 2730 auch bei Vereinbarung einer – festen – Wertsicherungsklausel, nicht bei Abänderbarkeit (Geschäftsgrundlage, s. Rz. 253ff.); vgl. *Langenfeld,* aaO.

[19] Ebenso *RGRK,* § 72 EheG, Rz. 24; s. auch Rz. 341.

[20] Vgl. *Staudinger/Amann,* § 759 Rz. 9, sowie zum Nachlaßkonkurs des Rentenschuldners Vorbem. 21 vor § 759 BGB; *Jaeger/Lent,* KonkO § 69 Rz. 3; *Göppinger/Wax,* Unterhaltsrecht, Rz. 3395. Die Ansprüche aus dem Leibrentenvertrag sind Konkursforderungen iS des § 3 Abs. 1 KonkO (*Mentzel/Kuhn/Uhlenbruck,* § 3 Rz. 28); unter § 3 Abs. 2 fallen nur die gesetzlichen Unterhaltsansprüche (Näheres hierzu s. *Mentzel/Kuhn/Uhlenbruck,* § 3 Rz. 42f.; *Jaeger/Henckel,* § 3 Rz. 108ff., 117f.).

In dem Abschluß eines Leibrentenvertrags liegt hier regelmäßig kein Schenkungsversprechen (vgl. zum Unterhaltsvertrag Rz. 225). 271

Mit der gerichtlichen Protokollierung der anläßlich der Ehescheidung geschlossenen Vereinbarung ist die in **§ 761 BGB** vorgeschriebene **Form** erfüllt. Als überholt erscheint die Ansicht, die Formvorschrift gelte auch für jede von einer künftigen Änderung der Verhältnisse unabhängige feste Unterhaltsvereinbarung,[21] jedenfalls soweit diese – wie in aller Regel – das gesetzliche Unterhaltsrechtsverhältnis ändert oder aber (Novation) durch ein vertragliches ersetzt.[22] Gleichwohl sollte für die gesamte Scheidungsvereinbarung stets die Schriftform eingehalten werden, wo nicht Sondervorschriften (§§ 313, 1378 Abs. 3 Satz 2, 1587o BGB u. a.) ohnehin die notarielle Form erfordern oder ein Prozeßvergleich vorliegt. 272

Zum Streitwert des Leibrentenvertrags s. Rz. 166, zu einkommensteuerrechtlichen Fragen s. Rz. 341 ff. 273

g) Sicherstellung der Ansprüche, dingliche Sicherung

Ist der unterhaltspflichtige Ehegatte Eigentümer oder Miteigentümer eines Grundstücks, so kann die Verpflichtung zur Zahlung einer Unterhaltsrente oder einer Leibrente durch Bestellung einer **Reallast** dinglich gesichert werden (§§ 1105 Abs. 1, 1106, 1107, 1108, 1111 BGB).[23] Die Reallast kann dynamisch ausgestaltet werden (s. Rz. 299 aE). Die diesbezüglichen Erklärungen können in dem Prozeßvergleich mit aufgenommen werden: Die Erklärung des Eigentümers oder Miteigentümers, er bestelle zur Sicherstellung der Unterhaltsforderung oder der Leibrente in Höhe von monatlich DM . . . eine Reallast und bewillige die Eintragung im Grundbuch; der Eigentümer und der Berechtigte . . . beantragen die Eintragung oder der Berechtigte beantrage die Eintragung. Ist die Unterhaltsrente zeitlich begrenzt oder zwar nicht zeitlich begrenzt, aber insofern auflösend bedingt, als sie mit der Wiederverheiratung des Berechtigten wegfallen soll, oder ist die Leibrente in der erwähnten Weise auflösend bedingt, so muß dies aus der Bewilligung hervorgehen. Die auflösende Bedingung der Reallast (dh nur die Wendung „auflösend bedingt") muß im Grundbuch eingetragen werden, im übrigen, auch hinsichtlich des Betrags der Rente oder der Dauer der Rente „auf Lebenszeit", kann auf die Bewilligung Bezug genommen werden. 274

Hiermit haftet das Grundstück oder der betreffende ideelle Anteil in der Weise, daß der Berechtigte gegebenenfalls die Zwangsverwaltung oder Zwangsversteigerung des Grundstücks oder Grundstücksanteils beantragen kann.

---

[21] So jedoch *RGZ* 150, 385, 390; *Palandt/Diederichsen,* § 1585c Anm. 2e.

[22] Vgl. Rz. 223ff.; *D. Schwab,* Handbuch, Rz. 419.

[23] Hierzu *Haegele/Schöner/Stöber,* Grundbuchrecht, Rz. 567ff., sowie die Kommentare zu § 1105 BGB; zu weiteren Sicherungsmitteln vgl. Rz. 281 sowie *Göppinger,* Unterhaltsrecht, Rz. 1632.

Zur Sicherstellung des Unterhalts kann auch ein **Nießbrauch** an einem Grundstück bestellt werden (§ 1030 BGB – s. noch Rz. 494 und zur einkommensteuerlichen Bedeutung Rz. 349 aE).

275 Dagegen empfiehlt sich die Bestellung einer Rentenschuld (§§ 1199ff. BGB) nicht, da hier eine Ablösungssumme bestimmt werden muß (§ 1199 Abs. 2) und der Eigentümer das Ablösungsrecht (§ 1201) nach Kündigung (§ 1202) geltend machen könnte. Hierdurch könnten Schwierigkeiten entstehen. Überdies könnte auch die Ablösungssumme nur mit Schwierigkeiten festgelegt werden.

276 Eine Hypothek könnte nur als Höchstbetragshypothek (§ 1190 BGB) zur Sicherstellung der Unterhaltsforderung bestellt werden; dies empfiehlt sich jedoch nicht. Auch eine Grundschuld muß auf eine bestimmte Geldsumme lauten (§ 1191 BGB) und ist daher zu einer dynamischen Sicherung des abänderbaren Anspruchs auf eine zeitlich unbegrenzte Unterhaltsrente mit Rücksicht auf die Entwicklung der Lebenshaltungskosten nicht geeignet.

277 Schließlich ist auch nicht zu empfehlen, das Grundstück „zur Sicherung" zu übereignen mit der Verpflichtung, es zu einem späteren Zeitpunkt unter bestimmten Voraussetzungen zurückzuübereignen, da hier die Grunderwerbsteuer zweimal anfiele (s. auch Rz. 511).

h) Abtretung von Ansprüchen gegen Dritte

278 **Lohn- und Gehaltsempfänger** können ihren Anspruch gegen den Arbeitgeber teilweise **abtreten.**[24] Doch kann in Tarifverträgen und Betriebsvereinbarungen der Ausschluß einer Abtretung des Lohnes festgelegt werden (vgl. § 399 BGB);[25] einer Pfändung des Lohnes steht eine solche Vereinbarung insoweit nicht entgegen, als der Lohn gemäß § 850d ZPO gepfändet werden kann (§ 851 Abs. 2 ZPO). Ein stillschweigender Ausschluß der Abtretung von Lohnforderungen ist bei Arbeitsverhältnissen, auch in einem großen Unternehmen, nicht zu vermuten.[26]

279 Zu beachten ist, daß **Sozialversicherungsansprüche** nur unter bestimmten Voraussetzungen abtretbar sind (§ 53 Abs. 2 und 3 SGB I). Ansprüche auf laufende Geldleistungen, die der Sicherung des Lebensunterhalts zu dienen bestimmt sind, können übertragen und verpfändet werden, soweit sie den für Arbeitseinkommen geltenden unpfändbaren Betrag (s. §§ 850ff. ZPO)[27]

---

[24] Zur Abtretung von Dienstbezügen s. § 84 BBG.

[25] Dazu *BAG*, NJW 1966, 1727 = BB 1966, 942 = DB 1966, 1237; *Wehr*, BB 1960, 709; *Hohn*, BB 1962, 54; *Baumgärtel*, AcP 156, 1957, 265; *Palandt/Heinrichs*, Anm. 1b, 3a; *Staudinger/Kaduk*, Rz. 125 je zu § 399 BGB.

Zur Frage der Bedeutung dieses Lohnabtretungsverbots für die Pfändbarkeit des Lohns s. § 851 Abs. 2 ZPO.

[26] *BGHZ* 23, 53 = NJW 1957, 498.

[27] Hierzu *Peters*, Rz. 9, *v. Maydell* in *Burdenski/v. Maydell/Schellhorn*, Rz. 25ff. je zu § 53 SGB I.

übersteigen (§ 53 Abs. 3 SGB I). Unter diese Vorschrift fallen alle Renten der Sozialversicherung einschließlich Krankengeld (s. § 21 Abs. 1 Nr. 3 SGB I), Unterhaltsgeld (§§ 41, 47 AFG), Arbeitslosengeld (§ 19 Abs. 1 Nr. 5 SGB, §§ 100ff. AFG), dagegen nicht die Hilfe zum Lebensunterhalt und die übrigen Leistungen der Sozialhilfe.[28] § 53 Abs. 3 SGB I ist nicht anzuwenden auf einmalige Geldleistungen, zB Abfindungen (§§ 1295, 1302 RVO, 72, 81 AVG) oder Beitragserstattungen (§§ 1303 RVO, 82 AVG).[29] Entschädigungsansprüche gemäß BEG sind nach § 14 nur mit Genehmigung der Entschädigungsbehörde abtretbar.

Bestehen hinsichtlich der Wirksamkeit einer Abtretung Zweifel oder Unklarheiten, so empfiehlt es sich, bei der betreffenden Stelle, dem Drittschuldner, durch eine Anfrage Klarheit zu schaffen. 280

i) Bürgschaft

Für die Erfüllung der Unterhaltsforderung des einen Ehegatten gegenüber dem anderen kann eine dritte Person die Bürgschaft übernehmen (§ 765 BGB),[30] zu beachten ist, daß zur Gültigkeit des Bürgschaftsvertrags schriftliche Erteilung der Bürgschaftserklärung erforderlich ist (§ 766 BGB). Der Bürge kann auf die Einrede der Vorausklage (§ 771 BGB) verzichten (§ 773 Abs. 1 Nr. 2 BGB). 281

Übernimmt eine Frau, zu welcher der Ehemann Beziehungen unterhalten hat und unterhält und die er nach der Scheidung zu heiraten beabsichtigt, die Bürgschaft für die Erfüllung der Unterhaltsverpflichtung des Mannes, so kann die Bürgschaft nur in besonderen Fällen, bei Hinzutreten weiterer Voraussetzungen, als sittenwidrig (§ 138 BGB) beurteilt werden (s. Rz. 88, 287). 282

k) Verpflichtungserklärungen Dritter, insbesondere des künftigen Ehegatten

§ 1585c BGB stellt heute lediglich noch klar, daß der nacheheliche Unterhalt der Vertragsfreiheit der Eheleute unterliegt (vgl. Rz. 219, 308). Die Vorschrift hat daher von vornherein keine Bedeutung für Unterhalts- oder ähnliche Vereinbarungen, die ein Dritter und ein Ehegatte für den Fall der Scheidung der Ehe dieses Ehegatten schließen, wenn die Vereinbarung ohne oder gegen den Willen des anderen Ehegatten zustandekommt. Aber auch wenn 283

---

[28] § 4 Abs. 1 Satz 2 BSHG (Sondervorschrift zu § 53 SGB I).

[29] *v. Maydell,* aaO, Rz. 24.

[30] Hierzu *Rolland,* § 1585c, Rz. 28, 32.

Etwa der Vater des unterhaltspflichtigen geschiedenen Ehemannes, s. den in *RGZ* 163, 91 = DR 1940, 860 entschiedenen Fall; hier ging es um die Frage, ob der Bürge, der die selbstschuldnerische Bürgschaft übernommen hatte, sich darauf berufen kann, der Hauptschuldner, der auf alle Einwendungen aus einer künftigen Veränderung der Verhältnisse verzichtet hatte, sei wegen späteren Vermögensverfalls von der Unterhaltsverpflichtung nach Treu und Glauben frei geworden (§ 242 BGB); dazu s. *Herschel,* DR 1940, 862.

der Vertrag mit dem Dritten unter Beteiligung beider Ehegatten geschlossen wird, ergibt § 1585c keine Schranke, sondern es gelten auch hier die allgemeinen Vorschriften, insbesondere § 138 BGB (s. Rz. 286, 287).[31]

284 Die Vereinbarung kann sich auch auf eine Regelung der Rangfolge der Unterhaltsansprüche des bisherigen und des künftigen Ehegatten (vgl. § 1582, oben Rz. 218) beziehen, zB dahingehend, daß der bisherige Ehegatte stets dem neuen Ehegatten vorgeht.

285 Bei der Vereinbarung kann berücksichtigt werden, daß die Ehegatten der neuen Ehe durch Ehevertrag (vgl. §§ 1408, 1415 BGB) den Güterstand der Gütergemeinschaft zu vereinbaren beabsichtigen (s. a. § 1583 BGB).

286 Die unter dem Recht der Verschuldensscheidung entwickelte Rechtsauffassung, das Unterhaltsversprechen eines **Dritten** sei gemäß § 138 BGB **nichtig,** wenn es für den Entschluß des Ehegatten ursächlich oder ausschlaggebend war, seinerseits die Scheidung zu beantragen oder ihr zuzustimmen,[32] widerspricht weitgehend dem Sinn des Übergangs zur Zerrüttungsscheidung, des § 630 Abs. 1 Nr. 2 und 3 ZPO und des Versorgungsausgleichs. Sie ist nur noch vertretbar, wo ausnahmsweise der andere Ehegatte die Scheidung sonst nicht (oder erst nach langer Zeit) erreichen könnte. Doch hindert selbst die Härteklausel des § 1568 BGB lediglich eine Scheidung zur Unzeit und kann eine Härte iS der Vorschrift durch eine derartige Vereinbarung gemildert werden (vgl. auch Rz. 47f., 203).

287 Als nichtig angesehen wurde zB eine Vereinbarung, durch die die Frau, mit welcher der Ehemann künftig eine Ehe eingehen will, die Ehefrau gerade durch wirtschaftliche Vorteile zu bewegen und zu beeinflussen versucht, in die Scheidung einzuwilligen.[32] Andererseits durfte schon nach früherem Recht die Sicherstellung der Ehefrau durch eine Bürgschaft der künftigen Frau des Mannes nicht schlechthin als unsittlich beurteilt werden.[33] Die künftige Frau kann im Einzelfalle geradezu die sittliche Pflicht erfüllen, das der Ehefrau Angetane wiedergutzumachen und zu ihrer wirtschaftlichen Sicherstellung beizutragen (etwa wenn die Ehefrau psychisch krank ist),[34] zB im Wege des Schuldbeitritts.

288 Zu Vereinbarungen über die Sicherstellung des Ehegatten, insbesondere im Alter oder nach dem Tode des anderen geschiedenen Ehegatten und über den Versorgungsausgleich s. Rz. 409ff., 467, 481ff.

Zu Vereinbarungen über die Sicherstellung des Unterhalts eines gemeinschaftlichen Kindes s. Rz. 580ff.

---

[31] Vgl. *Rolland,* Rz. 28; *Palandt/Diederichsen,* Anm. 2b, je zu § 1585c; *Göppinger,* Unterhaltsrecht, Rz. 1649, 1652.

[32] *Palandt/Diederichsen,* aaO; auch noch Voraufl. Rz. 286f.; vgl. zum früheren Recht *BGH,* NJW 1951, 268.

[33] *Palandt/Diederichsen,* aaO; *Boehmer,* MDR 1958, 4; *Dölle,* I, S. 621, § 41 III 6d; aM *BGH,* FamRZ 1957, 298 = MDR 1958, 22; s. aber auch *BGH,* FamRZ 1962, 112.

[34] *BGH,* FamRZ 1956, 311; *Boehmer,* aaO; *Habscheid,* FamRZ 1959, 317, 320f.; s. ferner *Bosch,* FamRZ 1957, 301 (Anm.), *Rolland,* aaO, Rz. 32.

3. Wertsicherungsklauseln[1]

a) Allgemeines

Zur Vermeidung von Streit und Ungewißheit bei der Anpassung der Höhe des Unterhalts – oder auch einer etwa als veränderlich vereinbarten Leibrente – an die Veränderung ihrer Bemessungsgrundlagen (vgl. § 323 ZPO und oben Rz. 253ff.) legen die Ehegatten häufig Wert auf die Vereinbarung einer der Veränderung der Lebenshaltungskosten folgenden oder sonstigen variablen Bezugsgröße, zu der die Höhe des Unterhalts in einem gleichbleibenden, festen Verhältnis stehen soll. Dabei ist jedoch einerseits zu bedenken, daß das Gesetz den Unterhalt nicht auf so einschichtige Weise bestimmt (Rz. 290) und andererseits, daß eine nicht genehmigte Wertsicherungsklausel gem. §§ 3 WährungsG, 134 BGB nichtig sein kann (Rz. 293ff.). 289

b) Unterhaltsrechtliche Gesichtspunkte

Nach § 323 ZPO führen nicht allein Veränderungen der Lebenshaltungskosten (und damit des **Bedarfs** des Berechtigten, vgl. Rz. 212) zu einer Änderung der Unterhaltsrente. Verbesserungen und Verschlechterungen[2] der **Bedürftigkeit** des Berechtigten sind ebenso zu berücksichtigen (s. Rz. 215f.) wie Verschlechterungen in der **Leistungsfähigkeit** des Verpflichteten sowie verbesserte Leistungsfähigkeit, falls der ursprünglich vereinbarte Unterhalt wegen beschränkter Leistungsfähigkeit des Verpflichteten nicht den vollen Lebensbedarf des Berechtigten nach dem Maßstab der ehelichen Lebensverhältnisse deckte (Rz. 217f.). 290

Vereinbaren Ehegatten etwa für den Fall der Scheidung, die Unterhaltsrente solle stets demselben Bruchteil eines allgemein (durch abstrakte Merkmale) bestimmten Tarif- oder Beamtengehalts entsprechen oder sei den Veränderungen eines bestimmten Preisindex anzupassen, so bleibt hiernach u. a. der künftige Wegfall der Bedürftigkeit des Berechtigten (zB wegen verringerter Betreuungsbedürftigkeit älter werdender Kinder, § 1570 BGB) oder der Leistungsfähigkeit des Verpflichteten (zB wegen Vermögensverfalls, dauernder Krankheit oder Arbeitslosigkeit) grundsätzlich außer Betracht. Ist dies gewollt, so sollte das ausdrücklich klargestellt werden; die Unterhaltsabände- 291

---

[1] Hierzu s. etwa *Dürkes,* Wertsicherungsklauseln, 9. Aufl. 1982; *Mittelbach,* Wertsicherungsklauseln im Zivil- und Steuerrecht, 4. Aufl. 1980; *Hartmann,* NJW 1976, 403 und 428; *Willms/Wahlig,* BB 1978, 973; *Immenga/Schwintowski,* Wertsicherung durch Geldwertschulden, NJW 1983, 2841; *Palandt/Heinrichs,* § 245 BGB Anm. 5; *Gernhuber,* § 26 II 5; ferner die Bundesbankgrundsätze zur Genehmigung von Währungsklauseln vom 9. 6. 1978, BAnz. Nr. 109 = NJW 1978, 2381.

[2] Letztere nach neuem Recht teilweise beschränkt durch § 1577 Abs. 4 und die Einsatzzeiten der §§ 1571ff. BGB (s. Rz. 207ff., 216).

rung richtet sich dann ausschließlich nach dem Vereinbarten,[3] nur ausnahmsweise kann der Klausel der Einwand der unzulässigen Rechtsausübung entgegengesetzt werden (vgl. Rz. 259). Ist jedoch ein Absehen von den Voraussetzungen der Bedürftigkeit und Leistungsfähigkeit nicht gewollt, so unterliegt die Klausel ihrerseits beim Wegfall der Geschäftsgrundlage der Anpassung.[4] In Wahrheit liegt dann keine selbständige Wertsicherung vor, sondern nur eine Festlegung der der Bedarfsbemessung zugrundegelegten Umstände. Diese ist grundsätzlich bindend,[5] denn §§ 157, 242 BGB erlauben keine freie Neufestsetzung des Unterhalts, sondern nur eine den veränderten Verhältnissen entsprechende Anpassung. Immerhin enthält die Möglichkeit der Anpassung, wo sie nicht vertraglich ausgeschlossen ist (s. Rz. 257), bereits eine Wertsicherung, die zwar durch die übrigen Komponenten der Unterhaltsbemessung eingeschränkt, aber für den Regelfall ausreichend ist, insbesondere wenn der Unterhalt aufgrund von Bedarf, Bedürftigkeit und Leistungsfähigkeit festgelegt wird und diese Grundlagen der Unterhaltsbemessung in der Vereinbarung festgehalten werden (vgl. auch Rz. 254).

292 Wird dagegen vereinbart, als Unterhalt sei stets ein bestimmter Bruchteil des Einkommens des Verpflichteten zu zahlen, so wird von Bedarf und Bedürftigkeit abstrahiert und der Leistungsfähigkeit Rechnung getragen, jedoch nur unter dem Gesichtspunkt der Einkünfte. Später erhöhter Eigenbedarf des Verpflichteten etwa infolge Krankheit oder eine Änderung der Zahl der Unterhaltsberechtigten (vgl. Rz. 258) bleiben außer Betracht, wenn die Unterhaltsabänderung sich ausschließlich nach dem Vereinbarten richten und eine Änderung des Unterhaltsschlüssels nicht vorgesehen sein soll. Anderenfalls ist die Klausel auch hier wesentlichen Veränderungen anzupassen.[4]

c) Währungsrechtliche Gesichtspunkte

293 Nach § 3 Satz 2 des Währungsgesetzes vom 20. 6. 1948 dürfen Geldschulden, deren DM-Betrag durch den Preis oder eine Menge von Feingold oder anderen Gütern oder Leistungen bestimmt werden soll, nur mit Genehmigung der für die Erteilung von Devisengenehmigungen zuständigen Stelle[6] eingegangen werden.

Das **Genehmigungserfordernis** gilt für Geldsummenschulden, nicht für Geldwertschulden.[7] Da der Umfang der Unterhaltsverbindlichkeit – die in

---

[3] Vorbehaltlich einer etwa erforderlichen Genehmigung gem. § 3 Satz 2 WährungsG, s. Rz. 293ff.

[4] Denn die Auswirkungen der Änderungen der Verhältnisse im Hinblick auf die Bemessungsgrundlagen sind zu würdigen, *BGH,* NJW 1979, 1656 = FamRZ 1979, 694. Vgl. *BGH,* NJW 1974, 273 (Anpassung einer Spannungsklausel).

[5] *BGH,* NJW 1979, 1656 = FamRZ 1979, 694.

[6] Nach Nr. 8 der Bundesbankgrundsätze (s. Fn. 1) sind Anträge bei der zuständigen Landeszentralbank einzureichen.

[7] So jedenfalls *BGHZ* 9, 56, 63; *BGH,* NJW 1957, 342; a. M. *Immenga/Schwintowski,* NJW 1983, 2841ff. (gilt nur für auf Reichsmark lautende Geldwertschulden nicht).

der Regel nicht „eingegangen“ wird, sondern kraft Gesetzes besteht – nicht durch den Wertmesser D-Mark, sondern durch den Maßstab des ehelichen Lebensstandards bestimmt wird und der Unterhalt kraft Gesetzes an veränderte Verhältnisse anzupassen ist (Rz. 253), zählt er richtiger Auffassung nach zu den Geldwertschulden und fällt damit von vornherein nicht unter § 3 Satz 2 WährungsG.[8] Jedenfalls aber ist diese Vorschrift deshalb **nicht auf den Unterhalt** anzuwenden, weil sie – unabhängig von der Frage der Genehmigungsbedürftigkeit von Geldwertschulden – nur die gewillkürte Sachwertabhängigkeit einer vertraglichen Leistung verhindern will.[9] Dagegen wird die Sachwertabhängigkeit der Unterhaltspflicht nicht durch Parteivereinbarung begründet, sondern ergibt sich aus dem Wesen der Unterhaltspflicht,[10] die Indexbeziehung liegt bereits im Begriff des Unterhalts.[11]

Die Auffassung, daß vertragliche Ausgestaltungen der Anpassung des Un- 294
terhalts an Veränderungen der ihm eigentümlichen Bemessungsgrundlagen von § 3 Satz 2 WährungsG nicht berührt werden, hat sich bisher **nicht allgemein durchgesetzt.**[12] Im folgenden wird deshalb die Anwendbarkeit auf Unterhaltsverbindlichkeiten unterstellt.

Eine genehmigungsbedürftige Klausel ist gem. § 134 BGB ex tunc nichtig, 295
wenn die Genehmigung versagt wird.[13] Solange sie nicht eingeholt ist, ist die Klausel schwebend unwirksam; die nachträgliche Genehmigung hat rückwirkende Kraft.[14] Ist die Genehmigung einer Wertsicherungsklausel erteilt, müssen die Gerichte ihre Rechtswirksamkeit anerkennen.[15]

Erteilt die Deutsche Bundesbank ein **Negativattest** – dahin, daß nach ihrer Auffassung die betreffende Wertsicherungsklausel nicht unter § 3 Satz 2

---

[8] *Palandt/Heinrichs,* § 245 BGB Anm. 2, 5b; für den gesetzlichen Unterhalt wohl auch *Gernhuber,* aaO.

[9] *Fögen,* BB 1958, 1262; *Willms/Wahlig,* aaO; *Dürkes,* aaO, Rz. B 24, D 44, 48 (Praxis der Deutschen Bundesbank); *Stürner/Münch,* JZ 1987, 181; zumindest für den gesetzlichen Unterhaltsanspruch auch *Mittelbach,* aaO, Rz. 92ff., 99, auch Bezugnahme auf artfremde Bezugsgrößen, Rz. 103.

[10] *Fögen,* aaO; *Willms/Wahlig,* aaO; *OLG Frankfurt,* DNotZ 1969, 98 m. w. N.; *Immenga/Schwintowski,* aaO (automatische Anpassung vorgeschrieben, in das Gewand von Geldwertschulden gekleidet). Jedoch entfällt die Geltung von § 3 Satz 2 WährungsG nicht schon, wo eine (andersartige) Leistung dem Unterhalt des Empfängers dienen soll, *BGHZ* 14, 306, 312; eher großzügiger *BGH,* WM 1964, 1249; DB 1965, 1812 (Index-Spannungsklauseln).

[11] *OLG Frankfurt,* aaO. Ganz besonders gilt das bei der regelmäßig angezeigten abstrakten Bedarfsbemessung (vgl. *OLG Stuttgart,* FamRZ 1978, 681, 683) und Unterhaltspauschalierung (vgl. *BGH,* FamRZ 1984, 470, 472); das Anpassungsbegehren kann auf verringerte Kaufkraft der Währung gestützt werden (*BGH,* FamRZ 1986, 458, 460 für Scheidungsfolgenvereinbarung).

[12] Für vertraglichen Unterhalt: abweichend *Gernhuber,* aaO; unklar *Mittelbach,* aaO Rz. 99; vom *BGH,* soweit ersichtlich, unmittelbar noch nicht entschieden; vgl. jedoch Fn. 11 aE.

[13] *Dürkes,* aaO Rz. E 9 bis 14.

[14] *BGH,* LM § 542 BGB Nr. 1.

[15] *Dürkes,* aaO Rz. G 15.

WährungsG falle und deshalb einer Genehmigung nicht bedürfe –, so enthält der Bescheid eine für die Deutsche Bundesbank verbindliche Meinungsäußerung; er führt dazu, daß die Gerichte die Genehmigungsbedürftigkeit der Klausel nicht mehr zu prüfen haben.[16]

Im übrigen unterliegt die Frage der Genehmigungsbedürftigkeit von Wertsicherungsklauseln in Unterhaltsvereinbarungen der Beurteilung der Familiengerichte, die mit Ansprüchen aus solchen Vereinbarungen befaßt werden. Da es insoweit an höchstrichterlicher Rechtsprechung fehlt, die unmittelbar einschlägig ist, empfiehlt sich in allen Zweifelsfällen die Einholung eines Negativattestes der Deutschen Bundesbank.[6]

296 Nicht alle Wertsicherungsklauseln in Verträgen, die unter § 3 Satz 2 WährungsG fallen, bedürfen der Genehmigung. Vielmehr wird unterschieden zwischen **Gleitklauseln,** bei denen die Höhe der geschuldeten Geldleistung unmittelbar von den Änderungen der Bezugsgröße abhängt und diese unbedingt zu entsprechenden Änderungen der gesicherten Geldschuld führen[17] (genehmigungsbedürftig; jedoch in der Form der **Spannungsklausel,** Rz. 297ff., genehmigungsfrei) einerseits und genehmigungsfreien **Leistungsvorbehalten** (Rz. 300) auf der anderen Seite.

297 Eine **genehmigungsfreie Spannungsklausel** liegt vor, wenn der vereinbarte Wertmesser mit der dazu ins Verhältnis gesetzten Leistung **gleichartig** oder doch jedenfalls vergleichbar ist.[18] Die Spannungsklausel sichert dem Berechtigten die laufende Angleichung seiner Bezüge an die allgemeine Entwicklung, zumindest schützt sie ihn davor, daß die vereinbarte Rente infolge einer Verteuerung der Lebenshaltung entwertet wird.[19]

298 So hat der BGH[20] ausgesprochen, wenn in einem Leibrentenvertrag gesagt sei, die zu berechnende Leibrente sei berechnet worden im Verhältnis zu dem Durchschnittssatz des Einkommens eines Bundesbürgers, wie er im Rentengesetz (Rentenreform) bestimmt sei und jährlich neu festgelegt werde, und bei Veränderungen des genannten Durchschnittssatzes um mehr als 10% solle sich auch jeweils vom Beginn des nächsten Jahres an die Leibrentenzahlung entsprechend erhöhen oder vermindern, so habe es sich hier nicht um eine nach § 3 WährungsG genehmigungsbedürftige Wertsicherungsklausel gehandelt, sondern um eine währungsrechtlich belanglose Spannungsklausel.

Hiernach sind Klauseln unbedenklich, in denen zB gesagt wird, der Unterhaltssatz entspreche jetzt einem bestimmten Prozentsatz eines näher bezeichneten Beamtengrundgehalts ohne Ortszuschlag oder eines näher bezeichneten Tarifs für Angestellte oder einer Pension eines Beamten einer bestimmten Besoldungsgruppe, im Falle einer Änderung dieser **Gehälter** oder Löhne nach oben oder unten solle sich der Unterhaltssatz entsprechend erhöhen oder

---

[16] *Dürkes,* aaO Rz. G 17 bis 21.
[17] *BGH,* NJW 1967, 830.
[18] *BGHZ* 14, 306; *BGH,* NJW 1974, 273; 1979, 1888.
[19] *BGH,* NJW 1974, 273 (für Pensionsvertrag).
[20] *BGH,* DB 1965, 1812; vgl. WPM 1964, 1249.

vermindern, wobei Schwankungen bis zu 5% (10%) ... unberücksichtigt bleiben sollen. Bei Strukturänderungen der Bezugsgröße (Einführung oder Wegfall von Weihnachtszuwendungen o. ä., Steuer- oder Krankenversicherungspflicht) kann sich hier Streit ergeben.

Soweit Renten, die den Unterhalt des Berechtigten nach der Ehescheidung sichern sollen, überhaupt Geldschulden iS v. § 3 WährungsG darstellen (vgl. Rz. 293), wird auch die meist geeignetere Bezugnahme auf einen **Lebenshaltungsindex**[21] (richtiger: Preisindex für die Lebenshaltung) als Wertmesser für die Unterhaltsrente nur als genehmigungsfreie Spannungsklausel anzusehen sein, da nicht eine Geldsumme, sondern der eheliche Lebensstandard das gesetzliche Maß des nachehelichen Unterhalts ist (§ 1578 Abs. 1 BGB). Die Bindung an den Lebenshaltungsindex schützt lediglich davor, daß die vereinbarte Rente infolge verteuerter Lebenshaltung nicht mehr den der Vereinbarung zugrundegelegten Lebensstandard des Berechtigten sichert.[22]

299 Wichtig ist bei allen Spannungsklauseln die **genaue Bezeichnung** der Bezugsgröße. Die bei Abschluß der Vereinbarung zutreffende Zahl sollte ermittelt und mit festgelegt werden.

Um abweichenden Rechtsauffassungen über die Genehmigungsfähigkeit zuvorzukommen, sollte die vorgesehene Klausel der zuständigen Landeszentralbank rechtzeitig mit der Bitte um Erteilung eines **Negativattests** (Rz. 295) vorgelegt werden. Besonders gilt das bei der Vereinbarung einer Indexklausel, ferner bei Vereinbarung einer Spannungsklausel im Zusammenhang mit einem Leibrentenvertrag oder bei möglichem Zweifel darüber, ob nur der gesetzliche Unterhaltsanspruch näher ausgestaltet oder nicht vielmehr vertraglicher Unterhalt vereinbart wurde (s. dazu Rz. 223ff.).

Wertsicherungsklauseln können auch mit der Bewilligung einer **Reallast** verbunden werden (die Grundschuld, die auf eine bestimmte Geldsumme lauten muß, ist hier wenig geeignet); vgl. Rz. 274ff.[23]

300 **Genehmigungsfrei** ist ferner die Vereinbarung eines sog. **Leistungsvorbehalts** (richtiger: Leistungsbestimmungsvorbehalts), der sich von der genehmigungspflichtigen Gleitklausel dadurch unterscheidet, daß die Vertragsparteien sich einen – wenn auch uU beschränkten – Ermessens- und Beurteilungsspielraum hinsichtlich der Anpassung der zunächst fest bestimmten Leistung an die veränderten Verhältnisse einräumen.[24] Die Bestimmung der veränder-

---

[21] Üblich und zweckmäßig auf den Preisindex für die Lebenshaltung von 4-Personen-Arbeitnehmerhaushalten mit mittlerem Einkommen; dazu und zu weiteren Indices s. *Dürkes,* aaO, Rz. C 105ff. Der dortige Hinweis, daß die Einkommen jahrelang viel stärker als der Preisindex angestiegen sind, galt in letzter Zeit nicht. Zum Preisindex s. noch *OLG Celle,* Rpfleger 1984, 462.

[22] Vgl. *BGH,* NJW 1974, 273.

[23] Hierzu s. *Dürkes,* aaO, Rz. D 238ff.; *Haegele/Schöner/Stöber,* Grundbuchrecht, 7. Aufl. 1983, Rz. 1846d, f, g; *Palandt/Bassenge,* § 1105 BGB Anm. 4c, d; *LG Oldenburg,* Rpfleger 1984, 462 (Bindung an Sozialrente).

[24] *BGH,* NJW 1967, 830; 1979, 1545.

ten Leistung kann der Vereinbarung der Parteien – an der mitzuwirken dann eine Verpflichtung besteht –, einem Dritten oder einer der Parteien (§§ 315ff. BGB) überlassen bleiben.

Eine solche Unterhaltsvereinbarung ist problematisch und erbringt praktisch kaum einen Vorteil gegenüber einer Anpassung an die Veränderung der Geschäftsgrundlage. An ihrer Stelle wird zweckmäßiger vereinbart, daß der Vergleich der Abänderung zB in demselben Ausmaß wie ein Urteil nach § 323 ZPO unterliegt (vgl. jedoch zu § 323 Abs. 3 ZPO oben Rz. 256; zu der Sicherung des Unterhalts durch Ausschluß einzelner Herabsetzungsgründe: Rz. 258).

301 Soweit danach die Genehmigungspflicht einer mit einer Unterhalts- oder Leibrentenvereinbarung verbundenen Wertsicherungsklausel in Betracht kommt, ergeben die von der Deutschen **Bundesbank** veröffentlichten Grundsätze, ob die Klausel genehmigungsfähig ist.

Nicht genehmigt werden vor allem Klauseln, die nur eine Erhöhung oder die eine überproportionale Änderung der Leistung vorsehen (zB durch die – uU versehentliche – Gleichsetzung von Indexpunkten mit dem Prozentsatz der Anpassung), sowie wenn als Maßstab der Unterhaltsabänderung der künftige Goldpreis, die künftige Kaufkraft der D-Mark, der Kurs einer anderen Währung, der künftige Wert von Grundstücken, der Baukosten- oder ein ähnlicher Index gewählt wird. Nur unter bestimmten Voraussetzungen (u. a. Zahlung auf Lebensdauer, bis zum Erreichen der Erwerbsfähigkeit oder eines bestimmten Ausbildungsziels oder zum Beginn der Altersversorgung des Empfängers) wird die Anbindung an einen Preisindex für die Lebenshaltung oder an die Entwicklung von Gehältern, Renten usw. genehmigt.[25]

302 Haben die Parteien eine genehmigungsbedürftige, aber nicht genehmigungsfähige Klausel vereinbart, so können sie gem. **§ 242 BGB** wechselseitig verpflichtet sein, die Klausel durch eine genehmigungsfreie zu ersetzen oder in eine solche umzuwandeln.[26] Auch wenn sich eine genehmigungsfreie oder genehmigte Klausel infolge einer unvorhergesehenen Entwicklung als ungeeignet erweist, kann ihre Anpassung nach den Grundsätzen über den Wegfall der Geschäftsgrundlage geboten sein.[27]

---

[25] Weitere Einzelheiten ergeben sich aus den Bundesbankgrundsätzen (s. Fn. 1), die jeweils nach einigen Jahren geändert werden (vgl. auch *BFH*, NJW 1986, 2730 = BB 1986, 786).

[26] *BGH*, NJW 1967, 830 und ständig; vgl. NJW 1979, 2250 (Annahme einer Ersatzklausel anstelle der unwirksamen durch ergänzende Vertragsauslegung); NJW 1986, 932 = BB 1986, 279 (gilt als von Anfang an vereinbart).

[27] *BGH*, NJW 1974, 273.

4. Unterhaltsverzicht

a) Allgemeines

Ein Verzicht auf den nachehelichen Unterhalt kommt hauptsächlich in Betracht, wenn ein Unterhaltsanspruch mangels eines Unterhaltstatbestandes oder wegen nachhaltig fehlender Bedürftigkeit des Ehegatten (beide Gesichtspunkte überschneiden sich, vgl. Rz. 215) oder wegen der Kürze der Ehe oder wegen eines anderen schwerwiegenden Herabsetzungsgrundes (s. Rz. 213f.) nicht gegeben erscheint. Späteren Auseinandersetzungen vor allem über die stark wertungsabhängigen Bestimmungen der §§ 1574 Abs. 2, 1576, 1579 BGB wird hiermit vorgebeugt. Für den Regelfall legt die differenzierte Gestaltung des neuen Rechts jedoch eher ausfüllende und klarstellende Vereinbarungen nahe als einen totalen Unterhaltsverzicht, außer im Falle der Abfindung, s. Rz. 314 (zum beschränkten Verzicht vgl. Rz. 309f.). Nicht selten ist ein scheidungswilliger Ehegatte voreilig zum Verzicht bereit, weil er außer acht läßt, daß der Verzicht lebenslang wirkt, also gegebenenfalls auf viele Jahrzehnte, daß eine Heiratsabsicht scheitern kann und daß die Bedürfnissituation sich grundlegend wandeln kann (zB Arbeitslosigkeit; späteres Überwechseln der Kinder vom anderen Ehegatten zum Verzichtenden; Pflegefälle beim Ehegatten oder Kindern). 303

Wird gleichwohl auf Unterhalt verzichtet, so ist mit Rücksicht auf die grundsätzliche Beiderseitigkeit möglicher Unterhaltsansprüche in aller Regel nur ein **gegenseitiger Unterhaltsverzicht** angezeigt. Anlaß für einen einseitigen Verzicht kann allenfalls bestehen, wenn nur auf einer Seite ganz besonders schwerwiegende Verschuldensgründe iS v. § 1579, besonders Nr. 2 und 4 bis 6, vorliegen. 304

Der Unterhaltsverzicht kann auch im Zusammenhang mit einer Regelung des Versorgungsausgleichs stehen (s. Rz. 222, 308, 430).

Ist ein Ehegatte zur Zeit des Abschlusses des Vergleichs noch minderjährig, so kann er nur mit Zustimmung des gesetzlichen Vertreters auf Unterhaltsansprüche verzichten (§ 108 BGB; vgl. Rz. 245). 305

b) Unterhaltsverzicht für die Vergangenheit?

Hat während noch bestehender Ehe, insbesondere seit die Ehegatten getrennt leben, der eine Ehegatte seine Unterhaltspflicht gegenüber dem anderen (s. § 1361 BGB) nicht erfüllt, so kann Unterhalt für die Vergangenheit nur von der Zeit an gefordert werden, zu welcher der Verpflichtete in Verzug geraten (s. § 284 Abs. 1 Satz 1, Abs. 2 Satz 1 BGB) oder der Unterhaltsanspruch rechtshängig geworden ist (s. auch § 284 Abs. 1 Satz 2 BGB); dies ergibt sich aus § 1361 Abs. 4 Satz 4 i. V. mit § 1360a Abs. 3, § 1613 Abs. 1 BGB. Verzug liegt regelmäßig auch vor, wenn der Unterhalt gemäß § 620 306

Satz 1 Nr. 6 ZPO begehrt wurde. Jedoch kann auf **rückständige** Unterhaltsbeträge verzichtet werden;[1] nach der hier entsprechend anzuwendenden Vorschrift des § 1614 (s. §§ 1361 Abs. 4, 1360a Abs. 3) kann lediglich für die Zukunft auf Unterhalt nicht verzichtet werden, d. h. während der noch bestehenden Ehe, also bis zur Rechtskraft des Scheidungsurteils. Der Verzicht erfaßt hier nicht das Unterhaltsstammrecht (den Anspruch aus § 1361 als solchen), sondern alle bereits entstandenen Einzelansprüche, im Zweifel auch die auf Altersvorsorgeunterhalt, Sonderbedarf und Prozeßkostenvorschuß (§ 1361 Abs. 1 Satz 2, Abs. 4 Satz 4 BGB).

c) Unterhaltsverzicht für die Gegenwart?

307 Mit dieser Formulierung kann nur gemeint sein die evtl. noch kurze Zeit bis zur Rechtskraft des Scheidungsurteils oder für den laufenden Monat. Indessen ist gerade für diese Zeit, also während der noch bestehenden Ehe, vom Abschluß der Vereinbarung bis zur Rechtskraft des Scheidungsurteils, ein Unterhaltsverzicht gemäß §§ 1361 Abs. 4 Satz 4, 1360a Abs. 3, 1614 BGB unzulässig. Daher ist von einer solchen Erklärung dringend abzuraten. Ist der Anspruch erfüllt, sollte das festgestellt werden.

d) Unterhaltsverzicht für die Zukunft, auch für den Fall der Not

aa) Allgemeines

308 Aus § 1585c BGB ist zu schließen, daß auch nach neuem Recht ein Unterhaltsverzicht zulässig ist, selbst wenn er den Anspruch aus § 1570 BGB betrifft.[2] Er ist aber nicht das, woran das Gesetz in erster Linie denkt, wenn es von Vereinbarungen „über die Unterhaltspflicht" spricht (vgl. Rz. 303). Der Verzicht hat beträchtliche Auswirkungen, so daß sich dringend empfiehlt, diese in jedem einzelnen Falle näher und sorgfältig zu prüfen.[3] Da er die Existenz des Berechtigten – auch ungewollt – gefährden kann, macht er die Scheidungsvereinbarung uU anfällig für Nichtigkeit, unzulässige Rechtsausübung, Wegfall der Geschäftsgrundlage (s. Rz. 315ff.).

Der Verzicht wird im allgemeinen das Wiederaufleben einer Witwenrente verhindern, da den schutzwürdigen Interessen der Solidargemeinschaft Rechnung zu tragen ist.[4] Würde die Unterhaltsleistung gem. § 5 VAHRG verhin-

---

[1] *Göppinger,* Unterhaltsrecht, Rz. 1613.

[2] *BGH,* NJW 1985, 1835 = FamRZ 1985, 787; hiervor mit Recht warnend *Langenfeld,* NJW 1981, 2377f.

[3] *Helm. Ruhland,* JZ 1973, 625; AnwBl 1974, 133; *Franz Ruhland,* MDR 1976, 453, zu den Auswirkungen auf öffentlich-rechtliche Rentenansprüche; s. auch Rz. 467, 472, sowie *Florian,* MDR 1976, 11, 12; *Rolland,* § 1585c Rz. 24ff.

[4] *BSG,* FamRZ 1983, 583 (wiederaufgelebte Witwenrente); NJW 1985, 2286 (Hinterbliebenenrente, altes Recht); s. Rz. 468f.

dern, daß eine Rente des Verpflichteten mit Rücksicht auf den durchgeführten Versorgungsausgleich gekürzt wird, so führt der Unterhaltsverzicht zum Eintritt der Kürzung.[5] Dies ist sinnwidrig, der Verzicht also nicht zu empfehlen, wenn der Berechtigte seinerseits noch keinen Rentenanspruch zu erwarten hat.

Der Unterhaltsverzicht erstreckt sich grundsätzlich auf den Anspruch auf nachehelichen Unterhalt **insgesamt** (§§ 1569ff. BGB), also auf das Unterhalts-Stammrecht, nicht nur auf die aus ihm fließenden Einzelansprüche. Enthält der Verzicht keine Einschränkung (vgl. Rz. 310), so besteht auch bei nachträglichem Eintritt einer Notlage kein Unterhaltsanspruch. Doch dürfte sich eine ausdrückliche Klarstellung empfehlen (Verzicht „auch für den Fall der Not“). 309

Der Verzicht auf das Unterhalts-Stammrecht kann jedoch auf bestimmte Zeiträume **beschränkt,** befristet, aufschiebend oder auflösend bedingt werden. Wird ein Unterhaltsbetrag vereinbart und im übrigen verzichtet, so steht dies einer Kaufkraftanpassung des vereinbarten Betrags gem. §§ 157, 242 BGB regelmäßig nicht entgegen.[6] Möglich ist auch der Verzicht auf einzelne Teile des Unterhaltsanspruchs wie Sonderbedarf oder Altersvorsorgeunterhalt, §§ 1585b Abs. 1, 1578 Abs. 3 BGB (der das Unterhalts-Stammrecht unberührt lassen dürfte).

Der Unterhaltsverzicht kann durch einen Vorbehalt wie etwa: „... ausgenommen den Fall des **Notbedarfs**“ oder „der Erwerbsunfähigkeit“ eingeschränkt werden. Im ersten Fall wird der Anspruch der Höhe nach auf das zur Abwendung der Notlage Erforderliche begrenzt.[7] Der geschiedene Ehegatte kann nach der ersten Klausel nicht den vollen angemessenen Unterhalt (§ 1578 Abs. 1 BGB), aber auch nicht nur den notdürftigen Unterhalt (iS v. § 65 EheG aF) verlangen, sondern den **notwendigen Unterhalt,**[7] wenn er sich seinen notwendigen Lebensbedarf nicht selber verschaffen kann. Zur Klarstellung kann auf die Angaben der Düsseldorfer oder einer ähnlichen Unterhaltstabelle über den notwendigen Eigenbedarf Bezug genommen werden.[8] Wird dagegen der Notbedarf ausdrücklich auf den notdürftigen Unterhalt beschränkt, so ist nur das zum Lebensunterhalt Unerläßliche zu decken.[9] 310

Mit einem derartigen bloßen Vorbehalt kann ein Unterhaltsanspruch des Verzichtenden für einen späteren Notfall jedoch oft nicht gesichert werden, da der nacheheliche Unterhalt weitgehend vom ununterbrochenen Fortbestand bestimmter **Unterhaltstatbestände** seit der Scheidung abhängt (System der Einsatzzeitpunkte und des Anschlußunterhalts gem. §§ 1571, 1572, 1573

---

[5] Vgl. *Langenfeld,* Handbuch, Rz. 611.
[6] *BGH,* FamRZ 1986, 458.
[7] *BGH,* NJW 1981, 51 = FamRZ 1980, 1104 (zum früheren Recht).
[8] Vgl. Fn. 40 zu Rz. 205d, Hinzurechnung des *notwendigen* Krankenversicherungsbeitrags.
[9] *Göppinger,* Unterhaltsrecht, Rz. 830; § 25 Abs. 2 BSHG.

u. a.).[10] Als sichere tatbestandliche Grundlage eines Anspruchs wegen später eintretenden Notbedarfs kommt daher nur ein Unterhaltsanspruch nach § 1570 oder § 1576 BGB in Betracht, der auch später noch ohne Anschluß an einen Vortatbestand neu entstehen kann, ein zur Zeit der Scheidung bereits endgültig gegebener Tatbestand (unheilbare Krankheit des Verzichtenden iS v. § 1572, klares Vorliegen der Voraussetzungen des § 1571), aber auch ein in der Vereinbarung unter näherer Gestaltung des gesetzlichen Tatbestandes des § 1576 angesichts des Verzichts auf einen Mehrbetrag festgelegter Anspruch[11] (vgl. Rz. 247).

311 Die Erklärung des Verzichts bedarf stets der Annahme durch den anderen Teil, ein einseitiger Verzicht ist wirkungslos (vgl. § 397 BGB); es handelt sich also um einen **Erlaß-Vertrag.** An sein Zustandekommen sind wegen der einschneidenden Wirkung strenge Anforderungen zu stellen: Einzelabsprachen oder Absprachen der Parteien selbst werden meist nicht als verbindlich anzusehen sein, wenn – wie regelmäßig – die Einbindung in eine anwaltlich auszuhandelnde Gesamtvereinbarung in Aussicht genommen ist[12] (vgl. auch § 154 Abs. 1 Satz 2 BGB) oder wenn unklar ist, ob auch der andere Ehegatte auf Unterhalt verzichtet; ein Verzicht pflegt ohne Gegenleistung nur in seltenen Fällen und aus besonderen Gründen vereinbart zu werden.[13] Erklärungen nicht anwaltlich vertretener Parteien haben oft nur die Bedeutung, daß derzeit kein Unterhalt geltendgemacht werden will, während es sich hier um den Verzicht auf das Stammrecht handelt, dessen Existenz der Partei meist nicht einmal bewußt ist.

Hat ein Ehegatte, dem ein gesetzlicher Unterhaltsanspruch zusteht, auf diesen endgültig und vorbehaltlos, d. h. auch für den Fall einer später entstehenden Notlage, verzichtet, so kann der geschiedene Ehegatte auch bei unvorhersehbaren grundlegenden Änderungen seiner Verhältnisse, zB bei Siechtum nach schwerer Erkrankung oder einem schweren Unfall, nicht mehr auf den Unterhaltsanspruch zurückgreifen.[14] Die Berufung auf den Verzicht kann jedoch eine unzulässige Rechtsausübung enthalten (s. Rz. 317).

312 In der Regel ist der Unterhaltsverzicht in der anläßlich der Ehescheidung geschlossenen Vereinbarung von solcher Bedeutung, daß bei Unwirksamkeit dieses Teils der Vereinbarung die gesamte Vereinbarung nichtig ist (§ 139

---

[10] Vgl. Rz. 207f. mit Fn. 44; *Göppinger/Kindermann,* Unterhaltsrecht, Rz. 265; und besonders die Hinweise von *Jaeger,* FamRZ 1987, 137.

[11] Fehlt es voraussichtlich oder möglicherweise an für diese Vereinbarung hinreichenden Billigkeitsgesichtspunkten, kann sich die hilfsweise Vereinbarung eines vertraglichen Unterhaltsanspruchs empfehlen.

[12] Vgl. *BGH,* NJW 1983, 2243 = FamRZ 1983, 996.

[13] *BGH,* FamRZ 1987, 40, 42.

[14] Vgl. *BayObLGSt* 1967, 1 = NJW 1967, 1287 = FamRZ 1967, 224. Häufig fehlt es hier auch am Einsatzzeitpunkt, § 1572 Nr. 1–4 BGB.

BGB) oder daß im Falle der Nichtigkeit anderer Teile der Vereinbarung der Unterhaltsverzicht von der Nichtigkeit mitergriffen wird.[15]

313 In dem Unterhaltsverzicht – insbesondere in dem gegenseitigen Verzicht, der Teil einer Gesamtregelung der Scheidungsfolgen ist – ist nur in Ausnahmefällen eine Schenkung (§ 516 BGB) zu erblicken; vgl. zum umgekehrten Fall Rz. 225. Der Verzicht kann daher nur ausnahmsweise gem. § 528 BGB widerrufen werden; er unterliegt auch nur ausnahmsweise der Schenkungsteuer (§ 7 Abs. 1 Nr. 1 ErbStG).

314 Im Zusammenhang mit dem Unterhaltsverzicht des einen Ehegatten kann die Verpflichtung des anderen Ehegatten zur Leistung einer **Abfindung,** sei es in einem Betrage, sei es in Raten, festgelegt werden (s. Rz. 265ff., zur einkommensteuerrechtlichen Bedeutung Rz. 337), oder evtl. auch zur Leistung von Nachzahlungen für die Angestellten-Versicherung der Frau oder von Beiträgen für eine Lebensversicherung (s. Rz. 244a).

bb) Nichtigkeit, Unwirksamkeit, exceptio doli

315 Ein Verzicht auf nachehelichen Unterhalt kann im Einzelfall den **guten Sitten zuwiderlaufen,** d.h. gegen das Anstandsgefühl aller billig und gerecht Denkenden verstoßen und gem. § 138 BGB nichtig sein. Ob das der Fall ist, hängt entscheidend von dem aus der Zusammenfassung von Inhalt, Motiv und Zweck zu entnehmenden Gesamtcharakter der Vereinbarung ab.[16] Hierbei können neben anderen Gesichtspunkten lange Ehedauer, fehlende Rücksichtnahme auf das Kindeswohl, insbesondere auch beim Vertragsschluß vor der Eheschließung, ins Gewicht fallen.[17]

315a Wurde der Unterhaltsverzicht zu dem Zweck vereinbart, die Aufbringung des Lebensunterhalts **von dem Ehegatten** auf den Träger der Sozialhilfe oder auf Verwandte des bedürftigen Ehegatten **abzuwälzen,** so ist der Vertrag gem. § 138 BGB nichtig.[18] Aber auch ohne Benachteiligungsabsicht kann eine Scheidungsvereinbarung, in der ein nicht erwerbsfähiger und nicht vermögender Ehegatte auf nachehelichen Unterhalt verzichtet mit der Folge, daß er zwangsläufig der **Sozialhilfe** anheimfallen muß, den guten Sitten zuwiderlaufen und damit nichtig sein.[19] Die Vereinbarung muß nicht nur in ihren subjektiven Beweggründen, sondern auch in ihrem objektiven Gehalt, ihren

---

[15] Vgl. *D. Schwab,* Handbuch, Rz. 420; zum früheren Recht *RGRK/Wüstenberg,* § 72 EheG Anm. 98; s. auch Rz. 84 aE, Rz. 222 aE.

[16] *BGHZ* 69, 295 = NJW 1977, 2356; *BGHZ* 86, 82 = NJW 1983, 1851 = FamRZ 1983, 137 m. Anm. *Bosch* = JR 1983, 195 m. Anm. *Göppinger.* Vgl. Rz. 84.

[17] Vgl. *Bosch,* abl. Anm. zu *OLG Hamm,* FamRZ 1982, 1215; daß die bei Vertragsschluß 21-jährigen Verlobten die künftige Auswirkung des Vertrages nicht abzusehen vermochten, spricht eher für eine Mißachtung der Verantwortung gegenüber etwa aus der Ehe hervorgehenden Kindern und der von *BGHZ* 86, 82 (Fn. 16) gestellten Anforderungen (s. auch Rz. 1 m. Fn. 16).

[18] Vgl. *BGH,* FamRZ 1987, 40.

[19] *BGHZ* 86, 82 (s. Fn. 16).

möglichen Auswirkungen auf die Rechtsstellung Dritter mit den guten Sitten in Einklang stehen und den Nachrang der Sozialhilfe beachten. Es empfiehlt sich daher, in der Vereinbarung festzuhalten, warum aus der Sicht der Beteiligten keine konkrete Gefahr künftiger Sozialhilfebedürftigkeit des oder der Verzichtenden vorhanden ist,[20] soweit nicht ein Vorbehalt zugunsten des Notunterhalts vereinbart wird (s. Rz. 310).

Sittenwidrig und nichtig ist ein Unterhaltsverzicht auch, wenn ein Kind in einem damit gekoppelten gemeinsamen Sorgerechtsvorschlag der Eltern oder einer Umgangsvereinbarung zum Gegenstand eines Handels gemacht und im Interesse eines Elternteils **ohne Rücksicht auf das Kindeswohl** als Tauschobjekt benutzt wird.[21] Ferner ist in der Rechtsprechung als sittenwidrig auch ein Vertrag angesehen worden, durch den eine Ehefrau nach langer Ehedauer praktisch **ohne** Gegenleistung auf Zugewinnausgleich, Versorgungsausgleich **und** nachehelichen Unterhalt verzichtet hatte.[22] Mit Recht wurde der zwanzigjährigen **Ehedauer** erhebliche Bedeutung beigemessen.[23]

316 Hat der Träger der Sozialhilfe den gesetzlichen Unterhaltsanspruch des einen Ehegatten gegen den anderen gem. **§§ 90, 91 BSHG** auf sich übergeleitet,[24] so ist ein Unterhaltsverzicht des berechtigten Ehegatten dem Träger der Sozialhilfe gegenüber unwirksam, denn dem Ehegatten fehlt infolge der Überleitung auf den Sozialhilfeträger die Befugnis, über die Ansprüche zu verfügen. Die schon während des Getrenntlebens der Ehegatten erfolgte Überleitung erfaßt auch den nachehelichen Unterhalt, wenn sämtliche gegenwärtigen und künftigen Unterhaltsansprüche des Sozialhilfeempfängers ohne Beschränkung auf die Ansprüche gem. § 1361 BGB übergeleitet worden sind.[25]

317 Ist der Unterhaltsverzicht wirksam vereinbart, so kann es dem gleichwohl in Anspruch genommenen Verpflichteten nach § 242 BGB **verwehrt sein, sich** auf den Unterhaltsverzicht **zu berufen,** weil dies gegen Treu und Glauben verstößt (Arglisteinrede[26]). Dies ist in der Rechtsprechung insbesondere an-

---

[20] 5. Deutscher Familiengerichtstag, Brühler Schriften Bd. 3 S. 143 = FamRZ 1983, 1201.

[21] *BGH,* NJW 1984, 1951 = FamRZ 1984, 778; NJW 1986, 1167 = JR 1986, 324 m. Anm. *Göppinger* = FamRZ 1986, 444; vgl. Rz. 632.

[22] *OLG Köln,* DNotZ 1981, 444, mit abl. Anm. *v. Hornhardt* = FamRZ 1981, 1087 Leits. m. Anm.; zustimmend *Palandt/Diederichsen,* § 1408 BGB Anm. 3b, bb (aE); anders *OLG Bamberg* in einem etwa ähnlichen Fall, Vertragsschluß nach zwölfjähriger Ehedauer, FamRZ 1984, 483; ferner s. *OLG Frankfurt,* FamRZ 1983, 176 (Geschäftsgrundlage; § 1614 Abs. 1BGB) sowie Rz. 99 Fn. 17 und Rz. 494 Fn. 14.

[23] Vgl. §§ 1574 Abs. 2, 1579 Nr. 1, 1582 Abs. 1 Satz 2 BGB; auch *Willutzki,* Brühler Schriften Bd. 3 S. 21ff. und §§ 1573 Abs. 5, 1578 Abs. 1 Satz 2 nF.

[24] Hierzu s. *Göppinger,* Unterhaltsrecht, Rz. 1440ff., 1643; *Göppinger/Wax,* Rz. 3033ff., 3043f.

[25] Vgl. *BGHZ* 20, 127 = NJW 1956, 790; *Göppinger,* aaO, Rz. 1643.

[26] *BGH,* NJW 1985, 1833 = FamRZ 1985, 788; FamRZ 1987, 691 (mehr als 10 Jahre zurückliegender Verzicht) und insb. wie Fn. 27; *Herb,* NJW 1987, 1525.

genommen worden, wenn die Versagung des Unterhalts das Recht des gemeinschaftlichen Kindes auf intensive persönliche Betreuung und Erziehung durch den sorgeberechtigten Elternteil beeinträchtigt, insbesondere wenn der Vertrag unter anderen tatsächlichen Verhältnissen (vor Geburt des Kindes) geschlossen wurde,[27] ferner wegen der unvorhersehbaren Entwertung einer Gegenleistung, die laufende Einnahmen zur Unterhaltssicherung versprochen hatte.[28]

II. Einkommensteuerliche Fragen

1. Das grundsätzliche Abzugsverbot für Unterhaltsleistungen nach § 12 Nr. 2 EStG

Zuwendungen an eine gegenüber dem Steuerpflichtigen oder seinem Ehe- 318
gatten gesetzlich unterhaltsberechtigte Person oder deren Ehegatten dürfen nach § 12 Nr. 2 EStG grundsätzlich weder bei den einzelnen Einkunftsarten noch vom Gesamtbetrag der Einkünfte abgezogen werden. Damit ist der Abzug von Unterhaltsleistungen sowohl als Betriebsausgaben und Werbungskosten (die bei der Ermittlung der Einkünfte berücksichtigt werden) wie auch als Sonderausgaben (die vom Gesamtbetrag der Einkünfte abgezogen werden) grundsätzlich ausgeschlossen. Nach § 12 Nr. 2 EStG gilt das Abzugsverbot „soweit in § 10 Abs. 1 Nr. 1, 2 bis 7, § 10b und §§ 33 bis 33c nichts anderes bestimmt ist". Somit gehen nur die genannten Vorschriften dem Abzugsverbot vor. Weil § 10 Abs. 1 Nr. 1a EStG in dieser Aufzählung nicht genannt ist, sind auch freiwillig begründete Rentenverpflichtungen und dauernde Lasten vom Abzug ausgeschlossen.[1] Die Berücksichtigung durch Steuerermäßigungen nach §§ 33 bis 33c EStG ist hingegen zulässig (Rz. 335–337).

Eine Ausnahme vom Abzugsverbot des § 12 Nr. 2 EStG gilt nur für Unter- 319
haltsleistungen an den geschiedenen oder dauernd getrennt lebenden, unbeschränkt einkommensteuerpflichtigen Ehegatten. Sie sind für Kalenderjahre ab 1979 im Rahmen des sogenannten begrenzten Realsplittings nach § 10 Abs. 1 Nr. 1 EStG als Sonderausgaben abziehbar (Rz. 328ff.).

---

[27] *BGH*, NJW 1985, 1835 = FamRZ 1985, 787; NJW 1987, 776 = FamRZ 1987, 46 = JR 1987, 112 m. Anm. *Göppinger*.

[28] *OLG Stuttgart*, HEZ 2, 187; zust. *RGRK/Wüstenberg*, § 72 EheG Anm. 34; hier kann jedoch § 1577 Abs. 4 einem Unterhaltsanspruch entgegenstehen. Vgl. auch Rz. 259 zum umgekehrten Fall.

[1] Durch diesen Wortlaut, der mit dem StÄndG 1979 (BGBl 1978 I 1849 = BStBl 1978 I 479) eingefügt wurde, ist die frühere Streitfrage überholt (*BFH*, BStBl 1971 II 99 = BFHE 100, 456 = DStR 1971, 125 = BB 1971, 900 = DB 1971, 414; BStBl 1975 II 502 = BFHE 114, 205 = DStR 1975, 261 = BB 1975, 261 = DB 1975, 382 = FR 1975, 148); Fn. 3.

320 Zuwendungen sind grundsätzlich solche Leistungen, die **ohne eine Gegenleistung** gewährt werden. Stehen die Zuwendungen auch im Zusammenhang mit einer Gegenleistung (Rz. 339), so liegen begrifflich nicht abziehbare Zuwendungen nur dann vor, wenn der Unterhaltscharakter der Leistungen überwiegt. Ein wesentlicher Anhaltspunkt für das Überwiegen des Unterhaltscharakters wird im allgemeinen darin gesehen, daß der Wert der Gegenleistungen (zB ein übernommenes Betriebsvermögen) bei überschlägiger großzügiger Berechnung weniger als die Hälfte des Werts der Zuwendung beträgt. Als Wert der Gegenleistung ist der Betrag anzusehen, den ein fremder Erwerber als Kaufpreis aufwenden würde.[2]

Überwiegt dagegen nicht der Unterhaltscharakter, sondern der Gesichtspunkt der Gegenleistung, so liegen keine Unterhaltszuwendungen, sondern Versorgungsleistungen vor, die nicht unter das Abzugsverbot des § 12 Nr. 2 EStG fallen (Rz. 338ff.). Überwiegt dagegen der Gesichtspunkt der Gegenleistung nicht, so sind die Leistungen vom Sonderausgabenabzug auch dann ausgeschlossen, wenn sie zwar nicht an eine unterhaltsberechtigte Person, jedoch freiwillig oder aufgrund einer freiwillig begründeten Rechtspflicht bezahlt werden.[3]

Freiwillige Leistungen, solche auf Grund freiwillig begründeter Rechtspflicht sowie Leistungen an gesetzlich unterhaltsberechtigte Personen können dagegen beim Geber dann als Sonderausgaben abziehbar sein, wenn ihnen eine Gegenleistung des Empfängers gegenübersteht (Rz. 339). Sind die Leistungen als Sonderausgaben nicht abziehbar, so kann allenfalls eine Steuerermäßigung wegen außergewöhnlicher Belastung gewährt werden, wenn die Voraussetzungen der §§ 33ff. EStG vorliegen (Rz. 335ff.).

321 Das Abzugsverbot nach § 12 Nr. 2 EStG ist im inländischen Bereich zweischneidig, denn die Abzugsfähigkeit beim Leistenden ist mit der Steuerpflicht beim Empfänger verbunden. Wird dem Leistenden der Abzug versagt, so braucht der Empfänger den erhaltenen Betrag grundsätzlich nicht zu versteuern. Deshalb unterliegen die Unterhaltsleistungen beim Empfänger folgerichtig dann der Einkommensteuer, wenn der Leistende nicht unbeschränkt steuerpflichtig ist (§ 22 Nr. 1 EStG), wenn er also im Inland weder einen Wohnsitz noch einen gewöhnlichen Aufenthalt hat (§ 1 Abs. 1 EStG).[4] Das gilt auch, wenn der Ausländer inländische Einkünfte hat und mit diesen beschränkt steuerpflichtig ist; denn ein beschränkt Steuerpflichtiger kann Un-

---

[2] *BFH*, BStBl 1964 III 422 = BFHE 79, 516 = DStR 1964, 462 = BB 1964, 995 = DB 1964, 1175; BStBl 1968 II 263 = BFHE 91, 81 = DStR 1968, 293 = DB 1968, 643; Abschn. 123 Abs. 3 EStR.

[3] *Schmidt/Drenseck*, EStG § 12 Anm. 9.

[4] *BFH*, BStBl 1974 II 101 = BFHE 111, 33 = DStR 1974, 88 = BB 1974, 27 = DB 1974, 120. Von der inländischen Besteuerung von Unterhaltsleistungen sieht die *Finanzverwaltung* aus Billigkeitsgründen nur in den Fällen ab, in denen im Inland wohnende oder sich aufhaltende Studenten, Schüler oder Praktikanten von ihren im Ausland ansässigen Angehörigen Bezüge erhalten (Abschn. 166 EStR).

terhalts- und Versorgungsleistungen nicht als Sonderausgaben und im übrigen auch nicht als außergewöhnliche Belastungen abziehen (§ 50 Abs. 1 EStG).[5]

2. Unterhaltsberechtigte Personen im Sinne des EStG

322 Es ist nicht erforderlich, daß alle objektiven und subjektiven Voraussetzungen der Unterhaltspflicht nach bürgerlichem Recht gegeben sind. Im Sinne des § 12 Nr. 2 EStG genügt es vielmehr, daß zwischen den Beteiligten aufgrund ihrer familienrechtlichen Beziehungen potentiell eine Unterhaltspflicht entstehen kann. Somit kommt es nicht darauf an, ob wegen der Bedürftigkeit, wegen der Einkommens- und Vermögensverhältnisse sowie wegen der Erwerbsmöglichkeiten nach bürgerlichem Recht tatsächlich Unterhalt geleistet wird oder zu leisten wäre. Denn alles, was ein Steuerpflichtiger zum Unterhalt seiner Familienangehörigen aufwendet, stellt eine steuerlich unbeachtliche Einkommensverwendung dar.[1]

Zu den unterhaltsberechtigten Personen im Sinne des EStG gehört daher stets der Ehegatte (§ 1360 BGB) und der geschiedene Ehegatte (§ 1569 BGB). Zuwendungen an diese Personen unterliegen deshalb grundsätzlich dem Abzugsverbot des § 12 Nr. 2 EStG.[2]

3. Unterhaltszuwendungen im Sinne des EStG

323 Zu den nicht abziehbaren Unterhaltsleistungen gehören grundsätzlich alle Zuwendungen an unterhaltsberechtigte Personen (Rz. 322), gleichgültig ob sie laufend oder einmalig (zB durch Abfindung) geleistet werden oder ob sie in Geld oder Geldeswert bestehen, ob sie über den Rahmen dessen hinausgehen, was der Empfänger nach bürgerlichem Recht zu beanspruchen hat[1] und für welchen Zweck der Empfänger sie verwendet.

---

[5] Deshalb ist für das Abzugsverbot ohne Bedeutung, wo der Empfänger der Unterhaltsleistungen ansässig ist, und ob sie bei ihm im Ausland der dortigen Einkommensbesteuerung unterliegen. Nicht abziehbar ist dann auch die evtl. vom Unterhaltsverpflichteten ersetzte ausländische Einkommensteuer.

[1] *BFH*, BStBl 1961 III 535 = BFHE 73, 739 = BB 1962, 208.

[2] Die Zuwendungen unterliegen auch dann dem Abzugsverbot, wenn der Empfänger zwar nicht gegenüber ihm, jedoch gegenüber seinem Ehegatten unterhaltsberechtigt ist (zB Stiefkind, § 1371 Abs. 4 BGB, Unterhalt der Schwiegereltern), oder wenn der Empfänger mit der gegenüber dem Steuerpflichtigen unterhaltsberechtigten Person verheiratet ist, zB der Ehemann der Mutter (vgl. *BFH*, BStBl 1958 III 77 = BFHE 66, 197 = DB 1958, 221 = DB 1958, 213). Die letztgenannten Zuwendungen sind auch deshalb nicht abziehbar, weil sie freiwillig sind oder auf einer freiwillig begründeten Rechtspflicht beruhen (§ 12 Nr. 2 EStG).

[1] *BFH*, BStBl 1953 III 157 = BFHE 57, 400 = BB 1953, 1108 = FR 1953, 264.

324 Das grundsätzliche Abzugsverbot des § 12 Nr. 2 EStG gilt auch dann, wenn Zuwendungen freiwillig oder aufgrund einer freiwillig eingegangenen Rechtspflicht geleistet werden. Freiwillig sind die Zuwendungen dann, wenn sie weder auf vertraglicher oder gesetzlicher Verpflichtung noch auf behördlicher Auflage beruhen. Leistungen, die in einem Testament vom Erblasser angeordnet worden sind, erfolgen nicht freiwillig. Die Ausdehnung des Abzugsverbots auf Zuwendungen, die aufgrund einer freiwillig begründeten Rechtspflicht geleistet werden, ist erst mit Wirkung ab 1. 1. 1975 in § 12 Nr. 2 EStG eingefügt worden. Dadurch unterliegen dem Abzugsverbot ab 1975 zB auch vertraglich vereinbarte Unterhaltsleistungen an jene geschiedenen Ehegatten, die noch nach altem Recht geschieden wurden und die nach dem EheG nicht unterhaltsberechtigt sind. Die Zuwendungen können ab 1975 auch dann nicht mehr abgezogen werden, wenn der Unterhaltsvertrag vor dem 1. 1. 1975 abgeschlossen worden ist.[2] Wegen des Abzugs im Rahmen des begrenzten Realsplittings vgl. Rz. 328ff.

325 Die Frage, ob für die Unterhaltsleistungen eine Steuerermäßigung nach §§ 33ff. EStG (Rz. 330ff.) wegen außergewöhnlicher Belastungen gewährt werden kann, ist vom Abzugsverbot des § 12 Nr. 2 EStG unabhängig. Denn auch für Leistungen, die nach § 12 Nr. 2 EStG nicht abziehbar sind, kann die Steuerermäßigung nach §§ 33ff. EStG in Betracht kommen (Rz. 335ff.).

326 Unterhaltsleistungen und Zuwendungen iS des § 12 Nr. 2 EStG können auch dann vorliegen, wenn der Unterhaltsverpflichtete dem Berechtigten materielle oder immaterielle **Wirtschaftsgüter zu Eigentum überträgt.** Eine vom Abzugsverbot des § 12 Nr. 2 EStG betroffene Unterhaltsabfindung ist die Eigentumsübertragung eines selbständigen Rechts.[3] Offensichtlich neigte die Finanzverwaltung bisher dazu, derartige Rechtsgeschäfte als unentgeltliche Vorgänge anzusehen; neuerdings geht sie hingegen dazu über, derartige Eigentumsübertragungen, wie auch Nutzungsüberlassungen, die in Erfüllung einer Unterhaltsverpflichtung geleistet werden, entsprechend ihrem zivilrechtlichen Inhalt als *entgeltliche Rechtsgeschäfte* zu behandeln.[4]

Das bedeutet, daß die *Eigentumsübertragung* eines zum Privatvermögen gehörenden Gegenstandes zu einem steuerpflichtigen Spekulationsgewinn führen kann (§ 23 EStG) und der Vorgang so zu behandeln ist, als ob der Veräußerungspreis (in Höhe der getilgten Unterhaltsverpflichtung) eingenommen und sodann dem Unterhaltsberechtigten zugewendet worden wäre. Diese Unterhaltszuwendung unterliegt dem grundsätzlichen Abzugsverbot

---

[2] Gegen die Rückwirkung hat das *FG Berlin* keine verfassungsrechtlichen Bedenken (EFG 1978, 328 = NWB 1978, F1, 225).

[3] ZB kann ein nicht beschränktes Fischereirecht nach den Gesetzen der Länder (zB FischG für Baden-Württemberg v. 14. 11. 1979, GBl 1979, 466) selbständig ohne das dazugehörige Grundstück zu Eigentum übertragen werden – im Gegensatz zum Jagdrecht (§ 3 Bundesjagdgesetz v. 30. 3. 1961, BGBl 1961 I 304; *Schindler*, BB 1981, 405).

[4] *OFD Münster*, NWB, Fach 1, 176 = BB 1986, 1141 = DStR 1986, 472; aA *Korth*, DB 1987, 553.

und kann nur unter den Voraussetzungen des begrenzten Realsplittings als Sonderausgaben abgezogen werden (Rz. 328ff.). Ein voll entgeltliches Rechtsgeschäft ist die Eigentumsübertragung, wenn der Wert des übertragenen Gegenstandes eine angemessene volle Gegenleistung für den abgefundenen oder getilgten Unterhaltsanspruch darstellt. Ist hingegen der Wert des übertragenen Gegenstandes wesentlich höher und ließen sich die Beteiligten nach dem Inhalt der Vereinbarungen von der Absicht leiten, den Empfänger über die Befriedigung seiner Ansprüche hinaus zu bereichern, so muß die Eigentumsübertragung als gemischte Schenkung gewertet werden, die einkommensteuerlich in einen entgeltlichen und in einen unentgeltlichen Teil aufzugliedern ist.[5]

Demzufolge ist die *Einräumung eines laufenden Nutzungsrechts* an einem materiellen Wirtschaftsgut (zB Kfz, Wohnung) oder an einem immateriellen Wirtschaftsgut (Recht, Dienstbarkeit), in dinglicher (Nießbrauch, Wohnrecht) wie in schuldrechtlicher Form, wenn sie **in Erfüllung der Unterhaltspflicht** erfolgt, ein entgeltlicher Vorgang, also zB Miete (§§ 535ff. BGB) oder Pacht (§§ 581ff. BGB). Das bedeutet, daß der Unterhaltspflichtige, der die Nutzung einräumt, in Höhe des Teilwerts (§ 10 BewG) Betriebseinnahmen (Nutzungsentnahmen iS des § 6 Abs. 1 Nr. 4 EStG) erzielt, wenn der zur Nutzung überlassene Gegenstand zu seinem Betriebsvermögen gehört. Ist hingegen der zum Gebrauch überlassene Gegenstand Privatvermögen des leistenden Unterhaltverpflichteten, so erzielt er durch die Nutzungsüberlassung Einkünfte aus Vermietung und Verpachtung (§ 21 EStG); als Einnahme aus Vermietung und Verpachtung ist der Betrag anzusehen, mit dem der geschuldete Unterhalt durch die Gebrauchsüberlassung getilgt wird. In beiden Fällen sind die dem Unterhaltleistenden zuzurechnenden Einnahmen vom Abzugsverbot betroffen und können nur beim Ehegatten-Unterhalt unter den Voraussetzungen des begrenzten Realsplittings nach § 10 Abs. 1 Nr. 1 EStG (Rz. 328ff.) als Sonderausgaben berücksichtigt werden. Ist der Wert der Gebrauchsüberlassung höher als die dadurch getilgte Unterhaltsverpflichtung, so handelt es sich insoweit um eine unentgeltliche Nutzungsüberlassung, für die unmittelbar das Abzugsverbot des § 12 Nr. 2 EStG gilt. Sie kann selbst eine nach § 8 Abs. 2 EStG mit dem Mittelpreis des Verbrauchsorts zu bewertende Zuwendung im Sinne des § 10 Abs. 1 Nr. 1 EStG an den geschiedenen oder dauernd getrennt lebenden Ehegatten sein (Rz. 328ff.). Das grundsätzliche Abzugsverbot des § 12 Nr. 2 EStG für den unentgeltlichen Teil der Nutzungsüberlassung greift nur dann nicht ein, wenn das Nutzungsrecht im Zusammenhang mit der unentgeltlichen Eigentumsübertra-

---

[5] *BFH*, BStBl 1981 II 11 = BB 1980, 1835 = DB 1980, 2488 = FR 1981, 45 = BFHE 131, 329; zur gemischten Schenkung von Betrieben, Teilbetrieben und Mitunternehmeranteilen: *BFH*, BStBl 1986 II 811 = BB 1986, 1624 = DB 1986, 1854 = DStR 1986, 621.

gung von Vermögen oder aufgrund testamentarischer Anordnung[6] oder gegen Verzicht auf Erb- und Pflichtteilsrechte (Rz. 339) eingeräumt worden ist.

Nach diesen Grundsätzen liegt eine Wohnungsvermietung im Sinne des § 21 Abs. 1 EStG vor, wenn ein Unterhaltsverpflichteter die Nutzung einer Wohnung dem Unterhaltsberechtigten (zB dem geschiedenen Ehegatten) in Erfüllung der Unterhaltspflicht überläßt. Einnahmen aus Vermietung und Verpachtung sind der Betrag, mit dem der geschuldete Unterhalt durch die Nutzungsüberlassung getilgt wird; das ist regelmäßig der Mietwert[7] der Wohnung. Gehört das Wohngrundstück zum Betriebsvermögen des Unterhaltsverpflichteten, so führt diese entgeltliche Nutzungsüberlassung zu Betriebseinnahmen bzw. zu einer gewinnerhöhenden Entnahme. Die mit der Wohnung zusammenhängenden Aufwendungen sind (einschließlich AfA und erhöhten Absetzungen) Werbungskosten bei seinen Einkünften aus Vermietung und Verpachtung bzw. Betriebsausgaben. Die dem Unterhaltsverpflichteten zuzurechnenden Einnahmen aus Vermietung und Verpachtung können nach § 12 Nr. 2 EStG grundsätzlich nicht abgezogen werden (vgl. jedoch Rz. 328 ff.). Die Einkünfte aus Vermietung und Verpachtung des unterhaltsverpflichteten Wohnungseigentümers sind durch Überschuß der Einnahmen über die Werbungskosten zu ermitteln; die pauschale Einkunftsermittlung nach § 21 a EStG kann auch bis einschließlich 1986 nicht angewendet werden, weil der Unterhaltleistende die Wohnung nicht selbst nutzt oder unentgeltlich zur Nutzung überläßt, sondern vermietet.

Die Nutzung einer Wohnung im eigenen Haus zu eigenen Wohnzwecken, die unentgeltliche Nutzungsüberlassung einer Wohnung ohne gesicherte Rechtsposition[8] sowie die unentgeltliche Nutzung einer Wohnung aufgrund einer gesicherten Rechtsposition[8] führen ab 1. 1. 1987 grundsätzlich nicht mehr zu steuerpflichtigen Einnahmen und Werbungskosten (§ 52 Abs. 21 EStG 1987). Wohnungen, die in Erfüllung einer Unterhaltspflicht zur Nutzung überlassen werden, fallen nicht unter diese Neuregelung, weil der Vor-

---

[6] *BFH*, BStBl 1978 II, 493 = BFHE 125, 155 = DStR 1978, 620 = BB 1978, 1295 = DB 1978, 1674 = FR 1978, 411.

[7] Der Nutzungswert der Wohnung wird grundsätzlich nach der ortsnahen und überregionalen Marktmiete bemessen, auch wenn der von fremden Mietern im selben Haus gezahlte Mietzins ausnahmsweise niedriger sein sollte (*BFH*, BStBl 1984 II 368 = BFHE 140, 234 = BB 1984, 1083 = DB 1984, 1019 = DStR 1984, 342); die Kostenmiete nach der BVO zum II. WoBauG ist dann maßgebend, wenn die Marktmiete nicht feststellbar (*BFH*, BStBl 1977 II 860 = BFHE 123, 347 = DStR 1978, 44 = BB 1977, 1636 = DB 1977, 2415), zu schwierig oder wegen der besonderen aufwendigen Gestaltung und Ausstattung des Hauses unangemessen wäre (*BFH*, BStBl 1986 II 394 = BFHE 146, 51 = BB 1986, 993 = DB 1986, 998 = DStR 1986, 373).

[8] Eine gesicherte Rechtsposition in diesem Sinne ist dann anzunehmen, wenn die Vereinbarung nicht jederzeit kündbar oder einschränkbar ist (*BFH*, BStBl 1984 II 364 = BFHE 140, 199 = DB 1984, 965 = FR 1984, 232 = DStR 1984, 344 = NJW 1984, 1582).

gang eine entgeltliche Nutzungsüberlassung darstellt und deshalb steuerpflichtige Vermietungseinkünfte vorliegen.

Vom Abzugsverbot betroffene Unterhaltszahlungen liegen auch vor, wenn der Unterhaltspflichtige Einnahmen an den Berechtigten abtritt. Werden zB für eine bestimmte Zeit die Mieteinnahmen aus einem Mietwohngrundstück an den Unterhaltsberechtigten abgetreten, so erzielt der Zessionar keine Mieteinkünfte im Sinne des § 21 EStG. Der Zedent hat die Einnahmen zu versteuern, bei ihm unterliegen die Zuwendungen aber dem Abzugsverbot des § 12 Nr. 2 EStG. Das gleiche gilt bei der Vorausabtretung von Erträgnisansprüchen aus Wertpapieren und beim Zuwendungsnießbrauch an Wertpapieren, weil auch darin wirtschaftlich nichts anderes als eine derartige Vorausabtretung gesehen werden kann.[9] Die Erträge aus Gegenständen, die einem Treuhänder übereignet sind, werden dem Treugeber zugerechnet (§ 39 Abs. 2 Nr. 1 AO).[10] Werden dagegen Wertpapiere entgeltlich einem Pensionsnehmer mit allen Verfügungsrechten übertragen, so sind ihm die Wertpapiererträge auch dann zuzurechnen, wenn er zu einem bestimmten Zeitpunkt verpflichtet ist, die Wertpapiere zurückzuübertragen.[11]

Wird Arbeitslohn gezahlt, so kann darin eine verdeckte Unterhaltszuwendung nicht gesehen werden, wenn das Arbeitsverhältnis steuerlich zu beachten ist (Rz. 526ff.).

Nicht unter das Abzugsverbot fallen Schadenersatzleistungen für unerlaubte Handlungen nach §§ 842ff. BGB, weil sie nicht freiwillig geleistet werden und nicht auf der gesetzlichen Unterhaltspflicht beruhen. Schadensrenten sind stets beim Leistenden als dauernde Lasten (Rz. 348) in voller Höhe als Sonderausgaben abziehbar, auch wenn sie für den Verlust von Unterhaltsansprüchen gezahlt werden.[12] Beim Empfänger sind sie in vollem Umfang als sonstige Einkünfte im Sinne des § 22 Nr. 2b EStG steuerpflichtig.[12]

Versicherungs- und Bausparbeiträge im Sinne des § 10 Abs. 1 Nr. 2 und 3 **326a**
EStG sind dann nicht vom Abzugsverbot betroffen, wenn sie vom Unter-

---

[9] *BFH*, BStBl 1977 II 115 = BFHE 121, 73 = DStR 1977, 259 = BB 1977, 175 = DB 1977, 613 = FR 1977, 123; näheres *Göppinger/Märkle*, Unterhaltsrecht, Rz. 2099.

[10] *BFH*, BStBl 1986 II 404 = BFHE 146, 59 = BB 1986, 857 = DStR 1986, 408.

[11] *BFH*, BStBl 1983 II 272 = BFHE 137, 433 = BB 1983, 681, 880 = DB 1983, 915 = FR 1983, 275; die Finanzverwaltung rechnet jedoch die Erträge dem Pensionsgeber zu, wenn ein echtes Wertpapierpensionsgeschäft zwischen nahen Angehörigen wirtschaftlich wie ein Nießbrauch ausgestaltet ist; dies ist der Fall, wenn bei einem solchen Geschäft zwischen Eltern und Kindern dem Pensionsnehmer (Kind) die vereinbarte Gegenleistung bis zum Zeitpunkt der Rückübertragung gestundet wird und im Zeitpunkt der Rückübertragung eine Aufrechnung der Ansprüche von Pensionsnehmer und Pensionsgeber stattfindet oder wenn dem Pensionsnehmer das Entgelt vom Pensionsgeber schenkweise zur Verfügung gestellt worden ist (*FinMin Baden-Württemberg*, ESt-Kartei § 6 Abs. 1 Nr. 62).

[12] *BFH*, BStBl 1965 III 359 = BFHE 82, 312 = DStR 1965, 372 = BB 1965, 736 = DB 1965, 996; BStBl 1979 II 133 = BFHE 126, 405 = DStR 1979, 236 = BB 1979, 718 = DB 1979, 529; Abschn. 167 Abs. 1 EStR.

haltsverpflichteten als Versicherungsnehmer bzw. Bausparer geleistet werden, jedoch der Unterhaltsberechtigte Anspruch auf die Versicherungsleistung bzw. die Bausparsumme hat. Denn Vorsorgeaufwendungen sind stets bei demjenigen als Sonderausgaben im Rahmen seiner Höchstbeträge nach § 10 Abs. 3 EStG abziehbar, der sie als gesetzlicher oder vertraglicher Schuldner leistet.[13]

4. Unterhaltsleistungen an Ehegatten

a) Die Einkommensteuer-Veranlagung von Ehegatten

327 Erfüllen die Ehegatten die Voraussetzungen der **Zusammenveranlagung** (Rz. 327a) und werden sie deshalb zusammen (Rz. 327b) oder getrennt veranlagt (Rz. 327c) oder wird für beide Ehegatten die besondere Veranlagung durchgeführt (Rz. 327d), so sind dadurch ihre gegenseitigen Unterhaltsleistungen einkommensteuerlich grundsätzlich abgegolten[1] und können nur im Rahmen des begrenzten Realsplittings abgezogen werden (Rz. 328ff.). Diese Abgeltungswirkung der Unterhaltszuwendungen an den anderen Ehegatten gilt auch, wenn die Ehegatten die dauernde Trennung oder die Scheidung erst im Laufe des Kalenderjahrs herbeigeführt haben[2] oder wenn sie in diesem Kalenderjahr zwar nicht dauernd getrennt leben, jedoch einer von ihnen nicht unbeschränkt einkommensteuerpflichtig ist, d. h. im Inland keinen Wohnsitz oder gewöhnlichen Aufenthalt hat.[3] Diese Abgeltungswirkung der Unterhaltsleistungen durch den mit der Einkommensteuer-Veranlagung verbundenen Einkommensteuertarif entspricht der einkommensteuerrechtlichen Systematik, da bei der Ehegatten-Veranlagung grundsätzlich das gemeinsame Einkommen erfaßt wird ohne Rücksicht darauf, wer von ihnen der unmittelbare Empfänger der Einkünfte ist. Dieser Rechtsgedanke wird besonders durch den Splittingtarif (Rz. 327b) augenfällig (§ 32a Abs. 5 EStG). Er tritt, solange die Ehe besteht, auch dann nicht außer Kraft, wenn nicht alle Voraussetzungen für die Anwendung des Splittingtarifs vorliegen.

---

[13] Zu Versicherungsbeiträgen *BFH*, BStBl 1974 II 545, 546, 633 = BFHE 112, 369, 371, 484 = DStR 1974, 640, 639, 706 = BB 1974, 957, 966, 1012 = DB 1974, 1509, 1508, 1797 = FR 1974, 405; Abschn. 88 Abs. 4 EStR; zu Bausparbeiträgen vgl. Abschn. 92 Abs. 3 EStR.

[1] Zu § 33a Abs. 1 EStG: *BFH*, BStBl 1971 II 764 = BFHE 103, 69 = BB 1971, 1447 = DB 1971, 2290; aA *FG Münster*, NWB Fach 1, 49; bei der besonderen Veranlagung ist die Abgeltungswirkung für Unterhaltsleistungen an den anderen Ehegatten in § 26c Abs. 1 Satz 2 EStG klargestellt (*Klöckner*, DB 1985, 2421).

[2] Zu § 33a Abs. 1 EStG: *FG Münster*, EFG 1972, 432; *FG Bremen*, EFG 1978, 545; BFH, HFR 1973, 100.

[3] Zu § 33a Abs. 1 EStG: *BFH*, BStBl 1979 II 660 = BFHE 117, 550 = DStR 1979, 663 = BB 1979, 1331 = DB 1979, 1824; BStBl 1981 II 319 = BFHE 132, 264 = DStR 1981, 257 = BB 1981, 593 = DB 1981, 822.

Unbeschränkt einkommensteuerpflichtige Ehegatten haben nach § 26 **Abs. 1 EStG** für jedes Kalenderjahr das Recht, **zwischen der Zusammenveranlagung und der getrennten Veranlagung zu wählen,** wenn sie zu irgend einem Zeitpunkt innerhalb des Kalenderjahrs zivilrechtlich wirksam verheiratet waren,[4] nicht dauernd getrennt lebten[5] und beide unbeschränkt einkommensteuerpflichtig waren (d. h. Wohnsitz oder gewöhnlichen Aufenthalt im Inland gehabt haben). Für das Kalenderjahr der Eheschließung können die Ehegatten statt dessen die **besondere Einkommensteuer-Veranlagung** wählen (Rz. 327d). In dem Kalenderjahr, in dem die Ehegatten die dauernde Trennung[5] herbeigeführt haben, müssen sie entweder zusammen oder getrennt veranlagt werden, weil sie vor der Trennung im selben Kalenderjahr die vorgenannten Voraussetzungen der Zusammenveranlagung erfüllt hatten. Dieses Wahlrecht besteht in einem derartigen Fall nur dann nicht, wenn sich einer der Ehegatten im Trennungsjahr mit einem Dritten wieder verheiratet (§ 26 Abs. 1 EStG). Sind hingegen während des ganzen Kalenderjahrs die Voraussetzungen der Zusammenveranlagung nicht erfüllt, so ist jeder Ehegatte **einzeln zu veranlagen** (Rz. 327e). 327a

Bei der **Zusammenveranlagung** werden zwar die Einkünfte der Ehegatten getrennt, dagegen der Gesamtbetrag der Einkünfte, die davon abziehbaren Beträge und das zu versteuernde Einkommen einheitlich ermittelt und die *Splittingtabelle*[6] angewendet. Da die Progressionswirkung des Einkommen- 327b

---

[4] Wer Ehegatte ist, bestimmt sich nach bürgerlichem Recht, bei der Beteiligung eines Ausländers nach den Gesetzen jenes Staates, dem er angehört. Ist im Ausland gültig eine zweite Ehe geschlossen, so kommt eine Zusammenveranlagung mit der im Inland lebenden Ehefrau zumindest dann in Betracht, wenn die andere Ehefrau nicht ebenfalls unbeschränkt einkommensteuerpflichtig ist (*BFH*, BStBl 1986 II 390 = BFHE 146, 39 = DB 1986, 1262). Bei Ehen, die für nichtig erklärt werden, entfallen die Voraussetzungen für die Zusammenveranlagung steuerlich nicht rückwirkend (zur Erbschaftsteuer: *BFH*, BStBl 1987 II 174).

[5] Nach Auffassung des *BFH* setzt die Trennung nach § 1567 BGB (Rz. 33) strengere Anforderungen voraus, als der Begriff des dauernden Getrenntlebens nach § 26 EStG. Lebten Eheleute getrennt iS d. § 1567 BGB, so schließe dies regelmäßig ein dauerndes Getrenntleben iS d. § 26 EStG mit ein. Die Erklärung der Ehegatten im Ehescheidungsprozeß sei zwar ein wichtiges Indiz, entbinde aber die Finanzbehörden und Finanzgerichte nicht von ihrer Ermittlungspflicht, denn die Ehegatten seien im Besteuerungsverfahren daran nicht gebunden (BStBl 1986 II 486 = BFHE 145, 549 = BB 1986, 789 = DB 1986, 1105 = DStR 1986, 373 = FR 1986, 277; aA jedoch offenbar überholt: *Rößler*, FR 1985, 393; *FG Rheinland-Pfalz*, EFG 1982, 411); ein kurzzeitiges Zusammenleben während des Kalenderjahrs (Versöhnungsversuch) reicht für die Zusammenveranlagung aus (ESt-Kartei BW, § 26a EStG Nr. 7). Zur Frage der Beweiserhebung durch Beiziehung der Ehescheidungsakten im FG-Prozeß s. *Rößler*, BB 1981, 2060.

Bei vermißten oder verschollenen Ehegatten s. Abschn. 174 Abs. 1 und 2 EStR, Abschn. 74 Abs. 1 LStR sowie bei Deutschen, deren Ehegatten aus der DDR, Berlin (Ost) oder einem Ostblockstaat aus politischen Gründen nicht ausreisen können, vgl. Abschn. 74 Abs. 3 LStR.

[6] Aus der Splittingtabelle ergibt sich die Einkommensteuer so, als ob der zu versteuernde Betrag in zwei gleiche Teile geteilt und daraus die Einkommensteuer von der

steuer-Tarifs durch das Splittingverfahren verringert wird, ist die Zusammenveranlagung im allgemeinen günstiger.[7] Das Splitting beruht auf dem Gedanken, daß die Eheleute ihr Einkommen gemeinsam erwirtschaften, gleichgültig wer der Zahlungsempfänger ist.[8] Die Belastung durch Kinder wird durch das Splitting nicht berührt; eine Zusammenveranlagung mit Kindern, ein sogenanntes Familiensplitting ist nicht zulässig.

Die Ehegatten werden zusammen veranlagt, wenn sie die Zusammenveranlagung wählen oder keine diesbezügliche **Erklärung abgeben** (§ 26 Abs. 3 EStG).[9] Sie werden getrennt veranlagt, wenn mindestens einer von ihnen dies beantragt (§ 26 Abs. 2 EStG).[10] Ein Antrag auf getrennte Veranlagung ist aber unwirksam, wenn er allein darauf abzielt, den anderen Ehegatten zu schädigen.[11]

327c Bei der **getrennten Veranlagung** werden die Einkünfte demjenigen Ehegatten zugerechnet, dem sie rechtlich zustehen. Die Sonderausgaben und außergewöhnlichen Belastungen werden, soweit sie die Summe der jedem Ehegatten zustehenden Pauschbeträge und Pauschalen (§ 10c EStG) übersteigen, bis zur Höhe der bei einer Zusammenveranlagung in Betracht kommenden Höchstbeträge je zur Hälfte bei der getrennten Veranlagung des Ehegatten abgezogen, wenn nicht die Ehegatten gemeinsam eine andere Aufteilung beantragen (vgl. § 61 EStDV), wobei Unterhaltsleistungen aufgrund des begrenzten Realsplittings (Rz. 328ff.) nur bei der Veranlagung desjenigen Ehegatten abgezogen werden dürfen, der sie geleistet hat (§ 26a Abs. 2 Satz 2 EStG).[12]

Hälfte nach der Grundtabelle berechnet und dann verdoppelt worden wäre (§ 32a Abs. 5 EStG). Zur Splittingtabelle ab 1988 s. BGBl 1987 I 1651ff.

[7] Zu den Ausnahmen *Lademann/Söffing/Brockhoff*, § 26a Rz. 12, 13.

[8] *BVerfG*, BStBl 1982 II 717 = BVerfGE 61, 319 = NJW 1983, 271 = FamRZ 1983, 129 = MDR 1983, 107 = JZ 1983, 195 m. Anm. *Arndt*.

[9] Zur Verfassungsmäßigkeit des § 26 Abs. 3 EStG: *BFH*, BStBl 1970 II 739 = BFHE 99, 537 = BB 1970, 1241 = DB 1970, 2006 = DStR 1970, 638 = FR 1971, 57; im Falle des Todes eines Ehegatten ist die Zustimmung der anderen Erben zur Zusammenveranlagung nur dann erforderlich, wenn der überlebende Ehegatte die Erbschaft ausgeschlagen hat (*BFH*, BStBl 1980 II 188 = BFHE 129, 262 = BB 1980, 351 = DB 1980, 525 = DStR 1980, 236 = FR 1980, 174). Zur mißbräuchlichen Verweigerung der Zustimmung: *FG Köln*, EFG 1984, 31. Zur Wahl der Veranlagungsart beim Konkurs eines Ehegatten: *Schmidt/Seeger* EStG § 25 Anm. 8.

[10] Die Veranlagungsart kann noch im finanzgerichtlichen Verfahren beantragt werden, auch wenn vorher die andere durchgeführt worden ist (*BFH*, BStBl 1977 II 605 = BFHE 122, 290 = BB 1977, 1081 = DStR 1977, 639; BStBl 1982 II 156 = BFHE 134, 412 = BB 1982, 350 = DB 1982, 678 = DStR 1982, 144 = FR 1982, 148; zur willkürlichen Wahländerung: *Rößler*, FR 1985, 393 unter 3c.

[11] *BFH*, BStBl 1977 II 870 = BFHE 123, 172 = BB 1977, 1637 = DB 1977, 2416; zivilrechtlich sind die Ehegatten verpflichtet, an der gemeinsamen Veranlagung mitzuwirken (Rz. 553b). Eine zivilgerichtliche Klage auf Zusammenveranlagung berührt die einkommensteuerliche Veranlagungsart nicht und kann lediglich Schadenersatzansprüche begründen (*BFH*, HFR 1977, 297; *Rößler*, FR 1985, 393 unter 3d).

[12] Zu verfassungsrechtlichen Bedenken der hälftigen Aufteilung und evtl. Schadenersatzpflicht vgl. Rz. 553d.

Bei der getrennten Veranlagung ist der Splittingtarif ausgeschlossen; für das zu versteuernde Einkommen jedes Ehegatten wird vielmehr die Grundtabelle (§ 32a Abs. 1 EStG) angewendet. Wählt einer der Ehegatten die getrennte Einkommensteuer-Veranlagung, so hat jeder von ihnen eine Einkommensteuer-Erklärung abzugeben (§ 25 Abs. 3 EStG).

Liegen die Voraussetzungen der Zusammenveranlagung vor (Rz. 327a), so können die Ehegatten **für das Jahr ihrer Eheschließung,** erstmals für 1986,[13] *die besondere Veranlagung* wählen (§ 26 Abs. 1, § 26c EStG).[10] Bei der besonderen Veranlagung werden die Ehegatten so behandelt, als ob sie unverheiratet wären.[14] Dies ist in jenen Fällen vorteilhaft, in denen einer oder beide Ehegatten im Jahr der Eheschließung bei der Einzelveranlagung Anspruch auf den Haushaltsfreibetrag (§ 32 Abs. 7 EStG) oder auf Anwendung der Splittingtabelle als Verwitweter (§ 32a Abs. 6 Nr. 1 EStG) haben. Denn der Haushaltsfreibetrag entfällt sowohl bei der Zusammenveranlagung als auch bei der getrennten Veranlagung; beim Lohnsteuer-Abzug sind aber im Jahr der Eheschließung der Haushaltsfreibetrag durch die Steuerklasse II und das Witwensplitting durch die Steuerklasse III berücksichtigt worden. Dies verursachte bei den Einkommensteuer-Veranlagungen vor 1986 Einkommensteuer-Nachzahlungen, die erstmals für 1986 durch den Antrag auf besondere Veranlagung vermieden werden können. Der Haushaltsfreibetrag wird bei der besonderen Veranlagung allerdings dann nicht berücksichtigt, wenn bei Ehegatten ein Kinderfreibetrag nur für ein solches Kind gewährt wird, dessen Kindschaftsverhältnis zu den Ehegatten erst nach der Eheschließung begründet worden ist, zB für ein nach der Eheschließung geborenes eheliches Kind (§ 26c Abs. 3 EStG). Die Splittingtabelle[6] wird bei der besonderen Veranlagung nur dann angewendet, wenn der Ehegatte im Jahr der Eheschließung Anspruch darauf als Verwitweter gehabt hätte (§ 26c Abs. 3EStG);[15] beruhte hingegen der Anspruch auf Anwendung des Splittingtarifs als Geschiedener, weil der bisherige Ehegatte im Scheidungsjahr wieder geheiratet hat (§ 32a Abs. 6 Nr. 2 EStG), so steht diesem Steuerpflichtigen der Splittingtarif bei der besonderen Veranlagung nicht zu (§ 26c Abs. 3 EStG).[15] Besonders veranlagte Ehegatten gelten für das Jahr der Eheschließung nicht als Alleinstehende iS d. § 33c Abs. 2 EStG; das bedeutet, daß Kinderbetreuungskosten nach § 33c EStG (Rz. 586) im Heiratsjahr nicht als außergewöhnliche Belastungen berücksichtigt werden können (§ 26c Abs. 1 Satz 2 EStG).[15] 327d

Wird die besondere Einkommensteuer-Veranlagung übereinstimmend von beiden Ehegatten beantragt, so hat jeder der Ehegatten eine Einkommensteuer-Erklärung abzugeben (§ 25 Abs. 3 EStG).

---

[13] StSenkG 1986/1988, BGBl 1985 I 1153, BStBl 1985 I 391.

[14] Das bedeutet, daß für jeden Ehegatten eine Einzelveranlagung (Rz. 327e) durchgeführt wird, d. h. der zu versteuernde Einkommensbetrag getrennt jeweils für seine Einkünfte, Sonderausgaben und außergewöhnlichen Belastungen ermittelt wird.

[15] Ebenso *Klöckner,* DB 1985, 2321.

b) Die Einzelveranlagung eines Ehegatten

327e Liegen während des Kalenderjahrs die drei Voraussetzungen der Zusammenveranlagung (Rz. 327a) zu keinem Zeitpunkt gleichzeitig vor, so wird der Ehegatte einzeln veranlagt. Dabei werden nur seine Einkünfte, seine Sonderausgaben und außergewöhnlichen Belastungen einbezogen. Ehegatten, die sich für dauernd trennen, werden somit nicht bereits im Trennungsjahr, sondern erst im Folgejahr einzeln veranlagt,[16] wenn sie nicht mit einem neuen Ehegatten die Voraussetzungen der Zusammenveranlagung erfüllen.

c) Das begrenzte Realsplitting für Unterhaltsleistungen an Ehegatten

328 Das Abzugsverbot nach § 12 Nr. 2 EStG ist durch das begrenzte Realsplitting für Unterhaltsleistungen an geschiedene oder dauernd getrennt lebende, unbeschränkt steuerpflichtige Ehegatten durchbrochen, das für Kalenderjahre ab 1979 gilt (§ 10 Abs. 1 Nr. 1 EStG). Danach kann ein unbeschränkt Steuerpflichtiger diese Unterhaltsleistungen[1] auf Antrag[2] bis zu einem Höchstbetrag von 18000 DM (für die Kalenderjahre 1979 bis einschl. 1985: 9000 DM) jährlich[3] als Sonderausgaben abziehen, wenn der Empfänger ebenfalls unbeschränkt steuerpflichtig ist (also im Inland seinen Wohnsitz oder gewöhnlichen Aufenthalt hat)[4] und dem Antrag des Gebers ausdrücklich zustimmt.[2] Stimmt der Empfänger dem Antrag des Gebers zu, so werden ihm die Unterhaltsleistungen in derselben Höhe (also bis zum Höchstbetrag) als steuerpflichtige sonstige Einkünfte nach Abzug der Werbungskosten,[5] ggf.

---

[16] Bei der Einzelveranlagung im Folgejahr kann sich die Frage ergeben, bei welchem Ehegatten und in welchem Umfang ein in den Kalenderjahren der Zusammenveranlagung nicht ausgeglichener Verlust im Wege des Verlustabzugs nach § 10d EStG geltend gemacht werden kann (näheres hierzu Rz. 538a).

[1] Dazu gehören sowohl Unterhaltsleistungen in bar, als auch Sachzuwendungen; zur Eigentumsübertragung sowie zur Gebrauchsüberlassung vgl. Rz. 326. Ohne Bedeutung ist, ob es sich um laufende oder einmalige Leistungen handelt, ob sie freiwillig oder aufgrund gesetzlicher Unterhaltspflicht erbracht werden.

[2] Hierfür gibt die Finanzverwaltung einen bundeseinheitlichen Vordruck *(Anlage U)* heraus, dessen Verwendung jedoch nicht Voraussetzung für die Vergünstigung ist.

[3] Der Höchstbetrag kann auch dann in voller Höhe berücksichtigt werden, wenn der Unterhalt nicht während des ganzen Kalenderjahrs geleistet worden ist oder die Unterhaltspflicht nur während eines Teils des Kalenderjahrs bestand.

[4] Der Ausschluß des begrenzten Realsplittings für Unterhaltsleistungen an Ehegatten, die nicht unbeschränkt steuerpflichtig sind, stellt keine Verletzung des Gleichheitsgebots des Art. 3 Abs. 1 GG dar: *BFH*, BStBl 1986 II 603 = DB 1986, 1703 = NWB 1986 F1, 220 = BFHE 146, 403 = BB 1986, 1487 = DStR 1986, 576.

[5] Wenn die Unterhaltsleistungen den Höchstbetrag übersteigen, können die über den Pauschbetrag des § 9a Nr. 3 EStG hinausgehenden Werbungskosten nur anteilig berücksichtigt werden (*BMF*-Nachrichten, DStZ E 1982, 2, 3, DB 1981, 2576).

mit dem Pauschbetrag hierfür,[6] zugerechnet und zusammen mit seinen anderen Einkünften durch Veranlagung der Einkommensteuer unterworfen (§ 22 Nr. 1 Buchst. a, § 46 Abs. 2 Nr. 1 EStG).[7]

Das begrenzte Realsplitting gilt nicht für Unterhaltsleistungen an andere Personen (zB an Kinder).

329 Der Antrag[2] des Gebers und die Zustimmung[2] des Empfängers können nicht zurückgenommen werden; sie binden jedoch nur für das bestimmte Kalenderjahr. Das endgültige und unwiderrufliche Antragsrecht kann mit dem Antrag auf Lohnsteuer-Ermäßigung, auf Anpassung der Einkommensteuer-Vorauszahlungen, auf Lohnsteuer-Jahresausgleich oder mit der Einkommensteuer-Erklärung ausgeübt und bis zur Bestandskraft der Steuerfestsetzung (nicht aber im Revisionsverfahren) nachgeholt[8] werden. Antrag und Zustimmung dürfen nicht an eine Bedingung geknüpft werden. Sie können jedoch auf einen Teil der Unterhaltsleistung innerhalb des Höchstbetrages beschränkt werden; dann sind dem Unterhaltsempfänger die Unterhaltseinkünfte in derselben beschränkten Höhe nach Abzug der Werbungskosten als sonstige Einkünfte zuzurechnen. Wird die Zustimmung auf eine vom Antrag abweichende Betragshöhe beschränkt, so ist sie unwirksam. Die Zustimmung des Empfängers muß der Geber und nicht das Finanzamt einholen. Ohne die Zustimmung des Empfängers kann der Geber die Unterhaltsleistungen allenfalls als außergewöhnliche Belastung nach § 33a Abs. 1 EStG geltend machen (Rz. 335ff.).

330 Der Sonderausgabenabzug kommt beim leistenden Ehegatten auch dann nicht in Betracht, wenn die Zustimmung vom empfangenden Ehegatten deshalb mißbräuchlich verweigert wird, weil die Erfassung der Unterhaltsleistungen als sonstige Einkünfte bei ihm weder zu einer Steuerfestsetzung noch zu einem Verlust von außersteuerlichen Vergünstigungen führen würde oder der unterhaltszahlende Ehegatte sich zum Ausgleich dieser Nachteile verpflichtet hätte.[9] Durch die Zustimmung des Unterhaltsempfängers werden bei ihm Einkünfte begründet; ob dies im außersteuerlichen Bereich Nachteile haben kann, kann die Finanzverwaltung nicht nachprüfen. Selbst die mögliche steuerliche Auswirkung der Zurechnung beim Unterhaltsempfänger könnte von der Finanzverwaltung nicht immer ermittelt werden, denn ohne seine Zustimmung ist er nicht zur Abgabe einer Einkommensteuererklärung verpflichtet und zudem hat er als Angehöriger (§ 15 AO) – auch nach der Scheidung – ein Auskunftsverweigerungsrecht (§ 101 AO). Doch auch wenn

---

[6] Der Pauschbetrag für Werbungskosten beträgt für diese Unterhaltsleistungen, für Leibrenten (§ 22 Nr. 1 Buchst. a EStG) und für andere wiederkehrende Bezüge (§ 22 Nr. 1 Buchst. b EStG) zusammen 200 DM (§ 9a Nr. 3 EStG).

[7] Zur Zurechnung der Unterhaltseinkünfte kritisch: *Lepsius,* ZRP 1982, 257ff.

[8] *Schmidt/Heinicke* EStG § 10 Anm. 10b; zur Berücksichtigung des begrenzten Realsplittings bei Festsetzung der Einkommensteuer-Vorauszahlungen NWB 1987 F1, 105; DB 1987, 1333.

[9] *BMF*-Nachrichten 54/79, DB 1979, 2301; *Uelner,* DStZ A 1979, 12: *FG Baden-Württemberg,* EFG 1983, 19; aA *Gérard,* FR 1979, 173.

der Unterhaltsempfänger Auskunft über seine Verhältnisse erteilen würde, könnte dies von der Finanzverwaltung dem unterhaltszahlenden Ehegatten wegen des Steuergeheimnisses (§ 30 AO) nicht offenbart werden.

331 Der Unterhalt leistende Ehegatte hat aufgrund der – auch bei geschiedenen Ehegatten geltenden – gegenseitigen Unterhalts- und Belastungsminderungspflicht grundsätzlich einen einklagbaren zivilrechtlichen Anspruch auf die Zustimmung des Unterhaltsempfängers,[10] wenn sich der Geber gleichzeitig durch eine grundsätzlich schriftlich (im allgemeinen ohne Sicherheitsleistung) zu erteilende Erklärung verpflichtet, den Empfänger von den steuerlichen Nachteilen[11] sowie von den substantiiert angegebenen Verlusten von außersteuerlichen öffentlichen Leistungen[12] freizustellen, die ihm durch die steuerliche Zurechnung dieser Unterhaltseinkünfte entstehen;[13] fällig werden die Ersatzleistungen erst, wenn der Nachteil bzw. Verlust tatsächlich eingetreten ist.[13] Hingegen kann die Zustimmung vom Empfänger nicht davon abhängig gemacht werden, daß ihn der Verpflichtete an seinen Steuervorteilen beteiligt, die er durch den Abzug der Unterhaltsleistungen als Sonderausgaben hat;[13]

---

[10] *BGH,* NJW 1977, 378 = FamRZ 1977, 38, 40.

[11] Hierzu gehören die Einkommensteuer und die Kirchensteuer.

[12] Hiervon betroffen sind die von Einkommensgrenzen abhängigen Wohnungsbauprämie und Sparprämie (die letztmals für 1986 in Betracht kommen kann; SubvAbG, BGBl 1981 I 537, BStBl 1981 I 523) sowie die Arbeitnehmer-Sparzulage für vermögenswirksame Leistungen nach § 12 VermBG; ebenso Stipendien nach dem Graduiertenförderungsgesetz (auch hinsichtlich der Rückzahlung von Darlehen); diese Nachteile können auch dann eintreten, wenn der Stipendienempfänger mit einem geschiedenen Ehegatten verheiratet ist, der von seinem früheren Ehegatten Unterhaltsleistungen erhält. Bei der Gewährung von Wohngeld, von Waisen-, Eltern- und Ausgleichsrenten nach dem Bundesversorgungsgesetz und von Leistungen nach dem BAföG werden Unterhaltsleistungen beim Berechtigten ohnehin als Einkünfte behandelt, Fußn. 13; bei diesen Förderungen können sich jedoch dann Nachteile ergeben, wenn der Unterhaltsempfänger Mehrbeträge als Ausgleich für steuerliche oder andere Nachteile erhält, die zusätzlich erfaßt werden müssen. Beim BAföG können sich außerdem Nachteile dann ergeben, wenn ein Elternteil von seinem geschiedenen Ehegatten außer den reinen Unterhaltsleistungen noch Ersatz für Nachteile erhält (*BMF*-Nachrichten, DStZE 1982, 2, 3, DB 1981, 2576).

[13] *BGH,* NJW 1983, 1545 = FamRZ 1983, 576 = MDR 1983, 919; FamRZ 1984, 1211 = NJW 1985, 195; FamRZ 1985, 1232 = NJW 1986, 254; *OLG München,* FamRZ 1983, 594; *OLG Köln,* FamRZ 1986, 1111 = NJW-RR 1987, 456.

Bei einer **Vereinbarung** über die Zustimmung des Unterhalt empfangenden Ehegatten zum Antrag auf Sonderausgabenabzug des Unterhalt leistenden Ehegatten verpflichtet sich der Empfänger, die Zustimmung zum begrenzten Realsplitting für das bestimmte Kalenderjahr zu erteilen; der Leistende verpflichtet sich, den Empfänger für dasselbe Kalenderjahr von der Einkommensteuer und Kirchensteuer (ggf. von anderen Annexabgaben) und anderen in der Vereinbarung einzeln (jedoch nicht betragsmäßig) aufzuzählenden außersteuerlichen Nachteilen freizustellen, soweit diese Nachteile auf der Zurechnung der Unterhaltsleistungen als steuerpflichtige sonstige Einkünfte beruhen. Die Ersatzleistungen werden erst fällig, wenn sie der Empfänger betragsmäßig nachweist und die Nachteile gegen ihn selbst fällig werden. Soweit die Unterhaltspflicht bisher anstandslos erfüllt wurde, kann der Empfänger eine Sicherheitsleistung nicht verlangen.

dieser Vorteil kann, sobald er sich realisiert hat, ebenso wie die Steuererstattungen an den Unterhaltsberechtigten allenfalls im Rahmen der Unterhaltsbemessung berücksichtigt werden.[14] Die Zustimmung kann nicht für die Zukunft, sondern nur für ein abgelaufenes Kalenderjahr begehrt werden.[13,15] Gleicht der Unterhaltsverpflichtete ihm gegenüber diese Nachteile aus und/oder beteiligt er den Unterhaltsberechtigten an seinem Steuervorteil, so stellen auch diese Mehrbeträge Unterhaltsleistungen dar, die im Rahmen der Höchstgrenze unter das begrenzte Realsplitting fallen.[16]

332 Bei Inanspruchnahme des begrenzten Realsplittings können die den Höchstbetrag übersteigenden Unterhaltsleistungen nicht nach § 33a Abs. 1 EStG berücksichtigt werden; dasselbe gilt für den Betrag unter dem Höchstbetrag, auf den der Sonderausgaben-Abzug beschränkt worden ist (Rz. 329). Sind dagegen die Unterhaltsleistungen zunächst als außergewöhnliche Belastung berücksichtigt worden, so kann dies bis zur Bestandskraft der Steuerfestsetzung rückgängig gemacht und statt dessen der Sonderausgabenabzug in Anspruch genommen werden, wenn die genannten Voraussetzungen hierfür vorliegen

333 Bei dauernd getrennt lebenden Ehegatten ist das begrenzte Realsplitting auch für denjenigen Veranlagungszeitraum zulässig, in dem bei ihnen die Voraussetzungen für die Zusammenveranlagung vorliegen. Das kann bei solchen Ehegatten vorkommen, die zu Beginn des Kalenderjahrs noch nicht dauernd getrennt gelebt haben. In diesem Fall haben die Ehegatten den Vorteil, daß durch die Berücksichtigung der Werbungskosten[17] (zusammen mit den Werbungskosten für Leibrenten und wiederkehrende Bezüge mindestens den Pauschbetrag von 200 DM)[18] der Abzug insoweit höher ist als die Zurechnung zu den Einkünften. Bei der getrennten Veranlagung solcher Ehegatten können die Unterhaltsleistungen nur bei demjenigen als Sonderausgaben abgezogen werden, der sie geleistet hat (§ 26a Abs. 2 Satz 2 EStG).

334 Werden Unterhaltsleistungen an mehrere Personen (zB an mehrere geschiedene Ehegatten) erbracht, so ist für jeden Empfänger gesondert zu beurteilen, ob der Sonderausgabenabzug zulässig ist. Der abziehbare Höchstbetrag von 9000 DM gilt jeweils für die Unterhaltsleistungen an einen Empfänger.

---

[14] *BGH*, NJW 1980, 2251 = FamRZ 1980, 984, 985.

[15] *OLG Koblenz*, FamRZ 1980, 791.

[16] *BMF*, DStZ E 1982, 2, 3, DB 1981, 2576.

[17] Siehe Rz. 328 Fußn. 5 und 6. Als Werbungskosten kommen m. E. Rechtsanwalts- und Prozeßkosten in Betracht, die unmittelbar mit der Geltendmachung der Unterhaltsansprüche und der Ausgleichsleistungen für steuerliche und außersteuerliche Nachteile durch die Zustimmung zum Abzug durch den Unterhaltsverpflichteten Ehegatten zusammenhängen.

[18] Der Pauschbetrag für Werbungskosten beträgt für diese Unterhaltsleistungen, für Leibrenten (§ 22 Nr. 1 Buchst. a EStG) und für andere wiederkehrende Bezüge (§ 22 Nr. 1 Buchst. b EStG) zusammen 200 DM (§ 9a Nr. 3 EStG).

5. Unterhaltsleistung als außergewöhnliche Belastung

335 Erwachsen einem Steuerpflichtigen zwangsläufig[1] Aufwendungen wegen des Unterhalts und einer etwaigen Berufsausbildung einer Person, so kann deswegen auf Antrag eine Steuerermäßigung nach § 33a Abs. 1 EStG in Betracht kommen, wenn weder der Steuerpflichtige noch ein anderer für die unterhaltene Person Anspruch auf einen Kinderfreibetrag hat.[2] Die Einkommensteuer wird dann dadurch ermäßigt, daß die Aufwendungen vom Gesamtbetrag der Einkünfte abgezogen werden, und zwar zu einem Höchstbetrag von jährlich

– 4500 DM,[3] wenn die unterhaltene Person das 18. Lebensjahr vollendet hat,
– 2484 DM,[3] wenn die unterhaltene Person das 18. Lebensjahr noch nicht

---

[1] Zwangsläufig sind nur Zuwendungen an gesetzlich unterhaltsberechtigte Personen und andere Angehörige (§ 15 AO), an Verwandte in der DDR, Berlin (Ost) und in den osteuropäischen Vertreibungsgebieten (*BFH,* BStBl 1966 III 534 = BFHE 86, 457 = BB 1966, 1012 = DB 1966, 1340 = DStR 1966, 578 = FR 1967, 254; BStBl 1983 II 453 = BFHE 138, 443 = BB 1983, 1393 = DB 1983, 1582 = DStR 1983, 523 = FR 1983, 381) sowie an solche Personen, zu denen aufgrund besonderer Verhältnisse eine enge Verbindung besteht, zB die langjährige Hausgehilfin, der Lebensretter (*BFH,* BStBl 1971 II 628 = BFHE 102, 389 = BB 1971, 1448 = DB 1971, 1798 = DStR 1971, 604), nicht jedoch zB an das nichteheliche Kind des Bruders (*FG Baden-Württ.,* EFG 1981, 345) oder an Geschwister zum Hochschul- und Fachhochschulstudium (*FG Köln,* EFG 1983, 610; *Hessisches FG,* EFG 1983, 611). Zwangsläufig sind die Leistungen auch dann, wenn die Unterhaltspflicht nachträglich zivilrechtlich weggefallen ist (*FG Rheinland-Pfalz,* EFG 1987, 247). Wegen der Leistungen an Ehegatten sowie an den in eheähnlicher Gemeinschaft lebenden Partner vgl. Rz. 336.

Da die Unterhaltsleistungen zwangsläufig sein müssen, kann die Steuerermäßigung nur dann in Betracht kommen, wenn der Empfänger zunächst seine Arbeitskraft und sein Vermögen einsetzt und verwertet, es sei denn, sein Vermögen ist geringfügig (bis zu einem Verkehrswert von 30000 DM – ohne Hausrat, persönliche Wertgegenstände und Wohnung).

[2] Bis 31. 12. 1986 war Voraussetzung, daß weder der Steuerpflichtige noch ein anderer für die unterhaltene Person Anspruch auf Kindergeld oder andere Leistungen nach dem BKGG hatte. Auch ab 1. 1. 1986 ist die Steuerermäßigung bei geschiedenen oder dauernd getrennt lebenden Elternteilen auch dann ausgeschlossen, wenn der Kinderfreibetrag auf den anderen übertragen worden ist (Rz. 589; StSenkG 1986/1988, BGBl 1985 I 1153, BStBl 1985 I 391). Sie kann hingegen für nicht unbeschränkt steuerpflichtige Kinder (die während des ganzen Kalenderjahrs keinen inländischen Wohnsitz hatten) in Betracht kommen, weil für diese ein Kinderfreibetrag nicht mehr gewährt wird (Rz. 586). Wie schon vor 1987 kann die Steuerermäßigung für Unterhaltsleistungen an den wehr- oder zivildienstleistenden Sohn berücksichtigt werden, dessen Berufsausbildung abgeschlossen ist (*BFH,* BStBl 1981 II 805 = BFHE 134, 273 = BB 1982, 34 = DB 1982, 261 = DStR 1982, 52 = FR 1982, 21).

[3] Gültig ab 1. 1. 1986, StSenkG 1986/1988, Fn. 2; der Höchstbetrag betrug für die Kalenderjahre 1979–1985 3600 DM, für 1975–1978 3000 DM; der vor 1975 geltende Höchstbetrag von 1200 DM war verfassungswidrig (*BVerfG,* BStBl 1984 II 357 = BVerfGE 66, 214 = BB 1984, 965 = DB 1984, 1173 = DStR 1984, 349 = FR 1984, 340 = NJW 1984, 2453 = FamRZ 1984, 760 Ls.); für nach dem 22. 2. 1984 bestandskräftige Steuerfestsetzungen war eine Änderung möglich (§ 54 EStG). Tragen mehrere

vollendet hat. Der Höchstbetrag ist um alle zur Bestreitung des Unterhalts bestimmten und geeigneten Einkünfte und Bezüge,[4] die im Unterstützungszeitraum während des Kalenderjahrs bezogen werden, zu kürzen, soweit sie 4500 DM[5] übersteigen. Höchstbetrag und anrechnungsfreier Betrag ermäßigen sich für jeden vollen Kalendermonat, in dem kein Unterhalt geleistet worden ist, um ein Zwölftel (§ 33a Abs. 4 EStG).

Unterhaltsleistungen an Angehörige im Ausland können nur insoweit berücksichtigt werden, als sie nach den Verhältnissen des ausländischen Wohnsitzstaates notwendig und angemessen sind, höchstens jedoch der Betrag, der abziehbar wäre, wenn die unterhaltene Person ihren Wohnsitz im Inland hätte (§ 33a Abs. 1 Satz 4 EStG). Das bedeutet, daß bei Unterhaltszahlungen „über die Grenze" sich der Höchstbetrag und der anrechnungsfreie Betrag uU um ⅓ bzw. ⅔ ermäßigen, je nach dem in welches Land die Zahlungen gehen.[6]

336 Die Steuerermäßigung kommt somit auch für Unterhaltsaufwendungen an den geschiedenen oder dauernd getrennt lebenden Ehegatten in Betracht, wenn dieser selbst keine oder nur geringe Einkünfte und Bezüge hat und die Aufwendungen nicht als Sonderausgaben im Rahmen des begrenzten Realsplittings abgezogen werden (Rz. 328ff.). Dies gilt auch, wenn der Ehegatte auf den Unterhalt für den Notbedarf verzichtet hat.[7] Die Steuerermäßigung

---

Personen zum Unterhalt und einer etwaigen Berufsausbildung derselben Person bei, so ermäßigt sich der Höchstbetrag auf den Betrag, der seinem Anteil am Gesamtbetrag der Leistungen entspricht (Abschn. 190 Abs. 4 EStR).

[4] Näheres über die Ermittlung der anzurechnenden Einkünfte und Bezüge s. *Göppinger/Märkle*, Unterhaltsrecht, Rz. 2113; *Märkle*, Die Einkommensteuer-Erklärung, Rz. 389.

[5] Gültig ab 1. 1. 1986, StSenkG 1986/1988, Fn. 2; der anrechnungsfreie Betrag betrug für die Kalenderjahre 1979–1985 4200 DM, für 1975–1978 3600 DM. Anrechnungspflichtig sind Unterhaltsleistungen des Ehegatten oder geschiedenen Ehegatten (*BFH*, BStBl 1986 II 554 = BFHE 146, 386 = BB 1986, 1488 = DB 1986, 2263 = DStR 1986, 797); soweit sie aufgrund der Unterhaltspflicht gewährt werden (*BFH*, BStBl 1986 II 840 = BFHE 147, 238 = BB 1986, 1975 = DB 1986, 2416 = DStR 1986, 726), sowie des Vaters des Unterstützten (zB der getrennt lebenden Ehefrau: *FG Nürnberg*, EFG 1986, 181).

[6] *BFH*, BStBl 1978 II 340, 342 = BFHE 124, 505, 513 = BB 1978, 900 = DB 1978, 1110 = FR 1978, 280; BStBl 1982 II 779 = BFHE 136, 399 = BB 1983, 176 = DB 1982, 2671 = DStR 1982, 693 = FR 1982, 575; BStBl 1984 II 522 = BFHE 140, 261 = BB 1984, 898 = DB 1984, 1279 = FR 1984, 372; BStBl 1986 II 852 = BFHE 147, 231 = BB 1986, 2044 = DB 1986, 2417 = DStR 1986, 764; BStBl 1987 II 127 = BFHE 147, 231; BStBl 1987 II 130 = BFHE 148, 132; BStBl 1987 II 238 = BFHE 148, 476; *BMF*, BStBl 1984 I 402.

Zur Aufteilung von Leistungen an mehrere Empfänger: *BFH*, BStBl 1982 II 776 = BFHE 136, 213 = BB 1982, 1843 = DB 1982, 2496 = DStR 1982, 662 = FR 1982, 521. Zum Nachweis: *BFH*, BStBl 1982 II 772, 774 = BFHE 136, 97, 101 = BB 1982, 1593, 1594 = DB 1982, 1911, 1961 = FR 1982, 518, 519; BStBl 1984 II 527 = BFHE 140, 250 = BB 1984, 897 = DB 1984, 1279 = FR 1984, 369; *FG München*, EFG 1983, 177; *BMF*, BStBl 1982 I 942; Näheres *Göppinger/Märkle*, Unterhaltsrecht, Rz. 2115.

[7] *FG Düsseldorf*, EFG 1977, 445.

gilt dagegen nicht für Unterhaltsaufwendungen an den in eheähnlicher Gemeinschaft lebenden Partner.[8] Sie kommt auch nicht in Betracht, wenn Ehegatten zusammen veranlagt werden[9] – auch wenn sie im Laufe des Kalenderjahres die dauernde Trennung oder die Scheidung herbeigeführt haben, aber gleichwohl für dieses Jahr noch zusammen veranlagt werden[10] – oder wenn die Ehegatten nicht dauernd getrennt leben und der andere Ehegatte nicht unbeschränkt steuerpflichtig ist, d.h. im Ausland wohnt.[11]

337 Unterhaltsaufwendungen sind auch **einmalige, gelegentliche oder unregelmäßige Zuwendungen.**[12] Sie können nur im Kalenderjahr ihrer Leistung zu einer Steuerermäßigung führen; die Leistungen müssen im folgenden Kalenderjahr auch insoweit unberücksichtigt bleiben, als sie für den Unterhaltsbedarf des folgenden Kalenderjahrs bestimmt sind.[13] Sie sind auch dann nur im Kalenderjahr ihrer Verausgabung berücksichtigungsfähig, wenn sie mit Fremdmitteln bestritten werden; der Zeitpunkt der Darlehenstilgung ist ohne Bedeutung.[14] Erstmalige Zahlungen können – außer im Falle der Tilgung von Rückständen – nicht auf Monate des gleichen Kalenderjahrs zurückbezogen werden, die vor dem Zahlungsmonat liegen; deshalb können Zahlungen im Dezember grundsätzlich nur mit einem Zwölftel des Jahreshöchstbetrags berücksichtigt werden.[13] Im Rahmen des § 33a Abs. 1 EStG sind jedoch nur Aufwendungen für den Unterhalt im engeren Sinne berücksichtigungsfähig, wie zB für die Wohnung, Ernährung und Kleidung (einschl. Tabakwaren, alkoholische Getränke und Kosmetikartikel im üblichen Rahmen) des Unterhaltenen. Darüber hinausgehende Zuwendungen sind nicht zwangsläufig und können deshalb zu keiner Steuerermäßigung führen, beispielsweise die Schenkung einer Waschmaschine,[15] eines Fernsehgeräts[16] und eines Pkw,[17]

---

[8] *BFH,* BStBl 1963 II 437 = BFHE 77, 319 = DStR 1963, 617 = BB 1963, 1125 = DB 1963, 1633; BStBl 1980 II 693 = BFHE 131, 348 = BB 1980, 1621 = DB 1980, 2317 = FR 1980, 541.

[9] *BFH,* BStBl 1971 II 764 = BFHE 103, 69 = BB 1971, 1447 = DB 1971, 2290.

[10] *FG Münster,* EFG 1972, 432; *FG Bremen,* EFG 1978, 545; *BFH,* HFR 1973, 100; *FG München,* EFG 1986, 568.

[11] *BFH,* BStBl 1979 II 660 = BFHE 117, 550 = DStR 1979, 663 = BB 1979, 1331 = DB 1979, 1824; BStBl 1981 II 319 = BFHE 132, 264 = DStR 1981, 257 = BB 1981, 593 = DB 1981, 822; die *Finanzverwaltung* wendet diese Rechtsprechung aus Billigkeitsgründen erst ab 1980 an (*BMF,* BStBl 1979 I 621 = DStR 1979, 718 = FR 1979, 563), was die Gerichte nicht bindet (*FG RhPf,* EFG 1981, 635).

[12] *BFH,* BStBl 1981 II 31 = BFHE 131, 475 = BB 1981, 99 = DB 1981, 617 = DStR 1981, 147 = FR 1981, 49; BStBl 1982 II 21 = BFHE 134, 25.

[13] *BFH,* BStBl 1981 II 713 = BFHE 133, 521 = DB 1981, 2311 = DStR 1981, 660; DStZ-E 1987, 159 = Inf. 1987, 255; aus Vereinfachungsgründen geht die *Finanzverwaltung* davon aus, daß Unterhaltszahlungen zur Lebensbedarfsdeckung des gesamten Kalenderjahrs bestimmt sind, wenn in jedem Kalendervierteljahr mindestens eine Unterhaltsrate geleistet wird (*BMF,* BStBl 1981 I 744).

[14] *FinMin Schleswig-Holstein,* DStZ/E 1985, 300.

[15] *BFH,* BStBl 1978 II 456 = BFHE 125, 167 = DB 1978, 1575 = DStR 1978, 612.

[16] AA *FG Berlin,* EFG 1978, 228.

[17] *FG Berlin,* EFG 1978, 594; *FG München,* EFG 1986, 182.

auch wenn er zur Beförderung eines Körperbehinderten gedacht ist, von Schmuck und Tapeten. Erwachsen jedoch einem Steuerpflichtigen aufgrund außergewöhnlicher Umstände besondere Aufwendungen für die unterhaltene Person, so können diese daneben als außergewöhnliche Belastungen nach § 33 EStG berücksichtigt werden. Dafür kommen insbesondere in Betracht: Krankheit, Unfall, Unterbringung in einer Blinden-, Taubstummen- oder Heil- und Pflegeanstalt[18] (Rz. 594).

6. Versorgungsleistungen

a) Begriff

Zuwendungen im Sinne von § 12 Nr. 2 EStG liegen nur dann vor, wenn sie 338
nicht für eine Gegenleistung gezahlt werden. Deshalb greift das Abzugsverbot des § 12 Nr. 2 EStG dann nicht ein, wenn den laufenden Zahlungen eine Gegenleistung gegenübersteht. Derartige abziehbare Versorgungsleistungen sind dann gegeben, wenn die Leistungen an den Unterhaltsberechtigten zwar ihrer Höhe nach eine nach wirtschaftlichen Grundsätzen wie unter Fremden abgewogene Gegenleistung, gleichwohl jedoch keine Kaufpreisraten und keine Veräußerungsrente darstellen, weil sie in erster Linie die Versorgung der Empfänger sicherstellen sollen. Stehen die laufenden Leistungen auch im wirtschaftlichen Zusammenhang mit der Gegenleistung, so kommt es wegen der Abziehbarkeit darauf an, ob der Unterhaltscharakter der Zuwendungen oder der Gesichtspunkt der Gegenleistung überwiegt. Überwiegt der Unterhaltscharakter, so fallen die Zuwendungen in voller Höhe unter das Abzugsverbot. Eine Aufteilung ist nicht zulässig, wenn die Leistungen auf einem einheitlichen Rechtsgrund beruhen. Überwiegt dagegen der Gesichtspunkt der Gegenleistung, so sind die Leistungen in vollem Umfang vom Abzugsverbot befreit, weil sie den Gesichtspunkt der Versorgung in den Vordergrund rücken. Die laufenden Zahlungen sind dann beim Leistenden als Sonderausgaben abziehbar[1] und beim Empfänger als sonstige Einkünfte steuerpflichtig.

---

[18] Die freiwillige Ablösung von laufenden Kosten für die Unterbringung eines pflegebedürftigen Kindes sind hingegen keine außergewöhnlichen Belastungen (*BFH*, BStBl 1981 II 130 = BFHE 132, 55 = BB 1981, 413 = DB 1981, 973 = FR 1981, 178).

[1] Der Abzug als Betriebsausgaben ist wegen des privaten Charakters von Versorgungsleistungen selbst dann ausgeschlossen, wenn die Leistungen anläßlich der unentgeltlichen Übergabe eines Betriebs vereinbart worden sind (*BFH*, BStBl 1965 III 706). Die Vermutung für die außerbetriebliche Natur von Versorgungsleistungen an Angehörige kann nur in Ausnahmefällen widerlegt werden, wenn sie zB wirtschaftlich ein Entgelt für die Übertragung eines Gesellschaftsanteils darstellen, das auch ein Fremder geleistet hätte (*BFH*, BStBl 1979 II 403 = BFHE 127, 171 = BB 1979, 764 = DB 1979, 1017 = DStR 1979, 352 = FR 1979, 305).

339 Das Abzugsverbot des § 12 Nr. 2 EStG tritt sonach nicht ein, wenn die Versorgungs-(Altenteils-)leistung im Rahmen einer *unentgeltlichen* Vermögensübertragung zugunsten des Übergebers eingeräumt worden ist.[2] Dies ist bei Übergabe eines Betriebs oder eines Grundstücks im Wege der vorweggenommenen Erbfolge unter Einräumung von Versorgungsleistungen der Fall. Derartige Vorgänge stellen zivilrechtlich Schenkungen unter Auflage (§ 516 Abs. 1 BGB) dar, die auch einkommensteuerlich als voll unentgentliche Vermögensübergänge gewertet werden;[3] die Versorgungsleistungen sind deshalb als Sonderausgaben voll abziehbar. Wurde jedoch die Versorgungsleistung *entgeltlich* gegen eine Gegenleistung eingeräumt, so kann die Versorgungsleistung nur insoweit beim Leistenden als Sonderausgaben und beim Empfänger als steuerpflichtge Einnahmen behandelt werden, als sie den Wert der Gegenleistung übersteigt. Unter diese Fallgruppe der entgeltlichen Einräumung einer Versorgungsleistung fallen kauf- und darlehensähnliche Vorgänge, wie zB die Einräumung von Leibrenten oder dauernden Lasten gegen Verzicht auf Erb- und Pflichtteilsansprüche,[4] bei Ehescheidungen gegen Verzicht auf Versorgungsausgleich (§ 1408 Abs. 2, § 1587o BGB), auf Zugewinnausgleich[5] und auf Auseinandersetzung von Hausrat und Ehewohnung sowie in der Einräumung einer anderen wiederkehrenden Leistung,[6] dagegen nicht eine im Zusammenhang mit der Ehescheidung vereinbarte Überlassung der elterlichen Sorge,[7] da es sich hier nicht um materielle Ansprüche handelt.

340 Stellen die laufenden Leistungen sonach beim Leistenden abziehbare Sonderausgaben und beim Empfänger steuerpflichtige sonstige Einkünfte dar, so ist weiter zu untersuchen, ob sie als dauernde Lasten in voller Höhe oder als Leibrenten nur mit dem sogenannten Ertragsanteil anzusetzen sind. Die Abfindung von Versorgungsverpflichtungen kann dagegen einkommensteuerlich nicht berücksichtigt werden, weil derartige Vorgänge in den Vermögensbereich fallen (vgl. Rz. 441).

---

[2] Ein wesentlicher Anhaltspunkt für das Überwiegen des Unterhaltscharakters liegt darin, daß der Wert der Gegenleistung bei überschlägiger und großzügiger Berechnung weniger als die Hälfte des Werts der Zuwendung beträgt; dabei ist der Wert der Gegenleistung nach dem Betrag zu bemessen, den ein Erwerber als Kaufpreis zugestehen würde (*BFH*, BStBl 1964, III 422 = BFHE 79, 516 = DStR 1964, 462 = BB 1964, 995 = DB 1964, 1175; BStBl 1968 II 263 = BFHE 91, 81 = DStR 1968, 253 = DB 1968, 943; Abschn. 123 Abs. 3 EStR; *Wollny*, BB 1980, 306ff.).

[3] *BFH*, BStBl 1986 II 161 = BFHE 145, 211 = BB 1986, 991 = DB 1986, 569 = DStR 1986, 194 = FR 1986, 274.

[4] *BFH*, BStBl 1953 III 157 = BFHE 57, 400 = BB 1953, 463; BStBl 1975 II 529 = BFHE 114, 539 = DStR 1975, 497 = BB 1975, 774 = DB 1975, 1008 = FR 1975, 203.

[5] *BFH*, BStBl 1986 II 674 = BFHE 146, 442 = BB 1986, 1554 = DB 1986, 1856 = DStR 1986, 576 (s.Rz. 494 m. Fn. 15).

[6] *BFH*, BStBl 1985 II 709 = BFHE 144, 423 = DB 1985, 2594 = DStR 1985, 739 = FR 1986, 70; *Richter*, FR 1986, 202; *Meyer*, NJW 1987, 1869.

[7] Wegen der Frage der Unwirksamkeit einer derartigen Vereinbarung vgl. Rz. 84, 317, 580, 632.

b) Leibrente

Leibrenten sind gleichmäßige, zahlen- oder wertmäßig festgelegte Zuwendungen, die periodisch wiederkehren, auf einem einheitlichen Stammrecht beruhen und deren Dauer von der Lebenszeit einer Person abhängt. Maßgebend ist der bürgerlich-rechtliche Begriff der Leibrente (§§ 759–761 BGB).[1] Für die Begründung eines Rentenstammrechts ist die Zahlung eines Kapitals nicht Voraussetzung; ein Stammrecht kann sowohl entgeltlich als auch unentgeltlich begründet werden. Es kann auch auf einem Vermächtnis beruhen.[2] Eine Leibrente liegt auch vor, wenn die Gleichmäßigkeit der Leistungen durch Wertsicherungs- und Währungsklauseln an die Kaufkraft angepaßt werden,[3] die Höhe von der für Sozialversicherungsrenten maßgebenden Bemessungsgrundlage abhängt,[4] oder die Zahlungspflicht im Falle der Wiederverheiratung des Berechtigten erlischt.[5] Keine Leibrente liegt dagegen vor, wenn zwar regelmäßig wiederkehrende Beträge gezahlt werden, diese jedoch der Höhe nach nicht gleichbleibend sind, weil sie zB vom Umsatz, Gewinn oder Überschuß abhängen,[6] sowie bei Zeitrenten.[7] Werden aufgrund einer Vereinbarung unterschiedliche Leistungen erbracht, so ist für jede Leistung gesondert zu prüfen, ob eine Leibrente oder dauernde Last vorliegt.[8] 341

Ist bei einer unentgeltlich erworbenen, zeitlich befristeten Rente nicht aus-

---

[1] *BFH,* BStBl 1975 II 630 = BFHE 115, 432 = DStR 1975, 533 = BB 1975, 1001 = DB 1975, 1537 = FR 1975, 402; BStBl 1985 II 610 = BFHE 143, 317 = BB 1985, 2299 = DB 1985, 1508 = DStR 1985, 421 = FR 1985, 382.

[2] *BFH,* BStBl 1975 II 881, 882 = BFHE 116, 501, 505 = DStR 1976, 107 = BB 1975, 1422 = DB 1976, 176 = FR 1975, 586, 607; BStBl 1986 II 261 = BFHE 145, 368 = BB 1986, 513 = DB 1986, 781 = FR 1986, 241; *Littmann,* Das Einkommensteuerrecht, 12. Aufl., § 22 EStG, Anm. 4; *Troll,* Erbschaftsteuer- und Schenkungssteuergesetz, 2. Aufl., § 3 ErbStG, Anm. 138.

[3] *BFH,* BStBl 1967 III 179 = BFHE 87, 395 = BB 1967, 238 = DB 1967, 406 = DStR 1967, 196; BStBl 1967 III 699 = BFHE 89, 443 = BB 1967, 1364 = DB 1967, 1878 = DStR 1967, 671; zu Bedenken gegen Wertsicherung nach Gehalts- und Lohntarifen sowie der Höhe der gesetzlichen Altersrenten *Mittelbach,* DStZ 1981, 267, 270.

[4] *BFH,* BStBl 1968 II 262 = BFHE 91, 79 = DB 1968, 739 = DStR 1968, 253.

[5] *BFH,* BStBl 1981 II 265 = BFHE 132, 84 = BB 1981, 287 = DB 1981, 722 = DStR 1981, 175.

[6] *BFH,* BStBl 1963 III 592 = BFHE 77, 738 = DStR 1964, 69 = BB 1964, 124 = DB 1964, 55; BStBl 1964 III 475 = BFHE 80, 1 = DStR 1964, 532 = BB 1964, 994 = DB 1964, 1359; BStBl 1980 II 575 = BFHE 130, 524 = BB 1980, 1356 = DB 1980, 2168 = DStR 1980, 598 = FR 1980, 469.

[7] *BFH,* BStBl 1981 II 358 = BFHE 132, 422 = BB 1981, 1074 = DB 1981, 2582 = DStR 1981, 355.

[8] *BFH,* BStBl 1980 II 501 = BFHE 130, 446 = DB 1980, 1249 = DB 1981, 348; BStBl 1980 II 575 = BFHE 130, 524 = BB 1980, 1356 = DB 1980, 2168 = DStR 1980, 598 = FR 1980, 469; diese beiden BFH-Urteile erscheinen jedoch widersprüchlich (ebenso *Friele/Spiegels,* DStZ 1981, 478); außerdem *BFH,* BStBl 1984 II 97 = BFHE 139, 367 = BB 1984, 193 = DStR 1984, 113 = FR 1984, 100; zu Altenteilsleistungen in der Land- und Forstwirtschaft vgl. Rz. 350, Fn. 10.

drücklich vereinbart, ob sie beim Tod des Rentenberechtigten wegfällt, so ist sie als abgekürzte Leibrente zu werten, wenn sie dem Berechtigten zum Zwecke der Unterstützung versprochen worden ist, denn in diesem Fall kann davon ausgegangen werden, daß sie mit dessen Tod wegfällt. Stellt sie hingegen einen Ausgleich für einen entgangenen Erb- und Pflichtteilsanspruch dar, so muß das Rechtsverhältnis dahin ausgelegt werden, daß der Rentenanspruch vererbbar ist. Unter diesen Umständen ist sie beim Verpflichteten als Zeitrente[7] in voller Höhe abziehbar.[9]

342 Gleichmäßige Geldleistungen verlieren nicht deshalb ihren Charakter als Leibrente, weil sie bei Wegfall der Geschäftsgrundlage (§ 242 BGB) der Höhe nach abgeändert oder insgesamt entfallen können. Darüber hinaus wird jedoch die Möglichkeit der Abänderung in Verträgen oftmals durch ausdrücklichen Hinweis auf die Vorschrift des § 323 ZPO vereinbart oder ausgeschlossen. Für die direkte Anwendung des § 323 ZPO ist jedoch wegen seines prozessualen Charakters eine Verurteilung zu künftig fällig werdenden wiederkehrenden Leistungen Voraussetzung; die Vorschrift wird allerdings auch auf Prozeßvergleiche und vollstreckbare Urkunden angewendet (§ 323 Abs. 4 ZPO). Privatschriftliche Verträge fallen dagegen nicht unter § 323 ZPO.[10]

343 Haben die Parteien gleichwohl privatschriftlich vereinbart, daß die **Abänderung der Leistungen nach § 323 ZPO ausgeschlossen** ist, so unterliegt auch dieser Vertrag dennoch dem allgemeinen Vorbehalt des § 242 BGB, wobei jedoch gerade bei der Auslegung von Leibrentenverträgen besonders strenge Maßstäbe anzulegen sind und lediglich bei Existenzgefährdung einer Partei eine Herabsetzung oder Erhöhung der Rentenleistung möglich ist.[11] Gleichwohl muß ein derartiger vertraglicher Wortlaut dahingehend ausgelegt werden, daß die Parteien die Abänderbarkeit der Leistungen wegen Veränderung der Verhältnisse ausschließen wollten. Eine andere Auslegung des vertraglichen Willens dürfte wegen der weitgehenden Unerforschlichkeit des subjektiven Tatbestands nicht möglich sein. Die Leistungen sind deshalb in diesem Fall als eine Leibrente zu behandeln.

344 In manchen Verträgen wird dagegen die Geltendmachung der Rechte aus **§ 323 ZPO ausdrücklich vorbehalten** oder ausdrücklich nicht ausgeschlossen.[11] Auch bei der Auslegung einer solchen Vereinbarung stellt sich die Frage, ob damit lediglich auf das allgemeine Recht der Geschäftsgrundlage (§ 242 BGB) hingewiesen werden sollte, oder ob § 323 ZPO, auch wenn er unmittelbar keine Anwendung findet, nicht doch etwas anderes beinhaltet als die Geschäftsgrundlage. Sofern die prozessuale Vorschrift mit einer materiellrechtlichen Norm überhaupt verglichen werden kann, ist der Unterschied zwischen

---

[9] *BFH*, BStBl 1986 II 261, s. Fn. 2.

[10] *Baumbach/Lauterbach/Albers/Hartmann*, § 323 Anm. 5 A; *OLG Zweibrücken*, FamRZ 1982, 302, 303 re. Sp.

[11] *Staudinger/Weber*, § 242 E 689 und E 693; zur Auslegung einer Vertragsklausel, bei der eine Wertsicherungsklausel unter Bezug auf § 323 ZPO vereinbart wird: *BFH*, BStBl 1986 II 348 = BFHE 146, 68 = BB 1986, 786.

§ 323 ZPO und § 242 BGB darin zu sehen, daß bei der Prüfung des § 323 ZPO eine wesentliche Veränderung der Verhältnisse, die die Parteien beim Abschluß des Vertrages ausdrücklich oder stillschweigend zugrunde gelegt haben, ausreicht. Die Zumutbarkeit spielt hier keine Rolle. Bei der Geschäftsgrundlage dagegen können nur die Punkte berücksichtigt werden, die nicht ausdrücklich in den Vertrag aufgenommen worden sind. Was Vertragsinhalt geworden ist, kann nicht gleichzeitig Geschäftsgrundlage sein.[12] Nur wenn einer Partei das Festhalten am Vertrag nicht mehr zugemutet werden kann, kann nach dem Recht der Geschäftsgrundlage eine Abänderung erfolgen. Der in einem privatschriftlichen Vertrag aufgenommene Vorbehalt des § 323 ZPO ist nach alledem dahin auszulegen, daß die Parteien die Leistungen der Abänderbarkeit unterwerfen wollten; solche Leistungen sind daher als dauernde Last zu behandeln.[13]

Haben jedoch die Parteien in einem privatrechtlichen Vertrag weder den 345
§ 323 ZPO noch das Recht der Geschäftsgrundlage erwähnt und auch sonst **keine Vereinbarung über die Abänderbarkeit** getroffen, so liegt bei reinen Unterhaltsverträgen eine dauernde Last vor,[14] da bei Unterhaltsverträgen die Leistungen regelmäßig von der Leistungsfähigkeit der Schuldner bzw. der Bedürftigkeit des Gläubigers abhängen. Handelt es sich jedoch um Versorgungsleistungen, weil die Leistungen mit einer Gegenleistung zusammenhängen (Rz. 339) oder einem weichenden Erben oder Vermächtnisnehmer aufgrund letztwilliger Verfügung eingeräumt worden sind, so ist eine Leibrente anzunehmen.[15]

Die Bezugnahme auf den Rechtsgedanken des § 323 ZPO muß sich aus dem Vermögensübergabevertrag selbst ergeben; eine nachträgliche Erläuterung ebenso wie der Umstand, daß die tatsächlichen Zahlungen nicht mit den vereinbarten übereinstimmen, ist unbeachtlich.[16]

Weil Leibrenten aus einem Rentenstammrecht fließen, dürfen sie nicht in 346
voller Höhe, sondern nur mit dem **Ertragsanteil** beim Leistenden als Sonderausgaben abgezogen und beim Empfänger als Einnahmen angesetzt werden. Der Ertragsanteil einer Leibrente ist grundsätzlich nach der in § 22 Nr. 1

---

[12] *Palandt/Heinrichs,* § 242 Anm. 6 B a, b; *Staudinger/Schmidt,* § 242 Rz. 836.

[13] *BFH,* BStBl 1980 II 573 = BFHE 130, 520 = DB 1981, 722 = DStR 1980, 599 = FR 1980, 469; BStBl 1981 II 263 = BFHE 132, 270 = DB 1981, 1216; BStBl 1986 II 348, s. Fn. 11.

[14] *BFH,* BStBl 1963 III 594 = BFHE 77, 745 = DStR 1964, 39 = BB 1964, 24; BStBl 1965 III 582 = BFHE 83, 225 = DStR 1965, 666 = BB 1965, 1464 = DB 1965, 1098.

[15] *BFH,* BStBl 1975 II 881, 882 = BFHE 116, 501, 505 = DStR 1976, 107 = BB 1975, 1422 = DB 1976, 176 = FR 1975, 586, 607; BStBl 1980 II 573 = BFHE 130, 520 = DB 1981, 722 = DStR 1980, 599 = FR 1980, 469; BStBl 1981 II 263 = BFHE 132, 270 = DB 1981, 1216; BStBl 1983 II 99 = BFHE 136, 527 = BB 1983, 39 = DB 1983, 87 = FR 1983, 44; BStBl 1986 II 261, s. Fn. 2; BStBl 1986 II 348, s. Fn. 11.

[16] *BFH,* BStBl 1981 II 26 = BFHE 131, 384 = BB 1981, 31 = DStZ B 1980, 375 = DB 1980, 2490; BStBl 1986 II 261, s. Fn. 2.

Buchst. a EStG[17] aufgeführten Tabelle zu ermitteln. Er richtet sich nach dem Lebensjahr, das der Rentenberechtigte bei Beginn der Rentenzahlungen vollendet hatte.[18]

347 Ist die Leibrente auf eine bestimmte Zeit beschränkt worden, so spricht man von einer abgekürzten Leibrente. Überlebt die Person die zeitliche Begrenzung, so endet die abgekürzte Leibrente mit ihrem Zeitablauf. Der Ertragsanteil einer abgekürzten Leibrente ist nach der in § 55 Abs. 2 EStDV aufgeführten Tabelle zu bemessen.

c) Dauernde Last

348 Dauernde Lasten sind wiederkehrende Leistungen in Geld oder Sachwerten, die keine Leibrenten darstellen und für mindestens 10 Jahre gegenüber einem Berechtigten aufgrund einer rechtlichen Verpflichtung erbracht werden.[1] Im Gegensatz zu den Leibrenten braucht eine dauernde Last nicht aus einem Stammrecht zu fließen. Dauernde Lasten sind daher zB Schadensrenten nach § 843 BGB,[2] vom Umsatz, Gewinn oder Überschuß abhängige Leistungen,[3] Zeitrenten[4] und Leistungen, die von außerhalb des Rentenvertrags liegenden Verhältnissen oder Umständen beeinflußt werden, wie zB davon, daß der Berechtigte ein Wettbewerbsverbot beachtet.[5]

349 Die dauernde Last muß auf einem besonderen Verpflichtungsgrund beruhen, zB auf einem Vertrag (wie zB bei Pensionszahlungen an eine frühere Hausangestellte)[6] oder auf einer testamentarischen Anordnung, die nach § 2194 BGB durchsetzbar ist.[7] Sie ist auch dann zu berücksichtigen, wenn der

---

[17] Für Kalenderjahre ab 1982: § 22 Abs. 1 Buchst. a EStG i. d. F. d. 2. HStruktG, BGBl 1981 I 1523, BStBl 1982 I 235.

[18] *BFH,* BStBl 1984 II 109 = BFH 139, 403 = BB 1984, 320 = DB 1984, 436 = DStR 1984, 150 = FR 1984, 286.

[1] *BFH,* BStBl 1962 III 304 = BFHE 75, 96 = BB 1962, 746 = DB 1962, 991; BStBl 1965 III 166 = BFHE 81, 458 = BB 1965, 318 = DB 1965, 496.

[2] *BFH,* BStBl 1965 III 359 = BFHE 82, 312 = BB 1965, 736 = DB 1965, 996 = DStR 1965, 372; BStBl 1979 II 133 = BFHE 126, 405 = BB 1979, 718 = DB 1979, 529 = DStR 1979, 236; Abschn. 167 Abs. 1 Nr. 4 EStR.

[3] *BFH,* BStBl 1963 III 592 = BFHE 77, 738 = DStR 1964, 69 = BB 1964, 124 = DB 1964, 55; BStBl 1964 III 475 = BFHE 80, 1 = DStR 1964, 532 = BB 1964, 994 = DB 1964, 1359; BStBl 1980 II 575 = BFHE 130, 524 = BB 1980, 1356 = DB 1980, 2168 = DStR 1980, 598 = FR 1980, 469.

[4] *BFH,* BStBl 1981 II 358 = BFHE 132, 422 = BB 1981, 1074 = DB 1981, 2582 = DStR 1981, 355.

[5] *BFH,* BStBl 1975 II 630 = BFHE 115, 452 = DStR 1975, 553 = BB 1975, 1001 = DB 1975, 1537 = FR 1975, 402.

[6] *BFH,* BStBl 1965 II 444 = BFHE 82, 543 = DStR 1965, 509 = BB 1965, 897 = DB 1965, 1162; BFH/NV 1986, 654.

[7] *BFH,* BStBl 1963 III 592 = BFHE 77, 738 = DStR 1964, 69 = BB 1964, 124 = DB 1964, 55; BStBl 1986 II 261 = BFHE 145, 368 = BB 1986, 513 = DB 1986, 781 = FR 1986, 241; *FG Nürnberg,* DStZ B 1972, 232; *FG Düsseldorf,* EFG 1971, 21.

Leistende eine Gegenleistung empfangen hat, ohne daß ein entgeltliches Rechtsgeschäft vorliegt.

Die Leistung muß einem Berechtigten gegenüber erbracht werden. Deshalb können die aufgrund einer testamentarischen Anordnung durchgeführte Grabpflege[8] sowie Beerdigungskosten[9] nicht als dauernde Lasten anerkannt werden.

Die Leistungen müssen stets wiederkehrend erbracht werden. Erforderlich ist demnach eine mehrfache Wiederholung. Deshalb kann die Einräumung eines (dinglichen oder schuldrechtlichen) Nutzungsrechts (Wohnrecht, Nießbrauch) nicht als dauernde Last anerkannt werden, da ein solcher Vertrag eine einmalige Übertragung einer Einkunftsquelle darstellt.

Letztlich müssen Aufwendungen in Geld oder Geldeswert geleistet wer- 350
den. Persönliche Dienstleistungen sind deshalb keine dauernde Lasten. Werden Sachbezüge gewährt, so liegt regelmäßig eine dauernde Last und keine Leibrente vor, weil diese Leistungen wertmäßig ungleich sind; dasselbe gilt auch bei der Gewährung von Kleidung, Verpflegung, Pflege und ärztliche Betreuung in gesunden und kranken Tagen. Deshalb zählen hierzu unbare Altenteilsleistungen und Leibgedinge.[10]

Im Gegensatz zu den Leibrenten sind dauernde Lasten – wenn das Abzugs-

---

[8] *BFH,* BStBl 1968 II 259 = BFHE 91, 149 = DStR 1968, 254 = DB 1968, 645.

[9] *BFH,* BStBl 1985 II 43 = BFHE 140, 566 = BB 1984, 1408 = DB 1984, 1442 = DStR 1984, 469 = FR 1984, 445.

[10] Unterschiedliche (zB bare und unbare) Versorgungsleistungen sind auch im Bereich der Land- und Forstwirtschaft grundsätzlich zu trennen; nicht ganz unerhebliche gleichbleibende Geldleistungen sind Leibrenten (Rz. 341 ff.), ungleichmäßige Leistungen sind dauernde Lasten (Rz. 348 ff.). Wird dem Versorgungsberechtigten (zB dem Hofübergeber, den Geschwistern) das Nutzungsrecht über eine (Altenteiler-)Wohnung, die Betriebsvermögen ist (§ 13 Abs. 2 Nr. 2 EStG), schuldrechtlich oder dinglich gesichert überlassen, so muß ihr Nutzungswert dem Betriebsinhaber gewinnerhöhend zugerechnet werden (im Falle des § 13a Abs. 7 EStG mit $1/18$ des Wohnungswerts), wenn die Nutzungswertbesteuerung vom Betriebsinhaber (frühestens für das Kalenderjahr 1987) nicht abgewählt worden ist (§ 52 Abs. 15 Sätze 1–4 EStG 1987); die im Privatvermögen geltenden Zurechnungsgrundsätze (Rz. 326) gelten für Wohnungen des land- und forstwirtschaftlichen Betriebsvermögens nicht. Unter den Voraussetzungen der dauernden Last (Rz. 348 ff.) ist dieser Nutzungswert in derselben Höhe (ggf. mit $1/18$ des Wohnungswerts) beim Betriebsinhaber als Sonderausgaben abziehbar und beim Empfänger stets in voller Höhe (Marktmiete) als sonstige Einkünfte (§ 22 Nr. 1 Buchst. b EStG) zu erfassen. Nach dieser Klarstellung durch den *BFH* (BStBl 1984 II 97 = BFHE 139, 367 = BB 1984, 193 = DStR 1984, 113 = FR 1984, 100) konnte die *Finanzverwaltung* Abschnitt 165 Abs. 1 Nr. 2 Buchst. c EStR 1981, nach dem Altenteilsleistungen in der Land- und Forstwirtschaft stets und in vollem Umfang als dauernde Lasten zu behandeln sind, nicht mehr anwenden. Als Übergangsregelung läßt sie jedoch zu, daß Geldleistungen beim Verpflichteten bis einschließlich 1985 noch als dauernde Lasten behandelt werden (wenn sie der Empfänger entsprechend behandelt) und die Abänderbarkeit der Leistungen (Rz. 342–345) mit Wirkung für Kalenderjahre ab 1986 entgegen der BFH-Rechtsprechung (Rz. 345) bis 31. 12. 1985 noch nachträglich privatschriftlich vereinbart werden kann (Ländererlasse vom 25. 7. 1984 u. v. 4. 2. 1985, Landeskartei Bad.-Württ. H IV).

verbot des § 12 Nr. 2 EStG nicht eintritt – in ihrer vollen Höhe als Sonderausgaben nach § 10 Abs. 1 Nr. 1a EStG abziehbar, stellen aber andererseits beim Empfänger ebenfalls in voller Höhe steuerpflichtige Einnahmen dar, die in der Regel zu den sonstigen Einkünften nach § 22 Nr. 1 Buchst. b EStG zählen.

Werden aufgrund einer Vereinbarung unterschiedliche Leistungen erbracht, so ist für jede Leistung gesondert zu prüfen, ob eine Leibrente oder eine dauernde Last vorliegt.[11]

III. Versorgungsausgleich*

1. Allgemeines

351 *a)* Nach **früherem Recht** behielt jeder Ehegatte nach der Scheidung die von ihm während der Ehe erworbenen Versorgungsanwartschaften. Lediglich private Versicherungsverträge, mit denen Rücklagen für das Alter gebildet wurden, waren in den Zugewinnausgleich einzubeziehen, sofern zwischen

---

[11] Hierzu s. oben Fn. 8 zu Rz. 341 aE, sowie Fn. 10.

* **Lit.** *(Auswahl):*

Eingehende Darstellungen: Soergel/v. Hornhardt/Minz/Schmeiduch/Winter/Zimmermann, 11. Aufl., zu §§ 1587ff. BGB (nebst Bestimmungen der RVO und des BeamtVG); *MünchKomm./Maier/Strobel* zu §§ 1587ff. BGB (Anhänge: §§ 1265a RVO, 53bff. FGG) – je auch in den Ergänzungsbänden –; *Ruland* in *Ruland/Tiemann,* ergänzt durch *Ruland,* Probleme des Versorgungsausgl. in der betriebl. Altersversorgung und privaten Rentenversicherung (= NJW-Schriftenreihe Hefte 28 und 28a); ferner zur betriebl. Altersversorgung: *Zimmermann,* Der Versorgungsausgl. bei betriebl. Altersversorgung.

Einführungen: Borth, Versorgungsausgl. in anwaltschaftl. und familiengerichtl. Praxis (mit Darstellung der Versorgungssysteme, 1983); *Naegele,* Der Versorgungsausgl. . ., 2. Aufl. 1984; *Pelikan,* Rentenvers. mit Versorgungsausgl., 6. Aufl. 1986; *Schmidtbauer,* Der Versorgungsausgl. . . ., 3. Aufl. 1986.

Zum VA-Härteregelungsgesetz 1983: Rolland, Kommentar; *Maier,* Härteregelungen zum Versorgungsausgl. in der Rentenvers.; *Aufsätze: Friederici,* NJW 1983, 785; *Glockner,* DAVorm 1983, 329; *Gutdeutsch/Lardschneider* (neue Ausgleichsformen) FamRZ 1983, 845; *Hahne/Glockner,* FamRZ 1983, 221; *Klauser,* MDR 1983, 529; *Klein/Glockner,* BB 1983, 448; *Zimmermann,* MittRhNotK 1983, 139. *Zur Neufassung 1987: Glockner,* FamRZ 1987, 328; *Hahne* (Abänderung) FamRZ 1987, 217; *Ruland,* NJW 1987, 345; *Schmeiduch* (Bezugsgröße als Grenzwert) FamRZ 1987, 25; *Wagenitz,* FamRZ 1987, 1; JR 1987, 53; *Friederici,* AnwBl 1987, 171; s. auch bei Rz. 395.

Zum schuldrechtl. Versorgungsausgl.: Rotax, MDR 1984, 621.

Zu Vereinbarungen über den Versorgungsausgl.: Becker, Versorgungsausgleichsverträge; *Graf,* Dispositionsbefugnisse . . . § 1408 II BGB; *Langenfeld,* Handb. der Eheverträge u. Scheidungsvereinbarungen; *Aufsätze: Finger,* Lebensversicherungen als Versorgungsausgl., VersR 1983, 511; *Gaul,* Die Unwirksamkeit des Ehevertrags . . . § 1408 II 2 BGB, FamRZ 1981, 1134; *Langenfeld,* Notarielle Scheidungsvereinbarungen . . ., DNotZ 1983, 139; *ders.,* Ehevertragsgestaltung nach Ehetypen, FamRZ 1987,

den Ehegatten nicht Gütertrennung galt.[1] Im übrigen konnte der andere geschiedene Ehegatte an der späteren Versorgung – insbesondere aus der gesetzlichen Rentenversicherung – nur über einen etwaigen Unterhaltsanspruch teilhaben oder über eine **abgeleitete Versorgung** (Geschiedenen-Witwenrente), die in der sozialen Wirklichkeit jedoch geringe Bedeutung hatte.[2] Häufig schlug das Scheitern des ursprünglich gemeinsamen Lebensplanes allein zu Lasten des sozial schwächeren Ehegatten aus, der im Alter ohne jede Versorgung dastand – ob schuldig oder nicht schuldig an der Scheidung –.

Der durch das 1. EheRG geschaffene Versorgungsausgleich will diese Benachteiligung eines der Ehegatten vermeiden, seine soziale Sicherung verbessern und ihm den Grundstock zu einer **eigenständigen und ausbaufähigen Sicherung** für die Fälle des **Alters,** der Berufs- und der Erwerbsunfähigkeit verschaffen. Die Inanspruchnahme desjenigen geschiedenen Ehegatten, der in der Ehezeit die werthöheren Versorgungsanwartschaften begründet hat, rechtfertigt sich im Verhältnis der Ehegatten zueinander durch den Gedanken der auf Lebenszeit angelegten Lebensgemeinschaft, die schon während der Phase der Erwerbstätigkeit im Keim eine Versorgungsgemeinschaft ist,[3] nicht durch das güterrechtliche Zugewinnausgleichsprinzip; bei generalisierender Betrachtung kann der Erwerb von Versorgungsanwartschaften durch einen Ehegatten während der Ehe nicht auf eine gemeinsame Lebensleistung zurückgeführt werden.[4] Der Versorgungsausgleich ist vielmehr eine eigenstän- 352

9; *Zimmermann/Becker,* Versorgungsausgleichsverträge in der neueren Rspr., FamRZ 1983, 1; *Kanzleiter,* S. 73ff.

Sonstige Aufsätze: Ellger (Realteilung Privatvers.) FamRZ 1986, 513; *Ellger/Glockner* (Dynamik, geänderte BarwertVO) FamRZ 1984, 733; *Frels* (Realteilung privater Lebensvers.) VersR 1983, 112; *Friederici,* Versicherungsverträge ..., NJW 1979, 2550; *ders.* (Dynamik) NJW 1986, 689; *Hahne/Glockner* (Kindererziehungszeiten) FamRZ 1986, 230; *Heubeck/Zimmermann,* Dynamische – teildynamische – statische private Versorgung ..., BB 1981, 1225; *v. Maydell* (Scheidung von Anwaltsehen) AnwBl 1980, 47; *Michaelis* (Rechtsänderung bei Bewertung) FamRZ 1985, 550; *Ruland,* Anwalt und Versorgungsausgl., AnwBl 1982, 85; *Vogel,* Auswirkungen eines Antrags auf Beitragserstattung nach §§ 1303 I RVO ..., AnwBl 1981, 211; *Zimmermann,* Die Änderung der BarwertVO ..., NJW 1984, 2323; s. auch *Bosch,* NJW 1987, 2617, 2621f.

[1] Vgl. *BGHZ* 67, 262 = NJW 1977, 101 = FamRZ 1977, 41. Anwartschaften aus einer sog. befreienden Lebensversicherung waren bei Scheidung nach altem Recht im Zugewinnausgleich zu berücksichtigen – nicht dagegen Sozialversicherungs- und Beamtenpensionsanwartschaften –, *BGH* aaO und *OLG Karlsruhe,* FamRZ 1974, 306; zu den Anrechten nach BVG s. *BGH,* FamRZ 1981, 239.

[2] *BGHZ* 74, 38, 43 mit Nachw. = NJW 1979, 1289 = FamRZ 1979, 477 (auch zur Verfassungsmäßigkeit des Versorgungsausgleichs, insbesondere des Rentensplittings, auch bei Altehen; hierzu ferner *BVerfGE* 53, 257 = NJW 1980, 692 = FamRZ 1980, 326). Bei Scheidung nach früherem Recht kann der gesetzliche Versorgungsausgleich nicht wirksam vereinbart werden, *BGH,* NJW 1982, 1814 = FamRZ 1982, 794.

[3] *BGHZ* 74, 38; vgl. Fn. 2. Zum Versorgungsausgleich bei Doppelehe s. *BGH,* NJW 1983, 176 = FamRZ 1982, 475; *OLG Zweibrücken,* FamRZ 1983, 1145.

[4] *BGHZ* 74, 38: Da eine bestimmte Person als Junggeselle regelmäßig dieselben Anwartschaften begründet wie als Ehegatte, steht deren Erwerb in *keinem funktionalen* Zusammenhang zur Mitarbeit des Ehepartners des Berufstätigen in der ehelichen

dige, dem nachehelichen Unterhaltsanspruch verwandte Scheidungsfolge; er bedient sich der Methode des Vermögensausgleichs zu einem **unterhaltsrechtlichen Zweck,** den der BGH bei der Beurteilung von Grenzproblemen mit Recht in den Vordergrund stellt.[5]

353 Das Recht des Versorgungsausgleichs gewährt dem Ehegatten, der in der Ehezeit weniger Versorgungsanwartschaften als der andere erworben hat, einen privatrechtlichen[6] **Ausgleichsanspruch** gegen den anderen Ehegatten,[7] der auf die **Verschaffung von Anwartschaften in der gesetzlichen Rentenversicherung** gerichtet ist[8] – mit Durchbrechungen des Prinzips – und im Zeitpunkt der Auflösung der Ehe (§ 1564 Satz 2 BGB) fällig wird. Um die nach § 1587a BGB geschuldete, im Amtsverfahren (Rz. 396ff.) festzusetzende Leistung bewirken und dem Berechtigten eine eigenständige Versorgung verschaffen zu können, bedarf es der Einschaltung des Sozialversicherungsrechts bzw. weiterer Versorgungsträger (öffentlich-rechtliche Durchführung des Versorgungsausgleichs als **Wertausgleich**[9] gem. §§ 1587b BGB, 1, 3b VAHRG).

Nur wo einer Durchführung des Wertausgleichs schwerwiegende Hindernisse entgegenstehen, wird der Ausgleichsberechtigte auf den **schuldrechtlichen** Versorgungsausgleich verwiesen (§§ 2 VAHRG, 1587f BGB). An die Stelle der Verschaffung einer eigenständigen Altersversorgung tritt hier der rechtlich schwächer ausgestaltete Anspruch auf Zahlung einer Ausgleichsrente (s. Rz. 377ff.), der durch besonderen Antrag geltendzumachen ist, evtl. auf Abfindung zur Schaffung einer eigenen Versorgung.

354 *b)* Der Versorgungsausgleich ist nicht vom **Güterstand** abhängig[10] und kann es sinnvollerweise auch nicht sein. Für Anwartschaften und Aussichten, über die der Versorgungsausgleich stattfindet, gelten ausschließlich die Vorschriften der §§ 1587aff. BGB (§ 1587 Abs. 3); die güterrechtlichen Vorschriften sind nicht anzuwenden. Die Anrechte können daher in keinem Fall gesetzli-

---

Gemeinschaft. Selbst der Zugewinnausgleich setzt nicht eine gemeinsame Lebensleistung im Einzelfall voraus, vgl. *BGHZ* 68, 43, 45f. (s. Rz. 501 Fn. 53); *OLG Karlsruhe,* FamRZ 1979, 432.

[5] *BGH* wie Fn. 2; *BGHZ* 75, 241 = NJW 1980, 47 = FamRZ 1980, 29; NJW 1982, 1940 = FamRZ 1982, 795 (Härteklausel); vgl. FamRZ 1987, 255; *BVerfGE* 66, 324 = NJW 1984, 2147 = FamRZ 1984, 653.

[6] *BGHZ* 75, 241 (s. Fn. 5); *BGH* wie Fußn. 3; *OLG Stuttgart,* FamRZ 1979, 932; *Gaul,* FamRZ 1981, 1134; *Becker,* Rz. 248ff.; vgl. Art. 17 Abs. 3 EGBGB nF.

[7] Vgl. §§ 1587a Abs. 1, 1587e Abs. 2 und 4, 1587hff.; *Ruland/Tiemann,* Rz. 478; *OLG Stuttgart,* aaO; *Palandt/Diederichsen,* Einf. 3a vor § 1587 (Grundverhältnis).

[8] Rückschluß aus § 1587b Abs. 1, 2 BGB, § 1 Abs. 3, § 3b VAHRG; nur ausnahmsweise Wertausgleich in anderer Form oder schuldrechtlicher Ausgleich. Der Ausnahmebereich ist freilich durch die Einführung der Realteilung anderer als der gesetzlichen Anwartschaften u. a. erweitert worden (§§ 1 bis 3b VAHRG).

[9] Überschrift vor § 1587a BGB (= sog. öffentlichrechtlicher Versorgungsausgleich); Gegensatz: schuldrechtlicher Versorgungsausgleich; einen „schuldrechtlichen Wertausgleich" gibt es nicht (s. Rz. 377); vgl. *Ambrock,* § 1587 Anm. VII.

[10] *BGHZ* 75, 241 (s. Fn. 5); vgl. *Voskuhl/Pappai/Niemeyer,* § 1587 Anm. IV 1; *Ruland,* NJW 1976, 1714.

cher Gegenstand einer güterrechtlichen Auseinandersetzung sein, auch nicht, wenn im Einzelfall die Härteklausel des § 1587c BGB Anwendung findet oder wenn der Versorgungsausgleich ausgeschlossen ist. Die Vorschrift des § 1587 Abs. 3 hat somit insbesondere Bedeutung für Rentenanwartschaften aus einem privaten Versicherungsvertrag, die nach bisherigem Recht im Falle des gesetzlichen Güterstandes im Rahmen des Zugewinnausgleichs ausgeglichen werden konnten oder bei Gütergemeinschaft zum Gesamtgut gehörten, dem sie durch den Versorgungsausgleich entzogen werden.[11]

c) Den Ehegatten steht in Bezug auf den Versorgungsausgleich eine **eingeschränkte Dispositionsfreiheit** zu, soweit es sich um Inhalt und Höhe des zivilrechtlichen Ausgleichsanspruchs (und damit um den Ausgleich überhaupt) handelt. Dagegen sind die Regeln über die Durchführung des Wertausgleichs, die weithin dem öffentlichen Recht angehören, meist zwingenden Rechts. 355

Die Ehegatten können durch eine ausdrückliche Vereinbarung in einem (notariell zu beurkundenden) **Ehevertrag** (§§ 1408, 1410 BGB) den Versorgungsausgleich **ausschließen** (§ 1408 Abs. 2 Satz 1 BGB).[12] Im Gegensatz zu der gem. § 1587o BGB genehmigungsbedürftigen Scheidungsfolgenvereinbarung (auch) über Versorgungsausgleich (s. Rz. 363) dient der Ehevertrag zwar der Regelung anläßlich der Eheschließung oder während intakter Ehe. Er wird aber auch dann nicht zur genehmigungsbedürftigen Scheidungsfolgenvereinbarung, wenn er im Vorfeld der Scheidung geschlossen wird – etwa anläßlich der Trennung der Ehegatten oder in zeitlicher Nähe zu einer nachfolgenden Scheidung –; eine Umgehung der in § 1587o vorgesehenen gerichtlichen Inhaltskontrolle soll vielmehr durch die Frist des § 1408 Abs. 2 verhindert werden (s. Rz. 360).[13] Ob ein Ehevertrag oder eine Scheidungsvereinbarung gewollt ist, sollte im Vertrag klar zum Ausdruck kommen und ist notfalls durch Auslegung zu ermitteln. 356

§ 1408 Abs. 2 BGB erlaubt den ehevertraglichen **Ausschluß** des Versorgungsausgleichs. Wohl außer Streit steht, daß der Ehevertrag hiernach den gesetzlichen Versorgungsausgleich **nicht erweitern** kann.[14] Was über das gesetzliche Maß hinausgeht, kann (ähnlich wie ein vom Gesetz gelöster Unterhaltsanspruch, s. Rz. 223) nur als rein vertraglicher Anspruch Bestand haben – je nach Ausgestaltung kann ein Leibrentenvertrag vorliegen (hierzu Rz. 268ff.) –; die gesetzlichen Vollzugsformen (§§ 1587b und 1587f BGB, 1 bis 3b VAHRG) stehen nicht zur Verfügung. Insbesondere gilt dies für die Vereinbarung des **schuldrechtlichen** anstelle des Wertausgleichs (vgl. Rz. 353). 356a

---

[11] *Voskuhl/Pappai/Niemeyer,* § 1587 Anm. IV 2; s. auch Rz. 533ff.

[12] Schrifttum hierzu s. Literaturverzeichnis bei Rz. 351 („Zu Vereinbarungen ...“).

[13] *BGH,* NJW 1985, 315 = FamRZ 1985, 45; FamRZ 1987, 365. Einschränkend 5. Aufl.

[14] Doch bewirkt der Erwerb von Versorgungsanrechten in der Ehezeit (zB aufgrund vereinbarter freiwilliger Versicherung) eine Verbesserung der eigenen Versorgung oder des Versorgungsausgleichs.

Sie würde sich, wäre sie als solche wirksam, wegen der Rechtsfolgen der §§ 1587i Abs. 2 BGB, 3a HRG regelmäßig als unzulässiger Vertrag zu Lasten Dritter darstellen;[15] der Unterhaltsbeitrag des § 22 Abs. 2 BeamtVG (s. Rz. 481) ist Folge des gesetzlichen Anspruchs auf schuldrechtlichen Versorgungsausgleich, dessen Fälle in §§ 1587f BGB, 2 (mit 3b Abs. 2) HRG enumerativ und abschließend aufgeführt sind.[16]

356b In der Rechtspr. ist darüberhinaus geklärt, daß § 1408 Abs. 2 BGB nicht nur den vollständigen, sondern auch einen **Teilausschluß** des Versorgungsausgleichs durch Ehevertrag gestattet,[17] soweit die Vereinbarung sich in dem durch die §§ 1587ff. BGB gesteckten Rahmen hält und damit kein Verstoß gegen systemimmanente Schranken des Versorgungsausgleichs (vgl. § 1587o BGB) verbunden ist.[18] In diesem Rahmen hält sich zB eine Vereinbarung, die bei Ehezeitende zu dem Ergebnis führt, daß die gesetzliche Beteiligungsquote des Ausgleichsberechtigten von 50% sich reduziert und daß aus der Beamtenversorgung des Verpflichteten für den Berechtigten zu begründende Anrechte bei gleichbleibender Ausgleichsform lediglich gekürzt werden.[18] Wegen der fehlenden Eingriffsmöglichkeit der Ehegatten in öffentlichrechtliche (vgl. § 1587o Abs. 1 Satz 2 BGB), aber auch in privatrechtliche Versorgungsverhältnisse unwirksam (Vertrag zu Lasten Dritter) sind dagegen Vereinbarungen, die zur Übertragung oder Begründung einer höheren als der in § 1587b BGB vorgesehenen Quote (sog. Super-Splitting),[19] zur Überschreitung des Höchstbetrages (vgl. Rz. 414a) oder in eine andere als die gesetzlich vorgesehene Ausgleichsform führen (Ausnahmen insoweit: Vereinbarung der Anwartschaftsbegründung durch Beitragszahlung innerhalb der Quote – vgl. Rz. 436, auch zu den Einschränkungen –; der Realteilung selbst vorehezeitlicher privater Anrechte bei Mitwirkung des Versicherungsträgers).

Ein Teilausschluß des Versorgungsausgleichs kann sich daher – je nach Art des Vereinbarten – auf einem schmalen Grat zwischen Unwirksamkeit einerseits wegen Unbestimmtheit der Vereinbarung, andererseits wegen unerlaubter Eingriffe in Rechtsverhältnisse des öffentlichen Rechts oder Rechte Dritter bewegen. Ein wirksamer Vertrag setzt nach allgemeinen Grundsätzen

---

[15] *Zimmermann/Becker*, FamRZ 1983, 10 gegen die hM; § 1587f Nr. 5 verweist nur auf § 1587o. Gegen die Annahme eines Redaktionsversehens im Vermittlungsausschuß spricht die gleichzeitige Einfügung von §§ 1408 Abs. 2 und 1587f Nr. 5; vgl. *Becker*, Rz. 596. Die Auffassung wird jetzt durch § 3a Abs. 3 Satz 2 HRG bestätigt.

[16] *BGH*, NJW 1980, 396 = FamRZ 1980, 129; NJW 1987, 1018 = FamRZ 1987, 149. In *dieser* Hinsicht unproblematisch ist der vollständige Verzicht nur eines der Ehegatten.

[17] Bejahend 3. Aufl. Rz. 361, eher verneinend 5. Aufl. Rz. 356.

[18] *BGH*, NJW 1986, 2316 = FamRZ 1986, 890.

[19] Ebenso Super-Quasisplitting usw.; vgl. Rz. 371f., 409a und etwa *OLG Koblenz*, NJW-RR 1986, 1387 (informatives Beispiel); *Soergel/Gaul*, Rz. 34f.; *Staudinger/Ruland*, Rz. 52, je zu § 1408 BGB; *Graf* (s. bei Rz. 351), S. 74; im Grundsatz auch *Langenfeld*, Handb., Rz. 435f. und FamRZ 1987, 9 (vgl. unten Fn. 22). Auch das erweiterte Splitting des § 3b HRG ist allein dem Richter in die Hand gegeben.

mindestens Bestimmbarkeit des wesentlichen Vertragsinhalts bei Vertragsschluß voraus, so daß allgemeine Vorgaben nicht ausreichen;[20] doch unterliegen Sozial- und Versorgungsrecht steter (auch struktureller) Anpassung an veränderte soziale und allgemeinwirtschaftliche Verhältnisse und wird die Wirksamkeit der ehevertraglichen Regelung danach bemessen, ob sie sich im Ergebnis[21] – also bei Ehezeitende – in dem durch §§ 1587ff. BGB gesteckten Rahmen hält.[22]

Zudem ist der beiderseitige Anwartschaftserwerb der Ehegatten bis zu dem ungewissen Zeitpunkt eines etwaigen Scheidungsantrags bei Abschluß des Ehevertrags meist nicht verläßlich vorherzusehen. Die Absicht etwa, eine Doppelverdienerehe zu führen, kann sehr rasch durch Krankheit, Arbeitslosigkeit oder die unerwartete Notwendigkeit der Kinderbetreuung zunichte gemacht werden. Zwar unterliegt der Ehevertrag nach § 1408 Abs. 2 BGB wie jeder andere Vertrag den allgemeinen Grenzen der Privatautonomie.[23] Derartigen Veränderungen kann daher bei genügendem Gewicht durch eine Anpassung des Teil-, uU auch des vollständigen Ausschlusses an die veränderten Verhältnisse unter Berücksichtigung der unterhaltsrechtlichen Zielsetzung des Versorgungsausgleichs (s. Rz. 352) nach den Grundsätzen über den Wegfall der **Geschäftsgrundlage** Rechnung getragen werden.[24] Doch bedeutet dies, daß sich die Auswirkung des Ausschlusses beim Abschluß des Ehevertrages meist nicht zuverlässig überblicken läßt.

Als zulässig sind bloße **Modifikationen** des ehevertraglichen Ausschlusses des Versorgungsausgleichs anzusehen wie die Vereinbarung eines Rücktrittsvorbehalts, einer aufschiebenden oder auflösenden Bedingung.[25] Doch können Bedingungen oder Zeitbestimmungen, die den sozial schwächeren Ehegatten in der Ehe in eine Zwangssituation versetzen, den Vertrag sittenwidrig und nichtig machen.[26]

Der Ausschluß des gesetzlichen Versorgungsausgleichs kann sich unter 357
besonderen Voraussetzungen wegen der steuerlichen Folgen, je nach der Lage der Ehegatten im Hinblick auf die Altersbezüge, empfehlen (s. auch Rz.

---

[20] Vgl. *Staudinger/Ruland,* § 1408 BGB Rz. 51; *Langenfeld,* NJW 1978, 1503, 1505.

[21] *BGH,* NJW 1986, 2316 = FamRZ 1986, 890; der Ausschluß betrifft den Ausgleichsanspruch gem. § 1587a Abs. 1, der auf die Hälfte des Wertunterschiedes bei Ehezeitende gerichtet ist.

[22] *Langenfeld,* FamRZ 1987, 9 will weiterhin die rein vorsorgenden Eheverträge von denen im Vorfeld der Scheidung trennen und in jenen Vereinbarungen zulassen, die nur möglicherweise Supersplitting-Wirkung äußern können. Dies widerspricht aber dem System des Versorgungsausgleichs (vgl. Fn. 21).

[23] *BGH,* FamRZ 1987, 365.

[24] *Palandt/Diederichsen,* Anm. 3b, bb; *RGRK/Finke,* Rz. 29; *Soergel/Gaul,* Rz. 40; *Staudinger/Ruland,* Rz. 66, je zu § 1408 BGB. – Abänderbarkeit gem. § 10a Abs. 9 VAHRG: *Hahne,* FamRZ 1987, 221.

[25] *Palandt/Diederichsen,* aaO; *Staudinger/Ruland,* aaO Rz. 57.

[26] *Palandt/Diederichsen,* aaO; vgl. *RGRK/Krüger-Nieland/Zöller,* § 138 BGB Rz. 226; doch ist strenge Prüfung nach Inhalt, Motiv und Zweck (vgl. oben Rz. 315) geboten. AM *Ruland,* aaO m. w. N.

441, 442). Häufig führen aber die Verteilung der Versorgung nach einer Ehescheidung auf zwei Steuerpflichtige und der Übergang in die gesetzliche Rentenversicherung (s. Rz. 439) zu verringerter Steuerbelastung.

Doch ist auch hier zu beachten, daß die künftige rechtliche und tatsächliche Entwicklung nicht vorhersehbar ist. Das Risiko, daß der Verzichtende letztlich – wegen des Wegfalls der Geschiedenenwitwenrenten noch schlimmer als nach altem Recht – ohne jede hinreichende Versorgung dasteht, ist regelmäßig nicht auszuschließen, so daß mit Recht vor dem Ausschluß des Versorgungsausgleichs durch Ehevertrag **gewarnt** wird.[27] Eine Ausnahme gilt nur, wo beide Ehegatten je bereits eine voll ausreichende eigene Alters- und Invaliditätsversorgung erworben haben (zB durch langjährige Tätigkeit als Beamte oder in der gesetzlichen Rentenversicherung, wenn auch die große Wartezeit erfüllt ist) oder wo – der Intention des Gesetzgebers entsprechend – anstelle des gesetzlichen Versorgungsausgleichs eine andere eigenständige, **sichere** Versorgung zur Verfügung gestellt wird (vgl. etwa Rz. 437a) oder schon vorhanden ist.

358 Der Ausschluß ist regelmäßig nicht als Schenkung iS des **ErbStG** anzusehen. Auch eine Abfindung hierfür unterliegt grundsätzlich nicht der Schenkungsteuer.[28]

359 Der Ausschluß des Versorgungsausgleichs **kann** zusammen mit der **Gütertrennung** (§§ 1408 Abs. 1, 1410, 1414 Satz 1 BGB) vereinbart werden. Zu beachten ist, daß mit Vereinbarung der Gütertrennung der Versorgungsausgleich nicht ausgeschlossen wird, daß aber umgekehrt mit dem (völligen) Ausschluß des Versorgungsausgleichs Gütertrennung **eintritt,** wenn nichts anderes vereinbart ist (§ 1414 Satz 2 i. V. mit Satz 1); dh es kann festgelegt werden, der gesetzliche Güterstand solle bestehen bleiben,[29] was aber in dem Ehevertrag erklärt werden muß.[30]

360 Der **Ausschluß** ist freilich **unwirksam,** wenn innerhalb **eines Jahres** nach Vertragsschluß die **Scheidung** der Ehe beantragt wird (§ 1408 Abs. 2 Satz 1 BGB). Hieraus folgt, daß der Vertrag vom Scheidungsantrag an nicht mehr geschlossen werden kann.[31] Vorausgesetzt ist wirksames Prozeßhandeln;[32] maßgeblicher Zeitpunkt ist die Zustellung des Scheidungsantrags.[33] Welcher

---

[27] *Ruland,* AnwBl 1982, 88 und bei *Staudinger,* aaO, Rz. 72ff.; vgl. *Soergel/Gaul,* aaO, Rz. 24.

[28] *Meincke,* DStR 1977, 363, 370; *Ruland/Tiemann,* Rz. 1032.

[29] Vgl. *Schwab,* aaO, 64; *Rolland,* Rz. 16; *Ruland/Tiemann,* Rz. 602.

[30] Muster hierzu bei *Kersten/Bühling/Appell/Kanzleiter,* Rz. 763f., 768f.

[31] *BGH,* NJW 1987, 1768 = FamRZ 1987, 467; *OLG Düsseldorf,* FamRZ 1986, 68; einschränkend *OLG Koblenz,* FamRZ 1986, 1220.

[32] Unterschrift eines beim Prozeßgericht zugelassenen (§ 78 Abs. 2 Satz 1 ZPO) Rechtsanwalts, *BGH,* FamRZ 1987, 365.

[33] *BGH,* NJW 1985, 315 = FamRZ 1985, 45, für Berücksichtigung von § 270 Abs. 3 ZPO (Rückwirkung auf die Einreichung, falls demnächst zugestellt). Zum Formverstoß bei Zustellung vgl. *BGH,* NJW 1984, 926 = FamRZ 1984, 368; zur förml. Zustellung bei Prozeßkostenhilfeantrag *BGH,* FamRZ 1987, 362 aE.

Ehegatte den Antrag stellt, bleibt sich gleich. Die Frist soll einem Mißbrauch der Ausschlußmöglichkeit vorbeugen und die Umgehung des Genehmigungserfordernisses des § 1587o BGB verhindern.[34]

Die Jahresfrist gilt auch dann, wenn der Versorgungsausgleich im Ehevertrag modifiziert oder nur teilweise ausgeschlossen wird.[35]

Auf die Erfolgsaussicht des Scheidungsantrags kommt es nicht an. Der Ausschluß ist auch dann unwirksam, wenn der innerhalb eines Jahres nach Vertragsschluß gestellte Scheidungsantrag unbegründet ist.[36] Dagegen bleibt der Ausschluß wirksam, wenn der form- und fristgerecht erhobene Scheidungsantrag zurückgenommen wird.[37]

361 Zur Frage der Unwirksamkeit einer Vereinbarung, durch die auf Zugewinn- und Versorgungsausgleich sowie nachehelichen Unterhalt verzichtet wird, wegen **Sittenwidrigkeit** s. oben Rz. 315a. Auch sonst werden für die Anwendung von § 138 BGB ähnliche Grundsätze wie beim Unterhaltsverzicht zu gelten haben (s. Rz. 315ff.). Der Ausschluß des Versorgungsausgleichs kann eher als der des Zugewinnausgleichs sittenwidrig sein,[38] denn der Versorgungsausgleich resultiert aus erfüllter Verpflichtung zur Leistung von Familienunterhalt[39] und ist als dem nachehelichen Unterhalt verwandte Scheidungsfolge (Rz. 352) dazu bestimmt, dem Berechtigten im Alter und bei Berufs- und Erwerbsunfähigkeit seinen Unterhalt zu verschaffen. Insbesondere darf auch beim Ausschluß des Versorgungsausgleichs der Nachrang der Sozialhilfe nicht außer acht gelassen werden.[40] Doch mag die Möglichkeit der Bedürftigkeit im Alter beim Abschluß eines Ehevertrags in jungen Jahren im Einzelfall weniger deutlich erkennbar sein als beim Unterhaltsverzicht in einer Scheidungsvereinbarung, was bei der Würdigung des Gesamtcharakters des Vertrages zu berücksichtigen ist.

362 *d)* Gemäß Art. 12 des 1. EheRG, Ziff. 3, gelten für die Folgen der Scheidung die Vorschriften dieses Gesetzes auch dann, wenn die **Ehe vor seinem Inkrafttreten geschlossen** worden ist.[41] Damit steht dem Ehegatten der Versor-

---

[34] *BGHZ* 74, 38, 54 = NJW 1979, 1289 = FamRZ 1979, 477; NJW 1985, 315 = FamRZ 1985, 45.

[35] *Ruland/Tiemann*, Rz. 591; *Soergel/Gaul*, § 1408 Rz. 46.

[36] *OLG Stuttgart*, NJW 1983, 458 = FamRZ 1982, 614; *Soergel/Gaul*, § 1408 BGB, Rz. 53; str.

[37] *BGH*, NJW 1986, 2318 = FamRZ 1986, 789; anders 5. Aufl.; je m. w. N.

[38] Für verschärfte Prüfung unter dem Äquivalenzgesichtspunkt: *Diederichsen* in Fschr. f. Larenz, S. 152.

[39] *BGHZ* 74, 38 (s. Fn. 34).

[40] Vgl. *BGHZ* 86, 82 = NJW 1983, 1851 (s. Rz. 315 Fn. 16) zum Unterhaltsverzicht; *Palandt/Diederichsen*, § 1587o Anm. 3a; *Erman/Ronke*, § 1587o Rz. 6a; *Ruland*, NJW 1976, 1715; zur überwiegenden Gegenmeinung (aus der Zeit vor der gen. *BGH*-Entscheidung) s. *Zimmermann/Becker*, FamRZ 1983, 9 Fn. 123; ebenso 4. Aufl. Rz. 356 Fn. 12.

[41] Die Vorschriften über den Versorgungsausgleich gelten jedoch nicht, wenn der Ehegatte, der ausgleichsberechtigt wäre, vom anderen vor dem 1. 7. 1977 durch die Übertragung von Vermögensgegenständen für künftige Unterhaltsansprüche endgültig

gungsausgleich auch dann zu, wenn zB die Ehe schon vor Jahrzehnten geschlossen worden war, die Ehegatten zuletzt lange Jahre getrennt gelebt haben und nun nach Inkrafttreten des Gesetzes die Scheidung der Ehe begehrt wird. Hier kann gegebenenfalls der Versorgungsausgleich unter bestimmten Voraussetzungen herabgesetzt werden (Art. 12 Ziff. 3 Abs. 3 Satz 3 und 4), vgl. Rz. 374a.[42]

363 *e)* Im Zusammenhang mit der **Scheidung** können die Ehegatten eine **Vereinbarung** über den Versorgungsausgleich schließen (§ 1587o BGB, s. unten Rz. 409ff.). Bevor auf nähere Einzelheiten hierzu eingegangen werden kann, ist es erforderlich, zum Verständnis der Bedeutung dieser Regelung eine kurze Darstellung des Versorgungsausgleichs und des Zusammenhangs der Vorschriften des § 1587o mit den Bestimmungen der §§ 1587ff. zu geben.

2. Voraussetzungen

364 Gemäß **§ 1587 Abs. 1** Satz 1 BGB findet zwischen den **geschiedenen** Ehegatten – d.h. in der Regel schon in dem Verbundurteil über Ehescheidung und Folgesachen gem. §§ 623ff. ZPO – ein Versorgungsausgleich statt, wenn für einen der Ehegatten oder für beide in der Ehezeit (Rz. 366ff.) **Anwartschaften** oder Aussichten auf eine Versorgung wegen Alters, Berufs- oder Erwerbsunfähigkeit begründet oder aufrechterhalten worden sind.[1] Von den in Rz. 365 behandelten Ausnahmefällen abgesehen fallen sämtliche Versorgungsanrechte in den Versorgungsausgleich, wie die Verweisung auf § 1587a Abs. 2[2] ergibt, mögen sie dem öffentlichen oder dem privaten, dem inländischen oder dem ausländischen Recht angehören, freiwillige ebenso wie Pflichtversicherungen, auch soweit die Anrechte auf beitragslosen Ersatz- oder Ausfallzeiten (§§ 1251, 1259 RVO, 28, 36 AVG) usw. beruhen (vgl. zu den Fallgruppen des § 1587a Abs. 2 unten Rz. 369).[3]

---

abgefunden worden ist oder wenn die auszugleichenden Versorgungsanrechte Gegenstand eines vor dem 1. 7. 1977 geschlossenen Vertrages sind, insbesondere wenn die Eheleute (*BGH,* FamRZ 1981, 533) die Durchführung des Versorgungsausgleichs insgesamt ausgeschlossen haben. Ein solcher Vertrag ist jedenfalls dann wirksam, wenn der Verzichtende eine Abfindung erhält und durch eigene Vermögenseinkünfte wirtschaftlich gesichert ist, *BGH,* aaO; Vereinbarung der allg. Gütergemeinschaft genügt nicht, *BGH,* NJW 1985, 2706 = FamRZ 1985, 263. Vgl. auch Rz. 396 Fn. 8.

[42] Vor dem 1. 7. 1977 abgeschlossene notariell beurkundete Verträge, die den Versorgungsausgleich ausgeschlossen haben, sind am 1. 7. 1977 wirksam geworden; die Sperrfrist des § 1408 Abs. 2 Satz 2 BGB lief dann vom 1. 7. 1977 an. Vgl. *Reinartz,* NJW 1977, 81; *Kniebes/Kniebes,* DNotZ 1977, 290; *Bergerfurth,* FamRZ 1977, 440, 441. Vor dem 1. 7. 1977 vereinbarte Gütertrennung läßt den Versorgungsausgleich unberührt, vgl. Rz. 359.

[1] Eingehend: *Soergel/v. Hornhardt,* § 1587 Rz. 9–18; s. auch *Palandt/Diederichsen,* § 1587 Anm. 2. Auch bereits gewährte Renten und Versorgungen unterliegen dem Ausgleich, *BGH,* NJW 1980, 396 = FamRZ 1980, 129.

[2] Einschließlich der Nr. 4 (sonstige Renten).

[3] Eine Übersicht über die wichtigsten Versorgungseinrichtungen gibt *Böhmer,* BJM-Broschüre S. 260ff.

Außer Betracht bleiben im Versorgungsausgleich Anwartschaften und Aussichten, die weder mit Hilfe des Vermögens noch durch Arbeit der Ehegatten begründet oder aufrechterhalten worden sind, § 1587 Abs. 1 Satz 2 BGB. 365

Zu diesen **nicht ausgleichspflichtigen** Versorgungen[1] gehören vor allem Entschädigungsleistungen, zB der gesetzlichen oder einer privaten Unfallversicherung, nach dem Bundesversorgungsgesetz, Bundesentschädigungsgesetz, Bundesseuchengesetz, Schadensersatzrenten oder Dienstunfallfürsorgeleistungen; Ansprüche auf wiederaufgelebte Hinterbliebenenrenten (zB § 1291 RVO – s. dazu Rz. 468) oder wiederaufgelebte Witwengelder (s. § 61 Abs. 3 BeamtVG – hierzu Rz. 489 –), ferner – teilweise streitig[1] – Leistungen der Arbeitslosenversicherung, Überbrückungsgelder an Seeleute (§ 891 a RVO), Landabgaberenten (§§ 41 ff. GAL),[4] Leibrenten gemäß §§ 759 ff. BGB,[5] Mietzahlungen aus einem Hausgrundstück oder Zinsen aus einem Kapitalvermögen, Deputate, einmalige Abfindungen (wohl abgesehen vom Falle der Kapitalisierung von Rentenansprüchen iS des § 1587 Abs. 1 Satz 1 BGB). Vgl. Rz. 369 aE.

Ist der Versorgungsanspruch mit Hilfe des Vermögens erworben, so ist es unerheblich, ob die Ehegatten das **Vermögen** vor oder in der Ehe erworben haben.[6] In den Ausgleich sind grundsätzlich auch Anrechte einzubeziehen, die durch unentgeltliche Zuwendungen Dritter finanziert worden sind. Eine Ausnahme gilt nur, wenn ein Dritter schenkweise für einen der Ehegatten freiwillige Beiträge unmittelbar an den Rentenversicherungsträger gezahlt hat oder die Zuwendung einer solchen Direktleistung wirtschaftlich gleichsteht.[7] Zu den mit Hilfe des Vermögens erworbenen Ansprüchen gehören nicht Leistungen aus Kapitalversicherungsverträgen (vgl. § 1587 a Abs. 2 Nr. 5 – s. hierzu Rz. 369, 533).

Der Versorgungsausgleich betrifft allein diejenigen Versorgungsanwartschaften und Aussichten, die während der zu scheidenden Ehe – in der **Ehezeit** – erworben worden sind.[8] Der für den Versorgungsausgleich in § 1587 Abs. 2 BGB festgelegte Begriff der Ehezeit ist nicht nur dafür maßgeblich, welche Versorgungsanrechte in den Ausgleich einzubeziehen sind (Rz. 367), sondern auch für ihre Bewertung (Rz. 367 a, b), nicht dagegen für die Form des Ausgleichs (Rz. 367 c). 366

---

[4] Leibgedinge: möglich, *BGH*, NJW 1982, 2557 = FamRZ 1982, 909.

[5] Ausgleichspflichtig ist die Leibrenten*versicherung*, jedenfalls im Wertausgleich jedoch nicht die Berufsunfähigkeitszusatzversicherung bei Prämienzahlungspflicht über das Ehezeitende hinaus, *BGH*, NJW 1986, 1344 = FamRZ 1986, 344 (weitergehend, da reine Risikoversicherung, *OLG Celle*, FamRZ 1980, 464; *OLG Zweibrücken*, FamRZ 1980, 809).

[6] *Soergel/v. Hornhardt*, § 1587 Rz. 13 mN; *BGH*, NJW 1984, 1542 = FamRZ 1984, 570; abw. *Ruland*, Probleme, Rz. 17.

[7] *BGH*, NJW 1983, 875 Leits. = FamRZ 1983, 262; NJW 1984, 1542 = FamRZ 1984, 570 (abw. 4. Aufl.).

[8] *BGH*, NJW 1983, 1317 = FamRZ 1983, 461.

Als Ehezeit gilt die Zeit vom Beginn des Monats, in dem die Ehe geschlossen wurde, bis zum Ende des Monats, der der Zustellung des Scheidungsantrags vorausgeht (**§ 1587 Abs. 2 BGB;** §§ 622, 253, 261 ZPO).[9] Das Getrenntleben ist für die Berechnung der Ehezeit unerheblich. Für die Zeit von der Rechtshängigkeit des Scheidungsantrags bis zur Rechtskraft des Scheidungsurteils ist aber § 1361 Abs. 1 Satz 2 BGB anzuwenden (s. Rz. 6, 205 b). Die Zustellung des (ersten) Scheidungsantrags bleibt maßgeblich, auch wenn er in der mündlichen Verhandlung nicht gestellt, die Ehe aber – in demselben anhängigen Verfahren – auf späteren Antrag des anderen Ehegatten geschieden wird.[10]

Ebenso bleibt die das Verfahren einleitende Zustellung für den Beginn der Ehezeit maßgeblich, wenn das Scheidungsverfahren längere Zeit **ruht** oder ausgesetzt bleibt, später wieder aufgenommen wird und zur Scheidung führt.[11] Nur in besonderen Ausnahmefällen kommt es in Betracht, daß der ausgleichspflichtige Ehegatte sich auf das frühe Ehezeitende gem. § 242 BGB nicht berufen kann, insbesondere wenn die Ehegatten die eheliche Lebensgemeinschaft vollständig wieder aufgenommen und jahrelang fortgeführt und das frühere Scheidungsverfahren vergessen haben oder für irgendwie erledigt hielten.[12]

Die erneute Eheschließung nach Vorabentscheidung über die Scheidungssache steht der Durchführung des Versorgungsausgleichs aus der früheren Ehe derselben Ehegatten nicht entgegen; umgekehrt ist bei nochmaliger Scheidung die Zeit der ersten Ehe nicht zu berücksichtigen.[13]

367 In den Versorgungsausgleich sind nur diejenigen Anrechte bzw. derjenige Teil davon **einzubeziehen,** der in der Ehezeit begründet oder aufrechterhalten worden ist. Es genügt, daß die Anwartschaft sich in der Ehezeit erhöht hat oder daß sie während der Ehezeit weiterläuft, zB wenn ein Beamter die Höchstpensionsanwartschaft vor der Eheschließung erreicht und durch seine

---

[9] Zum Formverstoß bei Zustellung s. *BGH,* NJW 1984, 926 = FamRZ 1984, 368. Die Zustellung ist auch bei vorgeschaltetem Prozeßkostenhilfegesuch maßgeblich, *BGH,* FamRZ 1982, 1005 (aber auch FamRZ 1987, 362 aE).

[10] *BGH,* NJW 1982, 280 = FamRZ 1982, 153.

[11] *BGH,* NJW 1980, 1161 = FamRZ 1980, 552. Keine Ausdehnung der Ehezeit aufgrund der Härteklausel; da der Versorgungsausgleich einen Eingriff in durch Art. 14 GG geschützte Rechte enthält (*BVerfGE* 53, 257, 296), sieht § 1587 c mit Recht nur die *Einschränkung* des Ausgleichs aus Billigkeitsgründen vor, nicht die Erhöhung (*BGH,* NJW 1983, 37 = FamRZ 1982, 1193; FamRZ 1987, 48). Ist vor dem 1. 7. 1977 Scheidungsklage erhoben und wurde der Rechtstreit später fortgesetzt, so ist als Ende der Ehezeit ebenso das Ende des Monats anzunehmen, der der Rechtshängigkeit der früheren Scheidungsklage vorausging (nicht das Ende des Monats vor Inkrafttreten des neuen Rechts). Dies gilt auch dann, wenn das Verfahren geruht hatte und nach dem 30. 6. 1977 wieder aufgenommen wurde (NJW 1980, 1161).

[12] *BGH,* NJW 1986, 1040 = FamRZ 1986, 335; *Lohmann* S. 214.

[13] *BGH,* NJW 1983, 37 = FamRZ 1982, 1193; NJW 1983, 1317 = FamRZ 1983, 461; zum Versorgungsausgleich bei Doppelehe s. Fn. 3 zu Rz. 352.

weitere Dienstleistung während der Ehezeit aufrechterhalten hat. Doch ist der vollständige **Wegfall** einer ehezeitlichen Anwartschaft nach Ehezeitende zu berücksichtigen; wird die Anwartschaft durch eine andere ersetzt, ist diese in den Versorgungsausgleich einzubeziehen.[14]

Rentenanwartschaften aus den gesetzlichen Rentenversicherungen, die durch **Nachentrichtung freiwilliger Beiträge** für die Ehezeit begründet worden sind, fallen nur insoweit in den Versorgungsausgleich, als die Beiträge bis zum Eintritt der Rechtshängigkeit des Scheidungsantrags entrichtet worden sind (In-Prinzip im Gegensatz zum sozialversicherungsrechtlichen Für-Prinzip). Entsprechend sind innerhalb der Ehezeit für **vor**eheliche Zeiten begründete Anwartschaften in den Versorgungsausgleich einzubeziehen.[15]

Eine **Einschränkung** des Grundsatzes, daß alle ehezeitlichen Anwartschaften in den Versorgungsausgleich einzubeziehen sind (§ 1587 Abs. 1), enthält § 1587a Abs. 2 Nr. 3 Satz 3 BGB, der diejenigen in der Ehezeit erworbenen betrieblichen Anwartschaften vom Wertausgleich ausschließt und dem schuldrechtlichen Ausgleich zuweist, die noch nicht unverfallbar sind. Der – systemwidrige – Ausschluß dieser Anwartschaften vom Wertausgleich gilt nicht, wenn sie zwar nach dem Ende der Ehezeit, aber bis zum Zeitpunkt der letzten tatrichterlichen Entscheidung unverfallbar werden.[16]

Die Ehezeit ist auch für die familienrechtliche[17] **Bewertung** der in den Ver- 367a
sorgungsausgleich einzubeziehenden Anrechte bzw. die Feststellung des ausgleichspflichtigen Wertanteils gem. § 1587a Abs. 2 bis 8 von Bedeutung (vgl. Rz. 369). Hierzu werden einerseits die am Ehezeitende für die Höhe der Versorgung maßgebenden **tatsächlichen**[18] Daten und Faktoren festgeschrieben, andererseits der Eintritt des Versorgungsfalles in diesem Zeitpunkt (und das Vorliegen weiterer Voraussetzungen) fingiert.[19] Später eintretende Verbesserungen oder Verschlechterungen der die Versorgungslage bestimmenden individuellen Umstände bleiben außer Betracht.[20] Dagegen sind Änderungen der Gesetze oder Versorgungsordnungen nach Ehezeitende bei der Bewertung zu berücksichtigen; was bis Ehezeitende geschehen ist, wird

---

[14] *BGH*, FamRZ 1986, 892.

[15] *BGHZ* 81, 196 = NJW 1982, 102 = FamRZ 1981, 1169 (ausnahmsweise § 1587c, *BGH*, FamRZ 1987, 364). Zur Harmonisierung mit dem Zugewinnausgleich ist hier auf den genauen Tag der Zustellung des Scheidungsantrags abzustellen, *BGHZ* 81, 196, 208ff.; ebenso für die Zuordnung zum Zugewinn- oder Versorgungsausgleich bei Ausübung des Rentenwahlrechts bei einer Kapitallebensversicherung, *BGHZ* 88, 386, 393 = NJW 1984, 299 = FamRZ 1984, 156.

[16] Sei es auch aufgrund nachehezeitlicher Satzungsänderung: *BGH*, NJW 1983, 37 und 38 = FamRZ 1982, 1195 und 1193; vgl. Rz. 369, 377, 445ff.

[17] Für die rentenrechtlichen Auswirkungen können abweichende sozialrechtliche Bestimmungen gelten, s. *BSG*, MDR 1984, 787.

[18] *BGH*, NJW 1984, 1544 = FamRZ 1984, 565.

[19] *BGHZ* 81, 100, 121 = NJW 1981, 2187 = FamRZ 1981, 856 und wie Fn. 18.

[20] *BGH*, NJW 1982, 2377 = FamRZ 1982, 1003; NJW 1987, 1014 = FamRZ 1987, 145 (zum schuldr. Ausgleich).

rechtlich nach der Gesetzeslage zur Zeit der gerichtlichen Entscheidung berücksichtigt.[21]

367b Wegen der **Dynamik** des Wertes der gesetzlichen Rentenanwartschaften, die sich regelmäßig in Jahressprüngen (derzeit jedoch je zum 1. Juli) auswirkt, verbilligt sich im allgemeinen der Ausgleich durch Entrichtung von Beiträgen zur Begründung von Anwartschaften (früher § 1587b Abs. 3, jetzt § 3b Abs. 1 Nr. 2 HRG sowie kraft Vereinbarung, s. Rz. 436), wenn das Ende der Ehezeit nicht auf den 30. Juni eines Jahres fällt, sondern auf den 31. Juli des Jahres. Ebenso verringert sich der zum Wiederausgleich einer gekürzten Anwartschaft zu zahlende Betrag (§§ 1304a Abs. 6 RVO, 83a Abs. 6 AVG, 96a Abs. 6 RKnG). Wird um die Jahresmitte Scheidungsantrag gestellt, so empfiehlt es sich daher häufig, ihn so einzureichen, daß er erst im August zugestellt werden kann (= Ende Ehezeit 31. Juli).[22] Zur Bereiterklärung s. Rz. 371, 372c.

367c Die **Form des Ausgleichs** beim Vollzug gem. §§ 1587b BGB, 1 bis 3b HRG bestimmt sich von vornherein nicht nach den Verhältnissen bei Ehezeitende, sondern in tatsächlicher und rechtlicher Hinsicht nach den zur Zeit der letzten tatrichterlichen Entscheidung gegebenen Umständen.[23]

3. Der Wertausgleich: Ausgleichsanspruch – Vollzug – Härteklauseln

a) Ausgleichsanspruch

368 Von den beiden Kernvorschriften über den Wertausgleich enthält **§ 1587a BGB** die Anspruchsnorm (Abs. 1 Satz 2) und die Vorschriften über die Bewertung der Anwartschaften und damit über die Bemessung des bürgerlichrechtlichen Ausgleichsanspruchs (vgl. Rz. 353), während § 1587b in Verbindung mit §§ 1 bis 3b VAHRG und den Versorgungsordnungen, insbesondere den Vorschriften über die gesetzlichen Rentenversicherungen, den weitgehend öffentlich-rechtlichen Vollzug des Wertausgleichs regelt, meist als Durchführung des Versorgungsausgleichs bezeichnet.

---

[21] *BGH,* wie Fn. 18: § 1587a Abs. 2 verweist auf die jeweilige Fassung der Gesetze, *soweit* dies *deren zeitlichem Geltungswillen* entspricht; NJW-RR 1986, 1322 = FamRZ 1986, 976 (Versorgungsordnung); NJW 1986, 1169 = FamRZ 1986, 449 (Kindererziehungszeiten).

[22] *Ruland/Tiemann,* Rz. 438. Jedoch 1978: Halbjahressprung mit Erhöhung; Ende 1979 bis 1982: Kalenderjahressprünge, vgl. Tabelle 1 der Rechengrößen (Rz. 369 Fn. 10).

[23] *BGHZ* 81, 100, 123 (s. Fn. 19) und wie Fn. 18. Hiermit wird die Übertragung usw. nicht mehr vorhandener Anwartschaften vermieden. Ob der Höchstbetrag für die Übertragung und Begründung gesetzlicher Rentenanwartschaften (s. Rz. 373) überschritten ist, bestimmt sich jedoch nach ausdrücklicher Vorschrift der §§ 1304a RVO, 83a AVG (je Abs. 1 Satz 3) nach den Verhältnissen im fiktiven Versicherungsfall, also bei Ehezeitende.

Der Vollzug setzt die Prüfung voraus, **ob ein Ausgleichsanspruch besteht.** Daß regelmäßig nur die rechtsgestaltende Entscheidung über den Vollzug des Wertausgleichs durch die Übertragung, Begründung oder Realteilung von Anwartschaften zur Erfüllung des zuerkannten Ausgleichsanspruchs tenoriert wird, ändert hieran nichts. Auch in diesen Fällen kommen Entscheidungen im reinen Erkenntnisverfahren in Betracht (vgl. §§ 1587b Abs. 4, Abs. 5 i. V. m. §§ 1587f; 1587c, 1587e Abs. 1 BGB). Entgegen einer verbreiteten, durch Aufbau und Fassung von § 1587b Abs. 1–3 begünstigten Praxis, sogleich von § 1587b Abs. 1 auszugehen und von § 1587a nur die Bewertungsvorschriften der Abs. 2–8 heranzuziehen,[1] ist **stets vorab** zu untersuchen, in welcher Richtung und in welchem Umfang zwischen den Ehegatten ein Ausgleichsanspruch besteht (Gesamtbilanzierung).[2]

Ausgleichspflichtig ist gemäß **§ 1587a Abs. 1 Satz 1 BGB** der Ehegatte, dem die werthöheren Anwartschaften oder Aussichten auf eine auszugleichende Versorgung zustehen. Der berechtigte Ehegatte hat Anspruch auf **die Hälfte des Wertunterschiedes** als Ausgleich (§ 1587a Abs. 1 Satz 2).[3]

Die Frage, welche Werte für die Ermittlung des Wertunterschiedes zugrun- 369
dezulegen sind, regelt **§ 1587a Abs. 2 BGB.** Die Bewertungsprobleme, die in Rechtsprechung und Literatur[4] breiten Raum einnehmen, können hier nicht im einzelnen dargestellt werden. Es gelten von § 1587a Abs. 2:

Nr. 1 für die **Beamtenversorgung** und ähnliche öffentlich-rechtliche Dienstverhältnisse sowie Arbeitsverhältnisse mit Anspruch auf Versorgung nach beamtenrechtlichen Vorschriften oder Grundsätzen. Diese im Verlaufe der Dienstzeit ungleichmäßig anwachsenden Anrechte werden für den Versorgungsausgleich gleichmäßig pro rata temporis angerechnet, so daß auf die in

---

[1] Sie führt verhältnismäßig häufig zu leicht vermeidbaren Fehlern wie Übergehen einzelner Anwartschaften, Verpflichtung beider Ehegatten zu gegenseitigen Ausgleichsleistungen (entgegen § 1587b Abs. 3 Satz 3).

[2] Vgl. etwa *Friederici,* NJW 1983, 789, ferner Fn. 17.

[3] Berechnungsbeispiel (weitere, die jedoch den Vollzug des Ausgleichs gem. § 1587b einschließen, s. etwa *MünchKomm/Maier,* § 1587b Rz. 9, 21f.):

ehezeitliche Anwartschaften	des Mannes	der Frau
Beamtenversorgung	–	220
gesetzliche Rente	200	–
unverfallbare betriebliche Altersversorgung (dynamisiert)	80	–
Rentenlebensversicherung (dynam.)	40	–
zusammen:	320	220

Wertdifferenz	100
Ausgleichsanspruch (die Hälfte der Wertdifferenz) der Frau	50

[4] Vgl. die Angaben bei Rz. 351; zur Rspr.: Systematisches Entscheidungsverz. zur FamRZ, 1978–1985, S. 62ff. Zur Bedeutung der Ehezeit s. Rz. 367a.

jungen Jahren zurückgelegte Dienstzeit des Beamten jährlich nicht mehr an Anwartschaften entfällt als auf spätere Dienstjahre;[5]

Nr. 2 für Renten und Anwartschaften aus den **gesetzlichen Rentenversicherungen,** die den gesetzlichen Rentenanpassungen unterliegen; hier ist das Altersruhegeld zugrundezulegen, das sich in dem fiktiven Versicherungsfall des Alters bei Ende der Ehezeit (§ 1587 Abs. 2, s. Rz. 366) aus den ehezeitlichen Anwartschaften ergäbe[6] (während die nichtdynamischen gesetzlichen Anwartschaften aus Höherversicherungsbeiträgen und diesen gleichstehende Anrechte nach Nr. 4 lit. c bewertet werden);

(zu Nr. 1 und 2): damit wird der Bruttowert der Beamtenanwartschaften dem der dynamischen gesetzlichen Rentenanwartschaften gleichgesetzt, auch hinsichtlich ihrer künftigen Entwicklung (Dynamik);[7]

Nr. 3 für die **betriebliche Altersversorgung,** zu der auch die Zusatzversorgung des öffentlichen Dienstes rechnet;[8] ausgleichspflichtig ist der pro rata temporis auf die Ehezeit entfallende Anteil der erworbenen Versorgung, wenn die Betriebszugehörigkeit beendet ist (§ 1587a Abs. 2 Nr. 3 Satz 1 lit. b)[9] bzw. der fiktiven Versorgung, die sich bei Erreichen der in der Versorgungszusage vorgesehenen Altersgrenze aus den Bemessungsgrundlagen bei Ehezeitende ergäbe, wenn die Betriebszugehörigkeit da andauert (aaO lit. a). Nichtdynamische Anwartschaften – d.h. solche, deren Wert nicht in (nahezu) gleicher Weise wie der gesetzlicher Renten- oder Beamtenversorgungsanwartschaften ansteigt – sind so herunterzurechnen, daß ihr Wert mit dem der dynamischen gesetzlichen Rentenanwartschaften vergleichbar wird.[10] Im

---

[5] Aus der Rspr. des *BGH* zur Bewertung der Beamtenversorgung:
erreichte Besoldungsgruppe: NJW 1982, 222 = FamRZ 1982, 31 = JZ 1982, 155;
Ruhen wegen weiterer Versorgung (§§ 1587a Abs. 6, 55 BeamtVG): NJW 1983, 1313 = FamRZ 1983, 358 (Anm. S. 463ff.); FamRZ 1986, 890; FamRZ 1987, 798;
Ruhestand wegen Dienstunfähigkeit: *BGHZ* 82, 66 = NJW 1982, 224 = FamRZ 1982, 36.

[6] Zur Wertberechnung, wenn ein Ehegatte am Ende der Ehezeit Altersruhegeld oder Erwerbsunfähigkeitsrente bezieht: *BGH,* FamRZ 1984, 673 = NJW 1984, 2364 Leits.; FamRZ 1985, 688. Nachentrichtung von Beiträgen (In-Prinzip) s. Rz. 367. Zu Kindererziehungszeiten s. *BGH,* FamRZ 1986, 449. – *Bergner,* Tabellen zum Versorgungsausgleich und zur Rentenschätzung: NJW 1986, 2412; 1987, 364.

[7] Unterschiedliche Besteuerung im Steuer-, nicht im Versorgungsausgleichsrecht korrekturbedürftig, *BVerfGE* 53, 257, 308 = NJW 1980, 692; *BVerfGE* 54, 11, 34ff. = NJW 1980, 2569; vgl. *BGHZ* 74, 86, 101f.

[8] *BGHZ* 81, 152 = NJW 1981, 2689 = FamRZ 1981, 1051 (Anm. *Bergner* S. 1167); *BGHZ* 84, 158 = NJW 1982, 1989 = FamRZ 1982, 899.

[9] Wird die Versorgung bereits geleistet, so ist grundsätzlich der tatsächliche Zahlbetrag zugrundezulegen (*BGH,* NJW 1982, 229 = FamRZ 1982, 33) und scheidet eine Verweisung auf den schuldrechtlichen Versorgungsausgleich wegen Verfallbarkeit gem. § 1587a Abs. 2 Nr. 3 Satz 3 von vornherein aus, da diese Vorschrift – anders als Satz 1 – die „Leistungen" richtig nicht erwähnt (i.E. ebenso *BGHZ* 81, 152 = NJW 1981, 2689 = FamRZ 1981, 1051).

[10] § 1587a Abs. 4 und 3; hierzu Barwertverordnung i.d.F. v. 22. 5. 1984 (BGBl I 692); Bekanntmachung von Rechengrößen zur Durchführung des Versorgungsaus-

Zeitpunkt der Entscheidung noch verfallbare[11] betriebliche Anwartschaften und Aussichten werden durch Nr. 3 Satz 3 in den schuldrechtlichen Versorgungsausgleich verwiesen, bleiben also bei der Feststellung des Ausgleichsanspruchs für den Wertausgleich außer Betracht;[12]

Nr. 4 und 5 für die Bewertung **sonstiger Anrechte** auf die Zahlung von Renten oder ähnlicher wiederkehrender Leistungen zur Versorgung eines Ehegatten wegen Alters, Berufs- oder Erwerbsunfähigkeit,[13] einschließlich der Anrechte aus zur Versorgung eingegangenen **Versicherungsverträgen** auf Rentenzahlung. Nicht dynamische Anwartschaften sind wie im Falle der Nr. 3 auf dynamische Werte herunterzurechnen. Kapitallebensversicherungen werden, auch wenn sie der Versorgung oder der Befreiung von der gesetzlichen Angestellten-Versicherungspflicht dienen, nicht nach Nr. 5 ausgeglichen, sondern in den Zugewinnausgleich einbezogen; dies gilt auch, wenn ein Rentenwahlrecht besteht, aber nicht ausgeübt ist.[14]

369a Auf die Bewertung der Versorgungsanrechte **ohne Einfluß** ist die Erfüllung einer für eine Versorgung maßgeblichen **Wartezeit,** Mindestbeschäftigungszeit oder dgl.; auch wenn sie nicht erfüllt ist, aber die übrigen Voraussetzungen gegeben sind, liegt eine ausgleichspflichtige Anwartschaft vor (§ 1587a Abs. 7).[15] Ausnahmen hiervon gelten nur für die zur Zeit der Entscheidung noch verfallbaren betrieblichen Versorgungsanrechte (s. Rz. 369) sowie bei gesetzlichen Rentenanwartschaften für die zeitlichen Voraussetzungen der Anrechnung beitragsloser Zeiten und der Rente nach Mindesteinkommen.

Gemäß § 1587a Abs. 8 sind bei der Wertberechnung die in einer Versorgung, Rente oder Leistung enthaltenen Zuschläge, die nur aufgrund einer bestehenden Ehe gewährt werden, sowie Kinderzuschläge und ähnliche **familienbezogene Bestandteile** auszuscheiden.

b) Vollzug des Wertausgleichs

370 Steht fest, welcher der Ehegatten gem. § 1587a BGB einen Ausgleichsanspruch hat und in welcher Höhe, so ist der Wertausgleich nach den Regeln

gleichs ... vom 1. 12. 1976, jährlich ergänzt; vgl. *Bergner,* wie Fn. 6 aE; *Friederici,* Die „Dynamik“ als Bewertungskriterium, NJW 1986, 689.

[11] Vgl. Rz. 445ff.; hier Fn. 9 aE. Anrechnung von Vordienstzeiten: *BGH,* NJW 1984, 234 = FamRZ 1983, 1001. In der *Zusatzversorgung des öffentlichen Dienstes* wird mit Vollendung der 60monatigen Wartezeit nur die nichtdynamische Versicherungsrente mit dem im Einzelfall höchsten Wert unverfallbar, *BGHZ* 84, 158 (s. Fn. 8); zu mögl. Ausnahmen *BGH,* FamRZ 1986, 341 sowie 894 (bei Tod).

[12] Wegen des öfteren Wegfalls solcher Anrechte; jedoch systemwidrig. Zur Fortgeltung nach VAHRG: *BGH,* FamRZ 1986, 247. Abänderung der Entscheidung nach Unverfallbarwerden gem. § 10a Abs. 1 Nr. 2 HRG nF (s. Rz. 408b).

[13] ZB berufsständische Versorgungen; landwirtsch. Altershilfe (Altersgeld): *BGH,* NJW 1984, 489 Leits. = FamRZ 1984, 42; jedoch Wegfall möglich, *BGH,* FamRZ 1986, 892; zur Abgrenzung zu nicht ausgleichspflichtigen Anrechten vgl. auch Rz. 365.

[14] *BGHZ* 88, 386 = NJW 1984, 299 = FamRZ 1984, 156.

[15] *BGH,* NJW 1982, 222 = FamRZ 1982, 31.

der §§ 1587b BGB, 1 bis 3b HRG zu vollziehen: der Ausgleichspflichtige hat zur Erfüllung des Ausgleichsanspruchs einen Teil seiner **Versorgungswerte** an den berechtigten Ehegatten **abzugeben.** Gegenstand des Vollzugs ist der Ausgleichsanspruch, nicht – wie es nach § 1587b Abs. 1 und 2 scheinen könnte – die einzelnen Anwartschaften der Ehegatten.[16] Nach der in **§ 1587b Abs. 3 Satz 3** versteckten, jedoch § 1587a Abs. 1 entsprechenden Grundregel für den Vollzug des Wertausgleichs ist im Wege der Verrechnung der gegenseitigen Anwartschaften **nur ein einmaliger Ausgleich** vorzunehmen.[17]

§ 1587b Abs. 1 und 2 sprechen davon, daß die Anwartschaften des einen Ehegatten die des anderen ,,übersteigen". Dies ist auch dann der Fall, wenn der Berechtigte überhaupt keine Anwartschaften erworben hat (oder keine iS v. § 1587a Abs. 2 Nr. 1 und 2, s. Rz. 369).[18]

Dem Vollzug des Wertausgleichs steht es grundsätzlich nicht entgegen, wenn der Verpflichtete bei Ende der Ehezeit bereits Renten- oder Versorgungsbezüge erhält[19] oder wenn der Berechtigte schon vor Eingehung der Ehe[20] oder am Ende der Ehezeit[18] Rente oder Beamtenversorgung erhält (nur Anwartschaftsbegründung durch Beitragszahlung scheidet aus, wenn der Berechtigte gesetzliches Altersruhegeld erhält, § 1587b Abs. 3 Satz 1, 2. Halbsatz = § 3b Abs. 1 Nr. 2 Satz 1, 2. Halbsatz HRG nF).

370a Der Vollzug des Wertausgleichs muß der Eigenart der beim Verpflichteten vorhandenen, teilweise abzugebenden Versorgungswerte entsprechen. Zugleich soll er dem Berechtigten möglichst unmittelbar eine eigenständige Alters- und Invaliditätsversorgung verschaffen und auf seiner Seite möglichst in die gesetzliche Rentenversicherung führen, um eine Zersplitterung der schon vorhandenen sowie der im Versorgungsausgleich, durch Pflichtversicherung nach der Scheidung oder freiwillige Versicherung mittels Vorsorgeunterhalts (§§ 1569, 1578 Abs. 3 BGB; vgl. Rz. 244a) zu erwerbenden Anwartschaften zu vermeiden. Die dynamischen Anwartschaften des Verpflichteten in der gesetzlichen Rentenversicherung und der Beamtenversorgung sollen im Grundsatz nicht zum Ausgleich seiner anderen Anwartschaften herangezogen werden, die ihm geringerwertige Sicherheit bieten. Doch ist es verfas-

---

[16] *Soergel/v. Hornhardt,* § 1587b Rz. 49.

[17] *BGH,* FamRZ 1986, 976, 978 = NJW-RR 1986, 1322; vgl. *MünchKomm./Maier,* § 1587b Rz. 33 (Gesamtbetrachtung); *Soergel/v. Hornhardt,* § 1587a Rz. 3 aE, § 1587b Rz. 48/49; oben Fn. 2. Die Verfassungswidrigkeit von § 1587b Abs. 3 beschränkt sich auf den ersten Halbsatz von Satz 1 (*BVerfG* wie Fn. 21) und läßt die Grundregel daher unberührt.

[18] *BGH,* NJW 1980, 396 = FamRZ 1980, 129. Zur Auswirkung auf die Rente: *BSG,* FamRZ 1982, 1008.

[19] *BGH,* NJW 1980, 396 = FamRZ 1980, 129. Wegen der Möglichkeit verfassungskonformer Anwendung der Härteklauseln (s. Rz. 374ff.) ist es verfassungsgemäß, daß der Verpflichtete, der bereits Altersruhegeld bezieht, nach durchgeführtem Splitting die Minderung seiner Rente nicht durch Nachentrichtung von Beiträgen ausgleichen kann (anders bei Beamtenversorgung, § 58 BeamtVG), *BGH* aaO. Vgl. Rz. 425 aE.

[20] *BGH,* NJW 1982, 989 = FamRZ 1982, 258.

sungsrechtlich geboten, im Interesse des Verpflichteten die ihn meist schwer belastende Begründung neuer Anwartschaften durch Beitragszahlung (die dem Berechtigten zudem erst mit tatsächlicher Zahlung eine Anwartschaft verschafft),[21] im Interesse des Berechtigten das Ausweichen vom Wertausgleich auf den lediglich schuldrechtlichen Ausgleich[22] möglichst zurückzudrängen (vgl. Rz. 353).

Diese Anforderungen und der Grundsatz des Einmalausgleichs (Rz. 370) haben zu einer Vielzahl von **Ausgleichsformen**[23] geführt, die zunächst von den Verhältnissen des Verpflichteten ausgehen, denen zum Schutze der Versorgungsträger vor unwirtschaftlichem Verwaltungsaufwand eine Bagatellklausel vorgeschaltet (s. Rz. 370c) und deren **Reihenfolge** beim Vollzug des Wertausgleichs gesetzlich zwingend vorgeschrieben ist (s. § 1587b Abs. 2: ,,nach Anwendung von Absatz 1"; § 1 Abs. 1 HRG – ähnlich früher § 1587b Abs. 3 –: ,,andere als die in § 1587b Abs. 1 und 2 ... genannten ..."; § 3b Abs. 1 HRG: ,,nach Anwendung des § 1587b [BGB] und des § 1 Abs. 2 und 3").[24] Die Reihenfolge der Ausgleichsformen, die sich nach den Verhältnissen im Zeitpunkt der letzten tatrichterlichen Entscheidung richtet (s. Rz. 367c), ist:

(1) **Splitting** der dynamischen gesetzlichen Rentenanwartschaften des Verpflichteten (s. Rz. 371);

(2) **Quasisplitting** der Beamtenversorgung und ähnlicher Anwartschaften des Verpflichteten (s. Rz. 371a);

an die Stelle der nach dem 1. EheRG im Wertausgleich allein noch folgenden Ausgleichsform der Anwartschaftsbegründung durch Beitragszahlung[21] setzt das VAHRG heute:[23]

(3) **Realteilung** anderer Anwartschaften des Verpflichteten (s. Rz. 372);

---

[21] *BVerfGE* 63, 88 = NJW 1983, 1417 = FamRZ 1983, 342 (Aufwand zur Begründung von 100 DM Anwartschaften etwa 18000 DM): die neben Splitting und Quasisplitting ausnahmslose Anordnung dieser Ausgleichsform für die übrigen (sog. b-III-) Anrechte war unverhältnismäßig und verfassungswidrig, da Ziel weitgehend schonender erreichbar.

[22] *BVerfGE* 71, 364 = NJW 1986, 1321 = FamRZ 1986, 543: nur schuldrechtl. Ausgleich ohne Abfindungsanspruch für großen Teil der b-III-Anrechte verstößt gegen Gleichheitssatz.

[23] Rechtsentwicklung: *1. EheRG (1977):* Splitting, Quasisplitting, sonst Anwartschaftsbegründung durch Beitragszahlung für alle sonstigen (sog. §-1587-b-III-) Anrechte. – *BVerfG (1983)* s. Fn. 21. – *VAHRG (1983):* Ausgleich der b-III-Anrechte zT durch Realteilung, Quasisplitting, sonst nur schuldr. Ausgleich ohne Abfindung. – *BVerfG (1986)* s. Fn. 22. – *VAHRG nF* (in Kraft zT 1. 1. 1987): Einführung der Formen wie im Text unter (6) und (7), des Abfindungsanspruchs (8) auch für b-III-Anrechte, des verlängerten schuldrechtl. Ausgleichs (s. Rz. 388a bis 388c).

[24] *BGH,* FamRZ 1986, 250, 251 = NJW-RR 1986, 290. Vereinbarung der Anwartschaftsbegründung: Rz. 370b. Verbot des Super-Splitting, Super-Quasisplitting usw. (s. bei den einzelnen Ausgleichsformen); nur geringerer Ausgleich in einer der vorgehenden Formen ist zulässig vereinbar, soweit sich bei den rangniedrigeren dadurch kein Super-Splitting usw. ergibt. Vgl. etwa *Soergel/v. Hornhardt,* § 1587o Rz. 12ff. und allgemein § 1587b Rz. 3; unten Rz. 409a am Ende.

(4) **Quasisplitting** in **sinngemäßer** Geltung für andere Anrechte, die gegen einen inländischen öffentlich-rechtlichen Versorgungsträger gerichtet sind (s. Rz. 372a);

(5) **schuldrechtlicher** statt Wertausgleich von Versorgungen des Verpflichteten, deren Träger eine **ausländische,** zwischen- oder überstaatliche Einrichtung ist (§§ 2, 3b Abs. 2, 3a Abs. 5 HRG), vgl. Rz. 377ff.;

(6) **erweitertes Splitting, Quasisplitting,** erweiterte **Realteilung** nach oben (1) bis (4) zum Ausgleich sonstiger Anrechte (s. Rz. 372b);

(7) **Begründung** von Anwartschaften in der gesetzlichen Rentenversicherung **durch Beitragszahlung** als letzte Form des eigentlichen Wertausgleichs (s. Rz. 372c);

(8) Antrag auf **Abfindung** (Rz. 389ff.) oder statt des Wertausgleichs **schuldrechtlicher Versorgungsausgleich** als ultima ratio (s. Rz. 377ff.).

370b Die für den Berechtigten regelmäßig sichersten und für den Verpflichteten zur Zeit der Scheidung am wenigsten belastenden Ausgleichsformen sind Rentensplitting und Quasisplitting gem. § 1587b Abs. 1 und 2 BGB, die die in Rz. 370a genannten Anforderungen regelmäßig am besten erfüllen. Die Realteilung (§ 1 Abs. 2 HRG) geht dem sinngemäßen Quasisplitting nach der ausdrücklichen Vorschrift des § 1 Abs. 3 VAHRG zwingend vor – auch wenn dies für den Berechtigten aus den in Rz. 370a bezeichneten Gründen ungünstig[25] oder er auf den Erwerb von Wartezeiten in der gesetzlichen Rentenversicherung angewiesen ist (vgl. Rz. 427).

Durch **Vereinbarung** können die Ehegatten nur insoweit Einfluß auf die Reihenfolge der Ausgleichsformen nehmen, als sie im Rahmen des Höchstbetrags des § 1587b Abs. 5 BGB (s. Rz. 373) anstelle anderer Ausgleichsformen, insbesondere der Realteilung oder des schuldrechtlichen Ausgleichs, die Anwartschaftsbegründung in der gesetzlichen Rentenversicherung durch **Beitragszahlung** (entsprechend dem früheren § 1587b Abs. 3 BGB, jetzt § 3b Abs. 1 Nr. 2 HRG, s. Rz. 372c) vereinbaren können. Die Wahl des schuldrechtlichen Versorgungsausgleichs durch Scheidungsvereinbarung anstelle der Formen des Wertausgleichs ist zwar zulässig, aber wegen ungenügender Sicherung des Berechtigten meist nicht genehmigungsfähig. Vgl. wegen dieser und weiterer durch Vereinbarung gem. § 1587o BGB wählbarer Formen des Ausgleichs unten Rz. 434ff.

370c Nach der neu eingefügten **Bagatellklausel** des **§ 3c VAHRG** kann der Richter den Ausgleich eines Anrechts ausschließen, dessen Wert bei Ehezeitende 0,25% der monatlichen Bezugsgröße[26] nicht übersteigt. Die Vorschrift soll die Versorgungsträger von unwirtschaftlichem Verwaltungsaufwand entla-

---

[25] *Gutdeutsch/Lardschneider*, FamRZ 1983, 847; vgl. *Rolland*, HRG § 1 Rz. 47, 79; zur Anwendung von § 1587b Abs. 4 *(Antrag stellen!)* vgl. unten Rz. 373a, zur Vereinbarung der Beitragszahlung s. Text anschl. und Rz. 436.

[26] § 18 SGB IV; bei Ehezeitende 1986: 7,18 DM dynamische Anwartschaften, 1987: 7,53 DM; vgl. weiter die Übersicht bei *Schmeiduch*, FamRZ 1987, 25.

sten[27] und bezieht sich daher auf das einzelne **auszugleichende** Anrecht, d. h. denjenigen Teil der einzelnen Anrechte des Verpflichteten, der gem. §§ 1587b BGB, 1 bis 3b HRG jeweils auf den Berechtigten zu übertragen bzw. in dessen Höhe für ihn ein Anrecht zu begründen ist.[28] Trifft dies auf Teile mehrerer Anrechte des Verpflichteten zu, kann die Klausel mehrfach angewandt werden. Sie **darf nicht** angewandt werden, wenn der Ausschluß den Berechtigten bei der Erfüllung von Wartezeiten[29] benachteiligen kann. Dies gilt für die kleine Wartezeit (60 Monate) in der gesetzlichen Rentenversicherung, wenn sie noch nicht erreicht ist,[30] für die Wartezeiten von 180 Monaten (vorgezogenes Altersruhegeld ab 60 Jahre) und 420 Monaten (flexibles Altersruhegeld ab 63 Jahre) wohl regelmäßig, wenn der Bagatellausgleich die Wartezeit unmittelbar erfüllen würde oder, bei höherem Alter des Berechtigten, bis zur Erreichung des 60. bzw. 63. Lebensjahres zusammen mit sicher zu erwartendem Anwartschaftserwerb. Im übrigen muß der Richter sein Ermessen von Amts wegen ausüben und die Belange der Verwaltungseffizienz gegen das Interesse des Berechtigten an der Erlangung geringer Anrechte abwägen.[31] Im Einzelfall kann bereits das Zusammentreffen etwa von Splitting mit Supersplitting (§ 3b HRG) oder eine gebotene Anwendung des § 1587c zunächst auf die Bagatellanrechte zur Verwaltungsvereinfachung führen und die Anwendung von § 3c entbehrlich machen.[32]

371 Die einfachste Ausgleichsform ist die Übertragung von Anwartschaften in einer gesetzlichen Rentenversicherung von dem Versicherungskonto des Ausgleichspflichtigen auf das des Berechtigten durch das Familiengericht.[33] Dieses sog. **Rentensplitting** gem. **§ 1587b Abs. 1** setzt voraus, daß der Verpflichtete in der Ehezeit Anwartschaften in einer gesetzlichen Rentenversicherung erworben hat, die den gesetzlichen Rentenanpassungen unterliegen, und daß diese die Summe etwaiger ausgleichspflichtiger Beamten- und gesetzlicher Rentenanwartschaften des Berechtigten (§ 1587a Abs. 2 Nr. 1 und

---

[27] Vgl. Bericht des Rechtsaussch., BT-Drucks. 10/6369 S. 20.

[28] Die Klausel ist also nicht gerichtet auf die Feststellung und Bewertung der einzelnen Anrechte (keine Entlastung des Familienrichters), nicht auf den Ausgleichsanspruch (Rz. 368), nicht auf den miteinander zu verrechnenden Teil der beiderseitigen Anrechte und damit insbesondere nicht auf die Anrechte des Berechtigten, *Glockner,* FamRZ 1987, 330; ähnlich *Ruland,* NJW 1987, 347; die abw. M. von *Wagenitz* (FamRZ 1987, 8) führt vielfach nicht zu der erstrebten Verwaltungsvereinfachung, uU zu einem verfassungsrechtlich bedenklichen Ausgleich über die Hälfte der Gesamt-Wertdifferenz (Ausgleichsanspruch) hinaus.

[29] Der Bagatellgrenze entsprechen meist vier Wartezeitmonate, *Glockner,* aaO.

[30] Ausnahme nur: sie könnte ohnehin nie mehr erreicht werden.

[31] Siehe Fn. 27; Gesichtspunkte u. a.: Alter, Gesamtversorgungssituation (*Ruland,* aaO) und wie Rz. 370a.

[32] Vgl. *Ruland* aaO.; ferner §§ 10b, 10c HRG.

[33] Hat der Berechtigte noch kein Rentenkonto, so wird für ihn ein neues eröffnet. – Nähere Vorschriften zum Splitting enthalten §§ 1304a und c RVO = 83a und c AVG, 96a RKnG; s. auch §§ 1303 RVO, 82 AVG, 95 RKnG, je Abs. 9.

2) übersteigen.[34] § 1587b Abs. 1 beschränkt das Splitting auf die Übertragung der Hälfte des Wertunterschiedes aus **diesen** Anwartschaften der Ehegatten. Deshalb kann der darüber hinausgehende Teil des Ausgleichsanspruchs, der sich aus sonstigen ausgleichspflichtigen Anwartschaften des Verpflichteten ergeben kann, nicht durch ein über die Hälfte der Wertdifferenz der in § 1587b Abs. 1 bezeichneten Anwartschaften der Ehegatten hinausgehendes, sog. Supersplitting erfüllt werden,[35] außer wenn die Voraussetzungen des § 3b Abs. 1 Nr. 1 HRG vorliegen und diese Ausgleichsform an der Reihe ist (s. Rz. 370a, 372b). Dagegen bleibt das Splitting unterhalb dieser Grenze, wenn der Ausgleichsanspruch niedriger ist (§ 1587b Abs. 3 Satz 3).[36]

Der Verpflichtete kann die Minderung seiner Anwartschaften durch das Splitting durch Beitragsentrichtung wieder ausgleichen und sich hierzu (mit entsprechender Wirkung wie im Falle der Zahlung zur Anwartschaftsbegründung, s. Rz. 372c) schon vor Feststellung der Ausgleichsverpflichtung **bereiterklären,** §§ 1304a RVO, 83a AVG, 96a RKnG, je Abs. 6.

371a Die Ausgleichsform des sog. **Quasisplitting** gem. **§ 1587b Abs. 2** BGB setzt voraus, daß der Ausgleichsanspruch durch ein etwaiges Rentensplitting gem. Abs. 1[37] noch nicht erschöpft ist und daß der Ausgleichspflichtige in der Ehezeit beamtenrechtliche oder ähnliche Versorgungsanrechte gegenüber Bund, Land, Gemeinde oder anderen öffentlich-rechtlichen Körperschaften oder Verbänden in der Bundesrepublik Deutschland oder Berlin erworben hat (nicht hierher gehört die andere Anwartschaften des Verpflichteten betreffende Ausgleichsform des sinngem. Quasisplitting gem. § 1 Abs. 3 VAHRG, s. Rz. 372a; kein Quasisplitting bei privatem Versorgungsträger!).

Übersteigt die Summe der angeführten Anwartschaften des Verpflichteten und seiner etwaigen gesetzlichen Rentenanwartschaften aus der Ehezeit die Summe etwaiger ausgleichspflichtiger Beamten- und gesetzlicher Rentenanwartschaften des Berechtigten, so begründet das Familiengericht zugunsten des Berechtigten Anwartschaften in einer gesetzlichen Rentenversicherung in

---

[34] Zum Begriff des Übersteigens s. Rz. 370.

In dem Beispiel Rz. 368 Fn. 3 übersteigen die Pensionsanwartschaften der Frau die gesetzlichen Rentenanwartschaften des ausgleichspflichtigen Mannes; damit scheidet ein Rentensplitting aus.

[35] *BGHZ* 81, 152 = NJW 1981, 2689 = FamRZ 1981, 1051 m. Anm. *Bergner* S. 1167; *BGH,* NJW-RR 1986, 290 = FamRZ 1986, 250 (nicht statt Quasisplitting); auch kein geringfügiges Supersplitting, *BGH,* NJW 1982, 448 = FamRZ 1982, 155.

Hätte die Frau in dem Beispiel Rz. 368 Fn. 3 in der Ehezeit keine eigenen Anwartschaften erworben, so betrüge ihr Ausgleichsanspruch 320 : 2 = 160. Wegen der Unzulässigkeit des Supersplitting wären nur 200 : 2 = 100 durch Splitting auszugleichen, weitere 60 (sog. b-III-Anwartschaften) durch Realteilung, sinngem. Quasisplitting, erweiterten Ausgleich gem. § 3b HRG (uU Supersplitting), Begründung durch Beitragszahlung oder schuldrechtlich (vgl. Rz. 370a) in der vorgeschriebenen Reihenfolge. Mit dieser Einschränkung bestätigt § 3b HRG das grundsätzliche Verbot des Supersplitting.

[36] *MünchKomm./Maier,* § 1587b Rz. 9 aE.

[37] Das vorrangig ist gem. § 1587b Abs. 2 Satz 1 aE, s. auch Rz. 370a.

Höhe der Hälfte des nach etwaiger Anwendung von Abs. 1 verbliebenen Wertunterschiedes.[38] Eine über die halbe Wertdifferenz hinausgehende Anwartschaftsbegründung (Super-Quasisplitting) ist an dieser Stelle der Ausgleichsfolge ebenso unzulässig wie das Supersplitting der gesetzlichen Rente (s. Rz. 371).[39] Die Anwartschaftsbegründung geht zu Lasten der Beamten- oder ähnlichen Versorgungsanrechte des Verpflichteten, erfordert also keine Beitragszahlung des Verpflichteten.[40]

Zu den steuerlichen Folgen des Quasisplitting s. Rz. 439.

Erschöpft der Vollzug des Wertausgleichs durch die behandelten Aus- 372
gleichsformen des § 1587b Abs. 1 und 2 BGB den Ausgleichsanspruch des Berechtigten nicht, weil (auch) andere als die dort genannten Anrechte des Verpflichteten auszugleichen sind (vgl. § 1 Abs. 1 HRG), so kommt – anstelle des insoweit ursprünglich in § 1587b Abs. 3 BGB zusammengefaßten Ausgleichs, vgl. Rz. 370a – zunächst die Ausgleichsform der **Realteilung** in Betracht, § 1 Abs. 2 HRG. Diese setzt voraus, daß die für ein noch auszugleichendes Anrecht des Verpflichteten maßgebende Versorgungsordnung die Realteilung vorsieht.[41] Das Nähere bestimmt sich nach den Regelungen über das auszugleichende und zu begründende Anrecht, die ein gerechtes Aufteilungsverfahren zur Verfügung stellen müssen; anderenfalls kann das Familiengericht eine Realteilung über § 1587b Abs. 4 BGB (s. Rz. 373a) ablehnen.[42] Das Familiengericht begründet für den Berechtigten ein Anrecht außerhalb der gesetzlichen Rentenversicherung in der Höhe der Hälfte[43] des

---

[38] Hat zB in der Ehezeit die Ehefrau Beamtenanwartschaften in der Höhe von 220 erworben, der Mann dynamische gesetzliche Anwartschaften von 200, so kommt Abs. 1 (mangels ,,Übersteigens" und mangels Ausgleichspflicht des Rentenanwartschaftsinhabers) nicht zum Zuge; der Ausgleichsanspruch des Mannes von 10 wird durch Begründung zusätzlicher Anwartschaften in seiner gesetzlichen Rentenversicherung zu Lasten der Beamtenanwartschaften der Frau gem. § 1587b Abs. 2 erfüllt.

[39] *OLG Bremen,* FamRZ 1981, 973; *Soergel/v. Hornhardt,* § 1587o Rz. 12f.; *Palandt/Diederichsen,* § 1587o Anm. 3a.

[40] Näheres s. §§ 1304b, a RVO bzw. 83b, a AVG sowie §§ 57, 58 BeamtVG (vgl. Rz. 480).

[41] Beispiel: Ärzteversorgung Baden-Württemberg, *OLG Karlsruhe,* FamRZ 1983, 1239. § 1 Abs. 2 gilt nunmehr wohl auch, wenn der Träger im Einzelfall mit der Realteilung einverstanden ist (vgl. *BGH,* NJW 1982, 2496 = FamRZ 1982, 998).

[42] Bericht des Rechtsaussch., BTDr. 9/2296 S. 11 (vgl. *OLG Karlsruhe* aaO); nach *Maier,* Härteregelungen, § 1 HRG Anm. 2: gem. § 242 BGB – dann antragsunabhängig! Doch haben die Versorgungsträger einen relativ großen Gestaltungsspielraum; vgl. etwa *Gutdeutsch/Lardschneider,* FamRZ 1983, 848f.

[43] Für § 1 Abs. 3 VAHRG folgt das *Verbot des Supersplitting* aus der sinngemäßen Anwendung von § 1587b Abs. 2 BGB. Für die Realteilung kann, da sie § 1587b Abs. 1 entspricht und es sich (im Gegensatz zur Anwartschaftsbegründung durch Beitragszahlung) um echten Wertausgleich bestehender Anrechte handelt, nichts anderes gelten; § 3 VAHRG; *MünchKomm./Maier,* Ergbd., § 1 VAHRG Rz. 20. Vgl. weiter *Friederici,* NJW 1983, 789; *Hahne/Glockner,* FamRZ 1983, 223; *Klauser,* MDR 1983, 532; grundsätzl. auch *Soergel/Vorwerk,* Nachtr., § 1587b Rz. 215f.; *OLG Karlsruhe,* FamRZ 1983, 1239; aM *Rolland,* § 1 HRG Rz. 61 (vgl. *Soergel* aaO). Mehrere Anrechte: s. Fn. 47.

nach etwaiger Anwendung von § 1587b Abs. 1 und 2 BGB verbliebenen Wertunterschiedes dieser Anwartschaften. Die Begründung geschieht je nach der getroffenen Regelung bei dem Träger der Anrechte (dann wird richtiger von Übertragung gesprochen, vgl. § 1587b Abs. 1)[44] oder zu seinen Lasten bei einem anderen Träger.[44] Die Entscheidung muß (wie beim Splitting) auf einen bestimmten Betrag der geteilten Anwartschaft lauten; ist diese statisch, so ist nicht der für die Bewertung dynamisierte, sondern der zurückgerechnete Nominalbetrag einzusetzen.[45] Zur rückwirkenden Geltendmachung in Altfällen s. Rz. 408c.

372a Als weitere Ausgleichsform des Wertausgleichs kommt das **sinngemäße Quasisplitting** gem. **§ 1 Abs. 3 VAHRG** (i. V. m. § 1587b Abs. 2 BGB) zum Zuge, wenn der Verpflichtete gegen einen öffentlich-rechtlichen Leistungsträger eine nicht durch Splitting, Quasisplitting nach § 1587b Abs. 2 oder Realteilung ausgeglichene Anwartschaft erworben hat.[46] Das Familiengericht begründet für den Berechtigten eine gesetzliche Rentenanwartschaft zulasten der gegen den öffentlich-rechtlichen Leistungsträger gerichteten Anwartschaft in Höhe der Hälfte[43] des verbliebenen Wertunterschiedes, höchstens der Hälfte der hier auszugleichenden Anwartschaft des Verpflichteten.[47] Wie beim „echten" Quasisplitting geschieht die Anwartschaftsbegründung auch hier durch die gestaltende Entscheidung des Familiengerichts, nicht durch Beitragszahlung.

372b Für den Fall, daß Anrechte des Verpflichteten (insbesondere betriebliche, private, ausländische) auch in den Formen des § 1 HRG nicht ausgeglichen werden können, ordnet § 2 HRG zwar den schuldrechtlichen Versorgungsausgleich an. Doch bleibt es hierbei zunächst nur, wenn der Versorgungsträger eine ausländische, zwischen- oder überstaatliche Einrichtung ist (§§ 3b Abs. 2, 3a Abs. 5 HRG); sonst sind vorweg die in **§ 3b Abs. 1 HRG** vorgesehenen Formen des Wertausgleichs in Betracht zu ziehen (zur Geltendmachung für Altfälle s. Rz. 408c).

Der **erweiterte Wertausgleich** des § 3b Abs. 1 **Nr. 1** HRG zieht zum Aus-

---

[44] *Hahne/Glockner,* FamRZ 1983, 221f. Beispiel: *OLG Celle,* FamRZ 1985, 939, 942.

[45] *Rolland,* HRG § 1 Rz. 71.

[46] Beispiele: ein nichtdynamischer Höherversicherungsanteil in der gesetzlichen Rentenversicherung; die unverfallbare Anwartschaft auf Versicherungsrente in der Zusatzversorgung des öffentlichen Dienstes – nur bei öffentlich-rechtlichem Träger –; landwirtschaftliche Altersversorgung, *BGH,* NJW 1984, 489 Leits. = FamRZ 1984, 42; Hüttenknappschaftliche Zusatzversorgung (Saar), *BGH,* FamRZ 1984, 573; versch. Ärzteversorgungen; Bayer. Rundfunk, *BGH,* NJW 1985, 2708 = FamRZ 1985, 56.

[47] Ohne Bedeutung ist die Einordnung des Anrechts des Berechtigten, *BGH,* NJW 1983, 2443 = FamRZ 1983, 1003. Stehen diesem mehrere durch sinngem. Quasisplitting auszugleichende Anrechte des Verpflichteten gegenüber, so ist der Ausgleichswert nach dem Wertverhältnis dieser Anrechte des Verpflichteten auf die beteiligten Versorgungsträger zu verteilen (Quotierung, *BGH,* FamRZ 1984, 1214, 1216). – Zur rückwirkenden Geltendmachung in Altfällen s. Rz. 408c.

gleich nicht die restlichen noch auszugleichenden Anrechte des Verpflichteten heran, sondern ersatzweise andere, die ihrer Art nach das Splitting oder Quasisplitting[48] erlauben. Die Ersatzanrechte[49] können in dieser Ausgleichsform auch über die Halbteilung hinaus bis zum vollständigen Verbrauch (**Supersplitting,** Superquasisplitting) und sogar insoweit herangezogen werden, als der Verpflichtete sie vor der Ehe erworben hat.[50] Das dem Familiengericht eingeräumte Ermessen wird durch die verfassungsrechtliche Dimension des Ziels der Vorschrift, die Begründung von Anwartschaften durch Beitragszahlung möglichst ebenso wie den schuldrechtlichen Ausgleich zu vermeiden (s. Rz. 370a), stark eingeschränkt. Der erweiterte Wertausgleich ist jedoch zum Schutze des Verpflichteten insgesamt – auch für den Fall der Heranziehung mehrerer Ersatzanrechte – auf 2% der monatlichen Bezugsgröße bei Ehezeitende beschränkt.[51] Sowohl zur Prüfung, ob dieser Grenzwert eingehalten wird, als auch zur Herstellung der Vergleichbarkeit der Anrechte sind nichtdynamische Ersatzanrechte zunächst stets zu dynamisieren,[52] für den gestaltenden Vollzug des Ausgleichs jedoch wieder zu entdynamisieren.

Gegenüber allen anderen Formen des Wertausgleichs subsidiär[53] ist 372c
schließlich die durch **§ 3b Abs. 1 Nr. 2 HRG** wieder[54] eingeführte Ausgleichsform der **Begründung** einer gesetzlichen Rentenanwartschaft durch die **Zahlung von Beiträgen.** Das Familiengericht darf die Begründung von Anrechten in dieser Form nur anordnen, wenn es positiv feststellt,[55] daß die Zahlung dem Verpflichteten nach seinen wirtschaftlichen Verhältnissen zumutbar ist, sei es auch in Raten. Diese sollen den Verpflichteten jedoch nicht zum Dauerschuldner werden lassen; gegebenenfalls ist nur ein Teilausgleich des restlichen Anspruchs in dieser Form zumutbar.[56] Für den Berechtigten ist diese Form der Anwartschaftsbegründung meist wenig befriedigend, weil seine eigenständige Absicherung erst erreicht, der Wertausgleich erst vollzogen ist, wenn die Beiträge tatsächlich beim Versicherer eingehen.

Der materiellrechtliche Ausgleichsanspruch nach § 1587a Abs. 1 BGB bleibt hier auf die Verschaffung von Anwartschaften in der gesetzlichen Ren-

---

[48] Oder die Realteilung, wenn die Versorgungsordnung eine entsprechende „Super-Realteilung" zuläßt, *Ruland,* NJW 1987, 348; *Wagenitz,* FamRZ 1987, 3.

[49] *Glockner,* FamRZ 1987, 332.

[50] Näheres zu dieser Ausgleichsform bei *Glockner,* aaO; *Ruland,* aaO; *Wagenitz,* aaO S. 2.

[51] Grenzwert bei Ehezeitende 1986: 57,40 DM, 1987: 60,20 DM dynamische Anwartschaften; vgl. Fn. 26.

[52] Vgl. Rz. 369 zu § 1587a Abs. 2 Nr. 3 BGB.

[53] BTDr. 10/6369 S. 20 (Verhältnis zu Nr. 1); oben Rz. 370a.

[54] Früher § 1587b Abs. 3 Satz 1, 1. Halbsatz BGB; vgl. oben Fn. 21.

[55] Die frühere verfassungswidrige Regelung enthielt insoweit eine lediglich als Ausnahme gestaltete Billigkeitseinschränkung (§ 1587d Abs. 1 BGB). Zur befristeten Abänderungsmöglichkeit von Altentscheidungen (§ 1587b Abs. 3) s. *Hahne,* FamRZ 1987, 429; *Ruland,* NJW 1987, 351.

[56] *Ruland,* NJW 1987, 348.

tenversicherung gerichtet, die Verpflichtung zur Beitragszahlung an den Versicherungsträger (vgl. § 53e Abs. 1 FGG) ist eher vollstreckungsrechtlicher Natur und unterliegt weder der Pfändung und Abtretung noch der Aufrechnung.[57] Die Zwangsvollstreckung wegen der Beitragszahlung richtet sich gem. § 53g Abs. 3 FGG nach den Vorschriften der ZPO und ist Sache des Berechtigten.

Zur steuerlichen Behandlung der Zahlungen s. Rz. 440 aE mit 439.

Kommt die Begründung von Anwartschaften durch Beitragszahlung[58] in Betracht, so ist dem voraussichtlich Verpflichteten, aber auch dem Berechtigten[59] dringend die Abgabe der **Bereiterklärung** gegenüber dem Familiengericht oder dem Versicherungsträger zu empfehlen. Diese läßt eine innerhalb dreier Monate nach Rechtskraft der Entscheidung über den Wertausgleich geschehene Beitragsentrichtung als bereits im Zeitpunkt des Zugangs der Erklärung geschehen gelten. Aufgrund der Bereiterklärung bleiben die oft weit niedrigeren Beiträge zur Zeit ihrer Abgabe maßgebend und beginnt schon in diesem Zeitpunkt der Versicherungsschutz.[60] Dies ist vor allem bei langer Verfahrensdauer bedeutsam.

Andererseits kann das Familiengericht bei einer wesentlichen Änderung der Verhältnisse nach der Scheidung gem. §§ 3b Abs. 1 Nr. 2 Satz 2 HRG, § 1587d Abs. 2 BGB die Anordnung über die Ratenzahlungen **abändern.** Der mit Ratenzahlungsanordnungen verbundene Zahlungsaufschub läßt freilich die Wirkungen einer Bereiterklärung entfallen, falls nicht der Berechtigte in Vorlage treten kann.

Anders als Splitting und Quasisplitting ist die Begründung neuer Rentenanwartschaften zugunsten des Berechtigten durch Beitragsentrichtung **ausgeschlossen,** wenn bei ihm der Versicherungsfall des Alters bereits eingetreten, d. h. dem Berechtigten ein bindender Bescheid über die Zuerkennung des Altersruhegeldes erteilt ist.[61] Damit ist der Ausgleichsanspruch vom Wert-

---

[57] Im Ergebnis ebenso *Ruland/Tiemann,* Rz. 487f.; *v. Hornhardt,* FamRZ 1979, 659. Daß die Festsetzung des Zahlbetrags nicht in materielle Rechtskraft erwächst, liegt wohl auch *BGH,* NJW 1982, 280 = FamRZ 1982, 153 gegen Ende zugrunde (alles zu dem früher. § 1587b Abs. 3 Satz 1, 1. Halbs.).

[58] Etwa 18000 DM je 100 DM zu begründende monatliche dynamische Anwartschaften, jedoch unterschiedlich je nach Ehezeitende (Bewertungsstichtag der zu begründenden Anwartschaften) und Zahlungszeit.

[59] Der die Beiträge zu seiner eigenen Sicherung anstelle des Verpflichteten leisten und von diesem wohl Aufwendungsersatz verlangen kann (Übergang des Ausgleichsin einen echten Zahlungsanspruch).

[60] Vgl. §§ 1304b Abs. 1 Satz 3 RVO, 83b Abs. 1 Satz 3 AVG; *Ruland/Tiemann,* Rz. 452ff.; *Soergel/Schmeiduch,* § 1587b Rz. 137ff.; *Bergner,* NJW 1982, 217. Zur Bereiterklärung des Verpflichteten beim Splitting s. auch Rz. 371; allgemein *Ruland,* AnwBl 1982, 90f.

[61] Nicht schon bei Berufs- oder Erwerbsunfähigkeit, da hier noch das Altersrisiko versicherbar bleibt, vgl. *BGHZ* 81, 152, 191 (s. Fn. 35). Grundlage: §§ 3b Abs. 1 Nr. 2 Satz 1, 2. Halbs. VAHRG, 1233 Abs. 2a, 1304b Abs. 1 RVO, 10 Abs. 2a, 83b Abs. 1 AVG.

ausgleich in den schuldrechtlichen Versorgungsausgleich – die allein noch verbleibende gesetzliche Ausgleichsform – verwiesen. Dieser kann jedoch erst verlangt werden, wenn die Voraussetzungen des § 1587f und des § 1587g Abs. 1 Satz 2 BGB i. V. m. § 3b Abs. 1 Nr. 2 Satz 2 HRG vorliegen (s. Rz. 379, 381); hiermit erlischt gem. § 1587e Abs. 3 der Anspruch auf Entrichtung von Beiträgen.[62]

Nach **§ 1587b Abs. 5 BGB** gilt für alle Formen des Wertausgleichs in der gesetzlichen Rentenversicherung (Splitting, Quasisplitting, auch nach HRG; Anwartschaftsbegründung durch Beitragszahlung, auch im Falle ihrer Vereinbarung) gemeinsam ein **Höchstbetrag,** welchen der Monatsbetrag der zu übertragenden und zu begründenden gesetzlichen Rentenanwartschaften zusammen mit dem Monatsbetrag der beim Berechtigten ohnehin schon vorhandenen derartigen Anwartschaften nicht übersteigen darf. Der Höchstbetrag ergibt sich aus §§ 1304a RVO, 83a AVG (je Abs. 1 Satz 4, 5) und wird vom Versicherungsträger in der dem Familiengericht zum Versorgungsausgleich erstatteten Auskunft mitgeteilt. 373

Diese Begrenzung des Wertausgleichs verhindert, daß ein Ausgleichsberechtigter in der Ehezeit unter Berücksichtigung des Versorgungsausgleichs höhere gesetzliche Rentenanwartschaften erwerben kann als es einem Versicherten im gleichen Zeitraum im günstigsten Falle möglich war. Soweit der Höchstbetrag überschritten wird, fällt der (restliche) Ausgleichsanspruch in den schuldrechtlichen Versorgungsausgleich (s. Rz. 379, 381), doch erlaubt § 3b Abs. 1 Nr. 1 HRG insoweit den erweiterten Wertausgleich zu Lasten einer etwaigen anderweitigen, der Realteilung unterliegenden Anwartschaft des Verpflichteten (s. Rz. 372b).[63]

Gemäß **§ 1587b Abs. 4 BGB** soll das FamG – womit eine Amtspflicht gemeint ist – auf Antrag eines Ehegatten den **Ausgleich in anderer Weise** regeln, wenn sich die Übertragung oder Begründung von Rentenanwartschaften in den gesetzlichen Rentenversicherungen oder die Realteilung anderer Anwartschaften (s. a. Rz. 372)[64] voraussichtlich nicht zugunsten des Berechtigten auswirken würde (zB weil der Berechtigte nie die sog. kleine Wartezeit von 60 Kalendermonaten erfüllen kann)[65] oder wenn der Versorgungsausgleich in dieser Form nach den Umständen des Falles unwirtschaftlich wäre (zB weil beide Ehegatten als Beamte pensionsberechtigt sind und dem Berechtigten mit Anwartschaften in einer gesetzlichen Rentenversicherung nicht gedient wäre).[66] Bei der Entscheidung darf das FamG aber keine Anwartschaften in 373a

---

[62] *BGHZ* 81, 152, 189ff. (s. Fn. 35).

[63] *BGH,* NJW 1982, 387 = FamRZ 1982, 42 (Feststellungsausspruch).

[64] § 3 VAHRG; Bericht des Rechtsaussch., BTDr. 9/2296 S. 14.

[65] *BGH,* FamRZ 1980, 129 mN = NJW 1980, 396; vgl. Rz. 426a Fn. 59.

[66] Vgl. *MünchKomm./Maier,* § 1587b Rz. 46; *BGH,* NJW 1984, 1549 = FamRZ 1984, 667. *BGHZ* 75, 241 (Fn. 5 zu Rz. 352) verlangt eine Gesamtbetrachtung der Wirtschaftlichkeitsfrage, in die auch die auf Seiten des Ausgleichspflichtigen etwa bestehenden Gründe einer Unwirtschaftlichkeit einzubeziehen sind. Vgl. ferner Rz. 426a Fn. 58.

der gesetzlichen Rentenversicherung begründen oder übertragen (§ 1587b Abs. 4 Halbs. 2 i. V. m. § 1587o Abs. 1 Satz 2 BGB), außer bei sinngemäßer Anwendung auf die Realteilung (hier ist aber dem Verbot des Supersplitting Rechnung zu tragen; im Einverständnis der Beteiligten Anwartschaftsbegründung durch Beitragszahlung).[67]

Da dem FamG als anderweitige im Gesetz vorgegebene Regelung nur der schuldrechtliche Versorgungsausgleich zu Gebote steht, der meist ebenfalls nicht sehr wirtschaftlich ist (zulässig ist aber[68] auch zB die Verurteilung des verpflichteten Ehegatten zur Prämienzahlung für einen vom Berechtigten abzuschließenden Rentenlebensversicherungsvertrag), bietet sich hier ein weites Feld für Vereinbarungen der Ehegatten (s. Rz. 425ff.).

c) *Härteklauseln*

374 Gemäß **§ 1587c BGB** findet ein Versorgungsausgleich nicht statt, (1) soweit die Inanspruchnahme des Verpflichteten unter Berücksichtigung der beiderseitigen Verhältnisse,[69] insbesondere des beiderseitigen Vermögenserwerbs während der Ehe[70] oder im Zusammenhang mit der Scheidung[71] grob unbillig

---

[67] Str.; vgl. *Rolland,* § 1587b Rz. 65; *Gutdeutsch/Lardschneider,* FamRZ 1983, 846; keine Umkehrung der in § 1587b vorgeschriebenen Ausgleichsschritte, *BGH,* NJW-RR 1986, 290 = FamRZ 1986, 250.

[68] Vgl. *Soergel/v. Hornhardt,* § 1587b Rz. 199 (mit weiteren Möglichkeiten).

[69] Krankheit eines Ehegatten, die sich auf seine Erwerbsfähigkeit auswirkt, *BGH,* FamRZ 1981, 756; Finanzierung einer akademischen zusätzlichen Ausbildung, *BGH,* FamRZ 1983, 1217 = NJW 1984, 302; sehr kurze Ehe: *BGH,* FamRZ 1981, 944 m. abl. Anm. *v. Hornhardt,* FamRZ 1982, 30 (vgl. *OLG Hamm,* FamRZ 1985, 78); daß der Verpflichtete dringend auf seine Anwartschaften angewiesen ist, führt nur zur Kürzung, wenn der Berechtigte eine wenigstens ausreichende Versorgung erworben hat, *BGH,* NJW 1981, 1733 = FamRZ 1981, 756; NJW 1982, 989 = FamRZ 1982, 258. Vgl. Fn. 70, 73.

Langjährige Trennung der Ehegatten und Verselbständigung auf wirtschaftlichem Gebiet ist besonders bei vor dem 1. 7. 1977 geschlossenen Ehen zu beachten (wenn nicht der Fall des Art. 12 Nr. 3 Abs. 3 Satz 3, 4 des 1. EheRG vorliegt, s. Rz. 374b), *BGHZ* 75, 241, 269ff. = NJW 1980, 47 = FamRZ 1980, 29. Eheliches Fehlverhalten kann eine Herabsetzung nur bei außergewöhnlichen Umständen von ganz besonderem Gewicht wegen seiner Auswirkungen auf den Verpflichteten begründen, *BGH,* NJW 1983, 117 = FamRZ 1983, 32; NJW 1985, 315 = FamRZ 1985, 45.

[70] Soweit es des Versorgungsausgleichs zur Erreichung seines Zwecks (s. Rz. 352) nicht bedarf, kann er ganz oder teilweise grob unbillig sein, insbesondere wenn der Berechtigte über nicht ausgleichungspflichtiges Vermögen verfügt, während der Verpflichtete auf die Versorgung zur Sicherung seines Unterhalts angewiesen ist; die Berücksichtigung nach der Trennung von dritter Seite erworbenen Vermögens ist nicht von vornherein ausgeschlossen, *BGH,* NJW 1981, 394 = FamRZ 1981, 130. Die neue Eheschließung mit gut versorgtem Partner führt nicht zur Herabsetzung, *BGH,* NJW 1983, 1317 = FamRZ 1983, 461.

[71] Oder (im Zusammenhang mit dem Versorgungsausgleich) nach der Scheidung; vgl. *BGH,* NJW 1982, 224 = FamRZ 1982, 36 zur Möglichkeit der Kürzung des Ausgleichsanspruchs des Ehegatten eines dienstunfähigen Beamten, wenn der Berech-

wäre – dies kommt in Betracht, wenn die starre Durchführung des Wertausgleichs dem Grundgedanken des Versorgungsausgleichs, Beseitigung ehebedingter Versorgungsnachteile, in unerträglicher Weise widersprechen würde –;[72] (2) soweit der Berechtigte in Erwartung der Scheidung oder nach der Scheidung durch Handeln oder Unterlassen bewirkt hat, daß ihm zustehende Anwartschaften oder Aussichten auf eine Versorgung, die nach § 1587 Abs. 1 auszugleichen wären, nicht entstanden oder entfallen sind;[73] (3) soweit der Berechtigte während der Ehe längere Zeit hindurch seine Pflicht, zum Familienunterhalt beizutragen (vgl. §§ 1360, 1360a Abs. 2 BGB), gröblich verletzt hat.[73] Ziffer 1 soll auch verhindern, daß durch (sonstige) Scheidungsfolgen, güterrechtliche Auseinandersetzung und Versorgungsausgleich ein erhebliches wirtschaftliches Ungleichgewicht zwischen den geschiedenen Ehegatten eintritt.[74]

§ 1587c führt stets **nur zur Herabsetzung** des Ausgleichs (höchstens bis auf null); Billigkeit erlaubt keine Erweiterung über die Hälfte der beiderseitigen ehezeitlich erworbenen Anwartschaften hinaus.[75] Das Maß der Herabsetzung richtet sich nach dem unter Berücksichtigung aller Umstände zu beurteilenden Grad der Unbilligkeit.[76]

Wurde die **Ehe vor dem 1. 7. 1974**[77] geschlossen, so kann das FamG auf 374a
Antrag des Verpflichteten nach **Art. 12 Nr.** 3 Abs. 3 Satz 3 und 4 des **1. EheRG** den Ausgleichsanspruch um höchstens die Hälfte des auf die Trennungszeit entfallenden gesetzlichen Anspruchs herabsetzen, wenn die Ehe unter der Geltung des früheren Rechts allein wegen des Widerspruchs des nunmehr ausgleichsberechtigten Ehegatten (§ 48 Abs. 2 EheG aF) nicht geschieden werden durfte[78] **und** die uneingeschränkte Durchführung des Versorgungsausgleichs für den Verpflichteten auch unter Berücksichtigung der Interessen des Berechtigten grob unbillig wäre. Die Begrenzung der Herabsetzung auf die Hälfte des auf die Trennungszeit entfallenden Anspruchs schützt den Berechtigten, der nach früherem Recht auf den Fortbestand von Unterhaltsansprüchen in der Ehe und der Witwenversorgung vertrauen durfte; der

---

tigte bei Erreichen der Altersgrenze eine unverhältnismäßig hohe Rente erzielen würde; sowie *BGH*, FamRZ 1982, 258, wenn der Berechtigte eine vielfach höhere Rente bezieht als der Verpflichtete.

[72] *BGH*, NJW 1982, 989 = FamRZ 1982, 258 und wie Fn. 74.

[73] Zu Nr. 2 und 3: *BGH*, FamRZ 1986, 658; Nr. 3: FamRZ 1987, 49; *OLG Celle*, FamRZ 1987, 837.

[74] Vgl. *BGH*, NJW 1982, 2557 = FamRZ 1982, 909; FamRZ 1987, 255 (Versorgungsausgl. führt sofort zu gegenläufigem Unterhaltsanspruch); hierher auch *BVerfGE* 66, 324 = NJW 1984, 2147 = FamRZ 1984, 653.

[75] *BGH*, NJW 1983, 37 = FamRZ 1982, 1193; FamRZ 1987, 48; *Becker*, Rz. 153 sowie Fn. 330.

[76] *BGH*, NJW 1983, 117, 119 = FamRZ 1983, 32.

[77] Mindestens drei Jahre (§ 48 Abs. 1 EheG aF) vor Inkrafttreten des 1. EheRG.

[78] Daß die Scheidungsklage tatsächlich erhoben war, ist nicht vorausgesetzt, *BGH*, NJW 1983, 2323 = FamRZ 1983, 36.

gebotene Vertrauensschutz kann die Herabsetzung nach dieser Härteregelung auch überhaupt hindern.[79]

374b Das **Verhältnis der** beiden **Härteregelungen** zueinander hat der BGH[80] dahin bestimmt, daß der Sonderregelungsgehalt von Art. 12 Nr. 3 Abs. 3 Satz 3 und 4 des 1. EheRG im Verhältnis zu § 1587c Nr. 1 BGB sich in der Begrenzung der Herabsetzungsmöglichkeit zum Schutze des Vertrauens des Ehegatten, der nach § 48 Abs. 2 EheG nicht geschieden werden durfte, erschöpft. Umstände, die für diese Sonderregelung Bedeutung haben – insbesondere das über dreijährige Getrenntleben – dürfen nicht auch noch nach § 1587c Nr. 1 berücksichtigt werden. Liegt jedoch **kein** Fall vor, in dem die Ehe allein wegen des Widerspruchs des heute Ausgleichsberechtigten nicht geschieden werden durfte, so ist die Berücksichtigung des Getrenntlebens vor Inkrafttreten des 1. EheRG im Rahmen des § 1587c Nr. 1 BGB nicht ausgeschlossen.

4. Anspruch auf Auskunft; Erlöschen des Ausgleichsanspruchs

375 Gemäß § 1587e Abs. 1 i. V. mit §§ 1580, 1605 Abs. 1 Satz 1 BGB sind die Ehegatten verpflichtet, **einander Auskunft** zu geben über alles, was zur Ermittlung der beiderseitigen Versorgungsanwartschaften aus der Ehezeit (s. Rz. 366f.) und zur Durchführung des Wertausgleichs gemäß § 1587b BGB erforderlich ist;[1] der Auskunftsanspruch besteht nicht, wenn über den öffentlich-rechtlichen Versorgungsausgleich bereits rechtskräftig entschieden ist.[2] In Betracht kommen etwa Angaben über die Versorgungsart, den zuständigen Versorgungsträger, die Versicherungsnummer, gezahlte Beiträge, Betriebszugehörigkeit, Ausbildungszeiten, gegebenenfalls auch die Einkommensverhältnisse sowie, wenn zur Ermittlung der Anwartschaft erforderlich, über Zeiten vor der Ehe.[3] Ferner sind auf Verlangen die betreffenden Belege vorzulegen (§ 1587e Abs. 1 i. V. mit §§ 1580, 1605 Abs. 1 Satz 2, 3, 260 BGB), zB Bescheinigungen des Arbeitgebers, Versicherungspolicen, Bescheide über die Berechnung und Festsetzung des Besoldungsdienstalters, Rentenbescheide, Anmeldebescheinigungen zu Zusatzversicherungen usw.[4] (Eine

---

[79] *BGH,* NJW 1981, 394 = FamRZ 1981, 130 (wegen Betreuung älterer minderjähriger Kinder in der Trennungszeit); NJW 1983, 2323 = FamRZ 1983, 36 (uU wegen schwieriger Lebensumstände und bescheidener Anwartschaft des Berechtigten); vgl. auch die Billigkeitsabwägung des *BGH* in der Entscheidung NJW 1980, 396 = FamRZ 1980, 129; zum Kürzungsmodus FamRZ 1986, 252; NJW 1987, 1018 = FamRZ 1987, 149.

[80] *BGHZ* 75, 241, 269ff. = NJW 1980, 47 = FamRZ 1980, 29 sowie NJW 1981, 394 = FamRZ 1981, 130; auch *BGH,* NJW 1983, 176 = FamRZ 1982, 475.

[1] Verzeichnis entspr. §§ 1605 Abs. 1 Satz 3, 260 Abs. 1 sind die ausgefüllten Fragebogen und Kontenklärungsanträge, vgl. Rz. 401f., 410.

Zu unterscheiden hiervon sind die vom FamG anzustellenden Ermittlungen in der Form der Einholung von Auskünften (s. § 53b Abs. 2 Satz 2 FGG, hierzu Rz. 401).

[2] *BGH,* NJW 1982, 1646 = FamRZ 1982, 687. Vgl. jedoch Rz. 387.

[3] *Voskuhl/Pappai/Niemeyer,* Anm. I 2.

[4] *Voskuhl/Pappai/Niemeyer,* Anm. I 3.

ähnliche Auskunftspflicht besteht gem. **§§ 3a Abs. 8 HRG,** 1605 BGB unter den am verlängerten schuldrechtlichen Versorgungsausgleich Beteiligten.) Weiter sieht **§ 10a Abs. 11 HRG** für die Abänderungsentscheidung (vgl. Rz. 408b) einen Auskunftsanspruch zwischen den Ehegatten, ihren Hinterbliebenen und den betroffenen Versicherungsträgern vor (gegen einen Versicherungsträger nur, wenn die Auskunft von Ehegatten und Hinterbliebenen nicht zu erlangen ist).

Zur Auskunftspflicht dem Gericht gegenüber (§ 11 VAHRG) s. Rz. 401.

376 Der **Ausgleichsanspruch erlischt** gemäß § 1587e Abs. 2 mit dem **Tode des Berechtigten.** Dies ist von Bedeutung, wenn über die Scheidung gemäß § 628 Abs. 1 ZPO vorab entschieden worden ist und der Berechtigte nach der Rechtskraft des Scheidungsurteils und vor Rechtskraft der Entscheidung über den Wertausgleich (vgl. § 53g FGG) stirbt. Wird dagegen die Entscheidung über den Versorgungsausgleich vor dem Tode des Berechtigten rechtskräftig (und – als Folgesache – infolge Rechtskraft des Scheidungsausspruchs gem. § 629d ZPO wirksam), so ist der Ausgleichsanspruch in allen Fällen des **Splitting und Quasisplitting sowie der Realteilung** (auch nach HRG; vgl. Rz. 370a) bereits vor dem Tode des Berechtigten durch die rechtsgestaltende Entscheidung des Familiengerichts erfüllt,[5] nur dem Anspruch auf Anwartschaftsbegründung durch Beitragszahlung (s. Rz. 372c) steht der Einwand aus § 1587e Abs. 2 entgegen.[6]

376a Dagegen erlischt der Ausgleichsanspruch **nicht** mit dem **Tode des Verpflichteten** (§ 1587e Abs. 4 Satz 1).[7] Der Anspruch ist dann gegen die Erben geltendzumachen (§ 1587e Abs. 4 Satz 2; zum Verfahren s. Rz. 407a). Das Rentenkonto des Verstorbenen ist mit dem Tode nicht erloschen, sondern besteht für den Versorgungsausgleich wie für die Hinterbliebenenversorgung fort.[8] Von diesem Konto überträgt das FamG Rentenanwartschaften;[9] soweit ein Splitting nicht in Betracht kommt, begründet es Anwartschaften[10] oder teilt es real. Nötigenfalls kann gem. §§ 1960 Abs. 1, 1961 BGB ein Nachlaßpfleger bestellt werden.

---

[5] *Maier,* Versorgungsausgleich in der Rentenvers., § 1587e Anm. 2; *Gernhuber,* § 28 V 9. Im Einzelfall kann Rückabwicklung nach §§ 4ff. VAHRG in Betracht kommen.

[6] Der Einwand dürfte – wie der der Zahlung von Beiträgen – nötigenfalls durch Vollstreckungsabwehrantrag, jedoch im Verfahren der freiwilligen Gerichtsbarkeit geltendzumachen sein, vgl. § 53g Abs. 3 FGG einerseits, § 53f andererseits.

[7] Vgl. auch zum Unterhaltsanspruch § 1586b BGB.

[8] Vgl. *Voskuhl/Pappai/Niemeyer,* § 1587e Anm. IV; *MünchKomm./Maier,* § 1587e Rz. 17; *BGH,* NJW 1982, 1939 = FamRZ 1982, 473; FamRZ 1984, 467.

[9] Im Falle des § 1587b Abs. 1 haben die Erben eine eigenartige Rechtsstellung (vgl. *BGH,* aaO). Sie sind Beteiligte im Verfahren, der dem Ausgleichsberechtigten zustehende „Anteil" an der Versorgungsanwartschaft gehört jedoch nicht zum Nachlaß; durch eine Entscheidung, die einen Teil der Rentenanwartschaft überträgt, sind sie – von den Kosten abgesehen – nur dann beschwert, wenn hierdurch eine ihnen zustehende Hinterbliebenenversorgung nach dem Verpflichteten beeinträchtigt wird. Das gleiche gilt im Falle der Realteilung oder Begründung einer Anwartschaft gem. § 1587b Abs. 2 BGB oder den Vorschriften des HRG.

[10] Vgl. *BGH,* NJW 1986, 185 = FamRZ 1985, 1240.

5. Der schuldrechtliche Versorgungsausgleich

377 *a)* Kann der Wertausgleich (Rz. 370 bis 373a) der in § 1587 BGB bezeichneten Versorgungsanrechte aus tatsächlichen oder rechtlichen Gründen nicht oder nicht vollständig vorgenommen werden, so tritt an seine Stelle der **subsidiäre**[1] Anspruch auf einen schuldrechtlichen[2] Versorgungsausgleich. Ein beim Wertausgleich wegen fehlender Unverfallbarkeit außer Betracht gebliebenes betriebliches Anrecht des Wertausgleichsberechtigten (s. Rz. 369 zu § 1587a Nr. 3) kann zu einem schuldrechtlichen Rückausgleichsanspruch des ursprünglich Verpflichteten führen.[3] Der schuldrechtliche Ausgleich kann nachehelichen Unterhalt ersetzen, aber – jedenfalls grundsätzlich – auch in umgekehrter Richtung zu gewähren sein.

378 Während der Wertausgleich den gleichsam dinglichen Erwerb eigenständiger Versorgungsanrechte durch den Berechtigten, möglichst gegen die Träger der gesetzlichen Rentenversicherung, zum Ziele hat, gibt der schuldrechtliche Ausgleich einen grundsätzlich auf Zahlung gerichteten, gleichsam obligatorischen[2] Anspruch gegen den anderen geschiedenen Ehegatten: Die Anwartschaften gem. § 1587b Abs. 1 und 2 BGB, §§ 1, 3b Abs. 1 Nr. 1 HRG werden mit der Rechtskraft der Entscheidung übertragen bzw. begründet; damit hat der Berechtigte eine eigene Anwartschaft erlangt (s. Rz. 352). Dagegen wird der Anspruch auf die **Ausgleichsrente** des schuldrechtlichen Versorgungsausgleichs frühestens fällig,[4] wenn der Verpflichtete eine Versorgung erlangt, insbesondere eine Rente. Die Ausgleichsrente entfällt mit dem Tode des Verpflichteten (s. Rz. 381, 388), soweit nicht der verlängerte schuldrechtliche Ausgleich eingreift (s. unten Rz. 388a bis 388c). Der schuldrechtliche Ausgleich ist damit weit schwächer als der Wertausgleich.[5] Eine eigenständige soziale Sicherung gibt er dem Berechtigten nur, falls dieser **Abfindung** verlangen kann. Der Abfindungsanspruch stellt daher für den Berechtigten die weit wichtigere Form des schuldrechtlichen Versorgungsausgleichs dar, denn eine Abfindung (§ 1587l BGB) kann, wenn die Voraussetzungen vorliegen, sofort angeordnet werden (s. dazu Rz. 389ff.). – Zu den steuerlichen Auswirkungen s. Rz. 440.

379 *b)* Anspruch auf den schuldrechtlichen Versorgungsausgleich besteht zunächst – soweit nicht im Einzelfall die Bagatellklausel des § 3c HRG anzuwenden ist (s. Rz. 370c), die auch für den schuldrechtlichen Ausgleich gilt – in den vom Gesetz abschließend[1] aufgeführten fünf **Fällen des § 1587f Nr. 1–5:**

---

[1] *BGH*, NJW 1980, 396 = FamRZ 1980, 129; NJW 1987, 1018 = FamRZ 1987, 149.

[2] Der Anspruch ist jedoch *familienrechtlicher* Natur, vgl. Art. 17 EGBGB nF.

[3] Soweit der Wertausgleich nicht nach Eintritt der Unverfallbarkeit angepaßt wurde, § 10a Abs. 1 Nr. 2 HRG nF.

[4] Oder entsteht erst, vgl. *Soergel/v. Hornhardt*, § 1587g BGB Rz. 3.

[5] Vgl. hierzu *Rotax*, MDR 1984, 621ff.; *Klauser*, MDR 1983, 530f.; *BVerfGE* 71, 364 = NJW 1986, 1321 = FamRZ 1986, 543.

(1) wenn die vereinbarte Begründung gesetzlicher Rentenanwartschaften durch Entrichtung von Beiträgen nicht möglich ist, weil der Berechtigte die Voraussetzungen für ein Altersruhegeld aus einer gesetzlichen Rentenversicherung bereits erfüllt, er also z. Zt. der Scheidung schon im Rentenalter steht (vgl. Rz. 372c);

(2) wenn die Übertragung oder Begründung von Rentenanwartschaften in einer gesetzlichen Rentenversicherung mit Rücksicht auf die Vorschrift des § 1587b Abs. 5 ausgeschlossen ist, d. h. weil die Höchstgrenzen der gesetzlichen Rentenversicherung erreicht worden sind (s. Rz. 373);

(3) wenn der ausgleichspflichtige Ehegatte von ihm etwa zu leistende Zahlungen zur Begründung von Rentenanwartschaften in einer gesetzlichen Rentenversicherung nicht erbracht hat (d. h. nachträglicher Eintritt des Falles Nr. 1, vgl. § 53f FGG);[6]

(4) wenn Leistungen der betrieblichen Altersversorgung aufgrund solcher Anwartschaften oder Aussichten, die im Zeitpunkt des Erlasses der Entscheidung noch nicht unverfallbar waren, auszugleichen sind (vgl. dazu Rz. 377, 446);[3]

(5) wenn das FamG nach § 1587b Abs. 4 eine Regelung in der Form des schuldrechtlichen Versorgungsausgleichs getroffen hat (s. Rz. 373a) oder die Ehegatten durch genehmigte Vereinbarung nach § 1587o den schuldrechtlichen Versorgungsausgleich vorgesehen haben (s. dazu Rz. 437).

Weitere Fälle ergeben sich aus §§ 2ff. HRG:

(6) wenn Versorgungsträger eine ausländische, zwischen- oder überstaatliche Einrichtung ist (§§ 2, 3b Abs. 2, 3a Abs. 5 HRG);

(7) ebenfalls gem. § 2 HRG, wenn die Formen des Wertausgleichs gem. §§ 1587b Abs. 1 und 2 BGB, 1 HRG nicht eingreifen und auch die Voraussetzungen der den schuldrechtlichen Ausgleich einschränkenden Wertausgleichsformen des § 3b HRG nicht vorliegen (vgl. die Übersicht über die Ausgleichsformen in Rz. 370a).

Ist ein Wertausgleich nur **teilweise** durchgeführt worden, so kommt hin- 380
sichtlich des restlichen Wertunterschiedes, der aus den in Rz. 379 genannten Gründen nicht ausgeglichen worden ist, der schuldrechtliche Versorgungsausgleich zum Zuge.[7]

c) Zum Ausgleich verpflichtet ist hier, wie im Falle des § 1587a Abs. 1 381
Satz 1 BGB, der Ehegatte, dessen schuldrechtlich auszugleichende Versorgung die des anderen übersteigt; hierzu ist eine Geldrente (**Ausgleichsrente**) in Höhe der Hälfte des jeweils übersteigenden Betrages zu entrichten (**§ 1587g Abs. 1** Satz 1). Dieser Versorgungsausgleich soll aus der eigenen, in der Ehezeit erworbenen und im Wertausgleich noch nicht zur Ausgleichung gebrach-

---

[6] Die Voraussetzung liegt vor, sobald Umstände eintreten, die die rentenbegründende oder -steigernde Wirkung von (weiteren) Beiträgen zur gesetzlichen Rentenversicherung ausschließen, *BGHZ* 81, 152 = NJW 1981, 2689 = FamRZ 1981, 1051.

[7] § 1587f: „insoweit"; § 2 VAHRG: „soweit ... nicht".

ten Versorgung des Ausgleichspflichtigen geleistet werden. Die Ausgleichsrente **kann erst verlangt werden, wenn beide** geschiedenen Ehegatten eine Versorgung erlangt haben **oder wenn** der ausgleichspflichtige Ehegatte eine Versorgung erlangt hat **und** der andere frühere Ehegatte wegen Krankheit oder anderer Gebrechen oder Schwäche der körperlichen oder geistigen Kräfte[8] auf nicht absehbare Zeit eine ihm nach Ausbildung und Fähigkeiten zumutbare Erwerbstätigkeit nicht (mehr) ausüben kann oder das 65. Lebensjahr vollendet hat (§ 1587g Abs. 1 Satz 2). Eine Versorgung ist erlangt, wenn die jeweiligen Voraussetzungen für den Anspruch auf eine Leistung gegeben sind, wobei gleichgültig ist, ob eine Versorgung wegen Berufs- oder Erwerbsunfähigkeit oder wegen Alters zu gewähren ist. Ein Versicherungsfall allein des Berechtigten reicht nicht aus. Die zweite Alternative ist wichtig in Fällen, in denen der Berechtigte keinem Versicherungs- oder Versorgungssystem angehört oder zB die erforderlichen zeitlichen Voraussetzungen für eine Leistung nicht erfüllt. Als „nicht absehbar“ iS des Abs. 1 Satz 2 dürfte ein Zeitraum von mehr als zwei Jahren zu beurteilen sein.[9]

Nur wenn diese Voraussetzungen schon während des Ehescheidungsverfahrens vorliegen, kann der Antrag (§ 1587f) schon im Verbundverfahren über Scheidung und Folgesachen gestellt werden; eine erst künftige schuldrechtliche Ausgleichsleistung kann im Verbundverfahren nicht geltend gemacht werden.[10]

382 Für die Ermittlung der **auszugleichenden Versorgung** ist § 1587a entsprechend anzuwenden (§ 1587g Abs. 2 Satz 1). Dies bedeutet, daß grundsätzlich auch für den schuldrechtlichen Ausgleich die Wertverhältnisse bei Ehezeitende maßgebend sind,[11] jedoch unter Berücksichtigung der seitdem eingetretenen Veränderungen nicht nur im Wert, sondern auch im Bestand der ehezeitlichen Anrechte, § 1587g Abs. 2 Satz 2 BGB. So wirkt sich eine Anpassung der betreffenden Versorgung an die Lohnentwicklung aus, nicht jedoch Veränderungen, die auf individuellen Umständen in der Person des Verpflichteten beruhen, wie der Eintritt der Erwerbsunfähigkeit vor Erreichen der Altersgrenze[12] oder ein beruflicher Aufstieg des Verpflichteten, auch wenn er die Höhe der gewährten Versorgung beeinflußt.[13]

---

[8] Zu diesen Begriffen s. auch *Saage/Göppinger,* Teil III, Vorbem. 61, und *Voskuhl/Pappai/Niemeyer,* § 1587g Anm. II 3b, aa; ferner s. § 1572 BGB (Rz. 207).

[9] *Voskuhl/Pappai/Niemeyer,* Anm. II 3b, bb; nach anderer Auffassung, wenn nach 26 Krankheitswochen Rente auf Zeit wegen Erwerbsunfähigkeit zustünde; *Soergel/v. Hornhardt,* § 1587g BGB Rz. 9 m. w. N.

[10] *BGH,* NJW 1982, 387 = FamRZ 1982, 42; NJW 1984, 610 = FamRZ 1984, 251 (nur in Ausnahmefällen Feststellung); *Rotax,* MDR 1984, 621f.

[11] *BGH,* NJW 1987, 1014 = FamRZ 1987, 145; fragl. ist die Bindung an die Gründe einer Vorentscheidung über Wertausgleich (so wohl *Voskuhl/Pappai/Niemeyer,* § 1587g Anm. III 1; vgl. aber BT-Drucks. 7/4361 S. 46f.).

[12] *BGH,* wie Fn. 11.

[13] Bericht des Rechtsaussch., BT-Drucks. 7/4361 S. 47. Zur Berechnung vgl. *OLGe Karlsruhe* und *Koblenz,* FamRZ 1983, 605, 607, 608.

Zwischen dem Ende der Ehezeit und der Fälligkeit des Anspruchs können Jahrzehnte liegen. Häufig werden Ehen geschieden, deren Partner noch nicht das 30. Lebensjahr vollendet haben. Gerade hier wird der schuldrechtliche Ausgleich oft deshalb in Betracht kommen, weil eine Anwartschaft auf betriebliche Altersversorgung im Hinblick auf § 1 Abs. 1 Satz 1 BetrAVG zur Zeit der Entscheidung über den Wertausgleich noch verfallbar ist (s. Rz. 369, 446).

Kann der schuldrechtliche Versorgungsausgleich nach § 1587g Abs. 1 383
Satz 2 verlangt werden, so erlischt gemäß § 1587e Abs. 3 der Anspruch auf Anwartschaftsbegründung durch Entrichtung von Beiträgen, § 3b Abs. 1 Nr. 2 HRG (sowie § 1587b Abs. 3 BGB aF).

Gegenüber dem nachehelichen Unterhalt ist der schuldrechtliche Versorgungsausgleich grundsätzlich vorrangig (zur Härteklausel s. Rz. 384),[14] Bedürftigkeit ist nicht Voraussetzung des schuldrechtlichen Versorgungsausgleichs.[15] Unterhaltsansprüche werden daher beeinflußt, soweit der Ausgleich Einfluß auf Bedürftigkeit und Leistungsfähigkeit der geschiedenen Ehegatten hat.

Gemäß § 1587h Nr. 1 besteht ein **Ausgleichsanspruch nicht,** soweit der Be- 384
rechtigte den nach seinen Lebensverhältnissen angemessenen Unterhalt (s. hierzu Rz. 212) aus seinen Einkünften und seinem Vermögen bestreiten kann und die Gewährung des Versorgungsausgleichs für den Verpflichteten bei Berücksichtigung der beiderseitigen wirtschaftlichen Verhältnisse eine **unbillige Härte** bedeuten würde. Für den Ausgleichsberechtigten ist durch Verweisung auf § 1577 Abs. 3 hervorgehoben, daß er den Stamm seines Vermögens für seinen Unterhalt nicht zu verwerten braucht, soweit die Verwertung unwirtschaftlich oder unter Berücksichtigung der beiderseitigen wirtschaftlichen Verhältnisse unbillig wäre. Für den Verpflichteten fehlt eine Verweisung auf die entsprechende Vorschrift des § 1581 Satz 2; da ihm die Heranziehung zum Wertausgleich ausnahmsweise erspart geblieben ist, mag ihm die Verwertung des Vermögensstammes eher zuzumuten sein.

Zu den Einkünften soll nach hM im Falle der Wiederverheiratung des ausgleichsberechtigten geschiedenen Ehegatten auch dessen Unterhaltsanspruch gegen den neuen Ehegatten rechnen.[16]

Ferner ist der Ausgleichsanspruch gemäß § 1587h Nr. 2 und 3 in den glei- 385
chen Fällen nicht gegeben wie gemäß § 1587c Nr. 2 und 3 (vgl. Rz. 374). Fraglich ist, ob die Härteklausel des § 1587c Nr. 1 auf den schuldrechtlichen

---

[14] *Lange,* FamRZ 1983, 1187 m. w. N.; vgl. auch *Göppinger,* Unterhaltsrecht, 5. Aufl. Rz. 189f.

Auch Kürzungsbeträge aus der in Rz. 374a behandelten Härteklausel können nicht gegen den schuldrechtlichen Ausgleich verrechnet werden, *BGH,* NJW 1983, 2323 = FamRZ 1983, 36.

[15] *BGH,* NJW 1985, 2706 = FamRZ 1985, 263.

[16] *Soergel/v. Hornhardt,* § 1587h Rz. 5 m. N.

Ausgleich angewandt werden kann.[17] Die Kürzungsvorschrift des Art. 12 Nr. 3 Abs. 3 des 1. EheRG (s. Rz. 374a) gilt auch hier.[18]

386 Gemäß § 1587i Abs. 1 kann der Berechtigte vom Verpflichteten **Abtretung der** in den schuldrechtlichen Versorgungsausgleich **einbezogenen Versorgungsansprüche** verlangen, die für den gleichen Zeitabschnitt fällig geworden sind oder fällig werden. Ein Ausschluß der Übertragbarkeit und Pfändbarkeit der Ansprüche (vgl. §§ 399 zweite Alternative, 400 BGB, 850 Abs. 2, Abs. 3 Buchst. b ZPO) steht der Wirksamkeit der Abtretung nicht entgegen (§ 1587i Abs. 2).

387 Weitere Regeln ergeben sich aus § 1587k.

Der Ausgleichspflichtige ist hier ebenso wie im Falle des Wertausgleichs (§§ 1587b, 1587e Abs. 1) dem Berechtigten gegenüber **auskunftspflichtig** (§ 1580, vgl. auch Rz. 375), erforderlichenfalls auch der Berechtigte dem Verpflichteten.

Die Ausgleichsrente ist monatlich **im Voraus** zu bezahlen (§ 1587k Abs. 1 i. V. mit § 1585 Abs. 1 Satz 2, 3). Hinsichtlich rückständiger Monatsraten ist § 1585b Abs. 2, 3 entsprechend anzuwenden. Nachträgliche wesentliche **Änderungen** rechtfertigen den Abänderungsantrag gem. §§ 1587g Abs. 3, 1587d Abs. 2 BGB.

387a Der Ausgleichsanspruch **erlischt** gemäß § 1587k Abs. 2 Satz 1 BGB mit dem **Tode des Berechtigten,** dagegen nicht – wie sich aus dem Wesen und Zweck des Anspruchs ergibt – mit der Wiederverheiratung, im Unterschied zum Unterhaltsanspruch (§ 1586 Abs. 1 BGB). Denn der schuldrechtliche Versorgungsausgleich soll dem Berechtigten fehlende eigene Ansprüche auf eine spätere Versorgung ersetzen. Soweit der Anspruch erlischt, bleiben in entsprechender Anwendung des § 1586 Abs. 2 Ansprüche auf Rückstände und den zur Zeit des Todes fälligen Monatsbetrag bestehen. Im übrigen jedoch gehen mit dem Erlöschen des Ausgleichsanspruchs die nach § 1587i Abs. 1 abgetretenen Ansprüche wieder auf den Verpflichteten über (§ 1587k Abs. 2 Satz 2).

388 **Stirbt der Verpflichtete,** so entfällt die nach § 1587g BGB auszugleichende Versorgung, die Voraussetzung auch des Fortbestandes des Anspruchs ist; es ist daher mangels einer dem § 1587e Abs. 4 entsprechenden Vorschrift anzunehmen, daß dieser Anspruch erlischt.[19] War der Verpflichtete Beamter oder Richter, so hat die geschiedene Ehefrau unter den Voraussetzungen des § 22 Abs. 2 BeamtVG Anspruch auf einen Unterhaltsbeitrag (Näheres s. Rz. 481ff.).

388a Seit 1. Januar 1987 gibt § 3a HRG dem Berechtigten nach dem Tode des

---

[17] So die überw. Meinung und (wohl) *BGH,* FamRZ 1987, 145, 147. Der in § 1587c Nr. 1 erwähnte Vermögenserwerb fällt bereits unter den Wortlaut des § 1587h Nr. 1 (wirtschaftl. Verhältnisse); vgl. *BGH,* NJW 1985, 2706 = FamRZ 1985, 263.

[18] *BGH,* NJW 1987, 1014 = FamRZ 1987, 145.

[19] Überwiegende Meinung, vgl. *Soergel/v. Hornhardt,* § 1587k Rz. 6. Ausdrücklich dahingestellt: *BGH,* NJW 1982, 1939 (1940) = FamRZ 1982, 473 m. w. N.

Verpflichteten einen Anspruch auf **verlängerten schuldrechtlichen Versorgungsausgleich**[20] gegen den **Träger** der auszugleichenden Versorgung. Dieser hat die Ausgleichsrente zu zahlen, soweit die zugrundeliegende Versorgungsordnung für die Witwe bzw. den Witwer eine Hinterbliebenenversorgung vorsieht. Der Anspruch setzt nicht voraus, daß dem verstorbenen Verpflichteten aus dem Anrecht bereits eine Versorgungsleistung zu zahlen war.[21] Für die Ausgleichsrente aus dem verlängerten Ausgleich gelten ähnliche Regeln wie für den gegen den Verpflichteten selber gerichteten Anspruch (§ 3a Abs. 6 HRG).

Hatte der Verpflichtete wieder geheiratet, wird die seiner Witwe bzw. dem Witwer zustehende Hinterbliebenenrente regelmäßig um den Betrag der Ausgleichsrente gekürzt, § 3a Abs. 4; Abs. 7 trifft Vorsorge gegen doppelte Inanspruchnahme des Versorgungsträgers. Die Beteiligten können voneinander die erforderlichen Auskünfte verlangen (§ 3a Abs. 8). Nach Abs. 9 kann das Familiengericht eine einstweilige Anordnung über die Zahlung von Ausgleichs- und Hinterbliebenenrente erlassen. – Zur rückwirkenden Geltendmachung in Altfällen s. Rz. 108c.

388b Der Anspruch auf verlängerten schuldrechtlichen Versorgungsausgleich **besteht nicht** in den Fällen des § 1587f Nr. 5 BGB (s. Rz. 379), wenn der schuldrechtliche Ausgleich nur wegen Unwirtschaftlichkeit des Wertausgleichs oder fehlender Auswirkung zugunsten des Berechtigten angeordnet wurde (§ 1587b Abs. 4 BGB) oder wenn die Ausgleichsrente, die sich aus einer Scheidungsvereinbarung ergibt (§ 1587o BGB), die nach dem Gesetz geschuldete Rente übersteigt und der Versorgungsträger nicht zugestimmt hat, § 3a Abs. 3 HRG. Nach Absatz 2 entfällt der verlängerte schuldrechtliche Ausgleich außerdem, wenn die Versorgungsordnung im Zeitpunkt seiner Geltendmachung dem Berechtigten einen den Umständen nach allgemein gleichwertigen Anspruch gewährt oder die Realteilung des Anrechts vorsieht.

388c Ist der Versorgungsträger eine **ausländische,** zwischen- oder überstaatliche Einrichtung (vgl. Rz. 370a, 372b), so richtet sich der Anspruch auf verlängerten schuldrechtlichen Ausgleich gem. § 3a Abs. 5 HRG **gegen die Witwe** bzw. den Witwer des Verpflichteten, soweit dieser von dem Träger eine Hinterbliebenenversorgung bezieht. Was der Berechtigte selber vom Versorgungsträger erhält, ist anzurechnen.

389 *d)* Ähnlich wie bezüglich des Unterhaltsanspruchs (s. § 1585 Abs. 2 BGB) kann der ausgleichsberechtigte Ehegatte wegen der künftigen Ausgleichsansprüche von dem anderen Ehegatten in allen Fällen des schuldrechtlichen Versorgungsausgleichs **eine Abfindung verlangen,** wenn diesem die Zahlung nach seinen wirtschaftlichen Verhältnissen zumutbar ist (**§ 1587l** Abs. 1 BGB nF). Diese Vorschrift hat besondere Bedeutung in den Fällen, in denen der

---

[20] Vgl. hierzu *Glockner,* FamRZ 1987, 335; *Ruland,* NJW 1987, 350; *Wagenitz,* FamRZ 1987, 5.

[21] Vgl. auch *Wagenitz,* aaO; *Ruland,* aaO S. 351.

Berechtigte nach § 1587g Abs. 1 Satz 2 ungesichert bliebe, wenn bei ihm die Voraussetzungen des Versorgungsfalles eintreten, bevor der Ausgleichspflichtige eine Versorgung erlangt (s. Rz. 381), oder wenn der Verpflichtete vor dem Berechtigten stirbt und kein verlängerter schuldrechtlicher Ausgleich eintritt. Die Abfindung verschafft dem Berechtigten damit die Möglichkeit, die Nachteile des schuldrechtlichen Versorgungsausgleichs wenigstens teilweise zu vermeiden und sich eine eigenständige Alters- und Invaliditätssicherung aufzubauen (s. Rz. 391), selbst wenn der Verpflichtete nur ausländische Anrechte hat.

Die Abfindung kann verlangt werden, sobald die Voraussetzungen des § 1587f vorliegen, im Falle der Nr. 4 jedoch frühestens nach Eintritt der Unverfallbarkeit der Anwartschaft.[22]

390 Für die **Höhe der Abfindung** ist der gemäß § 1587g Abs. 2, also wie beim Wertausgleich des § 1587a, ermittelte Zeitwert der beiderseitigen Anwartschaften oder Aussichten auf eine auszugleichende Versorgung zugrundezulegen (§ 1587l Abs. 2). Der Begriff „Zeitwert" bedeutet den Wert des sich aus den auszugleichenden Versorgungen einschließlich der Veränderungen (s. § 1587g Abs. 2 Satz 2) ergebenden Ausgleichsanspruchs im Zeitpunkt der Entscheidung, d. h. regelmäßig der der Entscheidung vorausgehenden mündlichen Verhandlung (vgl. § 53b Abs. 1 FGG), also nicht im Zeitpunkt der Rechtshängigkeit des Scheidungsantrags.

391 In Abweichung von der für Unterhaltsansprüche geltenden Vorschrift des § 1585 Abs. 2 ist hier, entsprechend dem Zweck der Regelung des § 1587l, vorgeschrieben, daß die Abfindung nur in Form der Zahlung von Beiträgen zu einer gesetzlichen Rentenversicherung oder einer privaten **Lebens- oder Rentenversicherung** verlangt werden kann (Abs. 3 Satz 1). Daher kann das FamG keine Barabfindung an den Berechtigten anordnen. Der Ausgleichsberechtigte kann hier wählen, ob Beiträge zu einer gesetzlichen Rentenversicherung oder einer privaten Versicherung geleistet werden sollen. Im letzteren Falle ist es Sache des Berechtigten, einen entsprechenden Kapital- oder Rentenlebensversicherungsvertrag abzuschließen. Zu beachten ist, daß in der gesetzlichen Rentenversicherung die Abfindung regelmäßig nicht in einer größeren Summe, sondern nur im Rahmen einer etwa vorhandenen Möglichkeit zur Nachentrichtung oder in Form der laufenden freiwilligen Beitragsentrichtung eingezahlt werden kann.[23] Die Ehegatten können jedoch gem. § 1587o BGB unmittelbar die Anwartschaftsbegründung durch Beitragszahlung vereinbaren (s. Rz. 370b, 436).

392 Wählt der Berechtigte die Abfindung in der Form der Zahlung von Beiträgen zu einer privaten Lebens- oder Rentenversicherung, so schreibt § 1587l Abs. 3 Satz 2 vor, daß der Versicherungsvertrag vom Berechtigten auf seine

---

[22] *BGH*, FamRZ 1984, 668. Evtl. nachträgl. Wertausgleich, s. Rz. 408b.

[23] *Soergel/v. Hornhardt*, § 1587l Rz. 9, der auch die Pflichtversicherung auf Antrag gelten läßt. Vgl. weiter Rz. 244a.

Person für den Fall des Todes und des Erlebens des 65. oder eines niedrigeren Lebensjahres abgeschlossen sein und vorsehen muß, daß Gewinnanteile zur Erhöhung der Versicherungsleistungen verwendet werden. Dem Verpflichteten ist auf seinen Antrag gemäß Abs. 3 Satz 3 Ratenzahlung zu gestatten, soweit dies nach seinen wirtschaftlichen Verhältnissen der Billigkeit entspricht, d.h. unter Berücksichtigung seines eigenen angemessenen Unterhalts und seiner sonstigen Verpflichtungen, insbesondere gegenüber Kindern und, wenn der ausgleichspflichtige geschiedene Ehegatte sich wieder verheiratet hat, gegenüber dem neuen Ehegatten.[24] Dagegen ist der Rechtsgedanke des § 1581 Satz 2 BGB nur zurückhaltend zu verwerten, da die Abfindung, die dem Zweck des Versorgungsausgleichs weit besser entspricht als die Ausgleichsrente und die meist nicht ohne Heranziehung des Vermögens aufgebracht werden kann, sonst zu stark eingeschränkt würde.

393 Mit dem Tode des Berechtigten erlischt der Anspruch auf Leistung der Abfindung, soweit er von dem Verpflichteten noch nicht erfüllt ist (§ 1587m); der Restanspruch geht also nicht auf die Erben über, was aus der Zweckbindung der Abfindung folgt.

394 Ist der Berechtigte nach § 1587l abgefunden worden, so muß er sich auf seinen Unterhaltsanspruch gegen den geschiedenen Ehegatten den Betrag anrechnen lassen, den er als Versorgungsausgleich gemäß § 1587g erhielte, wenn die Abfindung nicht geleistet worden wäre (§ 1587n BGB). Die Vorschrift soll eine doppelte Inanspruchnahme des Verpflichteten verhindern und berücksichtigt den Umstand, daß den Berechtigten das wirtschaftliche Risiko treffen muß, ob bei Eintritt des Versorgungsfalles (s. § 1587g Abs. 1 Satz 2, hierzu Rz. 381) eine Versorgung in Höhe der Ausgleichsrente besteht, wie sie ohne Abfindung vorhanden wäre.

6. Verfahrensfragen*

395 Das Verfahren über den Versorgungsausgleich ist ein Verfahren der **freiwilligen Gerichtsbarkeit** (§§ 621a Abs. 1 Satz 1, 621 Abs. 1 Nr. 6 ZPO) mit den insbesondere gem. §§ 621ff. ZPO, 64k FGG für Familiensachen der freiwilligen Gerichtsbarkeit geltenden Besonderheiten. Sondervorschriften allein für das Versorgungsausgleichsverfahren enthalten §§ 53b–53g FGG, 10a, 11 HRG. Das Verfahren wird meist von Amts wegen eingeleitet und betrieben (Rz. 396), teilweise aber nur auf Antrag (Rz. 397ff.).

---

[24] Bei der Billigkeitsabwägung ist jedoch zu berücksichtigen, ob der neue Ehegatte dem geschiedenen gegenüber unterhaltsrechtlich nachrangig ist (§ 1582 BGB).

* **Lit.:** Außer den Kommentaren zum FGG, *Keidel/Kuntze*, 12. Aufl., und *Bassenge*, 4. Aufl. (§§ 53b–53g) vgl. *MünchKomm./Strobel*, Anhang II zu §§ 1587–1587p BGB; *Maier*, Versorgungsausgleich in der Rentenversicherung, 2. Aufl. S. 343–419; *Ruland/Tiemann*, Rz. 663–698; *Hoppenz*, Zum isol. Versorgungsausgleichsverfahren, FamRZ 1987, 425; *Hahne*, Abänderung von Altfällen, FamRZ 1987, 429; *dies.*, Abänderung gem. § 10a VAHRG nF, FamRZ 1987, 217; *Wagenitz*, JR 1987, 53.

In der Regel wird über den Versorgungsausgleich, jedenfalls über den Wertausgleich, als Folgesache der Scheidungssache **im Verbund** verhandelt und entschieden. Dies ändert nichts an der Rechtsnatur als Verfahren der freiwilligen Gerichtsbarkeit und läßt die allgemeinen Grundsätze dieser Verfahrensart unberührt.[1] Das Verfahren bleibt auch dann Folgesache iS v. §§ 623ff. ZPO und unterliegt als solche gem. § 78 Abs. 2 Nr. 1 ZPO nF dem Anwaltszwang,[2] wenn es durch die gem. § 628 ZPO in Ausnahmefällen zulässige Vorwegentscheidung über den Scheidungsantrag oder durch isolierte Anfechtung von Teilen des Verbundurteils des FamG aus dem Verbund mit der Scheidungssache **abgetrennt** wird.

Dagegen kommt es zu einem **selbständigen,** sog. isolierten **Verfahren** über den Versorgungsausgleich vor allem, wenn die Ehe, für die der Ausgleich vorzunehmen ist, im Ausland geschieden oder wenn sie aufgehoben oder für nichtig erklärt[3] worden ist sowie wenn nach der Scheidung der Anspruch auf schuldrechtlichen Versorgungsausgleich (s. Rz. 377ff.) geltend gemacht oder eine abändernde Entscheidung (s. Rz. 408a, 408b, 408c) beantragt wird. Die örtliche Zuständigkeit des FamG richtet sich im isolierten Verfahren meist nach dem letzten gemeinsamen gewöhnlichen Aufenthalt der Ehegatten, § 45 FGG. Wie im Verbund zusammen mit der Scheidungssache, so hat das FamG auch im isolierten Verfahren über den Versorgungsausgleich mündlich zu verhandeln (§ 53b Abs. 1 FGG).[4] Anwaltszwang besteht hier nur vor dem Bundesgerichtshof (§ 78 Abs. 2 Nr. 3 ZPO nF).[2]

396 Das FamG hat das Verfahren über den **Wertausgleich** (§§ 1587a–1587c BGB) **von Amts wegen** einzuleiten und zu betreiben. Das folgt aus den Vorschriften des bürgerlichen Rechts, die in das Verfahrensrecht übergreifen und das Familiengericht zwingend zur Vornahme des Wertausgleichs bei Scheidung einer Ehe anweisen,[5] ferner u. a. aus einer Reihe von Bestimmungen, die als Ausnahme von diesem Grundsatz einen Antrag voraussetzen.[6] Das

---

[1] *OLG Stuttgart,* FamRZ 1983, 81; *KG,* FamRZ 1984, 495; vgl. auch *BGH,* NJW 1983, 824 = FamRZ 1983, 267.

[2] Ausnahmen gelten weitgehend für Versicherungs- und Versorgungsträger (§ 78 Abs. 2 Satz 1 Nr. 1 und 3, Satz 3 ZPO nF). Zum Anwaltszwang und zur Wahl des richtigen Zeitpunkts für den Scheidungsantrag s. auch *Ruland,* AnwBl 1982, 85, 89ff.; zum Zeitpunkt oben Rz. 29 und 367b.

[3] § 623 ZPO sieht den Verbund nur zwischen Scheidungs- und Folgesachen vor (vgl. Überschrift vor § 622); Verbindungen von Eheaufhebungs- und Nichtigkeitsklagen mit anderen Verfahren als bestimmten Ehesachen sind gem. §§ 610 Abs. 2, 633. 638 ZPO unstatthaft. Zur Abgrenzung Folgesache – selbst. Verfahren s. *Ruland,* aaO; zum isol. Verfahren *Hoppenz,* aaO.

[4] Für die Beschwerderechtszüge wird die Sollvorschrift meist einschränkend ausgelegt, s. *BGH,* NJW 1983, 824 = FamRZ 1983, 267.

[5] §§ 1587b BGB, 1 HRG („so überträgt das Familiengericht", „so begründet das Familiengericht") entsprechen § 1671 BGB („so bestimmt das Familiengericht"); § 1587 BGB, *BGH,* NJW 1983, 1317 = FamRZ 1983, 461; vgl. FamRZ 1984, 990.

[6] Siehe Rz. 397f. § 623 Abs. 3 Satz 1 stellt *nur klar,* welche Folgesachen in Anknüpfung an das *materielle Recht* (s. Fn. 5) von Amts wegen eingeleitet werden (*Sedemund-*

Rechtsmittelgericht muß die Vorentscheidung in jeder Richtung in Übereinstimmung mit der materiellen Rechtslage bringen (Grenze: das Verbot der Schlechterstellung des Rechtsmittelführers, das bei einer Beschwerde des Versorgungsträgers i. d. R. nicht gilt), auch entgegen dem Ziel des Rechtsmittels, außer bei zulässiger Beschränkung auf einen Teil der Vorentscheidung.[7]

Jedoch findet eine Entscheidung über den Wertausgleich nach **§ 53 d FGG** nicht statt, soweit die Ehegatten den Versorgungsausgleich nach § 1408 Abs. 2 BGB ausgeschlossen[8] oder nach § 1587 o eine Vereinbarung geschlossen haben und das Gericht die Vereinbarung genehmigt hat. In diesen Fällen hat der Familienrichter nur zu prüfen, ob der Ausschluß des Versorgungsausgleichs, in der Form des Wertausgleichs oder überhaupt, vollständig ist – anderenfalls hat ein Teilausgleich stattzufinden – und ob die Vereinbarung wirksam ist. Gegebenenfalls hat er nach § 1587 o von Amts wegen[9] über die Genehmigung der Vereinbarung zu entscheiden.

Soweit die Vorschriften über den Versorgungsausgleich einen **Antrag** vorsehen, ist zu unterscheiden, ob es sich handelt um einen 397

Sachantrag: im Verfahren über den Versorgungsausgleich nicht vorgesehen; an etwaige Sachanträge ist das Gericht nicht gebunden;[10]

Verfahrensantrag: Einleitung des Verfahrens auf Antrag, aber Amtsermittlung gem. § 12 FGG; s. Rz. 397 b bis 399; oder um die

Geltendmachung materiellrechtlicher Einwendungen, wegen der Antragsabhängigkeit richtiger: Einreden, s. Rz. 397 a.

Ein **Antragserfordernis** gilt innerhalb des Amtsverfahrens über den Wertausgleich – einschließlich des erweiterten Ausgleichs gem. § 3 b HRG – lediglich für die Geltendmachung einzelner Einwendungen (Einreden). Nur auf Antrag berücksichtigt wird der Einwand der **Unwirtschaftlichkeit** oder fehlenden günstigen Auswirkung, § 1587 b Abs. 4 (s. Rz. 373 a). Antragsberechtigt ist der Ausgleichspflichtige,[11] aber auch der Berechtigte („Antrag einer Partei"). Ebenfalls nur auf Antrag berücksichtigt wird die in Art. 12 Nr. 3 des 1. 397 a

---

Treiber, Das deutsche Bundesrecht, Erl. zu § 623 ZPO), also auch im selbständigen Verfahren.

[7] *BGH*, NJW-RR 1986, 290 = FamRZ 1986, 250; vgl. weiter *Lohmann*, S. 266 ff.

[8] § 53 d FGG muß auf vor dem 1. 7. 1977 geschlossene Verträge, die nach Art. 12 Nr. 3 Abs. 3 Satz 2 des 1. EheRG zum Ausschluß des Versorgungsausgleichs führen (s. Rz. 362 Fn. 41), entsprechend angewandt werden (soweit der Vertrag nicht nach §§ 1361 Abs. 4 Satz 4, 1360 a Abs. 3, 1614 Abs. 1, 134 BGB nichtig ist; vgl. ferner *BGH*, FamRZ 1981, 533).

[9] *BGH*, NJW 1987, 1770 = FamRZ 1987, 578. Doch können die Ehegatten die Vereinbarung aufheben; die Entsch. läßt offen, ob Genehmigungsersuchen eines Ehegatten nötig.

[10] *BGHZ* 85, 180, 189 = NJW 1983, 173 = FamRZ 1983, 44 (Wertausgleich); für die Beschwerdeinstanzen *BGH*, FamRZ 1979, 232; NJW 1979, 1989 = FamRZ 1979, 909; s. ferner *BGH*, FamRZ 1984, 990; *Hahne*, FamRZ 1987, 229 und 431; vgl. Rz. 396.

[11] *BGHZ* 75, 241, 267 = NJW 1980, 47 = FamRZ 1980, 29.

EheRG enthaltene **übergangsrechtliche Härteklausel** für Altehen (s. Rz. 374a). Dagegen ist die Härteklausel des § 1587c BGB von Amts wegen zu prüfen (was die Ehegatten nicht von ihrer Verpflichtung zur Mitwirkung am Verfahren und ihrer Obliegenheit zur Angabe für das Gericht nicht ohne weiteres ersichtlicher Härtegründe und von Beweismöglichkeiten entbindet).

397b Wird in dem Verfahren eine notariell beurkundete Vereinbarung iS v. 1587o BGB vorgelegt, so hat das Gericht von Amts wegen über deren Genehmigung zu entscheiden.[9] Hat der Verpflichtete aufgrund genehmigter Vereinbarung Beiträge zur Begründung von Rentenanwartschaften zu zahlen (s. Rz. 436), so wird der Zahlbetrag – gegebenenfalls im Verbundurteil – gem. § 53e Abs. 2 FGG von Amts wegen festgesetzt. Den Antrag eines Ehegatten erfordert dagegen, auch bei gerichtlicher Anordnung dieser Ausgleichsform (s. Rz. 372c), die **Abänderung des Zahlbetrags** bei Änderung der Berechnungsgrößen, § 53e Abs. 3 FGG, ebenso die Anordnung der **Ratenzahlung** sowie die Abänderung solcher Anordnungen gem. §§ 3b Abs. 1 Nr. 2 Satz 2 HRG, 1587d Abs. 2 BGB.

398 Im Gegensatz zum Wertausgleich setzt die Einleitung des Verfahrens über den **schuldrechtlichen Versorgungsausgleich** immer einen **Antrag** des Berechtigten voraus, § 1587f BGB. Dies ist sinnvoll, da der schuldrechtliche Versorgungsausgleich meist erst lange nach Scheidung der Ehe in einem isolierten Verfahren (vgl. Rz. 381 aE, 395) verlangt werden, in Widerspruch zu Unterhaltsansprüchen treten und von den Beteiligten meist auch ohne Einschaltung des Gerichts abgewickelt werden kann. Die Durchsetzung des Anspruchs ist hier ohnehin allein Sache des Berechtigten. Ein bestimmter Sachantrag iS v. § 253 ZPO ist auch hier nicht zu verlangen, da der Umfang des Anspruchs erst im Laufe des Verfahrens – unter Mithilfe der Ehegatten – von Amts wegen zu ermitteln ist (§ 12 FGG, vgl. Rz. 401). Erforderlich ist nur der Verfahrensantrag (Rz. 397),[12] wegen einer zu bezeichnenden Anwartschaft[13] den schuldrechtlichen Ausgleich vorzunehmen, mit dem zweckmäßig die gem. § 11 VAHRG zu erteilende Auskunft des Antragstellers über Grund und Höhe der auszugleichenden Versorgungen verbunden wird. Auf Leistung einer **Abfindung** darf zwar nur erkannt werden, wenn diese besonders verlangt wird (§ 1587l BGB), doch ist das Abfindungsverlangen – ähnlich wie im Falle des § 1585 Abs. 2 BGB[14] – materiellrechtlicher Natur.

Für den **verlängerten** schuldrechtlichen Versorgungsausgleich gilt das Erfordernis eines Verfahrensantrags, nicht aber eines Sachantrags in gleicher

---

[12] *Soergel/v. Hornhardt,* § 1587f Rz. 1; wohl auch *MünchKomm./Maier,* § 1587f Rz. 9 (nur auf Antrag „eingeleitet"); *OLG Düsseldorf,* FamRZ 1985, 720. Ebenso dürfte die *Feststellung* des schuldrechtlich auszugleichenden Anspruchs im Verfahren über den Wertausgleich einen eigenen Feststellungsantrag (nicht jedoch einen bestimmten) voraussetzen, vgl. *BGH,* FamRZ 1982, 42 = NJW 1982, 387.

[13] Vgl. *Hoppenz,* FamRZ 1987, 428; oben Rz. 397a aE.

[14] Dazu *Göppinger,* Unterhaltsrecht, Rz. 365, 1328; *Soergel/Häberle,* § 1585 BGB Rz. 13.

Weise,[15] da es sich ebenfalls um einen Leistungsanspruch (§ 3a Abs. 1 HRG: ,,kann ... verlangen") handelt, den die Beteiligten ohne Einschaltung des Gerichts abwickeln können (für den Anspruch gegen die Witwe oder den Witwer wegen Auslandsanrechten führt Abs. 5 das Antragserfordernis ausdrücklich an, ebenso Abs. 9 Satz 3 für die einstweilige Anordnung).

Nur auf den Antrag eines Ehegatten, eines ihrer Hinterbliebenen oder eines 398a
Versorgungsträgers wird das **Abänderungsverfahren** gem. § 10a Abs. 1, 4 HRG (s. Rz. 408b) eingeleitet. Der Zeitpunkt der Antragstellung hat hier Bedeutung für die Zulässigkeit des Abänderungsverfahrens (Abs. 5) und die Rückwirkung der ausgesprochenen Änderung (Abs. 7). Der Antrag muß zwar darlegen, auf welchen der Abänderungsgründe des § 10a Abs. 1 HRG er sich stützt;[13] im übrigen löst er die Amtsermittlungspflicht des Gerichts aus (§ 12 FGG; vgl. jedoch Rz. 397a am Ende). Ein bestimmter Sachantrag ist nicht erforderlich, ein etwa gestellter unbeachtlich: das Gericht muß, so weit die Abänderungsbefugnis reicht, eine der Rechtslage entsprechende Entscheidung treffen.[16]

Ein verfahrenseinleitender, nicht aber ein Sachantrag ist auch für die Ver- 398b
fahren nach den beiden am 1. 1. 1987 in Kraft getretenen **Übergangsregelungen** des Art. 4, § 1 und § 2 des VAWMG (s. Rz. 408c) erforderlich.[17] Für § 2, der einen reinen Leistungsanspruch gibt (,,können ... verlangen")[18] und das Antragserfordernis nicht anführt, ähnelt die Rechtslage insoweit der beim verlängerten schuldrechtlichen Versorgungsausgleich (Rz. 398 aE). – In beiden Fällen muß der Antrag bis zum 31. 12. 1988 gestellt werden (für § 2 genügt die Geltendmachung beim Versorgungsträger).[17]

Schließlich ist aus der Natur der versorgungsausgleichsrechtlichen Aus- 399
kunftsansprüche (§§ 1587e Abs. 1, 1587k Abs. 1, 1580 BGB; §§ 3a Abs. 8, 10a Abs. 11 HRG; vgl. Rz. 375, 387, 402) als Nebenanspruch und der Verweisung auf § 1580 bzw. § 1605 BGB, der ein **Verlangen der Auskunft** voraussetzt, zu entnehmen, daß die Entscheidung über den Auskunftsanspruch einen Antrag des auskunftsberechtigten Ehegatten voraussetzt – für den Anspruch des § 10a HRG aus der Antragsbedürftigkeit des Hauptverfahrens –.

Ergeben die Ermittlungen des Gerichts in einem anhängigen Verfahren 400
über Versorgungsausgleich, insbesondere über den Wertausgleich, daß einer der Fälle vorliegt, in denen die Stellung eines Antrags sachdienlich sein kann, so muß das Gericht entsprechend § 139 ZPO auf die Stellung eines solchen Antrags hinwirken.

Ausgangspunkt der Amtsermittlungen des Gerichts (§ 12 FGG, vgl. § 15) 401
sind die Angaben der Ehegatten, denen zu Beginn jedenfalls des ersten Verfahrens die Vorlage der vollständig ausgefüllten Vordrucke (Fragebogen) zum Versorgungsausgleich aufgegeben wird, und die Erfahrungen des Ge-

---

[15] *Wagenitz,* FamRZ 1987, 8; *Hoppenz,* FamRZ 1987, 426; vgl. § 11 Abs. 1 HRG.
[16] *Hahne,* FamRZ 1987, 220 und 229.
[17] *Hahne,* FamRZ 1987, 431 f., 434.
[18] *Hoppenz,* FamRZ 1987, 425.

richts über die in den verschiedenen Berufs- und anderen Personengruppen, etwa bei Angehörigen bestimmter Betriebe der Umgebung, üblicherweise begründeten Versorgungsanrechte iS der §§ 1587, 1587a Abs. 2 BGB. Das FamG hört die Ehegatten in aller Regel persönlich zum Inhalt der ausgefüllten Vordrucke – auch der des anderen Ehegatten – und ihrer „sozialen Biographie“[19] an, um häufig vorhandene Fehler und Unvollständigkeiten zu beseitigen. Lückenhafte Angaben des vermutlich Berechtigten führen nicht zum Ausschluß des Versorgungsausgleichs, sondern zur Ermittlung durch das FamG[20] durch Befragung insbesondere auch des Verpflichteten und sodann in Betracht kommender Versicherungs- und Versorgungsträger.

Sowohl die Ehegatten und ihre Hinterbliebenen als auch die **Rentenversicherungsträger,** Arbeitgeber, Behörden, Versicherungsgesellschaften und sonstigen Stellen haben gem. §§ 11 HRG, 53b Abs. 2 Satz 2, 3 FGG **dem FamG** auf dessen Ersuchen **Auskunft über** Grund und Höhe der **Versorgungsanrechte** zu erteilen, auch in Verfahren, die den Versorgungsausgleich lediglich „betreffen“. Für den Vollzug der Auskunftsverfügung gilt § 33 FGG. Daneben stehen dem FamG alle Beweismittel der ZPO zur Verfügung (§ 15 FGG), die es auch von Amts wegen benutzen kann. Ferner kann es das persönliche Erscheinen der Ehegatten erzwingen (§§ 12, 33 FGG; zumindest § 141 Abs. 3 ZPO analog). Wird der Versorgungsausgleich wegen Auskunftsverweigerung beider oder des die Scheidung allein betreibenden Ehegatten nicht entscheidungsreif, so ist dem Scheidungsantrag nicht stattzugeben (§§ 623, 628 ZPO).[21]

402 **Der Antrag** eines Ehegatten gegen den anderen **auf Auskunft** über dessen Altersversorgung und Vorlage von Belegen hierüber (s. Rz. 375, 387, 399) kann in einem selbständigen Verfahren der freiwilligen Gerichtsbarkeit[22] gestellt werden, aber auch im Verbundverfahren in einem der Stufenklage nachgebildeten Zwischenverfahren, in dem baldmöglichst schon vor der Scheidung der Ehe zu entscheiden ist.[23] Die Entscheidung ergeht durch Beschluß, da das Verfahren auch im Verbund ein solches der freiwilligen Gerichtsbarkeit ist; die zur Zwangsvollstreckung gem. §§ 53g Abs. 3 FGG, 888 ZPO erforderlichen Anordnungen erläßt das FamG als Prozeßgericht des ersten Rechtszuges.[24] Gegebenenfalls kann in einer weiteren Verfahrensstufe die

---

[19] BT-Drucks. 7/4361 S. 27 (zu § 1361 Abs. 1 Satz 2 BGB).

[20] Vgl. etwa *OLG Schleswig,* SchlHA 1982, 30; zu den Aufgaben des Anwalts: *Ruland,* AnwBl 1982, 91f.

[21] *Soergel/v. Hornhardt,* § 1587e Rz. 27 m. w. N.; str.

[22] Nie durch Klage, *MünchKomm./Maier,* Rz. 3; *Soergel/v. Hornhardt,* Rz. 10, je zu § 1587e BGB; *Keidel/Kuntze,* 12. Aufl., § 53b FGG Rz. 9d, g; *BGH,* NJW 1981, 1508 = FamRZ 1981, 533 (betr. selbst. Auskunftsverfahren).

[23] *Soergel/v. Hornhardt,* § 1587e Rz. 9; *Hoppenz,* FamRZ 1987, 428f.

[24] *OLG Stuttgart,* Die Justiz 1980, 415. Vollstreckung des verhängten Zwangsgeldes zugunsten der Staatskasse jedoch durch Gerichtsvollzieher bzw. Vollstreckungsgericht auf Antrag des Gläubigers, der in diesen Fällen Herr des Verfahrens bleibt, *BGH,* NJW 1983, 1859 = FamRZ 1983, 578.

eidesstattliche Versicherung der Richtigkeit und Vollständigkeit der erteilten Auskunft angeordnet werden (vgl. §§ 1587e Abs. 1, 1580, 1605, 260, 261 BGB).

Am Verfahren über den Versorgungsausgleich sind beide Ehegatten[25] beteiligt. Weiter sind die jeweils unmittelbar betroffenen Versorgungsträger, beim verlängerten schuldrechtlichen Ausgleich die Witwe (der Witwer) des Verpflichteten[26] zum Verfahren als **weitere Beteiligte** hinzuzuziehen, an Verfahren über die Verpflichtung zur Anwartschaftsbegründung durch Beitragszahlung oder zur Festsetzung des Zahlbetrags (§ 53e FGG) der Rentenversicherungsträger, an den die Zahlung zu leisten ist.[27] 403

Ist über ein Versorgungsanrecht ein Rechtsstreit bei einem Sozialgericht,[28] VerwG oder ArbG anhängig, so hat das FamG das den Versorgungsausgleich betreffende Verfahren **auszusetzen.** Besteht unter den Beteiligten, d.h. Ehegatten und Versicherungs- oder Versorgungsträger, Streit über Bestand oder Höhe eines Anrechts, so kann das Gericht das Verfahren aussetzen und einem oder beiden Ehegatten eine Frist zur Erhebung der Klage bestimmen (§ 53c FGG mit weiteren Einzelheiten). 404

Wird hiernach ein Verfahren über den Versorgungsausgleich ausgesetzt, das im Scheidungsverbundverfahren anhängig ist, oder liegt eine der weiteren Voraussetzungen des § 628 Abs. 1 Satz 1 ZPO vor, so kann das FamG dem Scheidungsantrag vor der Entscheidung über eine Folgesache stattgeben (Abtrennung);[29] wie Nr. 1 und 2 aaO zeigen, auch vor der Entscheidung über den Versorgungsausgleich. Die **Vorwegentscheidung über den Scheidungsantrag** ist jedoch nur in Ausnahmefällen angebracht. Der Versorgungsausgleich soll gleichzeitig mit der Scheidung abschließend geregelt werden, um die wirtschaftliche und versorgungsrechtliche Verkettung der Ehegatten frühzeitig zu lösen und jedem von ihnen Gelegenheit zu geben, die ihm verbleibende oder zugeteilte Versorgung aufzustocken.[30] Die Abtrennung des Versorgungsausgleichs kann – je nach Art und Umfang der beiderseitigen Anrechte – zu **schweren Nachteilen** für den Berechtigten führen,[31] wenn der Verpflichtete 405

---

[25] Zutr. bezeichnet der *BGH* sie nicht mehr als Antragsteller/-gegner, da es sich um ein Amtsverfahren handelt, sondern als Ehemann/Ehefrau, zumal *oft beide* Antragsteller/-gegner von Scheidungs-, Anordnungs-, Prozeßkostenhilfe- u.a. Verfahren sind; vgl. NJW 1984, 1543, 1544, 1549 = FamRZ 1984, 572, 565, 667.

[26] §§ 53b Abs. 2 FGG, 3a Abs. 9 Satz 2 HRG, vgl. *BGH* wie Fn. 27; *Wagenitz*, FamRZ 1987, 8; weitergehend *Hoppenz*, FamRZ 1987, 427.

[27] Vgl. *BGH*, FamRZ 1981, 132 = NJW 1981, 1274 (zu bish. § 1587b Abs. 3).

[28] Die Zuständigkeit besteht nur für Entscheidungen, die sozialversicherungs-, versorgungs-, arbeitsrechtliche Vorfragen betreffen.

[29] Die sog. Abtrennung von Folgesachen geschieht durch Erlaß des Scheidungsurteils. Ein besonderer Beschluß ist entbehrlich (*BGH*, FamRZ 1980, 1108) und kann das Gericht, wenn nicht zugleich Scheidungsurteil ergeht, nicht von der Pflicht zur Beachtung des § 623 Abs. 1 ZPO (gemeinsame Verhandlung und Entscheidung) entbinden.

[30] *BGHZ* 81, 100, 110 = NJW 1981, 2187 = FamRZ 1981, 856; s. auch Rz. 32.

[31] Beispiel: *BGH*, NJW 1987, 1018 = FamRZ 1987, 149.

nach Rechtskraft des Scheidungsausspruchs (= Wegfall des abgeleiteten Anrechts auf künftige Witwen- bzw. Witwerversorgung) stirbt und/oder der Berechtigte berufs- oder erwerbsunfähig wird, aber mangels Vollzugs des Wertausgleichs noch keine oder nur eine geringe Versorgung erhält, oder wenn bereits die Voraussetzungen des § 1587g Abs. 1 Satz 2 BGB vorliegen.[32] Über den Versorgungsausgleich ist daher zugleich mit dem Scheidungsausspruch zu entscheiden, falls nicht außergewöhnliche Umstände eine Ausnahme rechtfertigen oder eine Vereinbarung zustandekommt.

Für das abgetrennte Verfahren, das Folgesache bleibt (Rz. 395), gelten keine Besonderheiten. Die Endentscheidung ergeht durch Beschluß.

406 Ergibt sich in einem Verfahren über den Wertausgleich, daß dieser nicht durchgeführt werden kann, weil zB die Anwartschaft schuldrechtlich auszugleichen ist, und treffen die Ehegatten keine Vereinbarung über den Versorgungsausgleich (s. auch Rz. 409), so hat das Gericht das **Verfahren einzustellen,** damit Klarheit geschaffen ist, ob das Verfahren beendet ist (beschwerdefähige Endentscheidung iS v. § 621e ZPO). In der Praxis ergeht jedoch meist die Entscheidung, ein **Versorgungsausgleich finde nicht statt,** die wohl als Sachentscheidung mit negativer Feststellungswirkung anzusehen ist.[33] Dies widerspricht zwar dem Gedanken des § 53d FGG (kein Versorgungsausgleich – keine Sachentscheidung), entspricht aber besser dem Verbundprinzip und der Verbindung des Verfahrens über die Genehmigung einer Vereinbarung mit dem Amtsverfahren.[34]

407 Stellt sich in dem Verfahren über den Wertausgleich jedoch heraus, daß statt des Wertausgleichs oder für einen Teilanspruch bereits die Voraussetzungen vorliegen, unter denen der schuldrechtliche Versorgungsausgleich verlangt werden kann (s. Rz. 379–381, 398), so hat das Gericht die Ehegatten hierauf hinzuweisen und dem Berechtigten Gelegenheit zur Stellung des Antrags gem. § 1587f BGB zu geben.[35] Wird der Antrag nicht gestellt und kommt keine Vereinbarung zustande, so ist das Verfahren einzustellen, falls ein Wertausgleich ganz ausscheidet (s. Rz. 406). Wird der schuldrechtliche Ausgleich rechtzeitig beantragt, so ist das weitere Verfahren mit dem voraus-

---

[32] Der Versorgungsausgleich ist erst mit der Wirksamkeit der Entscheidung vorgenommen und rentenbegründend oder -erhöhend zu berücksichtigen (auch bei früher Berufs- oder Erwerbsunfähigkeit, *nicht rückwirkend* auf den Scheidungszeitpunkt; auch keine schuldrechtliche Überbrückung, *BGH* aaO). Gegebenenfalls geht die Schutzfrist des § 1587p zu Lasten des Berechtigten, *BSG,* FamRZ 1982, 1008; 1983, 389.

[33] Entsprechend einer Klagabweisung. Hierfür nachdrücklich *Philippi,* FamRZ 1982, 1057.

[34] Vgl. *BGH,* NJW 1987, 1770 = FamRZ 1987, 578.

[35] Der Übergang zum schuldrechtlichen Versorgungsausgleich *in der Beschwerdeinstanz* ist nach *OLG Köln,* FamRZ 1979, 1027; *KG,* FamRZ 1981, 60 unzulässig. Die Auffassung erscheint zweifelhaft, wenn der schuldrechtliche Ausgleich auf demselben Lebenssachverhalt beruht, der Gegenstand der erstinstanzlichen Entscheidung war (vgl. *Voskuhl/Pappai/Niemeyer,* § 1587g Anm. III 1); §§ 523, 263 ZPO analog?

gegangenen amtswegigen Verfahren als **ein Verfahren** anzusehen, was für die Verfahrenskosten von Bedeutung ist.

Wird der Antrag auf Durchführung des schuldrechtlichen Versorgungsausgleichs erst **nach Beendigung** des Verfahrens (Rz. 406) gestellt, so ist das folgende Antragsverfahren ein **neues** isoliertes Verfahren (keine Folgesache, kein Anwaltszwang, neue Gebühren).

Der **Tod eines Ehegatten** vor Rechtskraft des Scheidungsausspruchs löst die 407a
Ehe durch den Tod; ein Anspruch auf Versorgungsausgleich entsteht nicht (§ 1587 Abs. 1 BGB), das Verbundverfahren ist einschließlich des Verfahrens über den Versorgungsausgleich erledigt.[36] Entsprechendes gilt wegen des Erlöschens des Ausgleichsanspruchs (s. Rz. 376, 387a) für das Ausgleichsverfahren, wenn der Berechtigte **nach Abtrennung** des Versorgungsausgleichs und rechtskräftiger Scheidung stirbt (ausgenommen Ansprüche auf schuldrechtlichen Ausgleich für die Vergangenheit). Der Tod des Verpflichteten läßt den Anspruch auf Wertausgleich in diesem Falle unberührt; das Verfahren wird gegen seine Erben fortgesetzt (Rz. 376a).[37] Soweit Anspruch auf schuldrechtlichen Versorgungsausgleich bestand, gilt dies entsprechend.[38] Der Anspruch auf verlängerten schuldrechtlichen Ausgleich richtet sich gegen den Versicherungsträger (s. Rz. 388a), evtl. gegen Witwe oder Witwer des Verpflichteten (Rz. 388c) und erfordert einen neuen Verfahrensantrag (vgl. Rz. 398), mindestens eine Antragsänderung. Das Abänderungsverfahren kann nach dem Tod eines Beteiligten unter weiteren Beteiligten fortgesetzt werden (s. § 10a Abs. 10 HRG).

In allen diesen Fällen gelten §§ 239ff. ZPO sinngemäß auch für das Verfahren über den Versorgungsausgleich. War die verstorbene Partei anwaltlich vertreten, wird das Verfahren gem. § 246 ZPO nicht nach § 239 ZPO unterbrochen, kann aber auf Antrag ausgesetzt werden.[39]

Endentscheidungen, die den Versorgungsausgleich betreffen, werden gem. 408
§ 53g Abs. 1 FGG (abweichend von § 16 Abs. 1) erst mit der **Rechtskraft** wirksam, als Folgesache jedoch nicht vor der Rechtskraft des Scheidungsausspruchs (§ 629d ZPO). Sie unterliegen der befristeten Beschwerde bzw. der Berufung (§§ 629a, 621e ZPO) und werden – wie entsprechende gerichtliche Vergleiche – nach den Vorschriften der ZPO vollstreckt (§ 53g Abs. 3 FGG), soweit sie nicht unmittelbar rechtsgestaltend wirken wie in den Fällen des Splitting, Quasisplitting und (i. d. R.) der Realteilung.

Dagegen können **Nebenentscheidungen** (zB Auskunftsverfügungen nach § 11 VAHRG)[40] mit der unbefristeten Beschwerde des § 19 Abs. 1 FGG

---

[36] *BGH,* FamRZ 1981, 245.
[37] *BGH,* FamRZ 1984, 467 und wie Fn. 38.
[38] *BGH,* NJW 1982, 1939 = FamRZ 1982, 473.
[39] Vgl. *BGH* wie Fn. 36, 37.
[40] Über den Auskunftsanspruch *zwischen den Ehegatten* ergeht jedoch eine Endentscheidung (Rz. 402). Vgl. *Rolland,* § 11 HRG Rz. 1, 2.

angefochten werden (keine weitere Beschwerde);[41] sie werden nach § 33 FGG vollstreckt. Nicht hierher gehört die Abtrennung gem. § 628 ZPO; sie ist als bloße Folge der Vorwegentscheidung in der Scheidungssache (s. Rz. 405) nur mit der Berufung gegen das Scheidungsurteil anfechtbar.[42]

7. Abänderung von Entscheidungen

a) Allgemeines

408a Eine **Korrektur** von vornherein fehlerhafter Endentscheidungen über den Versorgungsausgleich war bisher (vgl. Rz. 408b) nach Eintritt der materiellen Rechtskraft[43] **nur im Wiederaufnahmeverfahren** analog §§ 578ff. ZPO möglich; § 323 ZPO ist nicht anwendbar.[43] Die nachträgliche Änderung einer Auskunft des Versicherungsträgers berechtigt nicht zur Wiederaufnahme.[44] Erfaßt eine Entscheidung über den Wertausgleich nicht alle Anwartschaften, ohne daß das Gericht sich dessen bewußt ist, so handelt es sich nicht um eine ergänzbare Teilentscheidung; das Gericht darf nicht abändern (§ 18 Abs. 2 FGG).[45] Der Anwalt muß daher sehr auf die vollständige Erfassung der Anrechte beider Eheleute, vor allem auch der Gegenpartei – von denen der Ehegatte selber nicht selten keine Kenntnis hat –, aber auch auf die Vollständigkeit der eingeholten Auskünfte achten.

Dagegen läßt § 1587g Abs. 3 BGB die Aufhebung oder **Abänderung** einer Entscheidung über die Ausgleichsrente im **schuldrechtlichen** Versorgungsausgleich zu, wenn sich die Verhältnisse nachträglich wesentlich geändert haben. Die Vorschrift verweist auf § 1587d Abs. 2, der unter entsprechenden Voraussetzungen die Abänderung von Ruhens- und **Ratenzahlungsanordnungen** in Bezug auf Zahlungen gestattet, die zur Begründung von Rentenanwartschaften zu erbringen sind (s. Rz. 372c). § 53g Abs. 2 FGG schließt die weitere Beschwerde gegen diese und einige weitere Entscheidungen aus. Dies deutet darauf hin, daß das Gesetz sie zu den Endentscheidungen rechnet, gegen die gem. § 621e ZPO das befristete Rechtsmittel der Beschwerde zum OLG stattfindet;[46] dementsprechend erwachsen die meisten dieser Entscheidungen schon nach § 1587d Abs. 2 BGB in Rechtskraft, die übrigen nach der Einordnung des § 53g Abs. 2 FGG zwischen Abs. 1 und 3.

---

[41] *BGH*, FamRZ 1981, 25; NJW 1983, 2775 = FamRZ 1983, 1008.
[42] Später nicht mehr, *BGH*, NJW 1983, 1317 = FamRZ 1983, 461.
[43] *BGH*, NJW 1982, 1646 = FamRZ 1982, 687 (Wertausgleich); FamRZ 1984, 669 (schuldrechtlicher Ausgleich).
[44] *BGHZ* 89, 114 = NJW 1984, 438 = FamRZ 1984, 159.
[45] *BGH*, NJW 1984, 1543 = FamRZ 1984, 572.
[46] Vgl. *BGH*, FamRZ 1981, 25.

b) Abänderung gemäß § 10a VAHRG

Seit 1. 1. 1987 sieht **§ 10a VAHRG** gegen Entscheidungen wie auch gegen Vereinbarungen[47] ein **Abänderungsverfahren** über den Wertausgleich[48] vor, falls folgende **Voraussetzungen** erfüllt sind: 408b

(1) Antrag eines der geschiedenen Ehegatten, eines Hinterbliebenen oder Versorgungsträgers (s. Rz. 398a),

(2) ein Ehegatte hat das 55. Lebensjahr vollendet **oder** er oder ein Hinterbliebener erhält aufgrund des Versorgungsausgleichs Versorgungsleistungen bzw. gekürzte Versorgung (§ 10a Abs. 5 HRG),

(3) nur bei Abänderung einer Vereinbarung: die Ehegatten haben die Abänderung nicht ausgeschlossen (Abs. 9),

(4) nur bei Abänderung einer vor dem 1. 1. 1987 geschlossenen Vereinbarung: besondere Voraussetzungen des § 13 Abs. 1 Nr. 2 HRG;

(5) der heute ermittelte Wertunterschied (und damit der Ausgleichsanspruch, § 1587a Abs. 1, oben Rz. 368) weicht von dem früher zugrunde gelegten ab, insbesondere auch wegen jetziger Unverfallbarkeit eines früher als verfallbar behandelten betrieblichen Anrechts (§ 10a Abs. 1 Nr. 1, 2), **oder** ein früher dem schuldrechtlichen Ausgleich überlassenes Anrecht kann durch Realteilung oder sinngemäßes Quasisplitting (§ 1 HRG, oben Rz. 372, 372a) ausgeglichen werden (Nr. 3), weiter

(6) die Abänderung erfüllt beim Berechtigten eine Wartezeit **oder** sie führt zur Übertragung und Begründung von Anrechten, deren Wert insgesamt von dem früheren Wert wesentlich abweicht (Abs. 2 Satz 1 Nr. 1 und 2)[49] und

(7) die Abänderung wirkt sich voraussichtlich zugunsten eines der geschiedenen Ehegatten oder seiner Hinterbliebenen aus (Abs. 2 Satz 1 Nr. 3). Hinzu kommt als Einwendung:

(8) Keine Abänderung, soweit sie unter Berücksichtigung der wirtschaftlichen Verhältnisse, insbesondere des Vermögenserwerbs nach der Ehe grob unbillig wäre (Abs. 3).

Liegen diese Voraussetzungen vor, so führt das Abänderungsverfahren zu einer **Neufeststellung** des Ausgleichsanspruchs auf das Ehezeitende sowie zu einer Überprüfung der Ausgleichsformen unter den Gesichtspunkten der Unverfallbarkeit betrieblicher Anrechte (Hereinnahme in den Wertausgleich)

---

[47] § 1587o BGB; wohl auch Ehevertrag gem. § 1408 Abs. 2 BGB, *Hahne,* FamRZ 1987, 221.

[48] Eingehend hierzu *Hahne,* aaO S. 217 bis 231. Gültig zunächst bis 31. 12. 1994, § 13 Abs. 2 HRG. Für den schuldrechtlichen Ausgleich bleibt es bei der Anpassung an veränderte Verhältnisse (Rz. 408a), auch für den verlängerten (§§ 3a Abs. 6 HRG, 1587d Abs. 2 BGB); doch zieht § 10a Abs. 8 HRG vom Verpflichteten erbrachte Zahlungen in die Abänderung nach § 10a HRG ein (vgl. § 1587b Abs. 4 BGB; nach *Hahne,* aaO S. 222, auch Abfindungen nach § 1587l BGB).

[49] Nach Satz 2 wesentlich: Abweichung der Übertragung und Begründung von Anrechten um über 10% **und** um über 0,5% der monatlichen Bezugsgröße bei Ehezeitende (1986: 14,35 DM; vgl. die Übersicht von *Schmeiduch,* FamRZ 1987, 25).

sowie der unterbliebenen Anwendung der Ausgleichsformen der Realteilung und des sinngemäßen Quasisplitting gem. § 1 HRG (§ 10a Abs. 1 Nr. 2 und 3); beides kann zusammentreffen. Die neue Entscheidung berücksichtigt alle seit der ersten eingetretenen tatsächlichen und rechtlichen Änderungen, aber auch solche, die sich aus der Korrektur unrichtiger Auskünfte der Versorgungsträger, früherer Rechen- und Rechtsanwendungsfehler ergeben.[50] Neben der Neubeurteilung der Unverfallbarkeit gehören hierher etwa die Einbeziehung der Kindererziehungszeiten,[51] ursprünglich nicht nachgewiesener Versicherungszeiten, der zwischenzeitliche Wegfall oder Neueintritt der Halbbelegung in ihrer Auswirkung auf die Wertberechnung der ehezeitlichen Anwartschaften.[52] **Außer Betracht** bleiben Veränderungen der individuellen Umstände in der Person der geschiedenen Ehegatten wie eine Beförderung nach Ehezeitende oder der Eintritt der Erwerbsunfähigkeit vor Erreichen der Altersgrenze;[53] an die Beurteilung der Umstände, die zur Anwendung einer der Härteregelungen (Rz. 374ff.) geführt haben, bleibt das Gericht gebunden.[54]

Die Abänderung wirkt (mindestens formal[55]) auf den Zeitpunkt des der Antragstellung folgenden Monatsersten zurück, doch schützt § 10a Abs. 7 HRG Versorgungsträger gegen die Gefahr der Doppelinanspruchnahme.

c) Übergangsregelung gemäß Art. 4 § 1 VAWMG

408c Auf die Begründung gesetzlicher Rentenanwartschaften durch Beitragszahlung gem. § 1587b Abs. 3 Satz 1, 1. Halbs. BGB gerichtete Entscheidungen, aus denen wegen der Verfassungswidrigkeit der Vorschrift[56] nicht mehr vollstreckt werden kann, sowie entsprechende Vereinbarungen können nach der **Übergangsregelung** des Art. 4 § 1 VAWMG[57] dahin abgeändert werden, daß der Wertausgleich nachträglich in den Formen der §§ 1 bzw. 3b HRG (s. Rz. 372 bis 372c) vorgenommen wird, soweit noch keine Beiträge gezahlt sind. Das Verfahren entspricht weitgehend § 10a HRG, erfordert jedoch insbesondere nicht die in Rz. 408b unter (2), (5) und (6) genannten Voraus-

---

[50] Bericht des Rechtsaussch., BT-Dr. 10/6369 S. 21.

[51] Dazu und zu weiteren Veränderungen eingehend *Hahne*, aaO S. 223. § 10a Abs. 1 *Nr. 3* erlaubt nicht die Anwendung von § 3b HRG, aaO S. 227 (vgl. jedoch Rz. 408c). Zu Kindererziehungszeiten vgl. noch das KLG.

[52] *Ruland*, NJW 1987, 349; *Hahne* aaO S. 224.

[53] Bericht des Rechtsaussch., aaO; vgl. *BGH*, NJW 1987, 1014 = FamRZ 1987, 145 (zu § 1587g Abs. 2 Satz 2 BGB).

[54] Bericht des Rechtsaussch., aaO; gegebenenfalls Anpassung an den veränderten Wertunterschied unter Beibehaltung einer Herabsetzungsquote. Insoweit bleibt das Wiederaufnahmeverfahren (Rz. 408a) von Bedeutung.

[55] Vgl. *Hahne*, aaO S. 230.

[56] Vgl. Rz. 370a Fn. 21 und 22.

[57] Gesetz über weitere Maßnahmen auf dem Gebiet des Versorgungsausgleichs vom 8. 12. 1986, BGBl I 2317. Eingehend zu Art. 4: *Hahne*, FamRZ 1987, 429.

setzungen,[58] sondern kann und muß alsbald eingeleitet werden. Zur Stellung des Antrags bis spätestens 31. 12. 1988 (s. Rz. 398b) sind die Ehegatten, Hinterbliebenen und Träger auszugleichender Versorgungen berechtigt.

Da der Wertausgleich nicht rückwirkend zu Versorgungsleistungen führt,[59] können der Berechtigte oder seine Hinterbliebenen nach Art. 4 § 2 VAWMG für die Vergangenheit von dem Träger der auszugleichenden Versorgung grundsätzlich die Zahlung der Versorgungsleistungen verlangen, die sie aufgrund des Versorgungsausgleichs erhalten hätten (Ausnahmen: § 2 Abs. 1 Satz 2 Nr. 1 und 2). Die Verpflichtung trifft öffentlich-rechtliche Träger, wie wenn §§ 1, 3a HRG (s. Rz. 372, 372a, 388a bis 388c) bereits am 1. 7. 1977 gegolten hätten, andere Träger dagegen nur, wie wenn § 3a HRG bereits am 8. 4. 1986[60] gegolten hätte,[61] wenn der Anspruch bis spätestens 31. 12. 1988 geltendgemacht wird (zum Antrag s. Rz. 398b).

8. Vereinbarungen über den Versorgungsausgleich

a) Grundsätzliches und Erfordernisse der Vereinbarung

Gemäß § 1587o Abs. 1 Satz 1 BGB können die Ehegatten im Zusammen- 409
hang mit der Scheidung der Ehe eine Vereinbarung über den Ausgleich von Anwartschaften oder Anrechten auf eine Versorgung wegen Alters oder Berufs- oder Erwerbsunfähigkeit (§ 1587) schließen. Diese Möglichkeit einer Vereinbarung soll die Ehescheidung durch Herstellung des Zusammenhangs mit der güterrechtlichen Auseinandersetzung erleichtern.[1] Hierdurch kann das Verfahren vereinfacht und abgekürzt und dem Ehegatten, der sich nach der Scheidung wieder verheiraten will, rechtzeitig ein Überblick über die ihn treffenden Belastungen verschafft werden (zum Erfordernis der Genehmigung s. Rz. 414ff.).

Doch können die Ehegatten gemäß § 1587o Abs. 1 Satz 2 **Anwartschafts-** 409a
rechte in einer gesetzlichen Rentenversicherung **nach § 1587b Abs. 1 oder 2 nicht** begründen oder übertragen. Diese Regelung bezweckt, Manipulationen zu Lasten der Solidargemeinschaft der in den gesetzlichen Rentenversicherungen Versicherten und der öffentlich-rechtlichen Dienstherren zu verhindern.[2] Der Grund für die Vorschrift des Abs. 1 Satz 2 liegt darin, daß der Versicherte der gesetzlichen Rentenversicherung bzw. der Beamte oder Rich-

---

[58] Vgl. *Hahne,* aaO S. 431.
[59] Siehe Rz. 405 Fn. 32.
[60] Bekanntwerden der Entscheidung *BVerfGE* 71, 364.
[61] Ausführlich hierzu *Hahne,* aaO S. 432ff.
[1] *Schwab,* DNotZ 1977, Sonderheft S. 51, 67 Fn. 42; *MünchKomm./Strobel,* § 1587o Rz. 1. Hierher gehört auch die Vereinbarung, den Ehegatten später so zu stellen, wie wenn ein Versorgungsausgleich nicht stattgefunden hätte, *OLG Stuttgart,* FamRZ 1986, 1007.
[2] BT-Drucks. 7/4361, S. 48 (Ausschußbericht).

ter grundsätzlich nicht über seine öffentlich-rechtliche Versorgungsanwartschaft frei verfügen kann.[3] Die Regelung bedeutet, daß die Ehegatten nicht unmittelbar mit bindender Wirkung für die Träger der gesetzlichen Rentenversicherung und Versorgung Anwartschaften begründen oder übertragen können (zur Nichtigkeitsfolge bei Verstoß s. Rz. 414a). Vielmehr kann nur das FamG diese Anwartschaften begründen oder übertragen, das hierbei an die Vorschriften des § 1587b Abs. 1 und 2 BGB und der Rentengesetze gebunden ist (zB grundsätzliches Verbot des Supersplitting und des Super-Quasisplitting; Höchstbetragsgrenze; s. Rz. 371, 371a, 373). Eine **Ausnahme** gilt für die Vereinbarung der Begründung von Anwartschaften **durch Beitragszahlung** entsprechend § 3b Abs. 1 Nr. 2 HRG, soweit hierdurch der Höchstbetrag des § 1587b Abs. 5 BGB nicht überschritten wird (s. Rz. 436, 373).

Zu beachten sind daneben auch Verfügungsbeschränkungen, die sich aus sonstigen Vorschriften ergeben, zB ist eine Verfügung über Anwartschaften der beamtenrechtlichen Versorgung unzulässig und unterliegen entstandene Ansprüche auf Versorgung der Verfügung durch den Beamten nur nach Maßgabe des § 51 BeamtVG.[4]

§ 1587o Abs. 1 Satz 2 steht aber einer Vereinbarung nicht entgegen, die vorsieht, daß einzelne Anwartschaften des Verpflichteten nicht übertragen oder begründet werden, die also zu einer **Minderung des gesetzlichen Splitting** oder Quasisplitting führt.[5] So kann ein Ehegatte, dessen Zurruhesetzung bevorsteht, mit dem anderen Ehegatten vereinbaren, daß die geschuldeten Anwartschaften aus einer gesetzlichen Rentenversicherung nicht übertragen werden und der andere Ehegatte auf sonstige Weise entschädigt wird (vgl. Rz. 425 gegen Ende). Unzulässig ist dagegen die Herausnahme oder Niedrigerbewertung einzelner Anwartschaften des Berechtigten aus dem Ausgleich, soweit sie – wie regelmäßig – zum Supersplitting führt.[6]

410 Um Vereinbarungen über den Versorgungsausgleich zu erleichtern, sieht die 2. VO über die **Erteilung von Rentenauskünften an Versicherte** der gesetzlichen Rentenversicherung v. 5. 8. 1977 auf Antrag[7] die Erteilung entsprechen-

---

[3] *Voskuhl/Pappai/Niemeyer,* § 1587o Anm. II 2; *OLG Düsseldorf,* FamRZ 1987, 839.

[4] *Rolland,* § 1587o Rz. 19.

[5] *BGH,* NJW 1986, 2316 = FamRZ 1986, 890.

[6] *Soergel/v. Hornhardt,* § 1587o Rz. 13 mwN; str. Wohl auch kein geringfügiges Supersplitting, *BGH,* NJW 1982, 448 = FamRZ 1982, 155 (vgl. § 3c HRG) außer bei Anwendbarkeit des § 3b HRG (für Ausnahmen: 5. Aufl.).

[7] Hierzu *Soergel/v. Hornhardt,* § 1587e Rz. 14–19 mit Text der VO, sowie der 1. VO vom 22. 12. 1975 (Auskunft an Versicherte, die das 59. Lebensjahr vollendet haben). Vgl. *Ruland,* AnwBl 1982, 91ff. Der Antrag kann von dem versicherten Ehegatten gestellt werden (a) durch einen Rechtsanwalt unter Vorlage der Vollmacht in der Scheidungsangelegenheit, (b) durch den mit der Beurkundung einer Scheidungsvereinbarung beauftragten Notar unter Vorlage der Vollmacht zur Einholung der Auskunft, (c) persönlich unter Vorlage des anwaltlichen Auskunftsbegehrens des anderen Ehegatten nebst Vollmacht.

der Auskünfte des Versicherungsträgers vor. Da die Auskunft auf die dem Versicherungsträger vorliegenden Unterlagen beschränkt (aus dem ungeklärten Konto erteilt) werden kann und zudem nicht dem Stand bei Ehezeitende entspricht (s. Rz. 366ff.), ist sie oft wertlos. Spätestens mit dem Auskunftsersuchen sollte dem Versicherungsträger daher der sorgfältig ausgefüllte **Kontenklärungsantrag** vorgelegt werden; die Versicherungsträger haben keine Bedenken gegen eine Kontenklärung im Vorfeld des Scheidungsverfahrens, zB in der Frist des § 1565 Abs. 2 BGB.

Die Vereinbarung muß **im Zusammenhang mit der Scheidung** geschlossen 411
sein, also im Zeitraum von der beabsichtigten Stellung des Scheidungsantrags an bis zur Rechtskraft einer Entscheidung über den Versorgungsausgleich, also im Falle seiner Abtrennung noch nach Rechtskraft des Scheidungsurteils (vgl. § 628 Abs. 1 ZPO), jedoch nicht mehr nach Rechtskraft einer Entscheidung über den Versorgungsausgleich (außer in einem Nachverfahren, etwa wenn der ausgleichspflichtige geschiedene Ehegatte die vereinbarten Zahlungen zur Begründung gesetzlicher Rentenanwartschaften nicht erbracht hat und ein Antrag gemäß § 1587d BGB oder gemäß §§ 1587f Nr. 3 BGB, 53f FGG gestellt wird; s. Rz. 412 aE).

Die Vereinbarung über den Versorgungsausgleich kann also schon **vor** 412
Rechtshängigkeit des Scheidungsantrags geschlossen werden. Zu beachten ist hierbei die Vorschrift des § 1587 Abs. 2 über die Ehezeit (s. Rz. 366). Die Vereinbarung sollte dann mit dem Scheidungsantrag dem FamG vorgelegt werden, gegebenenfalls mit einer Erläuterung, um die Genehmigung durch das FamG (§ 1587o Abs. 2 Satz 3, 4 BGB) zu erleichtern (s. auch Rz. 414).

Die Vereinbarung kann auch **während des Scheidungsprozesses,** etwa zusammen mit einer Regelung der Unterhaltspflicht und der güterrechtlichen Auseinandersetzung, zu Protokoll des FamG (§ 1587o Abs. 2 Satz 2) getroffen werden, oder nach Erlassung oder Rechtskraft des Scheidungsurteils in einem abgetrennten Verfahren (vgl. Rz. 405) bis zur Rechtskraft der Entscheidung über den Versorgungsausgleich.[8] Übereinstimmende Anträge beider Ehegatten enthalten keine Vereinbarung.[9] Ferner können die Ehegatten zunächst nur den schuldrechtlichen Versorgungsausgleich vereinbaren (§ 1587f Nr. 5 BGB) und danach in einer ergänzenden Abmachung die weitere Ausgestaltung, sei es nach Antragstellung (§ 1587f aE) in der dann vom Gericht anberaumten mündlichen Verhandlung (§ 53b Abs. 1 FGG) oder ohne Antragstellung in einer notariellen Urkunde oder in einem anderen von der Scheidungssache abgetrennten Verfahren zB betreffend die güterrechtliche Auseinandersetzung (§§ 628 Abs. 1 Satz 1, 623 Abs. 1, 621 Abs. 1 Nr. 8 ZPO) oder in einem selbständigen Verfahren (s. Rz. 395aE), soweit der Versorgungsausgleich noch nicht vollzogen ist.

Schließlich kann die Vereinbarung auch in einem **Nachverfahren** getroffen

---

[8] *BGH*, NJW 1982, 1464 = FamRZ 1982, 688.
[9] *BGH*, NJW 1983, 1317 = FamRZ 1983, 461.

werden, wenn ein Abänderungsverfahren (s. Rz. 408a bis 408c) oder ein Verfahren über den (verlängerten) schuldrechtlichen Versorgungsausgleich stattfindet (vgl. auch Rz. 411 aE). Eine nach der Scheidung getroffene Vereinbarung steht – wie der durchgeführte Versorgungsausgleich – stets mit dieser in dem Zusammenhang des § 1587o.[10]

Wird der **Scheidungsantrag zurückgenommen,** so ist die Vereinbarung über den Versorgungsausgleich hinfällig;[11] wird später erneut die Scheidung beantragt, so lebt die Vereinbarung nicht wieder auf.

413 Die Vereinbarung bedarf gemäß **§ 1587o Abs. 2** Satz 1 und 2 BGB einer bestimmten **Form:** entweder der notariellen Beurkundung (Satz 1 i. V. mit §§ 8ff. BeurkG)[12] oder der Aufnahme in ein nach den Vorschriften der ZPO errichtetes Protokoll (§ 1587o Abs. 2 Satz 2 i. V. mit § 127a BGB, s. zur Protokollierung auch Rz. 122f.). § 1587o Abs. 2 Satz 2 steht im Zusammenhang mit § 53b Abs. 4 FGG, wonach für die gerichtliche Niederschrift der Vereinbarung (im Verfahren der freiwilligen Gerichtsbarkeit) die zivilprozessualen Vorschriften über die Protokollierung eines Vergleichs entsprechend gelten.[13] Die Vergleichsform ist im übrigen unentbehrlich, wenn ein Vollstreckungstitel geschaffen werden soll (§ 794 Abs. 1 Nr. 1 ZPO).

414 Weiterhin ist die Vereinbarung nur wirksam, wenn das **FamG sie genehmigt** hat (§ 1587o Abs. 2 Satz 3). Die Genehmigung ist von Amts wegen[14] im Scheidungsverbundurteil oder in Beschlußform auszusprechen; sie bedarf nicht der Beifügung einer Begründung, außer wenn die Ehegatten über die Genehmigungsfähigkeit streiten. Die Genehmigung wird wirksam mit der Rechtskraft[15] der Entscheidung (§ 53g Abs. 1 FGG), die zugestellt werden muß (s. §§ 317 Abs. 1 Satz 1 bzw. 621a Abs. 1 Satz 2, 329 Abs. 3 ZPO); die Zustellung muß als erforderlich angesehen werden, damit der Zeitpunkt der Wirksamkeit der Genehmigung festgestellt werden kann. Dies ist zB auch von Bedeutung, wenn der Vergleich einen Vollstreckungstitel (§ 794 Abs. 1 Nr. 1 ZPO) darstellt.

---

[10] *Soergel/v. Hornhardt,* § 1587o Rz. 20 mwN; str.; wohl keine nachträgliche Vereinbarung der Anwartschaftsbegründung durch Beitragszahlung, vgl. §§ 83b Abs. 1 AVG, 1304b Abs. 1 RVO. – *BayObLG,* FamRZ 1981, 560: nach Scheidung genehmigungsfrei; ähnlich *Langenfeld,* DNotZ 1983, 144.

[11] *Soergel/v. Hornhardt,* § 1587o Rz. 19 mwN; anders *Langenfeld,* aaO S. 143 (wirksam, evtl. Wegfall der Geschäftsgrundlage); genehmigungsfähig?

[12] Zur Belehrung der Ehegatten durch den Notar s. *Schwab,* DNotZ Sonderheft 1977, 60f.; *Langenfeld,* aaO S. 158f.

[13] *Soergel/v. Hornhardt,* aaO Rz. 22.

[14] *BGH,* NJW 1987, 1770 = FamRZ 1987, 578.

[15] *Soergel/v. Hornhardt,* § 1587o Rz. 26; ungenau (Bekanntgabe nach § 16 Abs. 1 FGG) *Keidel/Kuntze,* § 53d FGG Rz. 15c, obwohl dort ein begründeter Beschluß verlangt wird. Zu Unrecht zweifelnd *OLG Frankfurt,* FamRZ 1983, 610, denn die Entscheidung ersetzt i. V. mit der Vereinbarung die Endentscheidung über den Versorgungsausgleich.

Die Genehmigung kann erst erteilt werden, wenn der Scheidungsantrag rechtshängig ist, denn erst dann steht das für den Versorgungsausgleich maßgebende Ende der Ehezeit (Rz. 366) fest. Bei der Genehmigung bedarf es einer Prüfung der wirtschaftlichen Verhältnisse der Ehegatten und der Berücksichtigung der Unterhaltsregelung und der weiteren Vermögensauseinandersetzung, die wegen der Möglichkeit späterer Änderungen vor der Rechtshängigkeit des Scheidungsantrags nicht zuverlässig beurteilt werden können.

Den Ehegatten kann zugemutet werden, die Vereinbarung vorzubereiten und sie mit der Antragsschrift (§ 622 Abs. 1 ZPO) des Scheidungsverfahrens vorzulegen (s. auch Rz. 412). Wird im Verbundverfahren eine Vereinbarung vorgelegt, so ist vorrangig über ihre Genehmigung zu entscheiden.[16]

414a In diesem die Genehmigung betreffenden Verfahren sind die **Versicherungs- oder Versorgungsträger** nicht beteiligt;[17] die genehmigende Entscheidung braucht ihnen daher nicht zugestellt zu werden. Ihre Rechtsstellung kann von dem Abschluß unzulässiger Vereinbarungen der Ehegatten (anders als von fehlerhaften Entscheidungen) von vornherein nicht berührt werden. Darüberhinaus sind solche Vereinbarungen nichtig; eine familiengerichtliche Genehmigung ändert hieran nichts. Werden durch eine Vereinbarung Anwartschaftsrechte nach § 1587b Abs. 1 oder 2 übertragen oder begründet, so ist sie gem. §§ 1587o Abs. 1 Satz 2, 134 BGB nichtig.[18] Nach §§ 1304b Abs. 1, 1304a Abs. 1 RVO bzw. 83b Abs. 1, 83a Abs. 1 AVG i. V. m. § 306 (oder § 134) BGB ganz oder teilweise nichtig ist die (sonst zulässige, s. Rz. 436) Vereinbarung, daß bestimmte Anwartschaften in der gesetzlichen Rentenversicherung durch Beitragsentrichtung zu begründen sind, wenn hierdurch der Höchstbetrag – s. Rz. 373 – überschritten wird[18] (in beiden Fällen ergibt sich die Nichtigkeit zudem aus §§ 32, 46 SGB I[19]). Denn die Versicherungsträger, denen allein der sozialrechtliche Vollzug des Wertausgleichs möglich ist, dürfen hierbei nach ausdrücklicher Vorschrift der RVO und des AVG (aaO) die sich aus der Überschreitung des Höchstbetrages aufgrund genehmigter Vereinbarung ergebenden Werteinheiten nicht berücksichtigen.

Zu beteiligen sind die Versicherungsträger jedoch an dem Verfahren zur Festsetzung oder Abänderung des Zahlbetrages aufgrund der geschlossenen Vereinbarung (§ 53e Abs. 2, 3 FGG, vgl. Rz. 403), in dem die Nichtigkeit oder Teilnichtigkeit der den Höchstbetrag überschreitenden Vereinbarung zu beachten ist.

---

[16] *BGH,* NJW 1982, 1463 = FamRZ 1982, 471.

[17] *Keidel/Kuntze,* § 53d FGG Rz. 14a mN; anders für den Fall der Verpflichtung zur Beitragsentrichtung *Soergel/v. Hornhardt,* § 1587o Rz. 23 mN (auch für diesen Fall wie hier: *BayObLG,* FamRZ 1981, 560).

[18] *Soergel/v. Hornhardt,* § 1587o Rz. 17 (§§ 134, 139 BGB bei Überschreitung des Höchstbetrages); *Maier,* Versorgungsausgleich in der Rentenversicherung, 2. Aufl., § 1587o BGB Anm. 2. Gilt sinngemäß im Falle des § 1 Abs. 3 VAHRG.

[19] *Soergel/v. Hornhardt,* § 1587o Rz. 14.

414b Ist die Genehmigung vor Rechtskraft des **Scheidungsurteils** erteilt worden, so ist die „endgültige **Wirksamkeit**" der Genehmigung, die sich auf einen zu einem bestimmten Zeitpunkt rechtshängig gewordenen Scheidungsantrag bezieht (Rz. 414), noch abhängig von dem Eintritt der Rechtskraft des Scheidungsurteils. Würde also etwa der Scheidungsantrag noch wirksam zurückgenommen, so ist die Genehmigung der Vereinbarung über den Versorgungsausgleich selbst dann gegenstandslos, wenn – abweichend von Rz. 412 aE – die Fortgeltung der Vereinbarung angenommen wird. Ebenso, wenn das Scheidungsurteil im Rechtsmittelverfahren beseitigt würde (entsprechend § 629d ZPO).

415 Stellt das FamG fest, daß die Vereinbarung an einem **Formmangel** leidet, so darf es diese nicht genehmigen. Andererseits heilt die Genehmigung nicht einen etwaigen Formmangel. Ferner darf das Gericht die Vereinbarung nicht genehmigen, wenn die Voraussetzungen des § 1587o Abs. 2 Satz 4 BGB (s. Rz. 420f.) vorliegen oder wenn die Vereinbarung gemäß §§ 134, 138, 306 BGB nichtig ist (vgl. Rz. 414a).

416 Kommt die **Vereinbarung** im Verfahren **vor dem OLG** (Familiensenat) zustande, wenn

das FamG in erster Instanz zusammen mit dem Scheidungsurteil über den Versorgungsausgleich entschieden hat und gegen das Scheidungsurteil (in zulässiger Weise) Berufung eingelegt ist oder

das FamG den Scheidungsantrag abgewiesen hat und hiergegen (in zulässiger Weise) Berufung eingelegt ist (jedenfalls wenn nicht ohnehin zurückzuverweisen ist, § 629b ZPO) oder

das FamG mit dem Scheidungsurteil über den Versorgungsausgleich entschieden hat und gegen die letztere Entscheidung (in zulässiger Weise) Beschwerde (§§ 629a Abs. 2, 621e Abs. 1, 3 ZPO) eingelegt ist oder

das FamG in einem abgetrennten Verfahren (§ 628 Abs. 1 Satz 1 ZPO) über den Versorgungsausgleich entschieden hat und hiergegen (in zulässiger Weise) Beschwerde (§ 621e Abs. 1, 3 ZPO) eingelegt ist

– selbstverständlich können in allen diesen Fällen Vereinbarungen über den Versorgungsausgleich geschlossen werden –, so ist für die Genehmigung das **OLG (Familiensenat) als zuständig** zu beurteilen[20] und zwar dann, wenn das OLG den Vergleich protokolliert hat, aber wohl auch dann, wenn die Vereinbarung notariell beurkundet wurde (§ 1587o Abs. 2 Satz 1 BGB). § 629b Abs. 1 ZPO ist hier nicht anzuwenden.

417 **Nicht unzweifelhaft** sind dagegen die Fälle, in denen das OLG im Berufungsverfahren der Scheidungssache, wenn das den Versorgungsausgleich betreffende Verfahren vom FamG gemäß § 628 Abs. 1 Satz 1 ZPO **abgetrennt** worden war, die Vereinbarung über den Versorgungsausgleich zu Protokoll nimmt oder

---

[20] Nach *BGH*, NJW 1982, 1464 = FamRZ 1982, 688; NJW 1983, 1317 = FamRZ 1983, 461 ist (zumindest?) das mit dem Versorgungsausgleich *befaßte* Beschwerdegericht zuständig für die Erteilung der Genehmigung.

der Familiensenat, wenn das Verfahren über den Versorgungsausgleich vom FamG abgetrennt war (§ 628 Abs. 1 Satz 1 ZPO), im Beschwerdeverfahren gegen die mit dem Scheidungsurteil verbundene Entscheidung über die Ehewohnung oder den Hausrat (§§ 629a Abs. 2, 621e Abs. 1, 3, 621 Abs. 1 Nr. 7 ZPO) oder im Berufungsverfahren gegen die mit dem Scheidungsurteil verbundene Entscheidung über die Unterhaltspflicht (§§ 629 Abs. 1, 623 Abs. 1, 621 Abs. 1 Nr. 4, 5 ZPO) eine Vereinbarung über den Versorgungsausgleich (evtl. zusammen mit Regelungen der Unterhaltspflicht und der güterrechtlichen Auseinandersetzung) zu Protokoll nimmt oder

eine solche Vereinbarung in dem eben erwähnten Falle notariell beurkundet wird oder

das Scheidungsurteil mit der Entscheidung über Unterhaltsregelungen und elterliche Sorge oder das Scheidungsurteil mit der Entscheidung über die elterliche Sorge rechtskräftig ist und über die Unterhaltspflicht nebst der Regelung der Rechtsverhältnisse an der Ehewohnung und dem Hausrat ein Vergleich geschlossen worden ist (vgl. § 630 Abs. 3 ZPO) und nun Verfahren über den Versorgungsausgleich und die güterrechtliche Auseinandersetzung je getrennt anhängig sind (s. auch Rz. 32, 61) und während des Berufungsverfahrens gegen das Urteil über die güterrechtliche Auseinandersetzung eine Vereinbarung über diese und den Versorgungsausgleich vor dem OLG zu gerichtlichem Protokoll geschlossen wird oder

diese Vereinbarung in dem eben erwähnten Falle notariell beurkundet wird.

In den dargelegten Fällen dürfte das OLG (Familiensenat) dann, wenn es die Vereinbarung zu Protokoll genommen hat, also mit dem Komplex des Versorgungsausgleichs befaßt worden ist, auch für die Genehmigung der Vereinbarung (§ 1587o Abs. 2 Satz 3, 4 BGB) zuständig sein; dagegen dürfte dann, wenn die Vereinbarung notariell beurkundet worden ist, das FamG (also das AmtsG) zuständig sein.[21]

Wurde eine Vereinbarung über den Versorgungsausgleich im Zusammenhang mit einem Rechtsstreit über vermögensrechtliche Auseinandersetzungen, die über die güterrechtliche Auseinandersetzung hinausgehen, zB über eine gesellschaftsrechtliche Auseinandersetzung, also keine Familiensache (§ 621 Abs. 1 ZPO) betreffen, vor dem LG oder OLG (Nichtfamiliensenat) geschlossen, so ist für die Genehmigung des FamG (AmtsG) zuständig. 418

Ist die Vereinbarung wirksam geworden, so findet insoweit, als sie dem Vollzug des Wertausgleichs entgegensteht, eine Entscheidung des Gerichts hierüber nicht mehr statt (§ 53d Satz 1 FGG, s. Rz. 396, aber auch 406). 418a

Gegen die Erteilung der Genehmigung ist die **Beschwerde** gegeben.[22] Die für 419

[21] Insoweit a. M. *Bergerfurth*, FamRZ 1983, 336.

[22] *Soergel/v. Hornhardt*, § 1587o Rz. 27 mwN; *Maier*, aaO, S. 371f., hM; vgl. *BGH*, NJW 1987, 1770 = FamRZ 1987, 578 (Überprüfung der vom OLG erteilten Genehmigung auf weitere Beschwerde); *OLG Stuttgart*, FamRZ 1982, 1079; abw. *Philippi*, FamRZ 1982, 1057; *OLG Frankfurt*, FamRZ 1987, 494.

die Zulässigkeit des Rechtsmittels erforderliche Beschwer wird gegeben sein, wenn der nach der Vereinbarung Berechtigte mit dem Rechtsmittel mehr oder höherwertigen Ausgleich, der Verpflichtete Herabsetzung oder die eigene Ausgleichsberechtigung erstrebt (§ 20 FGG).[23]

Einem Versicherungs- oder Versorgungsträger kann ein Beschwerderecht nicht zustehen, da er durch die Erteilung der Genehmigung ebensowenig beeinträchtigt werden kann wie durch den Abschluß einer unzulässigen und damit nichtigen Vereinbarung (s. Rz. 414a, vgl. 403).

Muß die Genehmigung wegen Formmangels oder Nichtigkeit aus anderen Gründen abgelehnt werden (s. Rz. 414a, 415), so muß entweder ein weiterer Vergleich geschlossen oder das amtswegige Verfahren vor dem FamG fortgesetzt werden.

Wird die Genehmigung **versagt,** so ist diese Entscheidung **nicht selbständig anfechtbar** (§ 53d Satz 2 FGG), sondern nur mit der dann folgenden Entscheidung (§ 53b Abs. 3 FGG).[24] Auf die hiergegen erhobene Beschwerde kann das OLG, wenn es die Verweigerung der Genehmigung für ungerechtfertigt hält, unter Aufhebung der Entscheidung über den Versorgungsausgleich die Vereinbarung genehmigen.[25]

Die Ehegatten können, wenn das FamG die Genehmigung versagt (und einem wegen des Ausschlusses der Beschwerde zulässigen Änderungsantrag – § 18 Abs. 1 FGG – nicht abgeholfen) hat, eine neue Vereinbarung schließen; der Umstand, daß nun das amtswegige Verfahren weiterzubetreiben ist, steht dem nicht entgegen.

Die Beschwerde ist **jedoch** als **zulässig** anzusehen, wenn das FamG – ohne das Amtsverfahren über den Versorgungsausgleich einzuleiten – die Genehmigung der Vereinbarung mit der Begründung versagt, ein Versorgungsausgleich komme nicht in Betracht (zB wegen Anwendbarkeit des Rechts der DDR oder ausländischen Rechts[26] oder aufgrund von Art. 12 Nr. 3 Abs. 3 Satz 2 des 1. EheRG, vgl. Rz. 396 Fn. 8). In diesem Falle greift der Beschluß über die bloße Verweigerung der Genehmigung, über die es nicht zu einem verfahrenshemmenden Zwischenstreit kommen soll,[27] hinaus. Ist das Beschwerdegericht der Auffassung, das Recht des Versorgungsausgleichs sei auf die Ehe anzuwenden, so wird es in der Regel die Genehmigung nicht selber erteilen, sondern die Entscheidung des Familiengerichts aufheben und dieses anweisen, sachlich über die Genehmigung zu entscheiden. –

§ 53d FGG bezieht sich auf Entscheidungen nach § 1587b BGB und gilt daher nicht für den schuldrechtlichen Versorgungsausgleich, der auch ohne

---

[23] 4. und 5. Aufl. stellten auf § 1587o Abs. 2 Satz 4 ab. Vgl. auch oben Rz. 414a.

[24] *BGH,* NJW 1982, 1463 = FamRZ 1982, 471; NJW 1987, 1768 = FamRZ 1987, 467.

[25] *BGH,* NJW 1982, 1464 = FamRZ 1982, 688 und wie Fn. 22.

[26] *Keidel/Kuntze,* § 53d FGG Rz. 19; *Soergel/v. Hornhardt,* § 1587o BGB Rz. 28; s. auch oben Rz. 112f.

[27] Bericht des Rechtsausschusses, BT-Drucks. 7/4361 S. 72.

Gericht abgewickelt werden kann; hier ist die Versagung der Genehmigung stets anfechtbar.

420 Zweck des Genehmigungserfordernisses, das mit dem Grundgesetz vereinbar ist,[28] ist es, die Vereinbarung vornehmlich zum Schutze des berechtigten, in der Regel sozial schwächeren Ehegatten vor (bewußter oder unbewußter) Übervorteilung einer **Inhaltskontrolle**[29] zu unterwerfen.[30] Nach **§ 1587o Abs. 2 Satz 4** BGB soll die Genehmigung nur verweigert werden, wenn unter Einbeziehung der Unterhaltsregelung und der Vermögensauseinandersetzung offensichtlich die vereinbarte Leistung (**entweder**) nicht zur Sicherung des Berechtigten für den Fall der Erwerbsunfähigkeit und des Alters geeignet ist **oder** zu keinem nach Art und Höhe angemessenen Ausgleich unter den Ehegatten führt. Die Vorschrift enthält somit zwei selbständige Versagungsgründe, von denen jeder für sich allein zur Versagung der Genehmigung führen kann.[31]

Beiden Versagungsgründen gemeinsam ist der Begriff **„vereinbarte Leistung"**. Hiermit ist zunächst das Surrogat gemeint, das nach der Vereinbarung an die Stelle der Ausgleichsforderung treten soll[32] – folglich eine Leistung an den Ausgleichsberechtigten (die dementsprechend nach dem ersten Versagungsgrund zu seiner Sicherheit dienen soll). Da jedoch die Unterhaltsregelung und die Vermögensauseinandersetzung (Zugewinnausgleich bzw. Gesamtguts- sowie Hausratsauseinandersetzung, ferner die Risiken etwa nicht gleichzeitig vorgenommener Unterhalts- und Vermögensregelungen) in die Betrachtung einzubeziehen sind, ist „Leistung" das wirtschaftliche Ergebnis für den ausgleichsberechtigten Ehegatten im Rahmen einer Gesamtwürdigung der geregelten und der etwa ungeregelten Scheidungsfolgen. Eine „Leistung" (nicht notwendig eine genehmigungsfähige) **kann** danach zwar in einem gegenseitigen Verzicht der Ehegatten auf alle Ansprüche ohne jede Vermögensverschiebung liegen, niemals jedoch in dem einseitigen Verzicht des zugleich unterhalts-, zugewinn- und versorgungsausgleichsberechtigten Ehegatten, zu dessen Lasten keine Härteklauseln eingreifen; diese Vereinbarung ist schon mangels einer Leistung an den Berechtigten nicht genehmigungsfähig.[33] Zu einer Ausnahme s. Rz. 423 aE.

---

[28] *BVerfGE* 60, 329 = NJW 1982, 2365 = FamRZ 1982, 769.

[29] *BGH,* NJW 1985, 315 = FamRZ 1985, 45; NJW 1987, 1768 = FamRZ 1987, 467.

[30] Der Versorgungsausgleich ist auch Teil eines Systems der sozialen Sicherheit, vgl. *BGHZ* 74, 38, 44 = NJW 1979, 1289 = FamRZ 1979, 477.

[31] Vgl. *MünchKomm./Strobel,* § 1587o Rz. 26ff., 32ff.; *Kniebes/Kniebes,* DNotZ 1977, 291; *Udsching,* NJW 1978, 290; insoweit eher kritisch *Palandt/Diederichsen,* § 1587o Anm. 3.

[32] *Kniebes/Kniebes,* aaO; vgl. *BGH,* NJW 1987, 1768 = FamRZ 1987, 467. Zu den Ausnahmen nach der Rspr. des *BGH* s. Rz. 423.

[33] *OLG Köln,* DNotZ 1981, 444 (mit abl. Anm. *v. Hornhardt*) nimmt Sittenwidrigkeit an, § 138 BGB, zu § 1408 Abs. 2 BGB; s. ferner Rz. 99 Fn. 17, Rz. 315a Fn. 22, Rz. 494 Fn. 14.

420a Die Genehmigungsfähigkeit des „entschädigungslosen" Verzichts auf den Versorgungsausgleich[34] hängt nicht allein vom Begriff der vereinbarten Leistung, sondern auch davon ab, ob diese nach dem Maßstab eines der beiden Versagungsgründe unzulänglich ist. Der fehlende Ausgleich nicht erheblicher Wertunterschiede (vgl. auch § 3c HRG, oben Rz. 370c) bedeutet beim Fehlen gegenläufiger Gesichtspunkte – insbesondere sozialer Art – nicht notwendig, daß offensichtlich kein angemessener Ausgleich gewährt wird (s. Rz. 422). Die unter Verzicht auf den gesetzlichen Versorgungsausgleich vereinbarte Leistung muß nicht ihrerseits auf die Verschaffung von Versorgungswerten iS des § 1587 BGB gerichtet, sondern kann gänzlich anderer Art sein, wenn sie auch nur mittelbar in dem im Einzelfall erforderlichen Maße zur Absicherung des Berechtigten im Alter und bei Erwerbsunfähigkeit beiträgt (s. Rz. 421); entscheidend ist die gebotene Sicherheit.

421 Die **erste Alternative** des § 1587o Abs. 2 Satz 4 BGB fragt nach der **Eignung** der vereinbarten Leistung **zur Sicherung des Berechtigten** für die Fälle des Alters und der Erwerbsunfähigkeit. Mögliche Berufsunfähigkeit des Berechtigten läßt das Gesetz hier als weniger schwerwiegend außer Betracht, ferner gänzlich die Interessen des Ausgleichspflichtigen. Die Leistung ist der Art nach geeignet – die Höhe der vereinbarten Leistung spielt unter diesem Aspekt keine Rolle[35] – wenn sie für den Berechtigten im Alter (vom 65. Lebensjahr an, arg. §§ 1587g Abs. 1 Satz 2, 1587l Abs. 3 Satz 2) und bei Eintritt der Erwerbsunfähigkeit eine laufende Einnahmequelle gewährt. Sie muß auf diesen Zweck festgelegt und rechtlich abgesichert sein, möglichst auch gegen spätere Leistungsunfähigkeit des Verpflichteten, und darf nicht durch die Wiederheirat des Berechtigten sowie den Tod des Verpflichteten begrenzt werden, da es sich nicht um Unterhalt, sondern um die lebenslange Versorgung des Berechtigten handelt. Zu berücksichtigen ist aber auch eine bereits vorhandene Versorgung des Berechtigten und in zweiter Linie eine Absicherung durch etwa vorhandenes erhebliches Vermögen einschließlich des Zugewinnausgleichs, da das Gesetz auf die individuelle Sicherung des Berechtigten, nicht auf generelle Geeignetheit zur Alters- und Invaliditätssicherung abstellt. Hat der Berechtigte etwa bereits eine eigenständige volle Versorgung erworben, ist die Wertdifferenz geringfügig oder treffen sogar beide Voraussetzungen zusammen, so können an die Zweckbindung der zur Sicherung der Versorgung des Berechtigten vereinbarten Leistung geringere Anforderungen gestellt werden.[36] Dies gilt jedoch nicht, wenn der Versorgungsausgleich zu einer wesentlichen Qualitätsverbesserung der eigenen Ver-

---

[34] Vgl. *BGH* wie Fn. 32; *Soergel/v. Hornhardt*, § 1587o Rz. 18 mit ausführl. Nachweisen und Hinweis auf die notwendige Gesamtschau; aber auch *Palandt/Diederichsen*, § 1587o Anm. 3a („grundsätzlich unzulässig"); *Keidel/Kuntze*, § 53d FGG Rz. 10 („sittenwidrig"). Der Begriff „entschädigungslos" wird uneinheitlich verwandt.

[35] *Voskuhl/Pappai/Niemeyer*, Anm. III 3b; *MünchKomm./Strobel*, Rz. 26; *Soergel/v. Hornhardt*, Rz. 5, je zu § 1587o BGB.

[36] *Soergel/v. Hornhardt*, aaO; vgl. *BVerfG*, NJW 1984, 2147 = FamRZ 1984, 653.

sorgung des Berechtigten führen könnte (etwa durch Erfüllung von Wartezeiten in der gesetzlichen Rentenversicherung), vgl. § 3c HRG; Rz. 370c.

Der **zweite Grund,** die Genehmigung der Vereinbarung über den Versorgungsausgleich zu versagen, liegt vor, wenn die vereinbarte Leistung offensichtlich zu **keinem** nach Art und Höhe **angemessenen Ausgleich** führt. Steht bei der ersten Alternative die Eignung und damit die Art der Leistung im Vordergrund, so hier ihre Höhe, da es um den Ausgleich und seine Angemessenheit geht. 422

Angemessen heißt nicht: rechnerisch genau, zumal die Mitberücksichtigung von Unterhalt und Vermögensauseinandersetzung den Ehegatten einen gewissen Bewertungsspielraum schafft. Die Genehmigung ist zu verweigern, wenn eine erhebliche Abweichung der vereinbarten Leistung von dem gesetzlichen Ausgleichsanspruch vorliegt und diese in den wirtschaftlichen und persönlichen Verhältnissen der Ehegatten (vgl. auch § 1587c BGB) keinen hinreichenden Grund findet;[37] hierbei ist neben der Höhe auch die Art der vereinbarten Leistung zu berücksichtigen, und zwar im Hinblick auf ihre Versorgungsqualität im Verhältnis zu dem Versorgungsausgleich, der sich ohne die Vereinbarung ergäbe. Die Prüfung der Vereinbarung setzt hiernach in aller Regel die Feststellung der Anwartschaften, ihre Bewertung und die Feststellung des Ausgleichsanspruchs voraus.[38] Erst beim Vergleich zwischen an sich geschuldeter und versprochener Leistung läßt das Gesetz mit den Worten: ,,offensichtlich ... keinen ... angemessenen Ausgleich" Raum für eine großzügige Prüfung.[39] Auch hierbei ist der erhebliche Wertunterschied zwischen den dynamischen gesetzlichen Renten- und Versorgungsanrechten und nichtdynamischen Anwartschaften etwa aus einer Lebensversicherung oder auf eine Leibrente zu beachten.[40] Beim Vergleich von Kapitalwerten mit Rentenanwartschaften kann für diese auf die Kapitalbeträge zurückgegriffen werden, die zur Begründung von Anwartschaften in die gesetzliche Rentenversicherung als Beiträge zu zahlen wären. Bestünde nach dem Gesetz Anspruch auf schuldrechtlichen Versorgungsausgleich, der durch eine andere Leistung ersetzt werden soll, so darf nicht übersehen werden, daß hier Anspruch nicht nur auf eine Ausgleichsrente, sondern alternativ auf eine u. U. schon im Zeitpunkt der Ehescheidung fällige Abfindung zur Begründung einer eigenständigen Altersversorgung inner- oder außerhalb der gesetzlichen Rentenversicherung bestehen kann (s. Rz. 389ff.).

---

[37] Vgl. *D. Schwab,* Rz. 687. Die Vereinbarung darf die soziale Sicherheit des Verpflichteten nicht wesentlich stärker als der gesetzliche Versorgungsausgleich gefährden: Erhält der Berechtigte (fast) sämtliche Versorgungswerte, so ist der Ausgleich der Art nach unangemessen; vgl. auch § 1587c Nr. 1 BGB.

[38] *Soergel/v. Hornhardt,* § 1587o Rz. 9, 10 mwN.

[39] Ein Prozentsatz der erlaubten Abweichung läßt sich nicht festlegen. Es kommt auf die Verhältnisse der Eheleute an; u. U. fehlt ein angemessener Ausgleich schon wegen der abweichenden Art, vgl. *Soergel/v. Hornhardt,* § 1587o Rz. 9; *MünchKomm./Strobel,* § 1587o Rz. 36.

[40] Vgl. *Udsching,* NJW 1978, 293.

423 Aus der Aufnahme nicht von Genehmigungs-, sondern von Versagungsgründen in § 1587o Abs. 2 Satz 4 („soll nur verweigert werden") und der einschränkenden Formulierung dieser Gründe („wenn ... offensichtlich ... nicht ...") ist zu schließen, daß das FamG die Vereinbarung **grundsätzlich genehmigen „soll"**; diese schonende Fassung trägt dem Verhältnismäßigkeitsgrundsatz Rechnung.[41] Liegen die gesetzlichen Voraussetzungen für eine Versagung der Genehmigung nicht vor, so haben die Ehegatten einen **Rechtsanspruch** auf Genehmigung der Vereinbarung.[42] Andererseits enthält § 1587o Abs. 2 Satz 4 **keine abschließende** Regelung der Genehmigungsvoraussetzungen,[43] eine Vereinbarung kann ausnahmsweise auch dann genehmigungsfähig sein, wenn zwar Versagungsgründe vorliegen, aber der Zweck des Genehmigungserfordernisses, den Ausgleichsberechtigten vor Übervorteilung zu schützen, im einzelnen Falle nicht eingreift.[44]

Erkennt das FamG, daß gegen die Vereinbarung in dem oben beschriebenen Sinne Bedenken bestehen, so sollte es schon bei der Protokollierung darauf hinweisen; ablehnen darf es freilich die Protokollierung nicht.[45]

Eine nichtige oder undurchführbare Vereinbarung eignet sich von vornherein nicht zur Sicherheit und führt oft nicht zu einem angemessenen Ausgleich.[46] Das FamG muß daher vorab prüfen, ob die Vereinbarung wegen Nichteinhaltung der vorgeschriebenen Form, wegen Verstoßes gegen das Verbot der Übertragung oder Begründung gesetzlicher Anwartschaften durch Vereinbarung oder aus anderen Gründen **nichtig** ist (vgl. Rz. 413; 409a, 414a). Am Beginn der hierauf folgenden eigentlichen Inhaltskontrolle steht zweckmäßig die Feststellung, wer von den Ehegatten der **Ausgleichsberechtigte** ist, da dessen Sicherung zu prüfen ist, und ob die Vereinbarung **durchführbar** ist – insbesondere, ob sie vom FamG ein unerlaubtes Supersplitting, die Überschreitung des Höchstbetrages oder ein Super-Quasisplitting[47] verlangt

---

[41] *BVerfGE* 60, 329 = NJW 1982, 2365 = FamRZ 1982, 769.

[42] *BGH,* NJW 1982, 1463 = FamRZ 1982, 471.

[43] *BGH,* wie Fn. 42 sowie NJW 1982, 1464 = FamRZ 1982, 688; NJW 1987, 1768 = FamRZ 1987, 467.

[44] Weil (*BGH,* wie Fn. 42, 43) es der Durchführung des Ausgleichs zur Verschaffung des Grundstocks für eine eigenständige Versorgung nicht bedarf, da eine anderweite *gleichwertige, gegenwärtige* Absicherung *gewährleistet* ist; weil Härtegründe (§ 1587c BGB) vorliegen; weil hierfür nicht voll ausreichende Billigkeitsgründe den Verzicht rechtfertigen, hier bedarf es jedoch umfassender Abwägung der beiderseitigen Verhältnisse, auch der sozialen Absicherung des Verzichtenden (vgl. hierzu aber schon Rz. 421), s. a. *BGH,* NJW 1983, 1317 = FamRZ 1983, 461.

[45] Allgemein hierzu *E. Schneider,* JuS 1976, 146; s. auch Rz. 127. Die Protokollierung enthält nicht die Genehmigung.

[46] Eine nichtige Vereinbarung ist nie genehmigungsfähig (vgl. Rz. 415 sowie *MünchKomm./Strobel,* Rz. 17; *Soergel/v. Hornhardt,* Rz. 27, je zu § 1587o), wenn auch die Genehmigung die Nichtigkeit nicht heilt.

[47] Begründung von Anwartschaften in der gesetzlichen Rentenversicherung zu Lasten einer Beamten- oder ähnlichen Versorgung des Verpflichteten in Höhe von mehr

(sei es auch nur mittelbar, zB durch Verzicht auf die Einbeziehung der gesetzlichen oder Beamtenanwartschaften nur des Berechtigten in das Renten- oder Quasisplitting),[48] s. Rz. 371, 371 a, 373 –. Hierzu bedarf es wie für die Untersuchung, ob etwa kein angemessener Ausgleich vorliegt (s. Rz. 422), regelmäßig der Feststellung und Bewertung der beiderseitigen Anwartschaften insbesondere anhand der gem. §§ 12, 53 b Abs. 2 FGG einzuholenden **Auskünfte** der Versicherungs- und Versorgungsträger.[49] Dagegen braucht das Gericht bei der weiteren Prüfung der Versagungsgründe die Unterhaltsregelung und die Vermögensauseinandersetzung nur dann in ihrem vollen Umfang auf ihre Angemessenheit zu prüfen, wenn sich die Eignung der vereinbarten Leistung und die Angemessenheit des Ausgleichs iS v. § 1587 o Abs. 2 Satz 4 erst aus der **Gesamtwürdigung** der Scheidungsfolgenregelung ergeben (vgl. Rz. 420). Ist als Versorgungsausgleich eine konkrete Leistung vereinbart, die für sich allein den Anforderungen genügt, so sind Unterhaltsregelung und Vermögensauseinandersetzung nur darauf zu überprüfen, ob sie die Eignung oder Sicherheit der vereinbarten Versorgungsleistung oder die Angemessenheit des Versorgungsausgleichs nach Art oder Höhe beeinträchtigen können.[50]

424 Die Genehmigung kann nicht unter einer **Bedingung** oder Zeitbestimmung oder mit einer Auflage erteilt werden,[51] etwa erforderliche Änderungen müssen die Parteien vor Erteilung der Genehmigung vereinbaren.

Die Praxis behandelt das Genehmigungsverfahren zutreffend meist als Teil des ohnehin auf den Scheidungsantrag hin von Amts wegen einzuleitenden Verfahrens über den Wertausgleich. Die aufgrund Sachprüfung ergehende, rechtsmittelfähige Entscheidung des Familiengerichts über die Genehmigung der Vereinbarung schließt damit zugleich das Verfahren über den Versorgungsausgleich ganz oder teilweise ab (vgl. § 53 d Satz 1 FGG: „insoweit"). Zumindest in diesem Falle sollte die Entscheidung über die Genehmigung daher als Entscheidung der rechtsprechenden Gewalt angesehen werden, die ein gerichtliches Verfahren mit bindender Wirkung beenden soll und die nur unter den besonderen Voraussetzungen des § 839 Abs. 2 BGB zur **Staatshaftung** führt.[52]

---

als der Hälfte des in § 1587 b Abs. 2 bezeichneten Wertunterschieds. Unzulässig sind auch Renten- und Quasisplitting zugunsten des Ausgleichspflichtigen.

[48] *Soergel/v. Hornhardt,* § 1587 o Rz. 13, 14.

[49] Eingehend *Udsching,* NJW 1978, 290 ff.; *Soergel/v. Hornhardt,* § 1587 o Rz. 25. Je nach Art der Vereinbarung, der Anwartschaften und der Unterlagen kann ein erfahrener Familienrichter uU im Einzelfall aber auch zu Feststellungen ohne die Versicherungsauskünfte in der Lage sein.

[50] So beeinträchtigt ein nicht gerechtfertigter Unterhaltsverzicht die an sich gegebene Eignung einer Lebensversicherung, wenn er zu einem vorzeitigen Rückkauf der Versicherung Anlaß geben kann.

[51] *MünchKomm./Strobel,* Rz. 46 zu § 1587 o BGB.

[52] *MünchKomm./Strobel,* § 1587 o Rz. 22; anders *Udsching,* NJW 1978, 289 f.

b) Anlässe zum Abschluß einer Vereinbarung

425 Sind Anwartschaften aus den gesetzlichen Rentenversicherungen oder einer Beamtenversorgung auszugleichen, so stellt die **gesetzliche Regelung des Renten- und Quasisplitting** (Rz. 371ff.) für den Großteil der Fälle die geeignetste Lösung dar; entsprechendes gilt, wo das Gesetz den Wertausgleich durch sog. Supersplitting oder Super-Quasisplitting zuläßt (s. Rz. 372b): Der Berechtigte erhält Anwartschaften in der gesetzlichen Rentenversicherung, die zusammen mit eigenen vorehelichen, ehelichen und nachehelichen Anwartschaften (auch aus Mitteln des Vorsorgeunterhalts, Rz. 212a, sowie etwa Ausbildungs- und Kindererziehungszeiten)[53] eine umfassende Absicherung nicht nur für die Fälle des Alters und der Erwerbsunfähigkeit (vgl. § 1587o Abs. 2 Satz 4), sondern auch bei Berufsunfähigkeit bewirken und die ihm gegebenenfalls schon bald Rehabilitationsleistungen (Kuren) und die spätere Mitgliedschaft in der Rentnerkrankenversicherung verschaffen können. Der aufgrund der Scheidung oft finanziell bedrängte Verpflichtete dagegen braucht seine einsetzbaren Mittel nicht für die Zukunftssorge zu verwenden. Ein Abgehen von der gesetzlichen Lösung ist deshalb insoweit, als Splitting und Quasisplitting eingreifen, nur beim Vorliegen besonderer Voraussetzungen angezeigt und bei der Genehmigung einer Vereinbarung besonders kritisch zu prüfen.

In aller Regel besteht auch **kein Anlaß,** statt des Renten- oder Quasisplitting die Begründung von Anwartschaften zugunsten des Berechtigten durch **Beitragszahlung** entsprechend dem früheren § 1587b Abs. 3 BGB (s. Rz. 436) **zu vereinbaren.**[54] Derselbe wirtschaftliche Erfolg kann ohne das mit einer möglichen Zahlungsverzögerung verbundene erhebliche Risiko für den Berechtigten (vgl. Rz. 405) erreicht werden, indem der Verpflichtete die durch das Splitting verursachte Minderung seiner Anwartschaft durch Beitragsentrichtung zugunsten des eigenen Rentenkontos ausgleicht (s. Rz. 371 gegen Ende; ähnliches gilt für den Beamten nach Durchführung des Quasisplitting, § 58 BeamtVG; s. Rz. 480). Bezieht der Ausgleichspflichtige bereits Altersruhegeld, so ist jedoch die Wiederauffüllung seines Rentenkontos ausgeschlossen[55] und die Ersetzung des Splitting durch die Entrichtung von Beiträgen nach Rz. 436 sinnvoll, wenn beim Berechtigten noch kein Versicherungsfall eingetreten und auch nicht zu erwarten und die möglichst baldige Zahlung des Verpflichteten gesichert ist. Ähnliches gilt beim Bezug von Berufs- oder

---

[53] §§ 1233 RVO, 10 AVG lassen selbst nach Überschreiten der Altersgrenze noch eine Weiterversicherung zu – etwa um die Wartezeit von 180 Monaten zu vollenden –, solange Altersruhegeld noch nicht bezogen wird.

[54] Anders, falls der Berechtigte heute noch die Möglichkeit der Nachentrichtung für abgelaufene Zeiträume zu damaligen niedrigen Beitragssätzen hat (s. Rz. 244a) und sie nicht selber ausnützen will.

[55] Vgl. *Voskuhl/Pappai/Niemeyer,* § 1304a RVO Anm. V.

Erwerbsunfähigkeitsrente durch den Verpflichteten aufgrund eines früheren Versicherungsfalles.[56]

426 Eine auch von dem Härteregelungsgesetz vom 21. 2. 1983 nicht beseitigte finanzielle Einbuße kann eintreten, wenn der alte oder berufsunfähige Berechtigte längere Zeit in den Genuß der Rente aus dem Versorgungsausgleich kommt, der Verpflichtete ihn aber gleichwohl vorhersehbar lange überlebt und nur die gekürzte Rente oder Pension bezieht. Übersteigt die **Lebenserwartung** des zum Splitting Verpflichteten die des Berechtigten sehr erheblich, so kann – falls hierdurch der Krankenversicherungsaufwand für den kranken Berechtigten nicht zu hoch wird – ein Übergang auf Ausgleichsformen außerhalb der gesetzlichen Rentenversicherung sinnvoll sein; der Versorgungsausgleich in der gesetzlichen Rentenversicherung wird dann unwirtschaftlich (§ 1587b Abs. 4 BGB; vgl. anschließend).[57]

426a In den folgenden Fällen sieht schon das **Gesetz** – meist durch Verweisung auf den schuldrechtlichen Versorgungsausgleich, s. Rz. 379ff. – einen **Ausgleich außerhalb der gesetzlichen Rentenversicherung** vor:

(1) der Ausgleich in der gesetzlichen Rentenversicherung wäre (ganz oder teilweise) unwirtschaftlich[58] oder würde sich nicht zugunsten des Berechtigten auswirken;[59] hier darf das FamG nur auf Antrag von der Begründung oder Übertragung gesetzlicher Anwartschaften absehen und ist dann nicht an den schuldrechtlichen Versorgungsausgleich gebunden (§§ 1587b Abs. 4, 1587f Nr. 5; vgl. Rz. 373a, 397a);

(2) Ausgleich zur Zeit der Entscheidung über den Wertausgleich noch verfallbarer betrieblicher Anwartschaften (§ 1587a Abs. 2 Nr. 3 Satz 3, 1587f Nr. 4, vgl. Rz. 369), doch kann hier eine nachträgliche Einbeziehung in den Wertausgleich in Betracht kommen, § 10a Abs. 1 Nr. 2 HRG (s. Rz. 408b);

(3) Ausgleich von Anwartschaften aller Art, soweit beim Berechtigten der Höchstbetrag der dynamischen Anwartschaften in der gesetzlichen Renten-

---

[56] Vgl. *BSG*, MDR 1984, 787.

[57] Teilweise wird der Maßstab des Unwirtschaftlichen im Interesse des Berechtigten deutlich höher angesetzt. Jedenfalls besteht Anlaß für eine Vereinbarung, die einem kranken Berechtigten auch Sicherheit für alle Krankheitskosten geben muß. Gilt entsprechend für Beamtenversorgung; vgl. auch *Ruland*, AnwBl 1982, 94 und unten Rz. 481ff.

[58] *Beispiele:* der Berechtigte hat nur beamtenrechtliche Anwartschaften, ihm wäre mit gesetzlichen Rentenanwartschaften nicht gedient; kurze Lebenserwartung des Berechtigten (s. aber Fn. 57) und ähnliche Fälle der Zweckverfehlung, auch auf Seiten des Verpflichteten (*BGHZ* 75, 241, 267 = FamRZ 1980, 29, 36; Z 81, 152, 182 = FamRZ 1981, 1051, 1058).

[59] *Beispiele:* die Rente des Berechtigten würde voraussichtlich ruhen, etwa wegen Zusammentreffens mit Verletztenrente, uU bei Auswanderung (§§ 1278, 1315 RVO, 55, 94 AVG); die erhöhte Rente würde auf andere Versorgung angerechnet (zB § 55 BeamtVG); der Berechtigte kann als Beamter oder aus anderen Gründen voraussichtlich die Mindestwartezeit für Rentenbezug von 60 Monaten nicht erreichen, vgl. *BGH*, NJW 1984, 1549 = FamRZ 1984, 667.

versicherung überschritten würde (§§ 1587b Abs. 5, 1587f Nr. 2; vgl. Rz. 373);

(4) Realteilung anderer als gesetzlicher Rentenanwartschaften (§ 1 Abs. 2 VAHRG, s. oben Rz. 372);

(5) schuldrechtlicher statt Wertausgleich bei ausländischen Anwartschaften des Verpflichteten (§§ 2, 3b Abs. 2, 3a Abs. 5 HRG), vgl. Rz. 370a, 372b;

(6) schuldrechtlicher Versorgungsausgleich anstelle von Wertausgleich, weil auch im erweiterten Wertausgleich des § 3b HRG (s. Rz. 372b, 372c) keine Ausgleichsform mehr zur Verfügung steht (§ 2 VAHRG, s. oben Rz. 370a, 379 aE).

In diesen Fällen kann die Verweisung auf den schuldrechtlichen Versorgungsausgleich (s. Rz. 437ff.) oft durch **günstigere Lösungen** ersetzt werden (vgl. Rz. 435a, 437a, 438), die für den Berechtigten sicherer, für den Verpflichteten klarer und abschließend sind und unterhaltsrechtliche Risiken einschränken können. Kann die Grundversorgung oder ein Teil davon durch Übertragung oder Begründung von Anwartschaften gem. § 1587b Abs. 1 und 2 ausgeglichen werden (und ist dies nicht unwirtschaftlich), so wird es insoweit beim Splitting bzw. Quasisplitting verbleiben, da dies die Aufbringung der Mittel für eine befriedigende Lösung für den übrigen Teil des Ausgleichsanspruchs stark erleichtern kann. Auch wenn sich anstelle des schuldrechtlichen Ausgleichs die Möglichkeit des Realsplitting einer zusätzlichen, an sich nicht dem Wertausgleich unterliegenden Anwartschaft des Verpflichteten bietet, sollte hiervon in der Regel Gebrauch gemacht werden (s. Rz. 435a).

427 Häufig empfiehlt sich eine Vereinbarung, wenn die Ehegatten über das Vorliegen von Herabsetzungstatbeständen nach einer der **Härteklauseln** (Rz. 374ff.) streiten. Die Ehegatten können das Vorliegen eines Härtefalles nicht unabhängig von der Sach- und Rechtslage vereinbaren.[60] Den Verzicht auf einen ins Gewicht fallenden Ausgleich oder eine wesentliche Herabsetzung darf das FamG nur genehmigen, wenn es vom Vorliegen des Härtetatbestandes überzeugt ist. Eine geringere Herabsetzung (zB Verzicht auf die Einbeziehung zusätzlicher Versorgungen des Verpflichteten beim Beibehalten des Splitting/Quasisplitting aus einer gewichtigen Grundversorgung) kann bei überwiegender Wahrscheinlichkeit schwerwiegender Ausschlußgründe genehmigungsfähig sein. In Ausnahmefällen können nach der Rechtsprechung des BGH auch zur Anwendung des § 1587c Nr. 1 BGB nicht ausreichende Billigkeitsgründe die Genehmigung einer Vereinbarung rechtfertigen (s. Rz. 423).

Ebenso kann ein Ausnahmefall, in dem der Ausgleich der Versorgungen nicht gerechtfertigt ist, bei einer besonders **kurzen Ehezeit** vorliegen.[61] Hier wie in allen anderen Fällen des Ausschlusses der Übertragung oder Begrün-

---

[60] *Ruland/Tiemann*, Rz. 575.

[61] *BGH*, FamRZ 1981, 944 (Ehezeit 1 Monat; sehr lange Verfahrensdauer) mit abl. Anm. *v. Hornhardt*, FamRZ 1982, 30.

dung gesetzlicher Rentenanwartschaften ist jedoch immer zu beachten, daß die Übertragung oder Begründung einer Rentenanwartschaft gemäß § 1587b Abs. 1, 2 oder § 1 Abs. 3 VAHRG dafür ausschlaggebend sein kann, ob der ausgleichsberechtigte Ehegatte rentenberechtigt ist oder nicht und zwar die einer geringfügigen Anwartschaft schon dann, wenn ihm zur Erfüllung einer **Wartezeit** (vgl. Rz. 370c) nur wenige Monate oder gar nur ein Monat fehlt.[62] Die Übertragung oder Begründung einer Rentenanwartschaft von monatlich rd. 107 DM[63] kann selbst dem Berechtigten, der nie erwerbstätig war, Rehabilitationsleistungen und eine Rente einschließlich der Rentnerkrankenversicherung verschaffen.

428 Haben **beide Ehegatten** Anwartschaften auf eine künftige Versorgung erlangt, die **ungefähr gleichwertig** sind, so können sie beiderseits auf einen Versorgungsausgleich verzichten.[64] Ebenso, wenn zB ein Ehegatte während der Ehe ein gering belastetes Gebäude mit Mieteinnahmen erworben hat (etwa als Erbe eines Elternteils) und der andere Ehegatte Versorgungsanwartschaften erlangt hat. Bei Gleichwertigkeit iS v. § 1587o Abs. 2 Satz 4 BGB kann ein Ehegatte auf Versorgungs , der andere auf Zugewinnausgleich verzichten (vgl. aber Rz. 433); evtl. kann ein gewisser Ausgleichsbetrag vereinbart werden, wenn die Nettomieteinnahmen und die Versorgungsanwartschaften sich nicht etwa entsprechen.

429 Eine Vereinbarung der Ehegatten ist oft sehr sinnvoll, wenn tatsächliche oder rechtliche **Zweifel über Bestand, Umfang** oder **Bewertung** einer Anwartschaft nicht vollständig zu beheben sind sowie bei durch die Materie bedingten rechtlichen Zweifeln über die Unverfallbarkeit einer betrieblichen Anwartschaft; zB ausländische gesetzliche Anwartschaften, vor allem aus kurzen Zeiten; Frage der Volldynamik berufsständischer Versorgungen.[65] Bei der Genehmigung der Vereinbarung, die für eine solche Anwartschaft einen vernünftigen, auch abweichende Rechtsauffassungen angemessen berücksichtigenden Wert festsetzt, ist – unter Beachtung des sozialen Zwecks des Versorgungsausgleichs – umso mehr Großzügigkeit am Platze, je kleiner vermutlich die Anwartschaft und je größer nach Art und Umfang die durch den Ausgleich einer anderweitigen Grundversorgung gebotene Sicherheit ist.

Zulässig ist aber auch die Vereinbarung des Realsplitting des Ehezeitanteils der zweifelhaften Anwartschaft (unter den Voraussetzungen der Rz. 435a) oder des schuldrechtlichen Versorgungsausgleichs in der Form der Abfindung oder uU als Ausgleichsrente (Rz. 437ff.).

Zurückhaltung ist bei der vereinbarten Bewertung einer deutschen Beamten- oder gesetzlichen **Rentenanwartschaft** oder einer der Realteilung oder

---

[62] Vgl. auch *v. Hornhardt*, aaO. Der Erwerb weiterer Zeiten bis zur Entscheidung, evtl. auch danach, ist zu beachten.

[63] Je nach Ehezeitende (hier: 1981); s. auch *Ruland/Tiemann*, Rz. 613.

[64] *Voskuhl/Pappai/Niemeyer*, S. 182f. Ausnahme: der geringe Ausgleich erfüllt die Wartezeit, Rz. 427 gegen Ende. Zur Wertbemessung s. Rz. 422 gegen Ende.

[65] Zu dieser Problematik vgl. *Soergel/Zimmermann*, § 1587a Rz. 268, 273.

dem sinngemäßen Quasisplitting (Rz. 372ff.) unterliegenden Anwartschaft geboten, da hier ein Fehlgriff zum unerlaubten Supersplitting führen kann (s. Rz. 371, 371a). Im Hinblick auf die Grundsätze der Verhältnismäßigkeit und der Praktikabilität bestehen aber bei den Rentenversicherungsträgern[66] keine Bedenken dagegen, Anwartschaften geringen Umfangs aus ungeklärten Versicherungszeiten in den schuldrechtlichen Versorgungsausgleich zu verweisen.

430 Von Bedeutung kann ferner der **Zusammenhang mit der Unterhaltsregelung** sein: Etwa in dem Sinne, daß ein Ehegatte auf den gesetzlichen Versorgungsausgleich verzichtet und dafür einen höheren Betrag als sofortige Abfindung erhält (Rz. 437f.), mit dem er sowohl seinen laufenden Unterhalt sichern (vgl. Rz. 423 gegen Ende) als auch eine angemessene Versicherung für den Fall des Alters sowie der Berufs- und Erwerbsunfähigkeit abschließen kann (Zusammenfassung von Vorsorgeunterhalt, § 1578 Abs. 3 BGB, und Versorgungsausgleich). Die Zusage einer Unterhaltsrente einschließlich Vorsorgeunterhalt ist dagegen nur unter besonderen Voraussetzungen eine genehmigungsfähige Leistung (s. Rz. 437a).

Nur eine unterhaltsrechtliche, nach § 1585c BGB ohne Genehmigung zulässige Vereinbarung ist der Unterhaltsverzicht des Ausgleichsberechtigten (s. a. Rz. 222) mit Rücksicht auf die Höhe des ihm geschuldeten gesetzlichen Versorgungsausgleichs, wenn dieser unberührt bleibt (zweckmäßig nur, wenn der Versorgungsausgleich sicher zum alsbaldigen Bezug einer ausreichenden Rente führt). Ist der Ausgleichspflichtige unterhaltsberechtigt, so führt sein Unterhaltsverzicht noch nicht sicher zur Versorgung des Ausgleichsberechtigten; dessen Verzicht auf Versorgungsausgleich ist i. d. R. nur genehmigungsfähig, wenn die besonderen Voraussetzungen des § 1587c Nr. 1 festgestellt sind (s. Rz. 423, 427).

Genehmigungsbedürftig und unter dem Gesichtspunkt des § 1587o Abs. 1 Satz 2 und Abs. 2 Satz 4 (angemessener Ausgleich) zu prüfen ist die Zusage erhöhten Versorgungsausgleichs als Gegenleistung für den Unterhaltsverzicht des Ausgleichsberechtigten (vgl. Rz. 371, 371a, 409a; 422 mit Fn. 37).

431 Die **Wiederverheiratungsabsicht** gibt dem Berechtigten so wenig Sicherheit wie andere Hoffnungen.[67] Beabsichtigt eine ausreichend versorgte Beamtin die Wiederheirat,[68] so mögen andere Gründe einen Verzicht auf besonderen Ausgleich im Einzelfalle rechtfertigen, nicht aber die Wiederverheiratungsabsicht. Die neue Ehe kann zum Ausscheiden aus dem Beamtenverhältnis und damit zu fehlendem künftigen Anwartschaftserwerb der Frau führen. Würde der neue Ehegatte verhältnismäßig frühzeitig versterben oder würde die neue Ehe wiederum scheitern, so könnte sich ergeben, daß der Ehegatte im Alter

---

[66] *Verband Deutscher Rentenversicherungsträger*, FamRZ 1979, 761, 762. Jedoch aus geklärtem Konto kein (selbst geringes) Supersplitting, *BGH*, NJW 1982, 448 = FamRZ 1982, 155, außer nach § 3b Abs. 1 Nr. 1 HRG.

[67] Vgl. *BGH*, NJW 1983, 1317 = FamRZ 1983, 461.

[68] Vgl. 3. Aufl. Rz. 432 (zT abweichend).

oder im Falle der Berufs- oder Erwerbsunfähigkeit nicht ausreichend gesichert ist.[69]

Weiterhin bestünden Bedenken gegen einen Verzicht oder teilweisen Verzicht auf einen Versorgungsausgleich als Gegenleistung dafür, daß der andere Ehegatte mit der Übertragung der **elterlichen Sorge** über gemeinschaftliche Kinder auf den ausgleichsberechtigten Ehegatten sich einverstanden erklärt (§ 1671 Abs. 3 BGB). Erkennt dies das FamG, so darf es die Vereinbarung nicht genehmigen, vgl. Rz. 315a. 432

Vor allem kann die Regelung des Versorgungsausgleichs im Zusammenhang mit der **gesamten vermögensrechtlichen Auseinandersetzung,** insbesondere der güterrechtlichen Auseinandersetzung vorgenommen werden (s. auch Rz. 222, 493; zu den steuerlichen Folgen Rz. 441f.). Hierbei kann die Änderung eines Ehevertrags vereinbart,[70] insbesondere der frühere Ausschluß des Versorgungsausgleichs und damit des Splittings gem. § 1408 Abs. 2 BGB aufgehoben werden. 433

Eine solche Gesamtvereinbarung, deren Genehmigungsfähigkeit sich nach den allgemeinen Ausführungen in Rz. 120–123 richtet, bietet sich an, wenn beim Vorhandensein einsatzbereiter Mittel oder einer umfangreichen privaten Altersvorsorge dem gesetzlichen Versorgungsausgleich hinsichtlich Umfang und Sicherheit gleichwertige, aber besser auf die individuellen, beruflichen und geschäftlichen Verhältnisse der Ehegatten abgestellte Lösungen möglich sind. Reine Kapitalwerte als genügende Sicherheit für die ungewisse Zukunft anzunehmen, besteht gerade hier kein Anlaß. Vielmehr ist Wert auf eine angemessen ausgestattete Grundsicherung für die Fälle von Alter und Invalidität des Berechtigten in der Form von Rentenwerten zu legen, bei denen es auf die Sicherheit von Bestand und Ertragskraft über die gesamte Lebensdauer des Berechtigten ankommt (vgl. Rz. 437aff.).

c) Einzelheiten zum Inhalt der Vereinbarung

Die Leistung zur Versorgung des nach dem Gesetz ausgleichsberechtigten Ehegatten, die Voraussetzung der Genehmigung der Scheidungsvereinbarung über den Versorgungsausgleich ist, kann entweder eine Leistung (des Verpflichteten an den Berechtigten) im eigentlichen Sinne sein oder Teil einer Gesamtregelung der Scheidungsfolgen hinsichtlich des Vermögens, des Unterhalts und der Alters- und Invaliditätsversorgung (s. Rz. 420f., 433). Im letzten Falle darf die ,,Leistung“ die künftige Versorgung des Berechtigten nach Art und Umfang nicht weniger sichern als im ersten. 434

Die Ehegatten sind nicht auf die Vereinbarung einer der gesetzlichen **Ausgleichsformen** (soweit überhaupt zulässig) des Splitting und Quasisplitting,

---

[69] Vgl. *Voskuhl/Pappai/Niemeyer*, S. 183 (ee).
[70] *Ruland/Tiemann*, Rz. 581.

auch des erweiterten, der Anwartschaftsbegründung durch Beitragszahlung, der Realteilung sowie des schuldrechtlichen Versorgungsausgleichs durch Abfindung oder Ausgleichsrente (Rz. 370ff., 377ff.) beschränkt, welche nach Möglichkeit zur Versicherung des Berechtigten in der gesetzlichen Rentenversicherung führen sollen. Sie können stattdessen andere, insbesondere den gesetzlichen Ausgleichsformen entsprechende und ihnen zum Teil überlegene privatwirtschaftliche Ausgleichsformen wählen, soweit diese eine etwa entsprechende Sicherheit bieten.

435 Die Übertragung von Anwartschaften der Ehegatten in der **gesetzlichen Rentenversicherung**[1] sowie die Begründung solcher Anwartschaften zugunsten des Berechtigten durch Richterspruch zu Lasten **beamtenversorgungsrechtlicher** Anwartschaften des Verpflichteten ist durch die Vorschriften der §§ 1587b Abs. 1, 2 und 4, 1587o Abs. 1 Satz 2 BGB auf die Hälfte der Wertdifferenz dieser Anwartschaften zwischen den Ehegatten beschränkt (s. Rz. 371ff., 409a). Damit scheidet auch die Vereinbarung einer höheren **Ausgleichsquote** aus, soweit sie dem Berechtigten entgegen § 1587b Abs. 1 und 2 mehr als die Hälfte der Wertdifferenz aus Beamten- und gesetzlichen Rentenanwartschaften der Ehegatten verschaffen würde.[2] Zulässig, jedoch meist wenig sinnvoll ist die Vereinbarung einer niedrigeren Ausgleichsquote, soweit diese Vereinbarung im Einzelfall die Genehmigungsvoraussetzungen erfüllt (s. Rz. 420ff., 425f.).

435a Die Aufteilung anderer ausgleichspflichtiger Anwartschaften, Aussichten oder Leistungen auf Versorgung zwischen den Ehegatten, das **Realsplitting**, scheitert – soweit es nunmehr nicht ohnehin gesetzliche Ausgleichsform ist, § 1 Abs. 2 VAHRG – meist an der Beteiligung dritter Versorgungsträger, in deren Rechte die Ehegatten durch ihre Vereinbarung nicht eingreifen können (zB Realteilung verfallbarer betrieblicher Anrechte). Ist die Realteilung in der Versorgungsordnung und damit durch das Härteregelungsgesetz vorgesehen, so sollte hiervon Gebrauch gemacht werden. Eine abweichende Vereinbarung empfiehlt sich meist nur, soweit der Verpflichtete die Anwartschaft ungekürzt behalten will oder die Begründung von Anwartschaften in der gesetzlichen Rentenversicherung erforderlich ist, weil der Berechtigte dort über geringe Anwartschaften (auch zB aus Kindererziehungszeiten) verfügt, die insbesondere zur Erfüllung einer Wartezeit aufgestockt werden sollten (s. Rz. 427 aE und 370c).

Dagegen ist die Übertragung einer auf das Leben des Verpflichteten genommenen Versicherung auf den Berechtigten nicht mit der Anwartschaftsbegründung in der gesetzlichen Rentenversicherung vergleichbar, zumal ein

---

[1] *BGHZ* 81, 152, 192ff. = NJW 1981, 2689 = FamRZ 1981, 1051, 1060.

[2] Anders 3. Aufl. Rz. 431, 435. – Der Anteil des Splitting am Gesamtausgleich könnte daher nur durch eine etwa noch zulässige zusätzliche Beitragszahlung des Verpflichteten vor Ehezeitende (s. Rz. 366f.) erhöht werden (um die Hälfte der zusätzlich geschaffenen Anwartschaften), soweit nicht der Höchstbetrag überschritten wird (Rz. 373).

etwaiges Rentenwahlrecht eine Rente bei Erwerbsunfähigkeit (§ 1587o Abs. 2 Satz 4) nur bei besonderer Vereinbarung einschließt.

436 Die Ehegatten können auch vereinbaren, daß **Rentenanwartschaften in der gesetzlichen Rentenversicherung begründet** werden sollen, dh daß der Verpflichtete als Beiträge zur Begründung von Anwartschaften auf eine bestimmte Rente in einer gesetzlichen Rentenversicherung den Betrag **bezahlen soll,** der erforderlich ist, um den Wertunterschied (§ 1587a Abs. 1 BGB) auszugleichen (vgl. dazu auch §§ 1304b Abs. 1 Satz 1 RVO, 83b Abs. 1 Satz 1 AVG).[3] Sinnvoll ist diese Ausgleichsform anstelle Splitting oder Quasisplitting nur in wenigen Fällen (s. Rz. 425); hier muß der Zahlungsanspruch dinglich, durch Bankbürgschaft o. ä. gesichert werden, wobei auf den nach § 53e FGG zu erlassenden Beschluß (s. u.) verwiesen werden kann. Sonst kommt eine derartige Vereinbarung zur Aufwertung vorhandener gesetzlicher Anwartschaften des Berechtigten in Betracht oder zur Vermeidung der mit dem Splitting verbundenen Kürzung beim Verpflichteten (s. Rz. 425, 427, je gegen Ende), entsprechend zur Vermeidung einer Realteilung (zB wenn die Versorgungsordnung die erwünschte Wiedereinzahlung zur Beseitigung der Kürzung nicht erlaubt). Sie kommt ferner anstelle des schuldrechtlichen Versorgungsausgleichs in Betracht, wenn die Ehegatten noch verfallbare betriebliche Anwartschaften (s. Rz. 369, 426a) sogleich bereinigen wollen oder zur Ersetzung vereinbarten schuldrechtlichen Ausgleichs; könnte keine Abfindung verlangt werden (s. Rz. 389f.), kann hier eine Ratenzahlungsvereinbarung mit Gehaltsabtretung genehmigungsfähig sein. Die gesetzlichen Grenzen der Anwartschaftsbegründung sind einzuhalten (Höchstbetrag, Rz. 373; Auschluß in den Fällen des § 1587f Nr. 1 und 3, Rz. 372c, 426a). Der Höchstbetrag ergibt sich aus der vom FamG für den Wertausgleich eingeholten Auskunft des Versicherungsträgers, bei dem angefragt werden sollte, wenn eine solche nicht vorliegt.

Die Vereinbarung muß den vom Verpflichteten durch Beitragszahlung zu begründenden, auf das Ende der Ehezeit (Rz. 366; anderenfalls fehlt die Bestimmtheit) bezogenen monatlichen **Betrag der Rente** angeben, **nicht** den mit dem Zeitablauf veränderlichen Zahlbetrag. Dieser wird vielmehr nach der Genehmigung der Vereinbarung vom FamG (d. h. hier vom Rechtspfleger gemäß §§ 3 Nr. 2a, 14 Nr. 2a Buchst. a RPflG) gesondert festgesetzt (§ 53e **Abs. 2 FGG),** dh durch einen weiteren Beschluß,[4] der, da er einen Vollstreckungstitel darstellt, gemäß § 329 Abs. 3 ZPO zuzustellen ist (die Anwendung dieser letzteren Vorschrift ergibt sich aus § 621a Abs. 1 Satz 2 ZPO). Der

---

[3] Vgl. ferner §§ 1587o Abs. 1 Satz 2 BGB, 53e Abs. 2 und 3 FGG; *BGH,* NJW 1987, 1770 = FamRZ 1987, 578; *Ruland/Tiemann,* Rz. 340, 578 (im Gesetz vorgesehene Ausnahme); *Voskuhl/Pappai/Niemeyer,* § 1587o Anm. II 1b; *MünchKomm./Maier,* §§ 1587b Rz. 132; *MünchKomm./Strobel,* § 1587o Rz. 14; *Soergel/v. Hornhardt,* § 1587o Rz. 12. Zu Sicherungsmöglichkeiten vgl. auch Rz. 274ff.

[4] Dieser unterliegt nicht der weiteren Beschwerde, § 53g Abs. 2 FGG.

Rechtspfleger des FamG (AmtsG) ist auch dann zuständig, wenn die Genehmigung der Vereinbarung vom OLG (Familiensenat) erteilt worden war.[5]

Im Verfahren vor dem Rechtspfleger sind die Ehegatten beteiligt sowie der Versicherungsträger (s. Rz. 403).

Bedeutsam ist auch hier die Bereiterklärung (s. Rz. 372c). Einkommensteuer: Rz. 439.

437 Die Ehegatten können den **schuldrechtlichen Versorgungsausgleich** vereinbaren, auch wenn ein Wertausgleich gem. §§ 1587b BGB, 1, 3b HRG durchzuführen wäre (vgl. §§ 1587f Nr. 5, 1587o). Der Berechtigte erwirbt hier jedoch eine schwache Rechtsstellung, wenn auf die Ausgleichsrente abgestellt wird (vgl. § 3a Abs. 3 Satz 2 HRG). Eher mag eine Genehmigung der Vereinbarung des schuldrechtlichen Versorgungsausgleichs in Betracht kommen, wenn der Ausgleichspflichtige sogleich die unbedingte Verpflichtung zur alsbaldigen **Abfindung** des Berechtigten durch die Zahlung von Beiträgen zu einer gesetzlichen oder privaten Rentenversicherung oder einer privaten Lebensversicherung übernimmt (vgl. Rz. 389ff.). Da der Berechtigte jedoch auch dann durch die Bestimmungen über die Höhe der Abfindung und das Erlöschen des Abfindungsanspruchs beim Tode des Verpflichteten (§§ 1587l Abs. 2, 1587m) belastet sein kann, wird zweckmäßiger eine Versicherung ohne den Umweg über den schuldrechtlichen Versorgungsausgleich vereinbart (s. Rz. 436, 437a). Zur Sicherung der Beamtenwitwe durch den schuldrechtlichen Versorgungsausgleich gem. § 22 BeamtVG vgl. Rz. 481ff., zur Steuerlast Rz. 440.

437a Eine **private Lebensversicherung,** die an die Stelle des Wertausgleichs treten soll, muß der Versicherung in der gesetzlichen Rentenversicherung etwa gleichwertig sein. Entsprechende Modelle sind von der Versicherungswirtschaft entwickelt worden.[6]

Der Versicherungsvertrag sollte entsprechend § 1587l Abs. 3 Satz 2 BGB vom Berechtigten auf seine Person für den Fall des Todes und des Erlebens etwa des 60., 62. oder spätestens des 65. Lebensjahres abgeschlossen werden (vgl. jedoch zur steuerlichen Auswirkung Rz. 442 aE); er sollte eine zusätzliche Erwerbs- und möglichst Berufsunfähigkeitsversicherung einschließen (§§ 1587 Abs. 1, 1587o Abs. 2 Satz 4). Die Einrichtung etwa eines Beitragsdepots für die Versicherung aus einer Einmalleistung des Verpflichteten oder von ihm auf seine Kosten zu beschaffendem Kredit (für den wiederum eine Risikoversicherung möglich ist) gibt dem Berechtigten Sicherheit. Die Verwendung der Zinsen aus dem Depot und/oder der Gewinnanteile zur Erhöhung der Versicherungsleistung führt zu einer nicht ganz unerheblichen Dynamik der Anwartschaft. Zweckmäßig wird die Versicherung als Kapitallebensversicherung mit Rentenwahlrecht abgeschlossen. Für den Fall des To-

---

[5] Hierzu die in Rz. 416f. zusammengestellten Fälle.

[6] Vgl. hierzu *Ruland,* Probleme, Rz. 169ff. (zurückhaltend); *Finger,* VersR 1983, 511; *Frels,* VersR 1983, 112.

des des Berechtigten vor Erreichung etwa des 50. oder 60. Lebensjahres kann zur Vermeidung von Härten (vgl. Rz. 426) die Berechtigung des Ausgleichspflichtigen vereinbart werden. Ein Abtretungsverbot erhöht die Sicherheit gegen eine vorzeitige Verwertung durch den Berechtigten.

Die Vereinbarung einer **Unterhaltsrente** erfüllt die Voraussetzungen einer eigenständigen Alters- und Invaliditätssicherung des Berechtigten nicht. Sie kann regelmäßig nur genehmigt werden, wenn sie – etwa als Leibrente – ausdrücklich als solche Sicherung unabhängig von Bedürftigkeit und Leistungsfähigkeit, auch für die Fälle der Wiederverheiratung des Berechtigten und des Todes des Verpflichteten ausgestaltet wird. Die Höhe der Leistung sollte an die Änderungen der gesetzlichen Rentenversicherung angebunden (wohl genehmigungsbedürftig nach § 3 WährungsG, vgl. Rz. 299), die Verpflichtung dinglich ausreichend gesichert werden (vgl. Rz. 274ff.; 438). Weniger ist nur zu vertreten, wenn der Ausgleich sonst aus tatsächlichen Gründen ganz entfallen müßte.

438 Im übrigen kann statt eines Versorgungsausgleichs auch der Ausgleich durch die **Übertragung von Vermögensgegenständen,** auch etwa eines Grundstücks, das Mieteinnahmen abwirft, oder die Bestellung eines Nießbrauchs (§§ 1030, 1031 BGB) an sicherer Rangstelle, die Begründung einer subjektiv persönlichen Reallast (§§ 1105, 1111 BGB), die Übertragung von Unternehmensbeteiligungen oder von Wertpapieren oder ausnahmsweise eines Kapitalbetrags in Betracht kommen, zB wenn hiermit der Grundstock zur Eröffnung einer eigenen Praxis im Beruf des Ausgleichsberechtigten gelegt werden soll, der bei einem jungen Menschen Grundlage für den Erwerb einer eigenen Alterssicherung sein kann. Das FamG wird freilich die Genehmigung einer solchen Vereinbarung versagen müssen, wenn es an einer Mindestsicherung durch möglichst unveräußerliche, dynamische Rentenwerte – auch in der gesetzlichen Rentenversicherung – fehlt oder wenn keine Gewähr besteht, daß die vereinbarte Leistung mittelbar der Alters- und Invaliditätssicherung des Berechtigten zugute kommt. Vor allem die oben zuletzt genannten Leistungen sind ihrer Natur nach zu solcher Vorsorge wenig geeignet.

Auf eine **künftige Erbschaft** darf der Berechtigte in der Regel nicht verwiesen werden (vgl. § 1587a Abs. 2 Nr. 3 Satz 3 BGB).[7]

Zu beachten ist, daß, wenn gleichzeitig eine Abfindung des Unterhaltsanspruchs vereinbart wird, geprüft werden sollte, ob die betreffenden Beträge nicht getrennt festgelegt werden können, da die den Unterhaltsanspruch betreffende Abfindung evtl. gemäß § 33a oder § 10 Abs. 1 Nr. 1 EStG berücksichtigt werden kann (s. Rz. 326f., 332, 337), dagegen der die Abfindung des Versorgungsausgleichs betreffende Betrag nicht, auch nicht gemäß § 33 EStG (s. Rz. 439 vorn, 440 aE).

---

[7] Nicht ausgeschlossen ist die Berücksichtigung nach der Trennung während der Ehe ererbten Vermögens, vgl. *BGH,* NJW 1981, 394 = FamRZ 1981, 130 (zu § 1587c Nr. 1 BGB).

9. Steuerrechtliche Fragen*

439 Vor Abschluß einer Vereinbarung über den Versorgungsausgleich ist es wohl regelmäßig nützlich und zweckmäßig, die steuerlichen Konsequenzen der gesetzlichen Regelungen im Falle einer gerichtlichen Entscheidung und die Konsequenzen der etwa in Betracht gezogenen Vereinbarung zu prüfen und zu klären.

Da der Versorgungsausgleich keine Unterhaltsleistungen, sondern eine Verteilung vermögenswerter Rechtspositionen darstellt, greift das einkommensteuerliche Abzugsverbot für Unterhaltsleistungen nach § 12 Nr. 2 EStG nicht ein; aus demselben Grund kann der Abzug der Ausgleichsleistungen als Sonderausgaben im Rahmen des begrenzten Realsplittings (Rz. 328ff.) und die Steuerermäßigung wegen außergewöhnlicher Belastungen nach §§ 33, 33a Abs. 1 EStG (Rz. 335ff.) nicht in Betracht kommen.[1,2]

a) Öffentlich-rechtlicher Versorgungsausgleich

Rentensplitting

Die Übertragung der Anwartschaften aus der gesetzlichen Rentenversicherung (§ 1587b Abs. 1 BGB) vollzieht sich in der privaten Vermögenssphäre der Beteiligten und hat somit keine einkommensteuerlichen Auswirkungen; dasselbe gilt auch für die Rückgängigmachung der Übertragung nach §§ 4ff. VAHRG.[3] Die dem Ausgleichsberechtigten später im Versorgungsfall zufließende Rente ist von ihm als Leibrente mit dem Ertragsanteil zu versteuern – beim ausgleichsverpflichteten Ehegatten stellt seine verringerte Rente ebenfalls eine mit dem Ertragsanteil steuerpflichtige Leibrente dar.[1] Dies gilt auch bei Pensionskassen.[3]

Gleicht der ausgleichsverpflichtete Ehegatte die Minderung seiner Anwartschaftsrechte durch zusätzliche Beiträge an die gesetzliche Rentenversicherung aus, so kann er diese Beiträge im Rahmen der Höchstbeträge als Sonderausgaben abziehen.[1] Rückzahlungen nach § 4 Abs. 3 VAHRG werden nicht berücksichtigt; sie mindern auch nicht die im Jahr der Rückzahlungen geleisteten Vorsorgeaufwendungen.[3]

Quasisplitting

Die Begründung von Anwartschaftsrechten in der gesetzlichen Rentenversicherung zu Lasten beamtenrechtlicher oder beamtenähnlicher Versorgungs-

---

* Aus der **Lit.** s. zuletzt *Schulze zur Wiesche*, Vereinbarungen (1984), Rz. 788ff.
[1] *BMF*, BStBl 1981 I 567 = NJW 1981, 2560 = DB 1981, 1854 = FamRZ 1982, 104.
[2] A. A. *Gérard*, NWB, F 3, 4645, jedoch offenbar überholt.
[3] *Stuhrmann*, DStR 1983, 255.

ansprüche (§ 1587b Abs. 2 BGB) ebenso wie deren Rückgängigmachung nach §§ 4ff. VAHRG spielt sich im einkommensteuerlich unbeachtlichen Bereich der privaten Vermögensebene ab.[1] Technisch wird der Versorgungsausgleich in diesem Fall dadurch vollzogen, daß der Dienstherr dem Versicherungsträger spätere Rentenzahlungen erstattet (§ 83b Abs. 2 AVG, § 1304b Abs. 2 RVO); diese Erstattung stellt keinen steuerpflichtigen Arbeitslohn beim ausgleichsverpflichteten Ehegatten dar.[4] Die dem ausgleichsberechtigten Ehegatten im Versorgungsfall später zufließende Rente ist als Leibrente mit dem Ertragsanteil nach § 22 Nr. 1 Buchst. a EStG zu versteuern. Das dem Ausgleichsverpflichteten später zufließende gekürzte Ruhegehalt gehört zu seinen Einkünften aus nichtselbständiger Arbeit, von denen der leistende Dienstherr den Lohnsteuer-Abzug vornehmen muß.[1,5] Wurde die Rentenanwartschaft des Berechtigten zu Lasten einer Versorgungsanwartschaft als Abgeordneter begründet, so sind die gekürzten Versorgungsbezüge des Abgeordneten – nach Abzug des Versorgungs-Freibetrags (§ 19 Abs. 2, § 22 Nr. 4 Buchst. b EStG) – in voller Höhe Einnahmen bei den sonstigen Einkünften (§ 22 Nr. 4 EStG).[3]

Wird die Kürzung der Versorgungsbezüge eines Beamten rückgängig gemacht (vgl. §§ 4–9 VAHRG) und sind dadurch nach § 5 VAHRG Nachzahlungen je zur Hälfte an den Ausgleichsverpflichteten und den Ausgleichsberechtigten zu leisten, so gehören die Nachzahlungen bei diesen Personen zu den Einkünften aus nichtselbständiger Arbeit, die vom Dienstherrn dem Lohnsteuer-Abzug zu unterwerfen sind. Umfaßt die Nachzahlung mehrere Jahre, so kann sie im Rahmen der Einkommensteuer-Veranlagung durch rechnerische Verteilung auf höchstens 3 Jahre nach § 34 Abs. 3 EStG ermäßigt besteuert werden.[6]

Gleicht der ausgleichsverpflichtete Ehegatte die Kürzung seines Pensionsanspruchs durch Zahlungen an den Dienstherrn oder den sonstigen Arbeitgeber aus, so können die Zahlungen in voller Höhe als Werbungskosten bei seinen Einkünften aus nichtselbständiger Arbeit abgezogen werden.[1,7] Soweit sich dann ein negativer Gesamtbetrag der Einkünfte ergibt, kann dieser nach

---

[4] *Stuhrmann,* DStR 1981, 529, 530.

[5] Das *BVerfG* hat in seinem Beschluß v. 26. 3. 1980 (BStBl 1980 II 544 = BVerfGE 54, 11 = BB 1980, 1083 = DB 1980, 1573 = NJW 1980, 2569) ausgeführt, es sei nicht erkennbar, warum einerseits das Altersruhegeld des Berechtigten nur mit dem Ertragsanteil nach § 22 Nr. 1 Buchst. a EStG versteuert werde, während andererseits aber die gekürzte Pension des Ausgleichsverpflichteten der vollen Besteuerung nach § 19 Abs. 1 Nr. 2 EStG unterliege. Der Gesetzgeber sei hiernach verpflichtet, eine gesetzliche Neuregelung in Angriff zu nehmen (vgl. auch *Stuhrmann,* 3. DFGT, Okt. 1980, Brühler Schriften Heft 1, S. 82ff., DStR 1981, 529). Ein Gesetzentwurf über die Neuregelung der Besteuerung der Altersversorgung ist jedoch z. Zt. noch nicht bekannt.

[6] *BMF,* Schr. v. 22. 8. 1983.

[7] *Labus,* BB 1977, 1043; *Meilicke,* Steuerberater-Jahrbuch 1977, 78; *Meincke,* Steuer-Kongreß-Report 1978, 400; *Stuhrmann,* DStR 1977, 470, 3. DFGT, aaO; *Tiemann/Ferger,* NJW 1977, 2140.

§ 10d EStG auf andere Kalenderjahre rück- bzw. vorgetragen werden. Die Erstattung dieser Zahlungen nach § 8 VAHRG sind beim Ausgleichsverpflichteten im Jahr der Rückzahlung Einnahmen aus nichtselbständiger Arbeit.[3]

Ausgleich durch Beitragsleistung an die gesetzliche Rentenversicherung

Beiträge zur vereinbarten Begründung von Anwartschaften in der gesetzlichen Rentenversicherung zugunsten des berechtigten Ehegatten (vgl. Rz. 436 – zur Begründung von Anrechten gemäß § 3b Abs. 1 Nr. 2 HRG s. Rz. 440 aE –) sind einkommensteuerlich nicht beim leistenden und ausgleichspflichtigen, sondern allein beim berechtigten Ehegatten als Sonderausgaben im Rahmen der Höchstbeträge nach § 10 Abs. 3 EStG abziehbar.[1, 8] Dementsprechend werden auch die Rückzahlungen nach § 7 VAHRG steuerlich nicht erfaßt.[3] Der zahlende Ausgleichsverpflichtete kann die Beträge deshalb nicht als Sonderausgaben abziehen, weil er die Beitragsleistung nicht als Versicherungsnehmer schuldet; sie können auch nicht als Werbungskosten oder als außergewöhnliche Belastungen nach §§ 33, 33a Abs. 1 EStG berücksichtigt werden.[9] Der Sonderausgaben-Abzug im Rahmen des begrenzten Realsplitings kann dem Ausgleichsverpflichteten ebenfalls nicht gewährt werden, da die Zahlung keine Unterhaltsleistung darstellt.[10]

Läßt das FamG die Verpflichtung zur Begründung der Rentenanwartschaften ruhen oder wird dem Verpflichteten Ratenzahlung eingeräumt (§ 1587d Abs. 1 BGB), so führt dies dadurch zu keiner anderen steuerlichen Behandlung,[1] dh die vom Ausgleichspflichtigen geleisteten Raten sind allein beim berechtigten Ehegatten als Sonderausgaben im Rahmen der Höchstbeträge abziehbar. Dieser Vorgang hat den Charakter einer Stundung, wenn auch die zu entrichtenden Beträge dadurch entsprechend der Dynamik der gesetzlichen Rentenversicherung höher werden;[11] er ist mit der Verrentung der Erbschaftsteuer nach § 24 ErbStG nicht vergleichbar,[12] weil es sich beim Ruhen der Verpflichtung nach § 1587d BGB um eine Billigkeitsmaßnahme des FamG handelt und dem Verpflichteten – anders als bei der Erbschaftsteuer –

---

[8] *Stuhrmann,* 3. DFGT, aaO; aA *Glade,* DB 1980, 946; *Biergans,* DB 1979, 955.

[9] *BFH,* BStBl 1984 II 106 = BFHE 139, 524 = BB 1984, 323 = DB 1984, 435 = DStR 1984, 181 = NJW 1984, 1783. Zur Verfassungswidrigkeit des § 1587b Abs. 3 Satz 1 HS 1 BGB s. Rz. 113 Fn. 20, Rz. 370a.

[10] *FG Düsseldorf,* EFG 1980, 25; *Stuhrmann,* 3. DFGT, aaO, DStR 1977, 470; *Meilicke,* Steuerberater-Jahrbuch 1977, 78; *Meincke,* Steuer-Kongreß-Report 1978, 396; hierzu kritisch *Glade,* DB 1980, 946.

[11] *Biergans,* DB 1979, 955, 956.

[12] *BFH,* BStBl 1958 II 103 = BFHE 58, 103 = BB 1958, 294 = DB 1958, 269; bei der Einkommensteuer-Veranlagung des Ausgleichsverpflichteten können sich Beitragsleistungen nur dann auswirken, wenn im Kalenderjahr der Leistung die Voraussetzungen für die Zusammenveranlagung mit dem inzwischen geschiedenen Ehegatten noch vorliegen (§ 26 Abs. 1 EStG) und keiner der Ehegatten die getrennte Veranlagung (§ 26 Abs. 2 EStG) beantragt (*Stuhrmann,* DStR 1981, 529, 530).

kein gesetzliches Wahlrecht zusteht. Sind die Raten auf 10 Jahre oder länger zu entrichten, so stellen sie deshalb, weil sie eine Schuldentilgung darstellen, auch keine dauernde Last dar, die beim Verpflichteten als Sonderausgaben abziehbar und beim Berechtigten als sonstige Einkünfte zu versteuern wären.[1,13] Werden die Zahlungen mit Fremdmitteln finanziert, so können die Schuldzinsen ebenfalls steuerlich nicht berücksichtigt werden.

Die späteren Rentenzahlungen sind dem ausgleichs- und bezugsberechtigten Ehegatten als sonstige Einkünfte nach § 22 Nr. 1 Buchst. a EStG mit dem Ertragsanteil als steuerpflichtige Einkünfte zuzurechnen.[1,14]

Tritt an die Stelle der Beitragszahlung nach § 1587b Abs. 3 BGB das Quasisplitting, so sind die vorgenannten für das Quasisplitting (einschl. der Ausgleichszahlungen an den Dienstherrn bzw. Versorgungsträger) geltenden Regelungen anzuwenden (§ 1 Abs. 3 VAHRG).[3]

b) Der schuldrechtliche Versorgungsausgleich

440 Die Geldrente, die der Ausgleichsverpflichtete dem berechtigten Ehegatten in den Fällen des § 1587f BGB einräumt, ist abänderbar (§ 1587g Abs. 3, § 242 BGB, § 323 ZPO); sie ist deshalb eine dauernde Last[1,15] und beim Verpflichteten in voller Höhe als Sonderausgaben im Sinne des § 10 Abs. 1 Nr. 1a EStG abziehbar. Das Abzugsverbot des § 12 Nr. 2 EStG greift nicht ein, weil es sich nicht um Unterhaltsleistungen handelt; zumindest steht der Geldrente eine Gegenleistung gegenüber, weil der berechtigte Ehegatte den Anspruch während der Ehezeit erworben hat.[16] Der Ausgleichsberechtigte hat die Zahlungen ebenfalls in voller Höhe nach § 22 Nr. 1 Buchst. b EStG zu versteuern.[1,15]

Verlangt der Berechtigte statt der Rentenzahlung die **Abtretung** der Versorgungsansprüche (§ 1587i BGB), so sind die Versorgungsleistungen beim Ausgleichsverpflichteten auch insoweit zu versteuern als sie wegen der Abtretung nicht ihm, sondern dem Ausgleichsberechtigten zufließen.[1] Er kann die abgetretenen Leistungen als dauernde Last in voller Höhe als Sonderausgaben abziehen;[15] dieselben Beträge stellen nach Abzug der Werbungskosten (§ 9a Nr. 3 EStG) beim Berechtigten sonstige Einkünfte nach § 22 Nr. 1 Satz 1 EStG dar.[1,15]

---

[13] Fn. 8; *Stuhrmann,* DStR 1977, 468, 470, 3. DFGT, aaO; aA *Meilicke,* Steuerberater-Jahrbuch 1977, 78, 243, 260; *Gérard,* NWB, F 3, 4645, 4647.

[14] Die Besteuerung mit dem Ertragsanteil ist mE verfassungsrechtlich unbedenklich, weil die Beiträge zur Begründung des Rentenstammrechts aus versteuertem Einkommen des Verpflichteten geleistet werden; so auch *Stuhrmann,* s. Fn. 5, 3. DFGT.

[15] *FG Baden-Württ.* EFG 1987, 27 = NWB 1987, F 1, 36; *Stuhrmann,* 3. DFGT, aaO.

[16] Ebenso *Biergans,* DB 1979, 955, 959; *Labus,* BB 1977, 1041, 1043; *Meilicke,* Steuerberater-Jahrbuch 1977/78, 243; *Tiemann/Ferger,* NJW 1977, 2137, 2141; aA *Schulze zur Wiesche,* FR 1979, 469, 474.

Auch die Ausgleichsrente, die der Berechtigte nach dem Tod des Ausgleichsverpflichteten nach § 3a VAHRG vom Träger der auszugleichenden Versorgung erhält, ist abänderbar (§ 3a Abs. 6 VAHRG). Deshalb stellt diese Ausgleichsrente mE ebenfalls in voller Höhe Einnahmen nach § 22 Nr. 1 Buchst. b EStG dar.

Ist der Ausgleichsverpflichtete Beamter und wird der schuldrechtliche Versorgungsausgleich nach § 1587f Nr. 5 BGB vereinbart und vom FamG genehmigt, so bezieht der ausgleichspflichtige Beamte die volle Pension, die bei ihm nach Abzug des Versorgungs-Freibetrags voll steuerpflichtig ist. Bei dieser Regelung erhält der ausgleichsberechtigte Ehegatte im Falle des Todes der ausgleichspflichtigen Beamtenehegatten nach § 22 Abs. 2 BeamtVG einen Unterhaltsbeitrag. Dieser stellt beim ausgleichsberechtigten Ehegatten Einnahmen aus nichtselbständiger Arbeit dar und unterliegt somit nach Abzug des Versorgungs-Freibetrags voll der Einkommensteuer; die zahlende Kasse hat den Lohnsteuer-Abzug vorzunehmen.

Verlangt der Ausgleichsberechtigte anstelle der Geldrente oder Abtretung eine **Abfindung,** die nur in Form von Beiträgen an die gesetzliche Rentenversicherung oder an eine private Lebens- oder Rentenversicherung geleistet werden kann, so sind diese Beträge nicht beim Verpflichteten, sondern allein beim Berechtigten als Sonderausgaben abziehbar,[1] weil allein der Berechtigte Versicherungsnehmer ist (§ 1587l Abs. 3 Satz 2 BGB). Dies gilt auch, wenn Ratenzahlung vom FamG bewilligt worden ist; es liegt insoweit keine dauernde Last vor.[1]

Beitragsleistungen zur Begründung von Anrechten des Ausgleichsberechtigten auf eine bestimmte Rente in der gesetzlichen Rentenversicherung, zu denen das FamG den ausgleichspflichtigen Ehegatten nach *§ 3b Abs. 1 Nr. 2 VAHRG* verpflichtet hat, sind ebenfalls nicht beim leistenden, sondern allein beim berechtigten Ehegatten als Sonderausgaben im Rahmen der Höchstbeträge abziehbar; die Rückzahlungen nach § 7 VAHRG werden steuerlich nicht erfaßt (vgl. Rz. 439).

c) Vereinbarungen über den Versorgungsausgleich

441 Die Ausgleichsregelungen spielen sich grundsätzlich dann im einkommensteuerlich unbeachtlichen Bereich der privaten Vermögenssphäre ab, wenn Geldvermögen oder Einkunftquellen übertragen werden, die vorher zum **Privatvermögen** des Ausgleichsverpflichteten gehört hatten; die Einkünfte, die aus den übertragenen Wirtschaftsgütern fließen, sind nach der Übertragung dem empfangenden Ausgleichsberechtigten zuzurechnen und von diesem zu versteuern. Bei der Übertragung von Wirtschaftsgütern, die beim Ausgleichsverpflichteten zu einem Privatvermögen gehört haben, kann durch die Übertragung nur dann eine Einkommensteuer entstehen, wenn es sich um ein Spekulationsgeschäft im Sinne des § 23 EStG[17] oder um die Veräußerung

[17] *Göppinger/Märkle*, Unterhaltsrecht, Rz. 2036, 2043.

einer wesentlichen Beteiligung im Sinne des § 17 EStG[18] handelt; denn es liegt jeweils ein entgeltliches Rechtsgeschäft vor, wenn Wirtschaftsgüter in Erfüllung der sich aus dem Versorgungsausgleich ergebenden Verpflichtungen übertragen werden.

Hat dagegen das übertragene Wirtschaftsgut zum **Betriebsvermögen** des Ausgleichsverpflichteten gehört, so liegt in der Übertragung dann eine Entnahme (§ 6 Abs. 1 Nr. 4 EStG), wenn der Empfänger nicht Mitunternehmer des Betriebs ist; durch die Entnahme wird ein steuerpflichtiger laufender Gewinn ausgelöst, soweit der Teilwert zum Zeitpunkt der Entnahme über dem Buchwert liegt, auch wenn das Wirtschaftsgut beim Empfänger wieder Betriebsermögen wird.[19]

Die Einräumung von Darlehensforderungen,[20] sowie des Nießbrauchs an Grundstücken,[21] an Unternehmen[22] oder Mitunternehmeranteilen[23] hat dagegen keine unmittelbaren einkommensteuerlichen Belastungen zur Folge. Die daraus fließenden Einkünfte sind danach allerdings dem berechtigten Empfänger zuzurechnen; lediglich der Nießbrauch an einem Gewinnstammrecht[24] und der Zuwendungsnießbrauch an Kapitalvermögen[25] führt nicht dazu, daß die daraus fließenden Einkünfte steuerlich dem Berechtigten zugerechnet werden. Ebenfalls zu keinen unmittelbaren einkommensteuerlichen Belastungen des Gestaltungsvorgangs selbst führt die Einräumung von Real- 442

---

[18] *Göppinger/Märkle,* Unterhaltsrecht, Rz. 2037, 2043.

[19] *Göppinger/Märkle,* Unterhaltsrecht, Rz. 2044; *BFH,* BStBl 1982 II 18.

[20] Zur steuerlichen Wirksamkeit von Darlehensforderungen, die nach vorangegangener Kapitalschenkung nahen Angehörigen eingeräumt werden, s. unten Rz. 595 Fn. 4 sowie *Göppinger/Märkle,* Unterhaltsrecht, Rz. 2045; *BFH,* BB 1984, 1727 = DB 1984, 2074 = BStBl 1984 II 705.

[21] Zum Grundstücksnießbrauch im einzelnen *Göppinger/Märkle,* Unterhaltsrecht, Rz. 2082–2092, *BMF,* BStBl 1983 I 508, 1984 I 135, 561; *BFH,* BStBl 1984 II 366 = BFHE 140, 199 = DB 1984, 1965 = BB 1984, 1081 = FR 1984, 232; BStBl 1984, 371 = BFHE 140, 203 = DB 1984, 964 = FR 1984, 231; s. auch Rz. 326.

[22] *Göppinger/Märkle,* Unterhaltsrecht, Rz. 2093–2095.

[23] *Göppinger/Märkle,* Unterhaltsrecht, Rz. 2097; zu den einkommensteuerlichen Folgen der Auflösung einer Mitunternehmerschaft vgl. *Göppinger/Märkle,* Unterhaltsrecht, Rz. 2074–2081.

[24] *BFH,* BStBl 1975 II 498 = BFHE 114, 418 = BB 1975, 310 = DStR 1975, 377; BStBl 1976 II 592 = BFHE 119, 360 = BB 1976, 1060 = DStR 1976, 532 = Information 1976, 439; *Göppinger/Märkle,* Unterhaltsrecht, Rz. 2098.

[25] *BFH,* BStBl 1977 II 115 = BFHE 121, 73 = BB 1977, 175 = DStR 1977, 259 = DB 1977, 613 = FR 1977, 123; das Urteil betraf die unentgeltliche Einräumung eines Nießbrauchs durch den Eigentümer der Wertpapiere ohne Bestehen einer von einem Dritten begründeten Rechtspflicht. In diesen Fällen des Zuwendungsnießbrauchs rechnet die Finanzverwaltung die Kapitalerträge auf übereinstimmenden Antrag beider Beteiligten dann dem Nießbraucher zu, wenn der Nießbrauch vor dem 1.4. 1977 bestellt worden ist (*BMF,* BStBl 1978 I 315 = DStR 1978, 556 = FR 1978, 409). In allen anderen Fällen des Forderungs- und Wertpapiernießbrauchs (beim entgeltlichen Nießbrauch, beim Nachlaß- und Vorbehaltsnießbrauch) ist uE der Nießbraucher originärer Bezieher der Erträge (ebenso *Jansen,* NWB, F 3, 4915ff.; *Göppinger/Märkle,* Unterhaltsrecht, Rz. 2099; aA *Schmidt,* FR 1977, 462ff.).

lasten (§§ 1105–1112 BGB, § 40 WEG), von typischen oder atypischen stillen Gesellschaftsanteilen nach vorausgegangenen Kapitalschenkungen,[26] von Unterbeteiligungen an einem Mitunternehmeranteil,[27] von dinglichen Wohnrechten (§ 1093 BGB)[28] und Dauerwohnrechten (§§ 31, 33 WEG).[28]

Beiträge zu Lebens- und Rentenversicherungen sind beim Versicherungsnehmer, der im Versicherungsvertrag ausdrücklich als solcher zu bezeichnen ist, als Sonderausgaben abziehbar, jedoch nur wenn der verwendete Versicherungstyp in § 10 Abs. 1 Nr. 2 Buchst. b EStG zum Sonderausgabenabzug ausdrücklich zugelassen ist.[29] Vereinbarte Leibrenten sind mit dem Ertragsanteil, dauernde Lasten in voller Höhe[30] beim Ausgleichsverpflichteten als Sonderausgaben abziehbar und beim Leistungsempfänger mit demselben Betrag steuerpflichtige sonstige Einkünfte. Das Abzugsverbot des § 12 Nr. 2 EStG greift wegen des Gesichtspunkts der Gegenleistung in diesen Fällen nicht ein.[31]

IV. Versorgung im Alter und bei Erwerbs- und Berufsunfähigkeit

1. Betriebliche Altersversorgung*

443 a) Das **BAG** hatte in einem Urteil v. 10. 3. 1972[1] im Wege der Rechtsfortbildung den Rechtssatz[2] aufgestellt, einem Arbeitnehmer, der mehr als 20 Jahre

---

[26] Wegen der bürgerlich-rechtlichen Formerfordernisse und der vom Steuerrecht geforderten Wirksamkeitsvoraussetzung (zB hinsichtlich der Gewinnverteilung) vgl. *Göppinger/Märkle,* Unterhaltsrecht, Rz. 2048–2073.

[27] Wegen der gesellschafts- und steuerrechtlichen Wirksamkeitsvoraussetzungen vgl. *Göppinger/Märkle,* Unterhaltsrecht, Rz. 2047.

[28] *Göppinger/Märkle,* Unterhaltsrecht, Rz. 2100.

[29] Stets vom Abzug ausgeschlossen sind Rentenversicherungen mit Kapitalwahlrecht gegen Einmalbeitrag, Kapitalversicherungen gegen Einmalbeitrag, fondsgebundene Lebensversicherungen, Sachversicherungen (zB Hausrat, Kfz-Kaskoversicherung).

[30] Zur Abgrenzung der Leibrente von der dauernden Last vgl. Rz. 341ff., 348ff.; *Göppinger/Märkle,* Unterhaltsrecht, Rz. 2105–2110.

[31] Ebenso *Schulze zur Wiesche,* FR 1979, 469.

* **Lit.:** *W. Blomeyer/Kl. Otto,* Gesetz zur Verbesserung der betrieblichen Altersversorgung, 1984; *Heubeck/Höhne/Paulsdorff/Weinert,* Kommentar zum Betriebsrentengesetz, 2. Aufl. 1982; Handbuch der betrieblichen Altersversorgung, 6. Aufl. 12. Nachtragslieferung, 1981 (Bd. I: BetrAVG, Bd. II: Gesetze, Verordnungen, Richtlinien); *Kiefer/Giloy,* Die Verbesserung der betrieblichen Altersversorgung, 1975; *Schaub/Schusinski/Ströer,* Altersvorsorge, 1976; *Schaub,* Arbeitsrechts-Handbuch, 5. Aufl. 1983; *Höfer/Abt,* Gesetz zur Verbesserung der betrieblichen Altersversorgung, 2. Aufl. 1982; ferner s. „Betriebliche Altersversorgung im Umbruch", 1981 (hierzu *Höfer* und *Hofmann,* NJW 1982, 219); *Schwab,* Handbuch, Rz. 547ff.; *Lahusen,* BB 1985, 2248 (Tendenzen der Rechtsprechung); *Gaul,* Das Arbeitsrecht im Betrieb, 8. Aufl.

Zur Geschichte der betrieblichen Altersversorgung s. vor allem *Höhne* in Handbuch, Bd. I S. 5ff. und *Ruland,* DB 1978, 1833; zu Strukturveränderungen der betrieblichen Altersversorgung *Heubeck,* DB 1975, 2333.

Übersichten über die Entwicklung des Arbeitsrechts bzw. die Rechtsprechung des

einem Betrieb angehört habe und dem vor dem 65. Lebensjahr vom Arbeitgeber ordentlich gekündigt werde, bleibe die bis zu seinem Ausscheiden erdiente Versorgungsanwartschaft[3] erhalten.

Das BAG hat die dargelegten Grundsätze zT auch in dem Fall angewendet, in dem der Arbeitnehmer gekündigt hatte.[4]

Das BAG hat stets hervorgehoben, Versorgungszusagen, die ein Arbeitgeber (praktisch) einseitig erlassen habe, unterlägen der Billigkeitskontrolle der Gerichte.[5] So hat es zB ausgesprochen,[6] habe der Arbeitgeber das versprochene Altersruhegeld wiederholt der Einkommensentwicklung angepaßt, so sei es unbillig, wenn er diese Anpassung stillschweigend und ohne sachlichen Grund aufgebe.

b) Die Gewährung einer **Witwenrente** erfordert stets eine besondere diesbe- 444
zügliche Abmachung,[7] diese stellt einen Vertrag zugunsten Dritter dar.[8] Schließt eine betriebliche Versorgungsordnung in besonderen Fällen, zB wenn der Arbeitnehmer mehr als 25 Jahre älter ist als seine Frau, eine Witwenrente aus, so liegt hierin kein Verstoß gegen Art. 6 Abs. 1 GG oder den Grundsatz der Gleichbehandlung (Art. 3 Abs. 1 GG) oder Billigkeitsgrundsätze.[9] Auch ist eine Versorgungszusage, nach der die Zahlung einer Witwenrente von der Voraussetzung abhängt, daß die Ehepartner vor dem Tode des Arbeitnehmers nicht dauernd getrennt gelebt haben, mit Art. 6 Abs. 1 GG

BAG, speziell zur betrieblichen Altersversorgung, gaben *Jaerisch,* JR 1981, 317, 319f.; *Schaub,* NJW 1982, 362; *Etzel,* NJW 1983, 2852, 2863; NJW 1984, 2551, 2558; NJW 1985, 2619, 2627; NJW 1986, 2395, 2402; NJW 1987, 2054, 2060.

[1] *BAGE* 24, 177 = DB 1972, 1486 = JZ 1972, 700 = BB 1972, 1005 = MDR 1972, 899; hierzu *Höhne,* BB 1972, 1563; *Höfer* und *Ahrend,* DB 1972, 1824; *Lieb* und *Westhoff,* DB 1973, 69; *Streckel,* JuS 1974, 631; *Hilger,* RdA 1981, 6.

Die dargelegten Grundsätze hat das *BAG* dann wiederholt bestätigt, s. BB 1975, 789, 1114; DB 1976, 1236.

Wie *Heubeck* (Komm. aaO, Vorwort S. V) berichtet, haben nun fast 70% aller Arbeitnehmer an der betrieblichen Altersversorgung teil und hat diese sich zu einer Zusatzversorgung entwickelt; s. *Geiss,* DB 1975, 1709, und Bericht in NDV 1981, 232; 1984, 27; Bericht der Bundesregierung über die Situation und Entwicklung der betrieblichen Altersversorgung v. 2. 1. 1985, BT-Drucks. 10/2681, S. 3, 5.

[2] So wörtlich das *BAG* in den amtlichen Leitsätzen.

[3] Vgl. zum Begriff und Rechtsgrund zB *Palandt/Putzo,* Einf. 7a, b vor § 611 BGB; zum Rechtscharakter s. auch *BAGE* 4, 226, 229f.; 22, 92, 95f.

[4] AP BGB § 242 Ruhegehalt, Unverfallbarkeit Nr. 8 = BB 1975, 881 = MDR 1975, 788 = RdA 1975, 208 Leits; *LAG Hamburg,* BB 1973, 1358; *LAG Düsseldorf,* BB 1974, 90; anders *LAG Schleswig-Holstein,* BB 1974, 1359.

[5] ZB *BAGE* 22, 189, 194f. = AP BGB § 242 Ruhegehalt Nr. 144; WPM 1974, 265; AP, aaO Nr. 170 = DB 1976, 1015 = BB 1976, 697.

[6] *BAG,* DB 1976, 1015 = BB 1976, 697.

[7] Vgl. *BAG,* NJW 1967, 173; Näheres nun bei *Heubeck/Höhne,* § 1 Rz. 80fff. – Zur Witwerversorgung, zum Stand der betrieblichen Regelungen *Höfer,* BB 1987, 468.

[8] *BAG,* AP aaO Nr. 159.

[9] *BAG* E 24, 370 = AP aaO Nr. 158 = NJW 1972, 2327; *Blomeyer/Otto,* Einl. 234 (S. 97).

vereinbar; Getrenntlebensklauseln widersprechen im allgemeinen auch nicht der Billigkeit, jedenfalls dann, wenn für Härtefälle eine Ausnahmeregelung vorgesehen wird.[10]

Werden in einer Versorgungszusage zugunsten der Frau Witwenbezüge zugesichert, so ist daraus nicht auch die geschiedene Ehefrau des Arbeitnehmers berechtigt.[11] Ohne ausdrückliche vertragliche Festlegung gibt es keine Ansprüche der geschiedenen Ehefrau, selbst wenn sie unterhaltsberechtigt ist.[12] Sie hat nunmehr jedoch gegebenenfalls Ansprüche gemäß §§ 1587ff. BGB;[13] § 1587a Abs. 2 Nr. 3 enthält Regelungen zur Ermittlung des Wertausgleichs (Abs. 1) – s. Rz. 368f. –[14] § 1587f. Nr. 4 betrifft den schuldrechtlichen Versorgungsausgleich – s. Rz. 379 –.

In moderneren Versorgungszusagen wird häufig außer der Rente wegen Berufs- oder Erwerbsunfähigkeit oder im Falle des Ausscheidens infolge Erreichens der Altersgrenze auch eine Versorgung der Hinterbliebenen des Arbeitnehmers zugesagt.[15] Zu diesen Hinterbliebenen gehört die geschiedene Ehefrau nicht.[16]

445 c) Das Urteil des BAG v. 10. 3. 1972 hatte die Gesetzgebungsarbeit wesentlich beschleunigt;[17] vor allem erwies sich eine gesetzliche Regelung der Frage der Unverfallbarkeit der Versorgungsanwartschaft als unumgänglich notwendig. So wurden außer den geplanten und ebenso erforderlichen steuerrechtlichen Regelungen auch arbeitsrechtliche Vorschriften in dem Gesetz zur Verbesserung der betrieblichen Altersversorgung v. 19. 12. 1974, BGBl I, 3610, geschaffen. Das Gesetz ist gemäß § 32 am 22. 12. 1974 in Kraft getreten außer den §§ 7–15, die am 1. 1. 1975 in Kraft getreten sind und die Insolvenzsicherung[18] betreffen. Es bestimmt in § 26, die §§ 1–4 und 18 gelten nicht, wenn

---

[10] *BAG*, DB 1980, 112 = FamRZ 1980, 135 Leits.; *Blomeyer/Otto*, aaO (S. 97f.).

[11] *BAG*, AP aaO Nr. 116 = NJW 1967, 173 = DB 1966, 1932 = MDR 1967, 158 = FamRZ 1967, 39 Leits.

[12] *BAG*, aaO; *LAG Frankfurt*, DB 1965, 1635 = BB 1965, 1229; *LAG Hamm*, BB 1981, 1100; eingehend jetzt *Heubeck/Höhne*, § 1 Rz. 80o, p.

[13] Hierzu s. auch Rz. 351ff., 371f. und Näheres bei *Voskuhl/Pappai/Niemeyer*, S. 26ff., 157ff., und *Böhmer* in BJM-Brosch. S. 235ff.

[14] Zur Neuregelung des Versorgungsausgleichs betrieblicher Versorgungsanwartschaften s. *Otting*, NZA 1987, 73; sowie die Lit.-Angaben in Fn. * zu Rz. 351.

[15] Das *BAG* (s. Fn. 9) hat mit Recht darauf hingewiesen, die Versorgung der Frau oder der Kinder sei ein berechtigtes Anliegen auch des Mannes. Zur Frage der Besteuerung der Rente s. Rz. 457ff.

[16] Zu einer vertraglichen Regelung zugunsten der Lebensgefährtin s. *BAG*, FamRZ 1984, 691; hierzu *Etzel*, NJW 1984, 2551, 2558f.

[17] *Streckel*, NJW 1975, 365; *Kiefer/Giloy*, S. 48.

[18] Zu dieser s. die Erläuterungen in dem Komm. *v. Heubeck* u.a. (1982) und *Blomeyer/Otto*, sowie *Streckel*, NJW 1975, 365, 367; *Fenge*, DB 1975, 50, 55ff.; *Boldt*, AktG 1975, 146ff.; *H. Bogs* und *Grewemeyer*, ZVersWiss 1975, 1 und 33; *Schaub/Schusinski/Ströer*, § 17 III, S. 100ff. Zur Insolvenzsicherung von Versorgungszusagen an Gesellschafter-Geschäftsführer s. *Ahrend, Förster, Rössler*, GmbH-Rdsch 1975, 275; zum Insolvenzschutz durch Vordienstzeiten s. *BAG*, NJW 1984, 1199.

das Arbeits- oder Dienstverhältnis[19] vor dem Inkrafttreten des Gesetzes beendet worden sei, d. h. insbesondere die Vorschriften über die Unverfallbarkeit der Versorgungsanwartschaft.

aa) In **§ 1 Abs. 1** des Gesetzes ist gesagt, ein Arbeitnehmer, dem Leistungen der Alters-, Invaliditäts- oder Hinterbliebenenversorgung aus Anlaß seines Arbeitsverhältnisses (betriebliche Altersversorgung) zugesagt worden seien, behalte seine Anwartschaft, wenn sein Arbeitsverhältnis vor Eintritt des Versorgungsfalles ende, sofern in diesem Zeitpunkt der Arbeitnehmer mindestens das 35. Lebensjahr vollendet habe und entweder die Versorgungszusage für ihn mindestens 10 Jahre bestanden habe oder der Beginn der Betriebszugehörigkeit mindestens 12 Jahre zurückliege[20] und die Versorgungszusage für ihn mindestens 3 Jahre bestanden habe.[21] Arbeitnehmer sind gemäß § 17 Arbeiter und Angestellte einschließlich der zur Berufsausbildung Beschäftigten. **446**

Unter dem Begriff **„betriebliche Altersversorgung"**[22] sind alle vom Arbeitgeber zugesagten Leistungen an seine Arbeitnehmer oder deren Angehörige zusammengefaßt, die der Sicherung des Einkommens im Falle eines dauernden Verlustes der Arbeitskraft dienen, soweit der Verlust des Arbeitsplatzes infolge Alters oder Invalidität oder durch Tod bei gleichzeitiger Hinterlassung von Angehörigen eingetreten ist.[23]

Das betriebliche Ruhegeld hat sowohl Entgelt- als auch Versorgungscharakter.[24]

Teilzeitbeschäftigte Arbeitnehmer dürfen nicht generell von Versorgungsleistungen ausgeschlossen werden, wenn nicht besondere Gründe vorliegen; werden durch eine Versorgungsordnung, die Teilzeitbeschäftigte ausschließt, weit überwiegend weibliche Arbeitnehmer benachteiligt, so kann es sich um eine verdeckte Diskriminierung handeln, die gegen Art. 3 Abs. 2 und 3 GG verstößt.[25]

Die Altersversorgung wird zT von dem betreffenden Betrieb unmittelbar gewährt; zT wird sie mit Hilfe einer Lebensversicherung auf das Leben des Arbeitnehmers durchgeführt, die der Arbeitgeber abschließt und in welcher der Arbeitnehmer oder seine Hinterbliebenen hinsichtlich der Leistungen des

---

[19] Gemeint ist iS des § 611 BGB (s. zB *Kiefer/Giloy,* Erläut. zu § 26). § 18 Betrifft den öffentlichen Dienst (hierzu Rz. 456).

[20] Vgl. zu Wartezeiten: *BAG,* AP BetrAVG § 1 Nr. 4 (Mindestalter); *BAG,* aaO Nr. 2 (Betriebszugehörigkeit bis 65. Lebensjahr); *BAG,* BB 1982, 1733 = DB 1982, 2089 (Wartezeit 20 Jahre); *Schaub,* NJW 1982, 362, 363, sowie *Neef,* NJW 1984, 343 (zur unverfallbaren Anwartschaft).

[21] Hierzu *BAG,* NJW 1982, 463; 1984, 1254 (Betriebsinhaberwechsel).

[22] Zu dieser eingehend *Schaub/Schusinski/Ströer,* S. 9ff. (§ 3), 44ff. (§§ 6–25), *Heubeck/Höhne,* § 1 Rz. 10–256; *Blomeyer/Otto,* § 1 Rz. 13–203; Einl. 72ff.

[23] *Blomeyer/Otto,* Einl. 5; *BAG,* NZA 1986, 607 (zur Betriebsrente der Frau nach Vollendung des 60. Lebensjahres); *BAG,* NZA 1986, 608 (zur Erwerbsunfähigkeit).

[24] *Blomeyer/Otto,* Einl. 114ff. zur Überversorgung *BAG,* BB 1986, 1231.

[25] *BAG,* NJW 1982, 2013 = DB 1982, 1466; hierzu *Ahrend/Förster/Rühmann,* DB 1982, 1563.

Versicherers ganz oder teilweise bezugsberechtigt sind (Direktversicherung – s. **§ 1 Abs. 2** –);[26] zT wird die betriebliche Altersversorgung von einer rechtsfähigen Versorgungseinrichtung durchgeführt, die dem Arbeitnehmer oder seinen Hinterbliebenen auf ihre Leistungen einen Rechtsanspruch gewährt (Pensionskasse – s. **§ 1 Abs. 3** –);[27] zT führt die betriebliche Altersversorgung eine rechtsfähige Versorgungseinrichtung durch, die auf ihre Leistungen keinen Rechtsanspruch gewährt (Unterstützungskasse – s. **§ 1 Abs. 4** –).[28]

447 Sind die Voraussetzungen des § 1 Abs. 1 bezüglich der Unverfallbarkeit der Versorgungsanwartschaft erfüllt,[29] so gilt folgendes: Gewährt das betr. Unternehmen die Versorgung selbst, so haben der Arbeitnehmer oder seine Hinterbliebenen gegen den Arbeitgeber einen Rechtsanspruch auf Leistung der Versorgungsrente entsprechend den Versorgungszusagen, der betrieblichen Übung oder dem Grundsatz der Gleichbehandlung (§ 1 Abs. 1 Satz 1, 3). Wird die betriebliche Altersversorgung mit Hilfe einer Direktversicherung durchgeführt, so darf der Arbeitgeber das Bezugsrecht nicht mehr widerrufen (§ 1 Abs. 2). Führt eine Pensionskasse die Altersversorgung durch, so ist Abs. 1 entsprechend abzuwenden, wobei als Zeitpunkt der Erteilung der Versorgungszusage iS des Abs. 1 der Versicherungsbeginn, frühestens der Beginn der Betriebszugehörigkeit gilt (§ 1 Abs. 3). Im Falle der Versorgung durch eine Unterstützungskasse sind die ausgeschiedenen Arbeitnehmer und ihre Hinterbliebenen den bis zum Eintritt des Versorgungsfalles dem Unternehmen angehörenden Arbeitnehmern und deren Hinterbliebenen gleichgestellt; die Versorgungszusage gilt in diesem Falle in dem Zeitpunkt als erteilt iS des Abs. 1, von dem an der Arbeitnehmer zum Kreis der Begünstigten der Unterstützungskasse gehört.

Nach Inkrafttreten dieser Vorschriften des § 1 BetrAVG hat das BAG an seiner Rechtsprechung für die Zeit zuvor festgehalten, also bezüglich der Beurteilung der Fälle, in denen das Arbeitsverhältnis vor dem 22. 12. 1974 beendet worden ist, und ausgesprochen, die Neuregelung könne unter kei-

---

[26] Hierzu *Geckle,* AnwBl 1981, 398; *Heubeck/Höhne,* § 1 Rz. 261–350; *Blomeyer/Otto,* § 1 Rz. 204–313; s. auch unten Rz. 457.

[27] Dazu *Heubeck/Höhne,* § 1 Rz. 351–378; *Blomeyer/Otto,* § 1 Rz. 314–332; *Bischoff* in Handbuch, I, Pk, S. 5ff., und unten Rz. 458.

[28] Hierzu *Heubeck/Höhne,* § 1 Rz. 379–410; *Blomeyer/Otto,* § 1 Rz. 333–356. *Schwarzbauer* in Handbuch, I, UK, S. 7ff.; *Schaub,* NZA 1987, 1, und unten Rz. 460. Zur Kürzung von Zuwachsraten durch die Unterstützungskasse *BAG,* NZA 1986, 746; zur Änderung einer Versorgungsordnung *BAG,* DB 1986, 228.

[29] Zum Problem des Widerrufs, wenn der Arbeitnehmer dem Arbeitgeber Schaden zufügte, s. *BAG,* DB 1982, 2411 (weisungswidriges Verhalten), *BAG,* NJW 1984, 141 (Beteiligung an Unterschlagungen), oder wenn er sich schwerer Verfehlungen schuldig machte, s. *BAG,* NJW 1983, 2048 (Erpressung unterstellter Gastarbeiter), *BGH,* NJW 1984, 1529 (Annahme von Schmiergeld), ferner s. *Etzel,* NJW 1983, 2852, 2863; 1984, 2551, 2559; *Blomeyer/Otto,* Einl. 357ff.

Zu einer Versorgungszusage mit dem Vorbehalt, daß der Arbeitnehmer noch Prokurist ist, s. *BAG,* NJW 1983, 414. Zur Invalidenbetriebsrente für Schwerbehinderte s. *BAG,* NJW 1983, 359.

nem rechtlichen Gesichtspunkt auf Fälle ausgedehnt werden, in denen das Ausscheiden aus dem Betrieb vor dem 22. 12. 1974 gelegen habe.[30]

448 bb) **§ 2 BetrAVG** regelt die Höhe der unverfallbaren Anwartschaft; sie bemißt sich grundsätzlich nach einer Berechnung pro rata temporis (ratierliche Berechnung).[31]

449 cc) **§ 3** läßt in einem bestimmten Falle eine Abfindung des Arbeitnehmers zu, nämlich im Falle der geringwertigen Versorgungsanwartschaft. Geregelt ist hier nur die Abfindung von Versorgungsanwartschaften, nicht die bereits laufender Versorgungsleistungen,[32] das Gesetz erfaßt auch nicht Versorgungsregelungen, welche die Möglichkeit einer Abfindung nach Eintritt des Versorgungsfalles vorsehen, und hindert ebenfalls nicht eine Vereinbarung einer Abfindung der laufenden Leistungen.[33] Von der gesetzlichen Beschränkung des § 3 werden ferner Abfindungen nicht erfaßt, die Versorgungsanwartschaften betreffen, die noch nicht nach § 1 des Gesetzes unverfallbar geworden sind.[34]

450 dd) Nach **§ 4** Abs. 1 kann der neue Arbeitgeber, bei dem später der im früheren Unternehmen ausgeschiedene Arbeitnehmer beschäftigt wird, eine Pensionskasse, ein Unternehmen der Lebensversicherung oder ein öffentlich-rechtlicher Versorgungsträger die Verpflichtung, bei Eintritt des Versorgungsfalles Versorgungsleistungen nach § 2 Abs. 1–3 zu gewähren, mit Zustimmung des Arbeitnehmers übernehmen. Eine Unterstützungskasse kann nach § 4 Abs. 2 von der anderen Unterstützungskasse, die Versorgungsleistungen zu gewähren hat, diese Verpflichtung mit Zustimmung des Arbeitnehmers übernehmen.

451 ee) Häufig sind in Ruhegehaltsregelungen Bestimmungen enthalten, wonach Renten aus der gesetzlichen Rentenversicherung in näher bestimmter Weise angerechnet werden mit der Folge, daß anderweitige Versorgungsbezüge zu einer geringeren Bemessung der betrieblichen Versorgungsleistungen führen. Hierbei werden meist folgende Berechnungsarten angewendet.[35] Es wird ein bestimmter Versorgungsbetrag – oft nach einem Vomhundertsatz des letzten Arbeitsentgelts bemessen – unter Anrechnung anderweitiger Versorgungsbezüge zugesagt oder es werden betriebliche Versorgungsleistungen in bestimmter Höhe neben anderweitigen Versorgungsbezügen nur insoweit

---

[30] *BAG*, AP BGB, § 242 Ruhegehalt, Unverfallbarkeit Nr. 9 = SAE 1975, 204 = BB 1975, 789 = DB 1975, 1080 = RdA 1975, 201 Leits.; NJW 1976, 1863 Leits.

[31] Näheres s. im Gesetz; dazu die eingehende Kommentierung von *Heubeck/Höhne* und *Blomeyer/Otto;* erwähnt sei noch *BAG*, AP BGB § 242 Ruhegehalt Nr. 185: keine grundlose Kürzung einer unverfallbaren Anwartschaft durch Betriebsvereinbarung. Zu den steuerrechtlichen Folgen ablösender Betriebsvereinbarungen über betriebliche Ruhegelder *Otto*, DB 1984, 1598.

[32] Hierzu *Braun*, NJW 1983, 1590; s auch *BAG*, NZA 1986, 519 (zum groben Mißverhältnis des beiderseitigen Nachgebens).

[33] *Heubeck/Höhne*, § 3 Rz. 9; *Blomeyer/Otto*, § 3 Rz. 20.

[34] *Heubeck/Höhne*, § 3 Rz. 10; *Blomeyer/Otto*, § 3 Rz. 26.

[35] Näheres hierzu bei *Fenge*, DB 1975, 50, 54.

gewährt, als sie zusammen mit diesen einen in der Versorgungsregelung vorgesehenen Höchstbetrag – meist einen Vomhundertsatz des letzten Arbeitsentgelts – nicht übersteigen.

452 Hierzu sind folgende Entscheidungen des BAG von Interesse: Von der Anrechnung seien die Rentenanteile ausgenommen, die der Arbeitnehmer aus einer freiwilligen Weiterversicherung ohne Beteiligung des Arbeitgebers erworben habe.[36]

Solle auf das betreffende Ruhegeld der Teil der Sozialversicherungsrente angerechnet werden, der auf Pflichtbeiträgen beruhe, dann gelte dies auch, wenn erst mit freiwilligen Beiträgen die Wartezeit für die Rente erfüllt worden sei.[37]

Verspreche ein Arbeitgeber als Altersruhegeld den nach der Dauer der Betriebszugehörigkeit gestaffelten Unterhaltsbetrag zwischen dem Arbeitsentgelt eines bestimmten Jahres und den nach Eintritt des Versorgungsfalles gezahlten Sozialversicherungsrenten, so könne dies zur Auszehrung schon der Anwartschaft führen.[38]

453 § 5 regelt nunmehr das **„Auszehrungsverbot"**[39] (s. die Überschrift des diese Vorschrift enthaltenden zweiten Abschnitts). Abs. 1 betrifft den Fall, daß nach der erstmaligen Festsetzung der betrieblichen Versorgungsleistung anderweitige Versorgungsleistungen, insbesondere die aus der gesetzlichen Rentenversicherung, an die wirtschaftliche Entwicklung angepaßt und demzufolge erhöht werden: diese Erhöhung darf nicht zu einer Kürzung der Betriebsrente führen.[40] Abs. 2 verbietet die Anrechnung oder Berücksichtigung anderer Versorgungsbezüge, soweit sie auf eigenen Beiträgen des Versorgungsempfängers beruhen (Satz 1);[41] doch gilt nach Satz 2 dieses Anrechnungsverbot nicht für Renten aus den gesetzlichen Rentenversicherungen, soweit diese auf Pflichtbeiträgen beruhen, sowie für sonstige Versorgungsbezüge, die mindestens zur Hälfte auf Beiträgen oder Zuschüssen des Arbeitgebers beruhen, zB Leistungen einer Pensionskasse, die im Rahmen einer Gesamtversorgungszusage des Arbeitgebers angerechnet werden.[42]

454 ff) § 6 bringt eine Angleichung der Altersgrenze für die betriebliche Altersversorgung an die der gesetzlichen Rentenversicherungen (s. zur Einführung

---

[36] AP BGB § 242 Ruhegehalt Nr. 161; *Heubeck/Höhne,* § 5 Rz. 57.

[37] AP, aaO Nr. 171 = DB 1976, 1237 = BB 1976, 841 Leits.; *Heubeck/Höhne,* § 5 Rz. 69a.

[38] AP, aaO, Nr. 170 m. Anm. *Höfer* u. a. = DB 1976, 1015; *Heubeck/Höhne,* § 5 Rz. 21.

[39] Hierzu s. *Fenge,* aaO, 54f.; *Streckel,* aaO, 366f.; *Heubeck/Höhne,* § 5 Rz. 11ff.; *Blomeyer/Otto,* Einl. 648, § 5 Rz. 10ff., 18ff.

[40] Dazu *Fenge,* aaO, mit einem Beispiel, ferner s. *Heubeck/Höhne,* § 5 Rz. 13, 14, sowie *Schaub,* NJW 1982, 362, 363f. Zur Anrechnung der gesetzlichen Unfallwitwenrente *BAG,* DB 1986, 1181 = NZA 1986, 748.

[41] Dazu und zu § 17 Abs. 1 Satz 2 *BVerfGE* 68, 311, 318 = NJW 1985, 1691.

[42] *Fenge,* aaO, 54f.; *Heubeck/Höhne,* § 5, Rz. 42ff.; *Schaub,* aaO, 364. Zur Anrechnung der Tarifrente auf die Betriebsrente s. *BAG,* NJW 1984, 751; DB 1986, 1181.

der flexiblen Altersgrenze das Rentenreformgesetz v. 16. 10. 1972, BGBl I 1965, und das Vierte Rentenversicherungsänderungsgesetz v. 30. 3. 1973, BGBl I 257).[43]

455 gg) **§ 16** verpflichtet den Arbeitgeber, alle drei Jahre eine Anpassung der laufenden Leistungen der betrieblichen Altersversorgung[44] zu prüfen und

---

[43] Hierzu *Heubeck/Höhne,* § 6 Rz. 1ff. m. Wiedergabe der Begründung des Entwurfs (Rz. 3), sowie *Blomeyer/Otto* § 6 Rz. 4ff., 22ff., s. zur Rechtsprechung zu § 6 noch *Jaerisch,* JR 1980, 362, 363 re. Sp.; *Schaub,* aaO, 363; zur Kürzung des Ruhegeldes *BGHZ* 77, 233. Zur Vollendung des 60. Lebensjahres weiblicher Versicherter s. *Blomeyer/Otto,* § 6 Rz. 33f.; *BAG,* NZA 1986, 607; zu zweckmäßigen Neuregelungen der Hinterbliebenenleistungen *Heubeck, Isenberg,* DB 1986, 799.

[44] Dazu s. aus der Lit. vor allem die eingehende Kommentierung von *Heubeck/Höhne,* S. 595ff., *Blomeyer/Otto,* S. 790ff., je m. umfass. Lit.-Angaben, sowie die Rechtsprechungsberichte von *Etzel,* NJW 1981, 1702, 1712f.; NJW 1982, 2347, 2357; *Schaub,* NJW 1982, 362, 365f.; *Etzel,* NJW 1985, 2619, 2627; NJW 1986, 2395, 2402.

Aus der Lit. s. noch: *Boldt,* Die Rechtsprechung des BAG zur Anpassung der Betriebsrenten, AktG 1978, 141; *Ruland,* Betriebliche Altersversorgung und gesetzliche Rentenversicherung, DB 1978, 1833; *Schaub,* Die Anpassung von Betriebsrenten, NJW 1978, 2076; *Andresen, Gassner,* Überlegungen zur praktikablen Anwendung von § 16 Betriebsrentengesetz, DB 1980, 1346; *Heubeck,* Die relative Obergrenze bei der Anpassung von Betriebsrenten, DB 1980, 831 = BetrAV 1980, 165; *Heubeck, Rößler, Sauerberg,* Die wirtschaftliche Lage des Arbeitgebers bei der Prüfung der Anpassung von Betriebsrenten nach § 16 BetrAVG, BB 1980, Beil. 13; *Höfer, Kemper,* Betriebsrentenanpassung nach den Urteilen des BAG v. 17. 1. 1980, DB 1980, 541, 589; *Höhne,* Die Anpassungsurteile des BAG v. 17. 1. 1980, BetrAV 1980, 108; *Boldt,* Zur Anpassung von Versorgungsleistungen nach dem Betriebsrentengesetz, AktG 1981, 29; *Hilger,* Richterrecht in der betrieblichen Altersversorgung, RdA 1981, 6; *Kessel,* Direkt-Rentenversicherungen und Anpassung nach § 16 BetrAVG, DB 1981, 526 = BetrAV 1981, 21; *Rauser,* Einmalkapitalbeträge anstelle laufender betrieblicher Rentenzahlungen – eine sinnvolle Alternative nach § 16 BetrAVG, BetrAV 1981, 205; *Blomeyer,* Gedanken zur Beurteilung der wirtschaftlichen Lage des Arbeitgebers bei der Rentenanpassung gemäß § 16 BetrAVG, RdA 1983, 152; Rechtliche Kriterien für die Unternehmensbewertung ..., RdA 1986, 69; *Dieterich,* Zur Überversorgung durch Betriebsrenten in Fschr. f. Hilger, Stumpf, 1983, S. 77; *Richardi,* Anpassungsprüfung und Anpassungsentscheidung bei Betriebsrenten nach § 16 BetrAVG, ebenda S. 601; *Bode, Grabner,* Nettoeinkommensanstieg als Maßstab für die Anpassung von Betriebsrenten, DB 1983, 2360; *Sieben, Becker,* Zur Beurteilung der wirtschaftlichen Lage nach § 16 BetrAVG, RdA 1986, 85; *Strohauer,* Die wirtschaftliche Belastbarkeit durch den Kaufkraftausgleich von Betriebsrenten, RdA 1986, 95; ferner s. noch zur „Anpassung nach unten" *Meilicke,* Kürzung von Betriebsrenten, BB 1983, 73.

Aus der Rechtsprechung s. zB *BAG,* AP BetrAVG § 16 Nr. 1 = NJW 1976, 1861; AP aaO Nr. 2 = DB 1976, 1724; BB 1977, 96; AP, aaO Nr. 4; AP, aaO Nr. 7 = NJW 1980, 1181 = DB 1980, 306 = BB 1980, 263; AP, aaO Nr. 8 = DB 1980, 499 = BB 1980, 417 = NJW 1980, 1184 Leits.; AP, aaO Nr. 10 = NJW 1981, 190; NJW 1981, 2773; NJW 1982, 350, 957; NJW 1983, 2902; ferner *BGH,* LM BGB § 242 Bb Nr. 85 = DB 1977, 1367 = BB 1977, 1550; NJW 1981, 2059; *LAG Berlin,* NZA 1986, 525; *BAG,* NZA 1986, 517; BB 1985, 933 = DB 1985, 1642 (übermäßige Belastung des Betriebs), dazu *Förster,* BB 1985, 2051.

Bei der Anpassung der betrieblichen Altersversorgung bleibt die Dynamisierung der Renten aus der Sozialversicherung außer Betracht, nur laufende Leistungen sind nach § 16 anzupassen, dagegen nicht Anwartschaften (*BAG,* DB 1977, 1903 = BB 1977,

hierüber nach billigem Ermessen zu entscheiden,[45] wobei insbesondere die Belange des Versorgungsempfängers[46] und die wirtschaftliche Lage des Arbeitgebers[47] zu berücksichtigen sind. Diese Entscheidung des Arbeitgebers ist gemäß § 315 Abs. 3 Satz 2 BGB durch die Gerichte überprüfbar.[48]

456 d) Für die **Arbeitnehmer des öffentlichen Dienstes** (s. § 18 Abs. 1 iV mit § 17 BetrAVG – zu § 17 s. Rz. 446 –) hat der Gesetzgeber in § 18 eine besondere Regelung getroffen. Unter die Vorschrift des § 1 fallen alle Systeme der Zusatzversicherung des öffentlichen Dienstes, die in einer unmittelbaren Leistungszusage des Arbeitgebers bestehen.[49] Die Regelung berücksichtigt, daß die weitaus größte Zahl der Arbeitnehmer des öffentlichen Dienstes bei einer Zusatzversorgungseinrichtung[50] pflichtversichert ist.[51]

e) Steuerrechtliche Fragen

aa) Direktversicherung

457 Mit einer Direktversicherung[1] können Leistungen der Alters-, Invaliditäts- oder Hinterbliebenenversicherung vereinbart sein, auch wenn die Beiträge keine Sonderausgaben darstellen.[2] Unfallversicherungen, die auch private

---

1550; AP, § 16 Nr. 7 – s. oben –; dazu *Ruland,* DB 1978, 1833). § 16 ist auch nicht auf zugesagte Kapitalleistungen anzuwenden (s. *Schwab,* Rz. 552 Fußn. 79).

[45] Zum billigen Ermessen s. *Blomeyer/Otto,* § 16 Rz. 117ff.

[46] Hierzu *Heubeck/Höhne,* § 16 Rz. 102ff.; *Blomeyer/Otto,* § 16 Rz. 132ff.

[47] Dazu *Heubeck/Höhne,* aaO, Rz. 164ff. *Blomeyer/Otto,* aaO, Rz. 183ff.; *Blomeyer,* RdA 1983, 152; RdA 1986, 69; *Sieben, Becker,* RdA 1986, 85; *Strohauer,* RdA 1986, 95; *Heubeck, Löcherbach, Rößler,* BB 1987, Beilage 3.

[48] *Heubeck/Höhne,* aaO, Rz. 224; *Blomeyer/Otto,* aaO, Rz. 281ff.; s. aus der Rechtsprechung zB betr. Kaufkraftverlust *BAG,* AP aaO Nr. 7 und 8; zur relativen Obergrenze s. *BAG* DB 1981, 1783 = BB 1981, 1469.

[49] Hierzu *Heubeck/Weinert,* § 18 Rz. 1ff.; *Blomeyer/Otto,* § 18 Rz. 3ff.; auch *Kiefer/Giloy,* sowie *Berger/Kiefer,* Das Versorgungsrecht der Arbeitnehmer des öffentlichen Dienstes, Komm., 2 Bde 1982; *Gilbert/Hesse,* Die Versorgung der Angestellten und Arbeiter des öffentlichen Dienstes, 2. Aufl. 1986. Zu Zulagen und zur betrieblichen Übung *BAG,* NZA 1986, 604 = NJW 1986, 2593 Leits.; zum ruhegeldfähigen Dienstalter *BAG,* DB 1986, 648.

[50] Eine Zusammenstellung der öffentlich-rechtlichen Zusatzversorgungen bietet *Böhmer* in BJM-Brosch., S. 261ff., s. auch die Hinweise bei *Blomeyer/Otto,* § 18 Rz. 6.

[51] *Weinert* in *Heubeck/Höhne/Rau/Weinert,* Textausgabe m. Einführung, 2. Aufl. 1975, S. 104.

[1] Zum Begriff der Direktversicherung *BFH,* BStBl 1957 II 289 = BFHE 65, 147 = BB 1957, 847 = DB 1957, 787; BStBl 1983 II 173 = BFHE 137, 308 = BB 1983, 355 = DB 1983, 532 = FR 1983, 174; Abschn. 26 EStR, Abschn. 96 Abs. 3 LStR.

[2] Die Versicherungen auf den Erlebens- und Todesfall, deren Beiträge als Vorsorgeaufwendungen Sonderausgaben darstellen und als solche im Rahmen der Höchstbeträge nach § 10 Abs. 3 EStG abziehbar sind, sind in § 10 Abs. 1 Nr. 2 Buchst. b EStG abschließend aufgezählt. Als Direktversicherungen können jedoch auch andere Lebensversicherungsvertragstypen verwendet werden, zB Kapitalversicherungen und Rentenversicherungen mit Kapitalwahlrecht ohne Rücksicht auf die Laufzeit, fondsgebundene Lebensversicherungen.

Unfälle abdecken, Unfallzusatzversicherungen und Berufsunfallzusatzversicherungen, die im Zusammenhang mit einer Lebensversicherung abgeschlossen werden, sowie Unfallversicherungen mit Prämienrückgewähr, bei denen der Arbeitnehmer Anspruch auf die Prämienrückgewähr hat, können ebenfalls zu den Direktversicherungen gehören.

Eine von einer Kapitalgesellschaft abgeschlossene Direktversicherung zugunsten ihres Gesellschafter-Geschäftsführers anerkennt die Finanzverwaltung ertragsteuerlich auch dann, wenn als vertraglicher Fälligkeitstermin für die Erlebnisfalleistung ein früherer Zeitpunkt als die Vollendung seines 75. Lebensjahrs vereinbart und die Versicherungsleistung unabhängig von seiner tatsächlichen Pensionierung fällig wird.[3]

Steuerliche Behandlung beim Arbeitgeber

Laufende und einmalige Beiträge sind im Jahre der Verausgabung voll als Betriebsausgaben abzugsfähig (§ 4b EStG). Im Fall eines Einmalbeitrags kommt auch eine Rechnungsabgrenzung nicht in Betracht. Da der Arbeitgeber nicht bezugsberechtigt ist, gehört der Anspruch aus der Direktversicherung nicht zu seinem Betriebsvermögen und ist in der Bilanz nicht aktivierungsfähig, auch wenn das Bezugsrecht des Arbeitnehmers widerruflich ist, die Unverfallbarkeit noch nicht eingetreten ist oder der Arbeitgeber die Ansprüche abgetreten oder beliehen hat (§ 4b Satz 2 EStG). Eine Aktivierung kommt nur in Betracht, wenn der Arbeitgeber das Bezugsrecht des Arbeitnehmers zu Recht widerrufen hat oder bei gespaltener Bezugsberechtigung, soweit der Arbeitgeber bezugsberechtigt ist.

Steuerliche Behandlung beim Arbeitnehmer

Die Beiträge des Arbeitgebers für die Direktversicherung stellen beim Arbeitnehmer **Arbeitslohn** dar, und zwar auch, soweit die Beitragsleistung durch Verrechnung erfolgt. Nicht zum Arbeitslohn gehören hingegen Gewinnanteile (Überschußanteile, Dividenden, Boni, Zinsen),[4] die zur Erhöhung der Versicherungsleistung beim Versicherungsunternehmen angesammelt,[4] zur Abkürzung der Versicherungsdauer verwendet[4] oder an den Arbeitgeber ausbezahlt werden.

---

[3] *BMF*, BStBl 1980 I 253; die von der Rspr. zur Frage der Ernsthaftigkeit der Belastung bei Pensionszusagen entwickelten Grundsätze (Abschn. 41 Abs. 9 EStR, Abschn. 36 Abs. 1 KStR) können nicht sinngemäß angewendet werden.

[4] Bei bestimmten Kapitalversicherungen oder bei Kapitalversicherungen mit Rentenwahlrecht, die nach dem 31. 12. 1973 abgeschlossen worden sind, können die rechnungsmäßigen und außerrechnungsmäßigen Zinsen beim versicherten Arbeitnehmer Einnahmen aus Kapitalvermögen nach § 20 Abs. 1 Nr. 6 EStG darstellen (*BMF*, BStBl 1979 I 592, BStBl 1985 I 661); die Einkommensteuer wird durch Steuerabzug vom Kapitalertrag (Kapitalertragsteuer) erhoben (§ 43 Abs. 1 Nr. 4 EStG). Beim Arbeitgeberwechsel entstehen keine steuerpflichtigen Zinsen aus der Direktversicherung (*BMF*, DStZ E 1984, 140 = FR 1984, 227).

Soweit Gewinnanteile zugunsten des Arbeitgebers beim Versicherungsunternehmen angesammelt, während der Versicherungsdauer mit fälligen Beiträgen des Arbeitgebers verrechnet oder an den Arbeitgeber ausgezahlt werden, sowie bei Verlust des Bezugsrechts liegt eine Arbeitslohn-Rückzahlung (negative Einnahmen) vor, die bereits beim Lohnsteuerabzug zu berücksichtigen ist.[5]

Handelt es sich bei den Versicherungsbeiträgen um Leistungen, die bei dem Arbeitnehmer **Sonderausgaben** sein können,[2] so bleibt im ersten Dienstverhältnis ein Betrag bis zu **312 DM** jährlich ohne Eintragung in der Lohnsteuerkarte steuerfrei, soweit der Freibetrag nicht bei anderen freiwilligen Zukunftsicherungsleistungen des Arbeitgebers abgezogen worden ist.[6] Soweit der Freibetrag von 312 DM jährlich beim Lohnsteuerabzug durch den Arbeitgeber berücksichtigt worden ist, kann der Arbeitnehmer keine Sonderausgaben geltend machen. Bezahlt der Arbeitgeber die Direktversicherungsbeiträge nicht zusätzlich zum Arbeitslohn, sondern zieht er sie beim Arbeitnehmer (mit oder ohne die pauschalierte Lohn- und Kirchensteuer) vom Barlohn ab (sog. Barlohnumwandlung), so wird der Zukunftsicherungsfreibetrag von 312 DM nicht gewährt.

Die späteren Versorgungsleistungen des Versicherers an den Arbeitnehmer stellen keinen Arbeitslohn dar. Sie gehören zu den sonstigen Einnahmen und sind, wenn sie als Leibrenten gezahlt werden, mit dem Ertragsanteil zu versteuern (§ 22 Nr. 1 Buchst. a EStG). Einmalige Kapitalabfindungen unterliegen nicht der Einkommensteuer.[4]

bb) Pensionskassen

458 Pensionskassen sind rechtsfähige Versorgungseinrichtungen (§ 1 Abs. 3 BetrAVG) sowie nichtrechtsfähige Zusatzversorgungseinrichtungen des öffentlichen Dienstes (§ 18 BetrAVG).[7] Wie Pensionskassen werden besondere Fonds des Arbeitgebers behandelt, die keine eigene Rechtspersönlichkeit haben, sofern das Fondsvermögen als Sondervermögen aus dem Betriebsvermögen des Arbeitgebers ausgeschieden und dessen freier Verfügung entzogen ist, wie zB Zusatzversorgungskassen der Gebietskörperschaften.[8]

---

[5] *BMF*, BStBl 1978 I 232 = DStR 1978, 413.

[6] Abschn. 11 LStR. Dem Freibetrag steht auch nicht entgegen, wenn dem Arbeitnehmer für dieselben Versicherungsleistungen eine Arbeitnehmer-Sparzulage nach dem VermBG gewährt wird. Der Freibetrag kommt jedoch nicht für Teilzeitbeschäftigte in Betracht, deren Arbeitslohn nach § 40a EStG pauschal versteuert wird (*FG Rheinland-Pfalz*, EFG 1987, 379).

[7] Abschn. 27 Abs. 1 EStR; bei den Zusatzversorgungskassen des öffentlichen Dienstes ist Voraussetzung, daß die Zuführungen Arbeitslohn sind (*BFH*, BStBl 1977 II 761 = BFHE 123, 37 = BB 1977, 1534 = DB 1977, 2123; *BMF*, BStBl 1980 I 230 = BB 1980, 666).

[8] *BFH*, BStBl 1977 II 761 = BFHE 123, 37 = BB 1977, 1534 = DB 1977, 2123.

Steuerliche Behandlung beim Arbeitgeber

Die Zuwendungen an die Kasse dürfen von dem Unternehmen, das die Zuwendungen aus betrieblicher Veranlassung gewährt (Trägerunternehmen), voll und sofort als Betriebsausgaben abgezogen werden, wenn sie in der Satzung oder im Geschäftsplan der Kasse festgelegt sind, von einer Versicherungsaufsichtsbehörde gefordert werden oder der Abdeckung von Fehlbeträgen bei der Kasse dienen (§ 4c EStG). Es können sowohl laufende als auch einmalige Zuwendungen erbracht werden. Zuwendungen für den Unternehmer sind von der Abzugsfähigkeit ausgeschlossen.

Steuerliche Behandlung beim Arbeitnehmer

Die Zahlungen des Arbeitgebers an die Pensionskasse (auch für deren sachlichen und personellen Verwaltungsaufwand) stellen **Arbeitslohn** dar. Pauschalzuwendungen sind nach der Zahl der gesicherten Arbeitnehmer auf diese aufzuteilen. Der Zukunftsicherungsfreibetrag von 312 DM (Rz. 457) kann für diese Zuwendungen ebenfalls gewährt werden.

Die späteren Versorgungsleistungen der Kasse an den Arbeitnehmer sind kein Arbeitslohn, sondern stellen als sonstige Einkünfte Leibrenten dar, die nur mit dem Ertragsanteil nach Abzug von Werbungskosten der Einkommensteuer unterliegen (§ 22 Nr. 1 Buchst. a EStG).

cc) Pauschalierung der Lohnsteuer

Der Arbeitgeber kann die Lohnsteuer für Beiträge zu einer Direktversiche- 459
rung (Rz. 457) des Arbeitnehmers und für Zuwendungen an eine Pensionskasse (Rz. 458) nach § 40b EStG mit einem Pauschsteuersatz von 10% (zuzüglich der Kirchensteuer entsprechend dem in dem jeweiligen Bundesland geltenden Kirchensteuersatz)[9] der Beiträge und Zuwendungen erheben, soweit diese nicht steuerfrei sind; der Zukunftsicherungsfreibetrag von 312 DM ist also von den pauschalbesteuerungsfähigen Leistungen abzuziehen, falls er für die Leistungen gewährt werden kann (Rz. 457).[10]

Für die Pauschalierung ist Voraussetzung, daß

– die Versicherung nicht auf den Erlebensfall eines früheren als des 60. Lebensjahres des Arbeitnehmers abgeschlossen worden ist,
– eine vorzeitige Kündigung des Versicherungsvertrags durch den Arbeitnehmer ausgeschlossen worden ist,
– die Zukunftsicherungsleistungen aus dem ersten Dienstverhältnis bezogen werden; die Pauschalierung ist demnach bei Arbeitnehmern der Steuerklasse VI und bei Teilzeitbeschäftigten, bei denen die Lohnsteuer nach § 40a EStG pauschaliert wird, nicht anwendbar,
– der Arbeitgeber die pauschale Lohnsteuer übernimmt und

---

[9] *Fritzsche/Nägele*, S. 113.
[10] Abschn. 96 LStR; *BMF*, BStBl 1976 I 676 = DStR 1975, 426.

- im Falle des unwiderruflichen Bezugsrechts des Arbeitnehmers, der Versicherungsanspruch durch den Arbeitnehmer nicht abgetreten oder beliehen wird.[11]

Die Pauschalierung kann auch vorgenommen werden, wenn die Leistungen keine Sonderausgaben darstellen,[12] nur für wenige Arbeitnehmer erbracht werden und der Arbeitgeber die Leistungen anstelle von tarifvertraglich vereinbartem Barlohn erbringt.[13]

Die Pauschalierung kann allerdings nur durchgeführt werden, wenn die pauschalbesteuerungsfähigen Leistungen die in § 40b Abs. 2 EStG festgesetzten **Pauschalierungsgrenzen** nicht überschreiten. Soweit die Leistungen diese Grenzbeträge überschreiten, müssen sie dem normalen Lohnsteuerabzug unterworfen werden. Danach ist die Pauschalierung allgemein auf 2400 DM jährlich je Arbeitnehmer begrenzt. Wenn mehrere Arbeitnehmer gemeinsam in einem Direktversicherungsvertrag, zB bei einer Gruppenversicherung oder in einer Pensionskasse versichert sind, ist für die Feststellung der Pauschalierungsgrenze eine Durchschnittsberechnung anzustellen. Dabei ist wie folgt zu verfahren:

- Sind in der Direktversicherung oder in der Pensionskasse Arbeitnehmer versichert, für die pauschalbesteuerungsfähige Leistungen – nach etwaigem Abzug des Zukunftsicherungs-Freibetrags (Rz. 457) – von jeweils insgesamt mehr als 3600 DM jährlich erbracht werden, so scheiden die Leistungen für diese Arbeitnehmer aus der Durchschnittsberechnung aus. Das gilt zB auch dann, wenn mehrere Direktversicherungsverträge bestehen und die Beitragsanteile für den einzelnen Arbeitnehmer insgesamt 3600 DM übersteigen.
- Die Leistungen für die übrigen Arbeitnehmer sind – nach etwaigem Abzug des Zukunftsicherungs-Freibetrags (Rz. 457) – zusammenzurechnen und durch die Zahl der Arbeitnehmer zu teilen, für die sie erbracht worden sind.
- Übersteigt der so ermittelte Durchschnittsbetrag nicht 2400 DM, so ist dieser für jeden Arbeitnehmer der Pauschalbesteuerung zugrunde zu legen.

---

[11] Bei nach dem 31. 12. 1979 abgeschlossenen Verträgen muß der Ausschluß einer derartigen Abtretung oder Beleihung im Versicherungsvertrag selbst enthalten sein. Bei Versicherungsverträgen, die 1980 abgeschlossen wurden, genügt der Nachweis, daß eine Abtretung oder Beleihung des unwiderruflichen Bezugsrechts nicht erfolgt ist. Bei Abtretungen und Beleihungen vor dem 1. 1. 1980 zieht die Finanzverwaltung jedoch keine steuerlichen Folgerungen (*BMF*, BStBl 1980 I 728 = BB 1980, 921).

[12] Diese Voraussetzung muß nur für die Gewährung des Freibetrags von 312 DM vorliegen.

[13] Die Leistung anstelle des tarifvertraglich vereinbarten Lohns ist arbeitsrechtlich unzulässig. Trotzdem läßt die Finanzverwaltung die Pauschalierung der Lohnsteuer nach § 40b EStG selbst dann zu, wenn der Barlohn so weit herabgesetzt wird, daß aus der Barlohnkürzung nicht nur der Direktversicherungsbeitrag, sondern zugleich auch die pauschale Lohnsteuer finanziert werden kann (Abschn. 96 LStR). Allerdings entfällt bei der Barlohnumwandlung der Freibetrag von 312 DM.

– Übersteigt der Durchschnittsbetrag 2400 DM, so kommt er als Bemessungsgrundlage für die Pauschalbesteuerung nicht in Betracht.

Für Beiträge und Zuwendungen, die der Arbeitgeber für den Arbeitnehmer aus Anlaß der Beendigung des Dienstverhältnisses erbracht hat, vervielfältigt sich der Betrag von 2400 DM mit der Zahl der Kalenderjahre, in denen das Dienstverhältnis des Arbeitnehmers zum Arbeitgeber bestanden hat. Der vervielfältigte Betrag vermindert sich um die pauschal besteuerten Beiträge und Zuwendungen, die der Arbeitgeber in dem Kalenderjahr, in dem das Dienstverhältnis beendet wird, und in den sechs vorangegangenen Kalenderjahren erbracht hat (§ 40b Abs. 2 EStG).

dd) Unterstützungskassen

Unterstützungskassen sind rechtsfähige Versorgungseinrichtungen, auf de- 460
ren Leistung kein Rechtsanspruch besteht (§ 1 Abs. 4 BetrAVG). Sie sind von der staatlichen Versicherungsaufsicht freigestellt.

Steuerliche Behandlung beim Arbeitgeber

Betrieblich veranlaßte Zuwendungen an eine Unterstützungskasse dürfen von dem Unternehmen, das die Zuwendungen leistet (Trägerunternehmen), als Betriebsausgaben voll abgezogen werden, soweit sie den in § 4d Abs. 1 EStG im einzelnen festgelegten Rahmen nicht übersteigen.[14]

Steuerliche Behandlung beim Arbeitnehmer

Die von der Kasse an den Arbeitnehmer gezahlten Versorgungsleistungen sind Arbeitslohn. Unterstützungen sind bis zu einem Betrag von 1000 DM je Kalenderjahr steuerfrei, wenn sie dem Anlaß nach gerechtfertigt sind, zB in Krankheits- und Unglücksfällen. Der 1000 DM übersteigende Betrag gehört nur dann ausnahmsweise nicht zum steuerlichen Arbeitslohn, wenn er aus Anlaß eines besonderen Notstandes gewährt wird.[15]

ee) Pensionsrückstellung

Steuerliche Behandlung beim Arbeitnehmer

Die Zusage des Arbeitgebers auf spätere Altersversorgung ist beim Arbeit- 461
nehmer noch kein steuerpflichtiger Arbeitslohn. Die später zufließenden Versorgungsbezüge stellen steuerpflichtigen Arbeitslohn dar, der gegebenenfalls durch den Versorgungsfreibetrag begünstigt ist (§ 19 Abs. 2 EStG).

Steuerliche Behandlung beim Arbeitgeber

Für den Arbeitgeber bedeutet eine rechtsverbindliche Zusage eine künftige Schuld, deren Passivierung handelsrechtlich geboten ist und für die deshalb

---

[14] Abschn. 27a EStR.

[15] Abschn. 14 Abs. 1 und 2 LStR.

auch in der Steuerbilanz eine Rückstellung gebildet werden muß, wenn die Zusage nach dem 31. 12. 1986 erfolgt ist (§ 249 Abs. 1 HGB idF des BiRiLiG); nur für vor dem 1. 1. 1987 erteilte Zusagen besteht für die Steuerbilanz ein Passivierungswahlrecht (Art. 28 Abs. 1 EGHGB). Die Bildung der Rückstellung voraus, daß

- der Berechtigte einen Rechtsanspruch auf einmalige oder laufende Pensionsleistungen hat,[16]
- die Pensionszusage keinen schädlichen Vorbehalt enthält; ein schädlicher Vorbehalt liegt vor, wenn der Arbeitgeber die Pensionszusage nach freiem Belieben, d. h. nur nach seinen eigenen Interessen ohne Berücksichtigung der Interessen des Pensionsberechtigten widerrufen kann,[17]
- die Pensionszusage schriftlich erteilt ist.[18]

Die Pensionsrückstellung kann in Höhe des sich nach § 6a Abs. 3 Nr. 1 und 2 EStG ergebenden versicherungsmathematischen Werts gebildet werden.[19] Vor Eintritt des Versorgungsfalles darf die Rückstellung für das Wirtschaftsjahr gebildet werden, in dem die Pensionszusage erteilt wird, frühestens jedoch für das Wirtschaftsjahr, bis zu dessen Mitte der Pensionsberechtigte das 30. Lebensjahr vollendet hat. Nach Eintritt des Versorgungsfalles kann die Rückstellung erstmals für das Wirtschaftsjahr in die Bilanz eingestellt werden, in dem der Versorgungsfall eintritt.[20] Gewinne aus der Auflösung der Rückstellung gehören zum laufenden nicht tarifbegünstigten Gewinn, auch wenn die Rückstellung wegen des Todes des Verpflichteten aufgelöst werden muß.[21]

Eine Pensionsrückstellung ist auch dann zulässig, wenn der Berechtigte zu dem Pensionsverpflichteten in einem anderen Rechtsverhältnis als einem Dienstverhältnis steht (§ 6a Abs. 5 EStG).[22] Eine Pensionszusage an den Gesellschafter-Geschäftsführer einer Personengesellschaft ist dagegen als Gewinnverteilungsabrede zwischen den Gesellschaftern anzusehen, die den Gewinn der Personengesellschaft nicht beeinflussen darf und demgemäß auch

---

[16] Näheres Abschn. 41 Abs. 1 EStR; für die Weiterzahlung einer gewinnabhängigen Tätigkeitsvergütung im Ruhestand kann eine Rückstellung nicht gebildet werden (*BFH*, BStBl 1981 II 655 = BFHE 133, 368 = BB 1981, 1578).

[17] Näheres Abschn. 41 Abs. 2–5 EStR.

[18] Näheres Abschn. 41 Abs. 6 EStR.

[19] Näheres Abschn. 41 Abs. 11–17 EStR; für Wirtschaftsjahre, die nach dem 31. 12. 1981 enden, ist bei Berechnung des Teilwerts der Pensionsverpflichtung ein Rechnungszinsfuß von 6% (vorher 5,5%) zugrunde zu legen (§ 6a Abs. 3 letzter Satz, § 52 Abs. 5 EStG idF des 2. HStruktG, BGBl 1981 I 1523, BStBl 1982 I 235).

[20] Näheres zum Stichtagsprinzip Abschn. 41 Abs. 18–20 EStR.

[21] *BFH*, BStBl 1980 II 150 = BFHE 129, 265 = BB 1980, 397 = DB 1980, 525 = DStR 1980, 235.

[22] Derartigen Pensionszusagen zugunsten von Personen in anderen Rechtsverhältnissen hat das EStG auch in § 10 Abs. 3 Nr. 2 Buchst. b, bb bei Berechnung des Höchstbetrags für Vorsorgeaufwendungen Rechnung getragen. Wegen Versorgungszusagen an Handelsvertreter vgl. Abschn. 41 Abs. 17 EStR.

nicht zur Rückstellungsbildung berechtigt.[23] Für die Pensionszusagen an beherrschende Gesellschafter-Geschäftsführer von Kapitalgesellschaften, die einkommensteuerlich Arbeitnehmer sind, ist dagegen eine Rückstellung grundsätzlich bis zu einem Pensionsalter von 65 Jahren steuerlich zulässig.[24]

Die Auszahlung der Versorgungsbezüge stellt Betriebsausgaben dar.

ff) Rückdeckungsversicherung

Steuerliche Behandlung beim Arbeitgeber

Deckt ein Arbeitgeber die finanzielle Last der Pensionszusage durch eine 462
Rückdeckungsversicherung ab, so ist der Versicherungsanspruch grundsätzlich mit dem geschäftsmäßigen Deckungskapital der Versicherungsgesellschaft zuzüglich eines etwa vorhandenen Guthabens aus Beitragsrückerstattungen zu aktivieren. Der niedrigere Rückkaufswert kann nur dann angesetzt werden, wenn am Bilanzstichtag ernsthaft mit der Auflösung des Versicherungsvertrags zu rechnen ist.[25]

Steuerliche Behandlung beim Arbeitnehmer

Da nicht der Arbeitnehmer, sondern der Arbeitgeber einen Rechtsanspruch aus der Rückdeckungsversicherung gegenüber dem Versicherer hat, können die Beiträge des Arbeitgebers zur Rückdeckungsversicherung keinen steuerpflichtigen Arbeitslohn darstellen; dies gilt auch, wenn die Ansprüche aus der Rückdeckungsversicherung an den Arbeitnehmer zur Sicherung seiner Ansprüche aus der ihm erteilten Versorgungszusage verpfändet sind.[26]

gg) Leistungen der betrieblichen Altersversorgung an den mitarbeitenden Ehegatten

Besteht zwischen Ehegatten ein steuerlich anerkanntes Arbeitsverhältnis 463
(Rz. 526, 527), so können die Leistungen nur unter den nachstehend genannten Voraussetzungen beim Arbeitgeber-Ehegatten zu Betriebsausgaben und beim Arbeitnehmer-Ehegatten zu Einnahmen führen.

Pensionszusage

Für eine Pensionszusage zugunsten des mitarbeitenden Ehegatten darf eine Rückstellung gebildet werden, wenn auch familienfremde Arbeitnehmer, die

---

[23] Zu dem Fall, daß ein Angestellter einer Personengesellschaft später Mitunternehmer wird, *BFH,* BStBl 1975 II 437 = BFHE 115, 3 = DStR 1975, 466; Abschn. 41 Abs. 8 EStR; zu dem Fall einer Witwenrente (Arbeitnehmer mit Gesellschafterin einer Personengesellschaft verheiratet) *BFH,* BStBl 1976 II 372 = FR 1976, 227 = BFHE 118, 176 = BB 1976, 537 = DB 1976, 945 = DStR 1976, 381.

[24] *BFH,* BStBl 1982 II 612 = BFHE 135, 519 = BB 1982, 1347 = DB 1982, 1544 = DStR 1982, 508 = FR 1982, 416. *BMF,* BStBl 1982 I 988; Abschn. 41 Abs. 9 EStR.

[25] Näheres Abschn. 41 Abs. 25 EStR.

[26] FinMin Baden-Württemberg v. 4. 5. 1982 S. 2333 A – 15/79.

eine gleiche, ähnliche oder geringerwertige Tätigkeit ausüben, dem Betrieb nicht länger angehören und auch kein höheres Lebensalter haben, hinsichtlich den Wartezeiten, den Altersvoraussetzungen bei Eintritt der Versorgung und dem Verhältnis der Höhe der Zusage zum Arbeitslohn eine vergleichbare Pensionszusage erhalten haben.[1] Nach diesem Grundsatz der Gleichbehandlung kann der Kreis der Pensionsberechtigten auf bestimmte sachlich abgrenzbare Gruppen der Arbeitnehmer, zB auf die Mitglieder der Geschäftsleitung, beschränkt werden; sind alle anderen Arbeitnehmer der Ehefrau unterstellt, so kann deshalb die betriebliche Veranlassung der Pensionszusage nicht verneint werden, wenn sie allein der Ehefrau erteilt wird.[2] Wenn neben dem Ehegatten im Betrieb keine weiteren oder keine vergleichbaren Arbeitnehmer beschäftigt sind, ist die Pensionszusage betrieblich veranlaßt, soweit eine Versorgungslücke von 20–30% der letzten Aktivbezüge geschlossen werden soll und die zugesagten Pensionsleistungen – zusammen mit der zu erwartenden Sozialversicherungsrente – 75% der letzten Aktivbezüge nicht übersteigen.[3] Eine unangemessen niedrige Entlohnung während der aktiven Beschäftigungszeit ist kein betrieblicher Anlaß für eine höhere Pensionsrückstellung.[4]

Eine Rückstellung kann nicht gebildet werden, wenn die Zusage nicht unwesentlich privat veranlaßt ist. Dies ist zB der Fall, wenn sie im Zusammenhang mit dem Verzicht auf Erb- und Pflichtteilsansprüche (§§ 2346ff. BGB) gegeben worden ist,[5] wenn sie bei der Ehescheidung oder Aufhebung der ehelichen und häuslichen Gemeinschaft wegfallen soll oder gekündigt werden kann.[5]

In **Einzelunternehmen** kommt eine Rückstellung nur für eine Zusage auf Alters-, Invaliden- und Waisenrente in Betracht; eine Zusage auf Witwen- oder Witwerversorgung ist nicht rückstellungsfähig, da hier Anspruch und Verpflichtung in einer Person zusammentreffen und die aus diesem Vertrags-

---

[1] *BFH,* BStBl 1982 II 126 = BFHE 14, 330 = BB 1982, 290 = DB 1982, 470 = DStR 1982, 208 = FR 1982, 174; BFH/NV 1986, 454; *BMF,* BStBl 1984 I 495; BStBl 1986 I 7; bei teilentgeltlich beschäftigten Arbeitnehmer-Ehegatten vgl. Fn. 11.

[2] *BFH,* BStBl 1983 II 500 = BFHE 138, 351 = BB 1983, 1455 = DB 1983, 1686 = DStR 1983, 552 = FR 1983, 383 = Inf 1983, 500.

[3] *BFH,* BStBl 1983 II 173 = BFHE 137, 308 = BB 1983, 355 = DB 1983, 532 = FR 1983, 174; *BMF,* BStBl 1984 I 495.

[4] *BFH,* BStBl 1983 II 209 = BFHE 137, 269 = BB 1983, 481 = DB 1983, 639 = DStR 1983, 240 = FR 1983, 147. Bei anderen nahen Angehörigen, die nicht Ehegatten des Unternehmers sind, können hingegen unangemessen niedrige Aktivbezüge mit einer höheren Pensionsrückstellung steuerlich wirksam ausgeglichen werden (*BFH,* BStBl 1983 II 562 = BB 1983, 1578 = FR 1983, 461). Wird jedoch überhaupt kein laufender Arbeitslohn bezahlt und besteht somit kein steuerwirksames Arbeitsverhältnis (s. Rz. 526), so kann in keinem Fall eine Pensionsrückstellung gebildet werden (*BFH,* BStBl 1984 II 551 = BFHE 140, 553 = BB 1984, 1277 = DB 1984, 1556 = FR 1984, 421).

[5] *BFH,* BStBl 1981 II 654 = BFHE 133, 368 = BB 1981, 1578; BStBl 1985 II 420 = BFHE 143, 426 = BB 1985, 1450 = DB 1985, 1567 = DStR 1985, 544 = FR 1985, 446.

verhältnis sich ergebenden Rechtsbeziehungen deshalb von der sich aus der Ehe als Wirtschaftsgemeinschaft ergebenden privaten Einkommens- und Vermögenssphäre nicht eindeutig getrennt sind. Sagt hingegen eine **Personengesellschaft** einem Arbeitnehmer, dessen Ehegatte Mitunternehmer dieser Gesellschaft ist, eine Witwen- oder Witwerrente zu, so kann sie hierfür eine Rückstellung bilden. Da die Zusage auf Witwenversorgung mit der Ehescheidung nicht wegfallen darf, muß die Rückstellung auch nach der Ehescheidung fortgesetzt werden.[6] Die Pensionszusage wird jedoch von der Finanzverwaltung nicht anerkannt, wenn sie als Pensionsaltersgrenze, sofern der Ehemann der Arbeitnehmer ist, ein Alter unter 63 Jahren und, sofern die Ehefrau die Arbeitnehmerin ist, ein Alter unter 60 Jahren festgelegt ist, es sei denn, daß ein niedrigeres Pensionsalter bei familienfremden Arbeitnehmern im Betrieb üblich ist.[7]

Diese Grundsätze gelten auch bei Teilzeitbeschäftigten entsprechend. Bei Aushilfs- oder Kurzbeschäftigung sind jedoch Pensionszusagen nicht üblich und Rückstellungen deshalb auch nicht zulässig.

Für die Berechnung der Pensionsrückstellung ist ferner Voraussetzung, daß der Arbeitgeber auch tatsächlich mit der Inanspruchnahme aus der gegebenen Pensionszusage rechnen muß. Die Finanzverwaltung läßt deshalb die Rückstellung bei Einzelunternehmen nicht zu, wenn diese nach ihrer Art und Größe weitgehend von der Arbeitskraft des Arbeitgeber-Ehegatten abhängen; ist der Arbeitnehmer-Ehegatte wesentlich jünger als der Arbeitgeber-Ehegatte, so ist bei einem Einzelunternehmen eine Rückstellung für die Pensionsverpflichtung nur dann zulässig, wenn eine spätere Betriebsübernahme durch den Arbeitnehmer-Ehegatten ausgeschlossen werden kann und wenn bei einer Betriebsveräußerung durch den Arbeitgeber-Ehegatten mit einer Übernahme der Pensionsverpflichtung durch den Erwerber zu rechnen ist, soweit sie nicht aus dem Veräußerungserlös erfüllt werden kann.[8] Die Pensionszusage ist dagegen rückstellungsfähig, wenn sie für den Fall gewährt wird, daß mit der Beendigung der selbständigen Tätigkeit des Arbeitgeber-Ehegatten auch das Arbeitsverhältnis des Arbeitnehmer-Ehegatten erlischt. Bei der Prüfung der Angemessenheit ist jedoch zu berücksichtigen, daß bei Betrieben, deren Bestand von der persönlichen Arbeitskraft des Inhabers abhängt, Pensionszusagen an fremde Arbeitnehmer nur in eingeschränktem Umfang üblich sind. Ist in einem solchen Fall die Pensionszusage an den Ehegatten anstelle des Eintritts in die gesetzliche Sozialversicherung erteilt worden, so kann dies den Gewinn nur insoweit mindern, als sich die im Falle der Sozialversicherungspflicht zu erbringenden Arbeitgeberbeiträge gewinnmindernd ausgewirkt hätten.[9]

---

[6] *BFH*, BStBl 1985 II 420 s. Fn. 5.

[7] *BMF*, BStBl 1984 I 495; BStBl 1986 I 7.

[8] *BFH*, BStBl 1984 II 661 = BFHE 141, 279 = BB 1984, 1728 = DB 1984, 1963.

[9] *BFH*, BStBl 1977 II 112 = BFHE 120, 167 = BB 1976, 1643 = DB 1977, 892 = DStR 1977, 55.

Rückdeckungsversicherung

Die Beiträge sind dann Betriebsausgaben, wenn die Pensionszusage nach den vorgenannten Grundsätzen als rückstellungsfähig anerkannt wird.

Direktversicherung

Die Beiträge zur Direktversicherung können nur dann als Betriebsausgaben berücksichtigt werden, wenn ein steuerlich anerkanntes Arbeitsverhältnis vorliegt (Rz. 526)[10] und die Beiträge in einem angemessenen Verhältnis zu den Aktivbezügen stehen.[10] Bei Beschäftigung mehrerer Arbeitnehmer müssen sie anderen vergleichbaren Arbeitnehmern zu den gleichen Bedingungen ernsthaft angeboten worden sein.[11] Die Finanzverwaltung berücksichtigt jene Direktversicherungen nicht, bei denen der Versicherungsfall bei einem Alter des Arbeitnehmer-Ehegatten von weniger als 60 Jahren eintritt, es sei denn, daß dies bei vergleichbaren fremden Arbeitnehmern im Betrieb üblich ist.[7] Sind im Betrieb keine vergleichbaren Arbeitnehmer beschäftigt, so sind die Versicherungsbeiträge auch dann Betriebsausgaben, wenn ihre Höhe nicht üblich ist, jedoch eine nach der gesetzlichen Rentenversicherung verbleibende Versorgungslücke von bis zu 20 bis 30% der letzten Aktivbezüge geschlossen werden soll; als Obergrenze gilt eine Altersversorgung von bis zu insgesamt 75% der letzten Aktivbezüge.[7, 12] Dasselbe gilt für den Ehegatten eines Gesellschafters einer Personengesellschaft.[13]

Pensions- und Unterstützungskosten

Die vorstehenden Grundsätze gelten entsprechend.

---

[10] *BFH*, 1985 II 124 = BFHE 142, 231 = BB 1985, 315 = DB 1985, 315 = DStR 1985, 156 = FR 1985, 78 = Inf 1985, 161; BStBl 1987 II 205 = BFHE 148, 37; DB 1987, 1330 = Inf 1987, 65 = NJW 1987, 2607; BStBl 1987 II 557 = BFHE 149, 451.

[11] *BFH*, BStBl 1983 II 406 = BFHE 138, 29 = BB 1983, 946 = DB 1983, 1178 = DStR 1983, 363 = FR 1983, 274. Bei der Leistung von Direktversicherungsbeiträgen bei Gehaltsumwandlung vgl. *BMF*, BStBl 1986 I 7. Bei Lebensversicherungen mit Einmalprämie ist diese für die Angemessenheitsprüfung auf die beitragspflichtige Zeit zu verteilen (*BFH*, BStBl 1983 II 664 = BFHE 138, 536 = BB 1983, 1835 = DB 1983, 2286 = FR 1983, 514). Ist der Arbeitslohn unüblich niedrig, weil der Arbeitnehmer-Ehegatte nur teilentgeltlich beschäftigt ist, so ist für den anzustellenden Vergleich mit den entsprechenden fremden Arbeitnehmern nur die Höhe des tatsächlich bezahlten Arbeitslohns zu berücksichtigen (*BFH*, BStBl 1984 II 60 = BFHE 139, 376 = BB 1984, 122 = DB 1984, 167 = DStR 1984, 83 = FR 1984, 99; BStBl 1987 II 205, Fn. 10); der interne Betriebsvergleich ist auch dann geboten, wenn der Arbeitnehmer-Ehegatte jahrelang auf fällige Gehaltserhöhungen verzichtet hat (*BFH*, BStBl 1986 II 559 = BFHE 146, 423 = BB 1986, 1341 = DB 1986, 1498 = DStR 1986, 575 = FR 1986, 459 = NJW 1987, 2463).

[12] *BFH*, BStBl 1983 II 173 = BFHE 137, 308 = BB 1983, 355 = DB 1983, 532 = FR 1983, 174; BStBl 1987 II 205, Fn. 10.

[13] *BFH*, BStBl 1983 II 405 = BFHE 138, 26 = BB 1983, 946 = DB 1983, 1178 = DStR 1983, 364 = FR 1983, 274.

hh) Insolvenzversicherung

Steuerliche Behandlung beim Arbeitgeber

Die Beiträge der Unternehmen an den Träger der Insolvenzversicherung sind Betriebsausgaben. 464

Steuerliche Behandlung beim Arbeitnehmer

Da durch die Insolvenzversicherung zugunsten des Arbeitnehmers keine neuen und auch keine höheren Ansprüche geschaffen, sondern nur bereits vorhandene Ansprüche gegen Insolvenz geschützt werden, können die Beiträge des Arbeitgebers an den Pensions-Sicherungs-Verein nicht Arbeitslohn darstellen (§ 3 Nr. 62 EStG). Eine Steuerpflicht beim Arbeitnehmer könnte allenfalls für die Beiträge in Betracht kommen, die der Pensions-Sicherungs-Verein an Versicherungsunternehmen und Pensionskassen zahlt, damit diese die Versorgungsleistungen an die betroffenen Arbeitnehmer erbringen. Um auch hier die Steuerpflicht auszuschließen, werden diese Beträge nach § 3 Nr. 65 EStG steuerfrei gestellt. Die in Insolvenzfällen zu erbringenden Versorgungsleistungen des Trägers der Insolvenzversicherung behalten ihren steuerlichen Charakter bei, so als wäre der Insolvenzfall nicht eingetreten. Das bedeutet zB, daß Versorgungsleistungen an einen Arbeitnehmer, die auf einer Pensionszusage beruhen oder die über eine Unterstützungskasse durchgeführt werden, auch nach Eintritt des Insolvenzfalles zu den Einnahmen aus nichtselbständiger Arbeit gehören. In diesem Fall ist Lohnsteuer einzubehalten (§ 3 Nr. 65 EStG). Die Rentenbesteuerung mit dem Ertragsanteil kommt dagegen für Leistungen aus der Insolvenzversicherung dann zum Zuge, wenn der Versorgungsberechtigte vor dem Insolvenzfall einen Direktversicherungsanspruch hatte.

2. Öffentlichrechtliche Rentenansprüche

*a) Erziehungsrente**

Gemäß der durch das 1. EheRG (Art. 5 Ziff. 1c) in die **RVO** eingefügten 465
Vorschrift des **§ 1265a** wird nach Abs. 1 Satz 1 einem unverheirateten früheren Ehegatten, dessen Ehe nach dem 30. 6. 1977 geschieden ... ist, nach dem Tode seines früheren Ehegatten (also nach dem 30. 6. 1977) für die Zeit der Erziehung mindestens eines waisenrentenberechtigten Kindes (§§ 1267, 1262 Abs. 2 RVO, 44, 39 Abs. 2 AVG) eine Rente aus eigener Versicherung ge-

* **Lit.** *Ruland,* Rz. 644ff.; *H. Plagemann,* BB 1977, 1255, 1259; *MünchKomm./Maier,* Anh. I nach § 1587p (S. 1067ff.) mit Ergänzung hierzu (1979); *Udsching,* SGb 1982, 226; *Bley,* Handbuch der öffentlichen Sozialleistungen, IX–60.

währt, wenn der Berechtigte vor dem Tode des früheren Ehegatten eine Versicherungszeit von 60 Kalendermonaten zurückgelegt hat und keine Beschäftigung oder Erwerbstätigkeit gegen ein Entgelt oder Monatseinkommen ausübt, das durchschnittlich im Monat drei Zehntel der für Monatsbezüge geltenden Beitragsbemessungsgrenze (§ 1385 Abs. 2) überschreitet, und eine solche Beschäftigung oder Erwerbstätigkeit wegen der Kindererziehung nicht erwartet werden kann, d. h. nicht zumutbar ist. Die Art der Berechnung der Rente ist in Abs. 1 Satz 2 geregelt (s. auch Satz 4 und §§ 1253a Abs. 1, 2 RVO, 30 Abs. 1, 2 AVG sowie für den Fall des Zusammentreffens der Rente nach Abs. 1 mit einer Rente nach §§ 1246, 1247 oder 1248 RVO, 23, 24 oder 25 AVG die Vorschrift des § 1265a Abs. 2). Gemäß § 1265a Abs. 1 Satz 3 ist der Erziehung eines waisenrentenberechtigten Kindes die Sorge für ein waisenrentenberechtigtes Kind mit körperlichen oder geistigen Gebrechen gleichgestellt.

Der Vorschrift des § 1265a RVO entsprechen die Regelungen der **§§ 42a AVG, 65a RKnG;** mit diesen Vorschriften wollte der Gesetzgeber sicherstellen, daß der Ehegatte, wenn er ein waisenrentenberechtigtes Kind erzieht, nach dem Tode des anderen Ehegatten, der in der Regel gemäß § 1570 BGB unterhaltspflichtig war, nicht infolge des Wegfalls des Unterhalts zur Aufnahme einer Erwerbstätigkeit veranlaßt werden soll.[1] Die Vorschrift hat vor allem Bedeutung für die Frau.

466 Der Anspruch setzt voraus, daß der berechtigte Ehegatte nach der Scheidung der früheren Ehe sich nicht wieder verheiratet hat – die Wiederverheiratung steht auch dann entgegen, wenn diese Ehe inzwischen wieder aufgelöst worden ist –,[2] ferner daß die zu erziehenden Kinder minderjährig sind und an sich waisenrentenberechtigt sind. Letzteres ist der Fall, wenn die Kinder einen Anspruch auf Waisenrente aus der gesetzlichen Rentenversicherung haben (§§ 1267, 1262 Abs. 2 RVO, 44, 39 Abs. 2 AVG), wobei es jedoch darauf ankommt, ob ein Kind nach dem *verstorbenen* Elternteil waisenrentenberechtigt ist.[3] Weiter ist erforderlich, daß die Kinder sich im Haushalt des betreffenden Elternteils befinden; denn Satz 1 setzt auch voraus, daß wegen der Kindererziehung eine Erwerbstätigkeit nicht zugemutet werden kann.[4] Ebenso verlangt Satz 3, daß das Kind, das in diesem Falle zwar volljährig sein, aber das 25. Lebensjahr nicht vollendet haben darf (vgl. §§ 1262 Abs. 3 Satz 2 RVO, 39 Abs. 3 Satz 2 AVG), im Haushalt des betreffenden Elternteils betreut, gepflegt und versorgt werden muß. Der Elternteil darf aus den erwähnten Gründen dann auch effektiv nicht erwerbstätig sein. Schließlich ist Voraussetzung, daß der geschiedene Ehegatte im Zeitpunkt des Todes des ande-

---

[1] Ausschußbericht, BT-Drucks. 7/4361, S. 55; zur (unklaren) Funktion der Erziehungsrente s. *Bley*, Sozialrecht, S. 294.

[2] *Voskuhl/Pappai/Niemeyer*, § 1265a, Anm. II 1 (S. 100); *RVO, GesamtKomm./Müller*, § 1265a, Anm. 14.

[3] *Müller*, aaO Anm. 6; anders: *Voskuhl/Pappai/Niemeyer*, aaO Anm. II 2.

[4] Vgl. zu § 1265 RVO *BSGE* 26, 293 = NJW 1968, 75.

ren früheren Ehegatten eine Versicherungszeit von 60 Kalendermonaten erfüllt haben muß. Hierbei werden nicht nur die Beitrags- und Ersatzzeiten angerechnet, sondern auch der Zuwachs an Wartezeit, der sich aus dem Versorgungsausgleich für den Berechtigten ergeben hat (vgl. § 1304a Abs. 5 RVO, § 83a Abs. 5 AVG).[5]

Nicht erforderlich ist, daß der Berechtigte im Zeitpunkt des Todes des anderen früheren Ehegatten gegen diesen einen Unterhaltsanspruch hatte oder von ihm unterhalten worden ist.[6]

Zu beachten ist, daß der Anspruch auf diese ,,Erziehungsrente" erst entsteht, wenn alle Voraussetzungen erfüllt sind, zB wenn das Kind zunächst von den Großeltern mütterlicherseits betreut war, diese dann nicht mehr dazu in der Lage sind, das Kind nun von der Mutter versorgt und erzogen wird und die Mutter deshalb ihre bisherige Erwerbstätigkeit aufgibt und aufgeben muß.[7]

b) Rente nach Arbeitsunfall

Gemäß **§ 590 RVO** erhält die Witwe und der Witwer eines durch Arbeitsunfall Verstorbenen eine Witwenrente oder Witwerrente nach näherer Maßgabe dieser Vorschrift, zB wenn der Berechtigte ein nach § 595 waisenrentenberechtigtes Kind erzieht oder für ein Kind, das wegen körperlicher oder geistiger Gebrechen Waisenrente erhält, sorgt oder berufsunfähig (§ 1246 Abs. 2 RVO, § 23 Abs. 2 AVG) oder erwerbsunfähig (§ 1247 Abs. 2 RVO, § 24 Abs. 2 AVG) ist. Zur etwaigen Anrechnung eines Erwerbseinkommens oder Erwerbsersatzeinkommens (§ 18a SGB IV) s. § 590 Abs. 3 RVO idF des HEZG. **467**

Der früheren Ehefrau des durch Arbeitsunfall Verstorbenen, deren Ehe mit ihm geschieden ... ist, wird gemäß § 592 Abs. 1 Satz 1 RVO nach seinem Tode auf Antrag Rente entsprechend § 590 gewährt, wenn er ihr zur Zeit seines Todes Unterhalt zu leisten hatte oder wenigstens während des letzten Jahres vor seinem Tode Unterhalt geleistet hat. Beruht der Unterhaltsanspruch auf §§ 1572, 1573, 1575, 1576 BGB, so wird die Rente gemäß § 592 Abs. 1 Satz 3 RVO gewährt,[8] solange die frühere Ehefrau ohne den Arbeitsunfall unterhaltsberechtigt gewesen wäre. Abs. 2 und 3 betreffen den Fall mehrerer Berechtigter.

Hieraus ergibt sich, daß die Ehefrau, wenn sie anläßlich der Ehescheidung auf Unterhalt für die Zeit nach der Scheidung verzichtet hat, keinen Anspruch auf eine Rente gemäß § 592 RVO hat.

---

[5] *Voskuhl/Pappai/Niemeyer,* § 1265a, Anm. III, S. 102; *Müller,* aaO, Anm. 7; *Voskuhl,* DB 1976, 2337, 2340.

[6] *Voskuhl/Pappai/Niemeyer,* Anm. II 1.

[7] Beispiel von *Voskuhl/Pappai/Niemeyer,* Anm. II 2, S. 101 unten.

[8] Die Rente ist gemäß § 3 Nr. 1a EStG einkommensteuerfrei.

Gemäß § 592 Abs. 4 RVO gilt § 592 Abs. 1–3 entsprechend in dem Falle, daß die frühere Ehefrau durch Arbeitsunfall verstorben ist und der frühere Ehemann unterhaltsberechtigt gewesen wäre oder Unterhalt erhielt.[9]

c) Wiederaufleben der Witwen- und Witwerrente

468 **Eine Witwenrente oder eine Witwerrente fallen gemäß § 1291 Abs. 1 RVO** mit dem Ablauf des Monats weg, in dem der Berechtigte wieder heiratet.

Jedoch lebt gemäß **§ 1291 Abs. 2** Satz 1* wenn die Witwe oder der Witwer sich wieder verheiratet hat und diese Ehe aufgelöst wird, der Anspruch auf Witwen- oder Witwerrente vom Ablauf des Monats, in dem die Ehe aufgelöst ist, wieder auf, wenn der Antrag spätestens zwölf Monate nach der Auflösung der Ehe gestellt ist; ein von der Witwe oder dem Witwer infolge Auflösung der Ehe erworbener neuer Versorgungs-, Unterhalts- oder Rentenanspruch ist gemäß Satz 2 HS 1 auf die Witwen- oder Witwerrente anzurechnen; dies gilt nach HS 2 idF des HEZG nicht für den auf einem Versorgungsausgleich beruhenden Teil einer Versichertenrente. Weitere Einzelheiten enthalten die Sätze 3 und 4 und Abs. 2a idF des HEZG.

469 Entsprechende Vorschriften finden sich in § 615 Abs. 2 RVO (Unfallversicherung) sowie in §§ 68 Abs. 2 AVG, 83 Abs. 2 RKnG, 10 Abs. 5 GAL; s. ferner §§ 44 Abs. 2, 5 BVG[1] und zum Entschädigungsrecht § 23 Satz 2 BEG, sowie zum Beamtenrecht Rz. 489.

470 Der Anspruch auf die Rente setzt voraus, daß zur Zeit der Wiederverheiratung ein Witwen- oder Witwerrentenanspruch (§§ 1264 RVO, 41 AVG) bestand, der infolge der Heirat weggefallen ist.[2]

471 Geht die Witwe oder der Witwer eine dritte Ehe ein, so lebt nach deren Auflösung die Rente nicht wieder auf.[3]

472 Hat die wiederverheiratete Witwe bei der Scheidung ihrer zweiten Ehe auf Unterhalt verzichtet, so ist nach der Rechtsprechung des BSG[4] auf die wiederaufgelebte Witwenrente der Unterhaltsanspruch anzurechnen, welcher

---

[9] Zum früheren Recht (bis 31. 12. 1985) s. *BSG*, FamRZ 1985, 282.

* Dazu *Dieckmann*, FamRZ 1987, 231.

[1] Hierzu s. auch *BVerfGE* 38, 187 = NJW 1975, 341 = FamRZ 1975, 157; dazu *Ruland*, NJW 1975, 1159; *Beitzke*, SGb 1975, 487; *BSG*, FamRZ 1976, 273.

[2] *BSG*, SGb 1966, 407.

[3] *BSG*, GS, FamRZ 1978, 104 = SGb 1978, 28 m. Anm. *Beitzke*. Der GS des BSG hat damit an der bisherigen Rechtsprechung festgehalten. Diese gilt auch dann, wenn die zweite Ehe mit demselben Mann geschlossen war und nach deren Scheidung kein Witwenrentenanspruch geltend gemacht worden war (*BSG*, FamRZ 1981, 351 m. Anm. *Bosch*). Diese Auslegung des § 1291 Abs. 2, daß die Witwenrente nach Auflösung einer dritten Ehe nicht wiederauflebt, ist verfassungsrechtlich nicht zu beanstanden (*BVerfGE* 55, 114 = NJW 1981, 107).

[4] ZB *BSG*, NJW 1964, 2449 = MDR 1965, 81; SGb 1965, 237; hierzu *Ruland*, MDR 1976, 453; *H. Ruhland*, JZ 1973, 625; AnwBl. 1974, 133; zuletzt *BSG*, SozR 2200 RVO § 1291 Nr. 8 = FamRZ 1976, 628 Leits. m. weit. Hinw.; ferner s. *BSG*, FamRZ 1973, 644 = SGb 1973, 397, *BSG*, SGb 1979, 286 m. Anm. *Beitzke; Bley*, S. 301; *Göppinger*, Unterhaltsrecht, Rz. 119.

der Witwe ohne den Verzicht zugestanden hätte, es sei denn, die Witwe hatte aus einem verständigen Grund auf die Gewährung von Unterhalt verzichtet.[5]

Bei der Anrechnung des Unterhaltsanspruchs der Frau nach der Scheidung 473
der zweiten Ehe auf die wiederaufgelebte Witwenrente darf der Versicherungsträger eine Unterhaltsvereinbarung nicht beachten, wenn darin die Höhe des Unterhaltsanspruchs von der Höhe der wiederaufgelebten Witwenrente abhängig gemacht ist; denn hiermit würde die gesetzliche Rangfolge der beiden Ansprüche umgekehrt, da die Rente gegenüber dem Unterhaltsanspruch subsidiär ist.[6]

Im Rahmen des § 1291 Abs. 2 Satz 2 haben die Versicherungsträger und die 474
Sozialgerichte in der Regel die Wirkungen der Rechtskraft eines zivilgerichtlichen Urteils über den Unterhaltsanspruch der Witwe gegen den früheren Ehemann zu beachten, soweit sie zur Folge haben, daß der Unterhaltsanspruch wegen der unter ihnen wirkenden Rechtskraft des Urteils nicht zu verwirklichen ist.[7]

Zu den Ansprüchen, die auf die wiederaufgelebte Witwenrente anzurech- 475
nen sind, gehören auch solche aus Lebensversicherungsverträgen,[8] ebenso bei Prämienrückgewähr.[9] Ist die Frau jedoch, nachdem ihr zweiter Ehemann zu ihren Gunsten einen Lebensversicherungsvertrag abgeschlossen hatte, selbst Versicherungsnehmerin geworden, so können die ihr nach dem Tode des Versicherten zurückerstatteten Beiträge nicht angerechnet werden, wenn und soweit sie diese aus eigenen Mitteln aufgebracht hatte.[10]

Beim Zusammentreffen mehrerer wiederaufgelebter Hinterbliebenenren- 476
ten darf ein infolge der Scheidung der zweiten Ehe erworbener neuer Unterhaltsanspruch nur einmal angerechnet werden.[11]

Bei der Ermittlung der auf die wiederaufgelebte Witwenrente anrechenba- 477
rer Versorgungs-, Unterhalts- und Rentenansprüche aus zweiter Ehe muß die wiederaufgelebte Witwenrente außer Betracht bleiben.[12]

---

[5] *BSG,* FamRZ 1981, 769 = SGb 1980, 304 m. Anm. *Beitzke* (einverständliche Scheidung); *BSG* E 54, 270 = FamRZ 1983, 583, 584 (amtl. LS), hierzu *Gernhuber,* SGb 1983, 360; *Louven,* MDR 1984, 807, 808 li. Sp. Zu dem Fall, daß ein Unterhaltsanspruch ohnedies wegen mangelnder Bedürftigkeit (eigener Einkünfte) nicht bestand, s. *LSG Essen,* NJW 1985, 2288 = FamRZ 1985, 1258 Leits.

[6] *BSG,* SGb, 1964, 308 m. eingehender Anm. *Heinze* = FamRZ 1964, 629 Leits.; s. auch *BSG,* Fußn. 4; sowie *OLG Düsseldorf,* FamRZ 1978, 695; *BGH,* FamRZ 1979, 211 (zur Anrechnung des Unterhaltsanspruchs); *LSG Berlin,* NJW 1985, 2287.

[7] *BSG,* FamRZ 1968, 158; *BSGE* 30, 220 = SGb 1970, 130; s. auch LSozG Niedersachsen, FamRZ 1977, 52.

[8] *BSGE* 38, 183 = SozR aaO Nr. 2 = NJW 1975, 327 = SGb 1975, 293 m. zustimm. Anm. *Casselmann* = FamRZ 1975, 208 Leits.; *Bley,* aaO; s. ferner schon *BSGE* 25, 262.

[9] *BSG,* SozR aaO Nr. 1.

[10] *BSGE* 39, 101 = SozR aaO Nr. 3 = FamRZ 1975, 493 = SGb 1975, 226, 361.

[11] *BSG,* FamRZ 1966, 308 = SGb 1966, 221; s. auch *BSG,* NJW 1974, 382 = FamRZ 1974, 528 Leits.

[12] *BSG,* SozR aaO Nr. 8 = SGb 1975, 447 = FamRZ 1976, 628 Leits.

478 Treffen mehrere wiederaufgelebte Hinterbliebenenrenten (zB aus der gesetzlichen Unfallversicherung und der Rentenversicherung der Arbeiter) zusammen und sind neu erworbene Versorgungsansprüche anzurechnen, so richtet sich der Ausgleich zwischen den beteiligten Versicherungsträgern nach dem Größenverhältnis, in dem die wiederaufgelebten Rentenansprüche vor der Anrechnung zueinander gestanden haben.[13]

479 Die wiederaufgelebte Witwenrente kann zu jedem nach der Scheidung (der zweiten Ehe) liegenden Zeitpunkt neu festgestellt werden, sobald hinsichtlich eines auf sie anrechenbaren Versorgungs-, Unterhalts- und Rentenanspruchs eine Änderung eintritt.[14]

3. Beamtenrecht

a) §§ 57, 58 BeamtVG

480 Hat das FamG gemäß § 1587b Abs. 2 BGB zugunsten des ausgleichsberechtigten Ehegatten Anwartschaften in einer gesetzlichen Rentenversicherung begründet, so werden nach dem Eintritt der Rechtskraft dieser Entscheidung die Versorgungsbezüge des verpflichteten Ehegatten, der Beamter oder Richter (s. § 1 Abs. 2 BeamtVG) bei dem Bund oder einem Land (§ 1 Abs. 1) ist (s. §§ 47 Abs. 3, 85 BBG), und seiner Hinterbliebenen gemäß § 57 Abs. 1 Satz 1 BeamtVG[1] um einen bestimmten Betrag gekürzt, der nach Abs. 2 oder 3 zu berechnen ist. Das Ruhegehalt, das der verpflichtete Ehegatte im Zeitpunkt der Rechtskraft des Scheidungsurteils erhält, wird gemäß § 57 Abs. 1 Satz 2 erst gekürzt, wenn aus der Versicherung des berechtigten Ehegatten eine Rente zu gewähren ist.[2] Nach § 58 Abs. 1 BeamtVG kann der Beamte oder Richter oder der im Ruhestand lebende Beamte oder Richter die Kürzung der Versorgungsbezüge nach § 57 ganz oder teilweise durch Zahlung eines Kapitalbetrags an den Dienstherrn abwenden.

*b) Unterhaltsbeitrag für die geschiedene Ehefrau**

481 Gemäß **§ 22 Abs. 2 BeamtVG** erhält die geschiedene Ehefrau eines verstorbenen Beamten oder Richters oder eines pensionierten Beamten oder Richters auf Antrag einen Unterhaltsbeitrag. Voraussetzung dazu ist gemäß

---

[13] *BSG,* SozR aaO Nr. 5, 9; s. auch schon *BSGE* 24, 293.

[14] *BSGE* 34, 221 = FamRZ 1972, 641 = NJW 1972, 1966; SozR aaO Nr. 8 = SGb 1975, 447 = FamRZ 1976, 628 Leits.

[1] Eine kurze Kommentierung des § 57 BeamtVG findet sich bei *Voskuhl/Pappai/Niemeyer,* S. 131f., eine eingehende, auch mit Wiedergabe der hierzu ergangenen Verwaltungsvorschriften, bei *Stegmüller/Schmalhofer/Bauer.*

[2] Näheres hierzu bei *Stegmüller/Schmalhofer/Bauer,* § 57 Rz. 2a; Beispiele: *BVerwG,* FamRZ 1987, 810 (dynamisierter Kürzungsbetrag, Vereinbarung der Ehegatten), 811 (insbesondere zum Ortszuschlag).

* Hierzu *Ruland,* Rz. 659ff.

Satz 1, daß sie im Falle des Fortbestehens der Ehe Witwengeld erhalten hätte. Dies bedeutet nach § 19 Abs. 1 Satz 2 BeamtVG, daß die Ehe mindestens drei Monate gedauert haben muß,[3] die Ausnahmeregelung in Nr. 1 für die Fälle einer kürzeren Ehe haben hier keine praktische Bedeutung. Ferner ist erforderlich, daß die geschiedene Ehefrau im Zeitpunkt des Todes des Beamten oder Richters oder pensionierten Beamten oder Richters gegen diesen einen Anspruch auf schuldrechtlichen Versorgungsausgleich nach § 1587g Abs. 1 Satz 1 BGB hatte. Hierbei kommt es nicht darauf an, ob dieser sich aus dem Gesetz selbst, einer richterlichen Entscheidung oder aus einer (vom FamG genehmigten) Vereinbarung (§ 1587o BGB) ergibt.[4] Hatte die geschiedene Ehefrau in einem Ehevertrag (§ 1408 Abs. 2 BGB) oder in einer Vereinbarung (§ 1587o BGB; s. auch Art. 12 Ziff. 3 Abs. 3 Satz 2, Rz. 396 Fn. 8) auf einen Versorgungsausgleich verzichtet oder ist sie wegen der künftigen Ausgleichsansprüche abgefunden worden (vgl. § 1587l BGB), so besteht kein schuldrechtlicher Versorgungsausgleich und somit kein Anspruch auf einen Unterhaltsbeitrag.[5] Dieser Beitrag kann auch nur insoweit beansprucht werden, als ein Anspruch auf den schuldrechtlichen Versorgungsausgleich gegeben ist, zB in den Fällen des § 1587f Nr. 2 BGB. Ferner kommt ein Unterhaltsbeitrag nicht in Betracht, wenn der geschiedene Ehegatte einen Anspruch auf einen Wertausgleich gemäß § 1587b BGB hat.

Dagegen sind die Voraussetzungen des § 1587g Abs. 1 Satz 2 BGB nicht 482
erforderlich, d. h. daß der verstorbene Beamte oder Richter oder pensionierte Beamte oder Richter bereits einen Versorgungsanspruch erlangt hat (s. Rz. 381).

Andererseits schreibt § 22 Abs. 2 Satz 2 BeamtVG jedoch vor, daß die 483
geschiedene Ehefrau den Beitrag nur erhält, wenn sie berufs- oder erwerbsunfähig (s. §§ 1246 Abs. 2, 1247 Abs. 2 RVO, 23 Abs. 2, 24 Abs. 2 AVG – s. auch § 23 Abs. 1 Nr. 1b SGB I –)[6] ist oder mindestens ein waisengeldberechtigtes Kind (s. dazu § 23 BeamtVG) erzieht (Nr. 1) oder das 60. Lebensjahr vollendet hat (Nr. 2). Gemäß § 22 Abs. 2 Satz 3 steht der Erziehung eines waisengeldberechtigten Kindes die Sorge für ein waisengeldberechtigtes Kind mit körperlichen oder geistigen Gebrechen gleich.[7]

---

[3] Abs. 1 gilt gemäß Abs. 2 auch für die Witwe eines Beamten auf Probe unter näher geregelten Voraussetzungen.

[4] Ebenso *Stegmüller/Schmalhofer/Bauer,* § 22 Rz. 11 (c), *Voskuhl/Pappai/Niemeyer,* Anm. II zu § 22 (S. 130), Abs. 2.

[5] So auch *Stegmüller/Schmalhofer/Bauer,* § 22 Rz. 12 (c) und (zum Falle der Abfindung) *Voskuhl/Pappai/Niemeyer,* aaO, Abs. 3.

[6] Zum Begriff der Berufs- und Erwerbsunfähigkeit und zur Unterscheidung dieser Begriffe s. Näheres zB bei *Bley,* Sozialrecht, S. 214ff., 224ff., *Erlenkämper,* Sozialrecht, S. 352ff., 370ff., und *Burdenski* in *Burdenski/v. Maydell/Schellhorn,* SGB Rz. 31ff. zu § 23, S. 297ff., mit Übersicht über die Rechtsprechung des BSG hierzu; *BSG,* SGB 1977, 122; zum Begriff der Berufsunfähigkeit *Scheerer,* SGb 1979, 45.

[7] Zum Begriff der Erziehung und Sorge für ein waisengeldberechtigtes Kind s. Rz. 466.

484 Der Unterhaltsbeitrag ist auch dann zu gewähren, wenn die Voraussetzungen hierfür erst nach dem Tode des Beamten oder Richters oder pensionierten Beamten oder Richters eintreten.

485 Für die Höhe des Unterhaltsbeitrags ist maßgebend die Höhe des im Zeitpunkt des Todes bestehenden schuldrechtlichen Versorgungsausgleichs;[8] hierbei kommt es also nicht auf den bei der Scheidung ermittelten Wertunterschied an.[9] Zu berücksichtigen sind gemäß § 1587g Abs. 2 Satz 2 auch die bis zum Tode eingetretenen Änderungen.[10] Der nach Abs. 2 Satz 1 festgestellte Betrag ist in einem Vomhundertsatz des Witwengeldes festzusetzen; der Unterhaltsbeitrag darf jedoch fünf Sechstel des entsprechend § 57 BeamtVG gekürzten Witwengeldes nicht übersteigen (§ 22 Abs. 2 Satz 4 BeamtVG). Nicht anrechenbar auf den Unterhaltsbeitrag sind *eigene* Renten aus der gesetzlichen Rentenversicherung, auch wenn sie auf den durch den öffentlich-rechtlichen Versorgungsausgleich begründeten Rentenanwartschaften beruhen, da der als Ersatz für den schuldrechtlichen Versorgungsausgleich gewährte Unterhaltsbeitrag den öffentlich-rechtlichen Versorgungsausgleich ergänzt.[11]

486 Der der geschiedenen Ehefrau des Verstorbenen zu gewährende Unterhaltsbeitrag wird nicht gemäß § 57 Abs. 1 gekürzt (s. § 57 Abs. 4 BeamtVG).

487 § 22 Abs. 2 ist gemäß § 28 im Falle des geschiedenen Ehemanns einer verstorbenen Beamtin oder Richterin oder pensionierten Beamtin oder Richterin entsprechend anzuwenden.

488 Der Unterhaltsbeitrag unterliegt der Einkommensteuer (Lohnsteuer) gemäß §§ 2 Abs. 1 Nr. 4, §§ 8 Abs. 1, 19 EStG; diese Regelung verstößt ebenso wie die die Bezüge der Ruhestandsbeamten betreffende Vorschrift nicht gegen das GG (insbesondere Art. 3 Abs. 1).[12]

c) Wiederaufgelebter Anspruch auf Witwengeld

489 Hat eine Witwe sich wieder verheiratet und wird die Ehe aufgelöst, so lebt gemäß **§ 61 Abs. 3 Satz 1** Halbs. 1 **BeamtVG** der Anspruch auf Witwengeld wieder auf[13] und zwar in der Höhe, in der er der Witwe ohne die Heirat zustände.[14] Darauf aus welchen Gründen die Ehe geschieden worden war, kommt es nicht an.[15]

---

[8] Dazu *Stegmüller/Schmalhofer/Bauer*, § 22 Rz. 13.

[9] *Voskuhl/Pappai/Niemeyer*, aaO, Abs. 4.

[10] *Voskuhl/Pappai/Niemeyer*, aaO.

[11] *Stegmüller/Schmalhofer/Bauer*, § 22 Rz. 15 aE.

[12] *BFH*, BStBl. 1976 II 228 = FR 1976, 173; ferner s. *FG Baden-Württemberg*, EFG 1976, 9 = DStR 1976, 164 Leits.

[13] Dazu *Stegmüller/Schmalhofer/Bauer*, § 61 Rz. 17. § 61 Abs. 3 BeamtVG entspricht dem früheren § 164 Abs. 3 BBG; hierzu kritisch *Juncker*, ZBR 1976, 293, 299.

[14] Hierzu s. Verwaltungsvorschrift 61.3.3; *Stegmüller/Schmalhofer/Bauer*, § 61 Rz. 19; *BVerwG*, ZBR 1967, 179 = FamRZ 1967, 475 Leits.

[15] *BVerwGE* 31, 197 = FamRZ 1969, 277, zB in dem Fall, daß die Frau wissentlich

Jedoch ist gemäß § 61 Abs. 3 Satz 1 Halbs. 2 ein von der Witwe infolge Auflösung der Ehe erworbener neuer Versorgungs-, Unterhalts- oder Rentenanspruch anzurechnen. Hierbei ist ein Unterhaltsanspruch gegen den (zweiten) geschiedenen Ehemann nur dann anzurechnen, wenn er effektiv besteht, nicht jedoch dann, wenn er bestehen könnte und nur deshalb nicht vorhanden ist, weil die Frau auf Unterhalt verzichtet hat.[16] Die Regelung des § 61 Abs. 3 erfaßt nur solche Ansprüche auf wiederkehrende gleichmäßige Leistungen, die unmittelbar dem Lebensunterhalt der Witwe dienen,[17] indes wohl auch regelmäßige Naturalleistungen, zB auf Grund eines Altenteilsvertrages,[18] dagegen nicht sonstige Leistungen, die einen wechselnden Marktwert haben und, wenn überhaupt, erst durch Veräußerung für den Unterhalt nutzbar gemacht werden könnten.[19]

Ebenfalls anzurechnen ist nach der erwähnten Vorschrift ein neu erworbener Versorgungsanspruch usw. auf einen den Ortszuschlag (§§ 5 Abs. 1 Satz 1 Nr. 2, 50 Abs. 1 BeamtVG) betreffenden Unterschiedsbetrag (Näheres s. in § 50 Abs. 1).[20]

V. Vermögensauseinandersetzung zwischen den Ehegatten

1. Gesetzlicher Güterstand, Zugewinnausgleich*

a) Allgemeines

Gemäß § 1378 Abs. 3 Satz 1 BGB entsteht die **Ausgleichsforderung** (s. 490
§§ 1372ff., insbesondere § 1378 Abs. 1) mit der Beendigung des Güterstandes, zB mit Abschluß eines Vertrages gemäß §§ 1408, 1410, 1411, 1414 BGB oder insbesondere, was im vorliegenden Zusammenhang von Interesse ist,

---

und zielstrebig die zweite Ehe und damit auch ihre Existenzsicherung innerhalb dieser Ehe zerstört hat; *Stegmüller/Schmalhofer/Bauer*, § 61 Rz. 18.

[16] *BVerwG*, aaO; *Stegmüller/Schmalhofer/Bauer*, § 61 Rz. 20; s. auch *BSG*, FamRZ 1973, 644 = SGb 1973, 397. Zu Rentenansprüchen aus privaten Lebensversicherungsverträgen, Kapitalversicherungen mit Rentenwahlrecht, sowie zur Einsetzung fiktiver Beträge bei Lebensversicherungen ohne Rentenwahlrecht s. *Stegmüller/Schmalhofer/Bauer*, § 61 Rz. 20 (c).

[17] *BVerwG*, ZBR 1973, 208 = RiA 1973, 205; s. auch Leits. in FamRZ 1973, 601.

[18] Offengelassen von *BVerwG*, aaO.

[19] *BVerwG*, aaO.

[20] Zum Ortszuschlag s. *Mohrmann*, DAVorm 1984, 861; *Battis*, NVwZ 1986, 365.

* Eine Übersicht über die Rechtsprechung des BGH gab *Johannsen*, WPM 1978, 654; zu Problemen der Zugewinngemeinschaft *Benthin*, FamRZ 1982, 338; *D. Schwab*, FamRZ 1984, 429, 525; *Oehlers*, 5. DFGT, Brühler Schriften, Bd. 3, S. 82 (Bewertungs- und Zurechnungsfragen); *Gernhuber*, FamRZ 1984, 1053 (Geld und Güter beim Zugewinnausgleich); *Holzhauer*, Familien- und Erbrecht, Freiwillige Gerichtsbarkeit, 1984, S. 65ff., 105ff.; *Tiedtke*, JZ 1984, 1078; sowie die Lit.-Angaben zu Rz. 517 Fn. 1 Abs. 2; s. auch *Bosch*, NJW 1987, 2617, 2627f.

mit der Scheidung der Ehe, d.h. der Rechtskraft des Scheidungsurteils.[1] Jedoch können die Ehegatten vor Anhängigkeit des Ehescheidungsverfahrens (im Wege des Ehevertrags, § 1408 Abs. 1,[2] also nicht privatschriftlich[3]) oder nach § 1378 Abs. 3 Satz 2 während des Verfahrens, das auf die Auflösung der Ehe gerichtet ist, für diesen Fall eine Vereinbarung über den Ausgleich des Zugewinns treffen; die Vereinbarung bedarf der notariellen Beurkundung, sie kann aber gemäß § 127a BGB auch dadurch geschlossen werden, daß die Erklärungen bei Abschluß eines gerichtlichen Vergleichs (vgl. § 794 Abs. 1 Nr. 1 ZPO) im Eheprozeß in ein nach den Vorschriften des ZPO (s. §§ 160 Abs. 1, 3 Nr. 1., Abs. 5, 160a, 162 Abs. 1, 163) errichtetes Protokoll aufgenommen werden; dieses Protokoll ersetzt die notarielle Beurkundung.

In diesem Falle kann sich der Ehegatte vor der Beendigung des Güterstandes zu einer Verfügung über die Ausgleichsforderung verpflichten; in allen übrigen Fällen ist dagegen eine solche Verfügung unzulässig (§ 1378 Abs. 3 Satz 3), es sei denn, daß ein *Ehevertrag* (§§ 1408 Abs. 1, 1410) über die Regelung des Zugewinnausgleichs zustande gekommen war.[4]

Der notariellen Beurkundung bedarf dagegen nicht eine Vereinbarung über die Regelung der Tragung von Verbindlichkeiten als Gesamtschuldner im Innenverhältnis (§ 426 BGB, s. dazu Rz. 513a), zB einer Freistellung eines Ehegatten; solche Regelungen betreffen nicht güterrechtliche Verhältnisse der Ehegatten (vgl. § 1408 Abs. 1 BGB) und stellen auch keine Verfügung über einen Zugewinnausgleichsanspruch iS des § 1378 Abs. 3 dar (s. auch unten Fn. 10).

Ist die Scheidung beantragt oder hat ein Ehegatte Klage auf Aufhebung oder Nichtigerklärung der Ehe (§§ 30ff., 16–21 EheG) erhoben (s. zur Nichtigkeitsklage § 632 Abs. 1 Satz 2 ZPO), so ist jeder Ehegatte dem anderen verpflichtet, über den Bestand seines Endvermögens **Auskunft** zu erteilen (s. § 1379 Abs. 2 BGB; hierzu Rz. 58 mit Fn. 2). Gehört zum Vermögen eines

---

[1] *Staudinger/Thiele,* § 1378 Rz. 11; *Soergel/Lange,* Rz. 8f.; *Bosch,* FamRZ 1965, 237, 238; eingehend *D. Schwab,* FamRZ 1984, 429, 525f. Zu den Folgen der Scheidung in erbrechtlicher Hinsicht s. Rz. 3, 3a.

[2] *BGHZ* 86, 143 = NJW 1983, 753 = JZ 1983, 455 m. Anm. *Tiedtke* = FamRZ 1983, 157 = Rpfleger 1983, 107 = DNotZ 1983, 491 m. Anm. *Brambring,* jedoch mit unrichtiger Anwendung des § 1378 Abs. 3 Satz 2, hiergegen zutreffend *Tiedtke,* aaO, S. 457, s. ferner *Brambring,* aaO, S. 496 mit Darstellung einzelner Fallgestaltungen; aber auch *Lang,* LM § 1378 Nr. 9 Anm.

[3] *BGH,* FamRZ 1983, 160 = JZ 1983, 554 m. Anm. *Tiedtke,* der gegen den *BGH* zutreffend darauf hinwies, es sei § 1410 BGB anzuwenden, nicht § 1378 Abs. 3 Satz 2, jeweils i.V.m. § 125 Satz 1 BGB; zu einer privatschriftlichen Vereinbarung: *OLG Stuttgart,* FamRZ 1984, 806.

Eine Vereinbarung über eine Bezugsberechtigung aus einem Lebensversicherungsvertrag (s. dazu Rz. 535f.) bedarf ebenfalls der Form des § 1378 Abs. 3 Satz 2 BGB (*BGH,* FamRZ 1987, 806, 807).

[4] *Tiedtke,* JZ 1982, 538, gegen *KG,* FamRZ 1982, 275 (dieses Urteil des *KG* wurde dann durch den *BGH* [Z 86, 143 – s. Fn. 2 –] aufgehoben); s. ferner *OLG Stuttgart,* DNotZ 1982, 693 m. Anm. *Kanzleiter* (Ehevertrag: Abweichungen von den gesetzlichen Vorschriften über Anfangs- und Endvermögen), zu solchen Modifikationen s. auch *Kanzleiter,* S. 19ff., sowie S. 71ff. (s. ferner Rz. 542 Fn. 1, 3).

Ehegatten ein Unternehmen oder eine Unternehmensbeteiligung und kommt es zur Bewertung des Endvermögens (§§ 1375 Abs. 1 Satz 1, 1376 Abs. 2 BGB) auf die Ertragslage des Unternehmens an, so umfaßt der Auskunftsanspruch nach § 1379 die Vorlage der zur Beurteilung der Ertragslage benötigten Bilanzen nebst Gewinn- und Verlustrechnungen.[5] Die Auskunftspflicht bezieht sich nicht auf den **Hausrat,** der nicht zum Endvermögen gehört, d. h. der nach dem Verfahren der HausrVO verteilt werden kann oder schon aus Anlaß des Getrenntlebens verteilt worden ist.[6] Hausrat in diesem Sinne sind nur die beweglichen Gegenstände, die nach den Vermögens- und Lebensverhältnissen der Ehegatten für die Wohnung, die Hauswirtschaft und das Zusammenleben der Familie bestimmt sind, dagegen *nicht* die Gegenstände, die erst *nach* der Trennung angeschafft worden sind.[7]

Wird die Ehe geschieden, so tritt für die *Berechnung* des Zugewinnes an die **490a**
Stelle der Beendigung des Güterstandes der Zeitpunkt der Rechtshängigkeit des Scheidungsantrags (§ 1384 BGB), d. h. des Verfahrens, das zur Scheidung führt.[8] *Nach* diesem Stichtag erlangter Vermögenserwerb bleibt also außer Betracht.

An der *Fälligkeit* der Ausgleichsforderung (§ 1378 Abs. 1) ändert sich dadurch nichts, was für die Verzinsung von Bedeutung ist.[9]

Zugewinn ist der Betrag, um den das Endvermögen eines Ehegatten das Anfangsvermögen übersteigt (§ 1373 BGB), jeweils nach Abzug der Verbindlichkeiten (§§ 1374 Abs. 1, 1375 Abs. 1, 1376 BGB).[10] Ist kein Verzeichnis

---

[5] *BGHZ* 75, 195 = FamRZ 1980, 37 = MDR 1980, 211 = JZ 1980, 105.

[6] *BGHZ* 89, 137 = FamRZ 1984, 144 = NJW 1984, 484 = JZ 1984, 380 m. Anm. *Lange* = Rpfleger 1984, 187; *Schwab,* FamRZ 1984, 429, 430, je m. weit. Nachw.; hierzu *Gernhuber,* FamRZ 1984, 1053, 1056; *Smid,* NJW 1985, 173; s. auch Rz. 662 m. Fn. 9 und Rz. 660 Fn. 1 aE.

[7] *BGHZ* 89, 137, 145; *Schwab,* aaO.

[8] *BGH,* NJW 1979, 2099 = FamRZ 1979, 905; FamRZ 1983, 350; *OLG Koblenz,* FamRZ 1981, 260; *Schwab,* FamRZ 1984, 429, 436. § 270 Abs. 3 ZPO ist hier nicht anzuwenden (*OLG München,* FamRZ 1982, 279, 280; *Schwab,* aaO).

[9] *OLG Frankfurt,* FamRZ 1982, 806; *Schwab,* FamRZ 1984, 525, 526.

[10] Dh sämtlicher Verbindlichkeiten, auch Unterhaltsschulden und einer Darlehensschuld für Hausrat (*BGH,* NJW-RR 1986, 1325); zur Berücksichtigung einer Steuerschuld aus hinterzogener Einkommensteuer s. *OLG München,* FamRZ 1984, 1096, sowie eines Minussaldos auf einem Bankkonto *OLG Karlsruhe,* FamRZ 1986, 167, gemeinsamer Schulden, wenn nur ein Ehegatte als Gesamtschuldner in Anspruch genommen wird bzw. in Anspruch genommen werden kann, *OLG Frankfurt,* FamRZ 1985, 482; s. auch *OLG Celle,* FamRZ 1985, 710 (gesamtschuldnerische Verbindlichkeiten, Teilerfüllung nach Rechtshängigkeit des Scheidungsantrags, Ausgleichsanspruch), und *OLG Karlsruhe,* Die Justiz 1985, 101 = FamRZ 1985, 721; *BayObLGZ* 1985, 219 = FamRZ 1985, 1057 (Ausgleichsanspruch keine Familiensache). Wird eine Klage, die auf die Feststellung des Nichtbestehens einer nicht abschließend bezifferten Zugewinnausgleichsforderung gerichtet war, aus sachlichen Gründen abgewiesen, so stellt das Urteil positiv – nur – fest, daß der Ausgleichsanspruch dem Grunde nach besteht (*BGH,* FamRZ 1986, 565 = NJW 1986, 2508 = JR 1986, 414 m. Anm. *Schubert*).

des Anfangsvermögens aufgenommen worden (s. § 1377 Abs. 1, 2 BGB), so gilt das Endvermögen eines Ehegatten als dessen Zugewinn (§ 1377 Abs. 3). Ist das Anfangsvermögen überschuldet, so können die Verbindlichkeiten nur bis zur Höhe des Vermögens abgezogen werden (§ 1374 Abs. 1 HS 2), d.h. das Anfangsvermögen ist in diesem Falle mit Null anzusetzen (vgl. dazu auch Rz. 502 aE, sowie 496 Fn. 24).

Die Höhe der Ausgleichsforderung wird begrenzt durch den Wert des Vermögens, das nach Abzug der Verbindlichkeiten bei Beendigung des Güterstandes vorhanden ist (**§ 1378 Abs. 2 BGB**). Hier kommt es auf den Zeitraum zwischen der Rechtshängigkeit des Scheidungsantrags und der Rechtskraft des Scheidungsurteils an.[11]

491 Ansprüche auf Ausgleich des Zugewinns sind bei dem FamG geltend zu machen (§ 621 Abs. 1 Nr. 8 ZPO); über diese Folgesache ist auf Antrag zugleich mit der Scheidungssache zu verhandeln und, falls dem Antrag auf Scheidung stattgegeben wird, zu entscheiden (§§ 623 Abs. 1, 629 Abs. 1 ZPO, s. Rz. 28f.). Das FamG kann diese Familiensache (Folgesache) aber gemäß § 628 Abs. 1 Satz 1 Nr. 1 oder 3 ZPO **abtrennen,** wenn eine Entscheidung zusammen mit der Ehescheidung nicht möglich ist oder der Scheidungsanspruch außergewöhnlich verzögert würde (s. auch Rz. 32).[12] In diesem Falle kann ein Vergleich auch in dem abgetrennten Verfahren geschlossen werden; die Abtrennung dieser Folgesache setzt aber voraus, daß ein entsprechender Antrag auf Zahlung des Zugewinnausgleichs gestellt ist. Kommt dagegen ein Vergleich im Zusammenhang mit sonstigen Vereinbarungen über Folgesachen zustande, so setzt der Vergleichsabschluß die Rechtshängigkeit eines Antrags auf Leistung des Zugewinnausgleichs nicht voraus (s. zu § 630 ZPO Rz. 57).

492 Ist ein Ehegatte noch **minderjährig,** so bedarf er zum Abschluß der Vereinbarung über den Zugewinnausgleich der Zustimmung des gesetzlichen Vertreters (§ 108 BGB, vgl. auch zum Abschluß eines Ehevertrages § 1411 BGB).

493 Zusammen mit der Regelung des Zugewinnausgleichs kann eine Vereinbarung über den Versorgungsausgleich und den Unterhalt getroffen werden, sodaß eine wirtschaftlich ausgewogene Gesamtregelung, die Abwicklung der gesamten vermögensrechtlichen Beziehungen der Ehegatten, einschließlich

---

[11] *OLG Hamm,* FamRZ 1983, 592 (hierzu *Schwab,* FamRZ 1984, 525; FamRZ 1986, 1106).

[12] Dazu *BGH,* FamRZ 1986, 898. Zur Sicherheitsleistung (§ 1389 BGB) s. *OLG Köln,* FamRZ 1983, 709; *OLG Düsseldorf,* FamRZ 1984, 704; *OLG Frankfurt,* FamRZ 1984, 895; *Jauernig/Schlechtriem* § 1389 Anm. 4; ablehnend zur Geltendmachung im Wege der einstweiligen Verfügung *OLG Celle,* FamRZ 1984, 1231 (hiergegen *Schröder,* FamRZ 1985, 392) und des Arrestes *OLG Hamburg,* FamRZ 1982, 284; *KG,* FamRZ 1986, 1107 (anders *OLG Köln,* FamRZ 1983, 709, bei Verzug betr. Sicherheitsleistung). Zum Verhältnis der Voraussetzungen der Sicherheitsleistung und des vorzeitigen Zugewinnausgleichs (§ 1386 BGB) *OLG Frankfurt,* FamRZ 1984, 895; zur Sicherung des Zugewinnausgleichs durch Arrest *Ditzen,* NJW 1987, 1806.

der Hausratsauseinandersetzung,[13] zustandekommen kann (s. auch Rz. 221 f., 433).

494 In der für den Fall der Scheidung vor Rechtskraft des Scheidungsurteils geschlossenen **Vereinbarung** (§ 1378 Abs. 3 Satz 2 BGB, s. Rz. 490) kann bestimmt werden, ein Ausgleich des Zugewinns werde ausgeschlossen,[14] aber auch, der Zugewinnausgleich werde erlassen (§ 397 BGB); eine solche Verfügung ist nach der Neufassung des § 1378 Abs. 3 für zulässig zu halten.[15]

Zulässig ist ferner die Festlegung einer bestimmten Beteiligungsquote oder die Regelung, daß die Ausgleichsforderung mehr oder weniger als die Hälfte des Überschusses betragen soll.[16] Weiterhin kann ein bestimmter Betrag festgelegt oder können Teilzahlungen mit Stundung der Restschuld vereinbart werden[17] oder auch eine Tilgung der Ausgleichsschuld in anderer Form, z. B. durch Festsetzung einer Geldrente[18] oder der Leistung von Sachwerten[19] oder der Gewährung eines dinglichen Wohnungsrechts (§ 1093 BGB)[20] oder durch Übertragung eines Grundstücks oder Grundstücksanteils[21] (s. dazu Rz. 509 f.) oder durch Bestellung eines Nießbrauchs an einem Grundstück (§ 1030

---

[13] Wird diese aber ausgenommen (vgl. dazu *OLG Karlsruhe,* FamRZ 1982, 277), so empfiehlt sich eine nähere Klarstellung (s. Empfehlung des 5. DFGT, Brühler Schriften, Bd. 3 S. 143 oben = FamRZ 1983, 1109, 1201 re. Sp., sowie unten Rz. 646 aE).

[14] *Staudinger/Thiele,* § 1363 Rz. 23. Zu einer vor Anhängigkeit des Scheidungsverfahrens geschlossenen Vereinbarung (in der Form des § 1378 Abs. 3 Satz 2 BGB) s. *BGHZ* 86, 143 = FamRZ 1983, 157 = NJW 1983, 753 = LM BGB § 1378 Nr. 9 Ls. m. Anm. *Lang* = JZ 1983, 455 m. Anm. *Tiedtke* = DNotZ 1983, 491 m. Anm. *Brambring;* zur Sittenwidrigkeit eines Verzichts auf Zugewinnausgleich in einem Ehevertrag, wenn der einseitige Verzicht nicht hinreichend zum Ausdruck kommt, s. *OLG Stuttgart,* FamRZ 1983, 498.

[15] Ebenso wohl *Staudinger/Thiele,* § 1378 Rz. 18 f., ferner *Johannsen,* WPM 1978, 654, 666 li. Sp.; zur Sittenwidrigkeit eines Verzichts s. auch *OLG Bamberg,* FamRZ 1984, 483 (Ehevertrag betr. Unterhalt, Zugewinnausgleich, Versorgungsausgleich); sowie Rz. 99 Fn. 17, Rz. 315 m. Fn. 22. Zu den steuerlichen Auswirkungen einer Vereinbarung: Verzicht auf Zugewinnausgleich gegen Zusage lebenslänglicher Versorgung s. *BFH,* BB 1986, 1554 = FamRZ 1986, 986 Ls. (s. Rz. 339 Fn. 5).

[16] *Staudinger/Thiele* § 1378 Rz. 36, *Staudinger/Felgentraeger,* § 1408 Rz. 79; *Doehlert,* S. 104 f.

[17] *Bosch* aaO, 238, 241. Will ein Ehegatte zur Ausgleichszahlung einen Bausparvertrag abtreten, so ist zu beachten, daß diese Abtretung prämien- und steuerschädlich sein kann (s. Rz. 538).

[18] Näheres hierzu bei *Schulze zur Wiesche,* Rz. 133 ff.

[19] *Dölle* I, S. 833 § 61 IX 5; *RGRK* § 1408 Rz. 60; hierzu *Schulze zur Wiesche,* Rz. 129 ff.

[20] Zu der Frage, ob der Inhaber des dinglichen Wohnungsrechts berechtigt ist, den Partner einer nichtehelichen Lebensgemeinschaft in die Wohnung aufzunehmen, s. *BGH,* FamRZ 1982, 774 m. ablehn. Anm. *Stürner* = NJW 1982, 1868 = *BGHZ* 84, 36; gegen den *BGH* auch *Heinz,* FamRZ 1982, 763.

[21] Zu einem besonderen Fall, in dem ein Ehegatte vom anderen die Übertragung eines Grundstücksanteils (d. h. der anderen Hälfte) verlangen kann, s. *BGHZ* 68, 299; Z 82, 227, Rz. 518 (2), (3). Im Falle eines Streits über die Wirksamkeit einer Vereinbarung ist das FamG zuständig (*BGH,* NJW 1980, 193).

BGB). Hierzu kann eine zusätzliche Klausel vereinbart werden, mit der betreffenden Regelung sollen alle Ansprüche aus der vermögensrechtlichen Auseinandersetzung und aus dem Zugewinn abgegolten und erledigt sein.

495 Hatte ein Ehegatte dem anderen, zB weil dieser kein Einkommen und kein (nennenswertes) Vermögen besaß, während der Ehe **Zuwendungen**[22] von erheblichem Wert, also auch nicht lediglich Gelegenheitsgeschenke (vgl. **§ 1380** Abs. 1 Satz 2 **BGB**), gemacht, so bedarf der Klärung, ob der Ehegatte bei der Zuwendung eine Bestimmung darüber getroffen hat, daß diese auf die Ausgleichsforderung angerechnet werden soll (vgl. § 1380 Abs. 1 Satz 1, s. Rz. 518a, 521, sowie 502a). Im Zweifel ist die Anrechnung anzunehmen (§ 1380 Abs. 1 Satz 2), zB wenn der Ehegatte an diese Frage gar nicht gedacht hat, dagegen nicht, wenn aus den Umständen und dem Anlaß der Zuwendung der Schluß zu ziehen ist, eine Anrechnung könne nicht gewollt sein. Wurde erst später eine Anrechnung festgelegt, so bedurfte diese nach der wohl h. M. der Form des Ehevertrags (§§ 1408 Abs. 1, 1410 BGB).[23] Unabhängig davon kann aber selbstverständlich anläßlich der im Zusammenhang mit der Ehescheidung getroffenen Vereinbarung eine abweichende Regelung festgelegt werden.

Hat ein Ehegatte einen gewerblichen Betrieb ohne Beteiligung des anderen Ehegatten inne, so können die Ehegatten vereinbaren, bei der Berechnung des Zugewinns solle der Betrieb außer Betracht bleiben.

496 Gemäß **§ 1381 Abs. 1 BGB** kann der Ausgleichspflichtige die Erfüllung der Ausgleichsforderung verweigern, soweit der Ausgleich des Zugewinns nach den Umständen des Falles grob unbillig wäre.[24] Nach Abs. 2 kann eine grobe Unbilligkeit insbesondere dann vorliegen, wenn der Ehegatte, der den geringeren Zugewinn erzielt hat, also an sich ausgleichsberechtigt wäre, längere Zeit hindurch die wirtschaftlichen Verpflichtungen, die sich aus dem ehelichen Verhältnis ergeben, schuldhaft nicht erfüllt hat. Unter diese letzteren Verpflichtungen fällt insbesondere die Unterhaltspflicht (§§ 1360, 1360a, 1361 BGB).[25] Das Leistungsverweigerungsrecht kann aber auch auf lang andauernden, schweren persönlichen Verstößen gegen eheliche Pflichten (§ 1353 BGB) beruhen,[26] evtl. auf sehr langer Dauer der Trennung der Ehe-

---

[22] Lit. dazu: *Kühne*, FamRZ 1969, 371; FamRZ 1978, 221; *v. Olshausen*, FamRZ 1978, 755; *Schwab*, FamRZ 1984, 525, 526f.; *Kanzleiter*, S. 72f. (s. auch unten Rz. 542 Fn. 1); *Netzer*, Zuwendungen zwischen Ehegatten ... (Regensburger Dissertation, 1986); *ders.*, FamRZ 1987, 67 (Anm.), sowie Rz. 517 Fn. 1.

[23] Hierzu *Brüning*, NJW 1971, 922; *Erman/Heckelmann*, Rz. 4, *Soergel/Lange*, Rz. 5 je zu § 1380; aber auch *Palandt/Diederichsen*, Anm. 2; *MünchKomm./Gernhuber*, Rz. 6.

[24] Dazu *Schwab*, FamRZ 1984, 525, 528ff.; *OLG Karlsruhe*, FamRZ 1986, 167, 168; sowie zum Falle der Überschuldung (§ 1374 Abs. 1 HS 2, s. Rz. 490a) Empfehlung des 5. DFGT, Brühler Schriften Bd. 3, S. 142 = FamRZ 1983, 1199, 1201.

[25] Hierzu s. zB *Göppinger*, Unterhaltsrecht, Rz. 1755.

[26] Siehe dazu *OLGe Hamm*, FamRZ 1976, 633; *Celle*, FamRZ 1979, 431; *Soergel/Lange* Rz. 12; *Staudinger/Thiele* Rz. 20ff.; *Erman/Heckelmann*, Rz. 3 je zu § 1381; einschränkend *MünchKomm/Gernhuber*, Rz. 30ff. mit Ergänzung zu Rz. 32; s. auch

gatten,[27] in besonderen Fällen kann eine erhebliche wirtschaftliche Schädigung des ausgleichspflichtigen Ehegatten in Betracht kommen.[28]

Wie sich aus dem Wort „soweit" in Abs. 1 ergibt, kann je nach Lage des Falles eine teilweise Leistungsverweigerung der Billigkeit entsprechen. Das in dieser Vorschrift festgelegte Leistungsverweigerungsrecht bedeutet sodann, insbesondere im Rechtsstreit über den Zugewinnausgleich, eine Einrede des Ausgleichspflichtigen; diesem obliegt gegebenenfalls auch der Beweis der das Leistungsverweigerungsrecht begründenden tatsächlichen Umstände.[29] Dem Auskunftsanspruch (§ 1379 BGB) steht das Leistungsverweigerungsrecht in der Regel nicht entgegen,[30] sondern nur, wenn feststeht, daß ein Zugewinnausgleich überhaupt nicht in Betracht kommt.[31]

Hat ein Ehegatte Grund zu der Annahme, daß ihm ein Zugewinnausgleich 497
zusteht, daß dieser Anspruch aber gefährdet ist, weil der andere Ehegatte ein Grundstück oder eine Eigentumswohnung, die sein ganzes Vermögen iS des § 1365 Abs. 1 Satz 1 BGB darstellt, veräußert und verweigert er deshalb seine Zustimmung zu der Veräußerung,[32] beantragt der andere Ehegatte danach jedoch beim VormG gemäß § 1365 Abs. 2,[33] die verweigerte Zustimmung zu ersetzen, so kann das VormG die Zustimmung mit der Auflage ersetzen, daß der veräußernde Ehegatte über den Erlös nur mit Zustimmung des anderen Ehegatten verfügen darf.[34] Hier tritt der Erlös, der ebenfalls als das ganze Vermögen des Ehegatten anzusehen ist, an die Stelle des Hausgrundstücks oder der Eigentumswohnung. Jedoch darf das VormG keine Anordnung treffen, die eine vorzeitige Zahlung des Zugewinnausgleichs oder eine Sicherheitsleistung bedeuten würde oder einer solchen Maßnahme gleichkäme oder der künftigen Regelung des Zugewinnausgleichs vorgreifen würde.[35] Verein-

---

OLG Köln, FamRZ 1979, 511; bedenklich *OLG Düsseldorf,* NJW 1981, 829 = FamRZ 1981, 262, hiergegen *Roth-Stielow,* NJW 1981, 1594, s. ferner *Bosch,* FamRZ 1981, 264 (beide für Teilversagung); zur groben Unbilligkeit s. noch *BGH,* FamRZ 1980, 877, sowie *OLG Frankfurt,* FamRZ 1983, 921.

[27] Hierzu *Hoffmann,* NJW 1979, 969.

[28] Dazu *OLG Celle,* FamRZ 1981, 1066.

[29] *Soergel/Lange,* Rz. 22, *Erman/Heckelmann,* Rz. 5 je zu § 1381.

[30] *BGH,* FamRZ 1980, 768; *Soergel/Lange,* § 1379 Rz. 3, 6 je m. weit. Nachw.

[31] *BGH,* LM BGB § 1379 Nr. 2 = NJW 1972, 433 = FamRZ 1972, 128; vgl. auch *OLG Stuttgart,* FamRZ 1984, 273, sowie Rz. 58 Fn. 2 und Rz. 490.

[32] Hierzu *BGHZ* 77, 293; *BayObLG,* FamRZ 1981, 46 (dazu Rz. 522b aE); *Tiedtke,* JZ 1984, 1018; zum Vermögensbegriff *BGH,* NJW 1987, 2673 = FamRZ 1987, 909.

[33] Also nicht beim FamG (s. *OLG Oldenburg,* FamRZ 1978, 130)! Daher ist § 621 Abs. 3 ZPO nicht anzuwenden (s. auch Rz. 19).

[34] Vgl. dazu *OLG Stuttgart,* Die Justiz 1982, 92 (s. auch Rz. 522 aE), sowie *BayObLGZ* 1975, 12; *OLG Köln,* OLGZ 1984, 296 (Zustimmung vor Abschluß des Rechtsgeschäfts); *BayObLG,* FamRZ 1985, 1040 (Teilungsversteigerung). Zum Falle vorzeitiger Beendigung des Güterstandes durch den Tod eines Ehegatten s. *Soergel/Lange,* § 1366 Rz. 20f.; *Staudinger/Thiele,* § 1365 Rz. 106f.; ferner *BGH,* JZ 1982, 207 = FamRZ 1982, 249 = NJW 1982, 1099; FamRZ 1987, 353 = NJW 1987, 1764.

[35] *Soergel/Lange,* § 1365 Rz. 70; *MünchKomm./Gernhuber,* § 1366 Rz. 29; sowie *Staudinger/Thiele,* § 1365 Rz. 489.

barungen der Ehegatten über die Anlage und Verwendung des Erlöses gerade zur Regelung des Zugewinnausgleichs (§ 1378 Abs. 3 Satz 2 BGB), zB im Wege eines Prozeßvergleichs oder Teilvergleichs (§ 127a BGB), steht jedoch nichts entgegen.

b) Berechnung des Zugewinnausgleichs

498 Zugewinn ist, wie der BGH in einer grundlegenden Entscheidung[1] ausgesprochen hat, der Unterschied zwischen dem bei Beginn des Güterstandes tatsächlich vorhandenen, durch Verbindlichkeiten nicht belasteten Vermögen und dem, was bei Beendigung des Güterstandes vorhanden ist, abzüglich der Verbindlichkeiten. Zu bewerten sind dabei das Anfangsvermögen (§§ 1374 Abs. 1, 1376 Abs. 1 BGB) und das Endvermögen (§§ 1375 Abs. 1, 1376 Abs. 2). Diese Werte sind bei der Berechnung des Zugewinns (nur) **Rechnungsposten,** der nicht dadurch verändert wird, daß der Ehegatte mit Hilfe des ererbten Vermögens andere Gegenstände erwirbt, etwa mit dem ererbten Geldbetrag ein Grundstück kauft oder das ererbte Grundstück veräußert und ein anderes Grundstück kauft oder den Erlös anderweitig anlegt.

Zugewinn ist nach dem Sinn des Gesetzes nur ein *real vorhandener Vermögenszuwachs,* nur dieser soll bei einem Zugewinnausgleich berücksichtigt werden; zum Zugewinnausgleich gehört auch der Vermögenszuwachs, der durch eine reale Erhöhung des Wertes von Vermögensgütern eingetreten ist, dagegen nicht, wenn sich eine Werterhöhung nur daraus ergibt, daß die Kaufkraft des Geldes gesunken ist; ein nur scheinbarer Zugewinn bleibt also beim Ausgleich unberücksichtigt. Freilich ist es bei einzelnen Vermögensgegenständen oft schwierig festzustellen, wieweit die Differenz ihrer für verschiedene Zeitpunkte ermittelten Werte eine echte Wertsteigerung darstellt und inwieweit es sich nur um eine scheinbare, nur auf den Verlust der Kaufkraft des Geldes zurückzuführende Wertsteigerung handelt.[2]

---

[1] *BGHZ* 61, 385, 388f. = FamRZ 1974, 83 = JZ 1974, 293 m. Anm. *Lange* = NJW 1974, 137; hierzu *Johannsen,* LM BGB § 1376 Nr. 2 Anm.; *Schwab,* FamRZ 1984, 429, 435 (m. zahlr. Nachw.); ferner s. *BGH,* WPM 1975, 28 = FamRZ 1975, 87 Leits.; *BGH,* FamRZ 1984, 31; *OLG Hamm,* FamRZ 1984, 275; zu diesem Problemkreis *MünchKomm./Gernhuber,* Rz. 10, *Soergel/Lange,* Rz. 9, *Erman/Heckelmann,* Rz. 3 je zu § 1376; *Staudinger/Thiele,* Rz. 12ff. zu § 1373; *Staudinger/Schmidt,* Vorbem. D 74f. vor § 244 BGB; *von Olshausen,* FamRZ 1983, 765; *Fröhlich,* FamRZ 1983, 920; *Schacht,* AnwBl 1981, 380; *Oswald,* AnwBl 1979, 368; *Langenfeld,* Handbuch, Rz. 332ff. Das Anfangsvermögen umfaßt alle rechtlich geschützten Positionen von wirtschaftlichem Wert, also auch alle objektiv bewertbaren Rechte bei Eintritt des Güterstandes (*BGH,* FamRZ 1980, 39; 1981, 239f. = NJW 1981, 1038, 1039; *Schwab,* FamRZ 1984, 429f. m. weit. Nachw.).

[2] *BGHZ* 61, 385, 391; der BGH hat hierzu eine Berechnungsmethode entwickelt (s. S. 392ff.), dazu *Johannsen,* aaO, *Schwab,* aaO, *Tiedtke,* JZ 1984, 1078, 1080; *Langenfeld,* Handbuch, Rz. 332ff.; *Staudinger/Thiele,* aaO, Rz. 15; *Staudinger/Schmidt,* aaO; s. auch *OLG Düsseldorf,* FamRZ 1981, 48. Zum Problem Wertzuwachs s. noch *Gernhuber,* FamRZ 1984, 1053, 1057f., zum scheinbaren Zugewinn, S. 1059f.

Eine Zusammenstellung der Preisindices für die Lebenshaltungskosten gibt *Palandt/Diederichsen,* § 1376 Anm. 3, s. ferner NJW 1987, 765.

Die dargelegte Rechtsprechung hat sich in der Zwischenzeit gefestigt.[3] Zwar ist der Lebenshaltungskostenindex kein idealer Umrechnungsfaktor, doch ist ein besserer Faktor nicht vorhanden.[4]

Zu beachten ist, daß stets das *gesamte Anfangsvermögen,* d. h. der jeweilige *Aktivsaldo* umzurechnen ist.[5] Es dürfen also nicht etwa einzelne Gegenstände umgewertet oder etwa Gebrauchsgüter und Geldforderungen aus der Umstellung herausgenommen werden.[6] Ist das Anfangsvermögen überschuldet, so entfällt die Umrechnung; es dürfen also nicht etwa die Aktiva umgerechnet werden.[7]

Werden später Vermögensgegenstände zum Anfangsvermögen hinzugerechnet (§ 1374 Abs. 2 BGB, s. Rz. 502), so ist für die Umrechnung der Zeitpunkt des Erwerbs maßgebend.[8]

Bei der Berechnung des Zugewinnausgleichs dürfen etwaige **Steuerschulden** 498 a
nicht unberücksichtigt bleiben. Wurden die Eheleute bis zur Trennung zusammenveranlagt (§ 26 b EStG, s. auch Rz. 52 a), so sind sie hinsichtlich der Steuerschuld Gesamtschuldner (§ 44 AO). Im *Innenverhältnis* kommt es aber darauf an, ob jeder Ehegatte an sich steuerpflichtig ist; ist nur einer steuerpflichtig, so trägt dieser die Steuerschuld im Innenverhältnis allein.[9]

Bei **Grundstücken,** Hausgrundstücken und Eigentumswohnungen ist stets 499
der Verkehrswert maßgebend (§ 1376 Abs. 1, 2 BGB);[10] für landwirtschaftliche Grundstücke darf nicht ohne weiteres der Ertragswert als Bewertungs-

---

[3] *Schwab,* aaO, S. 435, sowie die Hinw. in Fn. 1.

[4] *Schwab,* aaO, *von Olshausen,* aaO; *Langenfeld,* Handbuch, Rz. 340 ff.

[5] *BGH,* FamRZ 1984, 31 = NJW 1984, 434; *Schwab,* aaO.

[6] *Schwab,* aaO; *OLG Hamm,* FamRZ 1984, 275.

[7] *OLG Hamburg,* FamRZ 1983, 168; dazu Rev.-Urt. *BGH,* aaO; *Schwab,* aaO.

[8] *OLG Frankfurt,* FamRZ 1983, 395 (m. näherer Berechnung); *BGH,* FamRZ 1987, 791 (s. Rz. 518 (8) m. Fn. 36); *Schwab,* aaO.

[9] *BGHZ* 73, 29, 38 f. = FamRZ 1979, 115 = NJW 1979, 546; *Sonnenschein,* NJW 1980, 257, 261 m. weit. Einzelheiten, insbesondere zu Ersatzansprüchen und zur Aufteilung bei verschiedenen Einkommen der Ehegatten; ferner s. *OLG Hamburg,* FamRZ 1983, 168, sowie Rz. 553 b.

[10] Dazu *Schwab,* aaO, S. 434; zu einem Schätzwert *BGH,* FamRZ 1983, 882; zur Bewertung einer Eigentumswohnung *BGH,* FamRZ 1986, 37; ferner *Staudinger/Thiele,* § 1376 Rz. 34: unerheblich seien dabei die Herstellungskosten, auszugehen sei grundsätzlich vom Substanzwert, der aber durch die Berücksichtigung des Ertragswertes modifiziert werden könne (*BGH,* WPM 1977, 302; LM BGB § 2311 Nr. 5; NJW 1970, 2018); *Soergel/Lange,* § 1376 Rz. 12: Verkaufswert nur maßgeblich, wenn Veräußerung beabsichtigt, im übrigen sei der Wert je nach Nutzungsart mehr nach dem Sach- oder dem Ertragswert zu bestimmen, oft werde ein Mischpreis zu bilden sein, gegen eine Berechnung nur nach dem Ertragswert spreche der Umkehrschluß aus Abs. 4.

Vgl. auch noch *OLG Frankfurt,* FamRZ 1980, 576 (das auf die VO v. 15. 8. 1972 hinwies, die auf Grund des BBauG ergangen war, dazu *Soergel/Lange,* aaO); zur Schätzung und Ermittlung von Grundstückswerten s. noch *Rössler/Langner/Simon,* 4. Aufl. 1981; *Troll/Simon,* Wertermittlung bei Geschäfts- und Fabrikgrundstücken, 2. Aufl., 1986 (auch zur Unternehmensbewertung), dazu *Meyer-Stolte,* Rpfleger 1986, 416; vgl. auch *OLG Köln,* Rpfleger 1986, 322. Zur Auseinandersetzung s. Rz. 509 ff.

maßstab angewendet werden, wenn sich ein landwirtschaftlicher Betrieb im Anfangs- und Endvermögen befindet.[11] Bei Grundstücken ist eine Wertsteigerung zu berücksichtigen, die darauf beruht, daß inzwischen bauliche Maßnahmen vorgenommen wurden[12] oder daß das Grundstück inzwischen Bauerwartungsland oder Bauplatz geworden ist[13] oder daß eine günstige Lage, etwa auch im Hinblick auf den Mangel an Bauplätzen, eine Erhöhung des Verkehrswertes zur Folge hat.[14] Bei der Errechnung des Wertes eines Hauses kommt es hinsichtlich der Wohnflächenberechnung auf die tatsächliche Nutzung oder auf die Nutzungsabsicht an, nicht auf die Benennung der Räume in der Bauzeichnung.[15]

Eine **Unternehmensbeteiligung** eines Ehegatten ist bei der Berechnung des Endvermögens, auf den Bewertungsstichtag bezogen (s. hier § 1384 BGB), nach objektiven Kriterien zu bewerten;[16] hat die Unternehmensbeteiligung keinen Marktpreis, so bilden im Regelfall der den good will einschließende Verkehrswert des Unternehmens und der Umfang der Beteiligung die wesentlichen Grundlagen für die Bemessung des Wertes.[17] Wenn die Beteiligung – wie in aller Regel bei einer Personengesellschaft – unveräußerlich ist und

---

[11] *BVerfGE* 67, 348 (Tenor in BGBl 1985 I 99) = FamRZ 1985, 256 (m. Tenor) = (gekürzt) NJW 1985, 1329 = MDR 1985, 642: § 1376 Abs. 4 wurde insofern mit Art. 3 Abs. 1 iVm Art. 6 Abs. 1 GG unvereinbar erklärt, als der Ertragswert ausnahmslos den Bewertungsmaßstab bildet (s. dazu *OLG Düsseldorf*, FamRZ 1986, 168, 169; *BGH*, FamRZ 1987, 378, 380 li. Sp. oben; NJW 1987, 1260, 1261 f.). § 1376 Abs. 4 ist *nur* auf *solche Betriebe* anwendbar, die nicht während der Ehe mit Mitteln der Eheleute erworben, sondern *von einem Ehegatten in die Ehe eingebracht oder diesem während der Ehe zugewendet worden sind* (§ 1374 Abs. 2 BGB), *BVerfG*, FamRZ 1985, 256, 260 li. Sp. unten, Ziff. 3.

[12] Siehe z. B. *OLG Köln*, FamRZ 1979, 511.

[13] Vgl. den Fall *OLG Karlsruhe*, FamRZ 1965, 148, dazu *BGHZ* 46, 343 = FamRZ 1966, 560, sowie aus der Lit. *MünchKomm./Gernhuber*, Rz. 14, *Erman/Heckelmann*, Rz. 2 je zu § 1376.

[14] Dazu *Soergel/Lange*, § 1376 Rz. 8, *Erman/Heckelmann*, aaO.

[15] *OLG Celle*, FamRZ 1981, 1066.

[16] *BGHZ* 75, 195, 199 = FamRZ 1980, 37 = NJW 1980, 229 = JZ 1980, 105; Revisionsurteil zu *OLG Bremen*, FamRZ 1979, 434; s. auch *Staudinger/Thiele*, Rz. 25 ff., *Soergel/Lange*, Rz. 14, *Erman/Heckelmann*, Rz. 7 je zu § 1376; *Gernhuber*, § 36 V 6, S. 511; sowie *Schwab*, FamRZ 1984, 429, 433 f., *Lenzen*, BB 1974, 1050 (zur Bewertung einer Gesellschaftsbeteiligung); *OLG Düsseldorf*, FamRZ 1981, 48 (Kommanditanteil); *BGH*, FamRZ 1986, 37 = NJW-RR 1986, 226 = WPM 1986, 234 (Beteiligung an Abschreibungsgesellschaft); *BGH*, FamRZ 1986, 1196 = WPM 1986, 1527 = NJW 1987, 321 (GmbH-Anteil); *OLG Schleswig*, FamRZ 1986, 1208 (KG-Anteil). Zur Unternehmensbewertung s. noch *Grossfeld*, JZ 1981, 641, 769; zur Bewertung des Betriebsvermögens eines Handelsunternehmens *BGH*, NJW 1982, 2441; *OLG Koblenz*, FamRZ 1983, 166 (Substanzwert, Ertragswert); zur Unternehmensbewertung: *Piltz, Wissmann*, NJW 1985, 2673; *Rid*, NJW 1986, 1317; *Schmidt-Raquet*, DB 1986, 1484 (Stichtagsproblem); zu steuerlichen Unterlagen und Ansätzen *Arens, Spieker*, FamRZ 1985, 121, 131; vgl. auch (zu § 2325 BGB) *BGH*, FamRZ 1982, 571.

[17] *BGHZ* 75, 195, 199; zur Bewertung s. noch *Großfeld*, Unternehmensbewertung im Gesellschaftsrecht, 1983, und *Beck'sches Formularbuch (Hengeler)*, S. 801 f., VIII B 2 Anm. 41.

der Gesellschaftsvertrag im Falle der Kündigung eines Gesellschafters nur einen Abfindungsanspruch vorsieht, der sich nach einem geringeren als dem wirklichen Wert des Unternehmens richtet, kann sich dies wertmindernd auswirken;[18] auf den Betrag des Abfindungsanspruchs ist der Wert der Beteiligung in einem solchen Falle allerdings dann beschränkt, wenn die Kündigung bereits ausgesprochen war.[19] Solange die Anwendung einer Abfindungsklausel aber nicht aktuell ist, ist nicht der dementsprechende „Klauselwert", sondern grundsätzlich der Vollwert zu berücksichtigen. Der Anteil an einer „lebenden Gesellschaft" bedeutet in der Praxis meist mehr als den „Klauselwert".[20] Eine spätere Korrektur kommt nicht in Betracht.[21]

Abfindungsklauseln sind in Gesellschaftsverträgen[22] häufig, insbesondere 499 a
mit der Regelung, daß der *Buchwert* maßgebend sein soll.[23] Sie dienen vor allem dem Zweck, Unklarheiten der gesetzlichen Abfindungsregelung (s. §§ 105 Abs. 2 HGB, 738 BGB) zu beseitigen, den Kapitalentzug durch ausscheidende Gesellschafter auf ein bestandserhaltendes Maß zu beschränken und evtl. den Vollstreckungszugriff von Gläubigern der Gesellschafter auf Anteil und Abfindungsguthaben des Gesellschafter-Schuldners abzuwehren.[24] Gegen solche Klauseln bestehen regelmäßig keine Bedenken,[25] ein Verstoß gegen die guten Sitten (§ 138 BGB) kommt nur in extrem gelagerten Fällen in Betracht.[26]

Zum Endvermögen (§ 1376 Abs. 2) gehören nur Werte, die objektivierbar 500
und bewertbar sind und die in einem Erbfalle auf die Erben übergehen kön-

---

[18] *BGH,* aaO, 200f.

[19] *BGHZ* 75, 199ff. s. auch *Soergel/Lange,* aaO, *Staudinger/Thiele,* § 1376 Rz. 31. Zum Thema „Unternehmensbeteiligungen und Zugewinnausgleich" s. *Benthin,* FamRZ 1982, 338, 344.

[20] *Benthin,* FamRZ 1982, 338, 344, 347; s. ferner *Langenfeld,* Handbuch, Rz. 277.

[21] *Benthin,* aaO, 344f.; s. ferner *Langenfeld,* Handbuch, Rz. 277.

[22] Dazu *Engel,* NJW 1986, 345; *Piltz, Wissmann,* NJW 1985, 2673, 2680ff.; *BGH,* FamRZ 1986, 1196; *Baumbach/Duden/Hopt,* HGB § 138 Anm. 5c.

Auch wenn an einem Vertrag beide Ehegatten beteiligt sind, ist der Vertrag nicht als Ehegütervertrag zu beurteilen; mögliche Auswirkungen auf die Berechnung des Zugewinnausgleichs machen den Gesellschaftsvertrag nicht zum Ehevertrag, was wegen der Formvorschrift des § 1410 BGB wichtig ist (s. dazu *Soergel/Gaul,* Vorbem. 28 vor § 1408, § 1408 Rz. 7; *Staudinger/Thiele,* § 1408 Rz. 26ff., *MünchKomm./Kanzleiter,* Vorbem. 9 vor § 1408, § 1408 Rz. 7; *Gernhuber,* FamR, § 32 I 7).

[23] Beispiele dazu bei *Hengeler,* aaO, VIII B 2 § 12, C 1 § 15, C 2 § 20, C 13 § 15, C 14 § 20; s. ferner *BGH,* NJW 1985, 192.

Die Festlegung des Buchwerts bedeutet regelmäßig, daß stille Reserven und der Firmenwert außer Betracht bleiben (s. *Hengeler,* aaO, S. 801; zum Buchwert s. noch *K. Schmidt,* FamRZ 1974, 518, 519, zu substanzwertorientierten Klauseln s. *Sieben, Lutz,* DB 1983, 1989.

[24] *Heckelmann,* Abfindungsklauseln in Gesellschaftsverträgen, S. 274; *Langenfeld,* aaO, Rz. 277.

[25] *Heckelmann,* aaO, S. 103ff., 123, 154, 170f., 183f.; sowie *Rasner,* NJW 1983, 2905, 2906ff.; *Piltz, Wissmann,* NJW 1985, 2673, 2680ff.

[26] *Heckelmann,* aaO, S. 123, 274; *Rasner,* aaO, S. 2907.

nen,[27] zB auch das Anwartschaftsrecht des Nacherben (§ 2313 BGB ist hier nicht entsprechend anwendbar).[28]

Übt eine Ehegatte eine **freiberufliche Tätigkeit** aus, so ist auch deren good will zu berücksichtigen.[29]

Für einen kleineren Handwerksbetrieb, zB eine Bäckerei und Konditorei, kann nur dann ein good will angesetzt werden, wenn das Gericht die Überzeugung gewonnen hat, daß Betriebe der in Frage stehenden Art als Ganzes veräußert werden und daß dabei Preise erzielt werden, die über den reinen Substanzwert hinausgehen.[30]

In dem Falle eines Handelsvertreters hat der BGH[31] im Hinblick auf die Eigenart dieses Gewerbes angenommen, hier komme nur ausnahmsweise ein good will in Betracht. Auch für ein Architekturbüro ist regelmäßig kein good will in Ansatz zu bringen.[32]

Im allgemeinen ist aber anzunehmen, daß die Praxis des Angehörigen eines freien Berufs einen inneren Wert, entsprechend einem Firmenwert (good will), haben kann, der sich darin äußern kann, daß der Erwerber einer solchen

---

[27] *BGHZ* 68, 163 = FamRZ 1977, 386 = NJW 1977, 949 = MDR 1977, 564 = DB 1977, 1843 = DNotZ 1978, 107; hierzu *Johannsen,* LM § 1375 Nr. 2 Anm.

So hat das *OLG Stuttgart* (FamRZ 1986, 466) ein lebenslanges **Nießbrauchsrecht** (vgl. § 1061 BGB) als einen nicht zu bewertenden Vermögensgegenstand beurteilt (Verschaffung des Nießbrauchsrechts durch den anderen Ehegatten, der ein Grundstück den gemeinsamen Kindern geschenkt hatte, mit der Auflage, den Eltern ein lebenslanges Nießbrauchsrecht zu bestellen, das dann im Grundbuch eingetragen wurde (vgl. § 873 BGB); dem Nießbraucher oblag ersatzlos auch die über den gewöhnlichen Erhaltungsaufwand (§ 1041 BGB) hinausgehende Erhaltung und Erneuerung und die Tragung der privaten und öffentlichen Lasten, auch bezüglich des Stammwertes.) Doch ist diese Entscheidung als zweifelhaft zu beurteilen (*Palandt/Diederichsen,* § 1376 Anm. 2a; zur Kapitalisierung s. *Staudinger/Thiele,* § 1376 Rz. 39, zum Ertragswert *Soergel/Lange,* § 1376 Rz. 12). Vgl. auch Rz. 502 Fn. 60.

[28] *BGHZ* 87, 367 = FamRZ 1983, 882 = NJW 1983, 2244 = JR 1984, 21 m. Anm. *Schubert;* s. ferner *Schwab,* Handbuch, Rz. 745; hierzu *Gernhuber,* FamRZ 1984, 1053, 1058f., 1062. Zur Bewertung des Anwartschaftsrechts des Nacherben s. noch *OLG Hamm,* FamRZ 1984, 481. Die Anwartschaft auf spätere Erbschaft stellt keinen objektivierbaren Wert dar (*OLG Koblenz,* FamRZ 1985, 286).

Zu befristeten Rechten und Verbindlichkeiten und Erwerbschancen *Schwab,* aaO, Rz. 746f.

Spielt die Frage der Bewertung unsicherer oder ungewisser Rechte bei einer Vereinbarung eine Rolle, so empfiehlt sich eine ausdrückliche Klarstellung, ob eine spätere Korrektur vorgenommen werden kann (s. Empfehlung des 5. DFGT, Brühler Schriften, Bd. 3, S. 142f. = FamRZ 1983, 1199, 1201).

[29] *BGH,* FamRZ 1977, 38 = JZ 1977, 180 = DB 1977, 1183 = NJW 1977, 378 (hierzu nur Leits.); ferner *Erman/Heckelmann,* § 1376 Rz. 6, *Schwab,* FamRZ 1984, 429, 433. Zum Praxiswert bei freien Berufen (in steuerlicher Hinsicht) *Fasold,* BB 1987, 100.

[30] *BGHZ* 70, 224 = FamRZ 1978, 332 = JR 1978, 243 = MDR 1978, 475.

[31] *BGHZ* 68, 163 (s. Fußn. 27); s. auch *OLG Koblenz,* FamRZ 1979, 131 (Versicherungsagent); *OLG Koblenz,* FamRZ 1983, 166 (Schuheinzelhandel); *OLG Düsseldorf,* FamRZ 1984, 699 (Druckerei).

[32] *OLG München,* FamRZ 1984, 1096.

Praxis bereit ist, für sie einen höheren Preis zu zahlen, als es dem reinen Sachwert der Praxiseinrichtung entspricht.[33] Zu unterscheiden ist der Substanzwert und der Ertragswert, letzterer ist in mehr oder weniger größerem Umfang von den besonderen Fähigkeiten des Inhabers der Praxis abhängig.[34]

Der Wert zB einer Anwaltspraxis wird im wesentlichen beeinflußt von der im freien Beruf beachtlichen Personengebundenheit des Dienstleistungsangebots, von der Struktur des Klientenstammes und damit der Struktur der Tätigkeiten, vom Standort der Praxis, vom Ruf der Praxis als Allgemein- oder Spezialpraxis, wie auch von der Güte der juristischen Mitarbeiter.[35] Hier wird man den internen Wert (nach dem tatsächlich erzielten Umsatz) und den externen Wert (nach dem zu erwartenden Umsatz) unterscheiden können, wobei mitzuberücksichtigen ist der erzielte und der zu erwartende Überschuß (Gewinn).[36] Ähnliche Grundsätze werden für die Praxis eines Wirtschaftsprüfers[37] und eines Steuerberaters anzunehmen sein, ebenso für die eines Notars.

Für die Praxis eines Arztes und Zahnarztes[38] werden ebenfalls ähnliche Grundsätze angewendet werden können; die Einkünfte beruhen fast ausschließlich auf den persönlichen Leistungen des Inhabers der Praxis, Hilfskräfte werden regelmäßig nur für untergeordnete Tätigkeiten eingesetzt. Wichtig ist, wielange eine Praxis besteht, ob sie einen festen Stamm von Patienten hat, die Lage der Praxis; handelt es sich um einen Spezialarzt, so sind Untersuchungsgeräte von wesentlicher Bedeutung, auch wenn sie von (freilich besonders ausgebildeten) Hilfskräften bedient werden. Besitzt zB der Zahnarzt ein eigenes Zahnlabor, so erhöht dieses den Wert der Praxis, also der Umstand, daß diese damit, soweit Laborarbeiten vorgenommen werden, von anderen diesbezüglichen Unternehmen unabhängig ist; hier ist also ein einheitliches ,,Unternehmen" anzunehmen, d. h. das Labor kann von der Zahnarztpraxis nicht ausgeschieden werden.

Gegenstände, die zur Veräußerung bestimmt sind oder die als Folge des 501
Zugewinnausgleichs zur Erlangung flüssiger Geldmittel tatsächlich veräußert werden müssen, sind mit dem Verkehrswert einzusetzen,[39] jedoch kann dies nicht für **Hausratsgegenstände** gelten (soweit diese im Hausratsverfahren zu

---

[33] *BGH,* FamRZ 1977, 38, 39 (s. Fußn. 29), *Oswald,* AnwBl 1979, 368.

[34] *Johannsen,* LM § 1375 Nr. 2 Anm.; *BGHZ* 68, 163 (s. Fußn. 27).

[35] *Knief,* AnwBl 1978, 246, 248 m. weit. Hinw.; s. auch *BGH,* NJW 1973, 98, 100; *OLG Celle,* AnwBl 1977, 216 = FamRZ 1977, 397 Leits.; *OLG Hamm,* NJW 1983, 1914 = AnwBl 1983, 525 (Anteil an Sozietät, Auskunftsklage), *OLG Saarbrücken,* FamRZ 1984, 794, *OLG Frankfurt,* FamRZ 1987, 485 = NJW-RR 1987, 327 = AnwBl 1987, 192; sowie *Strohm,* AnwBl 1977, 389.

[36] *Knief,* aaO, 247ff. mit Darstellung der Methoden der Ermittlung des Praxiswertes und eines praktischen Beispiels; zu Praxiswert und Abschreibung bei Eintritt in weiterbestehende Anwaltssozietät (in steuerlicher Hinsicht) *Raffelsieper,* NJW 1987, 1313.

[37] Hierauf weist auch *Knief,* aaO, 249, hin.

[38] *OLG Koblenz,* FamRZ 1982, 280.

[39] *Gernhuber,* § 36 V 6, S. 210.

verteilen sind oder bereits bei der Trennung verteilt wurden, also nicht zum Zugewinn gehören, s. Rz. 490), hier dürfte der Anschaffungspreis abzüglich eines realistischen Abschreibungsbetrages für Abnutzung anzunehmen sein.[40]

Bei der Berechnung des Zugewinns sind auch **Lebensversicherungen,** die Kapitalversicherungen sind (§§ 165 Abs. 2, 166 Abs. 1 VVG), zu berücksichtigen,[41] dagegen nicht Lebensversicherungen als Rentenversicherungen,[42] denn diese fallen unter § 1587a Abs. 2 Nr. 5 BGB (s. Rz. 364f., 369 aE).

Ebenso sind Anrechte aus einer vom Arbeitgeber als Direktversicherung (s. Rz. 446) zur betrieblichen Altersversorgung abgeschlossenen Kapitallebensversicherung nicht zu berücksichtigen, da diese Anrechte beim Endvermögen wirtschaftlich nicht bewertbar sind.[43]

Wird eine **Schenkung** berechtigterweise widerrufen (§ 530 BGB, s. Rz. 542), so muß rechnerisch die Vermögenslage beider Ehegatten ohne die Schenkung wiederhergestellt werden.[44]

Zu berücksichtigen sind ferner ausbezahlte Kapitalleistungen zur Altersversorgung,[45] auch fällige Rentenansprüche nach dem BVersG und aus gezahlten Renten noch vorhandene Beträge, zB auf Sparkonto,[46] weiterhin eine bei Beginn des Güterstandes bereits vorhandene rechtlich gesicherte Anwartschaft auf eine Übergangsbeihilfe nach § 12 SVG,[47] dagegen nicht die Anwartschaft eines Soldaten auf Zeit auf Übergangsgebührnisse gemäß § 11 SVG.[48]

---

[40] *Gernhuber,* aaO; *MünchKomm./Gernhuber,* Rz. 10, *Staudinger/Thiele,* Rz. 35, anders *Soergel/Lange,* Rz. 11 (je zu § 1376): Wiederbeschaffungspreis abzüglich Abnutzung.

[41] *BGHZ* 67, 262 = FamRZ 1977, 41 = NJW 1977, 101 = JZ 1977, 62; *Johannsen,* LM § 1374 Nr. 2 Anm.; zur Bewertung: *Soergel/Lange,* § 1376 Rz. 11: maßgebend der Kapitalwert, der nicht mit dem Rückkaufswert identisch ist, anders *BGH,* NJW 1981, 1038, 1039 = FamRZ 1981, 239 (obiter); *Schwab,* Handbuch, Rz. 744; *Jauernig/Schlechtriem,* § 1375 Anm. 2, *Palandt/Diederichsen,* § 1376 Anm. 2: Rückkaufswert; *Staudinger/Thiele,* § 1376 Rz. 39 i. V. mit § 1374 Rz. 7: Rückkaufswert, wenn nicht ein anderer unwiderruflich Bezugsberechtigter ist; im letzteren Falle bleibt der Wert wohl unberücksichtigt.

[42] Hierzu *Prölss/Martin,* VVG, Vorbem. 1 C vor § 159.

[43] *BGH,* FamRZ 1984, 666 = NJW 1984, 1611.

[44] *Soergel/Lange* Rz. 14, *Palandt/Diederichsen,* Anm. 3c je zu § 1374; *Olzen,* JR 1983, 455, 456; *Seutemann,* FamRZ 1983, 990, 992; Der Widerruf von Schenkungen unter Ehegatten (1984), S. 111ff., 117ff.; *Schwab,* FamRZ 1984, 525, 527.

[45] *Fischer,* DB 1976, 2351, 2352. Zur Abfindung für die Witwenrente nach Wiederverheiratung (§ 1302 RVO, § 81 AVG) s.*BGHZ* 82, 149 = FamRZ 1982, 147 = JZ 1982, 154 = EBE 1982, 31 = NJW 1982, 279 = MDR 1982, 224 = LM § 1374 Nr. 7 Ls m. Anm. *Lang.*

[46] *BGH,* LM BGB § 1374 Nr. 5 = NJW 1981, 1038 = FamRZ 1981, 239, und *OLG Karlsruhe,* FamRZ 1979, 432; *Soergel/Lange,* § 1374 Rz. 7; anders *Schwagerl,* NJW 1982, 1798; *Schwab,* FamRZ 1984, 429, 433.

[47] *OLG Hamm,* FamRZ 1978, 12; s. ferner *OLG Düsseldorf,* FamRZ 1980, 51; *OLG München,* FamRZ 1982, 608; *Soergel/Lange,* aaO; anders, wenn die Übergangsbeihilfe *nach* dem Stichtag zu zahlen ist (*BGH,* FamRZ 1983, 881 = NJW 1983, 2141).

[48] *BGH,* FamRZ 1980, 39 = NJW 1980, 229.

Ist der Ehegatte nach dem Stichtag des § 1384 BGB als Berufssoldat in den Ruhestand getreten, so gehört die Ausgleichszahlung (§ 38 SVG) nicht zu seinem Endvermögen.[49]

Der BGH[50] hat auch **Schmerzensgeld**, vorbehaltlich der Anwendung des § 1381 BGB, berücksichtigt, wogegen freilich auf Grund der Rechtsnatur dieses Anspruchs Bedenken zu erheben sind.[51] Nicht zu berücksichtigen ist auf Grund der Zweckbestimmung wohl eine nach einem Unfall gewährte Abfindung für notwendige zukünftige weitere Heilbehandlungen und Heilkuren, dagegen jedoch eine noch vorhandene Abfindung, die als Schadensersatz für Verdienstausfall, z. B. nach einem Verkehrsunfall und dadurch herbeigeführter Erwerbsunfähigkeit, gezahlt wurde.[52]

Berücksichtigung finden muß bei der Berechnung des Endvermögens ein zwischenzeitlich erlangter Lottogewinn[53] oder Totogewinn oder dgl., § 1374 Abs. 2 BGB kann auf diese Fälle nicht entsprechend angewendet werden.

Bausparguthaben sind ebenso zu behandeln wie Sparguthaben, maßgebend ist daher die bis zum Stichtag angesparte Summe einschließlich der Zinsen,[54] also nicht die Vertragssumme.

Sind beide Ehegatten Inhaber eines Sparkontos in der Weise, daß jeder allein verfügungsberechtigt ist („Oder"-Konto),[55] so findet zwischen ihnen wegen der während der Ehe getätigten Verfügungen keine Ausgleichung statt.[56]

Benutzte ein Ehegatte vor der Rechtshängigkeit des Scheidungsantrags die

---

[49] *BGH,* FamRZ 1982, 684 = NJW 1982, 1982 = MDR 1982, 930 = LM BGB § 1375 Nr. 7.

[50] *BGHZ* 80, 384 = FamRZ 1981, 755 = JZ 1981, 534 = JR 1981, 506 m. Anm. *Gamp,* S. 508; dazu *Portmann* in LM BGB § 1374 Nr. 6; s. auch *Schwab,* Handbuch Rz. 748, 812; FamR, Rz. 227; *Bosch,* NJW 1987, 2617, 2628 li. Sp. oben.

[51] *Gamp,* aaO; *Schwab,* FamRZ 1984, 429, 433 und FamR Rz. 227.

[52] *BGHZ* 82, 145 = FamRZ 1982, 148 = NJW 1982, 279; dazu *Tiedtke,* JZ 1984, 1078, 1082 und *Lang* in LM BGB § 1375 Nr. 6 Anm.; zu Leistungen nach dem BVG s. *BGH,* FamRZ 1981, 239; zu einer Rente mit Abfindung nach BEG s. *OLG Saarbrükken,* FamRZ 1985, 710, dazu *Gießler,* das. 1258.

[53] *BGHZ* 68, 43 = FamRZ 1977, 124 = NJW 1977, 377 = JZ 1977, 230 = MDR 1977, 383; hierzu *Hoegen* in LM BGB § 1374 Nr. 3 Anm.

[54] Unklar *Soergel/Lange,* § 1376 Rz. 15; dort wird gesagt, Forderungen und Verbindlichkeiten seien in der Regel mit ihrem Nennwert einzusetzen, dies gelte auch dann, wenn ihre Fälligkeit vom Stichtag erheblich entfernt sei, kein Aufgeld und keine Abzinsung, die gleichen Grundsätze gälten unabhängig vom Sparstadium auch für Forderungen aus Bausparguthaben.

Der Umstand, daß das Guthaben während der Sperrfrist bzw. bis zur Zuteilung des Vertrags grundsätzlich nicht verfügbar ist, ist hier ohne Bedeutung; zu beachten ist, daß das Guthaben nach der Zuteilung des Vertrags vor Ablauf der Sperrfrist grundsätzlich nur für bestimmte Zwecke (zum Wohnungsbau usw.) verwendet werden darf (s. zu diesen und weiteren, vor allem steuerrechtlichen Fragen Rz. 537f.).

[55] Vgl. dazu zB *KG,* NJW 1976, 807.

[56] *OLG Düsseldorf,* FamRZ 1982, 607; s. auch *LG Hannover,* FamRZ 1984, 479 m. Anm. d. Red. und *OLG Zweibrücken,* FamRZ 1986, 63.

Ehewohnung in einem Gebäude, das im Alleineigentum oder Miteigentum des anderen Ehegatten steht, und hat der letztere nach den Einkommens- und Vermögensverhältnissen einen Anspruch auf Nutzungsentschädigung (s. auch Rz. 22 aE) – war die Überlassung der Ehewohnung also nicht Teil der Erfüllung der Unterhaltspflicht des letzteren Ehegatten –, so ist der Anspruch auf Nutzungsentschädigung bei der Berechnung des Endvermögens zu berücksichtigen.[57] Entsprechendes gilt für den Fall, daß es sich um eine Eigentumswohnung handelt; hier ist gegebenenfalls ein von dem Inhaber der Wohnung gezahltes Wohngeld (§ 16 Abs. 2 WEG) zu verrechnen.

502 Hat ein Ehegatte nach Eintritt des Güterstandes von Todes wegen oder mit Rücksicht auf ein künftiges Erbrecht, durch Schenkung oder als Ausstattung (§ 1624 BGB) Vermögen erworben,[58] so wird dieses nach Abzug der Verbindlichkeiten dem Anfangsvermögen zugerechnet (**§ 1374 Abs. 2**), soweit es sich nicht um Einkünfte handelt. Einkünfte iS dieser Vorschrift sind auch Zuwendungen zur Unterstützung der Lebensführung im allgemeinen, zum alsbaldigen Verbrauch, zB zur Bestreitung von Umzugskosten, zum Erwerb eines Führerscheins, Zuschuß zum Kauf eines Personenwagens usw.[59]

Mit Rücksicht auf ein künftiges Erbrecht erworben ist alles, was in vorweggenommener Erbfolge anfällt,[60] dazu gehört zB die Übernahme oder teilweise Übernahme des Unternehmens des Elternteils eines Ehegatten oder die Aufnahme des künftig Erbberechtigten in ein Unternehmen oder die Gründung einer OHG oder KG unter Hereinnahme (Beteiligung) des künftig Erbberechtigten.[61] Hier kommt es auch nicht darauf an, ob und welche Gegenleistungen der Berechtigte zu erbringen hat, zB in Form von Auflagen oder Vermächtnissen – diese sind gegebenenfalls als Verbindlichkeiten abzuziehen – oder welche Pflichten er zu übernehmen hat, zB in einer Gesellschaft die (Mit-)Geschäftsführung und (Mit-)Haftung für Schulden der Gesellschaft. Ein solcher Erwerb kommt auch in Betracht, wenn er in der Form eines Kaufs erfolgt.[62] Der andere Ehegatte soll in solchen Fällen nicht im

---

[57] Vgl. auch *OLG Celle*, FamRZ 1981, 1066, 1069.

[58] Zur Wertberechnung (Zeitpunkt) s. oben Rz. 498 aE; zum Problem des Surrogats s. Rz. 498, Abs. 1.

[59] *OLG Zweibrücken*, FamRZ 1984, 276 = MDR 1984, 492; hierzu *Schwab*, FamRZ 1984, 429, 434f.; ferner s. *BGH*, FamRZ 1987, 910.

[60] Zu dem Fall, daß die Eltern eines Ehegatten diesem vor Beginn der Zugewinngemeinschaft ein Grundstück mit Rücksicht auf die künftige Erbfolge unentgeltlich übertrugen, sich aber den lebenslänglichen Nießbrauch vorbehielten und dieser nach Beginn der Zugewinngemeinschaft und vor Rechtshängigkeit des Scheidungsantrags durch den Tod der Nießbraucher erlosch, *OLG Koblenz*, FamRZ 1983, 166. Zur Anwartschaft einer durch Erbvertrag Bedachten s. *OLG Koblenz*, FamRZ 1985, 286.

[61] *Staudinger/Thiele*, Rz. 25, *MünchKomm./Gernhuber*, Rz. 20, *Soergel/Lange*, Rz. 13 je zu § 1376.

[62] *BGHZ* 70, 291 = FamRZ 1978, 334 = NJW 1978, 1809; *Rottmüller* in LM § 1374 Nr. 4 Anm.

Wege des Zugewinnausgleichs Vorteile erlangen, wenn die Zuwendung an den betreffenden Ehegatten auf persönlichen Beziehungen beruht.[63]

Ist das Anfangsvermögen überschuldet, so ist der privilegierte Erwerb iS des § 1374 Abs. 2 dem Minussaldo, also nicht dem sonst nach § 1374 Abs. 1 HS 2 bei überschuldetem Vermögen (s. Rz. 490a) maßgeblichen Stand von Null zuzurechnen.[64]

Auf **Schenkungen unter Ehegatten** (s. Rz. 542) ist die Vorschrift des § 1374 Abs. 2 jedoch nicht anzuwenden,[65] was sich aus dem dargelegten Sinn und Zweck dieser Regelung ergibt, Zuwendungen bestimmter Art von dritter Seite zu privilegieren. So kann auch eine analoge Anwendung des § 1374 Abs. 2 auf sonstige Zuwendungen eines Ehegatten an den anderen, sog. **unbenannte,** d. h. **ehebedingte Zuwendungen,** die der Verwirklichung oder Förderung der ehelichen Lebensgemeinschaft dienen sollen (vgl. dazu auch Rz. 542), nicht in Betracht kommen.[66] Eine andere Frage ist, ob eine Zuwendung auf den Zugewinnausgleichsanspruch gemäß § 1380 Abs. 1 anzurechnen ist (s. dazu Rdnrn. 495, 518a). **502a**

Gemäß **§ 1375 Abs. 2** sind dem Endvermögen eines Ehegatten Beträge hinzuzurechnen, die dessen Vermögen vermindert haben,[67] weil er unentgeltliche Zuwendungen[68] gemacht hat, die nicht einer sittlichen Pflicht oder einer auf den Anstand zu nehmenden Rücksicht entsprachen (Nr. 1)[69] oder weil er Handlungen vorgenommen hat, in der Absicht, den anderen Ehegatten zu **502b**

---

[63] *BGHZ* 70, 291, 293; s. auch schon *BGHZ* 68, 43, 45f. = FamRZ 1977, 124 = NJW 1977, 377, sowie *Hoegen* in LM § 1374 Nr. 3 Anm.

[64] *Soergel/Lange,* Rz. 10; *Erman/Heckelmann,* Rz. 8, *Jauernig/Schlechtriem,* Anm. 4a je zu § 1374; *Gernhuber,* § 36 III 4; *Langenfeld,* Handbuch, Rz. 304; anders *Staudinger/Thiele,* Rz. 32.

[65] *OLG Karlsruhe,* FamRZ 1981, 556; *OLG Frankfurt,* FamRZ 1987, 62 m. zustimm. Anm. *Netzer,* S. 67; *Reinicke, Tiedtke,* WPM 1982, 946, 947ff., 950ff.; *Holzhauer,* JuS 1983, 830, 834f.; *Tiedtke,* JZ 1984, 1078, 1079; *Friedrich,* JR 1986, 1, 4; *Langenfeld,* Handbuch, Rz. 305, und NJW 1986, 2541; *Netzer,* S. 108ff. (kritisch); offengelassen von *BGHZ* 82, 227, 234 = FamRZ 1982, 246 m. Anm. *Bosch* = JR 1982, 234 m. Anm. *Kühne* = NJW 1982, 1093; s. auch *Schwab,* FamRZ 1984, 525, 526; *anders BGHZ* 65, 320, 324 = FamRZ 1976, 82, 83f. = JZ 1976, 486 m. Anm. *Kühne* = NJW 1976, 328; *Staudinger/Thiele,* Rz. 26, 28, *MünchKomm./Gernhuber,* Rz. 22, *Soergel/Lange,* Rz. 14, *RGRK/Finke,* Rz. 18, *Erman/Heckelmann,* Rz. 7 je zu § 1374; *Gernhuber,* FamRZ, § 36 III 4 Fn. 3; wie im Text zuletzt auch *Graba,* NJW 1987, 1721, 1724f., und *BGH,* FamRZ 1987, 791 (Rev.-Urt. zu *OLG Frankfurt). Mit dieser Entscheidung des BGH dürfte die vorliegende Frage nun endgültig geklärt sein (s. auch Rz. 518 (8)).*

[66] *BGH* aaO, und FamRZ 1982, 778, 779; *Reinicke, Tiedtke, Holzhauer, Langenfeld* je aaO; *Tiedtke,* DNotZ 1983, 161, 163; *Netzer,* S. 197ff.; *MünchKomm/Lieb,* 2. Aufl. § 812 Rz. 157; anders *Soergel/Lange,* aaO; *Staudinger/Thiele,* Rz. 28, *MünchKomm./Gernhuber,* Rz. 21 je zu § 1374.

[67] Zur Frage des Auskunftsrechts des anderen Ehegatten s. *BGH,* NJW 1982, 176 = FamRZ 1982, 27 = Rpfleger 1982, 24 Leits.

[68] Zum Begriff der unentgeltlichen Zuwendung *BGH,* FamRZ 1986, 565.

[69] Zur Schenkung an Tochter *OLG München,* FamRZ 1985, 814.

benachteiligen (Nr. 3)[70] oder Vermögen verschwendet hat (Nr. 2).[71] Dies gilt jedoch nicht, wenn der andere Ehegatte mit den Handlungen des ersteren Ehegatten, zB Schenkungen an die gemeinschaftlichen Kinder, einverstanden war (§ 1375 Abs. 3). Ein Einverständnis ist aber nicht schon aus dem Unterbleiben eines Widerspruchs des anderen Ehegatten herzuleiten.[72] Zu Ansprüchen des Ausgleichsberechtigten gegen den Dritten s. § 1390 BGB.

Im Falle einer Zuwendung eines Ehegatten an den anderen kommt eine Hinzurechnung nicht in Betracht, wie sich schon aus § 1375 Abs. 3 ergibt; vielmehr sind hier vor allem die Vorschriften des § 1380 BGB anzuwenden[73] (s. auch schon Rz. 495).

502c Legt der Ausgleichspflichtige Wert auf eine **Stundung** der Ausgleichsforderung, kommt aber eine Vereinbarung darüber nicht zustande, so kann das FamG gemäß **§ 1382 Abs. 1 Satz 1 BGB**[74] auf Antrag des Ausgleichspflichtigen, soweit er die Forderung nicht bestreitet, die Stundung anordnen (s. auch Rz. 28 aE), wenn die sofortige Zahlung auch unter Berücksichtigung der Interessen des Gläubigers zur Unzeit erfolgen würde, zB wenn die sofortige Zahlung die Wohnverhältnisse oder sonstigen Lebensverhältnisse gemeinschaftlicher Kinder nachhaltig verschlechtern würde (**Abs. 1 Satz 2**). Zu weiteren Einzelheiten der Anordnung, zB der Verzinsung, s. Abs. 2–4. Über die Möglichkeit späterer Änderung der Anordnung s. § 1382 Abs. 6. Ist ein Rechtsstreit über den Zugewinnausgleich anhängig (d.h. rechtshängig), so kann der Antrag auf Stundung nur in diesem Verfahren gestellt werden (§ 1382 Abs. 5).

Begehrt der Gläubiger die **Übertragung bestimmter Vermögensgegenstände des Schuldners,** und kommt keine Einigung zustande, so kann das FamG auf Antrag des Gläubigers anordnen, daß der Schuldner bestimmte Gegenstände seines Vermögens dem Gläubiger unter Anrechnung auf die Ausgleichsforderung zu übertragen hat, wenn dies erforderlich ist, um eine grobe Unbilligkeit für den Gläubiger zu vermeiden, und wenn dies dem Schuldner zugemutet werden kann; in der Entscheidung ist der Betrag festzusetzen, der auf die Ausgleichsforderung angerechnet wird (**§ 1383** Abs. 1 **BGB**). In dem Antrag hat der Gläubiger die Gegenstände zu bezeichnen, deren Übertragung er

---

[70] Zu einem besonderen Fall (Selbstmordversuch) *OLG Frankfurt,* FamRZ 1984, 1097; zur Darlegungs- und Beweislast betr. Kontoüberziehung *BGH,* NJW-RR 1986, 1325.

[71] Zum Begriff der Verschwendung *OLG Schleswig,* FamRZ 1986, 1208; s. auch *OLG Karlsruhe,* FamRZ 1986, 167.

[72] *Soergel/Lange,* § 1375 Rz. 20, sowie vor allem *Staudinger/Thiele,* § 1375 Rz. 37 m. weit. Einzelheiten.

[73] *MünchKomm./Gernhuber,* Rz. 14, *Erman/Heckelmann,* Rz. 7, s. auch *Soergel/Lange,* Rz. 15 je zu § 1375.

[74] I. d. F. des UÄndG: Die Neufassung geht auf den Entwurf BR-Drucks. 501/84 = BT-Drucks. 10/2888 zurück, s. Begründung S. 13f., 17f.; zu der Neuregelung s. *Diederichsen,* NJW 1986, 1283, 1284f.; *Palandt/Diederichsen,* § 1382 Anm. 2; vgl. auch zu § 180 Abs. 3 ZVG Rz. 522a.

begehrt (§ 1383 Abs. 2). Ist ein Rechtsstreit über den Zugewinnausgleich anhängig, so kann der Antrag nur in diesem Verfahren gestellt werden (§ 1383 Abs. 3 i. V. m. § 1382 Abs. 5 BGB).

Vereinbarungen über eine Stundung der Ausgleichsforderung oder über die Übertragung bestimmter Gegenstände bedürfen, wenn sie **während des Scheidungsverfahrens,** d. h. vor Fälligkeit der Ausgleichsforderung, also vor Beendigung des Güterstandes geschlossen werden (**§ 1378 Abs. 3 Satz 1 BGB**), der notariellen Beurkundung (§ 1378 Abs. 3 Satz 2, s. dazu Rz. 490).[75]

c) Steuerliche Auswirkungen

503 Wird der Zugewinnausgleich nicht in bar, sondern mit Gegenständen geleistet, die beim Ausgleichsverpflichteten zum **Privatvermögen** gehört hatten, so kann durch die Eigentumsübertragung bei ihm nur dann eine **Einkommensteuer** entstehen, wenn es sich um ein Spekulationsgeschäft im Sinne des § 23 EStG[1] oder um die Veräußerung einer wesentlichen Beteiligung im Sinne des § 17 EStG[2] handelt; denn es liegt jeweils ein entgeltliches Rechtsgeschäft vor, wenn Wirtschaftsgüter in Erfüllung von Verpflichtungen aus der güterrechtlichen Auseinandersetzung übertragen werden. Vgl. im übrigen Rz. 442.

Hatte dagegen der übertragene Gegenstand zum **Betriebsvermögen** des Ausgleichsverpflichteten gehört, so liegt in der Übertragung dann eine Entnahme (§ 6 Abs. 1 Nr. 4 EStG), wenn der Empfänger nicht Mitunternehmer des Betriebs ist;[3] durch die Entnahme wird ein laufender Gewinn ausgelöst, soweit der Teilwert zum Zeitpunkt der Entnahme über dem Buchwert liegt, auch wenn das Wirtschaftsgut beim Empfänger wieder Betriebsvermögen wird.[4] Im Tausch eines betrieblichen Wirtschaftsguts liegt nämlich keine Veräußerung, sondern eine Entnahme, wenn die Gegenleistung in der Erlangung eines Wirtschaftsguts des notwendigen Privatvermögens oder in der Befreiung von einer familienrechtlichen Schuld besteht;[5] das bedeutet, daß der

---

[75] Ebenso *Soergel/Lange,* § 1382 Rz. 8, § 1383 Rz. 4; *Staudinger/Thiele,* § 1382 Rz. 49, § 1383 Rz. 34.

[1] *Göppinger/Märkle,* Unterhaltsrecht, Rz. 2036, 2043.

[2] *Göppinger/Märkle,* Unterhaltsrecht, Rz. 2037, 2043.

[3] Mitunternehmer kann auch zB der Ehegatte (im gesetzlichen Güterstand oder in Gütertrennung) sein, der ohne vertragliche Abmachungen unternehmerisches Ertrags- und Kapitalrisiko trägt und Unternehmerinitiative entfalten kann, auch wenn das Gesellschaftsverhältnis nur stillschweigend im Innenverhältnis besteht und sich die Beteiligten gar nicht bewußt sind, daß sie den Betrieb als Mitunternehmer führen (Abschn. 138 Abs. 3 EStR m. weit. Hinw.; zum stillschweigenden Gesellschaftsverhältnis von Ehegatten (Innengesellschaft) s. noch Rz. 523 m. Fn. 3, 5).

[4] *Göppinger/Märkle,* Unterhaltsrecht, Rz. 2044; wegen der einkommensteuerlichen Folgen der Auflösung von Mitunternehmerschaften Rz. 2076–2081.

[5] *BFH,* BStBl. 1982 II 18 = BFHE 134, 104 = BB 1981, 2115 = DB 1982, 84 = DStR 1982, 50 = FR 1981, 594.

Gewinn nicht nach §§ 6b, 6c EStG auf Reinvestitionen übertragen werden kann.

Nach der Eigentumsübertragung sind die Einkünfte, die mit den übertragenen Gegenständen erzielt werden, dem Empfänger zuzurechnen. Die Leistung des Zugewinnausgleichs in Geld hat beim Ausgleichspflichtigen keine einkommensteuerlichen Folgen.

Die Leistung des Zugewinnausgleichs berührt das Einkommen der Beteiligten nicht und ist lediglich ein Vorgang im Vermögensbereich; sie kann deshalb beim ausgleichspflichtigen Ehegatten auch dann nicht als außergewöhnliche Belastung (§ 33 EStG) berücksichtigt werden, wenn bei ihm kein wesentliches Vermögen vorhanden ist.[6] Wurde der Zugewinnausgleich mit Fremdmitteln finanziert, so sind die Zinsen keine außergewöhnlichen Belastungen. Ebensowenig kommt ihr Abzug als Werbungskosten oder Betriebsausgaben in Betracht. Sie sind auch dann keine Werbungskosten, wenn durch die Aufnahme der Fremdmittel verhindert worden ist, daß der Gegenstand der Einkunftserzielung veräußert werden mußte;[7] Betriebsausgaben sind die Zinsen zur Finanzierung der Ausgleichsschuld auch dann nicht, wenn der berechtigte Ehegatte seine Ausgleichsforderung als Darlehen im Betrieb des verpflichteten Ehegatten stehen läßt.[8] Seit 1. 1. 1974 kommt der Sonderausgaben-Abzug für Zinsen nicht mehr in Betracht.

504 Die Zahlungen zum Zwecke des Zugewinnausgleichs können andererseits beim Empfänger vermögensteuerrechtliche Auswirkungen haben (s. zur **Vermögensteuer** § 1 Abs. 1 Nr. 1, §§ 4, 6, 9 VermStG).[9]

Dagegen sind die Zahlungen nicht **einkommensteuerpflichtig,** da sie unter keine der sieben Einkunftsarten des § 2 Abs. 1 Nr. 1–7 EStG fallen.[10]

Die Zahlung der Ausgleichsforderung ist auch nicht **schenkungsteuerpflichtig** (§ 5 Abs. 2, s. auch § 7 ErbStG).[11] Verzichtet der berechtigte Ehegatte auf die ihm zustehende Ausgleichsforderung, so kann, sofern Bereicherung und Bereicherungswille gegeben sind, darin eine Schenkung unter Lebenden an den verpflichteten Ehegatten liegen. Dem ausdrücklichen Verzicht wird man es gleichstellen können, wenn der anspruchsberechtigte Ehegatte seinen Anspruch nicht geltend macht. Erfolgt der Verzicht gegen eine Abfindung, so tritt diese an die Stelle der Ausgleichsforderung und ist damit ebenfalls steuerfrei. Dasselbe gilt auch für die Übertragung von Gegenständen unter Anrechnung auf die Ausgleichsforderung (§ 1383 Abs. 1 BGB). Haben die Ehe-

---

[6] *Lademann/Söffing/Brockhoff,* § 33 EStG, Anm. 78, Stichworte Abfindung, Auseinandersetzung; *Herrmann/Heuer,* Anm. 16–30 Stichwort Zugewinnausgleich; *FG Nürnberg,* EFG 1965, 585.

[7] *Schleswig-Holsteinisches FG,* EFG 1984, 545.

[8] *FG Rheinland-Pfalz,* EFG 1985, 165; *Tiedtke,* FR 1985, 631.

[9] Hierzu *Schulze zur Wiesche,* Rz. 170ff.

[10] *Doehlert,* S. 61.

[11] *Troll,* ErbStG § 5 Rz. 7; *Schulze zur Wiesche,* Rz. 195; *Haegele/Litfin,* VII Rz. 39ff. (VII S. 21ff.); *BMF,* BStBl 1975 I 42, BStBl 1976 I 145, Tz. 2.2.

gatten eine höhere Ausgleichsquote vereinbart (s. Rz. 494), so ist die diesbezügliche Leistung des einen Ehegatten ebenfalls nicht schenkungssteuerpflichtig.[12]

Wird eine unentgeltliche Zuwendung auf die Ausgleichsforderung angerechnet (§ 1380 Abs. 1 BGB), erlischt gemäß § 29 Abs. 1 Nr. 3 ErbStG die Schenkungssteuer mit Wirkung für die Vergangenheit; d. h. die bezahlte Schenkungsteuer wird erstattet.

Wurde aus Anlaß der Beendigung der Zugewinngemeinschaft wegen der Scheidung der Ehe ein inländisches Grundstück[13] an Erfüllungs Statt vor dem 1. 1. 1983 hingegeben (s. Rz. 494)[14] oder ein Grundstücksanteil übertragen, so entstand eine **Grunderwerbsteuerschuld.**[15] Beim Erwerb eines Grundstücks mit einem Ein- oder Zweifamilienhaus oder beim Erwerb einer Eigentumswohnung nch dem 31. 12. 1976 entfiel die Grunderwerbsteuer auf Antrag unter bestimmten, näher geregelten Voraussetzungen – Freibetragsregelung – (s. Art. 3 § 1 des Ges. über steuerliche Vergünstigungen bei der Herstellung oder Anschaffung bestimmter Wohngebäude v. 11. 7. 1977, BGBl I 1213).[16] Neben dem Freibetrag nach diesem Gesetz konnte eine Steuervergünstigung nach einer anderen Vorschrift, die ebenfalls nur eine Höchstbetragsregelung enthält, in Anspruch genommen werden.[17] Landesrechtliche Vorschriften blieben teilweise bis 31. 12. 1978 in Kraft (Näheres s. in § 4 dieses Gesetzes).

Von der Grunderwerbsteuer befreit sind hingegen wirksame Erwerbsvorgänge[18] *ab dem 1. 1. 1983,*[14,19] die zwischen Ehegatten[20,21] (§ 3 Nr. 4

---

[12] *Doehlert,* S. 106f.; *Meincke,* DStR 1977, 363, 365; s. hierzu auch *Knobbe-Keuk* und *Paulick* in Fschr. f. Bosch, S. 503, 508; 763, 769ff.

[13] Einschließlich aller Bestandteile ohne Zubehör. Grundstücke iSd GrErwStG sind auch Miteigentumsanteile an Grundstücken sowie Erbbaurechte.

[14] Zur Anwendung §§ 7b, 10e EStG s. Rz. 515f.

[15] *BFH,* BStBl 1970 II 440; 1972 II 474, 588; 1973 II 368; *Troll,* ErbStG § 7 Rz. 122, *Kapp,* ErbStG § 5 Rz. 81; *Doehlert,* S. 92, *Schulze zur Wiesche,* Rz. 187.

Zu einem Fall der unentgeltlichen Übertragung eines Grundstücks an den Ehegatten, für den schon ein dingliches Wohnrecht bestellt war, s. *BFH,* DB 1976, 1654 = BStBl 1976 II 577.

Zur Berücksichtigung der Übernahme einer Fremdhypothek bei Anrechnung auf den Grundstückswert (bei Veräußerung) s. *BFH,* BStBl 1976 II 128 = DB 1976, 899.

[16] Hierzu *Fuchs,* DB 1977, 1338; *Oswald,* BWNotZ 1977, 142; *Stuhrmann,* BB 1977, 1035, 1040.

[17] *BFH,* BStBl 1980 II 731 = BFHE 131, 249.

[18] Die Wirksamkeit des Erwerbsgeschäfts setzt neben der notariellen Beurkundung (§ 313 Satz 1 BGB) bei bedingten und genehmigungspflichtigen Vorgängen auch den Eintritt der Bedingung bzw. die Genehmigung (zB nach dem FlurbG, WEG) voraus (§ 14 GrErwStG 1983). Erwerbsvorgänge iSd GrErwStG sind auch Tausch-, Übergabe- und Auseinandersetzungsverträge.

[19] Das GrErwStG 1983 (BGBl I 1982, 1777; BStBl 1982 I 955), das Bundesrecht darstellt (zur Struktur des Grunderwerbsteuerrechts s. *Sigloch,* DStR 1986, 458, 499), ist für alle nach dem 31. 12. 1982 verwirklichte Erwerbsvorgänge in Kraft getreten (§ 23 Abs. 1 Satz 1 GrErwStG 1983). Für Erwerbsvorgänge, die in der Zeit vom 22.–31. 12. 1982 verwirklicht worden sind, kann auf Antrag bereits das GrErwStG 1983 angewen-

GrErwStG 1983), zwischen früheren Ehegatten im Rahmen der Vermögensauseinandersetzung nach der Scheidung (§ 3 Nr. 5 GrErwStG)[22] oder zwischen Personen durchgeführt werden, die in gerader Linie miteinander verwandt sind (§ 3 Nr. 6 GrErwStG).[23] Außerdem ist der Erwerb eines zum Gesamtgut gehörenden Grundstücks durch Teilnehmer einer fortgesetzten Gütergemeinschaft zur Teilung des Gesamtguts von der Grunderwerbsteuer ausgenommen (§ 3 Nr. 7 GrErwStG 1983).[24]

2. Gütergemeinschaft

a) Auseinandersetzung

505 Für die Gütergemeinschaft (§§ 1415 ff. BGB)[1] gelten hinsichtlich der Auseinandersetzung die Vorschriften der §§ 1471 ff. BGB,[2] wobei für den Fall einer Scheidung der Ehe die Vorschrift des § 1478 BGB (s. auch Rz. 15, 17) zu beachten ist, die eine auf Billigkeitserwägungen beruhende Ausnahme von der Vorschrift des § 1476 BGB darstellt.[3] Gemäß § 1478 Abs. 1 hat jeder Ehegatte ein Wahlrecht, ob er nach § 1476 den hälftigen Überschuß beanspruchen oder die Auseinandersetzung nach § 1478 verlangen will. Hat ein

---

det werden, soweit der nach früherem Recht ergangene Bescheid noch nicht unanfechtbar ist (§ 23 Abs. 1 Satz 2 GrErwStG 1983).

[20] Voraussetzung ist, daß zum Erwerbszeitpunkt eine rechtswirksame Ehe besteht.

[21] Die Grunderwerbsteuer-Befreiung gilt ohne Rücksicht auf den Güterstand der Ehegatten.

[22] Eine zeitliche Befristung der Steuerbefreiung sieht das GrErwStG 1983 nicht vor.

[23] Einschließlich nichteheliche und angenommene Kinder sowie Stiefkinder (Rz. 587). Die Steuerbefreiung schließt auch Erwerbsvorgänge durch die Ehegatten der begünstigten Personen ein. Der Erwerb durch Gesamthandsgemeinschaften, die allein aus dem begünstigten Personenkreis bestehen, sind in die Steuerbefreiung ebenfalls eingeschlossen (*BFH,* BStBl 1969 II 400 = BFHE 95, 292 = DB 1969, 1043 = FR 1969, 307), nicht jedoch durch juristische Personen.

[24] Den Teilnehmern an der fortgesetzten Gütergemeinschaft stehen ihre Ehegatten ohne Rücksicht auf den ehelichen Güterstand gleich.

[1] Die Gütergemeinschaft hat übrigens in den letzten Jahren kaum mehr praktische Bedeutung gewonnen, da ihre Nachteile sehr gravierend sind (s. *Langenfeld,* BWNotZ 1979, 21). Aus dem letzteren Grunde ist von der Begründung einer Gütergemeinschaft jetzt dringend abzuraten (s. *Langenfeld,* Ehevertrag, S. 89, Handbuch, Rz. 253; sowie auch *Kanzleiter,* S. 33 ff.).

[2] Zur Auseinandersetzung s. *OLG Karlsruhe,* FamRZ 1982, 286 m. Anm. *Bölling; BGHZ* 84, 333 = FamRZ 1982, 991 m. Anm. *Bölling* = NJW 1982, 2373; *OLG Bamberg,* FamRZ 1983, 72; *OLG Frankfurt,* FamRZ 1984, 170 (Liquidationsgemeinschaft); *OLG Düsseldorf,* FamRZ 1984, 1098, *OLG Bamberg,* FamRZ 1987, 703 (Nutzungsentschädigung für Nutzung des zum Gesamtgut gehörenden Hauses?); *BGH,* FamRZ 1985, 903 = NJW 1985, 3066 = Rpfleger 1985, 360; FamRZ 1986, 40; FamRZ 1986, 776; FamRZ 1986, 883; FamRZ 1987, 43 = NJW-RR 1987, 69.

[3] *Soergel/Gaul,* Rz. 4, *Palandt/Diederichsen,* Anm. 1 je zu § 1478.

Ehegatte mehr eingebracht als der andere, so stellt er sich im letzteren Falle günstiger.[4] Gemäß § 1477 Abs. 2 BGB kann ein Ehegatte gegen Ersatz des Wertes[5] Gegenstände, die er eingebracht hat, übernehmen.[6] Das Wahlrecht nach § 1478 und das Recht aus § 1477 können nebeneinander, auch im Verbundverfahren, geltend gemacht werden.[7] Zur Auslegung des § 1478 Abs. 2 Nr. 1 und 2 ist noch darauf hinzuweisen, daß unter „Gegenständen" iS dieser Vorschriften Sachen und Rechte zu verstehen sind,[8] d.h. auch Bank- und Bausparguthaben sowie Bargeld.[9] Nach § 1478 Abs. 1, 3 BGB ist der inflationsbereinigte Wert zurückzuerstatten.[10]

Ein Vertrag über die Auseinandersetzung der Gütergemeinschaft[11] kann auch als Prozeßvergleich geschlossen werden. Für den Fall, daß die Ehe nicht alsbald nach Abschluß der Vereinbarung geschieden wird, kann sich ein Vorbehalt empfehlen, der sich auf den Vermögenserwerb in der Zwischenzeit bis zur Rechtskraft des Scheidungsurteils bezieht.

Gehören zum Gesamtgut Grundstücke, so können im Vergleich auch Regelungen über die Verteilung der Grundstücke (vgl. § 873 BGB) getroffen werden (s. dazu auch Rz. 509f.). Zu berücksichtigen sind gegebenenfalls Lastenausgleichsabgaben und Hypothekengewinnabgaben.[12]

506 Zu beachten ist noch, daß für den Fall der Teilung vor Berichtigung einer Gesamtgutverbindlichkeit nach Maßgabe des § 1480 BGB beide Ehegatten weiterhin haften (s. ferner noch § 1481 BGB).[13]

---

[4] Dazu *Soergel/Gaul,* aaO, Rz. 5.

[5] Zur Zeit der Übernahme (*BGH,* FamRZ 1986, 40); § 1376 Abs. 4 BGB ist hier nicht entsprechend anwendbar (*BGH,* FamRZ 1986, 776 = NJW-RR 1986, 1067).

[6] Hierzu *OLG Bamberg,* FamRZ 1983, 72; *BGH,* FamRZ 1985, 903; zum Erwerb mit Rücksicht auf künftiges Erbrecht iS des § 1477 Abs. 2 s. *BGH,* FamRZ 1986, 883; zum Übernahmerecht und Wertersatz s. noch *BGH,* FamRZ 1987, 43.

[7] *BGH* und *OLG Karlsruhe,* aaO; s. ferner noch *BGH,* FamRZ 1984, 254 (insbes. zur Abtrennung).

[8] Vgl. *BGHZ* 1, 294, 305 (obiter); der Begriff „Gegenstand" ist im BGB nicht definiert; zu der erwähnten Bedeutung s. *Staudinger/Felgentraeger,* Rz. 16, *RGRK,* Rz. 8, *Soergel/Gaul,* Rz. 11 je zu § 1478.

[9] So ausdrücklich („Geld") zu § 1520 BGB aF *Staudinger/Engelmann,* 9. Aufl. 1926, Anm. 2, *Planck/Unzner,* 4. Aufl. 1928, Anm. 1.

[10] *BGHZ* 84, 333 (unter Bezugnahme auf *BGHZ* 61, 385, s. Rz. 498); *Bölling,* FamRZ 1982, 234, 993ff.

[11] Ein Muster dazu findet sich bei *Kersten/Bühling/Appell/Kanzleiter,* S. 834ff.

[12] Hierzu *Staudinger/Promberger,* § 1047 Rz. 34ff., und *Palandt/Bassenge,* Anh. zu § 1047.

Die praktische Bedeutung ist nun allerdings gering.

[13] Dazu Näheres in *Staudinger/Thiele,* Rz. 4ff., *Soergel/Gaul,* Rz. 2ff. zu § 1480; Berichtigung der Gesamtgutsverbindlichkeiten vor Verteilung des Überschusses (*BGH,* FamRZ 1986, 40); zur Bedeutung eines Kostentitels gegen einen Ehegatten *OLG Stuttgart,* Die Justiz 1987, 109 = FamRZ 1987, 304 = NJW-RR 1987, 258 (§ 742 ZPO nicht entsprechend anwendbar).

b) Steuerliche Fragen

507 Da bei der Auseinandersetzung der Gütergemeinschaft jeder Ehegatte seinen Anteil erhält, entsteht keine Schenkungsteuer.[1] Wird hierbei ein Grundstück oder ein Grundstückanteil übertragen, so ist dieser Vorgang auch grunderwerbsteuerfrei (§ 3 Ziff. 5 GrErwStG; Rz. 504). Werden anläßlich der Auseinandersetzung des Güterstandes Gegenstände des Privatvermögens veräußert, so unterliegt der Erlös nicht der Einkommensbesteuerung, es sei denn, es handele sich um ein Spekulationsgeschäft oder um Anteile an einer Kapitalgesellschaft bei wesentlicher Beteiligung (Rz. 441, 503).

508 Gehört ein Betrieb zum Gesamtgut der Gütergemeinschaft, so sind die Ehegatten infolge ihrer gemeinsamen Eigentums-, Verwaltungs- und Verfügungsrechte über die Gegenstände sowie der gesamtschuldnerischen Haftung regelmäßig **Mitunternehmer** des Betriebs (Rz. 528);[2] dasselbe gilt auch für den Güterstand der Errungenschaftsgemeinschaft.[3] In diesen Fällen liegt zwischen den Ehegatten nur dann keine Mitunternehmerschaft vor, wenn die Einkünfte aus dem Betrieb nicht aufgrund des betrieblichen Sachvermögens, sondern allein durch den höchstpersönlichen Arbeitseinsatz eines Ehegatten erzielt werden. Deshalb ist ausnahmsweise dann keine Mitunternehmerschaft gegeben, wenn zum Gesamtgut

- das Vermögen einer freien Berufstätigkeit gehört und nicht beide Ehegatten die Berufsvoraussetzungen erfüllen.
- der Betrieb eines Handelsvertreters gehört,[4] weil der Handelsvertretervertrag zivilrechtlich ein auf Geschäftsbesorgung gerichteter Dienstvertrag darstellt, der weder auf die Ehefrau noch auf Dritte übertragbar ist.
- ein kleiner Gewerbebetrieb ohne nennenswertes Kapital und ohne Grundstück oder Grundstücksteil gehört.[5]

Die Auflösung der Gütergemeinschaft und Fortführung des Betriebs durch einen Ehegatten ist steuerlich wie das Ausscheiden eines Gesellschafters aus

---

[1] Dies ist freilich nicht unzweifelhaft, s. *Meincke,* DStR 1977, 363, 366f.; sowie auch *Oswald,* AnwBl 1981, 133, 134; *Enders,* MDR 1981, 465.

[2] Andersartige Rechtsbeziehungen können die Ehegatten in diesem Fall mit steuerlicher Wirkung nicht vereinbaren. Das Gesamtgut selbst stellt keine Gesellschaft dar (ebenso wie die Erbengemeinschaft), sondern lediglich die Einheit des Betriebs; deshalb können zum gleichen Gesamtgut sowohl Privatvermögen als auch mehrere Betriebe gehören (Bayerisches Staatsministerium der Finanzen, DB 1983, 1234; *BFH,* BStBl 1987 II 120 = BFHE 148, 65).

[3] Durch das GlbG (BGBl 1957 I 609) aufgehoben; gültig noch für Errungenschaftsgemeinschaften, die am 1. 7. 1958 bestanden haben; *BFH,* BStBl 1981 II 63 = BFHE 131, 497 = BB 1981, 165.

[4] *BFH,* BStBl 1977 II 201 = BFHE 121, 21 = DStR 1977, 288 = BB 1977, 329 = DB 1977, 894 = FR 1977, 147; BStBl 1980 II 634 = BFHE 131, 26 = BB 1980, 1408 = FR 1980, 520, 541.

[5] *BFH,* BStBl 1977 II 836 = BFHE 123, 136 = BB 1977, 1635 = DB 1977, 2168.

einer zweigliedrigen Personengesellschaft zu behandeln.[6] Im Falle der Geldabfindung entsteht in der Person des Ausscheidenden insoweit ein nach § 14, § 16 Abs. 4, § 18 Abs. 3, § 34 EStG begünstigter Gewinn, als die Abfindung den Buchwert seines Kapitalkontos übersteigt.[7] Wird der ausscheidende Ehegatte mit einem Gegenstand aus dem Gesamthandsvermögen der Gesellschaft abgefunden und wird dieser Gegenstand bei ihm wieder Betriebsvermögen, so kann er die Buchwerte bei sich fortführen; ein Gewinn entsteht nicht.[8,9] Dasselbe gilt, wenn der aus dem gemeinsamen Unternehmen ausscheidende Ehegatte sein bisheriges Sonderbetriebsvermögen in einen eigenen Einzelbetrieb überführt.[10]

Geht hingegen der übernommene Gegenstand beim Ausscheidenden in sein Privatvermögen über, so entsteht bei ihm ein begünstigter Gewinn, soweit der Teilwert des Abfindungsguts über dem Buchwert seines Kapitalkontos liegt; dieser Gewinn erhöht beim verbleibenden Unternehmer die Buchwerte seines Anlagevermögens anteilig nach den darin enthaltenen stillen Reserven. Beim verbleibenden Unternehmer entsteht aber gleichzeitig wegen desselben Vorgangs ein laufender, ggf. nach §§ 6b, 6c EStG auf Reinvestitionen übertragbarer Gewinn, soweit der Teilwert des Abfindungsguts seinen aufgestockten Buchwert übersteigt.[8,11]

3. Weitere Fragen der vermögensrechtlichen Auseinandersetzung

a) Ehegatten als Eigentümer eines Grundstücks

aa) Einverständliche Regelung

Nicht selten sind Ehegatten Eigentümer eines Grundstücks (s. dazu 509
§§ 1008ff. BGB); zuweilen wird zur Abfindung eines Unterhaltsanspruchs des einen Ehegatten (s. Rz. 265) oder sonstiger vermögensrechtlicher Ansprüche, zB zur Regelung eines Zugewinnausgleichsanspruchs (s. dazu auch Rz. 494) oder zur Abfindung eines Anspruchs auf Versorgungsausgleich (s.

---

[6] *Thoma*, DStR 1980, 279. Auseinandersetzungen nach § 1478 BGB sind unentgeltlich, soweit der Wert des Betriebsvermögens zurückerstattet wird, das der ausscheidende Ehegatte in die Gütergemeinschaft eingebracht hat (Buchwertfortführung nach § 7 Abs. 1 EStDV für die unentgeltliche Rückübertragung eines Mitunternehmeranteils); die Erstattung des Vermögenszuwachses ist hingegen ein entgeltlicher Vorgang und führt insoweit zu einem nach § 14, § 16 Abs. 4, § 18 Abs. 3 EStG begünstigten Gewinn aus der Veräußerung eines Mitunternehmeranteils.

[7] Näheres *Göppinger/Märkle*, Unterhaltsrecht, Rz. 2076–2081.

[8] Näheres *Göppinger/Märkle*, Unterhaltsrecht, Rz. 2076–2081.

[9] Abschnitt 139 Abs. 7 EStR; *BFH*, BStBl 1978 II 305 = BFHE 124, 199; = DStR 1978, 262 = BB 1978, 483, 487 = DB 1978, 1012 = FR 1978, 224; *Märkle*, BB 1984, Beil 10 zu Heft 18.

[10] *BMF*, BStBl 1978 I 8, Tz. 36ff.

[11] *BFH*, BStBl 1973 II 655 = BFHE 109, 438 = DStR 1973, 570 = BB 1973, 1057, 1101 = DB 1973, 1627 = FR 1973, 431.

Rz. 438), ein ideeller Anteil an dem Grundstück auf den anderen Ehegatten übertragen. Ein solcher Vertrag bedarf der in § 313 BGB vorgeschriebenen Form. Doch ersetzt diese der gerichtlich protokollierte Vergleich (§ 127a BGB – s. dazu Rz. 125 –). Zu beachten ist indessen, daß in einem für den Fall der Scheidung (oder auch widerruflich) geschlossenen Vergleich keine Auflassungserklärungen (§ 925 Abs. 1 i.V. mit § 873 BGB) aufgenommen werden können, da diese bedingungsfeindlich sind (§ 925 Abs. 2 BGB).[1] In Betracht kommen kann die Erklärung, daß die Parteien sich verpflichten, die Auflassung nach der Rechtskraft des Scheidungsurteils zu erklären; verweigert dann etwa eine Partei die erforderliche Erklärung, so kann Klage gemäß § 894 ZPO auf Aufgabe der betreffenden Willenserklärung erhoben werden (zuständig für diesen Rechtsstreit ist nicht das FamG). In dem Vergleich kann aber auch zugleich eine Vormerkung (§ 885 BGB) vereinbart werden, in der Weise, daß gesagt wird: Der Ehegatte ... bestellt dem anderen Ehegatten ... an dem veräußerten Grundstück eine Vormerkung zur Sicherung seines Anspruchs auf Übereignung des Grundstücks; er bewilligt (s. § 19 GBO), der andere beantragt die Eintragung der Vormerkung im Grundbuch.[2] Ist noch eine abgetrennte Folgesache anhängig (§§ 628 Abs. 1, 623 Abs. 1, 621 Abs. 1 ZPO), in der ein Vergleich geschlossen werden kann (s. Rz. 61), so kann festgelegt werden, die Auflassungserklärungen sollen nach Rechtskraft des Scheidungsurteils in einem in dem abgetrennten Verfahren zu schließenden Vergleich abgegeben werden (s. auch Rz. 59).

510 Soll ein Miteigentumsanteil übertragen werden (s. auch Rz. 522a), so können die Auflassungserklärungen auf folgende Weise protokolliert werden: Wir sind darüber einig, daß das dem Ehegatten ... zustehende Miteigentum an dem Grundstück ... auf den Ehegatten ... übergeht. Der Ehegatte ... [seitheriger Miteigentümer] bewilligt, der Erwerber beantragt die Eintragung der Eigentumsänderung im Grundbuch.[3]

510a War ein Ehegatte Alleineigentümer eines Grundstücks und hatte er den hälftigen Anteil an den anderen Ehegatten im Wege der Schenkung übertragen mit der Vereinbarung der auflösenden Bedingung der Scheidung der Ehe gleich aus welchem Rechtsgrund, so ist ein Zurückbehaltungsrecht wegen des Anspruchs auf Zugewinnausgleich bei der Vermögensauseinandersetzung nicht ausgeschlossen; doch kann es dem Ausgleichsberechtigten nach Treu und Glauben verwehrt sein, sich auf das Zurückbehaltungsrecht zu berufen.[4]

---

[1] Hierzu *OLG Stuttgart,* Die Justiz 1967, 218; *BayObLGZ* 1972, 257 = FamRZ 1972, 569 = NJW 1972, 2131 = Rpfleger 1972, 400; *LG Aachen,* Rpfleger 1979, 61; *Beck'sches Formularbuch,* IV 6 Anm. 3, S. 412, *Haegele/Schöner/Stöber,* Grundbuchrecht, Rz. 3330. Zu § 313 BGB s. noch *LG Hanau,* AnwBl 1987, 243.

[2] Dazu *Haegele/Schöner/Stöber,* aaO, Rz. 853 (Form. Ziff. VIII 1) iVm Rz. 1475ff.

[3] Vgl. *Haegele/Schöner/Stöber,* aaO, Rz. 752f.

[4] *BGHZ* 92, 194 = FamRZ 1985, 48, 153 m. Anm. *Seutemann* = NJW 1985, 189 = JR 1985, 319 m. Anm. *Keller* = JZ 1985, 91 = MDR 1985, 137 = LM BGB § 1378 Nr. 11 m. Anm. *Graßhof.*

Nicht zu empfehlen ist in einem für den Fall der Scheidung geschlossenen Vergleich die Regelung, das Grundstück oder ein Grundstücksanteil solle *„als Sicherheit" für eine Unterhaltsvereinbarung* übereignet werden (s. Rz. 277). 511

Wichtig ist in solchen Fällen der Übertragung eines Grundstücks oder eines Grundstücksanteils, daß die getroffenen *Regelungen klar und eindeutig* sind; wird zB wegen des Umfangs der vorgesehenen Regelungen ein notariell beurkundetes Angebot abgegeben, etwa mit Setzung einer Frist zur Annahme, so muß in dem gerichtlich protokollierten Vergleich klargestellt werden, ob das Angebot sogleich angenommen wird oder ob die Frist zur Annahme aufrechterhalten bleiben soll oder abgeändert wird (s. dazu auch Rz. 51).

Statt der Übertragung eines Anteils des Grundstücks kann gegebenenfalls 512
eine *Benutzungsregelung (§ 1010 BGB)* getroffen werden; auch kann etwa, wenn der Grundstücksanteil übereignet wird (§ 873 BGB), dem früheren Eigentümer ein *Nießbrauch (§ 1030 BGB)* oder eine beschränkte persönliche Dienstbarkeit (§ 1090 BGB) oder ein *dingliches Wohnungsrecht (§ 1093 BGB)* eingeräumt werden (s. auch § 873 BGB; hierzu Rz. 658).

Weiterhin können, wenn in dem Haus mindestens zwei in sich abgeschlos- 513
sene Wohnungen vorhanden sind, auch *Wohnungseigentumsrechte* begründet werden, d. h. das Miteigentum der Ehegatten an dem Anwesen entsprechend umgestaltet werden (§§ 2, 3 WEG).

Sind die Ehegatten Miteigentümer eines Hauses oder einer Eigentumswoh- 513a
nung und hatten sie sich *endgültig getrennt,* da der eine Ehegatte ausgezogen ist, so kann ein Ehegatte gemäß **§ 745 BGB** eine Neuregelung der Verwaltung und Benutzung verlangen.[5] Hatten die Ehegatten gemeinsam Darlehen für gemeinschaftliche Zwecke aufgenommen, so ist **§ 426 BGB** anzuwenden.[6]

Hiernach sind die Ehegatten im Innenverhältnis zueinander zu gleichen Teilen zur Tragung der betreffenden Aufwendungen verpflichtet, soweit nicht ein anderes bestimmt ist (§ 426 Abs. 1 Satz 1). Als eine solche **andere Bestimmung** kann auch eine stillschweigende Regelung angenommen werden, wenn zB ein Ehegatte in dem Hause ein gewerbliches Unternehmen betreibt und der fiktive Pachtwert der Räume den fiktiven Mietwert der Wohnung erheblich übersteigt und dieser Ehegatte die Aufwendungen allein getragen hat.[7]

---

[5] *BGH,* FamRZ 1982, 355 = NJW 1982, 1753; *BGHZ* 87, 265 = JZ 1983, 852 m. Anm. *Frank* = FamRZ 1983, 795 = NJW 1983, 1845; s. auch *BGH,* FamRZ 1986, 436, sowie *OLG Düsseldorf,* FamRZ 1987, 705 (Nutzungsentschädigung, zum billigen Ermessen iS des § 745 Abs. 2); *LG Detmold,* FamRZ 1987, 1037 (Trennungsjahr).

[6] *BGH,* FamRZ 1983, 797 (zum Falle der Zwangsversteigerung zum Zwecke der Aufhebung der Gemeinschaft, § 180 ZVG, und zur Verteilung des Erlöses; s. noch *BGH,* Rpfleger 1984, 284); *BGHZ* 87, 265 (hierzu kritisch *Frank,* aaO – die Ehegatten lebten im gesetzlichen Güterstand –); ferner Rz. 518 (2), (6) und (7), sowie zur Form einer Vereinbarung Rz. 490.

[7] Dazu *BGH,* FamRZ 1986, 881 = NJW-RR 1986, 1196; s. auch *OLG Celle,* FamRZ 1985, 710.

Die Neuregelung gemäß § 745 BGB kann darin bestehen, daß der Ehegatte, der das Haus oder die Eigentumswohnung allein nutzt, dessen Lasten sowie die Verzinsung und Tilgung der für das Haus oder die Wohnung aufgenommenen Darlehen übernimmt.[8] Der Anspruch auf eine Neuregelung kann als Einwendung gegen einen Anspruch des das Haus oder die Wohnung nutzenden Ehegatten aus § 426 BGB geltend gemacht werden.[9]

Haben die Ehegatten als Miteigentümer eines Hauses **hohe Schulden,** können sie die hierfür zu leistenden Zins- und Tilgungszahlungen nach dem Zerbrechen der ehelichen Lebensgemeinschaft nicht mehr aufbringen und besteht daher nur noch die Möglichkeit eines Verkaufs des Hausgrundstücks, so sind sie bei der Abwicklung zu loyalem Verhalten verpflichtet, was sich aus der Nachwirkung der ehelichen Lebensgemeinschaft ergibt (vgl. §§ 1353, 242 BGB).[10] Beauftragen sie einen Makler und findet dieser einen Interessenten mit einem angemessenen annehmbaren Angebot, so darf ein Ehegatte nicht die Mitwirkung an dem Kaufvertrag verweigern; andernfalls macht er sich schadensersatzpflichtig, auch wird er auf die Mitwirkung an dem Vertrag, auf Abgabe der entsprechenden Erklärungen, verklagt werden können (s. dazu § 894 ZPO).[11]

Hatten die Ehegatten (Miteigentümer eines Hausgrundstücks) in einem während des Scheidungsverfahrens geschlossenen gerichtlichen Vergleich vereinbart, ein Ehegatte übernehme den Miteigentumsanteil des anderen Ehegatten gegen Bezahlung eines bestimmten Betrags unter Berücksichtigung der bestehenden Belastungen, wobei die Finanzierung vor der Übertragung des Grundstücksanteils nachgewiesen werden sollte, konnte der erstere Ehegatte den nötigen Kredit entgegen den Erwartungen nicht erlangen und mußte das Anwesen daher verkauft werden, so ist der frühere Vergleich wegen Änderung der Geschäftsgrundlage der neuen Sachlage anzupassen; § 779 BGB ist hier nicht anzuwenden.[12]

514 Bei Grundstücksgeschäften empfiehlt es sich stets, sich über den Inhalt des Grundbuchs zu vergewissern (vgl. für notarielle Beurkundungen § 21 Abs. 1 BeurkG). Zu beachten ist auch, daß gemäß § 28 GBO in der Eintragungsbewilligung das Grundstück, das belastet oder übertragen werden soll, übereinstimmend mit dem Grundbuch bezeichnet werden muß.

---

[8] *BGHZ* 87, 265, dazu krit. *Frank,* aaO.

[9] *BGHZ* 87, 265.

[10] Siehe hierzu Rz. 553b m. Fn. 4 und *BGHZ* 82, 227, 236 (s. Rz. 517 Fn. 1). Zur Teilung des Erlöses und zu Auswirkungen auf die Unterhaltspflicht *Graba,* NJW 1987, 1721, 1727f.

[11] Vgl. dazu auch Rz. 553b m. Fn. 10–13.

[12] *BGH,* NJW-RR 1986, 945; *Jauernig/Vollkommer,* § 779 Anm. 4b, aa. Der BGH ging übrigens davon aus, die Anpassung des früheren Vergleichs an die neue Sachlage müsse hier in einem neuen Prozeß geltend gemacht werden.

bb) Steuerbegünstigung des Wohneigentums

Sind die erhöhten Absetzungen nach § 7b EStG,[1] § 15 BerlinFG[2] oder die Abzugsbeträge nach § 10e Abs. 1–5 EStG,[3] § 15b BerlinFG[4] in Anspruch genommen worden, so müssen bei der Auseinandersetzung die entsprechenden Vorschriften über die *Objektbeschränkung* (§ 7b Abs. 5, § 10e Abs. 4, 5 EStG) beachtet werden. Danach können die Steuervergünstigungen nur für *ein* nicht auswechselbares[5] Objekt in Anspruch genommen werden.[6] 515

---

[1] Die erhöhte Absetzung nach § 7b EStG beträgt im Kalenderjahr der Anschaffung oder Herstellung und in den folgenden 7 Kalenderjahren jeweils bis zu 5% der auf das Gebäude entfallenden Anschaffungs- und Herstellungskosten (bei Einfamilienhäusern und Eigentumswohnungen von höchstens 200000 DM und bei Zweifamilienhäusern von höchstens 250000 DM, § 52 Abs. 1 EStG i. d. F. des 2. HStruktG, BGBl 1981 I 1523, BStBl 1982 I 235). Näheres *Märkle*, Einkommensteuer-Erklärung, Rz. 452ff.

[2] Bei in Berlin (West) belegenen Ein- und Zweifamilienhäusern sowie Eigentumswohnungen beträgt die erhöhte Absetzung im Kalenderjahr der Anschaffung oder Herstellung und im darauffolgenden Kalenderjahr jeweils bis zu 10% und in den folgenden 10 Kalenderjahren jeweils bis zu 3% (§ 15 Abs. 1 BerlinFG), im steuerbegünstigten oder freifinanzierten Wohnungsbau in den ersten 3 Jahren bis zu insgesamt 50% (§ 15 Abs. 2 bis 4 BerlinFG) der Anschaffungs- oder Herstellungskosten, höchstens jedoch aus den Höchstbeträgen nach § 7b EStG (Fn. 1).

[3] Der Abzugsbetrag nach § 10e Abs. 1 bis 5 EStG beträgt im Kalenderjahr der Herstellung oder Anschaffung und in den folgenden 7 Kalenderjahren bis zu 5% der Bemessungsgrundlage, höchstens jeweils 15000 DM. Bemessungsgrundlage sind die Anschaffungs- und Herstellungskosten der begünstigten Wohnung zuzüglich 50% der Anschaffungskosten des zu dieser Wohnung gehörenden Grund und Bodens.

[4] Liegt die begünstigte Wohnung in Berlin (West), so beträgt der Abzugsbetrag nach § 15b Abs. 1 BerlinFG im Kalenderjahr der Herstellung oder Anschaffung und im folgenden Kalenderjahr jeweils bis zu 10% (höchstens jeweils 30000 DM) und in den darauffolgenden 10 Kalenderjahren jeweils bis zu 3% (höchstens jeweils 9000 DM) der Bemessungsgrundlage (Fn. 3). Ist die Wohnung im steuerbegünstigten oder freifinanzierten Wohnungsbau errichtet worden und dient sie für mindestens 3 Jahre nach ihrer Fertigstellung eigenen Wohnzwecken, so kann der Bauherr nach § 15b Abs. 2 BerlinFG im Kalenderjahr der Fertigstellung und in den beiden folgenden Kalenderjahren einen Abzugsbetrag von insgesamt bis zu 50% der Bemessungsgrundlage (Fn. 3), höchstens insgesamt 150000 DM in Anspruch nehmen.

[5] *BFH*, BStBl 1980 II 199 = BFHE 129, 357 = BB 1980, 560 = DB 1980, 716 = DStR 1980, 294.

[6] Gebäude, für die der Bauantrag vor dem 1. 1. 1965 gestellt worden war, bleiben für den Objektverbrauch außer Betracht. Nur solche Objekte in Berlin (West), für die erhöhte Absetzungen nach dem ab 1. 1. 1977 geltenden § 15 BerlinFG oder Abzugsbeträge nach § 15b BerlinFG in Anspruch genommen wurden, werden auf die Objektgrenze grundsätzlich angerechnet (vgl. jedoch zu bestimmten Ausnahmen § 15 Abs. 5, § 15b Abs. 5 BerlinFG).

Als Vollobjekt zählt der Miteigentumsanteil an einem begünstigten Objekt (§ 7b Abs. 6 Satz 1, § 10e Abs. 5 Satz 1 EStG; *BFH*, BStBl 1980 II 202 = BFHE 129, 363 = BB 1980, 561 = DB 1980, 717 = DStR 1980, 295), der begünstigte Ausbau oder die Erweiterung eines Objekts. Vor dem 1. 1. 1987 hergestellte oder angeschaffte Objekte, für die der Steuerpflichtige die erhöhte Absetzung nach § 7b EStG, § 15 BerlinFG tatsächlich mit steuermindernder Wirkung in Anspruch genommen hat, werden auch für den Abzugsbetrag nach § 10e EStG angerechnet (§ 10e Abs. 4 Satz 3 EStG). Auch wenn die Vergünstigung zu Unrecht gewährt worden ist und wegen der Bestandskraft

Die **erhöhten Absetzungen** nach § 7b EStG,[1] § 15 BerlinFG,[2] die bei der Einkunftsermittlung als Werbungskosten (§ 9 Abs. 1 Nr. 7 EStG) oder Betriebsausgaben[7] zu berücksichtigen sind,[8] begünstigten inländische Ein- und Zweifamilienhäuser[9] sowie Eigentumswohnungen,[9] die zu mehr als 66⅔% Wohnzwecken dienten und **vor dem 1. 1. 1987** hergestellt[10] oder angeschafft[11] worden sind.[12] Die Art der Nutzung spielte keine Rolle; die erhöhten Absetzungen kamen sowohl für eigengenutzte als auch für vermietete sowie für ganz oder teilweise unentgeltlich zur Nutzung überlassene Ein- oder Zweifamilienhäuser sowie Eigentumswohnungen in Betracht. Fällt die Nutzungswertbesteuerung nach § 52 Abs. 21 EStG 1987 weg (erstmals für 1987 möglich),[13] so können die den erhöhten Absetzungen entsprechenden Beträge bis

---

des Einkommensteuerbescheids nicht mehr rückgängig gemacht werden kann, ist der Objektverbrauch eingetreten (*BFH*, BStBl 1980 II 689 = BFHE 131, 204 = BB 1980, 1508 = DB 1981, 49; a. M. DB 1981, 231, 2152).

[7] Bei Zugehörigkeit des begünstigten Objekts zum Betriebsvermögen.

[8] Die erhöhten Absetzungen können bei selbstgenutzten Wohnobjekten auch ab 1. 1. 1987 Werbungskosten oder Betriebsausgaben darstellen, wenn die Nutzungswertbesteuerung nach der Übergangsregelung weitergeführt wird (§ 52 Abs. 15, 21 Satz 2 EStG).

[9] Maßgebend war die bauliche Gestaltung, nicht die Zuordnung bei der Einheitsbewertung (*BFH*, BStBl 1980 II 175 = BFHE 129, 65 = BB 1980, 404 = DB 1980, 380). In einem Wochenend- und Ferienhausgebiet (§ 10 Baunutzungsverordnung) liegende Objekte waren nur dann begünstigt, wenn sie nach dem 31. 12. 1976 hergestellt oder durch einen obligatorischen Kaufvertrag oder gleichstehenden Rechtsakt angeschafft worden sind (*BFH*, BStBl 1983 II 498 = BFHE 138, 215 = BB 1983, 1324 = DB 1983, 1581 = DStR 1983, 522 = FR 1983, 357). Begünstigt waren auch Ausbauten und Erweiterungen an einem Ein- oder Zweifamilienhaus oder an einer Eigentumswohnung, wenn diese vor dem 1. 1. 1964 fertiggestellt und nicht nach dem 31. 12. 1976 angeschafft worden sind und die neu hergestellten Gebäudeteile zu mehr als 80% Wohnzwecken dienen.

[10] Zeitpunkt der Herstellung ist der Zeitpunkt der Fertigstellung (wenn einem Bewohner der Einzug zugemutet werden kann; vgl. *Märkle*, Die Steuern des Haus- und Wohnungseigentümers, Abs. 5.2).

[11] Zeitpunkt der Anschaffung ist der Übergang des wirtschaftlichen Eigentums, des Eigenbesitzes („Nutzen und Lasten") auf den Erwerber (*BFH*, BStBl 1973 II 209 = BFHE 107, 418 = BB 1973, 177 = DB 1973, 408 = DStR 1973, 122 = FR 1973, 70; BStBl 1977 II 553 = BFHE 122, 121 = BB 1977, 785 = DB 1977, 1776 = DStR 1977, 542 = FR 1977, 426). Der Zeitpunkt des notariell beurkundeten Kaufvertrags ist unerheblich.

[12] § 7b Abs. 1 Satz 1 EStG 1987, § 15 Abs. 2,3 Satz 1 Nr. 2, Abs. 4 Satz 1, Abs. 5 Satz 1, BerlinFG jeweils i. d. F. des WohneigFG vom 15. 5. 1986, BGBl 1986 I 730, BStBl 1986 I 278.

[13] Die Nutzungswertbesteuerung fällt in jedem Fall ab 1. 1. 1987 weg, wenn die Einkünfte für 1986 nach § 21 a EStG pauschal ermittelt worden sind oder der Nutzungswert in 1986 dem aufgrund gesicherter Rechtsposition Nutzungsberechtigten zuzurechnen war. War in 1986 ein Nutzungswert dem Hauseigentümer im Rahmen der Einnahmen-Überschußrechnung nach § 21 Abs. 1 EStG zuzurechnen, so wird die Nutzungswertbesteuerung für diese Wohnung bis längstens 1998 weitergeführt, wenn er sie nicht für ein früheres Kalenderjahr abwählt (§ 52 Abs. 21 Sätze 1 bis 3 EStG 1987, *BMF*, BStBl 1986 I 480).

zum Ablauf des Begünstigungszeitraums wie Sonderausgaben weiter abgesetzt werden (§ 52 Abs. 21 Satz 4 EStG 1987).[14]

Die **Abzugsbeträge** nach § 10e Abs. 1 bis 5 EStG,[3] § 15b BerlinFG,[4] die außerhalb der Einkunftsermittlung wie Sonderausgaben[15] zu berücksichtigen sind, begünstigen nur inländische selbst bewohnte Wohnungen[16] im eigenen Haus,[17] die **nach dem 31. 12. 1986** hergestellt[10] oder angeschafft[11] werden (§ 52 Abs. 14 EStG 1987). Vermietete oder unentgeltlich zur Nutzung überlassene[18] Wohnungen sind nicht begünstigt. Die Nutzungswerte dieser Wohnungen werden ausnahmslos nicht besteuert (§ 52 Abs. 21 Satz 1 EStG 1987); deshalb sind die mit der Wohnung zusammenhängenden Aufwendungen, die weder Anschaffungs- noch Herstellungskosten sind,[19] keine Werbungskosten.[20] Soweit sie jedoch mit der Anschaffung oder Herstellung der Wohnung unmittelbar zusammenhängen[21] und bis zum Beginn der Nutzung zu eigenen Wohnzwecken entstanden sind, können sie wie Sonderausgaben abgezogen werden (§ 10e Abs. 6 EStG).[22]

Sowohl bei Inanspruchnahme der erhöhten Absetzungen nach § 7b EStG,[1] § 15 BerlinFG[2] als auch der Abzugsbeträge nach § 10e EStG,[3] § 15b BerlinFG[4] kann zusätzlich die kinderbedingte **Steuerermäßigung nach § 34f EStG** in Betracht kommen.[23]

---

[14] Der aufgrund gesicherter Rechtsposition Nutzungsberechtigte, der nicht Hauseigentümer ist, ist von der weiteren Absetzung wie Sonderausgaben nach § 52 Abs. 21 Satz 4 EStG 1987 ausgeschlossen.

[15] Der Abzug wie Sonderausgaben wird vom Gesamtbetrag der Einkünfte bei Ermittlung des Einkommens vorgenommen (§ 2 Abs. 4 EStG); er berührt den Verlustabzug nach § 10d EStG nicht.

[16] Begünstigt ist nicht das Gebäude, sondern die vom Eigentümer selbst bewohnte Wohnung, auch Ausbauten und Erweiterungen an einer derartigen Wohnung (§ 10e Abs. 2 EStG). Nicht begünstigt sind Ferien- und Wochenendwohnungen (§ 10e Abs. 1 Satz 1 EStG).

[17] Die Art des Gebäudes, in der sich die begünstigte Wohnung befindet, ist ohne Bedeutung.

[18] Es ist ohne Bedeutung, ob das Nutzungsrecht auf einer gesicherten Rechtsposition beruht oder nicht.

[19] Aufwendungen vor Bezug im Sinne des § 10e Abs. 6 EStG sind zB Zinsen, Damnum, Geldbeschaffungskosten, Erhaltungsaufwendungen, die im Falle der Vermietung sofort abziehbare Werbungskosten wären, m. E. jedoch nicht laufende Aufwendungen wie Versicherungsbeiträge und Grundsteuern.

[20] Erfolgt für die eigengenutzte Wohnung keine Nutzungswertbesteuerung, so sind die mit ihr zusammenhängenden Aufwendungen ab 1. 1. 1987 nicht abziehbare Kosten der Lebensführung (§ 12 Nr. 1 EStG).

[21] Wurde die Wohnung unentgeltlich im Erbwege oder durch Schenkung erworben, so sind die Aufwendungen vor Bezug nicht abziehbar (Fn. 20).

[22] § 10e Abs. 6 EStG setzt die Inanspruchnahme des Abzugsbetrags nach § 10e Abs. 1 bis 5 EStG nicht voraus.

[23] Die Steuerermäßigung besteht in einem kinderbezogenen Abzug von 600 DM, der progressionsunabhängig von der festgesetzten Einkommensteuer vorgenommen wird. Bei Inanspruchnahme von § 7b EStG, § 15 BerlinFG beträgt die Steuerermäßigung 600 DM jeweils für das zweite und weitere im Begünstigungszeitraum zum Haushalt

Ehegatten, bei denen die Voraussetzungen für die Zusammenveranlagung vorliegen,[24] können die Steuervergünstigung insgesamt für *zwei Objekte*[6] beanspruchen. Dabei ist es gleichgültig, ob beide Objekte nur einem der Ehegatten zugerechnet werden oder jedem Ehegatten je ein Objekt gehört. Ist eine Wohnung nach dem 31. 12. 1986 angeschafft oder hergestellt worden und durch den Abzugsbetrag nach § 10e Abs. 1 bis 5 EStG,[3] § 15b BerlinFG[4] begünstigt, so ist die *gleichzeitige* Vergünstigung für zwei in räumlichem Zusammenhang[25] belegene Objekte nur dann möglich, wenn die Ehegatten im Zeitpunkt der Anschaffung oder Fertigstellung der Objekte die Voraussetzungen der Zusammenveranlagung[24] noch nicht erfüllt haben, weil sie zB noch nicht verheiratet waren (§ 10e Abs. 4 Satz 2 EStG). Obwohl grundsätzlich der Miteigentumsanteil an einem Objekt als Vollobjekt zählt,[6] wird ein begünstigtes Objekt, das ausschließlich beiden Ehegatten gehört, bei denen die Voraussetzungen für die Zusammenveranlagung vorliegen,[24] unabhängig von der Höhe der Eigentumsanteile als ein einziges Objekt angesehen (§ 7b Abs. 6 Satz 2, § 10e Abs. 5 Satz 2 EStG).

Ist die Voraussetzung für die Steuerbegünstigung des Objekts innerhalb des Begünstigungs- bzw. Abzugszeitraums weggefallen,[26] so kann sie für ein begünstigtes **Folgeobjekt** fortgesetzt werden, wenn der Steuerpflichtige das Folgeobjekt innerhalb von 2 Jahren vor und 3 Jahren nach Ablauf des Kalenderjahrs, in dem die Steuerbegünstigung des Erstobjekts[27] weggefallen ist, anschafft oder herstellt (§ 7b Abs. 5 Sätze 3 und 4 EStG, § 10e Abs. 4 Sätze 4 bis 6 EStG).[28] Der Begünstigungs- bzw. Abzugszeitraum für das Folgeobjekt ist somit um die Zahl der Kalenderjahre zu kürzen, in denen der Steuerpflichtige die Steuerbegünstigung für das Erstobjekt[27] hätte in Anspruch nehmen können.

---

gehörende Kind, bei Inanspruchnahme eines Abzugsbetrags nach § 10e EStG, § 15b BerlinFG auch für das erste und jedes weitere im Abzugszeitraum zum Haushalt gehörende Kind.

[24] Die Zusammenveranlagung setzt voraus, daß die Ehegatten zu Beginn oder zu irgend einem anderen Zeitpunkt während des Kalenderjahrs verheiratet waren, beide unbeschränkt steuerpflichtig waren (Wohnsitz oder gewöhnlichen Aufenthalt im Inland) und nicht dauernd getrennt gelebt haben (§ 26 Abs. 1 EStG; Rz. 327b Fn. 5).

[25] Die Finanzverwaltung sieht einen räumlichen Zusammenhang zwischen zwei Wohnungen nur dann, wenn sie durch geringfügige Baumaßnahmen zu einer Einheit verbunden werden können, d. h. wenn sie zB unmittelbar nebeneinander oder übereinander liegen (*BMF,* BStBl 1987 I 434).

[26] Die Voraussetzung fällt weg, wenn ein nach § 7b EStG, § 15 BerlinFG begünstigtes Objekt veräußert oder ein nach § 10e Abs. 1 bis 5, § 15b BerlinFG begünstigtes Objekt veräußert oder nicht mehr selbst bewohnt wird.

[27] Auch wenn das Folgeobjekt nach dem 31. 12. 1986 angeschafft oder hergestellt wird und somit nach § 10e EStG, § 15b BerlinFG begünstigt ist, kann gleichwohl das Erstobjekt ein solches sein, das nach § 7b EStG, § 15 BerlinFG begünstigt war (§ 10e Abs. 4 Satz 6 EStG).

[28] Wird der erhöhte Abzugsbetrag nach § 15b Abs. 2 BerlinFG in Anspruch genommen, so ist die Folgeobjektbegünstigung nicht anwendbar (§ 15b Abs. 2 Nr. 3 BerlinFG).

Hat ein Ehegatte die Steuervergünstigung bereits **vor der Eheschließung** geltend gemacht und setzt er die erhöhten Absetzungen bzw. die Abzugsbeträge nach der Eheschließung nicht fort, so ist gleichwohl der bei ihm eingetretene Objektverbrauch auch nach der Eheschließung zu berücksichtigen. Haben Unverheiratete vor der Eheschließung ein Objekt gemeinsam erworben und die Steuervergünstigung in Anspruch genommen, so ist zunächst bei jedem von ihnen der Objektverbrauch eingetreten. Nach der Eheschließung gilt dieses jedoch nur noch als ein Objekt, so daß die Ehegatten ein weiteres begünstigtes Objekt anschaffen oder herstellen können.[29]

516 Bei **Auflösung der Ehe** oder bei dauernder Trennung der Ehegatten (Rz. 327b Fn. 5) endet die erweiterte Objektbeschränkung für Ehegatten von dem Kalenderjahr an, in dem die Ehegatten nicht mehr die Voraussetzungen für die Zusammenveranlagung erfüllen[24] (zB seit Beginn des Kalenderjahrs dauernd getrennt lebend oder geschieden sind).[30, 31]

Ist *jeder Ehegatte Eigentümer eines Objekts,* so führt nach Auflösung der Ehe jeder der Ehegatten die Steuervergünstigung für sein Objekt fort.[32]

Hat *ein Ehegatte zwei begünstigte Objekte,* so kann er nach Wegfall der erweiterten Objektbeschränkung die Steuervergünstigung nur noch für das zuerst angeschaffte oder hergestellte Objekt in Anspruch nehmen.[31] Ein Wahlrecht besteht nicht.[31] Beim anderen Ehegatten ist kein Objektverbrauch eingetreten, da er selbst die Steuervergünstigung bisher nicht beansprucht hat.[33]

Haben die *Ehegatten ein gemeinsames Objekt,* so werden die Anteile für die Frage des Objektverbrauchs zusammengerechnet, solange die Voraussetzungen der Zusammenveranlagung[24] erfüllt sind (Rz. 515). Liegen diese Voraussetzungen nicht mehr vor, so gilt der Anteil des Ehegatten am Objekt jeweils als Vollobjekt.[6] Dies bedeutet, daß für ein weiteres Objekt die Steuervergünstigung nicht möglich ist.[30] Überträgt einer von ihnen nach Wegfall der Voraussetzungen für die Zusammenveranlagung[24] seinen Miteigentumsanteil entgeltlich[34] auf den anderen (geschiedenen) Ehegatten, so ist zu unterscheiden: War das gemeinsame Objekt durch die erhöhte Absetzung nach § 7b EStG,[1] § 15 BerlinFG[2] begünstigt (Anschaffung oder Herstellung vor dem 1. 1. 1987), so kann der Erwerber für den hinzu erworbenen Miteigentumsanteil wegen Objektverbrauchs weder die erhöhte Absetzung noch den

---

[29] Abschn. 62 Abs. 3 Satz 3 EStR 1984; aA *Meyer,* DB 1981, 768.

[30] *BFH,* BStBl 1983 II 198 = BFHE 137, 247 = BB 1983, 485 = DStR 1983, 176 = FR 1983, 146.

[31] *BFH,* BStBl 1983 II 457 = BFHE 138, 244 = BB 1983, 1270 = DB 1983, 1631 = FR 1983, 384 = DStR 1983, 457.

[32] *OFD Köln,* DB 1973, 500.

[33] Abschn. 62 Abs. 4 Satz 3 EStR 1984.

[34] Ein entgeltliches Rechtsgeschäft liegt auch vor, wenn es in Erfüllung von güter- und unterhaltsrechtlichen Verpflichtungen oder von Verpflichtungen, die sich aus dem Versorgungsausgleich ergeben, vorgenommen wird (Rz. 326).

Abzugsbetrag nach § 10e EStG in Anspruch nehmen und auch nicht die erhöhten Absetzungen des Veräußerers bei sich fortführen.[35] War hingegen das gemeinsame Objekt durch den Abzugsbetrag nach § 10e Abs. 1 bis 5 EStG,[3] § 15b BerlinFG[4] begünstigt (Anschaffung oder Herstellung nach dem 31. 12. 1986), so kann der den Eigentumsanteil des anderen übernehmende Ehegatte den Abzugsbetrag weiter in der bisherigen Gesamt-Höhe bei sich abziehen, wenn er durch die Übernahme Alleineigentümer des Objekts wird (§ 10e Abs. 5 Satz 3 EStG).

Die *erweiterte Objektbeschränkung lebt wieder auf*, wenn der geschiedene Ehegatte während des Begünstigungs- bzw. Abzugszeitraums wieder heiratet und beim neuen Ehegatten ein Objektverbrauch noch nicht eingetreten ist. Ist der Begünstigungs- bzw. Abzugszeitraum im Zeitpunkt der Eheschließung mit dem neuen Ehegatten bereits abgelaufen, so kann der neue Ehegatte selbst ein begünstigtes Objekt herstellen oder anschaffen, wenn er selbst seine Objektmöglichkeit noch nicht ausgeschöpft hat; denn er selbst hat die erweiterte Objektmöglichkeit für Ehegatten noch nicht in Anspruch genommen. Der Steuerpflichtige, der bereits die erweiterte Objektbegrenzung ausgeschöpft hat, kann die Vergünstigung für ein drittes Objekt auch nach der Eheschließung mit dem neuen Ehegatten m. E. nicht in Anspruch nehmen.

Die erhöhten Absetzungen nach § 7b EStG,[1] § 15 BerlinFG[2] können sowohl vom **Gesamtrechtsnachfolger** als auch vom **Einzelrechtsnachfolger** bis zum Ablauf des ursprünglichen Begünstigungszeitraums fortgeführt werden (§ 11d Abs. 1 EStDV),[36] soweit in der Person des Rechtsnachfolgers der Objektverbrauch noch nicht eingetreten ist. Die Abzugsbeträge nach § 10e EStG,[3] § 15b BerlinFG[4] können hingegen unter Beachtung der Objektbegrenzung nur vom Gesamtrechtsnachfolger, hingegen nicht vom Einzelrechtsnachfolger fortgesetzt werden;[37] im Kalenderjahr des Erbfalls kann der Erbe wählen, in welchem Umfang der Abzugsbetrag für dieses Jahr beim Erblasser und bei ihm zu berücksichtigen ist.[37] Beim *Tod des Ehegatten* kann der überlebende Ehegatte erstmals in dem Kalenderjahr, in dem die Voraussetzungen der Zusammenveranlagung[24] nicht mehr vorliegen,[38] die Steuervergünstigung nur noch für ein Objekt geltend machen. Waren dem überlebenden Ehegatten bisher *zwei Objekte* zuzurechnen, so können die Steuerver-

---

[35] *BFH*, BStBl 1983 II 293 = BFHE 137, 414 = BB 1983, 814 = DB 1983, 1180 = FR 1983, 225; BStBl 1986 II 387 = BFHE 145, 518 = BB 1986, 784 = DB 1986, 947 = DStR 1986, 370 = FR 1986, 324.

[36] Abschn. 53 Abs. 5 EStR; der Rechtsnachfolger kann die erhöhten Absetzungen auch dann insoweit fortsetzen, wenn sie der Rechtsvorgänger nicht in Anspruch genommen hat oder (wegen der Objektbeschränkung) nicht in Anspruch nehmen konnte (*FG Berlin*, EFG 1978, 13; *Littmann* § 7b Rz. 112; *Schmidt/Drenseck* § 7b Anm. 6d; aA *Herrmann/Raupach/Heuer* § 7b Anm. 340; *Seithel*, DStR 1979, 432).

[37] *BMF*, BStBl 1987 I 434, Abs. 20.

[38] Sofern die Voraussetzungen für die Zusammenveranlagung bis zum Tod des Ehegatten vorlagen (Fn. 24), ist dies das Kalenderjahr, das dem Todesjahr folgt.

günstigungen von ihm nur für das zuerst angeschaffte Objekt fortgesetzt werden.[31] Gehörte hingegen den Ehegatten ausschließlich ein *gemeinsames Objekt,* so können sowohl die erhöhten Absetzungen nach § 7b EStG,[1] § 15 BerlinFG[2] als auch die Abzugsbeträge nach § 10e EStG,[3] § 15b BerlinFG[4] des verstorbenen Ehegatten vom überlebenden Ehegatten in unveränderter Höhe auch dann weitergeführt werden, wenn er durch den Erbfall nicht Alleineigentümer des Objekts wird und bis zum Tod des Ehegatten die Voraussetzungen für die Zusammenveranlagung[24] vorgelegen haben.[39]

cc) Ausgleich für Zuwendungen

517 α) Schwierige Probleme entstehen zuweilen, wenn ein Ehegatte dem anderen den hälftigen Anteil an einem Grundstück zugewendet hatte oder beide Ehegatten Miteigentümer eines Anwesens sind, die **Aufwendungen für den Erwerb des Grundstücks und den Bau des Hauses** im wesentlichen oder überwiegend nur ein Ehegatte bestritten hatte oder wenn ein Ehegatte zum Bau des Hauses auf dem Grundstück des anderen Ehegatten Geldmittel zur Verfügung gestellt oder (in größerem Umfang) Arbeitsleistungen erbracht oder Baumaterialien geliefert oder bezahlt hatte[1] oder auch, wenn ein naher Ange-

---

[39] Der Anspruch des überlebenden Ehegatten auf Fortführung der Steuervergünstigung beruhte hinsichtlich der erhöhten Absetzung nach § 7b EStG, § 15 BerlinFG auf einer Billigkeitsmaßnahme der Finanzverwaltung in Abschn. 62 Abs. 5 EStR 1984, er ergibt sich hinsichtlich der Abzugsbeträge nach § 10e EStG, § 15b BerlinFG aus der gesetzlichen Regelung des § 10e Abs. 5 Satz 3 EStG.

[1] Hierzu *BGH,* LM BGB § 812 Nr. 71 – Warn. 1965, 533 Nr. 252 = NJW 1966, 542 = FamRZ 1966, 91 = MDR 1966, 218 = BB 1966, 55; LM BGB § 1360a Nr. 4 = Warn. 1966, 385 Nr. 178 = NJW 1966, 2401 = FamRZ 1966, 630 = MDR 1966, 999; LM BGB § 812 Nr. 78 = Warn. 1967, 483 Nr. 214 = NJW 1968, 245 = FamRZ 1968, 23 = BB 1968, 1452f.; FamRZ 1969, 28; LM EheG § 73 Nr. 1 = Warn. 1968, 563 Nr. 269 = FamRZ 1969, 78 = JZ 1969, 114 = MDR 1969, 128; WPM 1974, 947; *BGHZ* 65, 320 = NJW 1976, 328 = FamRZ 1976, 82 = JZ 1976, 486 m. Anm. *Kühne;* FamRZ 1976, 334 = NJW 1976, 2131 = JR 1977, 22 m. Anm. *Kühne; BGHZ* 68, 299 = FamRZ 1977, 458 = NJW 1977, 1234 = DB 1977, 1181 = JR 1977, 501 = WPM 1977, 631; *BGHZ* 82, 227 = FamRZ 1982, 246 m. Anm. *Bosch* = JR 1982, 234 m. Anm. *Kühne* = NJW 1982, 1093 = JZ 1982, 255 = WPM 1982, 189; *BGH,* FamRZ 1982, 778 = WPM 1982, 697 = DNotZ 1983, 177; *BGHZ* 84, 361 = JR 1982, 493 m. Anm. *Olzen* = FamRZ 1982, 910 = NJW 1982, 2236 = JZ 1982, 805 = DNotZ 1983, 180; FamRZ 1983, 797 = WPM 1983, 705; *BGHZ* 87, 265 = FamRZ 1983, 795 = JZ 1983, 852 m. Anm. *Frank* = NJW 1983, 1845; *OLG Schleswig,* FamRZ 1978, 247; *OLG Frankfurt,* FamRZ 1983, 395; zuletzt *BGH,* FamRZ 1987, 791; s. ferner Rz. 542 m. Fn. 1, 3.

Aus der Lit. s. noch *Staudinger/Thiele,* § 1363 Rz. 14; *MünchKomm./Gernhuber,* Vorbem. 20–22 vor § 1363; *Soergel/Lange,* § 1372 Rz. 7; *Erman/Heckelmann,* § 1363 Rz. 4; *Gernhuber,* FamR, § 19 V 4, S. 209f., § 34 I 9, S. 460f.; *Schwab,* Handbuch, Rz. 786ff., 796ff.; *Kühne,* FamRZ 1978, 221, und in Fschr. f. Beitzke, 1979, S. 249; *Olshausen,* FamRZ 1978, 755; *Johannsen,* WPM 1978, 502, 654; *Reinicke, Tiedtke,* WPM 1982, 946; *Tiedtke,* DNotZ 1983, 161; *ders.,* JZ 1984, 1078; *Holzhauer,* JuS 1983, 830; *Langenfeld,* Handbuch, Rz. 286ff.; *ders.,* NJW 1986, 2541, und im *MünchVertragsHandb.* IV, 2 S. 1122ff.; *Friedrich,* JR 1986, 1; *Joost,* JZ 1985, 10; *Schwab,*

höriger eines Ehegatten beim Bau des Hauses mitgearbeitet[2] oder die Kosten bestimmter Bauarbeiten bezahlt hatte.

Oft fehlen in solchen Fällen klare Vereinbarungen, da ja im damaligen Zeitpunkt die Ehegatten nicht daran dachten, daß die Ehe scheitern könnte.

In den letzten Jahren haben Rechtsprechung und Literatur[3] zum vorliegenden Problemkreis weitgehend Klarheit geschaffen, vor allem in der Hinsicht, daß die *Auseinandersetzung bei gesetzlichem Güterstand anders vorzunehmen* ist *als bei Gütertrennung,* daß die *Vorschriften der §§ 1363 Abs. 2, 1373ff.* als *leges speciales* gegenüber anderen Regelungen (ungerechtfertigte Bereicherung, Wegfall der Geschäftsgrundlage) zu beurteilen sind, sowie daß der *Anwendungsbereich der Grundsätze über den Wegfall der Geschäftsgrundlage* im wesentlichen geklärt ist, wenn auch die Lösung einiger spezieller Fragen noch umstritten und ungeklärt ist.

517a Als überholt zu beurteilen ist nunmehr die Anwendung des § 812 Abs. 1 Satz 2:[4] Ansprüche aus ungerechtfertigter Bereicherung gemäß HS 1 sind nicht gegeben, da der rechtliche Grund für eine ehebedingte Zuwendung des einen Ehegatten an den anderen nicht als durch die Auflösung der ehelichen Lebensgemeinschaft, durch die Scheidung der Ehe weggefallen angesehen werden kann;[5] denn die Ehe kann nur Rechtsgrund für Leistungen sein, zu denen die Ehegatten kraft Gesetzes verpflichtet sind; jede sonstige (freiwillige) Leistung bedarf eines anderen besonderen Rechtsgrundes.[6] Ferner kann nicht davon die Rede sein, der mit der Leistung (d. h. der Zuwendung) nach dem Inhalt des Rechtsgeschäfts bezweckte Erfolg sei nicht eingetreten (§ 812 Abs. 1 Satz 2 HS 2).[7] Es kann nicht angenommen werden, Zweck der Lei-

---

FamRZ 1984, 525, 526ff.; *Netzer,* Zuwendungen zwischen Ehegatten im Spannungsfeld von Schuldrecht und Familienrecht, 1986 (Regensburger Dissertation); *ders.,* FamRZ 1987, 67; *Rauscher,* AcP 186, 1986, 529; *MünchKomm./Lieb,* 2. Aufl. § 812 BGB Rz. 157; s. auch *Schulte,* ZGR 1983, 437 (zu BGHZ 84, 361); *Frank,* FamRZ 1983, 541 (zu gesellschaftsrechtlichen Fragen); *Oehlers,* 5. DFGT 1983, Brühler Schriften, Bd. 3, S. 82 (Bewertungs- und Zurechnungsfragen); *Holzhauer,* Familien- und Erbrecht ..., 1984, S. 105ff.; *Graba,* NJW 1987, 1721 (Das Familienheim beim Scheitern der Ehe); *Battes* in Fschr. f. Heinz Hübner (1984), S. 379ff.

[2] Vgl. *BGHZ* 65, 320 (gekürzt, s. auch Fn. 1); ferner s. Rz. 520b.

[3] *BGHZ* 82, 227; 84, 361; *BGH,* FamRZ 1982, 778; *Reinicke, Tiedtke; Tiedtke; Holzhauer, Schwab, Langenfeld, Graba* (s. Fn. 1).

[4] Hierzu *Reinicke, Tiedtke,* WPM 1982, 946; *Holzhauer,* JuS 1983, 830, 831; *BGHZ* 65, 320; *BGHZ* 82, 227, 231; FamRZ 1982, 778; *BGHZ* 84, 361, 363f.; *Langenfeld,* Rz. 318; *Schlechtriem,* JZ 1984, 509, 515; *Hepting,* S. 153ff.

[5] *Lieb,* Die Ehegattenmitarbeit ..., S. 119f.; *Burckhardt,* Der Ausgleich für Mitarbeit eines Ehegatten im Beruf oder Geschäft des anderen, 1971, S. 400ff.; *Deubner* und *Kühne,* FamRZ 1968, 351, 356 gegen *BGH,* FamRZ 1968, 23 = NJW 1968, 245; s. auch *Gernhuber,* FamR, § 19 V 5; *MünchKomm./Gernhuber,* Vorbem. 21 vor § 1363; *Friedrich,* JR 1986, 1, 5; zu ehebedingten Zuwendungen s. noch *Langenfeld,* Handbuch, Rz. 315; *Morhard,* NJW 1987, 1734.

[6] *Kühne* und *Deubner,* aaO.

[7] Dazu *BGH,* FamRZ 1966, 91; FamRZ 1969, 28; *Johannsen,* WPM 1978, 502, 508f.; *Friedrich,* aaO; aber auch *Olzen,* JR 1982, 496; ferner *Holzhauer,* aaO, S. 833f.

stung sei der Fortbestand der ehelichen Gemeinschaft gewesen.[8] Hat ein Ehegatte eine Zuwendung an den anderen Gatten gemacht und ist er später selbst ausgleichsberechtigt, so kann ein Rückgewähranspruch nicht auf § 812 Abs. 1 Satz 2 HS 2 gestützt werden.[9]

Daraus, daß die Ehegatten für ein gemeinsames Familienwohnheim Leistungen erbracht haben, kann nicht das Bestehen einer Gesellschaft (§§ 705ff. BGB) oder einer „Innengesellschaft" hergeleitet werden,[10] so daß die Vorschriften über die Auseinandersetzung (§§ 731ff. BGB) nicht angewendet werden können.[11]

(1) Die neue Rechtsprechung des **BGH** war eingeleitet worden durch das 518
Urteil v. 3. 12. 1975[12] und bestätigt worden durch das weitere Urteil v. 27. 4. 1977.[13] Im ersteren hatte der BGH ausgesprochen, die Vorschriften der §§ 1372ff. seien gegenüber anderen Ausgleichsregeln, insbesondere Bereicherungsansprüchen und Ansprüchen aus einem Wegfall der Geschäftsgrundlage, die spezielleren;[14] würden die (ehebedingten) Zuwendungen wertmäßig nicht den Betrag übersteigen, den der Zuwendungsempfänger ohne die Zuwendung als Ausgleichsanspruch (§ 1378 Abs. 1) geltend machen könnte, so könne der zuwendende Ehegatte auch nicht verlangen, daß ein Ausgleich der Zuwendung nach den Grundsätzen über den Wegfall der Geschäftsgrundlage stattfinde.[15] Offengeblieben sind die Fälle, daß Zuwendungen wertmäßig den Betrag übersteigen, den der Zuwendungsempfänger geltend machen könnte, und daß der Zuwendende selbst ausgleichsberechtigt ist. Diese Entscheidung betraf den Fall, daß die Ehegatten Miteigentümer eines Grundstücks waren und dieses, da sich die Parteien über die Auseinandersetzung nicht einigen

---

[8] *Kühne,* FamRZ 1968, 356, 358; *Lieb,* aaO, S. 119.

[9] *Kühne,* FamRZ 1978, 221, 223, gegen *OLG Schleswig,* FamRZ 1978, 247; s. auch *Johannsen,* WPM 1978, 502, 508f.; *Staudinger/Lorenz,* § 812 Rz. 107; *Reuter, Martinek,* Ungerechtfertigte Bereicherung, § 5 II 3, S. 144f.; *Holzhauer,* aaO, S. 836.

[10] *BGH,* LM BGB § 1353 Nr. 16 = NJW 1974, 1554 = JR 1975, 153 m. Anm. *Kühne* = FamRZ 1974, 526 LS = BB 1974, 995; *BGHZ* 84, 361, 366f.; *BGH,* FamRZ 1983, 795 = JZ 1983, 852, 853 = NJW 1983, 1845, 1846; *Henrich,* FamRZ 1975, 533; *Maiberg,* DB 1975, 385; *Johannsen,* WPM 1978, 502, 504ff., 507, 510; 654, 655f.; *Palandt/Thomas,* BGB § 705 Anm. 8b; *MünchKomm./Ulmer,* Vorbem. 42 vor § 705.

[11] Darüber bestehen jetzt wohl keine Meinungsverschiedenheiten mehr; s. *Holzhauer,* JuS 1983, 830, 831f., sowie *Staudinger/Keßler,* Vorbem. 99ff. vor § 1705; anders bei ausdrücklicher Vereinbarung eines Gesellschaftsverhältnisses (s. *BGH,* FamRZ 1982, 141 = NJW 1982, 170).

[12] *BGHZ* 65, 320 (s. Fn. 1), dazu *Johannsen,* WPM 1978, 654; sowie gegen *BGH Kühne,* JZ 1976, 487ff.; *Gernhuber,* § 19 V 4, § 34 I 9, S. 210, 460; *MünchKomm./Gernhuber,* Vorbem. 20ff. vor § 1363; *Soergel/Lange,* § 1372 Rz. 7. Zum folgenden s. auch *Langenfeld,* Handbuch, S. 91ff., Rz. 286ff.; *Hepting,* S. 159ff.; *Tiedtke,* JZ 1984, 1078, 1082f.; *Rauscher,* aaO.

[13] *BGHZ* 68, 299 (s. Fn. 1); dazu *Johannsen,* aaO.

[14] Näheres zur Berechnung des Zugewinnausgleichs in diesem Falle s. FamRZ 1976, 82, gekürzt in JZ 1976, 486 (in *BGHZ* 65, 320 nicht abgedruckt), sowie *Johannsen,* LM BGB § 1374 Nr. 1 Anm.; *Jaeger, Kühne,* JZ 1977, 138.

[15] Hierzu *Kühne,* JZ 1976, 487, und *Johannsen,* aaO.

konnten, zum Zwecke der Aufhebung der Gemeinschaft versteigert wurde (§ 180 ZWG) und daß hernach über den hinterlegten Erlös gestritten wurde.

(2) In dem Urteil v. 27. 4. 1977[13] erklärte der *BGH*, in besonderen Fällen sei, wenn die (geschiedenen) Ehegatten je zur Hälfte Miteigentümer eines Grundstücks seien, eine Rückabwicklung in der Weise zuzulassen, daß ein Ehegatte berechtigt sei, die Übertragung der Grundstückshälfte des anderen Ehegatten an sich zu verlangen. In diesem Falle war von der Frau die Teilungsversteigerung (§ 180 ZVG) betrieben worden, das Verfahren wurde ausgesetzt bis zur Entscheidung des Rechtsstreits, in dem die Frau die Hälfte näher bestimmter Mieterträge geltend machte und der Mann beantragte, die Zwangsversteigerung für unzulässig zu erklären und die Frau zu verurteilen, Zug um Zug gegen Bezahlung eines bestimmten Betrages ihren hälftigen Miteigentumsanteil an dem Hausgrundstück auf ihn zu übertragen. Der *BGH* ist davon ausgegangen, der Mann habe das (Zweifamilien-)Haus zu Wohnzwecken und auch zu seiner Altersversorgung erwerben wollen; dem Manne sei es unter Berücksichtigung aller Umstände des Falles nicht zuzumuten, der Frau die ihr ohne Gegenleistungen zugewendete Hälfte zu belassen; doch sei der Mann verpflichtet, die Frau von einer Inanspruchnahme aus den Verbindlichkeiten freizustellen, die im Zusammenhang mit dem Bau des Hauses entstanden seien und für welche die Frau mithafte. Der Frau stehe ggf. ein (noch festzustellender) Betrag als Zugewinnausgleich zu; wenn nicht, habe die Frau evtl. einen Entschädigungsanspruch für die Übereignung der Grundstückshälfte; für ihre Gegenansprüche stehe ihr ein Zurückbehaltungsrecht (§ 273 BGB) zu.

(3) In dem Urteil v. 26. 11. 1981[16] hat der *BGH* in Fortführung und Ergänzung der genannten früheren Entscheidungen ausgesprochen: Haben Ehegatten während des gesetzlichen Güterstandes einander Zuwendungen gemacht, so seien Ansprüche nach den Grundsätzen über den Wegfall der Geschäftsgrundlage wegen Scheiterns der Ehe regelmäßig auch dann nicht gegeben, wenn der Wert der Zuwendung den Betrag übersteige, den der Zuwendungsempfänger ohne die Zuwendung als Zugewinnausgleichsanspruch geltend machen könnte. Der *BGH* bestätigte die in dem Urteil v. 27. 4. 1977 ausgesprochene Auffassung, ausnahmsweise könne unter besonderen Umständen ein Ehegatte berechtigt sein, die Übertragung des Miteigentumsanteils des anderen Ehegatten an sich zu verlangen. Hier hatte der Mann, nachdem er alle der Frau gemachten Schenkungen, insbesondere die Haushälfte, wegen groben Undanks widerrufen hatte, auf Übertragung der Grundstückshälfte Zug um Zug gegen Freistellung von den restlichen Darlehensverbindlichkeiten geklagt. Die Frau war bereit, dem Manne ihre Hälfte gegen Erstattung der Hälfte des Verkehrswerts des Grundstücks zu überlassen. Der *BGH* vernein-

---

[16] *BGHZ* 82, 227 (s. Fn. 1); hierzu *Reinicke, Tiedtke,* WPM 1982, 946; *Tiedtke,* DNotZ 1983, 161; *Holzhauer,* JuS 1983, 830; *Lang,* Anm. in LM § 1380 Nr. 5; sowie *BGH,* FamRZ 1987, 43, 45 re. Sp.

te das Vorliegen einer Schenkung; er vertrat die Auffassung, es habe sich um eine sog. unbenannte Zuwendung gehandelt, auch sei für die Regeln über den Wegfall der Geschäftsgrundlage insoweit kein Raum, als die Vorschriften über den Ausgleich des Zugewinns als spezielle gesetzliche Ausprägung die Grundsätze über den Wegfall der Geschäftsgrundlage verdrängen, die ungeschriebenen, aus § 242 BGB abgeleiteten Grundsätze greifen nur dort ein, wo nicht das Gesetz einen typischen Fall geänderter Vertragsgrundlage bis ins einzelne regele und – ggf. i. V. m. den gesetzlichen Vorschriften über die vermögensrechtliche Auseinandersetzung (zB §§ 749ff. BGB bei Miteigentum) – einer angemessenen Lösung zuführe; soweit die güterrechtlichen Vorschriften eingreifen, bedürfe es also in aller Regel [!] keines Rückgriffs auf die Grundsätze über den Wegfall der Geschäftsgrundlage.

(4) Auch das Urteil des *BGH* v. 22. 4. 1982[17] betraf den Fall, daß beide Ehegatten Miteigentümer eines Hausgrundstücks waren; hier sprach der *BGH* aus, die Regelung betr. den Zugewinnausgleich verdränge *im allgemeinen* [!] die aus § 242 BGB hergeleiteten Grundsätze über den Wegfall der Geschäftsgrundlage; falls der Zuwendungsempfänger mehr erhalten habe, als ihm ohne diese Zuwendung als Zugewinnausgleichsanspruch zugestanden hätte, könne der Zuwendende Anspruch auf Zugewinnausgleich gegen den Empfänger haben; habe ein Ehegatte dem anderen eine Zuwendung aus einem Anfangsvermögen gemacht, aber selbst keinen Zugewinn erzielt, so könne er nach § 1378 Abs. 1 die Hälfte des Werts der Zuwendung zurückverlangen. Dieser Anspruch des Zuwendenden scheitere nicht an § 1374 Abs. 2, da diese Vorschrift jedenfalls nicht auf ehebedingte Zuwendungen anzuwenden sei (s. schon Rz. 502a); die sich aus § 1378 Abs. 1 ergebende güterrechtliche Regelung sei nicht von vornherein unbillig; sie erlaube mithin auch bei hohen Zuwendungen aus dem Anfangsvermögen eine angemessene Auseinandersetzung; für die Anwendung der Grundsätze über den Wegfall der Geschäftsgrundlage sei nur ausnahmsweise Raum, nämlich nur dann, wenn anders ein tragbares Ergebnis nicht erreicht werden könne, wozu der *BGH* dann auf die Entscheidung v. 26. 11. 1981 verwies.

(5) Das Urteil v. 8. 7. 1982[18] betraf das Recht der *Gütertrennung;* der *BGH* sprach hier aus: Habe ein Ehegatte den Erwerb eines Hausgrundstücks durch den anderen (der also Alleineigentümer wurde) mitfinanziert und zum Ausbau des Anwesens als Familienwohnheim in erheblichem Maße Arbeitsleistungen erbracht, so könne ein familienrechtlicher Vertrag besonderer Art zustandegekommen sein; nach Scheitern der Ehe könne ein Ausgleichsanspruch wegen Wegfalls der Geschäftsgrundlage gegeben sein. Zu der bis 30. 6. 1977 geltenden Regelung des § 1356 Abs. 2 aF habe die Rechtsprechung nicht

---

[17] FamRZ 1982, 778 = WPM 1982, 692 = DNotZ 1983, 177; hierzu *Reinicke, Tiedtke,* aaO, und *Frank,* JZ 1983, 856f.

[18] *BGHZ* 84, 361 (s. Fn. 1); dazu *Tiedtke,* DNotZ 1983, 161; *Schulte,* ZGR 1983, 437; *Frank,* FamRZ 1983, 541; sowie *OLG Hamm,* FamRZ 1983, 496.

ausgeschlossen, daß eine über das gesetzlich geschuldete Maß hinausgehende Mitarbeit evtl. zu einem Ausgleich habe führen können, insbesondere wenn durch die Mitarbeit bleibende Vermögenswerte geschaffen worden seien, die bei Beendigung der Ehe noch vorhanden gewesen seien. Bei Arbeitsleistungen zur Errichtung eines Hauses handele es sich indes nicht um Mitarbeit im Betrieb oder Geschäft des anderen Ehegatten; über den Umfang von geschuldeten Beistandsleistungen im Rahmen der Verpflichtung zur ehelichen Lebensgemeinschaft (§ 1353 BGB) oder zur Erfüllung der Unterhaltspflicht (§ 1360 BGB) gehen sie ersichtlich weit hinaus; der Abschluß eines entgeltlichen Arbeitsvertrages zwischen den Ehegatten könne nicht angenommen werden. Der Wille der Ehegatten sei nicht allein auf den Austausch von Gütern und Diensten gerichtet gewesen; sie hätten zusammenwirken wollen, um sich ein Einfamilienhaus zu schaffen, in dem sich die eheliche Lebensgemeinschaft besser und angenehmer habe verwirklichen lassen, dennoch liege *keine Ehegatteninnengesellschaft* vor; gegen eine solche Innengesellschaft spreche auch der Umstand, daß dem Manne (wenn er die Frau überlebe?)[19] ein Wohnrecht zustehen sollte. Die Leistungen des Mannes gingen über erwiesene Gefälligkeiten oder über seine eheliche Beistandspflicht oder seine Unterhaltsverpflichtung weit hinaus; die Dienste des Mannes sollten somit rechtsgeschäftliche Bedeutung haben, wie sich auch aus der Einräumung des Wohnrechts ergebe. Bei Verträgen der hier vorliegenden Art, also familienrechtlichen Verträgen besonderer Art, ermögliche die Anwendung der Regeln über den Wegfall der Geschäftsgrundlage angemessene Ergebnisse, sie führe insbesondere dazu, daß ein Ausgleich regelmäßig nur dann in Betracht komme, wenn beim Scheitern der Ehe die Früchte der geleisteten Arbeit in Gestalt einer meßbaren Vermögensmehrung beim anderen Ehegatten noch vorhanden seien; es könne sich hier nur um eine angemessene Beteiligung an dem gemeinsamen Erarbeiteten handeln, nicht eigentlich um die Bezahlung geleisteter Dienste. Ob ein Anspruch gegeben sei, hänge weiterhin wie bei unbenannten Zuwendungen unter Ehegatten von den besonderen Umständen des Falles, insbesondere der Dauer der Ehe, dem Alter der Parteien, Art und Umfang der erbrachten Leistungen, der Höhe der dadurch bedingten und noch vorhandenen Vermögensmehrung und von ihren Einkommens- und Vermögensverhältnissen überhaupt ab. Sei danach die Aufrechterhaltung des bestehenden Vermögensstandes für den Ehegatten, der ohne eigene Vermögensmehrung Leistungen erbracht habe, unzumutbar, so habe ein billiger Ausgleich dafür zu erfolgen, daß die vereinbarte ungestörte und dauernde Mitnutzung der Früchte seiner Arbeit für die Zukunft entfalle; im gesetzlichen Güterstand, in dem die Vermögensmehrung ohnehin als Zugewinn regelmäßig auszugleichen sei, werde dies allerdings nur ganz ausnahmsweise in Betracht kommen.

---

[19] Unklar ist, was mit der ursprünglichen Absicht, ein Wohnrecht einzuräumen, gemeint war, da dieses ja bei bestehender und intakter Ehe keinen rechten Sinn hatte (vgl. auch *Tiedtke*, DNotZ 1983, 161, 169; *Olzen*, JR 1982, 496).

Der *BGB* hatte hier einen *familienrechtlichen Vertrag besonderer Art* angenommen,[20] die Begründung dazu, die darauf abstellte, in dem Verhalten der Ehegatten sei der schlüssige Abschluß eines solchen Vertrags zu erblicken, war freilich dürftig.[21] Der Hinweis auf das vorgesehen gewesene Wohnrecht war, zumal zufolge der Unklarheit darüber, welchen Inhalt dieses im einzelnen haben sollte,[22] nicht stichhaltig; auf ein solches Wohnrecht kann es im übrigen auch gar nicht ankommen. Die Konstruktion des *BGB* kommt der Auffassung von *Lieb*[23] und *Gernhuber*[24] nahe. *Lieb* hatte davon gesprochen, es handele sich um kein der Einordnung in das Schuldrecht fähiges Verkehrsgeschäft, sondern um eine spezielle familienrechtliche Ausgestaltung des ehelichen Lebens; er meinte freilich auch, das Geschäft sei causa-los, wobei indes die Übereinkunft über die wirtschaftlichen Auswirkungen nicht berücksichtigt ist,[25] sowie der Zweck, die wirtschaftliche finanzielle Lage des anderen Ehegatten (Hauseigentümers) zu verbessern. *Gernhuber*[24] sprach von einem *Kooperationsvertrag* zur Förderung der ehelichen Lebensgemeinschaft.

Im Ergebnis dahingehend, daß ein besonderes Vertragsverhältnis begründet wurde, dessen Geschäftsgrundlage der Fortbestand der Ehe war, mit der Folge, daß die Scheidung der Ehe als Wegfall der Geschäftsgrundlage zu beurteilen ist,[26] ist dem *BGH* zuzustimmen.

(6) In dem mit Urt. des BGH v. 28. 4. 1983[27] entschiedenen Falle hatten die Ehegatten, *Miteigentümer* zweier Grundstücke, im Güterstand der *Gütertrennung* gelebt. Nach der Scheidung der Ehe wurden die *Grundstücke* auf Betreiben der Eheleute *versteigert;* ein Grundstück (Einfamilienhaus) erwarb der eine Ehegatte, das andere der andere Ehegatte. Der Streit der Parteien ging vor allem um den *Erlös* (Übererlös) aus der Versteigerung des Einfamilienhauses. Die Frau hatte kein eigenes Einkommen, der Mann hatte die auf dem Haus ruhenden Schulden zum überwiegenden Teile getilgt. Der BGH hat hierzu dargelegt, mit dem Erwerb zum Miteigentum würden Eheleute in aller Regel [!] zum Ausdruck bringen, es solle so angesehen werden, wie wenn jeder Teil gleichviel zu den Grundstücks- und Baukosten beigetragen habe (s. auch anschließend (7)). Aus dem Bestehen der Gütertrennung könne nicht der Schluß gezogen werden, bei finanzieller Mehrleistung eines Partners habe grundsätzlich ein Ausgleich stattzufinden. Dagegen liege *für die Zeit*

---

[20] Zustimmend *Tiedtke,* aaO, 163, 167; *Langenfeld,* Handbuch S. 97, Rz. 295; vgl. auch *OLG Hamm,* FamRZ 1983, 496.

[21] Hierzu *Olzen,* aaO.

[22] Dazu s. oben Fn. 19.

[23] S. 124; s. auch *Burckhardt,* aaO (s. Fn. 5), S. 359ff.

[24] § 19 V 7.

[25] Hierzu *Holzhauer,* JuS 1983, 830, 832ff.

[26] *BGHZ* 82, 227; *BGH,* FamRZ 1982, 778; *BGHZ* 84, 361, 368; *BGH,* FamRZ 1987, 43, 45 re. Sp.; *Johannsen,* WPM 1978, 502, 509; vgl. auch *Staudinger/Thiele,* § 1363 Rz. 14, und zum Begriff (allgemein) *Jauernig/Vollkommer,* § 242 Anm. V 1b) aa) und zum Fortbestand der Ehe Anm. V 5d).

[27] FamRZ 1983, 797 (s. Rz. 517, Fn. 1).

nach dem Scheitern der Ehe die Annahme nahe, durch das Scheitern der Ehe sei die Vertragsgrundlage für die genannte Abrede entfallen, nach Aufhebung der ehelichen Lebensgemeinschaft bestehe im allgemeinen kein Grund mehr für einen Ehegatten, dem anderen eine weitere Vermögensmehrung zukommen zu lassen. Hier komme ein Ausgleichsanspruch gemäß § 426 BGB in Betracht.

Das Neue an dieser Entscheidung ist, daß der BGH mit dem Zeitpunkt der endgültigen Trennung bzw. des Scheiterns der Ehe – wobei offen geblieben ist, welcher Zeitpunkt maßgebend ist: die Trennung, die Antragstellung, dh Zustellung des Scheidungsantrags oder die Rechtskraft des Scheidungsurteils – eine Zäsur vorgenommen hat, also Leistungen vor und nach dem Scheitern der Ehe unterscheidet. Damit wurde die in dem Fall (5) vertretene Auffassung (teilweise) eingeschränkt, ohne daß dies angesichts der weiten Formulierung zum Ausdruck gebracht worden wäre, und ohne wünschenswerte Abgrenzung der in Betracht kommenden Fallgruppen. Bei hohen Aufwendungen des einen Ehegatten während der Ehe kann die Auffassung des BGH zu sehr ungerechten Ergebnissen, einer sehr ungerechten Benachteiligung des einen Ehegatten führen. Die erwähnten Gedankenvorgänge des BGH können wohl nicht angewendet werden zB in Fällen, in denen ein Ehegatte (von vornherein) Alleineigentümer eines Hauses oder einer Eigentumswohnung war.[28] Als Leistungen nach der Trennung kommen vor allem Zins- und Tilgungszahlungen eines Ehegatten in Betracht, wenn beide Ehegatten Gesamtschuldner sind.

(7) Das Urt. v. 17. 5. 1983[29] betraf den Fall, da die Ehegatten, die im *gesetzlichen Güterstand* lebten, Miteigentümer eines Grundstücks waren (s. auch Rz. 513 a Fn. 6). Hier legte der BGH dar, die Miteigentümergemeinschaft der Ehegatten sei durch die eheliche Lebensgemeinschaft überlagert worden, daraus könnten sich für ihr Verhältnis als Miteigentümer und **Gesamtschuldner** der aufgenommenen Kredite Abweichungen gegenüber den Regeln der Bruchteilsgemeinschaft (§§ 748, 755 BGB) ergeben. Verfüge ein Ehegatte allein über Einkommen, während der andere den Haushalt versorge, sei es üblich, daß der verdienende die gemeinschaftlichen finanziellen Verpflichtun-

---

[28] Für diese Auffassung, diese Auslegung der BGH-Rechtsprechung dürften auch die Ausführungen des BGH in der Entscheidung FamRZ 1987, 43, 45f. sprechen, in der nur vom Wegfall der Geschäftsgrundlage im Falle von Aufwendungen bei Gütertrennung vor der Gütergemeinschaft und bei späterer Ehescheidung die Rede ist. Freilich hat diese Rechtsprechung des BGH die wohl etwas seltsame Konsequenz, daß bei Gütertrennung und Miteigentum der Ehegatten Leistungen eines Ehegatten, die in Zins- und Tilgungszahlungen für gemeinschaftliche Verbindlichkeiten bestehen, während der Ehe anders behandelt werden als Arbeitsleistungen oder Geldleistungen eines Ehegatten für den Bau eines Hauses des anderen Ehegatten, das als Familienheim bestimmt ist.

[29] *BGHZ* 87, 265 (s. Rz. 517 Fn. 1); s. auch *BGH*, FamRZ 1984, 29, 30 = NJW 1984, 795, 796; *Soergel/Wolf*, Rz. 26, *MünchKomm./Selb* (2. Aufl.), Rz. 7 je zu § 426 BGB.

gen trage, auch wenn sie dem gemeinsamen Vermögenserwerb dienen. Dem liege die Anschauung zugrunde, daß *die finanziellen Leistungen des einen und die Haushaltsführung des anderen Teils grundsätzlich [!] gleichwertige Beiträge zur ehelichen Lebensgemeinschaft* darstellen, ein Ausgleich komme dann grundsätzlich [!] nicht in Betracht; dies gelte vor allem für den gesetzlichen Güterstand. Nach Aufhebung der ehelichen Lebensgemeinschaft bestehe im allgemeinen kein Grund mehr für den einen Ehegatten, dem anderen eine Vermögensmehrung zukommen zu lassen. Nach der endgültigen Trennung komme eine Neuregelung der Verwaltung und Benutzung (§ 745 BGB) in Betracht (s. auch Rz. 513a). Einem Ausgleichsanspruch (für die Zeit nach der Trennung) stünden die Vorschriften über die Zugewinngemeinschaft nicht entgegen. Ein Vorrang der güterrechtlichen Vorschriften gelte nicht bei Ansprüchen aus § 426 BGB, wenn Leistungen für die *Zeit nach Rechtshängigkeit des Scheidungsverfahrens*[30] auszugleichen seien.

Der BGH meinte also, mit dem Scheitern der Ehe sei der Grund für eine Alleinbelastung des einen (verdienenden) Ehegatten weggefallen. Bei der Berechnung des Endvermögens wird jedoch die Kreditaufnahme unabhängig vom Zeitpunkt der Tilgung erfaßt. Die Lastenverteilung im Innenverhältnis ist vorrangig gegenüber dem Güterrechtsausgleich.[31] Der einkommens- und vermögenslose Ehegatte ist auch nach der Scheidung der Ehe nicht in der Lage, Zins- und Tilgungsleistungen aufzubringen.[32] *Ein Zugewinnausgleich kann erst vorgenommen werden, wenn feststeht, in welcher Höhe jeder Partner zur Darlehensrückzahlung verpflichtet ist.*[33]

Mit dem vorliegenden Urteil hat der BGH bedauerlicherweise keinen maßgebenden Beitrag zur Klärung der hier auftretenden Probleme geleistet.[34] Besteht im Zeitpunkt der Rechtshängigkeit des Scheidungsantrags (s. § 1384 BGB) eine Darlehensschuld und kann nur der eine Ehegatte Tilgungs- und Zinszahlungen leisten, so ist er im Innenverhältnis dazu allein verpflichtet. So berechnet sich in diesem Zeitpunkt seine Verbindlichkeit;[35] umgekehrt wird der andere Ehegatte entlastet, mit der Folge, daß ihn eine Ausgleichspflicht treffen kann.

---

[30] Hervorhebung nicht im Original.

[31] *Frank,* JZ 1983, 855, 857 re Sp.

[32] Hierauf wies auch *Frank,* aaO, hin; s. dazu noch von dem *OLG Frankfurt,* FamRZ 1985, 482, entschiedenen Fall (nur ein Ehegatte kann als Gesamtschuldner in Anspruch genommen werden), hierzu *Selb,* JZ 1986, 483, 486; sowie *OLG Celle,* FamRZ 1985, 710 (Anspruch der Frau auf Freistellung; Darlehen nur für Betrieb des Mannes) und *BGH* oben Rz. 518 (2).

[33] *Frank,* aaO, 856; s. ferner *Soergel/Wolf,* § 426 Rz. 26, und *Graba,* NJW 1987, 1721, 1723f.

[34] Dies beklagte auch *Frank,* aaO, 857 re. Sp.

[35] Hierzu *OLG Frankfurt,* aaO, und *Selb,* aaO. Zu einem Fall rechtsmißbräuchlicher Geltendmachung eines Ausgleichsanspruchs nach Trennung der Ehegatten für Zahlungen auf eine gemeinsame Darlehensschuld betr. den Bau des bis zur Trennung gemeinsam bewohnten Hauses der Ehegatten, das der Anspruchsteller dann allein bewohnte, *OLG Oldenburg,* NJW–RR 1986, 752.

(8) Das Urt. des BGH v. 20. 5. 1987[36] betraf folgenden wichtigen und instruktiven Fall[37]: Der Ehefrau schenkten ihre Eltern Grundstücke, darunter einen Bauplatz; sie übertrug sogleich den hälftigen Miteigentumsanteil auf ihren Mann. Die Eheleute errichteten auf dem Bauplatz ein Haus, das sie gemeinsam bewohnten. Nach Zustellung des Scheidungsantrags verkaufte der Mann seinen hälftigen Miteigentumsanteil an dem Hausgrundstück an die Frau. Diese rechnete dabei mit ihrem Zugewinnausgleichsanspruch (§ 1378 Abs. 1 BGB) auf. Der Streit der Parteien ging dann um den restlichen Ausgleichsanspruch der Frau. Der BGH billigte dazu die vom Berufungsgericht[38] vorgenommene Berechnung.

518a β) Zu unentgeltlichen Zuwendungen unter Ehegatten, die *im gesetzlichen Güterstand* leben, ist zunächst, bevor auf einzelne Fragen eingegangen werden kann, noch die Bedeutung des **§ 1380 BGB** (s. auch Rz. 495, 521f.) klarzustellen. Unter solche Zuwendungen fallen zB Schenkungen, der Erwerb eines Hausgrundstücks durch beide Ehegatten, wenn nur einer, regelmäßig der Mann, die diesbezüglichen Aufwendungen trägt,[1] die Befreiung des einen Ehegatten durch Zahlungen des anderen Ehegatten von gemeinsamen Darlehensverbindlichkeiten,[2] sowie Unterhaltsbeiträge, die das Maß übersteigen und daher gemäß § 1360b BGB nicht zurückgefordert werden können.[3]

§ 1380 Abs. 1 Satz 1 setzt voraus, daß ein Ehegatte vom anderen eine solche Zuwendung erhalten hat und daß ihm eine Ausgleichsforderung (§ 1378 Abs. 1 BGB) zusteht, anders ausgedrückt, daß der Zuwendende der (spätere) Ausgleichsverpflichtete ist. Solche Zuwendungen werden bei tatsächlicher (§ 1380 Abs. 1 Satz 1) oder mutmaßlicher Anrechnungsbestimmung (Satz 2) regelmäßig von dem besser begüterten Ehegatten in der Erwartung gemacht, dem Empfänger stehe später eine Ausgleichsforderung zu.[4] Die Anrechnung wird in folgender Weise vorgenommen:[5] Der Wert der Zuwendung wird

---

[36] FamRZ 1987, 791 (Rev.-Urt. zu *OLG Frankfurt,* FamRZ 1987, 62).

[37] Siehe auch Rz. 498 Fn. 8, 502a Fn. 65 aE, 518a Fn. 5, 519b m. Fn. 19.

[38] *OLG Frankfurt,* aaO, 66.

[1] Siehe dazu die vom *BGH* entschiedenen Fälle *BGHZ* 65, 320; 68, 299; 82, 227; FamRZ 1982, 778; sowie die Beispiele von *Kanzleiter,* S. 73.

[2] In dem Fall *BGHZ* 82, 227 (s. Rz. 518 [3]) war dies freilich vom BGH (wie auch vom Berufungsgericht) nicht berücksichtigt worden, was *Holzhauer* (JuS 1983, 830, 833) hervorgehoben hat.

[3] *BGH,* FamRZ 1983, 351 = NJW 1983, 1113 = MDR 1983, 663 = LM § 1380 Nr. 6.

[4] *Staudinger/Thiele,* § 1380, Rz. 3. Hierbei kommt vor allem der Vorschrift des Satzes 2 praktische Bedeutung zu (s. auch Rz. 495); denn die ausdrückliche Bestimmung der Anrechnung ließe die Äußerung eines Mißtrauens gegenüber dem anderen Ehepartner erkennen.

[5] *BGHZ* 82, 227, 235; *Schwab,* FamRZ 1984, 525, 526 m. Rechenbeispiel; s. ferner *OLG Frankfurt,* FamRZ 1987, 62 m. Berechnungen, *BGH,* FamRZ 1987, 791, 792 (Rev.-Urt. zu OLG Frankfurt) sowie *D. Schwab,* FamR, Rz. 234; *Friedrich,* JR 1986, 1, 3ff.; *Langenfeld* in MünchVertragshandb. IV, 2 S. 1124; *Rauscher,* AcP 186, 529, 545f.; *Graba,* NJW 1987, 1721, 1726. Dazu, daß hier § 1374 Abs. 2 BGB nicht anzuwenden ist, s. Rz. 502a.

gemäß § 1380 Abs. 2 Satz 1 zum Zugewinn des Ausgleichspflichtigen, dh des Zuwendenden, hinzugerechnet, sodann wird bei dem sich hiernach ergebenden Ausgleichsbetrag (§ 1378 Abs. 1) der Wert der Zuwendung angerechnet, dh abgezogen (§ 1380 Abs. 1 Satz 1).

Darauf, ob die Zuwendung sich noch im Endvermögen des Zuwendungsempfängers befindet oder sich auf dessen Höhe auswirkt, kommt es nicht an; die Zuwendung ist auf den Ausgleichsbetrag auch dann anzurechnen, wenn der Zuwendungsempfänger keinen Zugewinn erzielt hat.[6] Der Zuwendende soll nicht das Risiko eingehen, den Empfänger zweimal an seinem Vermögen beteiligen zu müssen; die Art der Verwaltung der Zuwendung soll nicht zu Lasten des Zuwendenden gehen, vielmehr soll der zuwendende Ehegatte durch die Zuwendung nicht ein Risiko übernehmen, das er ohne die Zuwendung nicht zu tragen bräuchte, wenn also zB der betreffende Geldbetrag in seinem Vermögensbestand verblieben wäre.[7]

§ 1380 Abs. 1 ist indes nicht anzuwenden, wenn der Zuwendungsempfänger schon im voraus mehr erhalten hat, als ihm als Ausgleichsforderung zustände, wenn er also nichts mehr verlangen kann.[8] Hier kann evtl. der Zuwendungsempfänger seinerseits zu einer Ausgleichszahlung (§ 1378 Abs. 1) verpflichtet sein, wenn und weil er – dank der Zuwendung – den höheren Zugewinn erzielt hat.

γ) Somit ergibt sich diesbezüglich der rechtlichen Beurteilung von Zuwen- **519**
dungen unter Ehegatten folgendes:

Grundsätzlich ist zu *unterscheiden*, ob die Ehegatten im *gesetzlichen Güterstand* leben oder im Güterstand der *Gütertrennung*.

Leben sie im **gesetzlichen Güterstand** (§§ 1363ff. BGB), so sind die Vor- **519a**
schriften der §§ 1363 Abs. 2, 1373ff. grundsätzlich als die *speziellen Vorschriften (leges speciales)* gegenüber schuldrechtlichen Vorschriften (insbesondere § 812 BGB) oder den Grundsätzen über den Wegfall der Geschäftsgrundlage (in Anwendung des § 242 BGB) anzusehen, was die spätere Auseinandersetzung angeht. Die Vorschriften der §§ 1373ff. enthalten hierzu eine *generelle Billigkeitsregelung.* Die Ehegatten sollen an allem, was sie in der Ehe bei grundsätzlicher Trennung der beiderseitigen Vermögensmassen (§ 1364 BGB) hinzuerworben haben, wertmäßig gleichen Anteil haben ohne Rücksicht darauf, in welcher Weise und in welchem Umfang sie zu dem Erwerb der einzelnen Vermögensgegenstände beigetragen haben; diese gleichmäßige Beteiligung ist für den Fall vorzeitiger Auflösung des Güterstandes durch Scheidung der Ehe gesetzlich mittels der Regelung über den Zugewinnausgleich verwirklicht worden: Der Ehegatte, dessen Vermögen den höheren Zugewinn aufweist, schuldet dem anderen Ehegatten die Hälfte

---

[6] *Reinicke/Tiedtke,* WPM 1982, 946, 949; *Holzhauer,* JuS 1983, 830, 834; *Netzer,* S. 206f.

[7] *Reinicke/Tiedtke,* aaO; *Langenfeld,* Rz. 301f.; *Schwab,* Handbuch, Rz. 790 aE.

[8] *BGH,* aaO; dazu *Friedrich,* aaO, 4f., *Graba,* aaO.

des Überschusses (§ 1378 Abs. 1 BGB).[1] Damit soll im Interesse der Rechtsklarheit (und auch der Rechtssicherheit) der Streit darüber ausgeschlossen werden, ob und in welchem Maße der eine Ehegatte an dem Vermögenserwerb des anderen Ehegatten wirtschaftlich beteiligt war.[2] Die vom Gesetz gewollte gleichmäßige Beteiligung erforderte eine schematische oder starre Regelung, wie sie mit der Vorschrift der Halbierung des Überschusses (§ 1378 Abs. 1) getroffen worden ist.[2] Freilich führt die schematische, generelle gesetzliche Billigkeitsregelung je nach Lage des Einzelfalles zuweilen zu Härten, zu Vorteilen oder Nachteilen, die ungerecht erscheinen können. Eine Korrektur läßt das Gesetz (ausdrücklich) nur bei Vorliegen der Voraussetzungen des § 1381 BGB (s. dazu Rz. 496) durch eine Versagung eines Ausgleichsanspruchs zu (vgl. auch zum Versorgungsausgleich §§ 1587c, 1587h BGB), jedoch nicht im umgekehrten Falle, wenn an sich ein Zugewinnausgleich nicht stattfindet, dies aber grob unbillig ist (vgl. andererseits im Unterhaltsrecht § 1576 BGB). Hatte der Mann zB ein hohes Anfangsvermögen, ist sein Endvermögen aber nicht höher als jenes, hat die nicht berufstätige Frau den Haushalt versorgt und die Kinder betreut und erzogen, hat also diese ihre Tätigkeit nur dazu geführt, daß das Endvermögen des Mannes nicht geringer ist als sein Anfangsvermögen, so steht ihr nach der Auffassung des BGH kein Zugewinnausgleichsanspruch zu; dies muß die Frau hinnehmen.[3]

Eine Korrektur der Berechnung des Zugewinnausgleichs läßt die Rechtsprechung des *BGH* nur in extremen Ausnahmefällen zu, wenn das Ergebnis schlechterdings unerträglich erscheint (s. hierzu auch unten Rz. 519b, 520, 520a).

519b So sind bei der Vermögensauseinandersetzung der im gesetzlichen Güterstand lebenden Ehegatten anläßlich der Scheidung ihrer Ehe grundsätzlich die **Vorschriften über den Zugewinnausgleich** (§§ 1363 Abs. 2, 1373ff. BGB) anzuwenden.

Hierzu seien folgende Fälle und Fallgruppen behandelt:

Die Zuwendung eines Ehegatten an den anderen übersteigt wertmäßig nicht den Betrag, den der Zuwendungsempfänger ohne die Zuwendung als Ausgleichsforderung geltend machen könnte.[4]

Die Zuwendung übersteigt wertmäßig die spätere Ausgleichsforderung.[5] Dabei kann die Zuwendung aus dem Anfangsvermögen oder aus einem späteren Vermögenserwerb stammen.

---

[1] *BGHZ* 65, 320, 322f. (s. Fn. 1 zu Rz. 517), sowie Rz. 490, 490a, 498.

[2] *BGH,* aaO, 323; krit. dazu *Bosch,* NJW 1987, 2617, 2628 li. Sp. oben.

[3] *Langenfeld,* Rz. 309; *Tiedtke,* DNotZ 1983, 161, 164; andererseits *Oehlers,* 5. DFGT, Brühler Schriften, Bd. 3, S. 82, 102ff.; ein *Arbeitskreis,* das. S. 115, Ziff. 4; FamRZ 1983, 1201 (III. 6.) zur Anwendung des Gesichtspunkts des Wegfalls der Geschäftsgrundlage.

[4] So in dem Falle *BGHZ* 65, 320 (s. Rz. 518 [151]); s. ferner *BGHZ* 68, 299, 302 (Rz. 518 [2].)

[5] Hierzu *BGHZ* 82, 227, s. Rz. 518 (3).

Die Vorschriften des §§ 1373ff. sind auch anzuwenden, wenn beide Ehegatten, wie häufig, je zur Hälfte Miteigentümer eines Grundstücks sind.[6] In diesem Falle hat der *BGH* es jedoch zugelassen, daß bei Vorliegen besonderer Umstände ein Ehegatte von dem anderen gegen einen entsprechenden Ausgleich (insbesondere eine Ausgleichszahlung) in Anwendung des § 242 BGB, der Grundsätze über den Wegfall der Geschäftsgrundlage, die Übertragung seines hälftigen Anteils an dem Grundstück verlangen kann,[7] sodann mit Durchführung des Zugewinnausgleichs.

Hat der Zuwendungsempfänger mehr empfangen, als ihm später als Ausgleichsforderung zusteht, so kann er nichts mehr verlangen.[8] Doch fragt es sich, ob er selbst nunmehr ausgleichspflichtig ist.[9] Hier kommt es darauf an, wie hoch die Zugewinne der Ehegatten sind, und sind folgende Fälle zu unterscheiden:

Ist das Endvermögen des Zuwendungsempfänger höher als das Anfangsvermögen und hat dieser ohne die (anzurechnende) Zuwendung einen (zusätzlichen) Zugewinn in (mindestens) gleicher Höhe erzielt, so erhält der Zuwendende, der keinen Zugewinn erzielt hat, die Zuwendung betragsmäßig in (mindestens) gleicher, d. h. voller Höhe, wieder zurück (§ 1378 Abs. 1); der Zuwendende steht hier genau so, wie wenn er die Zuwendung nicht gemacht hätte.[10] Dieser Fall dürfte heute als geklärt betrachtet werden können.[11]

Ist das Endvermögen des Zuwendungsempfängers höher als das Anfangsvermögen und hat dieser einen Zugewinn (etwa) in der Höhe der (anzurechnenden) Zuwendung gemacht oder besteht der Zugewinn gerade in der Zuwendung, zB einem Grundstücksanteil, so hat der Zuwendende Anspruch auf (etwa) die Hälfte des Zugewinns des Empfängers, dh damit die Hälfte seiner Zuwendung, wenn er selbst keinen Zugewinn erzielt hat.[12]

Hat der Zuwendende auch selbst einen Zugewinn erzielt, so kommt es auf die Differenz der Zugewinne der Ehegatten an.

Diese Fälle dürften heute ebenfalls als grundsätzlich geklärt anzusehen sein,[13] freilich nicht der Fall, daß der Zuwendende die Zuwendung aus seinem

---

[6] Diese Fälle haben besonders große praktische Bedeutung, vgl. dazu auch die vom BGH entschiedenen Fälle; *BGHZ* 65, 320; 68, 299; 82, 227; FamRZ 1982, 778 (Rz. 518 [4]).

[7] *BGHZ* 68, 299; 82, 227, jeweils mit näheren Darlegungen über die dann vorzunehmende Berechnung des Zugewinnausgleichs; s. ferner *BGH*, FamRZ 1982, 778.

[8] *BGHZ* 82, 227, 234.

[9] Hierzu *BGH*, aaO, S. 235; *Reinicke, Tiedtke*, WPM 1982, 946, 952f.; *Tiedtke*, DNotZ 1983, 161, 163ff.; *Schwab*, FamRZ 1984, 525, 527f.; *Langenfeld*, Handbuch, Rz. 307f.

[10] *Reinicke, Tiedtke*, aaO, S. 952; *Tiedtke*, aaO, S. 163; *Langenfeld*, aaO, Rz. 309.

[11] *Tiedtke*, aaO.

[12] *BGH*, FamRZ 1982, 778, 779; *Reinicke, Tiedtke*, aaO; *Langenfeld*, aaO.

[13] So wohl auch *Tiedtke*, aaO, S. 164.

Anfangsvermögen gemacht[14] und keinen Zugewinn erzielt hat. Hier hatte der BGH[15] die Ansicht vertreten, es sei „nicht von vornherein unbillig“(!), wenn der Zuwendende nur die Hälfte als Ausgleich verlangen könne. Indes kann hier nicht von einem vorweggenommenen Zugewinnausgleich (bezüglich der Zuwendung) gesprochen werden;[16] die Auffassung des BGH widerspricht dem Grundgedanken der *Zugewinn*gemeinschaft (vgl. § 1363 Abs. 2 BGB).[17] Sie führt zB bei kurzer Ehe zu einem besonders grob unbilligen Ergebnis.[18] Hier müssen vielmehr die Grundsätze des Wegfalls der Geschäftsgrundlage Platz greifen. In dem Falle. daß beide Ehegatten einen Zugewinn erzielt hatten und ein Ehegatte dem anderen eine Zuwendung gemacht hat, kann es notwendig werden, eine doppelte Rechnung aufzumachen, im Hinblick darauf, daß die Zuwendung auf eine etwaige Ausgleichsforderung des Zuwendungsempfängers gemäß § 1380 Abs. 1 BGB anzurechnen ist, diese Vorschrift des § 1380 Abs. 1 aber auf den Ausgleichsanspruch des Zuwendenden oder anders ausgedrückt auf die Ausgleichspflicht des Zuwendungsempfängers nicht anzuwenden ist (s. auch Rz. 518a).[19] Hier kann es freilich von Zufälligkeiten abhängen, welcher Ehegatte schließlich ausgleichspflichtig ist; evtl. ist hier § 1381 anzuwenden (s. Rz. 496).

Als ungeklärt ist die Frage anzusehen, wie der Zugewinnausgleich zu berechnen ist, wenn die Eheleute **Gesamtschuldner** (**§§ 421, 426 BGB**) sind, wie die während der Ehe getilgten Verbindlichkeiten und wie die im Zeitpunkt der Rechtshängigkeit des Scheidungsantrags (§ 1384 BGB) bestehenden Verbindlichkeiten zu berücksichtigen sind (s. Rz. 518 (7) aE).

520 Zweifelhaft und noch ungeklärt ist die Beantwortung der Frage, wie die Rechtslage zu beurteilen ist, wenn die *Zuwendung* zwar *wertmäßig noch* im Endvermögen des Zuwendungsempfängers *vorhanden* ist, dieser *aber keinen Zugewinn* erzielt hat, wenn und weil er mit Hilfe der Zuwendung vor oder nach der Eheschließung entstandene Verbindlichkeiten getilgt oder während der Ehe das Anfangsvermögen verbraucht (zB Wertpapiere veräußert und den Erlös verbraucht) hat, wenn also das Endvermögen des Zuwendungsempfängers nur so hoch wie das Anfangsvermögen (oder noch niedriger oder überschuldet) ist.[20] Hier ginge der Zuwendende in Anwendung der Vor-

---

[14] Hierzu s. *BGH,* FamRZ 1982, 778; *BGHZ* 82, 227 (Zuwendung eines Elternteils), sowie *Langenfeld,* NJW 1986, 2541 mit Vorschlägen für notariell beurkundete Verträge (insbesondere betr. Grundstücke).

[15] *BGHZ* 82, 227, 235; hiergegen *Kühne,* JR 1982, 239; *Friedrich,* JR 1986, 1, 5; *Netzer,* S. 190, 191f.; *Holzhauer,* JuS 1983, 830, 836; *Rauscher,* AcP 186, 529, 545.

[16] Ebenso *Friedrich,* aaO; *Netzer,* S. 191f.

[17] *Holzhauer* (aaO) wies auch auf die rechtspolitisch unerfreuliche Folge der Benachteiligung des Zuwendenden hin, daß die Neigung zu Zuwendungen während der Ehe vermindert werden könnte (s. ferner *Netzer,* S. 193f.)

[18] *Kühne,* aaO; *Netzer,* S. 193.

[19] *Schwab,* aaO, S. 528; *BGH,* FamRZ 1987, 791, 792.

[20] Hierzu *Reinicke, Tiedtke,* aaO, S. 953; *Tiedtke,* aaO; *Langenfeld,* Rz. 309.

schriften über den Zugewinnausgleich leer aus.[21] Doch dürfte hier, je nach Lage des Falles, wenn andernfalls ein untragbares, grob ungerechtes Ergebnis die Folge wäre, eine Korrektur gemäß § 242 BGB zugelassen werden können,[22] jedoch sodann mit Durchführung des Zugewinnausgleichs.[23]

Problematisch ist weiterhin zB der Fall, daß die Frau Alleineigentümerin eines Grundstücks ist, das sie vor der Eheschließung erworben hat oder das ihr nach der Eheschließung von ihren Eltern geschenkt worden ist (**§ 1374 Abs. 2 BGB**), und der Mann auf dem Grundstück ein Haus gebaut oder ein bestehendes Gebäude wesentlich umgestaltet, die Baumaterialien (im wesentlichen) bezahlt und selbst umfangreiche Arbeitsleistungen erbracht hat[24] u. dgl., sowie die Frau von Verwandten Leistungen iS des § 1374 Abs. 2 BGB erhalten hat, so daß sich im Ergebnis bei Vergleichung des Endvermögens mit dem Anfangsvermögen zufolge übernommener oder eingegangener Verbindlichkeiten kein oder nur ein ganz geringfügiger Zugewinn ergibt, und damit ein ganz geringfügiger Ausgleichsanspruch des Mannes, der selbst keinen Zugewinn erzielt hat. Hier dürfte ebenso, um ein grob ungerechtes Ergebnis zu vermeiden, ggf. eine Korrektur unter Anwendung der Grundsätze über den Wegfall der Geschäftsgrundlage (§ 242 BGB) zuzulassen sein. Dabei müßten auch die Einkommens- und Vermögensverhältnisse der Ehegatten berücksichtigt werden, ebenso ob der Mann durch die Arbeiten einen anderweitigen Verdienstausfall erlitt, sowie ob durch die Leistungen der Verwandten (§ 1374 Abs. 2) die Schuldenlast verringert werden konnte, ob ggf. das Gebäude ohne diese Zuwendungen der Verwandten nicht so aufwendig, wie geschehen, hätte ausgestattet werden können, damit also einen geringeren Wert, auch Ertragswert, hätte.

Ebenso müßte evtl. eine Korrektur gemäß § 242 BGB in dem Falle zugelassen werden, daß der Mann Alleineigentümer eines Grundstücks ist, die Frau zum Bau des Hauses (dh des Familienwohnheims) ihre hohen Ersparnisse sowie Bausparverträge zur Verfügung gestellt hat, das Endvermögen des Mannes infolge hoher Schulden nur (etwa) so hoch ist wie sein Anfangsvermögen und das Endvermögen der Frau zufolge der Zuwendungen null ist.

Kann in dem Falle, daß beide Ehegatten Miteigentümer des Hauses sind (s. 520a
Rz. 518 (2), (3)) ein Ehegatte unter besonderen Umständen gemäß § 242 BGB verlangen, daß ihm der Anteil des anderen Ehegatten gegen eine (nach Billigkeit zu bemessende) Entschädigung übertragen wird, so darf in den Fällen, in denen der zuwendende Ehegatte hohe Leistungen erbracht hatte, ebenso eine Korrektur gemäß § 242 BGB nicht versagt werden.

---

21 *Reinicke, Tiedtke,* aaO; *Tiedtke,* aaO.

22 *BGHZ* 82, 227, 236f.; anders *Reinicke, Tiedtke,* aaO, S. 952f.; *Tiedtke,* aaO, S. 164; *Langenfeld,* aaO; wie hier wohl auch (allgemein) Stellungnahme des 5. DFGT, Brühler Schriften, Bd. 3, S. 142 = FamRZ 1983, 1199, 1201, sowie *Netzer,* S. 193.

23 Vgl. *Langenfeld,* Rz. 325; sowie *BGHZ* 68, 299, 307.

24 Zur ausnahmsweisen Anwendung des § 242 BGB s. auch *BGH,* obiter *BGHZ* 84, 361, 369; hiergegen *Tiedtke,* DNotZ 1983, 161, 166f.; *Langenfeld,* Rz. 326.

Dem Argument hierzu,[25] der Zuwendende müsse sich bei der Zuwendung ggf. überlegen, ob er für den Fall des Scheiterns der Ehe auf einer Regelung zur (teilweisen) Rückerstattung seiner Zuwendungen oder zu einer billigen Entschädigung bestehen müsse (vgl. zu solchen Vereinbarungen auch Rz. 1, 490) oder eben von Zuwendungen Abstand nehmen wolle, kann kein Gewicht beigemessen werden. Dem Ehegatten ist es schwerlich zuzumuten, in einer solchen Situation bei seinem Partner Mißtrauen zu wecken und ggf. auch Arbeiten am Haus usw. zu verweigern, gerade auch zB, wenn es darum ging, ein Familienwohnheim zu schaffen.

Ein Anspruch auf Ausgleich eines Zugewinns besteht jedoch nicht aus dem Grunde, weil die Ehegatten gemeinsam ein Haus gebaut haben auf einem Grundstück, das ein Elternteil eines Ehegatten den beiden Eheleuten zum Zwecke der Bebauung unentgeltlich zur Verfügung gestellt hat, ohne es diesen oder dem einen (Kind des Grundstückseigentümers) zu übereignen, jedoch in der formlos erklärten Absicht, es dem Kinde, das Haus und Grundstück nach der Trennung der Eheleute allein nutzte und nutzt, dereinst zu vererben.[26]

520b Problematisch ist noch der Fall, daß ein **Verwandter eines Ehegatten** an dem Bau des Hauses mitgearbeitet hatte, das dann als Familienwohnheim, Ehewohnung, diente oder dienen sollte. Hier bedürfen der Wert der Arbeiten und ggf. der sonstigen Leistungen sowie der Inhalt der getroffenen Absprachen der Klärung, ob die Arbeiten zugunsten des Ehegatten des Verwandten geleistet wurden,[27] so daß die Arbeiten dann als Zuwendung an diesen Ehegatten angesehen werden sollen, wenn beide Ehegatten Grundstückseigentümer sind, oder ob die Arbeiten direkt beiden Ehegatten zugute kommen sollten oder ob, wenn nur ein Ehegatte Grundstückseigentümer ist und die Arbeiten der Verwandte des anderen Ehegatten verrichtet hat, die Tätigkeit nur dem letzteren zugutekommen sollte und dieser hiermit eine Zuwendung an den Ehegatten (Hauseigentümer) sollte erbringen können oder ob die Arbeiten für beide Ehegatten oder nur für den, der Hauseigentümer ist, geleistet wurden.

Bestanden direkte Beziehungen dh Absprachen zwischen dem Verwandten des einen Ehegatten und dem anderen Ehegatten, der Alleineigentümer des Grundstücks ist, so dürfte dem Verwandten ein Anspruch aus dem Gesichts-

---

[25] *Reinicke, Tiedtke,* aaO, S. 953; *Langenfeld,* Rz. 309 aE, 324.

[26] *OLG Köln,* FamRZ 1983, 71 = NJW 1982, 2262 LS; das Gericht verneinte auch bereicherungsrechtliche Ansprüche des Ehegatten des Kindes des Grundstückseigentümers, ließ offen, ob gegen letzteren Ansprüche aus dem Gesichtspunkt des Wegfalls der Geschäftsgrundlage bestehen, und wies noch darauf hin, das Nutzungsrecht des Ehegatten an Haus und Grundstück sei hier kein objektiv bewertbarer Vermögensvorteil (vgl. andererseits *OLG Köln,* FamRZ 1983, 813).

[27] Siehe hierzu den vom *BGH* (FamRZ 1976, 82 = gekürzt JZ 1976, 486) entschiedenen Fall (in *BGHZ* 65, 320 sind diese Passagen nicht mitabgedruckt); vgl. auch *OLG Hamm,* FamRZ 1983, 496, und *BGH,* FamRZ 1987, 910 (Eltern).

punkt des Wegfalls der Geschäftsgrundlage (§ 242 BGB) zustehen; Geschäftsgrundlage war die Schaffung eines gemeinsamen Familienwohnhauses für die Ehegatten. Mit dem Scheitern der Ehe entfiel diese. Der Anspruch des Verwandten ist dann eine Verbindlichkeit des Hauseigentümer-Ehegatten, die bei der Berechnung des Werts des Endvermögens zu berücksichtigen ist.

Bestanden keine solchen Beziehungen, so kommt für den Ehegatten, dessen Verwandter beim Hausbau mitgewirkt hat – dessen Tätigkeit wirkt sich als Zuwendung des Ehegatten an den Hauseigentümer-Ehegatten aus –, ein Anspruch im Rahmen des Zugewinnausgleichs in Betracht. Ob dem Verwandten ein Anspruch aus ungerechtfertigter Bereicherung gegen den Hauseigentümer zusteht, ist als zweifelhaft anzusehen: Die Schaffung des Familienwohnheims für die Ehegatten war Motiv und Anlaß für die Tätigkeit, aber nicht Rechtsgrund (vgl. § 812 Abs. 1 Satz 2, 1. Alt.); der mit der Leistung bezweckte Erfolg (vgl. § 812 Abs. 1 Satz 2, 2. Alt.) war zunächst erreicht worden.

Hat ein Elternteil eines Ehegatten den Eheleuten ein Gebäude unentgelt- 520c
lich, dh leihweise (§ 598 BGB), überlassen, hat der andere Ehegatte Aufwendungen für den Ausbau des Hauses gemacht, um damit eine (angemessene) Unterkunft für die Familie zu schaffen, und bleibt der eine Ehegatte mit den Kindern nach der Trennung der Ehegatten im Hause wohnen, so steht dem anderen Ehegatten ein Ersatzanspruch weder aus § 601 Abs. 2 iVm §§ 683–685 BGB noch aus ungerechtfertigter Bereicherung (§§ 946, 951 BGB, sowie § 812 Abs. 1 Satz 2 BGB), noch aus dem Gesichtspunkt des Wegfalls der Geschäftsgrundlage zu.[28]

Hat ein Elternteil eines Ehegatten den Eheleuten in seinem Hause eine Wohnung unentgeltlich, dh leihweise (§ 598 BGB) überlassen, hat dieser Ehegatte das Gebäude vor allem mit Hilfe erheblicher Ersparnisse des anderen Ehegatten und durch die Mithilfe eines Elternteils des letzteren Ehegatten ausgebaut, hat der Elternteil dann dem ersteren Ehegatten ein **dingliches Wohnrecht (§ 1093 BGB)** auf längere Zeit (zB 20 Jahre) ohne Nutzungsentschädigung eingeräumt und wird danach die Ehe geschieden, so dürfte dem Elternteil und dem Ehegatten gegen den wohnberechtigten Ehegatten ein Anspruch auf Aufwendungsersatz unter dem Gesichtspunkt des Wegfalls der Geschäftsgrundlage zustehen, da dieser ohne Nutzungsentschädigung die Wohnung in dem festgelegten langen Zeitraum benützen kann.

Problematisch ist weiterhin folgender Fall: Ein Elternteil eines Ehegatten überließ den Eheleuten in seinem Hause unentgeltlich (dh leihweise, § 598 BGB) eine Wohnung. Die Eheleute bauten die Wohnung aus und führten weitere erhebliche Umbauten des Hauses durch, wofür der andere Ehegatte beträchtliche Ersparnisse (aus seinem Anfangsvermögen) beisteuerte. Später starb der Elternteil, der erstere Ehegatte wurde Erbe und Alleineigentümer des Hauses. So kamen ihm die Aufwendungen des anderen Ehegatten zugute.

---

[28] *BGH*, FamRZ 1985, 150 = NJW 1985, 313.

Bald danach wurde die Ehe geschieden. Hier war der erstere Ehegatte, der auch alle Lasten des Hauses trug, von Anfang an wirtschaftlicher Eigentümer;[29] er dürfte sich hier nach Treu und Glauben so behandeln lassen müssen, als sei er schon zu Beginn der Bauarbeiten Erbe und Eigentümer des Hauses gewesen, dh in weiter Auslegung und Anwendung des § 1374 Abs. 2 BGB sollte der Erwerb des Hauses nicht erst auf den Zeitpunkt des Todes des Elternteils, sondern auf den erwähnten früheren Zeitpunkt angenommen werden. Ferner dürfte hier auch ein Anspruch des Ehegatten aus dem Gesichtspunkt des Wegfalls der Geschäftsgrundlage gegeben sein.

521 Hatten die Ehegatten im Laufe der Ehe **einander verschieden hohe Zuwendungen** gemacht, die auf eine Zugewinnausgleichsforderung angerechnet werden können (vgl. **§ 1380 Abs. 1 BGB,** s. auch Rz. 518 a), so dürfte es angemessen sein und als sachgerechtes Verfahren angesehen werden können, aus den Werten der Zuwendungen einen Saldo zu ziehen und sodann ggf. die erforderliche Anrechnung vorzunehmen.[30]

521 a Hat ein Ehegatte dem anderen eine Zuwendung gemacht und hierbei bestimmt,[31] die **Zuwendung** solle **nicht** auf eine Zugewinnausgleichsforderung **angerechnet** werden, so ist § 1380 nicht anzuwenden. Diese Zuwendung hat zur Folge, daß sich das Vermögen des Zuwendenden verringert hat und das Vermögen des Zuwendungsempfängers sich erhöht hat oder haben kann, was bei der Berechnung des etwaigen Zugewinnausgleichsanspruchs des Zuwendungsempfängers zu berücksichtigen ist. Doch ist dann die Art der Berechnung des Zugewinnausgleichs zweifelhaft. Richtig und den Vorstellungen der Beteiligten am ehesten entsprechend dürfte folgende Berechnungsart sein:[32] Beim Endvermögen des Zuwendenden ist vom tatsächlichen Stand nach Vollzug der Zuwendung auszugehen; beim Endvermögen des Zuwendungsempfängers wird der Wert der Zuwendung abgezogen. Der Grund für diese Berechnungsmethode liegt gerade in der Anordnung des zuwendenden Ehegatten.[33]

Hat der Zuwendende auf Grund der Zuwendung einen geringeren Zugewinn als der Zuwendungsempfänger erzielt, so ist auch hier die entsprechende Berechnungsmethode anzuwenden.[34] Der Zugewinn des Zuwendenden wird nach dem tatsächlich vorhandenen Endvermögen berechnet; von dem tatsächlich vorhandenen Zugewinn des Zuwendungsempfängers (einschließlich der Zuwendung) wird der Wert der Zuwendung abgezogen. Dies hat zur Folge, daß dem Zuwendenden, wenn er keinen Zugewinn erzielt hat, der Zugewinn des Zuwendungsempfängers aber nicht höher ist als die Zuwen-

---

[29] Vgl. aber auch *OLG Köln,* FamRZ 1983, 71 und 1983, 813 (Erbbaurecht).
[30] Dazu *Langenfeld,* Rz. 310, S. 104f.
[31] Hierzu *Reinicke, Tiedtke,* WPM 1982, 946, 953f.; *Langenfeld,* Rz. 311ff., S. 105f.
[32] *Reinicke, Tiedtke,* aaO, S. 954; *Langenfeld,* Rz. 312f., S. 105f.
[33] *Reinicke, Tiedtke,* aaO; *Langenfeld,* Rz. 313, S. 105f.
[34] Dazu *Reinicke, Tiedtke,* S. 954f.; *Langenfeld,* Rz. 313, S. 106.

dung, keine Ausgleichsforderung zusteht. Hat der Zuwendungsempfänger einen höheren Zugewinn erzielt als der Wert der Zuwendung betrug, so kann er den Wert der Zuwendung von seinem tatsächlich vorhandenen Endvermögen (einschließlich des Werts der Zuwendung) abziehen; der Zugewinn verringert sich damit um den Wert der Zuwendung. Nur diese Differenz, also der den Wert der Zuwendung übersteigende Zugewinn, ist ausgleichspflichtig. Ein höherer Ausgleichsanspruch aus dem Gesichtspunkt des Wegfalls der Geschäftsgrundlage steht ihm nicht zu[35] – vorbehaltlich des Falles, daß die Zuwendung eine Schenkung (§ 516 BGB) darstellte und die Voraussetzungen für einen Widerruf der Schenkung wegen groben Undanks (§ 530 BGB) vorliegen (vgl. dazu Rz. 501, 542) –. Die Geltendmachung eines auf § 242 BGB beruhenden Ausgleichsanspruchs wäre als widersprüchliches Verhalten (venire contra factum proprium) und damit als rechtsmißbräuchlich zu beurteilen.

Hatten die Ehegatten **Gütertrennung** vereinbart, so sind für einen Aus- 522
gleichsanspruch bei der Vermögensauseinandersetzung die Grundsätze über den **Wegfall der Geschäftsgrundlage** anzuwenden (s. Rz. 518 (5) – es sei denn, daß ausnahmsweise ein Gesellschaftsverhältnis (§§ 705 ff. BGB) vereinbart worden wäre und dann die Vorschriften der §§ 731 ff. BGB anzuwenden wären[36] –. Dies ist vor allem von Bedeutung, wenn beide Ehegatten Miteigentümer eines **Grundstücks** sind oder wenn ein Ehegatte Alleineigentümer ist und der andere den Erwerb des Grundstücks oder die Errichtung des Hauses mitfinanziert oder sonst umfangreiche Leistungen beim Hausbau erbracht hat[37] oder wenn zB Ehegatten zur Alterssicherung gemeinsam **Wertpapiere** erworben hatten.[38] Hier sind jeweils **alle Umstände des Einzelfalles** zu berücksichtigen, wobei in Betracht kommen der Zweck und der Anlaß der Zuwendung, die Höhe der Aufwendungen, die Einkommens- und Vermögensverhältnisse der Ehegatten, auch die Arbeitsleistungen der Frau für die Familie, die Haushaltsführung, die Betreuung, Versorgung und Erziehung der Kinder, sowie auch das Alter der Ehegatten und die Dauer der Ehe.[39]

Die Anwendung der Grundsätze über den Wegfall der Geschäftsgrundlage hat freilich zur Folge, daß die schließlich ergehende gerichtliche Entscheidung schwerlich vorhergesehen werden kann und die Geltendmachung von Ansprüchen trotz der Möglichkeit, die § 287 Abs. 2 ZPO bietet, mit erheblichen Risiken, vor allem bezüglich der Kosten, verbunden ist. Auch ist die

---

[35] *Reinicke, Tiedtke,* S. 955, *Langenfeld,* aaO.

[36] Vgl. *BGH,* FamRZ 1982, 141 = NJW 1982, 170.

[37] Dazu *BGHZ* 84, 361, s. oben Rz. 518 (5); sowie *BGH,* FamRZ 1987, 43 (Gütertrennung vor Gütergemeinschaft, Beiträge des Mannes zur Vermögensmehrung der Frau während der Gütertrennung).

[38] *BGH,* LM BGB § 1356 Nr. 18 = FamRZ 1972, 201 = NJW 1972, 580 = JR 1972, 244 m. Anm. *Kühne* = BB 1972, 288 = DB 1972, 623.

[39] Vgl. auch *BGHZ* 84, 361, 368 (s. Fn. 1 Rz. 517) und *BGH,* FamRZ 1985, 150, 152 = NJW 1985, 313, 314.

Abgrenzung dieser Fälle von anderen, in denen die Voraussetzungen dafür, daß das Ergebnis als untragbar, als unzumutbar zu beurteilen ist, noch nicht zu bejahen sind, schwierig. Doch muß die Anwendung der Grundsätze des Wegfalls der Geschäftsgrundlage auf extreme Ausnahmefälle beschränkt bleiben, so daß die erwähnten Voraussetzungen nur selten gegeben sein dürften.

522a **Schlossen** die Partner einer **nichtehelichen Lebensgemeinschaft die Ehe** mit *gesetzlichem Güterstand*, hatte ein Partner dem anderen während des (längeren) nichtehelichen Zusammenlebens Leistungen von bedeutendem Wert zum Bau, Ausbau oder Umbau oder zur Renovierung eines Hauses erbracht oder hatte er ihm einen (zB hälftigen) Anteil an einem Hausgrundstück oder einem Wohnungseigentum übertragen und scheitert später die Ehe, so gehört die erwähnte Vermögensmehrung des einen Ehegatten zu dessen Anfangsvermögen. Hier kann es gerechtfertigt sein, dem Ehegatten, der die erwähnten Zuwendungen gemacht hatte, für die *vorehelichen* Aufwendungen einen Ersatzanspruch wegen Wegfalls der Geschäftsgrundlage oder im Falle der Übertragung des Anteils an dem Grundstück oder der Eigentumswohnung den Anspruch auf Rückübertragung zuzubilligen, wenn die Vermögensmehrung auch noch im Zeitpunkt der (endgültigen) Trennung der Ehegatten vorhanden ist.[40]

War dagegen der Güterstand der *Gütertrennung*, vereinbart worden (§§ 1408 Abs. 1, 1410, 1414 Satz 1 BGB), so dürfte hinsichtlich der erwähnten vorehelichen Aufwendungen ebenso wie bezüglich solcher Aufwendungen während der Ehe (s. Rz. 518 (5), 522) insgesamt der Gesichtspunkt des Wegfalls der Geschäftsgrundlage anzuwenden sein.

522b δ) Zur **Vermögensauseinandersetzung** insbesondere bezüglich eines **Hausgrundstücks,** wenn die Eheleute im gesetzlichen Güterstand leben, sei noch auf folgendes hingewiesen (s. auch Rz. 509ff.):

Soll ein Anteil an einem Hausgrundstück übertragen werden, so sind gegebenenfalls zwischenzeitlich angefallene Mieteinnahmen sowie Aufwendungen für das Haus usw. zu berücksichtigen.[1]

Bei einer gütlichen Auseinandersetzung kann evtl. auch erwogen werden, daß ein Ehegatte seinen Miteigentumsanteil statt an den anderen Ehegatten an die gemeinschaftlichen Kinder überträgt (s. auch Rz. 595), oder wenn die Ehegatten Miteigentümer sind und eine Teilungsversteigerung vermeiden

---

[40] Vgl. dazu *OLG Hamm,* FamRZ 1983, 494 (betr. Verlobungszeit); zur Anwendung des § 812 Abs. 1 Satz 2 2.Alt BGB bei Beendigung der nichtehelichen Lebensgemeinschaft s. *Schlüter, Belling,* FamRZ 1986, 405, 412ff.; *OLG Stuttgart,* Die Justiz 1985, 201 (anders *MünchKomm./Lieb,* 2. Aufl. § 812 Rz. 177a);zur Innengesellschaft s. *de Witt, Huffmann,* Nichteheliche Lebensgemeinschaft 2. Aufl. 1986, Rz. 339, 342ff.; *Jauernig/Stürner,* § 705 Anm. 3; zur vermögensrechtlichen Auseinandersetzung s. noch *Palandt/Diederichsen,* Einf. 8b, bb vor § 1353; und zur Schuldentilgung *Koch,* FamRZ 1987, 240; vgl. auch zu Aufwendungen bei Gütertrennung vor Gütergemeinschaft *BGH,* FamRZ 1987, 43.

[1] Dazu *BGHZ* 68, 299, 306f. (gekürzt) = FamRZ 1977, 458, 460f.

wollen, zu bestimmen, eine solche Versteigerung solle ausgeschlossen werden; eine solche Vereinbarung sollte aber, um wirksam zu werden, im Grundbuch (in Abt. II) eingetragen werden.

Wurden in dem gemeinsamen Haus der Ehegatten Instandsetzungen vorgenommen und sind diese noch nicht abgerechnet, insbesondere Arbeiten größeren Umfangs, oder sind umfangreiche Instandsetzungen erforderlich, so sind Regelungen hierüber zweckmäßig, ebenso im Falle der Belastung des Grundstücks mit Grundschulden oder Hypotheken Regelungen über deren Tilgung.

Sind die Ehegatten Miteigentümer eines Hausgrundstücks oder einer Eigentumswohnung und will ein Ehegatte die Teilungsversteigerung betreiben, so bedarf er, wenn die Ehegatten im gesezlichen Güterstand leben und der Anteil des die Versteigerung betreibenden Ehegatten dessen gesamtes Vermögen iS des **§ 1365 Abs. 1 BGB** darstellt,[2] der Zustimmung des anderen Ehegatten.[3] Bei der Abwägung, ob ein veräußerter Gegenstand, verglichen mit dem restlichen Vermögen, im wesentlichen das gesamte Vermögen des verfügenden Ehegatten darstellt, ist der Wert nicht nur der ihm verbleibenden Vermögensstücke, sondern auch der Wert des veräußerten oder zu veräußernden Gegenstandes um die darauf ruhenden dinglichen Belastungen zu vermindern.[4] Bei kleinen Vermögen ist der Tatbestand des § 1365 Abs. 1 BGB grundsätzlich nicht erfüllt, wenn dem verfügenden Ehegatten Werte von (mindestens) 15% seines ursprünglichen Gesamtvermögens verbleiben.[5] Im übrigen ist die Zustimmung jedenfalls dann nicht erforderlich, wenn von dem ursprünglichen Vermögen über 20% von der Verfügung nicht erfaßt werden.[6] Zu dem bei dem Wertvergleich zu berücksichtigenden Aktivvermögen gehören auch Rentenansprüche des verfügenden Ehegatten.[7] Die Zustimmung zu der Verfügung ist auch dann noch erforderlich, wenn das Rechtsgeschäft nach Teilrechtskraft des Scheidungsausspruchs (s. auch Rz. 31) während der Rechtshängigkeit der aus dem Verbund (§ 623 ZPO) gemäß § 628

---

[2] Hierzu *BGHZ 77*, 293 = FamRZ 1980, 765 = NJW 1980, 2350; *BayObLGZ* 1975, 12 = FamRZ 1975, 211 = NJW 1975, 833; *OLG Frankfurt*, FamRZ 1984, 698 = OLGZ 1984, 264; s. auch Rz. 497. Zur Teilungsversteigerung eingehend *Drischler*, JurBüro 1981, 1441, 1601, 1765; *Schiffhauer*, ZIP 1982, 526, 660; zum Antrag auf Einstellung des Verfahrens *BGH*, NJW 1981, 2065. Zu § 1365 s. noch *Tiedtke*, JZ 1984, 1018.

[3] *OLG Bremen*, FamRZ 1984, 272 = Rpfleger 1984, 156; *AmtsG Idstein*, FamRZ 1983, 709; *OLG Hamm*, FamRZ 1984, 53 = Rpfleger 1984, 15 (nach Rechtskraft des Scheidungsurteils, aber noch während der Rechtshängigkeit der abgetrennten Folgesache des § 621 Abs. 1 Nr. 8 ZPO); *Böttcher*, Rpfleger 1985, 1, 3; *LG Bielefeld*, Rpfleger 1986, 271 m. ausführl. Anm. *Böttcher;* anders *OLG Celle*, FamRZ 1983, 591.

[4] *BGHZ* 77, 293, 296f. (s. Fn. 2); s. ferner *OLG Frankfurt*, aaO, jeweils nicht zur Teilungsversteigerung.

[5] *BGH*, aaO, 299.

[6] *OLG Stuttgart*, Die Justiz 1984, 104 = FamRZ 1984, 699 LS.

[7] *OLG Frankfurt*, aaO, m. weit. Hinw.

ZPO (s. Rz. 32) abgetrennten Folgesache (§ 621 Abs. 1 Nr. 8 ZPO) vorgenommen wird.[8] Der andere Ehegatte ist zur Verweigerung der Zustimmung auch dann berechtigt, wenn er durch die Zustimmung seine Anwartschaft auf Zugewinnausgleich oder – nach der Scheidung – seinen Ausgleichsanspruch konkret gefährden würde oder wenn nicht unwahrscheinlich ist, daß er nach Beendigung des Güterstandes einen Anspruch auf Übereignung des Grundstücksanteils des ersteren Ehegatten an sich selbst haben würde.[9]

Zu beachten ist noch, daß sich in besonderen Fällen die Unzulässigkeit des Begehrens auf Aufhebung der Gemeinschaft an dem Grundstück (§ 749 BGB) evtl. aus § 1353 BGB oder aus § 242 BGB unter dem Gesichtspunkt des Rechtsmißbrauchs (auch bei Gütertrennung) ergeben kann, wenn die Teilungsversteigerung zu einer unzumutbaren Härte führen würde, zB wenn der unterhaltsbedürftige Teil aus besonderen Gründen auf die oder eine in dem Hause befindliche Wohnung angewiesen ist.[10]

Die Einstellung des Versteigerungsverfahrens läßt § 180 Abs. 3 Satz 1 ZVG idF des UÄndG unter den besonderen Voraussetzungen zu, daß Miteigentümer eines Grundstücks (geschiedene) Ehegatten sind, einer von ihnen die Teilungsversteigerung betreibt und die Einstellung des Verfahrens zur Abwendung einer ernsthaften Gefährdung des Wohls eines gemeinschaftlichen Kindes (auch eines volljährigen Kindes)[11] erforderlich ist.[12] Das Gericht kann die Anordnung ändern oder aufheben, wenn dies mit Rücksicht auf eine Änderung der Sachlage geboten ist (Abs. 3 Satz 4), oder auch mehrfach treffen (Abs. 3 Satz 2), allerdings nicht über eine Gesamtdauer von 5 Jahren hinaus (Abs. 4).

522c ε) Von den dargelegten Fällen der Zuwendungen eines Ehegatten an den anderen ist der Fall zu unterscheiden, daß ein Ehegatte dem anderen Kapital (Geldbeträge, Wertpapiere) *zur Verwaltung* überläßt; hier kann dann ein

---

[8] *OLG Hamm,* FamRZ 1984, 53 m. zustimm. Anm. *Bosch* = OLGZ 1984, 23 = Rpfleger 1984, 15.

[9] *BayObLG,* FamRZ 1981, 46; anders *OLG Celle,* aaO (Fn. 3); vgl. auch *OLG Stuttgart,* Die Justiz 1982, 92 = NJW 1983, 634 (hierzu *Smid,* NJW 1983, 2486): Das Interesse am Besitz der Wohnung allein gibt keinen ausreichenden Grund zur Verweigerung der Zustimmung zur Veräußerung (in dem Falle, daß der andere Ehegatte Alleineigentümer der Eigentumswohnung war). Zu Ansprüchen gegen den Dritten (Erwerber) nach Verweigerung der Zustimmung und nach Scheidung der Ehe s. *BGH,* FamRZ 1983, 1101 = NJW 1984, 609; zur Frage des maßgebenden Zeitpunkts der Kenntnis des Erwerbers von den Voraussetzungen des § 1365 Abs. 1 Satz 1 s. *OLG Saarbrücken,* FamRZ 1984, 587.

[10] Vgl. dazu *BGHZ* 37, 38 = FamRZ 1962, 295 = MDR 1962, 551; *LG Karlsruhe,* FamRZ 1966, 355; *LG Köln,* MDR 1970, 418; *LG Essen,* FamRZ 1981, 457 (nach der Scheidung der Ehe); sowie *LG Braunschweig,* Rpfleger 1985, 76.

[11] Ebenso *Diederichsen,* NJW 1986, 1283, 1285; *LG Berlin,* FamRZ 1987, 1067.

[12] Hierzu Begründung des RegE BR-Drucks. 501/84 = BT-Drucks. 10/2888 S. 36f.; *Diederichsen,* aaO; *Drischler,* NJW 1986, 1853; *LGe Limburg, Berlin,* FamRZ 1987, 1065, 1066; vgl. auch zu § 1382 BGB Rz. 502c. Zum Antrag s. § 180 Abs. 3 Satz 3 iVm § 30b ZVG.

Treuhandverhältnis angenommen werden, ein solches ist auch zwischen *nahen Angehörigen* möglich.[1] Es bedeutet, daß der Treugeber dem Treuhänder eine bestimmte Rechtsposition einräumt, die der letztere nach Maßgabe einer rechtlichen Bindung ausüben soll,[2] womit eine sog. *fremdnützige Verwaltungstreuhand* vorliegt.[3] Der treuhänderisch zu verwaltende Vermögensgegenstand scheidet formell aus dem Vermögen des Treugebers aus, der Treuhänder wird Inhaber des Rechts und wird nur im Innenverhältnis verpflichtet, dieses nach wie vor wirtschaftlich zum Vermögen des Treugebers gehörige Recht zwar im eigenen Namen, aber nur im Interesse und zum Nutzen des Treugebers geltend zu machen und auf Verlangen auf diesen zurückzuübertragen[4] (zur steuerrechtlichen Beurteilung s. auch Rz. 326).

Nach Beendigung des Treuhandverhältnisses, regelmäßig mit der Trennung der Eheleute oder der Scheidung der Ehe, ist das Treugut zurückzugeben.[5]

Besteht der gesetzliche Güterstand, so ist der Wert des Treuguts bei der Berechnung des Zugewinns des Treugebers zu berücksichtigen.

b) Mitarbeit im Geschäft des anderen Ehegatten u.a.

523 Die Grundsätze über die Anwendung des Gesichtspunktes des **Wegfalls der Geschäftsgrundlage** (s. Rz. 522) sind auch in anderen Fällen anwendbar, zB wenn ein Ehegatte dem anderen zur Einrichtung einer Praxis als Arzt oder Rechtsanwalt oder dgl. Geld gegeben und dann beim Aufbau der Praxis mitgearbeitet hat.[1]

Ein Anspruch wegen **Zweckverfehlung** (§ 812 Abs. 1 Satz 2 Halbsatz 2 BGB, s. auch Rz. 517a) wird hier selten in Betracht kommen; Voraussetzung wäre, daß der mithelfende Ehegatte seine Leistung auf die Erwartung einer

---

[1] Vgl. dazu *BGH,* FamRZ 1972, 559.

[2] Hierzu *Staudinger/Dilcher,* Vorbem. 59 vor § 104 BGB; *Soergel/Schultze-von Lasaulx,* Vorbem. 65 vor § 164 BGB.

[3] *BGH,* aaO; *Staudinger/Dilcher,* aaO, Vorbem. 59ff.; *Soergel/Schultze-von Lasaulx,* aaO, Vorbem. 64ff.; *Palandt/Heinrichs,* Einl. 3b vor § 164. Einen typischen Treuhandvertrag und einen allgemein anerkannten Rechtsbegriff der Treuhand gibt es allerdings nicht (*Dilcher,* aaO, Vorbem. 60, sowie Vorbem. 48 vor § 164; *Heinrichs,* aaO; *Erman/Westermann,* Vorbem. 5 vor § 164).

[4] *BGH,* aaO, S. 559/560.

[5] *Staudinger/Wittmann,* § 667 Rz. 13; s. auch *BGHZ* 11, 37 = NJW 1954, 190. Entsteht bezüglich des Rückgabeverlangens Streit zwischen den Eheleuten, so dürfte dieser nicht als Familiensache zu beurteilen sein, da es sich hier nicht um eine Regelung güterrechtlicher Verhältnisse handelt (vgl. *BGH,* NJW 1978, 1923 = Rpfleger 1978, 367 = MDR 1978, 911 = FamRZ 1978, 771 LS m. Anm.; *Walter,* Prozeß in Familiensachen, S. 64ff.).

[1] *BGH,* LM BGB § 1353 Nr. 17 = NJW 1974, 2045 = FamRZ 1974, 592 = WPM 1974, 1024 = BB 1974, 1318 = DB 1974, 1957 = MDR 1975, 42 = JR 1975, 155 m. Anm. *Kühne;* kritisch dazu *Diederichsen,* NJW 1975, 1801, 1804.

konkretisierten Vergütung erbracht und der andere Ehegatte diese Erwartung zumindest stillschweigend akzeptiert hätte, wobei die allgemeine Erwartung nicht genügt, die Ehe werde Bestand haben, der mithelfende Ehegatte werde an den Früchten seiner Arbeit irgendwie teilhaben.[2]

Eine **Innengesellschaft** ist in den Fällen anzunehmen, in denen die Eheleute sich in den Dienst einer gemeinsamen, über die Verwirklichung der ehelichen Lebensgemeinschaft hinausgehenden Aufgabe gestellt haben;[3] evtl. kann auch schon darin das bestehen einer Innengesellschaft gesehen werden, daß ein Ehegatte sein Vermögen (im wesentlichen) dem anderen Ehegatten zur Verfügung gestellt hat, um damit dem letzteren die Gründung oder die Erhaltung eines Erwerbsgeschäfts zu ermöglichen, dessen Erträgnisse den Lebensunterhalt der Familie sichern soll, wobei es nicht darauf ankommt, ob der erstrebte Zweck über das Ziel der Sicherung des Familienunterhalts hinausgeht;[4] entscheidend ist der von den Ehegatten erstrebte Zweck, primär den Unterhalt der Familie sicherzustellen; doch wird dies freilich jetzt nur noch in Betracht kommen, wenn die Familie in dürftigen Verhältnissen lebt oder hohe Schulden abzutragen hat.

Im allgemeinen haben nur die Fälle Bedeutung, in denen die Ehegatten abredegemäß durch beiderseitige Leistungen einen über den typischen Rahmen der ehelichen Lebensgemeinschaft hinausgehenden Zweck verfolgen, indem sie etwa durch Einsatz von Vermögenswerten und Arbeitsleistungen gemeinsam ein Vermögen aufbauen oder eine berufliche oder gewerbliche Tätigkeit gemeinsam ausüben.[5] Wichtige Anhaltspunkte hierfür bilden der Grad und der Umfang der Tätigkeit oder etwa der Beteiligung an einem

---

[2] Hierzu *Soergel/Lange,* § 1356 Rz. 27.

[3] Dazu *Soergel/Lange,* § 1356 Rz. 31 m. weit. Hinw.: *Johannsen,* WPM 1978, 502, 504ff., 507f., 510 m. Beispielen aus der Rspr. des BGH; sowie 654, 655f. (speziell zum gesetzlichen Güterstand); *MünchKomm./Ulmer,* Vorbem. 37, 41ff. vor § 705 BGB; *Soergel/Gaul,* Vorbem. 25f. vor § 1408; *Frank,* FamRZ 1983, 541, 544, 546; *Hepting,* S. 125ff.

Aus der Rechtsprechung s. *BGHZ* 8, 249; Z 47, 157 = FamRZ 1967, 320 = NJW 1967, 1275 (Gastwirtschaft); *BGH,* FamRZ 1954, 136; Z 31, 197 = NJW 1960, 428 = FamRZ 1960 105 (Metzgerei); FamRZ 1973, 22 (Hotel); FamRZ 1975, 35 (Hotel garni, dann Vermögensverwaltung, Vermietungen); FamRZ 1960, 104; 1961, 212, 522 (Ladengeschäfte); FamRZ 1961, 159; 1968, 589 (Großhandel); FamRZ 1961, 301; FamRZ 1986, 558 (s. Rz. 523 a); *OLG Celle,* FamRZ 1971, 28 (Landwirtschaft); *OLG Karlsruhe,* FamRZ 1973, 649 m. Anm. *Fenn* (Schulbetrieb).

[4] *BGHZ* 47, 157, 163f. (s. Fußn. 3).

[5] *BGHZ* 31, 197; Z 47, 157; LM § 1353 Nr. 17 (s. Fußn. 3); FamRZ 1975, 35 = NJW 1974, 2278 = DB 1974, 2465; *Ulmer,* aaO, Vorbem. 41.

Andererseits bestehen aber keine Bedenken gegen die rechtliche Zulässigkeit eines Zusammenschlusses zwischen Eheleuten zu einer Gesellschaft bürgerlichen Rechts, deren Zweck (nur) die Schaffung eines Familienheimes und dessen gemeinsames Bewohnen ist (s. *BGH,* NJW 1982, 170 = FamRZ 1982, 141 m. krit. Anm. *Bosch* = Rpfleger 1982, 23 = JuS 1982, 300 *[Schmidt]* – hierzu *Schmidt,* AcP 182, 1982, 481 –, ergangen auf Vorlagebeschluß des *OLG Hamburg,* Rpfleger 1980, 87).

Unternehmen.[6] Eine untergeordnete Tätigkeit reicht regelmäßig nicht aus,[7] ebenso nicht eine Kapitalhingabe allein.[8] Daher genügt es zB nicht, daß die Frau ihrem Manne zur Errichtung einer Arzt- oder Zahnarzt-Praxis oder auch einer sonstigen freiberuflichen Praxis Geldmittel zur Verfügung stellt und dann in der Praxis zB des Arztes die Stelle einer Sprechstundenhilfe oder sonst zB Schreibarbeiten erledigt.[9]

Darauf, ob die Eheleute sich dessen bewußt waren, ihre Beziehungen, ihre gemeinsame Tätigkeit könnten als Innengesellschaft beurteilt werden, kommt es nicht an.[10]

523a War ein Ehegatte in der freiberuflichen Praxis (zB einer Arztpraxis) des anderen Ehegatten tätig und hatte er von diesem Vollmacht zur Erledigung der finanziellen Angelegenheiten innerhalb der Praxis und für familiäre Zwecke erhalten und daher alle finanziellen Angelegenheiten der Eheleute erledigt, so liegt damit weder eine (Innen-)Gesellschaft[11] noch eine Vermögensverwaltung iS des § 1413 BGB[12] vor. Behauptet der Vollmachtgeber, der Ehegatte habe Gelder nicht bestimmungsgemäß verwendet, sondern teilweise auf ein eigenes Konto eingezahlt, so ist er dafür darlegungs- und beweispflichtig; § 667 BGB ist auf die Verwendung von Mitteln zur Wirtschaftsführung in der ehelichen Lebensgemeinschaft nicht, auch nicht entsprechend anwendbar.[13] Soweit auf Grund der Lebensgemeinschaft eine Obliegenheit besteht, den anderen Ehegatten wenigstens in großen Zügen zu unterrichten,[14] führt deren Verletzung weder zu einem Zahlungsanspruch noch zu einer Umkehrung der Darlegungs- und Beweislast.[15]

524 Die Innengesellschaft ist ein Rechtsinstitut eigener Art, das die Rechtsprechung geschaffen hat und dem sie im Laufe der Zeit Form und Inhalt gegeben hat; damit hat die Rechtsprechung zugleich eine echte Gesetzeslücke im Wege richterlicher Rechtsschöpfung geschlossen.[16] In den Fällen, in denen zwischen den Eheleuten der Güterstand der Gütertrennung besteht, hat die Fra-

---

[6] *Soergel/Lange,* § 1356 Rz. 31; *BGH,* FamRZ 1975, 35.

[7] *Soergel/Lange,* aaO; *Ulmer,* aaO, Vorbem. 42.

[8] *BGH,* FamRZ 1962, 110; 1963, 279; 1965, 197; LM § 812 Nr. 78 = FamRZ 1968, 23 = NJW1968, 245.

[9] Zum Falle einer Arztpraxis *BGH,* LM § 1353 Nr. 17 (s. Fußn. 1), sowie Rz. 523a.

[10] *BGHZ* 31, 197 (s. Fußn. 3); LM BGB § 845 Nr. 11 = FamRZ 1962, 357; DB 1972, 2201 = FamRZ 1973, 22; *Soergel/Lange,* aaO.

Vgl. auch zur steuerrechtlichen Beurteilung Rz. 503 Fn. 3.

[11] Dazu *BGH,* FamRZ 1986, 558.

[12] *BGH,* aaO, 559.

[13] *BGH,* aaO, 560.

[14] Dazu s. Rz. 553b m. Fn. 8.

[15] *BGH,* aaO.

[16] *Johannsen,* aaO (Fußn. 3), 510; *Ulmer,* aaO, Vorbem. 44f.; *Lieb,* S. 185ff., 188ff.; hierzu aber *Gernhuber,* FamRZ 1979, 193, 202 re. Sp. unten, der dort, S. 203f., und im Lehrbuch, § 20 III 7, S. 220ff., die Konstruktion eines „Kooperationsvertrags“ der Eheleute entwickelt (gegen diese aber *Soergel/Lange,* § 1356 Rz. 26; s. auch oben Rz. 518 m. Fn. 24).

ge, ob eine Innengesellschaft anzunehmen ist, wesentlich größere Bedeutung als in den Fällen, in denen die Eheleute im gesetzlichen Güterstand leben,[17] da in den letzteren Fällen der Ausgleich durch die güterrechtlichen Vorschriften (§§ 1372 ff. BGB) vorzunehmen ist. Durch die Konstruktion der Innengesellschaft können die Normen des Zugewinnausgleichs nicht korrigiert werden.[18] Soweit Ansprüche auf Grund der Innengesellschaft bestehen, sind sie in die Berechnung des Zugewinns einzubeziehen.

Dafür, ob eine Innengesellschaft anzunehmen ist, ist ein wesentliches Indiz die Frage, ob bei Beendigung der ehelichen Lebensgemeinschaft im Hinblick auf die erwähnten Beziehungen der Ehegatten zueinander und die Tätigkeit oder Beteiligung des nicht nach außen in Erscheinung tretenden Ehegatten ein vermögensrechtlicher Ausgleich geboten ist, auf den kein anderweitiger Anspruch besteht – dies bedeutet indes nicht, daß es nur auf Billigkeitserwägungen ankommen dürfte, ob eine Innengesellschaft anzunehmen ist[19] –, d. h. ob Aktivvermögen oder gegebenenfalls auch Verbindlichkeiten in angemessener Weise zu verteilen sind.[20] Ein Ehegatte kann zum Ausgleich verpflichtet sein, wenn er durch seine selbständig ausgeübte Tätigkeit Vermögenswerte erlangt hat, die zu einem nicht unerheblichen Teil auf Beiträge und Leistungen zurückzuführen sind, die der andere Ehegatte beigesteuert hat und für die er keinen angemessenen Ausgleich empfangen hat und anderweitig empfangen kann.[21] Ferner kann die Vepflichtung zu einem Ausgleich bestehen, wenn ein Ehegatte, um dem anderen die Ausübung einer Erwerbstätigkeit für die Familie und für deren angemessenen Unterhalt, zur Bestreitung der für die Familie erforderlichen und angemessenen Aufwendungen, zu ermöglichen, Verbindlichkeiten übernommen hat, die ihn nach Auflösung der ehelichen Lebensgemeinschaft allein treffen würden.[21]

In diesen Fällen sind dann die Vorschriften der §§ 705 ff., insbesondere der §§ 731 ff. BGB analog anzuwenden, wobei aber zu beachten ist, daß hier regelmäßig kein Gesamthandsvermögen vorhanden ist, was § 731 BGB voraussetzt.[22] Zu erwägen ist daher auch die analoge Heranziehung der Vorschriften über die Auseinandersetzung einer Stillen Gesellschaft (vgl. dazu §§ 231, 232, 234, 235 HGB).[23] Insgesamt ist aber darauf hinzuweisen, daß es für die Auseinandersetzung von Innengesellschaften keine einheitlichen Re-

---

[17] *Johannsen,* aaO (Fußn. 3), 655; s. auch *Soergel/Lange,* aaO.

[18] Ebenso *Langenfeld,* Handbuch, Rz. 317 aE, S. 108, s. auch oben Rz. 519 a.

[19] Zu Bedenken hiergegen (mit Recht) *Ulmer,* aaO, Vorbem. 41 m. Fußn. 88.

[20] Vgl. *Johannsen,* aaO, 510, jedoch weitergehend; offenbar will er diese Voraussetzungen ohne Hinweis auf Grad und Umfang der Tätigkeit oder Beteiligung des anderen Ehegatten genügen lassen.

[21] Siehe *Johannsen,* aaO.

[22] *Lieb,* S. 193. Der Innengesellschafter ist in der Regel also am Vermögen nicht dinglich beteiligt, weshalb ggf. nur eine Geldabfindung in Betracht kommt (s. *BGH,* FamRZ 1983, 791, 792 = NJW 1983, 2375 = WPM 1983, 840 – zur nichtehelichen Lebensgemeinschaft –; *Palandt/Thomas,* BGB § 733 Anm. 3 aE).

[23] *Lieb,* S. 193 ff.

geln gibt und geben kann; vielmehr hängen die Stellung und die Rechte des Innengesellschafters jeweils vom Grad und der Intensität seiner schuldrechtlichen vermögensmäßigen Beteiligung ab.[24]

Nach der durch das **GlbG** eingeführten Fassung des **§ 1356 Abs.** 2 BGB war 525
jeder Ehegatte verpflichtet, im Beruf oder Geschäft des anderen Ehegatten mitzuarbeiten, soweit dies nach den Verhältnissen, in denen die Ehegatten lebten, üblich war. Diese Vorschrift ist am 1. 7. 1977 (mit dem Inkrafttreten des 1. EheRG) außer Kraft getreten, ist aber noch anzuwenden, soweit es bei Vermögensauseinandersetzungen um die Zeit bis zum 30. 6. 1977 geht.

In der am **1. 7. 1977** in Kraft getretenen **Neufassung** ist keine entsprechende Regelung mehr enthalten, die das Problem der Mitarbeit eines Ehegatten im Beruf oder Geschäft des anderen Ehegatten betrifft. In der Begründung des RegE[25] war dazu ausgeführt worden: soweit die Mitarbeit nicht bereits durch die eheliche Lebensgemeinschaft selbst wegen ihrer besonderen Ausgestaltung im einzelnen Falle erfolge, erscheine eine Verpflichtung eines Ehegatten zu solcher Mitarbeit nicht länger gerechtfertigt.

Mit der Neuregelung ist freilich eine schwierige, ungeklärte und umstrittene Rechtslage entstanden. Der BGH[26] hat nun die Auffassung vertreten, anstelle des früher maßgeblichen Kriteriums der Sozialüblichkeit der Mitarbeit sei die besondere Ausgestaltung der ehelichen Lebensgemeinschaft getreten, Inhalt und Umfang bestimmen sich jetzt gemäß § 1353 Abs. 1 Satz 2 BGB.[27] Der Gesichtspunkt der Sozialüblichkeit ist also nun nicht mehr anzuwenden.[28] Sicher ist auch, daß unbedeutende Hilfeleistungen regelmäßig – wenn keine abweichende Vereinbarung getroffen ist – unentgeltlich zu erbringen sind,[29] dies galt auch nach früherem Recht.[30] Auch alle über ein Minimum hinausgehenden Hilfeleistungen können nach richtiger Ansicht noch keinen Vergütungsanspruch begründen, an den im Falle des Fortbestandes der Ehe keiner der Partner gedacht hätte.[31]

---

[24] *Lieb,* S. 199, mit weiteren Einzelheiten S. 199ff.

[25] BT-Drucks. 7/650 S. 98 = BJM-Brosch., S. 112; hierzu *MünchKomm./Wacke,* § 1356 Rz. 19; *Diederichsen,* NJW 1977, 217, 220.

[26] *BGHZ 77,* 157, 162 = FamRZ 1980, 776 (s. dort Leits. 3) = NJW 1980, 2196; vgl. übrigens auch zum österreichischen Recht *Bosch,* FamRZ 1980, 1, 3 re. Sp.

[27] Ähnlich *MünchKomm./Wacke,* § 1356 Rz. 20; *Erman/Heckelmann,* § 1356 Rz. 16, wo gesagt wird: Die Neufassung habe nur die dogmatische Grundlage von der Spezialnorm des § 1356 Abs. 2 aF auf die §§ 1353, 1360 verschoben, die Mitarbeitspflicht ergebe sich nun unmittelbar daraus, daß jeder Ehegatte gehalten sei, die eheliche Lebensgemeinschaft auch durch die erforderlichen Unterhaltsleistungen zu fördern, sowie aus der allgemeinen Beistandspflicht.

Gernhuber entwickelte dagegen, was die Mitarbeitspflicht und eine etwaige Vergütung usw. betrifft, die Lehre von einem sog. Kooperationsvertrag (s. Rz. 524 Fußn. 16).

[28] *Wacke* und *Heckelmann,* je aaO.

[29] *Soergel/Lange,* Rz. 25, *Palandt/Diederichsen,* Anm. 4c aa je zu § 1356.

[30] *Soergel/Lange,* 10. Aufl. 1971, Rz. 23.

[31] *Soergel/Lange,* Rz. 24.

Die Mitarbeit ist nicht mehr Dienst für den anderen Partner, sondern Beitrag zur gemeinschaftlichen Lebensführung.[32]

In Einzelfällen kann die eheliche Gemeinschaft so sehr mit der Betätigung eines Ehegatten im Geschäft des Partners zusammenfallen, daß sie Teil der Ehe ist und deshalb – wenn keine anderweitige Vereinbarung getroffen ist, die auch stillschweigend getroffen werden könnte – unentgeltlich ist.[33] Eine Mitarbeitspflicht kann gemäß § 1353 Abs. 1 Satz 2 zB vor allem in Notfällen, bei Krankheiten des Ehegatten oder eines Mitarbeiters in dessen Geschäft oder in schwieriger finanzieller Lage, bestehen,[34] sowie auch, wenn kein Gewinn erzielt wird oder der Gewinn wieder der Substanz zugeführt wird und werden muß,[35] zB in kleinen Ladengeschäften oder in der Landwirtschaft.[36] Bleibt der Gewinn im Geschäft stehen, so kommt es darauf an, ob ein Lohnanspruch durch den von diesem Ehegatten zu leistenden Beitrag für den Familienunterhalt (§§ 1360 Satz 2, 1360a Abs. 2 Satz 1 BGB) aufgebraucht wird oder nicht.[37]

Für eine unterhaltsrechtlich geschuldete Leistung kommt also eine Vergütung nicht in Betracht.[38] Für Leistungen, die ihrer Art nach familienrechtlich geschuldet sind, aber quantitativ höher liegen, greift die (widerlegbare) Vermutung des § 1360b BGB ein, entweder in direkter Anwendung der Vorschrift, wenn es sich um eine Unterhaltsleistung handelt, oder in analoger Anwendung, wenn eine die gemeinschaftliche Lebensführung erleichternde Leistung mit wenigstens teilweisen unterhaltsrechtlichem Einschlag vorliegt (§ 1353 Abs. 1 Satz 2).[39]

Zu berücksichtigen ist auch, inwieweit der Ehegatte, dem der Betrieb oder das Geschäft gehört, verpflichtet gewesen wäre, für eine angemessene vermögensrechtliche Sicherstellung des anderen Ehegatten zu sorgen.[40] Gegebenenfalls kann nun freilich insoweit die Durchführung des Versorgungsausgleichs (hierzu Rz. 351 ff.) ausreichend sein. Wurde durch die Mitarbeit des Ehegatten das Vermögen des Ehegatten, dem das Geschäft gehört, vermehrt, so kommt, wenn die Ehegatten im gesetzlichen Güterstand (§§ 1363 ff. BGB) leben, ein Zugewinnausgleich (§§ 1372 ff. BGB) in Betracht (s. Rz. 490 ff.).

---

[32] *BGHZ 77*, 157, 162 (s. Fußn. 26); *RGRK/Wenz*, § 1360 Rz. 17.

[33] *RGRK/Roth-Stielow*, § 1353, Rz. 78; ähnlich *Erman/Heckelmann*, aaO.

[34] *Soergel/Lange*, § 1353 Rz. 23; *Palandt/Diederichsen*, § 1356 Anm. 4a bb; *Erman/Heckelmann*, aaO; strenger *Gernhuber*, FamRZ 1979, 193, 201, und Lehrbuch § 20 III. 1. S. 216 f.: extreme Gefährdungssituation, die nicht anders zu meistern ist.

[35] *Staudinger/Hübner*, § 1356 aF, Rz. 48, 52; ebenso jetzt *Palandt/Diederichsen*, Anm. 4c aa.

[36] *BGH*, LM BGB § 1356 Nr. 13 = FamRZ 1966, 492 = MDR 1966, 821; *Erman/Heckelmann*, aaO.

[37] *OLG Köln*, JMBlNRW 1971, 272 = FamRZ 1972, 136 Leits.; *Soergel/Lange*, Rz. 25.

[38] *Soergel/Lange*, aaO, und § 1360 Rz. 16; *RGRK/Wenz*, § 1360 Rz. 17; *BGH*, aaO, 162 f.

[39] Vgl. *Soergel/Lange*, § 1356 Rz. 25 aE; zu § 1380 s. Rz. 518a.

[40] Vgl. auch (zur Altersversorgung) *BGH*, FamRZ 1966, 92.

*c) Arbeitsverhältnis zwischen Ehegatten**

aa) Abschluß und steuerrechtliche Fragen

526 Aus der Begründung eines Arbeitsverhältnisses mit dem anderen Ehegatten können sich verschiedene Vorteile ergeben. Denn bei der Zahlung von Arbeitslohn, der beim Arbeitgeber in voller Höhe Betriebsausgaben darstellt, erhält der Empfänger arbeitnehmerspezifische einkommensteuerliche Vergünstigungen, nämlich durch den Weihnachts-Freibetrag (§ 19 Abs. 3 EStG) und den Arbeitnehmer-Freibetrag (§ 19 Abs. 4 EStG). Außerdem können sich Vorteile ergeben durch den Werbungskosten-Pauschbetrag (§ 9a Nr. 1 EStG) und die Vorsorgepauschale (§ 10c Abs. 3 EStG). Darüber hinaus können einem Arbeitnehmer – im Gegensatz zu dem Empfänger anderer Einkünfte – steuerfreie Bezüge gewährt werden, wie zB die gesetzlichen Beiträge des Arbeitgebers zur Sozialversicherung und die freiwilligen Arbeitgeberbeiträge zu gleichgestellten Leistungen (§ 3 Nr. 62 EStG), der Zukunftssicherungs-Freibetrag von 312 DM nach § 2 Abs. 3 Nr. 2 LStDV bei freiwilligen Arbeitgeberleistungen zu Direktversicherungen und Pensionskassen im Rahmen der betrieblichen Alterversorgung (Rz. 457f.), Heiratsbeihilfen bis zu 700 DM, Geburtsbeihilfen bis zu 500 DM (§ 3 Nr. 15 EStG) und Beihilfen in Notfällen.[1] Es können zugunsten des Arbeitnehmers vermögenswirksame Leistungen nach dem VermBG gezahlt werden, die bis zu 312 DM steuerfrei sind, wenn sie Lebensversicherungsbeiträge nach § 2 Abs. 1 VermBG darstellen. Bei Gewerbebetrieben liegt der entscheidende Vorteil der Arbeitsverträge zwischen nahen Angehörigen auf dem Gebiet der Gewerbesteuer, weil der Arbeitslohn durch die Behandlung als Betriebsausgaben den Gewinn und dadurch den steuerpflichtigen Gewerbeertrag und somit die Gewerbeertragssteuer mindert. Neben den steuerlichen Vorteilen kann der Arbeitnehmer-Ehegatte als Rentenversicherungspflichtiger Ansprüche aus der gesetzlichen Sozialversicherung erwerben.

Um angesichts dieser Vorteile die Gefahr des Mißbrauchs auszuschließen, sind besonders strenge Anforderungen an die Wirksamkeit von Arbeitsverträgen zu stellen – wie auch bei allen anderen Vertragsverhältnissen zwischen nahen Angehörigen. Sie müssen wirtschaftlich sinnvoll sein[2] und so ernsthaft und eindeutig vereinbart und entsprechend der Vereinbarung auch tatsächlich durchgeführt werden, wie dies zwischen fremden Personen denkbar wäre. Handelt es sich bei den Arbeitsverträgen dagegen um mißbräuchliche Gestaltungen (§ 42 AO) oder um Scheinverträge (§ 41 Abs. 1 AO), so fehlt es –

---

* Aus der Lit. s. *Schulze zur Wiesche,* Vereinbarungen (1984), Rz. 477ff.

[1] Abschn. 14 Abs. 1 u. 2 LStR 1987.

[2] *BFH,* BStBl 1977 II 843 = BFHE 123, 50 = BB 1977, 1387 = DB 1977, 2214 = DStR 1977, 675.

steuerlich gesehen – an einer Einkunftsquelle und als Folge davon an Einkünften im Sinne des § 2 EStG.[3]

Beruht die Mithilfe des arbeitnehmenden Ehegatten allein auf familienrechtlicher Grundlage (§ 1353 Abs. 1 Satz 2 BGB) und geht sie außerdem über den Rahmen unbedeutender Hilfeleistungen nicht hinaus (wie zB die Pflege des häuslichen Arbeitszimmers), so sind die Zahlungen an den anderen Ehegatten steuerlich auch dann unbeachtlich, wenn die Ehegatten einen Arbeitsvertrag geschlossen haben.[4] Gehen dagegen die Arbeitsleistungen des anderen Ehegatten über diesen Rahmen hinaus, so müssen den arbeitsvertraglichen Abmachungen der Ehegatten grundsätzlich auch dann steuerliche Wirkungen zuerkannt werden, wenn die Mitarbeit nach den Verhältnissen der Ehegatten üblich ist. Denn Arbeitsverträge zwischen Ehegatten werden durch Normen des Eherechts nicht überlagert.[5]

Nachweis

527 Obwohl Arbeitsverträge auch mündlich abgeschlossen werden können,[6] ist mE die mangelnde Schriftform bei Ehegatten-Arbeitsverträgen ein wesentliches Indiz gegen die Ernsthaftigkeit der vereinbarten Rechtsbeziehungen. Arbeitsverträge zwischen Ehegatten, die nicht schriftlich vereinbart worden sind, werden deshalb im allgemeinen steuerlich nicht anerkannt. Dies entspricht dem Grundsatz, daß die sich aus der Ehe als Wirtschaftsgemeinschaft ergebende private Einkommens- und Vermögenssphäre der Ehegatten von den vereinbarten Rechtsbeziehungen eindeutig getrennt sein muß. Bei rückwirkend abgeschlossenen Verträgen kann die Rückwirkung steuerlich nicht anerkannt werden.[7] Vor der Eheschließung abgeschlossene und tatsächlich durchgeführte Arbeitsverträge behalten jedoch ihre steuerliche Wirkung, wenn sie auch nach der Verheiratung gleichermaßen ernsthaft durchgeführt werden.[8]

---

[3] *Wassermeyer,* StuW 1979, 209; s. ferner auch *Herden,* NJW 1984, 1440, 1443; 2073, 2075 (Berichte über die Rechtsprechung; diese Grundsätze gelten auch für Berufsausbildungsverträge mit dem Ehegatten (*BFH,* BStBl 1987 II 121 = BFHE 148, 168 = BB 1987, 251).

[4] *BFH,* BStBl 1979 II 80 = BFHE 126, 285 = BB 1979, 88 = DB 1979, 385 = DStR 1979, 174; bei Zahlungen an Kinder *FG Nürnberg,* EFG 1981, 282.

[5] *BVerfG,* BStBl 1962 I 492 = BVerfGE 13, 290 = BB 1962, 123 = DB 1962, 141 = NJW 1962, 437 = FamRZ 1962, 100; BStBl 1962 I 506 = BVerfGE 13, 318 = BB 1962, 124 = DB 1962, 140 = NJW 1962, 442 = FamRZ 1962, 107.

[6] *BFH,* BStBl 1962 III 217 = BFHE 74, 584 = BB 1962, 667 = DB 1962, 690.

[7] *BFH,* BStBl 1956 III 288 = BFHE 63, 237 = BB 1956, 879 = DB 1956, 981; BStBl 1961 III 209 = BFHE 72, 571 = BB 1961, 517 = DB 1961, 661 = DStR 1961, 248; BStBl 1962 III 218 = BFHE 74, 587 = BB 1962, 667 = DB 1962, 691.

[8] *BFH,* BStBl 1967 III 22 = BFHE 87, 82 = BB 1967, 21 = DB 1967, 21 = DStR 1967, 101.

Güterrechtliche Vereinbarungen

528 Gehört der Betrieb zum **Gesamtgut der Gütergemeinschaft,** so sind die Ehegatten wegen der sich daraus ergebenden zivilrechtlichen Wirkungen hinsichtlich des gemeinschaftlichen Eigentums, der Haftung und der Verwaltungsbefugnis sowie des ausschließlichen gemeinsamen Verfügungsrechts über die zum Gesamtgut zählenden Gegenstände grundsätzlich Mitunternehmer des Betriebs. Sie können dann mit steuerrechtlicher Wirkung keine Verträge abschließen, die ihrer Eigenschaft als Mitunternehmer entgegenstehen, zB Miet- und Pachtverträge oder Arbeitsverträge.[9] Eine Mitunternehmerschaft der Ehegatten liegt in diesem Fall nur dann nicht vor, wenn der zum Gesamtgut gehörende Betrieb

- eine **freie Berufstätigkeit,** zB ein Rechtsanwaltsbüro, darstellt und der andere Ehegatte die freiberufliche Tätigkeit nicht ebenfalls tatsächlich selbstverantwortlich durchführt, zB weil er selbst die Berufsvoraussetzungen nicht erfüllt,
- eine **Handelsvertretung** darstellt, die nicht von beiden Ehegatten selbstverantwortlich betrieben wird, denn der Handelsvertretervertrag ist zivilrechtlich ein auf eine Geschäftsbesorgung gerichteter Dienstvertrag (§§ 675, 611 BGB); der Anspruch des Geschäftsherrn auf die Dienstleistung ist weder auf die Ehefrau, noch auf eine andere Person, zB durch Veräußerung des Gewerbebetriebs, übertragbar (§§ 613, 673 BGB),[10]
- nur ein **kleiner Gewerbebetrieb** ist, in dem kein nennenswertes Kapital (vor allem kein Grundstück ganz oder teilweise) eingesetzt wird.[11]

Beim Güterstand der **Errungenschaftsgemeinschaft**[12] wird ein Betrieb, der zum eingebrachten Gut des Ehegatten gehört – jedenfalls nach einer gewissen Zeit – Gesamtgut der Ehegatten. Dies hat ebenfalls zur Folge, daß die Ehegatten Mitunternehmer sind und deshalb kein wirksames Arbeitsverhältnis abschließen können.[13]

Personengesellschaft

529 Ist der Arbeitgeber-Ehegatte Mitunternehmer eines Betriebs, in dem der andere Ehegatte beschäftigt ist, so ist auch dann der Abschluß eines Ehegattenarbeitsverhältnisses möglich, wenn die Ehegatten Gütergemeinschaft ver-

---

[9] *BFH,* BStBl 1959 III 263 = BFHE 69, 5 = BB 1959, 1069 = DB 1959, 669; BStBl 1966 II 277 = BFHE 85, 181 = BB 1966, 611 = DB 1966, 806 = DStR 1966, 346.

[10] *BFH,* BStBl 1977 II 201 = BFHE 121, 21 = BB 1977, 329 = DB 1977, 894 = DStR 1977, 288; BStBl 1980 II 634 = BFHE 131, 26 = BB 1980, 1408 = DB 1981, 50.

[11] *BFH,* BStBl 1977 II 836 = BFHE 123, 136 = BB 1977, 1635 = DB 1977, 2168.

[12] Die Vorschriften über den Güterstand der Errungenschaftsgemeinschaft sind durch das GlbG (BGBl 1957 I 609) aufgehoben worden. Sie gelten aber bei Errungenschaftsgemeinschaften, die am 1. 7. 1958 bestanden haben, weiter.

[13] *BFH,* BStBl 1981 II 63 = BFHE 131, 497 = BB 1981, 165 = DB 1981, 295 = FamRZ 1981, 355; Abschn. 174a Abs. 2 Sätze 4 und 5 EStR.

einbart haben. Denn ein Mitunternehmeranteil ist vom Gesamtgut ausgeschlossen (§ 1417 Abs. 2 BGB). Für die steuerliche Anerkennung des Arbeitsverhältnisses müssen sämtliche hier dargelegten Voraussetzungen vorliegen wie bei einem Einzelunternehmen, wenn der Arbeitgeber-Ehegatte die Personengesellschaft als Mitunternehmer wirtschaftlich beherrscht[14] (dies ist regelmäßig bei einer Beteiligung von mehr als 50% der Fall)[15] oder wenn es sich um eine Familiengesellschaft handelt, bei der mehrere Gesellschafter gemeinsam als beherrschend anzusehen sind.[16] Der Umstand, daß die Gesellschaft Vertragspartner des Arbeitnehmer-Ehegatten ist, tritt in diesem Fall zurück; denn die Rechtsbeziehungen zwischen der Gesellschaft und dem Arbeitnehmer-Ehegatten sind aufgrund der rechtlichen und tatsächlichen Einflußmöglichkeit des beherrschenden Gesellschafter-Ehegatten auf die Gesellschaft mit denjenigen zwischen einem Einzelunternehmer und seinem Arbeitnehmer-Ehegatten vergleichbar.[17] Beherrscht der Mitunternehmer-Ehegatte die Personengesellschaft nicht, so geht die Finanzverwaltung im allgemeinen davon aus, daß der mitarbeitende Ehegatte die gleiche Stellung wie ein fremder Arbeitnehmer hat.[15]

Kapitalgesellschaft

Ist der Ehegatte Gesellschafter, so kann ein zwischen der Gesellschaft vereinbartes Arbeitsverältnis mit dem anderen Ehegatten steuerlich anerkannt werden, wenn es wie mit einem fremden Arbeitnehmer tatsächlich durchgeführt wird. Beherrscht der Gesellschafter-Ehegatte die Gesellschaft durch hohe Beteiligung (regelmäßig bei einer Beteiligung nach Stimmrechten von mehr als 50%), so müssen hier die genannten strengen Voraussetzungen gleichfalls vorliegen, wenn das Arbeitsverhältnis steuerlich wirskam sein soll. Eine erhöhte Arbeitsvergütung an den Arbeitnehmer-Ehegatten des Gesellschafters, kann als verdeckte Gewinnausschüttung beim Gesellschafter zu Einkünften aus Kapitalvermögen nach § 20 Abs. 2 Nr. 1 EStG führen.[18]

Auch der beteiligte Ehegatte kann zu der Gesellschaft ein Arbeitsverhältnis haben, z. B. als Geschäftsführer der GmbH. In diesem Fall werden die Arbeitsverhältnisse beider Ehegatten getrennt behandelt.

---

[14] *BFH,* BStBl 1968 II 494 = BFHE 92, 101 = BB 1968, 1029 = DB 1968, 1334 = DStR 1968, 477; BStBl 1969 II 102 = BFHE 94, 209 = BB 1969, 477 = DB 1969, 244 = DStR 1969, 119.

[15] Abschn. 174 a Abs. 5 Satz 9 EStR 1984.

[16] *BFH,* BStBl 1984 II 298 = BFHE 139, 376 = BB 1984, 122 = DB 1984, 167 = DStR 1984, 83 = FR 1984, 99.

[17] *BFH,* BStBl 1979 II 622 = BFHE 128, 207 = BB 1979, 1438 = DB 1979, 1919 = DStR 1979, 595; BStBl 1983 II 555 = BFHE 138, 359 = BB 1983, 1453 = DB 1983, 1691 = FR 1983, 457; BStBl 1986 II 48 = BFHE 142, 215 = BB 1985, 246 = DB 1985, 314 = DStR 1985, 156 = FR 1985, 76.

[18] *BFH,* BStBl 1972 II 320 = BFHE 104, 353 = BB 1972, 483 = DB 1972, 1998 = DStR 1972, 319.

Durchführbarkeit des vereinbarten Arbeitsverhältnisses

Der abgeschlossene Arbeitsvertrag muß tatsächlich durchführbar sein. Das ist zB nicht der Fall, wenn jeder Ehegatte einen Betrieb hat und wechselseitig im Betrieb des anderen Ehegatten als Arbeitnehmer tätig sein will.[19]

Die Arbeitsvergütung

Über die Vergütung und ihre Höhe muß eine eindeutige **Vereinbarung** vorliegen. Fehlt eine solche, kann das Arbeitsverhältnis keine steuerliche Wirkung haben.[20] 530

Die gesamte vereinbarte Vergütung muß so **ausbezahlt** werden, daß sie tatsächlich in den alleinigen Vermögensbereich des Arbeitnehmer-Ehegatten übergeht, und zwar zu den bei fremden Arbeitnehmern üblichen Zahlungszeitpunkten. Das vereinbarte Arbeitsverhältnis kann insgesamt nicht anerkannt werden, wenn die Vergütung zu unregelmäßigen Zeitpunkten (je nach Kassenlage), manchmal nur teilweise oder gar nicht ausbezahlt wird.[21] Wird im Rahmen eines Arbeitsvertrages zwischen Ehegatten das Jahresgehalt entsprechend der Vereinbarung nicht in monatlichen Teilbeträgen, sondern jährlich in einer Summe zum Schluß des Jahres ausbezahlt, liegt keine Vertragsgestaltung vor, wie sie unter Fremden üblich ist.[22] Das Arbeitsverhältnis wird aber steuerlich wirksam durchgeführt, wenn das Nettogehalt dem Arbeitgeber-Ehegatten als Darlehen zur Verfügung gestellt wird, sofern dieses dem Arbeitnehmer-Ehegatten zuvor ausgezahlt oder überwiesen[23] oder zur Auszahlung angeboten worden ist;[24] dies gilt auch für sonstige (einmalige) Bezüge.[25] Für das Darlehen muß jedoch wie zwischen fremden Vertragspartnern eine eindeutige Vereinbarung über Rückzahlung und Verzinsung getroffen sein;[22, 26] das Darlehen kann aber auch ausdrücklich zinslos gewährt wer-

---

[19] *BFH,* BStBl 1969 II 315 = BFHE 95, 44 = BB 1969, 748 = DB 1969, 864 = DStR 1969, 255; a. A. *Dornbach,* FR 1979, 422.

[20] *BFH,* BStBl 1962 III 218 = BFHE 74, 587 = BB 1962, 667 = DB 1962, 691; BStBl 1962 III 383 = BFHE 75, 319 = BB 1962, 1029 = DB 1962, 1263 = NJW 1962, 2176.

[21] *BFH,* BStBl 1962 III 383 = BFHE 75, 319 = BB 1962, 1029 = DB 1962, 1263 = NJW 1962, 2176; BStBl 1964 III 131 = BFHE 78, 335 = BB 1964, 294 = DB 1964, 356; BStBl 1968 II 524 = BFHE 92, 281 = BB 1968, 900 = DB 1968, 1339 = DStR 1968, 513 = FamRZ 1968, 522; BStBl 1969 II 102 = BFHE 94, 209 = BB 1969, 477 = DB 1969, 244 = DStR 1969, 119.

[22] *BFH,* BStBl 1982 II 119 = BB 1982, 291 = BFHE 134, 293 = DB 1982, 785 = DStR 1982, 93 = FR 1982, 96.

[23] *BFH,* BStBl 1972 II 112 = BFHE 103, 328 = BB 1971, 1544 = DB 1972, 73 = DStR 1971, 540; BStBl 1972 II 533 = BFHE 105, 263 = BB 1972, 824 = DB 1972, 1270 = DStR 1972, 412.

[24] *BFH,* BStBl 1986 II 48 s. Fn. 17.

[25] *BFH,* BStBl 1986 II 250 = BFHE 145, 316 = BB 1986, 576 = DB 1986, 781 = DStR 1986, 195 = FR 1986, 125.

[26] *BFH,* BStBl 1971 II 732 = BFHE 103, 67 = BB 1971, 1355 = DB 1971, 2169; BStBl 1968 II 494 = BFHE 92, 101 = BB 1968, 1029 = DB 1968, 1334 = DStR 1968, 477; BStBl 1975 II 579 = BFHE 115, 481 = BB 1975, 913 = DB 1975, 1536 = DStR 1975, 612; BFH/NV 1986, 669.

den.[24] Ebenso ist es unschädlich, wenn der Arbeitnehmer-Ehegatte den ihm zuvor laufend überwiesenen Arbeitslohn in größeren Beträgen ohne zeitlichen Zusammenhang mit den Lohnzahlungen dem Arbeitgeber-Ehegatten schenkt; denn in der Verwendung des zugeflossenen Arbeitslohns ist der Arbeitnehmer-Ehegatte frei.[27] Die geleisteten Zinsen sind Betriebsausgaben beim Arbeitgeber-Ehegatten und gehören beim Arbeitnehmer-Ehegatten zu seinen Einkünften aus Kapitalvermögen.

Wird die Vergütung unbar geleistet, so muß sie auf ein **Konto** des Arbeitnehmer-Ehegatten überwiesen werden; unschädlich ist, wenn der Arbeitgeber-Ehegatte eine Mitverfügungsvollmacht über das Konto besitzt.[28] Die Überweisung auf ein Konto des Arbeitgeber-Ehegatten, über das der Arbeitnehmer-Ehegatte eine Mitverfügungsvollmacht hat, steht dagegen der steuerlichen Anerkennung des Arbeitsverhältnisses entgegen,[29] ebenso wie die Überweisung auf ein gemeinsames Konto der Ehegatten[30] und auf ein Konto, das zum Gesamtgut der Gütergemeinschaft gehört,[31] es sei denn, jeder Ehegatte kann bei Arbeitsverhältnissen mit Personengesellschaften ohne Mitwirkung des anderen über das gemeinsame Konto verfügen.[32]

Die **Höhe** der Vergütung muß angemessen sein, d. h. die Vergütung muß so bemessen sein wie sie ein fremder Arbeitnehmer bei gleicher Tätigkeit erhalten würde, auch wenn bei fremden Arbeitnehmern eine übertarifliche Zahlung üblich ist. Bei einer überhöhten Vergütung kann der Mehrbetrag steuerlich nicht berücksichtigt werden;[33] hat hingegen die Vergütung zwar keinen Taschengeldcharakter, ist sie jedoch unüblich niedrig, so steht dies der Anerkennung des Arbeitsverhältnisses nicht entgegen, weil der Arbeitnehmer-Ehegatte auch nur teilentgeltlich beschäftigt sein kann.[33]

---

[27] *BFH*, BStBl 1987 II 336 = BFHE 148, 520 = DB 1987, 817 = BB 1987, 743 = DStR 1987, 301 = Inf 1987, 233.

[28] *BFH*, BStBl 1974 II 294 = BFHE 111, 319 = BB 1974, 352 = DB 1974, 656 = DStR 1974, 318.

[29] *BFH*, BStBl 1968 II 524 = BFHE 92, 281 = BB 1968, 900 = DB 1968, 1339 = DStR 1968, 513; BStBl 1980 II 350 = BB 1980, 921 = DB 1980, 1472; BStBl 1983 II 496 = BFHE 138, 198 = DB 1983, 1525 = DStR 1983, 456 = FR 1983, 356; BStBl 1984 II 298 = BB 1984, 764 = DB 1984, 1017 = FR 1984, 260.

[30] *BFH*, BStBl 1972 II 614 = BFHE 105, 351 = BB 1972, 824 = DB 1972, 1270 = DStR 1972, 412 = HFR 1972, 401; StW 1977, 93; a. A. *Dornbach*, FR 1979, 412.

[31] *FG Baden-Württemberg*, EFG 1970, 281.

[32] *BFH*, BStBl 1983 II 663 = BFHE 138, 427 = BB 1983, 1707 = DB 1983, 2013 = DStR 1983, 584 = FR 1983, 513; *Hessisches FG*, EFG 1987, 341; a.A. FG RhPf nrkr, EFG 1987, 289; unschädlich ist die Überweisung auf ein gemeinsames Sparbuch, das der Arbeitnehmer-Ehegatte in Besitz hat (*FG RhPf*, EFG 1987, 110 = DStR 1987, 302, nicht rechtskräftig).

[33] *BFH*, BStBl 1983 II 664 = BFHE 138, 536 = BB 1983, 1835 = DB 1983, 2286 = FR 1983, 514; BStBl 1984 II 60 = BFHE 139, 376 = BB 1984, 122 = DB 1984, 167 = DStR 1984, 83 = FR 1984, 99.

Besondere Zahlungen

Bezüge, die über die laufende Vergütung hinaus gewährt werden, werden steuerlich berücksichtigt, wenn die Zuwendungen dem Grunde und der Höhe nach im Betrieb üblich sind (interner Vergleich); ist der Ehegatte der alleinige Arbeitnehmer des Betriebs, so sind die Bezüge grundsätzlich betrieblich veranlaßt und Arbeitslohn beim Empfänger, wenn die private Veranlassung nach der Gesamtwürdigung der betrieblichen Verhältnisse nicht ausnahmsweise überwiegt.[34] Darunter fallen insbesondere Heirats- und Geburtsbeihilfen (§ 3 Nr. 15 EStG), Weihnachtsgratifikationen und Jubiläumszuwendungen (§ 4 LStDV), Beihilfen[1], Tantiemen,[25] eine Abfindung anläßlich der Beendigung eines Arbeitsverhältnisses, die gegenüber den Arbeitsbezügen nicht unangemessen hoch ist[35] sowie die Gewährung von freier Kost. Wegen Leistungen der betrieblichen Altersversorgung an den Ehegatten als Arbeitnehmer vgl. Rz. 457 bis 462.

Wirtschaftliche Notwendigkeit des Arbeitsverhältnisses

Die Beschäftigung des Arbeitnehmer-Ehegatten muß wirtschaftlich sinnvoll sein. Er muß tatsächlich mitarbeiten und eine fremde Arbeitskraft ersetzen. Dabei kann es sich auch um eine Teilzeitbeschäftigung, um eine saison- oder stundenweise Aushilfstätigkeit handeln. Ist jedoch die Tätigkeit geringfügig und wird sie üblicherweise auf familienrechtlicher Grundlage unentgeltlich erbracht, so kann ein Arbeitsverhältnis nicht anerkannt werden.[36] 531

Lohnsteuerliche Folgerungen

Es müssen wie bei einem fremden Arbeitnehmer alle lohnsteuerlichen Verpflichtungen erfüllt werden, d. h. der Arbeitnehmer-Ehegatte muß eine Lohnsteuerkarte vorlegen, die Steuerabzugsbeträge müssen einbehalten und abgeführt werden, auch wenn die Steuerabzugsbeträge bei der zwingend durchzuführenden Einkommensteuer-Veranlagung der Ehegatten wieder angerechnet werden.

Liegen bei kurzfristiger Beschäftigung oder bei Beschäftigung in geringem Umfang die Voraussetzungen für die Pauschalierung der Lohnsteuer nach § 40a EStG hinsichtlich der Höhe des Arbeitslohns und der Dauer der Beschäftigung vor, so kann auch bei Ehegatten-Arbeitsverhältnissen auf die Vorlage der Lohnsteuerkarte verzichtet und die Lohnsteuer vom Arbeitgeber

---

[34] *BFH,* BStBl 1983 II 173 = BFHE 137, 308 = BB 1983, 355 = DB 1983, 532 = FR 1983, 174; BStBl 1986 II 250 = BFHE 145, 316 = BB 1986, 576 = DB 1986, 781 = DStR 1986, 195 = FR 1986, 125.

[35] *BFH,* BStBl 1985 II 327 = BFHE 143, 127 = BB 1985, 849 = DB 1985, 1003 = DStR 1985, 384 = FR 1985, 356, 502.

[36] *BFH,* BStBl 1979 II 80 = BFHE 126, 285 = BB 1979, 88 = DB 1979, 385 = DStR 1979, 174.

übernommen und mit 10% pauschal abgeführt werden. Die Lohnsteuer-Pauschalierung kann vom Finanzamt nur dann untersagt werden, wenn die pauschalierte Lohnsteuer gegenüber der Lohnsteuer, die aufgrund der Lohnsteuerkarte abzuführen wäre, erheblich abweicht (§ 40a Abs. 3 EStG); die Abweichung, die sich bei der Einkommensteuer-Veranlagung der Ehegatten ergibt, darf dabei nicht in Rechnung gestellt werden.[37]

Sozialversicherungsrechtliche Folgerungen

Ein Arbeitsverhältnis zwischen Ehegatten kann dann nicht anerkannt werden, wenn trotz bestehender Sozialversicherungspflicht des Ehegatten-Arbeitnehmers dieser nicht zur Sozialversicherung angemeldet wurde und die entsprechenden Beiträge weder einbehalten noch abgeführt wurden.[38] Arbeitsverträge, die bereits am 31. 12. 1966 bestanden haben, sind jedoch weiterhin sozialversicherungsfrei.

Ist das Arbeitsverhältnis steuerlich unwirksam, so sind auch die einbehaltenen und abgeführten Sozialversicherungsbeiträge nicht als Betriebsausgaben abziehbar.[39]

Vermögenswirksame Leistungen

Liegt ein steuerlich beachtliches Arbeitsverhältnis vor, so können zugunsten des Arbeitnehmer-Ehegatten vermögenswirksame Leistungen nach dem VermBG erbracht und die Arbeitnehmer-Sparzulage ausgezahlt werden. Die vermögenswirksame Leistung kann auch auf einen Vertrag des Ehegatten, der mindestens seit Beginn des Kalenderjahrs mit dem sparenden Ehegatten verheiratet ist, erbracht werden. Diese in § 2 Abs. 2 VermBG allgemein zugelassene Möglichkeit gilt auch, wenn der Arbeitnehmer im Betrieb seines Ehegatten beschäftigt ist.[40]

bb) Vereinbarungen, insbesondere über die Beendigung eines Arbeitsverhältnisses nach der Ehescheidung

532 Regelmäßig werden die Ehegatten wohl keinen Wert darauf legen, das Arbeitsverhältnis fortzusetzen. Hier ist dann eine **Vereinbarung über die Beendigung des Arbeitsverhältnisses** zu schließen, wobei evtl. eine Abfindung als „Überbrückungshilfe" usw. in Betracht kommen kann. Zugleich empfiehlt es

---

[37] *BFH,* BStBl 1978 II 61 = BFHE 123, 495 = BB 1978, 139 = DB 1979, 834 = DStR 1978, 172; die davon abweichende Auffassung der Finanzverwaltung in Abschn. 95 Abs. 2 LStR 1978 wurde aufgegeben (vgl. LStR 1981).

[38] *FG München,* EFG 1978, 502; a. A. DB 1979, 2251; zur Versicherungspflicht s. *Schulte,* BB 1975, 472.

[39] *BFH,* BStBl 1983 II 496 = BFHE 138, 198 = DB 1983, 1525 = DStR 1983, 456 = FR 1983, 356.

[40] *BFH,* BStBl 1976 II 81 = BFHE 117, 133 = BB 1975, 1624 = DB 1976, 228.

sich, eine Regelung bezüglich der etwaigen betrieblichen Altersversorgung (s. hierzu Rz. 443ff.) zu treffen (s. auch zum Versorgungsausgleich Rz. 372f., 435a, 436).

Hat zB ein Ehegatte während der Ehe oder auch schon vor der Ehe im Betrieb des anderen Ehegatten mitgearbeitet und wird die Ehe geschieden, so kann sich der andere Ehegatte bei Auflösung des Arbeitsverhältnisses vernünftigerweise der Berücksichtigung der Mitarbeit des einen Ehegatten in der Vergangenheit nicht verschließen, vor allem, wenn dieser Ehegatte etwa Kapital oder Sachwerte in den Betrieb eingebracht hat (s. auch Rz. 523ff.). Ist eine Abfindung nicht möglich, so kann evtl. die Beteiligung des Ehegatten als stiller Gesellschafter (§§ 230ff. HGB) in Betracht kommen;[1] Voraussetzung ist, daß ein Handelsgewerbe vorliegt.[2] Es kann auch festgelegt werden, daß der stille Gesellschafter nicht am Verlust beteiligt sein soll (§ 231 Abs. 2 HGB). Steuerlich wird die stille Gesellschaft nur anerkannt, wenn der Gesellschaftsvertrag ernst gemeint ist und tatsächlich ausgeführt wird.[3] Der Vertrag darf also auch nicht dazu dienen, eine gesetzliche Unterhaltspflicht zu umgehen.

Wird nach der Scheidung der Ehe das Arbeitsverhältnis zwischen dem einen Ehegatten oder der Gesellschaft, an der dieser maßgeblich beteiligt ist, und dem anderen Ehegatten fortgesetzt, so wird wohl sehr häufig der Abschluß eines neuen Vertrags erforderlich, der in die anläßlich der Ehescheidung getroffene Vereinbarung aufgenommen werden kann. Bei Abschluß des Vertrags muß hiervon klar unterschieden werden, was der eine Ehegatte dem anderen etwa an Unterhalt oder an Renten für eine Abfindung und dgl. zu leisten hat.

cc) Scheinarbeitsverhältnis

Ist ein geschiedener Ehegatte freiberuflich tätig oder Unternehmer und ist 532a
er dem anderen gegenüber unterhaltspflichtig, so ist es nicht zulässig, daß die Ehegatten ein Scheinarbeitsverhältnis, also ohne Arbeitspflicht des anderen Ehegatten, begründen, um damit zugleich dessen Anspruch auf Vorsorgeunterhalt (§ 1578 Abs. 2 und 3 BGB – s. dazu Rz. 205f, 212a –) zu erfüllen.

Eine solche Vereinbarung wäre nichtig (§ 117 Abs. 1 BGB), sie könnte auch nicht in ein verdecktes Rechtsgeschäft (§ 117 Abs. 2 BGB) umgedeutet und als solches aufrechterhalten werden.[1] Als „Lohn" geleistete Zahlungen könnten nicht zurückgefordert werden (§ 817 Satz 2 BGB).

---

[1] Hierzu *Paulick*, Stille Gesellschaft, S. 324ff.

[2] *BGH*, NJW 1982, 99: Liegt ein nicht-kaufmännisches Unternehmen vor, so begründet die stille Beteiligung eine Innengesellschaft des bürgerlichen Rechts (s. auch Rz. 523ff.).

[3] *Paulick*, aaO, S. 348f.; s. auch unten Rz. 599 und *Göppinger/Märkle*, Unterhaltsrecht, Rz. 2048, 2052ff.

[1] Voraussetzung zur Anwendung des § 117 Abs. 2 BGB wäre, daß das verdeckte Rechtsgeschäft von beiden Parteien ernstlich gewollt ist (s. *Staudinger/Dilcher*, Rz. 23, *Soergel/Hefermehl*, Rz. 17, *Erman/Brox*, Rz. 15f. je zu § 117).

Die Vereinbarung wäre weder in steuerrechtlicher Hinsicht (vgl. auch Rz. 526ff.) noch in sozialrechtlicher Hinsicht beachtlich. In steuerrechtlicher Hinsicht (s. § 41 AO) könnte die Regelung, wenn der „Arbeitgeber"-Ehegatte die Aufwendungen als Betriebsausgaben absetzt (s. Rz. 531 m. Fn. 39), sich als Steuerhinterziehung (§ 370 AO) darstellen (s. zur Selbstanzeige noch § 371 AO).

In sozialrechtlicher Hinsicht[2] kann das Scheinarbeitsverhältnis keine Sozialversicherungspflicht begründen,[3] und zwar auch kein Formalversicherungsverhältnis,[4] wenn die Versicherungsbeiträge *bewußt* zu Unrecht geleistet werden bzw. wurden.[5]

Die als angebliche Pflichtbeiträge geleisteten Zahlungen könnten auch nicht – jedenfalls dann nicht, wenn keine Berechtigung zur freiwilligen Versicherung besteht – als *freiwillige Beiträge* beurteilt und in diese umgedeutet werden, zur *Rentenversicherung,* wenn die Voraussetzungen der §§ 1422 RVO, 144 AVG nicht gegeben sind (vgl. auch §§ 1423 RVO, 145 AVG mit den Ausnahmen jeweils in Abs. 2 Satz 2 bei betrügerischen Absichten), zur *Krankenversicherung,* wenn die Voraussetzungen des § 313 RVO oder des § 176b Abs. 1 Nr. 1 RVO[6] nicht vorliegen, zur *gesetzlichen Unfallversicherung* und zur *Arbeitslosenversicherung,* da in diesen – mit hier nicht in Betracht kommenden Ausnahmen zur Unfallversicherung – keine freiwillige Versicherung möglich ist.[7]

§ 26 Abs. 1 SGB IV dürfte hier nicht anzuwenden sein, wenn und weil das Versicherungsverhältnis erschlichen wurde.[8] Daher sind die in der Kranken-

---

[2] Die äußerst schwierige, komplizierte und vielschichtige Problematik der sozialversicherungsrechtlichen Auswirkungen eines Scheinarbeitsverhältnisses kann hier jedoch nicht eingehend behandelt werden. Wertvolle Ratschläge zu den folgenden Ausführungen und Hinweise, insbesondere auf Rechtsprechung und Literatur, verdankt der Verfasser Herrn Prof. Dr. Helmar *Bley,* Bamberg.

[3] Hierzu s. zB *Wannagat,* Lehrbuch des Sozialversicherungsrechts, Bd. 1, 1965, S. 311; *BGH,* FamRZ 1984, 874, 875 = NJW 1984, 2350; sowie zur Krankenversicherung *Figge,* Sozialversicherungs-Handbuch, 2.2.01 unter Hinweis auf *Versicherungsamt Weinheim* (17. 11. 1949), Breith. 1950, 231); zur Arbeitslosenversicherung *BSGE* 49, 22, 28f. = DB 1980, 166, 168 (kurzer Bericht in BB 1980, 44) – Vorstandsmitglied einer AG kein Arbeitnehmer –.

[4] Formalversicherung bedeutet, daß eine Person irrtümlich als versicherungspflichtig oder versicherungsberechtigt angegeben wurde (s. *Bley,* S. 149f., 170, sowie zu § 26 SGB IV *GK-SGB IV/v. Maydell,* Rz. 12, *Gesamt-Komm. SGB, Soz.-Vers. Schwerdtfeger,* Anm. 2a), als Quasi-Versicherter bis zur Beendigung des Irrtums Versicherungsschutz genießt (*Bley,* aaO).

[5] *Wannagat,* aaO, S. 290; s. zB zur rechtsmißbräuchlichen Antragsstellung gemäß § 315a RVO *BSGE* 46, 187, 189 = SGb 1978, 290 (kurzer Bericht).

[6] Zu dieser Möglichkeit des Beitritts des Ehegatten nach der Ehescheidung s. oben Rz. 240.

[7] *Bley,* S. 170.

[8] Anders wohl meist in den in Rz. 526ff. behandelten Fällen, wenn ein Arbeitsverhältnis steuerlich nicht anerkannt wird, und der Ehegatte irrtümlich, aber nicht bewußt

versicherung erbrachten Sozialleistungen und die geleisteten Beiträge wechselseitig zurückzuerstatten, ebenso etwa wenn der geschiedene Ehegatte nach der „Entlassung" aus dem „Arbeitsverhältnis" Arbeitslosengeld bezogen hat, diese Leistungen und die früheren Beiträge. Für die spätere Zeit hat der geschiedene Ehegatte aus dem „Arbeitsverhältnis" keinen Anspruch auf Altersruhegeld.

Besteht eine Berechtigung zur freiwilligen Rentenversicherung (s. §§ 1233 RVO, 10 AVG), so dürfte es jedoch möglich sein, die versuchte Erschleichung einer Pflichtversicherung in den Beitritt zur freiwilligen Versicherung umzudeuten. Hierbei können freilich beitrags- wie auch leistungsrechtlich in der Vergangenheit liegende Rechtsbeziehungen nur insoweit Bestand haben, als sie im Recht der freiwilligen Versicherung eine Rechtsgrundlage finden. Soweit dies nicht der Fall wäre, wären im Leistungsrecht rechtsgrundlos erbrachte Leistungen und im Beitragsrecht die Arbeitgeberbeitragsanteile zu erstatten.

Das gleiche würde in der gesetzlichen Krankenversicherung für Arbeitnehmerbeitragsanteile gelten, die über den freiwilligen Beitrag hinausgingen. Wären die Arbeitnehmerbeitragsanteile niedriger als der freiwillige Beitrag, so müßte dieser nachentrichtet werden; würde eine solche Nachentrichtung abgelehnt, so dürfte die Umdeutung in die freiwillige Versicherung ausscheiden, mit der Folge, daß die geleisteten Beiträge und die erbrachten Leistungen wechselseitig zu erstatten sind.

d) Lebensversicherung (Kapitalversicherung)

533 Hatten die Ehegatten während der Ehe Lebensversicherungsverträge bezüglich einer Kapitalversicherung (s. §§ 165 Abs. 2, 166 Abs. 1 VVG) abgeschlossen,[1] so empfiehlt es sich, die Bezugsberechtigungen[2] zu klären, insbesondere, ob der andere Ehegatte als Bezugsberechtigter angegeben ist, ob evtl. die Bezugsberechtigung unwiderruflich ist. Zu beachten sind auch die Vorschriften der §§ 330, 331, 333 BGB, 166–168 VVG sowie §§ 13–15 ALB,[3] §§ 11–13 ALB nF.[4] In Zweifelsfällen wird es zweckmäßig sein, bei der betreffenden Versicherungsgesellschaft nachzufragen, ob und inwieweit eine freie Verfügung über das Bezugsrecht besteht.

---

unrichtig als versicherungspflichtig oder versicherungsberechtigt angegeben wurde (s. Fn. 4).

[1] Zur Berücksichtigung der Versicherung bei der Berechnung des Zugewinnausgleichs s. Rz. 501.

[2] Dazu s. *Prölss/Martin,* VVG, § 166 Anm. 1, § 167 Anm. 3; *Heilmann,* VersR 1972, 997; *M. Hoffmann,* FamRZ 1977, 222; *Liebl-Wachsmuth,* VersR 1983, 1004; *Borgmann,* FamRZ 1983, 445; *Oswald,* FamRZ 1971, 618.

[3] Abgedruckt bei *Prölss/Martin,* Anh. I zu §§ 159–178 VVG.

[4] Abgedruckt bei *Prölss/Maritn,* Anh. II zu §§ 159–178 VVG.

534 Hat ein Versicherungsnehmer den Ehegatten[5] als Bezugsberechtigten in dem Versicherungsvertrag benannt, so ist dessen Bezugsrecht nicht ohne weiteres auflösend bedingt durch die Scheidung der Ehe; § 2077 BGB ist in diesem Falle nicht entsprechend anwendbar;[6] entscheidend ist der bei der Festlegung des Bezugsberechtigten vorhandene und dem Versicherer gegenüber auch zum Ausdruck gekommene Wille des Versicherungsnehmers.[7] Unterwirft sich der Versicherungsnehmer den Bedingungen einer Lebensversicherung (hier: dem § 7 ALB) *im Rahmen der Alters- und Hinterbliebenenversorgung* von Mitarbeitern des Versicherers, in denen unwiderruflich u. a. „die Ehefrau" als Bezugsberechtigte bezeichnet ist, so ist die bei Eintritt des Versicherungsfalles mit dem Versicherungsnehmer verheiratete Frau bezugsberechtigt.[8] Zu beachten ist, daß ein Widerruf der Bezugsberechtigung (§ 14 ALB) gegenüber dem Versicherer nur wirksam ist, wenn er diesem vor dem Versicherungsfall schriftlich mitgeteilt ist.[9]

Haben die Ehegatten anläßlich der Ehescheidung eine Gesamtvereinbarung geschlossen, in der alle vermögensrechtlichen Scheidungsfolgen geregelt werden sollten, zB eine Abfindung, Leistungen für eine berufliche Fortbildung oder Umschulung, Unterhalt für eine Übergangszeit, die Kranken- und Ren-

---

[5] Unerheblich ist, ob die Frau namentlich benannt ist oder allgemein mit „Ehefrau" umschrieben ist (*RGRK/Ballhaus*, Rz. 4, *MünchKomm./Gottwald*, 2. Aufl., Rz. 7, *Staudinger/Kaduk*, Rz. 45 je zu § 330 BGB, *OLG Köln*, VersR 1983, 1181, 1182). Zur Benennung „Frau oder Kinder" s. *LG Saarbrücken*, NJW 1983, 180, *Liebl-Wachsmuth*, aaO.

[6] *OLG Hamm*, VersR 1976, 142; dazu *BGH*, LM VVG § 166 Nr. 6 = JR 1976, 463 m. zustimm. Anm. *Gitter* = FamRZ 1975, 689 = NJW 1976, 290 = VersR 1975, 1020 = MDR 1976, 33 = JZ 1975, 736 = BB 1976, 1456; *BGH*, FamRZ 1987, 806; *MünchKomm./Gottwald*, Rz. 7, *Soergel/Hadding*, Rz. 7, *RGRK/Ballhaus*, Rz. 4, *Palandt/Heinrichs*, Anm. 2a je zu § 330 BGB; *Soergel/Damrau*, Rz. 9, *Palandt/Edenhofer*, Anm. 4, *Erman/Hense*, Rz. 6 je zu § 2077 BGB; *Prölss/Martin*, VVG § 167 Anm. 3, und (zur Klage gegen den Versicherer) *OLG Hamm*, VersR 1981, 228; *OLG Köln*, aaO; *OLG Düsseldorf*, VersR 1975, 918; *M. Hoffmann*, aaO, 225f.; anders *Liebl-Wachsmuth*, aaO 1006ff., *Eichler*, S. 306; *MünchKomm./Leipold*, § 2077 Rz. 23, *Jauernig/Vollkommer*, § 330 Anm. 2b, bb; *Jauernig/Stürner*, § 2077 Anm. 2; *Robrecht*, DB 1967, 453; wie hier auch *Staudinger/Otte*, 1987, § 2077 Rz. 27.

[7] *BGH*, NJW 1976, 290; *BGHZ* 79, 295 = FamRZ 1981, 349 = NJW 1981, 984; hierzu *Rassow* in LM VVG § 166 Nr. 7; s. auch *OLG Köln*, aaO (hier ergab sich aus den Umständen des Falles, daß die frühere Ehefrau bezugsberechtigt bleiben sollte).

[8] *BGHZ* 79, 295; *Staudinger/Kaduk* § 330 Rz. 45.

[9] Hierzu *BGHZ* 81, 95 = NJW 1981, 2245 = VersR 1981, 926 = FamRZ 1981, 1048 Leits. (daher hat der BGH hier einen Widerruf, der in einem Testament enthalten war und dem Versicherer nicht mitgeteilt wurde, als nicht wirksam beurteilt); s. ferner *OLG Köln*, aaO; *MünchKomm./Gottwald*, § 330 Rz. 8, sowie zu § 2077 BGB *OLG Saarbrücken*, FamRZ 1983, 1274.

Der Bezugsberechtigte erwirbt den Anspruch auf die Versicherungssumme mit dem Versicherungsfall (Tod des Versicherungsnehmers), und zwar auf Grund des Versicherungsvertrags (s. § 15 ALB, dazu *Prölss/Martin*, Anm. 1 Bb S. 1165f.), also nicht aus dem Nachlaß. Die Erben können die Bezugsberechtigung (zB der früheren Ehefrau) nicht mehr widerrufen (*v. Lübtow*, Erbrecht, S. 1234; *OLG Hamm*, VersR 1981, 228).

tenversicherung, wurde aber versäumt, dem Versicherer den Widerruf der Bezugsberechtigung des Ehegatten (zB wie meist der Frau) mitzuteilen, so handelt dieser Ehegatte rechtsmißbräuchlich, wenn er sich gegenüber dem Versicherer noch auf die Bezugsberechtigung beruft.[10] Hier können die Erben, die im Nachlaß den Versicherungsschein aufgefunden haben, dessen Herausgabe verweigern und auf Feststellung klagen, daß der geschiedene Ehegatte nicht mehr bezugsberechtigt ist. Der frühere Ehegatte wäre hier ungerechtfertigt bereichert (§ 812 Abs. 1 Satz 2 1. Alt. BGB – Wegfall des Rechtsgrundes –). worauf sich die Erben gegenüber dem *Versicherer* nicht berufen können.[11]

Im übrigen ist durch die Ehescheidung bezüglich der Bezugsberechtigung des seitherigen Ehegatten, also im Valutaverhältnis (im Verhältnis zwischen Versichertem, Versicherungsnehmer, und dem Bezugsberechtigten), regelmäßig die *Geschäftsgrundlage* weggefallen.[12] Der geschiedene Ehegatte bedarf eines Rechtsgrundes dafür, den erlangten Versicherungsanspruch oder das zu dessen Erfüllung Geleistete, dh die betreffende Versicherungssumme, behalten zu dürfen.[13] Liegt ein solcher Grund nicht vor, so haben die Erben des Versicherungsnehmers gegen dessen früheren Ehegatten Anspruch auf Herausgabe des Erlangten.[14]

Dasselbe gilt auch, wenn der Versicherungsvertrag vom Arbeitgeber (im Rahmen der betrieblichen Altersversorgung) abgeschlossen und als Bezugsberechtigte die Ehefrau benannt worden war.[15]

Im Zusammenhang mit der Vereinbarung über die Scheidungsfolgen, zB 535
die Unterhaltsregelung und die Durchführung des Versorgungsausgleichs (vgl. Rz. 221 f., 437 a), kann die Verpflichtung festgelegt werden, Beiträge für eine Lebensversicherung zu bezahlen.[16]

Versicherungsbeiträge kann derjenige als Sonderausgaben geltend machen, 536
der sie als Versicherungsnehmer aufgewendet hat (Rz. 327).

---

[10] Vgl. auch *OLG Hamm*, aaO, 229 aE (Scheidungsvereinbarung, sämtl. vermögensrechtl. Ansprüche geregelt, Verzicht auf weitergehende Ansprüche).

[11] Vgl. auch *BGH*, FamRZ 1987, 806.

[12] *BGH*, aaO, 807; *Staudinger/Kaduk*, § 330 Rz. 45.

[13] *BGH*, aaO, 806; s. auch *BGHZ* 91, 288, 290 = FamRZ 1984, 766 = NJW 1984, 2156; sowie Rz. 490 Fn. 3.

[14] *BGH*, FamRZ 1987, 806, sowie zu § 331 BGB *BGH*, NJW 1984, 480 = DB 1984, 920 = FamRZ 1984, 781 LS.

[15] *BGH*, FamRZ 1987, 806.

[16] Vgl. dazu den vom *BGH* (Z 41, 166 = FamRZ 1964, 245) entschiedenen Fall: hier hatte sich der Ehemann verpflichtet, die Frau unwiderruflich als Bezugsberechtigte einer von ihm abgeschlossenen Lebensversicherung gegenüber der Versicherungsgesellschaft zu benennen; er war dann aber der Verpflichtung nicht nachgekommen (in NJW 1964, 1073 und MDR 1964, 489 sind die diesbezüglichen Passagen nicht wiedergegeben).

e) Bausparverträge

537 Gehört zum Vermögen der Ehegatten ein Bausparvertrag,[1] so müssen bei der Auseinandersetzung die einkommensteuer- und wohnungsbauprämienrechtlichen Vorschriften[2] beachtet werden.

Der Bausparer hat ein Wahlrecht zwischen dem Sonderausgaben-Abzug und der Wohnungsbauprämienvergütung (§ 10 Abs. 4 EStG)[3, 4] diese Vergünstigungen können jedoch nicht in Anspruch genommen werden, wenn der Bausparer[3] für andere Sparleistungen eine Prämie nach dem SparPG beantragt hat.[4] Sind die Beiträge an Bausparkassen als Sonderausgaben abgezogen worden, so unterliegen sie einer Sperrfrist von 10 Jahren ab dem Zeitpunkt des Vertragsabschlusses; wurde dagegen Wohnungsbauprämie in Anspruch genommen, so gilt für die begünstigten Leistungen insoweit eine Sperrfrist von 7 Jahren seit Vertragsabschluß, bei Vertragsabschluß nach dem 12. 11. 1980 eine solche von 10 Jahren (§ 2 Abs. 2 WoPG 1981).[5] Verfügt der Bausparer über seine begünstigten Bausparbeiträge innerhalb der Sperrfrist schädlich, so müssen diese im Jahr der schädlichen Verfügung nachversteuert (§ 10 Abs. 6 EStG, §§ 30, 31 EStDV), gewährte Wohnungsbauprämien zurückgezahlt werden (§ 5 Abs. 2 WoPG). Steuer- und prämienunschädlich ist

---

[1] Zum Begriff des Bausparvertrags § 1 Abs. 2 BSpkG; *Stäuber/Walter*, Tz. 33ff. Keine Bausparleistungen sind Aufwendungen für den Erwerb von Anteilen an Bau- und Wohnungsgenossenschaften, Beiträge zum Bau oder Erwerb einer Kleinsiedlung, eines Eigenheims oder einer Eigentumswohnung oder zum Erwerb eines eigentumsähnlichen Dauerwohnrechts sowie Beiträge aufgrund von Kapitalansammlungsverträgen, die mit Wohnungs- und Siedlungsunternehmen abgeschlossen wurden (§ 2 Abs. 1 Nr. 2–4 WoPG); diese sind nicht durch den Sonderausgabenabzug, sondern allenfalls durch Wohnungsbauprämie begünstigt.

[2] § 10 Abs. 1 Nr. 3, Abs. 4, 5, 6 Nr. 2 EStG, §§ 29–32 EStDV, Abschn. 92–95 EStR, WoPG.

[3] Der Sparer, sein Ehegatte – vorausgesetzt die Ehegatten waren während des ganzen Kalenderjahrs verheiratet und haben nicht dauernd getrennt gelebt – und seine Kinder (Rz. 322), die zu Beginn des Kalenderjahrs das 17. Lebensjahr noch nicht vollendet haben, können das Wahlrecht nur einheitlich ausüben (§ 10 Abs. 4 Satz 3 EStG; § 2b WoPG).

[4] Bis einschließlich 1981 trat das Kumulierungsverbot für nach § 12 VermBG sparzulagebegünstigte vermögenswirksame Leistungen und/oder von der Unterhaltsicherungsbehörde nach dem USG überwiesene Sparbeiträge nicht ein (§ 10 Abs. 5 Satz 2, § 52 Abs. 14a EStG 1979). Jedoch konnte für Bausparleistungen nur einheitlich entweder der Sonderausgaben-Abzug oder die Wohnungsbauprämie beantragt werden (*BFH*, BStBl 1979 II 561 = BFHE 128, 58 = DB 1979, 1779). Ab 1982 sind auch sparzulagebegünstigte vermögenswirksame Leistungen sowohl vom Sonderausgabenabzug als auch von den Prämienvergünstigungen ausgeschlossen (§ 10 Abs. 2 Nr. 4 EStG; § 1 Abs. 1 Nr. 1 WoPG, § 1 Abs. 1 Nr. 2 SparPG idF des SubvAbG – s. dazu JZ-GD 1981, 95 –). Somit entfällt ab 1982 auch das Kumulierungsverbot. Eine Sparzulage kann ab 1987 nicht mehr in Betracht kommen (Subv AbG).

[5] Bei gespaltenen Sperrfristen vgl. Abschn. 94 Abs. 6 EStR; *BMF*, DStR 1974, 84; *Stäuber/Walter*, Tz. 141; *Walter*, DB 1970, 1977.

dagegen die Verfügung des Bausparers über sein Bausparguthaben innerhalb der Sperrfrist zu jedem Zeitpunkt, wenn er oder sein von ihm nicht dauernd getrennt lebender Ehegatte nach Abschluß des Bausparvertrags völlig erwerbsunfähig[6] geworden oder gestorben[7] ist (§ 10 Abs. 6 Nr. 2 Buchst. c EStG), der Sparer arbeitslos geworden ist und die Arbeitslosigkeit mindestens 1 Jahr lang ununterbrochen bestanden hat und zum Zeitpunkt der vorzeitigen Verfügung noch besteht (§ 10 Abs. 6 Nr. 2d EStG)[8] oder wenn der Sparer ausländischer Staatsangehöriger eines Staates ist, mit dem die Bundesregierung Vereinbarungen über Anwerbung und Beschäftigung von Arbeitnehmern abgeschlossen hat und dieser Staat nicht Mitglied der EG ist, und das Inland nach dem 30. 9. 1983 verlassen hat (§ 10 Abs. 6 Nr. 2e, § 52 Abs. 16 EStG 1983). Darüber hinaus ist die Verfügung innerhalb der Sperrfrist dann unschädlich, wenn die Bausparsumme ausbezahlt oder die Ansprüche aus dem Vertrag beliehen werden und der Steuerpflichtige die empfangenen Beträge unverzüglich[9] und unmittelbar zum Wohnungsbau[10] verwendet (§ 10 Abs. 6 Nr. 2a EStG). Die Verwendung für die Abfindung bei güter- oder unterhaltsrechtlichen Auseinandersetzungen oder für den Versorgungsausgleich bei Ehescheidungen ist steuer- und prämienschädlich.

Die **Abtretung**[11] des Bausparvertrags vor Ablauf der Sperrfrist ist nur dann 538
steuer- und prämienunschädlich, wenn der Abtretungsempfänger die Bausparsumme oder die aufgrund einer Beleihung empfangenen Beträge unverzüglich[9] und unmittelbar zum Wohnungsbau[10] für den Abtretenden oder

---

[6] Als völlige Erwerbsunfähigkeit gilt eine Minderung der Erwerbsfähigkeit von mehr als 90% (Abschn. 94 Abs. 4 Nr. 2 EStR). Unschädlich ist dann auch die Rückzahlung der Beiträge, die nach Eintritt der Erwerbsunfähigkeit geleistet wurden (*Stäuber/Walter,* Tz. 185).

[7] Das unschädliche Verfügungsrecht gilt auch für nach dem Tod eingezahlte Bausparleistungen, wenn der Erbe, der überlebende Ehegatte, oder im Falle des Todes des Ehegatten der Bausparer selbst den Bausparvertrag zunächst fortgesetzt hat (Abschn. 94 Abs. 4 Nr. 1 EStR; *BFH,* BStBl 1973 II 737 = BFHE 110, 30 = BB 1973, 1246 = DB 1973, 1878).

[8] Abschn. 94 Abs. 4 Nr. 3 EStR; *BMF,* BStBl 1977, I 490, BStBl 1978 I 173, BStBl 1979 I 107.

[9] „Unverzüglich" ist die Bausparsumme verwendet, wenn innerhalb von 12 Monaten nach der Auszahlung mit dem Wohnungsbau begonnen wird (*BFH,* BStBl 1974 II 202 = BFHE 111, 198 = BB 1974, 310 = DB 1974, 807 = DStR 1974, 275; *Stäuber/Walter,* Tz. 171 ff.).

[10] Abschn. 94 Abs. 2 EStR; unschädlich ist u. a. die Verwendung zum Bau oder Erwerb eines Wohngebäudes, einer Eigentumswohnung, eines eigentumsähnlichen Dauerwohnrechts, eines Bauplatzes, der Beteiligung an der Finanzierung eines Wohnungsbaus, die Ablösung von Schulden aus dem Wohnungsbau und der Erwerb von Wohnbesitz iSd. § 12a II. WoBauG und ab 1. 1. 1982 die Modernisierung der Wohnung durch den Mieter (§ 10 Abs. 6 EStG, § 2 Abs. 2 WoPG; BMF, BStBl 1981 I 868; zur Mustervereinbarung mit dem Mieter: *Landfermann,* NJW 1982, 2344).

[11] §§ 398–413 BGB; *BFH,* BStBl 1969 II 640 = BFHE 96, 289 = DB 1969, 1975.

dessen Angehörige[12] verwendet. Ist der Abtretungsempfänger selbst Angehöriger des Bausparers (zB der geschiedene Ehegatte), so kann er die Bausparmittel für sich selbst unschädlich zum Wohnungsbau[10] verwenden. Die Abtretung ist zunächst schwebend unschädlich,[13] löst aber zu dem Zeitpunkt die Rückgängigmachung der Vergünstigungen beim Bausparer aus, in dem der Abtretungsempfänger die Mittel außerhalb des Wohnungsbaus[10] verwendet oder den Bausparvertrag an eine dritte Person wiederum abtritt oder die erste Abtretung aufhebt oder an den Bausparer wieder zurück überträgt,[14] auch wenn im Zeitpunkt der schädlichen Verfügung durch den Abtretungsempfänger die Sperrfrist des Bausparvertrags abgelaufen ist.

Ob unter dieses eingeschränkte Abtretungsverbot auch Abtretungen **zwischen Ehegatten** fallen, ist umstritten;[15] in einem derartigen Fall empfiehlt es sich deshalb, vor der Abtretung eine verbindliche Auskunft des Finanzamts einzuholen. Wurde ein gemeinsamer Bausparvertrag auf den Namen beider Ehegatten geführt, so stellt die Teilung keine Abtretung dar.[16] Übernimmt jedoch ein Ehegatte den gemeinsamen Bausparvertrag allein, so ist dies zumindest bürgerlich-rechtlich insoweit eine Abtretung, die steuer- und prämienschädliche Folgen auslösen kann.[15]

f) Verlustabzug nach § 10d EStG[1]

538a Bei der Ermittlung des zu versteuernden Einkommens ist von den Einkünften aus den sieben Einkunftsarten (§ 2 Abs. 1 EStG) auszugehen,[2] die für

---

[12] Zum Begriff des Angehörigen § 15 AO; Angehöriger ist zB der Verlobte, der Ehegatte, auch wenn die Ehe geschieden ist, Verwandte und Verschwägerte in gerader Linie, Verwandte bis zum 3. Grad in der Seitenlinie und Verschwägerte bis zum 2. Grad in der Seitenlinie.

[13] *BFH*, BStBl 1981 II 141 = BFHE 131, 551 = BB 1981, 105 = DB 1981, 1069.

[14] *FG Bad-Württ.*, EFG 1975, 10; *Stäuber/Walter*, Tz. 166.

[15] Nach *Stäuber/Walter*, Tz. 157, fallen diese Abtretungen nicht unter das Abtretungsverbot, da zwischen Ehegatten eine Lebens- und Wirtschaftgemeinschaft bestehe; *Stäuber/Walter* gehen aber nicht auf die Frage ein, ob dies nur hinsichtlich jener Bausparleistungen gelten soll, die während der intakten Ehe geleistet worden sind, oder ob auch jene Leistungen, die vor der Eheschließung oder nach der dauernden Trennung der Ehegatten erbracht worden sind, unschädlich dem anderen Ehegatten abgetreten werden können, oder ob es nur auf den Zeitpunkt der Verfügung über das Bausparguthaben während einer intakten Ehe ankommt. Das *FG Hamburg*, EFG 1979, 575, behandelt dagegen Abtretungen zwischen Ehegatten ebenso wie Abtretungen zwischen anderen Personen (so auch *Hermann/Heuer*, § 10 EStG, Anm. 486).

[16] *Stäuber/Walter*, Tz. 197.

[1] Der Verlustabzug gilt für unbeschränkt Steuerpflichtige ebenso wie für beschränkt Steuerpflichtige, soweit sie der beschränkten Steuerpflicht unterliegende inländische Einkünfte haben, für die die Einkommensteuer nicht durch den Steuerabzug abgegolten ist (§ 50 Abs. 1 Satz 3 Abs. 2 EStG).

[2] Die sieben Einkunftsarten sind Einkünfte aus Land- und Forstwirtschaft (§ 13 EStG), aus Gewerbebetrieb (§ 15 EStG), aus selbständiger Arbeit (§ 18 EStG), aus nichtselbständiger Arbeit (§ 19 EStG), aus Kapitalvermögen (§ 20 EStG), aus Vermietung und Verpachtung (§ 21 EStG) und sonstige Einkünfte (§ 22 EStG).

jeden Ehegatten auch im Falle ihrer Zusammenveranlagung stets getrennt ermittelt werden. Die Summe der Einkünfte abzüglich des Altersentlastungsbetrags (§ 24a EStG), des Ausbildungsplatz-Abzugsbetrags (§ 24b EStG), den Ab- und Hinzurechnungen von Verlusten und Gewinnen aus DBA-Ländern nach § 2 AIG ergibt den Gesamtbetrag der Einkünfte (§ 2 Abs. 3 EStG), der auch bei der Zusammenveranlagung von Ehegatten getrennt ermittelt[3] und sodann für beide Ehegatten in einem Betrag zusammengefaßt wird. Ist dieser einheitliche Gesamtbetrag negativ,[4] so ist er von Amts wegen[5] und ohne Rücksicht darauf, nach welcher Art der Gewinn ermittelt wurde und aus welcher Einkunftsart der Verlust stammt, bis zu 10 Mio DM[6] für jeden Ehegatten zunächst im zweiten[7] dem Verlustentstehungsjahr vorangegangenen Veranlagungszeitraum von dessen Gesamtbetrag der Einkünfte abzuziehen.[8] Soweit der negative Gesamtbetrag der Einkünfte in diesem Veranlagungszeitraum nicht abgezogen werden kann (weil sich wiederum ein negativer Betrag ergeben würde), ist der zunächst im ersten vorangegangenen Veranlagungszeitraum und dann in dem jeweils folgenden bis zum fünften dem Verlustentstehungsjahr folgenden Veranlagungszeitraum vorzutragen. Soweit der negative Gesamtbetrag der Einkünfte die Höchstgrenze von 10 Mio DM[6] übersteigt, ist nur der Vortrag bis zum fünften dem Verlustentstehungsjahr folgenden Veranlagungszeitraum

---

[3] *BFH,* BStBl 1978 II 8 = BFHE 123, 333 = BB 1977, 1585 = DB 1977, 2358 = DStR 1978, 111 = FR 1977, 610.

[4] Über die Höhe des rück- und vortragsfähigen negativen Gesamtbetrags der Einkünfte wird nicht im Entstehungsjahr, sondern im Abzugsjahr entschieden (*BFH,* BStBl 1983 II 710 = BFHE 139, 28 = BB 1983, 1908 = DB 1983, 2229 = DStR 1983, 688 = FR 1983, 511); nur bei der gesonderten und einheitlichen Feststellung der Einkünfte (§ 180 Abs. 1 Nr. 2, Abs. 2 AO) wird der Verlust bzw. die Verlustanteile für die Beteiligten für das Entstehungsjahr bindend festgestellt (*BFH,* BStBl 1970 II 588 = BFHE 99, 169 = BB 1970, 999 = DB 1970, 1521).

[5] Bestandskräftige Steuerbescheide für das Abzugsjahr sind insoweit zu ändern (§ 10d Sätze 2 und 3 EStG); Arbeitnehmer, die nicht zur Einkommensteuer veranlagt werden, können die Veranlagung wegen des Verlustrücktrags für das Abzugsjahr beantragen (§ 46 Abs. 8 Buchst. c, Satz 3 EStG).

[6] Der Höchstbetrag von 10 Mio DM gilt erstmals für den negativen Gesamtbetrag der Einkünfte 1983; vorher 5 Mio DM (§ 52 Abs. 19 EStG 1983).

[7] Der Rücktrag ist erstmals für den negativen Gesamtbetrag der Einkünfte 1982 zunächst im zweiten (vorher: im ersten) dem Veranlagungszeitraum vorangegangenen Veranlagungszeitraum vorzunehmen (§ 52 Abs. 18a EStG 1982).

[8] Wegen der Bindung an den negativen Gesamtbetrag der Einkünfte sind zB vom Verlustabzug ausgeschlossen: Steuerfreie Sanierungsgewinne (§ 3 Nr. 66 EStG), abziehbare Spenden (§ 10b EStG), Verluste aus gewerblicher Tierzucht und Tierhaltung (§ 15 Abs. 4 EStG), ausländische Verluste, die nach DBA von der deutschen Besteuerung freigestellt sind, es sei denn, derartige Verluste aus ausländischen gewerblichen Betriebsstätten werden auf Antrag nach § 2 AIG von der Summe der Einkünfte abgesetzt. Wegen der Berücksichtigung durch negativen Progressionsvorbehalt vgl. *Schmidt/Drenseck* EStG § 10b Anm. 2, § 32b Anm. 3.

möglich. Diese Reihenfolge des Verlustabzugs ist zwingend,[9] ältere Verluste gehen jeweils vor.

Einen in der Person des Erblassers entstandenen negativen Gesamtbetrag seiner Einkünfte kann der Erbe[10] bzw. können die Miterben anteilig entsprechend der Erbquote[11] rück- bzw. vortragen, soweit der Erblasser den Abzug hätte geltend machen können und der Erbe/die Miterben den Verlustausgleich nicht vornehmen konnte(n).[12] Pflichtteilsberechtigte,[13] Vermächtnisnehmer[13] und Nacherben[14] sind hingegen vom Verlustabzug des Erblassers ausgeschlossen. Der Ehegatte des Erblassers ist im Fall der Zusammenveranlagung mit dem Erblasser nur dann zum alleinigen Verlustabzug berechtigt, wenn er Alleinerbe geworden ist.[13]

Bei *Ehegatten* muß der Verlust auch dann zurückgetragen werden, wenn die Ehe im Verlustentstehungsjahr nicht mehr besteht, die Ehegatten im Entstehungsjahr einzeln oder getrennt (§ 26a EStG) veranlagt werden, im Abzugsjahr aber noch zusammen veranlagt worden sind (§ 62d Abs. 2 EStDV). Der Abzug ist vom gemeinsamen Gesamtbetrag der Einkünfte des Abzugsjahrs vorzunehmen; nicht zulässig ist eine Beschränkung des Abzugs auf den Anteil am Gesamtbetrag der Einkünfte desjenigen Ehegatten, der den Verlust erzielt hat;[15] ebensowenig ist ein nachträglicher Antrag auf getrennte Veranlagung im Abzugsjahr nach Eintritt der Bestandskraft der Einkommensteuerbescheide möglich.[16] Deshalb kann in einem derartigen Fall der andere Ehegatte durch den Verlustabzug einkommensteuerliche Vorteile erzielen, die nur durch private Vereinbarungen zwischen den (früheren) Ehegatten ausgeglichen werden können.

---

[9] Ist der Verlustabzug versäumt worden, so kann er nicht nachgeholt werden (§ 10d Satz 4 EStG).

[10] Der Verlustabzug beim Erben ist nur dann ausgeschlossen, wenn dieser ihn nicht trägt, zB im Falle des Anschlußkonkurses (*BFH*, BStBl 1961 III 230 = BFHE 72, 630 = BB 1961, 629 = DB 1961, 727 = DStR 1961, 330 = FR 1961, 332; BStBl 1962 III 386 = BFHE 75, 328 = BB 1962, 1029 = FR 1962, 519).

[11] Das Verhältnis der Erbteile ist auch dann maßgebend, wenn nicht alle Miterben die Einkunftsquelle fortführen, aus der die Verluste stammen (*BFH*, BStBl 1973 II 679 = BFHE 109, 342 = BB 1973, 928 = DB 1973, 1780 = DStR 1973, 510 = FR 1973, 360).

[12] Im Todesjahr sind die nicht ausgeglichenen Verluste des Erblassers von den Erben zunächst im Veranlagungszeitraum des Erbfalls bei Ermittlung ihrer Einkünfte auszugleichen (Abschn. 115 Abs. 1 EStR; *BFH*, BStBl 1972 II 621 = BFHE 105, 483 = BB 1973, 26 = DB 1972, 1561 = DStR 1972, 508).

[13] *Schmidt/Drenseck*, EStG § 10d Anm. 3.

[14] *BFH*, BStBl 1973 II 679 = BFHE 109, 342 = BB 1973, 928 = DB 1973, 1780 = DStR 1973, 510 = Fr 1973, 360.

[15] *BFH*, BStBl 1980 II 188 = BFHE 129, 262 = BB 1980, 351 = DB 1980, 525 = DStR 1980, 236 = FR 1980, 174.

[16] Abschnitt 115 Abs. 1 Satz 2 EStR; *BFH*, BStBl 1977 II 605 = BFHE 122, 290 = BB 1977, 1081 = DStR 1977, 673; BStBl 1982 II 156 = BFHE 134, 412 = BB 1982, 350 = DB 1982, 678 = DStR 1982, 144 = FR 1982, 148.

Im Fall der Zusammenveranlagung von Ehegatten kommt ein Verlustabzug nur dann in Betracht, wenn der gemeinsame Gesamtbetrag der Einkünfte negativ ist. Werden die Ehegatten im Verlustentstehungsjahr zusammen, im Abzugsjahr hingegen getrennt veranlagt, so kann der Abzug nur bei jenem Ehegatten vorgenommen werden, der den Verlust erzielt hat (§ 62d Abs. 1 EStDV).[15]

g) §§ 312, 310 BGB

539 Zuweilen kommt es vor, daß ein Ehegatte sich in einer Vereinbarung verpflichtet, dem anderen Ehegatten aus einem ihm aus einer (künftigen) Erbschaft, d.h. aus dem Nachlaß eines Dritten, zB der Eltern, zufließenden Vermögenszuwachs Zuwendungen zu machen. Eine solche Vereinbarung ist jedoch gemäß § 312 Abs. 1 BGB nichtig.[1]

540 Nichtig ist auch ein Vertrag, durch den sich der eine Vertragspartner verpflichtet, sein künftiges Vermögen oder einen Bruchteil seines künftigen Vermögens zu übertragen (§ 310 BGB). Bezieht sich der Vertrag zugleich auf das gegenwärtige wie auf das zukünftige Vermögen, so ist er bezüglich des künftigen Vermögens nichtig, hinsichtlich des gegenwärtigen unter den Voraussetzungen des § 139 BGB gültig, wenn anzunehmen ist, daß der Vertrag auch über dieses allein geschlossen sein würde.[2] Dagegen ist ein Vertrag des Inhalts zulässig, daß ein Ehegatte sich verpflichtet, dem anderen ein einzelnes erst zu erwerbendes Vermögensstück zu übertragen oder ihm zB künftige Einnahmen aus einem Grundstück zu überlassen oder abzutreten.[3]

h) Ersatz für Aufwendungen zum Zwecke der Unterhaltsleistung an gemeinsame Kinder

541 Leben die Eheleute längere Zeit getrennt und hatte der eine Ehegatte die Kinder, die er versorgte, unterhalten, ohne von dem anderen Ehegatten für die Kinder Unterhalt zu verlangen (vgl. § 1629 Abs. 2 Satz 2 BGB), so ist zwar im Zweifel anzunehmen, daß der Ehegatte nicht beabsichtigte, von dem anderen Gatten Ersatz zu verlangen;[4] indessen kann dieser Punkt aus Kulanzgründen in eine Vereinbarung einbezogen werden, in der Weise, daß der Ehegatte sich bereit findet, einen bestimmten Betrag als Ersatz für die Aufwendungen zu leisten.

---

[1] Dazu *BGHZ* 26, 320 = NJW 1958, 705 = MDR 1958, 317 = FamRZ 1958, 132 Leits.; *Meincke*, JuS 1976, 501; *Staudinger/Wufka*, § 312 Rz. 2.

[2] *Staudinger/Wufka*, § 310 BGB Rz. 15.

[3] *Staudinger/Wufka*, § 310 Rz. 13.

[4] *BGHZ* 50, 266 = LM BGB § 1360b Nr. 1 m. Anm. *Johannsen* = FamRZ 1968, 450 m. Anm. *Bosch* = NJW 1968, 1780 = MDR 1968, 828 = JZ 1968, 635; *Roth-Stielow*, NJW 1970, 1032, 1033; s. auch *OLG Celle*, OLGZ 1974, 56, zu einem Ersatzanspruch nach einstweiliger Anordnung, sowie *BGH*, FamRZ 1979, 115, 118.

*i) Rückgabe von Geschenken**

542 Häufig treffen die Ehegatten anläßlich der Scheidung Vereinbarungen über die Rückgabe von Geschenken, zB jeweils solcher, die Angehörige des einen Ehegatten dem anderen Ehegatten gemacht hatten oder ein Ehegatte dem anderen Ehegatten.

Ein Rechtsanspruch auf Rückgabe von Geschenken besteht indes nur unter den Voraussetzungen des **§ 530 BGB.** (Der Fall des § 528 – oder auch des § 527 – kann hier außer Betracht bleiben.)

§ 530 regelt den **Schenkungswiderruf;** Voraussetzung ist, daß sich der Beschenkte durch eine schwere Verfehlung gegen den Schenker oder einen nahen Angehörigen des Schenkers groben Undankes schuldig gemacht hat. Eine Schenkung ist eine unentgeltliche Zuwendung, d. h. Vermögensverschiebung, über die beide Teile einig sind (§ 516 BGB).[1] Dies ist zB nicht der Fall bei Zuwendungen unter Ehegatten, wenn hiermit etwa Dienstleistungen vergolten werden sollen, oder wenn es sich um ehebedingte Zuwendungen handelt, welche die eheliche Lebensgemeinschaft fördern oder sie verwirklichen sollen, zB durch Schaffung eines gemeinsamen Familienwohnheims (s. auch Rz. 502a, 517a, 518 (3)).[2] Bei Zuwendungen unter Ehegatten besteht keine Vermutung für eine Schenkung.[3] Steht die Zuwendung im Zusammenhang mit

---

* **Lit.:** *Bosch,* Widerruf von Schenkungen unter (geschiedenen) Ehegatten, Fschr. f. Beitzke (1979), S. 121; *Karakatsanes,* Zum Widerruf von Schenkungen unter (geschiedenen) Ehegatten wegen Ehebruchs, FamRZ 1986, 1049, 1178; *Seutemann,* Der Widerruf von Schenkungen unter Ehegatten (1984, Schriften zum Deutschen und Europäischen Zivil-, Handels- und Prozeßrecht, Bd. 101), dazu Besprechung von *Brudermüller,* FamRZ 1985, 136; *Friedrich,* JR 1986, 1.

[1] Hierzu *Seutemann,* FamRZ 1983, 990; *Larenz,* Schuldrecht, II § 47; Näheres in den Kommentaren zu § 516, zB *Staudinger/Reuss,* Rz. 3ff., 13ff., 16, *MünchKomm./Kollhosser,* Rz. 9ff., 13ff., ferner s. *BGHZ* 82, 227 (s. Rz. 517 Fn. 1, 518 (3)), *BGH,* FamRZ 1982, 778 (s. Rdnr. 518 (4)); *BGHZ* 87, 145, 146. Zu den Motiven s. *Kanzleiter,* S. 63ff.

Wird ein Grundstück oder Grundstücksanteil geschenkt, so kann in Betracht kommen, mit dem Schenkungsvertrag (der ja der notariellen Beurkundung bedarf, § 313 BGB) eine ehevertragliche Regelung zu verbinden (s. *Kanzleiter,* S. 72; zur Rückabwicklung ferner *Langenfeld* im DNotZ 1985, Sonderheft, 22. Dtsch. Notartag, S. 175ff., und NJW 1986, 2541; *Seutemann,* Widerruf, S. 168ff.), um später alle sich etwa ergebenden Unklarheiten und Unsicherheiten zu vermeiden, insbesondere bezüglich der Anwendung des § 1380 Abs. 1 BGB (s. dazu Rz. 495, 518a).

Zur belohnenden (remuneratorischen) Schenkung s. *BGH,* LM BGB § 516 Nr. 15 = FamRZ 1982, 143 = NJW 1982, 436 = MDR 1982, 387; *Staudinger/Reuss,* Vorbem. 9, 11 vor § 516.

[2] Dazu s. *Langenfeld,* Handbuch, Rz. 315; zu ehebedingten (unbenannten) Zuwendungen näher *Rossak,* MittBayNot 1984, 74; s. auch Rz. 502a.

[3] *Staudinger/Reuss,* Rz. 44, *Erman/Seiler,* Rz. 16 je zu § 516; *OLG Karlsruhe,* FamRZ 1974, 306; *Langenfeld,* aaO; vgl. auch zu § 1380 Rz. 495, 518a, 521f. Zur Beweislast bei Schenkungen s. *Staudinger/Reuss,* Rz. 52, *RGRK/Mezger,* Rz. 22 je zu § 516. Zur Klarstellung kann es sich empfehlen (s. *Kanzleiter,* S. 71f.), bei der Zuwen-

der Vereinbarung der Gütertrennung, so liegt regelmäßig keine Schenkung, sondern eine ehebedingte Zuwendung vor,[4] mit ihr soll der Ehegatte auch einen Ausgleich dafür erhalten, daß im Falle einer Scheidung der Ehe ein Zugewinnausgleich entfällt oder im Falle des Todes des Schenkers die Vorschrift des § 1371 Abs. 1 BGB nicht anzuwenden ist.

Die ehebedingte Zuwendung kann nicht widerrufen werden, § 530 BGB kann nicht, auch nicht analog, angewendet werden.

§ 530 erfordert eine schwere Verfehlung des Beschenkten, die Vorschrift ist auch im Verhältnis der Ehegatten zueinander anzuwenden.[5] Das Vorliegen einer schweren Verfehlung wird regelmäßig im Falle länger währender ehebrecherischer Beziehungen zu bejahen sein.[6] Ein exzessives Fehlverhalten eines Ehegatten ist dagegen nicht erforderlich.[7] Der Widerruf ist innerhalb der Frist des § 532 BGB zu erklären. Dem Schenker steht sodann (wenn der Widerruf wirksam ist) ein Anspruch auf Rückgabe des Geschenkes zu (§ 531 Abs. 2).[8] Der Widerruf ist aber ausgeschlossen, wenn durch die Schenkung einer sittlichen Pflicht oder einer auf dem Anstand zu nehmenden Rücksicht entsprochen worden war (§ 534 BGB).[9]

Die Regelung des § 530 ist (wie die der §§ 527, 528 BGB) zwar grundsätzlich erschöpfend; andererseits schließt sie die Anwendung der Regeln über den *Wegfall der Geschäftsgrundlage*[10] nicht aus, soweit es sich um Sachver- **542a**

---

dung ausdrücklich festzulegen, mit welchem Ziel diese gemacht wird, evtl. auch unter welchen Voraussetzungen die Zuwendung zurückgefordert werden kann, etwa bei Tatbeständen, die in den Bereich des § 530 BGB fallen. Der Ausschluß eines Widerrufs (§ 530) ist aber gemäß § 138 BGB als sittenwidrig und damit als nichtig zu beurteilen.

[4] *OLG Frankfurt,* FamRZ 1981, 779; *Bosch,* FamRZ 1981, 782; s. auch *Kanzleiter,* S. 71f.; zu dem Fall, daß die Übertragung eines Anteils an einem Grundstück ausdrücklich als Schenkung bezeichnet wurde, *OLG Frankfurt,* FamRZ 1986, 576.

[5] Hierzu, auch zu den Voraussetzungen des Widerrufs, *BGHZ* 87, 145 = FamRZ 1983, 668 = JR 1983, 453 m. Anm. *Olzen* = NJW 1983, 1611; *BGH,* FamRZ 1985, 351 m. Anm. *Seutemann.* Zum Widerruf einer vor der Eheschließung gemachten Schenkung und zur Rückgewähr s. *BGH,* FamRZ 1983, 993.

[6] Dazu s. *BGH,* FamRZ 1982, 1066 m. Anm. *Bosch; OLG Köln,* FamRZ 1981, 779 = OLGZ 1981, 444 = NJW 1982, 390; *OLG Nürnberg,* OLGZ 1982, 230; *OLG Düsseldorf,* FamRZ 1980, 446; *OLG Frankfurt,* FamRZ 1986, 576; zur Beweislast *BGH,* FamRZ 1985, 351 und *Seutemann,* das. 352.

[7] *BGHZ* 87, 145 (s. Fn. 5); *Olzen,* aaO; anders *Bosch* in Fschr. f. Beitzke, S. 121, 131ff., FamRZ 1982, 1067; *Seutemann,* FamRZ 1983, 990, 991; 1984, 1083f.; *Langenfeld,* Handbuch, Rz. 314; *LG Bonn,* FamRZ 1980, 359; *LG Essen,* FamRZ 1980, 791; *OLG Frankfurt,* FamRZ 1981, 778.

[8] Zum Problem, was Gegenstand der Herausgabe ist, wenn dem Beschenkten ein Geldbetrag zum Kauf eines Grundstücks geschenkt wurde, der vom Beschenkten aufzuwendende Kaufpreis dann aber höher war, s. *BGH,* NJW 1972, 247.

[9] Hierzu *LG Wuppertal,* FamRZ 1983, 278; *BGH,* NJW-RR 1986, 1207 (Übertragung des hälftigen Miteigentumsanteils an Dreifamilienhaus keine – nicht widerrufliche – Anstandsschenkung); vgl. auch *BGH,* FamRZ 1981, 34 = NJW 1981, 111 (Schwiegersohn).

[10] Dazu *LGe Bonn* und *Essen* (aaO) – je bei gesetzlichem Güterstand –; *OLG Frankfurt,* aaO – bei Gütertrennung –.

halte handelt, die außerhalb des Bereichs der Vorschriften der §§ 530 und 527, 528 liegen.[11]

Im Hinblick darauf, daß § 73 EheG durch das 1. EheRG aufgehoben worden ist, besteht in besonderen Fällen auch ein Bedürfnis für die Anwendung der Grundsätze über den **Wegfall der Geschäftsgrundlage,** wenn zB eine Grundstückshälfte geschenkt worden ist – also eine echte Schenkung (§ 516 BGB) vorliegt – und die Beibehaltung des bestehenden Zustandes für den Schenker nach der Scheidung unzumutbar ist, die Voraussetzungen des § 530 BGB aber nicht gegeben sind (zum Falle einer ehebedingten Zuwendung s. Rz. 522). Hier kommt evtl. die Übertragung zB einer Grundstückshälfte in Betracht, unter Berücksichtigung der Einkommens- und Vermögensverhältnisse, regelmäßig wohl gegen einen gewissen Ausgleich.[12] Die Anwendung der erwähnten Grundsätze ist jedoch nicht davon abhängig, daß sich der Beschenkte einer schweren Verfehlung schuldig gemacht hat,[13] andererseits werden bei der Abwägung der Interessen und Verhältnisse der Parteien die Ursachen der Scheidung berücksichtigt werden können.

542b Bei der vermögensrechtlichen Auseinandersetzung zwischen den Ehegatten anläßlich der Ehescheidung sind die dargelegten Fragen zu berücksichtigen, zum Falle des gesetzlichen Güterstandes s. Rz. 501.

k) Erbvertrag

543 In der gerichtlich protokollierten Vereinbarung können die Ehegatten auch erbvertragliche Abmachungen treffen (§ 2274 BGB). Die in § 2276 Abs. 1 BGB vorgeschriebene Form der notariellen Beurkundung wird durch die gerichtliche Protokollierung ersetzt (§ 127a BGB), wobei freilich die persönliche Anwesenheit beider Ehegatten erforderlich ist.

Durch den Erbvertrag können letztwillige Verfügungen in Form von Erbeinsetzungen, Vermächtnissen und Auflagen getroffen werden (§ 2278 Abs. 2 BGB).

---

[11] *BGH,* LM BGB § 133 A Nr. 11 = FamRZ 1968, 247; *BGH,* FamRZ 1969, 28, 29; *BGH,* NJW 1972, 247, 248f.; *Dürr,* NJW 1966, 1659 (Anm.); *Staudinger/Reuss,* Rz. 8, *Palandt/Putzo,* Anm. 1b, *Erman/Seiler,* Rz. 6 zu je § 527; *MünchKomm./Kollhosser,* § 527 Rz. 3, § 531 Rz. 9; *Jauernig/Vollkommer,* Anm. 3c) cc zu §§ 525–527; *Larenz,* Schuldrecht II § 47 IIc 3; *Seutemann,* Widerruf, S. 166ff.; *Rauscher,* AcP 186, 529, 561f., ablehnend *Bosch,* Fschr. aaO, S. 138f. Die Kritik von *Kühne* (FamRZ 1968, 356, 360; FamRZ 1969, 371, 373f.) stützte sich auf die damalige Rechtslage, die damals noch geltende Regelung des § 73 EheG und ist daher jetzt überholt.

In dem Falle *BGH,* FamRZ 1969, 28, ging es um eine Grundstückshälfte, wobei man von dem Fortbestand der Ehe und von dem Bestreben ausgegangen war, für die Familie ein gemeinsames Familienwohnheim zu schaffen.

[12] Vgl. auch zum gesetzlichen Güterstand *BGHZ* 68, 299; *BGHZ* 82, 227; s. oben Rz. 518 (2), (3).

§ 531 Abs. 2 BGB ist hier also nicht anzuwenden.

[13] Anders 4. Aufl., Rz. 542. Die in §§ 1579, 1381, 1587c, 1587h Nr. 1, 3 BGB enthaltenen Rechtsgedanken sind hier also nicht analog heranzuziehen.

544 Bei Abschluß des Vertrags empfiehlt es sich dringend klarzustellen, welche Verfügungen vertragsgemäß sein sollen und welche nicht (vgl. § 2278 BGB).[1]

545 Ein Ehegatte kann zB bestimmen, daß die aus der Ehe hervorgegangenen Kinder mit Kindern aus künftiger Ehe gleichgestellt werden. Auch können die Ehegatten in einem Erbvertrag festlegen, daß sie ihre gemeinschaftlichen Kinder zu gesetzlichen Erben einsetzen, in dem Sinne, daß diese gesetzliche Erben sein und bleiben sollen, auch wenn die Ehegatten wieder heiraten und aus der neuen Ehe Kinder hervorgehen.[2] Die erwähnte Regelung hat die Bedeutung, daß das Erbrecht der Kinder in Höhe des Anteils bestehen bleibt, wie er sich dann im Zeitpunkt des Todes des betreffenden Elternteils ergibt (§ 1924 BGB) und daß der betr. Ehegatte nicht durch Testament den neuen Ehegatten zum Alleinerben oder auch nicht den neuen Ehegatten und die aus der neuen Ehe hervorgegangenen Kinder zu testamentarischen Erben einsetzen kann, mit der Folge, daß die Kinder aus erster Ehe nur noch pflichtteilsberechtigt wären. Hierzu sei noch darauf hingewiesen, daß es sich dagegen nicht empfiehlt, die erwähnte Regelung, die Kinder aus der geschiedenen Ehe sollen gesetzliche Erben jedes Ehegatten sein, in einem gemeinschaftlichen Testament (§ 2270 BGB) festzulegen.[3] Denn ein solches Testament kann widerrufen werden (§§ 2271 BGB), wobei freilich zur Gültigkeit des Widerrufs erforderlich ist, daß die Erklärung des Widerrufs notariell beurkundet wird (§ 2271 Abs. 1 Satz 1 i. V. mit § 2296 Abs. 2 Satz 2 BGB) und (in der Form der Ausfertigung – s. § 47 BeurkG –) dem anderen geschiedenen Ehegatten gegenüber abgegeben wird (§ 2271 Abs. 1 Satz 1 i. V. mit § 2296 Abs. 2 Satz 1 BGB); d. h. die Erklärung muß diesem zugehen (s. dazu §§ 130, 132 BGB),[4] da sie eine einseitige empfangsbedürftige Willenserklärung darstellt.

Möglich ist auch ein Verzicht auf das Anfechtungsrecht i. S. des § 2281 i. V. mit § 2078 BGB.[5] allerdings kann die Anfechtung wegen unvorhersehbarer Umstände im Zweifel wohl nicht ausgeschlossen werden.[6]

l) Bürgschaft u. a.

546 Hatte ein Ehegatte die Bürgschaft für künftige Schulden des Ehepartners übernommen, so kann sein Wille, die Haftung für neue Darlehen zu überneh-

---

[1] *Staudinger/Lehmann,* 11. Aufl., § 1941 Rz. 5; *Beck'sches Formularbuch,* S. 653, VI 9 Anm. 6; s. auch *Erman/Hense,* § 2278 Rz. 1.

[2] Hierzu s. auch den in Rz. 597 Fußn. 16 erörterten Fall. Zu Wiederverheiratungsklauseln in Erbverträgen s. *Haegele,* Rpfleger 1976, 73, und *Dippel,* AcP 177 (1977), 349; *Langenfeld,* NJW 1987, 1577, 1578.

[3] Vgl. dazu den vom *OLG Stuttgart* (FamRZ 1977, 274) entschiedenen Fall, in dem der eine geschiedene Ehegatte seinen neuen Ehegatten durch Testament zum Alleinerben einsetzte, ohne das frühere gemeinschaftliche Testament (formgültig) zu widerrufen. Zum folgenden s. auch *Langenfeld,* aaO, 1581.

[4] Hierzu *Johannsen,* DNotZ 1977, Sonderheft S. 69, 71f.

[5] *Staudinger/Dittmann,* BGB § 2281 Rz. 13; *Erman/Hense,* § 2281 Rz. 2.

[6] *Staudinger/Dittmann,* aaO; zur Problematik dieser Regelung s. noch §§ 310, 311 BGB (zu § 310 BGB s. Rz. 540) und die Kommentare hierzu, zum Vermögensbegriff des § 310 BGB s. *Staudinger/Wufka,* Rz. 9ff.

men, nicht mehr vorausgesetzt werden, wenn die Scheidung beantragt ist und dies dem Gläubiger bekanntgeworden ist.[1]

Die Begründung einer Bürgschaftsverpflichtung hat der *BGH*[2] selbst dann nicht als zustimmungsbedürftiges Rechtsgeschäft iS des § 1365 Abs. 1 BGB beurteilt, wenn der Ehegatte sich über den Wert seines gesamten Vermögens hinaus verbürgt hat, also zur Erfüllung sein ganzes Vermögen herangezogen werden müßte.

Hat sich ein Ehegatte in einem nach § 138 Abs. 1 BGB (wegen überhöhter Zinsen) nichtigen Ratenkreditvertrag[3] mitverpflichtet, so haftet er aus ungerechtfertigter Bereicherung (§ 812 BGB) nur dann auf Rückzahlung, wenn er selbst um die ausgezahlten Kreditbeträge bereichert wurde.[4]

Hat dagegen ein Ehegatte dem anderen Ehegatten Kontovollmacht erteilt und ihm die Erledigung sämtlicher Geldgeschäfte überlassen, sich auch um die Bewegungen seines Bankkontos nicht gekümmert und hat der andere Ehegatte einen (wegen des überhöhten Zinssatzes nichtigen)[3] Darlehensvertrag (ohne Wissen des ersteren Ehegatten, des Kontoinhabers) geschlossen, ist sodann der Darlehensbetrag auf das Konto überwiesen worden und hat der andere Ehegatte (ohne Wissen des ersteren) den Darlehensbetrag verbraucht, so muß sich der erstere Ehegatte das in diesem Rahmen erlangte Wissen des anderen Ehegatten, daß nämlich der Darlehensbetrag zurückgezahlt werden muß, anrechnen lassen (in zumindest analoger Anwendung des § 166 Abs. 1 BGB); daher haftet der erstere Ehegatte (als Kontoinhaber) gemäß § 819, 818 Abs. 4 BGB und hat den ausbezahlten Darlehensbetrag an die Bank zurückzuzahlen.[5]

4. Insbesondere gesellschaftsrechtliche Fragen

547 a) Waren die Ehegatten Gesellschafter einer **OHG**[1], so sind die Vorschriften des § 138 HGB von Bedeutung.[2] In Betracht kommen kann zB, wenn der

---

[1] *OLG Braunschweig,* FamRZ 1978, 111; vgl. aber auch zur Bürgschaft des einen Ehegatten für Schulden des anderen gegenüber dessen Verwandten *BGH,* FamRZ 1987, 568 = NJW 1987, 1629 (in der Regel nicht Wegfall der Geschäftsgrundlage). Zur Auslegung und zum Umfang einer Haftungserklärung des einen Ehegatten für Verbindlichkeiten des anderen Ehegatten und zu den Anforderungen an einen formularmäßigen Schuldbeitritt *OLG Hamm,* NJW-RR 1986, 1248; vgl. auch zum Freistellungsanspruch bei Gesamtschuldnerschaft (§ 426 BGB) *OLG Celle,* FamRZ 1985, 710 (s. Rz. 518 Fn. 32) sowie *BGH,* FamRZ 1986, 881; zu unangemessenen Benachteiligungen in Formularverträgen (§ 9 AGBG) s. *Reinicke/Tiedtke,* JZ 1985, 485; JZ 1986, 426; *Derleder,* NJW 1986, 97.

[2] FamRZ 1983, 455 m. zu Recht krit. Anm. *Bosch.*

[3] Hierzu *BGHZ* 80, 153 = NJW 1981, 1206; *BGH,* NJW 1987, 944 = JZ 1987, 677 m. Anm. *Derleder;* zur Rückabwicklung *Reifner,* JZ 1984, 637.

[4] *BGH,* FamRZ 1982, 995 = NJW 1982, 2433.

[5] *BGHZ* 83, 293 = NJW 1982, 1585 = FamRZ 1982, 776.

[1] Hierzu *Fischer* in Großkomm. z. HGB, § 105 Rz. 25ff.; *Hartmann,* Der ausscheidende Gesellschafter in der Wirtschaftspraxis, 4. Aufl. 1983; *Hueck,* S. 24 Fußn. 19,

Wert des Gesellschaftsanteils nicht ausbezahlt werden kann oder soll, eine Änderung des Gesellschaftsvertrags dahin, daß ein Ehegatte die Stellung eines stillen Gesellschafters (§§ 230ff. HGB)[3] – s. auch Rz. 532, 599 – oder eines Kommanditisten (§§ 161ff. HGB) erlangt.

548 War ein Ehegatte **Kommanditist,**[4] so kann sein Anteil nur mit Zustimmung der anderen Gesellschafter übertragen werden, etwa auf den anderen Ehegatten.[5] Die Scheidung der Ehe kann unter Umständen wegen Wegfalls der Geschäftsgrundlage den Anspruch auf Änderung der Nachfolgeklauseln begründen, wenn bestimmt war, daß ein Ehegatte nach dem Tode des anderen persönlich haftender Gesellschafter werden sollte.[6]

549 Waren die Eheleute Gesellschafter einer **GmbH,**[7] so kann die Veräußerung des Gesellschaftsanteils des einen Ehegatten an den anderen in Betracht kommen (s. dazu § 15 GmbHG). Der Vertrag bedarf der notariellen Beurkun-

---

insbesondere zum Güterstand der Gütergemeinschaft; zu Fragen des Gesellschaftsvertrags s. *Sudhoff,* Gesellschaftsvertrag der Personengesellschaften, 5. Aufl.; das Familienunternehmen, 1980; *Klauss/Mittelbach,* Gesellschaftsvertrag, 9. Aufl.; zu den steuerrechtlichen Wirksamkeitsvoraussetzungen *Göppinger/Märkle,* Unterhaltsrecht, Rz. 2046ff.; zur Anerkennung von Gesellschaftsverhältnissen zwischen Ehegatten in der Rechtsprechung des BFH s. *Horn,* BB 1984, 1352, 1353ff. Zu Abfindungsklauseln s. Rz. 499a; zur Barabfindung *Großfeld,* Unternehmensbewertung im Gesellschaftsrecht, 1983.

[2] Zu der Klausel über eine Wiederverheiratung einer durch die Heirat (eine ,,Einheirat') Gesellschafter gewordenen Person s. *BGH,* BB 1965, 1167 = FamRZ 1965, 600; *Baumbach/Duden/Hopt,* § 138 Anm. 1 B; *Hueck,* S. 434 Fußn. 3a. Zu einer betrieblichen Veräußerungsrente (bei Veräußerung eines Anteils an einem Betrieb) s. *Schulze zur Wiesche,* Rz. 136; *Herrmann/Heuer,* EStG, § 16 Anm. 207ff. (zur steuerlichen Behandlung).

[3] Zur stillen Gesellschaft s. insbesondere *Paulick,* Handbuch. Zur steuerlichen Behandlung des stillen Gesellschafters s. *Hessler,* MDR 1976, 636, 637; *Göppinger/Märkle,* Rz. 2048ff.; zur Unterbeteiligung bei Personengesellschaften im Einkommensteuer-Recht (insbesondere bei stiller Beteiligung) s. *Fella,* BB 1976, 784; *Göppinger/Märkle,* Rz. 2047; zur Abgrenzung der typischen von der atypischen stillen Gesellschaft (nach der Rechtsprechung des BFH) s. *Hoffmann,* GmbH-Rdsch 1975, 257; zu Schenkungen stiller Beteiligungen *Herrmann,* ZHR 147, 1983, 313, *Hengeler,* das. 329.

[4] Zur Ehegatten-Gesellschaft s. *Klauss/Mittelbach,* KG, Rz. 25ff.; zu dem Fall, daß der Ehemann einer Kommanditistin auf Grund einer gesellschaftsrechltichen Regelung in der Gesellscahft mitgearbeitet hat, s. *BGH,* FamRZ 1966, 92.

[5] Zu Fragen der Auseinandersetzung mit dem ausscheidenden Gesellschafter s. *Klauss/Mittelbach,* KG, Rz. 328ff., zu der Vereinbarung, daß der ausscheidende Gesellschafter zunächst noch eine Beteiligung am Umsatz erhalten soll, dort Rz. 332.

[6] *BGH,* LM BGB § 242 Bb Nr. 72 = NJW 1974, 1656 = BB 1974, 1134 = MDR 1974, 997 = WPM 1974, 837.

[7] *Ulmer* in Großkomm. z. GmbHG, § 2 Rz. 60; *Roth,* FamRZ 1984, 328 (Ehegatten-GmbH), 330 (zum Scheidungsfall); zur Familien-GmbH s. zB *Sudhoff,* Gesellschaftsvertrag der GmbH, 5. Aufl. 1980, S. 70ff., wo mit Recht darauf hingewiesen wird, daß, wenn die Eheleute im gesetzlichen Güterstand leben, der Zugewinnausgleichsanspruch bei Scheidung der Ehe sofort fällig ist und bei Zahlungsunfähigkeit des Ausgleichspflichtigen in den Geschäftsanteil gepfändet werden kann (S. 71f.).

dung (§ 15 Abs. 3 GmbHG), diese Form wird durch die Protokollierung eines gerichtlichen Vergleichs ersetzt (§ 127a BGB).

550 Waren die Ehegatten **Aktionäre,** zB einer Familien-AG,[8] so ist von Bedeutung, ob die Aktien Namensaktien sind (vgl. §§ 10, 24, 67, 68 AktG),[9] letztere sind gemäß § 68 AktG abtretbar. Die Scheidung der Ehe braucht aber keinen Einfluß auf die weiteren Rechte des geschiedenen Ehegatten zu haben, da auch ein geschiedener Ehegatte, der jetzt nicht mehr zur „Familie" gehört, Inhaber von Aktien einer Familien-AG sein kann.

551 Soll ein **Schiedsvertrag** über künftige Rechtsstreitigkeiten mitabgeschlossen werden, so hat er nur dann rechtliche Wirkung, wenn er auf ein bestimmtes Rechtsverhältnis und die aus ihm entspringenden Rechtsstreitigkeiten sich bezieht (§ 1026 ZPO); der Schiedsvertrag (§§ 1025ff. ZPO) darf andere Vereinbarungen als solche, die das schiedsgerichtliche Verfahren betreffen, nur enthalten, wenn der Schiedsvertrag für beide Teile ein Handelsgeschäft ist und keine der Parteien zu den in § 4 HGB bezeichneten Gewerbetreibenden gehört (§ 1027 Abs. 2 ZPO).

552 b) Dem Ehegatten kann auch ein Nießbrauch an einem Gesellschaftsanteil bestellt werden.[10]

553 c) Zur Pensionszusage an Arbeitnehmer-Ehegatten s. Rz. 463.

5. Zusammenwirken der Ehegatten bei steuerrechtlichen Erklärungen, Regelung etwaiger Ausgleichsansprüche

553a a) Anläßlich der Ehescheidung kann auch die Regelung steuerrechtlicher Fragen zwischen den Ehegatten Bedeutung gewinnen für Veranlagungszeiträume, in denen die Ehegatten noch nicht dauernd getrennt gelebt hatten (s. dazu noch Rz. 327a Fn. 5) und für die noch kein rechtskräftiger Steuerbe-

---

[8] Hierzu § 157 Abs. 4 AktG; *Baumbach/Hueck,* AktG § 96 Anh; §§ 157/158, Anm. 6; *Godin/Wilhelmi,* AktG § 157 Anm. 36; *Claussen* in Kölner Komm., § 157 Rz. 13.

[9] Zu diesen s. zB *Möhring/Schwartz/Rowedder/Haberlandt,* S. 34, sowie die Kommentare zu den erwähnten Vorschriften des AktG.

[10] Hierzu Näheres bei *Dieter Bökelmann,* Nutzungen und Gewinn bei Unternehmensmißbrauch, 1971 (besprochen von *Grunsky,* BB 1972, 582); *Flume* in Festschrift für Larenz (1973), S. 769, 782ff.; *Sudhoff,* NJW 1971, 482 (Personengesellschaft); NJW 1974, 2205 (Gesellschaftsanteil); *Schulze zur Wiesche,* DB 1970, 171 (Kommanditanteil) und DB 1977, 1214, DB 1980, 222; *BFH,* BStBl 1973 II 523 = BFHE 109, 133 = DStR 1973, 467 = BB 1973, 878 = DB 1973, 1431 = FR 1973, 291; *Göppinger/Märkle,* Unterhaltsrecht, Rz. 2097 (Gesellschaftsanteil); *Finger,* DB 1977, 1033 (Personengesellschaft); ferner *Zöller,* BWNotZ 1981, 162 (u. a. Kapitalvermögen).

Zur Bewertung des Nießbrauchs an einem GmbH-Anteil s. *BFH,* DB 1977, 1030.

Einen Nießbrauch am Gewinnstammrecht eines Anteils an einer Personengesellschaft hat der *BFH* nicht anerkannt (E 119, 63 = BStBl 1976 II 592 = BB 1976, 1060 = DStR 1976, 532); er hat hier keine originären Einkünfte des Nießbrauchs angenommen (s. *Göppinger/Märkle,* Rz. 2098).

scheid vorliegt,[1] nämlich vor allem bezüglich des Zusammenwirkens bei der Zusammenveranlagung zur **Einkommensteuer** (§§ 26 Abs. 1, 26b EStG) und zur **Vermögenssteuer** (§ 14 VermStG) und der Regelung etwaiger Ausgleichsansprüche bei der Zusammenveranlagung[2] sowie bezüglich der Aufteilung des Abzugs von Sonderausgaben und außergewöhnlichen Belastungen bei der getrennten Veranlagung (§ 26a Abs. 2 EStG).

b) Die Eheleute können vereinbaren, daß sie für den betreffenden Veranla- 553b
gungszeitraum die **Zusammenveranlagung** wählen, wenn die diesbezüglichen Voraussetzungen vorliegen (s. dazu Rz. 327ff., sowie Rz. 80 Fn. 9, 498a).

In der Regel der Fälle ist die Zusammenveranlagung infolge des *Splittingverfahrens* (§ 32a Abs. 5 EStG) für die Eheleute günstiger, d.h. ist die Gesamtbelastung geringer als bei getrennter Veranlagung.[3] In diesen Fällen ist jeder Ehegatte gemäß § 1353 BGB deshalb verpflichtet, bei der gemeinsamen Veranlagung mitzuwirken,[4] vor allem, wenn ein Ehegatte erheblich höhere Einkünfte hatte als der andere, da durch den mit der Zusammenveranlagung verbundenen Splittingtarif die Progressionswirkung des Einkommensteuertarifs beträchtlich verringert wird. Die Zustimmung zur Zusammenveranlagung darf ein Ehegatte nicht von einer hälftigen Beteiligung an der Steuerersparnis abhängig machen[5] und darf sie nur versagen, wenn er ein berechtigtes schutzwürdiges Interesse an der getrennten Veranlagung hat,[6] insbesondere ein solches Interesse an der Geheimhaltung seiner Einkommens- und Vermö-

---

[1] Hierzu *BFH*, BStBl 1977 II 605 = BFHE 122, 290 = NJW 1977, 1936 Nr. 27 LS; *Offerhaus*, NJW 1978, 90, 95 (Ehegatten wählten während des Rechtbehelfsverfahrens gegen die getrennte Veranlagung eines Ehegatten die Zusammenveranlagung, nachdem getrennte Veranlagung des anderen Ehegatten schon unanfechtbar war).

[2] Dazu *Sonnenschein*, NJW 1980, 257.

[3] *Märkle*, Einkommensteuererklärung, Rz. 16; *Lademann/Lenski/Bordewin* (1980), § 26a Rz. 12, 13 zu Ausnahmen.

Zum Wesen und zur Durchführung der Zusammenveranlagung, sowie zum Splittingsverfahren *Märkle*, aaO, Rz. 13ff.; *Sonnenschein*, aaO; *Tiedtke*, FamRZ 1977, 686; FamRZ 1978, 385.

[4] *BGH*, NJW 1977, 378 = FamRZ 1977, 38 = DB 1977, 1184 = MDR 1977, 297; *OLG Koblenz*, DB 1979, 785; *OLG Hamburg*, MDR 1979, 581; *LG Zweibrücken*, MDR 1976, 144; *Osthövener*, NJW 1977, 1448; *Tiedtke*, aaO; *Soergel/Lange*, Rz. 26, *MünchKomm./Wacke*, Rz. 31, *Palandt/Diederichsen*, Anm. 2b dd, *Erman/Heckelmann*, Rz. 23 je zu § 1353; *Gernhuber*, § 19 II 2 m. Fn. 3.

Dies gilt insbesondere, wenn die Ehegatten jahrelang die Zusammenveranlagung gewählt hatten (s. *Tiedtke*, FamRZ 1977, 688 re. Sp. unten und den vom *OLG Köln*, OLGZ 1969, 332, entschiedenen Fall).

[5] *BGH*, aaO.

[6] *Tiedtke*, aaO; *OLG Hamburg*, aaO; *LG Bremen*, FamRZ 1982, 1070. Das Finanzamt hat dies grundsätzlich nicht zu prüfen; ist der Antrag auf getrennte Veranlagung aber von einem Ehegatten gestellt, der über kein (steuerpflichtiges) Einkommen verfügt, so ist der Antrag unbeachtlich (*BFH*, BStBl 1977 II 870 = BFHE 123, 172 = NJW 1978, 184; *Tiedtke*, FamRZ 1978, 385; *Herrmann/Heuer/Raupach* (1974), § 26a Anm. 22).

gensverhältnisse gegenüber dem anderen Ehegatten[7] – eine *allgemeine* Auskunftspflicht über diese *in allen Einzelheiten* besteht zwischen Ehegatten nicht[8] –. *Steuerliche Nachteile* können aus der Zusammenveranlagung für einen Ehegatten nicht entstehen, da er trotz Gesamtschuldnerschaft für die Steuerschuld aus dem Gesamtbetrag der Einkünfte beider Ehegatten (§§ 26b EStG, 44 AO) die Möglichkeit hat, nach der Bekanntgabe des Leistungsgebots (§ 269 Abs. 2 AO) zu beantragen, die Vollstreckung auf den Betrag zu beschränken, der sich bei der Aufteilung der Steuern ergeben würde (§§ 268, 270 AO).[9]

Diese Mitwirkung zur Zusammenveranlagung ist klagbar,[10] insbesondere in Anwendung des § 894 ZPO. § 888 Abs. 2 ZPO steht dem nicht entgegen.[11]

Bei schuldhafter Verletzung der Pflicht zur Mitwirkung an der Zusammenveranlagung macht sich der betreffende Ehegatte *schadensersatzpflichtig,*[12] diese Mitwirkungspflicht besteht auch noch nach der Ehescheidung.[13]

Ggf. kann ein Ehegatte bei der Zusammenveranlagung dem anderen Ehegatten gegenüber *ausgleichspflichtig* sein.[14] Hierüber oder über einen Verzicht auf einen Ausgleich können die Ehegatten eine (interne) Regelung vereinbaren.

---

[7] *Tiedtke,* FamRZ 1977, 686, 687ff.; FamRZ 1978, 385, 387; *Offerhaus,* aaO; s. auch *OLG Hamburg,* aaO; zT abweichend *Gernhuber,* aaO: nur bei Gefahr des Mißbrauchs.

[8] *Soergel/Lange,* Rz. 27, *MünchKomm./Wacke,* Rz. 31, *RGRK/Roth-Stielow,* Rz. 86, *Palandt/Diederichsen,* Anm. 2b, dd je zu § 1353; *Tiedtke,* FamRZ 1977, 686, 687.

Aus § 1353 folgt eine Auskunftspflicht nur in großen Zügen (s. zB *BGH,* FamRZ 1976, 516, 517 = 1978, 677, 678) und zB nur über wichtige Transaktionen (*Wacke,* aaO). Die Auskunftspflicht gemäß § 1361 Abs. 4 Satz 4 i. V. m. § 1605 BGB trifft den vorliegenden Sachverhalt nicht, § 1379 BGB bezieht sich nur auf die Auskunft über das Endvermögen im Falle des gesetzlichen Güterstandes (s. dazu Rz. 58, 490, 496), § 1580 BGB auf die Auskunftspflicht im Rahmen der nachehelichen Unterhaltspflicht (s. auch Rz. 220).

[9] Hierzu *Tiedtke,* FamRZ 1977, 686; *OLG Hamburg,* aaO. Diesen Zusammenhang hat der *BGH* (FamRZ 1977, 38) jedoch übersehen (s. aber dann *BGHZ* 73, 29, 38 = FamRZ 1979, 115 = NJW 1979, 546, sowie Rz. 498a).

[10] *BGH,* FamRZ 1977, 38; *OLG Hamburg* und *LG Zweibrücken,* aaO; *Gernhuber,* aaO; *Sauer,* FamRZ 1969, 458; *Soergel/Lange,* § 1353 Rz. 26; anders *OLG Nürnberg,* FamRZ 1971, 434. Zuständig ist nicht das FamG, sondern das Prozeßgericht (s. dazu *Tiedtke,* FamRZ 1978, 385; *Walter,* Der Prozeß in Familiensachen, S. 4ff.; *OLGe Hamm, Karlsruhe, München,* FamRZ 1979, 607, 718, 721; *OLGe München, Hamm,* FamRZ 1983, 614, 937; anders *LG München II,* FamRZ 1978, 126).

[11] *Sauer,* aaO; *Tiedtke,* FamRZ 1978, 385, 386; *OLG München,* FamRZ 1979, 721, 723 m. weit. Nachw.

[12] *BGH,* FamRZ 1977, 38 = NJW 1977, 378 = MDR 1977, 297; hierzu *Osthövener,* NJW 1977, 1448; *Dolle,* NJW 1977, 2266.

[13] *BGH, OLG Koblenz* und *OLG Hamburg,* aaO; *Tiedtke,* FamRZ 1978, 385, 387.

[14] Näheres bei *Sonnenschein,* NJW 1980, 257; s. ferner *OLG Köln,* OLGZ 1969, 332; *Herrmann/Heuer/Raupach* (1974), EStG § 26b Rz. 8; zur Steuerrückerstattung s. noch *LG Düsseldorf,* NJW-RR 1986, 1333.

Bei der **Vermögensteuer** kann die Zusammenveranlagung (§ 14 VermStG) der Ehegatten, wobei ihr Vermögen zu einem Gesamtvermögen zusammengerechnet wird (§§ 114, 119 BewG), insoweit vorteilhaft sein als Schulden, Freibeträge und Freigrenzen, die bei einer getrennten Veranlagung mangels genügend hohen Vermögens ohne Wirkung blieben, die gemeinsame Steuerbelastung mindern.[15] Daher können hier die gleichen Fragen auftreten wie hinsichtlich der einkommensteuerlichen Zusammenveranlagung. 553c

c) Die Ehegatten können weiterhin eine Vereinbarung treffen über die Aufteilung der bei **getrennter Veranlagung** abzuziehenden Sonderausgaben (§§ 10, 10b EStG) und außergewöhnlichen Belastungen (§§ 33–33b EStG), wie sich aus **§ 26a Abs. 2 Satz 1 EStG** ergibt. 553d

Hat ein Ehegatte für den Zeitraum, in dem an sich die Voraussetzungen für eine Zusammenveranlagung gegeben gewesen wären, oder haben beide Ehegatten die getrennte Veranlagung beantragt, so werden jedem Ehegatten die von ihm bezogenen Einkünfte zugerechnet (§ 26a Abs. 1 Satz 1 EStG, s. hierzu auch EStR 174a Abs. 1). Gemäß § 26a Abs. 2 Satz 1 EStG werden Sonderausgaben (§§ 10, 10b EStG) und außergewöhnliche Belastungen (§§ 33–33b EStG), soweit sie die Summe der bei der Veranlagung jedes Ehegatten in Betracht kommenden Pauschbeträge oder Pauschalen (§ 10c EStG) übersteigen, bis zur Höhe der bei einer Zusammenveranlagung der Ehegatten in Betracht kommenden Höchstbeträge je zur Hälfte bei der Veranalgung der Ehegatten abgezogen,[16] wenn nicht die Ehegatten *gemeinsam eine andere Aufteilung beantragen* (s. dazu § 61 EStDV), wobei Sonderausgaben iS des § 10 Abs. 1 Nr. 1 EStG (s. hierzu Rz. 328ff.) jedoch nur bei der Veranlagung *des* Ehegatten abgezogen werden können, der sie geleistet hat (§ 26a Abs. 2 Satz 2 EStG).

Die Vorschrift des § 26a Abs. 2 Satz 1 EStG betrifft nur das Verhältnis der Ehegatten als Steuerpflichtige zum Steuerfiskus und begründet keinen bürgerlich-rechtlichen (familienrechtlichen) Anspruch des einen Ehegatten gegenüber dem anderen Ehegatten auf die sich aus der erwähnten Regelung für ihn ergebenden Vergünstigung, wenn er nur relativ geringe Aufwendungen iS von Sonderausgaben und außergewöhnlichen Belastungen hatte und der andere Ehegatte hohe abzugsfähige Beträge aufgewendet hatte.

Jeder Ehegatte verwaltet – abgesehen von der Gütergemeinschaft (§§ 1415ff. BGB) – sein Vermögen getrennt (s. zum gesetzlichen Güterstand

---

[15] *Sonnenschein*, aaO, 257f.

[16] Eine Aufteilung des Differenzbetrages (zwischen dem Pauschbetrag bzw. der pauschale und den Höchstbeträgen) kommt nur bei solchen Sonderausgaben und außergewöhnlichen Belastungen in Betracht, die die zugehörigen Pauschbeträge bzw. Pauschalen übersteigen. Soweit die Aufwendungen niedriger sind als die zugehörigen Pauschbeträge bzw. Pauschalen, bleiben sie hier außer Betracht; es bleibt also insoweit beim getrennten Ansatz der Pauschbeträge bzw. Pauschalen beim einzelnen Ehegatten (*Herrmann/Heuer/Clausen*, 1983, Anm. I zu § 26a; s. ferner EStR 174a Abs. 9).

Zur verfassungsrechtlichen Problematik der hälftigen Aufteilung s. unten Fn. 21.

§§ 1363 Abs. 2 Satz 1, 1364 BGB). So sind auch die Schulden getrennt. Jeder bezieht die Nutzung seines Vermögens selbst,[17] die Lasten des Vermögens treffen jeden Ehegatten getrennt (soweit kein Gesamthandsverhältnis und Gesamthandseigentum besteht).

Weder aus §§ 1360, 1360a BGB noch aus § 1357 BGB kann eine Verpflichtung eines Ehegatten hergeleitet werden, für Verbindlichkeiten des Ehegatten aufzukommen. Ebenso wenig wie die Einkünfte jedes Ehegatten beiden gemeinsam zustehen, sind die darauf entfallenden Steuern gemeinsame Verbindlichkeiten; die Steuern, insbesondere die Einkommensteuer, sind nicht Kosten der gemeinsamen Lebensführung.[18] Im Verhältnis der Ehegatten zu einander hat jeder für die Steuern aufzukommen, die auf seine Einkünfte entfallen.[19] Für die einkommensteuerliche Zurechnung ist also die bürgerlichrechtliche Rechtslage maßgebend.[20] Die Regelung des § 26a Abs. 2 Satz 1 EStG widerspricht hinsichtlich der hälftigen Aufteilung somit der bürgerlichrechtlichen Rechtslage.[21]

---

[17] Worauf zB EStR 174a Abs. 2 hinwiesen.

[18] *BGHZ* 73, 29, 37 (s. Fn. 9 aE).

[19] *BGHZ* 73, 29, 38; ferner *BFHE* 137, 146 = BStBl 1983 II 162 = NJW 1983, 1448 LS; *Herden*, NJW 1984, 211.

[20] *Herrmann/Heuer/Raupach* (1974), § 26a Rz. 4a.

[21] Im übrigen bestehen gegen diese Regelung verfassungsrechtliche Bedenken: Steht fest, daß ein Ehegatte die betreffenden Aufwendungen allein getragen hat, so bedeutet die gesetzliche Regelung des § 26a Abs. 2 Satz 1 EStG einen Eingriff in eine vermögenswerte Rechtsposition dieses Ehegatten, was mit Art. 14 Abs. 1 GG nicht vereinbar ist (vgl. dazu allgemein *Maunz/Dürig/Papier*, Art. 14 Rz. 150f.). Die Vorschrift entzieht ihm den Anspruch darauf, daß ihm, da er die betreffenden Aufwendungen allein getragen hat, auch die darauf beruhende steuerrechtliche Vergünstigung allein zukommt. Gründe der Vereinfachung des Steuerfestsetzungsverfahrens könnnen die Regelung nicht rechtfertigen. Diese führt dazu, daß der andere Ehegatte mit dem Antrag auf getrennte Veranlagung Vorteile erlangt, auf die er im Innenverhältnis der Ehegatten keinen Anspruch hat, ferner dazu, daß die Steuerschuld des Ehegatten, der die Aufwendungen getragen hatte, höher ist, da die ihm angerechneten Abzüge geringer sind, während andererseits die Steuerschuld des anderen Ehegatten geringer ist, als wenn die Abzüge wie bei einer Einzelveranlagung getrennt berechnet würden. So kann es vorkommen, daß einem Ehegatten, der Sonderausgaben nur im Rahmen der Pauschbeträge oder nur in einem darüber hinausgehenden geringen Betrag geltend machen konnte, ein Steuerbetrag zurückerstattet wird, was andernfalls nicht in Betracht käme. Leben die Ehegatten inzwischen getrennt oder ist ihre Ehe bereits geschieden, so hat ein Ehegatte mit dem Antrag auf getrennte Veranlagung für einen zurückliegenden Zeitraum, in dem die Ehegatten noch nicht getrennt gelebt hatten, und mit der Weigerung zu einer anderen Aufteilung die Möglichkeit, sich eine zusätzliche steuerliche Vergünstigung zu verschaffen, also einen Vermögensvorteil, der nicht mehr in die anläßlich der Ehescheidung vorzunehmende oder vorgenommene Vermögensauseinandersetzung fällt.

Die Vorschrift des § 26a Abs. 2 Satz 1 EStG kann somit indirekt zu einer Vermögenszuwendung oder Vermögensverschiebung des einen Ehegatten an den anderen Ehegatten führen, also zu einer steuerlichen Benachteiligung des einen Ehegatten. Indessen dürfen steuerrechtliche Vorschriften nicht ungerechtfertigte unangemessene Benachteiligungen eines oder beider Ehegatten herbeiführen (vgl. zB *BVerfGE* 6, 55 = FamRZ 1957, 82 = NJW 1957, 417; E 12, 151 = NJW 1961, 595 = FamRZ 1961, 167

Aus den obigen Darlegungen ergibt sich, daß dem Ehegatten, der die betreffenden Aufwendungen allein getragen hat und die diesbezüglichen Sonderausgaben und außergewöhnlichen Belastungen geltend macht, diese steuerliche Vergünstigung allein zusteht und der andere Ehegatte auf eine Teilhabe an dieser steuerlichen Vergünstigung keinen Anspruch hat. Hatten die Ehegatten unterschiedliche Aufwendungen, die als Sonderausgaben oder außergewöhnliche Belastungen behandelt und geltend gemacht werden, so steht jedem Teil im Innenverhältnis nur ein Anspruch auf eine entsprechende Berücksichtigung und einen entsprechenden Abzug an seiner steuerlichen Verbindlichkeit zu. Daher ist der Ehegatte, der durch die der Regelung des § 26a Abs. 2 Satz 1 EStG entsprechende hälftige Aufteilung begünstigt ist, verpflichtet, einer den tatsächlichen abzugsfähigen Aufwendungen entsprechenden Aufteilung zuzustimmen. Dies ergibt sich aus der aus § 1353 BGB folgenden Verpflichtung jedes Ehegatten zu loyalem Verhalten gegenüber dem Ehegatten,[22] dazu die finanziellen Lasten des anderen Teils zu verringern, soweit dies ohne Verletzung eigener Interessen möglich ist.[23]

Soweit einem Ehegatten gemäß § 26a Abs. 2 Satz 1 EStG seitens des Finanzamtes eine Vergünstigung zugekommen ist, auf die er bürgerlich-rechtlich gegenüber dem anderen Ehegatten keinen Anspruch hat, ist er als Nicht-

---

LS; E 32, 260 = NJW 1972, 524; s. auch *BVerfGE* 61, 319 = FamRZ 1983, 129 = NJW 1983, 271).

Ist der durch die Regelung des § 26a Abs. 2 Satz 1 EStG begünstigte Ehegatte mit einer anderen Aufteilung nicht einverstanden, so bleibt dem benachteiligten Ehegatten nur der Prozeßweg offen, was damit der Gesetzgeber dem betreffenden Ehegatten zugemutet hat, der überdies dann bezüglich der Berechnung des Betrags und der Stellung eines bestimmten Antrags (§ 253 Abs. 2 Nr. 2 ZPO) in eine schwierige Position gerät.

Die getrennte Veranlagung gemäß § 26a Abs. 2 steht noch im Zusammenhang mit der Zusammenveranlagung, und zwar insoweit, als die Höhe der bei einer Zusammenveranlagung der Ehegatten in Betracht kommenden Höchstbeträge nicht überschritten werden dürfen. Diese Regelung kann im Einzelfall evtl. das Persönlichkeitsrecht eines Ehegatten tangieren, nämlich insofern, als sie geeignet ist, dem anderen (evtl. früheren) Ehegatten Einblick in die Einkommensverhältnisse des ersteren Ehegatten zu geben (vgl. auch zur Zusammenveranlagung *Tiedtke,* FamRZ 1977, 686, 687f.).

Das *BVerfG* (E 32, 260) hat zwar die frühere Vorschrift des § 40 Abs. 1 Nr. 2 EStG 1965 für verfassungsgemäß erklärt; indes können hieraus (s. aber auch *Herrmann/Heuer/Raupach* 1974, § 26a Rz. 22) keine Schlüsse auf die Verfassungsmäßigkeit des § 26a Abs. 2 gezogen werden, da die erwähnte Entscheidung die Frage betraf, ob eine Regelung verfassungsgemäß ist, nach der bei Ehegatten die zusammengerechneten Sonderausgaben nur insoweit berücksichtigt werden, als sie den doppelten Sonderausgabenpauschbetrag übersteigen. Das BVerfG befaßte sich hier mit bestimmten Sonderausgaben, insbesondere Beiträgen für Bausparverträgen und Versicherungsleistungen, und meinte, Sonderausgaben seien *regelmäßig* [Hervorhebung nicht im Original] nicht personen-, sondern ehebezogen; dies trifft aber zB auf die Kirchensteuer und Spenden nicht zu, wohl auch nicht stets auf Bausparbeiträge (s. Rz. 326a).

[22] *BGH,* FamRZ 1977, 38, 41 = NJW 1977, 378; *Tiedtke,* FamRZ 1977, 686; FamRZ 1978, 385; anders *LG Düsseldorf,* NJW-RR 1986, 1333.

[23] *BGH,* aaO, 40; *Tiedtke,* FamRZ 1978, 385.

berechtigter iS des § 816 Abs. 2 BGB anzusehen[24] und zu behandeln und daher verpflichtet, dem anderen Ehegatten den entsprechenden Vermögensvorteil herauszugeben. Das Gesetz überläßt es den Ehegatten, eine andere Aufteilung zu vereinbaren und zu beantragen (s. § 61 EStDV); ebenso kann der durch die Regelung des § 26a Abs. 2 Satz 1 EStG bezüglich der hälftigen Aufteilung benachteiligte Ehegatte auf einen Ausgleich verzichten.

Können sich die Ehegatten über eine andere Aufteilung nicht einigen, so kann der benachteiligte Ehegatte Klage auf Zustimmung zu einer solchen bestimmten anderen Aufteilung und zur Stellung eines entsprechenden Antrags beim Finanzamt erheben (vgl. § 894 ZPO).

Ggf. ist die Klage, wenn der Steuerbescheid bezüglich der hälftigen Aufteilung bereits rechtskräftig ist, auf Zahlung des Differenzbetrags – den der andere Teil zu Unrecht als Minderung seiner Steuerschuld erlangt hat – zu richten (§ 816 Abs. 2 BGB) oder auf Schadensersatz (vgl. § 1353 BGB).[25]

VI. Unterhaltsansprüche der Kinder und sonstige die wirtschaftliche Sicherstellung der Kinder für die Zukunft betreffende Vereinbarungen

1. Unterhaltsansprüche

a) Allgemeines

554 Regelmäßig wird, wenn aus der Ehe Kinder hervorgegangen sind, neben der Vereinbarung über den Unterhalt des sorgeberechtigten Elternteils auch ein Abkommen über den Unterhalt der Kinder getroffen. Wird die Scheidung der Ehe gemäß §§ 1565, 1566 Abs. 1 BGB begehrt, so ist gemäß **§ 630** Abs. 1 Nr. 3 **ZPO** eine Einigung über die Unterhaltspflicht gegenüber den Kindern erforderlich; gemäß § 630 Abs. 3 soll das Gericht dem Scheidungsantrag erst stattgeben, wenn über diese Unterhaltspflicht ein vollstreckbarer Schuldtitel herbeigeführt ist. Das kann aber wegen des Zusammenhangs der Vorschrift mit § 1629 Abs. 3 BGB (s. Rz. 8, 556, 582) nur gelten, wenn die Kinder minderjährig sind (§ 2 BGB). Sind sie durch einen Pfleger vertreten (§ 1909 BGB), so kann ein fehlender Titel nur unter seiner Mitwirkung geschaffen werden (s. auch Rz. 556). Wie das Erfordernis eines Schuldtitels zeigt, verlangt § 630 ZPO nur eine Regelung des – regelmäßig allein vom nichtsorgeberechtigten Elternteil aufzubringenden – Barunterhalts, nicht auch der Naturalunterhaltsleistungen des sorgeberechtigten Elternteils für die Kinder (vgl. § 1606 Abs. 3 Satz 2 BGB; Rz. 562, 563).

555 Wird der Unterhaltsanspruch der minderjährigen Kinder in der Vereinbarung (wie in einem Verbundurteil gem. § 623 Abs. 1 ZPO) **aufschiebend be-**

---

[24] Vgl. auch *Sonnenschein*, NJW 1980, 257; *OLG Köln*, OLGZ 1969, 332.
[25] Vgl. dazu auch oben bei Fn. 12 zur Zusammenveranlagung.

dingt für den Fall der Scheidung der Ehe geregelt, so ist diese Vereinbarung als auch durch die dem gemeinschaftlichen Vorschlag entsprechende familiengerichtliche Entscheidung über die Ausübung der elterlichen Sorge gem. § 1671 BGB aufschiebend bedingt zu beurteilen. Daß spätestens mit dem Scheidungsausspruch eine Sorgerechtsregelung ergeht, sollen §§ 623 Abs. 3, 627, 628 Abs. 2, 629 Abs. 1 ZPO auch für die Fälle sicherstellen, daß das Familiengericht von dem gemeinschaftlichen Sorgerechtsvorschlag abweicht oder das Sorgerechtsverfahren abtrennt.

556 Häufig werden sich die Kinder schon bei dem Elternteil aufhalten, dem nach dem gemeinsamen Vorschlag der Eltern (§ 1671 Abs. 3 BGB) die elterliche Sorge nach der Scheidung zustehen soll. In diesem Fall kann der (voll geschäftsfähige) Elternteil die Unterhaltsansprüche der seinem Haushalt angehörenden minderjährigen Kinder (vgl. § 1629 Abs. 2 Satz 2 BGB und oben Rz. 8) gegen den anderen Elternteil im eigenen Namen geltend machen (**§ 1629 Abs. 3 BGB**), nämlich als Prozeßstandschafter. Dies gilt im Verbundverfahren, nach der Neufassung der Vorschrift durch das UÄndG aber auch schon während des Getrenntlebens der Eltern, also im isolierten Verfahren[1] und in beiden Fällen auch, wenn eine Regelung über das Sorgerecht gemäß § 620 Satz 1 Nr. 1 ZPO oder gemäß § 1672 BGB getroffen worden ist. § 1629 Abs. 3 BGB ist dagegen nicht anzuwenden, wenn für die Kinder ein Ergänzungspfleger (§ 1909 BGB) bestellt ist und in seinen Wirkungskreis die Geltendmachung von Unterhaltsansprüchen fällt oder wenn einem Beistand als Pfleger die Geltendmachung von Unterhaltsansprüchen übertragen ist (§§ 1685, 1690 BGB).[2] Den Wirkungskreis des Pflegers bestimmt das VormG; dem Pfleger können nicht dadurch, daß die Ehegatten sich trennen oder die Ehescheidung beantragen, Befugnisse entzogen werden. Zur Vermeidung der Beteiligung der Kinder – vertreten durch den Pfleger – am Verbundverfahren ist in diesem Falle die Folgesache Kindesunterhalt gem. § 623 Abs. 1 Satz 2 ZPO nF abzutrennen.

557 Sind die Kinder bei den Eltern eines Ehegatten oder in einem Heim, zB einem Internat, untergebracht, so steht dies der Geltendmachung der Unterhaltsansprüche durch den einen Ehegatten nicht entgegen, wenn dieser die Unterbringung veranlaßt hat und anzunehmen ist, daß die Kinder noch unter der Obhut dieses Ehegatten stehen (vgl. **§ 1629 Abs.** 2 Satz 2 BGB) oder wenn dem Ehegatten die elterliche Sorge oder wenigstens die Sorge für die Person der Kinder mit der gesetzlichen Vertretung gemäß § 620 Satz 1 Nr. 1 ZPO oder § 1672 BGB übertragen ist.

558 Soll die elterliche Sorge über die Kinder einem Elternteil übertragen werden, der sie bisher nicht betreut, so empfiehlt es sich, den Zeitpunkt festzule-

---

[1] Bei Geltendmachung des Kindesunterhalts nicht gem. § 623 ZPO für den Fall der Scheidung, sondern unbedingt; *BGH,* NJW 1983, 2084 = FamRZ 1983, 474.

[2] Der Beistand gem. § 1685, dem nicht gem. § 1690 die Geltendmachung des Unterhalts übertragen ist, hat dagegen nicht die Stellung eines gesetzlichen Vertreters des Kindes, *BGH,* FamRZ 1981, 865.

gen, von dem an Unterhalt zu leisten ist (vgl. auch Rz. 624f. zur Herausgabe der Kinder).

559 Ist ein Ehegatte befugt, gemäß **§ 1629 Abs. 3 BGB** die Unterhaltsansprüche der Kinder als Prozeßstandschafter geltend zu machen (Rz. 556), und wird sodann von den Ehegatten ein **gerichtlicher Vergleich** über die Unterhaltspflicht gegenüber den Kindern geschlossen, so wirkt dieser für und gegen die Kinder (§ 1629 Abs. 3 Satz 2 BGB). Ein **außergerichtlicher** Vergleich mit dieser Wirkung kann dagegen nur von einem nach § 1629 Abs. 2 Satz 2 oder infolge Sorgerechtsübertragung (vgl. Rz. 557) alleinvertretungsberechtigten Elternteil im Namen des Kindes geschlossen werden.[3]

560 Werden **Unterhaltsansprüche mehrerer Kinder** geltend gemacht, so empfiehlt es sich dringend, die Ansprüche jedes Kindes betragsmäßig getrennt festzulegen. Im Prozeß können die Ansprüche mehrerer Unterhaltsgläubiger ohnehin nicht in einer Summe geltendgemacht werden.[4]

561 War eine Regelung gemäß § 620 Satz 1 Nr. 4 ZPO getroffen worden, so wirkt diese weiter, bis der Vergleich wirksam wird, d. h. bis zur Rechtskraft des Scheidungsurteils. Sie tritt in diesem Zeitpunkt außer Kraft (s. § 620f Satz 1 ZPO).

562 Der nichtsorgeberechtigte Elternteil hat den Unterhalt in der Form einer **Geldrente** zu gewähren (§ 1612 Abs. 1 Satz 1 BGB); diese ist monatlich im Voraus zu leisten (§ 1612 Abs. 3 Satz 1 BGB). Dagegen erfüllt der sorgeberechtigte Elternteil seine Unterhaltspflicht gegenüber dem Kinde in der Regel durch dessen Pflege und Erziehung (§ 1606 Abs. 3 Satz 2 BGB).[5]

563 Als **Bedarf** eines Kindes, das in den Haushalt eines geschiedenen Ehegatten aufgenommen ist, gilt für die Zeit bis zur Vollendung des 18. Lebensjahres mindestens der für ein nichteheliches Kind der entsprechenden Altersstufe festgesetzte Regelbedarf (§ 1610 Abs. 3 Satz 1 BGB; vgl. zum Regelbedarf § 1615f Abs. 1 BGB). Dieser Satz beträgt seit 1. 1. 1985 bis zur Vollendung des 6. Lebensjahres des Kindes 228 DM, vom 7.–12. Lebensjahr 276 DM, vom 13.–18. Lebensjahr 327 DM monatlich. Auf diesen Beträgen bauen auch die Unterhaltssätze der Düsseldorfer Tabelle auf, welche zweckmäßig zur Bemessung des Unterhalts minderjähriger unverheirateter Kinder herangezogen wird.[6] Der **Tabellenunterhalt** ist grundsätzlich nach dem Einkommen des nichtsorgeberechtigten Elternteils zu bemessen, zumal der selbstverdienende

---

[3] Vgl. Begr. des Regierungsentwurfs, BJM-Broschüre S. 275; *OLG Hamburg*, FamRZ 1981, 490.

[4] *BGH*, NJW 1981, 2462 = FamRZ 1981, 541.

[5] Grundsätzlich keine Barunterhaltspflicht des Sorgeberechtigten gegenüber dem minderjährigen unverheirateten Kind, *BGH*, NJW 1980, 2306 = FamRZ 1980, 994. Beweislast des Nichtbetreuenden (der den eigenen angemessenen Unterhalt nicht gefährdet, § 1603 Abs. 1, Abs. 2 Satz 2) für ausnahmsweise Heranziehung des Sorgeberechtigten, *BGH*, NJW 1981, 923 = FamRZ 1981, 347.

[6] Düsseldorfer Tabelle 1985: NJW 1984, 2330 = FamRZ 1984, 961 = ZblJugR 1984, 473; zu den Hammer Leitlinien s. NJW 1984, 2331 = FamRZ 1984, 983; Überblick Unterhaltsleitlinien der OLGe: NJW 1984, 278.

Sorgeberechtigte dem Kind regelmäßig zusätzlichen Unterhalt durch den erhöhten häuslichen Lebensstandard gewährt.[7] Nur wenn die wirtschaftliche Lage des Sorgeberechtigten **besonders** günstig ist **und** sein Einkommen das des Nichtsorgeberechtigten **erheblich** übersteigt, ist eine Kürzung des Tabellenunterhalts in Betracht zu ziehen.[8] Ohnehin sind die Tabellensätze in den letzten Jahren vor Eintritt der Volljährigkeit des Kindes – vor allem in den unteren Einkommensgruppen – als reine Bedarfssätze deutlich zu niedrig,[9] denn die Unterhaltsrente ist so zu bemessen, daß sie sämtliche vorhersehbaren Bedürfnisse abdeckt und hinreichenden Spielraum für eine vernünftige Planung voraussehbarer größerer Aufwendungen läßt.[10] Andererseits ist auch bei besonders guten wirtschaftlichen Verhältnissen des Verpflichteten nicht maßgeblich, was das Kind wünscht, sondern was es braucht.[11]

Auch das minderjährige Kind kann jedoch Unterhalt nur verlangen, soweit 564
es **bedürftig** ist (§ 1602 Abs. 2 BGB). Hat es eigenes Vermögen, aus dessen Erträgnissen sein Unterhalt bestritten werden kann (vgl. § 1649 BGB), so sind die Eltern nicht unterhaltspflichtig.[12] Ausbildungsvergütung ist, wie sonstige Erwerbs- oder Renteneinkünfte des Kindes, in voller Höhe bedarfsmindernd auf den Unterhaltsanspruch anzurechnen; dabei sind berufsbedingte oder sonstige Mehraufwendungen gegenüber den üblichen (Tabellen-) Unterhaltsbeträgen vorweg absetzen.[13]

Zu berücksichtigen ist ferner das **Kindergeld**, das ein Elternteil für jedes 565
Kind erhält (vgl. § 1 Nr. 1, § 2 Abs. 1 Nr. 1–3, § 3 BKGG), regelmäßig der Elternteil, der das Kind überwiegend unterhält, bzw. die Mutter, wenn ihr die Sorge für die Person des Kindes allein zusteht (vgl. § 3 Abs. 3 BKGG).[14] Sind aus der Ehe zB zwei Kinder hervorgegangen und wird die elterliche

---

[7] *BGH,* NJW 1981, 1559 = FamRZ 1981, 543.

[8] *BGH,* NJW 1984, 303 = FamRZ 1984, 39.

[9] *OLG Stuttgart,* FamRZ 1981, 993; *OLG Hamburg,* DAVorm 1982, 681; *OLG Frankfurt,* NJW 1982, 1233; vgl. *OLG Bremen,* FamRZ 1982, 1103.

[10] *BGH,* NJW 1983, 2082 = FamRZ 1983, 689.

[11] *BGH,* NJW 1983, 1429 = FamRZ 1983, 473.

[12] Zur Frage, ob von den Eltern gleichwohl erbrachte Unterhaltsleistungen der Schenkungsteuer unterliegen, vgl. *Carlé/Lagemann,* DStR 1976, 369; *Michel,* DStR 1977, 88.

[13] *BGH,* NJW 1981, 2462 = FamRZ 1981, 541. Der *BGH* verrechnet jedoch das Kindeseinkommen nicht voll auf den Barunterhalt, sondern anteilig (regelmäßig: je hälftig) auf Barunterhalt und Betreuungsunterhalt; hiergegen *OLG Stuttgart,* FamRZ 1981, 993. Auch nach dem BAföG gewährte Darlehen mindern regelmäßig die Bedürftigkeit des volljährigen Kindes, *BGH,* NJW 1985, 2331 = FamRZ 1985, 916.

[14] Eingehend hierzu *Göppinger,* Unterhaltsrecht, Rz. 164ff; BKGG Neubekanntmachung BGBl 1986 I 223. Das Erstkindergeld beträgt 50 DM, das Zweitkindergeld 100 DM, das Drittkindergeld 220 DM, das für das 4. und jedes weitere Kind je 240 DM monatlich. Übersteigt das Jahreseinkommen des Berechtigten und seines nicht dauernd getrennt lebenden Ehegatten einen Freibetrag, so wird das Kindergeld je nach Übersteigen stufenweise bis auf den Sockelbetrag von 70 DM für das zweite, von 140 DM für jedes weitere Kind gemindert, §§ 10, 11 BKGG. Bei geringem Einkommen Zuschlag, § 11 a.

Sorge nach der Scheidung dem einen Elternteil für das eine Kind und dem anderen Elternteil für das andere Kind übertragen, so steht jedem Elternteil das Kindergeld bezüglich des von ihm versorgten Kindes zu (s. auch zur einkommensteuerlichen Auswirkung Rz. 586ff.).

Erfüllen beide Elternteile die Voraussetzungen für die Gewährung des Kindergeldes, so können sie gem. § 3 Abs. 3 Satz 1 BKGG bestimmen, welcher Elternteil der Berechtigte sein soll (zur Antragstellung bei dem zuständigen Arbeitsamt s. §§ 17, 24 BKGG). Grundlage der Bestimmung kann im Innenverhältnis der geschiedenen Ehegatten eine Vereinbarung sein, die auch den Kindergeldausgleich zwischen den Eltern regelt (s. Rz. 566).

566 Das Kindergeld steht nicht dem Kind, sondern den Eltern zu.[15] Es hieße daher richtiger Elterngeld, denn es erhöht den Unterhaltsanspruch des Kindes nicht, sondern hat den Zweck, die Unterhaltslast des oder der Unterhaltsverpflichteten zu erleichtern.[16] Die Eltern haben sich daher das staatliche Kindergeld im Verhältnis zueinander im allgemeinen – bei Gleichwertigkeit von Barunterhalt und Betreuungsunterhalt, von der regelmäßig auszugehen ist – je zur Hälfte anzurechnen.[16] Hiernach hat ein **Kindergeldausgleich** an sich zwischen den Eltern zu erfolgen. Erhält der sorgeberechtigte Elternteil das Kindergeld ausbezahlt, so kann jedoch in aller Regel davon ausgegangen werden, daß er den dem barunterhaltspflichtigen Elternteil zustehenden Anteil unmittelbar dem Kinde zukommen läßt; da dessen Bedarf insoweit gedeckt wird, vermindert sich gem. § 1602 BGB der Unterhaltsanspruch des Kindes in aller Regel um die Hälfte des auf das Kind entfallenden Kindergeldes.[17] Bezieht der barunterhaltspflichtige Elternteil das Kindergeld, so kann das Kind den dem Sorgeberechtigten zustehenden Anteil in Prozeßstandschaft oder aufgrund Abtretung (ohne daß § 181 BGB entgegenstünde) mit seinem Unterhalt einklagen.[18]

Das den Eltern für mehrere gemeinschaftliche Kinder zustehende Kindergeld unterschiedlicher Höhe ist hierzu gem. § 12 Abs. 4 Satz 1 BKGG **gleichmäßig** auf diese Kinder zu verteilen, so daß sich für alle Geschwister der gleiche Kindergeldabzug ergibt. Haben die Eltern oder einer von ihnen dagegen noch weitere (nichtgemeinschaftliche) Kinder, für die ein höheres Kindergeld zusteht, so ist der hierdurch entstehende **Zählkindvorteil** nicht auszugleichen, denn die Unterhaltslast der Eltern gegenüber den gemeinschaftlichen Kindern wird nicht dadurch erhöht, daß ein weiteres, nichtgemeinschaftliches Kind vorhanden ist;[19] es verbleibt bei dem Ausgleich des Kindergeldes für die gemeinschaftlichen Kinder.

---

[15] *BGH,* NJW 1982, S. 1983 = FamRZ 1982, 887.
[16] *BGHZ* 70, 151 = NJW 1978, 753.
[17] *BGH,* NJW 1981, 170 = FamRZ 1981, 26; NJW 1981, 923 = FamRZ 1981, 347.
[18] *BGH,* NJW 1982 S. 1983 = FamRZ 1982, 887.
[19] So *BGH,* NJW 1981, 170 = FamRZ 1981, 26 (mit Nachw. zur früheren abw. Rspr. der Oberlandesgerichte); auch wenn im Einzelfalle Ungereimtheiten entstehen, *BGH,* NJW 1984, 2694 = FamRZ 1984, 1000.

b) Einzelfragen

aa) Krankenversicherung

567 Zum Unterhaltsanspruch des Kindes gehört auch der Anspruch auf eine Versorgung im Krankheitsfalle, d. h. auf eine Krankenversicherung und Zahlung der entsprechenden Beiträge. Diese Vorsorge für Fälle der Erkrankung, einschließlich zB der Zahnbehandlung, ist Teil des gesamten Lebensbedarfs (§ 1610 Abs. 2 BGB); meist kann nur durch eine Krankenversicherung heutzutage in sinnvoller Weise für alle Fälle von Erkrankungen und alle in Betracht kommenden evtl. sehr hohen Aufwendungen, zB bei Krankenhausbehandlungen, vorgesorgt werden.

568 Während der bestehenden Ehe der Eltern können die Kinder, was regelmäßig der Fall sein wird, in der Krankenversicherung des Vaters oder der Mutter **mitversichert** werden. Unterliegt ein Elternteil der Pflichtversicherung (§§ 165, 166 RVO), so erhält er für unterhaltsberechtigte Kinder Krankenhilfe und sonstige Hilfe unter den gleichen Voraussetzungen und im gleichen Umfange wie Versicherte (s. § 205 Abs. 1 RVO, s. dazu Rz. 240). Voraussetzung ist u. a., daß sich die Kinder gewöhnlich im Geltungsbereich der RVO aufhalten, kein Gesamteinkommen haben, das regelmäßig im Monat ein Sechstel der monatlichen Bezugsgröße überschreitet,[20] und nicht anderweit einen gesetzlichen Anspruch auf Krankenpflege haben (Abs. 1), ferner, daß sie das 18. Lebensjahr oder dann, wenn sie sich in Schul- oder Berufsausbildung befinden, das 25. Lebensjahr nicht vollendet haben (§ 205 Abs. 3 Satz 2 RVO, sowie dort Satz 3ff. zum Fall der Unterbrechung oder Verzögerung der Schul- oder Berufsausbildung). Im Falle der Unfähigkeit wegen körperlicher, geistiger oder seelischer Behinderung, sich selbst zu unterhalten, besteht der Anspruch auf Krankenhilfe usw. (§ 205 Abs. 1) ohne Altersgrenze (§ 205 Abs. 3 Satz 4 RVO).

569 Auch die Unterhaltstabellen, insbesondere die Düsseldorfer Tabelle, gehen davon aus, daß das Kind ohne zusätzliche Kosten bei einem Elternteil mitversichert ist. Wo dies nicht zutrifft, tritt der für die Krankenversicherung erforderliche Betrag zu dem Tabellenunterhalt hinzu (der notfalls aus einer niedrigeren Gruppe zu bemessen ist).[21]

570 Sind beide Eltern pflichtversichert, so wird eine Leistung, wenn der Anspruch gegen mehrere Krankenkassen oder gegen eine Krankenkasse mehr-

---

[20] Die für die Sozialversicherung maßgebende Bezugsgröße beträgt für 1987 monatl. 3010 DM, das Kind darf also kein höheres Einkommen als 501,67 DM monatlich haben (hierzu und zu weiteren Grenzwerten *Benner/Schneider*, BB 1987, Beil. 1, hierzu S. 22). Ferner darf der Elternteil, der nicht Mitglied der gesetzlichen Krankenversicherung ist, nur ein beschränktes Einkommen haben (s. Rz. 240).

[21] Vgl. *BGH*, FamRZ 1983, 676 = NJW 1983, 1552; *OLG Karlsruhe*, FamRZ 1980, 367; Hammer Leitl., FamRZ 1984, 965 Nr. 27, 37 (alle zum Ehegattenunterhalt); *Rabaa/Ruck*, DAVorm 1987, 13.

fach begründet ist, nur einmal gewährt (§ 205 Abs. 4 Satz 1). Leistungspflichtig ist die Kasse, an die vor der Erkrankung der höhere Beitrag zu entrichten war (§ 205 Abs. 4 Satz 2). Ob ein Unterhaltsanspruch gegen den anderen Elternteil besteht, ist in diesem Zusammenhange unerheblich.[22]

571 Leben die **Eltern getrennt** und befindet sich ein Kind im Haushalt eines Elternteils, so wird, wenn beide Elternteile pflichtversichert sind, regelmäßig die Kasse in Anspruch genommen, welcher der Elternteil angehört, mit dem das Kind in häuslicher Gemeinschaft lebt und von dem es ganz oder überwiegend unterhalten wird, vorausgesetzt, daß es sich gewöhnlich im Geltungsbereich der RVO aufhält und kein Gesamteinkommen hat, das regelmäßig im Monat ein Sechstel der Bezugsgröße überschreitet[20] (vgl. § 205 Abs. 3 Satz 1 RVO).

572 Sind die **Eltern geschieden** und lebt das Kind in häuslicher Gemeinschaft mit einem Elternteil, so gilt das gleiche. Für die Familienhilfe zugunsten eines Kindes macht es keinen Unterschied, ob die Ehe, aus der es hervorgegangen ist, noch besteht oder geschieden ist. Voraussetzung ist stets, daß das Kind gegenüber dem Elternteil, der für das Kind Krankenhilfe beansprucht, unterhaltsberechtigt ist (vgl. §§ 1601 ff., 1606 Abs. 3 BGB), d. h. daß ein konkreter Unterhaltsanspruch gegeben sein muß.[23] Hierfür ist es ausreichend, daß die Mutter ihre Unterhaltspflicht gegenüber dem Kinde durch die Pflege und Erziehung erfüllt (§ 1606 Abs. 3 Satz 2 BGB).

573 Ist ein Elternteil pflichtversichert, der andere in der gesetzlichen Krankenversicherung freiwillig versichert (§ 176, s. ferner § 176a RVO), so gilt das gleiche, wie wenn beide Elternteile pflichtversichert sind.

574 Ist ein Elternteil pflichtversichert oder freiwillig versichert (zB die Mutter), der andere Elternteil (zB der Vater) dagegen nicht (etwa weil er Beamter oder Richter ist), so greift die Familienhilfe iS des § 205 RVO ebenfalls durch, falls der Anspruch auf Leistungen gemäß § 205 Abs. 1 Satz 1 nicht nach Satz 2 entfallen ist (s. Rz. 240 Abs. 3, Beitritt des Kindes). Der Unterhaltsanspruch des Kindes gegen den anderen Elternteil (zB den Vater) steht einem gesetzlichen Anspruch auf Krankenhilfe iS des § 205 RVO nicht gleich. Ist der Vater etwa privatversichert, so können die Kinder, auch wenn die Frau pflichtversichert ist, zwar in der privaten Krankenversicherung bleiben. Doch wird es sich dann empfehlen, die private Krankenversicherung für die Kinder auf eine Zusatzversicherung zu beschränken, zB vor allem für Krankenhauskosten in höherer Pflegeklasse und für höhere Arztkosten im Krankenhaus, wenn der Fortbestand der Pflichtversicherung der Mutter auf längere Zeit gesichert ist.

575 Sind beide Elternteile **privatversichert**, so ist es ihnen überlassen zu bestimmen, in welcher privaten Krankenversicherung die Kinder mitversichert werden sollen, in der Weise, daß der Elternteil als Versicherungsnehmer gilt. Die

---

[22] *BSGE* 11, 30, 34.

[23] *Peters*, § 205 RVO Anm. 9; *Brackmann*, II S. 408a; *BSGE* 11, 30; vgl. *BSG*, FamRZ 1981, 353.

Kinder können auch in der Versicherung des Elternteils mitversichert sein und bleiben, der nicht sorgeberechtigt ist. In diesem Falle ist der andere sorgeberechtigte Elternteil befugt, selbst die Anträge auf Erstattung von Aufwendungen an die Krankenkasse des anderen Elternteils einzureichen.

Vereinbarungen über die weitere Krankenversicherung der Kinder nach der Scheidung der Ehe der Eltern können in folgender Weise getroffen werden: 576

Sind die Kinder in einer gesetzlichen Krankenversicherung eines Elternteils mitversichert (§ 205 RVO), so kann vereinbart werden, daß für die Kinder eine private Zusatzversicherung abgeschlossen wird und welcher Elternteil Versicherungsnehmer sein und die Versicherungsbeiträge leisten soll. Hierbei muß aber dann Vorsorge dafür getroffen werden, daß bei Eintritt des Versicherungsfalles, zB Einlieferung eines Kindes in ein Krankenhaus, die Versicherungsgesellschaft, bei der die Zusatzversicherung besteht, unverzüglich benachrichtigt wird.

Ist der sorgeberechtigte Elternteil privatversichert, so kann sich der andere Elternteil verpflichten, die Aufwendungen für die Mitversicherung der Kinder zu erstatten. 577

Sind beide Elternteile privatversichert und sind die Kinder in der Versicherung des einen Elternteils mitversichert, so können die Eltern eine Vereinbarung darüber treffen, ob diese Versicherung, zB wenn der nichtsorgeberechtigte Elternteil Versicherungsnehmer ist, beibehalten werden soll. Bei einer Änderung der Versicherung in der Weise, daß die Kinder in der Versicherung des anderen Elternteils mitversichert werden sollen, sind eventuelle Wartezeiten und Beschränkungen des Versicherungsschutzes bezüglich etwaiger Folgen früherer Erkrankungen oder Leiden zu beachten. 578

Zu steuerlichen Auswirkungen bezüglich der Versicherungsbeiträge vgl. Rz. 322f., 326a.

bb) Unterhaltsverzicht sowie Freistellung von Unterhaltsansprüchen des Kindes

In einer Vereinbarung über die Regelung der Unterhaltspflicht darf ein **Verzicht** auf den Unterhaltsanspruch des Kindes für die Zukunft auch **nicht** teilweise enthalten sein (**§ 1614 Abs. 1 BGB**). 579

Hinsichtlich dieses gesetzlichen Unterhaltsanspruchs ist damit eine vertragliche Regelung nur innerhalb des gesetzlich zugelassenen Rahmens der Angemessenheit (s. § 1610 Abs. 1 BGB) zulässig;[24] unter dem sich aus dem Betrag des Regelbedarfs, gegebenenfalls abzüglich des Kindergeldausgleichs ergebenden Betrag darf die Unterhaltsrente für das bedürftige Kind nur in Ausnahmefällen bei Leistungsunfähigkeit (§§ 1603, 1610 Abs. 3 BGB)[25] lie-

---

[24] Vgl. *Göppinger*, Unterhaltsrecht, Rz. 1324; *Palandt/Diederichsen*, § 1614 BGB Anm. 2.

[25] Eingehend zum Einwand der beschränkten Leistungsfähigkeit *Göppinger/Wenz*, Unterhaltsrecht, Rz. 1152 bis 1230; s. ferner oben Rz. 10 m. Fußn. 28.

gen. Im übrigen enthält das Gesetz aber keine festen Grenzen, so daß ein Beurteilungsspielraum verbleibt. Ein Verstoß gegen die Vorschrift des § 1614 Abs. 1 macht die Vereinbarung nichtig (§ 134 BGB).

580 §§ 1614 Abs. 1, 1610 Abs. 3 BGB stehen indes einer Vereinbarung der Eltern des Inhalts nicht entgegen, daß ein Elternteil **sich verpflichtet,** den anderen von Unterhaltsansprüchen eines Kindes **freizustellen.** Die Eltern können sich im Verhältnis zueinander über ihre Unterhaltsbeiträge (§ 1606 Abs. 3) verständigen und grundsätzlich auch einen Elternteil von der Unterhaltsleistung freistellen. Der Unterhaltsanspruch des Kindes wird durch diese Abrede nicht betroffen, die als Erfüllungsübernahme anzusehen ist.[26] Doch darf sich die Vereinbarung nicht zum Nachteil des Kindes auswirken, andernfalls ist sie als gegen die guten Sitten verstoßend und damit als nichtig zu beurteilen (§ 138 BGB). Sie darf sich nicht als (teilweiser) Verzicht des Unterhaltsanspruchs des Kindes darstellen, andernfalls greift § 1614 Abs. 1 BGB ein (s. Rz. 579). **Nichtig** gem. § 138 Abs. 1 BGB sind auch Vereinbarungen, die die Freistellung eines Elternteils vom Kindesunterhalt ohne Rücksicht auf das Wohl des Kindes oder in anstößiger Weise zur Erlangung wirtschaftlicher Vorteile mit Vereinbarungen über das Sorgerecht oder das Umgangsrecht koppeln, in denen das Kind also in einem Sorgerechtsvorschlag der Eltern zum Gegenstand eines Handels gemacht oder das Umgangsrecht als Tauschobjekt benutzt wird.[26]

581 Für zulässig zu halten ist es grundsätzlich zwar auch, daß der künftige Partner des Ehegatten erklärt, er stelle den anderen Ehegatten von der Unterhaltspflicht frei, solange das Kind in seinem Haushalt lebe, zB der künftige Ehemann der Frau stellt den Vater des Kindes oder die künftige Ehefrau des Mannes stellt die Mutter des Kindes von Unterhaltsansprüchen frei.[27] Eine solche Vereinbarung kann bezwecken, das Kind in die neue Familie besser zu integrieren. Sie ist jedoch bedenklich, wenn sie dazu dienen soll, die Bindungen des Kindes zum nichtsorgeberechtigten Elternteil zu beeinträchtigen und dem Kind diesen Elternteil zu nehmen. Die Vereinbarung ist weder als eine Schenkung noch als eine Bürgschaft zu beurteilen, sondern regelmäßig als eine Erfüllungsübernahme (§ 329 BGB), also auch nicht als ein Vertrag zugunsten eines Dritten (§ 328 BGB).[27]

cc) Volljähriges Kind

582 Ist ein Kind bereits volljährig, aber noch unterhaltsbedürftig, zB weil es noch in der Schul- oder Berufsausbildung steht, so sind bezüglich der Unterhaltsansprüche dieses Kindes die Vorschriften der §§ 1629 Abs. 2, 3 BGB, 630 ZPO nicht anzuwenden.[28] Dagegen, daß die Eltern etwa im Wege eines

---

[26] *BGH,* NJW 1986, 1167 = FamRZ 1986, 444 = JR 1986, 324 m. Anm. *Göppinger;* vgl. ferner auch Rz. 84, 315a, 632 sowie *BGH,* FamRZ 1987, 934.

[27] *KG,* FamRZ 1974, 449 (vgl. auch *BGH,* FamRZ 1986, 254).

[28] Vgl. *BGH,* NJW 1983, 2084 = FamRZ 1983, 474.

Vertrages zugunsten eines Dritten (§ 328 BGB) den Unterhaltsanspruch des Kindes regeln und hierzu mit dem gerichtlich protokollierten Vergleich einen Vollstreckungstitel errichten, sind Bedenken zu erheben.[29] Die Beteiligung des volljährigen Kindes – vertreten durch einen von ihm bevollmächtigten Elternteil – als Prozeßpartei am Verbundverfahren über die Scheidung der Ehe der Eltern und Folgesachen und damit der Beitritt des volljährigen Kindes zu einem im Verbundverfahren abgeschlossenen Vergleich der Eltern erscheint ebenfalls nicht statthaft, da eine Unterhaltssache, in der ein Dritter (außer den Ehegatten) Verfahrensbeteiligter wird, gem. § 623 Abs. 1 Satz 2 ZPO n. F. von dem Verbundverfahren abgetrennt wird. Im übrigen handelt es sich hier meist schon deshalb nicht um eine Folgesache, weil das volljährige Kind den Unterhalt in der Regel unbedingt und nicht nur für den Fall der Scheidung der Ehe der Eltern begehrt (§ 623 Abs. 1 Satz 1 ZPO).

Der Unterhalt des volljährigen Kindes kann danach nur in einem selbstän- 583
digen Verfahren geregelt werden;[30] klagt es im Verbund oder wird es während des Scheidungsverfahrens volljährig, so ist die Sache abzutrennen (gem. §§ 623 Abs. 1 Satz 2, 145 – nicht § 628 – ZPO).[31] Keiner Regelung bedarf es, wenn ein zeitlich nicht begrenzter Unterhaltstitel aus der Zeit der Minderjährigkeit vorliegt. Dieser gilt nach Vollendung des 18. Lebensjahres weiter und kann auf Abänderungsklage hin abgeändert werden.[32]

dd) Spätere Änderungen

Da der über den Unterhalt geschlossene gerichtliche Vergleich nach **§ 1629** 584
Abs. 3 Satz 2 BGB für und gegen das Kind wirkt, ist dieses (gesetzlich vertreten durch den – wie regelmäßig – sorgeberechtigten Elternteil, § 1671 BGB) in Abänderungsverfahren zum Zwecke der Anpassung des Vollstreckungstitels an Veränderungen der Geschäftsgrundlage – vgl. Rz. 253ff. – oder gem. §§ 641l ff. ZPO selbst aktiv und passiv legitimiert.

Für diese späteren Abänderungsverfahren können in der **Vereinbarung** 585
Klauseln aufgenommen werden, zB dahingehend, daß Abänderungsverlangen des Unterhaltspflichtigen ausgeschlossen oder eingeschränkt werden, etwa bei Wiederverheiratung, oder daß bei Änderung der allgemeinen wirtschaftlichen Entwicklung und einer Abänderung zugunsten des Unterhaltspflichtigen nur eine geringere als die nach der Anpassungs-VO zulässige Änderung vorgenommen werden darf (vgl. § 641m Abs. 1 Nr. 5, sowie § 641o Abs. 1 ZPO). Dagegen darf zum Nachteil des Kindes keine nach dem Gesetz zulässige Möglichkeit der Abänderung eingeschränkt werden; eine solche Klausel wäre gemäß §§ 1614 Abs. 1, 134 BGB nichtig.

---

[29] Vgl. *BGH*, FamRZ 1979, 787.

[30] Bzw. durch außergerichtlichen Vergleich zwischen volljährigem Kind einer-, Eltern (Elternteil) andererseits; bzw. vollstreckbare Urkunde, § 794 Abs. 1 Nr. 5 ZPO.

[31] Dasselbe muß übrigens gelten, falls beim Minderjährigen § 1629 Abs. 3 nicht eingreift, weil ausländisches Recht anzuwenden ist (s. aber Rz. 119).

[32] *BGH*, FamRZ 1983, 582; NJW 1984, 1613 = FamRZ 1984, 682.

2. Steuerrechtliche Fragen

a) Berücksichtigung von Kindern bei der Einkommen- und Lohnsteuer

aa) Die steuerliche Bedeutung von Kindern

586 Die Kinderzahl ist für die Besteuerung von Bedeutung, und zwar für die Gewährung des Haushaltsfreibetrags (§ 32 Abs. 7 EStG), für die zumutbare Belastung (§ 33 Abs. 3 EStG), für die Höhe der Arbeitnehmer-Sparzulage (§ 12 VermBG), für die Prämien nach dem SparPG (bis einschl. 1986) und dem WoPG sowie für die Bemessung der Kirchensteuer (§ 51 a EStG). Für die Steuerermäßigung nach § 34f EStG (bei Inanspruchnahme der erhöhten Absetzung nach § 7b EStG) sind zwar das Vorliegen eines Kindschaftsverhältnisses und die dauernde Haushaltszugehörigkeit des Kindes, nicht aber dessen Zuordnung maßgebend. Im Bereich der Vorsorgeaufwendungen (Vorsorgepauschale und Höchstbetrag) werden ab 1. 1. 1986 Kinder nicht mehr berücksichtigt.

bb) Kinderbetreuungskosten

586a Bei allein erziehenden Steuerpflichtigen, denen wegen eines Kindes ein Haushaltsfreibetrag (nach § 32 Abs. 4 EStG, nach § 32 Abs. 3 Nr. 2 EStG 1975–1981, ein Sonderfreibetrag nach § 32 Abs. 3 Nr. 1 Buchst. b EStG 1971/1975) zusteht, ist der mit der Kindererziehung verbundene Betreuungsaufwand nach dem Urteil des BVerfG v. 3. 11. 1982[1] durch die Haushaltsfreibeträge nicht ausreichend berücksichtigt. Deshalb anerkennt nunmehr § 33c EStG[2] als außergewöhnliche Belastung die Kinderbetreuungskosten eines unbeschränkt steuerpflichtigen erwerbstätigen *Alleinstehenden* und *ab 1. 1. 1986*[2] auch eines behinderten oder für mindestens 3 zusammenhängende Monate kranken *Alleinstehenden* sowie von solchen unbeschränkt steuerpflichtigen *Ehegatten,* bei denen einer erwerbstätig und der andere behindert oder für mindestens 3 zusammenhängende Monate krank ist, oder die beide die vorgenannten Behinderungs- und Krankheitsvoraussetzungen aufweisen. Beschränkt Steuerpflichtigen steht diese Steuerermäßigung nicht zu. *Alleinstehend* sind Unverheiratete sowie Verheiratete, die von ihrem Ehegatten dauernd getrennt leben oder deren Ehegatte nicht unbeschränkt einkommensteuerpflichtig ist (vom Zeitpunkt der Trennung an, auch wenn für das Kalenderjahr noch die Zusammenveranlagung in Betracht kommt). *Erwerbstätig* in diesem Sinne sind solche Alleinstehende, die in einem solchen Umfang

---

[1] *BVerfG,* BStBl 1982 II 717 = BVerfGE 61, 319 = BB 1982, 2031 = NJW 1983, 271 = FamRZ 1983, 129.

[2] StSenkG 1986/1988, BGBl 1985 I 1153 = BStBl 1985 I 391; BMF, BStBl 1985 I 915.

berufstätig sind, daß ihnen daneben die Betreuung ihrer Kinder nicht möglich ist.[3] *Kinderbetreuungskosten* in diesem Sinne sind Aufwendungen für Dienstleistungen zur Betreuung eines zum Haushalt gehörenden Kindes,[4] das unbeschränkt einkommensteuerpflichtig ist und zu Beginn des Kalenderjahrs das 16. Lebensjahr noch nicht vollendet hatte. Zum *Haushalt* gehört das Kind, wenn es bei einheitlicher Wirtschaftsführung unter der Leitung des Alleinstehenden dessen Wohnung teilt oder sich mit seiner Einwilligung vorübergehend außerhalb der Wohnung aufhält (zB in einem Internat).[5] Begünstigt sind zB *Aufwendungen* für Kindergarten, -tagheim, Tagesmutter, Internat, *nicht* jedoch für Unterricht, Vermittlung besonderer Fähigkeiten sowie für sportliche und andere Freizeitbeschäftigungen. Von den begünstigten Aufwendungen ist die zumutbare Belastung (§ 33 Abs. 3 EStG, Rz. 594) abzusetzen;[6] der verbleibende Betrag darf bei Alleinstehenden mit einem Kind *4000 DM* und für jedes weitere Kind *2000 DM* nicht übersteigen;[6] mindestens werden 480 DM für jedes Kind berücksichtigt. Diese Höchst- bzw. Pauschbeträge ermäßigen sich für jeden vollen Monat, in dem das Kind nicht zum Haushalt des Alleinstehenden gehört hat, um ein Zwölftel.

cc) Kinderfreibetrag

586b Der Kinderfreibetrag ist erstmals wieder für 1983 eingeführt worden. Bis einschließlich 1985 betrug er 432 DM. Er wurde bei zusammen veranlagten Ehegatten nur einmal berücksichtigt, auch wenn beide zu dem Kind in einem Kindschaftsverhältnis (Rz. 587) stehen. Bei dauernd getrennt lebenden oder geschiedenen Eltern sowie bei Eltern nichtehelicher Kinder wurde der Kinderfreibetrag dem zuordnungsberechtigten (Rz. 588) Elternteil in voller Höhe berücksichtigt. Jenem Elternteil, dem das Kind nicht zuzuordnen war, der aber seiner Unterhaltsverpflichtung für den Veranlagungszeitraum nachgekommen ist, wurde der Kinderfreibetrag zur Hälfte gewährt.

Ab 1. 1. 1986[2] beträgt der Kinderfreibetrag 1242 DM (auf der Lohnsteuerkarte Zähler 0,5). Bei Ehegatten, die beide zu dem Kind in einem Kindschaftsverhältnis (Rz. 587) stehen, verdoppelt er sich auf 2484 DM (auf der Lohnsteuerkarte Zähler 1). Der verdoppelte Kinderfreibetrag von 2484 DM wird auch abgezogen, wenn

---

[3] Hierzu gehören m. E. auch Studenten, vgl. *BVerfG*, BStBl 1978 II 174 = BVerfGE 37, 1 = DStR 1978, 169 = BB 1978, 341 = DB 1978, 616 = NJW 1978, 877; aA offenbar *BMF* s. Fn. 2; vgl. auch *Scheuermann-Kettner/Lantau*, BB 1985, 915.

[4] Hierzu gehören nicht Fahrkosten zur Betreuungsperson (*BFH*, BStBl 1987 II 167 = BFHE 148, 22 = DB 1987, 207 = DStR 1987, 91) und nicht die Kosten der Beköstigung des Kindes (*BFH*, DB 1987, 1333 = BFHE 149, 211).

[5] Abschn. 181 Abs. 2 Nr. 3 EStR; *BFH*, BStBl 1981 II, 54 = BFHE 131, 514 = BB 1981, 99 = DB 1981, 1263 = DStR 1981, 62 = FR 1981, 76.

[6] *Kanzler* (FR 1986, 1 ff.) hält die Anrechnung der zumutbaren Belastung im wesentlichen verfassungsrechtlich für nicht zulässig; ebenso *Schmidt/Drenseck* EStG § 33 c Anm. 4 f. Zur Verfassungsmäßigkeit der Höchstbeträge: *Grune*, DStR 1987, 22.

- der andere Elternteil vor Beginn des Kalenderjahrs verstorben ist oder während des ganzen Kalenderjahrs nicht unbeschränkt einkommensteuerpflichtig gewesen ist (d. h. seinen Wohnsitz und gewöhnlichen Aufenthalt nicht im Inland hatte),
- der Steuerpflichtige das Kind allein „adoptiert" hat oder das Kind nur zu ihm in einem Kindschaftsverhältnis stand

(§ 32 Abs. 6 EStG). Diese Kinderfreibeträge werden bereits durch Eintragung auf der Lohnsteuerkarte im Lohnsteuer-Abzugsverfahren durch den Arbeitgeber berücksichtigt (§ 39 Abs. 3 EStG).

Bei *dauernd getrennt lebenden oder geschiedenen Eltern sowie bei Eltern nichtehelicher Kinder,* die beide leben und unbeschränkt einkommensteuerpflichtig sind (d. h. ihren Wohnsitz oder gewöhnlichen Aufenthalt im Inland haben), gilt folgendes:

- Kommt ein Elternteil gegenüber dem Kind für das Kalenderjahr seiner Unterhaltsverpflichtung nach, der andere jedoch nicht oder nur zu einem unwesentlichen Teil,[7] so kann auf Antrag des seine Unterhaltspflicht erfüllenden Elternteils der Kinderfreibetrag des anderen Elternteils ohne dessen Zustimmung auf ihn übertragen werden.
- In anderen Fällen kann der Kinderfreibetrag auf Antrag von einem Elternteil auf den anderen übertragen werden, wenn der abgebende Elternteil dem Antrag zustimmt; die Zustimmung kann nicht widerrufen werden

(§ 32 Abs. 6 EStG). Wird der Kinderfreibetrag übertragen, so gehen auch der *Ausbildungsfreibetrag* (Rz. 591) sowie der *Pauschbetrag für Körperbehinderte und Hinterbliebene* (Rz. 593) auf den berechtigten Elternteil über. Diese Übertragungen können nicht im Lohnsteuerabzugsverfahren, sondern nur beim Einkommensteuer-Veranlagungsverfahren durchgeführt werden (§ 46 Abs. 2 Nr. 4a EStG).

dd) Haushaltsfreibetrag

586c Der Haushaltsfreibetrag beträgt ab 1. 1. 1986[2] 4536 DM und ab 1. 1. 1988[8] 4752 DM (§ 32 Abs. 7 EStG). Er wird jenen Alleinstehenden[9] gewährt, die

---

[7] Unwesentlich ist der Unterhaltsbeitrag, wenn die Verpflichtung zu weniger als der Hälfte erfüllt wird. Die Höhe der Unterhaltsverpflichtung bemißt sich nach bürgerlichem Recht. Soweit sie nicht durch eine gerichtliche Entscheidung bestimmt ist, legt die Finanzverwaltung die von den OLG als Leitlinien aufgestellten Unterhaltstabellen (zB Düsseldorfer Tabelle) zugrunde (Rz. 563). Elternteile, die mangels Leistungsfähigkeit bürgerlich-rechtlich nicht unterhaltspflichtig sind, behandelt die Finanzverwaltung, als ob sie ihrer Unterhaltspflicht nicht nachgekommen wären. Werden für ein Pflegekind Mittel der Jugend- und Sozialfürsorge in Anspruch genommen, so kommt es darauf an, inwieweit die Eltern die auf die Behörde übergeleitete Unterhaltsforderung erfüllen (*BMF,* BStBl 1986 I 268; DStZ/E 1986, 179; BStBl 1987 I 170).

[8] StSenkErwG 1988 (BGBl 1987 I 1629).

[9] Alleinstehende sind auch Ehegatten, die während des ganzen Kalenderjahrs dauernd getrennt gelebt haben oder deren anderer Ehegatte nicht unbeschränkt einkommensteuerpflichtig ist (d. h. nicht im Inland einen Wohnsitz oder gewöhnlichen Aufenthalt gehabt hat).

keinen Anspruch auf den Splittingtarif (§ 32 Abs. 6 EStG) haben[10] und einen Kinderfreibetrag erhalten. Ist der andere Elternteil unbeschränkt einkommensteuerpflichtig, so erhält der Alleinstehende den Haushaltsfreibetrag aber nur, wenn das Kind ihm zuzuordnen ist (Rz. 588). Wird der Kinderfreibetrag für ein Kind, das dem Alleinstehenden zuzuordnen ist, auf den anderen Elternteil übertragen, so erhält der Alleinstehende den Haushaltsfreibetrag nicht, es sei denn, er erhält außerdem für ein anderes Kind einen Kinderfreibetrag.

ee) Begriff der Kinder

Ab 1. 1. 1986[2] werden nur noch solche Kinder berücksichtigt, die unbeschränkt einkommensteuerpflichtig sind; das bedeutet, daß für Kinder, die während des ganzen Kalenderjahrs ihren Wohnsitz[11] oder gewöhnlichen Aufenthalt nicht im Inland haben, ein Kinderfreibetrag stets ausgeschlossen ist.[12] Außerdem setzt die Berücksichtigung voraus, daß die Kinder zum Steuerpflichtigen oder zu seinem von ihm nicht dauernd getrennt lebenden Ehegatten in einem der folgenden Kindschaftsverhältnisse stehen: 587

- **Kinder,** die im ersten Grad mit dem Steuerpflichtigen verwandt sind; das sind leibliche Kinder (eheliche, für ehelich erklärte und nichteheliche Kinder, auch im Verhältnis zu ihrem leiblichen Vater, § 1600a BGB) und angenommene Kinder (§§ 1741–1772 BGB),[13]

---

[10] Nach § 32a Abs. 6 EStG erhält ein Alleinstehender den Splittingtarif in dem Jahr, das dem Todesjahr seines Ehegatten folgt, wenn die Ehegatten im Todesjahr die Voraussetzungen der Zusammenveranlagung erfüllt haben (Rz. 327b), sowie beim Tod des Alleinstehenden oder in Scheidungsfällen, wenn der andere Ehegatte im Todes- oder Scheidungsjahr wieder geheiratet hat und sowohl mit ihm als auch mit dem neuen Ehegatten die Voraussetzungen der Zusammenveranlagung erfüllt.

[11] Wohnsitz bedeutet das Innehaben einer Wohnung (§ 8 AO); ein Kind ist mE deshalb weiterhin unbeschränkt einkommensteuerpflichtig, wenn es zB nur vorläufig zur Berufsausbildung im Ausland lebt, ihm aber in der Wohnung der Eltern noch ein Zimmer zur jederzeitigen kurzfristigen Nutzung zur Verfügung steht. Die neue Vorschrift (Fn. 2) zielt deshalb im wesentlichen auf Gastarbeiter sowie auf nicht intakte Familien ab, die ihre Kinder im Ausland haben (*Schulze zur Wiesche*, DStZ 1985, 482).

Kinder, die Deutsche im Sinne des Art. 116 GG sind, und ihren Wohnsitz oder gewöhnlichen Aufenthalt in der *DDR*, in *Berlin(Ost)* oder in einem Ostblockstaat haben, dessen Behörden die Ausreise aus politischen Gründen verweigern, berücksichtigt die Finanzverwaltung bei den unbeschränkt einkommensteuerpflichtigen Eltern oder Elternteilen aus Billigkeitsgründen, wenn die übrigen Voraussetzungen hierfür vorliegen und die Eltern oder Elternteile ihrer Unterhaltsverpflichtung gegenüber dem Kind für das Kalenderjahr im wesentlichen nachkommen (*BMF*, BStBl 1985 I 635).

[12] Unterhaltsleistungen an derartige Kinder können nur als außergewöhnliche Belastungen nach § 33a Abs. 1 EStG berücksichtigt werden (Rz. 335ff.).

[13] Bei **Adoptivkindern** kommt eine zusätzliche Berücksichtigung bei den leiblichen Eltern nur noch dann in Betracht, wenn durch die Annahme als Kind das Verwandtschaftsverhältnis zu den leiblichen Eltern nicht erloschen ist (§§ 1770, 1772 BGB, Art. 12 § 7 Abs. 2 AdoptG); ist das Kind bereits zu Beginn des Kalenderjahrs ange-

– **Pflegekinder;** dies sind Kinder, die mit den Pflegeeltern, in deren Haushalt sie leben, auf Dauer in einem dem Eltern-Kind-Verhältnis ähnlichen Band verbunden sind.[14]

Stiefkinder[15] werden ab 1. 1. 1986 nicht mehr als einkommensteuerliches Kindschaftsverhältnis behandelt.[2] Das schließt aber nicht aus, daß das Stiefkind als Kind des anderen Ehegatten berücksichtigt werden kann.

---

nommen, so wird ab 1. 1. 1986 in diesen Fällen (regelmäßig der Volljährigenadoption) das angenommene Kind bei den leiblichen Eltern nur berücksichtigt, wenn diese ihrer Unterhaltsverpflichtung gegenüber dem Kind im wesentlichen nachgekommen sind (§ 32 Abs. 1 Satz 2 EStG). Die Finanzverwaltung geht davon regelmäßig aus, wenn der eigene Kostenbeitrag im Jahresdurchschnitt mindestens 150 DM monatlich beträgt (*BMF*, BStBl 1986 I, 268). Im Adoptionsjahr wird jedoch das Kind auch bei den leiblichen Eltern berücksichtigt.

[14] Der **Begriff des Pflegekindes** beruht nicht auf bürgerlichem Recht (vgl. nun auch § 1632 Abs. 4 BGB). Er ist auch zwischen Geschwistern denkbar (*BFH*, BStBl 1975 II 636 = BFHE 115, 477 = BB 1975, 1191 = DB 1975, 1537 = FR 1975, 356; BStBl 1977 II 832 = BFHE 123, 380 = BB 1977, 1683 = DB 1977, 2414). Voraussetzung ist, daß das Kind aus dem natürlichen Obhuts- und Pflegeverhältnis zu den leiblichen Eltern ausgeschieden ist; unschädlich ist, wenn die leiblichen Eltern oder eine öffentliche Kasse Unterhaltsbeiträge leisten. Ein Pflegekindschaftsverhältnis liegt nicht vor, wenn das Kind von vornherein nur für eine begrenzte Zeit oder nur wegen des Erwerbs in den Haushalt des Steuerpflichtigen aufgenommen wird. Nach einer widerlegbaren Vermutung der Finanzverwaltung handelt es sich nur um ein Kostkind, wenn der Steuerpflichtige mehr als 5 Kinder in seinem Haushalt aufgenommen hat (*BMF*, BStBl 1986 I 268).

Ab 1. 1. 1986 (Fn. 2) ist weitere Voraussetzung für das Pflegekindschaftsverhältnis, daß der Steuerpflichtige das Kind mindestens zu einem nicht unwesentlichen Teil auf seine Kosten unterhält. Davon geht die Finanzverwaltung regelmäßig aus, wenn der eigene Kostenbeitrag im Jahresdurchschnitt mindestens 150 DM monatlich beträgt. Von einer Prüfung dieses Kostenbeitrags sieht die Finanzverwaltung aus Vereinfachungsgründen ab, wenn das Pflegegeld und/oder andere Mittel, die die Pflegepersonen für den Unterhalt des Kindes erhalten, insgesamt den in Betracht kommenden Pflegegeldsatz des zuständigen *Jugendamtes* nicht übersteigen (*BMF*, BStBl 1986 I 268). Kindergeld oder entsprechende Leistungen für Kinder (§ 8 Abs. 1 BKGG) sowie Erziehungsbeiträge des Jugendamtes oder entsprechende Leistungen (zB der Eltern) bleiben als eigene Mittel der Pflegeeltern dabei außer Betracht. Eigene Einkünfte und zur Bestreitung des Unterhalts geeignete Bezüge des Kindes mindern die Unterhaltsbelastung der Pflegeeltern und werden ggf. bei der Bemessung des Pflegegeldes berücksichtigt. Sie können deshalb außer acht gelassen werden, sofern sie die Zahlung von Pflegegeld nicht ausschließen.

Bestand des Pflegekindschaftsverhältnis schon zu Beginn des Kalenderjahres, so kann das Kind bei seinen leiblichen Eltern nur berücksichtigt werden, wenn diese ihrer Unterhaltsverpflichtung im wesentlichen nachgekommen sind (§ 32 Abs. 1 Satz 2 EStG). Im Kalenderjahr der Begründung des Pflegekindschaftsverhältnisses wird jedoch das Kind bei den leiblichen Eltern ohne Rücksicht auf deren Unterhaltsleistungen berücksichtigt.

[15] Der Begriff wird im EStG und im Sozialrecht verwendet und ist den Zivil- und Strafgesetzen fremd (vgl. auch § 1371 Abs. 4 BGB, sowie § 11 Abs. 1 Nr. 1a StGB [Angehörige, Verschwägerte]).

ff) Zuordnung der Kinder

Die Zuordnungsregeln, haben ab 1. 1. 1986[2] nur noch Bedeutung für die Gewährung des Haushaltsfreibetrags (Rz. 587), des Freibetrags für die Kontaktpflege mit dem Kind (Rz. 589) sowie für staatliche Sparförderungs- und Vermögensbildungsmaßnahmen (WoPG, bis einschl. 1986 SparPG, VermBG). Danach kann ein unbeschränkt einkommensteuerpflichtiges Kind bei geschiedenen, bei dauernd getrennt lebenden Eltern sowie bei Eltern nichtehelicher Kinder nur bei einem Elternteil berücksichtigt werden, sofern zu beiden Elternteilen dasselbe Kindschaftsverhältnis besteht (§ 32 Abs. 4 Satz 2 EStG).[16] Das Kind wird zugeordnet 588

- dem Vater, wenn das Kind
  - erstmals im Kalenderjahr bei ihm mit Hauptwohnung gemeldet war,[17]
  - weder bei ihm noch bei der Mutter mit Hauptwohnung gemeldet war oder wenn es in einer gemeinsamen Wohnung der Eltern gemeldet war und der Vater durch eine Bescheinigung der zuständigen Behörde, die von der Landesregierung bestimmt ist (zB des Jugendamts), nachweist, daß das Kind zu seinem Haushalt gehört hat[18]
- der Mutter, wenn das Kind
  - erstmals im Kalenderjahr bei ihr mit Hauptwohnung gemeldet war,[17]
  - weder bei ihr noch bei dem Vater mit Hauptwohnung gemeldet war oder wenn es in einer gemeinsamen Wohnung der Eltern gemeldet war und der Vater nicht durch eine Bescheinigung der zuständigen Behörde nachweist, daß das Kind zu seinem Haushalt gehört hat.[16]

Diese Zuordnungsregeln sind aber nur bei Elternpaaren anzuwenden, dessen Kinder zu beiden Elternteilen in demselben Kindschaftsverhältnis stehen.[16]

---

[16] Beispiele in *Göppinger/Märkle*, Unterhaltsrecht, Rz. 2025–2034.

[17] Die Anmeldung des Kindes bei der Meldebehörde ist auch dann allein maßgebend, wenn sich das Kind tatsächlich beim anderen Elternteil aufhält (*BFH*, BStBl 1982 II 111 = BFHE 134, 277 = BB 1982, 169 = DB 1982, 579 = DStR 1982, 90 = FR 1982, 44) und die Meldung allein zur Erlangung der Kinderadditive unrichtig vorgenommen worden ist (*BFH*, BStBl 1982 II 733 = BFHE 136, 230 = BB 1982, 1843 = DB 1982, 2067 = DStR 1982, 541 = FR 1982, 541). Auch für die Frage, ob eine gemeinsame Wohnung beider Elternteile vorgelegen hat, ist der Eingang der Ummeldung eines Elternteils bei der Meldebehörde maßgebend (*BFH*, BStBl 1985 II 8 = BFHE 142, 119 = BB 1985, 37 = DB 1984, 2669 = DStR 1984, 759 = FR 1985, 24). Für das Kalenderjahr der Begründung des Kindschaftsverhältnisses (zB durch Geburt, Adoption) ist die erstmalige Anmeldung maßgebend, ansonsten die Verhältnisse zu Beginn des Kalenderjahrs, auch wenn der zuordnungsberechtigte Elternteil kurz nach Beginn des Kalenderjahrs stirbt und der andere Elternteil das Kind sodann in seinen Haushalt aufnimmt (*BFH*, BStBl 1983 II 9 = BFHE 136, 481 = BB 1982, 2091 = DB 1983, 210 = DStR 1983, 52 = FR 1983, 46).

[18] Leben Vater und Mutter in nichtehelicher Gemeinschaft, so genügt es für die Zuordnung beim Vater, wenn die zuständige Behörde bescheinigt, daß das Kind mit seinen Eltern in Haushaltsgemeinschaft lebt (*BFH*, BStBl 1986 II 344 = BFHE 145, 551 = BB 1986, 860 = FR 1986, 352 = FamRZ 1986, 805 Leits.).

Sie gelten außerdem nur bei unbeschränkt steuerpflichtigen Elternpaaren. Hat also nur ein Elternteil seinen Wohnsitz oder gewöhnlichen Aufenthalt im Inland, so ist es – wenn es unbeschränkt steuerpflichtig ist –[11] beim „Inländer" zu berücksichtigen.[16]

gg) Freibetrag für die Kontaktpflege

589 Wird das Kind *dem anderen Elternteil zugeordnet* (Rz. 588), erhält der Steuerpflichtige aber gleichwohl für das Kind einen **Kinderfreibetrag** (Rz. 586), so wird dem Steuerpflichtigen auf Antrag ein Freibetrag von 600 DM für das Kalenderjahr vom Gesamtbetrag der Einkünfte abgezogen, wenn ihm *Aufwendungen* für das Kind erwachsen (§ 33 a Abs. 1 a EStG).[19] Ob der Steuerpflichtige seiner Unterhaltsverpflichtung gegenüber dem Kind nachgekommen ist, ist ohne Bedeutung; der Steuerpflichtige muß nur glaubhaft machen, daß er Aufwendungen zur Pflege des Eltern-Kindverhältnisses gehabt hat, zB Weihnachts-, Geburtstagsgeschenke usw., Taschengeld, Aufwendungen bei gegenseitigen Besuchen, aber auch erhöhte Mietaufwendungen für die Wohnung, wenn zB wegen des Ferienaufenthaltes des Kindes bei ihm eine größere Wohnung gemietet werden muß. Dieser Freibetrag soll nämlich die Kosten des Umgangs mit dem Kind (§ 1634 BGB) abgelten.

Für jeden vollen Kalendermonat, in dem die Voraussetzungen für den Freibetrag nicht vorgelegen haben, ermäßigt er sich um ein Zwölftel (§ 33 a Abs. 4 EStG). Diese Kürzung muß vorgenommen werden, wenn der Steuerpflichtige ab einem bestimmten Zeitpunkt während des Kalenderjahres keine Aufwendungen mehr hat.

hh) Das Alter des Kindes

590 Ein Kind wird stets berücksichtigt, wenn das Kindschaftsverhältnis zu Beginn des Kalenderjahrs bestanden hat oder im Laufe des Kalenderjahrs begründet wurde (zB durch Geburt, Annahme) und das Kind außerdem zu Beginn des Kalenderjahrs das 16. Lebensjahr[20] noch nicht vollendet hatte. Bestehen Zweifel, ob ein Kind lebend geboren wurde, so ist die Eintragung im Geburtenregister maßgebend.

Unabhängig vom Alter des Kindes ist es ohne Bedeutung, ob das Kind ledig, verheiratet, geschieden oder verwitwet ist, oder ob es eigene Einkünfte oder Bezüge hat.

Ein Kind, das zu Beginn des Kalenderjahrs das 16. Lebensjahr,[20] aber noch

---

[19] Der Freibetrag soll nicht Unterhaltsaufwendungen, sondern nur Aufwendungen für den Umgang mit dem Kind abgelten; deshalb stellt sich die Frage nicht, ob er den Abzug von Unterhaltszahlungen in verfassungswidriger Weise begrenzt (*BFH*, BStBl 1987 II 339).

[20] § 32 Abs. 5, § 52 Abs. 22 a EStG i. d. F. d. 2. HStruktG – gültig ab 1983; bis einschließlich 1982 wurde ein Kind für das Kalenderjahr stets berücksichtigt, zu dessen Beginn es das 18. Lebensjahr noch nicht vollendet hatte.

nicht das 27. Lebensjahr vollendet hatte, wird nach § 32 Abs. 4 EStG berücksichtigt, wenn es zu irgend einem Zeitpunkt in diesem Kalenderjahr für einen Beruf ausgebildet wurde,[21] die Berufsausbildung durch den Grundwehrdienst,[22] den Zivildienst[23] oder einen vom gesetzlichen Grundwehr- oder Zivildienst befreienden Dienst[24] unterbrochen[25] wurde, oder ein freiwilliges soziales Jahr[26] leistete.

Ein Kind, das zu Beginn des Kalenderjahres *das 16. Lebensjahr, aber noch nicht das 27. Lebensjahr* vollendet hat, wird auch dann berücksichtigt, wenn es eine Berufsausbildung *mangels Ausbildungsplatzes* nicht beginnen oder fortsetzen konnte.[27]

Ein Kind, das zu Beginn des Kalenderjahres *das 16. Lebensjahr vollendet* hat, wird ohne Alterbegrenzung berücksichtigt, wenn es *wegen körperlicher, geistiger oder seelischer Behinderung* außerstande ist, sich selbst zu unterhalten.[28] Ist das Kind verheiratet oder geschieden, so ist weitere Voraussetzung, daß sein Ehegatte oder früherer Ehegatte ihm keinen ausreichenden Unterhalt leisten kann oder ihm gegenüber nicht unterhaltspflichtig ist (§ 32 Abs. 5 EStG).[29]

b) Der Ausbildungsfreibetrag (§ 33 a Abs. 2 EStG)

Sind dem Steuerpflichtigen Aufwendungen für die Berufsausbildung (Rz. 591
590) eines Kindes entstanden,[1] für das er einen Kinderfreibetrag erhält,[2] so

---

[21] Wegen des Begriffs der Berufsausbildung vgl. § 1 Abs. 2 des Berufsbildungsgesetzes (BGBl 1969 I 1112, letzte Änderung BGBl 1981 I 1692); Abschn. 183 Abs. 2 u. 3 EStR 1984.

[22] § 5 WPflG (BGBl 1986 I 879; Abschn. 183 b Abs. 2 EStR 1984.

[23] ZDG, BGBl 1973 I 1015, letzte Änderung BGBl 1983 I 1221; Abschn. 183 b Abs. 2 EStR.

[24] Als befreiender Dienst gelten der Wehr- oder Polizeivollzugsdienst (§§ 7, 42 WPflG, Fn. 22) und die Tätigkeit als Entwicklungshelfer i. S. des § 1 Abs. 1 Entwicklungshelfer-Gesetz (BGBl 1969 I 549, letzte Änderung BGBl 1981 I 1523); Abschn. 183 b Abs. 4 EStR.

[25] Abschn. 183 b Abs. 5 EStR.

[26] Gesetz zur Förderung eines freiwilligen sozialen Jahres v. 17. 8. 1964 (BGBl I 640, letzte Änderung BGBl 1976 I 67); Abschn. 183 c EStR.

[27] Abschn. 183 a EStR; ab 1. 1. 1986 (Fn. 2) hängt die Berücksichtigung nicht mehr von kindergeldrechtlichen Voraussetzungen ab. Außerdem werden ab 1. 1. 1986 (Fn. 2) arbeitslose Kinder nicht mehr berücksichtigt.

[28] Die Finanzverwaltung prüft diese Merkmale nicht, wenn für ein solches Kind Anspruch auf Kindergeld besteht; an die Ablehnung durch die Kindergeldbehörde ist die Finanzverwaltung aber nicht gebunden (*BMF*, BStBl 1985 I 635).

[29] Ab 1983 werden Kinder über 27 Jahre wegen verzögerter Berufsausbildung nicht mehr berücksichtigt.

[1] Auf die Höhe der Aufwendungen kommt es nicht an; es genügt, daß Aufwendungen für die Berufsausbildung überhaupt entstanden sind.

[2] Gilt ab 1. 1. 1986 (StSenkG 1986/1988, BGBl 1985 I 1153 = BStBl 1985 I 391); bis

wird auf Antrag ein Ausbildungsfreibetrag vom Gesamtbetrag der Einkünfte abgezogen. Die Ausbildungsfreibeträge betragen für das Kalenderjahr

1977–1983 DM	1984, 1985 DM	ab 1986, 1987 DM	ab 1988 DM	Grund
1800	900	1200	1800	für ein Kind, das das 18. Lebensjahr noch **nicht** vollendet hat **und** auswärtig untergebracht ist[3]
2400	1200	1800	2400	für ein Kind, das das 18. Lebensjahr vollendet hat[4] und im Haushalt des Steuerpflichtigen untergebracht ist
4200	2100	3000	4200	für ein Kind, das das 18. Lebensjahr vollendet hat[4] **und** auswärtig untergebracht ist.

Die Ausbildungsfreibeträge vermindern sich jeweils um die eigenen Einkünfte und Bezüge des Kindes, die zur Bestreitung seines Unterhalts oder seiner Berufsausbildung bestimmt oder geeignet sind, soweit diese den an-

einschließlich 1985 war Voraussetzung, daß der Steuerpflichtige Anspruch auf Kindergeld oder auf andere Leistungen nach § 8 Abs. 1 BKGG hatte.

Durch die Abhängigkeit vom Kinderfreibetrag kommt ein Ausbildungsfreibetrag für ein Kind nicht in Betracht, das während des ganzen Kalenderjahrs nicht unbeschränkt steuerpflichtig war, d.h. weder einen Wohnsitz noch einen gewöhnlichen Aufenthalt im Inland hatte (vgl. Rz. 587, *BMF*, BStBl 1986 I 117 = DB 1986, 1096). Der Ausbildungsfreibetrag kommt demnach in Betracht, wenn das Kind nur während eines Teils des Kalenderjahrs unbeschränkt steuerpflichtig war; lebte es während des anderen Teils des Kalenderjahrs zur Berufsausbildung im Ausland, so vermindert sich der Ausbildungsfreibetrag für diese Zeit entsprechend Rz. 335 (§ 33a Abs. 2 Satz 3 EStG).

[3] Bis einschließlich 1979 war erforderlich, daß das Kind zum Zwecke der Berufsausbildung auswärtig untergebracht war. Ab 1980 genügt es, daß das Kind auswärtig untergebracht ist; auf die Gründe für die auswärtige Unterbringung kommt es nicht mehr an (§ 33a Abs. 2 EStG 1980). Auswärtige Unterbringung ist jede auf Dauer für mindestens einen ganzen Ausbildungsabschnitt angelegte Unterbringung außerhalb des Haushalts des Steuerpflichtigen, ggf. auch in einer weiteren Wohnung der Eltern, ausnahmsweise auch in derselben politischen Gemeinde (*BFH*, BStBl 1971 II 627 = BFHE 102, 385 = BB 1971, 1448 = DB 1971, 1750 = DStR 1971, 573 = FR 1972, 27). Aufenthalte in einem Schullandheim, zu einem Sprach- oder Skikurs, bei einer ausländischen Gastfamilie, zu Klassen- oder Urlaubsreisen sind keine auswärtige Unterbringung (*BFH*, BStBl 1983 II 109 = BFHE 137, 42 = BB 1983, 106 = DB 1983, 317 = FR 1983, 123). Die Unterbringung beim anderen Elternteil (*BFH*, BStBl 1968 II 494 = BFHE 92, 94; a. A. *FG München*, EFG 1987, 247) sowie bei einem Dritten, dem für das Kind Kindergeld bzw. ein Kinderfreibetrag zusteht, ist keine auswärtige Unterbringung (*BFH*, BStBl 1986 II 836 = BFHE 147, 19 = BB 1986, 1904 = DStR 1986, 726).

[4] Liegen diese Altersvoraussetzungen für das Kind nicht während des ganzen Kalenderjahres vor, so werden die genannten Freibeträge seit 1978 anteilig von dem Monat an gewährt, in dem das Kind das 18. Lebensjahr vollendet hat. Für 1977 war erforderlich, daß die Altersvoraussetzungen zu Beginn des Kalenderjahres vorlagen.

rechnungsfreien Betrag (bis einschl. 1987: 2400 DM, ab 1988: 3600 DM) überstiegen haben. Ausbildungshilfen aus öffentlichen Mitteln (zB nach dem BAföG) sowie Zuschüsse von Förderungseinrichtungen, die hierfür öffentliche Mittel erhalten, werden in voller Höhe von dem in Betracht kommenden Ausbildungsfreibetrag abgezogen.[5] Die Einkünfte und Bezüge des Kindes, die im Kalenderjahr außerhalb des Ausbildungszeitraums bezogen werden, vermindern jedoch den Ausbildungsfreibetrag nicht (§ 33 a Abs. 4 EStG).[6]

Liegen die Voraussetzungen für den Ausbildungsfreibetrag nur für einen Teil des Kalenderjahrs vor, so ermäßigt sich der Freibetrag für jeden Kalendermonat, für den die Voraussetzungen nicht vorgelegen haben, um ein Zwölftel. Bei der Anrechnung der eigenen Einkünfte und Bezüge des Kindes ist der anrechnungsfreie Betrag von 2400 DM für jeden vollen Kalendermonat, in dem die Voraussetzungen nicht vorgelegen haben, um ein Zwölftel zu kürzen (§ 33 a Abs. 4 EStG).[6]

Ist ein in Berufsausbildung befindliches Kind *verheiratet,* so kommt der Ausbildungsfreibetrag ebenfalls in Betracht; die Unterhaltsleistungen des Ehegatten des Kindes sind jedoch als Bezüge des Kindes anzurechnen.[7] Hat es am Studienort eine gemeinsame Wohnung mit dem Ehegatten, so steht den Eltern der Ausbildungsfreibetrag für auswärtige Unterbringung zu, wenn sie die Kosten der Berufsausbildung tragen.[8] Hat ein verheiratetes Kind, das am Ausbildungsort wohnt, erst nach der Heirat mit der Berufsausbildung begonnen, so steht den Eltern der Ausbildungsfreibetrag für auswärtige Unterbringung zu. Das könnte zB der Fall sein, wenn die Tochter des Steuerpflichtigen

---

[5] Bis einschl. 1980 verminderten die Zuschüsse nach dem BAföG ohne Abzug des anrechnungsfreien Betrags von 2400 DM den Ausbildungsfreibetrag in voller Höhe. Für 1981 sind diese Zuschüsse anrechnugnsfrei, soweit sie allein oder zusammen mit anderen Einkünften oder Bezügen des Auszubildenden 2400 DM im Kalenderjahr nicht übersteigen. Ab 1982 vermindern die von dem Kind als Ausbildungshilfe aus öffentlichen Mitteln (z. B. nach dem BAföG) oder von Förderungseinrichtungen, die hierfür öffentliche Mittel erhalten, bezogenen Zuschüsse den Ausbildungsfreibetrag wiederum in voller Höhe. Darlehen aus öffentlichen Mitteln für den Unterhalt und die Berufsausbildung des Kindes z. B. nach dem BAföG, bleiben weiterhin ohne Einfluß auf die Höhe des Ausbildungsfreibetrags.

[6] Gilt erst ab 1. 1. 1986; bis einschließlich 1985 waren die Einkünfte und Bezüge des Kindes auch insoweit anzurechnen, als sie außerhalb des Ausbildungszeitraums bezogen worden sind (*BFH,* BStBl 1981 II 92 = BFHE 131, 486 = BB 1981, 716 = DB 1981, 667; BStBl 1986 II 554 = BB 1986, 1488). Der anrechnungsfreie Betrag verminderte sich dementsprechend nicht.

[7] Abschn. 68 Abs. 5 Satz 4 LStR; *FG Hamburg,* EFG 1983, 177; *FG Rheinland-Pfalz,* EFG 1981, 631; *BFH,* BStBl 1986 II 805 = BFHE 147, 60 = BB 1986, 1695 = DStR 1986, 660.

Unterhaltsleistungen des Ehegatten sind nur insoweit anzurechnen, als sie aufgrund der Unterhaltsverpflichtung gewährt werden; vor der Eheschließung geleisteter Unterhalt scheidet bei der Anrechnung aus (*BFH,* BStBl 1986 II 840 = BFHE 147, 238 = BB 1986, 1975 = BB 1986, 2416 = DStR 1986, 726).

[8] *BFH,* BStBl 1974 II 299 = BFHE 111, 413 = BB 1974, 495 = DB 1974, 756 = DStR 1974, 386 = FR 1974, 226.

einen Studenten heiratet, am Ort der Universität eine Familienwohnung bezieht und erst nach der Heirat ein Studium aufnimmt.[9] Ein verheiratetes Kind ist von seinen Eltern aus gesehen auch dann auswärtig untergebracht, wenn nur sein Ehegatte am gemeinsamen Wohnort studiert, das Kind selbst jedoch an einem anderen Ort sein Studium betreibt, da seine Bemühungen um einen Studienplatz am gemeinsamen Wohnort gescheitert sind.[11]

Für dasselbe Kind wird der Ausbildungsfreibetrag insgesamt nur einmal abgezogen. Deshalb wird *bei geschiedenen oder dauernd getrennt lebenden Eltern sowie bei Eltern eines nichtehelichen Kindes* der Ausbildungsfreibetrag grundsätzlich jedem Elternteil zur Hälfte gewährt.[11] Auf gemeinsamen Antrag des Elternpaares[12] kann bei einer Veranlagung zur Einkommensteuer (§ 46 Abs. 2 Nr. 4a, b EStG), die einem Elternteil zustehenden Hälfte am Ausbildungsfreibetrag auf den anderen Elternteil übertragen werden. Wird der Kinderfreibetrag von einem Elternteil auf den anderen übertragen (Rz. 586), so geht auch der Ausbildungsfreibetrag insgesamt auf den empfangenden Elternteil über.[13]

In den Fällen, in denen *mehr als zwei Steuerpflichtige* für dasselbe Kind die Voraussetzungen für den Abzug eines Ausbildungsfreibetrags erfüllen, erhält ein Elternpaar zusammen den halben Ausbildungsfreibetrag. Handelt es sich bei einem solchen Elternpaar um dauernd getrennt lebende oder geschiedene Ehegatten oder um Eltern eines nichtehelichen Kindes, so wird jedem Elternteil ein Viertel des Ausbildungsfreibetrags gewährt.

c) Aufwendungen für die Betreuung eines Kindes

592 Dem verfassungsrechtlichen Gebot der Einkommensbesteuerung nach der persönlichen Leistungsfähigkeit des Steuerpflichtigen entsprach es nicht, daß die Belastungen Alleinerziehender für die Betreuung eines Kindes steuerermäßigend nur durch den Haushaltsfreibetrag (Rz. 586) und darüber hinaus nur dann berücksichtigt wurden, wenn wegen des Kindes eine Hausgehilfin oder Haushalthilfe beschäftigt worden ist.[1] Deshalb werden ab 1984[2] Kinder-

---

[9] *BFH*, BStBl 1975 II 488 = BFHE 115, 365 = BB 1975, 867 = FR 1975, 326.

[10] *FG Münster*, EFG 1977, 482.

[11] Eine andere Aufteilung ist ab 1. 1. 1986 nicht mehr zulässig.

[12] Nach § 33a Abs. 2 Satz 5 EStG 1981 war bis einschl. 1985 eine andere als die hälftige Aufteilung des Ausbildungsfreibetrags möglich; der BFH hatte keine verfassungsrechtlichen Bedenken dagegen, daß dies eine einvernehmliche Erklärung beider Ehegatten voraussetzte (*BFH*, BStBl 1986 II 561 = BB 1986, 1488 = DB 1986, 1550 = BFHE 146, 429 = DStR 1986, 660).

[13] Gilt ab 1. 1. 1986 (StSenkG s. Fn. 2).

[1] *BVerfG*, BStBl 1982 II 717 = BVerfGE 61, 319 = BB 1982, 2031 = NJW 1983, 271 = FamRZ 1983, 129.

[2] In bestimmten Fällen war eine rückwirkende Berücksichtigung für Kalenderjahre vor 1984 möglich (im einzelnen vgl. § 53a EStG 1985).

betreuungskosten bei Alleinstehenden und in bestimmten Fällen ausnahmsweise auch bei Ehegatten im Rahmen von Höchstbeträgen nach § 33 c EStG 1985 berücksichtigt (vgl. Rz. 586).

d) Pauschbeträge für Körperbehinderte und Hinterbliebene (§ 33 b EStG)

Körperbehinderten Personen wird unter den Voraussetzungen des § 33 b 593
Abs. 2 EStG auf Antrag wegen der außergewöhnlichen Belastungen, die ihnen unmittelbar durch ihre Körperbehinderung erwachsen, ein steuerfreier Pauschbetrag gewährt. Der Pauschbetrag richtet sich in seiner Höhe nach der dauernden Minderung ihrer Erwerbsfähigkeit (§ 33 b Abs. 3 EStG), soweit sie nicht überwiegend auf Alterserscheinungen beruht.

Blinden sowie Körperbehinderten, die infolge der Körperbehinderung ständig so hilflos sind, daß sie nicht ohne fremde Wartung und Pflege auskommen können, wird anstelle der in § 33 b Abs. 3 EStG bezeichneten Pauschbeträge ein erhöhter steuerfreier Pauschbetrag von 7200 DM gewährt.

Der Grad der Minderung der Erwerbsfähigkeit ist regelmäßig durch eine amtsärztliche Bescheinigung des Versorgungsamtes oder durch einen Ausweis nach dem Schwerbehindertengesetz nachzuweisen.

Kinder, die Hinterbliebene sind, erhalten einen Pauschbetrag von 720 DM.[1]

Steht der Pauschbetrag einem körperbehinderten Kind zu, für das der Steuerpflichtige einen Kinderfreibetrag erhält (Rz. 586), so wird der Pauschbetrag auf Antrag auf den Steuerpflichtigen übertragen, wenn ihn das Kind nicht in Anspruch nimmt (§ 33 b Abs. 5 Satz 1 EStG). Durch die Bindung der Übertragung an den Kinderfreibetrag kann sie auch ab 1986 ebenso wie für die Vorjahre[2] nur dann in Anspruch genommen werden, wenn das Kind unbeschränkt einkommensteuerpflichtig ist, also seinen Wohnsitz oder gewöhnlichen Aufenthalt im Inland hat (Rz. 586).

Bei *geschiedenen oder verheirateten und dauernd getrennt lebenden Elternpaaren sowie bei Eltern nichtehelicher Kinder,* die für das Kind beide einen Kinderfreibetrag erhalten, wird der Pauschbetrag grundsätzlich jedem Elternteil zur Hälfte übertragen. Bei einer Veranlagung zur Einkommensteu-

---

[1] Voraussetzung ist, daß das Kind Hinterbliebenenbezüge erhält, und zwar nach dem Bundesversorgungsgesetz oder einem anderen Gesetz, das die Vorschriften des Bundesversorgungsgesetzes über die Hinterbliebenenbezüge für entsprechend anwendbar erklärt, oder nach den Vorschriften über die gesetzliche Unfallversicherung oder nach dem beamtenrechtlichen Vorschriften über die Gewährung von Bezügen an Hinterbliebene eines an den Folgen eines Dienstunfalls verstorbenen Beamten oder nach dem Bundesentschädigungsgesetz über die Entschädigung von Schäden für Leben, Körper und Gesundheit. Der Pauschbetrag wird auch dann gewährt, wenn das Recht auf die Bezüge ruht oder der Anspruch abgefunden worden ist.

[2] *BFH,* BStBl 1982 II 256 = BFHE 135, 73 = BB 1982, 785 = DB 1982, 986 = FR 1982, 225.

er (§ 46 Abs. 2 Nr. 4a, c EStG) kann jedoch der zu übertragende Pauschbetrag auf gemeinsamen Antrag des Elternpaares anders aufgeteilt werden. Wird der Kinderfreibetrag von einem auf den anderen Elternteil übertragen (Rz. 586), so geht auch der übertragene Pauschbetrag für Körperbehinderte/Hinterbliebene auf den anderen Elternteil über (§ 33b Abs. 5 Satz 2 EStG).[3]

Erfüllen *mehr als zwei Steuerpflichtige* die Voraussetzungen für die Übertragung des Pauschbetrags, so wird er auf jedes Elternpaar zur Hälfte übertragen. Handelt es sich um geschiedene oder dauernd getrennt lebende Eltern oder um Eltern des nichtehelichen Kindes, so wird der Pauschbetrag auf den Elternteil zu einem Viertel übertragen (§ 33b Abs. 5 Satz 2 EStG).[3]

e) Steuerermäßigung wegen anderer außergewöhnlicher Belastung (§ 33 EStG)

594 Erwachsen für das Kind außergewöhnliche Aufwendungen (z. B. Sonderbedarf nach § 1613 Abs. 2 BGB), so können diese als außergewöhnliche Belastungen nach § 33 EStG dadurch berücksichtigt werden, daß der Teil der tatsächlichen Aufwendungen, der die „zumutbare Belastung" (§ 33 Abs. 3 EStG) übersteigt, vom Gesamtbetrag der Einkünfte abgezogen wird. Die zumutbare Belastung beträgt je nach dem Familienstand des Steuerpflichtigen und der Zahl der Kinder 1% bis 7% des Gesamtbetrags der Einkünfte. Bei geschiedenen oder dauernd getrennt lebenden Eltern sowie bei Eltern nichtehelicher Kinder werden dabei bei jedem Elternteil jene Kinder berücksichtigt, für die er einen Kinderfreibetrag erhält (§ 33 Abs. 3 Satz 2 EStG).[3]

Danach können nach dieser Vorschrift im Kalenderjahr ihrer Leistung[4] die Kosten für eine Krankheit, Zahnbehandlung, Unfall, Unterbringung in einer Blinden-, Taubstummen- oder Heil- und Pflegeanstalt sowie Pflegekosten zuhause durch eine Hauspflegerin[5] berücksichtigt werden. Zu den anzusetzenden Mehraufwendungen gehören in diesen Fällen die gesamten von der Anstalt oder dem Heim in Rechnung gestellten Unterbringungskosten einschließlich der Kosten für die ärztliche Betreuung und Pflege. Eine Haushaltsersparnis muß nicht angerechnet werden.[6] Die freiwillige Ablösung von laufenden Kosten der Unterbringung eines Angehörigen in einem Pflegeheim sind jedoch keine außergewöhnlichen Belastungen.[7] Wird eine Schuldaufnahme durch die Aufwendungen veranlaßt, die zwangsläufig und außergewöhnlich im Sinne von § 33 EStG sind, so liegt eine berücksichtigungsfähige

---

[3] StSenkG 1986/1988, BGBl 1985 I 1153 = BStBl 1985 I 391.

[4] *BFH*, BStBl 1982 II 744 = BFHE 136, 396 = BB 1982, 2028 = DB 1982, 2603 = DStR 1982, 693 = FR 1982, 574.

[5] *BFH*, BStBl 1980 II 639 = BFHE 130, 491 = BB 1980, 1309 = FR 1980, 467.

[6] *BFH*, BStBl 1981 II 23, 25 = BFHE 131, 378, 381 = BB 1980, 1730 = FR 1980, 602 = NJW 1981, 303, 304; Abschn. 186 Abs. 1 Nr. 2 EStR.

[7] *BFH*, BStBl 1981 II 130 = BFHE 132, 55 = BB 1981, 413 = DB 1981, 973 = FR 1981, 178.

Aufwendung erst im Jahr und jeweils nur in Höhe der Tilgung der Schuld und der Leistung der Zinsen vor.[8] Denn erst zu diesem Zeitpunkt ist das laufende Einkommen belastet.

Aufwendungen der Eltern für eine angemessene[9] Aussteuer eines Kindes[10] sind im Kalenderjahr ihrer Leistung[10] außergewöhnliche Belastungen, wenn die Eltern dem Kind keine Berufsausbildung gewährten,[11] das Kind selbst kein wesentliches Vermögen besitzt[12] und aus seinem Einkommen keine wesentlichen Ersparnisse machen konnte.[13] Die Steuerermäßigung kommt aber nicht in Betracht, wenn der Steuerpflichtige die Aufwendungen aus seinem Vermögen bestreiten konnte.[14]

Aufwendungen für die *Privatschulbesuche eines behinderten Kindes* können ggf. neben dem Pauschbetrag für Körperbehinderte (Rz. 593) nur dann berücksichtigt werden, wenn das Kind ausschließlich wegen einer Behinderung im Interesse einer angemessenen Berufsausbildung auf den Besuch einer Privatschule (Sonderschule oder allgemeine Schule in privater Trägerschaft) mit individueller Förderung angewiesen ist, weil eine geeignete öffentliche Schule oder eine den schulgeldfreien Besuch ermöglichende geeignete Privat-

---

[8] *BFH*, BStBl 1961 III 387 = BFHE 73, 331 = DStR 1961, 370 = BB 1961, 1836 = DB 1961, 1119 = FR 1961, 118; BStBl 1986 II 745 = BFHE 147, 171 = BB 1986, 1904 = DB 1986, 2261 = DStR 1986, 692.

[9] Als angemessen gilt ein Betrag von 8000 DM.

[10] Hierunter fällt auch ein nichteheliches Kind (*BFH*, BStBl 1970 II 311 = BFHE 98, 331).

[11] Die Steuerermäßigung kommt nicht in Betracht, wenn die Berufsausbildung nach den Verhältnissen der Eltern nicht angemessen ist (*BFH*, BStBl 1967 II 758 = BFHE 90, 61 = DStR 1967, 747 = BB 1967, 1365 = DB 1967, 2145), die Berufsausbildung bei der Eheschließung des Kindes noch nicht abgeschlossen ist (*BFH*, BStBl 1974 II 519 = BFHE 112, 387 = DStR 1974, 642 = BB 1974, 968 = DB 1974, 1702 = FR 1974, 425) oder die Schulausbildung wegen ungenügender Leistungen des Kindes kurz vor dem Abschluß abgebrochen werden mußte; anders jedoch, wenn die Berufsausbildung auf Wunsch der Eltern nach Heirat und Geburt eines Kindes abgebrochen wurde (*BFH*, BStBl 1978 II 543 = BFHE 125, 269 = DStR 1978, 653 = BB 1978, 1248 = DB 1978, 1721 = FR 1978, 490). Der Abschluß einer Handelsschule und das Abitur gilt als Berufsausbildung, nicht jedoch der Abschluß einer Realschule (*BFH*, BStBl 1975 II 767 = BFHE 116, 155 = DStR 1975, 671 = BB 1975, 1143 = DB 1975, 1634 = FR 1975, 512).

[12] Ein Vermögen bis zu 15000 DM gilt als unwesentlich; dabei bleiben Schmuck, Hausrat, Kleidung und das private Kfz. außer Betracht.

[13] Unschädlich ist, wenn das zu versteuernde Einkommen des Kindes in den letzten 5 Kalenderjahren vor der Eheschließung durchschnittlich 8000 DM jährlich nicht überstiegen hat.

[14] Dies ist der Fall, wenn der Steuerpflichtige in den letzten 5 Kalenderjahren vor der Eheschließung des Kindes ein zu versteuerndes Einkommen von mehr als 25000 DM durchschnittlich jährlich hatte oder der Verkehrswert des Vermögens des Steuerpflichtigen und dessen Ehegatten je 15000 DM und bei jedem zugeordneten Kind je 7500 DM übersteigt. Bei einem einfach ausgestatteten selbstgenutzten Einfamilienhaus, Zweifamilienhaus oder einer entsprechenden Eigentumswohnung wird dabei als Verkehrswert der doppelte Einheitswert angesetzt.

schule nicht zur Verfügung steht oder nicht erreichbar ist.[15] Der Nachweis, daß der Besuch der Privatschule erforderlich ist, muß durch eine Bestätigung der zuständigen obersten Landeskultusbehörde oder der von ihr bestimmten Stelle geführt werden.[15]

3. Sonstige vermögensrechtliche Regelungen

595 Schwierigkeiten bereiten kann zuweilen die Frage der wirtschaftlichen Sicherstellung der aus der geschiedenen Ehe hervorgegangenen Kinder für die Zukunft über den Unterhaltsanspruch hinaus, zB wenn die elterliche Sorge über die Kinder der Mutter zusteht und mit großer Wahrscheinlichkeit anzunehmen ist, daß der Vater der Kinder sich wieder verheiraten wird.

Hier kann in Betracht kommen, daß der Vater sich verpflichtet, auf ein **Sparkonto**[1] jedes Kindes in bestimmten Zeitabständen einen näher bezeichneten Betrag einzuzahlen oder gegebenenfalls sofort einen bestimmten Betrag für ein von der Mutter bzw. dem gesetzlichen Vertreter der Kinder zugunsten jedes Kindes zu errichtendes Sparkonto zu leisten. Das Kind ist zivilrechtlich und steuerrechtlich wirksam Gläubiger der Guthabenforderung, wenn das Konto sowohl im Sparbuch als auch in dem Kontoeröffnungsantrag auf den Namen des Kindes errichtet worden ist,[2] wobei die gesetzliche Vertretung des minderjährigen Kindes anzugeben ist. Hierzu kann auch ein Sperrver-

---

[15] Abschn. 186 Abs. 1 Nr. 2 EStR.

[1] Aus der Lit. s. dazu *Oswald,* WPM 1971, 578; *Weimar,* MDR 1979, 198; *Canaris* in Großkomm. z. HGB, Aufl. 1978, Neubearb. 1981, Bankvertragsrecht, Anh. zu § 357, auch als Sonderdruck erschienen, Anm. 79f., 89ff.; zum Vorlegungserfordernis bezüglich des Sparbuchs s. *Krümpel,* WPM 1981, Sonderbeilage 1/81 zu Nr. 2 v. 10. 1. 1981, insbes. S. 12ff.

Aus der Rspr. s. noch *BGH,* WPM 1965, 897 (zur Frage Gläubiger der Spareinlage); *BGH,* NJW 1970, 1181 = FamRZ 1970, 375 = WPM 1970, 712 (Sparbuch auf den Namen eines Angehörigen); *BGHZ* 46, 198 = FamRZ 1967, 37 = NJW 1967, 101 (Anlegung eines Sparbuches durch Großmutter für Enkel); *BGH,* WPM 1972, 201 (zu § 952 BGB, Unanwendbarkeit des § 1006 BGB; hierzu noch *BGH,* NJW 1972, 2268, 2269); *OLG Frankfurt,* NJW 1986, 64 = FamRZ 1986, 576 Ls. (Gläub. das Kind auf Grund des eindeutigen Wortlauts des Kontoeröffnungsantrags). Durch die Erteilung einer unwiderruflichen Verfügungsvollmacht hat der Schenker das Bankguthaben noch nicht zugewendet (vgl. *BGHZ* 87, 19 = FamRZ 1983, 476 = NJW 1983, 1487 = JR 1983, 287 – zu § 2301 BGB –).

[2] *BFH,* BStBl 1977 II 205 = BFHE 120, 391 = NJW 1977, 864 = DB 1977, 334 = DStR 1977, 316 = FR 1977, 73 = BB 1977, 79; zu diesen Fragen s. noch *Oswald,* AnwBl 1981, 133, 135 (Ziff. 11).

Haben die Eltern oder ein Elternteil ein auf den Namen des Kindes angelegtes Geldvermögen jedoch wie eigenes Vermögen, ohne die Einschränkung der elterlichen Vermögenssorge, insbesondere des § 1649 BGB, verwaltet (zB durch Umtausch von Wertpapieren im eigenen Namen), so ist ihnen das Vermögen, wie auch der Ertrag daraus zuzurechnen (*BFH,* BStBl 1977 II 206 = BFHE 120, 393 = NJW 1977, 695 = BB 1977, 80 = DB 1977, 334 = DStR 1977, 317 = FR 1977, 74).

merk, zB bis zum Eintritt der Volljährigkeit des Kindes,[3] oder die Bestimmung festgelegt werden, daß das Guthaben nur für bestimmte Zwecke, zB zur Berufsausbildung oder im Falle der Verheiratung, verwendet werden darf. Sollen die vom Vater seinem minderjährigen Kinde geschenkten Sparkontenforderungen dem Vater vereinbarungsgemäß wieder als verzinsliches Darlehen zurückgewährt werden, so ist (bei Abschluß eines getrennten Darlehens- und Schenkungsvertrags) eine Schenkung unter Auflage anzunehmen, keine aufschiebend bedingte Schenkung.[4]

Zu beachten ist, daß ein Elternteil das seiner Verwaltung unterliegende Vermögen zu verzeichnen und das Verzeichnis dem VormG einzureichen hat, es sei denn, der Wert des Vermögenserwerbs übersteige DM 10000 nicht oder der Zuwendende habe eine abweichende Anordnung getroffen (§ 1640 Abs. 1, 2 BGB).

Der zuwendende Elternteil kann, solange er noch Mitinhaber der elterlichen Sorge, insbesondere der Vermögenssorge, ist, auch bestimmen, daß er die das Sparkonto betreffende Vermögensverwaltung allein ausübt, d.h. das Kind insoweit auch allein gesetzlich vertritt (§ 1638 Abs. 1, 3 BGB, s. dazu noch Rz. 608), oder auch, daß dieses Vermögen des Kindes von keinem Elternteil verwaltet werden soll (§ 1638 Abs. 1 BGB), mit der Folge, daß das VormG einen Pfleger zu bestellen hat (§ 1909 BGB).

Steht das Sparguthaben dem Kinde zu, so hat, wenn es volljährig geworden ist, der bezüglich dieses Guthabens vermögenssorgeberechtigte Elternteil auf Verlangen des Kindes über die Vermögensverwaltung Rechenschaft abzulegen und das Vermögen, d.h. hier das Sparbuch, dem Kinde herauszugeben (§ 1698 Abs. 1 BGB).

Ferner kann erwogen werden, daß der Vater bzw. der nichtsorgeberechtigte Elternteil sich verpflichtet, für eine Aussteuer- oder Ausbildungsversicherung oder auch Lebensversicherung der Kinder jeweils bestimmte Beträge zu bezahlen oder, wenn solche Verträge schon abgeschlossen sind, die laufenden Beträge weiter zu leisten.[5]

---

[3] Zum Falle eines Sperrvermerks und eines Schadensersatzanspruchs gegen die Bank, die den Vermerk nicht beachtet hatte, *BGH*, FamRZ 1976, 692 = NJW 1976, 2211 = WPM 1976, 1050 (Anlegung des Sparbuchs durch Großvater).

[4] *Bay ObLGZ* 1974, 61 = FamRZ 1974, 320 = (gekürzt) NJW 1975, 1142 = DB 1974, 574 = BB 1974, 858 = Rpfleger 1974, 188.

Zur einkommensteuerrechtlichen Anerkennung einer Geldschenkung in Verbindung mit einer Darlehensvereinbarung s. *BFH*, BStBl 1977 II 414 = BFHE 121, 458 = BB 1977, 728 = DB 1977, 1075 = DStR 1977, 453 = FR 1977, 281; BStBl 1978 II 618 = BFHE 125, 254 = BB 1978, 1097 = DB 1978, 1672 = DStR 1978, 591 = FR 1978, 437; BStBl 1979 II 434 = BFHE 127, 364 = BB 1979, 970 = DB 1979, 1394 = DStR 1979, 445; BStBl 1980 II 449 = BB 1980, 1193 = DB 1980, 2166 = DStR 1980, 540 = FR 1980, 414; vgl. auch die zusammenfassende Darstellung in *Göppinger/Märkle*, Unterhaltsrecht, Rz. 2045, und *Schulze zur Wiesche*, Vereinbarungen, Rz. 538ff.

[5] Aussteuer- und Ausbildungsversicherungen gehören auch zu den Versicherungen auf den Erlebens- und Todesfall und sind insbesondere Kapitalversicherungen gegen

Sind Vermögensgegenstände vorhanden, so kann ein Elternteil an die Kinder etwa ein Grundstück oder einen Grundstücksanteil[6] oder Wertpapiere usw.[7] übertragen oder einen Nießbrauch an einen Grundstück oder Grundstücksanteil bestellen.[8]

596 Zu beachten ist hierbei, daß die Vorschrift des § 1629 Abs. 3 BGB nur **Unterhaltsansprüche** des Kindes betrifft und auch § 1629 Abs. 2 Satz 2 BGB nur die gesetzliche Vertretung des Kindes hinsichtlich der Geltendmachung des Unterhaltsanspruchs regelt, also nicht die gesetzliche Vertretung des Kindes bei sonstigen vermögensrechtlichen Rechtsgeschäften. Vielmehr ist hier

---

laufende Beitragsleistungen, die als Vorsorgeaufwendungen (§ 10 Abs. 1 Nr. 2 Buchst. b, dd EStG) im Rahmen der Höchstbeträge nach § 10 Abs. 3 EStG als Sonderausgaben abziehbar sind, wenn der Vertrag auf die Dauer von mindestens 12 Jahren abgeschlossen worden ist. Abzugsberechtigt ist, wer die Beiträge als Versicherungsnehmer leistet, auch wenn eine dritte Person bezugsberechtigt ist (Abschn. 88 Abs. 4 EStR 1981). Wegen der steuerrechtlichen Auswirkung s. Rz. 327 und *Göppinger/Märkle,* Unterhaltsrecht, Rz. 2015f.

[6] Siehe auch Rz. 522b. Zu dem Falle, daß das Kind noch nicht geboren ist, *Staudinger/Ertl,* § 925 BGB Rz. 49 (Auflassungsvormerkung). Zur Schenkung des Grundstücks ist eine vorm.-gerichtliche Genehmigung nicht erforderlich, auch nicht, wenn auf dem Grundstück ruhende Lasten übernommen werden (vgl. *BGHZ* 24, 372 = LM BGB § 1643 Nr. 3 Leits. m. Anm. *Johannsen* = NJW 1957, 1187 = FamRZ 1957, 303) oder wenn sich der Schenker ein dinglich zu sicherndes Wohnrecht vorbehalten hat (vgl. *BayObLGZ* 1967, 245 = NJW 1967, 1912 = MDR 1967, 919 = RPfleger 1968, 18 m. Anm. *Haegele* = DNotZ 1968, 98 = FamRZ 1968, 89 Leits.). Zum Vorbehalt späterer Belastung des Grundstücks durch Schenker s. *OLG Frankfurt,* OLGZ 1981, 32; zur Schenkung von Wohnungseigentum s. *BGHZ* 78, 28 = NJW 1981, 109 = JR 1981, 281 m. Anm. *Gitter* = FamRZ 1981, 761 (Bestellung eines Ergänzungspflegers). Zur Regelung güterrechtlicher Ansprüche durch Vertrag zugunsten eines Dritten (Verpflichtung zur Übertragung eines Grundstücksanteils an die Tochter) s. *BGH,* FamRZ 1983, 156 = NJW 1983, 928.

Hatten die Ehegatten als Miteigentümer eines Grundstücks sich in einem Scheidungsfolgenvergleich verpflichtet, das Grundstück auf ihre Kinder zu übertragen und scheitert dann die Durchführung dieser Regelung, da der Erwerb des Anteils von einem (inzwischen volljährig gewordenen) Kind abgelehnt wird, so stellt sich die Frage, ob nun ein Elternteil die Aufhebung der Gemeinschaft (§ 749 BGB), d.h. die Teilungsversteigerung (§ 180 ZVG), begehren oder ob und ggf. wie die vorgesehen gewesene Regelung an die neue Sachlage angepaßt werden kann (§ 242 BGB), s. dazu *BGH,* FamRZ 1984, 563.

Zu den steuerlichen Auswirkungen der Schenkung vgl. Rz. 441; *Göppinger/Märkle,* Unterhaltsrecht, Rz. 2043f.; zum Vorbehaltsnießbrauch Rz. 2082–2092; Verfügung der *OFDen Freiburg, Karlsruhe und Stuttgart* v. 14. 10. 1981, ESt-Kartei zu § 12 EStG; *OFD Düsseldorf,* BB 1981, 1257; *BFH,* BB 1981, 1992; *Schulze zur Wiesche,* Vereinbarungen, Rz. 305ff., 316ff.; *Oswald, Vogt,* AnwBl 1984, 479, 599.

[7] Zum Problem des Abschlusses von Bankverträgen zugunsten Dritter s. *Hinz,* JuS 1965, 299; zur Verfassungsmäßigkeit der Vermögensbesteuerung von Wertpapieren *BFH,* BStBl 1968 II 332 = BFHE 91, 155 = BB 1968, 536 = DB 1968, 740 = NJW 1968, 2127 = DStR 1968, 289.

[8] Zur einkommensteuerrechtlichen Behandlung des Nießbrauchs s. *Göppinger/Märkle,* Unterhaltsrecht, Rz. 2082ff., *Zöller,* BWNotZ 1981, 162; *Troll,* BB 1984, 1288.

die Vorschrift des § 1629 Abs. 2 Satz 1 i. V. mit § 1795 Abs. 1 Nr. 1 BGB anzuwenden; allerdings gilt dieses Vertretungsverbot dann wohl nicht, wenn das Rechtsgeschäft dem Minderjährigen lediglich einen rechtlichen Vorteil bringt.[9]

Beim Abschluß eines Prozeßvergleichs sollte das Kind, vertreten durch den gesetzlichen Vertreter, dem Vergleich **beitreten.**[10] Problematisch wäre der Abschluß des Vergleichs als eines Vertrags zugunsten eines Dritten (§ 328 BGB), da zweifelhaft ist, ob hierzu die Vollstreckungsklausel (s. §§ 795 Satz 1, 724, 725 ZPO) erteilt werden kann.[11]

Von einem Schenkungsversprechen gemäß § 2301 BGB Gebrauch zu machen empfiehlt sich nicht.

597 Unzulässig, d. h. nichtig ist eine Vereinbarung des Inhalts, ein Elternteil übernehme in dem Prozeßvergleich die Verpflichtung, für die Kinder aus der geschiedenen Ehe eine letztwillige Verfügung bestimmten Inhalts zu treffen oder mit den Kindern einen Erbvertrag bestimmten Inhalts abzuschließen. Solchen Vereinbarungen steht § 2302 BGB entgegen.[12] Auch der Erbvertrag (§§ 1941, 2274 ff. BGB) ist eine Verfügung von Todes wegen iS des § 2302.[13]

Andererseits wäre es möglich, daß ein Elternteil mit den Kindern einen **Erbvertrag** schließt, auch in der Weise, daß die Kinder der von den Eltern anläßlich der Ehescheidung geschlossenen Vereinbarung beitreten;[14] indessen müßte minderjährigen Kindern hierzu ein Pfleger bestellt werden (§ 1629 Abs. 2 Satz 1 i. V. mit § 1795 Abs. 1 Nr. 1 BGB), wenn die Ehe noch nicht rechtskräftig geschieden ist. Bei Abschluß eines Erbvertrags empfiehlt es sich dringend klarzustellen, welche Verfügungen vertragsmäßig sein sollen und

---

[9] Vgl. *BGH,* FamRZ 1975, 480 (m. Anm. *Holger Schmidt*) = NJW 1975, 1885 = MDR 1975, 746 = WPM 1975, 595 = DB 1975, 1310 = JR 1976, 66 (m. Anm. *Schubert*) = JZ 1976, 66 (m. Anm. *Stürner*); *BayObLG* aaO (Fußn. 6); hierzu *Haegele,* Rpfleger 1975, 153, 159; *Brox* in Fschr. f. Bosch, S. 75, 76.

[10] Zum Anwaltszwang im Falle des Vergleichsabschlusses im Ehe- oder Folgesachenverfahren s. *Bergerfurth,* Anwaltszwang, Rz. 92 ff. m. Nachw. Rz. 94 mit Recht bejahend für den Fall, daß für einen Dritten (hier: ein Kind) ein Vollstreckungstitel geschaffen wird; s. ferner *Rosenberg/Schwab,* § 132 III 2 g; *Zöller/Stöber,* § 794 Rz. 6; *Baumbach/Lauterbach/Hartmann,* § 307 Anh. 4 F; *Thomas/Putzo,* § 794 Anm. II 3 d aa), anders *BGHZ* 86, 160 = NJW 1983, 1433 = MDR 1983, 573 = JR 1983, 369 m. krit. Anm. *Bergerfurth; Jauernig,* Zivilprozeßrecht, § 48 III 2.

[11] Vgl. hierzu bezüglich eines Unterhaltsanspruchs des Kindes, der in einem Prozeßvergleich vor dem 1. 7. 1977 festgelegt wurde, *BGH,* FamRZ 1979, 787, 789 m. zahlr. Hinw.; FamRZ 1980, 342 (verneinend).

[12] Zu einem Ausnahmefall (Anwendung des § 242 BGB) s. *BGH,* NJW 1977, 950 = WPM 1977, 535 = FamRZ 1977, 392 Leits.

[13] *Staudinger/Lehmann,* BGB § 1941 Rz. 5. Die erwähnte schuldrechtliche Verpflichtung kann nicht in einen Erbvertrag umgedeutet werden (vgl. § 140 BGB).

[14] Die Protokollierung des Vergleichs ersetzt die notarielle Beurkundung (§§ 127 a, 2276 BGB – s. Rz. 125 –), wobei gleichzeitige Anwesenheit beider Teile erforderlich ist (s. §§ 2276 Abs. 1, 2274 BGB). Zum Anwaltszwang s. Rz. 596 Fußn. 10.

welche nicht (vgl. § 2278 BGB);[15] zu beachten sind hierzu noch die Vorschriften des § 2281 i. V. mit §§ 2078, 2079 BGB, wobei die letztere Vorschrift von Bedeutung ist, wenn der Elternteil wieder heiratet und aus der Ehe Kinder hervorgehen (s. § 2079 Satz 2 BGB).[16]

Doch können die Ehegatten selbst auch einen Erbvertrag schließen, des Inhalts, daß sie ihre Kinder aus ihrer Ehe als gesetzliche Erben einsetzen (s. Rz. 545).

Nicht zulässig ist aber die Eingehung der Verpflichtung, das künftige Vermögen oder einen Bruchteil des künftigen Vermögens zu übertragen oder mit einem Nießbrauch zu belasten (§ 310 BGB, s. Rz. 540).

Im übrigen ist noch darauf hinzuweisen, daß, wenn ein Elternteil dem anderen zusagt, den Kindern bestimmte Vermögenswerte zuzuwenden, für die Durchsetzbarkeit des Versprechens gesorgt werden sollte.[17]

4. Insbesondere gesellschaftsrechtliche Regelungen

598 Hat ein Elternteil ein Handelsgeschäft inne, ist er etwa Gesellschafter einer OHG, so kann erwogen werden, die Gesellschaft in eine Kommanditgesellschaft umzuwandeln (s. auch Rz. 547)[1] und den Kindern **Kommanditanteile** einzuräumen.[2] Besteht schon eine KG, so kann jedem Kind ein Kommandit-

---

[15] *Staudinger/Lehmann*, BGB § 1941 Rz. 5.

[16] Zum Einfluß der auf der Scheidung der Ehe beruhenden Unwirksamkeit eines zwischen den Ehegatten geschlossenen Erbvertrags auf die darin enthaltene Erbeinsetzung der gemeinschaftlichen Kinder (§§ 2077, 2279 BGB) s. *OLG Stuttgart*, OLGZ 1976, 17.

[17] Zu einem Fall, in dem infolge Verschuldens eines Anwalts die Vereinbarung nicht realisiert werden konnte, s. *BGH*, FamRZ 1977, 383 = BB 1977, 772.

[1] *Nagel*, S. 16f.; *Klauss/Mittelbach*, KG, Rz. 586ff.; zur Erbringung der Einlage des Minderjährigen durch Zuwendung der Eltern s. *OLG Köln*, OLGZ 1976, 306 = DNotZ 1976, 621; zur Familiengesellschaft (Beteiligung eines Kindes) in steuerlicher Hinsicht s. *Schulze zur Wiesche*, Vereinbarungen, Rz. 346ff.

Zur unentgeltlichen Beteiligung von minderjährigen Kindern an einer KG s. *Fischer* in Großkomm. z. HGB, § 105 Rz. 56: die Zuwendung sei mit Abschluß des Vertrages vollzogen (s. § 518 Abs. 2 BGB); die Aufnahme in die Gesellschaft stelle aber regelmäßig keine unentgeltliche Zuwendung dar, da den Aufgenommenen die Pflichten des Gesellschafters treffen (s. auch *BGH*, BB 1965, 472; *Paulick* in *Westermann/Scherpf* u. a., III 917).

[2] Näheres zur Unterbeteiligung an einem Mitunternehmeranteil *Märkle*, DStZ 1985, 471ff.; *Göppinger/Märkle*, Unterhaltsrecht, RZ. 2047, sowie *BFH*, BStBl 1982 II 546 = BFHE 135, 464 = BB 1982, 1283 = DB 1982, 1749 = DStR 1982, 505 = FR 1982, 413; BStBl 1982 II 646 = BFHE 136, 244 = BB 1982, 1840 = DB 1982, 2166 = DStR 1982, 628 = FR 1982, 565. Zu den zivilrechtlichen Formvorschriften und insbesondere den steuerrechtlichen Wirksamkeitsvoraussetzungen der Beteiligung von Kindern als Kommanditisten am elterlichen Betrieb nach vorausgegangener Kapitalschenkung s. die umfassende Darstellung in *Göppinger/Märkle*, Rz. 2062–2074, sowie *BFH*, BStBl 1981 II 663 = BFHE 133, 392; BStBl 1981 II 779 = BFHE 134, 12; BStBl 1982 II 59;

anteil übertragen werden. Zum Vertragsabschluß ist ein Ergänzungspfleger für jedes Kind zu bestellen (§ 1909 BGB), wenn der Vertrag vor Rechtskraft des Scheidungsurteils oder danach zwischen dem vertretungsberechtigten Elternteil und dem Kinde geschlossen werden soll (s. § 1629 Abs. 2 Satz 1 BGB),[3] ferner ist vormundschaftsgerichtliche Genehmigung erforderlich (§ 1643 Abs. 1 i. V. m. § 1822 Nr. 3 BGB).[4] Dagegen bedarf es nicht der Bestellung eines Dauerpflegers, d. h. eines Ergänzungspflegers für die Dauer der Minderjährigkeit des Kindes.[5] Steuerlich wird die Gesellschaft nur anerkannt, wenn klare und eindeutige Rechtsverhältnisse geschaffen und diese auch vollzogen werden, das Kind also Mitunternehmer iS des § 15 Abs. 1 Ziff. 2 EStG wird bzw. geworden ist,[2] erforderlich ist ferner, daß die Gewinnverteilung angemessen ist.[2]

599 Weiterhin kann, zB wenn ein Elternteil ein Einzelhandelsgeschäft betreibt, eine **Stille Gesellschaft** (§§ 230ff. HGB) begründet werden, derart, daß Kinder am Gewinn beteiligt sein sollen;[6] vormundschaftsgerichtliche Genehmigung ist hierzu nicht erforderlich, es sei denn, die Kinder wären auch am Verlust der Gesellschaft beteiligt (§§ 1643 Abs. 1, 1822 Nr. 3 BGB).[7]

---

zur Angemessenheit der Gewinnbeteiligung s. noch *Schulze zur Wiesche,* aaO, Rz. 394ff.

Zu „Familien-Personengesellschaften im Steuerrecht. Zur Anerkennung von Vertragsgestaltungen im Einkommensteuerrecht durch den BFH" s. *Wilh. Steinberg* (1983), hierzu die Besprechung von *Oswald,* FamRZ 1984, 859 (u. a. zur Bedeutung des Art. 6 Abs. 1 GG).

[3] *Kuntze,* JR 1975, 45; *Gernhuber,* § 51 III 8, S. 777; notwendig ist, wenn mehrere minderjährige Kinder beteiligt sind, die Bestellung eines Pflegers für *jedes Kind (Kuntze, aaO, OLG Hamm,* Rpfleger 1972, 226 = DNotZ 1972, 689). Zur Schenkung des Kommanditanteils an das Kind s. *Brox* in Fschr. f. Bosch, S. 75, 78ff.

[4] *BGHZ* 17, 160 = LM BGB § 1822 Nr. 3 Leits. m. Anm. *Rob. Fischer* = NJW 1955, 1067 = MDR 1955, 667 = DNotZ 1955, 530 = BB 1955, 489 = DB 1955, 553 = FamRZ 1955, 209 Leits.; *Nagel,* S. 70ff.; *Staudinger/Engler,* BGB § 1643 Rz. 11; hierzu *Brox,* aaO, 85f.

Das VormG darf den Vertrag nur dann vormundschaftsgerichtlich genehmigen, wenn jede auch nur zeitweise Haftung des Minderjährigen mit seinem Privatvermögen für Gesellschaftsschulden ausgeschlossen ist (*OLG Köln,* OLGZ 1976, 306; hierzu und zur Notwendigkeit eingehender Ermittlungen und sorgfältiger Abwägung aller Umstände *BayObLGZ* 1976, 281 = BB 1977, 669 = DB 1977, 858 = Rpfleger 1977, 60 = DNotZ 1977, 418).

[5] *BGHZ* 65, 93 = LM BGB § 181 Leits. m. Anm. *Fleck* = FamRZ 1975, 686 = WPM 1975, 1128 = BB 1975, 1452 m. Anm. *Klamroth* = DB 1975, 2174 = NJW 1976, 49; = MDR 1976, 122; *BFH,* NJW 1976, 1287 = FR 1976, 263 = FamRZ 1976, 455 Leits. (unter Aufgabe der früher abweichenden Auffassung, s. *BFHE* 108, 219 = BStBl 1973 II 309); *Kuntze,* JR 1975, 45; *Mümmler,* JurBüro 1975, 425.

[6] Hierzu *Nagel,* S. 17ff.; Näheres über unentgeltliche Beteiligung eines Kindes als stiller Gesellschafter s. bei *Tiedtke,* DB 1977, 1064; *Paulick,* ZGR 1974, 253, 285ff. und vor allem *Göppinger/Märkle,* Unterhaltsrecht, Rz. 2048ff.; *Paulick,* Stille Gesellschaft, S. 349ff.

[7] *BGH,* LM BGB § 1643 Nr. 2 = FamRZ 1957, 121 = NJW 1957, 672 Leits. m. zahlr. Hinw. = JZ 1957, 382 = DNotZ 1957, 503; *Fischer,* JR 1962, 201; s. auch *BGH,* NJW 1971, 375; *OLG Hamm,* DB 1974, 424 = BB 1974, 294.

Steuerliche Wirksamkeit erlangt die stille Beteiligung, wenn der Schenkungs- und Gesellschaftsvertrag notariell beurkundet,[8] bei minderjährigen Kindern ein Abschlußpfleger bestellt[9] und bei Verlustbeteiligung und bei wiederholter Beteiligung als stiller Gesellschafter der Gesellschaftsvertrag vormundschaftsgerichtlich genehmigt wird;[10] die Vereinbarung muß tatsächlich vollzogen werden, es müssen – zumindest bei langfristiger Kapitalüberlassung – Sicherheiten bestellt werden, die den möglichen Kapitalverlust mindestens abmildern;[11] es dürfen keine unüblichen Rücktrittsrechte[12] und Entnahmebeschränkungen,[13] sowie keine länger währenden Kündigungsbeschränkungen (nach hM mehr als fünf Jahre) und kein längerer Kapitalrückzahlungszeitraum (nach hM mehr als drei Jahre) vereinbart werden. Im Falle der Kündigung aus einem nicht in seiner Person liegenden Grund muß der Stille die Auszahlung seines Guthabens in Geld fordern und gerichtlich durchsetzen können.[11] Außerdem darf die Gewinnbeteiligung zum Zeitpunkt des Zustandekommens der Vereinbarung nicht mehr als 15% und bei fehlender Verlustbeteiligung nicht mehr als 12% des Nennwertes der Einlage und bei Kapitalbeteiligung aus eigenen Mitteln des Kindes nicht mehr als 25% des Nennwertes der Beteiligung betragen,[14] bei Verlustbeteiligung sogar bis zu 35%.[15]

---

[8] *BGH,* NJW 1953, 138; DB 1967, 1258; *BFH,* BStBl 1975 II 141 = BFHE 113, 558 = BB 1975, 166 = DStR 1975, 288 = DB 1975, 429 = FR 1975, 122; *Staudinger/Reuss,* BGB, Rz. 19 zu § 518; *Rosenau,* BB 1969, 1084; *Wendeheim,* BB 1970, 738; *Märkle,* DStR 1972, 583; aA *Hueck,* NJW 1953, 139; *Schneider,* BB 1954, 513; *Buchwald,* GmbH-Rdsch. 1953, 81; *Lorenz,* BB 1972, 573.

[9] *AmtsG Hamburg,* DB 1973, 1391; *BFH,* BStBl 1980 II 242 = DB 1980, 1051 = BB 1980, 762 = FR 1980, 269; *Brox* in Fschr. f. Bosch, S. 75, 80. Werden mehrere Kinder typisch still beteiligt, so ist für jedes Kind eine andere Person als Abschlußpfleger zu bestellen.

[10] *Palandt/Diederichsen,* BGB, Anm. 4b, *MünchKomm./Schwab,* Rz. 26 je zu § 1822; *Baumbach/Duden/Hopt,* HGB, § 230 Anm. 3 D; *LG Bielefeld,* NJW 1969, 753; *OLG Hamm,* DB 1974, 424 = Rpfleger 1974, 152 = (gekürzt) BB 1974, 294; *BGH,* JZ 1957, 382 = NJW 1957, 672 Ls.; *BFH,* BStBl 1973 II 287, 307 = BFHE 108, 197, 259 = DStR 1973, 282 = BB 1973, 598, 875 = DB 1973, 699, 1001 = FR 1973, 219, 389; BStBl 1974 II 289 = BFHE 111, 85 = DStR 1974, 182 = BB 1974, 168 = DB 1974, 365 = FR 1974, 93, 225; BStBl 1981 II 435 = BFHE 132, 563 = BB 1981, 955 = DB 1981, 2206 = FR 1981, 361.

[11] *BFH,* BStBl 1980 II 242 = DB 1980, 1051 = BB 1980, 762 = FR 1980, 269.

[12] *BFH,* BStBl 1974 II 740 = BFHE 113, 226 = DStR 1975, 44 = BB 1974, 1379 = DB 1974, 2232 = FR 1974, 614.

[13] *BFH,* BStBl 1970 II 114 = BFHE 97, 297 = DStR 1970, 116 = BB 1970, 160 = DB 1970, 233.

[14] Vgl. die ausführliche Darstellung in *Göppinger/Märkle,* Unterhaltsrecht, Rz. 2056–2061, sowie *Schulze zur Wiesche,* Vereinbarungen, Rz. 403ff., 405.

[15] *BFH,* BStBl 1982 II 387 = BFHE 135, 275 = BB 1982, 1219 = DB 1982, 1546 = DStR 1982, 366 = FR 1982, 331.

VII. Elterliche Sorge*

600 Ist aus der Ehe ein Kind hervorgegangen, so muß die Antragsschrift, mit der die Scheidung begehrt wird (§§ 1564 BGB, 622 Abs. 1 ZPO), Angaben darüber enthalten, daß ein gemeinschaftliches minderjähriges Kind (§ 2 BGB) vorhanden ist und ob ein Vorschlag zur Regelung der elterlichen Sorge (§ 1671 Abs. 3 BGB) unterbreitet wird (**§ 622 Abs. 2 Nr. 1, ZPO**).[1] Fehlen solche Angaben, so hat das Gericht die Ehegatten hierüber zu befragen. Vor der Klärung der Frage, ob aus der Ehe ein Kind hervorgegangen ist,[2] darf ein Urteil nicht ergehen. Gemäß § 1671 Abs. 1 BGB bestimmt das FamG, welchem Elternteil die Sorge für ein gemeinschaftliches Kind zustehen soll; es trifft nach Abs. 2 HS 1 die Regelung, die dem Wohl des Kindes[3] am besten entspricht.

---

* Aus der Lit. s. *Belchaus,* ZblJugR 1979, 325, 336f.; *Diederichsen,* NJW 1980, 1, 8f.; *Holtgrave,* JZ 1979, 665, 668f.; *Luthin,* FamRZ 1981, 111; FamRZ 1984, 114; zu Verfahrensfragen (Zuständigkeit FamG/VormG) *Schlüter, König,* FamRZ 1982, 1159; *Salgo,* FamRZ 1984, 221; sowie aus psychologischer Sicht: *Beer,* UJ 1980, 253; *Steffen,* ZblJugR 1979, 129; *Ell,* ZblJugR 1980, 319, und ZblJugR 1982, 76; *Hager,* Jugendwohl 1982, 240; *Arnold,* UJ 1983, 17; *Fthenakis,* 5. DFGT 1983, Brühler Schriften, Bd. 3, S. 33 (Kindeswohl); *Lempp,* Gerichtliche Kinder- und Jugendpsychiatrie, 1983, S. 102ff., *ders.,* FamRZ 1984, 741 (Bindungen des Kindes), *ders.,* ZfJ 1984, 305, *Kropholler,* JR 1984, 89, *Hinz,* ZfJ 1984, 529, *Finger,* DRiZ 1985, 91, *Luthin,* FamRZ 1985, 565, *Magnus, Dietrich,* FamRZ 1986, 416; *Ditzen,* FamRZ 1987, 239 (gemeinsames Sorgerecht); *Fthenakis,* FamRZ 1985, 662, *Koechel,* FamRZ 1986, 637 (Bindungen des Kindes); *Fehmel, Lempp,* FamRZ 1986, 630 (Wille des Kindes); *Kropholler,* NJW 1984, 271 (übereinstimmender Vorschlag); *Jopt,* FamRZ 1987, 875 (gemeinsames Sorgerecht). – Über statistische Angaben berichtet *Behr,* UJ 1980, 512.

[1] Zu weiteren Fragen bezüglich vorbereitender Schriftsätze s. §§ 130–133 ZPO; ferner s. Rz. 29.

[2] Die Rechtsstellung eines ehelichen Kindes hat, neben dem legitimierten Kind (§ 1719 BGB) – zu dem Fall, daß die Vaterschaft erst nach der Ehescheidung festgestellt wurde, s. *OLG, Köln,* DAVorm 1984, 614; *Staudinger/Göppinger,* § 1719 Rz. 28 –, auch ein Kind, das von einem Ehepaar adoptiert wurde, oder ein Kind des einen Ehegatten, das der andere Ehegatte adoptierte (§§ 1741 Abs. 2, 1754 Abs. 1 BGB) – zur Frage, ob im letzteren Falle die Bestellung eines Ergänzungspflegers erforderlich ist, s. *BayObLG,* FamRZ 1981, 93 –.

War ein Kind adoptiert worden, so bildet die Scheidung der Ehe dann für sich allein regelmäßig keinen schwerwiegenden Grund, der zum Wohle des Kindes die Aufhebung des Adoptionsverhältnisses (§ 1763 Abs. 1, 2 BGB) zu einem Ehegatten erfordert (*BayObLGZ* 1979, 386 = FamRZ 1980, 498 = Rpfleger 1980, 59 = DAVorm 1980, 39).

[3] Zum Kindeswohl als Rechtsbegriff s. *Coester,* in Brühler Schriften z. FamR, Bd. 4, S. 35ff. und Fn. 14. Zu einem krassen Fall der unrichtigen Anwendung dieses Begriffs: *OLG Stuttgart,* NJW 1985, 67 = JZ 1985, 848 = FamRZ 1985, 1285 (Leits.): Sorgerecht für die Mutter, die mit dem Kinde in einer „alternativen Wohngemeinschaft" lebte, deren Gruppenziel u. a. eine „befreite Sexualität" war und in der das Kind auch von anderen Mitgliedern der Gruppe betreut wurde, hierzu die zutreffende Kritik von *Wegener,* JZ 1985, 850; *Bosch,* FamRZ 1985, 1285; *Schütz,* FamRZ 1986, 947.

601 Wird die Scheidung gemäß § 1565 Abs, 1, 1566 Abs. 1 BGB – Trennung der Ehegatten seit mindestens einem Jahr und Einverständnis beider Ehegatten mit der Scheidung (s. Rz. 33) – beantragt, so muß die Antragsschrift (§ 622 Abs. 1 ZPO) gemäß § 630 ZPO ferner enthalten (neben der Mitteilung, der andere Ehegatte stimme der Scheidung zu, und der Einigung der Ehegatten über die Regelung der Unterhaltspflicht gegenüber einem Kinde, die gesetzliche Unterhaltspflicht gegenüber einem Ehegatten sowie die Rechtsverhältnisse an der Ehewohnung und dem Hausrat – § 630 Abs. 1 Nr. 1 und 3 –) den übereinstimmenden Vorschlag der Ehegatten zur Regelung der elterlichen Sorge über ein gemeinschaftliches Kind (Abs. 1 Nr. 2, s. dazu § 1671 Abs. 3 BGB).[4]

602 Über die elterliche Sorge hat das FamG im Verfahren der freiwilligen Gerichtsbarkeit (Näheres s. § 621a Abs. 1 ZPO) nach Anhörung der Eltern (§ 50a Abs. 1 Satz 1, 2 FGG), des Kindes (§ 50b FGG[5] – s. dort nähere Einzelheiten –) und des Jugendamtes (§ 52a i.V. mit § 48a Abs. 1 Nr. 6 JWG) von Amts wegen,[6] ohne Antrag eines Elternteils, zusammen mit dem die Scheidung aussprechenden Urteil zu entscheiden (§§ 623 Abs. 1, 3, 629 Abs. 1 i.V. mit § 621 Abs. 1 Nr. 1 ZPO). Will das FamG jedoch dem übereinstimmenden Vorschlag der Eltern nicht folgen, so muß es die Entscheidung vorweg treffen (§ 627 Abs. 1 ZPO);[7] über die Ehescheidung und andere Fol-

---

[4] Dazu Rz. 38ff., sowie Rz. 38 aE zu dem Falle, daß die erwähnten Angaben fehlen.

[5] Hierzu *BVerfGE* 55, 171 = NJW 1981, 217 = FamRZ 1981, 124 (dazu *Coester*, NJW 1981, 961 und – speziell zum Problem „Verfahrenspfleger" – *März*, FamRZ 1981, 736). Das BVerfG hat ausgesprochen: Diese Regelung gewährleiste in verfahrensrechtlicher Hinsicht eine hinreichende Beachtung der grundrechtlichen Stellung des betroffenen Kindes; die Entscheidung, in welcher Form die Anhörung geeignet und erfolgversprechend erscheine, bestimme sich nach den Verhältnissen des Einzelfalles; das Gericht müsse als Regelfall dem Kinde die Möglichkeit geben, seine persönlichen Beziehungen zu den übrigen Familienmitgliedern erkennbar werden zu lassen (s. auch die Zusammenfassung von *Berkemann*, JR 1981, 186, 188). Zur Anhörung von Kindern im Sorgerechtsstreit s. *Klußmann/Ell/Beer*, UJ 1981, 304, 309, 311; *Luthin*, FamRZ 1981, 111, 112ff., 1149; *Freund*, DRiZ 1982, 268; *Rotax*, DRiZ 1982, 466; *OLG Hamburg*, FamRZ 1983, 527; *BGH*, FamRZ 1984, 1084; 1985, 169 = NJW 1985, 1702, 1705; NJW-RR 1986, 1130 (Störung des inneren Gleichgewichts des Kindes zu befürchten); *OLG Zweibrücken*, NJW-RR 1986, 1330 (Anhörung in 2. Instanz); zur Bedeutung, zum Inhalt und zum Umfang des Rechts auf Gehör (Art. 103 Abs. 1 GG), s. – allgemein – *Wassermann*, DRiZ 1984, 425.

[6] Siehe auch Rz. 29, 41; zur Notwendigkeit wiederholter Anhörung des Jugendamts in 2. Intanz bei wesentlicher Änderung der maßgebenden Verhältnisse *BGH*, FamRZ 1986, 895 = NJW 1987, 1024. Zum Amtsverfahren (Einleitung und Durchführung des Verfahrens von Amts wegen) s. zB *Bassenge*, Einleitung, E I 1; *Keidel/Amelung*, Rz. 4, *Bumiller/Winkler*, Anm. 2a je zu § 12 FGG). Es ist übrigens zu unterscheiden von der amtswegigen Ermittlung (§ 12 FGG), der Klärung und Feststellung der entscheidungserheblichen tatsächlichen Umstände, auch ohne Beweisanträge der Beteiligten.

Zur Zusammenarbeit des FamG mit dem Jugendamt s. *Kolodziej*, Jugendwohl 1982, 99.

[7] Zur Vorabentscheidung im zweiten Rechtszug *OLG München*, FamRZ 1984, 407.

gesachen wird erst nach Rechtskraft des Beschlusses[8] entschieden. Diese Regelung hat den Zweck, es den Ehegatten zu ermöglichen, ihr Prozeßverhalten rechtzeitig im Hinblick darauf umzustellen, daß mit einer von dem übereinstimmenden Vorschlag abweichenden Sorgerechtsregelung diesem die Grundlage entzogen wird.[9]

Hat das Kind vor der Entscheidung des Gerichts das 14. Lebensjahr vollendet und macht es dann selbst einen Vorschlag, der von dem Vorschlag der Eltern abweicht, so hat das Gericht die Regelung zu treffen, die dem Wohle des Kindes am besten entspricht (§ 1671 Abs. 3 Satz 2). Die Entscheidung über die elterliche Sorge hat Auswirkungen auf die Regelung des Unterhalts des Kindes und des Umgangs des nichtsorgeberechtigten Elternteils mit dem Kinde, kann ferner Bedeutung erlangen für die Regelung der Rechtsverhältnisse an der ehelichen Wohnung und dem Hausrat und kann schließlich auf die berufliche Tätigkeit der Mutter sich auswirken.[10]

Das FamG hat bei seiner Entscheidung über die elterliche Sorge die über- 603
sehbaren voraussichtlich nach der Scheidung der Ehe bestehenden Verhältnisse der Eltern mitzuberücksichtigen, also die Frage, auf welche Weise das Kind versorgt und erzogen werden kann. Daher wird es sich empfehlen, die Eltern hierüber im Termin (vgl. § 50a FGG) zu befragen und die jeweils auftretenden Probleme zu erörtern, auch die Bindungen des Kindes an seine Eltern und Geschwister (vgl. § 1671 Abs. 2 Halbs. 2 BGB) und damit den Willen und die Einstellung des Kindes und die Bedeutung und Konsequenzen dieses Umstandes zu besprechen.[11] Dem FamG liegt hier eine andere Situation vor, als nach der bis 30. 6. 1977 bestehenden Rechtslage dem VormG, das

---

[8] Hier muß ein *Beschluß* ergehen, gegen den die befristete Beschwerde stattfindet (§ 621e Abs. 1 ZPO); diese ist innerhalb eines Monats (§ 621e Abs. 3 Satz 2 i. V. mit § 516 ZPO) beim OLG (§§ 621e Abs. 3 Satz 1 ZPO, 119 Abs. 1 Nr. 2 GVG), also durch einen OLG-Anwalt, einzulegen und bedarf der Begründung, die innerhalb eines Monats nachzubringen ist, wenn sie nicht schon in der Beschwerdeschrift enthalten ist (§ 621e Abs. 3 Satz 2 i. V. mit § 519 Abs. 1, 2 ZPO); die Begründungsfrist kann verlängert werden (§ 519 Abs. 2 Satz 3). Das FamG darf der Beschwerde nicht abhelfen (§ 621e Abs. 3 Satz 2 i. v. mit § 577 Abs. 3 ZPO).

[9] BT-Drucks. 7/650, S. 210f. (Begründung des Reg.-Entw.).

[10] Dazu, wie wichtig die baldige Klärung des Sorgerechts ist, s. *van Els*, FamRZ 1983, 438.

[11] Zur Haltung und zum Willen des Kindes s. zB *RGRK/Adelmann*, Rz. 62ff., *Soergel/Lange*, Rz. 29f., *MünchKomm./Hinz*, 2. Aufl. 1987, Rz. 43ff. je zu § 1671; *Gernhuber*, § 56 IV, S. 864f.; *Lempp*, S. 18, 32f., FamRZ 1986, 530, *Fehmel*, das. 531; *OLG Oldenburg*, NdsRpfl. 1977, 24; *BayObLG*, FamRZ 1977, 650, 653 (in BayObLGZ 1977, 200 nicht mitabgedruckt), *OLG Stuttgart*, FamRZ 1978, 827; *KG*, FamRZ 1978, 829, *OLG Hamm*, FamRZ 1979, 853; s. ferner *OLG Frankfurt*, FamRZ 1982, 531; *OLG Düsseldorf*, FamRZ 1983, 293. Zu Bindungen des Kindes s. *Lempp*, FamRZ 1984, 741; *Fthenakis*, FamRZ 1985, 662; *Koechel*, FamRZ 1986, 637; *RGRK/Adelmann*, § 1671 Rz. 56ff.; *MünchKomm./Hinz*, § 1671 Rz. 38ff.

Zu erwähnen ist noch, daß das *BVerfGE* (aaO, s. Fußn. 5) zu § 1671 Abs. 2 darauf hingewiesen hat, auch der grundrechtlichen Stellung des Kindes sei ein verfassungsrechtlicher Argumentationswert beizumessen.

eine Entscheidung **nach der Rechtskraft** der Scheidung der Ehe zu treffen hatte.

604 Ist ausnahmsweise die Regelung der elterlichen Sorge im Zeitpunkt der Entscheidungsreife der Ehesache noch nicht entscheidungsreif, da zB langwierige und umfangreiche psychologische Untersuchungen[12] des Kindes und sonstige zeitraubende Ermittlungen erforderlich sind, so kann das FamG dem Scheidungsantrag (zugleich mit der Entscheidung über andere entscheidungsreife Folgesachen – s. **§ 628 Abs. 1 Satz 2 ZPO**) stattgeben und die Entscheidung über die Regelung der elterlichen Sorge ausklammern, wenn die gleichzeitige Entscheidung über die letztere (s. § 623 i. V. mit § 621 Abs. 1 Nr. 1 ZPO) den Scheidungsausspruch so außergewöhnlich verzögern würde, daß der Aufschub auch unter Berücksichtigung der Bedeutung der Folgesache eine unzumutbare Härte darstellen würde (§ 628 Abs. 1 Satz 1 Nr. 3 ZPO). Wird bei Vorliegen dieser Voraussetzungen das die Regelung der elterlichen Sorge betreffende Verfahren abgetrennt, so kann und wird es regelmäßig erforderlich sein, auch das die Unterhaltspflicht gegenüber dem Kinde und das die Verkehrsregelung betreffende Verfahren abzutrennen; ferner kann es wegen des Zusammenhangs evtl. auch erforderlich werden, die Entscheidung über den Hausrat und die Ehewohnung, evtl. auch über den Unterhalt der Frau (vgl. § 1570 BGB) zurückzustellen. Über die weiteren Folgesachen kann dann einheitlich durch Urteil entschieden werden (s. Rz. 32).

Haben die Eltern einen übereinstimmenden Vorschlag über die Regelung der elterlichen Sorge nach der Scheidung (§ 1671 Abs. 3 BGB) gemacht, so dürfte freilich der dargelegte Fragenkomplex wohl nur selten praktische Bedeutung gewinnen.

605 Treffen die Eltern, wie häufig, über die Ausübung der elterlichen Sorge nach der Scheidung eine Vereinbarung und wird diese dem FamG mitgeteilt, so erlangt sie die Bedeutung eines Vorschlags iS der §§ 1671 Abs. 3 BGB, 622 Abs. 2 Nr. 2, 627 Abs. 1, 630 ZPO.[13] Eine bestimmte Form ist für den übereinstimmenden Vorschlag nicht vorgeschrieben. Die diesbezüglichen Erklärungen der Parteien können privatschriftlich niedergelegt oder zu Protokoll der Geschäftsstelle des FamG oder in einem Termin zu Protokoll des FamG oder in den Anwaltsschriftsätzen abgegeben werden.

Die mit der Abgabe des übereinstimmenden **Vorschlags** zusammenhängenden Fragen bedürfen indes noch weiterer Erörterung:

---

[12] Zur kinderpsychologischen Begutachtung, insbesondere zu Testverfahren, s. *Dickmeis,* NJW 1983, 2053; zum familienpsychologischen Gutachten *Sternbeck* und *Däther,* FamRZ 1986, 21; zu psychologischen Kriterien bei der Sorgerechtsregelung *Ell,* ZfJ 1986, 289; *Kaltenborn,* FamRZ 1987, 990.

[13] Die „Vereinbarung" und der „übereinstimmende Vorschlag" sind also an sich zu unterscheiden, s. hierzu *Staudinger/Schwoerer,* § 1671 Rz. 56; *MünchKomm./Hinz,* § 1671 Rz. 49.

Zu Fällen der Nichtigkeit der Vereinbarung s. Rz. 84 aE, 225, 580.

Die Ehegatten können nur einen übereinstimmenden Vorschlag an das FamG machen und nicht selbst eine Regelung der elterlichen Sorge treffen (§ 1671 Abs. 1 BGB), da die elterliche Sorge nicht zur Disposition der Eltern steht. An den Vorschlag der Eltern ist das FamG dann gebunden, wenn der gemeinsame Vorschlag einen zulässigen Inhalt hat und das Wohl des Kindes[14] keine abweichende Regelung erfordert; das FamG darf von dem Vorschlag nur abweichen, wenn das Wohl des Kindes eine andere Regelung erfordert (§ 1671 Abs. 3 BGB). Das Wort „soll" bedeutet eine entsprechende Verpflichtung des FamG; es beinhaltet keine Ermessensermächtigung.[15]

Das den Eltern vom Gesetzgeber eingeräumte Vorschlagsrecht ist Ausfluß des durch die Verfassung garantierten **Elternrechts** (Art. 6 Abs. 2 Satz 1 GG);[16] dieses ist Grundrecht (s. Art. 1, Abs. 3 GG) und Grundpflicht zugleich, wobei vor allem letztere wichtig ist.[17] Grundgedanke des Elternrechts ist, daß den Eltern das Wohl des Kindes mehr am Herzen liegt als irgendeiner anderen Person oder Institution.[18] Das Grundrecht setzt voraus, daß die Eltern bereit und in der Lage sind, ihr Erziehungsrecht zum Wohle des Kindes auszuüben.[19] Machen die Eltern einen übereinstimmenden Vorschlag, so kann davon ausgegangen werden, daß sie regelmäßig die Situation und die Bindungen des Kindes zu ihnen kennen und bestrebt sein werden, die Auswirkungen der Scheidung und eine mögliche Schädigung des Kindes durch das Scheitern der Ehe möglichst gering zu halten.[20] Der Vorschlag soll auch eine Befriedigung der Eltern bewirken und bezwecken, womit die Belastungen aus der Scheidungssituation für das Kind gemindert und die Chancen erhöht werden sollen, daß das Kind zu beiden Eltern positive Beziehungen behält und fortentwickeln kann.[21]

Das Vorschlagsrecht ist daher am **Wohl des Kindes** orientiert. Diesem 606
Grundgedanken des Vorschlagsrechts widerspräche es, wenn ein Vorschlag

---

[14] Zu diesem Begriff Näheres bei *Coester*, S. 145ff., *Kropholler*, JZ 1984, 164; *Ambrock*, § 1671, Anm. II 4, *Lange*, aaO, Rz. 28, *Hinz*, aaO, Rz. 26ff.; *Beres*, ZBlJugR 1982, 1; zur Problematik der „Bezugsperson" und „Hauptbezugsperson" s. *Ell*, ZblJugR 1982, 76; *Luthin*, FamRZ 1984, 114, 115 sowie die Hinweise von *Schulze*, FamRZ 1987, 770, 774f. m. Fn. 176ff.

[15] Dazu *Staudinger/Schwoerer*, § 1671 Rz. 187; *MünchKomm./Hinz* (2. Aufl.) § 1671 Rz. 59; allgemein zum Ermessen des Richters *Göppinger* in Juristen-Jahrbuch Bd. 9, S. 86ff. und *Göppinger/Mutschler*, Rz. 1425ff.

[16] *BVerfGE* 61, 358, 371f. = NJW 1983, 101 = FamRZ 1982, 1179, 1182; s. ferner schon *Staudinger/Schwoerer*, § 1671 Rz. 52; *Gernhuber*, § 56 III 1.

Dieses Vorschlagsrecht hat übrigens sehr große praktische Bedeutung (s. *Kropholler*, NJW 1984, 271; JR 1984, 89, 96 je m. w. Hinw.; *RGRK/Adelmann*, § 1671 Rz. 71).

[17] *Kropholler*, NJW 1984, 272; s. ferner *BVerfG* aaO und *E* 59, 360, 376 = NJW 1982, 1375, 1376; zum Elternrecht s. noch *MünchKomm./Hinz*, Rz. 47.

[18] *BVerfGE* 59, 376 = NJW 1982, 1376; *Kropholler*, aaO, 273.

[19] *BVerfGE* 61, 358, 372 = NJW 1983, 101; *Kropholler*, aaO, 272.

[20] So auch der Rechtsausschuß des Bundestags,BT-Drucks. 8/2788, S. 62 li. Sp. unten; s. ferner *Kropholler*, NJW 1984, 271, 272; sowie *BVerfGE* 61, 358, 372f.

[21] *Coester*, S. 200f.; *Kropholler*, aaO, S. 273; s. auch *BVerfG* aaO.

bindend und unwiderruflich wäre[22] und ein Elternteil gehindert wäre, seinen Vorschlag zu widerrufen, zB wenn er später zu der Einsicht gekommen ist, daß der Vorschlag mit dem Wohle des Kindes nicht vereinbar ist, oder wenn eine veränderte Situation eingetreten ist. Es wäre befremdlich, wenn der Elternteil in solchen Fällen darauf beschränkt wäre, dem Gericht lediglich seine jetzige Auffassung mitzuteilen, ohne selbst die Schlußfolgerung ziehen zu dürfen.

Aus diesen Erwägungen folgt, daß der übereinstimmende Vorschlag weder intern unter den Eltern[23] noch gegenüber dem Gericht[24] bindend sein kann.[25] Für eine Bindung enthält das Gesetz auch keinen Anhaltspunkt: Es stellt nicht mehr, wie früher § 74 Abs. 1 EheG, auf eine „*Einigung der Ehegatten*" ab; ferner spricht es auch nicht mehr, wie § 1671 Abs. 1 i. d. F. des GleichberG und des 1. EheRG, von einem „*gemeinsamen Vorschlag*", sondern (seit der Neufassung durch das SorgeRG) lediglich von einem „*übereinstimmenden Vorschlag*".[26] Auch § 630 Abs. 1 Nr. 2 ZPO enthält nur diese letztere Formulierung und spricht nicht von einer Einigung, wie in den Fällen des § 630 Abs. 1 Nr. 3 ZPO (in denen die Ehegatten freilich selbst disponieren können).

Der übereinstimmende Vorschlag ist somit auch kein Vertrag,[27] also kein Rechtsgeschäft; er ist formlos widerruflich. Daher bedarf es keiner Anwendung der Vorschriften über die Anfechtung einer Willenserklärung[28] oder der Grundsätze über den Wegfall der Geschäftsgrundlage[29] und damit auch kei-

---

[22] Ebenso *Kropholler*, aaO, S. 273; *Treitz*, S. 43.

[23] *Kropholler*, aaO, S. 271 ff.; anders aber *Coester*, S. 298 ff.

[24] *Kropholler*, aaO.

[25] Wie hier *Damrau*, NJW 1977, 1169, 1172; *Schwab*, Rz. 194; *Treitz*, S. 40 ff.; *Kropholler*, aaO; *RGRK/Adelmann*, § 1671 Rz. 83 f.; *Luthin*, FamRZ 1985, 638 (Anm. zu *OLG Hamm*, aaO 637); *Zöller/Philippi*, ZPO § 630 Rn. 11; *OLG Zweibrücken*, FamRZ 1986, 1038; *anders* die bisher hM, s. 4. Aufl., Rz. 606, *MünchKomm./Hinz*, Nachtr. Rz. 38; *Soergel/Lange*, Rz. 19; *Erman/Ronke*, Rz. 29 f.; *Palandt/Diederichsen*, Anm. 4; *OLG Düsseldorf*, FamRZ 1983, 293 m. weit. Hinw.; zur früheren Fassung *BGHZ* 33, 54 = NJW 1960, 1719 = FamRZ 1960, 1719 = FamRZ 1960, 397; *BayObLGZ* 1967, 59, 62 = FamRZ 1967, 402, 403.

[26] Dies berücksichtigt zB das *OLG Düsseldorf*, aaO, nicht; *Diederichsen*, aaO, meint, mit dem Wort „Vorschlag" sollte nichts anderes als mit dem früheren Begriff „Einigung" gesagt werden, s. auch *Ronke*, aaO, Rz. 29.

Dagegen heben *Treitz*, S. 41 ff., und *Kropholler*, S. 272 f., zutreffend den geänderten Wortlaut hervor, ebenso *MünchKomm./Hinz*, Rz. 54.

[27] Zu der Frage, ob die Vereinbarung über den übereinstimmenden Vorschlag ein Vergleich iS des § 779 BGB darstellen kann, s. Rz. 183.

[28] Hierzu s. zB *OLGe Köln*, FamRZ 1972, 574, *Düsseldorf*, FamRZ 1983, 293; *Staudinger/Schwoerer*, Rz. 65; *Erman/Ronke*, Rz. 31.

[29] Dazu *OLG Köln*, FamRZ 1964, 524; *OLG Karlsruhe*, FamRZ 1968, 266; *OLG Düsseldorf*, aaO, sowie bezüglich der Nichteinhaltung einer Vereinbarung über das Besuchsrecht *BayObLGZ* 1966, 67 = NJW 1966, 1219 = FamRZ 1966, 249; *OLG Stuttgart*, NJW 1981, 1743 = FamRZ 1981, 704.

ner Prüfung der Voraussetzungen dieser Vorschriften oder Grundsätze, womit das Verfahren übrigens vereinfacht wird.[30]

Ist ein übereinstimmender Vorschlag Bestandteil einer Vereinbarung über die Scheidungsfolgen, so kann er auch in diesem Fall widerrufen werden.[31] Die Folge kann evtl. der Wegfall der Geschäftsgrundlage für weitere Vereinbarungen sein (vgl. auch Rz. 100); ordnet das Gericht aber dann die gleiche Regelung bezüglich der elterlichen Sorge an, wie sie in dem Vorschlag vorgesehen war, so wird der Widerruf regelmäßig keine weiteren Auswirkungen haben. Dem Ehegatten, der den Vorschlag widerrufen hatte, wird regelmäßig zugemutet werden können, die weiteren Vedreinbarungen über die Scheidungsfolgen hinzunehmen; ggf. wird eine entsprechende Anpassung in Betracht gezogen werden müssen, ebenso wie wenn das Gericht einen übereinstimmenden Vorschlag nicht billigt (vgl. auch Rz. 623).

Bezieht sich der Vorschlag der Eltern auf mehrere Kinder, so hat ihn das 607
FamG bezüglich jedes Kindes selbständig zu beurteilen (s. auch zu § 1671 Abs. 2 HS 2 Rz. 603); es hat die Belange jedes Kindes zu prüfen.[32] Hierbei ist freilich von Bedeutung, daß es sehr häufig zum Wohl der Kinder besser entsprechen wird, wenn sie gemeinsam in dem Haushalt eines Elternteils aufwachsen, insbesondere bei verhältnismäßig geringem Altersunterschied,[33] es sei denn, ein Elternteil wäre bei der Betreuung und Erziehung mehrerer Kinder überfordert oder zwischen den Kindern bestünde ein gespanntes Verhältnis. Doch kann es auch bei größerem Altersunterschied der Geschwister nützlich sein, wenn sie miteinander aufwachsen, zB auch weil das ältere Geschwister das jüngere mitbetreuen oder mitbeaufsichtigen kann.

Der **Vorschlag** der Eltern muß **klar und eindeutig** erkennen lassen, für wel- 608
ches Kind die elterliche Sorge dem einen oder anderen Elternteil übertragen werden soll oder ob die Eltern die Sorge gemeinsam wahrnehmen wollen (s. dazu Rz. 618). Voraussetzung für die Zulässigkeit des Vorschlags ist stets, daß er eine **zulässige gerichtliche Regelung** betrifft.

---

[30] Hierauf weist *Treitz,* S. 42f., ebenfalls hin. Die in Fn. 28 und 29 erwähnten Entscheidungen machen dies übrigens auch deutlich.

In den Fällen, in denen ein Ehegatte den Vorschlag später widerruft, haben Rechtsprechung und Lit. angenommen, der Widerruf gebe dem Gericht regelmäßig Veranlassung zu besonders eingehenden Ermittlungen darüber, ob der Vorschlag (weiterhin) dem Wohle des Kindes entspreche (s. zB *OLG Düsseldorf,* aaO, *Lange,* aaO, Rz. 19 aE, *Hinz,* aaO, Rz. 38; sowie *OLG Hamm,* FamRZ 1985, 637 m. Anm. *Luthin).*

[31] Wie ja auch die Zustimmung zur Scheidung widerrufen werden kann (s. dazu Rz. 36, 49, 52); zur Widerruflichkeit s. auch *MünchKomm./Hinz,* Rz. 54.

[32] *OLG Köln,* OLGZ 1966, 210; dazu *OLG Oldenburg,* NdsRPfl. 1977, 24.

[33] Hierzu *OLG Stuttgart,* FamRZ 1976, 282; *OLG Köln,* FamRZ 1976, 32; *OLG Karlsruhe,* FamRZ 1980, 726; *OLG Hamm,* FamRZ 1979, 853; *Staudinger/Schwoerer,* Rz. 95; *Lempp,* S. 33, der sagt, Geschwister, die sehr aneinander hängen, sollte man möglichst beieinander lassen; ihre Bindung an Mutter oder Vater sei aber wichtiger als die Bindung der Geschwister untereinander; s. ferner *Soergel/Lange,* Rz. 29; *MünchKomm./Hinz,* Rz. 38ff.; *Gernhuber,* § 56 IV 2, S. 867.

Es empfiehlt sich nicht, lediglich einen Vorschlag über die Personensorge zu machen. In dem Falle, daß die Scheidung der Ehe gemäß §§ 1565, 1566 Abs. 1 BGB begehrt wird, ist gemäß § 630 Abs. 1 Nr. 2 ZPO ein Vorschlag erforderlich, der die gesamte elterliche Sorge, d. h. die Personensorge und die Vermögenssorge (s. § 1626 BGB), betrifft.[34] Die Eltern können zwar auch einen Vorschlag machen, wonach einem Elternteil die Personensorge, dem anderen Elternteil die Vermögenssorge ganz oder teilweise übertragen werden soll (§ 1671 Abs. 4 Satz 2 BGB). Indessen wird sich eine solche Regelung selten empfehlen.

Die ,,Übertragung" der teilweisen Vermögenssorge an einen Elternteil kann Bedeutung gewinnen in dem Falle, daß dieser während der Ehe, d. h. vor der Trennung der Eheleute, einem Kinde Vermögenswerte zugewendet und dabei bestimmt hatte, der andere Elternteil solle von der Verwaltung des Vermögens des Kindes insoweit ausgeschlossen sein (§ 1638 Abs. 1, 3 BGB).[35] Das FamG ist bei der Regelung der elterlichen Sorge (§ 1671 BGB) an die erwähnte Bestimmung gebunden, die erwähnte Übertragung der teilweisen Vermögenssorge hat nur deklaratorische Bedeutung. Das FamG könnte nur unter den Voraussetzungen des § 1671 Abs. 5 Satz 1 Pflegschaft anordnen. Zur Klarstellung und zur Sicherheit empfiehlt es sich, dem FamG die erwähnte Bestimmung (§ 1638 Abs. 1, 3 BGB) mitzuteilen, um zu verhindern, daß danach evtl. Schwierigkeiten und Unklarheiten entstehen könnten, wenn etwa der Elternteil, dem die elterliche Sorge übertragen wird, die Verwaltung des betreffenden Teils des Vermögens des Kindes beanspruchen sollte (s. auch Rz. 595).

609 Als unzulässig und daher unbeachtlich ist ein Vorschlag des Inhalts zu beurteilen, die Personensorge solle auf einen Elternteil übertragen werden, das Kind solle aber ohne zeitliche Begrenzung bei dem anderen Elternteil verbleiben oder sich ganz überwiegend, zB in der Woche von Montag bis Freitag bei dem anderen Elternteil aufhalten.[36] Eine solche Regelung würde bedeuten, daß der letzere zwar nur die tatsächliche Personensorge ausüben, in Wahrheit aber die Erziehung und Versorgung des Kindes maßgebend beeinflussen würde (vgl. aber auch Rz. 618).

Doch können die Eltern vorschlagen, die elterliche Sorge in der Weise zu regeln, daß sie dem einen Elternteil zustehen soll, das Kind aber vorübergehend, für einen näher bezeichneten kurzen Zeitraum, beim anderen Elternteil sich aufhalten oder verbleiben soll.[37] Eine solche Vereinbarung bedeutet, daß der sorgeberechtigte Elternteil den anderen beauftragt und bevollmächtigt,

---

[34] Siehe Rz. 38, 601 und auch 616, 623.

[35] Anders aber, wenn lediglich die ,,Nutznießung" des Elternteils ausgeschlossen ist, dies bedeutet nur eine Beschränkung der Verwaltung (s. *BayObLGZ* 1982, 86 = Rpfleger 1982, 180 = ZblJugR 1982, 363 = FamRZ 1982, 737 LS).

[36] Dazu *OLG Köln,* OLGZ 1976, 438 = FamRZ 1977, 62; *Staudinger/Schwoerer,* Rz. 80; *MünchKomm./Hinz,* Rz. 23, 25, 57.

[37] *Staudinger/Schwoerer,* aaO; *Soergel/Lange,* Rz. 22; *RGRK/Adelmann,* Rz. 86.

während des betreffenden Zeitraumes die elterliche Sorge auszuüben. Unzulässig wäre aber ein Vorschlag, der auf eine Abspaltung des Aufenthaltsbestimmungsrechts abzielen würde.[38]

Nicht genügend bestimmt und daher ebenfalls unzulässig wäre ein Vor- 610
schlag des Inhalts, die elterliche Sorge solle dem einen Elternteil übertragen werden, im Falle eines Wechsels des Wohnorts, zB des Wegzugs von dem früheren elterlichen Wohnsitz, durch diesen Elternteil solle die elterliche Sorge nach Möglichkeit der andere (am ehelichen Wohnsitz verbleibende) Elternteil erhalten; eine solche Vereinbarung läuft nach ihrem Sinn und Zweck darauf hinaus, es solle eine Regelung nach § 1671 Abs. 2 BGB getroffen werden.[39]

Nicht zulässig wäre ferner ein Vorschlag des Inhalts, die elterliche Sorge 611
solle einem Elternteil zustehen, der andere Elternteil könne aber die Übertragung der elterlichen Sorge nach Belieben für sich beanspruchen,[40] zB wenn dieser Elternteil der Ansicht war, der erstere Elternteil solle die elterliche Sorge nur vorübergehend ausüben, bis sich die Verhältnisse des anderen Elternteils nach der Scheidung wieder gefestigt hätten. Ebenso unzulässig und unwirksam ist ein Vorschlag, die Regelung der elterlichen Sorge solle von einer Bedingung abhängig sein, zB von der Unterlassung eines Wechsels des Wohnsitzes[41] oder der Herbeiführung eines Wohnsitzwechsels oder der Erlangung einer anderen Wohnung oder der Nichtausübung eines Berufs (durch die Mutter) oder der Verheiratung oder Nichtwiederverheiratung eines Elternteils.[42]

Ebenso unzulässig wäre der Vorschlag, die elterliche Sorge solle bis zu 612
einem bestimmten Zeitpunkt (nach dem Kalender, bis zur Vollendung eines bestimmten Lebensjahres des Kindes oder zum Ende eines bestimmten Schuljahres) von dem einen, danach von dem anderen Elternteil ausgeübt werden.[43]

Als zweifelhaft zu beurteilen ist der Vorschlag, die elterliche Sorge solle bis 613
zu einem bestimmten Zeitpunkt einem Elternteil zustehen, danach solle das FamG erneut entscheiden.[44] Auf jeden Fall ist von einer solchen (als Kompromiß gedachten) Lösung dringend abzuraten, da sie für den Elternteil, der hofft, nach Ablauf des betreffenden Zeitraums die elterliche Sorge (oder gegebenenfalls wenigstens die Personensorge) erhalten zu können, kaum von

---

[38] Vgl. *OLG Zweibrücken*, FamRZ 1983, 1055.

[39] *OLG Stuttgart*, Die Justiz 1968, 180.

[40] *OLG Stuttgart*, Die Justiz 1974, 128 = FamRZ 1975, 167 Leits.; *Soergel/Lange*, aaO.

[41] *Staudinger/Schwoerer*, Rz. 51.

[42] *BayObLG*, FamRZ 1976, 38; *Soergel/Lange*, aaO, s. auch Rz. 86.

[43] Hierzu *Staudinger/Schwoerer*, Rz. 51, 78; anders *Soergel/Lange*, aaO; *Gernhuber*, § 56 II 3, S. 858

[44] Vgl. auch *Staudinger/Schwoerer*, Rz. 79; *Soergel/Lange*, aaO; *RGRK/Adelmann*, Rz. 86; *BayObLG*, FamRZ 1976, 534.

Nutzen wäre. Das FamG könnte gemäß § 1696 BGB eine abweichende Entscheidung nur treffen, wenn eine Änderung der Verhältnisse eingetraten ist.[45] Hat der sorgeberechtigte Elternteil das Kind ordnungsgemäß betreut, so kommt eine Änderung der Regelung der elterlichen Sorge regelmäßig nicht in Bertracht; der Gesichtspunkt der Kontinuität der Erziehung stünde einer Änderung entgegen,[46] ferner könnte das Wohl des Kindes durch einen Wechsel des Wohnsitzes und evtl. der Schule beeinträchtigt werden.

614 Nichtssagend und damit nicht ausreichend ist eine Vereinbarung, die Regelung der elterlichen Sorge solle das FamG treffen. Da der dem FamG zu unterbreitende Vorschlag einen bestimmten konkreten Inhalt haben muß, können die Eltern nicht den Vorschlag machen, für die Regelung der elterlichen Sorge solle der Wille des Kindes bzw. der Kinder maßgebend sein.[47]

615 Hatte das VormG während bestehender Ehe den Eltern die Personensorge gemäß §§ 1666 Abs. 1, 1666a Abs. 2, 1680 BGB oder die Vermögenssorge gemäß §§ 1666 Abs. 3, 1667 Aabs. 5, 1680 BGB entzogen und einen Pfleger bestellt (§ 1909 BGB) oder nach den erwähnten Vorschriften die Personen- und die Vermögenssorge entzogen und Vormundschaft angeordnet (§ 1773 BGB), so wirkt eine solche Anordnung weiter.[48] Ebenso, wenn gemäß §§ 1638 Abs. 1, 1909 BGB ein Pfleger bestellt worden war. Hatte das VormG einem Elternteil die Personensorge entzogen und sie dem anderen Elternteil übertragen, so ist anläßlich der Scheidung der Ehe eine neue Regelung gemäß § 1671 BGB erforderlich.[49] Hierzu können die Eltern einen Vorschlag unterbreiten, zB des Inhalts, die elterliche Sorge solle auf den Elternteil übertragen werden, der sie seither innehat. Einen – an sich zulässigen – Vorschlag, die elterliche Sorge auf den Elternteil zu übertragen, dem früher gemäß § 1666 Abs. 1 BGB die Personensorge entzogen worden war, könnte das FamG nur billigen, wenn sich inzwischen die Verhältnisse geändert haben oder feststeht, daß sie sich mit der Scheidung der Ehe ändern und eine solche Lösung dem Wohle des Kindes am besten entspricht. Hatte das VormG nach den erwähnten Vorschriften beiden Eltern die Personensorge oder die Vermögenssorge

---

[45] Zur Anwendung des § 1696 BGB s. zB *Staudinger/Schwoerer,* § 1671 Rz. 143, *MünchKomm./Hinz* (1987), Rz. 88, und zum Fall der Wiederverheiratung der Mutter eines Kleinkindes und der dadurch möglich gewordenen Betreuung des Kindes durch sie *OLG Stuttgart,* FamRZ 1976, 34; s. auch Rz. 609, 2. Abs. Zur Frage Kosten bei Ablehnung des Änderungsantrags (§§ 2 Nr. 2, 94 Abs. 3 Satz 2 KostO) *OLG Zweibrücken* , ZfJ 1985, 143 m. w. H.

[46] Dazu *OLG Stuttgart,* Die Justiz 1974, 128; *OLG Hamburg,* FamRZ 1982, 532; *Staudinger/Schwoerer,* Rz. 51; *Soergel/Lange,* Rz. 31; *MünchKomm./Hinz* (1987), Rz. 34ff.; *Lempp,* Ehescheidung, S: 27ff.

[47] *BayObLGZ* 1968, 217 = FamRZ 1968, 657 = NJW 1969, 429 = MDR 1969, 55; *Soergel/Lange,* Rz. 22.

[48] *OLG Stuttgart,* FamRZ 1975, 591; *Staudinger/Göppinger,* § 1666 Rz. 321; *Staudinger/Schwoerer,* § 1671 Rz. 30, *Soergel/Lange,* Rz. 7, *RGRK/Adelmann,* Rz. 15f., *MünchKomm./Hinz,* Rz. 10 je zu § 1671.

[49] *OLG Stuttgart,* aaO.

oder die gesamte elterliche Sorge entzogen, so steht dies einem übereinstimmenden Vorschlag des Inhalts nicht entgegen, daß die elterliche Sorge nach der Scheidung einem Elternteil zustehen soll. Das FamG kann freilich einen solchen Vorschlag nur billigen, wenn der betr. Elternteil nun in der Lage ist, das Kind ordnungsgemäß zu betreuen und zu erziehen, also die Gründe weggefallen sind, die zu der seinerzeitigen Anordnung geführt hatten und andere Gründe nicht vorliegen, die jetzt eine Anordnung mit entsprechendem Inhalt (vgl. § 1671 Abs. 5 BGB) rechtfertigen würden.

War den Eltern *die Personensorge entzogen* und war ein Pfleger bestellt 616
worden oder war ihnen die elterliche Sorge entzogen und war ein Vormund bestellt worden und waren sie – nach Erörterung der Frage durch das FamG, ob eine Übertragung der elterlichen Sorge auf einen Elternteil unter Aufhebung der Pflegschaft bzw. Vormundschaft in Betracht komme, und entsprechender Belehrung – zu der Ansicht gelangt, die Pflegschaft bzw. Vormundschaft müßte gemäß § 1671 Abs. 5 BGB aufrechterhalten bleiben, so muß den Eltern die Möglichkeit gegeben werden, einen diesbezüglichen Vorschlag zu machen und damit die Voraussetzungen des § 630 Abs. 1 Nr. 2 ZPO zu erfüllen. Den Ehegatten darf es in diesem Falle nicht unmöglich gemacht werden, die Scheidung der Ehe gemäß §§ 1565, 1566 Abs. 1 BGB zu erreichen; andererseits darf von ihnen auch nicht verlangt werden, einen Vorschlag zu unterbreiten, der von vornherein keine Aussicht auf Zustimmung des FamG hat, nämlich die Pflegschaft bzw. Vormundschaft aufzuheben und die elterliche Sorge auf einen Elternteil zu übertragen; dies hätte zur Folge, daß zunächst gemäß § 627 ZPO eine Vorabentscheidung über die elterliche Sorge getroffen werden müßte. Die dargelegte Lösung erscheint sachgerechter und praktikabler als die Annahme, in einem solchen Falle, in dem den Eltern nicht die elterliche Sorge zustehe, sei § 630 Abs. 1 Nr. 2 ZPO bezüglich der Regelung der elterlichen Sorge nicht anzuwenden, wenn das letztere freilich bezüglich der Umgangsregelung anzunehmen ist (s. Rz. 628).

Übt ein Ehepaar dagegen die elterliche Sorge über ein Kind vor der Schei- 617
dung der Ehe aus, so können die Ehegatten keinen übereinstimmenden Vorschlag machen, also keine diesbezügliche Vereinbarung des Inhalts schließen, die elterliche Sorge oder Bestandteile der elterlichen Sorge solle ein Vormund oder Pfleger ausüben, da die Eltern auf diese Rechte nicht verzichten können.[50]

Nachdem das *BVerfG*[51] die (verfehlte)[52] Regelung des § 1671 Abs. 4 Satz 1 618
für verfassungswidrig und damit für nichtig erklärt hat, ist auch der Weg frei für einen übereinstimmenden Vorschlag dahingehend, den Eltern solle (auch)

---

[50] *Staudinger/Schwoerer,* Rz. 81; s. auch *KG,* OLGZ 1968, 118 = NJW 1968, 361; *Soergel/Lange,* § 1626 Rz. 5.

[51] *E* 61, 358 = NJW 1983, 101 = FamRZ 1982, 1179 = Rpfleger 1982, 470 = DAVorm 1982, 1055 = MDR 1983, 108 = JZ 1983, 298 m. Anm. *Giesen;* der Tenor des Urteils ist in BGBl. 1982 I 1596 veröffentlicht.

[52] Siehe 4. und 5. Aufl., Rz. 618.

nach der Scheidung die elterliche Sorge zur gemeinsamen Ausübung belassen werden. Eine solche Regelung kommt nur in den Fällen in Betracht, in denen die Eltern einen entsprechenden übereinstimmenden Vorschlag gemacht haben.[53] Freilich wird das FamG einen solchen Vorschlag nur billigen dürfen, wenn die Eltern fähig und bereit sind, das Kind in gemeinsamer Verantwortung zu erziehen und zu fördern, und dazu auch tatsächlich in der Lage sind,[54] ferner die Fähigkeit und die Möglichkeit zur Verständigung über das Kind besitzen;[55] nützlich ist es hierzu, wenn die Eltern darauf verweisen können, daß sie eine solche Regelung ohne Probleme schon während der Trennungszeit praktiziert haben.[56] Für den übereinstimmenden Vorschlag müssen die Eltern nähere Angaben machen über ihre Einigungsfähigkeit, den Aufenthalt des Kindes, das Besuchsrecht, die Unterhaltsregelung, den Entscheidungsvorrang des das Kind betreuenden Elternteils in dringenden Fällen oder in dem Falle, daß ausnahmsweise eine Einigung nicht erzielt werden kann,[57] ob und in welcher Weise ein Elternteil vom anderen Teil Vollmacht für bestimmte Angelegenheiten besitzen soll.[58] Eine räumliche Entfernung schließt das gemeinsame Sorgerecht nicht ohne wieteres aus, es sei denn, es handele sich um eine sehr erhebliche Entfernung.[59]

Billigt das Gericht den Vorschlag, so kann es nur aussprechen, das Sorgerecht solle beiden Elternteilen zustehen, dagegen nicht, hierbei solle die tatsächliche Personensorge abgespalten werden und einem Elternteil allein zustehen.[60]

---

[53] Denn, wenn ein solcher übereinstimmender Vorschlag fehlt, kann das Gericht ein gemeinsames Sorgerecht nicht erzwingen (so zutreffend *Kropholler,* JR 1984, 89, 94; hierzu *OLG Karlsruhe,* FamRZ 1987, 89; *OLG Bamberg,* FamRZ 1987, 509).

[54] *Kropholler,* aaO; *Fehmel,* FamRZ 1983, 971, 972; *Luthin,* FamRZ 1983, 420; *Schmidt-Räntsch,* FamRZ 1983, 17; *KG,* FamRZ 1983, 648, 1055; *OLG Frankfurt,* FamRZ 1983, 758 (hier wurden die Voraussetzungen für ein gemeinsames Sorgerecht verneint); *AmtsG Arnsberg,* FamRZ 1986, 1145 (sehr eingehend) m. Anm. *Luthin; OLG Bamberg,* FamRZ 1987, 509; *OLG Hamburg,* FamRZ 1985, 1284; s. auch *Knöpfel,* NJW 1983, 905, 908, sowie *Hinz,* ZfJ 1984, 529; *Lempp,* ZfJ 1984, 305; *Finger,* DRiZ 1985, 91 (Bericht über Umfrage), dazu *Luthin,* FamRZ 1985, 565; *Magnus* und *Dietrich,* FamRZ 1986, 416 (Aktenanalyse); *Ditzen,* FamRZ 1987, 239; *RGRK/Adelmann,* § 1671 Rz. 24ff.; *Rita Süßmuth,* zit. von *Schulze,* FamRZ 1987, 770, 775 m. Fn. 178, 179; s. auch *Jopt,* FamRZ 1987, 875; *MünchKomm./Hinz,* Rz. 63ff.

[55] *Kropholler,* aaO; *Schwenzer,* FamRZ 1983, 974, 975.

[56] *Kropholler,* aaO, S. 95; *Knöpfel,* aaO; *Ditzen,* aaO; s. dazu schon die Fälle *OLG Düsseldorf,* FamRZ 1978, 266, *OLG Schleswig,* DAVorm 1978, 796, *KG,* FamRZ 1979, 340, sowie *KG,* FamRZ 1983, 1055 – in den vom KG entschiedenen zwei Fällen hatte das Kind bei beiden Eltern ein eigenes Zimmer –; ferner *KG,* FamRZ 1983, 648.

[57] *Kropholler,* aaO, S. 94f.; *Schwenzer,* aaO (s. Fn. 55).

[58] *Kropholler,* aaO, S. 95; s. auch *Knöpfel,* aaO, S. 909.

[59] *Schwenzer,* aaO; s. auch *Knöpfel,* aaO, S. 908; *Hinz,* aaO (s. Fn. 54), S. 535; sowie *OLG Celle,* NJW 1985, 923 = FamRZ 1985, 527 m. Anm. *Luthin* (gemeinsames Sorgerecht trotz weiter Entfernung Mannheim–Cuxhaven).

[60] Hierzu s. Bericht des Rechtsausschusses des BT, Brucks. 8/2788, S. 63 re. Sp. oben; *Kropholler,* NJW 1984, 271, 275; *Soergel/Lange,* Rz. 13, *MünchKomm./Hinz,* Rz. 21, sowie schon *Staudinger/Schwoerer,* Rz. 46.

Auch in dem Falle eines Vorschlags, das Sorgerecht solle nach der Scheidung der Ehe beiden Elternteilen gemeinsam belassen werden, gilt die Vorschrift, daß das Gericht hiervon nur abweichen soll, wenn dies zum Wohle des Kindes erforderlich ist (§ 1671 Abs. 3 Satz 1 BGB).[61] Doch wird das letztere wohl nicht selten der Fall sein, zB wenn anzunehmen ist, daß der übereinstimmende Vorschlag nur einen Kompromiß darstellt, mit dem die Eltern den Kampf um das Sorgerecht beenden wollen, ohne daß ein gemeinsames Erziehungsziel erkennbar wäre, oder wenn Zweifel bestehen, ob das Kind durch die vorgesehene Regelung nicht zu stark belastet würde, wobei auch das Alter des Kindes von Bedeutung ist,[62] oder ob die Eltern in der Lage sind, ständig miteinander Verbindung aufzunehmen, um im Grundsatz alle die Erziehung und Pflege des Kindes usw. betreffenden Fragen zu besprechen in gemeinsamer Verantwortung für das Kind, ob das Kind etwa Gefahr läuft, zwischen den Eltern hin- und hergerissen zu werden, und jeder Elternteil dann über die Erziehung des Kindes allein entscheidet.[63]

Für zulässig zu halten ist auch eine **Aufspaltung des Sorgerechts** in der Weise, 619
daß beide Eltern die Personensorge (mit dem Vertretungsrecht) innehaben sollen, ein Elternteil allein aber die Vermögenssorge wahrnehmen soll.[64] Die Billigung eines solchen Vorschlags setzt dann voraus, daß das Gericht die besonderen Voraussetzungen sowohl für die gemeinsame Personensorge wie auch für die Aufspaltung des Sorgerechts bejaht.[65] Die Zulässigkeit der Aufspaltung als solche ist an sich gemäß § 1671 Abs. 4 Satz 2 zu bejahen.

Dagegen dürfte ein übereinstimmender Vorschlag des Inhalts nicht zulässig sein, daß zwar das Sorgerecht einem Elternteil übertragen wird, er aber hinsichtlich bestimmter Angelegenheiten, zB der Schulausbildung oder der Berufswahl des Kindes, der Zustimmung des anderen Elternteils bedarf, oder daß bestimmte Angelegenheiten dem anderen Elternteil zugeteilt werden, da aus § 1671 Abs. 4 Satz 2 der Schluß zu ziehen ist, daß nur die Vermögenssorge aufgespalten werden darf (arg. „teilweise").[66]

Davon zu unterscheiden ist die Frage der Zulässigkeit einer Vereinbarung, 620
bei bestimmten Angelegenheiten solle der die elterliche Sorge ausübende Elternteil vor einer Entscheidung über diese den anderen Elternteil hören (zB wegen der finanziellen Auswirkungen auf die Unterhaltspflicht des anderen Elternteils). Gemäß § 1634 Abs. 3 BGB kann der nicht sorgeberechtigte El-

---

[61] *KG,* FamRZ 1983, 648; *Kropholler,* JR 1984, 94; NJW 1984, 274; *Hinz,* S. 535; *MünchKomm./Hinz,* Rz. 73, *RGRK/Adelmann,* Rz. 26.

[62] *Kropholler,* JR 1984, 95.

[63] *Knöpfel,* aaO, S. 908.

[64] *Kropholler,* NJW 1984, 275.

[65] *Kropholler,* aaO.

[66] *RGRK/Adelmann,* § 1671 Rz. 33 m. w. Hinw., kritisch hiergegen *Kropholler,* aaO, mit dem zutreffenden Hinweis, daß für einen solchen generellen Eingriff in die elterliche Dispositionsbefugnis ein rechtfertigender Grund nicht erkennbar sei, da das Wohl des Kindes eine solche Einschränkung nicht erfordere. Siehe ferner zur Stellungnahme des Rechtsausschusses des BT Fn. 60.

ternteil bei berechtigtem Interesse vom Personensorgeberechtigten Auskunft über die persönlichen Verhältnisse des Kindes verlangen, soweit die Erteilung mit dem Wohle des Kindes vereinbar ist.[67] Ebenso können die Eltern vereinbaren, der sorgeberechtigte Elternteil soll den anderen in bestimmten Fällen informieren, zB im Falle eines Krankenhausaufenthalts des Kindes oder über die Schulzeugnisse.

Solche Vereinbarungen sind jedoch nur als interne Regelungen zwischen den Eltern zu beurteilen; sie sind nicht Bestandteil des gemeinsamen Vorschlags und auch nicht Gegenstand der Entscheidung des FamG.

621 Schließlich ist zB ein Vorschlag unzulässig, die elterliche Sorge solle auf einen Elternteil übertragen werden, der sie wegen geistiger Gebrechen nicht ausüben könnte (vgl. § 1673 BGB).[68]

622 Ist ein Elternteil noch **minderjährig** – was im Hinblick auf die Vorschrift des § 2 BGB hier selten der Fall sein wird –, so ist er nicht daran gehindert, eine Vereinbarung mit dem anderen Ehegatten über die Regelung der elterlichen Sorge zu treffen, also darüber, welcher gemeinsame Vorschlag dem FamG gemacht werden soll. Dies ergibt sich aus dem höchstpersönlichen Charakter des Rechtsgeschäfts; einer Zustimmung des gesetzlichen Vertreters bedarf es nicht.[69]

Hier kann das FamG dann dem Grundsatz nach die elterliche Sorge dem minderjährigen Ehegatten übertragen, mit der Maßgabe, daß sie mit der Volljährigkeit eintritt und der Ehegatte zuvor die tatsächliche Personensorge ausübt (vgl. § 1673 Abs. 2 BGB). Die Ehegatten können dem FamG den Vorschlag unterbreiten, für die Zeit bis zur Volljährigkeit des einen Ehegatten eine bestimmte Person als Vormund zu bestellen,[70] zB einen Großelternteil (vgl. dazu § 1779 Abs. 2 BGB). Wird das vorliegende Problem von den Eltern nicht erkannt, so hat das FamG diese darauf hinzuweisen und es mit ihnen zu erörtern.[71]

623 Hatten die Ehegatten eine Vereinbarung über die Scheidungsfolgen getroffen und billigt dann das FamG den übereinstimmenden Vorschlag (§ 1671 Abs. 3 BGB) nicht (§ 627 ZPO – s. dazu Rz. 602 –), so führt dies, auch bei

---

[67] Hierzu *MünchKomm./Hinz* (1987), Rz. 53ff.; *Soergel/Lange*, Rz. 14f.; bei Streitigkeiten über dieses Auskunftsrecht entscheidet das VormG (!), also nicht das FamG; beim VormG (AmtsG) ist der Rechtspfleger (!) zuständig (§ 3 Nr. 2a RPflG).

[68] *Staudinger/Schwoerer*, Rz. 82; *Soergel/Lange*, Rz. 8, 17 je zu § 1671.

[69] Hierzu *LG Stuttgart*, FamRZ 1965, 335 m. Anm. *Schwoerer; Staudinger/Schwoerer*, Rz. 58; *Soergel/Lange*, Rz. 17; *RGRK/Adelmann*, Rz. 39; zur Umgangsregelung s. Rz. 633.

[70] Der *BGH* (FamRZ 1981, 1048 = NJW 1981, 2460) vertritt nun die (wenig praktikable) Auffassung, das FamG sei nur für die Anordnung der Vormundschaft (oder Pflegschaft) zuständig, die Auswahl und Bestellung des Vormunds (oder Pflegers) obliege dem VormG (d.h. auch, dort dem Rechtspfleger); s. hierzu auch *Schlüter* und *König*, FamRZ 1982, 1159, 1163 m. weit Hinw., sowie *RGRK/Adelmann*, § 1671 Rz. 101; *MünchKomm./Hinz*, § 1671 Rz. 83.

[71] *LG Stuttgart*, aaO.

einer entsprechenden Anwendung des § 139 BGB, nicht ohne weiteres zur Unwirksamkeit der gesamten Vereinbarung, selbst wenn durch die Entscheidung des FamG die in der Vereinbarung vorgesehene Regelung der Unterhaltszahlung für das Kind gegenstandslos geworden ist.[72] Ebenso dürfte die Entscheidung des FamG gemäß § 627 ZPO nicht zum Rücktritt von einer Gesamtvereinbarung berechtigen (vgl. auch Rz. 100). Die Ehegatten sind nunmehr nach Treu und Glauben (§ 242 BGB) als einander verpflichtet anzusehen, die Vereinbarung der neuen Situation anzupassen.

Wird die Scheidung gemäß §§ 1565 Abs. 1, 1566 Abs. 1 BGB begehrt, so ist nach der Entscheidung des FamG gemäß § 627 ZPO eine Einigung über die elterliche Sorge nicht mehr erforderlich und auch gar nicht mehr möglich; die Entscheidung des FamG tritt an die Stelle einer Einigung iS des § 630 Abs. 1 Nr. 2. Über die Umgangsregelung (§ 1634 BGB) und den Unterhalt des Kindes ist aber eine neue Vereinbarung notwendig, gegebenenfalls kann eine Änderung der über Ehewohnung und Hausrat getroffenen Regelung ebenfalls in Betracht kommen (s. § 630 Abs. 1 Nr. 2 und 3 und Abs. 3 ZPO; hierzu s. auch Rz. 41).

624 Hat der übereinstimmende Vorschlag der Eltern, wenn er vom FamG gebilligt wurde, einen Wechsel des Kindes vom einen Elternteil zum anderen Elternteil zur Folge, so kann in der Vereinbarung der Passus aufgenommen werden, der Elternteil, bei dem sich das Kind seither befinde, verpflichte sich, das Kind nach Rechtskraft des Scheidungsurteils, wenn das FamG den gemeinsamen Vorschlag gebilligt habe, herauszugeben. Eine solche Vereinbarung kann zwar nicht als gemäß §§ 883 oder 888 ZPO vollstreckbar beurteilt werden, da die Herausgabe eines Kindes nur im Verfahren der freiwilligen Gerichtsbarkeit angeordnet werden kann (§ 1632 Abs. 3 BGB). Vielmehr ist in der erwähnten Vereinbarung der Antrag an das FamG zu sehen, im Urteil, das die Scheidung ausspricht und die elterliche Sorge regelt, zugleich die Herausgabe des Kindes anzuordnen (§§ 629, 623 Abs. 1, 3, 621, Abs. 1 Nr. 1, 3 ZPO). In diesem Verfahren der freiwilligen Gerichtsbarkeit kann nur das Gericht die Herausgabe des Kindes anordnen (arg. § 1632 Abs. 3 BGB); die Eltern können hier keinen vollstreckbaren Vergleich schließen.[73]

625 Die Anordnung des FamG auf Herausgabe des Kindes ist dann gemäß § 33 FGG zu vollziehen; nämlich durch Androhung und Verhängung eines Zwangsgeldes (Abs. 1, 3) oder durch Anwendung von Gewalt (Abs. 2).[74] Ist

---

[72] Vgl. auch *OLG Stuttgart,* Die Justiz 1974, 128; *OLG München,* NJW 1968, 947.

[73] Hierzu *Bassenge,* Rpfleger 1972, 237; s. auch Rz. 634f.

Zur Herausgabe der zum persönlichen Gebrauch eines Kindes bestimten Sachen, zu Problemen des materiellen Rechts und des Verfahrensrechts unter besonderer Berücksichtigung des Kinderausweises *Peschel-Gutzeit,* MDR 1984, 890.

[74] Dazu *BGHZ* 67, 255 = Rpfleger 1977, 55 = FamRZ 1977, 126 = NJW 1977, 150 = MDR 1977, 383. Zu Bedenken gegen Zwangsmaßnahmen s. Bericht eines Arbeitskreises des 5. DFGT 1983, Brühler Schriften, Bd. 3, S. 111; s. auch *Lempp,* FamRZ 1986, 1061.

das Kind schon älter und widerspricht es der Herausgabe an den anderen Elternteil, so muß dieser Widerspruch des Kindes jedenfalls dann beachtet werden, wenn das Kind das 14. Lebensjahr vollendet hat (arg. § 59 FGG, Art. 1 und 2 GG).[75]

VIII. Umgangsregelung (§ 1634 BGB)*

626 Sehr häufig wird mit dem übereinstimmenden Vorschlag über die Regelung der elterlichen Sorge (§ 1671 Abs. 3 BGB) eine Vereinbarung über die Regelung des Umgangs, des Kontakts des nichtsorgeberechtigten Elternteils mit dem Kinde getroffen, was sich auch empfiehlt. Zu beachten ist dazu, daß eine solche Vereinbarung nicht der familiengerichtlichen Entscheidung bedarf, d. h. ohne gerichtliches Verfahren wirksam ist. Hier können die Eltern also eine bindende Vereinbarung treffen; andererseits kann das FamG von Amts wegen, ohne Antrag eines Elternteils oder Anregung des Jugendamtes (vgl. § 48 Satzu 2 JWG), eingreifen, wenn es der Auffassung ist, eine Vereinbarung über das Umgangsrecht könnte das Wohl des Kindes gefährden, eine gerichtliche Regelung sei erforderlich.[1]

Zu den Regelungen des § 1634 BGB hat das *BVerfG* ausgesprochen,[2] es sei mit dem Grundgesetz vereinbar, daß der Gesetzgeber dem nichtsorgeberechtigten Elternteil nach der Scheidung der Ehe das Recht zum persönlichen Umgang mit seinem Kinde eingeräumt habe, das vom FamG eingeschränkt oder auch ausgeschlossen werden könne, wenn dies zum Wohle des Kindes erforderlich sei; die Vorschriften des § 1634 Abs. 1 Satz 1 und Abs. 2 Satz 2 wurden damit als mit dem GG vereinbar erklärt.

---

[75] *BGHZ* 64, 19, 29 = NJW 1975, 1075 = FamRZ 1975, 273, 276; *BayObLGZ* 1974, 317 = NJW 1974, 2183 = FamRZ 1974, 534 = MDR 1975, 58.

Zu einer neuen Sorgerechtsregelung (§ 1696 BGB) zufolge der Haltung des Kindes s. *OLG Stuttgart,* OLGZ 1966, 471; *KG,* FamRZ 1971, 585; *BayObLG,* FamRZ 1976, 38; zu den Voraussetzungen einer Änderung s. *BGH,* NJW-RR 1986, 1130.

* Aus der neuen Lit. s. *Diederichsen,* NJW 1980, 1, 9; *Dürr,* Verkehrsregelungen gemäß § 1634 BGB, 2. Aufl. 1978; *Luthin,* FamRZ 1984, 114; *Knöpfel,* FamRZ 1983, 317, 322f.; aus psychologischer Sicht: *Andriessens,* UJ 1978, 344; *Steffen,* ZblJugR 1979, 129; *Lempp,* ZblJugR 1979,517 (speziell zum Holen und Zurückbringen des Kindes); ZblJugR 1981, 283; *Arntzen,* Elterliche Sorge und persönlicher Umgang mit Kindern ... (1980); *Dickmeis,* ZblJugR 1982, 271; *Lempp,* Gerichtliche Kinder- und Jugendpsychiatrie (1983), S. 131ff.; *MünchKomm./Hinz,* 2. Aufl. 1987.

[1] Zu dem Fall, daß schon ein die Umgangsregelung betreffendes Verfahren anhängig ist, s. Rz. 12. Zur amtswegigen Einleitung des Verfahrens s. *OLG Hamm,* FamRZ 1982, 94; zur richterlichen Ermittlungspflicht *BGH,* FamRZ 1984, 1084.

Zur Anhörung des Kindes s. Fußn. 5 zu Rz. 602.

[2] *E* 64, 180 = FamRZ 1983, 872 = NJW 1983, 2491 = JZ 1983, 703; zur Bedeutung des Umgangsrechts s. noch *BGH,* FamRZ 1984, 778 = JR 1984, 497.

627 Treffen die Eltern keine Vereinbarung über die Umgangsregelung, so soll das FamG eine Regelung des persönlichen Umgangs mit dem Kinde im allgemeinen nur anordnen, wenn ein Elternteil dies anregt (§ 623 Abs. 3 Satz 2 ZPO). Wird eine Vereinbarung getroffen, so kann ein Elternteil gleichwohl anregen, das FamG möge eine entsprechende Anordnung treffen. Ist die von den Eltern getroffene Regelung mit dem Wohle des Kindes vereinbar, so kann das FamG sie als gerichtliche Entscheidung übernehmen, was sich regelmäßig empfehlen dürfte. Das FamG sollte eine solche Regelung der Eltern nur „ändern", wenn es zum Wohle des Kindes erforderlich ist.[3]

628 Begehren die Eltern des Kindes die Scheidung der Ehe gemäß §§ 1565, 1566 Abs. 1 BGB (s. Rz. 34f., 38, sowie auch 623), so müssen sie dem FamG einen gemeinsamen Vorschlag über die Regelung des Umgangsrechts des nichtsorgeberechtigten Elternteils vorlegen (§ 630 Abs. 1 Nr. 2 aE ZPO). In diesem Falle dürfte der gemeinsame Vorschlag zugleich die Anregung enthalten, eine dementsprechende Entscheidung zu treffen (vgl. § 623 Abs. 3 Satz 2 ZPO); der Vorschlag soll die Entscheidung des FamG vorbereiten[4] und erleichtern. Doch ist dieses nicht in jedem Falle als dazu verpflichtet anzusehen. Zeigt sich zB, daß die Eltern ohne feindschaftliche Gefühle auseinandergehen und daß sie einsichtig und um das Wohl des Kindes besorgt sind, so kann eine Entscheidung entbehrlich sein. Will das FamG die Vereinbarung über die Umgangsregelung nicht billigen, so sollte es auf seine Bedenken hinweisen. Will es eine abweichende Regelung anordnen, so ergeht diese zusammen mit dem Scheidungsurteil (§§ 629 Abs. 1, 623 Abs. 1 ZPO); eine Vorwegentscheidung, wie im Falle der Abweichung von dem gemeinsamen Vorschlag der Eltern bezüglich der Regelung der elterlichen Sorge (vgl. § 627 Abs. 1 ZPO), ist hier im Gesetz nicht vorgesehen. Andererseits kann das FamG die Entscheidung über die Umgangsregelung ausklammern und dem Scheidungsantrag stattgeben (ggf. mit gleichzeitiger Entscheidung über andere Folgesachen), wenn die Entscheidung über die Umgangsregelung den Scheidungsausspruch so außergewöhnlich verzögern würde, daß der Aufschub auch unter Berücksichtigung der Bedeutung der Folgesache eine unzumutbare Härte darstellen würde (§ 628 Abs. 1 Nr. 3 ZPO).[5] Dies kann der Fall sein, wenn vor der Entscheidung über die Umgangsregelung umfangreiche und langwierige psychologische Untersuchungen des Kindes erforderlich sind (s. auch Rz. 604).

629 Treffen die Eltern über die Umgangsregelung eine Vereinbarung, so sollten sie von vornherein darauf achten, daß die von ihnen vereinbarte Regelung der

---

[3] Ähnlich *Schwoerer,* FamRZ 1966, 97; *OLG Karlsruhe,* ZblJugR 1957, 247; *OLG Köln,* FamRZ 1982, 1237 (entsprechende Anwendung des § 1671 Abs. 3 Satz 1 BGB, Bindung der Eltern an eine Vereinbarung; s. dazu aber Rz. 606); anders *Soergel/Lange,* § 1634, Rz. 17.

[4] BT-Drucks. 7/650, S. 214.

[5] Zu beachten ist, daß die Umgangsregelung die Regelung der elterlichen Sorge voraussetzt; gegen den Beschluß betr. die Umgangsregelung findet die befristete Beschwerde statt (§ 621 e ZPO, s. dazu Rz. 602 Fußn. 8).

üblichen Praxis und im Hinblick auf etwaige Besonderheiten des Einzelfalles dem **Wohle des Kindes** entspricht.[6] Rücksicht genommen werden muß auf das Alter und die Konstitution des Kindes; ein Kleinkind wird in der Regel nur wenige Stunden an dem betreffenden Besuchstage mit dem nichtsorgeberechtigten Elternteil zusammensein können, ein Kind in der Altersstufe, in der es den Kindergarten besucht, etwa einen ganzen Nachmittag bis zum frühen Abend, ein Kind im schulpflichtigen Alter von morgens bis abends, ein größeres Kind gegebenenfalls von Samstag Nachmittag bis Sonntag Abend.[7] In der Regel wird ein Besuchstag im Monat in Betracht kommen; doch können auch gegen zwei Besuchstage nicht ohne weiteres Bedenken erhoben werden. Stets ist das Wohl des Kindes maßgebend. Zu berücksichtigen ist auch der Wille des Kindes, wenn es ein gewisses Alter erreicht hat (wohl etwa von 10 Jahren).[8] Weiterhin kommen noch Regelungen über Besuche am zweiten Weihnachtsfeiertag und am Ostermontag in Betracht, sowie über einen Aufenthalt beim nichtsorgeberechtigten Elternteil während der Ferien.[9]

630 Sind aus der Ehe **mehrere Kinder** hervorgegangen und hat jeder Elternteil die elterliche Sorge über ein Kind oder mehrere Kinder inne (s. Rz. 607), so wird es sich bei der Regelung des Umgangs zumeist empfehlen, daß die Geschwister während der Umgangszeit zusammen sein können, also nicht etwa in der gleichen Zeit ,,ausgetauscht" werden,[10] es sei denn, daß die Geschwister sich nicht miteinander vertragen.

631 Stets empfiehlt sich eine nähere **Festlegung der Einzelheiten der Umgangsregelung:** bestimmte Tage, zB der 1. und 3. Sonntag oder der 2. und 4. Sonntag im Monat oder ein bestimmter Sonntag im Monat oder ein bestimmtes Wochenende jeweils mit Festlegung der Uhrzeit der Abholung und der Rückgabe des Kindes,[11] ggf. auch das Zuführen des Kindes.[12]

---

[6] Hierzu *Lempp,* Ehescheidung, S. 34ff., 49ff. (Zusammenfassung); zu der Frage, ob das Umgangsrecht in Anwesenheit des neuen Partners des nichtsorgeberechtigten Elternteils ausgeübt werden darf, s. *Luthin,* FamRZ 1984, 114, 117; *OLGe Hamm,* FamRZ 1982, 93, *Köln,* FamRZ 1982, 1236; zum Umgang mit einem Kleinkind, das möglicherweise ,,fremdelt", s. *OLG Bamberg,* FamRZ 1984, 507; zur Frage des Ausschlusses des Umgangsrechts, wenn sich der betr. Elternteil in Strafhaft befindet, *BGH,* FamRZ 1984, 1084; zu einer Anordnung, wenn Anwesenheit eines Dritten dem Kindeswohl entgegensteht (okkulte Betätigung), *OLG Schleswig,* NJW 1985, 1786.

[7] Hierzu *Dürr,* S. 25f.; *Soergel/Lange,* Rz. 22, *MünchKomm./Hinz,* Rz. 26ff. Zum Abholen und Zurückbringen *Lempp,* ZblJugR 1979, 517.

[8] Vgl. aber auch *Staudinger/Schwoerer,* § 1634 Rz. 55, *Soergel/Lange,* Rz. 26; *Rud. Dürr,* S. 10ff.; *Vollertsen,* ZblJugR 1977, 230, 233ff.; *Steffen,* ZblJugR 1979, 129, 142ff.; sowie zur Ermittlung des Willens des Kindes s. Bericht eines Arbeitskreises des *DFGT* 1981 (Brühler Schriften, Bd. 2, S. 87f.) mit Empfehlungen des DFGT, S. 92 = FamRZ 1981, 1204.

[9] *Staudinger/Schwoerer,* Rz. 60, 66, *Soergel/Lange,* Rz. 22, ferner s. *Dürr,* S. 22f.

[10] *Staudinger/Schwoerer,* Rz. 59; *MünchKomm./Hinz,* Rz. 22.

[11] Hierzu *Dürr,* S. 25ff.; *Vollertsen,* S. 236ff.

[12] Hierzu *Luthin* FamRZ 1984, 114; *Lempp,* ZblJugR 1979, 517, 518; *OLGe Zweibrücken,* FamRZ 1982, 531, *Saarbrücken,* FamRZ 1983, 1054.

Zwecklos ist eine Regelung dahingehend, das Umgangsrecht soll großzügig gehandhabt werden, da sie zu unbestimmt und daher geeignet ist, zu Schwierigkeiten und Streitigkeiten zu führen, evtl. sogar dazu, daß geltend gemacht wird, die Geschäftsgrundlage für die damit im Zusammenhang stehende Vereinbarung über die elterliche Sorge, d. h. den diesbezüglichen gemeinsamen Vorschlag, sei weggefallen, wenn etwa das Umgangsrecht versagt wird (s. auch Rz. 606).

Unzulässig und somit unwirksam ist eine Vereinbarung, die eine Regelung 632
durch das FamG ausschließt oder in welcher der umgangsberechtigte Elternteil auf das Umgangsrecht verzichtet, da auf dieses Recht als solches nicht wirksam verzichtet werden kann.[13] Dem steht freilich eine Vereinbarung nicht entgegen, daß – wenn bestimmte Gründe zum Wohle des Kindes es erfordern – das Umgangsrecht eine gewisse Zeit nicht ausgeübt werden soll. Andererseits besteht keine Pflicht zur Ausübung des Umgangsrechts; freilich muß der umgangsberechtigte Elternteil sich darüber im klaren sein, daß, wenn das Umgangsrecht nicht wahrgenommen wird, eine Entfremdung zwischen Kind und diesem Elternteil zu befürchten ist, die eine spätere Wiederausübung des Umgangsrechts erschweren kann oder bestimmte Übergangslösungen erfordert.[14]

Als Verstoß gegen § 138 Abs. 1 BGB unwirksam ist eine Vereinbarung des Inhalts, daß der eine Elternteil auf die Ausübung des Umgangsrechts verzichtet und der andere ihn als Gegenleistung von Unterhaltsansprüchen des Kindes freistellt.[15]

Die Vereinbarung über die Regelung des Umgangsrechts kann auch der 633
minderjährige Ehegatte, ohne Mitwirkung seines gesetzlichen Vertreters, mit dem anderen Ehegatten treffen, da die Regelung nicht zur gesetzlichen Vertretung des minderjährigen Ehegatten in Angelegenheiten der Personensorge (im Verhältnis zum gesetzlichen Vertreter des Minderjährigen) gehört (s. § 1633 BGB).

Die gerichtlich protokollierte Vereinbarung ist kein Prozeßvergleich iS des 634
§ 794 Abs. 1 Nr. 1 ZPO und damit kein Vollstreckungstitel,[16] etwa mit der Folge, daß die getroffene Regelung gemäß §§ 888, 890 ZPO erzwingbar wäre.[17] Ferner liegt darin, daß das Gericht die Vereinbarung zu Protokoll nimmt, noch keine Verfügung iS des § 33 FGG.[18]

In der Vereinbarung können die Eltern auch nicht die Androhung eines 635
Zwangsgeldes für den Fall der Zuwiderhandlung festlegen; eine solche An-

---

[13] *Staudinger/Schwoerer,* Rz. 5; *Soergel/Lange,* Rz. 5.

[14] Hierzu *Dürr,* S. 19f., 26.

[15] *BGH,* EBE 1984, 249 = FamRZ 1984, 778 = NJW 1984, 1951 = JR 1984, 497 m. Anm. *Göppinger* (Revisionsurteil zu *OLG Karlsruhe,* FamRZ 1983, 417), s. auch Rz. 84, 317, 580.

[16] *OLGe Düsseldorf,* FamRZ 1979, 843, *Bamberg,* Jur Büro 1981, 1259; vgl. aber auch *OLG Zweibrücken,* FamRZ 1979, 842; hierzu *Keidel/Zimmermann,* § 33 Rz. 10.

[17] Anders und unhaltbar *OLG Zweibrücken,* aaO.

[18] *OLGe Düsseldorf* und *Bamberg,* aaO; *Keidel/Zimmermann,* § 33 Rz. 10.

drohung kann nur das Gericht aussprechen.[19] Sie könnte das FamG zusammen mit dem Scheidungsurteil und der Regelung der elterlichen Sorge und des Umgangs (§§ 629 Abs. 1, 623 Abs. 1, 621 Abs. 1 Nr. 1, 2 ZPO) aussprechen (vgl. § 33 Abs. 3 FGG). Ein solcher Ausspruch ist noch als ,,Regelung des persönlichen Umgangs . . .“ iS des § 621 Abs. 1 Nr. 2 ZPO anzusehen, er ist noch nicht als Vollziehung der Entscheidung zu beurteilen.[20] Der Ausspruch erfordert eindeutige Gebote oder Verbote an die Eltern bezüglich der Ausübung des Umgangsrechts,[21] andererseits aber nicht, daß eine Zuwiderhandlung zu besorgen ist.[22]

Die Vereinbarung einer Vertragsstrafe (§ 339 BGB) ist hier unzulässig, da es sich nicht um ein schuldrechtliches Rechtsverhältnis handelt und die Regelungen des § 33 FGG zwingendes Recht darstellen, das durch Vereinbarungen nicht ausgeschaltet werden kann.

636 Die Vereinbarung über eine Umgangsregelung kann nur in der Weise durchgesetzt werden, daß ein Elternteil eine Entscheidung des FamG anregt (§ 623 Abs. 3 Satz 2 ZPO) und dieses ein Umgangsrecht anordnet, zugleich mit der Androhung von Zwangsgeld für den Fall der Zuwiderhandlung (§ 33 Abs. 1, 3 FGG), insbesondere gegen den sorgeberechtigten Elternteil zB bezüglich der Anordnung, daß er das Kind an einem bestimmten Tage zu einem bestimmten Zeitpunkt abholbereit zu richten hat. Zwangsgeld darf dann nur verhängt werden, wenn es zuvor angedroht worden war und der Elternteil gegen ein eindeutiges Verbot oder Gebot verstoßen hat; die Auslegung oder Ausdehnung eines Gebots oder Verbots über seinen Wortlaut und Sinn hinaus ist nicht zulässig.[23] Ferner setzt die Verhängung des Zwangsgeldes Verschulden voraus.[24]

637 Erweist sich die Vereinbarung über die Umgangsregelung als undurchführbar oder unwirksam oder regelt das FamG den Umgang des Elternteils mit dem Kinde abweichend von der Vereinbarung, so kann in der Regel die

---

[19] Hierzu *BayOblGZ* 1964, 357 = NJW 1965, 399 = FamRZ 1965, 82; *OLG Hamm*, FamRZ 1980, 932; *OLG Stuttgart*, FamRZ 1981, 1105; *OLG Zweibrücken*, FamRZ 1982, 429; 1987, 90 (Widerstand des 9-jährigen Kindes); *OLG Düsseldorf*, FamRZ 1983, 90; *Rolland*, § 1585c, Rz. 48f.; *Soergel/Lange*, § 1634 Rz. 37.

[20] Vgl. *BayObLGZ* 1971, 14 = NJW 1971, 947 = FamRZ 1971, 312 = MDR 1971, 583 = Rpfleger 1971, 181; *KG*, OLGZ 1972, 358, 359.

Zur Frage der Überprüfung der Umgangsregelung im Verfahren des § 33 FGG (Verhängung von Zwangsgeld) s. *OLG Karlsruhe*, OLGZ 1981, 133 = FamRZ 1981, 203 (auch zur Berücksichtigung des Willens des Kindes).

[21] *OLG Stuttgart*, FamRZ 1966, 256; FamRZ 1979, 342; *OLG Hamm*, FamRZ 1966, 254; *KG*, FamRZ 1966, 317 = OLGZ 1966, 352; *BayObLGZ* 1970, 240 = FamRZ 1971, 184 = MDR 1971, 144 = Rpfleger 1970, 434; *OLG, Zweibrücken*, DAVorm 1982, 109; *Staudinger/Schwoerer*, § 1634 Rz. 120; *Soergel/Lange*, aaO.

[22] *KG*, aaO; *OLG Karlsruhe*, FamRZ 1967, 228.

[23] *OLG Stuttgart*, aaO (Fn. 21).

[24] *Jansen*, Rz. 37 aE, *Keidel/Zimmermann*, Rz. 19 je zu § 33 FGG; *Soergel/Lange*, § 1634 Rz. 37; *BayObLGZ* 1971, 14, 15 (s. Fn. 20); zu Zwangsmaßnahmen s. noch Rz. 625 m. Fn. 74 sowie *MünchKomm./Hinz*, 2. Aufl. § 1634 Rz. 49ff.

gesamte von den Eltern getroffene Vereinbarung über die Folgen der Ehescheidung nicht schon deshalb als unwirksam beurteilt werden (§ 139 BGB).[25] Vielmehr kommt es auf die Bedeutung und das Gewicht des unwirksamen Teils im Rahmen einer Gesamtvereinbarung an.

Ist nach einer Vereinbarung der Eltern über die Umgangsregelung keine 638
Entscheidung des FamG ergangen und entsteht später zwischen den Eltern Streit über die Auslegung oder den Inhalt der Vereinbarung, so kann zur Entscheidung hierüber das FamG angerufen werden (§ 621 Abs. 1 Nr. 2 ZPO); dieses ist ausschließlich zuständig. Das gleiche gilt, wenn ein Elternteil der Auffassung ist, daß sich die Verhältnisse, welche die Grundlage der Vereinbarung dargestellt haben, geändert haben.

War eine Entscheidung des FamG ergangen und stellt sich später heraus, 639
daß zum Wohle des Kindes eine Beschränkung oder Ausdehnung des Umgangs zweckmäßig ist, so kann die Regelung geändert werden (§ 1696 BGB), ebenso, wenn eine Änderung deshalb notwendig ist, weil ein Wechsel des Wohnsitzes des Kindes oder des Elternteils eingetreten ist, dem das Umgangsrecht zusteht.

Eine Änderung der Umgangsregelung kann zB in Betracht kommen, wenn der Umgangsberechtigte Unterhaltszahlungen für das Kind verweigert und das Kind, wenn es ein bestimmtes Alter erreicht hat, dies als Lieblosigkeit auffaßt und sich deshalb weigert, den anderen Elternteil aufzusuchen oder mit ihm zusammenzutreffen[26] – wie überhaupt der Wille eines inzwischen älter gewordenen Kindes eher berücksichtigt werden muß (s. schon oben Rz. 629) –. Andererseits darf das Umgangsrecht nicht als Druckmittel benutzt werden, um Unterhaltszahlungen zu erzwingen.

IX. Vereinbarung über Ehewohnung und Hausrat*

1. Allgemeines

Schließen die Ehegatten im Zusammenhang mit der beabsichtigten Schei- 640
dung ihrer Ehe eine Vereinbarung über die Scheidungsfolgen (zB elterliche Sorge für ein Kind, Unterhalt für das Kind, Umgangsregelung, Unterhalt für Ehegatten oder Unterhaltsverzicht), so empfiehlt es sich, die Frage der Hausratsauseinandersetzung und der weiteren Benützung der Ehewohnung[1] in die

---

[25] Vgl. auch Rz. 632 m. Fn. 15, sowie Rz. 623 zur Regelung der elterlichen Sorge, ferner Rz. 100 zur Frage des Rücktritts.

[26] Vgl. dazu *KG*, ZblJugR 1978, 372 (12-jähriges Mädchen); ebenso *MünchKomm./Hinz*, Rz. 15 (Ergänzung 1981).

* **Lit.**: Kommentare zur Hausrats-VO: *Fehmel*, 1986; *Kalthoener* in RGRK (59. Lief.), 1986.

[1] Zum Thema „Hausrat und Ehewohnung in der Krise" s. *Lynker*, JurBüro 1979, 955; zur Entstehung und Würdigung der Hausrats-VO s. *Schubert*, JZ 1983, 939.

Erörterung einzubeziehen und eine Regelung zu treffen, wobei gegebenenfalls eine vorläufige Regelung gemäß §§ 1361 a, 1361 b BGB oder § 620 Satz 1 Nr. 7 ZPO zu berücksichtigen ist.[2]

Die Ehewohnung kann ein Ehegatte dem anderen auch in Anrechnung auf den Unterhalt oder als ,,Sachleistung“ überlassen, insbesondere wenn die Wohnung im eigenen Hause beider Ehegatten oder des unterhaltspflichtigen Ehegatten gelegen ist (s. auch Rz. 235).

641 Bei einer solchen Regelung im Wege eines Vergleichs wird es zweckmäßig sein, das **Wohl des Kindes** und auch die **„Erfordernisse des Gemeinschaftslebens“** (vgl. die Formulierung in § 2 Satz 2 HausrVO) zu berücksichtigen:[3] dem sorgeberechtigten Elternteil sollte möglichst die Wohnung erhalten bleiben und der für das Kind erforderliche Hausrat; dem berufstätigen Ehegatten sollte nicht die Möglichkeit genommen werden, in der Nähe der Arbeitsstelle zu wohnen. Zu berücksichtigen ist auch der Wille des Vermieters, die Frage der besseren Einfügung des einen oder anderen Ehegatten in die Hausgemeinschaft, die wirtschaftliche Lage des Ehegatten im Hinblick auf die Höhe des Mietzinses, gegebenenfalls auch der Wohnbedarf eines Ehegatten, wenn dieser die baldige Wiederverheiratung beabsichtigt mit einem Partner des anderen Geschlechts, mit dem er bereits zusammenlebt.[4]

642 Wird die **Scheidung gemäß §§ 1565, 1566 Abs. 1 BGB** begehrt, so ist es gemäß § 630 Abs. 1 Nr. 3 ZPO erforderlich, daß die Ehegatten dem FamG u. a. auch die Einigung über die Rechtsverhältnisse an der Ehewohnung und am Hausrat vorlegen (s. dazu noch Rz. 623 aE). Gemäß **§ 630 Abs. 3 ZPO** soll das FamG dem Scheidungsantrag erst stattgeben, wenn die Ehegatten auch hierzu einen vollstreckbaren Schuldtitel herbeigeführt haben, d. h. einen Prozeßvergleich geschlossen haben, der die Voraussetzungen des § 794 Abs. 1

---

[2] Zu dem Fall, daß bei Rechtshängigkeit des Scheidungsantrags ein Verfahren gemäß § 1361 a BGB anhängig ist, s. Rz. 14. Zu Fragen des Besitzrechts an der Ehewohnung (vgl. § 1353 BGB) und einer etwaigen Nutzungsentschädigung, wenn ein Ehegatte Eigentümer des Hauses oder der Eigentumswohnung ist oder beide Ehegatten Miteigentümer sind, Rz. 22 aE, 501 aE.

Das Interesse am Besitz der Ehewohnung, zB einer Eigentumswohnung, allein gibt einem Ehegatten auch noch keinen ausreichenden Grund iS des § 1365 Abs. 2 BGB zur Verweigerung der Zustimmung zur Veräußerung der Wohnung durch den anderen (getrennt lebenden) Ehegatten; nötig ist vielmehr die Würdigung der Gesamtumstände, der beiderseitigen Interessen der Ehegatten (*OLG Stuttgart,* Die Justiz 1982, 92 = NJW 1983, 634, hierzu *Smid,* NJW 1983, 2486). Das Verfahren nach § 1365 Abs. 2 ist übrigens keine Familiensache (*BGH,* FamRZ 1982, 785).

Zur Unzulässigkeit einer während des Scheidungsprozesses erhobenen, auf § 985 BGB gestützten Klage auf Herausgabe der Ehewohnung s. *BGHZ* 67, 217 = FamRZ 1976, 691 = JZ 1977, 64 = NJW 1977, 43 = MDR 1977, 210 (hierzu *Johannsen* in LM BGB § 985 Nr. 28 Anm.); *BGH,* FamRZ 1986, 436.

[3] Hierzu *Palandt/Diederichsen,* HausrVO (Anh. II z. EheG), Anm. 2, *Kalthoener,* Rz. 3ff., *Rolland,* Rz. 3 je zu § 2. Zur Berücksichtigung des Wohls der Kinder s. *OLG Karlsruhe,* FamRZ 1981, 1087.

[4] Vgl. *OLG Stuttgart,* OLGZ 1968, 124.

Nr. 1 i. V. mit §§ 795, 724, 725 ZPO erfüllt.[5] Der Vollstreckungstitel muß sich auf den Hausrat, auf die Herausgabe von Hausratsgegenständen beziehen, gegebenenfalls auch auf eine Räumung einzelner von dem einen Ehegatten allein benützter Räume, also die Entfernung der ihm gehörenden oder zugeteilten oder zuzuteilenden Gegenstände der Wohnungseinrichtung usw.

Das Wort **„soll"** bedeutet eine Amtspflicht des Gerichts, zunächst zu prüfen, ob es notwendig und sinnvoll ist, von den Ehegatten zu verlangen, daß sie einen Vollstreckungstitel errichten. Ist etwa der Hausrat nach der Trennung der Ehegatten, wenn ein Ehegatte die eheliche Wohnung verlassen hat oder wenn die eheliche Wohnung überhaupt aufgegeben ist und jeder Ehegatte eine andere eigene Wohnung bezogen hat, bereits auseinandergesetzt und befinden sich in der bisherigen ehelichen Wohnung oder in der Wohnung des einen Ehegatten keine dem anderen Ehegatten gehörenden oder zuzuteilenden Gegenstände des Hausrats, so muß die diesbezügliche übereinstimmende Erklärung beider Ehegatten genügen. Hier kann die Scheidung der Ehe nicht von der Errichtung eines vollstreckbaren Titels abhängig gemacht werden (s. Rz. 42) 643

Das Wort „soll" bedeutet weiterhin, daß das Gericht kein die Scheidung der Ehe aussprechendes Urteil erlassen soll, wenn es festgestellt hat, daß die Ehegatten einen Vollstreckungstitel errichten sollten. Die Vorschrift des § 630 Abs. 3 ZPO hat den Zweck zu erreichen, daß mit der Rechtskraft des Scheidungsurteils die Frage der Weiterbenützung der ehelichen Wohnung und die Auseinandersetzung des Hausrats ebenso geklärt ist wie durch eine gerichtliche Entscheidung, die einen Vollstreckungstitel darstellt (vgl. § 15 HausratsVO), sodaß die Auseinandersetzung ohne Schwierigkeiten, insbesondere ohne weitere gerichtliche Verfahren durchgeführt werden kann (vgl. §§ 883, 885 ZPO). 644

Der Vollstreckungstitel braucht erst am Schlusse der mündlichen Verhandlung, vor Erlassung des Scheidungsurteils vorzuliegen,[6] wie sich aus der Formulierung des § 630 Abs. 3 „soll dem Scheidungsantrag erst stattgeben" ergibt. Ein Verstoß des Gerichts gegen diese Vorschrift berührt die Wirksamkeit des Scheidungsurteils nicht.[7] 645

Mit den Worten „Einigung … über die Rechtsverhältnisse an der Ehewohnung und am Hausrat" ist eine abschließende endgültige Regelung gemeint (§ 630 Abs. 1 Nr. 3 ZPO). Ist eine solche nicht möglich, insbesondere weil ausnahmsweise über die Regelung der elterlichen Sorge im Zeitpunkt der Entscheidungsreife der Scheidungssache noch nicht entschieden werden kann (s. Rz. 604) und die Regelung der Rechtsverhältnisse an der Wohnung und 646

---

[5] Eine notarielle Beurkundung (mit Vollstreckungsklausel) ist hier nicht möglich (s. § 794 Abs. 1 Nr. 5 ZPO), ebenso *Tiarks*, NJW 1977, 2303; *Langenfeld*, Handbuch, Rz. 18.

[6] Vgl. auch zur Prozeßkostenhilfe Rz. 142 m. Fn. 4.

[7] BT-Drucks. 7/4361 S. 70. Der Mangel kann nur mit einer Verfahrensrüge geltend gemacht werden.

am Hausrat hiervon beeinflußt wird, so muß es zugelassen werden, daß die Ehe geschieden wird, ohne daß eine, insbesondere eine vollstreckbare Regelung über die Rechtsverhältnisse an der Wohnung und am Hausrat vorhanden ist, zB wenn die Ehegatten eine baldige Wiederverheiratung beabsichtigen, etwa wenn die getrennt lebende Frau von einem anderen Manne ein Kind erwartet oder wenn die Geliebte des Mannes von diesem ein Kind erwartet und das Kind als eheliches geboren werden soll (vgl. § 1591 BGB sowie zum ersteren Falle § 1600 BGB); im ersteren Fall kann uU auch ein Verfahren wegen Anfechtung der Ehelichkeit vermieden werden.

Kommt eine Einigung der Ehegatten nicht zustande, so ist – von dem soeben erwähnten Falle abgesehen – eine einverständliche Scheidung gemäß §§ 1565 Abs. 1, 1566 Abs. 1 BGB nicht zulässig (s. Rz. 38 aE).

Kommt eine Einigung über den Hausrat zustande, so empfiehlt sich eine Klarstellung, ob und inwieweit mit dem Vergleich auch die Regelung des Zugewinnausgleichs erledigt werden soll.[8]

647 In allen Fällen, in denen ein Antrag auf Regelung der Rechtsverhältnisse an der Ehewohnung und am Hausrat bis zum Schlusse der mündlichen Verhandlung in der Scheidungssache gestellt wird (§§ 623 Abs. 1 Satz 1, Abs. 2 Satz 1, 621 Abs. 1 Nr. 7 ZPO) und eine Einigung nicht zustandekommt, hat das FamG zu entscheiden;[9] die Entscheidung ergeht gemäß § 2 Satz 1 HausrVO nach billigem Ermessen, wobei gemäß § 2 Satz 2 alle Umstände des Einzelfalles, insbesondere das Wohl der Kinder und die Erfordernisse des Gemeinschaftslebens, zu berücksichtigen sind.[10] Wenn der Richter hier auch die für die Entscheidung maßgebenden einzelnen Fragen und Gesichtspunkte mit den Ehegatten zu besprechen hat, so ist die Entscheidung in den Einzelheiten oftmals kaum vorauszusehen. Daher und überhaupt im Hinblick auf den Verfahrensgegenstand ist eine gütliche Einigung grundsätzlich vorzuziehen (vgl. auch § 13 Abs. 1 HausrVO). Übrigens ist in diesem Verfahren die Rechtsbeschwerde (Anrufung des BGH) generell ausgeschlossen (vgl. § 621 e Abs. 2 ZPO).

648 Kommt über die Ehewohnung keine Einigung zustande und wird ein Antrag beim FamG später als ein Jahr nach Rechtskraft des Scheidungsurteils gestellt, so darf der Richter in die **Rechte des Vermieters** oder eines anderen Drittbeteiligten nur eingreifen, wenn dieser einverstanden ist (§ 12 HausrVO).[11]

---

[8] *Lange,* JZ 1985, 836 aE; s. auch Rz. 493 m. Fn. 13. Darüber, ob eine wirksame Einigung zustandegekommen ist, hat ggf. das FamG zu entscheiden (*OLG Koblenz,* FamRZ 1984, 1241; s. auch *OLG Zweibrücken,* FamRZ 1987, 1054).

[9] In die Teilung des Hausrats ist der gesamte bisher nicht verteilte Hausrat einzubeziehen; es darf also keine Teilentscheidung nur über einzelne Gegenstände ergehen (*OLG Zweibrücken,* FamRZ 1983, 1148).

[10] Zu bedauern ist, daß diese materiellrechtlichen Vorschriften der HausrVO nicht auch in das BGB eingefügt wurden; s. jetzt de lege ferenda *Schubert,* JZ 1983, 939, 944.

[11] Dazu *OLG München,* FamRZ 1986, 1019.

649 Der **minderjährige Ehegatte** (vgl. §§ 2 BGB, 1 EheG) kann eine wirksame Vereinbarung über die Rechtsverhältnisse an der Ehewohnung und am Hausrat nicht ohne Zustimmung seines gesetzlichen Vertreters schließen (vgl. §§ 1633, 107, 108 BGB). Im Verfahren vor dem FamG (§ 621 Abs. 1 Nr. 7 ZPO) bedarf der minderjährige Ehegatte ebenfalls der Vertretung durch seinen gesetzlichen Vertreter, da § 607 ZPO nur für das Ehescheidungsverfahren gilt (s. Rz. 79).

2. Ehewohnung

650 Vor einer Vereinbarung über die Weiterführung des Mietverhältnisses über die Ehewohnung durch einen Ehegatten empfiehlt es sich dringend, sich mit dem Vermieter in Verbindung zu setzen und diesen möglichst zu einer entsprechenden schriftliche Erklärung zu veranlassen, um zu verhindern, daß eine Vereinbarung nicht durchführbar ist.[1] Dies gilt sowohl in dem Falle, daß beide Ehegatten – wie häufig – Mieter, also Vertragspartner des Mietvertrages sind und ein Ehegatte die Wohnung behalten soll, wie in dem Falle, daß nur ein Ehegatte Mieter ist und der andere das Mietverhaltnis fortsetzen soll. Haben die Ehegatten sich ohne Zustimmung des Vermieters geeinigt, so ist die Vereinbarung in diesen Fällen als unwirksam zu beurteilen.[2] Ist nur ein Ehegatte Mieter und will er das Mietverhältnis fortsetzen, so berührt die Scheidung der Ehe das Mietverhältnis nicht. Ein von beiden Ehegatten eingegangenes Mietverhältnis kann aber auch nur gemeinsam gekündigt werden.[3]

651 Gehört ein Gebäude, das mehrere Wohnungen enthält, den Ehegatten als Miteigentümer und ist eine Wohnung die eheliche Wohnung, so könnte im Verfahren des § 621 Abs. 1 Nr. 7 ZPO i. V. mit §§ 1 ff. HausrVO nur diese Wohnung Gegenstand des Verfahrens sein,[4] in einer Vereinbarung kann dagegen eine Regelung auch bezüglich der anderen Wohnung getroffen werden.

652 Soll der eine Ehegatte, der in der Ehewohnung zB in getrennten Räumen wie der andere Ehegatte noch wohnt, die Wohnung räumen, so sollte, damit der gerichtlich protokollierte Vergleich vollstreckbar ist, eine **eindeutige Regelung** dahin getroffen werden, der Ehegatte räume die Wohnung bzw. genau bezeichnete einzelne Zimmer mit Nebenräumen und gebe sie bis zu einem bestimmten Zeitpunkt heraus. Die Vereinbarung sollte also einen erschöpfen-

---

[1] Vgl. *BayObLGZ* 1953, 328 = NJW 1953, 1914; *OLG Celle,* NJW 1964, 1861; *LG Hamburg,* NJW 1960, 391; zum Einverständnis des Vermieters *KG,* FamRZ 1984, 1242 (Genossenschaftswohnung).

[2] *RGRK/Kalthoener,* HausrVO § 1 Rz. 12.

[3] Hierzu s. *AmtsG* und *LG Flensburg,* FamRZ 1983, 1024 f. m. Anm. *Brühl.*

[4] *BayObLG,* FamRZ 1971, 34 (in BayOblGZ 1970, 239 nicht mit wiedergegeben). Ehewohnung ist auch, wenn während der Ehe gemeinsam benützt, eine Ferienwohnung (sogar im Ausland, *KG,* FamRZ 1974, 198 anders *KG,* FamRZ 1986, 1010), ein Wochenendhaus (*OLG Frankfurt,* FamRZ 1982, 398, anders *OLG Zweibrücken,* FamRZ 1981, 259) und ggf. ein auf einem Campingplatz fest installiertes Wohnmobil (*OLG Zweibrücken,* FamRZ 1980, 569; *RGRK/Kalthoener,* § 1 Rz. 24; *Fehmel,* § 1 Rz. 37); zum Begriff „Ehewohnung" s. noch *OLG München* FamRZ 1986, 1019.

den Inhalt haben, damit ein weiteres späteres Verfahren vor dem FamG entbehrlich wird[5] und auch eine Vollstreckung möglich ist (§ 885 ZPO).

653 So können zB Schwierigkeiten entstehen, wenn vereinbart wird, der eine Ehegatte gebe die Wohnung heraus, sobald er eine Wohnung gefunden habe oder sobald der andere Ehegatte, der die Wohnung behalten soll, dem ersteren eine angemessene andere Wohnung anbiete und dgl. oder mit Klauseln wie der, über die Angemessenheit der Ersatzwohnung solle etwa ein bestimmter Architekt entscheiden, oder wenn eine Regelung dahin getroffen wird, die Wohnung solle in den Besitz des einen Ehegatten übergehen, der andere Ehegatte dürfe aber noch einen bestimmten Zeitraum in der Wohnung verbleiben. In allen diesen Fällen fehlt die eindeutige Verpflichtung zur Herausgabe als notwendige Voraussetzung einer Vollstreckung gemäß § 885 ZPO.[6] Die Vereinbarung würde auch nicht die Voraussetzung des § 630 Abs. 3 ZPO erfüllen. Trafen die Ehegatten bezüglich einer gemeinsam gemieteten Wohnung eine Nutzungsregelung und entsteht danach zwischen ihnen Streit, so sind die Vorschriften der HausrVO, insbesondere § 5, anzuwenden, nicht aber die §§ 741 ff. BGB.[7]

654 Soweit gegen eine Vereinbarung Bedenken bestehen, sollte das FamG darauf hinweisen. In dem Falle, daß eine Scheidung gemäß §§ 1565 Abs. 1, 1566 Abs. 1 BGB begehrt wird, darf es keine Vereinbarung über die Ehewohnung zu Protokoll nehmen, die nicht als Vollstreckungstitel geeignet ist, ohne die Ehegatten über die Konsequenzen belehrt zu haben.

655 Mit der Vereinbarung über die Zuteilung der Ehewohnung kann zB die weitere Abmachung verbunden werden, daß der in der Wohnung verbleibende Ehegatte dem anderen die Umzugskosten ganz oder teilweise oder bis zu einem bestimmten Betrag erstattet oder sonstige Ausgleichszahlungen leistet.[8]

Diese Aufwendungen gehören steuerrechtlich dem Vermögensbereich an und können deshalb nicht als außergewöhnliche Belastung des Einkommens nach § 33 EStG berücksichtigt werden.[9]

656 Hatten die Ehegatten oder hatte ein Ehegatte dem Vermieter Baukostenzuschüsse, d.h. Mietvorauszahlungen, geleistet und wird das Mietverhältnis beendet oder von dem einen Ehegatten (allein) fortgesetzt, so ist hierzu eine Regelung zweckmäßig, die freilich schwierige Fragen aufwerfen kann.[10]

---

[5] Zu einem späteren Verfahren s. Rz. 648.

[6] Hierzu *OLG Stuttgart*, Die Justiz 1965, 196.

[7] *OLG Hamm*, FamRZ 1983, 911 = MDR 1983, 1025.

[8] Vgl. auch Rz. 662 und *OLG Karlsruhe*, FamRZ 1981, 1087, sowie zu weiteren Fällen (Unterhalt) Rz. 265 ff. und (Versorgungsausgleich) 420, 438, sowie zur Ausgleichszahlung (§ 1378 Abs. 1 BGB) Rz. 490.

[9] *BFHE* 116, 24 = BStBl 1975 II 538 = NJW 1975, 21210; *NdsFG*, EFG 1980, 602, s. auch Rz. 71.

[10] Näheres zu diesen Problemen s. bei *Wunner*, NJW 1966, 2285; *Palandt/Putzo*, Anm. 2, 3, *Erman/Schopp*, Rz. 12, *Staudinger/Sonnenschein* Rz. 7, 20 ff., 26–26 b je zu § 557 a BGB.

Ist der Ehegatte, dem die Wohnung zugesprochen werden soll, noch **minderjährig**, so bedarf er zum Abschluß des Mietvertrags der Zustimmung des gesetzlichen Vertreters, da ein solcher Vertrag nicht lediglich einen rechtlichen Vorteil für den Minderjährigen darstellt (§ 107 BGB); ist der Minderjährige jedoch in der Lage, die Mietzinsen mit Mitteln zu bezahlen, die ihm zu diesem Zweck oder sonst zur freien Verfügung überlassen sind, so wird der Mietvertrag ohne Zustimmung des gesetzlichen Vertreters als wirksam zu beurteilen sein (§ 110 BGB).[11] 657

Ist einer der Ehegatten Eigentümer des Hauses und überläßt er die Wohnung dem anderen, so kann statt des Abschlusses eines Mietvertrags auch ein dingliches Wohnrecht (§ 1093 BGB) oder in weiterem Umfange eine beschränkte persönliche Dienstbarkeit (§ 1090 BGB) oder ein Nießbrauch (§ 1030 BGB) bestellt werden (s. § 873 BGB). Die diesbezüglichen Erklärungen können in der gerichtlich protokollierten Vereinbarung mitaufgenommen werden, und zwar in der Weise, daß der Eigentümer erklärt, er bewillige (s. § 19 GBO) zu Lasten seines Grundstücks (s. § 28 GBO) zugunsten ... die Eintragung einer beschränkten persönlichen Dienstbarkeit ... (s. zum Umfang §§ 1090, 1091 BGB) bzw. eines Wohnungsrechts ... hinsichtlich eines näher zu bestimmenden Teils des Hauses bzw. einer bestimmten Wohnung bzw. eines Nießbrauchs, wobei im letzteren Falle einzelne Nutzungen ausgeschlossen werden können (§ 1030 Abs. 2 BGB). Zulässig ist jeweils eine zeitliche Begrenzung oder eine Bedingung, zB des Inhalts, daß das Recht im Falle der Wiederverheiratung erlöschen soll. In diesen Fällen ist im Grundbuch einzutragen, daß es sich um ein (auflösend) bedingtes oder ein befristetes Recht handelt. Die Eintragungsanträge können in der Vereinbarung, d.h. dem gerichtlich protokollierten Vergleich, mitaufgenommen werden. 658

Ist die Ehewohnung eine **Eigentumswohnung** (§ 1, s. auch § 60 WEG) und sind beide Ehegatten Miteigentümer und soll sie einen von ihnen ganz übertragen werden oder ist der eine Ehegatte Eigentümer und soll sie auf den anderen Ehegatten übergehen, so bedarf der Prüfung, ob eine Beschränkung der Veräußerung mit dinglicher Wirkung vereinbart ist (§ 12 Abs. 1 WEG). Ist dies der Fall, so bedarf auch die Übertragung des ideellen Anteils des einen Ehegatten auf den anderen Ehegatten der Zustimmung der weiteren Wohnungseigentümer.[12] Freilich darf die Zustimmung nur aus wichtigem Grunde versagt werden (§ 12 Abs. 2 Satz 1 WEG). Gehört die Eigentumswohnung nur dem einen Ehegatten, so kann gegebenenfalls für den anderen Ehegatten eine beschränkte persönliche Dienstbarkeit (§ 1090 BGB) oder insbesondere 659

---

[11] Hierzu s. *Weimar*, ZMR 1967, 353; *Hummel*, ZMR 1968, 257.
Eine Darstellung ,,Überlegungen zu § 110 BGB" (betr. Funktion, Anwendungsbereich und dogmatische Einordnung) gibt *Lindacher* in Fschr. f. Bosch, S. 533ff.

[12] *OLG Celle*, Rpfleger 1974, 438; *BayObLGZ* 1977, 40 = MDR 1977, 670 = Rpfleger 1977, 173; *KG*, OLGZ 1978, 296 = Rpfleger 1978, 382 = MDR 1978, 935 (zum ,,wichtigen Grund"); *Bärmann/Merle/Pick*, Rz. 2, *Palandt/Bassenge*, Anm. 1a, bb, *Bärmann/Pick*, Anm. V 4 zu je § 12 WEG; anders *Schmedes*, Rpfleger 1974, 421.

ein dingliches Wohnungsrecht (§ 1093 BGB)[13] oder auch ein Nießbrauch (§ 1030 BGB) bestellt werden (s. § 873 BGB, hierzu Rz. 658).[14]

659a Ist von den Wohnungseigentümern vereinbart (§ 3 WEG) oder enthält die Teilungserklärung (§ 8 WEG) die Bestimmung, daß eine Benutzung durch Dritte, insbesondere eine Vermietung der Eigentumswohnung, der Zustimmung des Verwalters oder der Eigentümer-Gemeinschaft bedarf,[15] so gilt dies auch, wenn ein Ehegatte für die Zeit nach der Scheidung seine Eigentumswohnung dem anderen Partner zur Benützung (Vermietung) überläßt.[16] Hier kann die Zustimmung analog § 12 Abs. 1 WEG nur aus wichtigem Grunde versagt werden.[17] (Auch der Richter kann die Wohnung dem anderen (geschiedenen) Ehegatten nur mit der erforderlichen Zustimmung zuweisen).[18]

3. Hausrat

660 Soll von den Ehegatten im Scheidungsprozeß eine Vereinbarung getroffen werden, so ist es zweckmäßig, zunächst zu klären, welche Gegenstände jede Partei bereits besitzt, wer Eigentümer der betreffenden Einrichtungsgegenstände ist,[1] zB was die Ehefrau als ,,Aussteuer“ [2] mitgebracht hat, und auf welche Gegenstände die Partei Wert legt, etwa weil sie Verlobungs- oder Hochzeitsgeschenke ihrer Verwandten sind. Sind einzelne Gegenstände des Hausrats während der Ehe angeschafft worden,[3] zB ein Fernsehgerät, so

---

[13] Hierzu s. *KG*, OLGZ 1976, 257 = Rpfleger 1976, 180; *BayObLGZ* 1974, 396 = NJW 1975, 59 = Rpfleger 1975, 22; sowie *Beck'sches Formularbuch*, V. 31. § 2 (Vertragsmuster), S. 585ff. m. Anm. 8, 9.

[14] Zur einkommensteuerlichen Behandlung s. die Hinweise in Rz. 595 Fn. 8.

[15] *BGHZ* 37, 203 = NJW 1962, 1613 = DNotZ 1963, 180 m. Anm. *Weitnauer; BayObLGZ* 1982, 9, 12ff. = MDR 1982, 497; *OLG Frankfurt*, Rpfleger 1979, 109; *Bärmann/Pick*, § 12 Rz. 64, § 13 Rz. 68.

[16] *Bärmann/Merle*, § 60 Rz. 4.

[17] *Bärmann, Pick*, § 12 Rz. 64.

[18] *Bärmann/Merle*, § 60 Rz. 4.

[1] Zur Frage der Schenkung von Hausratsgegenständen zwischen Ehegatten s. *BGH*, NJW 1979, 976 = FamRZ 1979, 282; zum Eigenerwerb in der Ehe s. *G. Walter* (Konstanzer Universitätsreden, Heft 111, 1981), insbesondere zur Bedeutung des § 1357 BGB.

Nicht zum Hausrat gehören Gegenstände, die den individuellen Bedürfnissen oder den persönlichen Interessen eines Ehegatten dienen, zB eine Münzsammlung, komplettes Schreinerwerkzeug (*OLG Düsseldorf*, FamRZ 1986, 1134).

Maßgebend ist der Zeitpunkt der endgültigen Trennung der Eheleute (*RGRK/Kalthoener*, HausrVO § 1 Rz. 5; *BGHZ* 89, 137, 145 = FamRZ 1984, 144, 146f. (s. Rz. 490 aE); anders *OLG Düsseldorf*, FamRZ 1986, 1132, 1133 m. weit. Hinw.).

Zur Auskunftspflicht über den Bestand des ehelichen Hausrats s. *OLG Düsseldorf*, FamRZ 1987, 81 m. weit. Hinw.

[2] Vgl. die Regelung des § 1624 BGB (die frühere einen Aussteueranspruch regelnde Vorschrift des § 1620 a.F. wurde durch das GleichbG beseitigt), s. zB *OLG Köln*, FamRZ 1986, 703.

[3] Zum Begriff des ,,Anschaffens“ s. *OLG Stuttgart*, NJW 1982, 585 = MDR 1982, 231 = FamRZ 1982, 485 (nicht was im Erbgang erworben).

empfiehlt es sich zu klären, ob sie unter Eigentumsvorbehalt gekauft worden waren (§ 455 BGB), sowie auf welchen Ehegatten die Rechnung ausgestellt war und welche zusätzliche Vereinbarungen mit dem Verkäufer oder evtl. einer Bank getroffen worden waren, die zur Finanzierung des Kaufs, zB eines Abzahlungskaufs (vgl. § 1a AbzG), eingeschaltet worden war.[4] Hier können etwa auch Vereinbarungen des Inhalts geschlossen werden, daß, wenn beide Ehegatten in dem betreffenden Kaufvertrag als Käufer, d. h. Schuldner des Kaufpreises, aufgeführt sind, im Innenverhältnis der eine Ehegatte den anderen von der Zahlung der weiteren Raten freistellt. Bei einer Vereinbarung über die Verteilung des Hausrats ist auch das etwaige Bestehen einer **Hausratsversicherung** zu berücksichtigen, wie diese fortgeführt werden soll, wobei zu beachten ist, daß bei einer Verteilung die Versicherung nicht auf zwei Wohnungen, der Ehewohnung und der neuen Wohnung des einen Ehegatten ruhen kann.[5]

Soll auf Grund der Vereinbarung die Herausgabe einzelner Gegenstände oder eine Ausgleichszahlung festgelegt werden,[6] so empfiehlt es sich, die Gegenstände genau zu bezeichnen und die Verpflichtung zur Herausgabe sowie gegebenenfalls zu der Ausgleichszahlung aufzunehmen, damit eine später etwa notwendig werdende Vollstreckung (§ 883 ZPO bezüglich der Herausgabe von Gegenständen,[7] § 803f., 807ff., 828ff. ZPO hinsichtlich der Zahlungsansprüche) durchführbar ist. In dem Falle, daß die Scheidung gemäß §§ 1565 Abs. 1, 1566 Abs. 1 BGB begehrt wird, ist nach § 630 Abs. 3 ZPO die Errichtung eines Vollstreckungstitels erforderlich.[8] 661

Zuweilen kann auch in Betracht kommen, daß ein Ehegatte dem anderen einen bestimmten Betrag bezahlt, damit dieser in die Lage versetzt wird, sich neue Einrichtungsgegenstände zu beschaffen. Diese Aufwendungen des Ehegatten, d. h. die Zahlung des Betrags, sind in steuerrechtlicher Hinsicht keine außergewöhnliche Belastung des Einkommens iS des § 33 EStG und können daher bei der Einkommensteuerveranlagung nicht berücksichtigt werden; sie 662

---

[4] Vgl. hierzu auch § 10 Abs. 2 HausrVO und dazu *BayObLGZ* 1968, 89, 94 = FamRZ 1968, 319; *OLG Saarbrücken,* OLGZ 1967, 1. Die Anordnung einer Ausgleichszahlung nach § 10 Abs. 1 HausrVO ist nur zulässig, wenn demjenigen, der die Zahlung erbringen soll, Hausrat zugeteilt wird (*BayObLGZ* 1985, 219, 221 = FamRZ 1985, 1057, 1058, *OLG Frankfurt* FamRZ 1983, 730).

[5] Hierzu *Prölss/Martin,* VVG § 69 Anm. 1a; *Borgmann,* FamRZ 1983, 445; *Schütz,* VersR 1985, 913; *OLG Hamm,* VersR 1981, 722; 1986, 1092; *OLG Hamburg,* VersR 1984, 431 = FamRZ 1984, 698 LS; s. auch *LG Koblenz,* NJW 1987, 2026.

[6] Die Anordnung einer Ausgleichszahlung durch das Gericht setzt eine erfolgte Realteilung von Hausrat voraus, der früher im gemeinsamen Eigentum stand, sowie daß der Ausgleich billig ist (§ 8 Abs. 3 Satz 2 HausrVO), *OLG Zweibrücken,* FamRZ 1987, 165.

[7] Zur Herausgabeanordnung des Gerichts s. *OLG Düsseldorf,* FamRZ 1986, 1134 = NJW-RR 1986, 1136; *LG Itzehoe,* FamRZ 1987, 176.

[8] Dazu Rz. 41, 51, 56, 642ff., 646, 653.

gehören vielmehr dem Vermögensbereich an (s. Rz. 71). Die Ausgleichsforderung oder -zahlung unterliegt nicht dem Zugewinnausgleich.[9]

663 Zu erwähnen ist noch, daß über die Zuteilung eines **Personenkraftwagens** gegebenenfalls auch im Verfahren vor dem FamG entschieden werden kann, wenn er als zum Hausrat gehörig anzusehen ist,[10] was freilich nur ausnahmsweise in Betracht kommt, nämlich wenn er zur Befriedigung der Lebensbedürfnisse der Familie erforderlich ist, zB zum Einkauf vor allem von Lebensmitteln im Hinblick auf die Zahl der Familienangehörigen und die Entfernung zu den in Betracht kommenden Geschäften oder etwa dazu, die Kinder in den Kindergarten oder in die Schule zu bringen mangels einer günstigen Verkehrsverbindung mit einem öffentlichen Verkehrsmittel, zu Wochenendfahrten, also nicht vorwiegend für berufliche Zwecke; in Betracht kommt insbesondere auch ein Zweitwagen,[11] gegebenenfalls ferner ein Wohnwagen.[12] Eine Einbauküche im Hause der Ehegatten ist kein Hausratsgegenstand, sondern wesentlicher Bestandteil des Hauses.[13]

Der Erörterung bedarf schließlich die Frage, inwieweit **Kunst- und Luxusgegenstände** zum Hausrat gehören. Die Begriffe „Hausrat" und „Einrichtungsgegenstände" (vgl. §§ 1, 8–10 HausrVO) sowie „zum Haushalt gehörenden Gegenstände" (vgl. §§ 1369, 1932 BGB) sind im gleichen Sinne zu verstehen.[14] Maßgebend für die Abgrenzung von Kunstwerken, die nicht Einrichtungsgegenstände (im eigentlichen Sinne) sind, und dem Hausrat sind die Verkehrsanschauung, die Einkommens- und Vermögensverhältnisse der Eheleute und die Zweckbestimmung der betreffenden Gegenstände.[15] Kunst- und Luxusgegenstände, wie wertvolle Bilder, Teppiche, Plastiken und dgl., die zur Einrichtung der Wohnung und zu deren Ausschmückung angeschafft worden sind, sind bei entsprechendem Lebenszuschnitt der Familie regelmäßig als Hausrat zu beurteilen,[16] es sei denn, sie seien nur zur Kapitalanlage erworben worden, zB wenn sie nicht in Gebrauch genommen wurden oder

---

[9] *OLG Karlsruhe,* FamRZ 1982, 277; *OLG Hamm,* FamRZ 1982, 937; *OLG Köln,* FamRZ 1983, 709; s. auch Rz. 490 aE, 493.

[10] Hierzu *Soergel/Häberle,* HausrVO § 1 Rz. 8; *RGRK/Kalthoener,* § 1 Rz. 23; *Fehmel,* § 1 Rz. 43; *Weimar,* JR 1978, 180, 181; *BGH,* FamRZ 1983, 794; *OLGe Karlsruhe,* FamRZ 1976, 93, *Köln,* FamRZ 1980, 249; *BayObLGZ* 1981, 320 = FamRZ 1982, 399 = Rpfleger 1982, 24 = JZ 1982, 71; *OLG Hamm,* FamRZ 1983, 72; *OLG Zweibrücken,* FamRZ 1983, 615; vgl. auch *KG,* FamRZ 1975, 164.

[11] *OLG Köln,* aaO.

[12] *Soergel/Häberle,* aaO; *LG Stuttgart,* FamRZ 1978, 703; *OLG Karlsruhe,* aaO (obiter).

[13] *OLG Frankfurt,* FamRZ 1982, 938.

[14] *RGRK/Kalthoener,* Rz. 20, *Hoffmann/Stephan,* Rz. 28, *MünchKomm./Müller-Gindullis,* Rz. 10, *Soergel/Häberle,* Rz. 8 je zu § 1 HausrVO; ferner s. *BayObLGZ* 1965, 131, 133f. = FamRZ 1965, 331, 332.

[15] *RGRK, Hoffmann/Stephan, MünchKomm.* je aaO.

[16] *RGRK, MünchKomm., Soergel/Häberle,* je aaO; *Hoffmann/Stepfan,* Rz. 32; zu § 1369 s. *Staudinger/Thiele,* Rz. 16, *Palandt/Diederichsen,* Anm. 2a; *BGH,* FamRZ 1984, 575 = NJW 1984, 1758 = JR 1984, 379 m. Anm. *Schubert.*

auch, wenn Bilder wie in einer öffentlichen Gemäldesammlung dicht nebeneinander oder übereinander aufgehängt wurden. Nach der Regel des § 8 Abs. 2 HausrVO gilt der Hausrat, der während der Ehe angeschafft wurde, für die Verteilung (§ 8 Abs. 1) als gemeinsames Eigentum, es sei denn, das Alleineigentum eines Ehegatten stehe fest. Soweit eine Einigung zustandekommt (§ 1 Abs. 1), kommt eine richterliche Entscheidung nicht in Betracht (vgl. auch zur einverständlichen Scheidung Rz. 661 aE). Zu beachten ist noch, daß, wenn Ehegatten, die im gesetzlichen Güterstand leben, einen gemeinsam angeschafften Hausratsgegenstand später durch einen wertvolleren ersetzt haben, dieser als Ersatzgegenstand iS des § 1370 BGB mangels einer abweichenden Vereinbarung in das Miteigentum der Ehegatten fällt.[17] § 1370 BGB geht also der Regelung des § 8 Abs. 2 HausrVO vor, was dann vor allem von Bedeutung ist, wenn der ersetzte Gegenstand Alleineigentum eines Ehegatten war.[18]

X. Namensrecht

664 Gemäß **§ 1355 Abs.** 4 Satz 1 **BGB** behält der geschiedene Ehegatte den Ehenamen. Doch kann er gemäß § 1355 Abs. 4 Satz 2 durch Erklärung gegenüber dem Standesamt seinen Geburtsnamen oder den Namen wieder annehmen, den er zur Zeit der Eheschließung geführt hat. Diese Vorschriften stehen im Zusammenhang mit den seit 1. 7. 1976 geltenden Vorschriften des § 1355 Abs. 1–3 und den früheren Regelungen des § 1355 BGB.[1]

665 Gemäß § 1355 Abs. 1 nF führen die Ehegatten einen gemeinsamen Familiennamen (Ehenamen). Zum Ehenamen können die Ehegatten nach § 1355 Abs. 2 Satz 1 nF bei der Eheschließung den Geburtsnamen des Mannes oder den Geburtsnamen der Frau bestimmen.[2] Geburtsname ist nach § 1355 Abs. 2 Satz 3 der Name, der in die Geburtsurkunde der Verlobten zur Zeit der Eheschließung einzutragen ist (vgl. dazu § 5 Abs. 1, hierzu noch §§ 11 Abs. 1 Nr. 1, 12 Abs. 2 Nr. 1 PStG). Treffen die Ehegatten keine Bestimmung, so ist Ehename der Geburtsname des Mannes (§ 1355 Abs. 2 Satz 2). Der Ehegatte, dessen Geburtsname nicht Ehename wird, kann nach § 1355

---

[17] *BayObLGZ* 1969, 220 = FamRZ 1970, 31.

[18] *MünchKomm./Gernhuber,* Rz. 14, *Soergel/Lange,* Rz. 4 je zu § 1370; *RGRK/Kalthoener,* HausrVO § 8 Rz. 9; *KG,* FamRZ 1968, 648; *LG Düsseldorf,* NJW 1972, 60.

[1] Zu § 1355 Abs. 4 BGB s. *Dietl. Ruthe,* FamRZ 1976, 409, 412f.; *Diederichsen,* NJW 1976, 1169, 1174; zu § 1355 Abs. 3, 4 s. noch *BayObLGZ* 1984, 237 =FamRZ 1984, 1224 = NJW 1985, 1910 = StAZ 1985, 10.

[2] Diese Bestimmung kann nicht gemäß § 3 NÄG geändert werden (*BVerwG,* FamRZ 1986, 53 = NJW 1986, 601).

Abs. 3 dem Ehenamen seinen Geburtsnamen oder den zur Zeit der Eheschließung geführten Namen (zB einen früheren Ehenamen) voranstellen.[3]

Gemäß § 1355 Satz 1 BGB aF war Ehename der Name des Mannes. Die Frau konnte jedoch nach § 1355 Satz 2 aF ihren Mädchennamen dem Namen des Mannes hinzufügen.

666 Die Regelung des § 1355 Abs. 4 Satz 2 nF hat also in den Fällen Bedeutung, in denen nach früherem Recht die Frau den Namen des Mannes annahm oder einen Doppelnamen wählte und nach neuem Recht ein Ehegatte seinen Geburtsnamen verlor oder einen Doppelnamen wählte.

667 Das Recht, den früheren Namen wieder anzunehmen, ist seinem Wesen nach ein höchstpersönliches Recht und als solches nicht übertragbar.[4]

Den früheren Namen kann auch ein minderjähriger Ehegatte wieder annehmen.[5] Für einen psychisch kranken geschäftsunfähigen Ehegatten (s. § 104 Nr. 2 und 3 BGB) kann (ausnahmsweise) der gesetzliche Vertreter, der Vormund oder Pfleger, handeln,[6] und zwar ohne daß er der vormundschaftsgerichtlichen Genehmigung bedürfte.[7]

668 Wenn es sich auch, wie erwähnt, um ein höchstpersönliches Recht eines Ehegatten handelt, so steht dem nicht entgegen, daß der Ehegatte sich verpflichten kann, nach der Scheidung der Ehe den früheren Namen wieder anzunehmen, und zwar im Rahmen der anläßlich der Ehescheidung getroffenen Vereinbarung.[8] Die Verpflichtung kann auch ein minderjähriger Ehegatte eingehen, ferner ebenfalls wohl der Vormund oder Pfleger für einen geschäftsunfähigen Ehegatten.[9] Eine Verpflichtung zur Wiederaufnahme des früheren Namens ist selbst in dem Falle nicht ohne weiteres sittenwidrig, daß dem Ehegatten hierfür ein Entgelt gewährt wird,[10] etwa im Zusammenhang

---

[3] Hierzu *BVerfGE* 48, 327 = NJW 1978, 2289 = FamRZ 1978, 667. Aber kein Doppelname des Kindes (*OLG Hamburg,* FamRZ 1987, 97 = IPRax 1987, 187 – in casu deutsch-türkische Ehe –).

[4] Ebenso nach früherem Recht *RGRK,* Rz. 23, *Hoffmann/Stephan,* Rz. 3 je zu § 55 EheG.

Nimmt eine Frau den früheren Namen wieder an, so erstreckt sich die Namensänderung nicht auf ein nichteheliches Kind der Frau, dem der Ehemann gemäß § 1618 Abs. 1 i. d. F. des NEhelG seinen Namen erteilt hatte oder dem die Mutter und ihr Ehemann gemäß § 1618 Abs. 1 i. d. F. des 1. EheRG ihren Ehenamen erteilt hatten (ebenso zum früheren Recht *Staudinger/Göppinger,* § 1706 aF Rz. 27).

[5] *Soergel/Lange,* Rz. 27, *RGRK,* Rz. 32 je zu § 1355, ebenso nach früherem Recht (bezüglich der minderjährigen Ehefrau) *RGRK,* Rz. 28, *Hoffmann/Stephan,* Rz. 4 je zu § 55 EheG; *W. Müller,* JR 1961, 121, 123.

[6] *Soergel/Lange,* aaO, so auch nach früherem Recht *RGRK,* Rz. 25, 26, *Hoffmann/Stephan,* Rz. 5 je aaO.

[7] Ebenso nach früherem Recht *RGRK,* Rz. 27, *Hoffmann/Stephan,* aaO.

[8] *Soergel/Lange,* aaO, *RGRK,* Rz. 34, *Langenfeld,* Handbuch, Rz. 46; ebenso nach früherem Recht *RGRK,* Rz. 24, *Hoffmann/Stephan,* Rz. 6; *SchlHOLG,* SchlHA 1953, 184.

[9] So auch *Beitzke* in Fschr. f. Flume, s. 317, 327.

[10] *Soergel/Lange,* aaO, und zum früheren Recht *RGRK,* Rz. 24, *Hoffmann/Stephan,* Rz. 6 je aaO.

mit anderen Abmachungen der Gesamtvereinbarung.[11] Allerdings dürfte diesen Fragen wohl nur geringe praktische Bedeutung zukommen.

Sind aus der Ehe Kinder hervorgegangen, so wird in der Regel, wenn die 669
Kinder sich bei der Mutter befinden und dieser die elterliche Sorge zugesprochen werden soll (§ 1671 Abs. 1 BGB), eine Vereinbarung über die Wiederannahme eines früheren Namens durch die Frau nicht in Betracht kommen, damit die Namensgleichheit aufrechterhalten bleibt (jedenfalls bis die Frau etwa wieder heiratet). Hier kann es gerade sinnvoll sein, daß die Frau ihren seitherigen Namen, d.h. den Ehenamen weiterführt, wenn sie diesen durch die Eheschließung gemäß § 1355 Abs. 2 BGB erworben hatte. Möglich und zulässig wäre auch ein Verzicht auf das Recht des Namenswechsels.[12] Doch dürfte eine Vereinbarung in der Richtung zulässig sein, daß die Frau sich verpflichtet, im Falle der Wiederverheiratung keinen Antrag auf eine Änderung des Namens der Kinder entsprechend ihrem etwaigen künftigen Ehenamen zu stellen.[13]

Das Recht zur Annahme des früheren Namens, also zu einer entsprechen- 670
den Änderung des Namens, entsteht zwar erst mit Rechtskraft des Scheidungsurteils; dennoch dürften keine Bedenken dagegen bestehen, daß der Ehegatte in der gerichtlich protokollierten Vereinbarung zum Ausdruck bringt, er verpflichte sich, nach der Scheidung gegenüber dem Standesbeamten zu erklären, er nehme den früheren Familiennamen ... wieder an, und sei sich dessen bewußt, daß nach Rechtskraft des Scheidungsurteils die Erklärung unwiderruflich sei. Gleichzeitig kann der Ehegatte eine andere Person ermächtigen, die Erklärung, d.h. die diesbezügliche Protokollsausfertigung dem Standesbeamten einzureichen. Doch dürfte auch eine Vollstreckung gemäß § 888 ZPO für zulässig zu halten sein.[14] Zulässig dürfte ferner eine Klage mit dem Antrag sein, dem geschiedenen Ehegatten die Weiterführung des

---

[11] Ein Mann kann evtl. Interesse an der Namensänderung der Frau haben, wenn die Ehelichkeit eines Kindes mit Erfolg angefochten wird; dieses erwirbt den Namen der Frau, wenn es nach der Namensänderung der Frau geboren wird (§ 1617 Abs. 1 Satz 1 BGB) oder wenn es sich der Namensänderung anschließt (§ 1617 Abs. 2 Satz 1).

[12] Ebenso *Langenfeld,* Handbuch, Rz. 46; zum früheren Recht *RGRK,* Rz. 24, *Hoffmann/Stephan,* Rz. 6 je zu § 55 EheG.

[13] Für diese Namensänderung ist die Verwaltungsbehörde zuständig, s. hierzu *Palandt/Diederichsen,* BGB § 1616 Anm. 2b mit weit. Hinw. zur Namensänderung des Kindes, zur Voraussetzung des Vorliegens eines wichtigen Grundes (§ 3 Abs. 1 NÄG) s. zum Falle der Wiederannahme des früheren Namens der Frau (§ 1355 ABs. 4 Satz 2 BGB) *VGH Bad.-Württ.,* Die Justiz 1985, 412; bei Wiederverheiratung der Mutter *BVerwG* ZblJugR 1983, 439 und 442 = FamRZ 1983, 809 m. Anm. der Red. (weit. Hinw.); FamRZ 1986, 904 und 905; *VGH Bad.-Württ.* FamRZ 1985, 1160 (bei besonderer Sachlage); sowie (kein Doppelname) *BVerwG,* FamRZ 1986, 903; anders bei besonderer Sachlage *VGH Bad.-Württ.,* FamRZ 1986, 585 = NJW 1986, 2963 = Die Justiz 1986, 428; *Bergerfurth,* Eherecht, Rz. 396.

[14] *SchlHOLG,* SchlHA 1953, 184; *Baumbach/Lauterbach/Hartmann,* Anm. 1 B, *Stein/Jonas/Münzberg,* Anm. I 1 m. Fn. 16, *Zöller/Stöber,* Rz. 2 sowie 3 aE je zu § 888 ZPO.

Ehenamens zu untersagen, gestützt auf § 12 BGB und die erwähnte Vereinbarung.[15]

Weiterhin müßte eine Klage mit dem Antrag für zulässig gehalten werden, den Beklagten zu verurteilen, gegenüber dem Standesbeamten ... die Erklärung abzugeben, er nehme den früheren Familiennamen ... wieder an.[16] Mit der Rechtskraft des Urteils gilt die Erklärung als abgegeben (§ 894 Abs. 1 ZPO).

671 Die dargelegten Fragen können zB von Bedeutung sein, wenn ein Mann „in ein Unternehmen eingeheiratet" und den Namen der Frau, Tochter oder Enkelin des Gründers der Firma, angenommen hat (§ 1355 Abs. 2 BGB – s. Rz. 665 –) und später die Ehe geschieden wird, die Frau nunmehr Interesse daran hat, daß der Mann nach der Scheidung seinen früheren Familiennamen wieder annimmt, etwa auch um mögliche Verwechslungen mit dem künftigen Ehemann der Frau zu vermeiden. Eine solche Vereinbarung über den Namenswechsel kann nicht als sittenwidrig beurteilt werden (vgl. § 138 BGB), auch nicht, wenn hierfür eine Zahlung geleistet wird – wobei ja zu beachten ist, daß durch eine Namensänderung allerlei Aufwendungen entstehen –, es sei denn, die vereinbarte Zahlung wäre unangemessen hoch oder die Vereinbarung wäre durch Ausübung eines starken Drucks zustandegekommen.

672 Weiterhin besteht auch die Möglichkeit, daß die Ehegatten in einem abgetrennten Verfahren, das eine Folgesache betrifft, nach Rechtskraft des Scheidungsurteils einen Vergleich schließen, in dem der eine geschiedene Ehegatte erklärt, er nehme den früheren Namen ... wieder an (s. auch Rz. 59). Diese Erklärung zum gerichtlichen Protokoll ersetzt die in § 1355 Abs. 4 BGB vorgeschriebene Form.

---

[15] Zum Anspruch auf Ablegung des Familiennamens gegen den Mann, wenn dieser bei der Eheschließung den Namen der Frau angenommen hatte (§ 1355 Abs. 2 Satz 1) und danach schwere Straftaten beging, s. *OLG Braunschweig*, NJW 1979, 1463 = FamRZ 1979, 913 = NdsRPfl. 1979, 177; *Soergel/Lange*, Rz. 26, s. auch 27, *Bergerfurth*, aaO, Rz. 397; anders *RGRK/Roth-Stielow*, Rz. 35.

Erwähnt sei noch, daß das geschilderte Verhalten des geschiedenen Ehegatten (trotz der eingegangenen Verpflichtung zur Namensänderung den Ehenamen weiterzuführen) wohl nicht den Rücktritt von der Vereinbarung über die Scheidungsfolgen (vgl. Rz. 100) rechtfertigen wird.

[16] Für diese Klage ist übrigens nicht das FamG, sondern das LG zuständig (§§ 71, 23 Nr. 1 GVG), da es sich um keine Familiensache (§ 621 ZPO) handelt, ebenso *OLG Braunschweig*, aaO.

Gesetzesverzeichnis

(Römische Zahlen bedeuten Absatz des betreffenden Paragraphen; kursiv gedruckte Randziffern geben die Hauptfundstelle an)

Stichwortverzeichnis

Die Zahlen verweisen auf die Randziffern

Heft 45
Endriß/Malek · Betäubungsmittelstrafrecht
1986. XXXII, 360 Seiten 8°. Kartoniert DM 48.–

Heft 46
Gießler · Vorläufiger Rechtsschutz in Ehe-, Familien- und Kindschaftssachen
1987. XLVIII, 414 Seiten 8°. Kartoniert DM 58.–